新完譯 三命通會 下卷

역저자
중원(中垣) 민영현(閔泳炫)

부산대학교 대학원 철학박사
(前) 증산도사상연구소 연구위원 역임
(前) 한신대 · 경성대 · 부경대 · 동의대등 출강
(現) 부산대 · 한국해양대 강사

저서
『선(仙)과 흔』, 『선 생명 조화』, 『삶과 동양철학』, 『명리요결(命理要訣)』,
『역(易)과 명리와 윤리』 외, 다수

주요 논문
「量子(Quantum)와 기(氣) 개념의 相同 · 相異」, 「쿰다와 흔, 그리고 21세기」,
「남북한 민족 동일성 회복에 있어 檀君學의 의미」 외, 다수

카페: http://cafe.daum.net/myh1117
mobile: 010)2571-1715

新完譯 三命通會 下卷

초판 발행 | 2022년 4월 5일
역저자 | 민영현
펴낸곳 | 도서출판 말벗
펴낸이 | 박관홍
등록번호 | 제2011-16호
주소 | 서울 영등포구 문래로4길 4 (204호)
전화 | 02)774-5600
팩스 | 02)720-7500
메일 | mal-but@naver.com
ISBN | 979-11-88286-25-6(94180)
세트 | 979-11-88286-23-2(94180)
값 100,000원

命理學 最初 百科事典 完譯本
欽定古今圖書集成 博物彙編 藝術典 星命部

新完譯 三命通會 下卷

철학박사 민영현 역저

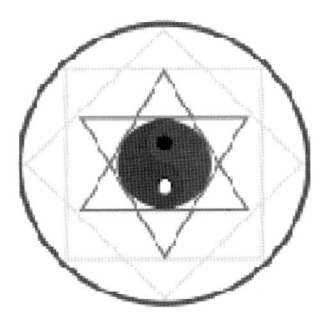

말벗

欽定古今圖書集成 博物彙編 藝術典 第六百十一卷

星命部彙考四十七
三命通會 十九

星命部彙考五十
三命通會 二十二

星命部彙考五十一

第六百十五卷目錄
三命通會 二十三

星命部彙考五十四
三命通會 二十六

星命部彙考五十五
三命通會 二十七

星命部彙考五十六
三命通會 二十八

星命部彙考五十七
三命通會 二十九

星命部彙考五十八
三命通會 三十

星命部彙考六十四
三命通會 三十六

【甲午乙未砂中金】 갑오 을미 사중금

【壬申癸酉劍鋒金】 임신 계유 검봉금

【庚戌辛亥釵釧金】 경술 신해 차천금

【戊子己醜霹靂火】 무자 기축 벽력화

【丙寅丁卯爐中火】 병인 정묘 노중화

【甲辰乙巳覆燈火】 갑진 을사 복등화

【戊午己未天上火】 무오 기미 천상화

【丙申丁酉山下火】 병신 정유 산하화

【甲戌乙亥山頭火】 갑술 을해 산두화

【壬子癸醜桑柘木】 임자 계축 상자목

【庚寅辛卯松柏木】 경인 신묘 송백목

【戊辰己巳大林木】 무진 기사 대림목

【壬午癸未楊柳木】 임오 계미 양류목

【庚申辛酉石榴木】 경신 신유 석류목

【戊戌己亥平地木】 무술 기해 평지목

【庚子辛丑壁上土】 경자 신축 벽상토

【戊寅己卯城頭土】 무인 기묘 성두토

【丙辰丁巳砂中土】 병진 정사 사중토

【庚午辛未路旁土】 경오 신미 노방토

【戊申己酉大驛土】 무신 기유 대역토

【丙戌丁亥屋上土】 병술 정해 옥상토

【丙子丁丑澗下水】 병자 정축 간하수

【甲寅乙卯大溪水】 갑인 을묘 대계수

【壬辰癸巳長流水】 임진 계사 장류수

【丙午丁未天河水】 병오 정미 천하수

【甲申乙酉井泉水】 갑신 을유 정천수

【壬戌癸亥大海水】 임술 계해 대해수

【論五行】 오행을 논함

· 金(금)

· 木(목)

- 水(수)
- 火(화)
- 土(토)

星命部彙考三十二
三命通會 四

【論河圖及洪範五行】하도 및 홍범오행을 논함

【論天幹陰陽生死】천간의 음양과 생사를 논함

【論地支】지지를 논함

【十干分配天文】십간을 천문에 분배함

【十二支分配地理】십이지를 지리에 배분함

【論地支屬相】지지에 속한 상을 논함

【論人元司事】인원이 맡은 일을 논함

星命部彙考三十三
三命通會 五

【論四時節氣】사시와 절기를 논함

【論日刻】일각을 논함

【論時刻】시각을 논함

【論太陽躔次太陰納甲及出入會合】태양의 궤도 태음 납갑 및 출입과 회합을 논함

【論五行旺相休囚死並寄生十二宮】오행 왕상휴수사와 십이궁의 기생함을 논함

【論遁月(日)時】월시에 숨어 있음을 논함

【論年月日時】년월일시를 논함

【論胎元】태원을 논함

【論坐命宮】명궁에 앉음을 논함

星命部彙考三十四
三命通會 六

【論大運】대운을 논함

【論小運】소운을 논함

星命部彙考三十五
三命通會 七

星命部彙考三十六
三命通會 八

星命部彙考三十七
三命通會 九

星命部彙考三十八
三命通會 十

【論十干坐支兼得月時及行運吉凶】십간이 앉은 지지 · 월시 · 운행의 길흉을 논함

【論十二月支得日幹吉凶】12월의 지지에서 일간의 길흉을 논함

- 자월(子月)
- 축월(丑月)
- 인월(寅月)
- 묘월(卯月)
- 진월(辰月)
- 사월(巳月)
- 오월(午月)
- 미월(未月)
- 신월(申月)
- 유월(酉月)
- 술월(戌月)
- 해월(亥月)

【論五行時地分野吉凶】오행의 시(때) · 지(장소) 분야, 길흉을 논함

【論木】목을 논함

【論火】화를 논함

【論土】토를 논함

【論金】금을 논함

【論水】수를 논함

星命部彙考三十九
三命通會 十一

【論甲乙】갑을을 논함

【論丙丁】병정을 논함

【論戊己】무기를 논함

【論庚辛】경신을 논함

【論壬癸】임계를 논함

【甲坤黃數五】갑곤은 황이요, 수는 오이다.

【雲漢秀氣】은하수의 빼어난 기라.

【福祿歸根】복록이 뿌리로 돌아간다.

【蔭助淸奇】숨어서 도움이 맑고 기이하다.

【天地有餘】천지에 남음이 있다.

【破散離業】깨서 흩고, 업을 떠난다.

【夭橫無依】요절 횡사에 의지할 것이 없다.

【乙四眞金太陰化氣】을 4는 진금에, 태음의 화기라.

【滋蔭返元】그늘에서 자윤하고 근원으로 돌아간다.

【鬼作截福】귀를 지어 복을 끊는다.

【丙水乾龍之數一】병화와 수는 건룡의 수로 1이다.

【福祿還藏】복록이 돌아가 숨는다.

【祿旺興元】녹왕하니 근원이 흥하다.

【中央奪福】중앙에서 복을 탈취한다.

【截根無蔭】뿌리는 끊어지고 그늘은 없다.

【煙滅灰飛】연기가 꺼지니 재가 날린다.

【食神爲鬼】식신이 귀살이 된다.

【丁火父木成數三】정화가 아버지 목으로 수3을 이룬다.

【飛活淸秀】비록이 활발하고 청수하다.

【祿基成實】녹의 터에서, 열매를 이룬다.

【祿氣差遲】녹기가 어긋나고 더디다.

【破相孤獨】서로 깨어 고독하다.

【戊火數二】무화는 수가 2라.

【淵源滋養】연원을 기른다.

【相爲慶會】서로가 경회 즉 경사의 모임이 된다.

【金火相持】금화가 서로를 지킨다.

【干鬼爲映】천간의 귀살이 비춤이 된다.

【己五數眞土】기는 5수로, 진토이다.

【包成合祿】감싸 합록을 이룬다.

【秀特逢生】생을 만남에 빼어남이 특별하다.

【庚四金陽之數】경4는 금양의 수이다.

【聲譽遠馳】명성과 영예가 멀리 치달린다.

【相參成慶】서로 참여하여 경사를 이룬다.

【祿鬼孤害】녹귀가 외롭고 해친다.

【六辛天之水數】육신은 하늘의 수수이다.

【威高志遠】위엄은 높고 뜻은 멀다.

【先凶後吉】먼저 흉하고 뒤에 길하다.

【祿氣退休】녹기가 물러나 쉰다.

【壬爲眞木數三】임은 진목이 되니, 그 수는 삼이다.

【相呼集福】서로 불러 복을 모은다.

【火奇續貴】화가 기묘하니 귀함을 잇는다.

【反凶成慶】흉함이 도리어 경사를 이룬다.

【天鬼相交】하늘의 귀살이 서로 사귄다.

【癸爲眞火數二】계는 진화가 되고, 수는 2이다.

【互相福應】서로 복이 응한다.

【天鬼爲滯】천귀는 막힘이 된다.

【滋陰福元】숨어 자윤함이 복의 근원이다.

【變鬼爲官】귀가 변하여 관이 된다.

【破禍成福】화를 깨고 복을 이룬다.

【鬼氣臨官】귀기가 관에 임한다.

【根源渾厚】근원이 흐리고 두텁다.

【兌宮生鬼】태궁이 귀살을 생한다.

【迤蹇多災】절고 머뭇거리며 재앙이 많다.

【氣數湻厚】기수가 순박하고 두텁다.

【五木成烟】다섯 목이 연기를 이룬다.

【救助減福】구조하지만 복을 던다.

【基本衰弱】기본이 쇠약하다.

【滋陰成官】그늘에서 자윤하여 관을 이룬다.

【天盜離鄕】하늘이 훔치고 고향을 떠난다.

【源遠流淸】근원은 멀고 흐름은 맑다.

【無救成凶】구함이 없어 흉함을 이룬다.

【長鬼爲殃】귀살이 길어 재앙이 된다.

星命部彙考四十
三命通會 十二

【論古人立印食官財名義】고인께서 인식관재의 이름을 세운 뜻을 논함

【論正官】정관을 논함

【天福貴人】천복귀인

【天官貴人】천관귀인

【天元坐祿】] 천원좌록

【歲德正官】세덕정관

【時上正官】시상정관

【向祿臨官】향록임관

【官印祿殺俱全】관인녹살구전

【眞官眞馬】진관진마

【祿馬官印】녹마관인

【官印祿庫】관인녹고

【相刑遇貴】상형이 귀를 만났다.

【三合遇貴】삼합에 귀를 만난다

【月時逢貴】월시봉귀

【五官會聚】오관회취

【五行不雜】오행부잡

【金木間隔】금목간격

【水火既濟】수화기제

【金火相成】금화상성

【生成官星】생성관성

【交互官星】교호관성

【虛夾官祿】허협관록

【官星六合】관성육합

【官下有官】관하유관

星命部彙考四十一
三命通會 十三

【鬼化爲印】귀가 화하여 인수가 됨

【陽刃化印】양인이 인수로 화함

【時逢生印】시봉생인

【胞胎印綬】포태에서 인수를 만남

【棄印就財】기인취재

【論倒食】도식을 논함

【論雜氣】잡기를 논함

【附論墓運】묘운에 대한 논을 보충함

星命部彙考四十二
三命通會 十四

【論傷官】상관을 논함

【論食神】식신을 논함

【飛天祿馬】비천녹마

【倒沖祿】도충록

【天廚食祿】천주식록

【福星貴人】복성귀인

【食神同窠】식신동과

【食神帶合】식신대합

【專食合祿】전식합록

【紅鸞天印】홍란천인

【墨池湧泉】묵지용천

【專印合祿】전인합록

【論陽刃】양인을 논함

【論建祿】건록을 논함

【井欄斜叉】정란사차

【壬騎龍背】임기용배

【子遙巳祿】자요사록

【醜遙巳祿】축요사록

【刑合得祿】형합득록

【沖合祿馬】충합녹마

【破官】파관

【飛財】비재

【破財】파재

【卯未遙巳】묘미요사

【虎午奔巳】호오분사

【羊擊豬蛇】양격저사

【刑衝帶合】형충대합

【六陰朝陽】육음조양

【六乙鼠貴】육을서귀

【日祿歸時】일록귀시

【拱祿拱貴】공록공귀

【沖祿】충록

【六壬趨艮】육임추간

【六甲趨乾】육갑추건

【財官雙美】재관쌍미

【二德扶身】이덕부신

【將星扶德】장성부덕

【金神】금신

【日貴】일귀

【日德】일덕

【魁罡】괴강

【福德秀氣】복덕수기

【三奇真貴】삼기진귀

【天元暗祿】천원암록

【祿元三會】녹원삼회

【祿元互換】녹원호환

【六壬移換】육임이환

【絶地財官】절지재관

【子午雙包】자오쌍포

【青龍伏形】청룡복형

【白虎持勢】백호지세

【朱雀乘風】주작승풍

【玄武當權】현무당권

【勾陳得位】구진득위

【胎元財官】태원재관

【還魂借氣】환혼차기

【陰藉陽生】음자양생

【生處聚生】생처취생

【伏元貴殺】복원귀살

【八專祿旺】팔전녹왕

【干支持旺】간지지왕

【曲直】곡직

【炎上】염상

【從革】종혁

【潤下】윤하

【稼穡】가색

【土局潤下】토국윤하

【金白水清】금백수청

【木火交輝】목화교휘

【火金鑄印】화금주인

【火土夾雜】화토협잡

【青赤時爲父子】청적시위부자

【水土敗於酉】수토패어유

【夾庫】협고

【墓煞】묘살

【四位純全】사위순전

【一氣生成】일기생성

【天干順食 卽天干連珠, 地支夾拱 卽地支連茹, 兩干不雜】천간순식 즉 천간연
　　주, 지지협공 즉 지지연여, 양간부잡

【棣萼聯芳】체악연방

【極返格】극반격

【聞喜不喜】문희불희

【當憂不憂】당우불우

【源淸流濁】원청류탁

【源濁流淸】원탁류청

【建祿不富】건록불부

【背祿个貧】배록불빈

【背祿逐馬】배록축마

【夏草遭霜】하초조상

【冬逢熱火】동봉열화

【吉會凶會】길회흉회

【四柱暗帶】사주암대

【五行拘聚】오행구취

星命部彙考四十五
三命通會 十七

【合化成局】합화성국

- 其一 기일
- 其二 기이
- 其三 기삼

- 其四 기사
- 其五 기오
- 其六 기육
- 其七 기칠
- 其八 기팔
- 其九 기구
- 其十 기십

【返象】 반상

【照象】 조상

【鬼象】 귀상

【伏象】 복상

【屬象】 속상

【類象】 류상

【從象】 종상

【化象】 화상

【天地德合】 천지덕합

【君臣慶會】 군신경회

【一氣爲根】 일기위근

【兩干不雜】 양간부잡

【三合聚會】 삼합취회

【五行俱足】 오행구족

【六位相乘】 육위상승

【聚精會神】 취정회신

【神藏殺沒】 신장살몰

【祿馬交馳】 녹마교치

【趨祿攔馬】 간록난마

【集福發福】 집복발복

【干支雙連】 간지쌍련

【天干連珠】 천간연주

【地支連茹】 지지연여

【五行正印】 오행정인

【祿庫逢財】 녹고봉재

【福會相迎】 복회상영

【生死相聚】 생사상취

【一旬包裹】 일순포과

【四柱順布】 사주순포

【五行一旬】 오행일순

【貴人黃榴】 귀인황추

【四衝得位】 사충득위

【四時乘旺】 사시승왕

【三五連合】 삼오연합

【六合雙鴛】 육합쌍원

【貴氣沖和】 귀기충화

【引從包承】 인종포승

【四般生一】 사반생일

【驛馬駝祿】 역마타록

【鞍馬坐貴】 안마좌귀

【錦衣特賜】 금의특사

【淸貴入堂】 청귀입당

【循環相生】 순환상생

【龍吟虎嘯】 용음호소

【夾貴夾祿】 협귀협록

【福神相還】 복신상환

【四時攝聚】 사시섭취

【致一凝神】 치일응신

【虛中精實】 허중정실

【功奪造化】 공탈조화

【功侔造化】 공모조화

【內陽外陰】 내외음양

【鼎足鎡基】 정족자기

【拱揖闕門】공읍궐문

【龍躍天門】용약천문

【虎臥龍閣】호와용각

【雲行雨施】운행우시

【淸肅憲臺】청숙헌대

【風雲慶會】풍운경회

【重蔭重官】중음중관

【包裹旗旌】포과기정

【富貴所成】부귀성소

【眞體守位】진체수위

【虛一待用】허일대용

【假音得時】가음득시

【寶義制伐四事顯朝】보의제벌사사현조

【五行不雜九命相養】오행부잡구명상양

【主旺本成會於一方】주왕본성회어일방

【月官德合暗逢支祿】월관덕합암봉지록

【用刑者有時守刑者不亂】용형자유시수형자불란

【十幹十二年生大貴人例】십간 십이년생 대귀인예

星命部彙考四十六
三命通會 十八

【論六十甲子得時吉凶】육십갑자 득시의 길흉을 논함

星命部彙考四十七
三命通會 十九

論性情相貌, 論疾病先知五臟六腑所屬干支,
論貧賤凶惡, 論壽夭, 論女命, 總歌.

三命通會 十九

【論性情相貌】성성과 형상 용모를 논함

대저 귀천(貴賤)은 팔자에 관계되고, 성정(性情)은 오행에 응한다. 곧, 선악과 인의예지신은 심(心)이 그 주인되는 바요, 희노애락애오욕은 곧 정(情)의 소생인 것이다.

동방 진(辰)의 자리는 목이요, 부르기를 청룡이라 하고, 그 이름은 곡직(曲直)이라 하며, 오상(五常)의 주인은 인(仁)이다. 그 색은 청(青)이요, 그 맛은 산(酸) 곧 신 것이며, 그 성질은 직(直) 즉 곧음이요, 그 정(情)은 화(和)합함이다. 왕상(旺相)하면 주에게 박애와 측은지심이 있고, 자상(慈祥)개제(愷悌) 즉 자비와 상서로움과 즐거움과 공경함의 뜻이 있다. 사물을 구제하여 사람을 이롭게 하고, 외롭고 홀로된 자를 생각하고 불쌍히 여기며, 곧고 질박하며 맑고 높으니 그 행장(行藏)에 강개(慷慨)함이 있다. 품채와 자태가 수려하며, 골격은 잘 닦이고 길며, 수족은 섬니(纖膩) 즉 가늘고 매끄러우며, 입은 뾰족하여 아름다움을 발하고 얼굴색은 청백이요, 어구(語句) 즉 말과 이야기가 헌앙하니, 이는 곧 목이 성(盛)하여 다인(多人) 즉 어짊이 많다는 뜻이다. 휴수(休囚)되면 주가 파리하고 긴 머리에, 어려서는 성품이 비뚤고 마음이 편벽되어 질투하고 어질지 못하니, 이는 목이 쇠(衰)하여 그 정(情)이 부족하다는 뜻이다. 사절(死絶)된즉 눈과 눈썹이 바르지 못하고 간인(慳吝)비색(鄙嗇) 즉 아끼고 쩨쩨하여 비루 인색하며, 피부와 근육이 건조하고 목덜미는 길며 목구멍이 막혀 있어 행좌(行坐)가 편안하지 못하며, 그 몸이 비뚤고 기울어져 있다. 화(火)를 만나면 그 색이 붉음을 띠고, 토(土)를 본즉 누런 색을 띠며, 금(金)을 만난 즉 흰색을 두르며, 수(水)를 본즉 검은 색을 띤다. 그 나머지 4행의 예를 참고할 것이다.

화는 남방에 속하여, 이름은 염상(炎上)이라 하고, 오상으로는 예(禮)를 주관한다. 그 색은 붉음이요, 그 맛은 쓴 것이오, 그 성질이 급하고 성품은 공손하다. 왕상(旺相)하면, 주가 사양하며 바르고 삼가는 풍모가 있고, 공경하며 겸양에 화합하는 뜻이 있고, 위의가 늠름하고 곧으며 순박 존숭함이 있다. 면모는 위로는 뾰족하고 아래로는 넓고, 형체는 머리가 작고 다리는 길다. 인당은 좁고 눈썹은 풍성하며 코는 촉촉하며 귀는 작다. 정신은 섬삭(閃爍) 즉 번쩍이고 빛나며, 어언(語言) 즉 말과 소리는 급하고 빠르며, 성질은 조급하나 험독함은 없고, 총명하여 행함이 있다. 태과(太過)한즉 그 소리가 지친 것 같고, 얼굴은 적색이며 무릎을 떠는데 움직임은 좋다. 불급(不及)한즉 누렇고 파리하며 뾰족하고 모가 나며, 속이고 사기치며 투기하고 험독하며, 언어가 망탄(妄誕) 즉 허망하고 황당하여 시작은 있어도 끝이 없다.

토는 중앙에 속하여 이름은 가색(稼穡)이라 하고, 오상으로는 신(信)을 주관하니 그 색은 황이요 그 맛은 단 것[甘]이고, 성품은 중후하며 그 정(情)은 두텁다. 왕상하면, 주의 언행이 충효를 서로 돌아봄에 지극한 정성이 있고, 신불을 공경함을 좋아하는데 명백하지 못하여 믿음에 기한이 있다. 등은 둥글고 허리는 넓으며 코는 크고 입은 네모진데 눈썹이 맑고 눈은 수려하니, 곧 미목(眉目)이 청수하며 피부는 밀가루 같고 색은 황색이다. 도량이 관후하고 일에 처하여 방안이 있다. 태과한즉 하나에 집착하여 고집스럽고 투박하며 어리석고 졸렬하여 명확하지 못하다. 불급한즉 안색이 근심스럽고 막힌 것 같으며, 얼굴은 편벽되어 코가 처져 있으며 음성이 무겁고 탁하다. 사리에 통하지 못하고, 한독(狠毒)괴려(乖戾) 즉 독하여 개처럼 싸우고 이지러지고 어긋나니 여러 사람들의 정을 얻지 못하여 중간에 넘어지고, 인색함에 믿음을 잃으며 행함이 허망하게 된다.

금은 서방에 속하여 종혁(從革)이라 이름하고, 오상으로는 의(義)를 주관한다. 그 색은 백이요, 그 맛은 매운 것[辛]이오, 성품이 강건하고 그 정은 세차니 위엄이 있다. 왕상 한즉 영웅에 용기 있어 호걸이오, 의로움에 의지하여 재물에 소통하고, 염치를 알며 악함을 미워할 줄 안다. 골육이 서로 응하여 몸이 건장하고 정신은 맑으며, 얼굴은 네

모나고 희며 깨끗하고, 눈썹은 높고 눈은 깊으며 코는 바르고 곧은데, 귀가 붉고 음성은 청량하다. 굳세고 강하여 결단과 과단성이 있다. 태과한즉 용맹을 즐기나 무모하고 탐욕스러워 불인(不仁)하다. 불급한즉 쩨쩨하며 인색하고, 탐욕스럽고 가혹하여, 일이 많이 꺾이고 망한다. 세 번 생각함이 있어도 결단함은 적고, 각박하고 안으로 험독하니 음탕함을 즐기고 죽이는 것을 좋아하며, 그 몸과 자재가 작고 파리하다.

수는 북방에 속하니 윤하(潤下)라 이름하고, 오상으로는 지(智)를 주관한다. 그 색은 흑이요, 그 맛은 짠 것[鹹]이며, 성품은 총명하고 그 정은 선량하다. 왕상 한즉 기관(機關) 즉 틀과 관계함이 심원하여, 족히 지혜롭고 도모함이 많다. 학식이 보통 사람을 넘는데, 속이고 사기치면 그 끝이 없게 된다. 얼굴은 흑색에 광채가 있고, 언어는 맑고 화기롭다. 태과한즉 시비에 움직임을 좋아하며, 탐하고 음탕함이 뜨고 넘친다. 불급 한즉 인물이 왜소하고 일을 행함이 반복적이고, 성정은 평상함이 없으며 담이 작고 다스림이 없다.

이는 비록 오행의 가르침이지만 실은 인사와 더불어 서로 줄기가 되는 것이다. 이상의 오행과 성정을 참조하여 명(命) 중에 만난 바의 길흉과 신살로서 이를 판단하는 것이니, 대개 생왕(生旺)한 자는 주가 장대하고, 사절(死絕)된 자는 주가 왜소하다. 만약 살(煞)의 임함이 있으면 이 같은 제한에 머물지 않는데, 또 종살하게 되면 위와 같이 판단한다. 만약 극(尅)함이 있은즉 그 극하는 바의 오행을 쫓아서 판단하며, 또 일시를 취하여 개략하고, 납음을 올려 유극(有尅)함과 무극(無尅)함을 보고, 더불어 신살(神煞)이 임한 바의 유기(有氣)함과 무기(無氣)함을 살펴, 그 형상과 성정을 판단한다면, 징험하지 못함이 없을 것이다.

또 이르기를, 사람의 성품에서 행함을 추리하는 것은 다만 일시(日時) 상에 있으니, 근본 오행을 볼 것이며 납음을 논하지는 않는다. 명이 만약 입격하고 생왕함을 만나면, 주의 천성이 명백한 것이다. 사물을 만나 거스르지 않으며 움직임이 필히 기미에 응하니, 그 언어와 소리가 높은 것이며 큰 도량으로 관문을 돌파하니 일에 임하여 능히 결단하고 공평하여 의심하지 않는다. 어려움을 범해도 두려워하지 않고, 평생 재물을 가지고 인색하지 않으며 베품을 좋아하고 자신의 사사로움이 없으니, 자랑할 것이 넉넉히여 기쁘고 즐거우며 다정하고 의를 숭상하니, 비록 선종(善終)하지 못하는 우환이 있다 하여도 능히 막아내는 것이다. 만약 명이 귀격(貴格)에 들었으나 사절됨을 만나면 주의 성품에 합하는 것이 적어져 비록 조짐이 깊다 해도 뜻이 은밀한 중에 의심과 꺼림이 많으니, 행동은 예절에 얽매이고 삼가고 돌아보면서도 그 행함이 그치고 만다. 외모를 잘 꾸미면서 의궤는 공경스러우며, 항상 자신은 검약하면서 베풀고 이룩함이 망령되지 아니하여, 음모의 우환이 있어도 막아낸다.

만약 소인(小人)의 명으로, 이미 천(賤)한 국에 들고 생왕한 것은 주의 성품이 일정하지 아니하고 스스로 검속하지 않아서, 일을 함에도 위험과 패망을 돌아보지 않는다. 투쟁을 좋아하고 강한 것을 믿어 약한 것을 억압하며, 나쁜 무리들과 친근하여 가업을 모시지 않으니, 필경 선종함을 얻지 못할 것이다. 사절된즉 그 성품이 음사하여 움직임은 필히 거짓되고 간교하니, 쌓은 것은 줄어들고 잡은 것은 꺾이며, 거동은 잘 꾸미지만 언사가 오로지 희롱함이며, 스스로 자랑하고 잘난 체함을 좋아한다. 하지만 일에 임하여 결단이 없으며, 맞는 것은 적고 아닌 것이 많으니, 그 한 몸을 세우지를 못한다.

《재공요결(宰公要訣)》[1]에 이르기를, 앎과 뜻이 높고 도량이 큰 것은 대개 수(水)의 자리가 심원함에 기인하고 독실하고 믿음이 있어 어짊을 지키는 것은 오직 토(土)가 산악을 이룸이 되었기 때문이다. 인자하고 민첩하며 두터운 것은 목(木)이 갑을의 방을 이룬 까닭이요, 성품이 빠르고 언변이 명확함은 화(火)가 병정의 자리에 응하였기 때문이며, 영예가 높고 의리가 중함은 금(金)이 돌아가 경신의 자리와 합함으로 인한다. 그 중(中)화에 머문 자는 바른 성품을 떠나지 않으니, 혹은 성하고 혹은 쇠할지라도 성정(性情)은 불변하는 것이다. 수가 쇠패함을 올라타면 성품이 혼미하여 의지할 것이 없고, 토의 힘이 크게 미약하면 집착하여 덮여버리니 쓰임이 적고, 목이 건지(蹇地)로 돌아가면 크게 유약하여 일을 다스림에 규율이 없으며, 화의 수(數)가 흥하지 못하면, 말이 적어도 크게 상하며 결단함이 없다. 금이 천박함을 당하면 비록 의롭다 하여도 유시무종일 뿐이다. 이는 곧 오행의 득지(得地)와 실지(失地)이니, 태과불급이 되면 모두가 능히 흉이 되는 것이다.

《자평부(子平賦)》에 이르기를, 아름다운 자태와 용모란, 목이 춘하의 시기에 생한 것인데 지식은 없다. 수는 축미의 일(日)에서 곤고한데, 성질은 총명하니 대개 수상(水象)의 빼어남이 되기 때문이다. 일에 임하여 과감 결단함이 있음은 대개 금기의 강함으로 인함이다. 오행의 기가 족하면 반드시 그 몸이 풍채 있고 비만하며, 사주가 무정하면 성질이 완고하고 비루함이 많다.

《지미부(指迷賦)》에는, 문장이 명민(明敏)함은 모름지기 화가 성함에서 정한다. 위무의 강렬함은 곧 금이 많은 것이요. 목이 성한즉 측은지심을 품고, 수가 많은즉 기교와

---

1   그냥 요결이 될지, 재공요결로 해야 할지 분명치 못하다. 재공을 붙일 곳이 마땅치 않은 것이다.

지혜를 안은 것이며, 지토(至土)의 성질은 가장 중후한 것이니, 귀함이 된다.

《광신집(廣信集)》에는, 무릇 명에서 오행이 생왕한 것은 화려하고 꾸미는 일을 좋아하니, 흉중에 다른 물건이 없으면 역시 주가 호색한다. 화명(火命)은 더욱 긴박하다. 사절 상극 묘에 든 것은 선·도(禪道)를 좋아함이 많으니, 귀근(歸根)복본(復本) 즉 뿌리와 근본으로 돌아가고자 하기 때문이다. 장백(張白) 선생 이르기를, 5위가 자절(自絶) 즉 스스로 절지가 됨에 곧 5반의 정(情)이 있다. 금은 의를 주장하나 자절된즉 의가 부족하고, 목은 인을 주장하나 자절된즉 불인하며, 수는 지를 주장하나 자절인즉 지혜를 잃고, 화는 예를 주장하나 자절된즉 무례하며, 토는 신을 주관하나 자절된즉 믿음이 부족한 것이다. 무릇 오행은 먼저 생왕하고 후에 사절된즉, 비루한 경우가 많다.

《호중자(壺中子)》 이르기를, 언사가 교활함은 태어난 시(時)가 육허(六虛)[2]에 합치한 까닭이니, 육허에 거주처를 둔 것을 일러 만어신(謾語神) 즉 말로 속이는 신이라 한다. 범인(凡人)이 이를 얻으면, 그 마음이 짓고 꾸미는 것을 좋아하여, 헛소리가 거듭하여 병렬하게 된다. 이를 만난 자는 반드시 교활하고 평생토록 존장과 육친을 극하고 막으니, 타국에 표류하고 작사(作事)함이 다 헛된 소리에 불과한 경우가 많다.

【論疾病先知五臟六腑所屬幹支】 오장육부의 간지를 먼저 알고 질병을 논함

가(歌)에 이르기를, 갑담(甲膽) 을간(乙肝) 병소장(丙小腸) 정심(丁心) 무위(戊胃) 기비(己脾)의 고장이라. 경은 대장(大腸)이요, 신은 폐(肺)에 속하며, 임은 방광(膀胱)에 이어지고, 계는 신장(腎臟)에 숨었다. 삼초(三焦)[3]는 또한 임(壬)을 향하는 가운데 포락(包

---

[2] 육허는 공망을 충한 것으로 보는데, 대충 방에 해당한다.

[3] 삼초(三焦)는 한의학에서 주장하는 오장육부 중 육부(六腑)의 하나로서 상초(上焦), 중초(中焦), 하초(下焦)가 있다. 해부학적으로 삼초는 존재하지 않는다. 현재는 상·중·하의 삼초를 주로 몸의 부위에 따라 구분하여 횡격막 이상을 상초, 횡격막에서 배꼽까지를 중초, 배꼽 이하를 하초라 한다. 상초는 심장과 폐(肺)를, 중초는 비장과 위장·간(肝), 하초는 신장·대장·소장·방광(膀胱) 등의 내장을 포괄한다. 삼초는 여러 기(氣)가 중심적으로 작용하는 곳으로 인체의 기화작용(氣化作用:기혈의 작용에 의해서 내장기 고유의 기능이 발휘되는 것)을 종합·통제하는 곳이며, 또한 원기(元氣)와 내분비물이 운송되는 길이다. 삼초는 심장과 폐의 수송 작업에 힘입어 음식물의 에센스를 전신에 보내며, 그로써 피부·근육·골격을 보양한다. 중초의 주된 작용은 음식물의 소화·흡수와 혈액화 하는 작용, 즉 영양물질을 혈액으로 변화시키는 작용을 한다. 하초의 주된 작용은 맑고 탁함, 즉 대변과 소변을 분리시키며, 노폐물을 몸 밖으로 배설시키는 일이다. 담은 쓸개다.

　오장 : 간장·심장·비장·폐장·신장

絡)⁴에 부치고, 계향(癸鄕)으로 같이 돌아 들어간다.

또 이르기를, 갑두(甲頭: 머리) 을항(乙項: 목) 병견(丙肩: 어깨)을 구하고, 정심(丁心: 심장) 무협(戊脅: 옆구리) 기는 복(腹:배)에 속한다. 경은 배꼽의 바퀴[臍輪]요, 신은 고(股: 넓적다리)에 속하고, 임은 경(脛: 정강이)이요, 계는 족(足: 다리)으로, 일신(一身)의 유래다.

또, 자는 방광에 속하여 수도(水道: 물길)이다. 축은 포두(胞肚: 태보와 배) 및 비(脾: 지라, 밥통)의 고향이 되고, 인은 담(膽)에서 맥을 발(髮)하여 두 손을 아우르고, 묘는 본래 10손가락인데 그 안에 간(肝)의 방위를 둔다. 진토는 피부와 어깨 가슴의 류가 되고, 사는 얼굴과 목구멍 이빨이요, 아래로는 항문에 거(尻)하며, 오화는 정신으로 눈과 안구를 사령한다. 미토는 위와 팔뚝에 횡격막과 척추와 뼈대를 이루며, 신(申)금은 대장과 경락과 폐이며, 유(酉) 중에는 정혈과 소장을 감추었다. 술토는 명문(命門)에 퇴과(腿腂: 넓적다리와 무릎 복사뼈)와 족(足: 다리)이요, 해수는 머리가 되고 신장과 불알[囊]에 미친다. 만약 이 법에 의거하여 사람의 병을 추리해보면 곧 기백(岐伯)과 뇌공(雷公)이라, 사람에 베풀고 하늘에 오를 것이다.

또 이르기를, 오가 머리이면, 사미는 양 어깨로 조화롭게 고른다. 좌우로 이박(二膊) 즉 두 팔은 진과 신이라. 묘유가 양쪽 옆구리에 인술은 넓적다리인데, 축과 해는 정강이 다리에 속하고, 자는 곧 음⁵이 되는 것이다.

또, 건수(乾首: 머리) 곤복(坤腹:배)에 감이(坎耳: 귀)로 짝이요, 진족(震足) 손고(巽股: 정강이)에 간수(艮手)로 머물고, 태구(兌口) 이목(離目)으로 팔괘가 나뉘니, 무릇 질병을 볼 때는 이로써 구하고 추리하는 것이다.

육부 : 위 · 대장 · 소장 · 담낭 · 방광 · 삼초

4 담(痰)이라고 하는 것은 진액을 달리 부른 이름인데 이것이 몸을 눅여주고 영양한다. 담(痰), 연(涎), 음(飮)이라고 하였지만, 그 이치는 하나인데 달리 구별하였다. 포락(包絡)에 잠복해 있던 기(氣)를 따라 폐(肺)로 들어가서 막혀 있다가 기침할 때 나오는 것이 담(痰)이고, 비(脾)에 몰려 있던 것이 기를 따라 위[上]로 넘쳐 나서 입귀로 흘러나오는 것이 연(涎)이다. 그러나 음(飮)만은 위부(胃府)에서 생겨서 토할 때 나온다. 그러므로 이것이 위(胃)의 병이라는 것을 몰라서는 안 된다. 곧 이는 기가 움직이는 경락의 일종으로 이해하면 되겠다.

담병에는 10가지가 있다 : 풍담(風痰), 한담(寒痰), 습담(濕痰), 열담(熱痰), 울담(鬱痰), 기담(氣痰), 식담(食痰), 주담(酒痰), 경담(驚痰)이 있다. 담병의 원인은 1가지가 아니라 열(熱)로 생기는 것, 기(氣)로 생기는 것, 풍(風)으로 생기는 것, 놀란 것으로 생기는 것, 음(飮)으로 생기는 것, 음식으로 생기는 것, 더위로 생기는 것, 냉(冷)에 상하여 생기는 것, 비허(脾虛)로 생기는 것, 술로 생기는 것, 신허(腎虛)로 생기는 것이 있다. 속담에 10가지 병에서 9가지는 담이라고 하였다.

5 이는 곧 생기지원을 말하니, 즉 음경이다.

대저 질병이란 모두 오행의 불화로 인한 것인즉 사람 몸의 오장이 조화롭지 못한 것이다. 대개 오행은 오장(五臟)에 통하고, 육부(六腑)는 구규(九竅)에 통하는 것이니, 무릇 10간이 병을 받음은 육부에 속하고, 12지가 병을 받으면 오장에 속하게 된다.

병정·사오 화(火)는 그 국(局)이 남방 이(離)화라, 주의 병이 위쪽에 있고, 임계·해자 수국은 북방 감(坎)수이니, 주의 병이 아래쪽에 있게 된다. 갑을·인묘는 진(震)에 속하니 병이 좌측에 있고, 경신·신유는 태(兌)에 속하여 주의 병이 우측에 있다. 무기·진술축미는 곤(坤)과 간(艮)에 속하니, 주의 병이 비위와 중완(中脘: 밥통)에 있다.

여러 풍(風)은 훈도(暈掉) 즉 기의 무리를 흔든 것이어서, 눈빛이 나날이 혼미해지고 혈이 조화롭게 펼치지 못한다. 일찍이 낙발(落髮) 즉 모발이 떨어지면 힘줄이 푸르고 뼈대가 마르는데 간(肝)의 집에 속하니, 이는 갑을·인묘 목이 이지러짐을 받아 주가 병드는 까닭이 된 것이다. 여러 통증과 농혈(膿血)창개(瘡疥) 즉 고름과 부스럼·옴 등은 혀가 고통을 받아 음아(瘖瘂) 즉 벙어리가 되는데, 심가(心家)에 속하여 병정·사오 화가 이지러지면 주에게 병이 오는 이유가 된다. 부종(浮腫), 각기(脚氣), 황종(黃腫), 구취(口臭), 번위(飜胃: 위경련), 비한(脾寒: 배가 찬 것) 격열(膈熱: 가슴에 열이 나고 답답한 것) 등은 비가(脾家)에 속하여 무기·진술축미 토가 이지러짐을 받아 주가 병든다. 코가 막히고 술에 마르며 말이 막히고 기가 맺히며, 해수(咳嗽)가 소리를 내는 것 등은 폐가(肺家)에 속하니, 경신·신유가 이지러지면 수가 병든다. 백탁(白濁), 백대(白帶), 곽란(霍亂), 사리(瀉痢: 설사), 산기(疝氣)소장(小腸) 즉 허리 아래 아픈 병 등은 신가(腎家)에 속하니, 임계·해자가 어긋나면 주가 병드는 까닭이 된다.

갑을이 경신·신유가 많은 것을 보면, 안으로는 주의 간담(肝膽)이 놀라고 두근거리며, 피로하여 앓고 수족이 둔하고 퍼석하며, 근골이 욱신거리고 통증이 있다. 밖으로는 주의 머리와 눈에 병이 나 아찔하고 흐릿하며, 입과 눈이 비뚤고 기울어지며, 좌탄(左癱)우탄(右瘓) 즉 좌는 비틀리고 우는 중풍이라, 넘어지고 자빠져 손상됨이 중첩된다. 병정 화를 많이 만났는데, 수의 상제(相濟)가 없으면 곧 담천(痰喘)각혈(咯血) 곧 가래가 끓고 피를 토하며, 중풍에 말을 못하고 피부가 건조해지며 안으로 열이 있어 입이 마른다. 여인은 명주(命主)의 혈기가 조화를 잃고, 잉태한 자는 낙태한다. 소아인 명주는 급만(急慢)경풍(驚風) 즉 급하게 가라앉으며 경기가 드니, 밤에는 기침으로 콜록거리며, 얼굴과 색은 푸르고 검어서 푸르뎅뎅한 것이 이것이다.

병정이 임계·해자가 많은 것을 보면, 안으로는 주의 심기(心氣)가 다쳐서 두근거리고 통증이 있다. 전간(顚癎)설강(舌强)이라 곧 간질로 쓰러지기도 하며 발작증에 혀가

군는데, 입의 통증으로 말을 잘 못하고, 급만경풍이 있으며 말하는 데도 더듬고 막힌다. 밖으로는 주가 열에 잠식당하여 발광하고 눈이 어두워져 실명하며, 소장에 산기(疝氣) 즉 아픈 통증이요, 창이(瘡痍) 즉 부스럼과 상처로 고름에 피가 뻑뻑해지며, 소변이 찔끔찔끔 방울거리고 탁하다. 부녀(婦女)는 주(主)에게 마른 피와 중독으로 혈기와 경맥(經脉)이 조화롭지 못하다. 소아에게는 천연두와 홍역 종기와 옴 등이 있고, 면색(面色) 즉 얼굴 색이 벌겋고 붉은 것이 이것이다.

무기가 갑을 · 인묘의 글자를 많이 보면, 안으로는 주의 비위가 조화롭지 못하여 위가 뒤집히고 먹지 못한다. 기(氣)가 매이고 독으로 헛배가 불러 설사하며 누런 부종이 뜨니, 음식을 가려 먹게 되고 구토하여 그 마음이 화가 나 악해진다. 밖으로는 주의 오른손이 축 처지고, 습한 독이 흐르고 또 더하니 가슴과 배가 꽉 막히고 체한다. 부녀는 주가 음식의 단맛을 못 느끼고 신물을 삼키며 허약해지니, 하품이 많고 피곤하며 게을러진다. 소아인 주(主)는 다섯은 감(疳)병으로 만성 소화불량에 다섯은 연(軟)약해지니, 안으로는 열이 나고 잠자기를 좋아하며, 얼굴과 색은 누렇게 뜨고 왜소해짐이 이것이다.

경신이 병정 · 사오를 많이 보면 안으로는 주가 장풍(腸風)치루(痔漏)라 곧 장에 문제가 생기고 치질로 새는 것이 있어, 화장실에서 하혈하고 가래가 들끓어 기침을 한다. 기가 헐떡이고 피를 토하며 도깨비를 만난 듯 혼절하고 허하여서 괴롭고 피로한 증세이다. 밖으로는 피부가 마르고 트며, 폐에 바람이 들어 헉헉거리고, 코가 붉으며 등창과 부스럼이 등에 나기도 하며, 피가 탁하고 무기력해진다. 부녀에게는 가래와 기침이요, 피를 자주 쏟는다. 소아에게는 농혈(膿血)에 이질(痢疾)이요, 얼굴과 색은 누런데 허여 멀건한 것이 이것이다.

임계가 무기 · 진술축미를 많이 보면, 안으로는 주가 남은 정기를 빼앗겨 식은 땀을 흘리고, 밤에는 악몽과 귀신 꿈을 교대한다. 피가 탁하고 허하여 손상되며, 한기와 싸우느라 어금니를 깨무는데, 귀가 어둡고 눈이 멀며 추위에 상하여 그 느낌이 차고 시다. 밖으로는 바람에 못 견디고 이가 아픈데, 특히 신(腎)장의 기가 떨어져 요통에 슬통(膝痛) 즉 무릎이 아프다. 오줌발은 방울져 시원치 못하고 토사(吐瀉)가 있는데, 차가운 것이 두렵고 추위를 미워한다. 여인은 백대(白帶)귀태(鬼胎)라 흰 허리에 살을 잉태한 격이니, 월경이 조화롭지 못하다. 소아는 주의 귀 안에 부스럼이 생기고, 소장(小腸)이 욱신거리고 아프며, 야간에 헛소리를 하는 수가 있고, 면색(面色)은 그 속이 거뭇하고 시커먼 것이 이것이다.

부(賦)에 이르기를, 근골(筋骨)의 동통(疼痛: 욱신거리고 아픔)은 대개가 목이 금으로부터 상해를 입은 것이 원인이다. 안목이 암혼(暗昏:어둡고 흐릿함)은 필시 화가 수의 극을 만난 때문이며, 토가 허한데 목왕의 향을 만나면 비(脾)장이 상함은 정한 이치이다. 금약에 화염의 땅을 만나면, 혈관의 질환을 의심할 것이 없다.

또, 목이 금극을 만나면 주에게 허리와 근육의 재해가 정한 것이며, 화가 수상(水傷)을 입으면 필히 주의 안목(眼目)에 질환이며, 심장과 폐가 헐떡거림은 역시 천간으로 금·화가 상형(相刑)함이며, 비(脾)와 위(胃)가 손상됨은 대개 토·수가 전극(戰尅)함으로 인함이다. 지지 수인데 간두(干頭)에서 화를 만나면, 필히 복통과 병이 있고 마음이 어리석어진다. 지지 화에 간두로 수의 만남이 있으면, 곧 안으로 장애가 있고 눈(동자가)이 보이지 않는다. 염상(炎上)이 그을리고 쪄서 괴로워하는 토에 비추면 머리는 대머리에 눈은 어두우며, 윤하에 오직 습하기만 한데 토의 제극이 없으면 신장이 허해지고 귀가 들리지 않는다. 형혹(熒惑)[6]이 승왕한데 이·손(離巽)이 임하면, 중풍으로 소리를 잃는다. 태백(太白)이 굳고 예리한데 태·곤(兌坤)을 합하면, 병사들 앞에서 혼백이 떨어져 사기를 잃음과 같다.

또 이르기를, 심(心)이 병을 받으면 입이 말하지를 못하고, 간(肝)에 병을 얻으면 눈이 볼 수가 없으며, 비(脾)장이 병을 받으면 입이 먹지를 못하고, 폐(肺)가 병을 받으면 코가 냄새 맡지 못하며, 신(腎)장이 병을 받으면 귀가 들리지 않으니, 각기 그 주관하는 바를 쫓기 때문이라. 이로써 그 허실을 증명하는 것이다.

금귀(金鬼)에는 침을 놓음이 마땅치 않고, 화귀(火鬼)에는 쑥뜸으로 상함을 절대로 꺼린다. 토에는 환(丸)을 쓰지 않고, 목은 모름지기 흩어짐을 꺼린다. 금이 복(福)이 되면 서방에서 의원을 구하고, 목이 와서 생(生)한다면 동방에서 약을 쓴다. 수(水)가 절(絶)한 것에는 모름지기 침(針)을 놓음이 마땅하고, 약(藥)은 금석(金石)을 회생함에 마땅한 것이다. 토가 약하면 화의 뜸을 구하고자 하니, 의원을 찾아 회생을 구하면 위태로움이 없다. 화귀에는 약을 짓고 다림에서 능히 다스리게 되고, 수귀(水鬼)에는 환과 흩어짐이 문득 마땅한 것이다.

아! 사람의 병이 백 가지라도 그 이치는 둘이 아니니, 바라보고 들으며 물어 절실함이 곧 의가(醫家)의 묘용이리 하면, 생극제회는 술사(術士)의 미묘한 근원이 되는 것이다. 만약 능히 참여하여 그 근원과 표본을 연구해보면, 결국 이 법에서 벗어나지 않는다. 논(論)에 이르기를, 건강하고 태평함은 화합함에서 생하는 것이요, 질병은 형(刑)하

---

[6] 화성을 말한다. 화가 지나친 것이다. 아래의 태백은 금성이니, 금이 지나침이다.

고 상(傷)하는 데서 일어난다. 오행이 쇠왕(衰旺)하는 이치를 탐구해보면, 모든 병의 표리(表裏)를 상세히 유추할 수 있으니, 안으로는 오장(五臟)에 응하고 밖으로는 사지(四肢)에 속하는 것이다.

또한 다음과 같다. 목기가 휴수(休囚)하면 양빈(兩鬢) 즉 귀 밑털이 사라지고 트여서 자라지 않으며, 화가 사절(死絶)에 임하면 두 눈동자가 혼암하여 빛이 없고, 화 중에 토가 숨고 수제(水制)가 적으면 심신이 황홀(恍惚) 즉 흐릿하고, 목 아래에 금이 숨었는데 화의 구함이 없으면 곧 정강이와 다리가 손상된다.

갑을이 태(兌)에서 생하였는데 임계를 만나면 술에 취한 마을에서 죽음을 맞고, 병정이 감(坎)에서 길러지고 경신을 만나면 구항(溝港) 즉 도랑과 물가에서 망한다. 수가 성하여 목이 뜨게 되면 설사와 이질이 많고, 토중(土重)금매(金埋) 즉 토가 중하여 금이 매몰되면 항상 병의 기운이 높은 상태가 된다. 여러 풍(風)은 흔들어서 아찔해짐이라, 을목이 왕한데 신(辛)금이 쇠약한 것이요, 동양(疼癢)창양(瘡瘍) 즉 부스럼과 종기로 욱신거리고 가려운 것은 정화가 성한데 계수는 약한 것이다. 비새(痞塞)종만(腫滿) 즉 체하여 막히고 부스럼이 가득함은 단지 기토(己土)가 태과(太過)함으로 인함이며, 분울(憤鬱)병위(病痿) 즉 성내고 막히며 저리는 병은 대개가 신금(辛金)이 불급(不及)함이 되어서이다. 이목(耳目)이 총명한데 계수가 왕하면, 춥고 어긋나 오그라듦으로 신(腎)장의 경락이 허(虛)하게 된다.

갑을이 능히 무기를 상하는데, 구함이 없으면 결순(缺脣) 즉 입술의 결함으로 째보라 하고, 병정이 경신을 잘 극(尅)하는 데 제복이 모자라면 음아(瘖瘂) 즉 훌쩍거림에 목이 잠기는 벙어리이다. 화(火)중에 토가 있으면, 목에 나력(瘰癧) 곧 연주창으로 가죽이 두꺼워지는 재앙이 생한다. 수중에 토가 있으면 배가 아프고 독충으로 인한 부스럼의 병이 있다. 용신(用神)이 제극을 받으면 형을 입은 것인데, 봉장(棒杖) 즉 몽둥이에 망한다. 상하로 귀(鬼)를 만났는데 구함이 없으면, 들보에 매달려 죽는다.

주에 충(衝)이 거듭되어 흉(凶)이 많으면, 타향에서 그 몸을 초상친다. 오행이 쇠패하고 부족하면, 온역(瘟疫) 즉 돌림병으로 몸을 잃는다. 수가 패하면 허리가 낙타처럼 곱사등이지만, 헌기(軒岐) 즉 집을 나누어 쓰는 법을 사용하지 못한다. 금이 형(刑)되면 거북의 등이라, 편안히 노편(盧扁) 즉 화로를 널따랗게 놓아 따뜻하게 하는 방편을 시행할 수 있다. 경신의 기가 빼어난데 서방에서 목을 보면, 병사와 칼에 망한다. 갑을이 곤(坤)과 남방에서 패·절(敗絶)인데 수가 없으면, 뼈와 살이 비양(飛颺) 즉 날아 흩어진다.

신사·병신으로 형(刑)을 만나면 팔이 짧고, 사람이 여섯 손가락으로 태어남이 있다.

기묘 · 무인으로 적(敵)을 만나면 위가 약하고 늘 병인데 등창과 부스럼이 있고, 을미 · 갑오로 금(金)을 만나면 사람이 자라 머리인 경우가 많다. 계묘 · 기축으로 상형(相刑)하면 병이 허리와 무릎에 생긴다. 갑신 · 을유는 유년(幼年)에 다병(多病)한데, 간과 경락이요, 신묘 · 경인은 만년(晩年)에 노동으로 근골을 상한다. 병화가 위로 뜨거우면 장부라도 심신에 매번 꺼리는 것이 많고, 정화가 아래로 습하면 여자는 허(虛)하여 아프니 폐결핵에 피를 쏟는다.

금토가 인묘에 임하면, 병은 폐가 헐떡거리고 비(脾)장 즉 배가 차갑다. 무기가 패화(敗火)에 놓이면, 병은 밥통이 괴로우니 돌더미에 머문 것 같다. 경신이 화(火)를 보아 서로 형하면, 여인은 모름지기 백대(白帶)[7]가 근심이다. 병정이 두루 이방을 향하면, 부인들은 혈붕(血崩)[8]을 절대로 꺼린다. 양인은 폄굉(砭肱) 즉 팔뚝의 돌침과 넓적다리의 뜸이요, 현침은 곧 얼굴을 찌르거나 베고 문신하는 것이다.

일시가 쇠패하면 큰 병에 치료하기가 어렵고, 간지가 형해(刑害)하면 작은 병이라도 치료하지 못한다. 기가 서로 얻음이 있으면 편안하고 화합하며, 기가 서로 거역하면 재앙과 해침이다. 병증은 6맥(脉)에서 떠나지 않으며, 사생은 오행을 넘어서기 어려우니,[9] 그 흥쇠를 세밀하게 탐구하면 만에 하나도 잃지 않을 것이다.

고가(古歌)에 이르기를, 무 · 기 생이 시(時)의 기(氣)가 온전하지 못하거나 월 · 시의 두 곳에서 상관(傷官)을 보면, 필시 얼굴과 머리에 이지러지고 손상함을 당하며, 농혈(膿血)의 상처와 부스럼으로 어려서 고생한다.

또, 일주가 무 · 기 생으로 가림(加臨)함에 지진(支辰)으로 화국(火局)이면 기가 훈증(薰蒸)한다. 충형극파는 마땅히 잔질(殘疾)이라, 머리카락 빠지고 눈이 어두움을 어찌 감당하리오.

또, 병 · 정 일간에 오행이 쇠패하며, 칠살이 가림하고 삼합이 오며, 올라가 일과 합하면 의식을 구하지만 결하게 되고, 귀가 멀고 잔질이 있으며 얼굴이 먼지처럼 푸석푸석하다고 하였다.

또, 임 · 계가 중중첩첩하여 서로 배척하는데, 시(時)에 진(辰)을 두고 천재(天財: 천간의 재)를 본다. 그러함에노 얼굴과 머리에 반라(班癩) 곧 반점이나 옴이 없다면, 정히 주가 되는 사람의 눈과 눈동자에 재앙이 있다.

---

7   백대하증, 자궁이나 질벽에 백혈구의 증가로 흰색의 대하가 나옴
8   월경기가 아닌데, 갑자기 피가 많이 나오는 것.
9   병증은 6맥이요, 생사는 오행이라 하니, 결국 기맥의 흐름으로 그 원리를 찾는 것이다.

또, 병·정이 화왕(火旺)하면 질병을 막기 어렵다. 사주에서 진·사(辰巳)방이라면 휴수됨이 있는데, 목화가 상생하여 이 땅으로 들어오면 말을 못하는 가운데 풍질(風疾)로 암중에 망한다.

또 이르기를, 사람의 생이란 아버지로부터 기를 받고, 어머니에게서 형체를 이룬다. 오장이 화평한 자는 질병이 없고, 전극하고 태과 불급한 자는 주에게 질환이 있는 것이다.

《내경(內經)》에 이르기를, 동방이 실하고 서방이 허하며, 남방에 쏟고 북방을 돕는다. 동방의 실이란 목이 태과한 것이요, 서방의 허란 금이 불급함이며, 남방에 설사함이란 화가 태과하고, 북방을 돕는다는 것은 수가 불급한 것이다. 이같이 오행이 태과 불급하게 되면, 대개 주에게 질환이 된다. 만약 수승이화강(水升而火降)이라 곧 수가 오르고 화가 내리며, 화강(火降)이 금청(金清) 즉 화가 내리면 금이 맑고, 금청이 목평(木平) 즉 금이 맑으면 목이 평안하며, 목이 평안하면 토를 극함에 이르지 아니하니, 오장(五臟)이 각기 중화(中和)의 기(氣)를 얻는데 질병이 어찌하여 자생할 수 있을 것인가? 사람의 사주에 내외 상하로 오행이 화락하면 질병이 없고, 혹 서로 전극 태과 불급하면 모두가 질병이 되는 것이다.

《음양서(陰陽書)》에는, "금이 강건한데 화가 강하면 스스로 그 방위에서 형(刑)하며, 목이 떨어져 근본으로 돌아가면 수가 동으로 달려 흐른다. 이로써 삼형을 논한바, 형(刑)한즉 남은 해가 있으니 태과(太過)하여 몸의 질환을 말하는 것이다. 만약 단지 불급(不及)을 취하여 질병으로 삼는다면, 반드시 한 쪽에 치우쳐 잃게 되는 잘못이 있을 것이다."고 하였다.

무릇 오행에는 사(死)와 절(絶)이 있어, 이로써 질환을 이루는 것이 있다. 수가 사절되면, 신(腎)장의 기(氣)가 허리와 다리로 흐르는 물길을 공격함이 많아, 매끄럽게 배설해야 할 대·소변에 불리한 질환이요, 화가 사절이면 명주의 장(腸)에 기가 맺히고 막혀 놀라고 두근거리며, 건망증이 있고 정신이 불안한 질환이 된다. 목이 사절되면 허(虛)하고 풍(風)이 눈에 있어 말을 더듬고 아찔하며 어지러운데, 힘줄이 당기고 손톱이 갈라져 험하고 파리한데, 기쁨과 분노가 뒤섞여 뒤집히고 음식을 가려먹는 질환이 된다. 금이 사절되면 주의 기가 허하고 천식이 급해 헐떡거리며 해수(咳嗽)가 있고, 피부와 가죽이 그을리고 마르며 뼈대가 왜소한데, 골절에 욱신거리는 통증이 있고, 눈물을 흘리며 대장(大腸)이 사리(瀉痢) 즉 쏟고 설사하니 피와 혈변의 질환이 된다. 토가 사절되면 주의 얼굴이 누렇고 음식을 줄이는데, 입 사이가 벌어지고 역류로 구토하며 사지와 몸이 게을러 눕기를 좋아하고 잠을 즐기니, 많이 생각하여 사려함이 족하나 귀는 멀고 신

(神)은 탁하여 건망증이 있고, 어려서 움직이고 운동을 좋아하여 짓게 되는 병이 있다.

　상극(相尅)이 있어 질병을 이루는 것이 있다. 금·화(金火)상극의 경우, 생왕(生旺)한즉 양창(瘍瘡)탄종(癱瘇) 곧 종기와 부스럼에 마비증과 부종이요, 사절(死絶)된즉 노채(癆瘵)구혈(嘔血) 곧 결핵과 폐로병 및 구토와 토혈함이 있다. 토·목(土木)상극은 생왕하면 주에게 피민(疲悶)혼현(昏眩) 즉 피로와 번민에 어지럽고 눈이 어두워 아찔하며, 풍마(風麻) 즉 풍과 마비에 소장(小腸)의 질환에 통증과 부종이 있다, 사절되면 주가 음식을 토하고 가라앉는 증상이며, 저벽(疽癖)적체(積滯) 곧 등창과 가려움에 버릇이 되고 체한 것이 쌓이는 질환인데 혹 주가 중풍을 앓기도 한다. 금·목(金木)상극은 생왕하면, 주의 사지와 다리에 골절이나 불완전한 경우가 있고 안목(眼目)의 질환이며, 사절되면 주의 기(氣)가 허(虛)하여 정(精)이 이탈(脫)하니 노채(癆瘵)탄탄(癱瘓) 즉 결핵과 중독마비와 중풍의 질환이 있다. 수·토(水土)상극은 주가 비습(脾濕)설사(泄瀉) 즉 비장이 습하여 설사하는 가운데 가래가 차고 기침으로 불리한 질환이 있다.

　상생(相生)함에서 질병을 생하는 것이 있다. 화·목(火木)상생의 경우, 생왕(生旺)한즉 위로는 성하나 간격을 두고 막히면, 눈은 붉고 머리에 풍이 드는 경우요, 사절(死絶)된즉 상한(傷寒) 즉 추위에 상하여 광증을 짓거나 번민하고 심란해지는 질병이 된다. 화·토(火土)상생은 생왕한즉 위(胃)가 실하고, 사절된즉 순초(脣焦)홍기(紅氣) 즉 입술이 그올려 붉온 기를 띠는데, 열이 나서 결합하면 대변이 불리하다. 금·수(金水)상생은 생왕한즉 기(氣)가 막히고, 사절된즉 그 정(精)이 맑고 매끄럽다. 수·목(水木)상생은 생왕한즉 구토하니 위가 허함이요, 사절된즉 정기가 패하고 무너져 상한(傷寒)점학(痁瘧) 곧 추위에 상하여 학질이 달라붙는다. 금·토(金土)상생은 생왕한즉 살과 근육이 허하여 없는 경우가 많고, 사절된즉 장명(腸鳴)충작(蟲作) 곧 장에서 소리가 나며 기생충이 꼬이는 일을 짓는다.

　대저 수토목이 무기(無氣)한 곳에서 서로 만나면, 주에게 고기(蠱氣) 즉 독충의 기운이 장창(腸脹) 즉 장에 차오르는 경우가 많아 거꾸로 토하는 질환이다. 달리 금수화가 무기한 땅에서 서로 만나면 주에게는 이질(痢疾)인데, 금(金)기의 주(主)는 대장(大腸)의 문제다. 수화는 이를 지켜내시만, 음양이 조화롭지 못하게 된다. 대저 수가 토를 많이 만나면 주에게 위가 뒤집하는 질환이 많고, 토가 많은데 목기가 이를 소통시켜 줌이 없으면 주가 농외(聾聵) 즉 귀머거리가 되는 질환이 된다. 대개 신(腎)장의 수(水)가 흐르지 못한즉 위가 뒤집히니, 기(氣)가 불통한즉 곧 귀가 머는 것이다.

　또 말하기를, 무릇 잔질과 병증을 논함에는 먼저 일간을 논하고, 다음으로 월령을 상세히 살핀다. 그런 다음에 년·시를 연결하여 통함을 보는 것이다. 상관의 주는 잔질인데, 살(煞)이 중한 것 역시 그러하다.

건괘(乾卦)는 해(亥)에 있고 해는 천문(天門)이니, 육신(六辛)의 생인(生人)이 이 날[日]과 이 시(時)를 얻으면 주가 눈멀고 귀가 먼 것이 많다. 해는 신장에 속하고, 신은 귀에 통하니 병화가 수의 극(尅)을 만난 것이다. 자(子)의 자리는 감궁(坎宮)이니, 상관에 살중(煞重)하고 서로 형(刑)하면, 주의 하부에 질환이다. 인궁(寅宮)은 간토(艮土)이니, 주의 비위와 면색이 누렇고 마비되는 질환이다. 만약 무·기생 사람이 갑·을로 형(刑)이 될 경우, 왕한 것은 살(煞)이다. 2월 을목에 자묘(子卯)로 상형하면 자를 형하여 일으키는 가운데 묘목(卯木)이 살이 되는 것이라, 역시 주의 하부에 질환이다.

진(辰)은 진(震)에 속하니, 이 달[月]에 상관을 두르면 어린 시절에 주가 경질(驚疾) 즉 놀라는 질환이 많은데, 이는 대개 진(震)이 동(動)하는 것이기 때문이다. 가벼운즉 주의 비위가 상하고 놀라는 질병이요, 중한 즉 주에게 다리의 질환이 있다. 진(震) 장남이 자(子)와 2월에 수생목하면, 역시 이와 같다.

사(巳)는 손(巽)이 되니 상관에 살중(煞重)하면, 주가 부녀인 경우 혈기가 조화롭지 못하여 피로한 병이 있다. 오(午)는 이(離)가 되고 눈[目]이 되니, 상관 살중하면 주가 실명하고 두풍(頭風)의 증상이요, 신(申)은 곤(坤)에 속하여 음의 무리가 되니, 상관 살중하면 주의 허리와 다리 근골의 질환인데, 상관(傷官)상진(傷盡)한 경우라면 이와 같이 논하지 않는다. 유(酉)는 태(兌)가 되니 입과 치아에 속하고, 이것이 온전하지 못한 질환이 된다. 술(戌)은 화고(火庫)가 되니, 주에게는 하혈(下血)과 치루(痔漏)의 질병이다. 축미의 상관에는 역시 주의 비위(脾胃)가 문제다. 상관에 살왕(煞旺)한 것은 해마다 괴로운 염병인데, 주가 상하로 싸우고 극함을 쓰게 한다. 오행의 구조함이 없으면, 주의 신체가 온전치 못하고 얼굴과 머리에 잔상(殘傷)이 있게 되는 것이다.

부(賦)에 이르기를, 신(申) 중에서 무기(無氣)한데 인(寅)을 만나 싸우면, 얼굴과 눈에 치우침과 비뚤어짐이 있다. 을·병에 형(刑)이 있는데 신(辛)의 상함을 만나면, 매일 아침 근심이 발한다. 염화(炎火)에 성수(盛水)는 멸함이 되니, 안목에 혼미함이 많다. 허토(虛土)에 왕수(旺水)는 곧 붕(崩)괴라, 두장(肚腸) 즉 배와 창자에 기생충과 부스럼이 많다. 병화 중에 숨은 토가 있는 사람은 화안(火眼) 즉 눈이 불타는 듯한 것이 많다. 사(巳)화가 진방(震方)에 이르면 정히 주에게 입술의 결함이다. 토가 목의 제어를 받으면, 곧 비위의 재앙이 많다. 목이 금의 상함을 받으면, 근골에 동통(疼痛) 즉 욱신거림의 병환이다. 수·토가 상형(相刑)함에 구조함이 없으면, 정히 발걸음을 잃을 근심이 있다.

금·화가 상형하여 귀살(鬼煞)이 되면, 위로 호흡이 가쁜 질환에 응함이 많다. 임계·무기가 서로 도우면 음악을 듣기 어렵고, 병정·임계가 서로 따르면 청·황(靑黃)을 잠시 분별할 뿐이다.[10]

시(時)에서 일(日)을 극하여 오면 지체(肢體)가 완전하기 어렵고, 수가 만약 형(刑)을 만나면 두면(頭面)을 손상하기 쉽다. 만약 상·하로 귀살이 극하면, 그 도움이 사묘(死墓)에 임한 것이다. 토가 갑·을에 임함은 구토하는 가운데 죽음이요, 화국(火局)에 경·신(庚辛)은 끊어짐이 심기(心氣)의 병에 있다. 수가 동(東)에 처하면 신(腎)장이 허하여 몸에 임한 것이고, 금이 북(北)이면 뼈의 피로와 결핵이 몸에 더한 것이다. 목이 남(南)이면 풍기(風氣)가 재앙이 된다. 다시금 공망, 오묘(五墓), 원진, 칠살을 보고, 사·절(死絶)됨을 만날 경우라면, 다시금 성·명(性命)을 보존하기 어려운 것이다.

또 이르기를, 무릇 일체의 제살(諸煞) 역시 주의 질환을 있게 한다. 곧 겁살(劫煞)은 주의 소장(小腸)이요 또 주의 이롱(耳聾)이니, 인·후(咽喉)의 질환이다. 관부(官符)는 주에게 요각(腰脚) 즉 허리와 다리의 질병이요, 함지(咸池)는 주가 주색으로 노채(癆瘵) 즉 중독 피로, 농혈(膿血), 변닉(便溺) 즉 대소변이 무른 질환이다. 대모(大耗)살은 주가 암매하거나 혹 췌우(贅疣) 즉 뽀루지나 사마귀가 돋는 질환이다. 비렴(飛廉)은 천고(天瞽)라 이름하니, 간지가 무기하면 주에게 눈이 없는 것이다. 대저 녹(祿)은 주가 음식으로 인하여 질병에 이르는 것이니, 모름지기 대살(帶煞) 즉 살을 둘러 극신(尅身)함이 바로 이런 것이다.

무릇 명에서 진충(眞衝)으로 기가 흩어짐을 보거나 혹 진형(眞刑) 즉 참되게 형함으로써 기산(氣散)됨을 보는데, 이로 인해 부서지고 병드는 사람이 많다. '갑진, 갑술, 을축, 을미'는 토·목이 교가(交加) 즉 서로 더함이니, 주에게 탄탄(癱瘓) 즉 마비와 비틀림의 질환이요, '병신, 정유'는 금·화가 교가하니 주의 혈(血)과 근육이 상하는 바다. '무자, 기해'는 수·토가 교가하니 주에게 비위의 질병이며, '경인, 신묘'는 금·목의 교가이니 주의 근골과 노수(勞嗽) 즉 피로 기침의 질환이다. '계사, 임오, 병자, 정해'의 경우는 수·화가 교가하니, 주에게 두면(頭面)과 목질(目疾)이 있다.

《촉신경(燭神經)》에 이르기를, 일이 시의 극을 당하면 상대하지 못하니, 마침내 이는 간신(艱辛)함과 병화(病禍)가 얽힘이라. 금·목이 싸우면 뼈에 병을 근심하고, 수가 화기를 능멸함에 눈에서 연기가 피어난다. 금·수가 사함에 풍라(風癩) 즉 풍과 중독 문

---

[10] 이는 색약 색맹을 말하는 것 같다.

둥병이 되고, 토다(土多)수소(水少) 하면 단전이 패한다. 토가 목극(木尅)을 당하면 비위가 약해지고, 화가 금을 이기면 잔혈(殘血)에 이면(裏眠) 몽유병이라. 수심(水深)금중(金重) 즉 물은 깊고 금이 중하면 수액(水厄)을 만나는데, 또 수를 만나면 정히 깊은 못에 떨어짐을 가르치는 것이다. 수소(水少)화다(火多)면 갈증을 받음에 응하고, 화다(火多)토소(土少)면 말하는 것이 미쳐 엎어진 것 같다. 수가 만약 깊은데 화 역시 밝다면, 수는 가득 차고 화가 밝은 것이지만 수명은 연장하기 어렵다. 금이 절(絶)되면 사지를 손상할까 참으로 꺼리는 것이다. 토다(土多)에 화를 두르면 근심이 마음을 졸인다. 목이 만약 무성한 때라면 건색(蹇塞) 즉 절고 막힘에 응하니, 다시금 모름지기 자세히 그 근원을 분별해야만 한다.

《광신집(廣信集)》에 이르기를, 무릇 명이 녹(祿)의 대충(對衝)으로 1진, 곧 명궁(命宮)에 앉거나 혹 질액(疾厄)궁에 있으면, 주인의 수족에 결함이 있어 신체가 완전하지 못하다. 육액(六厄)[11]이 또한 이어지면 이름하여 호전(互戰) 즉 서로 싸운다고 한다. 신묘의 일·시는 이름하여 백호(白虎)폐목(閉目) 즉 백호가 눈을 닫았다 하니, 화년(火年)에 필시 눈을 손상한다. 그 나머지로 신(辛)과 묘(卯)의 글자를 가진 것 역시 이를 꺼린다.

《호중자(壺中子)》에 이르기를, 금쇠(金衰)화성(火盛)은 피를 토하거나 아니면 탈항(脫肛)이 되고, 수갈(水竭)토영(土盈) 즉 수는 마르고 토가 차고 넘치면 병이 누적되니 홀연히 귀가 머는 수가 있다.

심지(沈芝)는, "양인을 파쇄하면 잔질을 초래하는데, 잔질(疾)의 궁(宮)에서 육해로 돌아감은 길하지 못하다. 일·시로 왕귀(旺鬼) 즉 왕한 귀살을 누차 범하고 능멸하면, 무기(無氣)하고 공망 됨에 병에 얽혀 졸한다. 월음(月陰)이 음일(淫洗) 즉 음란하여 끓어 넘치면 만나 봄을 꺼린다. 음명(陰命)은 모름지기 아래로 통함을 두른 것을 근심하는데, 월수(月水)가 좋은 일에 조화롭게 연결되지 못하고, 남아는 치루(痔漏)로 장풍(腸風)에 미친다. 월음은 월살(月煞)이다. 곧 인오술이 묘에 있는 것과 같은 예이다."고 하였다.

무릇 질병의 재액을 추리하고자 하면, 먼저 녹(祿)·명(命)·신(身)의 세 가지를 균등히 보고 대·소운이 어떠한가를 살펴야 한다. 만약 삼명이 무기하고 녹·마가 패·절이라도 다만 녹재(祿財), 명재(命財), 왕상(旺相)함을 얻었다면, 또한 죽음에 이르지는 않을 것이다. 만약 아버지의 병을 그 자식의 명으로 추리한다면, 곧 자식의 명이 '고진, 과숙, 상문, 조객 및 백의(白衣)살'을 만나 명에 임하였다면, 그 아버지에게는 필시

---

[11] 육해라고도 하며, 대개 삼합자의 끝자 앞 1진에 해당한다.

구할 수 없는 질환이 있게 될 것이다. 지아비와 처의 경우 역시 이에 준하여 추리한다.

【論貧賤[凶惡]】 빈천 흉악을 논함

무릇 빈천한 명이란 귀기(貴氣)가 없는 경우가 많다. 혹은 오행(五行)이 사·절되고 지간(支干)이 한가하고 태만하여 서로 간섭하지 않는 경우, 혹 녹은 공망이고 대모(大耗)는 극신하며 천중(天中)이 일에 임한 것[12], 혹은 오행이 사절되고 또 공망에 떨어진 것, 혹은 1위 상에 여러 녹마가 생왕하게 모였는데 도리어 천중이 이에 임한 것, 혹 다른 자리에서 형해(刑害)가 와서 기(氣)가 흩어짐에 이른 것, 혹은 복이 모인 곳에서 능히 독립하지 못하고 다른 여러 자리에서 그 복을 나누고 쪼갬을 당한 것, 혹은 역마가 극신한 것, 혹은 겁재가 많고 극제(尅制)됨을 만난 것, 혹은 진술축미로 상극하고 오행이 무기한데 그 자리를 쳐서 끌어올리지 못하고[13] 자리에서 합을 만난 것, 혹은 불합 불충하는데 상하로 그 기가 서로 다른 것, 혹은 간지는 착란하고 음양은 편고되며 팔자가 격이 없어 구명(九命)을 부지(扶持)하는데 형(刑)이 있어 잡박한 것, 혹은 먼저는 생왕함을 만났는데 도리어 사절됨을 이어 만난 것, 혹은 화기(化氣)가 때를 잃었는데 본명이 무기한 것, 혹은 가음(假音)앙극(殃尅) 즉 납음을 빌어 재앙을 극하는데 주의 근본이 뒤십혀 어지럽고 부자가 어그러져 서로 어긴 것 등이다. 이상의 여러 명(命)들은 두루 주가 빈천한 것이다.

또 이르기를, 빈천(貧賤)한 명은 일상적으로 건록이나 식신을 써서 구신(救神) 즉 구하는 신으로 삼으니, 명 중에 이 둘의 구함이 있으면 비록 가난하지만 곤아(困餓) 즉 굶어 괴로운 지경에는 이르지 않고, 비록 천하여도 노비에 이르지는 않는다. 한 번 운의 발함을 만나면 도리어 소소한 뜻을 말할 수 있다. 하지만 운이 지나가면 곧 다시 빈천해지는 것이다.

《귀곡(鬼谷)유문(遺文)》에는 형취(刑聚)패극(敗極) 즉 형함을 모아 패함이 지극하다는 것이 있다. '갑신(甲申)이 정사 기묘 기사'를 얻은 종류이다. 사주(四柱)불수(不收) 즉 사주가 거두지 못했다는 것은 '갑자(甲子)가 병인 정사 신해 인신'을 얻은 종류이다. 오형(五形)미비(未備) 즉 다섯 형태가 갖추지를 못했다 함은 '갑자(甲子)가 경자 기묘 계묘'

---

[12] 대모·천중은 신살인데, 대모는 원진살이요, 천중은 곧 공망인데 '木空卽折, 火空卽榮, 土空卽崩, 金空卽鳴, 水空勿空'으로, 그것이 작용함에는 다소간 다름이 있다.

[13] 개고(開庫)함의 뜻이 있다.

를 얻은 종류이다. 일방(一方)전후(前後) 즉 앞뒤로 한 방향이란, 목명(木命)의 사람이 사(巳)나 축(丑)을 얻은 종류다. 주득(柱得)격각(隔角) 즉 사주에 격각을 얻었다 함은 곧 신축이 신묘를 얻거나, 갑자가 갑술을 얻은 종류로, 모두 주가 빈천하다.

무릇 흉악한 명이란 곧 명과 오행이 무기하고 또 상극하는 것이다. 혹 간지가 서로 괴려(乖戾) 즉 어그러지고 형·충이 상호 능멸하며 싸우는데 살을 두른 것, 혹 형충이 참되어 기를 흩은 것, 혹 관부(官符) 대모살이 본명을 형극하는데 오행이 사절되어 전혀 구함이 없는 것, 혹 관부가 극신하고 양목(兩木)이 서로 형·충하는 것, 혹은 진·술 괴강(魁罡)이 상충하는데 귀인 역마의 상조함이 전무한 것, 혹 오행이 사절되고 상극하는 곳에서 천화(天火)살을 보거나 수익(水溺) 백호(白虎) 자액(自縊) 등의 악살(惡煞)을 본 것, 혹은 오행이 모두 왕한데 도리어 자리 자리마다 상극으로 기가 흩어진 것, 혹 교호(交互)함에 공망과 고과(孤寡)를 본 것, 혹 태세가 양인 백호 등의 살을 깨는 것, 혹은 천중 대모 겁살 망신이 같은 궁에서 중첩되어 상극하는 것, 혹은 사주에 격각이 많은데 살을 두른 것, 혹은 일·시로 겁·망(亡)에 더불어 살이 년을 극하는 것, 혹은 현침(懸針)이 금신(金神)을 도벌하는데 칠살 양인 등의 살이 중중하여 본명을 극하는 것, 혹은 형 취패극하고 사주불구한 것, 혹은 사주가 서로 형하는데 다시금 허폐(虛廢)의 땅에 임한 것, 이상 이런 여러 명(命)들은 두루 주가 흉악한 것이다.

또 이르기를, 흉악한 명은 항상 귀인(貴人) 삼기(三奇) 화개(華蓋) 협귀(夾貴)로써 구신을 삼는데, 이것이 있으면 비록 흉신을 보더라도 해로움을 더함에 이르지는 않는다. 크게 꺼리는 것은 오행이 한만(閑慢) 즉 한가하고 태만하며, 건록 식신이 없고 삼재(三才)가 형극(刑尅)하고 살(煞)을 두른 것이다. 그런데도 귀기(貴氣)가 서로 방어함이 없은 즉 그 빈천 흉악함을 가히 의심할 바가 없다고 하겠다.

【論壽夭】 장수와 요절을 논함

무릇 짧은 것을 닦는 수(數)가 있으니, 이는 곧 생왕(生旺)한즉 장수하고, 사절(死絶)된즉 요절이라. 비유하여 살피자면 뿌리가 깊다는 것은 진실로 근원이 심오함을 두른 것이니 그 흐름이 장구한데, 이는 또한 이치의 자연함이다. 무릇 명(命)이 월·일 상에서 생왕함을 만나면, 시상(時上)에서 비록 사기(死氣)가 있어도 방해되지 않는다. 그러나 월상(月上)에서 사절되면, 비록 일·시 상에서 생왕한 기(氣)라 해도 심히 아름답지 못하다. 대개 생(生)이란 사·절(死絶)을 이은 것이기 때문이다. 월·일이 생왕한데 시상에서 사절되면 수명이 불과 45세요, 월·일이 사절되고 시상에서 생왕하면 죽음이 30세 전에 있다. 다시금 흉살이 있어 오행을 능멸하고 범하면, 필히 자식까지 상함이 되는 것이다.

일상적으로 월(月)이 관장함은 1세에서 30세에 이르고, 일이 관장함은 31세에서 45세에 이르며, 세가 관장함은 45세에서 1백 세에 이른다. 혹은 생왕하고 혹은 사절되니, 그 기한을 쫓아 상세히 살펴야 한다. 대저 사람의 기(氣)는 모인즉 생하고, 흩어진즉 죽는다. 만약 기가 2운과 태세를 만나 모여서 회합함에 사·절 쇠·식(衰息)의 향(鄉)에 있고, 다시금 태세가 형극과 재앙을 함께 하면, 기한이 서로 응함에 죽음을 정한다. 각기 발함이 일·월·시 상에서 본신의 무기(無氣)함에 있기 때문이다. 무릇 명(命)중에는 생왕(生旺)함이 많은 것과 또 살에 응하여도 범하지 않음이 있다. 이는 질병이 적고 또 선종(善終)하니, 죽음도 일념지간 곧 한순간의 찰나에 그친다. 만약 사절이 많은데 더하여 형살(刑煞)의 중함을 두르면 주가 초췌하고 고초를 당하는 재앙이 있다. 혹은 구엄(久淹) 즉 길게 머무는 세월 동안 치료하기 어려운 질병의 고통이 있는 것이다.

무릇 왕운(旺運)중에서 죽거나, 혹은 녹상(祿上)에서 죽음은 주가 뜻이 있는 가운데 졸했다고 아깝다 칭한다. 노인의 행년(行年)이 생왕하면 고초 속에 죽음이니, 대개 생왕한즉 왕이(尪羸) 곧 절고 여위며, 오래 머무름이 적은즉 좋은 질병에 죽는다.[14] 명(命)중에 망신 대모가 중첩하면, 이는 모름지기 죽어도 시신이 깨어진다. 무릇 천간이 생왕하고 손극(損尅)되지 않은 것은 장수하며, 천간이 패사(敗死)하여도 구조함이 있는 것은 또한 장수한다. 천간이 패사하고 도적이 서로 범하면 요절하며, 천간이 생왕한 중에도 파극(破尅)됨이 있으면 또한 요절한다.

《삼명령(三命鈴)》에 이르기를, 무릇 사람 수명의 장단을 알고자 하면, 다만 본년(本年) 납음(納音)으로써 그 형극(刑尅)을 본다. 만약 생월이 명(命)을 극한즉 요절함이 많고, 명이 생월(生月)을 극하면 주의 수명을 연장하는 것으로 추산한다. 가령 계해 수명(水命)의 사람이 4월에 생한즉 장수함이 없으니, 무·계의 년에 4월로써 정사(丁巳)를 보게 되면 납음이 토에 속한다. 토가 능히 수를 극하니, 이는 생월이 명을 극했다는 것이다. 또 계해인이 4월에 생하면, 녹·명(祿命)의 절처(絕處)가 되는 고로 무수(無壽) 즉 장수함이 없다는 것이다. 만약 계축 목명(木命)인의 경우, 3월에 생한즉 유수(有壽) 곧 장수함이 있다. 3월 병진(丙辰)을 세움으로써 납음이 토인데 목극토하니, 이는 명이 생

---

14 청년과 노년의 각각 기운에 따른 판단의 차이에 기인한다.

월을 극함을 지은 것이다. 곧 흉살이 아래로 생하는데 또한 본신으로 제살(制煞)함이 된 것이다. 또, 계축인 3월생은 녹명이 고묘(庫墓)가 되는 가운데 생하므로, 주에게 수(壽)가 있는 것이다. 다만 30세 이전에는 항상 환란이 있으니, 이는 먼저 절향(絶鄕)의 운에 이어지고 뒤에 사·병(死病)이 있어, 쇠향(衰鄕)의 운을 편력함을 다했기 때문이다. 운이 왕처(旺處)에 이른 고로 주에게 늦은 복이 있다.

《옥문관집(玉門關集)》에는, 대저 수명은 생월로 이를 정한다. 생월에 거한 간지의 납음이 왕처이거나, 오음(五音)이 상생하여 일·시를 거스르지 않음에 미치고 더불어 태(胎)가 모두 수(數)[15]를 얻어 서로 형극하지 않으면, 주의 수명이 상(上)급이다.

《옥소보감(玉霄寶鑑)》에 이르기를, 인명(人命)에 천수(天壽)조원(朝元) 즉 천수를 근원에서 만난 것이 있다. 곧, 납음은 사절의 땅에 거하나 진(眞)오행이 납음과 더불어 비합(比合) 즉 서로 같음으로 합함이 있어 생왕한 자리에 거함이 이것이다. 가령 을유(乙酉)인의 경우 납음이 수라 이미 패하였는데, 만약 신해(辛亥) 병신(丙申)을 얻은즉 병신은 진수(眞水)요, 다시금 신에서 생한다. 이런 종류는 주가 미수(眉壽)[16]를 누린다. 을해인이 계해 무인의 종류를 얻은 것 역시 이것이다.

자평(子平)은, "인수를 거듭 만난 것으로써, 이는 장수한다. 팔자가 정균(停均) 즉 상정하고 고른 것은 장수하며, 육격(六格)을 범한 것[17]은 증오하고 미워하니 장수하지 못한다"고 하였다. 내가 이를 인명에서 징험하니 과연 그러함을 믿을 수 있었다.

《낙록자(珞琭子)》에는, 만약 곧 신왕(身旺)하고 귀(鬼)가 절(絶)되면, 비록 명을 깬다 해도 연년이 길다. 귀왕(鬼旺)에 신쇠(身衰)하고, 건명(建命) 즉 명을 세움을 만난 것은 요절한다. 수(壽)를 취하는 중 나형(裸形)협살(夾煞) 즉 벌거벗은 채로 살을 낀 것, 백산(魄散)풍도(酆都) 즉 풍의 도읍에서 넋이 흩어진 것과 같이, 혼을 상하고 범함이 있는 것은 대부(岱府)[18] 즉 대산의 곳집으로 돌아간다.

---

[15] 이런 경우는 대개 상수(象數)의 바름을 얻었다는 것으로 이해된다.

[16] 88세이다. 여기서 을유나 계축인으로 설명함은 년주의 경우인데, 곧 본서의 전체에서 납음으로 설명하고 있는 것은 대부분 고법에 따른 해석에 해당한다.

[17] 파격(破格)의 뜻과 함께 육해의 의미도 있다.

[18] 대부는 곧 북망산의 사당이라 하겠다. 참고로 죽음에는 사회등급에 따라 그 명칭이 다르다.
  ① 붕(崩) : 방(邦) 천자(天子)의 죽음 ② 홍(薨) : 제후(諸侯)나 제후국왕(王)의 죽음 ③ 졸(卒) : 대부(大夫)의 죽음 ④ 불록(不祿) : 사대부, 선비의 죽음 ⑤ 사(死) : 서민(庶民)의 죽음
  우리나라 임금의 죽음은 조선왕조부터 홍(薨)으로 격하되었다. 또, 서거(逝去)는 사거(死去 : 죽어서 돌아감)의 높임말이다. 이 밖에 역적, 패륜아 등의 죽음은 지위나 신분에 관계없이 斃(폐)라 하였다.

호중자 이르기를, 사절이 의존하는 것은 앞의 생왕함이다. 명(命)에 왈, 반혼(返魂) 즉 혼으로 돌아감이란 곧 죽음인데, 이는 다시금 생함이요, 절(絶)이면 다시금 본명(本命)의 자리에서 왕(旺)해진다. 구묘(丘墓) 즉 언덕의 묘가 본명에 앉으면, 그 이름을 절체(絶體) 즉 체가 끊어졌다 한다. 묘처는 언덕이 되니, 구처 즉 언덕 자리는 본명과 함께 동일한 방위다. 또 이르기를, 수처(壽處) 즉 장수하는 자리가 본명을 상잔하면 반드시 삼합(三合)을 만나야 한다. 곧 본명이 금일 때 사유축을 만난 것과 같은 종류이다.

또 이르기를, 안회(顔回)가 요절함은 다만 4대 공망(空亡)으로 인함이다. 갑자 갑오의 순명(旬命) 즉 1순의 명에서 수(水)가 없고, 갑신 갑인의 순명에서 금(金)이 없는 것이다. 만약 단지 유년이나 대운의 양쪽에서 거듭 보거나 또는 한 번의 중함이라도 만났다면, 원만케 할 것이라 함이 이것이다.

심지(沈芝) 이르기를, 명(命)을 세움에 모름지기 수명을 연장케 함을 알아야 한다. 곧 축인이 자를 보고 자인이 축을 본 종류로, 자조(滋助)함을 만나고 극함이 없으면 장수(長壽)함이 많다.

이허중(李虛中) 이르기를, 대저 명에 장생을 많이 두른 것은 정히 장수함이 있다. 모름지기 본가(本家) 납음이 왕한 것을 일러 장생이라 한다. 극제함을 본즉 요절한다. 무릇 녹마 귀인이 왕래하여 생왕의 땅에 있으나, 사절의 기를 겸한 것[19]은 비록 일찍 발하나 또한 일씩 죽는다. 그런즉 마땅히 승왕(乘旺)의 땅에 있음이 바야흐로 복이 되는 것이요, 나머지는 또한 헛됨이 다 그러하다. 만약 시(時)에서 힘을 얻은즉 늦게 발하지만 장수한다. 고가(古歌)에 이르기를, 수명은 유원(幽元) 즉 숨은 근원을 계산하는데 아는 자가 드물다. 시(時)를 안다는 것은 모름지기 천기(天機)를 누설함이라, 육격(六格) 안에는 증혐(憎嫌) 즉 미워하고 가증스러운 것이 있으니, 세·운(歲運)에서 이를 만나면 모두가 불의한 것이다. 또한 수성(壽星)이 명랑하면 수원(壽元) 역시 길지만, 어미를 이어서 이를 만남은 가당치 못하다. 총애하는 첩이 서로 끼고 구조하러 오지 않으면,[20] 명이 마치 쇠미한 초목에 추상(秋霜)이 자리함과 같은 것이다. 또한 병(丙)이 신(申)위에 임하여 양수를 만나면, 이는 하늘이 년수를 정한 것이다. 가히 알지 못함은 간두로 임계수가 투출함이니, 그 사람은 반드시 죽음을 정한 것을 의심할 바 없다. 곧 '을유 임진 병신 계사'의 경우 결국 흉요 즉 흉하게 요절한 것이다.

---

[19] 원본에는 '原本無字'의 4자가 있다. 아마 겸(兼)이란 글자가 없었는데, 육오가 겸자를 넣었다는 말이다.

[20] 편인도식의 뜻인데, 편재가 와서 편인을 제어해야 한다.

《이우가(理愚歌)》에 이르기를, 하늘의 천수를 계산함에 멀고 긴 것을 얻었는가를 알아야 한다. 오행 생왕이 가장 고강하고, 왕귀(旺鬼) 극신(尅身)은 단명함이 된다. 녹·재가 무기(無氣)한 것 역시 재앙이 된다.

《신백경(神白經)》에 이르기를, 화는 신유해를 꺼리고(갑신 을유 계해), 금은 해자축을 미워하며(을해 무자 기축), 수·토는 인묘사라 수는 무인 기묘 정사를 꺼리고, 토는 경인 신묘 정사를 꺼린다. 목은 사오신이 두려우니 신사 갑오 임신이다. 다시 금 음귀(陰鬼)를 만난 경우 수명을 계산함에 긴 것은 머물지 않고, 간신(艱辛) 즉 힘들고 괴로움은 오래 머문다. 세상에서 발한즉 앙화가 옴이 심한 것이다. 만약 사람이 이런 땅을 만나면, 청하지 않았음에 천문(天文)을 원망한다.[21] 이를 일러 사람이 귀문(鬼門)을 지나는데, 기도(氣度)가 쑥대밭의 빗장 친 관문이라 한다.

또 이르기를, 귀(鬼)살은 생(生)이 옴을 제한하니 근심되는 바가 있다. 사람이 죽음으로 향함을 알고자 함은 흡사 구하고자 하는 것이지만, 금가(金哥) 즉 금의 형이 출거(出去)에 기마(騎馬)가 쉬고, 화(火) 동생이 돌아오는데 과우(跨牛) 즉 타고 넘을 소가 없는 것이다. 목(木)이 서사(鼠蛇) 즉 자·사에 통하면 모름지기 멀리 달리고, 수(水)가 계자(鷄子) 즉 유·자를 만나면 시름을 견뎌야 한다. 토인(土人)이 다시 저토(猪兔) 즉 해·묘를 끊고 막으려 하지만, 연년의 빛을 지키기 어렵고 백두(白頭) 즉 흰머리에 이른다. 즉, 소아살 중의 귀관살(鬼關煞)이다.[22]

또 이르기를, 기를 받음에 중중한 귀(鬼)살이 임하지 말아야 한다. 사주가 비록 교가(交加) 즉 교류하고 더하는 것이지만 어찌 가히 친할 것인가. 때와 함께 본명이 서로 돌고 도니, 부귀를 만난 가운데 수명이 존재하지 않음은 충(衝)함이 있어 살(煞)에 요절한 것이다. 가(歌)에 이르기를, 생일이 시(時)를 대(對)충하면 사람이 단명(短命)이요, 생년이 월을 대충하면 역시 상(傷)함을 견뎌야 한다. 이것이 인간 단명의 법이니, 인생에 이를 놓으면 소년에 망하는 것이다. 곧 '인년, 신월, 오일, 자시'와 같다. 또 월과 시가 대충하고, 다시금 시가 극을 당한 것이 이것이다.

또, 생일(生日)이 대시(對時)하면 사람의 수명을 재촉하고, 시·일이 상충(相衝)하면 수가 길지 못하다.[23] 4대 공망(空亡)은 막고 지키기 어려우니, 정히 악사(惡死)에 길 위에서 머리가 망함을 알지라. 내가 시·일이 대충(對衝)하는 것을 보니 극처(尅妻)상자

---

[21] 명(命)의 어려움에 하늘을 원망한다는 뜻이다. 앞의 예들은 또한 납음과 결부해 보아야 한다.

[22] 원문에 줄을 띄워 따로 이를 말하는데, 육오의 주해로 판단된다. 이후, 원주의 형태(-)로 표기한다.

[23] 대와 충의 경우, 기문에서 방위의 상대함을 대충방이라 하고, 충은 7충에 해당하는 것이다.

(傷子)함이 많았다. 비록 단명·악사는 아닐지라도 역시 수명을 재촉하는 것이다. 사주와 더불어 이를 상세히 살펴보니 대충으로써만 판단하기는 어려웠다. 혹은 말하기를 충(衝)이라도 파(破)하지 않으면 무해(無害)하다고 한다.

또한 생일이 년을 대충하면 모름지기 가히 탄식할 만하고, 생시가 일을 대충하면 역시 상함을 견뎌야 한다. 생처(生處)에서 시(時)와 세(歲)가 같으면 이를 어찌 견딜 것인가, 이팔(二八) 풍류에 수(壽)가 길지 못하다. 곧, '갑인년 정유월 무신일 갑인시'의 경우, 불출(不出)한 지 여러 해에 죽었다 하니 그러함을 믿게 된다. 월을 상대한 것 역시 그러하다.

단명(短命)살이 있다. 가(歌)에 왈, 저서(猪鼠) 곧 해자가 개와 소 즉 술축과 싸움에 좋은 것이 없고, 계성(鷄聲) 즉 닭 울음소리가 야행하는 삵괭이를 재촉한다. 용양(龍羊)사토(蛇兔) 즉 진미·사묘가 서로 들지 않으면, 사오의 한낮에도 사람은 없고 흰머리에 이른다. 이는 더불어 방해하는 가운데 격숙(隔宿) 즉 격각 과숙이 같이 있는 예이다. 《삼명령(三命鈴)》에 년살로 요절함을 지었다 한 것인데, 주의 수(壽)가 길지 못하고 상(喪)장의 화를 만남이 많다. 만약 본신이 능히 극살(尅煞)한즉 가히 면할 것이다.

급각(急脚)살이 있다. 가(歌)에 왈, 갑을에 신유(申酉)는 염라대왕을 봄이요, 병정에 해자는 모름지기 막고 끊는다. 경신(庚辛)에 사오는 바람 앞의 촛불과 같고, 무기에 인묘는 역시 상함이 숭하다. 임계에 진술과 축미를 더하면, 길게 이별했던 부평초 인생이 귀향(鬼鄕)으로 드는 것이다. 《광신집(廣信集)》에는 천귀(天鬼)절로(截路)살을 짓는데, 마치 갑인(甲人)이 신(申)을 보고, 을인이 유를 본 것과 같다. 생시의 간지에 이를 현저히 두르고 모두 있는 것은 정히 요절하니, 곧 갑인(甲人)이 경신(庚申)을 본 종류다. 태세와 더불어 대운에서 이를 만나면, 주가 효복(孝服) 즉 상복을 입음이 많다. 다시금 소운과 함께 하면, 주의 요절함을 아우른 것이다.

또, 금인(金人)이 목욕에 화·목의 태(胎)로, 토사(土死) 수묘(水墓)라면 4계(季)에 마름질한다.[24] 명에 한도를 만났는데 다시 이를 범하면, 염왕(閻王)이 급각(急脚) 곧 급한 발걸음으로 보낸 서신이 온다.

절명살(截命煞)이 있다. 가(歌)에는, 인명이 앞 다음의 1지(支)로 돌아간다. 곧, 자(子)생이 축(丑)과 함께하면 모름지기 기한을 정함이라. 3번을 만나면 필히 흉사(凶死)함을

---

24 이는 일주 경오생이 유·술을 만난 것으로, 4계 월에 종신함의 뜻이다. 이후 古歌의 예를 계속해서 제시하는데, 각각의 의미는 가감해서 보아야 하니, 오늘날 이를 그대로 적용하기는 힘들다.

만난다 하고, 2번을 보더라도 모름지기 혈지(血漬) 즉 피 적신 옷의 근심이 있다. 자생인이 축을 본 경우로, 본명 전(前) 1진(辰)에 각각 해당한다.

추명살(推命煞)이 있다. 가에 운, 명후(命後) 1진(辰)을 봄은 마땅치 못하니, 거듭 두 번을 보면 건널 것을 의심하고, 3번을 거듭 보면 밖에 있는 가운데 그해의 요절이라, 오백 년 전의 화가 반드시 온다. 곧, 자생인이 사·해를 본 것으로, 각기 본명 후의 1진이 이것이다.

오행(五行)만수(滿數) 즉 오행의 수를 채웠다 함이 있다. 가에 왈, 오행의 생처(生處)에서 음양을 정하니, 일과 월로 양위(兩位)를 공평하게 나눔이 마땅하다. 대저 월은 1일에서 15일에 이르면 양이 되고, 16일에서 30일에 이르면 음이 된다.

6일에 초생(初生)이면 갑을이라 이름한다. 초6일에 목생(木生)하여, 초10일에 이르면 만(滿) 즉 채운다.

병정은 그 다음에 의지하여, 화가 강해진다. 16일에 화생(火生)하고, 20일에 이르면 만이다.

임계 수가 흘러, 서로 물 댐을 정한다. 26일에 수생(水生)하고, 30일에 이르면 만이다.

생사의 무성함을 좇아 베풂을 어기지 않는다. 가령 기해년 9월 30일 기유에 정묘시의 경우, 그날에 수만(水滿)을 놓는다. 년은 기해이며 일은 기유인데, 그 수(水)가 양토(壤土)의 극함을 당하니, 이 사람은 수(壽)를 요절한 것이다.

음양(陰陽)이극(二極)이 있다. 가에 이르기를, 음양이극을 그대는 아는가. 남녀를 막론하고 모두 본명의 수(數)를 좇는다. 남(男)은 9위(位)에서 만나고, 여(女)는 3이 쌍(雙) 즉 6이라, 그 자리를 상봉함에 겸하여 대·소 양운(兩運)의 순함과 거역함이 있다. 기(氣)가 전무(全無)한데 이에 이르면, 모름지기 몸이 사처에 이르렀음을 알아야 한다. 양운이 유기(有氣)한즉 무방한데, 1년의 재앙 운에 합치하면 괴로운 것이다. 남성은 본명(本命)의 순수(順數)로써 9진(辰)에 이르면 양극이 되고, 여성은 본명의 역수(逆數)로써 6진에 이르면 음극이 된다.

《원수가(源髓歌)》에 말한 것이 있다. 수·목이 기(己)를 만나고 금이 인(寅)을 만나면, 생화(生火) 생금(生金)함에서 본신을 상한다. 오행의 명 속에서 모두가 방해되니, 이를 만난 것은 학발(鶴髮)인 즉 흰머리 노인이 되지 못함을 알 것이다.

이상의 여러 설은 모름지기 상세함을 다해야 한다. 먼저 오행의 생왕사절로써 판단하고, 다음으로 격국의 유무와 손괴(損壞)를 살피며, 그런 다음에 여러 신살(神煞)을 고려한다. 그리고 유년 태세로써 이를 참작하여, 멸한 것과 중화가 아닌 것을 살핀다. 혹 왈,

사람의 수요(壽夭)는 부모로부터 받은 것이니, 부정(父精)모혈(母血) 즉 아버지의 정과 어머니 혈의 성쇠가 같지 아니한 고로, 사람의 수명 역시 다른 것이다.

그 처음 생함에 받은 기(氣)가 부모님 양쪽으로 성(盛)한 것은 마땅히 상중(上中)의 수(壽)를 얻은 것이요, 기를 받음에 편성(偏盛) 즉 치우쳐 성함을 받은 것은 마땅히 중하(中下)의 수를 얻은 것이며, 수기(受氣)함에 양쇠(兩衰)한 것은 능히 지키고 길러도 겨우 하수(下壽)를 얻음에 불과하니, 그렇지 못한즉 요절함이 많다. 비록 그러하나 또한 상리(常理) 즉 일상적인 이해로 니론(泥論) 즉 뻘밭에 나뒹구는 여러 이론에 구애됨은 불가하다. 혹은 밖에서 풍한(風寒)서습(暑濕)의 감응이 있고, 혹은 안으로 기포(饑飽)노역(勞役) 즉 굶주리고 신물 나며 수고로이 힘쓰는 상함이 있으니, 어찌 일일이 그런 상황을 능히 다할 수 있을 것인가. 받은 바의 원기(元氣)라 하지만 천년(天年) 즉 하늘의 연수를 어찌 다 마치겠는가. 명(命)을 아는 군자는 오직 수신(修身)함으로써, 천수를 기다려 이에 따를 뿐이다.

【論女命】 여명을 논함

묻는다. "부인은 어찌해야 이로운가?"

그 이로움은 부성(夫星) 즉 지아비의 별에 있다. 지아비가 이로우면 그 부인은 반드시 이롭고, 부가 곤궁하면 그 아내 역시 곤궁하다. 부인은 지아비를 따르는 것이니 먼저 부성을 보고 이로써 그 출신의 귀천을 정하며, 다시금 자식의 별을 보아 이로써 만년의 영욕을 관찰하는 것이다. 관·살·재가 득지하면 지아비가 이롭고, 식신이 득지하면 자식이 이롭다. 지아비가 이로운즉 출신이 부귀하고 일생 복을 누린다. 자식이 이로운즉 만년에 두터이 봉양 받고 포총(褒寵)고봉(誥封) 즉 은혜를 기리고 봉함을 고한다. 그러나 역시 왕(旺)한 부(夫)가 있으면서, 식(食)으로 생재(生財)하고, 재생관(財生官)하는 것에 그 까닭이 있으니, 이에 반한즉 그렇지 못하다.

여명(女命)에는 극아(剋我)자로 지아비를 삼고 아생(我生)자는 자식이라, 모두 득시(得時)할 것을 요하고 생왕(生旺)의 기(氣)를 타야만 한다. 만약 왕기(旺氣)가 단지 시(時)에 모인다면 역시 관(官)을 써서 지아비를 삼음이 가한데, 살(煞)을 봄을 요하지 않는다. 살을 써서 부(夫)를 삼음에는 관을 봄이 불요(不要)하고, 1위만 있음이 좋다. 2위의 관성이 있으면 살로써 이를 잡(雜)함이 없어야 하고, 사주가 순전한 살이면 관으로써 이를 혼(混)함이 없어야 하는데, 이리하면 좋은 부인의 명이 된다. 다시금 본신이 자왕

(自旺)함을 얻으면 더욱 아름다운데, 다만 왕(旺)함이 태과(太過)함은 불가하다.

식신은 자식이 된다. 시(時)에서 끌어와 왕함을 만나고 다시 2덕(德)을 얻어 본신을 도우면, 곧 부귀(夫貴)자영(子榮) 즉 지아비는 귀하고 자식은 영예로운 명이 된다. 신왕(身旺)을 중첩함은 마땅치 않고, 부신(夫神)을 거듭 암장하며, 상관·칠살·괴강(魁罡)이 상형(相刑)하거나, 양인(羊刃)이 태중(太重)하며, 합이 많고 유정(有情)하면, 모두가 주에게 아름답지 못하다. 세와 운 역시 그러하다. 팔법(八法) 팔격(八格)이 있음을 보아, 이의 상세함을 얻음이 마땅한 것이다.

【純】 순

순이란 하나만을 말한다. 곧 관성이 순일(純一)하거나 혹은 순일한 살성으로 재가 있고, 인이 있으며, 형충을 놓지 않고, 서로 혼잡되지 아니한 것이 이것이다.

곧, '계사 무오 신유 병신'의 경우, 본신(本身)이 전록(專祿)이라 왕(旺)하고, 종(從)하거나 화(化)하지 않는다. 신(辛)이 병관(丙官)을 써서 부성으로 삼고, 오월에 화왕(火旺)하니 부가 건강하다. 병은 계(癸)를 써서 관을 삼는데, 앉은 자리가 귀(貴)요, 무(戊)를 보면 식이 되는데 다 같이 함께 사(巳)에서 귀록(歸祿)한다. 신금은 계수를 생하여 자식으로 삼고, 신시(申時)를 끌어 장생의 땅으로 들었다. 천간은 계·무·신·병으로 수화(水火)기제(旣濟)를 이루고, 지지로는 사·오·신·유로 재고(財庫)를 공협한다. 이런 까닭에 시집가니, 지아비는 관이 되고 식은 천록(天祿)이라, 부영(夫榮)자귀(子貴)의 명이 되었다.

또, '계해 갑인 병술 갑오'의 경우, 병이 계를 써서 지아비로 삼는데 임관은 해에 있고, 갑으로 인수가 되는데 인(寅) 건록에 앉았으며, 자신은 고(庫)에 앉았다. 기토가 자식이 되는데, 오(午)로 시(時)에 거하여 귀록(歸祿)이 되고, 자식의 자리에는 갑목이 있어 기토의 관이 된다. 사주가 순일(純一)부잡(不雜)한 고로, 주가 귀하였다. 나머지도 이와 같이 추리한다.

【和】 화

화란 염정(恬靜) 곧 편안하고 고요한 것이다. 곧, 신(身)이 유약한데 오직 1위(位)의 부성(夫星)만 있으며, 사주에 충·파와 공격하는 신이 없어 그 중화(中和)의 기(氣)를 받은즉 화가 되는 것이다. 곧, '임진 신해 기묘 기사'의 경우, 기(己)가 갑을 써서 부(夫)로 삼고, 해(亥)는 곧 장생의 땅이라, 천시(天時)와 지리(地利)를 얻었다. 갑은 신(辛)으로 관이 되는데 금은 사(巳)에서 생이다. 기는 금으로 자식을 삼는데 또한 사에서 생하니, 이름하여 부득(夫得)관성 자득(子得)장생 즉 부는 관성을 얻고 자식은 장생을 얻은 고로, 주(主)가 익부(益夫)왕자(旺子) 즉 지아비를 나날이 이롭게 하고 자식을 왕하게 함이 된 것이다. 비록 자좌(自坐)에서 지지 묘가 살이 되나, 사 중의 경이 이를 제어하여 거살(去殺)유관(留官)으로 논함이 되니, 곧 여명(女命)의 귀(貴)함이 된 것이다.

또, '정축 임인 정유 기유'의 경우, 정이 임을 써서 지아비로 삼고 갑은 인수가 되는데 곧 지아비의 식록(食祿)이요, 정유는 일귀(日貴)에 기유의 자식을 생한다. 임수는 기토를 얻어 관이 되니, 주의 지아비가 귀하다. 기토는 갑을 얻어 관으로 삼으니, 주의 자식도 귀하다. 유 중에서 재(財)가 왕(旺)하니 영부(榮夫)음자(蔭子) 즉 영화로운 남편의 영향 아래 자식을 이룬 조화가 된 것이다. 나머지도 이와 같이 추리한다.

【清】 청

청이란 결정(潔淨) 즉 맑고 깨끗함을 칭한다. 여명에 혹 1관 1살인데 서로 혼잡되지 아니하면, 청이라 한다. 요는 부성이 득시하고, 사주에 재생관(財生官) 함이 있고, 인(印)이 신(身)을 도우며, 일점의 혼탁한 기가 없으면, 바야흐로 청귀(淸貴)함이 된다. 곧, '기미 임신 을미 갑신'의 경우, 을이 경으로 부(夫)를 삼는데 경록(庚祿)은 신(申)에 이른다. 정으로 자(子)를 삼는데 정은 미(未)에서 왕(旺)한다. 임으로 인수를 삼는데, 임이 신에서 생한다. 또 좌하 지신(支神) 즉 지지의 토가 을목의 재가 되는데, 재왕(財旺)한즉 능히 생관(生官)하며, 사주에서 형·충·파·패가 없다. 경(經)에 이르기를, 재·관·인수 삼반물(三般物) 즉 세 가지 나르는 기물이라, 여명이 이를 만나면 필히 지아비가 왕하다. 고로 두 나라에서 봉(封)함을 받은 부인의 명이다.

또, '갑인 계유 병인 무자'의 경우, 병이 계를 써서 부(夫)로 삼는데, 유에 앉아 자생(自生)한다. 계가 무를 얻어 관이 되고, 계록은 자(子)에 거하니, 부가 녹을 얻어 귀하다. 병화가 무토를 얻어 자식이 되는데, 용지(龍池)봉각(鳳閣)에 오른 것이라, 주의 아들도 귀하다. 나머지도 이와 같이 추리한다. 용지살(龍池煞)을 추리하면, 신자진 인(人)은 오가 용(龍),유가 봉(鳳)이요, 인오술 인은 용자(龍子)봉묘(鳳卯)에 사유축 인은 용묘(龍卯)봉자(鳳子)며, 해묘미 인은 용유(龍酉)봉오(鳳午) 즉 유가 용이요·오가 봉황이다.

【貴】귀

귀란 높고 영예롭다는 존영(尊榮)의 이름이다. 명 중에 관성이 있고, 재기(財氣)를 얻어 이로써 상자(相資)하며, 삼기(三奇)가 그 종(宗) 즉 근원을 얻고, 사주에서 귀(鬼)와 병(病)을 두지 않으면, 곧 여명(女命)의 요·순(堯舜)이라. 경(經)에 이르기를, "살(煞)이 없는 여인의 명에 1귀(貴)라면 가히 좋은 사람으로 한다. 또, 여명에 무살(無煞)이요, 2덕을 만나면, 가히 두 나라에서 봉(封)함을 받는다"고 하였다. 여기서 이덕(二德)이란 단지 천·월(天月) 이덕을 말하는 것이 아닌즉 재(財)가 1덕이 되고 또 관(官)이 1덕이다. 이에 인·식(印食)을 더하였으니 넉넉히 귀함이 된 것이다.

곧, '갑오 병인 정묘 임인'의 경우, 정이 임으로 관을 삼고, 임식갑으로 갑의 인수가 된다. 임이 병을 써서 재로 삼고 또 해로써 녹이 되는데, 2인(寅)을 얻어 암합(暗合)하였다. 비록 부성(夫星)이 실시(失時)하였으나 서북으로 행함이 기쁘니, 부왕(夫旺)의 운이라 고로 주가 대귀한 것이다. 또, '을해 병술 신묘 계사'의 경우, 신(辛)이 을로써 재(財)를 삼고, 해(亥)에서 왕(旺)한다. 병은 부성이 되고 자고(庫)에 앉았는데 사에 귀록(歸祿)하고, 사상(巳上)의 계수는 지아비의 관이 된다. 신금이 계를 생하여 자식으로 삼는 중, 사(巳) 위에 앉아 지아비의 녹(祿)과 같은 자리가 되니 또한 귀신(貴神)이다. 또 재·관이 쌍미(雙美)함이 되어 남편과 자식이 모두 귀함을 얻은 것이니, 두 나라에서 봉(封)함을 받은 부인이다. 다른 것도 역시 이와 같이 추리한다.[25]

【濁】탁

탁이란 뒤섞임이다. 곧 오행이 자리를 잃으니 수·토가 서로 상하고 그 신이 태왕(太旺)한데, 정부(正夫)는 드러나지 않고 편부(偏夫)는 모여 섞였으며, 사주에 나뉨과 갈래가 많고 재·관·인·식이 없다. 이로부터 하천(下賤)함에 촌로(村老)요, 탁함이 되거나 혹은 창기(娼妓)와 노비 첩이며, 음탕하고 교활한 사람인 것이다. 곧, '기해 을해 계축 기미'의 경우, 계수가 10월에 생하여 크게 범람하고, 계는 무로써 지아비를 삼는데 드러나지 않았으며, 시(時)에서 기미를 끌어 편부가 되는데 혐오스러운 것은 축·미가

---

25 원문에서 전하는 것이 판본이 달라 서로 차이가 나는데, 그 뜻은 대동소이하다. 괄호 안은 다른 판본의 기록이다. 해석하면 "양 쪽으로 다 기림과 봉함을 받은 부인의 명이 되었다"는 것이다.

모두 토로 혼잡함이 있다. 사주 중에는 재(財)가 없는데 을목이 식신으로 천간에서 왕하여 기토가 극(尅)을 받으니, 귀(鬼)가 패(敗)가 난 중에 그 몸에 임하여 오행이 자리를 잃었다. 주가 먼저는 맑았으나 뒤에는 탁해지니, 그 복을 능히 누리지 못한 것이다.

또, '계미 갑인 신유 을미'의 경우, 신유가 팔전(八專)[26]으로 자왕(自旺)한데, 병화를 써서 부(夫)로 삼고 인(寅)에서 장생하니 부왕(夫旺)이라 본래는 좋다. 다만 신이 을미 목고(庫) 중의 재(財)를 탐하니, 미 중의 정화를 야기(惹起)하여 암부(暗夫)가 된다. 양고(兩庫)에 암부가 중중하여 명부(明夫) 즉 올바른 지아비를 넘어서니 명암(明暗)교집(交集)이라, 비록 본 남편이 있으나 몰래 사내를 훔쳐 득재(得財)함을 면할 수 없다. 곧 탁란(濁亂) 즉 탁하여 어지러운 상(象)인 것이다. 나머지도 이와 같이 추리한다.

【濫】람

람이란 탐한다는 것이다. 말하자면 사주 중에 지아비가 많이 있음이 분명하고, 숨어 있는 가운데 재(財)가 왕(旺)하다. 간지로 또 많은 살(煞)을 두르게 되면, 필히 주색으로 원인을 삼아 개인적인 어두운 재물을 얻는 것이다. 이 같은 명(命)은 혹 노비가 되거나 혹 지아비를 극하고 재가(再嫁)한다. 곧, '경인 병술 경신 정해'의 경우, 경신은 팔전 곧 선목 여덟 중의 하나로 자왕(自旺)하고, 병화를 부로 삼는 중 인·술이 회국(會局)하며, 시간(時干)에 또 정이 있어 화정(火情) 즉 화의 정을 사랑함이 중하다. 경신 금은 인·해(寅亥)의 목이 재가 되는데, 이를 몰래 극(尅)하고 해(亥) 중의 임수는 식(食)이 되어 생재(生財)한다. 그 사람이 비록 미모에 유복하였으나 참람함을 면치 못하고, 다만 재물만 얻은 것이다. 또, '무자 갑인 기미 정묘'의 경우, 정월 갑목이 왕하고 묘·미가 회국(會局)하니 편·정으로 지아비가 많고, 자(子)상에는 또 왕재(旺財)가 있다. 기합 갑관(甲官)으로 음양이 배필을 이룬 까닭에 비록 총명 수려하나, 참람(濫)으로 잃어버림을 면하지 못한 것이다. 하물며 도삽(倒揷)도화(桃花) 위에 제매(娣妹)가 앉음으로 인해, 이것이 관성이 못되니 어찌 양부(良婦) 즉 좋은 부인이 될 수 있었겠는가.

또, '기유 정축 계축 임술'의 경우, 주 중에 기토가 밝게 있으니 지아비인데, 2축 1술로 남자 셋을 암장한다. 정은 재가 되는데 술에 귀고(歸庫)하고, 축과 더불어 서로 형한

---

26 팔전이면 사오해자를 제외하고 갑인 을묘 무진 무술 기축 기미 경신 신유의 여덟이요, 여기서는 또한 신유가 8번째 자리라는 의미로도 읽힌다. 유는 8월이다.

다. 2양(陽)이 득령하니 화 또한 진기(進氣)라, 이는 부다(夫多)에 재왕(財旺)하고 정·임이 태과(太過)한 것이다.[27] 또 '갑진 계유 병자 신묘'의 경우, 병자일로 음양살(陰陽煞)을 범하니, 주가 남자를 유혹하고 휘게 한다. 병이 계로써 부(夫)를 삼는데, 진·자(辰子)가 회수(會水)하니 부가 많은 것이다. 일·시로 병신합에 자묘형이라 지형(支刑)간합(干合)하니, 황음(荒淫)하고 곤랑(滾浪) 즉 물이 세차게 몰아침에 주색이 혼미하다.[28] 유중에서 재왕하고 계의 부(夫)가 전좌(專坐) 즉 오롯이 앉으니, 이 두 명(命)은 두루 기생으로 매간(賣姦)하여 득재하였다. 나머지도 이와 같이 추리한다.

【娼】 창

창이란 기생이다. 곧 신왕(身旺)에 부절(夫絶)하니, 관은 쇠하고 식은 성하며, 주(柱)중에 관살을 보지 못하였거나 상관이 상진(傷盡)함이 있고, 혹 관·살(官煞)이 혼란한데 식신 또한 성하고 왕한 것은 필시 창기(娼妓)의 명이다. 그렇지 않은즉 사니(師尼)비첩(婢妾) 곧 기예나 여승 노비 첩이라, 지아비를 극하고 음란으로 달린다. 곧, '정해 경술 무진 경신'의 경우, 무는 갑으로 부를 삼는데 9월에 때를 잃어 무기(無氣)함이 되었다. 또 경의 극을 받아서 절(絶)이 되고 만다. 시(時)로는 신(申)을 끌어 들어가니 무가 경으로 식을 삼는데 그 건록이 또한 신에 있고, 무진은 괴강으로 신금을 생하니 태왕한 것이다. 해 중의 임재(壬財) 역시 왕하니, 이른바 신왕(身旺)봉생(逢生) 즉 신이 왕하고 생을 만난 것이다. 이로부터 탐식·탐재하여 지아비는 끊어지고, 수려한 창기가 되었다.

또, '을해 병술 갑자 병인'의 경우, 갑이 경·신(庚辛)으로 지아비를 삼는데, 9월 금쇠(金衰)에 기가 물러난다. 시(時)에서 식신을 끌어와 그 장생 목지(木地)로 회국(會局)하며, 갑목이 귀록(歸祿)하여 신왕하다. 경금이 인목(寅木)의 지지로 당겨 이르지만, 절(絶)이 되어 무기하다. 2병(丙)으로 식신이 태왕하여 그 금부(金夫)를 상하니, 이름하여 자왕(自旺)식성(食盛)으로 의식은 비록 좋으나, 풍진에 창기가 됨을 면치 못한다.

또, '계축 경신 무진 경신'의 경우, 무가 을부(乙夫)를 용하는데, 신(申)에 절이 있다. 무(술)일[29]이 경신을 얻어 식신이 되는데, 월·시로 거듭 보니 이르기를 식왕(食旺)부절

---

[27] 여기 2양 득령은 동지에 일양시생이라, 축월을 말하고, 장차 화기로 나아간다는 것이다. 정임이 태과함은 화목(化木)에 갑기합토로 역시 또 다른 부성이 생겨남을 말한다.

[28] 곤랑도화의 뜻이다.

[29] 원문에는 술일로 되어 있는데, 이는 무일이 맞겠다. 앞에서 을부란 진중의 을목이요, 신에서 절된다

(夫絶) 곧 식신이 왕하여 지아비가 끊어졌다는 것이라, 고로 주가 창녀가 되었다. 무릇 양간(陽干)의 여명(女命)에 식신이 많은 것은 창녀가 되고, 음간(陰干)의 여명이 식신이 많으면 기생이 된다고 한다. 나머지도 이와 같이 추리한다.

【淫】음

음이란 끊어 넘친다는 것이다. 곧 본신은 득지하고, 부성은 명암(明暗)으로 교집 즉 서로 모인 것이다. 말하자면 일간이 자왕(自旺)한데, 주 중에서 대개의 글자가 관·살로 구성된 것이 이것이다. 천간에 있음을 명이라 하고 지지에 있는 것이 암이 되니, 사주가 태과(太過)한 것이다. 곧 1정(丁)이 3임(壬)을 보거나 진(辰)자가 많은 것이 그 예가 되니, 이를 일러 교집(交集)이라 하는데 사람을 보면 들이지 않음이 없는 것이다.

곧, '무진 임진 임술 계해'의 경우, 임진 계해는 본래 스스로 득지한 것이다. 이에 무토가 있으니 정부(正夫)가 됨은 명확한데, 암(暗)으로 진·술이 있으니 편부(偏夫)가 된다.

또, '경술 무자 을유 갑신'의 경우, 을이 경으로 명부(明夫)를 삼는데 자좌에 지지 유를 두고, 시(時)에서 또 신(申)을 끌어오니 암부(暗夫)가 되었으며, 운행이 서방 금왕의 땅으로 행한다. 이 두 명조는 부성(夫星)이 명암교집을 두루 갖춘 것이라, 그 음란함을 말로 나찰 수 없었다.

또, '계해 임자 정축 임인'의 경우, 정화가 여러 수(水)들 가운데서 순일한데, 명암으로 부(夫)가 많으니 음란하여 부끄러움이 없었다. 경(經)에 이르기를, "정이 임을 만남이 태과하면, 필히 음와(淫訛) 즉 음란하여 그릇된 난을 범한다" 함이 이것이다. 또, '계묘 갑자 기묘 을해'의 경우 기가 갑을 써서 부(夫)가 되는데, 갑은 자에서 패하고 묘는 암부가 되어 일지 아래에 자리한다. 또 해·묘가 많아 명암교집하니 정부(正夫)가 금제(禁制)를 주장함이 불능이요, 암부(暗夫)는 득세하여 들어앉았는데 정부가 도리어 회피한 것이다. 나머지도 이와 같이 추리한다.

【旺夫傷子】왕부상자

대저 여인에게 왕부상자가 있다 함은 어떤 것인가?

함은 목절어신의 뜻이다.

이 법은 대개 시상(時上)에서 추리하는 것으로, 시는 귀숙(歸宿) 즉 돌아가 쉬는 땅이 되고, 지아비와 자식 즉 부·자(夫子)의 두 별은 시(時)로 당겨 돌아가는 것이다. 부성(夫星)은 생왕한데, 자성(子星)이 쇠패한 것이 이것이다.

한 명조가 있으니, '병술 병신 정사 신해'의 경우, 정이 사에 앉아 자왕(自旺)하고 임수로 지아비를 삼는다. 시상[30]이 곧 부성이 임관한 땅이요, 월지의 신(申)금은 곧 부성 장생의 땅이다. 신(辛)금으로 재를 삼으니 7월에 금왕(金旺)한데, 2병(丙)은 상비(相比)라, 모두가 지아비의 재(財)와 인(印)에 앉았다. 고로 명주의 남편이 총명 수려 부귀하였다. 정은 무(戊)로써 자식의 별로 삼는데, 시상에 이르고 당겨 해(亥)를 보았으나, 해 중의 갑목이 능히 무토를 극한다. 곧 자성(子星)이 극을 받음으로 자식을 얻기도 어려운 상황이다. 고로 주의 왕한 부(夫)가 자식을 상했다는 것이다. 나머지도 대개 이와 같이 추리한다.

【旺子傷夫】 왕자상부

왕자상부가 있다 함은 어떤 것인가?

이 법은 오로지 월·시로 이를 추리하니, 이른바 극아자(尅我者)가 관이 되고 부가 되는데, 유기(有氣)하고 득시(得時)한즉 부(夫)가 발복이다. 만약 지간(支干)으로 그 자리를 잃고 월에서 기를 얻지 못하는데, 또 주 중에서 충극을 받으며 시상에도 또한 왕기(旺氣)가 없다. 그런데 자기가 생하는 자식의 뜻은 시상에 이르러 끌어오니, 이것이 장생·임관·제왕의 땅을 만나고 달리 형극(刑尅)이 없으면, 이것이 왕한 자식이 지아비를 상한 것이다.

곧 한 명조가 있으니, '기묘 갑술 을묘 무인'으로 을이 경을 써서 부(夫)로 삼으나 9월 경금이 무기하다. 을이 병으로 자식을 삼으니, 병화는 인에서 장생하고 술과 더불어 회국(會局)하여 모두가 화(火)에 속한다. 월령에서 이미 금기가 사라졌는데, 시에서는 절지(絶地)를 끌어오고 또 화의 극(尅)을 입으므로, 그 부성(夫星)은 상하고 그 자식은 왕하다. 고로 이르기를, 왕자상부라 하였다. 나머지도 이와 같이 추리한다.

---

[30] 여기 시상이란 시(時)의 간지 전체를 말한다.

【傷夫克子】상부극자

상부극자란 곧 부성(夫星)이 간지에서 그 자리를 잃고, 생월이 때를 잃었으며, 주 중에서 또 충극을 만났는데, 시지(時支) 역시 생부(生扶)하지 않는다. 겸하여 인수를 거듭 만나 그 부의 기를 도둑질하고 또 자식을 극함이 심하니, 부자가 동시에 능히 왕하지 못하고, 도리어 시에서 끊어졌다 함이 이것이다.

곧 하나의 명으로, '병자 경자 을해 병자'의 경우, 을목이 경금으로 부성을 삼는데, 11월에 금한(金寒)수냉(水冷)한 가운데 또 금이 자의 땅에서 사(死)한다. 지지로 해ㆍ자(亥子) 수가 금을 도기(盜氣)하여 진멸하고, 사주에 토의 생조함이 없는데 상관(傷官)이 크게 많으므로, 그 남편을 상한다. 을목이 병화로 자식을 삼는데, 자시(子時)를 끌어 이르니 곧 수왕(水旺)화멸(火滅)의 땅이다. 비록 년ㆍ시의 천간으로 2화(火)가 있으나, 무리를 지은 수로부터 서로 극함을 받게 되니, 부자가 모두 망한 고로, 이름하여 상부극자라한다. 나머지도 대개 이와 같이 추리한다.

【安靜守分】안정수분

안정수분이란, 곧 부성(夫星)이 유기(有氣)하고 일간은 자왕(自旺)하여 서로 상정(相停)되며, 극(尅)함이 없고 형ㆍ충을 두지 않았으며, 재ㆍ식(財食)이 그 자리를 얻음이 이것이다. 곧, '계사 경신 을묘 정해'의 경우, 을이 묘에 좌하여 전록(專祿)에 자왕(自旺)이요 또 시지로 해의 글자를 얻어 합국하니, 곧 본신이 왕(旺)하다. 경금으로 부를 삼는데 7월에 경록(庚祿)인 신을 얻었고 또 년지에서 사화를 얻어 금 장생의 땅이 되니, 이는 부성이 왕함이다. 해(亥) 중의 임수는 남편의 식신에 천주(天廚)인 고로, 명주 남편의 식(食)이요ㆍ천록(天祿)이다. 이는 곧 자기의 부성이 양쪽으로 서로 다치지 아니하고 각기 왕기(旺氣)를 올라탄 것이며, 혼잡하거나 서로 침범함이 없다. 따라서 부부가 해로하고 화합한 것으로, 이것이 곧 안정수분격이다.

【橫夭少年】횡요소년

대저 횡요소년이라 함은 조화가 궁하여 끊어진 것이요, 격국이 변하여 이상하게 된 것이다. 들보에 매달리고 물에 빠짐과 혈산(血産)하여 소망(少亡) 곧 어려서 죽거나, 다른 사람으로부터 죽임을 당함이 있으니, 이는 어찌하여 그러한가? 곧, 신약(身弱)에 살(煞)이 중(重)함을 만난 것이요, 살다(煞多)에 극신(尅身)함이요, 또 형·충·파·패의 종류를 두른 것 등이다.

혹은 명 중에서 원래 관성이 상함을 입었는데 행운(行運)으로 다시금 관향을 만난 것, 혹은 무관(無官)에 견상(見傷)인데 다시금 운이 임관의 땅으로 흐른 종류, 혹은 양인을 두르고 제어함이 없는데 운행이 양인을 합하는 땅으로 가거나 망신(亡神)·겁살(劫煞) 등의 종류에 미친 것들로, 이를 대개 횡요의 종류라고 한다. 유독 여명에만 이것이 있는 것이 아니요, 남명에도 역시 동일하다. 곧, '정묘 계축 경진 병자'의 경우, 경이 정으로 관을 삼는데, 계수와 자·진(子辰)으로 상관을 중첩해서 만나니 상함을 입었다. 그 극함이 태중(太重)하여 수다(水多)에 금침(金沈)이라, 한 번 정사(丁巳)운과 교류하니 상관견관에 또 병살(丙煞)이 모여서 극신한 고로, 물에 빠져 죽는 재해가 있는 것이다.

또, '을유 무자 병인 기해'의 경우, 일간 병화가 인에서 장생하는데, 겨울 생에 해·자로 관·살이 태중하다. 이른바 왕화(旺火)가 성수(盛水)에 던져진 것이라, 고로 생산(生産)이 망한 것이다. 또, '임자 계묘 갑술 정묘'의 경우, 월령이 양인(羊刃)이요, 시는 정묘로 상관인데 양인을 자가 형(刑)하지만 또 술과 합한다. 주(柱) 중에 다시금 부성이 없고 재성(財星)도 없으니, '계유년 을축월 기묘일'(23살)에 강간을 당하고 살해되어 죽었다. 무릇 여명에 관살이 태중하고 양인이 무정하면, 음란하지 않은즉 흉하게 죽는 것이다. 나머지도 이와 같이 추리한다.

【福壽兩備】 복수양비

대저 복수양비란 조화가 중화를 이루고 격국이 순수한 것을 이름이다. 일생토록 누리고 씀이 있으며, 길게 하사함을 받고 잘 늙지도 않으니, 이는 또한 어떤 것인가? 곧, 그 몸이 왕향(旺鄕)에 앉고 월기(月氣)에 통하며 지간(支干)이 상보하고, 다시금 재·관·인수를 둘러 각각이 그 자리를 얻으며, 또 탈재(奪財)·괴인(壞印)·상관의 국과 땅으로 행하지 않는 것이다. 식신 천주[31]를 더욱 기뻐한다. 만약 신왕이고 재·식(財食)의 향으로 운행하면, 이는 대개 복수양비의 명이 된다.

곧, '병오 경자 신유 계사'의 경우, 신(辛)이 지지 유에 앉아 전록 자왕하고, 시의 계

---

[31] 원문에는 金神이라 기록하였는데, 이는 식신의 오류로 보인다.

는 자에 귀록하여 식신·수성(壽星)이 되니 자식의 별이 득지하였다. 신은 병화로 관을 삼는데 병록(丙祿)이 사로 돌아가니, 부성 역시 득지한다. 또 11월생의 사람이라 곧 금백(金白)수청(水淸)의 상(象)이요, 겸하여 간지로 상하가 상보(相輔)하여 두루 손상됨이 없다. 그 몸이 종·화(從化)하지 않는 까닭에, 주의 사람됨이 미모 단정하고, 부·자(夫子)가 상정하여 복수양비인 것이다. 나머지도 이와 같이 추리한다.

【正偏自處】 정편자처

대저 정편자처라 함은 어떠한 것인가? 곧 부부가 상합(相合)하려는데 다시금 비견의 분쟁을 만난 것이다. 즉, 일위(一位)의 부성에 양위(兩位)의 처성(妻星)이 있어 서로 합하려는 것으로, 이름하여 쟁합(爭合)이라 한다.

만약 본신이 자왕(自旺)하면 저 몸은 쇠한데, 사주에서 충하지 않은즉 나는 정(正)이요 저것은 편(偏)이다. 대개 내가 생왕 유기한즉 부(夫) 역시 나를 쫓아 바른 것이 되고 내가 신쇠(身衰)하고 다른 것이 왕한즉 부가 곧 다른 자리를 쫓게 되니 내가 도리어 편이 된다. 말하자면 저것이 왕(旺)하여 내 남편을 뺏어가고, 나는 단지 편(偏) 즉 반쪽이 된 것이다. 혹 자왕이 태과(太過)하고 주에 부성(夫星)이 없으면 역시 편이 된다. 혹 관살 혼잡이거나 상관이 태중(太重)한 것 역시 편이 되며, 다시금 음(淫)이요·람(濫)이 된다.

곧 다음과 같은 명조로, '임자 병오 신유 신묘'의 경우, 신(辛)이 병(丙)으로 부성을 삼는데, 본신은 유지(酉地)에 앉아 전록에 자왕이다. 비록 시에서 신묘의 금을 당겨왔으나, 저것은 도리어 무력하다. 고로 나는 정이 되고 저것이 편이 되었으니, 이는 두 여자가 남편을 두고 다투므로 정편자처가 된 것이다.

또, '계미 임술 계사 임자'의 경우, 계가 토로써 부가 되는데, 계사는 수가 약하고 임자는 수가 왕하다. 약한 것이 왕함을 이기지 못하니, 임수의 싸움을 받아 무토인 정부가 가버린다. 곧 저것이 나의 쇠함을 이겨버리니, 나는 단지 반쪽이 되어버린 것이다. 다만 임수가 중중하여 크게 범람하고 또 도화를 둘렀으니 이 능히 자처(自處) 즉 제자리라고 하지는 못할 것이다. 나머지도 곧 이와 같이 추리한다.

【招嫁不定】 초가부정

대체 초가부정이란 무엇인가? 곧 월령 중에 부성이 있고 투간(透干)하여 자기와 서로 합하므로, 자기의 몸이 쫓아가 엎드린다. 그런데 그 부성이 도리어 무기(無氣)하다. 이로부터 시에서 부성(夫星) 혹은 살성(煞星)을 끌어오는데 오히려 승왕(乘旺)한 땅이라, 이에 와서 자기의 몸을 극하니 또한 그 편부에게 종복(從伏)한다. 이런 까닭에 이를 일러 초가부정 즉 시집을 불렀지만 정하지 못한 것이라 한다. 만약 부성이 왕하지 않거나 혹은 극제를 입으면, 필시 시집가서 남편이 지체됨이 있다. 혹은 시집을 가보니 부가 불명하거나, 혹은 남편이 여러 일들을 처리하지 못하거나, 혹은 외정(外情)이 있는 것이다.

곧 한 명조로, '계유 갑자 기미 을해'의 경우, 기가 갑으로 지아비를 삼는데 11월에 생하여 실시(失時)하고 불왕(不旺)하다. 시에서 해·자를 만나니 곧 갑목의 장생으로, 이는 그 부가 왕한 것이지만 오히려 불합(不合)한다. 또한 기미는 을목의 극제를 당하고, 미는 을목의 고지가 된다. 갑은 자월에 생하여 그 남편이 패지(敗地)에 앉으니 드러나지 못하고, 시상(時上)에는 을해요·해 중에 또 장생의 갑이 있다. 그러므로 갑목을 바라지만 이는 또한 을을 부르게 되니, 이것이 바로 초가부정이다. 나머지도 대개 이와 같이 추리한다.

논(論)하여 이르기를, 무릇 음명을 봄에는 먼저 지아비와 자식의 흥쇠(興衰)를 추리하고 영고(榮枯)를 궁구하며, 다음으로 일·시의 경중을 변별한다. 관은 지아비가 되고, 재는 아버지가 되니, 재왕(財旺)이면 지아비가 영화롭다. 식은 자식이 되고, 인은 어머니가 되니, 인수가 성하면 자식은 쇠한다. 일간이 태왕함은 마땅치 않고, 월기(月氣)가 중화(中和)를 안고 맡아야 한다.

일주가 왕상하면, 남편의 권한을 빼앗으니 고독하고 힘들다. 월령이 휴·수(休囚)되면 그 본분에 편안하고 집안을 지킨다. 관성이 득지(得地)하면, 부(夫)와 주(主)가 영화롭다. 상관의 극함이 없으면, 자식 역시 마땅히 귀현(貴顯)한다. 관이 있으면 살을 봄은 불가하고, 살이 있으면 관을 만남이 불가하니, 관살혼잡을 늘어놓게 되면 그 사람이 어찌 상서로움을 얻어 편안할 수 있겠는가? 관성에 극(尅)이 없고 2덕(德)을 놓으면 가히 양국에서 봉함이라, 칠살에 유제(有制)하고 삼기(三奇)를 만나면 일품의 귀함이다. 아름답기는 식신이 제살하고 생재함이요, 미워함은 상관이 극부(尅夫)하고 도기(盜氣)하는 것이니, 탐재(貪財)괴인(壞印)하면 이 어찌 좋은 사람이리오?

살을 쓰는데 관을 만남은 절개 있는 부인이 되지 아니하고, 고빈(孤貧)하천(下賤)함은 대개가 자식이 사(死)·휴(休)·수(囚) 됨으로 인함이며, 부귀가 가파른 것은 다만 부흥(夫興)자왕(子旺)이 되어서이다. 관이 태왕(太旺)하면 드러낸 수명을 연장하기 어렵고, 재가 중첩(重疊)하면 할머니가 될 때 일찍 죽는다. 본신이 왕지(旺地)에 거하면 비록 부는 족할지라도 부자 곧 남편과 자식이 형상(刑傷)을 받고, 일에 쇠향(衰鄕)을 놓으면 빈한한 가운데 부자는 온전히 모이게 된다. 일간이 왕하면 부녀의 업에 교묘함이 있고, 일이 쇠하면 여공(女工)에 졸렬하다. 귀신(貴神)이 1위면 부하지 않은즉 영예롭고, 합신(合身)하는 수(數)가 중하면 승려가 아니면 기생이다.

귀인이 역마를 올라타면, 주(主)가 풍진의 미기(美妓)가 됨이 정해진 일이다. 관성에 도화를 두르면, 깊은 담 안의 좋은 사람이 됨으로 정한다. 식신이 하나이면 안화(安和)하여 자식과 수명이 있다. 합귀(合貴)함을 거듭하면 교태가 눈꼬리에 실리니, 정이 많고 천한 경우가 많다. 도화가 도삽[32]되면 마땅치 못하니, 목욕으로 벗은 형태가 됨을 가장 꺼리는데, 이를 범(犯)한 것은 시녀와 노비가 됨이 많고, 이를 놓은[値] 것은 정히 여승이 됨을 정해놓은 것이다. 사중[33]이 온전하면 곧 주색 황음의 여자요, 사맹을 구비하면 곧 총명하고 생생한 머리를 지닌 사람이다. 미·축(未丑)의 형은 꺼리지 아니하나, 술·진(戌辰)이 충하는 곳은 좋지 못하다.

대저 부성(夫星)은 건왕한데 놓일 것을 요하며, 자기의 몸은 모름지기 중화를 품어야 한다. 식신이 형상(刑傷)됨은 불가하니, 자식의 별은 생지에 임함을 요한다. 인수가 1위로 그 몸을 생(生)한즉 가히 재신(財神)이 발복한다. 인수를 많이 보는데 상관이 없거나 재강(財强)에 신약이면 발복이 불능이요, 신강에 재약(財弱)이면 어찌 좋은 것을 얻있다 하겠는가? 상관을 중첩해서 만나면 부성을 극하니 재가(再嫁)할 사람이요, 인수를 거듭 만나면 사별하지 않은즉 생이별할 부인이다. 양인을 형충하면 악을 쓰고 개싸움인데 아는 것이 없다. 금신[34]을 파해(破害)하면 혈광(血光)에 난산이다. 사주에 부성이 없으면 편방(偏房)이 아니라면 속실(續室)이 된다고 정한다.[35] 팔자가 공망되면 과곡(寡鵠)이 아니면 곧 고란(孤鸞)이다.[36]

---

[32] 도삽도화는 色이 다시금 곱다. 日, 時, 月을 기준으로 하여 도리어 朝年에 咸池가 있으면 풍류에 뛰어나나 사람이 질투가 많고 간사하여 성격이 공교롭고 총명하나 어질지는 못하다. 가령 卯人이 寅午戌을 月, 日, 時에서 보는 경우나, 酉人이 申子辰을 月, 日, 時에서 보는 경우가 되는 것으로, 년과 반대로 있는 것을 일컬어 도삽도화(倒揷桃花)라 하는데 主人은 성격이 공교롭고, 총명하나 성급하여 일을 받아들이지 못하고 현숙하지만 어질지 못한 때도 있다. 월지와 일지 시지를 기준으로, 도화가 연지에 임하면 연지는 사람의 신체로 비유하면 머리에 해당하여 도화 꽃을 머리에 꽂는 형상으로 倒揷桃花라고 한다. 도삽도화는 일명 장내도화(牆內桃花)라고도 한다.

[33] 子午卯酉는 四正(四仲), 寅申巳亥는 四孟(四馬), 辰戌丑未는 四季(四庫)라.

[34] 甲日이 乙丑, 己巳, 癸酉 三個 時辰에 출생한 것이다. 己日生者도 같다.

[35] 곧, 소실이거나 첩 또는 두 번째 부인을 말함이다.

[36] 청상과부와 독신의 여자이다.

807

대개 부녀의 귀천은 그 남편의 자리를 보는 것으로, 영고 역시 그 재관을 탐구하는 것이다. 이는 곧 하늘이 땅을 의지하고 땅은 하늘에 기대는 까닭에 귀한 자는 그 남편을 따라 귀한 것이요·빈한 것은 그 부(夫)를 따라 가난한 것이다. 이상 앞의 팔법(八法)으로 그 원기(元氣: 현기 즉 그윽한 기미)를 누설하였으나, 뒤의 팔격(八格)은 곧 그 오묘한 요지를 밝혀 놓은 것이다. 혹시 오류와 결함이 있을까 하여 기록하며, 지자(知者)의 선택을 기다리기로 한다.

또 이르기를, '건도성남(乾道成男)하고, 곤도성녀(坤道成女)한다'[37] 음양·강유(剛柔)가 각기 그 체(體)가 있는 고로, 여명은 부드러움으로 근본을 삼는다. 강(剛)함으로 형(刑)이 되고, 맑음으로 기이함이 되며, 탁함으로써 천함이 된다. 고로 삼기가 자리를 얻으면 양인(良人) 즉 좋은 사람으로 만리의 제후에 봉함을 받고, 2덕(德)이 자미원(垣)으로 돌아가면 귀한 자식이다. 구추(九秋)보월(步月)[38]이라, 달을 밟음에 1관(官) 1귀(貴)면, 까마귀 구름 아래 양 귀밑의 금관을 안는다.[39] 4살(煞)에 4공(空)이면 흰 달에 회한을 채우고 제옥(啼玉)저관(筯官) 즉 옥·관에 울며 젓가락 두들기니 관운을 행하면 거울이 깨지고 비녀를 나누며, 재가 재향(財鄕)으로 들면 부(夫)는 영화로우나 자식을 초상(喪)치고, 의금(衣錦) 속에 보배를 감춘다.[40] 관성이 유기(有氣)하면 퇴금(堆金)적옥(積玉) 즉 금옥을 쌓으니 재고(財庫)를 상함이 없다.

대저 관다(官多)면 불영(不榮)이요 재다(財多)는 불부(不富)라, 정인을 쓰는데 효신(梟神)을 만나면 난초 계단에 밤바람이 차다. 효신을 쓰는데 인수를 만나면, 달 밝은 나무가 봄빛에 영화롭다. 금청(金淸)수냉(水冷)하면 일(日)을 난대(蘭臺)에 달아건다.[41] 토조(土燥)화염(火炎)이면 밤이 찬데 원앙의 휘장이요, 군음(羣陰) 군양(羣陽)이면 청등(淸燈)자수(自守) 즉 맑은 등불이 스스로를 지킨다. 중관(重官) 중인(重印)이면 푸른 귀밑머리에 외롭게 잠들지만, 전원(田園)은 넓게 둔다.

식신이 득위(得位)함에 관을 만나지 않으면, 속백(粟帛) 즉 먹고 입을 것이 차고 남는다. 인수가 실시(失時)하면 살을 만남으로 돌아가고, 상관이 관성을 만나지 않으면 오히려 정

---

[37] 주역 계사전 상. 이 부분 이후는 많은 판본에서 누락시키고 있는데, 아마도 중복되고 비슷한 내용들로 연이어져 있기 때문일 것이다. 이에 번역 또한 원문에 가까운 직역으로 처리해둔다.

[38] 9추는 결국 가을 금기요, 보월은 월궁의 걸음이라, 가을밤에 달빛 아래를 걷는다.

[39] 이 역시 검은 머리로 관을 쓴다는 뜻인데, 견우 직녀의 만남이다.

[40] 곧 하나를 얻고 하나를 잃는데, 슬픔 속에 잠긴다는 뜻이다.

[41] 난대묘선에서도 짐작할 수 있는 것처럼, 왕의 누각에서 노닌다는 의미로, 좋은 것이다.

결(貞潔)함이 된다. 식신이 없는데 인수를 많이 만나면 도리어 형상(刑傷)함을 짓고, 궁박한 효신이 식신을 보면 앉아 꽃이 마름을 낳는다. 악살이 관과 혼잡하면 봄인데도 낙엽이 떨어짐에 임한 것이요, 멀리서 합하여 정(情)에 얽히면 지아비를 배신함이 심하다. 주가 충관(衝官)에 파식(破食)하면 자식을 버리고 사람을 쫓으며, 재쇠(財衰)인절(印絶)하면 어려서 낭문(娘門) 즉 엄마 집의 문을 나선다. 신왕(身旺)에 인강(印强)이면 일찍이 부(夫)를 형한다. 주가 오살(五煞)에 잠화(簪花) 즉 꽃비녀를 꽂으면, 날마다 밤으로 손님을 맞이하고 보낸다. 삼형에 귀(鬼)살을 두르면 시종 극자(尅子)상부(傷夫)한다.

양귀비〔楊妃〕의 미모는 녹방(祿傍)도화(桃花) 즉 녹을 곁에 둔 도화라, 여자의 재주가 높음으로 사례하고 그 몸이 사관(飼館)을 올라탄다. 화개(華蓋)가 관(官)에 임하면 승도와 정(情)을 통하고, 고신(孤神)이 인수에 앉으면 그 몸이 니고(尼姑) 즉 늙은 여중을 받음에 응한다. 포태(胞胎)가 항상 식왕(食旺)신쇠(身衰)에 떨어져 있으면, 난곡(鸞鵠) 즉 고란 과곡이 자주 나뉜다. 관경(官輕)비중(比重)이면 제매가 강강(剛强)하니 곧 전방(塡房) 즉 채워진 방의 부인이 됨을 짓는다.[42]

재·관이 사절되면 마땅히 화를 부르고 또 자식에게 이어진다. 관이 재지(財地)에 임하면 필히 부(夫)가 영창한다. 몸이 재향(財鄕)에 들면 모름지기 극자(尅子)한다. 살(煞)과 효(梟)가 녹을 파하면 이어진 뿌리가 얼음에 떨어진 것이라, 신체가 수화에서 언다.[43]

비견 양인이 형(刑)과 상(喪)의 국(局)을 만나면 옥골(玉骨)을 진사(塵沙)에 감춘다.[44] 교류하여 치달림에 역마를 만나면 어머니가 황량하다. 차착(差錯)이 고신(孤神)과 대충(對衝)하면 부(夫)의 집이 영락(零落)한다. 5마(馬) 6재(財)는 비견의 땅에서 궁하고 패하며, 8관(官) 7살(煞)은 형·해(刑害)의 향에서 나뉘고 떠난다.[45]

관·살이 형(刑)되거나 공(空)망됨은 시집갈 기미가 임한 것이니, 짙은 화장을 멈춘다. 인과 재가 충극(衝尅)하면 비록 집을 얻어도 두터운 복을 얻기 어렵다. 재를 감추어 드러내지 않고 명살(明煞)을 투로하지 않으면, 상함은 없다. 중인(重印)에 재를 만나고, 재다(財多)에 인을 만나면, 4패(敗)가 아름답지 못하나, 사람에게 다행함이 있다. 4충(衝)이 어찌 양부(良婦)일 수 있겠는가만은, 수(水)가 왕향(旺鄕)에서 모이면 미워함

---

42 이 부분 전체 해석은 비유와 은유로 가득 차 있어, 사실상 직역함에도 뜻이 쉽게 통하지 않는다. 전방이란 채우거나 어렵다는 뜻이니, 남편을 들일 방이 없는 것이다.

43 여기까지 재관의 사절에 이어진다.

44 좋은 몸이 홍진에 가려진다는 의미다.

45 십신의 순서로 5는 편재, 6은 정재, 7은 살, 8은 관이다.

이 없다. 화가(花街) 곧 화류계의 여인에게 금은 수려함을 이루니, 도화꽃 동네의 선녀라. 4생(生)이 4마(馬)를 치달리면, 고향의 우물을 버리고 떠난다. 삼합(三合)에 삼형(三刑)을 두르면, 부(夫)를 상하고 업(業)이 패한다. 숨은 살이 형(刑)을 만나면, 치고 말리니 선(善)하지 못하다.

명관(明官)과마(跨馬) 즉 관이 투간하여 재마를 타고 넘으면 부(夫)와 주(主)가 증영(增榮)하니, 황금이 대바구니에 가득하다. 1재(財)를 얻으면 홍안에 짝을 잃고, 양귀(兩貴) 즉 귀가 둘이면 집도 없는 것이다. 선비(先比)후재(後財) 즉 비견이 앞서고 재가 뒤에 있으면, 시작은 가난하나 부함에 이른다. 충관(衝官)하고 합식(合食)하면, 자식에게 기대면서 부(夫)는 형(刑)한다.

사·절·포·태는 꽃이 말라 적적하고, 근본이 장생이면 과질(瓜瓞) 즉 오이와 참외가 면면함과 같다. 합귀(合貴) 합재(合財)하면 금옥(金屋)에 구슬이 가득하고, 파재(破財) 파인(破印)하면 난향의 방이라도 이불이 차다.⁴⁶ 여후(呂后)의 이름이 천하를 달렸음은 단지 음과 양이 굳센 것에 연유함이요, 푸른 구슬과 같은 몸이 누각 앞에 떨어진 것은 대개 효(梟)신이 살위(煞位)를 충하였기 때문이다. 추수(秋水)통원(通源) 곧 가을 물은 근원에 통하는 것이지만, 절기를 세움에 눈동자를 베어내고, 겨울 금이 국(局)에 앉으니, 팔을 끊어 명성을 남긴 것이다. 제매(娣妹)가 동궁(同宮)함은 적절치 못하니, 먼저 안는다 해도 한탄한다. 명(命)에 재(財)가 유기한데 지아비와 짝하면, 늙도록 근심이 없는 것이다.⁴⁷

《통명부(通明賦)》에 이르기를, "여인의 명에 1귀(貴)는 아름다움이 되니, 식(食)이 중하면 외로운 청상(孀)이요, 귀가 많으면 음천(淫賤)하다."고 하였다. 귀는 관·살을 가리키니, 관살에 식상은 고극(孤尅)의 별을 말한다. 관살을 중첩해서 보게 되면 음란(淫亂)의 상(象)이 된다.

이덕(二德)은 진귀(眞貴)이니 봉증(封贈) 즉 봉하고 증여하며, 삼기(三奇)는 참으로 가히 아름다움을 알겠으니 나라에서 부름이 저절로 이른다. 금·목의 굳셈이 있으면 마음의 정숙한 덕이요, 수·화가 어지러이 생하면 성품의 허화(虛花)로다. 오행이 편(偏)고라면 사주에서 휴·수(休囚)됨이 기쁘고, 생·왕(生旺)함은 마땅치 못하다. 부귀(夫貴)

---

⁴⁶ 전체적으로 많은 비유가 들었으나, 달리 크게 돌아볼 것은 없다.

⁴⁷ 이상은 마치 만민영이 자신의 글재주를 자랑하는 듯한데, 사실상 여러 글들을 참조하여 기록한 것으로 보인다. 본서의 특징인 설명과 해설이 더해지지 않으니, 오히려 옥의 티와 같은 느낌이다. 이후 〈통명부〉로부터 시작하는 글의 체제는 먼저 부의 원문이 오고, 다음에 원주가 따르게 된다.

빈한(貧寒)이 모두 지아비와 자식에 의지함이라. 이덕은 곧 천·월덕이다. 여명이 이를 얻고 다시금 재·관이 있어 순수 부잡(不雜)하면, 필히 봉증을 받는다. 삼기는 갑·무·경의 종류인데, 재·관·인·식 역시 삼기가 된다. 여명 중에 이것이 있으면 필시 나라의 호칭을 받는다. 덕(德)이란 순일(純一)부잡(不雜)함을 일컫는 말이다. 금목은 성질이 순수하니 본래 여인이 지킬 바의 것이다. 수가 흐르면 주가 음탕하고, 화염은 주가 포악이라, 수화가 많은즉 어지러운 성품이라, 위인됨이 헛된 꽃이 순수하지 못하고 포악한 것이다. 음주(陰主)는 유(柔)하고 양주(陽主)는 강(剛)하다. 여자는 음이요, 남자는 서로 반대되는 까닭에 함께하는 고로 휴수됨이 기쁘고, 생왕함을 꺼리는 것이다.

《계선편(繼善篇)》에 이르기를, "여인이 1귀(貴)로 무살(無煞)이면 가히 좋은 사람이라 한다. 귀(貴)가 무리를 짓고 합이 많으면 이는 필시 사니(師尼)창비(娼婢) 즉 기예,중,창녀,여종이다. 상관이 극한 즉 식(食)이 끊어지며 외롭고 괴롭다. 부(夫)가 건왕 한즉 자식이 빼어나고 그 몸이 영화롭다."고 하였다. 《옥진부(玉振賦)》에 이르기를, "음명(陰命)에 인수가 중하면 본래 후사가 끊어지나, 운이 관살을 행하면 도리어 길하다."고 하였다. 부(夫)가 왕하면 자(子)는 생하니, 이는 이치의 항상함이다.

여명에 상관을 범하면 모름지기 배필을 극하나, 운이 재왕(財旺)으로 들면 역시 아름다움이 된다. 상생재(傷生財), 재생관(財生官)함은 이른바 능히 무정(無情)함으로 하여금 다시금 유정(有情)케 함이라.

기명(棄命)취살(就煞)은 필시 명가의 배필이요, 전록(專祿)식신(食神)은 아랫사람을 다룰 명을 받았다고 판단하며, 고란(孤鸞)은 칠살에서 가장 이롭고, 도화는 관성에 붙여 두름이 기쁘다. 이 4격은 모두 주의 부귀라, 익부(益夫)왕자(旺子)한다.

관귀가 태다하면 편방(偏房)이 아닌 즉 무기(舞妓)가 되고, 회합이 지나치게 성하면 매파 없이 중매한즉 이는 곧 니고(尼姑)라. 여명에 비록 관귀를 불혐(不嫌)하나 많은즉 불길하다. 천간·지지로 삼합·육합에 이를 많이 두른 것은 필시 이런 종류의 사람이 되는 것이다. 대개 매작(媒妁)이란 2성(姓)을 연결하여 이로써 친함을 이루는 일이요, 니고란 만인이 베풀고 버린 것을 받아 인간사의 일에 참여하는 사람이라, 글이 행간마다 밝다.

갑목이 신(申)에 앉고 경금을 투간하면 자식이 도성의 서자(西子)[48]요, 병화가 신에 앉고 시가 임수라면 대교(大喬)·소교(小喬) 즉 크고 작은 높음이 된다. 이 2일은 살(煞)

---

[48] 이는 도성의 서쪽 지역에 거주한다는 뜻으로 보이는데, 좋은 곳이다.

을 전용함을 말하는데, 진실로 혼잡됨이 없으면 그 여인은 필히 경국(傾國)·경성(傾城)의 아름다움이 있다.

부(賦)에 이르기를, "경인·무인은 파패(破敗)를 만나 늘어놓은 것이나, 오히려 기묘·계미를 얻으면 휴교(休敎)홍염(紅艷) 즉 가르침을 그만둘 만큼 붉은 고움이 서로 침범한 것이다."고 하였다. 이 4일은 두루 자좌(自坐)에 장생 임관의 지아비를 갖춘 것이다. 곧, 경이 인을 얻고 무가 신(申)을 얻으면 사람의 처로써 상등이다. 기가 을을 얻고 [49] 계가 기를 얻으면 역시 좋은 부인이 됨을 잃지는 않는다. 다만 5음일(陰日)에 홍렴·도화 2살(煞)은 마땅치 않고, 5양(陽)에 이를 만나면 종래에는 견디지 못할 것이나 역시 그 몸을 길러냄에는 가하다.

관이 묘·절(墓絶)의 땅에 임하면, 늙어 곤란하니 교랑(嬌娘) 즉 이쁜 노파일 뿐이다. 지아비는 잡기(雜氣)의 가운데 거함이 가장 마땅하니, 아름다운 부인인 것이다. 곧, 경이 정을 써서, 부로 삼고 11월 생이다. 신(辛)이 병을 써서, 부로 삼고 8월생이다. 비록 이름은 지아비라 하나 실제로는 때가 아닌즉 미모는 늘어놓음이 있으나, 곤란함을 받음이 필연이라. 이른바 홍안(紅顔)에 박명(薄命)이 많다 함이 이것이다. 계일이 미월에 생한 경우라면, 잡기의 가운데 정을기가 있어 부성(夫星)과 자식·재백(財帛)이 온전하니, 도리어 잡기 중에서 거함을 보아 꺼리지 않는다.

관이 득령(得令)하나 상함을 만나면, 도리어 노비를 짓는다. 살이 당권하나 제함이 있으면 마땅히 정실(正室)이 된다. 일인(日刃)이 살을 만나고 편고되지 않은즉 비구니요, 월이 상관인데 양인을 중첩하면 노예가 아닌즉 여종이다. 일인(日刃)봉살(逢煞)이란 곧 임자일 무신시의 예이다. 월상(月傷)첩인(疊刃)이란 곧 정묘월 갑진일의 예이다.

상관은 탈부(奪夫) 즉 지아비를 빼앗는 손잡이요, 화살(化煞)은 조부(助夫) 즉 지아비를 돕는 자재라. 도화는 관성과 함께함이 기쁘고, 홍렴은 살과 동반하여 쉰다. 찬 이불에 원망이 적음은 명에 고란(孤鸞)을 놓음이요, 홀로 베개에 일찍이 청상(孀)은 일에 과곡(寡鵠)이 임하였음이다. 주(柱) 중에 절이나 관살이 없으면, 이런 날은 꺼림이 된다. 곧 관살과 같은 항목과 기대고 의지할 것이 있으면, 비록 고란 음양차착 등의 날을 범하여도 도리어 길하니, 과곡이란 즉 고란이다.

고란이 만약 부성(夫星)을 만나면 필히 자녀가 많다. 천덕(天德)이 살을 만나 화할 경우는 정히 노비가 무성하다. 일편의 비견이 관지에서 부(夫)를 다투면, 정히 몸이 혼탁하니

---

49 원문에도 사로 보이는데, 기묘를 다룬다면 기가 되어야 할 것이다. 앞의 무에 신도 의심스럽다.

설기(泄氣)가 됨을 헤아려야 한다. 인성(印星)에 후사를 바라면 왕부(旺夫)상자(傷子)를 구해내야 함을 견뎌야 하니, 곧 관령(官令)에 효(梟)신이 강하면 왕자(旺子)상부(傷夫)한다. 식신의 때로 인해 관이 절(絶)되는데, 인수가 중중하게 명반(盤)을 채우면 부자 남편을 만나고 자식을 얻음이 많다. 식신이 맑게 명령(令)을 놓고 씩씩한 누이를 얻으면, 필히 부(夫)의 영화를 허락한다. 부부(富夫)란 곧 관성이 재를 두른 것을 논함이.

인중(印重)관경(官輕)하면 부권(夫權)을 탈취하고, 봉무(鳳舞)난비(鸞飛) 즉 봉황이 춤추고 난새가 나르면 노비를 파묻는 명이다. 고란(孤鸞)일은 곧 왕독(旺毒)의 별이다.

천·월 2덕(德)에 다른 어지러움이 없으면, 비단 옷에 금관이라. 양인 칠살은 선함이 없으니 몸의 티끌과 머리카락에 때가 내리는데, 한번 음살(陰煞)을 만나면 필히 뜻을 지키지 못한다. 아이가 없는데 양(陽)의 상(傷)관이 양투(兩透)하면, 다시금 아리따운 몸으로 남편을 극하지는 않는다. 5음일(陰日)이 5음살을 보면 흉함이 된다. 양의 상관에 인수의 중함을 얻으면 도리어 영신(榮身)하고 극서(剋婿)하지 않는다.

일인(日刃)동인(同刃)은 생산함에 가장 꺼리고, 식신이 파하면 도리어 잉태함에 머물기가 어렵다. 일인동인이란 충을 만난 것이다. 곧,'병오 경인 임자 계묘'의 경우, 이는 년인(年刃)과 일인이 상충함이요, 식신은 파(破)를 당했으니 효신을 만났기 때문이다. '병신 경자 무술 병진'의 경우는 월간 경(庚) 식신이 시(時)의 병(丙)으로부터 극함을 당한 것이다.

관이 사·절에 임하면 지아비를 초상치게 됨을 알고, 효신이 치달려 섬돌을 만나면 자식이 오는 것이 끊어진다. 부(夫)가 득귀(得貴)하고 자(子)가 관(官)을 얻음에 누구를 살필지는 어찌 아는가. 식이 관에 붙음으로 가히 알고, 관이 곧 식이 됨에 가히 보는 것이다. 곧 기미일 신해시의 경우, 갑과 기가 합하고 신은 갑에 부친 것이므로, 관·식신이 건왕하여 자가 귀하였다. 파를 만난 즉 자식이 불초(不肖)하다.

선·후로 흥쇠함은 부성(夫星)의 호오에 의지하고, 시·종으로 성체(盛替)함은 자운(子運) 즉 자식 운의 영고를 살핀다. 곧 1명(命)이 있으니, 무일이 춘에 생하고 갑인시다. 편관은 곧 무의 부라, 비록 장한 재성은 보지 못했으나 동방에 이르러 행하고, 또 금의 제어가 없다. 그 목이 부가 되나 이름두 없고 이익도 없는데, 교류하여 오(午)운에 이르니 부성이 바로 앉고 식을 얻은 바가 되었다. 하지만 이는 오히려 갑목의 사지가 된 고로 극부(剋夫)하고 재가(再嫁)한 것이다. 미·신의 2운에 재백이 치달리니 크게 발하는 운에 이른다. 유에 이르러 아래로 5년에 갑목의 태(胎)는 수(壽)가 되는데, 무상(戊上)의 병화가 이에 이르러 두루 사(死)하고 칠살이 상관을 보니, 갑이 의지할 데

가 없어 망하였다.[50]

《호중자》에 이르기를, "등명(登明)은 족히 곱고, 태을(太乙)은 다음이라."고 하였다. 해(亥)는 밤으로 드는 때요, 사(巳)는 밤의 시중을 맞이한 것이다. 여명이 해를 많이 얻은 것은 자(姿)색이 있고, 사가 많음은 호색(好色)한 것이다.

목이 성한즉 요연(妖姸) 즉 예쁘고 아름다우며, 수가 맑은즉 청결하다. 금다(金多)는 요절이요, 화가 이르면 강강(剛强)이라, 토는 곧 부(富)가 두텁다. 천ㆍ월 2덕을 짊어진 즉 치마에 금관을 갖고 논다. 녹ㆍ명ㆍ신(祿命身)의 삼재(三財)를 얻은즉 부영자귀한다. 세간(歲干)을 극하는 것은 녹재(祿財), 세지(歲支)를 극한 바의 것은 명재(命財), 납음을 극한 바의 것은 신재(身財)라 한다. 그 삼재가 소속된 바의 오행이 명(命) 중에 있음인데, 1재라도 있으면 궁핍하지 아니하니, 이를 온전히 얻은 바의 것은 부(夫)가 반드시 영(榮)하고 자(子)가 필시 귀(貴)하다.[51]

절혐(切嫌) 즉 절대로 미워함은 음인(陰刃)이니 존친을 방해하고, 가장 꺼리는 것은 순음(純陰)으로 자식에게 불의(不宜)하다. 녹후(祿後)의 1진(辰)을 음인이라 하니, 남명이 이를 얻으면 처와 친족을 방해하고, 여명이 이를 얻으면 지아비와 친족을 방해한다. 또 명(命)에 연월일시 간지가 모두 음에 속하거나, 혹은 5월 이후에서 11월의 앞[52]에 생한 것은 음극(陰極)이라, 양이 생하지 않는 것으로 이것이 순음인데 무자식이 많다. 대개 독음(獨陰)이면 불생(不生)이요, 독양(獨陽)이면 불성(不成)이 되기 때문이다.

골수파(骨髓破)는 안팎으로 재앙과 근심이요, 천침성(薦枕星)은 시비를 불러서 건넌다. 골수파 즉 뼛골을 깸이란 백의살(白衣煞)인데, 이를 얻은 것은 형(刑)함이 친가와 시집의 2족(族)에 미친다. 천침성 즉 베개를 천거한 별이란 곧 관대(冠帶)의 자리인데, 이를 얻은 것은 일생토록 시비를 많이 겪는다.

원앙(鴛鴦)탄(嘆) 즉 원앙이 물을 봄에 탄식한다 함은 경국(傾國)경성(傾城)이라. 대저 3지(支) 3간(干)이 봉황 기린 봉소(鳳沼)의 3격(格)이라, 여명에 있은즉 변하여 원앙살이 되니, 주가 음예(淫穢) 즉 더럽고 음란하다. 명 중에서 또 수다(水多)함을 보면 주의 풍진에서 염질(艷質) 즉 얼굴값을 함이 많다.

관귀(官鬼)가 귀원(貴垣)에서 왕하면, 봉관(鳳冠) 즉 봉황의 벼슬을 치마에서 놀린다. 화차(花釵)와 도화가 서로 범하면 저녁 비에 아침 구름이라, 귀인이 천희(天喜)와 더불

---

[50] 이는 전체 명조가 제시되지 않아, 단순히 일시만으로 판단하기는 어려운 상황이다.

[51] 삼명의 특이함과 소홀히 할 수 없음은 보이지 않는 기운을 고법 명리로 해설함에 있다.

[52] 하지에서 동지까지의 일로, 음생양사의 시기이다.

어 보금자리를 다투니, 담장을 뚫고 건유(騫牖) 즉 창문이 이지러진다. 명전(命前)의 1진(辰)이 화차 즉 꽃비녀가 되고, 살후(煞後)의 1진(辰)이 도화가 된다. 살이 뿌리에서 위를 생하는데 온전함을 보고 치우치지 않으면, 이는 동범(同犯) 즉 같은 자리에서 범한다 하고 주가 창우(娼優)가 되는데, 삼기(三奇)를 얻으면 이 이론은 성립하지 않는다. 천을이 자리한 곳을 일러 귀인이라 하고, 왕기가 주처(住處)함을 일러 희신(喜神)이라 한다. 본생(本生) 즉 뿌리에서 천간을 생하면 이는 또한 동궁(同宮)인데, 이는 쟁과(爭窠) 즉 보금자리를 다툼이 된다. 주가 음란함을 달리는 첩이 되는데, 공망에 떨어지면 이 이론에 있지 않는다.

부(賦)에 이르기를,[53] "여인이 무살(無煞)에 1귀(貴)라면 어찌 방해되겠는가."고 하였다. 천·월덕의 신(神)을 만남이 기쁘고, 살·관을 보아 혼잡됨은 꺼린다. 귀(貴)가 무리를 지은즉 치마로 춤추며 부채 들고 노래한다. 합(合)이 많은즉 몰래 약속하고 그 때를 훔친다. 오행이 건왕(健旺)하면 예법을 준수하지 않고, 관대(冠帶)로 행하여 서로가 만나면 이는 정히 바람결에 추문이 들리는 것이라. 곧, 회모(廻眸)도삽(倒揷) 즉 눈알이 돌아가 거꾸로 꽂고, 물이 범람하는 도화(桃花)에 벌거벗고 목욕(沐浴)하며 매미와 잠자리를 거듭 본다 하니, 노비와 첩 창녀와 여승이 됨이 많다. 어려서는 3정(貞) 9열(烈)이 있으나 쌍어(雙魚)쌍녀(雙女)[54]는 음성(淫星) 즉 음란의 별이라 부르니, 관성 칠살을 많이 빔하면 불의한 것이다.

이르기를, 부(夫)와 주(主)가 거듭 만남을 보는 것은 꺼리니, 인·신(寅申)이 서로 보면 성품이 황당하고, 사·해(巳亥)가 상봉하면 마음이 내려서 마침이 없다. 혹 상관의 자리가 있으면, 시집이 멀지 않으나 정히 극부(尅夫)함을 본다. 효·인(梟印)의 신이 거듭 임하면, 살아서 이별하지 않으면 모름지기 사별하여 마친다. 사주에 관·귀(官鬼)가 입묘(入墓)함이 있으면 부성으로 하여금 이미 황천에 들게 함이니, 세와 운이 부절(夫絶)의 궁에 임함을 더하면 원앙의 짝이 서로 다른 길로 나뉘어 나르는 것이다.

또 말하기를, "여명을 보고자 하면 먼저 관성을 본다."고 하였다. 관에 살을 두르면 빈천하고, 관이 득령하면 이로써 안영(安榮)한 것이다. 상관이 태중하면 필히 지아비를 막는데, 또 이는 위인의 성품이 중(重) 즉 고집스러움을 나타내니 두식을 거듭 만나면

---

[53] 여기서부터 원문은 계속 글들이 이어진다. 띄어쓰기와 문단 구분은 역자의 판단에 따른 것이다.
[54] 십이성(十二星) : 춘분점을 기점으로 황도의 둘레를 12등분하여 매겨 놓은 별자리. 白羊(백양)·金牛(금우)·雙女(쌍녀)·巨蟹(거해)·獅子(사자)·室女(실녀)·天秤(천칭)·天蠍(천헐)·人馬(인마)·摩羯(마갈)·寶瓶(보병)·雙魚宮(쌍어궁)의 수대(獸帶) 십이별이다.

모름지기 복을 감한다. 다시금 고신(孤神)살의 중함을 범하면 어찌 견딜 것인가. 모름지기 귀(貴)의 집을 쫓는데 합이 많으면 정히 정절의 이름을 손상하지만, 좌록(坐祿)에 금여(金輿)를 타면 평온하다. 거듭 충을 만나고 마(馬)를 보게 되면 그 움직임이 뜨고 경박하다. 도화곤랑(滾浪)은 음분(淫奔)의 수치를 감히 말하지 못한다.

일록(日祿)귀시(歸時)는 귀함이 중하니 사람들이 공경하고 또 부러움을 받는다. 천월(天月)이덕(二德)으로 본명(本命)을 삼는데 인수를 만나면, 귀함이 마땅히 양국(兩國)의 봉(封)함이라. 시·일 양인(羊刃)은 본시 강(剛)한 신이라 불리하니, 부궁(夫宮)을 손괴(損壞)함은 평생의 성질이다. 시에서 금신(金神)을 범하면 건왕함을 요하니 팔자의 강함을 보는데, 전식(專食)이라면 자식이 영화롭지만 편인을 절기(切忌)한다. 규문(閨門)을 지켜 바르고 고요함은 필시 음일(陰日)이 중화(中和)를 얻음에 연유한다. 지아비를 대신하여 이로써 경영함은 곧 양(陽)의 간지가 왕하고 깊음이라, 정록을 만남이 기쁘고, 함지를 범함은 두렵다. 청수(淸秀)함은 장생의 도움을 얻음이요, 탁잡(濁雜)함은 폭패(暴敗)로 돌아감을 놓은 것이다.

사주에 패(敗)가 많으면 본신을 충하는 것을 크게 꺼리는데, 합을 만나면 일생에 바쁨이 심하니 이는 마치 기생이 아닌즉 매파가 됨이다. 인수가 중하면 공고(公姑) 즉 늙은 시부모와 서로 투기하는데, 식신이 오롯하면 자식의 마땅함을 얻은 것이다. 관·살을 중봉(重逢)하면 모름지기 음란함을 막아야 하고, 제매(娣妹)가 투출(投出)하면 이는 문득 지아비를 다툼이라, 괴강(魁罡)에서 신령한 변화의 기미가 있다. 일귀(日貴)는 안상(安常)의 복을 얻은 것이다.

또 이르기를, "여명을 보는 것은 곧 남자와는 다르다."고 하였다. 부귀한 것은 일생 관이 왕함이요, 순수한 것은 사주가 휴수(休囚)됨이며, 탁람(濁濫)한 것은 오행이 충하고 왕한 것이다. 창음(娼淫)한 것은 관·살이 교차함이요, 무관(無官)에 다합(多合)함은 불량함이 된다. 사주에 살다(煞多)함이 가득하면 극제가 되지 않고, 인수가 많으면 늙어 자식이 없다. 상관이 왕하면 어려서 상부(傷夫)한다. 사주에서 부성(夫星)을 보지 못하면 정결함이 되지 못한다. 오행에 자식의 별을 많이 만나면, 황음(荒淫)함을 면키 어렵다. 식신 1위가 생왕함을 만나면 자식을 부름이 마땅하니, 밝고 성스럽게 절함을 맞이한다. 관·살이 부잡(不雜)인데 인수의 부조를 만나면, 시집가서 지아비가 운로(雲路) 즉 벼슬길에 오르게 됨을 정히 아는 것이다. 찬 방을 지킴에도 정결함은 금저(金猪)목호(木虎)

즉 금과 해가 목의 범을 서로 만남이다. 이 2일은 비록 극부(尅夫)하나 정절을 지킨다.[55]

빈 방에 휘장을 대하고 외롭게 잠이 듦은 토후(土猴)화사(火蛇) 즉 토가 신을 화가 사를 서로 만난 것이다. 이 2일은 극부하고 부정하다.[56]

재왕생관함에 식신으로 돕고 상함이 없으면 곧 부영(夫榮)자귀(子貴)하다. 관·식에 녹왕하고 1인(印)이 도와주면, 후총(后寵)비포(妃褒) 즉 임금의 총애와 왕비의 도포라. 상관을 첩견(疊見)하는데 재·인(財印)이 없으면, 안방을 패하고 부(夫)를 형(刑)한다. 관·살을 중봉(重逢)하고 삼합을 만나면, 황음(荒淫)무치(無恥)하다. 합이 많고 관이 중(重)하면, 탐음(貪淫) 호색의 인간이다. 관이 잡(雜)되고 기가 쇠하면, 욕심을 즐기고 부를 형하는 첩(妾)이다. 신왕에 관이 수(囚)되면, 사니(師尼)가 아니라면 창비(娼婢)이다. 식신의 덕이 변하면, 먼저는 빈천하나 후에 영화라.

구결(口訣)에 운, "무릇 여명을 논함에는 단지 월지(月支) 중의 재·관·인 3건을 용(用)함으로써, 기이함을 삼는다."고 하였다.

제1론은, 인수(印綬)에 재(財)가 인(印)을 손상함이 없는 것이다. 곧 천·월이덕을 얻어 일간의 상(上)에 있는 경우인데, 이런 부인은 결단코 주가 부모 집의 자재와 복덕이 광성(廣盛)하고 위인이 온후하다. 흉을 만나도 만나지 않음이요, 명망 있는 부(夫)를 부르고, 현귀(賢貴)한 아들을 생하여 봉함을 받는 명이다. 세·운도 같이 논한다. 휴구(休咎)에, 새를 꺼리고 관이 기쁘다.

제2론은 관(官)인데, 역시 어떤 지지 중에 소장된 것인가를 보며, 1위가 기묘하다. 꺼림의 첫 번째는 관다(官多)요, 두 번째는 상(傷)함이 중(重)한 것, 세 번째는 합을 두른 것, 네 번째는 살과 혼잡함, 다섯 번째는 일주가 유약함이다. 이러한 5기(忌)를 제외하고 요약하면, 사소하고 은미한 재(財)를 요한다. 이런 부인은 결단코 주가 부귀한 집안에 태어나고, 부부(夫富)에 자현(子賢)하며 더불어 극박(尅剝)의 우환이 없다. 위인이 정명(精明) 영리하여 존중받고 유복하다.

제3론은 재를 월지 중에서 취하는 것으로, 요는 재가 되는 것일 뿐 많을 필요는 없다. 다만 1위로 다스림과 세(歲) 중에서 1위의 관성을 얻음이 마땅하다. 이 명은 부모의 기력을 불러 금보(金寶)의 복을 이루어, 보고 얻는다 익부(益夫)익자(益子)하니, 집을 지킴에 선(善)하다.

---

[55] 신해와 갑인의 뜻으로 보인다.

[56] 무신과 정사의 뜻으로 보인다. 이는 원문에서 원주로 붙어 있는 것이다. 이런 문장 유형(들여쓰기로 된 부분)은 이미 범례에서 밝혀둔 것과 같다.

이 3격을 제외하고, 이하 15격은 모두 부인의 명에 마땅한 바가 아니다. 대개 15격 (格)이란, 굳이 '상관·칠살·양인·건록·충동(衝動)·요합(徭合)'만이 아니요, 많은 경우 관성이 없고, 재·인을 상함이 있는 것으로, 부인이 취하지 못할 바의 것이다.

관성을 써서 부(夫)로 삼는데, 상관을 보아 상부(傷夫)함이 된다. 생출(生出)함을 써서 자식을 삼는 경우, 예를 들면 갑(甲)일 생인이 목에 속하여 병정·사오·인술을 써서 자식이 되는데, 화(火)가 시령(時令)을 얻어 문득 다자(多子)의 명이 되는 것이 있다. 이를 말해보면, 화가 묘·절(墓絶)의 땅에 임하거나 혹은 수국(水局)이 임하여 임·계로 상극하니, 바야흐로 무자(無子)라 판단하는 것이다. 만약 화가 묘·절의 땅에 거하여도 사주에 충이 있으면, 만년에 후사를 얻으니 종래에는 외롭지 않다.

또, 육임일 임인시의 경우를《삼명(三命)》에서 말한다. 양간이 양을 생하면 아들로 삼고, 음을 낳으면 여아로 삼는다. 음간이 음을 낳으면 자(子)가 되고, 양은 여(女)가 된다. 인(寅)은 곧 목의 분야인데 갑목 임관(臨冠)의 땅이라, 마땅히 영귀(榮貴)하고 복·수(福壽)의 아이를 생한다. 만약 목이 오미·신유의 시(時)에 있으면 화·토의 분야로 목(木) 묘·사·절의 땅이라 주의 자식이 드물고 적으며, 있어도 역시 빈(貧)하고 질(疾)병이 많은데 그렇지 않으면 승도·과방(過房)·명령(螟蛉)[57]의 종류이다. 또 을목생 인이 경을 써 부(夫)로 삼고, 경은 정을 써서 관성(官星)을 삼는데, 정이 오히려 을의 식신이 된즉 자성(子星)이다. 정(丁)이 생왕·득시(得時) 한즉 부의 명분(名分)이라, 이는 식왕(食旺)을 취하여 관과 서로 명랑함이 되니, 비단 부영(夫榮)할 뿐만 아니라 또한 자귀(子貴)한 것이다. 나머지도 이와 같이 추리한다.

또 이르기를, "여인의 명에 칠살을 본즉 편부(偏夫)가 된다. 정관을 모음으로 인해 편·정이 교집(交集)하면, 불희(不喜)하는 까닭이 된다."고 하였다. 만약 편관이 다만 1위(位)요, 주에 제복이 있으면, 음란함은 없다고 설한다. 다만 주가 부(夫)를 속여 탈권하고, 가세를 모아 가지며 성품이 강하다. 만약 일주가 건왕한데, 혹 배록(背祿)이거나, 혹 월·시로 의탁할 바가 없거나, 혹 부성(夫星)이 사·절되거나, 혹 고신(孤神) 육해(六害)라면, 출가한 사고(師姑)의 명(命)이 많다. 그렇지 않으면 찬 방을 지키고 바라면서, 홀로 앉아 지아비를 통곡하는 명이다.

부(夫)가 묘·절과 더불어 귀(鬼)·상(傷)의 향(鄉)인 경우, 주가 중혼·재가한다. 부(夫)가 만약 명이 강하여 가히 짝을 이루어도, 오히려 일생토록 불화하니 마땅히 생리

---

57 명령은 어미를 잡아먹는 종류의 곤충과 같다는 뜻이다.

사별한다. 관성은 생왕의 땅에서 현저하고, 살성이 쇠약 사절함에 숨게 되면, 역시 청정(淸正) 재록(財祿)의 명으로 정하고 혼잡으로 논하지 않는다. 만약 살성이 많은즉 꺼린다. 다시금 합신을 둘러 관이 쇠하며, 식왕에 재가 당(黨)을 이루어 살이 되면, 창기의 부류가 아닌즉 음람(淫濫)의 부인이다.

또한 "여명에 산액(産厄)이 많이 있다."고 하였다. 곧, 식신이 효(梟)를 둘렀는데, 효신이 태중(太重)한 것이다. 또 생년 간두 상에 상관을 둘렀는데, 시(時)에서 양인을 범하고 충·형·극·해하며, 다시금 유년 및 운에서 효신과 양인의 충합(衝合)을 더하면 결단코 주의 산액을 의심함이 없다. 팔자가 안온(安穩)함이란 극전(尅戰) 형·충의 우환이 없는 경우로, 일간이 건왕한 록(祿)에 살성을 항복받고 다시금 천월이덕을 만나면, 일생 산액과 혈광의 걱정이 범하지 못할 것이니, 비록 흉을 만나도 구함이 있을 것이다.

또한 "무릇 부인의 일주는 약한데 비견이 왕하면, 주의 비첩(婢妾)이 탈권(奪權)한다."고 하였다. 곧 '갑인 기사 기묘 신미'의 경우, 이 명의 일주 기(己)는 묘상(卯上)에 앉아 유약하고 무력한데, 기사로 비견이 같은 종류다. 4월 화·토 인왕(印旺)한 천시(天時)에 태어나, 비견이 득지하였다. 년상의 갑을 부성(夫星)으로 삼는데, 월상의 기사와 합거(合去)하니, 일주는 쇠약에 무용하다. 이 부인은 평생 첩에게 탈권함을 당했고, 장부(丈夫)의 화기(和氣)를 얻지 못한 것이다. 나머지도 이와 같이 추리한다.

또 이르기를, "무릇 여명에는 모름지기 '오행의 청담(淸淡)함'과 '생왕을 요하지 않음', '폭패에 거하지 말 것', '관이 임함을 범하지 말 것'을 보는데, 여기에 사주의 화기(和氣)를 얻으면 아름다움이 된다."고 하였다. 휴수(休囚)·사절(死絶)이 상등이 되고, '귀인 역마 왕록(旺祿) 합신'을 두르지 않음이 좋은 것이 된다. 만약 생왕과 임관을 범하고 더불어 귀인 역마 왕록 합신이 있으면, 모두 아름답지 못함이 된다. '망신 겁살 삼형 육해 양인 비인' 등을 범하면, 모두 불선(不善)함이 된다.

《신백경(神白經)》에 이르기를, "역마가 귀신(貴神)을 만나면 마침내 풍진의 지경에 떨어진다. '합절(合絶)인데 합귀(合貴)해선 안 된다'는 이 법은 사람이 모이기 어렵기 때문이다. 다만 일로써 년을 삼는다.[58] 이 결은 성인이 전한 것인데, 녹을 두르고 생왕함에 들면, 춤사에 죽음이요 사람들의 비방을 받는다. 대록(帶祿)이라도 쇠향으로 들면, 비록 화가 있어도 재앙에 이르지는 않는다"고 하였다.

《사마계주(司馬季主)》에 이르기를, "무릇 여명을 추리함에 귀인이 하나라면 좋음이

---

58 일과 년을 주도하여 본다는 의미다.

된다. 만약 잡스러움이 모이고 합이 많으면 계집종이 아니라면 기생이다."고 하였다. 심지(沈芝) 말하길, "도화가 또 쌍원(雙鴛)을 두르고 쓸데없이 잡스런 귀인과 합한 사람은 참으로 기생의 자재다."고 하였다.

여기서 도화란 임관(臨冠) 상(上)에 마(馬)를 본 것을 일러 도화라 말하고, 마가 관(官) 상에 임하여 겁살(劫煞)을 본 것은 도화살이라 이른다. 또 일반적인 살(煞)이 있으니, 곧 사유축 인이 오를 본 예로 이를 함지(咸池)살이라 부르는데, 온전히 보게 되면 이를 일러 편야(遍野)도화살이라 하며, 여명에는 이를 가장 꺼린다.

쌍원(雙鴛)합(合)이란 곧, 1기(己)가 양갑(兩甲)을, 1을이 2경을, 1신이 2병을, 1정이 양임을, 1계가 양무를 본 종류이다. 혹은 사주 원국에 갑기(甲己)가 있는데, 다시 또 '을・경・자축・인해' 등이 있어 둘씩 대합(對合)하면, 이를 쌍원합이라 이른다. 여명에 이것이 있으면 모두 불량함이 된다. 만약 도화살을 범했는데 다시금 쌍원살이 오면, 더더욱 불미스러운 것이 된다.

《이우가(理愚歌)》에 이르기를, "귀인이 혹 공망 속에 떨어지고, 안으로 녹마가 위배하면 곧 두지 않음과 같다."고 하였다. 가령 성품과 지식이 심히 총명함에, 남자인즉 영륜(伶倫)하나 여자는 창기라. 이는 또한 귀족으로 생래(生來)한 중에도 음성(淫聲)낭적(浪迹) 곧 음란한 소리에 물결처럼 떠도는 것이 있음과 서로 같다. 모름지기 알아야 함은 이런 명에는 그 시키는 바가 중하다는 것으로, 도화 3월이면 곧 춘풍을 야기한다는 점이다.

《원수가(源髓歌)》에 이르기를, "곤곤(滾滾) 즉 흐르는 도화는 소용돌이 물을 쫓고, 월롱(月籠)화발(華髮) 즉 달빛 광주리에 화려한 머리칼의 색이 치우쳐 넉넉하다. 다정함은 다만 헛되이 합함을 상하니, 추창(惆悵) 즉 마음 잃고 슬퍼하는 가인(佳人)의 혼이 쉬 사라진다."고 하였다. 이상은 모두 도화살이 범한 것을 논하였으니, 모두가 불량하다. 만약 '삼형 육해 망신 겁살 고진 과숙'을 범한다면 모두 주가 상부극자한다. 무릇 여명에는 임관 제왕이 온전함도 두려워하니, 주와 부처(夫妻)가 서로를 상하는 것이다.

《원수가》에는, "임관 제왕은 좋음이 못 되니, 재가(再嫁)・중혼하고 상함이 또한 빠르다. 만약 서로가 대적함을 만나 부처가 되어도, 남녀가 서로 머리를 치들게 되면 마땅히 요절함을 본다. 만약 양인을 범하거나, 조원(朝元)양인(羊刃)에 미치면, 이는 모두 주의 산액이다."고 하였다. 또한[59], "혹 시에 양인을 숨기고 태(胎)에 들거나, 일인(日

---

[59] 쓸데없이 이를 반복 기록함을 보면, 아마 육오 선생도 여기서는 정신이 없는 것 같다.

刃)이 혹 시상으로 오는 것을 뵙는데 다시금 간지에서 서로를 극박하는 경우라면, 처의 몸이 산임(産姙)함에 근심과 재앙을 당한다."고 하였다. 이는 부명(夫命)에서 이를 범한 경우로, 마땅히 주의 처에게 산액이 있음을 말한 것이다. 부인의 명이 만약 이와 같다면 감히 산액(産厄)을 생할까 근심한다고 단정한다. 다시금 묘 · 유의 2시(時)를 더하면, 생함에 비록 태(胎)가 떨어짐을 면한다 해도 극자(尅子)함에 응하니, 이른바 조원양인이라 하는 것이다. 곧, 묘년 생인(生人)이 갑일을 보거나 더불어 갑시를 본 종류이다. 혹은 진일(辰日)이 시간(時干)에서 을을 본 것인데, 이를 일러 모두 조원양인이라 한다. 나머지도 이와 같이 추리한다.

또한 "무릇 여명은 년으로써 옹부(翁父) 즉 할아버지와 아비, 태로써 파모(婆母) 즉 할머니와 어미로 삼는다. 월은 형제 동서요, 일은 남편과 자기의 몸이며, 시는 자손이 된다."고 하였다. 여명이 '자오묘유'일(日) 생이면, '자오묘유'인 명(命)의 남편과 합하여 시집간다. 4맹(孟) · 4계(季)일 역시 같다. 만약 시집가는 날이 간합과 지신으로 삼합육합이 두루 있으면 해로하지 못한다. 사주는 납음으로 상극하(上尅下) 함이 마땅하니, 주에게 죽음의 복이 있다. 하극상(下尅上)은 불의(不宜)하니 주가 사기(詐欺)에 참월(僭越) 즉 차례 없이 뛰어넘음을 당한다. 만약 년(年)의 납음이 시(時)의 납음을 극하면 자식에게 불의하다. 만약 극전(尅戰) · 형파(刑破)되면, 주가 소자(少子)다녀(多女) 즉 아들은 적고 딸은 많다. 만약 절(絶) 중에 생이 있고, 왕(旺) 중에 사가 있으며, 공망 중에 파(破)가 있다면, 오행이 무정(無情)해도 곧 길하다. 무정(無情)함을 형충하면 상(上)등이 되고, 다만 무정하기만 하면 그 다음이라. 일(日)에 연록(年祿)이 앉으면 영신(榮神) 즉 번영의 신이라, 군국(郡國)의 봉함을 받는다. 일에 남편의 녹을 두르면 곧 창고가 실(實)하니 그 다음이다. 영신이란 춘에는 갑을이요, 하에는 병정의 예이다. 만약 생 중에 절이 있고, 사 중에 왕이 있으며, 공망에 합이 있고, 다시금 고과(孤寡) 원진(元辰)을 범한 것은 천하다.

무릇 여명에 인수는, 허한 고(庫)가 실할 것을 요한다. 오행이 염정(恬靜) 즉 편안하고 고요하며, 무정(無情)하여 서로 이끌어 내지 않으면, 상등(上等) 청렴의 격이 된다. 만약 귀인과 천 · 월덕에 일상(日上) 즉 년 · 월로 관(官)이 있으면 주가 현숙(賢淑)하다 녹은 쇠하고 본신이 왕함은 크게 꺼린다. 일이 관대(冠帶) · 임관(臨官) · 제왕에 있으면 불길하다. 한번 이르기를, "고는 허(虛)함을 요하고, 귀(貴)는 공망에 떨어지지 않아야 한다. 인수가 유기(有氣)한즉 부권(夫權)을 탈취하고, 고(庫)가 유기한즉 부(夫)의 재물을 축적하니 무정하여 전쟁하지 않는다는 것의 이치는 곧 투기함이 없기 때문이다."고 하였다.

노비궁(奴婢宮)에 부침살(浮沈煞)이 있음은 꺼리니, 주가 노비를 때려죽이기 때문이다.

무릇 여명의 생일에 관귀(官鬼)가 있는데, 사·묘·절 상(上)에 있으면 주가 극부(尅夫)한다. 만약 관귀가 공망에 떨어지거나, 혹 일이 공망에 떨어지고 또 생일이 무기(無氣)한 것은 주에게 남편이 없다. 마침내 있다 하더라도, 왕기(旺氣)를 두름이 없어 형살(刑煞)한 것이라, 극부·하천(下賤)하다. 고가(古歌)에 이르기를, "오행에서 부위(夫位)가 공망에 떨어지고 다시금 본신을 낮은 데 두었으니, 어찌 사내가 있겠는가. 이는 곧 풍진(風塵) 속의 삶이 아니라면 모름지기 비첩(婢妾)이라, 종래 비천한 남편이 있다 하더라도 그 몸이 역시 창기라"고 하였다. 《척벽(尺璧)》에는, "납음 금명(金命)이 화(火)를 부(夫)로 삼는다. 과(寡)가 중중하게 임하는데 또 고(孤)가 임하면, 술·해 2궁(宮)에서 부(夫)가 사절되니, 느닷없이 시집가도 그 장소가 허한 것이라"고 하였다.

무릇 여명에 생년 생일이 동일한 자리인 것은 부(夫)를 극한다. 시집에 같은 납음 같은 년의 경우에는 여러 기미가 있다. 생년 생일로 육갑을 두른 것은 이름하여 갑주(甲主)극부 곧 갑주가 극부(尅夫)함을 둘렀다 한다. 월과 일에 공히 같이 두른 것 역시 그러하다. 곧, 갑오년생이 다시 갑오일을 만난 경우로 열에 아홉은 극부하니, 이를 일러 금신(金神)대갑(帶甲) 즉 금신이 갑을 두른 것이라 하는데, 이 같은 예는 더욱 긴박하다. 만약 생일에 왕기(旺氣)를 두른 것, 곧 '병자 경자 무오 계유 신묘' 등의 날은 말하기를 "부(夫)가 승왕하여 하천하진 않으나, 극부함이 많다"고 하였다. 만약 10분(分)의 복덕을 둘렀다면, 이는 곧 내인(內人)이요. 5~6분을 두른즉 관(官)의 좌우에 있으며, 3~5분인즉 근귀다. 상등은 유창(游娼) 즉 유곽의 창기요, 다음은 곧 니첩(尼妾)이며, 심한 것은 극부에 음탕(淫蕩)이라.

혹은 이르기를, "무오는 귀함이 많고, 계유·신묘는 그 다음이라 하며, 병자·경자는 하천하다"고 하였다. 또, 무오·계유·신묘는 크게 아름다우나, 작은 흠결이 있다. 만약 임·계 생인(生人)이 병자·계해를 보고, 신자진 인이 중중한 임·계를 본 것은, 이름하여 '유수(流水)살주(煞主) 즉 흐르는 물이 주를 죽인다"고 하니, 하천하고 정결치 못하다. 수가 많은데 토가 없으면 주가 음란하고, 화가 많은데 수가 없으면 주가 음란하다. 태·월·일·시로 팔전(八專)을 범하면 주가 음란하고, 허로(虛勞) 곧 헛된 피로의 질병에 미친다. 구추(九秋)[60]를 많이 범한 것은 주가 음탕한데, 산액과 악사(惡死)에까지 미친다. 목욕·함지를 범하면 곧 주색의 신이라 주가 음란하다. 십악(十惡)대패

60　앞서 나온 여러 악살과 본신의 강·왕 등을 총칭한다.

(大敗)를 범하면, 주가 음란 폭악 파가한다. 도화와 겁살을 범한 것은 주가 어려서 창기의 문에 들고, 늙어 가난한 거지가 된다. 인오술 생인이 동(冬)삼월 해(亥)시에 있고, 사유축 생인이 춘(春)3월 인(寅)시, 신자진 생인이 하(夏)3월 사(巳)시, 해묘미 생인이 추(秋)3월 신(申)시에 있다. 고시(古詩)에 이르기를, "도화와 겁살의 둘이 서로 침해하면 도적이 되지 않으면 간음을 범한다. 홀연히 여자가 이를 만나 드러내면 어려서 창기의 문에 들고, 늙어 가난에 이른다"고 하였다.

대저 여명에 합이 많고 다시금 귀인을 두르면 이는 상류의 관기요, 그렇지 않으면 귀인의 좌우에서 시중든다. 만약 생일이 무기(無氣)하고 겁재가 귀인에 앉은 사주의 경우, 천·월덕이 있거나 혹 일록(日祿)귀시(歸時)가 되면 주가 천한 중에도 귀자(貴子)를 낳는다. 혹 인연이 있어 봉(封)함을 받기도 하는데, 이는 복이 일·시에 있는 까닭이다. 그 시종(始終)으로 하천함은 '함지 자패(自敗) 대모 천중'이 능멸하거나 극하고 형충으로 기산(氣散) 즉 기가 흩어진 것이다. 자형(自刑)에 살을 두르면, 성품이 홍진에서 천하고 음탕함이 된다. 마침내 귀격(貴格)이 있어도 역시 바람결에 들리는 소리가 있다. 괴강이 교차하여 충하면, 이리 떼의 어그러짐과 순하지 못함이 많거나 혹은 표류 방탕한다. 생왕에 태과한 중 겁살이 왕래하고 상충함을 보면, 성품에 맹렬함이 많아 육친과 불목(不睦)하나 도리어 청정하고 음란치 않은데, 움직여서 곧 화환을 부른다.

만약 함지와 대모(大耗)가 같은 궁에 있은즉 음미(淫媚)참독(讒毒) 곧 음란 아첨 참소의 독이 있다. 천중(天中)과 폭패(暴敗)가 서로 이은즉 성정에 그릇됨이 많아 음사(淫私)점욕(玷辱) 곧 사사로운 음란에 이지러진 욕됨을 부르는데, 다시금 형충이 있으면 필시 주가 관의 일에 음사로 대응하다 발각된다. 일·시 상에 사·절로 살을 두르면 주가 빈곤 하천한데, 혹 시장과 길가의 풍진에서 스스로 경영하는 용렬한 부인이다. 예(禮)와 형(刑)이 없음을 보거나, 혹 천중에 인수, 혹 합묘(合墓) 중에 대모를 본 것은 '매파 무당 술업 약장수'의 무리가 많다. 그 중에 건록 귀인이 있는 것은 저잣거리에서 이빨로 어수선한 빨간 서적 등을 파는 가게의 부인이다. 만약 생일에 대모 함지를 두르면 부처(夫妻)의 드러난 마음이 서로가 어지러운데, 관부(官符)를 보게 되면 흉폭함에 이르는 경우가 많다 속세의 악한 남편이 버리고 쫓고 능욕하거나, 혹은 곧바로 부(夫)에게서 방해받고 극을 당하니, 일생 남편으로 인해 번뇌한다.

생시(生時)에 겁살·대모·공망을 두른 것은 자식을 낳아도 이룸이 적다. 걱정에 마음 졸여 어지러움이 되거나 혹 패역한 아들을 낳는데, 함지를 보게 되면 잉태함에 손상됨이 많다. 일·시로 구교(勾絞)를 범하고 계반(繫絆) 즉 탯줄의 얽힘이 있으면 그 뜻이 난산함이 많거나, 혹은 자식이 탯줄을 목에 감고 생하는 것이다. 세와 운에서 대모를 보면 흉함이 되어, 부자(夫子)가 어지러워 상서롭지 못한데, 다시금 혹 극신(尅身)으로 인해 왕왕 죽을 수도 있다. 8수(數)라는 것은 음의 끝이라, 대흉이 되기 때문이다. 만약 일·시로 화개 정인이 이를 범하면, 주가 무부(無夫)무자(無子)라 해도 역시 임종(臨終) 즉 죽음을 지킬 사람은 있다.

년이 극을 다하고, '형 해 공망 충 파 비인 양인 겁망(劫亡) 파쇄(破碎) 대패' 등의 살을 범하면, 주가 극부해자하는데 다시금 오행으로써 그 경중을 가감한다. 이를 말하자면, 일생 아녀(兒女) 즉 아들딸을 출산하지 못함이 있고, 혹 태(胎)를 손상함이 많으며, 또한 시집도 못 감이 있다. 종래 아녀가 있어도, 화(和)하거나 효도하지 않음이 많다. '공망 원진(元辰) 함지 화개 반안(攀鞍)'을 범한 것은 곧 악한 부인이라, 주가 극부하고 자식은 적으며 병이 많고 투기(妬忌)한다.

무릇 여명에 6개의 자인(自刃)[61]을 일·시로 두르면, 주가 무부무자한다. 문득 이것이 10분의 좋은 명이 되려면, 모름지기 극함이 있어야 한다. 양인 및 조원(朝元)양인(羊刃)을 범하면, 주의 산액이 많고 월경 과다의 질환이 있으며, 중년 이후 주에게 냉병이 있다. 묘·유를 많이 범하면, 주의 태(胎)가 떨어지고 극자(尅子)하는데, 옆구리가 욱신거리고 피가 찔려 나온다. 사주가 두루 양(陽)이면 남아를 낳지 못하고, 두루 음(陰)이면 여아를 낳지 못한다. 시(時)에서 이것이 양의 간두(干頭)라면 잉태하여 생남(生男)함이 많고, 음간이 투출하면 잉태함에 생녀(生女)함이 많다. 이것이 4중(仲)이라면 주가 중자(仲子) 즉 둘째의 자식을 생하는데, 맹(孟)과 계(季)의 천간 역시 같다. 인신사해를 많이 두른 것은 주가 쌍둥이를 생하는데, 해(亥)자가 많으면 쌍생남이요, 사(巳)자가 많으면 쌍생녀한다. 삼년에 1태(胎)하고, 2년에 1태하며, 1년에 1태하는 경우가 있는데, 이는 모두 시의 납음으로 정한다. 수1·화2·목3·금4·토5의 수(數)를 취하여 징험하는 것이다. 이는 곧 일·시의 납음으로써 부자(夫子)의 수를 정한 것이다. 화기(火氣)가 많음을 범하면 주가 일생토록 생장(生長)치 못하니, 5행의 조기(燥氣) 즉 조열한 기운도 동일하다. 시(時)에서 반음(返吟)과 복음(伏吟)을 범하면 자식의 중년이 불리한데, 종래 만년이 있어도 필히 쇠퇴한다. 복음의 일주도 극부하나, 오직 태세(歲)가 같은 것은 바야흐로 가히 면한다. 월이 복음이면 축리(妯娌) 즉 동서와 제매(娣妹)가 마땅치 못하고,

---

[61] 이는 양인이 6개란 뜻인데, 10간 중에서 수화목금과 토2개의 양인을 6인이라 하고, 이를 일시에 두었다는 말로 보인다.

태(胎)가 복음이면 골육에 불리하다. 반음도 이와 같이 논한다.

대저 여명은 염화(恬和) 즉 화합하여 편안함을 얻고자 하는 가운데 귀격(貴格)이 있으니, 다시금 녹마 귀인을 두르면 자생(自生)자왕(自旺)한다. 육합의 주는 성품이 예쁘고 현덕(賢德)하며, 자태와 용모가 수려하다. 태성(太盛)함에 상함은 불가하니 유순(柔順)함을 버리는 것이 두렵고, 사·절에 지나침도 불가하니 곧 음란 아첨에 성품이 비굴하기 때문이다. 진실로 오행의 염화를 얻은 것이 또 복기(福氣)가 굳게 얽혀 일·시 상에 모이면, 곧 아름다운 것이다. 대개 일(日)은 부(夫)가 되고 시(時)는 자(子)가 되니, 일체 복신이 일·시 상에 더해지면, 모름지기 부자(夫子)로 인해 귀하고 여인의 복이 되는 것이다. 부와 자가 마땅함이 있으면 거듭 봉함을 받아 귀하니, 부르기를 조적(早適)현부(賢夫) 곧 일찍이 어진 지아비에게 갔다 한다. 만약 일·시의 2위(位)로 복력(福力)이 얽힌 것이 아니라면 곧 평상한 명이다. 곧, 복이 월·태의 상(上)에 모인 것은 단지 부귀한 집안에서 태어났다는 것일 뿐, 마침내 지아비의 복이 되지는 못하기 때문이다.

대저 여명에 금여(金輿) 육합(六合)이 가장 기쁘니, 자왕(自旺) 한즉 복이 두텁고 골육에 이롭다. 인수에 녹(祿)과 귀(鬼)를 보거나, 혹은 수화기제(水火旣濟)하거나, 혹 금수가 상생하면, 자질이 미려(美麗)하고 자생자왕한다. 관부(官符)를 두르거나, 혹 오행 간지가 서로 왕래하지 않고 무정(無情)하면, 내정(內政)이 맑고 밝아 엄숙하고 굳세어, 지킴이 있고 음삽함을 기뻐하지 않는다. 만약 녹이 사·절 된즉 검소하여 화려하시 않은데, 인수가 살을 두른즉 권위로 능히 중함을 맡는다. 육합에 상생(相生)한즉 골육이 무성하며, 두루 온전히 화합하여 아름답다. 시상(時上)에서 귀인 역마를 보면, 효도하고 어진 자식을 생함이 많고, 잉태 출산함에 걱정이 없다. 일상(日上)에서 이를 보면, 어질고 아름답고 총명한 지아비를 얻어 일생이 즐겁고 쾌활하다.

대저 부음(負陰)포양(抱陽) 즉 음을 지고 양을 안음은 남자가 되고, 부양(負陽)포음(抱陰) 하면 여자가 된다. 이런 까닭에 남명(男命)은 생함에 곧 왕함이 이롭고 쇠함이 불리하며, 여명(女命)은 생함에 쇠함이 이롭고 왕함이 불리한 것이다. 남자는 왕한즉 복이요 쇠한즉 그렇지 못하며, 여자는 쇠한즉 복이요 왕한즉 그렇지 못하다.[62]

---

[62] 이상으로 여명에 관한 숱한 이론들을 소개하였다. 그러나 이는 글자 그대로 과거 남존여비의 사회현상과 사상 속에서 판단의 준거일 뿐, 오늘날의 남녀평등 동권의 시대에는 반드시 맞는다고 하기는 어렵다. 오히려 지금은 여명 자체도 남명에 준하여 판단함이 더 합당할 수도 있다. 그러나 이는 또한 자연의 법칙 중에 나타난 음양 해석의 한 대목이 되므로, 모든 것을 폐기해야 한다고 할 수는 없다. 곧 남편과 자식의 상호 관계 속에 부인 역시 존재하므로, 그 이치의 마땅함은 그대로 적용되는 것으로 보아야 한다.

고가(古歌)에 이르기를, "재·관·인수 3반(般)의 기물은, 여명이 이를 만나면 필히 왕부(旺夫)라. 살다(煞多)를 범하지 않고 신강(身强)과 제복(制伏)으로 혼잡함이 없으면, 그 칭호가 있는 것이다."고 하였다. 또, 여명에 상관은 복이 참되지 못하고, 무재(無財) 무인(無印)이면 고빈함을 지킨다. 만약 국(局) 중에서 상관이 투간함을 보면, 필히 집 앞에서 사람을 불러댐을 짓는다.[63] 또, 부(夫)를 둘러 합함이 있으면 모름지기 올바름에 돌아가고, 합은 있는데 부가 없으면 이는 편고함으로 정한다. 관·살의 범함이 거듭되면 하격(下格)을 이루는데, 상관이 거듭 합하면 모름지기 말로 다하지 못한다. 또, 관에 도화를 두르면 복수(福壽)가 장(長)하고, 도화가 살을 두르면 상서로움이 적다. 합이 많은데 도화가 범함은 가장 꺼리는 것이요, 비겁에 도화는 크게 불량하다. 또, 여명에 상관격은 속으로 밉다. 재를 두르고 인을 두르면 복이 바야흐로 굳세다. 상관이 왕한 곳에서 부(夫)를 상하고 주(主)는 깨지니, 상관은 수원(壽元) 즉 수명의 근원을 손상한다. 또, 비천(飛天)녹마(祿馬)와 정란차(井欄叉)의 경우, 여명이 이를 만나면 가장 아름답지 못하다. 단지 좋기로는 편업이나 혹 기생의 일인데, 재가 있으면 바야흐로 영화를 누림도 가하다.

또, 눈매는 비취색 버드나무를 끌고 그 뺨은 꽃과 같은데, 녹마 장생은 귀기(貴氣)를 빌린 것이다. 자줏빛 나무와 태양이 4정(正)에 임하면, 익부(益夫)음자(蔭子) 즉 부를 유익케 하고 자식을 그늘로 보살펴 집안을 지키고 모은다.[64] 녹마가 장생에 모이거나 혹은 묘고(墓庫)를 두르는데, 비록 하나라도 중(重)한 것에 미치면 귀하니, 소위 장생 녹마 귀인이라 부른다. 시(時)에 귀인이면, 자귀부영하고 용모는 필시 기특하다 함이 이것이다.

또한, "하나의 중한 망·겁(亡劫)이 양인을 만남에 미치는데, 천을이 녹·마의 향(鄕)에서 같이 생하면, 절색이 과인(過人)하고 정숙하며 또 깨끗하니, 영부익자함이 세차고 창성하다."고 하였다. 또, 역마가 많은데 무례(無禮)의 형(刑)을 만나고, 임관 제왕으로 다시금 사람을 번뇌케 한다. 주 중에 다시 함지가 있어 만나면, 이런 종류는 아름다운 사람이니 더 찾을 필요가 없다.[65] 또, 망·겁, 고·형, 과·격이 쌍을 이루고, 평두(平頭) 화개가 한 반(般)국에서 상세하면, 보옥에 향기를 피워도 외로운 밤을 맞을 뿐이니, 주렴을 드리워 참고자 하여도 달빛만이 침상의 반에 머문다. '망신 겁살 고진 과숙

이 이후는 주로 가결과 예시의 형식으로 구성된다.

63 호객행위라 하겠다.

64 이상 원문은 모두가 이어진 채로 구성되고, 이후는 논에 대한 주석과 예시의 형태로 구성된다.

65 이는 여러 신살들이 서로 서로 형극제화함을 말한 것이다.

격각(隔角) 평두 쌍진(雙辰) 화개 육해 삼형'은 이른바 오행 신살로 중한 것을 절대로 꺼린다 함이 이것이다.

또, 양인 겁·망이 쉬는데 합하여 움직이고, 합하여 움직임에 고당(高堂) 운우의 꿈이라. 합귀(合貴) 합마(合馬) 합함지하면, 필시 그 삶이 거짓으로 존중받음을 정한다. 곧, '경신 기축 정해 임인'이 이것이다.

또, 생월이 위에 있는 궁과 합함을 어찌 견디리오, 더불어 다시 시(時)가 여러 흉과 합함도 마찬가지다. 겉으로는 존중을 용납하나 진실하지 아니하니, 내란에 더욱 방해함이라 선종하지 못한다. 곧, '을해 갑신 기사 을해'가 이것이다.

또, 함지가 일성(日星)을 씻어냄을 명(命)에 두면, 위인의 성품이 교묘하고 또 다능하다. 남자가 이를 얻으면 서로에게 지식이 많으나, 여자가 이를 만나면 뭇 중들과 범한다. 또, 상궁(上宮)에서 절기(切忌)함은 염정(廉貞)을 두름이라, 자신이 음란치 않아도 처가 반드시 음란하다. 설사 부처(夫妻)가 모두 정대하다 해도, 관사(官事)가 처와 여인으로 인해 미치게 된다. 상궁이란 일간이 앉은 바에서 앞선 것들이다.[66]

또, 여자 함지가 일상(日上)에서 더하면, 총명하고 의를 지켜 간사하지 않다. 그러나 도리어 부서(夫壻) 즉 지아비와 사위가 전도(顚倒)됨이 많은 수심이 있으니, 도박이나 유흥을 불러 파가(破家)한다. 곧, '갑술 을해 을묘 정해'의 경우, 정해의 왕함에는 토의 제복이 있고, 을묘의 패함에는 수가 노리어 생한다. 대족 즉 큰 집안에 자기는 음란치 않았는데, 그 남편이 유탕(遊蕩) 즉 놀고 방탕하여 파가하였다.[67]

또, 함지 일살(一煞)은 가장 괴려(乖戾) 즉 어그러진 것이니, 극아·생아 모두가 불리하다. 비화(比和) 즉 비견과 화합함도 역시 천성(賤星) 즉 천한 별의 이름이라, 호색 탐재하니 귀함에 이르기 어렵다. 곧, '계유 기미 병오 경인'의 경우, 스스로 색을 탐하니 처 역시 음란하였다. 또, '갑술·계묘' 일의 경우는 지아비가 많이 배웠으나 이룸이 없고, 음탕하였다.

또, 함지의 도를 다하면 주가 사음(邪淫)하니, 모름지기 그 중의 심천(深淺)을 살펴야 한다. 제극함이 있으면 타방에서 복을 짓지만, 똑똑하고 영리해도 중인(衆人)의 정을 얻지는 못한다. 또, 패(孛)성과 도화가 4섬(正)에 임하는데, 다시금 익마가 같이 소리 냄을 어찌 감당하겠는가. 교언영색으로는 뭇사람과 화합하기 어렵고, 작은 앎의 간사함으로

---

66 일상(日上)과 상궁(上宮)은 거의 같은 말이다.
67 삼명통회의 번잡함이란 이런 것인데, 여기서도 납음과 녹명신의 관법으로 설하고 있다.

마음을 씀이 비뚤어진 것이다. 또, 해·자를 중봉(重逢)함은 마땅함이 불가하니, 공고(公姑)축리(妯娌) 즉 시부모와 동서가 참상에 이른다. 남자는 장모가 거듭 절함에 응한다면, 처가가 한 방에 패함을 바야흐로 면한다. 또, 상궁(上宮)에서 망·겁인데 다시금 형·충한다. 남녀를 막론하고 이를 만나면 하나의 흉한 예라. 보름달 아래 진실함을 닦아도 한 번으로 되지 않으니, 붉은 줄이 거듭 이어짐을 필히 거듭 만난다. 곧, '갑자 병인 기사 정묘'의 경우, 거듭 제사 지낸 것이다.

또, 양인·망겁이 상궁에 떨어지면, 극처(尅妻)에 생병(生病)하니 가장 흉함이 된다. 만약 진신(進神)이 같이 이르러 오면, 사별 생리하고 질병이 마치 바람과 같다. 또, 고·과 쌍진(雙辰)에 격·숙을 아우르는데, 시·일에서 이를 만나면 골육을 형(刑)한다. 거짓 자식으로 사내를 부르는 것이니 어찌 족히 말하리오, 곧 남녀가 치욕을 만남을 꺼린다. 곧,' 정미 무신 무신 병진'의 경우, 남자는 도적이었고, 그 여자는 음란함을 치달렸다.

또, 여인에 양인이 많음은 불의하니, 나문(羅紋)에 합하고 극하여 도벌함을 두른 것이다. 앙화가 소장(蕭牆) 즉 대쑥 담장 안에서 일어나 분대(粉黛) 즉 눈썹에 분가루처럼 날려 흐르니, 화사한 용모에 말을 타고 높은 비탈로 달림을 피하기가 어렵다. 곧, '병술 임진 무오 임자'의 경우, 송사로 치달림으로 인해 출향 유랑하고 풍진에 떨어졌다. 또, '무오 기묘 계미 무오'의 경우, 이는 양인에 합하여 흉사함에 이르렀다.

또, 하나의 양인이 중하면 권병(權柄)이 된다. 2~3으로 중하게 오면 흉이 가장 심하다. 황음 간투(奸妬)에 창기가 됨이 많고, 흉포 악망(惡亡)하니 곧 단명(短命)이다. 부인에게 망겁은 가장 상서롭지 못한데, 시·일로 이를 만나면 성질이 필히 강하다. 사·절이라도 항상 겸하여 주를 극하고, 합기(合起)나 상생(相生)이라도 역시 앙화라, 동서와 시모가 모두 과부에 합하고, 관의 일이 안에서 일어나 추한 소리가 피어 오른다. 또, 연월일시가 나뉘어 싸우고 항복하는데, 명궁(命宮)에서 이 전부를 두르면 풍광이 기쁘다. 남자는 곧 자식을 찾아 화류계로 섞이지만, 여자는 양귀비와 같이 해당화에 잠든다. 자오묘유를 모두 두른 것이 윗 글에 준한다.

또, 여인 천을이 2~3으로 중하면, 귀함이 많고 이룸이 갈마들어 길하지만 흉을 짓는다. 악기와 피리가 모인 가운데 활계(活計)가 되니, 사·절·휴·수에 따라 또 같지 아니하다. 또, 1좌 귀인이면 호명(好命)이 되는데, 양좌 귀인은 마음을 정하지 못하고, 3좌 귀인이면 정히 창기를 짓는다. 만년에 혹 부호의 집에서 올바름을 짓는다. 곧, '병자 기해 기해 을해'는 창(娼)이었다. 또, '정유 신해 기해 을해'는, 해를 지나도 시집을 못 갔고 늙어 무자(無子)였다.

또, 미모로 인해 나라를 기울게 함이란 등명(登明) 즉 밝게 오른 것인데, 기아(期我) 상중(桑中) 즉 나의 때는 부상[68] 중의 태을성(太乙星)이라. 역마에 겸하여 다시금 육합을 만나면, 일생 음탕한 소리가 있음을 면하지 못한다. '을해 갑신 기사 을해'의 경우, 색으로 음란함이 있고 3부(夫)를 사별했는데, 또 옷 속의 간(奸)부를 범한 것이다.

또한, "자목(紫木)나양(羅陽) 즉 자줏빛 나무에 햇살 그물이 사정(四正)을 밀어내며,[69] 귀인에 겸하여 인수와 살이 충개(衝開)한다. 부영자귀에 사람이 단정 중후하니, 양국에 봉(封)함을 알림이 천상에서 온 것이다. 또, 녹마 함지에 협귀(夾貴)함이 오고, 태양과 자목이 삼태(三台)를 아우른다. 총명함에 성품이 아름답고 사람이 화순하며, 동그랗게 말린 귀에 정회(情懷)를 담으니 버드나무 솜 같은 재원이라. 또, 목단(牧丹)은 자고로 화왕(花王)이라 부르니, 점(占)쳐서 풍류를 판단함에 고운 것은 일방일 뿐이다. 좋은 꽃에 웃음을 견디지만 자식은 맺기 어렵고, 년년으로 헛된 법도라 해도 시절의 빛은 좋다. 또, 귀인 녹마는 정히 미묘하게 나뉜다. 시상(時上)에서 이를 만나면 봉황의 털[70]을 낳으니, 탁락(卓犖) 즉 높고 우뚝한 얼룩소 같은 영웅호걸이라 무리들과 다르다. 오로지 갈래짓고 숙성함을 생각하니 복이 군센 우리와 같다.[71] 또, 귀인 녹마가 생시에 있으면, 정히 주가 다남(多男)에 백미(白眉)가 있다. 혹 건(乾)천이 있어 생하여 오면[72] 물이 모여 족하니, 소종에 빛을 더하는 호남아이다. 또, 오행이 편안하고 남박하면 복성(福星)이 임하니, 중후하고 공손 따뜻하여 필히 정성을 다한다. 하늘이 시끄럽고 소란스러움에도 얼룩이 없게 하니, 도리어 무딘 복을 교통함에 천근의 무게가 있다."고 하였다.

또, 만반(滿盤)인수(印綬) 즉 인수가 온 국을 채우는데 부성(夫星)을 얻고, 운(運)이 부(夫)를 향하고 행(行)이 자식을 생한다.[73] 부성을 조화하고 겁탈함이 없으면, 흥부왕자하여 양쪽의 정(情)이 다 마땅하다. 인수가 많으면 주가 무자(無子)인데, 운행이 재관이면 자식이 도리어 많다. 음간(陰干)에 효·인(梟印)이 중하더라도 역시 무자라고 말

---

[68] 새벽 아침의 뜻이다.

[69] 이의 성확한 내용은 단성하기 어렵다. 다만 묘를 포함한 4성위를 말하는 것 같은데, 목화통명의 뜻도 있다. 전체가 노랫가락과 시구의 형태로 되어 정확히 논하기 어려운 것이 이 부분의 전체적인 특징이다. 뒤의 충개는 살인상생을 말한다.

[70] 개털 범털인데, 이는 봉털이다.

[71] 얼룩소를 우리 속에 두니, 명에 장차 좋음을 지닌 것과 같다는 뜻이다.

[72] 건방은 서북의 금수라, 수를 생한다.

[73] 운이 관성으로 향하고, 時柱의 글자를 생한다는 뜻인데, 행실로 이해해도 무방하겠다.

하지 말라. 설기(泄氣)하거나 극하는 운을 행하면, 역시 주의 자(子)가 많고 빼어나다. 곧, '계미 계해 을유 계사가 이런 명인데, 남방 화토운을 행하니 재와 식의 땅이라. 재로써 효신을 제복하여 식신이 손상함이 없어, 7자(子)를 낳아 현달하고 부·처(夫妻)가 해로하였다. 다른 명으로 임오시 역시 5자를 낳았으나, 부를 형(刑)하고 절개를 잃었다.

잡기격(雜氣格) 중의 녹(祿)은 가장 아름다우니, 간두에서 문득 섞임이 있어도 감히 자랑한다. 운행이 재지(財地)로 상·겁(傷劫)이 없으면, 시집 가서 재랑(才郎) 즉 재주 있는 남편을 얻어 복을 누림이 길고 멀다. 갑·을이 축월의 예인데, 두루 부성(夫星)을 감춤으로써 간두에서 혼잡됨도 꺼리지 않는다. 이는 월(月)로써 말하는 것이다.

임진·임술은 앉은 중의 부(夫)요, 경술·경인 역시 스스로 빼어나다. 임오·갑신·무인 일은, 부인이 이를 얻으면 복을 치우쳐 갖춘 것이다. 이 몇 날은 좌하(坐下)의 부성이라, 단지 1위가 마땅하여 복이 되는데, 이는 일(日)로써 말하는 것이다. 일명 '경신 기축 경인 경진'의 경우, 대부(大富)의 팔자였는데 수(壽)는 50여 세였다.

병경·자오는 각각 나누어 추리한다. 기토는 묘·미에서 문득 마땅하다. 을일이 다시 금 사유축을 감당하고, 계가 기미에 임한 것 역시 마땅한 때이다. 이 여러 날은 역시 좌하에 부성이라, 지지를 파(破)함은 불의하고 홀로 봄이 곧 길하다.

살성(煞星)에 독인(獨印)이면 격 중에서 맑은 것이다. 신주(身主)가 청고하면 부귀를 이룬다. 관성이 와서 혼잡함이 없는 격이면, 시호와 녹봉에 공손하고 맑으니 그 이름을 부름이 중하다. 여명에 살·인(煞印)이 가장 길하니, 이와 같은 것은 '기묘 기미 계축 을축 을유 계미 신미 갑신 경인 무인 임술 임진 병인' 등의 날이다. 다시금 혼잡함은 불의하고, 부성이 귀(貴)함이 된다.[74]

오음(五陰)의 부녀는 신쇠함을 요하니, 만약 강강함을 만나면 재앙과 병이 온다. 세·운에서 다시 신왕지를 행하면, 꽃 앞의 풍우가 한스러워 서로를 꺾는다. 오음일은 약함이 마땅하니, 강하면 재앙을 생함이 많다. 건록을 행하여 왕지(旺地)를 모으는데, 주에 관·살이 없으면 상부해자한다.

고란(孤鸞)일을 범하면 본래 무아(無兒)인데, 한 번 관성을 보면 득자(得子)하여 기이하다. 운이 왕향을 만나고 자매가 많으면, 바람이 임하여 녹루(綠樓)의 때를 실심하고 슬퍼한다. 고란일이 만약 주 중에서 관성을 보면 도리어 그 자식을 얻는다. 음일(陰日)이면 다시금 좋은데 혼잡됨은 불가하다. 이로써 아이가 없다고 이를 판단하는 것이다.

---

74 마지막 병인의 예시는 다소 의아한데, 효신의 뜻이 있기 때문이다.

운이 신왕을 행하고 비견에 미치면 쟁탈하니, 진짜 고란이 된다.

부성(夫星)이 득지하면 자식이 많고 넉넉한데, 자매를 교가(交加)하면 도리어 헛되다. 재왕(財旺)에 다시금 자식의 자리를 만나면 길한데, 상관을 서로 보면 또 다시 처음과 같다. 부인은 부(夫)로써 위주하니, 부성이 득시하면 필히 자식이 많다. 만약 비견의 분탈함을 보면 도리어 외롭고 무자라. 고로 다시금 재가 관을 생함이 기쁜데, 다시 상관을 보니 다시금 처음의 이론으로 돌아간다는 것이다.

1위 부성에 자매가 많으면, 상관 세·운에 문득 어렵고 허물이라. 마침내 부(夫)가 있어 만나도 상하고 극하니, 찬 이불 홀 베개를 어찌한단 말인가. 관성은 단지 1위가 바른 것인데, 비견이 분탈함이 두렵기만 하다. 하물며 세·운에서 또 상관을 만나면, 그것은 부를 해함이 필연이라. 만약 원래부터 상관격이라면 주 중에서 관을 보지 않아도 무해한데, 행운에서 관을 보아 전투함이 두렵다. 수구(讎仇)극부(尅夫) 곧 원수가 짝을 이루니 지아비를 극함에 의심할 바가 없다.

격(格)으로 상관을 용하면 역시 양쪽을 시샘한다. 만약 식왕(食旺) 함을 만나면 부의 재를 더하니, 재성이 왕처에서 관왕(官旺) 함을 생한다. 식도 없고 재도 없으면 인수가 옴이 기쁘다. 상관이 득시(得時)함은 무해한 것이지만, 단지 왕한 인수가 용신(用神)을 파함이 두렵다. 식신이 용(用)이 되면 득시함에 더욱 기이하니 도리어 정인을 봄이 마땅한데, 다만 인다(印多)는 불의하고 오식 중화(中和)인즉 길하나. 한 냉(命)으로 '셰미 을묘 경자 경진'인데, 상관이 용재(用財)하니 귀부(貴夫)에게 시집 가 봉함을 받고, 1자(子)를 두었다.

부인의 격국(格局)은 청화(淸和)함을 요하니, 부(夫)의 기(氣)가 휴·수(休囚)되면 곤고함이 많다. 운이 재·관의 중함과 왕상(旺相)함을 만나면, 의금을 펼치고 드러내며 웃음소리 하하롭다. 가령 신일(辛日)생이 자·유월인 경우, 간두에 병화를 헛되이 보면 비록 관이라도 무용하다. 주가 공교해도 가난한데, 다시 신과 임을 서로 보면 극부하는 것이다. 만약 살·관으로 행함을 얻고 재운에 미치면 화·목(火木)을 생기(生起)한즉 길하다. 나머지도 이를 참조한다.

상관의 성질이 중하면 권여(權與) 즉 권세를 허락하는데, 비겁을 거듭 만나면 예법이 트이질 않는다. 인수일은 맑음을 찾고 신독(愼獨)하니, 정임이 화합함에 시서(詩書)가 밝다. 이는 상관의 성정이 괴각(乖覺) 즉 괴팍하고 깨닫기도 함을 말하니, 여자 중의 장부이다.

금수(金水)상함(相涵) 즉 서로 적심은 수려하고 아름답다. 비견이면 금수로 자랑함을 짓는다. 병이 임을 만나 제복되면 얼굴이 옥과 같고, 갑이 금의 극을 만나면 용모가 꽃과 같다. 금수가 빼어남을 받은 고로 미모가 많다. 만약 임극병하고 갑견금하면 1살이 맑으니, 오직 그 용모 역시 아름답고 성정 역시 고요한 것이다. 혼잡된 것은 음천하고 용모 역시 추하다.

인수가 생신(生身)함에 살을 만남이 좋다. 상관에 재왕이면 고당(高堂)에 자리한다. 만약 사·절에 양인 비견과 묘(墓)지로 행하면, 독수공방에 자식 초상을 통곡한다. 살인상생, 상관생재는 모두 상격(上格)이 된다. 그러나 만약 재·살에 사·절과 양인 비견으로 행하고 상관의 입묘(入墓)에 미치면, 상부극자한다.

날에서 음양이 자왕(自旺)한 것은 평상하다. 본신이 건왕한데 의탁함이 없으면 좋음이 되지 못한다. 운이 부(夫)의 향을 향하면 경쟁하여 일어나니, 용모를 고치고 재초(再醮)를 드림으로 방을 보수하고 채운다.

도화 홍렴 두 가지가 서로 교차하면, 화장대로 향하여 귀밑머리를 비스듬히 고침이 빈번하다. 만약 관성이 있어 숨고 투출하면, 도리어 좋은 방으로 돌아가니 그 복이 무애(無涯)하다. 2살은 불길하니 부인에 가장 꺼린다. 관성을 보는 경우라면 곧 의뢰함이 있게 되니 도리어 주가 유복하다.

도화와 살은 같은 길이 두려운데, 관이 도화를 보면 도리어 왕부(旺夫)라. 금수가 상봉함에 오히려 미모로다. 관귀(官貴)의 방이 없다면 역시 더러움이 많다. 관성 도화는 양인에 해가 되지 않는데, 살성 도화인즉 창부가 됨이 많다. 도화의 살은 비록 하나라도, 관을 만나거나 살을 만남에서 서로가 멀고도 다르다. 금수상관에 관·살이 없으면, 그 뜻을 정하지 못한다.

식신이 홀로 왕하면 여러 길상을 이기고, 금수상관이 화(火)를 얻으면 안강하다. 기(氣)를 받음에 자매를 만남은 불의하고, 살성이 1위라면 문득 좋음이 된다. 1식(食)이 생왕함을 만나고, 금수가 화를 보아 포태(胞胎)함에 비견이 없으며, 살성이 1위로 득시한다. 이런 여러 격을 부인의 명에서 얻으면 모두가 길하다.

관성이 득록(得祿)하면 부(夫)의 귀함을 안다. 식신이 임관(臨官)을 만나면 자식이 문득 어질다. 복위(福位)청룡(靑龍)격의 살과 식이라, 노비를 부리고 휘몰아 부권(夫權)을 탈취한다. 기가 갑의 부를 만나고 인(寅)월을 얻은 경우, 갑식병으로 후사가 되는데 사(巳)월을 얻은 경우이다. 주의 부자(夫子)가 두루 좋다. 만약 살격 식격을 용하는데 녹신(祿神)을 만나고 청룡복위를 두른 것은, 주가 부권(夫權)을 빼앗으니, 그 총명함이 표가 나게 이른 것이다.

식신이 암합하고 부(夫)가 이미[75] 와 있는데, 식왕(食旺)에 뒤섞임이 없으면 부귀의 태(胎)이다. 재성이 투출하면 나뉘어 등과급제하는데, 효신과 칠살이 합한 곳에서 의심과 시기가 일어난다. 식신은 재가 경하면 불의하고 또 태과함도 불의하다. 청한 것이 제일이요, 관을 봄이 그 다음이다. 효살(梟煞)을 서로 보게 되면 불길하다.[76]

을·경이 하월(夏月)이면 금(金)이 바로 피곤한데, 운이 서방을 향하면 부(夫)가 득시한다. 병자가 오지 않으면 금수가 좋은데, 동방에서 을을 만나면 귀함을 나눈다. 을은 경으로써 부(夫)를 삼는데, 하월은 금이 때를 잃었다. 서로 행하여 도와 일으키면 길함이 된다. 병을 보면 경을 상하고, 을을 보면 합을 다투는 고로, 모두 기쁘지 못하다.

신관(辛官)이 금·수 월이면 부(夫)가 가볍다. 다시금 신과 임을 만나면 두 갈래 법도가 새로워진다. 운이 목·화를 행해도 복을 이겨 받기 어려우니, 자기를 상하지 않으면 타인을 상한다. 신(辛)금 천간은 병으로써 관을 삼는데, 신이 추·동에 생하여 병(丙)을 만난즉 가볍다. 시(時)에서 또 신이나 임을 보면 나뉘어 극한 즉 병이 더욱 가볍다. 운이 화·목으로 행하여 부가 비록 득시한다 해도 그 복을 이겨내지 못할까 두려우니, 타인을 상하거나 자기를 해침을 면하지 못하기 때문이다.

기부(己夫)가 가을이면 갑이 지지로부터 몰래 상하고, 간두(干頭)에서 을을 보면 두 가지 법도를 기약한다. 이를 제거하는데, 동방에서 목왕(木旺)함을 만나면 금과 목이 충격 손상되니 노한 지김을 교제한다. 기가 추월(秋月)에 갑의 부(夫)를 만나니, 시시로 상관이 있어 해가 된다. 다시 을을 보면 저것은 제거하지 못하고, 이것을 쫓는다. 곧 갑과 기가 합하는데 을의 전극(戰尅)을 당하므로, 능히 관(官)을 취하지 못하고 살(煞)을 쫓아 주가 두 법도로 혼인을 이룬다. 동방 목왕의 땅을 행함에 화(火)가 있어 금을 몰아냄은 비록 좋으나, 역시 상부 재가함을 면하지 못하는 것이다. 혹 과부로 살게 됨이 많다. '신미 갑오 기미 갑술'은 왕비요, '병오 신축 기미 갑자'는 진사의 여식으로 왕비였다.

경의 부(夫)로 금·수 월에 정(丁)을 만났는데, 임과 병이 간두에서 서로 보아 싸운다. 부귀는 춘풍인데 금침(衾枕)이 차고, 상관의 지지 위에서 정(情)을 나눔이 두렵다. 경은 정으로 관을 삼는데, 추동에 임을 만나니 금수가 득시한다. 곧 앞의 부(夫)는 극을 당하고 다시금 병화를 쫓는 것이다 만약 벼슬시라면 그 부가 입묘하고, 자식는 그 부가 상함을 입는다. 비록 부귀함에 거하여도 마침내 이는 과부의 거처요, 자식 또한 적다.

---

[75] 원문도 巳로 보이는데, 己가 되어야 뜻이 통한다.
[76] 식신대살 편인도식인데, 관을 상하는 점에서 식상격의 경우다. 그 순서도 고려한다.

갑의 부(夫)가 사·오 및 인목의 궁이면, 병합신(丙合辛)을 만난 것이라 화의 녹임을 당한다. 신왕에 식신이니 집안의 부(富)는 족한데, 홀로 잠든 외로운 침상에 봄바람을 원망한다. 갑일이 신으로 부를 삼는데, 춘하(春夏)에 태어나 신(辛)이 때를 잃었고 또 병화를 만나니, 이로써 길하다고 논하기는 어렵다. 대개 부인은 부(夫)를 위주로 하는데, 관이 이미 해를 입었으니 비록 재물과 양식을 넉넉히 채운다 해도, 부(夫)를 상함을 면하지 못한다. 만약 주에 신(辛)이 없고 병·정을 본 경우, 운행함에서 신을 본 것은 또한 길하다.

병의 부(夫)가 하·계(夏季) 월이면[77] 상함을 저장한 것인데, 만약 경·신(庚辛)이나 유지(酉地)를 만나면 상서롭다. 목·화가 투간하면 능히 수(水)를 설(泄)기하니, 부(夫)의 재물이 비록 왕발(旺發)한다 해도 길기가 어렵다. 병간(丙干)은 계(癸)로써 부(夫)를 삼는데, 하월의 계수는 안으로 휴수됨을 간직한다. 토는 상관이 되니 투간하지 않음과 같은데, 무·기(戊己)가 신금(辛金)을 얻어 이를 보좌하고, 운이 서방으로 행하면 길하다. 주(柱)에 목화가 있어 계수의 기를 설기하고 절도하면, 이는 마침내 오래가지 못하고 계수를 보지도 못한다. 식신을 용(用)한다면 다시금 길한데, 상관을 본즉 그렇지 못하다.

계수가 인·묘월에 생하면, 무와 합하고 경로는 남지(南地)를 행함이 마땅하다. 다만 천간 중에서 갑목을 밝게 봄이 두려우니, 금침을 누구와 함께할지 스스로 가련하다. 계일 생춘(生春)에 무를 만나 부(夫)가 되는데, 남방 및 인수의 땅을 행하면 이익이나 해로움이 되지 않는다. 만약 갑이 투간하여 계에 미치고, 이를 분탈하면 문득 부(夫)를 상하니 무(戊)를 보지 못한다. 다만 갑을 보고 운이 무에 이르러도 역시 이와 같다. 만약 원국에 무가 없어 식신 상관을 용하는데 화지(火地)로 행하면, 모두 길하다.

임·계가 계월(季月) 중에 생한 경우, 여름과 토가 왕한 사이라면 역시 같이 논한다. 인(寅)과 갑을 이어 서로 봄은 불의하고, 거듭 범하면 상함을 지으니 도리어 공이 없다. 임계가 진술축미 월 및 여름 중에 생하면, 그 가운데 숨은 부성(夫星)이 득시하여 가장 길한데, 다만 태과함은 불의하다. 만약 인갑으로 더불어 식신이 중범(重犯)함을 보게 되면 상관으로 지어 논한다. 갑 혹은 인을 하나만 보면 길하다. 일명(一命)은, '경진 계미 계유 무오'였는데, 부귀하며 뛰어나고 우아한 지아비에 시집가서 4자(子)를 놓고 봉함을 받았다.

---

77 여기 계(癸)월은, 여름과 계월(季月)이 되어야 한다.

갑·을 추생(秋生)은 부(夫)의 바른 때라, 만약 살·관이 혼잡이면 세밀히 이를 나눈다. 서배(舒配)거류(去留) 즉 짝을 지으며 가고 남음이 적절하여 격을 이루면 길하고, 정과 병을 강하게 끌어오면 곤궁하고 또 헤어진다. 갑을은 금을 써서 부성을 삼는데, 경신이 추령(秋令)에 득시한다. 만약 관·살을 거듭 보아도 짝을 나누어 가고 남겨 서로가 혼잡되지 않으면, 총명 부귀하다. 정과 병이 시(時)에서 중함을 보고 강한 땅을 끌어온즉 또한 금을 상하니, 해가 되는 것이다.

무·기 춘생(春生)은 목의 푸름이 바르다. 살·관이 많은 곳이 문득 유정함이 되니, 간지로 합을 만나면 바야흐로 길함을 이룬다. 수를 모으고 금이 중함도 또 하나의 평이 있다. 무기 춘생이면 2가지 논이 있다. 기일(己日)은 비록 관살혼잡이라도, 갑의 합이 있어 귀함이 된다. 무일(戊日)은 청한 것이 마땅하니, 곧 귀(貴)는 도성에서 이롭고, 살(煞)은 쓰임이 된다. 모두 두려운 것은 금수가 많아, 그 토에 물이 스며드는 것이다. 금 다라면 목을 해치는데, 남방의 운이면 꺼리지 않는다.

경·신 하월(夏月)이면 병·정이 숨는데, 간두로 투간하지 않으면 문득 좋음이라. 다만 살·관을 교호하여 봄은 두려우니, 오직 불길할 뿐만 아니라 강하게 싸우기 때문이다. 경신이 기미월 혹은 인묘술의 월이면 두루 재관을 갖춘 것인데, 병정이 많고 살관이 혼잡하게 투출하여 서로를 상함은 마땅치 못하다. 2병(丙)에 1신(辛)으로 쟁합함은 두루 불길함이 된다. 대개 금이 춘하에 생하면 이미 그 부드러움을 잃은 것인데, 다시금 투간한즉 태과(太過)하기 때문이다.

병·정 동월은 가을과 더불어 같다. 하나만 만남이 기이함이 되고, 어지러운즉 공(空)한 것이다. 살이 바르고 관이 청하면 부귀함에 거하지만, 혼잡은 감당치 못하니 일주에 흉함이 임한다. 수(水)는 동(冬)에 왕(旺)하고 추(秋)에 상(相)인데[78], 병정이 추동에 생하니 부성(夫星)이 득지하여 관살이 모두 아름답다. 관을 보면 다만 관으로 논하고, 살을 보면 다만 살로 논하는데, 혼잡됨은 불의하다. 청(淸)자는 부귀요, 난(亂)자는 탁음(濁淫)이라.

재왕(財旺)생관(生官)은 가장 드문 격이다. 재·관이 서로 만나면 십분의 기이함이라. 부영자귀는 재왕으로 인함이요, 징결(貞潔)현랑(賢良)은 오복(五福)의 마땅함이다. 일명(一命) '정축 계축 기미 갑자'의 경우, 귀한 부(夫)에게 시집가 3자(子)로, 봉(封)함을 받았으나 수(壽)가 길지 못했다. 또 하나의 명은 '정유 계축 기사 갑자'인데, 봉함을 받

---

78 왕상함을 말한다.

고 자식을 낳음이 위와 더불어 같았다.

【總歌】 합하여 노래함

정기(正氣) 관성(官星)이 제1격이요, 재·관이 양왕(兩旺) 함도 역시 같이 설한다. 관성을 둘러 합하는데 겸하여 좌록(坐祿)이라, 여명(女命)에 이를 만남은 참으로 복이 있는 것이다. 관성에 도화는 양인(良人) 곧 좋은 사람인데, 합을 두르고 살을 겸한 것은 문득 같지 아니하다. 인수 천덕이 오직 가장 묘하니, 일귀(日貴)에 재관(財官)이 또한 서로 닮았구나.

독살(獨煞)에 유제(有制)면 양인(羊刃)과 같고, 상관생재는 또한 흉하지 않다. 귀록(歸祿)에 재(財)를 만난 것도 이에 준해 판단하며, 식신이 생왕하니 더욱 더 부럽구나. 인수가 살화(煞化)하니 격국이 순수한데, 2덕(德)이 부신(扶身)하면 귀함이 차례를 따지지 않는다. 삼기(三奇)가 국(局)에서 합하면 참된 조화요, 공록(拱祿) 공귀(拱貴)하니 두려울 것이 없다.

살·관(煞官)이 혼잡인데 제어함이 없으면, 이런 여인과는 감히 혼인하지 못한다. 상관이 태중(太重)한데 또 견관(見官)하는 것과 탐재(貪財)에 파인(破印)함은 두루 감당치 못함이라. 비견이 중범(重犯)하면 쟁투함이 많고, 재·관이 겁(劫)을 만나면 결단코 부하지 못하다. 재다(財多)신약(身弱) 또한 그러한데, 양인(羊刃)에 충형(衝刑)하면 시신도 온전치 못하다.

금신(金神)이 양인을 두르면 흉악으로 판단하고, 도화가 대합(帶合)하면 음란으로 볼 것이다. 무관(無官)인데 합을 보거나, 관합(官合)이 많은 경우, 도삽(倒揷)도화 있는 명은 규각(閨閣)이 어지럽다. 신왕에 무의(無依)하면 부자(夫子)를 상하나니, 이 같은 여인네는 크게 좋지 못하다.

도식(倒食)을 중범하면 모름지기 복을 감하고, 과숙(寡宿)을 다시 범하면 명주가 홀로 잔다. 고란 홍염 음양차(陰陽差)여! 이 같은 신살(神煞)들은 두루 아름답지 못하다. 이것이 귀명(貴命)으로 관·인(官印)과 합을 하면, 소소한 신살들은 병이 되지 못한다.

또 이르기를, "부인을 선택함에는 모름지기 침잠하여 고요할 것이요, 세세히 설하노니 제군께서는 들어 보소!"라고 하였다.

부성(夫星)은 강건함을 요하고, 일간은 유순함이 마땅하다. 2덕(德)이 정재에 좌(坐)하면, 부귀는 자연히 온다. 사주에 휴·수(休囚)를 두르면, 이름과 수명이 증가한다. 귀인(貴人)은 1위(位)가 바른 것이요, 23위가 되면 첩이요 기생이다. 금·수가 상봉하면 모름지기 아름답고 수려한 용모를 부르고, 4귀(貴)에 1위(位) 살(煞)은 권가(權家)의 부귀로 설한다. 재·관을 창고에 감추면, 충개(衝開)함에 부(富)하지 않음이 없다. 인·신·사·해를 다 두게 되면 고독하고 음란한 배가 문득 편할 따름이다. 자·오에 묘·유를 병렬하면, 정히 다른 사람을 따라 도주한다.

진·술에 축·미를 겸하면 부녀의 도(道)로는 필히 대기(大忌)하니, 진이 있으면 술을 봄이 두렵다. 진술이 서로 보면, 많은 경우 음란하여 파가하는 사람이라. 유살(有煞)에 합은 두려워하지 않으나, 무살(無煞)이면 도리어 합을 두려워한다. 합신이 많은 경우, 기생이 아니면 또한 노래하는 창우라. 양인이 상관을 두르면, 잡사가 뒤섞여 다사다난하다.

만반(滿盤)이 곧 인수라면, 자식을 손상함은 필히 정한 바가 된다. 천간이 한 글자로 연이어지면, 외롭고 파하니 화(禍)가 면면하다. 지지로 1자(字)를 이어 놓으면, 두 법도로 혼사를 이루는 것이다.

이것은 곧 부인의 명결(命訣)이니, 천금과 같은 것이라 경시하지 말 것이다.

星命部彙考四十八
三命通會 二十

論小兒. 論六親. 妻妾. 子息. 父母. 兄弟. 定婦人孕生男女.

三命通會 二十

【論小兒】 소아를 논함

대저 소아의 명(命)을 보는 것은 곧 화목(花木)을 모종하는 법과 같다.

먼저 잘 배양한즉 뿌리와 싹이 무성하고 꽃과 열매가 흥륭케 되고, 잘 배양하지 못하면 이와 반대되는 것이다. 어찌하여 이같이 말하는가? 무릇 사람이 화목을 심을 때 필히 토로써 그 뿌리를 재배하니 근(根)이 실한즉 싹이 무성하다. 또 필히 물로써 그 몸을 수요 관개하여 그 체(體)가 장대한즉 꽃이 무성해지는 것이다. 양화(陽火)에 의뢰하여 그 꽃을 비추고 따뜻이 하면 꽃이 실하고 그런즉 과실을 이룬다. 가끔 금인(金刃) 즉 쇠칼로 그 가지를 쳐내고 수습하면, 가지가 맑은즉 뿌리 또한 굳게 되는 것이다. 베푸는 것으로, 만약 토가 허(虛)하면 뿌리가 얕고, 물이 적으면 싹이 말라붙으며, 햇빛이 강렬하면 꽃이 시들고, 바람이 붊녀 꺾여서 과실이 떨어지니, 이는 모두 중화(中和) 배양(培養)의 기(氣)를 잃은 것으로, 그 꽃과 나무가 어찌 문득 말라붙지 않는 이치가 있을 수 있겠는가?

사람의 팔자는 년(年)으로 뿌리를 삼고, 월(月)로 싹을 삼으며, 일(日)로 꽃을 삼고, 시(時)로 과실을 삼는 것이니, 자연의 이치가 모두 그러한 것이다. 고로 소아의 명을 추리함에는, 일간이 유기(有氣)함과 월령의 생부(生扶)와 년상에서의 재근(栽根) 즉 뿌리를 심는 것이 필요하며, 인수의 상함이 없고 재·관이 유제(有制)하며, 칠살은 화(化)함을 얻고 상관은 합을 만나 그 기가 중화를 품으며, 형충파해를 두지 않아야 하니, 이것이 곧 쉽게 기르고, 장수하는 명이 되된다.

곧, 살중(煞重)에 신경(身輕)하고, 재다(財多)신약(身弱)이며, 상관을 중첩해서 만나고 식신을 거듭 보며, 일간이 혹 왕한데 의탁할 데가 없거나, 혹은 지극히 유약한데 인수가 적으면, 그 기가 중화를 잃은 것이다. 주(柱) 중에 형충파해가 있으면, 이것이 기르기 어렵고 수명을 재촉하는 명이 되는 것이다. 이 두 가지 종류가 곧 재배(栽培)의 법일 따름이다.

또 이르기를, "소아의 명은 마땅히 시진(時辰) 즉 때와 별(글자)가 바르게 된 것인지를 논해야 하니, 먼저 관살(關煞)[1] 즉 관문의 살을 보고, 다음으로 격국을 본다. 일주 강(强)에 재·관이 왕(旺)이며, 관(關)이 있고 살(煞)이 없거나, 일주 약에 재·관도 적은 경우에는 항상 병(病)이지만 키우기는 쉽고, 일간 약(弱)에 재·관은 많고, 살도 있고 관도 있으면, 기르기 어렵다."고 하였다. 그러면 대저 관(關) 즉 관문이란 어떤 것인가? 곧 편관(偏官)이 관(關)이 되고 편재(偏財)는 살(煞)이 된다. 오롯이 일간으로 주(主)를 삼아 이를 전개하니, 그 생성의 수(數)를 취하여 그것을 판단하는 것이다.

관이란 비유하자면 지금의 관애(關隘) 즉 좁고 험한 관문으로, 위태롭고 험한 땅을 말한다. 사람이 관에 이르게 되면 명문(明文) 즉 명확한 증명문서가 아니라면 감히 사사로이 건너지 못하니, 이를 어긴 자는 필히 그 화(禍)를 당하는 것이다. 소아의 명에서 이 관(關)을 범한즉 불리함이 된다. 주 중에 일간이 강건하고, 제복(制伏)이 순수하며, 인수가 상함이 없으면, 곧 명문이 있는 종류가 되니, 통하고 달하며 순하게 따르므로 쉽게 길러 장수하는 것이다. 이와 반대된즉 그렇지 못하다.

또한, "고왕금래 함에 단지 삼명(三命)이 있고, 관(關)에는 가장 긴박함이 있으나 불응하는 것이 많다. 오성가(五星家)에는 종종의 관살(關煞)이 있으나, 이는 오직 삼명관(三命關)의 설이다. 자평(子平)의 관(關)은 다만 이를 살로써만 논한다."고 하였다. 가령 처음 생한 소아가 갑일에 태어나면, 경을 관(關)으로 삼는 것과 같다. 주에 무토(戊土)가 있어 살과 무리를 지으면, 이것이 곧 관중(關重)무재(無財) 즉 관은 중하고 재는 없다 함이 되는 것이다. 일주가 건왕하며 인수를 얻어 생하고 풀고 화한 것은 관경(關輕)이라

---

[1] 소아관살을 뜻한다. 이하 소아의 운명에 관한 것은 옛날 봉건왕조 시대의 상황을 반영한 것으로, 오늘날 영·유아들을 키우는 것과 비교하면, 이 부분에서 크게 유의해서 볼 만한 것은 거의 없다 하겠다.

무해하다. 갑일이 경을 보면 9세가 관(關)이요, 정이 계를 보면 6세가 관이 되고, 무가 갑을 보면 3세가 관이 되며, 병이 임을 보면 일세(一歲)관, 임이 무를 보면 오세관, 계가 기를 보면 반세(半歲)관(關)이 된다.

사주에 원래 있는 것은 시(是) 즉 이것이 되고, 운 및 태세 유년(流年)에서 만난 것은 비(非) 즉 아닌 것이다.[2] 양간이 양살을 보고, 음간이 음살을 보는데, 양은 단년 단수(單數)를 꺼리고 음은 쌍년 쌍수(雙數)를 꺼린다[3] 곧, 1과 6이 수(水)의 수(數)에 속하는데, 임은 양에 속하여 1수가 되니, 병인(丙人)이 이를 본즉 일주(一週)반관(半關)[4]이 된다. 계는 음에 속하여 6수(數)가 되니, 정인이 이를 보면 6세관이다. 특별히 간두의 칠살만 관이 되는 것이 아니요, 그 중에 숨은 것으로 또한 긴박함이 된다. 나머지의 천간도 이와 같이 추리한다. 소아가 관(關)을 범함은 하·락(河洛) 생성(生成)의 수(數)로써 이를 판단한다.

대저 백일(百日)관(關) 철사(鐵蛇)관 계비(鷄飛)관 염왕(閻王)관 심수(深水)관 귀문(鬼門)관 사계(四季)관 사주(四柱)관 장군전(將軍箭)과 같은 것이다.

그 설을 보면 백발백중이라 하나, 가히 경과를 고구해보면 징험되지 않음이 많다. 그러므로 더 이상 기록하지 않는다.

또한, "소아가 관(關)을 범한다는 것은 곧 '갑자·임자·무자'의 3순(旬)에 생한 사람은 두루 신상(申上)의 수(數)를 쫓아 일어나고, '경자·병자'의 양순(兩旬)에 생한 것은 두루 인(寅)목 상(上)의 수(數)를 쫓아 일어난다."고 하였다. 가령 신미(辛未) 명(命)의 경우, 이는 갑자순 중의 생인이라, 갑자를 써서 신(申)상의 수를 일으키고, 순행 1위에 1진하고 묘(卯) 위에 이르니, 본년 신미에서는 이것이 관(關)이다.[5] 오히려 명궁(命宮)이 어떤 궁에 있는가를 보기도 한다. 만약 이것이 형제·노복(奴僕)·천이(遷移)궁을 서로 바라보면, 4궁이 관을 범함이 된다. 나머지 궁은 3궁에 있지 않으니 불과 3세요, 62궁은 세차(次)에 의지한다. 이를 말한다면, 오직 제9궁은 나가지 않으므로 30세에 죽는다. 만약 행년·태세 대·소운이 충하면 결단코 능히 면하지 못하니, 이를 일러 대관

---

[2] 시시비비익 뜻이다.

[3] 홀짝의 의미이다.

[4] 이는 소아관살에서의 수치인데, 1년 6월로 추산된다. '일육 이칠 삼팔 사구 오십'의 수를 취한다. 임수가 1인데, 단수 즉 홀수에 속하고 이를 지나서 출발하는 것이다. 현재로서는 크게 쓰임은 없다.

[5] 역시 삼명법을 통해 추산한다. 갑자순에 임신이라, 임은 1이 되고, 이로부터 일진씩 나아가 묘에 이르면 정묘가 되니, 곧 정은 2화라 2세관에 해당한다. 본년의 명은 태세로 정한다는 뜻이다. 이후의 많은 예들도 삼명의 고법을 따라 설명되고 있어, 번잡함이 많으나 각기 알아서 취사선택할 일이다.

(大關)이라 한다. 또 진·술년 생의 관(關)이 진자해유 년에 있고, 해오축미 년은 묘인 년에, 사년은 미, 묘년은 자에 있는 경우, 명궁이 어느 궁에 있는가를 보아, 만약 살이 3,6,9,12궁에 있으면 이것이 사관(死關)이다. 6·9는 불과 300일로 35주기와 같다.[6] 12 궁이 다시금 악살을 겸하여 와서 임하면 정히 흉하니, 이를 일러 소관(小關)이라 한다.

또 일례로, '자묘 축미 인사 묘자 진진 사신 오오 미축 신인 유유 술미 해해'는 곧 삼 형(三刑)이다. 가령 자(子)생인이 묘(卯)상에서 살을 일으키면, 그 살은 3,6,9,12 궁에 있어 주가 요절한다.

또 춘에 축·사, 하에 진·신, 추에 미·해, 동에 술·인은 곧 고진 과숙이다.

또 정·7월 사해, 2·8월 진술, 3·9월 묘유, 4·10월 인신, 5·11월 축미, 6·12월 자오와 같이, 정월에 사, 7월에 해인 즉 6충(衝)이다. 이 시를 범한 것은 주를 키우기 어 렵다.

또 생시 납음이 년을 극함은 불가하다. 곧, 생년 납음이 금에 속하면 오시를 꺼리니, 이는 화에 속하기 때문이다. 이름하여 귀관(鬼關)이라 부르고, 이를 범한 것은 불과 30 에 요절한다. 금목은 사·유(巳酉)시를 범함이 불가하고, 화는 진·신(辰申)시를 범함이 불가하며, 수토는 오·술(午戌)시를 범함이 불가하니, 이름하여 삼관살(三關煞)이라 하 며 주가 요절한다. 만약 생월이 왕기를 타고, 혹 귀(鬼)가 자절(自絶)하여 원기를 상함 이 없어도, 역시 주가 중수(中壽) 즉 평균 수명에 불과하다. 만약 사주에 부모 사주의 1 위 2위를 두르면, 오히려 관(關)을 범하여도 죽지는 않는다 한다.

또 종(從)함이 있다. 술(戌)상에서 정월(正月)을 일으켜 역행(逆行)하여, 본래의 생월 에 이르러 머문다. 다음에 일상(日上)에서 자(子)를 일으켜 순행하여, 본래의 생시에 이 르러 머문다. 이것이 진술축미 상에서 만나면, 이를 관살(關煞)이라 한다.

또 인신사해 월(月)이 자오묘유 시(時)를 보고, 자오묘유 월이 진술축미 시를 보며, 진 술축미 월이 인신사해 시를 본 것으로, 이를 범하면 필히 관살이 응한다 하였다.

이상 여러 설이 있으나, 역시 그 징험함을 다하지는 못한다.[7]

또 소아의 운(運)에서 예가 있다. 양남음녀로 인에서 묘에 이르는데, 인(寅)상에서 1

---

[6] 이 문단의 전체는 어디에 근거하는지 도무지 알 수가 없다. 대부분의 판본에서 이를 생략한 이유가 되기도 하는 것 같다. 전체적으로는 육임이나 구성에서 천·지반을 짜고 그 궁을 추산하는 방식이기도 한데, 명궁에 원용한 것으로 보인다. 글이 있으니 번역하고 참고해 볼 뿐, 역자로서도 이를 해석하는 것 은 능력 밖의 일이다.

[7] 결국 많은 말들이 있으나, 현실적으로 적용하기는 어렵다는 의미다.

세 · 묘(卯)상에서 2세 · 진(辰)상에서 3세라 한다. 음남양녀로 신에서 미에 이르는데, 신(申)상에서 일으켜 1세 · 미(未)상에서 2세, 오(午)상에서 3세의 식으로, 1년에 1위를 행하여 대개 진 · 사 · 술 · 해의 년을 접하면 정히 재앙이 있다 하고, 부르기를 해아(孩兒)운(運)이라 이름한다.

또 하나의 법은 1명(命), 2재(財), 3질액(疾厄), 4처(妻), 5복(福)으로, 순행하여 수(數)가 흐르는데, 본년 15세에 이른다. 만약 흉살을 만나면 가히 근심을 정한다 하고, 이 별을 국반(盤) 중에서 봄이 소아의 법이라 하기도 한다.

예로부터 남녀 생시의 날을 점치는 음청(陰晴) 귀천의 법이 있다.

곧, 금명(金命)에 천음(天陰)생[8]은 주가 관귀(官貴)의 상(相)이요, 혼암(昏暗)하면 빈천(貧賤)하다. 크고 작은 바람이 일어남을 불문하고 장수하지 못하는데, 비와 눈이 있으면 주의 마음이 착하고 효순(孝順)하다.

목명(木命) 천음생은 대부이다. 맑고 밝으면 관이 있고 장수한다. 하늘이 어두우면 의식이 평범하고 미미하며 단명한다. 눈과 비가 있으면 그 몸이 귀하고 효순하다. 수명(水命)에 천음생은 마음이 악한데, 혹 의식은 오게 되니 명랑하면 대귀하고, 혼암하면 단명에 빈천하다. 풍기(風起)가 있으면 오랜 뒤에 귀인과 제휴한다. 화명(火命)에 천음생은 대부요, 청랑(晴朗)하면 비록 부하나 수명이 짧다. 혼암하면 관이 있으나 나쁘다. 대소 풍기를 불분하고 의식(衣食)은 있다. 대설이면 단명이요, 미미한 우설이면 50세에 이르러 좌우로 병이 있다. 토명(土命)에 천음은 불과 15세에 죽는다. 작은 비라면 불과 30세지만 대부이다. 혼암하면 부귀하고, 관의 분(分)수는 있으나 수(壽)가 오히려 요절이라. 큰바람에는 거역하고 반항하니 단명한다. 비와 눈에는 바깥의 재물이 있다. 청랑 즉 맑고 명랑하면 부귀가 오래가고 길다.

또한, "대저 소아의 일 · 시(日時)에 갑 · 을(甲乙)을 두른 것은 주의 인당이 넓고 눈이 감추어져 있는데, 신인(神人) 중에서 긴 눈썹은 소통하고 빼어남이 있다. 병 · 정(丙丁)을 두른 것은 주의 눈이 크고 모발이 길며 이마는 착(窄) 즉 좁다. 소년에 병과 등창이 많다. 무 · 기(戊己)를 두른 것은 주의 머리가 크고 이마[額]가 넓다. 경(庚)의 글자를 두른 것은 주의 얼굴이 네모나고 이마가 흰하다. 신(辛)자를 두른 것은 주가 봉황의 눈에 귀는 조아리고 입은 구슬을 드리운 것 같다. 임 · 계(壬癸)를 두른 것은 주의 눈이 크고 술을 마시는 것을 좋아하며 담이 크다."고 하였다. 진 · 사(辰巳)를 많이 범하고, 신 · 유

---

8   이는 천간이 음으로 구성된 것과 수를 만나 금백수청을 이룬 경우인데, 분명치 않다.

(申酉)가 많은 것은 주의 좌우 눈과 귀에 흠결이 있다. 인·축(寅丑)을 범하거나 혹 술·해(戌亥)가 많은 것은 주의 한쪽 다리가 크거나 작다. 3-4개의 묘(卯)자나 진(辰)자를 범한 것은 주가 왼손잡이다.

심지(沈芝) 말하기를, "소아가 정·병(丁丙)의 글자를 많이 범한 것은 주의 정수리가 무거운데, 다시금 충파를 더하거나 극을 받게 되면, 주의 뇌가 크고 난쟁이 같은 선비로 수명이 요절한다."고 하였다. 시(時)에 "묘·유(卯酉)가 있으면 일월의 문호라, 주의 눈이 원대한데 혹은 사묘(邪眇) 즉 사팔뜨기나 애꾸눈이요, 또 평생 옮기고 이전함을 좋아한다. 혹은 친족을 떠나 도로 위에서 살아감이 많다. 만약 살을 두르고 형극되면 눈이 크게 온전하기 어렵다"고 하였다.

생시가 진술축미요, 또 사주 중에 묘(墓)가 많으면, 주가 과방(過房) 곧 집을 나가 얻은 자식이다. 오·미(午未)를 많이 두른 것은 이름하여 집요(執拗)살이라 하니, 주의 성품이 집착하고 비뚤어진다. 술(戌)이 많은 것 역시 그러하다. 자·해(子亥)를 많이 두르면 주가 배 아픈 산기(疝氣)에 기울어 떨어지니, 이는 자시가 응하지 않음이 없기 때문이요, 임자·병자는 더욱 긴박하다. 생시와 태(胎)가 동일하게 진상(辰上)에 있는 것 역시 그러하다. 화(火)를 많이 두르면 주가 어린 시절 농혈(膿血)의 재앙이다. 정(丁)과 오(午)를 많이 두르고 글자 미(未)가 있으면, 주가 머리에 창절(瘡癤) 곧 부스럼, 혹은 파흔(疤痕) 곧 흉터, 혹은 독창(禿瘡) 곧 대머리에 부스럼의 해(害)가 있으며, 어른이 되면 뇌저(腦疽) 곧 머리에 악성 종기가 있다.

사맹(四孟)월 곧 인신사해 생이 천간에 금·화의 상극을 두르면, 창절(瘡癤)경질(驚疾) 곧 부스럼 병과 놀라는 경기가 많다. 금·수·화가 서로 극제하면 주가 박피(剝皮)창재(瘡災) 곧 아토피 같은 피부병과 부스럼의 재앙이 있으며, 금·수가 많으면 주가 말이 늦고, 목을 보면 주가 말이 빠르다. 오행으로 1위(位)가 3~4위(位)를 생하면 유아기에 젖을 잃고, 무인·무신·계사의 일시를 범하면 주와 부모가 서로 보호하고 지키지 못한다. 4맹을 두르거나 혹 사계(四季)가 많은 것은 아비를 배신하는데, 생방(生方)이라면 극함(尅陷)하지는 않는다. 4맹은 모가 먼저 돌아가시고, 진술축미는 부모를 극한다.

《척벽(尺璧)》에 이르기를, "진·술은 극부하고, 축·미는 극모한다"고 하였다. 사·오를 많이 범한 것은 주가 18~19세 전에 부모를 극하는데, 사·오 시(時)가 되면 더욱 긴박하다. 태와 년이 같은 자리고, 태가 원명을 생함에 이른 것은 주가 먼저 어미를 극한다 하였다.

오행이 온전한 것은 주가 어린데도 문득 청준하고 영리하니, 이는 일찍이 그 신령한 기골이 있기 때문이다. 오행이 생월(生月)로부터 시작하여 시상(時上)에 이르기까지 차례대로 생왕(生旺)을 구하고 있으면, 적은 형충(刑衝)이 있어도 길하니, 주가 장수하고 그 사람됨의 그릇을 이룬다. 이와 반대되면 곧 요절하니, 비록 복신(福神)이 많아 구함을 있게 하여도 소년 시절에 십중팔구 목숨이 위태로운 지경에 당하며, 이로써 성인이 되어도 또한 좋은 수명을 얻지는 못한다. 나날이 오행의 생·왕(生旺)을 품은즉 기가 실하고, 기가 실한즉 장수한다. 오행이 사절(死絶)된즉 기가 엷고, 기가 얇은즉 단명 요절하는 것이다.

무릇 월·일·시의 천간과 지지에서 착란(錯亂)하는데, 태세에서 이를 거듭 보게 되면, 이르기를 중원성(重元星) 즉 원국의 별이 중하다 한다. 주가 집을 나가거나, 마치 나방의 애벌레처럼 다른 집에 가서 양자로 기생한다. 처음 생함에 혹 식신이 중첩하거나, 혹 편인이 태왕(太旺)하면, 대개 주에게 모유가 없다.

사주에 재(財)가 많으면, 편생 서출 혹은 과방(過房) 명령(螟蛉)이거나 혹은 부모를 방해하고 극한다. 만약 유년(幼年)의 운이 재왕(財旺)의 향을 행해도 역시 이와 같은 부류이다. 생왕한 기를 두른 것은 적모(嫡母) 즉 정실 어머니의 소생으로 태원(胎元)과 명(命)이 유기(有氣)한 것이다. 다시금 년과 시지(時支)가 형·극·충하여 태원을 파할 경우, 어머니가 바르게 되지 못한다.

4수(水)를 둘러 배를 띄우고 생하는 중인데, 3금(金)이 이를 생하면, 거꾸로 무리 지어 움직인다. 혹 종소리 북소리가 들리고 금혁(金革)에 곡성(哭聲)이거나, 혹 효자로 드러남이 있어도 백의(白衣) 입은 부인을 서로가 바라본다. 3목(木)을 보게 되면 의젓이 부르는데도 괴이하게 놀래거나, 올바른 집이 없거나, 가까운 정원과 수풀 촌에 장원과 정원의 집이다. 3토(土)를 보아 시(時)를 생하면 가까운 무덤에 방죽과 제방으로 흙을 쌓거나, 혹은 흙을 움직여 만들고 제작하는 일이 있다. 3화(火)가 있으면 옆집에 상화(喪禍)의 일이 있거나, 혹 집안에 근심이나 이별의 일을 두려워함이 있다.[9]

만약 태원(胎元)이 생년(生年) 역마에 앉으면 주가 태중에 있을 때 빈번히 요동치고, 생시(生時)에 있으면 제대혈이 머리를 감음이 있다. 시(時)에서 겁살(劫煞)을 두르면 주의 정수리에 쌍가마가 있거나, 혹은 가마 무늬를 늘어놓는다. 망신(亡神)을 두르면 주의 모(母)에게 경공(驚恐) 즉 놀램과 겁이 있거나, 혹은 집안에 쟁송이 있어 난산함에 미친다. 월살(月煞)을 두르면 주가 아비를 배신하고, 생함에 편정(偏頂) 즉 머리가 치우쳐 짱

---

9 크게 동의하기는 어려운 글들이 많다.

구에 이른다. 정인을 두른 것은 놀래고 우는 것이 적고, 강보에 싸임으로부터 놀래거나 겁냄이 없으니, 기르기가 쉽다.

5중(重)으로 양인을 범하면 이름하여 '만반(滿盤)인(刃)'이라 한다. 길러도 이루지 못하는 것이 많으니, 다시금 시(時)에서 형해(刑害)를 두른 것은 결단코 죽는다. 여아는 좀 게으른 것이 차이가 나지만, 마침내 산액으로 죽게 됨을 면하지 못한다. 생시로 관부(官符)를 보면 그 아비에게 공개된 소송이 있고, 어미에게는 놀랍고 두려움이 있게 된다. 함지가 중중하게 합하면 친부모의 양육을 받지 못하거나, 혹은 친엄마의 소생이 아니다. 공망을 중첩해서 보게 되면, 주가 놀라 자빠져 실신하고 쓰러지는데 부모를 극한다.

생시(生時)에서 공망을 범하거나 자체로 사절됨에 이르면, 7세 전에는 이질(羸疾) 즉 여위는 질병이요, 7세 후에는 두비(陡肥) 즉 험하고 살찐다. 태가 공망을 범하면 주의 좌안(左眼)이 둥글고 작게 본다. 앞에는 초상이요 후에는 조문이라, 이름하여 상조(喪弔) 직장(直帳) 즉 상조에 곧은 휘장이라 하는데, 탕화(湯火)의 재앙이 많다. 상문(喪門)조객(弔客)을 보게 되면, 처음 생할 때 꿈으로 밤을 지새고 풀에 오줌 누는 성질이다.[10] 생시(生時)에서 상문을 보면 어머니가 난산인데, 생함에 이르더라도 어미가 질병이 많다.

무릇 세속에서 소아의 정(正)과 부(否)를 추리함에, 명에서 고진 과숙을 보면 제 방에서 격리되어 다른 집에 사는 경우가 많다 한다. 세(勢)가 행하지 않고 기(氣)가 구르지 않으면, 어려서 부모와 이별한다 하였다. 곧, 무진목이 경진금을 얻으면, 목이 금의 극을 받아 그 세를 행하지 못한다. 경진금이 기사화를 보는 경우라면, 금기가 12지(支)를 돌아다니는데 곧 화에서 끊어짐이 있으니, 이것이 곧 기가 구르지 않는 이유다. 나머지도 이에 의거하여 추리한다. 태(胎) 중에 염 · 정(廉貞) 양위를 둘렀는데 1위를 충하면 음양이 부정(不正)하여 서자가 되거나, 혹 육해가 상형함에 살(煞)을 두르면 주가 과방(過房)이다. 태월(胎月) 생시(生時)에 크고 작은 묘 · 공 · 형 · 절이 같은 곳이라면, 쌍생은 아니고 다른 엄마가 필시 기질포귀(寄姪抱歸) 즉 조카딸에 기대어 싸 안고 돌아가니, 달리 키우는 것이다. 일 · 시에서 구교(勾絞)가 극신(尅身)하면, 주에게 경조(警弔) 즉 경기와 조문함이 많다. 생시에 만약 녹을 만나면 어린 시절 젖이 거칠고 입에 각(角) 즉 혓바늘이 있거나, 혹은 어린 시절부터 술을 좋아하여 나아간다.[11]

고시(古詩)에 이르기를, "시에서 년의 해(害)를 만나고 화개가 임하며, 4계(季)에 태

---

10 밤에 잠을 안 자고 또 잘 지린다는 뜻이다.
11 이해하긴 쉽지 않으나, 빨리 자라 거칠 수 있다는 것으로 보인다.

가 공망인데 육해를 더하면 양육을 의탁한다. 그렇지 않으면 다른 사람의 집에 서출(庶出)로 쌍친을 의지함이 많다.”고 하였다. 이런 무리는 곧 '무인 무오'가 무술시를 얻은 경우로, 생시(生時)와 년간(年干)이 같아서 화개(華蓋)가 된 예이다.

또, 시에 공망이 들면 자식의 성품이 비뚤고, 천원이 극을 받으면 강경(剛勁) 즉 굳셈이 많은데, 혹 진·술 등을 더하면 궁중의 서출이거나 그렇지 않으면 그 몸에 두 개의 성(姓)이 있다. 진술축미 4시(時) 생이 공망에 떨어지면, 이는 서출이 많은 것이다. 또 성질이 집착함에 비뚤어지니, 이는 태어남에 그 시로 정한 것이다.

가(歌)에 운, “자오묘유는 얼굴을 하늘로 향하고, 인신사해는 몸을 기울여 자며, 진술축미는 엎드려 자는데, 이는 곧 인간의 시(時)를 정함에 신선과 같은 법술이다.”고 하였다.[12]

혹은 묻는다. “우연히 한 어머니에서 같이 태어났는데, 그 소생들이 귀천·영고가 따로 있음은 어떤 까닭인가?” 답하기를, “무릇 1시간에는 8각 12분이 있으니 고로 심천과 전후 길흉의 다름이 있다. 비록 동시에 한 어머니의 소생이라 하여도, 모름지기 얕고 깊음과 일·시(日時)의 음양이 갈라지는 것이다.”고 하였다. 다시 말해 양(陽)의 일·시는 형(兄)이 승하고, 음(陰)의 일·시는 제(弟)가 승하다. 얕은즉 앞선 때의 기운을 점유하고, 깊은즉 뒤의 때가 가진 기운을 점한다.

고가에 이르기를, ˝쌍생(雙生) 곧 쌍둥이의 법에는 기문(奇門)이 있으니, 그 영고(榮枯)를 징험하고자 하면 일진(日辰)을 보아야 한다. 음일은 동생이 강하니 형이 반드시 약하고, 양의 때는 형이 귀하고 제는 필히 가난하다.”고 하였다. 이구만(李九萬)이 말하기를, “무릇 소아가 4생(生)을 많이 두른 것은 주가 쌍생인 경우가 많다.” 《신백경》에 이르기를, “양명(陽命)은 후생(後生) 즉 뒤에 태어난 것이 죽고, 음명(陰命)은 선생(先生) 즉 먼저 태어난 것이 죽으니, 이를 남녀로써 논하지 않는다.”고 하였다. 또 일설에는, “하나의 시(時)에도 방향이 나뉘니, 곧 목명이 동방을 향한 것은 생기를 받고, 서방을 향한 것은 극하는 기운을 받아 생하니, 귀천·수요가 이로써 구별되는 것이다”고 하였다.

내가 듣기로 삼하(三河)의 왕씨(王氏)는 형제로 쌍둥이를 낳았는데, 동생은 선중(先中)이요 형은 후중(後中)이라, 공명·수요는 크게 보아 서로 비슷하게 따르게 되었으나, 형의 경지는 끝내 동생에 미치지 못하였다. 영주(穎州)의 이씨(李氏)는 쌍둥이 형제를 낳았으나, 1시간의 차이가 남으로 인하여 동생은 과갑(科甲)에 오르고, 형은 단지 수재

---

[12] '이는 신선이 시로 정한 인간의 모습이라 하겠다'로도 번역할 수 있다. 중요한 것은 아니다.

에 머물렀을 뿐이다. 그 팔자의 일·시를 고구해보니, 과연 앞의 설과 같은 것이었다.[13]

【論六親】육친을 논함

혹 묻는다. "음양을 배합한 바로서 어찌 부부를 삼고, 또 육친(六親)을 이루는 것입니까?"

답하기를 곧, "갑으로써 을을 자매로 삼음과 같으니, 경금으로 짝하여 처를 삼는 것이다."고 하였다. 병이 정으로 자매를 삼고, 임수로 짝하여 처로 삼는다. 무는 기로써 갑을 짝한다. 경은 신으로 병을 짝하고, 임은 계로써 무를 짝으로 삼는다. 일음일양(一陰一陽)으로 배합하여 부부를 이루는 것이요, 부부(夫婦)가 있은 연후에 부자(父子)가 있고, 부자가 있은 연후에 형제(兄弟)가 있다. 육친이란 곧 부모, 형제, 처자인 것이다.

육갑(六甲)이 기(己)를 취하여 처로 삼으니, 갑기가 합하여 경신을 낳고, 자식으로 삼는다. 남자는 그 천간을 극하는 것을 취하여 후사로 삼고(경이 이것으로, 경이 갑을 본 것이다. 여자는 천간이 생하는 것으로 자식) 신이 이것이니, 기생신한다. 을 삼은즉, 기는 경신의 어머니가 되고, 경신이란 기의 자식이다. 경이 을목을 취하여 처로 삼는데, 을경이 합하여 병정을 생하니 곧 을경은 병정의 부모가 되고, 경은 아버지·을은 어머니가 되는 것이다.

고로 이르기를, "음간이 나를 생한 것을 어머니로 삼고, 내가 극하는 양간을 아버지로 하며, 나를 극하는 것을 관으로 삼고 자식으로 삼는다. 내가 극하는 것을 재로 삼고 처로 삼으며, 비화(比和)되는 것을 형제와 자매로 삼는 것이다. 나의 처를 생하는 음간을 장모로 하고, 처가 극하는 양간을 장인으로 한다. 나의 여식을 극하는 것을 사위로 삼으니, 식신은 손자가 된다. 그 나머지 육친 또한 10간의 변화 속에 두루 구비되어 있으니, 이를 취용하는 것이다."고 하였다.

또 육갑(六甲) 생인(生人)의 경우, 이는 곧 계수로써 어미로 삼으니 계는 정인이요, 곧 기토[14]를 만나니 정재요, 무토는 부(父)가 되는데 이는 무가 계와 합하기 때문이다. 무는 편재이다. 비겁을 만난즉 부에게 상함이 있다. 육을(六乙)생인 역시 계수로 어미를 삼는

---

[13] 이상 소아론을 마치는데, 누락된 부분들을 곰곰이 살펴보니, 크게 쓰이지 않는 논리들이 대부분이라, 이를 편집한 사람들의 생각 또한 역자와 별로 다르지 않다고 생각된다. 전반적으로 오늘날의 상황에 그대로 적용시키기에는 많은 차이가 있는부분이라 하겠다.

[14] 원본은 사토로 되어있는데 기토의 오기로 보인다.

데, 계는 곧 편인이다. 무로 아비를 삼으니, 무는 곧 정재이다. 갑을이 다 같이 경·신 (庚辛)으로 자식을 삼는데, 경금은 남자요, 갑에게는 칠살이 되고, 을에게는 곧 정관이 된다. 신금(辛金)은 여식인데 을에게는 칠살이요, 갑에 있어서는 정관이다. 기토를 처로 삼으니, 무토는 첩이 된다. 혹 이르기를 "을목이 기토를 극한다" 하고 또 "음이 음을 보는 것은 배합이 이루어지지 않는다"고 말하기도 한다. 하지만 음목이 극한다 해도 양토를 얻어 말할 수는 없으니, 부인은 또한 음으로써 그 바름이 되기 때문이다.[15] 그러므로 말하기를, "갑을이 두루 기로써 처를 삼고, 무로써 첩을 삼는다는 것이다."고 하였다.

또한 여인이 곧 갑인 경우, 경을 만나면 칠살이요, 을로써 경을 만나면 정관이니, 모두가 부성(夫星)이다. 그러므로 말하기를, "경은 곧 양남(陽男)으로 바른 남편이 되니, 내가 양에 속한다고 신음(辛陰)으로 남편을 삼는 것은 불가하다. 다만 양이 양을 보면 무정(無情)함이 많고, 음이 양을 보면 곧 부부가 화명(和鳴)하는 것이다."고 하였다. 혹은 말하기를, "정재를 취하여 처로 삼고, 편재는 첩이 된다. 여자가 갑(甲)인즉 신(辛)이 정부(正夫)가 되니, 이는 음양의 바른 합을 취한 것이다."고 하였다.

갑·을 생인은 두루 갑으로써 형과 누나를 삼고, 을로써 동생과 아래 누이로 삼는다. 정으로써 할머니가 되니, 나의 아버지를 생한 것이 조모가 되고 정은 무를 생한다. 임수는 공(公) 즉 할아버지니, 임과 정이 합한다. 또 정화로써 장모로도 삼으니, 내 처를 생한 것이 나의 외모(外母) 즉 장모이기 때문이요, 정이 기를 생하여 갑과 짝하므로, 정처 (正妻)가 되는 것이다. 임은 또한 장인이 되니, 임과 정이 합하기 때문이다. 처의 형제는 처남이 된다. 기토가 처가 되니, 무토는 처형이요 처남이다. 계수는 곧 처남의 처이니, 자식들의 외숙모가 된다. 그 나머지도 팔자의 천간에 구비되어 있으니, 이로써 유추할 것이다.

여인의 경우, 취용(取用)은 남자와 같지 않다. 내가 생한 것이 자식이요, 나를 극하는 것이 남편인데, 나의 남편을 생한 것은 시어머니가 되고, 나의 시어머니를 극하는 것은 공(公) 즉 시아버지가 된다. 그 나머지 부모 형제는 모두 남자와 동일하게 판단하지만, 다만 반드시 그 음양을 판별하여야 한다. 곧 갑·을의 천간(天干)인즉 병으로써 남아요, 정이 여식이며, 경이 남편이 되고, 신이 남편의 형제가 되며, 기는 시어머니요, 갑은 시아버지이다. 혹 이르기를, "식신은 자(子)가 되고, 상관은 여(女)가 되니, 음양의 각각이 그 생함을 취한다"고 하였다.

---

15 이는 처첩과 남편 외간 남자 등 여러 관계를 그린 것이니, 잘 음미하면 그 뜻을 알 수 있다.

경에 이르기를, "년으로써 조업(祖業)을 삼고, 월로써 부모 형제의 문호(門戶)를 삼으며, 일은 처첩과 자기의 몸이 되고, 시는 자식이 된다"고 하였으니, 모름지기 사주 중에서 부모 형제 처자의 별이 어떤 땅에 어떻게 갖추어 자리하고 있는지를 본다. 또 왕상휴수를 논하여 그 길흉을 말하는 것이다.

곧 부모성이 장생 왕고 녹마 귀인의 땅에 좌(坐)한즉 주의 부모가 부귀 복수 영요(榮耀)할 것이다. 공망에 형·극·살·사망·쇠패와 이런 것에 교차되는 땅에 앉아 있으면, 곧 주의 부모가 빈박 파상 형요(刑夭)하거나, 혹은 밖에서 죽어 종신함이 아름답지 못하다. 만약 형을 두르고 파·해를 둘렀다면, 비록 생·왕·고의 땅에 거하였어도 주의 부모가 수명은 있으나 빈천한 것이다.

형제성이 만약 득시 득령하게 태어나고 장생 고 왕 녹마 귀인의 땅에 앉았으면 곧 주의 형이 부귀 영화하고 무리를 이룰 것이요, 만일 형극 살인 사절 쇠패의 땅에 좌하면 형제로부터 힘을 얻을 것이 없다. 만일 장생 왕고지에 앉았으나 형충파해를 만난 것이라면, 비록 형제는 있으나 원수나 적이요, 또한 그 힘을 얻지 못할 것이다.

처·첩성의 경우, 장생 왕고 녹마 귀인의 땅에 좌하거나, 혹 기물이 있어 이로써 글자를 생하게 하면, 주의 처첩이 부귀영화요 미모에 다재다능하다. 그런데 앉은 것이 공망·형·극·살·양인·사절·충패의 땅이라면, 곧 주의 처첩이 빈박 추모 형요 음란에 잔질 혹은 산망(産亡)하여, 그 힘을 얻지 못하는 것이다. 만일 생왕·녹마의 땅에 앉았는데 형충파해 곧 극살을 당했다면, 처가 비록 수명은 있다 해도 주를 파하니 서로가 빈박(貧薄)하다. 녹마·귀인에 재고의 땅인 데 형·충·극·살을 두른 경우, 주의 처가 비록 부귀하지만 또한 요절하는 것이다.

자식의 별이 생왕·녹마·귀인·관인의 땅에 앉고 기물이 있어 상생함이 있는 경우, 주의 자식이 총명하고 영화로우며 편안히 노년을 보냄이 많다. 만일 녹마 귀인에 낮았는데 사절의 땅에 거하였다면, 비록 총명과 준수함이 있어도 곱게 늙지는 못할 것이다. 또, 생왕의 땅에 거하였어도 형충파해를 입으면, 자식은 있으나 주가 어리석고 완고하거나, 혹은 잔질로 노년을 보내게 된다. 만일 사절에 거하고 또 형충파해 겁재의 땅에 있다면 자녀의 힘을 얻지 못하니, 마침내 자녀가 있어도 주가 잔질에 파상하거나, 혹은 재주가 없게 되는 것이다.

여명(女命)에서 자식이 생왕의 땅에 거하면, 주가 다자(多子)라 곧 자녀가 많고, 만일 녹마 귀인에 앉았으면, 주의 자녀가 부귀하고 복과 수가 있다. 만일 앉은 곳이 공망이요, 형·극·살 및 충과 양인·사·절의 땅이라면, 주의 자녀가 힘을 얻지 못한다. 만약 첩의 자리가 생왕함에 거한 즉 마땅히 주에게 편생(偏生)의 자식이 있다 하겠다. 부(賦)에 이르기를, "권속을 논함에 그 사ㆍ절됨을 근심한다."와 삼명에는, "사주에서 그 구족(九族)을 보는데, 삼원(三元)에서 그 육친을 변별한다."고 함이 이것이다.

혹은 묻는다. "갑ㆍ을 일주는 무ㆍ계로써 부모를 삼는데, 사주 간지에 계수가 없고 다만 무와 임 두자만 간두에 드러나거나, 혹은 지지에 숨은 즉 어떤 것으로 부모를 삼아 논해야 합니까?"

답하여 말한다. "본경(本經)에 이른바 명간(明干) 즉 밝게 드러난 천간으로 투간한 것이 그 때가 맞으면 명간을 취하고, 명간에도 그 때가 아니라면 암중으로 지장간에서 이를 구한다."

곧, 사주에 계(癸)자는 없고 다만 무(戊)자만 있는 경우라면, 이것이 갑ㆍ을의 아비이니, 장차 부(父)가 그 어미를 구하지만 곧 어미가 없는 상황이다. 단지 장차 임(壬)을 어미로 삼고자 하는 것으로, 이는 또한 모름지기 무를 아비로 삼아 논하는 것이다. 그 무와 임이 혼인하여도 짝으로 맺어짐을 얻지는 못하였으니, 자녀를 시집 장가로 얻은 것이 아니요, 필시 복내(服內) 곧 몸이 맞아 친(親)을 이룬 것이다. 혹은 어미가 많거나, 아비가 세월 가운데서 혹 혼인은 잃었으나, 다시 짝으로 들어선 것이다.

또 혹시 묻는다. "갑(甲) 일주인데, 월지ㆍ년지가 을목이요 시지가 갑목이면, 을이 선(先)이요 갑이 후(後)인 셈인데, 이는 누가 형이고 누가 동생이 되는 것입니까?"

답하기를, "이는 선후를 논하지 않으니, 다만 강한 것으로 형을 삼고, 약한 것이 동생이 된다."고 하였다. 대저 사람의 생이란 위로는 부모요, 아래로는 처자이며, 그 가운데 형제가 있으니, 그 이어지고 속하며 이합집산하는 것이 명에서 하는 일이 된다. 명(命)을 말하면서 육친에 미치지 못한다 함은 다만 스스로의 편견일 뿐이요, 단지 세상 사람들이 그 바른 이치에 도달하지 못했기 때문이다.

5양간(陽干)을 취하여 모와 처와 여아로 삼고, 5음간(陰干)으로써 이를 취하여 부(父)와 남편 및 남아를 삼는다고도 하는데, 이는 틀리고 이지러짐이 심한 것이다. 이 법으로 사람을 가르침에 갑이 기를 취하여 처로 삼는데, 을 역시 기를 취하여 처로 삼으며 무를 취한은 부당하니, 무는 곧 양이기 때문이다. 갑이 경으로 호사를 삼고, 무로써 부를 삼으며, 계로써 모를 삼는데, 을 역시 이와 같으니, 이는 편ㆍ정(偏正)을 불구하고 오직 음양만을 변별한 것이다. 양남ㆍ음녀라는 것은 이치의 크게 순한 바이다.

《신백경》에 이르기를, "갑인이 정으로 부가 되면, 임은 모가 된다. 을인이 무를 부로 삼으면, 계는 모가 된다. 나머지 8간(干)의 예도 이와 같이 본다."고 하였다. 이는 양남·음녀를 논하지 않고, 다만 음생음 양생양을 취한 것이다. 그런즉 생아자(生我者)가 모(母)가 되고 더불어 모와 합한 천간이 부(父)가 되어, 부처(夫妻)가 합한 이후에 자식을 생한 것이다. 곧, 양간(陽干)의 상관(傷官)이 부(父)가 되면 정인(正印)이 모(母)가 되고, 음간(陰干) 정재(正財)가 부(父)가 되면 편인(偏印)이 모(母)가 된다. 이미 부(父)를 본즉 무부(無父) 곧 사주에 아버지의 글자가 없어도 발하고, 모(母)를 본즉 모가 없어도 발하는 것이다. 년간을 극함은 부(父)에게 불리하고, 월간을 극하면 모(母)에게 불리하며, 간귀(干鬼)[16]는 부에게 불리하고, 도식(倒食)은 모에게 불리하다. 태(胎)와 사주(四柱)가 더불어 교류한즉 다른 부모가 있다 하였다. 이런 설들 역시 통함은 있다.

또한, "춘·추 2분의 전후로,[17] 묘·유의 일·시를 범한 것은 주가 골육과 조업을 산절(散絶)한다."고 하였다. 일·시(日時)로 신유(辛酉)라면, 이를 일러 백호(白虎)임정(臨庭) 즉 백호가 정원 마당에 임한 것이라 한다. 일(日)에 있는 것은 극처하고, 시(時)에 있으면 극자하니 골육에 불리하다. 무신과 무인은 육도(六道)소허(消虛) 즉 육친의 길이 사라지고 허하다 이름하니, 주가 친족에 불리하다. 임술(壬戌)의 일·시는 천후(天后)실행(失行) 즉 천후께서 행함을 잃은 것이라 하며, 주가 처와 노(孥) 즉 자식에 불리하다.

《광록(廣錄)》에 이르기를, "무릇 명(命)의 생시가 진술축미라면 주가 부모를 방해한다. 겁살 망신 원진 양인을 많이 두른 것 역시 그러하다. 일·시로 양중(兩重) 즉 거듭되는 망신을 범한 것은 어머니를 극한다. 만약 시에서 진술축미를 범하더라도 오히려 악살을 범하지 않으면, 또한 극하지 않는다."고 하였다.

《천원변화서》에는, "무릇 명에서 생함이 부모의 기가 절(絶)하였는데 그 자리가 약하다면 필히 형극하고, 살을 많이 두른 것은 주가 배신하고 떠나니, 반드시 4계의 때에만 있는 것은 아니다."고 하였다. 《척벽(尺璧)》에는, "무릇 시(時)에서 겁살 양인을 범하면 비록 진술축미가 아니더라도 또한 극함이 있다. 4유(維) 방위의 것은 모(母)요, 4정방(正方)은 부(父)이다."고 하였다. 《직도가(直道歌)》에는, "4계에 생인이 태양(太陽)을 짊어지면,[18] 정히 주의 부(父)가 선망(先亡)이라."고 하였다.

《호중자(壺中子)》 말하기를, "월이 고허(孤虛)에 앉으면, 앵두나무 꽃받침의 터전이 시들고 파리하다."고 하였다. 고는 곧 고신이요, 허는 곧 육허인데, 명 중에 이를 얻으면 형제가 쇠절하다. 《척벽》에는, "대저 사유축이 온전한데 신(辛)의 글자를 두른 것은

---

16 천간에 나타난 귀살인데, 월주를 중심으로 이해해도 가하다.

17 춘분과 추분을 말한다.

18 이는 태양살로 봐야 하는데, 혹 병화의 뜻 역시 가하다. 크게 중요한 것은 아니다.

주의 골육이 타향에 있고 고향으로 돌아와 장사지냄을 얻지 못한다."고 하였다.《귀곡유문(鬼谷遺文)》에는, "5묘(墓)[19]는 대개 매장의 땅이 되니, 비록 시귀(時貴)라도 또한 방해하고, 4맹(孟)은 고절(孤絶)의 신(神)이니 살을 두르면 필히 극한다."고 하였다.《낙록자》에는, "권속이 수·화(水火)에 같이 있고, 목욕의 향(鄕)에서 서로 만나면, 골육이 중도에 분리된다. 고숙(孤宿)은 격각(隔角)살에서 더욱 밉다"고 하였다.

고가(古歌)에 이르기를, "격각은 해·자(亥子)로 나뉨이 명확하니, 처음 생함에 일·시에서 범함이 현저하면 정히 외로움에 응한다. 만약 부모를 떠나지 않으면 일찍이 끊어지니, 주가 편방(偏房)으로 바깥에 기거함이 정해진 것이다. 누차 범하면, 오직 고립함이 마땅하니 도리어 길하다."고 하였다. 다시금 장차 년상(年上)에서 일(日)을 구하러 오면 처가에서 사람 없이 초상치지는 않을 것이다. 그런데 이는 문득 자신의 성(姓)이 하나만 아닌 것이 된다.[20] 시상(時上)이라면 자손이 적거나 다시금 지체된다. 그렇지 않으면 친가의 쪽문 안에서 나아가지 않는다.[21] 월중(月中)이라면 형제가 응함이 모름지기 적고, 일 속에 숨은 것이라면 마땅히 처를 막거나 바꾸는 기미에 당한다.[22]

【妻妾】 처첩

정재는 처요, 편재는 첩이라. 이는 곧 갑일생이 기를 써서 정재로 삼는데, 또한 정처가 되는 것과 같다. 무는 편재가 되니, 곧 편처인 것이다. 만약 일간이 건왕(健旺)하고 사주에서 기를 보아 정처를 삼는데, 시령(時令)을 얻고 왕향(旺鄕)을 만나 다스리며 관성을 두르면, 주의 처가 현명하여 재주와 용모를 겸전(兼全)한다. 처로 인해 귀함을 만나는데, 세(歲)와 시(時) 중에 인(印)이 있어 이에 임하면, 주의 처가 재물이 있고 자재를 들고 시집온다.[23] 만약 정재는 쇠(衰)하고 편재가 드러나 왕(旺)하면, 주(主)가 편처에게 나누는 인연이 있다.

만약 기(己)의 글자가 낙함(落陷)하거나, 혹 사절의 향에 앉거나, 혹 춘령(春令)에 생하고 일주가 건왕한 갑인(甲寅) 등의 종류라면, 주가 극처(尅妻)함에 이르지 않겠는가?

---

[19] 이는 오행의 묘지란 뜻이다.
[20] 데릴사위와 같은 의미다.
[21] 숨긴 자식이란 뜻이다.
[22] 이상, 격각 해자의 경우, 구조함이 있음에 대해 설한 것이다.
[23] 재·인이 서로 상극되지 않는 경우를 말한다.

만약 처가 생함에 왕함을 얻고, 일(日)이 쇠국(衰局)에 앉거나 혹은 사·묘의 땅에 거하면 주는 스스로 엄체(淹滯) 즉 막힘에 빠지며, 일생 처첩의 기만함이 드러나거나, 혹은 타인에게 재가해 간다. 만약 갑신 갑술일 생이 갑인 을묘의 월이나 일이라면, 주가 크게 건왕하나 처에게 비견의 분탈함이 있으니 타인에게 시집감을 면하지 못할까 두렵다. 혹 타인이 이를 엿봄을 드러내거나, 혹은 처에게 다른 정이 있는 것이다. 나머지도 이와 같은 예로 판단한다.

【子息】 자식

아들 후사(嗣)는 곧 관성이다. 관성이 득령(得令)하고 팔자에 상관의 충극이 없으며, 이에 더하여 일주가 스스로 왕향에 앉으면, 문득 아들이 효성스럽고 임종을 지키며 후대가 영창(榮昌)하다. 가령 갑을일이 금을 써서 후사를 삼는데, 금이 왕(旺)한 즉 4,9의 아들이 그 수(數)에 합한다.[24] 만약 일주가 유약하고 살(煞)에 앉았는데, 관성이 왕현(旺顯) 즉 왕하여 드러난 땅에 앉고, 다시금 삼형 육해 격각(隔角) 교가(交加)를 두르거나 혹 살국(煞局)으로 합하면, 정히 주의 자식이 불효함이 많으며 집을 잊고 타향으로 멀리 떠난다. 만약 일주가 태왕(太旺)한데, 공망(空亡) 궁에 앉고 명에 상관 패재(敗財)를 두르며 관성이 무기(無氣)하면, 정히 일생이 고독하고 무자식이다. 임종함에 이르러 편방(偏房)의 서출이라도 역시 부르기 어렵다. 만약 시상(時上)에 칠살이 태왕하거나, 혹 칠살을 제복(制伏)함이 태과하면, 모두 주에게 자식이 있기 어렵다. 관·살이 서로 혼잡함에 보내고 남김이 맑지 못한 경우나 혹 관·살의 둘을 불러 자식으로 돌린 경우, 다만 살이 투(透)간한 것은 필히 먼저 여식을 부르니, 살은 곧 편자(偏子)가 되어 여아가 되기 때문이다.

내가 사대부의 명에 자식이 있는 것을 고구해보니, 관다(官多)면 바른 것이 출하고·살다(煞多)면 서출인데, 살이 중하면 여아가 많고·관이 중하면 아들이 많았다. 또 간지(干支)로써 자녀를 나누어 보니, 간지에 거듭 보면 자녀 역시 두루 많았다. 만약 시(時)가 공망에 떨어져도, 원래 이것이 관·살이라면 자녀 역시 둘 셋은 있었다. 상관을 갖춤이 없고 재·인을 두르면 별도로 논하니, 인(印)은 곧 여식이 있고 재(財)는 곧 아들이 있었다. 만약 상관이 성격(成格)되면 곧 서귀(鼠貴)형합(刑合)의 경우, 주에 관·살이

---

[24] 아들이 4에서 9까지 많다는 뜻이다.

있으면 역시 주에게 아들이 있는데, 공망에 떨어진즉 없었다. 만약 상관이 살(煞)에 앉으면 곧 병일이 기해시를 본 종류라면, 역시 아들이 있는데 다만 화순하지 못하다. 만약 아들의 생함을 논한다면, 세(歲)와 운(運)에서 관·살이 중(重)한즉 상관 식신에 있고, 관살이 경(輕)한 즉 재년(財年) 혹은 관·살의 년에 있다. 관·살이 경하고 식·상이 중하면 모름지기 이는 편인·정인의 해요, 관·살이 중하고 재가 또 많으면 모름지기 비겁·양인을 얻거나 혹은 천지합 삼합 육합이 이루어지는 해에 있었다. 이러한 활법(活法)으로써 나누니, 이를 참조하면 적중치 못함이 없을 것이다.

【父母】부모

부는 편재로써 논하고, 모는 인수로 논하니, 상함이 없은즉 소년에 방해됨이 없다. 가령 경일이 갑을 써서 부(父)로 삼는데, 주 중에서 다시금 경(庚)의 글자를 보거나 혹은 사유축 금국(金局)으로 합한즉 부를 상하는데, 만약 명(命)에 칠살을 두른즉 방해하지 못한다. 만약 일간이 건왕 즉 갑의 글자가 해묘미·인(寅)에 있거나 혹은 동령(冬令)일 경우, 주의 부모가 화순하고 혹 부(父)가 봉작(封爵)을 받게 됨을 가히 유추할 수 있는 것이다. 또 무일생이 정화를 취하여 모(母)로 삼는 경우, 주 중에 정재가 태중함은 꺼리니 돌고 돌아 결국 인수를 극하기 때문이다. 곧, 탐재(貪財)괴인(壞印)으로 설함과 같다.

원래 천지 즉 간지로 재를 둘렀는데, 운이 재향으로 행한즉 일찍 극한다. 단지 지지에 재가 있고 운이 재향을 아직 행하지 않은즉 극함이 늦은 것이다. 또 사주에 정관 1위가 있으면, 방해하지 못한다. 무일생 사주에 원래 2임(壬)이 있고 모두 득지(得地)한 경우라면, 주의 모(母)에게 2부(夫)가 있는 것이다. 정인은 친모가 되고, 편인은 계모나 서모가 된다. 만약 인명에 부모를 온전히 둘렀다면, 일생 조업의 나눈 인연을 얻고 또 극박되는 우환이 없을 것이다.

【兄弟】형제

형제란 곧 겁재·비견으로, 갑이 을을 보고, 을이 갑을 본 종류이다. 경일이 인오술의 상(上)에 앉거나 혹 사·묘(死墓)의 향(鄉)에 임한 경우, 오히려 신유(辛酉)로 자왕(自旺)한 땅이 있고 재(財)가 득시(得時)한 것을 두르면, 주의 동생이 스스로 명현(明顯)하니, 형이 동생의 복에 미치지 못한다. 형제가 서로 화합하는 경우에도 강약이 서로 나뉘니, 그 이치는 하나이다. 불화하는 경우란 곧 사주에서 경(庚)정(丁)신(辛)병(丙)의 종류를 두른 것인데, 형의 관성이 제(弟)의 본신(本身)을 극하는 것이다. 오행이 이와 같으면 자연 불화한다. 《본경(本經)》에, 불인 불의함은 경·신(庚辛)이 갑·을(甲乙)과 함께 교차함에 있으니, 곧 이것을 말한 것이다. 나머지도 이와 같이 추리한다.

가(歌)에 이르기를,[25] "살·관 혼잡에 3형(刑)을 두르고 다시금 재(財)의 빛남이 없으면 이는 생을 훔친 것이다."고 하였다. 나는 드러나고 타(他)는 숨으면 저것의 상(象)을 쫓으니, 아버지가 돌아가심에도 부령(赴靈) 즉 신령의 부고를 알리지도 않는다. 경금으로 화하여 이룸에 화가 서로 지키면, 모름지기 부망(父亡)에 피를 봄을 의심치 않는다. 비견으로 삼합이면 족인(族人) 즉 가족이 해하고, 삼형으로 영락(零落)하면 처를 이별함에 미친다. 비견이 암(暗)으로 손상함에 문과 방에 미치면, 형제가 무정하니 속이고 갈힘을 당한다. 비견을 둘렀는데 별도의 상(象)을 이룬 경우라면 형제가 불목(不睦)함을 알리니, 그대 역시 이를 안다. 처가 삼합을 두르고 이것이 처의 자리에 미치면 처가 이를 쫓으니, 이는 처가 앉은 자리와 친한 지지를 얻음에 이를 아는 것이다. 처가 투간하여 달리 상(別象)을 이루면, 정히 주가 처와 이별하고 또 다시 처를 얻는다.

처재가 투출함이 많으면 모름지기 부인이 두렵고, 부인이 절로(絶路) 즉 끊어지는 자리로 돌아가면 아이를 낳지 못한다. 화(化)하여 별상(別象)을 이루면 본 남편을 극하니, 필히 주가 지아비를 속이면서 예의가 소통된 것처럼 한다. 신왕(身旺)에 식강(食强) 또한 이와 같다. 식신이 밝고 왕상하면 그러다가 죽을까 근심한다. 양(陽)의 모(母)가 전위(專位) 즉 오롯한 자리라면 주가 편생(偏生)이요, 모가 부(父)의 상(上)으로 오면 그 놀라움을 받은 것이다. 천시(天時)지리(地利)라 달[月]의 칠살을 지나 생하고 겸하여 머리 위로 행하므로 편(偏)이 되니, 아이가 살지(煞地)로 돌아가면 모에게 질환이 있다. 병·정이 쌍으로 있는 것은 정수리도 쌍으로 신령하다.[26]

일록(日祿)귀시(歸時)는 모름지기 잉몽(孕夢) 즉 태몽이 있는데, 소아에게 젖이 없음은 식신의 충(衝)이라. 임자에 을유시가 편생(偏生)인데, 병·무·정·임은 처의 수호령이다. 아버지를 배신하여 갑·을·묘를 생하니, 이 시(時)는 모름지기 분명히 기록할 필요가 있다.[27]

---

25 이하 고가(古歌)의 언급은 고법에 따른 여러 설들을 쭉 나열하는 식인데, 가볍게 볼 일이다.

26 이 부분의 해석은 비약과 은유 유추가 너무 심한데, 직역을 하니 뜻이 통하지 않을까 두렵다.

27 형제 비겁 운에 마무리가 곁다리처럼 이루어져 있다. 혹 이 부분 전체가 경금을 중심으로 논한 것이라면, 다시금 이해의 여지는 남는다. 고법이 신법과 다른 점이 이런 데 있다.

　부(賦)에 이르기를, 과방(過房)입사(入舍) 즉 밖에서 태어난 자식으로 집에 들어간다는 것은 년·월이 충(衝)함에, 모(母)가 지아비를 쫓음을 따라 나뉜다. 재가 공(空)하고 인이 왕(旺)하면 어린 시절에 부(父)의 초상이라, 편재가 사·절·살궁에 임한 것이니 유아기에 모를 떠난다. 인수가 재를 만남에 사지(死地)가 많기 때문이다. 비견이 중(重)하면 형제가 무정하고, 양인이 많으면 처궁(妻宮)에 손상이 있다. 관이 사·절의 땅을 만나면, 자식을 불러도 얻기 어렵다. 만약 상관을 봄이 너무 심하면, 아이 역시 머물기 어렵다. 제강(提綱)이 충·파됨을 만난 경우, 정히 주가 조업을 떠나는데, 다시금 공망을 보면 세 번을 시도해도 네 번을 폐한다. 인수가 생을 만나면 마땅히 모가 현귀(賢貴)하고, 편재가 귀록(歸祿)하면 부가 필히 쟁영(崢嶸)한다. 관성이 녹왕(祿旺)의 향에 임하면 자식이 마땅히 영현(榮顯)하고, 칠살이 장생의 자리를 만나면 여식이 귀함을 부른다. 대저 자신이 다른 궁을 빌려 생한 바, 이는 주가 다른 사람에 의지하여 살아가게 됨이 많다. 처성(妻星)이 실령(失令)하면 동반하는 길을 포기하고 떠나는데, 만약 다른 궁을 빌려 생하는 바가 되면 이는 타인의 의로움을 얻은 것이다. 여자로 인수가 왕하면 자식이 적은데, 칠살이 강하면 기쁘지만 역시 여다(女多)남소(男少)한다. 편재가 패(敗)를 만나면 부(父)와 주(主)가 풍류인데, 자식의 별이 임하면 파가(破家)탕산(蕩産)한다.

　처가 입묘(入墓)하면 처재를 얻지 못하고, 부(父)가 고(庫)에 임하면 마땅히 부가 먼저 죽는다. 비견이 녹(祿)을 만나면 형제가 고명하고, 인수가 극을 당하면 모친의 상(喪)과 조문이라. 만약 도화가 살성으로 처궁에 앉으면 필히 주가 음탕하다. 연(年)이 월(月)을 충한 것은 조기(祖基) 즉 조상의 터전을 지키지 못하고, 일(日)이 시(時)를 충한 것은 처자의 어려움이 된다. 만약 천원에서 형전(刑戰)함을 보면 부모가 온전치 못한데, 지지에서 생하는 바를 만나는 경우라면 흉한 가운데 길함을 이룬다. 칠살은 능히 정인을 생하니 훤당(萱堂)모경(暮景) 즉 작은 집 석양 속의 차분한 정신이 있다. 상관은 편재를 기쁘게 도우니, 대춘(椿)의 늙음에 백년이 안일하다. 비견은 비록 형제가 있으나, 비(比)가 중하면 부(父)의 수명이 길기 어렵다. 왕재(旺財)는 가히 생관하나, 재다라면 모의 수명이 굳세지 못하다. 식신을 자주 보면 승계하고 이을 사람을 부르기 어렵다. 양인을 중봉(重逢)하고 다시금 짝을 얻으면, 집을 지키는 부인이다. 관·귀(官鬼)가 성한 즉 맏형과 중형이 소소(消疎) 즉 소통함이 사라지는데, 칠살이 흥한 즉 자기의 몸에 불리하다. 부처(夫妻)가 해로함은 모두 재왕신강으로 인함이다. 자녀가 눈에 가득함은 단지 관이 흥하고 살이 성하기 때문이다. 사주가 상생하고 길성이 비추면 3대가 모두 온전하고, 오행이 전극(戰剋)하고 흉성을 만나면 육친을 갖추지 못한다.

만약 여명(女命)을 추리함에는 이와 반대로 참고하여 상세히 한다. 파(婆) 즉 시어미가 편재라. 만약 이것이 상관을 만난다면 장수를 생각한다. 공(公) 즉 시아비는 비겁이라. 칠살을 만날 경우라면 그 명을 연장하기 어렵다. 재·관이 흥성하면 필히 부귀한 지아비를 부를 것이요, 식신 비견이 사권(司權)하면 마땅히 현효(賢孝)한 자식을 낳는다. 인수는 능히 자식을 상하지만, 재를 만나면 도리어 안강함을 얻는다. 동류가 간두(干頭)에 나타남은 제·매(娣妹)가 되고, 재가 지지로 절(絶)지 위에 있으면 부(夫)를 흥하게 하지 못한다. 이는 곧 육친의 참된 묘결이니, 오행의 생극으로 그 영고성쇠를 정한 것이다.

부(賦)에 이르기를, "년에 양인과 살을 만나면 어린 시절에 일찍 다랑(爹娘) 즉 아버지와 어머니를 초상치게 되고, 시에서 양인과 상관을 만나면 말년에 도리어 자녀를 손상한다. 충(衝)한 것은 형제가 없고, 형한 자는 육친을 손상한다."고 하였다. 밖에서 충하면 육친이 무력하고, 안으로 충하면 부부가 불협(不協)한다.

세와 월에서 관·재·인이 온전하면, 삼대의 조선(祖先)이 부귀다. 일과 시에서 살(煞)과 인(刃)이 효(梟)를 만나면, 그 절반은 처와 자식을 휴손(虧損) 즉 상함을 노출시킨 것이다. 남명(男命)에 상관은 자식을 손상함이 많고, 여명(女命)에 상관은 극부(尅夫)함이 많다. 상관이 재를 보면 자식이 있고, 칠살을 제(制)극함이 있으면 곧 자식이 많다. 재가 중하면 부모를 형상(刑傷)하고 귀(鬼)가 왕하면 후대에 영화를 옮긴다. 겁재가 중중하면 아비가 조상 즉 일찍 초상을 치는 것이요, 파인(破印)이 태중(太重)하면 모가 선망이다. 세와 월에서 재관이 왕상하면 할아비와 아버지가 현영(顯榮)하였고, 일·시로 녹·마가 상생하면 처와 자식이 현준(賢俊)하다.

인수가 복장(伏藏)하고 재가 령(令)을 잡으면, 서출이나 간통하여 낳은 것이다. 정재는 왕한데 본신이 때를 잃은 것은 어머니가 조상(早喪)이라. 편관 편인 편재를 첩첩이 만나면, 편서(偏庶) 곧 서출로 태어남이 필연이요, 정관 정인 정재를 하나씩 만난 것은 곧 올바른 장남이다. 왕관(旺官)은 자녀가 필히 많고, 중효(重梟) 즉 효신이 거듭되면 아이가 필히 끊어진다. 월 중에 겁재로 재·관을 배신하고 끊게 되면, 아버지가 외지에서 죽어 모신다. 세와 월이 배·축(背逐) 즉 배록축마하고 다시금 충·해(衝害)하면, 할아버지를 타향에 장사지낸다. 일에서 양인을 만나고, 시에서 효신을 만나면, 처첩이 산망(産亡)이다. 세(歲)에 살을 놓고 월에 상관을 놓으면 형제가 있기 어렵다. 월령에 상관은 존장을 쟁탈함이 많으니, 시에서 신·살(神煞)을 행하면 형제가 없다. 남명이 겁재를 중첩하면 외가가 드물고, 여명이 살을 중첩하면 친가의 골육이 끊어진다. 전록(專祿)에 음착(陰錯)살을 겸하면 외갓집의 영정(伶仃) 즉 쓸쓸함을 사령하고, 축마(逐馬)가 양차(陽差)살을 보면 공고(公姑) 즉 시부모의 참·거짓이 있다.

　인수가 왕하면 자녀를 방해하고, 재가 중하면 할아비와 시어미를 투기 시샘한다. 세와 월에 살을 중첩하고 형·해(刑害)가 있으면, 공고 즉 할배와 시어미가 상함을 만난다. 일과 시가 배록축마·배록은 곧 비견 겁재함에 구조됨이 없으면, 처자를 극하고 떠난다. 정재 편재를 거듭 보아 합하면, 비록 처첩이 많아도 주가 남음(濫淫) 즉 음란함이 넘친다. 편관 정관이 다시금 충·해(衝害)되면, 맡아 둔 장부가 있음에도 훔치고 간통한다. 남편이 왕(旺)하면 자식을 상하게 되니, 곧 식신의 자리가 상함을 받는 것이다. 왕한 자식은 남편을 상하니, 관성을 잘 살펴 상·절(喪絶)을 정한다. 여명(女命)에 인왕(印旺)관경(官輕)하면 남편의 권한이 제 손바닥 안에 있고, 남명에 재다(財多)신약(身弱)이면 처의 말에 심장이 벌렁거린다. 일간의 아래로 상관인데, 양인(羊刃)을 쥐면 남편이 필시 나쁘게 죽는다.

　월 중에 인수를 둘렀는데 형·충(刑衝)이 있으면, 어머니의 친정이 영락(零落)하게 된다. 양인이 건왕하고 살이 강강하면, 조상의 터전이 엷고 미미하다. 관이 강강하고 재가 왕하면 후대가 창영(昌榮)하며, 일이 배록(背祿)축마(逐馬)를 만나면 조업(祖業)을 파하고 고향을 떠나는 사람이 많다. 시(時)에서 재왕생관 함을 만나면 집을 일으키고 나라를 구하는 남아가 있다.

　살·인(煞刃)을 월에서 만나면, 유부(有父)무모(無母)라. 편관을 거듭 보면 여아를 생함은 많고 남아를 생함은 적다. 편재를 거듭 보면 정처를 사랑함은 적고 첩을 사랑함이 많다. 재의 근원이 그 땅을 얻으면, 처로 인해 치부(致富)성가(成家)하는데 그 처를 억누르고 또 억지로 하는 일이 있다. 관의 자리가 원(垣) 즉 제자리에 임하면, 자기를 드러내어 조업을 키우고 또 높이므로 남자라면 역시 모름지기 흥왕하다.

　월이 관·인(官印)이요, 년이 상관이면, 아버지는 넉넉하나 조상들은 낮다. 일(日)이 재위(財位)에 있고, 시(時)가 겁재면, 아비는 흥하나 자식은 패한다. 비겁이 중중하면 혼인은 필시 지체되고, 관성에 자식을 생하면 필시 빠르다. 남자가 상관 양인을 만나고 관·살을 볼 경우, 그 후사가 없다고 판단함은 불가하다. 여명에 상관 효인(梟印)인데 재·관으로 행한다면, 역시 그 자녀가 있음을 감히 결단할 수 있다. 여인이 식신을 중하게 만났는데, 관이 경하면 남편은 쇠하고 자는 왕하다.

　남명(男命)이 살왕(煞旺)에 비겁을 만나면, 형은 있으나 동생이 없다. 태과(太過)불급(不及)하면 형제가 두루 없는데, 고(庫)의 자리에서 중화(中和)되면 동기(同氣)가 주에게 있다. 살은 생·왕하고 관이 패·절되는 경우, 여자라면 흥성하나 남자는 쇠한다. 재·관은 왕하고 본신의 주(主)가 휴수되면, 남편의 집은 흥하나, 조상의 집은 잃는 것이다. 여자가 비겁이 태다(太多)하면, 남편에게는 처를 끊을 뜻이 있다. 남명에서 재(財)가 겁(劫)을 이겨냄이 중(重)하면, 그 처가 사욕(私慾)의 마음을 품는다.

년·월로 인수가 상생하면 이루어놓은 터전과 그 업(業)이 드러남을 받는다. 일·시로 상관(傷官)상진(傷盡)하면 의롭지 아니한 횡재를 발하게 된다. 년상에 관성이면, 아버지와 조상이 관이었다. 월상에 관성이면, 형제가 필시 귀하다. 남자가 비겁을 만나면 정히 처를 상하고, 여인에게 인수 효신(梟神)은 후사와 자식에게 어려움이 있다. 양인이 상관 칠살을 만나면, 골육과 친구가 그 정(情)을 상한다. 삼합 육합이 상화(相和)하면 오호(五湖)와 사해(四海)에서 그 벗이 좋다.

또 이르기를, "무릇 육친을 추리함에 있어, 남명(男命)은 년(年)으로 아버지를 삼고, 태(胎)로 어머니가 되며, 월(月)은 형제가 된다. 관원(官員) 즉 공무원이라면, 월로써 관료인 벗으로 정한다. 일(日)은 자기의 몸과 처첩이요, 시(時)는 자손이 되는데 관원이라면 시로써 제좌(帝座)의 화복(禍福) 즉 공직의 화복으로 삼음이 대개 이것이다."고 하였다.

자오묘유 일생(日生)이면, 주가 자오묘유의 명(命)에 처에게 장가든다. 만약 처가 신자진 생·축 생·갑기 생이 되면, 모두가 길지 못하다. 곧 간두에서 처를 과하게 극하는 경우인데, 재차 초례를 치른 것은 따로 한도를 정하지 않는다. 또한 장가를 들자마자 곧 바로 누차 극(剋)함에 이르는 것도 있으나, 만약 생일 간지가 같지 않다면 바야흐로 극하지 않는다. 인신사해·진술축미 생을 갖추어도 위와 같이 설한다.

무릇 명(命)에서는 사주 내에 아극(我剋) 즉 내가 극하는 것이 있으면 처로 삼으니, 아극자가 없으면 국(局) 중에서 무처(無妻)라 한다. 이때는 오히려 태어난 날이 어떤 땅에 있는지를 보아야 한다. 곧 재왕(財旺)의 향(鄕)에 있으면 마땅히 힘을 얻은 처가 있거나, 혹은 아름다운 첩이 있는 것이다. 다시금 귀인 녹·마(祿馬)를 둘렀으면, 년에서 주의 처가 관을 두르고 남편에게 시집온다. 만약 본명의 시(時)에서 재가 사·묘·절·패의 자리에 있다면, 정히 주가 극함을 받거나 혹은 일생토록 홀아비로 산다.

만약 일록(日祿)을 시상(時上)에서 보고 만나 있는 경우, 곧 육병(六丙)일이 계사(癸巳)시를 얻거나, 육임(六壬)일이 신해(辛亥)시를 얻은 것과 같은 경우인데, 이를 명예(名譽)살이라 이름하니, 주가 부하다고만 추리하지 않고 또한 주가 처로 인해 관이 있다 한다. 만약 일(日)에서 년(年)의 관(官)을 두르거나 혹 년의 인(印)을 두르면, 주의 처가 남편의 권리를 빼앗거나, 혹은 녹(祿)이 처의 음(蔭)덕으로 나오거나, 혹은 처가 권귀(權貴)의 집안이라 부마(駙馬)나 군마(郡馬)의 류가 된다.

일(日)이 명재(命財)에 자리하거나, 다시 재가 생왕한 향에 있으면, 주가 처의 재를 얻고 또한 주의 처가 현명하다. 만약 사ㆍ절ㆍ묘의 자리에 있으면, 처가에서 죽은 사람의 재물을 얻는다. 일이 귀인(貴人)에 앉으면, 주의 처에게 바랄 만한 친족이 있거나 그렇지 않으면 혹 현숙(賢淑)미려(美麗)한데, 이는 아름다운 첩과 어린 계집종이 있음에까지 미친다. 만약 명에 일형(日刑)을 두르고, 일에 년충(年衝) 파년(破年) 양인 겁살 육액(六厄) 원진 공망을 둘렀다면, 혹은 서너 번 장가가고, 혹은 처가 없다.

일(日)에 자인(自刃)을 두른 것을 이름하여 일살(日煞)이라 하고, 혹 시(時)의 양인이 일로 돌아오게 되면, 두루 주가 극처한다. 일에 파쇄(破碎)살을 두른 것은 모름지기 주가 색(色)으로 피로하고, 혈질(血疾) 혹은 액난(厄難)의 종류가 되는데, 축(丑)일은 더욱 긴박하고 기유(己酉)일[28]은 다소 태만하다. 일에 년묘(年墓)를 두른 것, 일에 정인(正印)을 두른 것은 주가 정실을 극하거나, 혹은 창(娼)기나 첩으로 처를 삼는데, 오행이 순(順)한즉 길하다. 일에 형ㆍ해ㆍ충ㆍ파를 두르고 또 악살을 두르거나, 혹은 부침(浮沈)살에 앉으면, 주와 처가 생이별 혹은 악사(惡死)함이 많다.

일이 명재(命財)에 있고 사ㆍ묘ㆍ절의 자리라면, 주가 극처한다. 곧 금명(金命)인의 경우, 일이 오ㆍ미ㆍ신(申) 상에 있다. 이는 곧 납음으로 논한 것이다.[29] 고시(古詩)에 이르기를 "납음 금명(金命)은 목(木)으로 처를 삼는데, 오ㆍ미(午未) 궁은 사장(死葬)의 때가 된다. 다시 1진을 나아가면 처가 절(絶)이 되니, 기울고 빠짐이 없어도 마치 먼저 이지러짐과 같다."고 하였다. 일이 화개(華蓋)에 앉으면, 주가 극처함이 매우 자주 일어나고, 혹은 창첩(娼妾)을 취하여 처로 삼는다. 대저 4계일(季日)에 이와 같음이 많다. 고시에 이르기를, "시(時)에서 화개를 만나면 주의 몸이 외롭다. 자식이 있어도 그 해가 임하면 필히 죽을 날을 정한다. 만약 시에 처를 두면 누차 이를 극하니, 창니(娼尼)를 취하지 않은즉 비노(婢奴)다."고 하였다.

《촌주(寸珠)》에 이르기를, "일이 화개에 앉으면 주의 처가 청렴하지 않고 효성스럽지 못하다. 일이 역마에 앉으면, 주의 처가 다병(多病)에 용렬하고 나태하거나 혹은 외롭다. 오행이 상극되면 역시 주가 극함(尅陷)된다."고 하였다. 신유일 생은 극처하고, 계

---

[28] 원문도 기유로 보이는데, 이는 사ㆍ유 일이 되어야 하겠다.

[29] 앞에서도 명재가 나왔는데, 납음으로 명을 보고, 그 명으로 재를 취한 것이다.

사일 생은 주의 부처에게 병이 있거나, 혹은 주색 황음(荒淫)하다. 년과 일이 같은 자리면 이름하여 주본(主本)동궁(同宮) 즉 주와 뿌리가 같은 궁이라, 주가 극처하는데, 동년(同年)의 처를 취하면 바야흐로 면한다. 세속에서는 이를 일러 봉황지(鳳凰池) 즉 봉황의 연못이라 한다. 심지(沈芝) 운, "형제 동궁은 봉황지라, 다만 사람으로 하여금 심회를 품게 하니 아름답지 못하다. 일·시가 상충 상파 상형하고 육해라면, 모두 주가 이혼하고 후사를 떠나는데 남녀에게 모두 통용된다."고 하였다.

신(申)일 진시, 미일 해시, 인일 술시, 축일 사시는 모두 정란(井欄)사충(斜衝)이 되는데, 주가 처를 얻기 어렵다. 다시금 식신을 두르면 이름하여 절방살(絶房煞) 즉 방이 끊어진 살이라 하고, 주에게 여식은 많고 남아는 적다. 갑진 임오로 도식(倒食)을 두른 경우라면, 더욱 긴박하다. 고부(古賦)에 이르기를, "정란사충은 장자(莊子)가 고분(鼓盆) 즉 동이로 북을 치며 노래했다 하니, 바로 이를 이른 것이다."고 하였다. 일(日)이 자형(自刑)이면 주의 처가 다병인데, 일이 목욕(沐浴)살(煞)에 앉으면 주가 아름다운 처를 얻으나 청렴치 못함이 많다.

무릇 명(命)에 일의 납음(納音)으로써 처의 수(數)를 세는 것이 있으니, 수1 화2 목3 금4 토5인데, 심한 것은 이를 배(倍)로 추산한다. 무릇 사람의 처위(妻位)를 충하는 별이 올 때 처를 취하는 해가 되는데, 일과 더불어 3합 6합으로 그물을 치는 것이 있으면 처를 본다고 하였으나, 이는 다시금 교묘하고 졸렬하게 말한 것이다.

부(賦)에 이르기를, "일이 친년(親年)을 능멸하면, 늙은 부인이 공손하지 않다."고 하였다. 곧 을축(乙丑)인이 신(辛)일을 본 경우가 년간을 상한 것이다. 계일(癸日)이 곧 을의 천간을 머금었는데 오(午)를 만나면,[30] 일은 을의 장생이 되는데 부(夫)에게 복종하지 않음이 많은 것이다. 대개 년은 부모가 되고, 일은 처첩이 되는데, 다시금 지신(支神)이 살(煞)을 두르고 형충하는 고로 공손함과 순함이 없는 것이다. 혹 다른 천간에서 돕고 생한즉 그렇지 않다. 곧, 을이 신을 보는데 임의 글자가 있으면, 신금이 임수를 생하고 임수가 을목을 생하는 것과 같다.

또한, "앞에서 해(害)를 본 것이 있으니, 이는 금슬이 조화롭지 못하다."고 하였다. 마땅히 자기를 생함에도 육해를 본 것을 말하니, 행년과 대·소운에서 이를 또 만나면 일러 유전(有前)견해(見害)라 이른다. 그 해에는 필시 주의 부처(夫妻)가 불화한다. 또, 일지(日支)가 홀연히 세전(歲前)에 있으면, 뭇사람들이 처의 목소리에 놀라는 것을 보고

---

30 이는 계일이 오를 만나 처를 삼는데, 년간이 을이라는 것이다.

비웃으니 추악하다. 대개 일은 처첩이 되는데, 지신(支神)이 태세의 앞에 있는 것이면 주가 처 혹은 처의 성품과 기질을 두려워한다. 이는 대개 살(煞)이 처의 자리에 임함이니, 주가 상하고 극됨이 많다. 만약 처가가 영락케 되면 바야흐로 면한다.

또한, "음이 실심하고 양이 슬픈 것은 해(亥)가 자(子)의 위로 옴이니, 부(夫)를 방해한다. 협각(夾角)협유(夾維) 즉 격각과 사유의 방을 공협하고, 인(寅)목이 축(丑)의 가장자리를 향하면 처를 극한다."고 하였다. 진술축미는 추창(惆悵)살이 되지 않으나, 오직 음양이 더불어 있는 곳에 함께한 연후에 이것이 있다. 해인(亥人)이 자(子)를 향하니, 곧 음이 그 양을 슬퍼하여 마치 처가 남편을 부름과 같은 고로, 말하기를 해가 자의 위로 온다고 하며 곧 지아비를 방해한다. 자인(子人)이 해(亥)를 얻으면 곧 양이 그 음을 슬퍼하니, 부(夫)가 그 처(妻)를 곡함과 같다. 자래(子來)해상(亥上)함으로써 처를 방해한다 함은, 굳이 그 말을 기다리지 않더라도 볼 수 있는 것이다. 자오묘유에는 격각(隔角) 과숙(寡宿)살이 없는데, 오직 방위로 모서리의 4처에 있은 연후에 그 살(煞)이 있다. 인인(寅人)이 축(丑)을 얻으면, 곧 격각 과숙인즉 처가 불리하다. 고로 이르기를, "인이 축의 변방으로 향하면 부인을 극하고, 축인이 인을 얻으면 격각 고진(孤辰)인즉 지아비가 불리하다는 것이다. 축이 인상(寅上)으로 향하면 극부(尅夫)한다. 고로 그 말을 기다리지 않는다."고 하였다.[31]

또한, "무릇 남자는 저를 설(絶)하는 중에 생하는데, 여자를 생하면 마땅치 않으니, 생녀(生女)한즉 상처(喪妻)한다."고 하였다. 곧 갑자 금의 남자가 목으로 처를 삼는데, 7월생은 처가 절(絶)이 된다. 여자는 부절(夫絶) 중에서 생하는데, 생남(生男)하면 마땅치 않으니, 생남 한즉 상부(傷夫)한다. 곧 갑자 금의 여자는 화(火)로써 부(夫)를 삼는데, 10월생이면 부절(夫絶)이 된 것이다. 나머지도 이와 같이 추리한다.[32] 계해, 병인, 기사, 을사, 경신 등의 날은 고분(鼓盆)살이 되니, 그 날의 왕함을 두려워한다. 고란(孤鸞)살과 더불어 크게는 같은 것이다. 또 절궁(絶宮)은 고분의 살이 된다 하였다.

금 신유(申酉), 화 사오(巳午), 수토 해자(亥子), 목 인묘(寅卯)는 망향(望鄉)살이라 이름하니, 그 명(命)이 강한 것이 밉다. 건록과 더불어 다를 것이 없다. 또 해미술이 춘(春)이요, 사자진이 하(夏)요, 인묘오기 동(冬)에, 신유축이 추(秋)라면, 이름하여 낭자(狼藉)살이라 한다. 역법에서 백 가지로 꺼리는 것이니, 정월로 대패(大敗)를 삼고, 2월

---

31 축과 인 사이에는 재·관의 뜻이 있고, 해와 자에는 음양의 뜻이 있다.
32 이는 곧 납음에서 상극처를 계산하고, 다시 남녀의 생함을 보는 것이다. 곧 갑자금 여자 10월생으로 부가 화절어해함에 금수가 생조함은 불의함을 말한 것이다. 남자 역시 이에 준한다.

은 낭자(狼藉), 3월은 팔패(八敗)라 한다. 남자는 처가(妻家)가 패하고, 여자는 부가(夫家)가 패한다.[33]

또 인신사해로 7월에 생하고, 자오묘유로 축(丑)월에 생하며, 진술축미로 묘(卯)월에 생한 것은 이름하여 절방(絶房)살이라 하니, 역법에서 모두 꺼리는 것이다. 《역(曆)》에 이르기를,[34] "12지진(支辰)으로써 월상(月上)에 있는 것을 부르는 것이니, 남자는 처·아·부모를 해하고, 여자는 부(夫)·주(主)·공고(公姑)를 상한다"고 하였다.

자식의 자리는 처가 생한 바의 것으로 그것이 된다. 가령 목명(木命)인이 토로써 처를 삼는 고로, 토생금은 자식이 된다. 음명(陰命)은 자기가 생한 바로 자식을 삼으니, 목명인이라면 화로 자식을 삼는 것과 같다. 만약 자식의 자리가 왕상(旺相)한 향(鄕)에 있는 경우, 주에게 총명 충효한 자식이 있고 조종(祖宗)을 찬란히 드러내지만, 이에 반대된즉 그렇지 못하다. 자식의 성·정(性情)을 알고자 하면 각기 오행으로 이를 추리한다.

목명인이 금으로 자식을 삼으니, 그 자식의 성품이 청렴·정당·강직·위엄을 품게 되고 저절로 이를 쓰는 것이다. 화는 수로써 자식을 삼으니, 성품이 겸손·화순·고요·담박하고, 위를 돕고 아래를 응접한다. 토는 목으로 자식이 되니, 성품이 자애와 충효·유순·겸손·화순한데, 적은 것 즉 소양 소음이 마땅하고 늙은 것 즉 노양 노음은 불의하다. 금은 화로 자식을 삼으니, 성품이 탐하고 아낌이 많고 중심이 허망한데, 이익을 쫓음이 자기를 이기니 유시(有始)무종(無終)이다. 수는 토로 자식이 되니, 성품이 느리고 게으르며 무겁게 뭉치는데, 늙은이들 사이에 끼이면 빛나니 유복하다.

오행의 각각에는 유기(有氣)한 향(鄕)이 있으니 마땅히 이로써 논하는데, 만약 휴·묘(休墓)의 땅에 있으면 이와 반대된다. 남명의 사주 안에 귀(鬼)가 없으면 이름하여 국중(局中)무자(無子) 즉 국 안에는 자식이 없다 하지만, 그런데 도리어 생시(生時)가 어떤 땅에 있는가를 보아야 한다. 곧 목명(木命) 인이 금으로 자식을 삼는데 만약 국중무자이나, 신·유·사의 시(時)를 득한 것은 반드시 자식이 있으니 이름하여 자승(子乘)왕기(旺氣) 즉 자식이 왕기를 올라탔다고 이른다. 만약 금이 자에서 사(死)하고, 인에서 절(絶) 곧 끊어진즉 자식이 없다.

무릇 시(時)의 납음으로써 자식의 수(數)를 추리하니, 수1 화2 목3 금4 토5가 그것이고, 유기 승왕(乘旺)한즉 그 수를 배로 곱하여 말한다. 무기(無氣)하여 시를 배반한즉 수

---

[33] 일반적인 월가 흉신의 예로써, 삼명은 납음과 더불어 같이 보니 복잡다단하게 나타난다.

[34] 원문에도 그냥 역이라 하였는데, 아마도 〈역기(曆紀)〉의 오류일 것이다.

를 감하여 말한다. 이런 수(數)에 의지하지 않음이 있으니, 50에 이른 후의 화복(禍福)으로 바야흐로 정하는 것이다. 만약 남명이 국중무자를 범하고, 또 시(時)가 귀(鬼)의 생왕한 향에 있지 않으면, 도리어 간지와 년을 합하여 추리한다. 다만 이는 여식을 생하여 얻을 뿐이요, 아들을 낳아 얻어도 길러내지 못한다.[35]

고시(古詩)에 이르기를, "자식을 곡함은 형(刑)을 두르고 사위(死位)가 곁에 있음이니, 자다(子多)라고 하더라도 다시금 이는 소년에 망한다. 만약 홀연히 간지가 덕합(德合)을 아우르면 다만 양녀(養女)가 마땅하고, 쌍둥이를 이루어 얻는다."고 하였다. 일명(一命) '계미 계해 병진 무자'의 경우 이것이 국중무자라, 또 관·귀(官鬼)가 사·절(死絕)지에 있는데 도리어 계와 무가 합한 고로 생녀(生女)다자(多子) 하였으나, 모두 이루지 못했다. 만약 갑자를 보았다면 곧 주에게 자식이 있었을 것이다. 일간으로 논해보면 병진은 계로써 자식이 되는데, 시(時)로 돌아가 끌어옴이 되니 시상(時上)의 건록이요 임관의 땅이라, 주가 다자이다. 그러나 도리어 무자(無子)가 된 것은, 이것이 납음(納音)으로 년을 취하기 때문이다. 이에 또한 위에서 논한 바에 준한 것이다. 또 하나의 명은 '계미 갑자 신묘 계사'의 경우인데, 이는 국중에 유자(有子)이나 사지(死地)에 있다. 기쁘게도 시에서 관·귀(官鬼) 장생의 땅을 끌어온 고로, 아들을 여럿 낳았고 여식은 적었다. 또한 낭관의 경우 '경진 임오 무인 신유'인데, 백호가 정하(庭下) 곧 뜰 아래에 임하니 56에 불록(不祿) 즉 죽었고, 아들과 여식이 두루 없었다.[36]

《척벽(尺璧)》에 이르기를, "무릇 명에 해(亥)의 글자를 많이 범하면 아들을 얻고, 사(巳)의 글자가 많으면 여아를 얻는다."고 하였다. 시(時)에서 년(年)의 충·형·파·해·인(刃)·겁·원진(元辰)을 두르면 두루 극자(尅子)하고, 또 시에서 년(年)을 공망하는 것이 중하면 아들이 끊어지며, 자인(自刃)·비인(飛刃)이면 극자한다. 시(時)가 화개에 앉으면 극자하니, 50이 넘어 울타리가 못 됨을 본 것과 같다. 시에 자형(自刑)을 두르면 자식에게 질병이 많고, 육액(六厄)이면 자식에게 횡액이요, 부침(浮沈)살은 이질 설사로 죽는다. 시가 본음(本音)의 묘(墓)에 앉으면, 주가 수명은 있으나 자식 없이 노년을 떠나보내는데, 다만 손자가 숨쉬는 것은 있다. 일(日)의 파(破)와 공망·형충 그리고 식신과 양인에 앉으면, 모두 주가 간두의 자식을 극한다.[37] 납음으로 절기(絕氣)를 두르고 또 시가 절향(絕鄉)에 있는 경우인데, 곧 '계사 임인 경신 을해 정사' 등의 시가 이것이

---

[35] 참으로 옛사람들의 방식이라 하겠다.
[36] 모두 고법명리에서의 판단이라, 이해는 가지만 지금 이를 그대로 받아들이기에는 곤란하다.
[37] 시좌에서 시가 생략된 것으로 보인다. 곧, 時干의 자식을 말한다.

다. 가령 경신(庚申)이 임인(壬寅)시를 얻으면, 정히 주의 후사가 끊어진다. 무릇 명에서 '신(申)일 해(亥)시'를 보고 '사(巳)일 인(寅)시'를 보아 호환하여 만난 것을 이름하여 교해(狡害)살이라 하니, 주의 후사가 끊어지나 모름지기 서출에 과방이 오히려 아름답다.

고시(古詩)에 이르기를, "오행 교해가 가장 불량하니, 부부가 외롭고 단독으로 방을 지킨다. 죽어서 떠나감에도 무덤 앞에서 곡할 자식이 없으니, 다른 사람과 다른 성을 구함이 오히려 서로 합당하다."고 하였다. 《귀곡유문(鬼谷遺文)》에 이르기를, "만약 사람이 생시(生時)에서 녹마를 보면, 조정의 명에 따라 왕래한다. 고·과(孤寡)를 범하지 않으면 또한 자손이 있다. 시간(時干)이 년간(年干)을 극하고, 년간을 도식(倒食)함에 미친 것은 주가 생남(生男)하여도 불순하다."고 하였다.

《오행요론(五行要論)》에는, "무릇 대·소 2운(運)과 세(歲)가 명(命)과 더불어 삼합 육합(六合)한 것은 주에게 남녀를 잉태하고 생하는 경사가 있다. 양다(陽多)면 생남(生男)하고, 음다(陰多)면 생녀(生女)한다. 만약 순양(純陽)인즉 극에 이르러 도리어 음이 되니 생녀하고, 순음(純陰)인즉 극에 이르러 도리어 양이 되니 생남한다."고 하였다. 가령 갑자의 명으로 양에 속한 경우, 대·소운으로 진위(辰位) 혹은 신위(申位)가 이르면 신자진 삼합하고, 밖으로 신사(辛巳)의 태세(太歲)를 협하여 음(陰)에 속한즉, 이는 양다로 생남하는 것이다. 나머지도 이에 준한다.

【定婦人孕生男女】 부인으로 남녀를 잉태하고 생함을 정함

결(訣)에 이르기를, "부모의 세수(歲數:나이)로 양쪽의 간두를 감안하여 수태(受胎)의 월(달)을 중심으로 취한다. 건감간진은 남아가 되고, 손리곤태는 모두 여아에 속한다."고 하였다. 가령 부모의 나이가 쌍(雙)으로 꺾이고(짝수) 수태의 달이 단(單)수(홀수)가 되면, 감괘를 이루니 곧 남아로 정하고, 부모의 년이 단수에 그치고 수태월이 쌍으로 꺾이면 이괘를 이루니 여아로 정한다. 부(父)년은 상(上)으로, 모(母)년은 하(下)로, 태월은 중(中)으로 한다. 나머지도 이에 준하여 추리한다.[38]

또한 법은 대연(大衍)의 수(數)로 이를 추리하는 것이다.

결(訣)에 이르기를, "칠칠사십구이니 낭자에게 묻기를 '어떤 달에 있었는가?' 하고, 여기서 어미의 나이를 제거하여, 단(單)은 기수(奇數)에 쌍(雙)은 우수(偶數)에 둔다.

---

[38] '감중련, 이허중'의 방식으로 팔괘를 구한다. 쌍은 음효요, 단은 양효로 정하여 취하는 것이다.

기·우(奇偶)가 만약 항상하지 아니하면 수명이 장구하지 못하다"고 하였다. 가령 먼저 아래로 산반(算盤)에 49수(數)를 두고, 바로 그 위에 엄마의 수태 월수(月數)를 더하여 총수를 얻는다. 여기서 얻은 것을 천간의 수로 놓는데, 만약 정월에 잉태하였으면 이는 50수가 되고, 그 엄마가 31세라면 이를 제거하여, 그 나머지 19수를 얻는 것이다. 9는 곧 단수요, 단은 곧 남아이다. 만약 단수인데 여아를 낳고, 쌍 즉 짝수인데 남아를 생하면, 주가 요절한다.

달리 말하는 것으로, 가제(加除) 즉 배가 제승법이 있다. 천일(天一)·지이(地二)·인삼(人三)으로써, 이를 나누어 남은 수(數)를 본다. 또, 제일(除一)·제이(除二)·제삼(除三)하여, 나눔을 다하고 난 뒤 영수(零數) 즉 남은 것이 없는 수를 보는 방법이 있다.[39]

---

[39] 억지로 해석은 했으나, 오늘날 크게 도움 될 일은 없는 것으로 보인다.

星命部彙考四十九
三命通會 二十一

六甲日子時斷, 六甲日丑時斷, 六甲日寅時斷, 六甲日卯時斷, 六甲日辰時斷, 六甲日巳時斷, 六甲日午時斷, 六甲日未時斷, 六甲日申時斷, 六甲日酉時斷, 六甲日戌時斷, 六甲日亥時斷.

三命通會 二十一 (卷八)[1]

【六甲日甲子時斷】육갑일 갑자시의 판단

以下所忌月分與時同(間)斷: 이하 그 꺼리는 바의 달을 나누고, 시간과 더불어 판단한다.

육갑일 생 갑자시는 패(敗)중[2]의 인수라, 관이 생하고 월에 이르러 목기에 통하면 심상하지 않으니 곧 보통은 넘는다. 이와 반대되면 말하기를, 명리(名利)가 다 헛것이라 한다.

갑일 갑자시는, 비록 갑이 자에서 패한 것이나, 암중으로 계수가 있어 인수로 생기(生氣)하고 겸하여 관이 있다면, 그 인수를 생한다. 만약 기토가 인수를 파하고 월기(月氣)에 통한다면 귀함이 아닌즉 빼어나지만, 실(實)하지 못하니 평상하다.

갑자일 갑자시는, 자요사(子遙巳)격(格)이라. 년·월로 경신과 신유가 없으면, 축이

---

1 통행본『삼명통회』에서는 이 장부터 권8로 시작하고 있다.

2 이는 12운성에서 목욕지를 말한다

오를 충하여 동반케 되니 조상을 떠나 자립하며 귀하다. 만약 년·월로 인을 구비하고 신·유(申酉)의 운을 만나면, 대부가 된 후에 퇴재(退財) 즉 재물을 잃는다. 자해묘미가 연·월에 있고, 운이 서방을 행하여도 귀하다. 갑진월 역시 귀하다. 유(酉)월이면 오직 정관격으로 논하니, 대귀하다. 사오술 월은 평상함이요. 오월은 갑이 사(死)가 되고, 자를 충하니 또한 불길하다. 을묘 을사 월은 주가 법(法)에 의해 죽는다.

번계조 상서(樊繼祖尙書)는, '경자 기묘 갑자 갑자'(술로 생각된다 譎戌)이다. 노방언 행인(魯邦彦行人)은 년·월이 '무자 기축'(조용히 은퇴하였다 恬退)이다. 진태산 진사(陳太珊進士)는 '무오년 병진월'이다. 조수조 진사(趙壽祖進士)는 '기미년 을해월'이다. 구 해원(歐解元)은 '갑술년 정묘월'인데, 이는 당대의 귀한 사람이다. 전승상(錢丞相)은 '기사년 을해월'이다. 주소보(朱少保)는 '갑인년 갑술월'이고, 위낭중(魏郞中)은 정유년 임자월이다. 조낭중(曹郞中)은 '경인년 계미월'이다. 하 통판(何通判)은 무자년 신유월이다. 이는 다른 시대의 귀한 사람들로, 년·월의 경중을 합하여 살핀 것이다. 이하의 예제에서 보는 법은 동일하다(이상 구비된 것은 일·시로써 주를 삼은 것이요, 인명에서는 여기에 년·월을 부친 것이다. 그 관을 제수받음이 같지 아니하며, 이는 대개 전대의 명조이다. 이하 아래도 동일하다).[3]

갑인일 갑자시는, 축을 공협한 가운데 신(辛)금이 있어 귀하다. 년·월에서 경신 신유와 축·미가 없으면 대귀하다. 다시금 갑인월을 보게 되면 고극(孤尅)하니 오직 승·도(僧道)의 류가 가하다. 해자의 연·월이면 4품의 귀(貴)이다. 오월(午月)에 동북방으로 운이 행하면 역시 귀하다. 만일 유·축·사 등의 월이라면, 관살이 밝게 있음이니 사주에 인수가 있으면 귀함을 갖추게 된다. 묘·미는 그 몸이 태왕이라 형상(刑傷)을 면치 못한다. 을사월은 형벌을 받는다. 정해월은 왕(旺)한 중에 악사(惡死)한다.

潘九齡參議 '辛亥 辛丑 甲寅 甲子'. 王鶴府尹 '甲戌丁丑'. 傳行簡狀元 '戊子甲寅'. 陳九思總兵 '戊子癸亥'. 韓御史 '己巳丙子'. 臧郞中 '壬寅甲辰'. 張太尉 '庚寅戊子'. 呂安撫 '乙丑己卯'. 趙安撫 '乙亥戊子'. 范都事 '辛丑辛丑'.

---

3 괄호의 글은 원문에 없는데, 각주의 형식으로 범례를 말하고 글을 맺은 것이다.
　이하 다른 항에서도 동일한 형식으로 각 인물의 명조를 예시하게 되는데, 이는 굳이 해석할 필요가 없는 경우가 많다. 따라서 이후 각 항목에서 인물의 명조에 관한 것은 해석을 생략하고, 다만 원문 그대로 제시한다. 그러나 좀 더 설명해야 할 부분이 있으면, 달리 주해를 작성하여 싣는다.
　또한 이후 글의 형식은 인물명과 관직 그리고 년·월의 간지를 먼저 제시하고, 다음으로 괄호 안에서 각 명조의 현실적인 삶이 어떠했는가를 소개할 경우, 따로 주해를 부가하기로 한다. 결국 이후의 예시는 〈인명·관직·년월의 사주, (생전 소개)〉의 순서로 읽으면 된다. 다만 제일 처음 나오는 인물의 명조는 전체적으로 '연월일시의 사주' 모두를 수록하고 있음을 기억하시기 바란다.

갑진일 갑자시에, 만약 년·월로 수(水)의 자리라면, 수범(水泛)목부(木浮)하니 주가 뿌리를 떠나서 그 잎을 바꾼다. 신(申)월은 살성이 인수로 모이니, 귀(貴)를 갖춘다. 자월이 수목의 운으로 행하면 역시 귀하다. 유(酉)월은 정관이라, 대귀(大貴)하다. 인오술월은 길함을 갖춘 것이다. 을묘월은 형절(刑折)된다. 계사월은 물과 불 가운데 죽는다. 계해월은 흉하게 죽는다.

秦吉士布政 '壬辰 辛亥 甲辰 甲子'(辛巳年發背卒 신사년에 발하였으나 배신으로 죽었다). 陳典布政 '庚辰戊子'(庚午年病故 경오년에 병으로 고인이 되었다). 張振先憲副 '庚子 壬午'.

갑오일 갑자시는, 시·일이 병충(併衝)이라, 처자를 상할까 근심하니, 월에서 목기로 통한 것은 현귀(顯貴)한다. 년·월이 자오로 순수하거나, 혹 '해·미·유'의 월이면 귀함을 갖춘 것이다. 달리 말하기를 "높다" 하고, 다른 한편으로는 "몸은 외로우나 재물이 있으며 청귀하고 이름이 있다"고 하였다. 을사월은 파조(破祖)하고 요절한다. 을해월은 스스로 형(刑)하고, 칼날에 죽는다. 계해월은 왕한 중에 나쁘게 죽는다.

李彌綸學士 '己未 庚午 甲午 甲子'. 張四維閣老 '丙戌甲午'(木火通明文章秀麗子午雙包 목화통명하여 문장이 수려하고 자오쌍포를 이루었다). 曹子登布政 '丁酉壬子'.

갑신일 갑자시는, 갑이 태(胎)에 인(印)을 만나서 인수가 화살(化煞)하니 귀하다. 원앙(鴛鴦)이 중첩하면,[4] 자식 후사를 이루기 어렵다. 만약 동남방으로 운이 행하면, 그 직이 문·무로 사이를 두게 된다. '해묘미 진축신' 등의 월은 두루 귀를 갖춘 것이다. 을묘월은 요절한다. 정사월은 죽어도 시신이 온전치 못하다.

黃廷用侍郎 '庚午 己卯 甲申 甲子'(一云庚申年甲午日 달리 경신년 갑오일이라고도 하였다). 金憲副 '己亥丙子'. 翰林 '癸酉甲子'. 擧人 '丙申庚寅'. 李剛丞相 '癸亥己未'. 帖木花學士 '甲子乙亥'. 苑郡王 癸亥乙卯.

갑술일 갑자시는, 해(亥) 천문을 공협하니 제궐(帝闕)이 회동하고 갑의 장생지이니, 격각(隔角)으로 논함은 불가하다. 년·월로 '신(申)·사유축'의 금기로 통하면 대귀하다. 무인의 연·월은 주가 높아요, 혹은 늑대와 호랑이에게서 상해를 입는데, 임(壬)을 본즉 길히다. 을묘월은 형(刑)이요 사(死)다. 을해월은 강도와 죽음을 만난다. 이상 6일에서 년·월의 희기(喜忌)이니, 마땅히 통융(通融)활간(活看) 즉 융섭하여 통하고 살려서 볼 것이다. 아래도 동일하다.

---

[4] 이는 원앙살로 보인다.

謝遷閣老 '己巳 丁丑 甲戌 甲子'(본명은 전후로 6위가 공협이요, 제궐이 치우치지 않은즉 공읍궐문(拱揖闕門) 즉 대궐문 앞에서 두 손 잡아 읍한 격(格)이다. 모름지기 년간의 합을 얻어 전후로 택기(宅基) 즉 집터를 얻음이 가장 귀하다). 王讓侍郎 '丁丑壬寅'. 孫侍講(同上). 吳希孟參議 '戊辰乙丑'. 朱維京評事 '己酉乙亥'.

갑간(甲干)요록(遙祿)국(局) 즉 갑 천간이 녹을 부른 국이라, 백옥이 가라앉은 진흙 속에서 나타난다. 하루아침 시운(時運)이 이르는 것으로부터 귀인의 이끎이 있다. 갑자가 갑자를 서로 만나고 또 이어져 있으면, 섬궁(宮) 즉 월궁에서 계수나무를 꺾은 신선이라 의심한다. 축이 기반(絆)하면 더불어 관을 충하고 귀(鬼)를 파한 것이라, 공명이 비틀거리고 두루 온전하지 못하다.

갑자시가 갑자를 만나면, 그 가운데서 인수를 취하여 부합시킴은 동일하다. 만약 경신 신유를 서로 만나고, 축·미를 연월에서 다시 겸하면, 공귀(拱貴)로 암장한 것을 지극히 드러냄이 된다. 사·오가 충파(衝破)하면 평범하여 보통이다. 결과적으로 형극과 공망 충파가 없으면, 정히 주가 초군(超羣)출중(出衆) 즉 뭇사람의 무리를 훌쩍 뛰어넘는다.

【六甲日乙醜時斷】 육갑일 을축시의 판단

以下六甲所忌月同上 時忌並論; 이하 육갑이 꺼리는 달에 관한 것은 위와 같은데, 시에서 꺼리는 것을 또한 더불어 논한다.

육갑일이 을축시에 생하면, 겁재에 양인이라 마땅치 못하다. 주(柱) 중에서 화를 만남이 있고, 신(辛)금을 두르면 제복하여 화평하니, 귀(貴)함이 또한 오래간다.

갑일 을축시는 신금(辛金)으로 관을 삼고 기토(己土)를 재로 삼으며, 축 중에 기를 암장하는데 명을(明乙)의 겁탈을 당한 것이다. 을축 금신(金神)의 경우, 만약 년·일·시로 합하여 화국(火局)을 이루면, 제복을 얻은 것으로 주의 덕성이 순화(純和)하여 귀(貴)하다. 화(火)가 없으면 흉한(兇狠)하며, 합하여 수국(水局)이 되면 흉악하여 집안을 손상한다.

갑자일 을축시가, 연주(連珠)되고 합을 얻으면, 처현(妻賢)자귀(子貴)한다. 춘월에 신왕이면 재백을 파산한다. 하월에 갑이 쇠하고, 금신을 제복함이 있으면 귀하다. 추생은 근시(近侍) 즉 군왕의 곁에서 보좌하는 귀함이다. 축월이 가장 귀한데, 해(亥)의 글자가 많으면 흉하다.

程勳總兵 '癸亥 癸亥 甲子 乙丑'(子進士 아들이 진사였다). 魏尙書 '庚辰壬午', 楊進士 '丙子辛丑'. 張應鳳擧人 '壬戌己酉', '乙丑丁亥'의 경우,(부부하였으나 자식이 없었다)[5].

갑인일 을축시는, 춘(春)은 빈(貧)이요, 추(秋)는 귀(貴)하며, 동(冬)은 부(富)하고, 여름에 화가 금신을 제어하면 길하다.

汪集侍郞 '壬申 己酉 甲寅 乙丑', '戊子甲寅'. '乙丑壬午'의 두 경우는, (俱貴同 두루 귀함이 같았다).

갑진일 을축시는, 주가 부후(富厚) 즉 부하고 두터워 재물이 있다. 년 · 월로 화기(火氣)에 통하면 귀하다. 달리, 주에게 혈광이 있다 하였다.

胡柏泉尙書 '癸亥 癸亥 甲辰 乙丑'(名臣). '丙辰辛丑'(平章).

갑오일 을축시는, 금신이 화국으로 들어가니, 신약(身弱)이면 빈요(貧夭)하다. 인 · 술로 화를 모으면, 이는 곧 일목(一木)이 화위(火位)를 거듭 만남이 되니 불길하다. 만약 인이 하나요 · 술도 하나인 경우, 혹은 신유해의 월이라면 4-5품의 귀(貴)이다.

楊受堂憲副 '乙亥 壬午 甲午 乙丑', 聶靜郞中 '乙卯甲申', '己酉癸酉', '丁亥壬寅'(俱擧人 두루 거인 즉 천거된 사람이었다).

갑신일 을축시는, 질병을 두른 셈이라 평상하다. 자월 생에 남방 운은 귀하다. 추생은 살(煞)이 순수한데, 천간으로 인수가 투하면, 또한 귀하다.

王一鶚都憲 '甲午 壬申 甲申 乙丑', 劉鳳翔總兵 '乙酉戊子', '丙寅乙未'(貴同 귀함이 같았다). 陳進士 '乙巳乙酉', 陳長祚尙書 '乙巳丁亥'.

갑술일 을축시는, 밭이 두렁에 이어져 꿰니 썩은 곡식을 늘어놓을 정도지만, 다만 먼저 형벌받는 것을 면하지 못한다. 년 · 월이 인(寅)이면 부자(父子)가 두루 드러난다. 자월에 서방 운은 금자(金紫)를 입는다.

陳瑞尙書 '乙亥 乙酉 甲戌 乙丑'. 楊一淸閣老 '甲戌甲戌'(無子 자식이 없었다).

축은 금쇄국(金鎖局)이 되니, 열쇠가 없으면 통하지 못한다. 사주에서 인오술을 만나고, 화(火)가 제복하면 성공함의 처음이라. 겁재 양인이 시(時)에서 둘러싼 것을 꺼리니, 궁 내외 재관이 문을 닫은 것이기 때문이다. 진 · 미(辰未)를 서로 만나면 내길함이 되는데, 곧 새벽의 어두움을 따를 뜻과 법도가 없기 때문이다.

갑일이 시에서 을축을 만남은, 창고 가운데 금옥을 수장한 것이다. 귀인 천을이 겁재

---

5 괄호 안의 내용은 원문에서 작은 주석으로 처리되어 있는 것이다.

에 상하고, 흰 달이 구름에 가려지면 그 빛이 흐려진다. 화국(火局)에 남방 운이 귀하고, 금신(金神)에 제복(制伏)함이 서로 마땅하다. 목이 마르고 수가 성하면 또한 평상할 뿐이요, 배조(背祖) 이향(離鄉)하나 만년에 왕하다.

【六甲日丙寅時斷】육갑일 병신시의 판단

이하 꺼리는 바의 달을 나누고 시와 더불어 같이 논한다.

육갑일 생이 시가 병인이면, 시(時)에 일록(日祿)이 거하고, 식신에 좌(坐)한 것이다. 왕한 임(壬)수를 보지 않고, 형파(刑破)가 없으면, 복수(福壽) 강녕(康甯)에 부귀한 사람이다.

갑일 병인시의 경우, 갑목이 인(寅) 위에서 건왕하고, 병은 식신이 되니 수성(壽星)이 땅을 얻은 것이다. 주에 임탈(壬奪)과 계극(癸尅)이 없고, 화·목(火木)으로 월기에 통한 것은 귀하다. 관성을 보는 것과 지지로 신금이 갑록을 충함⁶을 꺼린다.

갑자일 병인시는, 일록이 시(時)에 거하니 청운이 길을 얻은 것으로, 년·월로 경·신(庚辛)금이 없으면 귀하다. 화·목의 기(氣)를 만나면 극귀(極貴)하다. 오(午)월에 동북방으로 운행하면 5-6품의 귀요, 신(申)월에 귀록(歸祿) 봉살(逢煞)하면 주가 대권(大權)의 귀(貴)이다. 수국(水局)이면 평상하다. 만약 년·월과 일·시가 같다면 대귀하다. 달리 천도(遷徙) 즉 귀양가는 무리의 명이라 한다.

韓琦丞相 '己未 壬申 甲子 丙寅'. 陳蔡都堂 '辛卯己亥', 崔峩參議 '庚申壬午' (富), 錢布政 '丙午癸巳'. 張主事 '甲辰庚午'. 孟御史 '丁巳戊申'. 徐狀元 '甲寅丁卯'. 王太守 '乙未乙酉'. 韓指揮 '乙未甲申'. '戊子乙卯'舉人. 姜璧御史 '庚子己卯'.

갑인일 병인시는, 년·월로 사유·신(辛)축의 글자가 없으면 곧 귀록(歸祿)격이 되는데, 그 자리가 1-2품에 이른다. 목·화가 순수하고 토를 두르면, 부귀가 쌍전하고 육경(六卿)의 직(職)이다. 병자가 있거나 해와 미·묘월이라면 4-5품의 귀인데, 서남방으로 운행함이 가장 길하다. 또한 유·축 월에 있으면 귀하니, 곧 천간에 투간한 것과 년(年)이 어떠한가를 살펴보아야 한다.

王大用都堂 '己亥 丁丑 甲寅 丙寅'. 聶豹尙書 '丁未壬寅' (講學無子 강학하였으나 자식이 없었다). 黃都督 '己未己巳'. 王參政 '戊寅丙辰'. 鄭樞密 '甲寅丙寅'. 張鹵都憲

---

⁶ 원문은 갑충록(甲衝祿)이라 하는데, 실질적인 의미로는 인신충에 해당하는 것이다.

癸未己未'.

갑진일 병인시는, 용호가 문을 공협함이니 또한 용음(龍吟)호소(虎嘯) 즉 용의 울음과 범의 울부짖음으로 주가 귀하다. 혹은 일생토록 귀함에 가깝다. 재원(財源)은 혹은 득(得)이요 혹은 실(失)이니, 명리 역시 기제(旣濟)와 미제(未濟)로다. 미(未)·인(寅)의 연·월이면 관(官)이 육경에 이른다. 술월이면 풍헌(風憲)이요, 유(酉)월은 3품이며, 자·해·축의 월은 4-5품인데, 서방으로 행운(行運)함은 대귀(大貴)하다. 묘·사의 년·월은 평상하다. 신백경(神白經)에 이르기를, "목으로 화하면 주가 귀하다"고 하였다.

孫燧忠烈公 '庚辰 戊子 甲辰 丙寅'(死寧王之難 녕왕의 난에 죽었다). 靳貴閣老 '甲申 丙寅'. 周侍郎 '己卯癸酉'. 石參政 '壬申己酉', '辛酉丁酉', '癸酉癸亥'(俱擧人 두루 거인이었다).

갑오일 병인시는, 본신이 절(絶)지에 앉으니, 주가 평상하다. 만약 수(水)월에 통하여, 목이 자양(滋養)을 얻으면 길하다. 화(火)월이면 수명은 요절인데, 천간으로 비견이 도우면 무방하다.

趙卿總兵 '甲子 庚午 甲午 丙寅'(稱名將 명장의 칭호가 있다). 王堯日給事 '壬戌甲辰'. 崔總兵 '丙戌戊戌'(係獄終凶 옥사에 걸려 죽으니 흉하였다). 錢參政 '丙午癸巳'. 郭進士 '己亥丙寅'. '壬子甲午'(少卿), '甲子甲戌'(通判), '丁未丙午'(貧夭), '乙酉丙戌'(瞽目 봉사였다).

갑신일 병인시는, 시·일이 병충(倂衝)이라, 처자를 상할까 근심한다. 만약 연·월·일이 동일하다면, 대귀하다. 사·해는 2-3품이요, 진·자의 년·월이면 회수(會水)하여 이살(以殺)화인(化印)하니 길하다. 미월의 재고(財庫) 역시 길하다.

溫景葵擧人都憲 '丁卯 辛亥 甲申 丙寅'. 喬宇冢宰 '甲申丙寅'. 鄭慶雲進士 '壬子壬子'. 張喬進士 '戊寅癸亥'. 莊科知府 '壬辰丁未'. 趙太守 '丁未甲申'. 薛樞密 '丙申庚子'.

갑술일 병인시는, 년·월로 토가 있은즉 부(富)하다. 금이 있으면 반복되는데, 곧 금이 있을 경우라면, 모름지기 해·자·묘의 달에 생하여야 바야흐로 귀하다. 나머지 달은 그렇지 못하다. 《신백경》에 이르기를, "회·목으로 화하면, 주의 두터운 복이라"고 하였다.

倚頓 '壬辰 戊申 甲戌 丙寅'(재명(財命)이 유기한데, 진·술이 서로 이지러지고 인·신이 상충하므로 선부후빈하였다). 林聰尙書 '丁酉辛亥'(名臣). 陳情憲副 '甲戌丁丑'. 韓參政 '壬申壬子'. '戊午壬戌'(富), '癸酉乙丑'(雙瞽凶死 두 눈이 멀었고 흉사하였

다), '甲子丙寅'(瞽一目貧 한쪽 눈이 멀었고 가난하였다).

일록(日祿)귀시(歸時)국은, 관이 없음으로써 기이함의 시발이 된다. 형·충을 만나지 않고 통하면, 부귀를 시기하거나 의심하지 않는다. 갑·병이 서로를 불러 호향(虎鄉) 즉 인(寅)에 들면, 복성(福星)이 좌록(坐祿)하여 문장을 드러낸다. 운에서 사주와 상해함이 없으면, 조년이든 만년이든 천거되어 섬돌 곁에 시립하고 성당(省堂)에 이른다.

갑일 인시[7]가 병을 만났으니, 학문과 복록이 반상에 가지런하다. 만약 진술을 만나면 2-3의 처와 녹이니, 주가 조원(朝元) 즉 근원에서 부귀함을 만난 것이다. 정(丁)오(午)·경신(庚申)은 복을 감하고, 관이 없는 데서 야반(惹絆) 즉 당겨 끌어오면 기묘함이 된다. 생래(生來)의 귀(貴)인데 사람들이 끌어 드러내니, 이 명은 처음은 어려우나 갈수록 수월하다.

【六甲日丁卯時斷】육갑일 정묘시의 판단

육갑일 생 정묘시는, 상관 양인으로 참으로 괴로움을 당한다. 월기로 부지(扶持)함을 늘어놓아도 그 인성(人性)이 좋지 못함은 면하질 못한다.

갑일 정묘시는 상관 양인이라, 갑이 신(辛)으로 관을 삼는데 정(丁)자가 이를 상하고, 기(己)를 써서 재로 삼는데 묘 중의 을목이 이를 겁탈하니, 주의 위인됨이 흉한(兇狠)하다. 만약 주(柱)에 신(辛)이 투하면 상관견관으로 형해(刑害)가 백단(百端)이요, 운기가 흉험하면 선종(善終)함을 얻지 못한다. 주에 칠살(七煞)이 있으면 양인을 합하니, 재·관·인수로 운행하면 대귀하다.

갑자일 정묘시는 극박(尅剝)간인(慳吝) 즉 박하고 인색하며 극하고 쩨쩨하니 작사(作事)함에 진퇴가 맞지 않다. 처자를 형상(刑傷)함을 면하지 못하니, 혹 타향에서 죽는다. 진술축미 월에 생함은 귀하다. 묘월은 흉(凶)하지만 주에 관살이 있어 이를 제극하면, 역시 길하다.

李遷侍郞 '辛未 戊戌 甲子 丁卯'. 楊禹參政 '丁酉庚戌'. 歐陽煥進士 '丙寅乙未'. 趙葉進士 '壬子癸丑'.

갑인일 정묘시의 경우, 년·월로 목·화가 상정(相停)되면 통명(通明)의 상(象)이라 귀하다. 월령에 축·미가 좌(坐)하면 귀하다. 을해 월은 문장으로 세상에서 관(冠)을

---

7 원문은 갑자 인시라 하였는데, 갑일 인시가 그 뜻에 더 합당한 것이다.

얻어 쓰고, 관(官)이 3품에 이른다. 간지로 금·수가 온전하면, 관·인(官印)이 쌍으로 드러나니 귀하다. 달리 수·화가 서로 싸우니 주가 흉하고 형(刑)을 당한다고 하였다.

屠大山尙書 '庚申 辛巳 甲寅 丁卯'. 趙侍郞 '丙午丙申'. '丙子癸丑'(武貴), '甲子甲戌'(巨富).

갑진일 정묘시는, 재백(財帛)이 눈에 가득하고 생계가 가득 차 남음이 있으며, 처현자효하니 높은 명으로 이를 논한다. 춘생(春生)으로 태왕(太旺)에 무제(無制)하면, 빈천(貧賤)잔질(殘疾)이다. 축·유의 월은 귀하다. 달리 그 몸이 외롭고 흉하다고 한다.

繼周解元 '壬申 癸丑 甲辰 丁卯'. '辛卯壬辰'(進士), '丙申丁酉'(憲副), '丁卯甲辰'(知縣), '戊申甲寅'(貧), '己卯丙寅'(殘疾).

갑오일 정묘시는, 그 몸이 절지(絶地)에 앉아 흉하고 형벌이다. 만약 추·동에 생하였다면 수요(壽夭) 즉 요절한다. 춘·하는 부귀하다. 갑오 월은 대귀하니, 운이 동북방을 행함이 마땅하다.

王知府 '丙午 癸巳 甲午 丁卯'. '辛酉丙申'(擧人).

갑신일 정묘시는, 주가 무직(武職)에 풍헌(風憲)의 벼슬로, 권귀(權貴)가 있다. 유(酉)월에 화·목 운이면 중귀(中貴)인데, 인·오의 년·월이면 대귀(大貴)하다. 달리 인·묘 월은 모두 흉하다고 한다.

李世忠總兵 '癸未 丁巳 甲申 丁卯'. 劉棟侍郞 '戊戌甲子'. 李秋都堂 '庚午辛亥'. 范之箴大參 '乙亥庚辰'. 許宣進士 '壬申甲辰'. 陳九德擧人 '乙卯乙酉'. '壬寅丙午'(尙書), 辛稼軒安撫 '庚午辛巳'. 宇文丞相 '戊午丙辰', '庚申己卯','甲戌丙寅'(皆凶死 모두 흉사하였다).

갑술일 정묘시가, 해(亥)월을 만나면 재주와 학문이 있으니 귀현(貴顯)한다. 양인이 가장 괴로운데, 조화되고 모름지기 고합(制合)됨이 있으면, 바야흐로 길하다. 신약이면 흉이 없으나, 만약 년·월로 살이 순수하고, 갑목이 추생이면 주가 요절한다.

毛鵬都堂 '壬午 庚戌 甲戌 丁卯'(損妻尅子壽止四十餘 손처극자하고, 수는 40여세에 그쳤다). 吳情探花 '甲子丙寅'(壽不永官不大 수명은 길지 못하고 관도 크지 못하였다). 方攸芹擧人 '庚午甲申'.

월결(月缺)운롱(雲籠) 즉 달은 이지러지고 구름 속에 갇힌 국(局)이라, 사람은 통하나 도(道)가 불통하도다. 주중에 구조함이 없으면 재록(財祿)이 적고, 다만 용납함을 쫓을 뿐이다. 갑순(甲旬) 6일이 정묘를 만남은 중중첩첩한 충·형(衝刑)을 두려워한다. 운행이 배록(背祿)이요, 관귀(官貴)가 없으면 늙도록 궁하고 가벼워 그 이름을 불허한다.

갑일이 시(時)에 정묘로 임하니, 상관 양인이 서로를 따른다. 갑이 정화를 만나 재가 되어 흩어지니 부모 형제를 의지하기 어렵다. 조업과 전답 재산이 모였다가 흩어지니, 처와 자식이 모두 형벌을 받고 이지러진다. 운행이 관살(官殺)이면 처음으로 기묘함이 되는데, 성격은 혹은 성내고 혹은 기뻐하니 일정하지 못하다.

【六甲日戊辰時斷】 육갑일 무진시의 판단

以下六甲日所忌月分同上時犯併論; 이하 육갑일에서 꺼리는 달을 나눔은 위와 같고, 시에서 범하는 것을 같이 논한다.

육갑일 생이 시가 무진이면, 천재(天財)좌고(坐庫) 즉 천간으로는 재요 앉은 자리가 재고라, 모여서 그 몸을 자양한다. 부상(富商)거가(巨賈) 즉 상업과 큰 가격으로 부유하여 전원이 무성하다. 월에 신(辛)금을 두르면 재·록의 귀인이다.

갑일 무진시는 천재에 좌고요 시상의 편재라, 용이 그 창고를 지킴을 만났다. 주는 상업과 매매로 재를 발하니, 전원이 널리 크게 성하다. 8월은 대록(帶祿)이라, 재·관을 두루 갖추어 부귀가 쌍전하다. 비견과 양인이 탈재함을 꺼린다.

갑자일 무진시는, 주가 이근(移根)환엽(換葉) 즉 뿌리를 떠나고 잎을 바꾸니, 성을 고치고 조상을 바꾼다. 처는 어질고 자식은 효도하니, 높은 명으로 논한다. 미(未)월에 운이 북방을 행하면 귀하다. 유(酉)월에 북방운이면 대귀하다.

童承敍春坊 '乙卯 乙酉 甲子 戊辰'. 岳愆總兵 '甲申丙寅'. 張皇親 '戊子丙辰'. 李參政 '庚寅乙酉'. 耿中丞 '癸酉丁巳'. 乙亥乙酉(亦貴).

갑인일 무진시는, 용음호소격으로 귀하다. 진(辰)이 순수하면 중귀(中貴)이다. 인(寅)이 순수하면 강녕하고 장수한다. 해묘미 삼합에 재왕신강이면 대귀하다. 유·축·신의 년·월이면 역시 길하다.

高簡尚書 '庚申 丁亥 甲寅 戊辰'(謫戌 술운에 귀양갔다). 林元甫都堂 '乙丑癸未'(子貴同 자식도 같이 귀하였다). 趙憲長 '丁亥癸卯'(辛亥月同運使 신해월로 같이 운사였다). 李仰止進士 '乙卯戊子'. 聞人詮提學 '庚辰乙丑'. 姚懌山進士 '丁卯庚戌'. 靳光先吏部 '己丑丙子'. 壬申己酉(通判).

갑진일 무진시는, 발재(發財)함에 형(刑)하고 충(衝)한다. 처가 중(重)하고 자식은 늦으며, 쌍친을 극함이 있다. 유(酉)월이면 3-4품의 귀이다. 축월 역시 귀하다. 지지로 순수하게 진(辰)을 놓으면 대귀하다.

潘恩尙書 '丙辰 壬辰 甲辰 戊辰'(三子俱進士 3아들이 두루 진사였다). 陳健知府 '辛亥 戊戌'(極富子貴 극히 부하고 자식도 귀하였다). 丙子庚子(貴同), 馬應魁例貢(侵欺問軍命同 침략을 기만함에 군명을 물은 명과 같았다)[8]. 方一梧郎中 '乙丑丙寅'(壽不永 수가 길지 않았 다). 吳普泉郎中 '甲寅戊辰'. '丙戌庚寅'(節度), '丙戌庚戌'(文貴), '丙申辛丑'(武貴).

갑오일 무진시는, 재다(財多)에 성패(成敗)가 있으니, 어린 시절에 그 마음이 애가 탄 다. 해자축·묘오미의 년·월이면 대귀하고, 유월 역시 귀하다.

黃侍郎 '辛未 甲午 甲午 戊辰'. 方時逢知府 '己卯癸酉'. 李進士 '壬子癸丑'. '己 酉乙亥'(擧人), '辛酉庚寅'(進士).

갑신일 무진시는, 주가 외로우니 승도(僧道) 청고(淸高)의 명이다. 축월이면 부귀하 고, 인월 또한 귀하다.

唐符進士 '丙申 辛丑 甲申 戊辰'. '庚寅己卯'進士止知縣 진사로 지현에 그쳤다. '庚子壬午'擧人止知縣 거인 즉 천거되었으나 지현에 그쳤다. '辛丑甲午'(平章).

갑술일 무진시는, 대부(大富)인데, 연·월로 상부하고 합함이 있으면 역시 귀하다. 인·해의 년·월은 3-4품의 귀이다. 다만 시·일로 충극을 거듭하니, 어린 시절에는 그 몸이 외로우나 중년이면 발복한다.

林洪擧人 '乙亥 丁亥 甲戌 戊辰'. 劉文岳擧人 '丙戌甲午'. 周汝器擧人 '乙亥乙 酉', '壬午癸丑', '丁卯丙午', '丙申庚子', '乙卯癸未', '己未甲戌'(俱大富 두루 대부였 다).

창고(倉庫)전룡(錢龍)국(局) 즉 창고 안에 돈을 지키는 용이 있는 국이라, 재문(財門) 이 매일매일 열린다. 운이 관록(官祿)지를 행하면 복록이 자연히 온다. 시상편재는 쓰 지 못함이 많으니, 간지의 안팎을 세세히 살피고 그물망처럼 수사하여야 한다. 운이 재 왕(財旺)관생(官生)에 통하면 이르게 되고, 운이 신쇠(身衰)라면 졸렬하니 갈아냄을 받 는 것이 두렵다.

갑일이 무진시를 만나면, 주(柱)중에서 무(戊)가 상부함을 요한다. 재·관의 운기(運 氣)를 펼치면 그 그림이 좋고, 돈을 지키는 용이 창고를 수호함이 기쁘다. 신·경(辛庚) 이 투간하면 귀(貴)를 드러낸 것이니, 임·계(壬癸)로 자조(滋助)하면 마르지 않는다. 다 만 비겁과 형제가 많음은 겁나는데, 세·운(歲運)에서 이를 만나도 화가 있을 것이다.

---

[8] 이는 원문에도 명조가 제시되어 있지 않다.

【六甲日己巳時斷】 육갑일 기사시의 판단

以下六甲日所忌月分同上時犯併論; 이하 육갑일에서 꺼리는 달을 나눔은 위와 같고, 시에서 범하는 것을 같이 노린다.

육갑일이 기사시에 생한 것은 병(病) 중의 재물이라, 실제로 이를 취하기 어렵다. 월에서 화기(火氣)에 통하면 바야흐로 귀함이 되니, 만약 그 몸이 쇠(衰)한다 해도 역시 금(禁)하지 않는다.

갑일 기사시는, 식왕(食旺)에 신쇠(身衰)라. 갑목이 사(巳) 위에서 병(病)이 되니, 비록 암장한 무가 있어 재로 삼고 병을 식으로 삼기는 하지만, 월기에 통하지 않으면 그 복에 임하기 어렵다. 갑·기는 평두살(平頭殺)이 되니, 춘월에 생하면 신왕(身旺)에 재쇠(財衰)라 주의 골육에 참상이요, 평생의 작사(作事)가 교묘함을 희롱하여 졸렬함을 이룰 뿐이다. 기사 금신(金神)에는 화의 제복함이 있으니, 사유축 합국(合局)하고 남방 운을 행하면 그 이름이 중(重)하고 녹이 높다. 주에서 화(火)를 보지 못하면, 그 화기(化氣)를 해치고 잔멸케 되니, 주가 흉악폭망한다.

갑자일 기사시는, 선빈(先貧)후부(後富)니 조업(祖業)이 경미하고, 처는 근면하나 자식이 비뚤다. 인·미·사·축 년·월에 생한 자는 비록 귀하나, 방해받고 질환이 있다. 신·자·진·술 생은 대귀하다. 신백경에 이르기를, "화기(化氣)하면 주가 귀하다"고 하였다.

岳飛 '癸未 乙卯 甲子 己巳'. 萬衣布政 '戊寅己未'. '甲子癸酉'(通判). '癸酉丁巳'(指揮).

갑인일 기사시는, 시·일이 상형(相刑)이라 우상(憂傷)처자(妻子)한다. 화(火)의 년·월에 생하면 밝음이 있으니, 이를 재주가 있다고 판단하는데 병권의 직을 장악한다. 무자의 년·월은 조상의 음덕을 계승하고 이어받으니 주가 부(富)하다.

史朝賓進士 '庚午 壬午 甲寅 己巳'. '辛未甲午'(縣丞富 현의 승상으로 부자였다). '丁卯庚戌'解經雅吏科 경제를 풀어내는 우아한 관리였다.

갑진일 기사시는, 풍성한 자태에 돈후하니 일생이 평안하고 재백을 이룸이 있다. 사유축 년·월이 화·금의 운을 행하면 귀하다. 화기(化氣) 즉 기가 화하면 흉하다.

萬鏜尚書 '乙巳 戊子 甲辰 己巳'(一云壬申時 달리 임신시라 한다). 方逢時尚書 '壬午乙巳'; 趙鏗縣丞(命同 앞과 명이 같다) 방은 초나라요, 조는 기의 땅인데, 금신이 화를 기뻐하고 수를 꺼리는 것이 다르다. 姚文華擧人 '壬子丁未'.

갑오일 기사시는, 금신이 화향(火鄕)에 들어가니 대귀하다. 유(酉)월에 화·목 운을 행하면, 무관으로 직을 얻고 권세를 잡는다.

雷禮尙書 '乙丑 丙戌 甲午 己巳'. 徐問尙書 '庚子庚辰'(無子). 王太守 '辛巳甲午'. 吳經略 '壬辰丁未'. 史浩丞相 '丙戌戊戌'.

갑신일 기사시는, 돈후(敦厚) 총명하여 결단을 내림은 좋으나, 그 몸이 외롭고 청귀(淸貴)하며 파·형(破刑)됨을 면하지 못한다.

陳琳侍郎 '壬午 癸丑 甲申 己巳'. 蹇進士 '戊寅己卯'. '乙酉壬午', '丙辰乙未'(俱貴).

갑술일 기사시는, 재신(財神)에 귀격(貴格)이라 명리가 양전하다. 자·술의 년·월이면 5품 이상의 귀함이다.

劉畿侍郎 '己巳 己巳 甲戌 己巳'(壽不永 수가 길지 못했다). 陳憲副 '乙亥丙戌'. 曾熙炳擧人 '丙子丁酉'.

식신(食神)합록(合祿)국 즉 식신이 녹과 합한 국(局)이라, 뜻이 있으나 궐문 앞에서 고친다. 뒤집을 기미가 있으니 이루고 또 패하는데, 한번 깨진 이후에 다시금 영화를 만난다. 갑·기는 중앙의 토신을 지은 것인데, 시에서 진·사(辰巳)를 만나 진애(塵埃) 즉 속진을 벗은 것이다. 국(局)중이나 세·운에서 염화(炎火)를 달리면, 공명을 현달하는 부귀(富貴)인이다.

갑일이 시에 기사를 만났으니, 화가 토의 두터움에 임하여 그 빛이 없다. 마른 묘목이 비를 만나면 지엽이 강해지고, 화국(火局)에 금신(金神)이면 왕상함이 있다. 선비로 나아감은 유명무실하고, 평상인이면 조상을 바꿔 무성해지는 것이다. 위인의 성격은 보통은 넘으니, 운이 이르면 만년에도 기상(氣象) 즉 기운 찬 형상이 된다.

【六甲日庚午時斷】육갑일 경오시의 판단

以下六甲日所忌月分同 上時犯併論 ; 이하 육갑일에서 꺼리는 달을 나눔은 위와 같고, 시에서 범하는 것을 같이 논한다.

육갑일이 경오시에 생하면, 사처(死處)에서 또 간두(頭)로 귀(鬼)를 만남이니 마땅히 정·병을 만나야 한다. 그렇지 않으면 다시금 약(弱)함으로 생한 것이니, 바쁘고 바쁜데 가난하고 괴로운 춘추(春秋) 즉 시절이라 하겠다.

갑일 경오시는, 사지에서 귀(鬼)를 만남이다. 갑목이 오에서 사하고, 오의 간두에서 경을 만나 귀가 되었다. 월기에 통하지 못하고 구조하는 것이 없으면, 병을 달고 살며 수명을 재촉한다. 월에서 병인(丙寅)을 만나면 신왕(身旺)에 경이 절(絶)이 된즉 길하지만, 역시 주에게 시작은 있으나 끝이 없다. 만약 목기(木氣)에 통하면 주가 방면(方面)[9]이요, 수기(水氣)에 통하고 동방 운을 행하면 낭관(郎官)에 그친다.

갑자일 경오시는, 시·일이 상충(相衝)이라, 처자를 상할 것을 근심하며, 평상하다. 만약 년·월로 자오가 있고, 인·술 월에 생하며, 서북방으로 운행하면, 금자(金紫)풍헌(風憲) 즉 조정에 들어 비단 옷을 입는다.

張安參政 '甲午 壬申 甲子 庚午': 吳中丞命同 오중승의 명과 같다. 一'甲午庚午' 瞽目 달리 갑오 경오가 있는데, 눈이 멀었다. 李萬實僉憲 '庚午戊寅'. '戊子甲子'(經歷).

갑인일 경오시는, 춘(春)월이면 장수한다. 하(夏)월에 상관(傷官)상진(傷盡)하면 재원(財源)이 진퇴한다. 지지로 신(申)은 권세가 되고, 유(酉)는 반복한다. 동(冬)월이면 처자를 상한다. 자·미의 년·월이면, 살(煞)이 인(印)을 생함을 도우니 4품이다.

林應昻尙書 '癸巳 壬戌 甲寅 庚午'. 吳執卿侍郎 '丁卯癸丑'. 李繼芳通判 '庚午戊寅'. 汪萬里擧人 '戊寅戊午'. 詹寺丞 '壬午庚戌'.

갑진일 경오시는, 전원(田園)에서 풍류와 상찬을 벌인다. 인(寅)월에 금(金)운을 행하면 풍헌이다. 달리 주가 피를 발한다고 한다.

石繼節長史 '乙酉 乙酉 甲辰 庚午'(有風疾壽不永 풍질이 있었고 수가 길지 못했다).

갑오일 경오시는, 조업(祖業)을 파하고 발재하니 녹(祿)은 있으나, 재(財)물로 인하여 좋게 죽지는 못한다. 인오술의 년·월이면 귀하다.

林梅進士 '辛亥 辛丑 甲午 庚午'. 詹丞相 '壬午庚戌'. 賈天官 '庚寅壬午'. 李侍制 '丙寅丁酉'. '辛卯戊戌'(貴).

갑신일 경오시는, 자·진의 년·월이면 회인(會印) 즉 인수를 모음이 된다. 해·묘의 년·월이면 신왕이라, 귀함을 갖춘다. 인·술은 상관으로 모여 제살(制殺)하니, 갑이 의탁할 곳을 얻으면 역시 귀하고, 운은 금·수를 기뻐한다.

趙鑑參政 '甲戌 丁卯 甲申 庚午'. 常侍郎 '庚寅庚辰'.

갑술일 경오시가, 진·술 월에 생하면 돈후하니, 귀하지 않은즉 부하다. 축월에 화·

---

[9] 관직의 명으로 보아야 할지, 아니면 얼굴이 네모나다 해야 할지, 아니면 그 체면을 살린다고 해석할지 불명확하다.

토 운을 행하면 금자(金紫)풍헌이요, 인월이면 청귀하다.

唐皋狀元 '己丑 丙寅 甲戌 庚午'. 馬毅庵御史 '戊寅丁巳'. 吳悌擧人 '甲戌甲戌'. 陳光前擧人 '壬午庚戌'. '庚戌戊寅'(參政), '壬寅甲辰'(進士).

시일(時日)편관(偏官) 격이라, 신강한데 제복(制伏) 또한 고강하다. 주 중에 파해(破害)가 없으면 쑥 더미에서 난혜(蘭蕙)가 피어난 것이다. 오시에 경신(庚申)은 곧 편관이라, 제복이 서로 마땅한데 일률적인 것은 아니다. 신약(身弱)에 살강(煞强)이면 먹을 것이 없음을 보았고, 평생에 희망을 도모하였으나 주가 간난(艱難)하였다.

갑일이 시에 경오를 만나면, 주 중에서 인(寅)과 신(申)을 보는 것이 기쁘다. 신강(身强)살천(煞淺)하면 그 정신을 돌리게 되니, 부모가 안행(雁行) 즉 기러기처럼 앞서 나아가지만 따르지 않고, 처자를 일찍부터 형하고 해하지만 만년에는 출중(出衆)하여 초군(超羣)한다. 평생을 오르고 내리며 날기를 반복하지만, 그래도 좋으니 곧 먼저 파하고 뒤에 이루어지는 명이다.

【六甲日辛未時斷】육갑일 신미시의 판단

육갑일 생 신미시는, 관성이 귀(貴)에 좌하여 가장 기묘함이 된다. 월에서 금기(金氣)를 만나면 모름지기 영귀(榮貴)하니, 재록을 상정(相停)한 것이라고 감히 이를 판단한다.

갑일 신미시는, 시에서 귀(貴)와 관(官)을 만난 것으로, 갑이 신을 보아 관이 되고 미에는 천을귀인이 있다. 기는 재가 되고 미(未)중의 기토가 그 기운을 얻은 것이니, 만약 월에서 목기에 통하고 그 의탁할 것이 있는 자는 부(富)하다. 월에서 토기로 통한 것은 부귀쌍전한다.

갑자일 신미시가, 진술축미와 사유 월이면 월상(月上)에서 금지(金地)라, 바야흐로 문귀(文貴)로 현달한다.

屠家宰 '庚申 丙戌 甲子 辛未'. '己巳戊辰'(府判), '己丑戊辰'(州判), '庚戌丁亥'(少保).

갑인일 신미시는, 인·신 월이 귀하다. 년·월로 유·축이 순수하면, 대귀하다. 신백경에 이르기를, "금으로 화하면 목주(木主)가 귀하다"고 하였다.

趙汝謙正卿 '乙卯 戊寅 甲寅 辛未'. 黃體行知府 '乙酉丙戌'. 王侍郎 '戊寅丁巳'. 王樞密 '戊寅庚申'. '辛巳丙申'(擧人), '乙巳戊子'(擧人).

갑진일 신미시가, 진술축미 월이면 부(富)하고, 년·월로 사유축·자 라면 귀(貴)하다.

游進士 '丙子 戊戌 甲辰 辛未'. '乙未己酉', '庚午己卯'(俱舉人).

갑오일 신미시는, 춘길(春吉)에 하흉(夏凶)이라, 가을은 신약이라 관록을 감당하기 어렵고, 겨울은 귀하다. 달리 높다고도 한다.

左鑑郎中 '己卯 癸酉 甲午 辛未'. '癸巳己未'(同貴), '甲辰戊辰'(舉人).

갑신일 신미시는, 춘길(春吉)에 여름은 신고(辛苦)하다. 가을이면 현달하고, 겨울 생은 근기(根基)를 따로 세우면 귀하다. 자·축 월은 대귀하다. 신백경에는, "금으로 화하면 목의 주가 귀하다"고 하였다.

王世貞尙書 '丙戌 庚子 甲申 辛未'. '丙申甲午'(舉人).

갑술일 신미시는, 선형(先刑)후귀(後貴)라. 년·월로 인묘유축 이면 귀하고, 자와 신의 년·월이면, 그 자리가 육경에 이른다.

何良傳進士 '己巳 乙亥 甲戌 辛未'.

임관(臨官)개고(開庫) 즉 임관이 고를 연 국(局)이라, 험함을 만나도 위험과 재앙을 면한다. 귀인의 도움을 얻었기 때문이니 부귀를 의심하거나 시기하지 않는다. 갑이 시(時)에서 신미를 만남은 곧 재관이라, 평보로 청운에 오르니 그 길이 어렵지 않다. 비견으로 털을 깎고 닭이 봉황으로 화하는 것을 좋아하며, 때를 얻어 비상함에 무지개구름의 단서로다.

갑일이 시(時)에서 신미를 만남은, 천간의 관이 창고를 지켜 서로 돕는 것이 되고, 귀인에 재·록이라 아름다운 구도이다. 비록 처음은 수고롭다 해도 나중은 마침내 영화롭고 부귀하다. 군자는 관을 옮겨 그 직에 나아가고, 평상인은 풍후하고 여유로울 것이다. 형충파해가 주 중에 없으면, 청운의 길이 있음은 정해진 것이다.

【六甲日(壬)申時斷】육갑일 임신시의 판단[10]

육갑 생이 시에서 임신을 만남은, 명상(明傷)암귀(暗鬼) 즉 숨은 귀살을 명백히 상한 가운데 그 몸이 앉은 것이다. 주(柱) 중에 병·무가 없고 추·동에 왕(旺)하다면, 감하

---

[10] 원문에는 임(壬)이 빠져 있다.

(坎下)에서 표류하니 정함이 없는 사람이다.[11]

갑일에 임신시는, 갑목이 신(申)에서 절(絶)되고, 신은 위로 임수의 장생(長生)이요 경금의 건록이다. 암귀에 밝게 드러난 효신(梟)으로 갑이 왕하므로, 귀(鬼)를 화하여 관(官)으로 삼았으나, 도리어 흉폭함을 면하지는 못한다. 만약 가을에 생하여 경이 왕하고, 겨울에 생하여 임이 왕한 가운데, 사주에 병과 무의 제복이 없으면 표류하는 상(象)이 된다. 만약 사·오 월이면 대길하다. 경이 투간하여 강왕하면 살로 논하니, 운이 북방으로 행하면 귀하다.

갑자일 임신시는, 신자진·해 월에 수범(水泛)목표(木漂)하니, 이근(移根)환엽(換葉)이나 옥당(玉堂)금마(金馬)의 귀함이다. 수토의 운은 흉하다.

憲副 '庚申 戊寅 甲子 壬申'. '壬寅戊申'(小貴), '乙卯丙戌'(都督).

갑인일 임신시는, 왕한 중에 잃음이 있다. 진술축미의 월에는 구진(勾陳)이 득위(得位)하고, 인오술의 월은 편관을 제복함이 있으니, 두루 귀하다. 추(秋)월에 태어나 동남으로 운행함도 또한 같으니, 귀함을 갖춘 것이다.

謝源明尙書 '丁巳 己酉 甲寅 壬申'(丁酉年貴同 정유년도 그 귀함이 같았다). '庚午辛巳'(丞相), '丙午己亥'(進士).

갑진일 임신시는, 년·월로 인·진이면, 문장으로 현달한다. 병·무를 투출하면 또한 아름납다.

留正丞相 '乙酉 丙子 甲辰 壬申'. 王廷左都 '癸未癸亥'. 李璿通判 '己巳壬申'.

갑오일 임신시에, 신자진 월이면 성을 바꾸고 조상을 달리하여 돈후(敦厚)한 명이 된다. 오월은 귀하다.

馬從謙光祿卿 '乙卯 壬午 甲午 壬申'. '戊戌甲寅'(府判), '甲辰戊辰'(擧人), '壬申丙午'(丞相).

갑신일 임신시에, 인월이면 신·살(身殺)이 양정(兩停)이요, 묘월은 양인으로 합살하니 두루 귀하다. 자·진의 연·월은 살로써 인으로 화하게 하고, 사·오의 화월은 칠살에 유제(有制)라, 두루 길하다. 가장 두려운 것은 살왕(煞旺)에 신약(身弱)이니 대흉하다. 달리 고향을 떠나 발복한다고 한다.

陳位進士 '庚申 戊子 甲申 壬申'. 劉墨菴評事 '己丑丁丑'. '乙巳戊寅'(平章), '庚午辛巳'(丞相). '丁酉癸卯'(貴). '庚寅庚辰'(富). '庚申甲申'(盜). '丁亥壬子'(殺).

---

[11] 임수는 감에 속하고, 신중 경금이 갑목을 극한다.

갑술일 임신시는, 진술축미 월에 의금(衣錦)의 이룸이 있다. 해월은 학당(學堂)이요, 인월은 건록(建祿)이니 두루 길하다. 오·유의 달은 수명을 재촉하는데, 그렇지 않으면 빈천하다.

沈丞相 '壬申 辛亥 甲戌 壬申'. 馬同知 '己巳戊辰'(充軍). '己丑甲戌'(大貴).

몽중(夢中)득록(得祿) 즉 꿈속에서 녹을 얻은 국이라, 깨달은 후에는 더 이상 재거나 생각함이 사라질 것인데, 다시 형(刑)과 공망이 있으면 평생의 심사가 바쁘기만 하다. 갑일이 시에서 만남에, 신(申)을 마주침이 기쁜데, 편관·편인으로 형·충을 두려워한다. 명리를 구하고자 하나 마침내 정하기가 어렵고, 구함이 있으면 모름지기 운기(運氣)를 통하도록 가르쳐야 한다.

갑일이 시에 임신을 만났으니, 도식(倒食) 암귀(暗鬼)가 서로 침범한 셈이다. 신왕함을 만나 생하면 주가 창영(昌榮)하고, 신약이면 성정(性情)이 일정치 못하다. 짝이 되어 동반할 육친의 힘이 약하므로, 자립자성할 것을 도모해야 한다. 운행이 길지라면 그 성명을 드러내지만, 운이 약하면 평상의 명이다.

【六甲日(癸)酉時斷】 육갑일 계유시의 판단[12]

육갑일 생이 계유시면, 암관(暗官)에 명인(明印)이라 아직 기이함을 바라지는 못한다. 주 중에 화(火)가 있고 형·파(刑破)가 없으면, 원명의 태생이 귀함을 가히 알 것이다.

갑일에 계유시는, 태생(胎生)의 원명으로 갑목이 유(酉)상에서 수태(受胎)됨이라, 갑의 생기가 되고, 밝은 계가 인수가 되며, 암신은 관이 되니, 기토(己土)가 있어 파인(破印)하면 귀하지 못하다. 유는 금신이 되니, 만약 주에 인술이 있으면 화기(火氣)에 통함이 되어 덕성이 순후하고 귀하다. 무화(無火)에 견수(見水)하면, 흉폭 잔질이다.

갑자일 계유시는, 춘생으로 목왕하고 유월에 관이 순수하면 귀하다. 만약 살로써 혼잡하게 되거나, 혹 살이 많은데 주(柱)중에 화기(火氣)가 전무(全無)하면 흉하다. 달리, 먼저 조업을 파하고 후에 크게 부하다 하였다.

何正庵主事 '甲午 甲子 甲子 癸酉'(天). '辛巳丙申'(貴), '甲申壬申'(賊), '辛巳庚子'(通政).

갑인일 계유시가, 춘생은 장수하고, 여름 생은 반복한다. 추성(秋性)은 부정(不定)이

니 다흉(多凶)하고, 겨울 생이면 평상하다. 축미의 월은 귀하다.

余午渠憲副 '甲戌 辛未 甲寅 癸酉'. 周尙書 '壬申癸丑'. 楊太監 '癸亥辛酉'. '庚申乙酉'(흉사하였는데 관살이 양왕하고, 주에 화의 제복이 없다).

갑진일 계유시가, 자·술의 년·월이면, 재가 있고 관이 있으니 귀하다.

丞相 '丙午 己亥 甲辰 癸酉'. 提學 '戊申辛酉'. 戊午年(知縣).

갑오일 계유시는, 주가 고독하다. 인오술 월에 생하고, 동북방으로 운행하면 낭관(郎官)이다.

陳寵擧人 '庚午 癸未 甲午 癸酉'. 鄭子充通判 '壬寅戊申'. '庚戌戊子'(太守).

갑신일 계유시는, 평상하다. 달에서 화기(火氣)로 통하고, 남쪽으로 운행하면 부귀하다. 신·유의 년·월은 요절함이 많다. 수(水)가 있어 금의 독(毒)을 화하면 다만 관인(官印)으로 논한다. 금신을 짓지 않으므로 역시 길한데, 다만 주가 일찍 물러남이 있다.

盧布政 '癸丑 壬戌 甲申 癸酉'. 周道興知府 '癸酉壬戌'. 洪鏴員外 '戊申癸亥'. 張峰僉事 '庚午己卯'. '己亥戊辰'(給諫).

갑술일 계유시가, 년·월로 자·술이면 문장으로 현달하고, 자·오의 월이면 불귀(不貴)한 즉 부(富)하다.

'己未 甲戌 甲戌 癸酉'(正卿). '辛卯戊戌'(擧人).

세화(鷄化)청난(靑鸞) 즉 닭이 화하여 푸른 난새가 되는 국(局)이라, 검은 갈까마귀에게 속임을 당하지 않으면, 조정에 깃과 날개가 있으니 사해(四海)를 취하여 비상함에 이른다. 갑일이 계유시와 교통하면, 금신에 화국(火局)이라 양쪽으로 다 마땅하다. 운행이 남쪽 땅에 형·파(刑破)가 없으면, 부귀영화에 일마다 기특하다.

갑일이 시에서 계유를 만나면, 그 사람이 부귀쌍전하게 된다. 삼기(三奇)가 복을 발하니 승천함이 거듭되고, 상하가 상화(相和)하니 귀(貴)를 드러낸다. 군자는 한문(寒門) 즉 빈한한 집안에서 장상이요, 평상인이라도 전원을 세워 자리한다. 무상(無傷)무파(無破)하면 이는 곧 영웅과 현인이라, 이 명은 대헌(臺憲)에 거함이 정해진 것이다.

【六甲日(甲)戌時斷】육갑일 갑술시의 판단[13]

육갑일 생이 시가 갑술이면, 목이 화국(火局)을 만나 기가 열리지 않는다. 사람됨이

---

[13] 갑이 빠져 있다.

선(善)을 좋아하나 복은 평상하고, 부모를 더불어 상하니, 성실하나 가히 흐느끼는 것이다.

갑일 갑술시는, 갑이 병으로 식을 삼고, 신으로 관을 삼으니, 술(戌) 위에서 식신은 화국에 들고, 신(辛)금에는 여기가 있다. 그 몸이 화의 불태움을 입었는데, 위인 됨이 착함을 좋아하여 평상의 의록(衣祿)이다. 갑은 무로써 부(父)를 삼고, 계로 어머니를 삼는데, 술토 위에서 왕한 갑이 무를 상하고, 안으로는 암장한 무가 계를 상함이 있으니, 무 · 계가 극을 받아 곧 양친을 이루기가 힘든 것이다.

갑자일 갑술시는, 춘에는 장수하고, 여름에는 난폭하며, 가을은 귀하고, 겨울에는 이 근환엽한다. 주가 순수한 해(亥)를 협하여 드러냄을 보면 비록 귀하지만, 종래는 흉하다. 진술축미의 잡기재관이라면 또한 길하다. 달리 주에게 농아 혹은 두창(頭瘡)이 있고, 개와 늑대 범에게 상해를 당한다고 하였다.

邵康節 '辛亥 辛丑 甲子 甲戌'. 鄧廷贊都堂 '庚戌甲申'(無子). 陳騰鸞進士 '庚子己卯'. 鸞尙約推官 '丁亥辛亥'(無子凶死連累十七命 무자에다 17명에 연루되어 흉사하였다). 王九經擧人 '辛卯辛卯'. '乙巳乙酉', '乙丑乙酉'(俱貴). 陳有年冢宰 '辛卯庚寅'.

갑인일 갑술시는, 비견이 녹을 경쟁한다. 목기가 불태움을 만나 40이후가 되면 점차 이전과는 같지 않게 된다. 갑 · 병과 신 · 자의 년 · 월이면 대귀하다. 술(戌)이 순수하면 풍헌이요, 오월에 수 · 화의 운을 행하면 7-8품의 귀이다.

周給事 '甲戌 乙亥 甲寅 甲戌'. 歐志學知縣 '甲子乙亥'. '癸未癸亥'(侯).

갑진일 갑술시는, 재원(財源)은 온후하나 흉함이 많다. 춘월에 금 · 화의 운은 관이 6품에 이른다.

楊參政 '己未 乙亥 甲辰 甲戌'. '丙戌庚寅'(貴), '癸酉己未'(小貴).

갑오일 갑술시의 경우, 춘생이면 귀인이 돕고 지지한다. 여름은 배록(背祿)축마(逐馬)요. 겨울은 인수로 길하다. 년 · 월로 인(寅)목이 순수하면 근시 곧 측근의 귀함이다.

平章 '戊午 戊午 甲午 甲戌'. 知縣 '壬子壬子'. 梁志盛 '辛巳己亥'(聰明多能破家 총명 다능하였으나 파가하였다).

갑신일 갑술시는, 유를 협하니 관귀(官貴)인데, 다만 본신이 고독하며 발하여도 역시 오래가지 못한다. 춘생이 목 · 토의 운이면 귀하다.

王侍郎 '壬申 癸亥 甲申 甲戌'. 雷雨進士 '丁酉癸卯'. '辛巳辛卯'(貴), '甲辰辛未'(郎中).

갑술일 갑술시는, 배록축마로 평상하다. 추생은 관 · 살이 유기하여 귀하다. 진술축미의 월도 귀한데, 묘월이면 흉하다. 만약 병인·갑오의 년·월이면 3갑이 1병을 식신으로 한다. 병화가 여름에 득시(得時)하고 인(寅)의 장생에 거하니, 갑이 식을 취하여 녹을 보는 까닭에 주가 부귀하다.

　劉文莊都堂 '乙酉 甲申 甲戌 甲戌'. 張欽都憲 '丁酉戊申'. 戴靜庵尙書 '壬申己酉'. 詹寬進士 '乙巳乙酉'. '乙卯甲申'(進士), '戊辰己未'(擧人), '甲子甲戌'(貴). 莊際昌會狀 '戊寅丁巳'.

　술시에 화묘(火墓)의 국(局)이라, 마음과 뜻이 서로 같지 않다. 재·관이 두루 배신한 때문인데, 관·록으로 운이 있으면 그 중에 통한다. 시에서 갑술을 봄은 비견을 만남이니, 고(庫)에 천록(天祿)이 있는데 화기가 충한다. 닭과 오리가 같이 우니 모두가 모였다 흩어지고, 간두에서 도달함이 있어도(곧 같은 글자가 있어도) 마음과 뜻이 서로 같지 아니하다.

　갑일이 시로 갑술에 통하면, 비견이 녹을 둘러 서로 만난 것이 된다. 천고(天孤)에 창고가 그 가운데 숨었으니, 유·축·진의 지지라면 취용할 수 있다. 자물쇠를 형충하여 개파(開破)함이 없으면, 입신함에 다학(多學)이라도 소성(少成)이라. 주에 금·목·화가 왕하고, 수생(水生)[14]이라면, 선암(先暗)후명(後明)의 명이다.

【六甲日乙亥時斷】육갑일 을해시의 판단

　육갑일 생 을해시는, 양인에 도리어 상함이 되어, 화해(禍害)가 된다. 재·관으로 신(辛)·무를 상봉하지 못하면, 다만 공명이 형통하고 태평하지 못함을 두려워한다.

　갑일 을해시는, 갑목이 해(亥) 위에서 장생으로 왕함이 있고, 을은 양인이 되어 학당을 제극하며, 임은 도식이 되고 해 위에서 건록이다. 갑은 금으로 관을 삼고, 무·기로 재를 삼는데, 신금(辛金)의 목욕에 무·기가 쇠·절하니, 능히 복을 짓지 못한다. 사유축의 월에 생하여 신(辛)을 보며, 주에 무(戊)의 글자가 있으면 귀하다. 나머지는 비록 총명하여도 공명이 따르지 않으며, 예술인이라 하겠다.

　갑자일 을해시가, 추건(趨乾)격(格)을 이루면 귀하다. 곧 신(申)월에 생하고 살이 왕한데, 합인(合刃)하면 권귀(權貴)가 된다. 유(酉)월 정관에, 주에서 토의 도움을 다소라도 얻으면 대귀하다. '진사축미술'의 월은 두루 길하다. 년·월로 묘가 순수하면, 양인

14　원문은 화왕으로 되어 있으나, 다른 판본에는 수생으로 되어 있는 고로 이를 취한다.

이 왕한즉 흥하다. 달리 처·재를 얻었으나 극처하고, 또 안질에 병이 많고 재백은 평상하다 하였다.

吳丞相 '乙卯 乙酉 甲子 乙亥', '己巳乙亥'(貴同). '戊辰癸亥'(侯伯). 徐縉侍郎 '己亥癸酉', '庚辰辛亥'(貴同). 黃易編修 '戊申壬戌'. 顧世科知府 '辛酉戊戌'. 鄒知州 '己巳丙寅'. '辛巳庚子'(擧人).

갑인일 을해시가, 진술축미의 월이면 부하다. 신·유의 월은 귀하고, 겨울은 평상하다. 만약 인·해의 월이라면 고귀하다.

周樞密 '壬辰 辛亥 甲寅 乙亥'. '庚戌乙酉'(郎中), '癸酉丁巳'(進士), '辛酉庚寅'(知縣), '庚申己卯'(貴).

갑진일 을해시는, 유(酉)월 정관이 최귀(最貴)하다. 진술축미 및 인·해의 연월은 두루 길하다.

申時行狀元 '乙未 乙酉 甲辰 乙亥'. 賀丞相 '辛丑庚寅'. 宋沈尙書 '辛未壬辰'. 陸深侍郎 '丁酉己酉', '乙巳月'(副使), '乙未己卯'(通政). 方潤郎中 '壬寅丙午'. '辛亥庚子'(御史). 袁知縣 '庚戌丁亥'(文名). '辛亥甲午'(伯), '乙巳丁亥'(進士).

갑오일 을해시가, 묘(卯)월로 양인이면 골육을 아울러 형(刑)하고, 신약이면 선종(善終)하기 어렵다. 춘생은 귀함이 재보(宰輔)에 이른다. 신자·술오의 년·월에 수·화의 운을 행하면 관이 육경(六卿)에 이른다.

王越尙書封威寧伯 '丙午 庚子 甲午 乙亥'. 王華狀元尙書 '丙寅戊戌'(或云丙申年生). 蕭端蒙御史 '乙亥壬午'. 林文華知府 '己酉己巳'. 李嘉會擧人 '己亥戊辰'. 俞維屛擧人 '甲戌庚午'. 賀幼殊擧人憲副 '丙戌甲午'.

갑신일 을해시가, 해(亥)월이면 학문으로 이름이 있고, 귀(貴)가 풍헌(風憲)에 이른다. 신·유의 월은 선빈(先貧)후부(後富)요. 자(子)월에 수·화의 운을 행하면 금자(金紫)이다. 진술축미는 잡기재관이요, 인월은 건록이니 두루 길하다.

李時閣老 '辛卯 壬辰 甲申 乙亥'(純良). 馮天馭尙書 '癸亥庚申'(無子). 莊思寬進士 '甲寅乙未'. 徐榮長史 '癸丑甲寅'. 陳知縣 '壬申庚戌'. 毛知縣 '甲戌丙寅'. 石華嶽擧人 '癸酉壬戌'. '甲辰丁丑'(丞相).

갑술일 을해시가, 춘(春)과 동(冬)에 생하면 부하고, 토가 두터운 땅이면 바야흐로 현귀(顯貴)한다. 여름은 노력하나 재를 취하지 못하고, 가을은 평상하다.

劉玉都堂 '壬午 癸丑 甲戌 乙亥'. 張達給事 '癸丑癸亥'. 吳非玉博士 '乙亥庚辰'. 蔡狀元 '庚子戊寅'. 凌進士 '甲子丙寅'.

역마(驛馬)천정(天廷) 곧 역마가 하늘의 조정에 있는 국(局)이라. 재관이 도읍을 먼저 점하고, 동·서로 모름지기 뜻이 있다 하니, 남·북이 자연히 편안하다. 갑일이 시에서 을해를 만나면, 강함이 되니 관(官)이 있고 인(印)이 있으면 심상치 아니하다. 시에서 스스로 온 것이니 고인(高人)의 천거함이 있고, 운이 재향에 이르면 크게 현양한다.

갑일이 을해를 시봉(時逢)하면, 그 가운데 임수를 취하여 상생한다. 시(時)가 제좌(帝座) 자미궁(紫微宮)에 임하였으니, 자식의 후사가 있어 명령(螟蛉) 곧 잠자리의 애벌레와 같은 쓰임을 얻는다. 부모가 앞서 행하니, 적은 힘으로 꽃을 피우고 그 씨를 맺는 것이다. 바람을 막고 문장이 현달하여 조정의 문을 고치니, 운이 이르면 초군(超羣)출중(出衆)한다.

星命部彙考五十
三命通會 二十二

三命通會 二十二

【六乙日丙子時斷】 육을일 병자시의 판단

육을일 생 시가 병자는, 상관이 귀인(貴人)에 앉은 것이라, 복이 온전치 못하다. 주(柱) 중에서 관의 형·파(刑破)를 보지 않으면, 바야흐로 이는 평생의 귀(貴)와 녹의 인연이 된다.

을일 병자시는 육을(六乙)서귀(鼠貴)이나. 을이 경을 써 관으로 삼는네, 사에서 사한다. 병을 보니 상관이 되고, 병은 신(辛)을 암요(暗邀)하여 화살(化煞)위권(爲權) 즉 살을 화하여 권으로 삼는다. 주 중에서 경·신(庚辛)을 보지 않고, 축의 기반(絆)과 오의 충이 없으면, 바야흐로 격(格)을 이루어 귀하다. 만약 천간으로 꺼리는 것이 있고, 월기에 통하지 못하여 구조할 것이 없으면, 폭악하고 빈천하며 질병이 있어 수(壽)를 재촉한다.

을축일 병자시는, 신약하여 평상하다. 오의 천충(穿衝) 곧 극해가 없으면, 어진 덕에 온후하다. 신·유(申酉)의 년·월이면 풍헌이다. 인(寅)·자(子)가 있으면 귀현(貴顯)한다. '병인 기미 갑술 기축' 등의 월을 꺼리니, 주가 흉하고 형(刑)에 악사(惡死)한다.

陳俊尙書 '己亥 丙寅 乙丑 丙子'. 周鳳鳴進士 '己酉丙寅'. 虞守愚侍郞 '癸卯辛酉'. 王秩通政 '癸未甲子'. 錢有威郞中 '乙酉戊寅'. '乙亥戊子'(州判), '庚子己丑'(平章), '甲子丙子'(總管). 紀大綱僉憲 '辛丑己亥'.

을묘일 병자시는, 높다. '진술축미해'의 년·월에 관성을 보지 않으면 귀하다. 달리 흉한 중에 길함을 만났는데, 정사 월은 파조(破祖)하여 흉하므로 꺼린다. 무신 월은 그 몸이 죽어도 완전치 못하고, 기유 월은 악사(惡死)한다고 하였다.

徐栻侍郞 '己卯 丙子 乙卯 丙子'. 喻時侍郞 '丁卯癸卯'. 邵錫都憲 '丁酉癸丑'. 曹尙書 '丁巳壬寅'. '己卯己丑', '乙巳癸未'(俱侍郞). 張皇親 '壬寅癸卯'. 吉思丞相 '丙戌戊戌'. 趙太師 '癸卯甲寅'. 王司業 '丁巳庚戌'. 馮殿帥 '甲寅戊辰'. 孔參政 '甲辰辛未'. 葉太守 '甲申丙寅'. 丁以誠郞中 '癸巳甲寅'. 方山同知 '庚午丙戌'. 張喬擧人 '己卯丁丑'. 陳元暉翰林 '甲戌丁卯'.

을사일 병자시는, 길하다. 만약 사·오[1]의 년·월이면 수명을 재촉하는데, 그렇지 않으면 그 몸이 외롭고 자갈밭의 노동이다. 순수한 토가 재왕(財旺)생관(生官)하고 유(酉) 운으로 행하며, 자·진이 수·화의 운을 행하면 두루 2-3품의 귀를 갖춘다. 신(申)월 정관과 유(酉)월 편관, 묘(卯)월 건록(建祿)은 두루 길하다. 갑인(甲寅)의 월을 꺼리니 형벌과 요절이라. 을유(乙酉)의 월은 하천하다.

高曜府尹 '甲寅 壬申 乙巳 丙子'. '甲戌乙亥'(官同). 江東侍郞 '己巳丙寅'. 帖木丞相 '戊申辛酉'. 陳尙書 '丁巳癸卯'. 孫布政 '戊辰癸亥'. '甲子丁卯'(知縣), '壬申戊申'(卿監).

을미일 병자시는, 평이하다. 만약 자·해의 년·월이면 대귀하다. 기미 월을 꺼리니 형상(刑傷)이요, 병신 월은 그 몸이 온전히 죽지 못한다. 기축 월은 조업을 파하고 악사한다.

鄭岳侍郞 '戊子 甲寅 乙未 丙子'. 林愛民僉事 '戊辰甲寅'. 吳都堂 '甲戌庚午'. 黃參政 '己卯丙寅'. 李總兵 '甲寅丁卯'. 劉元帥 '戊寅壬戌'. 蘇太卿 '戊子癸亥'.

을유일 병자시는, 귀(貴)하나 본신(身)이 외롭고, 일어섬과 쓰러짐을 반복한다. 월이

---

1 원문은 기로 되어 있는데, 사가 맞겠다.

수기(水氣)에 통하고 신(辛)·오(午)를 보지 않으면 또한 귀하다. 무인 월을 꺼리니 대흉하다. 정사 월은 파조(破祖)에 가난이요, 기유 월은 금인(金刃)으로 죽는다.

翁成吾參政 '辛未 庚子 乙酉 丙子'(謫戌 술에 유배되었다). '甲戌丙寅', '甲申丙寅' (俱擧人).

을해일 병자시는, 푸름과 붉음이 화(化)하니 주에게 복이다. 경진의 년·월에 생하면 부귀하다. 순수한 해(亥)에서 성패가 있다. 축월에 남쪽으로 운행하면 낭관이다. '사·오·유'[2]의 운은 극빈(極貧)하다. 임진 월은 꺼리니 형(刑)이 된다. 을유 월은 파조하니, 고귀한 가운데 악사(惡死)함이 있다. 이상 6일의 희기는 크게는 같은데, 다만 유와 사에 앉은 것은 서귀(鼠貴)격을 이루지 못하니 별격으로 이를 논한다.

王尙書 '甲申 庚午 乙亥 丙子'. 張承恩苑馬卿 '丙午辛丑'. 張安撫 '己巳丙寅'. 解元帥 '丙戌己亥'. 解御史 '壬戌辛亥'. 馬知縣 '壬午壬子'. 劉判院 '甲寅甲辰'. '辛亥甲子(貧)', '丙午癸巳'(丙 거지).

시봉(時逢)육귀(六貴) 곧 시에서 여섯 귀함을 만난 국(局)이라. 먼저는 험하나 도리어 흉함은 없고, 소년에 성취하기는 어려우나, 중·말년이면 재록이 풍부하다. 육을(六乙) 귀격(貴格) 병자시에 충파가 없으면, 기묘함의 시작이 된다. '경신(庚申)·사유축'을 만나지 않으면, 정히 면류관을 쓰고 동헌에 올라 단지(丹墀) 즉 붉은 계단의 공지에서 절한다.

을일이 시에 병자가 임하면, 상관(傷官)상진(傷盡)으로 영창(榮昌)한다. '해묘미'의 월은 심상치 않으니, 운이 신건(身健)하고 왕상(旺相)함에 이르러야 한다. 신·경(辛庚)을 보지 않으면 발복하는데, 오충(午衝)에 축반(丑絆)이면 평상하다. 곧 형극(刑尅)을 만나 한바탕의 자리가 텅 비게 되니, 이 명은 혹은 쇠(衰)하고 혹은 왕(旺)한 것이다.

【六乙日丁醜時斷】 육을일 정축시의 판단

以下六乙日所忌月分與上同, 時亦並論; 이하 육을일에 꺼리는 바의 달을 나누어 봄은 위와 같고, 시를 또한 더불어 논한다

육을일 생에 시가 정축이면, 식신이 상조하고 재관을 만난 것이다. 월에서 금기로 통하면 화(化)하여 복이 되고, 그렇지 않으면 심히 평상하거나 하천함으로 본다.

---

2 원문은 기로 되어 있는데, 역시 사가 맞을 것이다.

을일 정축시는, 식(食)에 재·관을 모은 것이니, 정은 식이 되고, 경은 관, 기는 재가 되는데, 축(丑) 중에 신금이 있어 합국하고, 기토가 그 자리를 얻었으니 곧 의탁할 곳이 있어 귀한 것이다. 월에서 금기로 통하여 화한 것은 부(富)가 두텁고 존중받는다. 월기에 불통한 것은 평상하다.

을축일 정축시가, 추생이면 유권(有權)하다. 주가 질병을 두른 것인데, 여름은 길하고, 겨울은 평상하다. 춘(春)에 왕하면 귀하고 장수한다.

蕭注兩制 '癸丑 乙丑 乙丑 丁丑'. 林通擧人 '戊申甲子'. 李引昌解元 '庚午丙戌'.

을묘일 정축시가, 해(亥)월이면 신왕(身旺)에 신(辛) 편관을 보는데, 주(柱)에 정화의 제극이 있으면, 풍헌으로 무관의 직이다.

林東海進士 '丁巳 甲辰 乙卯 丁丑'. 吳與言憲副 '乙未癸未'.

을사일 정축시가, '해묘미·인'의 월에 생하면 귀하다. 금기를 월에 통하고 의탁할 곳이 있는 경우, 복이 중하다.

吳鐸思布政 '甲申 甲寅 乙巳 丁丑'. 倪祿遊擊 '庚寅戊子'(倭殺無子 왜가 죽여 무자였다). '戊辰辛酉'(大貴), '甲申乙亥'(擧人), 顧秉謙大學士 '甲寅庚午'.

을미일 정축시에, '진술축미'의 월은 부(富)하다. 춘에는 수(壽)가 길고, 추는 명리(名利)이며, 하는 빈하(貧下)요, 동은 평상하다. 신(申)의 년·월이면, 무관의 직으로 3품이다.

盛當時僉憲 '丁酉 戊申 乙未 丁丑'. 萬希庵主事 '乙丑戊寅'(夭). 姜博進士 '辛未己亥'.

을유일 정축시가, 만약 목기에 통하고 의탁함이 있으면 현귀(顯貴)한다. 신(申)·축(丑)의 년·월 역시 좋고, 인·해도 또한 아름답다.

黃光昇尙書 '丙寅 庚寅 乙酉 丁丑'. '甲申乙亥'(貴同). 王昺侍郎 '壬子戊申'. 李世臣御史 '戊寅己未'. '戊辰乙卯'(太守). 沈自邠翰林 '甲寅己巳'. '辛巳戊戌'(會魁).

을해일 정축시가, 해(亥)월이면 성질은 급하나 지조가 있으니, 처현자효하고 관은 6-7품에 이른다. 오월은 장생이요, 년·월로 관·인이 투간하면 대귀하다.

吳鵬尙書 '庚申 壬午 乙亥 丁丑'. 陳汝勵都堂 '丙寅庚子'. 王方田太守 '乙巳乙亥'. 王繼祖總兵 '丙子辛丑'(富).

시상(時上)재관(財官)의 국(局)이라, 천간에 식신이 투출하여 형·충하는데, 일찍이 발복(發福)함을 만나면 참으로 정연(定然)함이 된다. 창고를 여는 때에 을이 정을 보니, 식신이 고(庫)에 앉고 재록이 친하다. 숟가락이 없어 아직 아침을 짓지 못한 시간의 객

(客)이지만, 이는 곧 청한하고 유복한 사람이다.

　을일이 시에서 정축을 만났으니, 수성(壽星)이 발달함은 의심할 것이 없다. 그 몸이 마갈(磨羯) 즉 북방 민족의 지경에서 어려움에 처하여 연마하면서, 지체됨을 미워하지 않으니 창고 안에 돈과 재물이 쌓이고 모이는 것이다. '연·시·월'이 합하면 발달하고, 공망되면 처자를 형(刑)하고 양친이 안려(鴈侶) 즉 해로하기 어렵다. 운(運)에서 차고 이지러짐이 있으니, 뇌장(牢藏)금궤(金櫃) 즉 금궤를 뇌옥에 감춘 것에 해당한다.

【六乙日(戊)寅時斷】육을일 무인시[3]의 판단

　육을일 생이 시가 무인이면, 패재(敗財)에 배록(背祿)함이 참된 것이 되니, 실로 몸을 상함이 되었다. 마음은 있으나 힘이 없어 성·패가 많으니, 이는 다만 평상의 의록(衣祿)에 불과한 사람이다.

　을일 무인시는 패재에 배록이다. 을이 경으로 관을 삼는데, 인(寅) 중에 병이 있어 상관(傷官)하고 배록한다. 무·기를 써서 재로 삼는데, 인 중에 갑이 왕하여 재를 무너뜨리니, 그 사람이 작사(作事)함에 성·패가 평상한 것이 되었다. 토기에 통한 것은 길하다.

　을축일 무인시는, 높다. 자년에 술월로 생한 자는 부귀하다. 진·술이 목·화의 운(運)을 행하면 위권(威權)이 된다.

　丁閣老 '丁亥 癸卯 乙丑 戊寅'. 曹司賢僉憲 '辛酉癸巳'. 黃侍顯郎中 '辛丑丁酉'. 黃行可進士 '乙巳壬午'. 吳玉榮御史 '庚申甲申'. 周端進士 '己未甲戌'.

　을묘일 무인시는, 형(刑)하는 가운데 발복한다. 추생이면 귀하다. 유(酉)의 년인데, '진술축미'의 월을 만나면 부(富)하다. 묘월은 건록이요, 오월에 인수가 생하고 관·인이 투간하면 두루 길하다.

　歐陽文忠公 '丁未 戊申 乙卯 戊寅'. '癸未乙丑'(進士), '癸卯乙卯'(大貴), '戊寅庚申'(擧人), '庚申壬午'(貴), '丙午辛卯'(元戎 원래 융족이었다). 朱國楨詹事 '丁巳壬寅'.

　을사일 무인시는, 고극(孤尅)하고 평상하다. 만약 년·월로 신·경(申庚)이면 정관이요, 축·신(丑辛)이면 칠살인데, 두루 귀하다. 진월에 북방 운은 길하다. 달리 중년에 횡발 즉 갑자기 발한다고 하였다.

3　원문에는 무가 없다. 어느 곳에는 무인과 같이 기록하였고, 다른 곳에는 이와 같이 글자를 기록하지 않은 곳도 있는데, 그 의미는 동일한 것이다.

丘濬閣老 '辛丑 庚子 乙巳 戊寅'(名臣). 程秀民參政 '乙丑戊寅'. '戊子乙丑'(貴), '甲戌丁卯'(優人).

을미일 무인시가, 춘생이면 수명이 있다. 추는 현귀(顯貴)하다. 하(夏)는 평상인데, 동이면 반복한다. 진술과 축미는 두루 길하다. 세·운도 동일하다.

李公正憲副 '癸未 己未 乙未 戊寅'. '庚午癸未'(小貴), '庚午庚辰', '戊寅甲寅'(俱擧人). '己亥戊辰'(例貢).

을유일 무인시는, 춘생이면 부(富)하고, 하(夏)는 평(平)이며, 가을은 귀하나 수명을 재촉하고, 동은 길하다.

西寧侯宋天訓 '壬辰 丁未 乙酉 戊寅'(凶死). 盧夢陽布政 '丁卯辛亥'. 黃如金憲副 '癸巳丁巳'. 吉三泉都憲 '丁卯丁未'. 萬表總兵 '戊午辛酉'.

을해일 무인시는, 춘에 길하고, 하에 노력하며, 추·동은 귀하다. 자·축의 년·월이면 귀가 3품에 이르는데, 오름과 떨어짐이 있으나 수명은 길다. 달리 삼십 년 후에 몸은 외로우나 발복한다고 하였다.

張懷大參 '丙午辛丑乙亥戊寅'. 林遷喬進士 '丙午辛卯'. '乙巳己丑'(布政).

호와(虎臥)평원(平原)의 국(局)이라, 행(行)함에 위험을 염려하거나 두려워함을 감춘다. 바르고 마땅함은 명월이 나타남인데, 빛이 있는 곳에 다시 구름이 이를 가린다. 을일에 인시는 자세히 추리해야 하니, 그 사람됨이 바름을 부르고 또 틀림을 부르기도 하기 때문이다. 운이 쇠하고 다시금 공 형 극을 만나면, 힘을 쓰고 노심초사(勞心焦思)하지만 그 시기를 정함이 없다.

을일이 무인시를 만남은, 그 가운데 암손(暗損)상재(傷財) 즉 모르게 재를 손상함이 된다. 상관·배록이 주 중에서 부귀를 배척하니, 처와 자식을 형해(刑害)하는 것이다. 운이 재관으로 왕하면 발복하는데, 비겁과 살로 운행하면 재앙을 일으킨다. 육친과 골육은 적으나마 화해하니, 자립 자성 자재(自在)한다.

【六乙日己卯時斷】 육을일 기묘시의 판단

육을일 생이 기묘를 만나면, 시에서 일록(日祿)이 자리하고 재가 임하니 좋다. 목기에 통하여 왕하니 귀함은 의심할 것이 없지만, 유(酉) 상에서는 신(辛)금이 중하니 또한 가히 괴롭다.

을일 기묘시는, 녹(祿)이 묘당(廟堂)에 들었고, 을목이 묘(卯) 건록을 만났으니 위인이 수려하며, 목·화에 통한 자는 귀하다. 경·신(庚辛)을 보면 녹을 상하고 명(命)을 파하니, 병환에 안질이다. 만약 '사유축'의 월에 생하면, 평상의 의록이다. 진술축미는 길하고, 신(申)월 역시 길하다.

을축일 기묘시는, 높으니 중년에 대복(大福)이다. 춘생은 신(身)이 태왕하여 고독하다. 하는 빈(貧)이요, 추에는 유질(有疾)이요, 동은 온후하다. 주(柱)에서 신금(辛金)을 보지 않음이 길하다. 만약 진술축미 월이면 금자(金紫)의 귀함이다.

余福太守 '乙丑 戊寅 乙丑 己卯'. 孫渭進士 '庚午庚辰'. '丁亥己酉'(進士太守).

을묘일 기묘시, 또한 높다. 춘생은 왕하나 승·도(僧道)가 되는데 부(富)가 족하다. 하(夏)는 평상이며 신금(辛金)을 보지 않으면 길하다. 추는 질환을 둘렀다. 동은 온후하다. 년·월로 묘·축은 현달하고 수명이 높다.

林廷選尙書 '庚午 戊子 乙卯 己卯'. 張廉憲 '癸未戊午'. 謝應徵進士 '壬申癸丑'. '乙卯戊子'(萬戶), '戊子乙卯'(都轉運), '辛卯庚子'(進士), '丁丑乙巳'(擧人), '癸丑乙卯'(大富), '壬申辛亥'(尙書).

을사일 기묘시는, 춘이면 고빈(孤貧)이요, 하는 평상이며, 추는 대질이요, 동은 귀하다. 년·월로 오·진(午辰)인데, 지지가 한 길로 서로 이어지면 또한 길하다.

陳知府 '丁卯 甲辰 乙巳 己卯'. 陳龍圖 '癸亥甲子'. '丁亥丙午'(富壽).

을미일 기묘시는, 년·월에서 경·신(庚辛) 금을 보지 않아야 귀하다. 추생은 지지의 두텁고 엷음을 보아야 하니, 임술의 년·월이 되면 3-4품의 귀이다.

李兆龍給事 '壬申 辛亥 乙未 己卯'. '甲午丁丑'(丞相), '辛酉辛丑'(參政). '庚辰丁亥', '庚申己丑', '己卯壬申'(俱擧人), '甲寅庚午'(二子進士).

을유일 기묘시는, 빼어나지만 초년에는 파조(破祖)하고, 중년에 주가 발재(發財)하며, 말년에는 외롭고 형(刑)함이 있다. 달리 주가 죽어도 장지(葬地)가 없다. 년·월로 신·축(申丑)이면 금자의 귀함이라 하였다.

胡驛參政 '辛卯 辛丑 乙酉 己卯'. 陳雲衢進士 '丁巳癸卯'. 吳三省擧人 '癸未丁巳'. '乙卯己丑'(通判).

을해일 기묘시가, 인·사(寅巳)의 일에 생하고 경·신(庚辛)을 보지 않으면, 일록(日祿)귀시(歸時)의 격이 되어 현달하고 청귀하다. 년·월로 묘가 순수하면, 고승에 우사(羽士) 즉 도교의 도사이다. 술(戌)은 특달(特達)하니, 총명하고 재록이 있다.

陳錫都憲 '甲申 丁卯 乙亥 己卯'. 費茂卿進士 '甲寅丁丑'. 林樞密 '戊子甲寅'. 陳篁參議 '丙申壬寅'.

일록(日祿)재시(在時)의 국(局)이라, 푸른 구름에 계수나무 가지를 꺾어 든다. 만약 파해를 당하는 궁(宮)이 없다면, 명예를 사방에서 알게 된다. 일록이 시에 거한 것은 그 격이 같지 않으니, 식신과 재마(財馬)가 서로 만날 것을 요한다. 상관과 인(印)수 운이 모두 길함이 되고, 관을 만나지 않으면 그 녹이 스스로 풍성하다.

을일에 시로 기묘가 임하면, 편재에 시록(時祿)이라 돌아가서 반긴다. 신(辛)금과 유(酉)의 글자가 상형하지 않으면, 호방하고 정히 성명을 내건다. 부모와 육친을 의지하기는 어려우니, 기러기의 행로가 각자 날아오르는 것이다. 문장이 빛처럼 찬란하니 재능이 있고, 무파(無破) 무충(無衝)이면 귀명(貴命)이다.

【六乙日(庚)辰時斷】 육을일 경진시의 판단

육을일 생이 시가 경진이면, 수백(水白)금청(金淸)의 상(象)이 되고 참된 것이다. 임이 신유(辛酉)를 쫓아 관귀(官貴)에 통하니, 안질은 막으나 도리어 정신을 감한다.

을일 경진시는, 처현(妻賢)자귀(子貴)하다. 을이 경과 합하여 금이 되니, 만약 '신(申)·사유축'의 월에 통하게 되면, 위인이 수려하고 주가 귀하며 목질(目疾)을 막아낸다. 화(化)함을 보지 못할 경우라면, 임으로 인수를 삼고 경이 관이 된다. 진토(辰土)와 계수(癸水)가 합국(合局)하면 을목이 의탁할 곳이 있으니, 동남으로 운행(運行)하면 귀현한다.

을축일 경진시는, 파조(破祖) 극부(尅父)한다. 신약이면 질병을 꺼리는데, 월기(月氣)로 통한 자는 귀하다. 년·월로 자·신(子申)이고, 천간으로 갑·무가 투간하여 삼기(三奇)를 합한 것은 대귀(大貴)하다.

喬宇家宰 '甲申 戊辰 乙丑 庚辰'. 楊愼狀元 '戊申甲子'. 李纘鴻臚卿 '辛巳庚寅'. 呂孔梁知府 '丁丑癸卯'.

을묘일 경진시는, 부귀하다. 년·월로 화·토에 통하면 대귀하다. 달리 형(刑)을 받은 후에 대발한다 하고, 또 달리는 악사(惡死)하는데 만약 년·월로 구하는 것이 있으면, 명주의 형(刑)이라 한다.

楊博尙書 '己巳 庚午 乙卯 庚辰'(甲戌年卒子進士 갑술년에 죽었고 아들은 진사였다). 董其昌禮部尙書 '乙卯戊寅'(以善書名 착함으로 이름을 썼다). '己卯庚午'(擧人).

을사일 경진시는, 작사함에 성하고 패하니, 승·도(僧道)로는 부귀하나 질병을 둘렀고, 평상인은 처자를 형극(刑尅)한다. '신자진·묘사'의 년·월이면 귀하다.

錢亮侯少卿 '壬戌 乙巳 乙巳 庚辰'. 吳知府 '乙巳丁丑'. 黃東松進士 '癸酉壬戌'. '己卯庚辰'(擧人), '丙戌癸巳'(萬戶).

을미일 경진시는, 해·묘의 월에 신왕하고, 사·신(巳申)은 관왕이요, 천간으로 살·인(煞印)이 투출하면 모두 귀하다. 축·유로 살이 순수한데, 주에서 화(火)의 극제가 있으면 또한 길하다. 술·축의 년·월은 4고(庫)가 온전하니 대귀하다. 달리 파조하고, 재앙과 형으로 몸이 외롭다고 한다.

吳一貫少卿 '乙亥 己卯 乙未 庚辰'. 史褒善都堂 '己未丁丑'. 李貫給事 '丙申辛卯'. 唐順之會元 '丁卯辛亥'(官至都憲有文名 관이 도헌에 이르렀고 문명이 있었다). 李巨川進士 '壬申辛亥'. '己亥乙巳'(陶真人 참된 도공이다), '壬辰己酉'(擧人). 楊漣總憲 '壬申戊申'(死錦衣獄 금의로 옥사하였다).

을유일 경진시가, 년·월로 해·자요, 무·계를 투간하면 귀하다. '인사오'의 월은 관·살이 유제(有制)하니 길하다. 유(酉)가 순수하여 화금(化金)하면, 주가 후복(厚福)하다.

魏丞相 '己卯 甲戌 乙酉 庚辰'. 鄭丞相 '乙卯庚辰'. 李侍郎 '乙酉乙酉'. 李人龍御史 '甲子丙子'. '庚午辛未'(布政), '丙申癸巳'(判官), '乙酉戊子'(擧人), '庚辰乙酉'(四柱雙合大貴 사주가 쌍합하니, 대귀하였다).

을해일 경진시는, 불귀(不貴)즉부(則富)하다. 만약 년·월로 계·무가 한번 화(化)하고, 신·묘(申卯)가 양왕(兩旺)하며 '사축유'가 금으로 모이는데, 목·토로 운이 행하면 그 위(位)가 금자(金紫)에 이른다. 달리 발하는 가운데 자형(自刑)으로 해한다 하였다.

周禾中丞 '丁卯 癸丑 乙亥 庚辰'. 高文達參政 '乙亥戊寅'. 曾布政 '丙寅丁酉'. 擧人己亥月(기해월은 천거된 사람이었다). '辛未庚子'(小貴), '癸酉戊午'(大富).

천지(天地)화기(化氣)의 국(局)이라, 추생이면 크게 길창하고, 운행이 동과 북이면 중요함을 드러내는데 어찌 심상(尋常)함에 그칠 것인가. 을경이 서로 모였으니 귀함은 의심할 바 없고, 음목에 양금이라 바른 합의 때이다. 운이 길하고 신강(身强)에 충·파가 없으면, 오르고 옮겨서 스스로 귀인(貴人)을 끌어 일으킴이 있다.

을일 경진시는, 바른 것으로 천관(天官)이 창고를 지키고, 건원(乾元)이 있다. 청년에 호방하여 성명을 전하고, 품성은 온양(溫良)공검(恭儉)하다. 선비와 서(庶)인은 '처현귀자' 한다. 재주 있는 사람이라, 녹(祿)의 자리가 승천하는 것이다. 남방 이(離)화로 무·계 화(火)가 서로 이어지면, 부귀한 가운데 험란함을 당한다.

【六乙日辛巳時斷】육을일 신사시의 판단

육을일 생 시가 신사면, 금·목이 서로 다투니 주가 어질지 못하다. 월에서 화(化)함이 있는 가운데 신왕(身旺)하면 귀하고, 화함도 없고 불통하면 사람을 해칠까 두렵다.

을일에 신사시는, 암금(暗金)이 교쟁(交爭)하니 시비가 날〔日〕에 있다. 만약 달에서 신왕으로 통하게 되면 의탁함이 있으니, 귀(鬼)가 화하여 관(官)이 되고, 신왕의 운을 행하면 귀하다. 달〔月〕에서 목기로 통하고 금왕(金旺)의 운으로 행하면, 대귀하다. 달에서 금기로 통하고, 신왕 운을 행하여도 역시 귀하다.

을축일 신사시는, 먼저 잡되고 뒤에 순수해지니, 년·월로 '인오·병정'에 생하면 편관을 제어함이 있어, 높은 명을 지었다고 본다. '사신유축'의 달이면 관살이 중첩하니 질병을 두름이 많으나, 종살(從殺)하면 역시 길하다. 오직 신강이면, 주가 병권(兵權)을 잡고 명예가 있다.

周琬都堂 '丁巳 癸丑 乙丑 辛巳'(有十子 자식 열 명이 있었다). 方近沙都堂 '乙卯己丑'. '戊午戊午'(卿), '辛巳戊戌'(盜).

을묘일 신사시의 경우, 춘생은 신강(身强)살천(煞淺)하니 대귀하다. 하는 평상하고, 추는 관·살이 왕하며, 동은 인수가 왕하니 두루 길하다. 가을 생은 겨울보다 못하다.

賈詠閣老 '甲申 丙子 乙卯 辛巳'. 史彌遠惟月 '丙寅不同'. 李篪侍郎 '癸未乙卯'. 王篆都堂 '戊子己未'. 魏校太卿 '癸卯壬戌'. 曾一經參議 '己卯丙寅'. 林應奎進士 '乙亥丁亥'. '丙申戊戌', '庚子己丑'(俱參政). '丙辰乙酉'郎中.

을사일 신사시는, 극처(尅妻)하고 처자가 두루 늦은 감이 있다. 만약 '사유축'의 월이면, 목은 유(柔)하고 금은 중(重)하니 주가 질병을 두른다. 그렇지 않으면 수명을 재촉한다. 년·월로 '갑기·자사'는 편관격에 들어가니, 서방 운에 풍헌이다. 춘월이면 신왕하니, 다시 금 길하다.

陸泰檢討 '癸酉 辛酉 乙巳 辛巳'. 黃榮僉憲 '癸亥乙卯'. '甲子己巳'(貴同). '乙巳辛巳'(守備), '甲辰丙寅'(丞相).

을미일 신사시가, 오월에 천간이 강하면[4] 무직으로 명예가 있다. 해·자로 인수는 길하다.

田樂御史 '己亥 丙子 乙未 辛巳'. 劉葵郎中 '乙未癸未'. 王楠太守 '庚子丙戌'(無

---

[4] 병오월의 뜻으로, 병신합 하여 살인상생의 뜻을 갖게 된다.

子). '丙申癸巳'(學憲).

을유일 신사시가, 만약 미(未)월 생이면 본신(本身)이 제복된 곳[5]에 앉은즉 길하다. 추(秋)는 편관으로 귀하다. 유(酉)월에 남방 운을 행하면 가난한데, 그렇지 않은즉 잔질이다.

張文憲尚書 '辛亥 壬辰 乙酉 辛巳'. 宋悌僉憲 '甲子甲戌'. 郭兵憲 '丁巳乙巳'. 何延賢擧人 '甲寅丁丑'. 王德新進士 '丙午甲午'. 張溥翰林 '壬寅乙巳'.

을해일 신사시가, 사·오 월에 생하면 편관이 유제(有制)하다. 춘이면 천간이 강하여, 그 자리가 풍헌에 거한다. 추는 살중(煞重)이라 주에게 잔질이다.

高昌王 '丁酉 丙午 乙亥 辛巳'. 沈瑤進士 '丙寅辛卯'(夭). 劉一儒侍郎 '乙未戊寅'. '癸亥丙辰'(擧人). 何起鳳尚書 '辛卯辛丑'.

시상(時上)편관(偏官)의 국(局)이라, 위험에 임하나 도리어 형통함이 있다. 신강(身强)에 왕운(旺運)을 만나면, 조업을 떠나 바야흐로 귀함을 이룬다. 을사는 서로 상관이 되는데, 금·목이 만났으니 이름을 구하고 이로움을 구함이 일상으로 반복된다. 육친과 골육이 있어도 없는 것과 같고, 인수의 운으로 향한즉 능히 발복한다.

을일이 시에서 신사를 만남은, 주(柱) 중에서 귀왕(鬼旺)에 신쇠(身衰)하다. 육친을 의지하기 어렵고 화해하지 않는데, 바라는 것을 도모함에 이룸도 있고 패함도 있다. 어쩌다 조짐이 법도를 따르면 흉을 만나도 곧 길하게 되니, 고진감래(苦盡甘來)란 말을 믿고 또한 알아야 할 일이다. 운이 행함이 신왕에 인수라면 부귀를 품을 수 있으나, 그 때에 사람들이 비단 옷을 꾸짖는다.

【六乙日(壬)午時斷】 육을일 임오시의 판단

육을일 생이 시가 임오면, 인수가 생신(生身)하고 재·식(財食)이 모인 것이다. 월에서 목기에 통하면 녹이 풍부하고 차게 되지만, 월기가 불통하면 평상의 수(壽)이다.

을일 임오시는 인수 학당(學堂)이요, 을목이 오(午)에서 장생한다. 임을 보아 인수가 되고, 정을 써서 식신으로 삼으며, 기는 재가 되어, 오 위에서 정과 기가 건왕하다. 만약 월기(月氣)에서 수(水)로 통한 자는 문장이 수려하다. 월기에 불통하면 평상의 의록인데, 운에서 통한다면 역시 좋은 것이다.

---

5 월령이 목고가 되어 상정할 수 있음으로 보인다.

을축일 임오시가, 춘·하(春夏)라면 부귀한 경우가 많다. 추·동(秋冬)은 관·인(官印)인데, 혹 살(煞)이 순수하고 투간하면 또한 길하다.

吳參政 '庚戌 己丑 乙丑 壬午'. 文明進士 '辛丑丁酉'. 祝時太擧人 '庚申庚辰'. 劉存省擧人 '辛酉丙申'. 趙汝江參將 '戊寅乙未'.

을묘일 임오시는, 높다. 축월이면 잡기(雜氣)재관(財官)에 든 것이요, 신유월은 신·살(身煞)이 양정(兩停) 즉 양자가 서로 바르게 정해진 것이니, 두루 주가 현귀한다. 년·월로 오와 유가 순수하면 3-4품이요, 진·술이면 평상하다.

秦檜 '庚午 己丑 乙卯 壬午'(奸臣). 朱天球少卿 '戊子癸亥'. 海瑞都憲 '甲戌丁丑' (以擧人致此因直言極諫故也 천거인으로 도헌에 이르니, 직언과 극간으로 인한 까닭이다). 汪都憲 '丁酉壬子'. '丙辰壬午', '庚午庚辰'(俱擧人).

을사일 임오시는, 길하다. 춘·하는 부귀요. 추·동은 평상하다.

王詢都憲 '丙子 壬辰 乙巳 壬午'(기미에 파관하였다). '甲午乙亥'(擧人).

을미일 임오시가, 인·묘면 신왕이요, 해·자는 인왕(印旺)이다. 축월은 재·관·인의 삼기로 두루 주가 현귀한다. 신(申)월은 정관이라 또 길한데, 만약 경오·정해의 년·월이면 식신(食神)동과(同窠) 즉 식신이 같은 보금자리라, 식을 취하고 녹을 본 것으로 부귀하다.

黃侶郎中 '丙戌 丙申 乙未 壬午'. 何裕德御史 '己亥甲戌'. 洪子成通判 '甲午丁丑'. 鄭子昂擧人 '乙丑甲申'. '癸亥乙卯'(丞相), '乙亥乙丑'(知府). '庚辰壬午'(貴), '乙亥己丑'(富). 李文贊知州 '庚寅戊寅'. '甲午丁卯'(伯).

을유일 임오시는, 춘에는 길하고, 추·하는 평상하다. 주에서 을유가 순수하여 투간한 경(庚)과 합화하거나, 혹 인수의 도움을 보면 대귀하다.

'庚戌 乙酉 乙酉 壬午'(侍郎). '癸丑丙辰'(知府). 張緯進士 '乙亥庚辰'.

을해일 임오시는, 춘에 신왕하고, 하에는 복이 두터우며, 추에는 반복되는데, 동은 길경(吉慶) 즉 길하고 경사스럽다.

林俊尚書 '壬申 癸卯 乙亥 壬午'(名臣), 丁巳年(貴同). 席書尚書 '辛巳癸巳'. 錢邦彦尚書 '庚申壬午'. 崔參政 '戊申壬戌'. 葉觀憲副 '乙酉壬午'. 楊時中擧人 '癸卯癸亥'.

인수가 시에 임한 국(局)이다. 그중에서도 식신이 옴을 시에서 만나니 그 몸이 현달하는데, 운이 졸렬하면 공명이 저해된다. 을일생이 임오시를 만난 경우, 월기가 수·목으로 통하면 귀인이 공경한다. 관왕(官旺)으로 운행하고 충파가 없으면, 가업이 풍륭(豐

隆)하고 일이 그 마음을 따른다.

을일이 시에서 임오를 만난 것은, 식신과 인수가 같은 궁이라. 무충 무파에 상형(傷刑)하지 않으면, 이는 성·명(聲名)이 서로 돌고 응할 것임을 믿는다. 사관(詞館)에 머무는 청수하고 높은 선비다. 문장이 출중하여 초군(超羣)하니, 귀인은 보고 기뻐하는데, 소인은 증오한다. 중년과 말년에 가파르게 상승하는 명이다.

【六乙日(癸)未時斷】 육을일 계미시의 판단

육을일 생 시가 계미는, 입묘(入墓)한 가운데 도식(倒食)과 상관(傷官)을 만난 것이다. 마(馬)는 적고 재(財)는 미미한데 식(食)은 극(剋)을 보았으니, 일생의 의록일 뿐이다. 주는 평상하다.

을일 계미시는, 을이 계(癸)로써 도식이 되고, 미(未) 중의 정화는 식신이요, 기토는 편재다. 계를 파하고, 계는 미 중의 정화를 도식하니, 평상의 의록(衣祿)일 뿐이다. 토기를 월에서 통한즉 길하다.

을축일 계미시는, 흉형(凶刑)에 고독한데, 년·월로 토기에 통한다면 길하다. 달리 처음에는 잡스러우나 후에 순수하다고 하였다.

孟進士 '甲戌 丁卯 乙丑 癸未'.

을묘일 계미시는, 개조(改祖)이친(離親) 즉 조상을 바꾸고 진족을 떠나니, 저를 취하여 집을 이룬다. 년·월로 오·미라면 귀하다. 봄이면 또한 귀하다.

許論尙書 '乙卯 戊寅 乙卯 癸未'. '丙申辛卯'(太師).

을사일 계미시는, 불귀즉부한데, 먼저는 어렵고 뒤에는 쉽다. 오가 순수하면 3품의 귀이다. '진·술·축'의 월은 두루 길하다.

張繯泉憲副 '戊辰戊午'. 謝時泰進士 '庚子庚辰'. 高儀大學士 '丁丑庚戌'.

을미일 계미시는, 춘에 신왕한데 형(刑)하고 상(傷)한다. 추는 관·살이 왕한데, 과명(科名)의 구분을 따라 등급이 있다. 동(冬)은 안온하고, 하(夏)는 평상하다.

李洚時擧人 '庚辰 己亥 乙未 癸未'.

을유일 계미시는, 본신이 살(煞)에 앉았는데, 춘에는 신왕이라 길하고, 여름은 신약에 살쇠(煞衰)하니 가난하다. 추는 살왕(煞旺)이라 본신이 능히 종화(從化)하면 귀하다. 동은 평상하다. '진술축미'의 월에 경·신이 투출하고, 금운(金運)을 행하면 귀하다. 한번 양인(刃)의 운에 이르면 퇴관 파직이다.

張來溪都憲 '丙子 庚寅 乙酉 癸未'. 高江廉憲 '庚寅丙戌'. 曾乾亨進士 '戊戌庚申'. 錢士完巡撫 '乙卯癸未'.

을해일 계미시가, 춘목이면 왕하여 처자를 형상(刑傷)한다. 신(申)월에 관왕이면 귀하다. 유(酉)에 살왕이면 년·월로 화(火)가 있은즉 길하다. 년·월로 '오·미·술'이면 1-2품의 귀이다. 겨울 생은 온후하다.

夏邦謨尙書 '丙午 戊戌 乙亥 癸未'. 張津都堂 '甲申丁卯'. 程太卿 '庚午癸未'. '己亥甲戌'(給事).

육을일에 묘(墓)라, 곧 육을이 묘지에 앉은 국(局)이다. 신왕하면 재·관을 쓰고, 사주에 상극됨이 없으면 공명이 결코 등한(等閑)하지 않다. 을일이 시에서 계미를 상봉하면, 가만히 생각해도 조상을 떠나게 되고, 집을 이루지 못한다. 형·극·해가 있으니 성패가 다단한데, 운이 길하다면 금상첨화가 된다.

을일이 계미를 본 것은, 목이 묘를 만나 생하였으니 요절과 고독이다. 형제가 있어 더불어 행하고자 하여도 없는 것과 같으며, 심성의 희로애락이 항상하지 못하다. 사업은 자립자성하여야 하며, 육친과 골육의 친소(親疏)가 있다. 귀인을 얻고 합하여 양쪽으로 서로를 도와야 하니, 이 명은 선빈(先貧)후부(後富)한다.

【六乙日甲申時斷】 육을일 갑신시의 판단

육을일 생이 시가 갑신이면, 관성이 인수의 자리를 얻어 생성한다. 월 중에 통기(通氣)하고 충파가 없으면, 필히 영화롭고 벼슬길을 가는 사람으로 정한다.

을일 갑신시는 관·인(官印)으로 생신(生身)한다. 을은 경을 관으로 삼고, 임을 인으로 삼는데, 신(申) 위에서 경이 왕하고 임을 생하니 그 몸을 의탁함이 있어, 금·수(金水)의 월로 통하고 운을 행하는 것은 귀하다. 불통(不通)하면 신약에 관은 중하니, 비록 귀하더라도 길지 못하다.

을축일 갑신시는, 고명하다. 년·월로 자·진이 순수하고, 동남으로 운행하면, 대귀하다. 사·유·축은 귀한 가운데 흉함을 막는다. 오·미가 순수하면 길하다. 해·묘 역시 길하다. 나머지 달은 평이하다.

柯實卿知府 '乙丑 丁巳 乙丑 甲申'(兇死). '甲午丁丑'(貴), '乙酉乙亥'(富). 何洛書檢討 '戊申辛酉'.

을묘일 갑신시는, 화(化)함에서 귀하다. 월에서 수기로 통하고, 상(傷)과 파(破)가 없으면 귀하다. 그렇지 않으면 부하다.

張侍郎 '甲子 辛未 乙卯 甲申'. 劉奮庸學憲 '甲午丙寅'. 史給事 '庚子己卯'.

을사일 갑신시는, 신강에 관왕하다. 춘(春)이면 총명 현달하니, 관이 4품에 이른다. 하(夏)는 신심(身心)이 자갈밭의 노역이다. 추 · 동은 안질이요. 년 · 월로 오라면, 재운을 행함에 귀하다. 달리 형(刑) 중에 귀(貴)로 화한다고 하였다.

路同知 '乙亥 癸未 乙巳 甲申'. 上官評事 '癸酉戊午'. '丙寅甲午'(侍郎).

을미일 갑신시의 경우, '미 · 유 · 해'의 월에 생하면, 총명 준수하고 특별히 현달하니, 관이 2-3품에 이른다. '병정 · 인오 · 묘유'의 년 · 월은 상 · 식(傷食)이 제살(制煞)하니 권귀(權貴)이다. 달리 왕한 가운데 잃음이 있으나, 마침내 왕하다고 하였다.

茅瓚狀元侍郎 '己巳 癸未 乙未 甲申'. 黃應鵬都堂 '乙未己卯'. 張侍郎 '甲子辛未'. '甲午癸未'(知縣), '甲辰壬申'(擧人). 但貴元進士 '己酉甲戌'. '壬中甲辰'(解元).

을유일 갑신시는, 관살혼잡이다. 만약 주에서 정화가 제살(制煞)하여 유관(留官)한즉 길하다. 년 · 월로 '해묘미 · 유'는 무직(武職)으로 극품(極品)에 이르지만 오래가지 못하는데, 만약 운이 동남방으로 행하면 대귀하다.

蒲尙書 '乙酉 乙酉 乙酉 甲申'(考命書或云趙尙書李侍郎俱同 명서를 참고하면 혹 말하기를 조상서와 이시랑과 두루 같은 명이라 한다). 鄧知府 '乙巳庚辰'. 余復狀元 '壬申癸丑'. 周大桂擧人 '辛丑壬辰'. '庚申戊子', '庚子乙酉'(俱貴, 모두 일 · 시에서 년 · 월로 순수한 유를 만나 종살(從殺)이 된다. 기축이면 살국(煞局)인데, 자 · 진으로 화인(化印)하면 누우 길하다).

을해일 갑신시는, 시가 공망에 떨어지니 주의 자식이 적다. 추생은 관이 육경에 거한다. 해 · 묘의 년에 미(未)월은 두루 길하다. 신백경에 이르기를, "을경으로 화함에 통하면, 주에게 두터운 복이라"고 하였다.

王堯封尙書 '戊戌 庚申 乙亥 甲申'(無子). '壬戌己酉'(貴同). 辛賓侍郎 '甲申丙子'. 洪公偕憲副 '乙亥庚辰'. 范輅參議 '丁酉丙午'. '癸丑癸亥'(進士).

장생(長生)역마(驛馬)의 국(局)이라, 천복(天福)에 주가 문장이 있다. 금 · 토의 향(鄕)으로 운이 행하면 길하니, 공명을 가히 잴 수가 없다. 을일이 시에서 갑을 만나 상봉하니, 장생 역미가 안으로 서로 친하다. 귀인 천을(天乙)이 와서 상조하니, 도리어 갈의(褐衣)를 풀고 자의를 입어 대궐에 든다.

을일 신시는 귀(貴)를 만남이니, 그 사이에 고인을 봄이 기쁘다. 소인에게도 아름다움을 칭송하니 기이한 바램이 있는데, 극 · 파 · 충 · 형은 그 힘을 감한다. 신왕 운에 길지를 만나면, 재 · 관이 양왕(兩旺)함을 알고 믿는다. 말이 있고 안장이 있으며 의관도 있으니, 정히 주가 문과 뜰에서 바꾸고 고치는 것이다.

【六乙日乙酉時斷】육을일 을유시의 판단

육을일 생에 시가 을유는, 금국(金局)을 얻고 만나면, 화(火)가 기이함이 된다. 용신으로 목을 만나면 중중(重重)한 귀(鬼)를 보아 절(絶)이 되니, 수명을 상하고 도리어 의지할 곳이 없다.

을일 을유시는, 본신은 절(絶) 되고 귀(鬼)는 왕(旺)하다. 을이 신(辛)으로 귀가 되는데, 유(酉)상에서 신(辛)이 왕하며 을이 절(絶)된 것이다. 만약 '사ㆍ유ㆍ축'의 월로 통한 것은 금국으로 화하여 귀하다. 곧 용신(用神)이 목에 앉은 것과 같아서, 신왕(身旺)으로 인하여 화(化)하지 않고 또 유(酉)에서 이를 보면, 요절하지 않으면 필히 가난한 것이다.

을축일 을유시는, 높다. '사ㆍ유ㆍ축'의 월에 생하여 금국으로 합하고, 다시금 서방으로 운행하면 대귀하다. '인ㆍ오ㆍ술'의 월은 빈하고 하천하다. '해ㆍ묘ㆍ미'의 월은 길(吉)하다. 년ㆍ월로 자(子)가 순수하며 남방으로 운행하면, 1-2품의 귀이다. 인(寅)월에 화ㆍ금이면 7품의 귀이다. 신(申)월에 수ㆍ목이면 금자의 귀함이다.

毛澄尙書 '庚辰 乙酉 乙丑 乙酉', '壬子壬子'(貴同). 陳一貫進士 '乙卯丁亥'. 蕭世延進士 '乙丑辛巳'. '辛丑丁酉'知府.

을묘일 을유시가, 월에서 금국에 통한 자는 귀하다. 미ㆍ인의 년ㆍ월이면, 관이 1-2품에 이른다.

韓信 '辛酉 丁酉 乙卯 乙酉'. '乙酉己酉'(都統俱以武貴 도 통제사로 두루 무로 귀하였다). 林大章進士 '庚午丙戌'(夭). 李春馨擧人 '戊寅甲寅'. 趙彦兵部尙書 '辛酉己亥'.

을사일 을유시는, 춘(春)에 길하다. 하(夏)는 상관에 유제(有制)하니 좋다. 추(秋)는 목약(木弱)에 금중(金重)하니 요절하며, 그렇지 않은즉 질환이 있다. 동(冬)은 복이 두터우나, 역시 요절한다.

을미일 을유시는, 공귀(拱貴)격이니 형ㆍ파가 없으면 귀하다. 신(申)이 있어 전실(塡實)되면, 곧 그렇지 못하다. 해ㆍ묘의 월에 서방으로 운행하면 귀하다. 달리 왕한 가운데 형(刑)이 있다고 한다.

林錢御史 '癸卯 丙辰 乙未 乙酉'. 陳時範進士 '壬申乙巳'. 張泰徵進士 '甲寅丙子'. '庚子丁亥'(擧人部郞)

을유일 을유시는, 왕한 데서 자형(自刑)이라, 년ㆍ월로 화ㆍ토가 중하면 주에 재앙이다. 만약 월기에 통하여 인·식이 투출하고 화·목으로 운행하면, 대귀하다. 지지로 순수한 유(酉)가 화하여 금상(金象)을 이루는데, 다만 인수를 두른 경우라면 귀(貴)를 말함이 불가하다.[6] 가장 두려운 것은 세·운에서 관(官)을 만나는 것이다.

元世祖 '乙亥 乙酉 乙酉 乙酉'. 張貴妃四柱純乙酉, 一淸高, 一知縣俱同(장귀비는 사주가 모두 을유로 순수한데, 다른 경우는 청고하였고, 한 지현 역시 이와 같았다).

趙葵丞相 '庚戌乙酉'. 曲從太師 '甲寅癸酉'. 梁夢龍侍郎 '丁亥壬子'. 庚通政 '壬戌庚戌'. 陳知縣 '己丑乙亥'. 林成立擧人 '戊午丁巳'. '乙酉甲申'(貴), '壬子壬子'(富), '壬申癸丑'(凶死).

을해일 을유시가, 춘생이면 인수격으로 귀하다. 인(寅)월에 금·화로 운행하면, 대귀하다.

倫文敍狀元 '乙亥 甲申 乙亥 乙酉'(子以訓以諒以詵俱貴 자식들을 이로써 가르치고 믿으며 또 많았으니, 두루 귀하였다). 李喬主事 '壬申庚戌'. '丙寅丁酉'(知府), '戊辰甲寅'(參政), '甲午庚午'(知縣), '甲寅癸酉'(通判). 何起鳴侍郎 '辛卯辛丑'. '庚寅丁亥'(封尙書).

순수(順水)행선(行船) 곧, 물을 따라 편히 배가 흘러가는 국(局)이다. 장강이 태양을 쫓아 흐르니, 살(煞)이 와도 신왕이면 길하고, 재록에 임하여 탐하고 구한다. 일간이 을인데 시로 유가 임하면, 가살(假煞)위권(爲權) 즉 살을 빌려 권이 되니 신왕이면 기묘하다. 신약에 관(官)을 만남은 힘을 낭비하는 무리가 되니, 모름지기 공명은 운이 통하는 때를 기다려야 한다.

을일에 시로 을유가 임하면, 태어난 별이 을목이라 근심이 없다. 그 중에 권귀(權貴)가 임하여 도모함을 구하니, 파(破)가 없다면 공명은 정해져 있다. 처자와 재원(財源)을 조년(早年)에 극해하는데, 비처럼 흩어지고 구름처럼 거둔다. 종조(宗祖)를 옮기고 바꾸어 근심을 면하고자 하니, 중년이나 말년에 가업을 성취하는 것이다.

【六乙日丙戌時斷】 육을일 병술시의 판단

육을일 생이 시가 병술이면, 귀(鬼)는 패(敗)지에 임하고, 본신에는 손상이 있다. 만약 기(氣)가 신왕한 달로 통하지 않는다면, 고빈(孤貧) 노록(勞碌) 고난(苦難)함이 당연

---

[6] 이는 종살의 뜻으로 읽어야 하겠다.

하다.

을일 병술시는 귀(鬼)가 패한 가운데 몸으로 임한 것이다. 을은 경으로 관을 삼는데, 병을 보니 배록(背祿)이요, 술 중에는 신(辛)의 여기(餘氣)가 있고, 병·정의 고(庫)가 되니, 식신에 제살함이 된다. 만약 주(柱)에서 경이 투간한다면, '상관견관 위화(爲禍) 백단(百端)'이 되는 것이다. 년·월로 인·오가 있으면 병화로 합국(合局)한 즉, 1목(木)이 화위(火位)를 거듭 만난 셈이 되어, 주인이 물건에 오만하고 기운이 높다. 의록(衣祿)은 평상하고 잔질(殘疾)이 있는데, 그렇지 않으면 수명을 재촉한다. 신왕하고 월기에 통한 것은 길하다.

을축일 병술시면, 춘에는 신왕하니 길하고. 하에는 상관(傷官)이 태중(太重)하며. 추에는 노력하나 신고(辛苦)하고. 동에는 해·자 인수가 상관을 둘러 극귀(極貴)하다. 술월에 목·화의 운은 7품의 귀함이다. 년·월로 술이 순수하고, 천간으로 경·병이 투출한 것은 대귀하다. 인·오와 합이 온전하여 화가 된 것은 요절한다.

柴經都堂 '丁酉 戊申 乙丑 丙戌'. 孟重都堂 '乙亥丁亥';劉大實 秦梁命同, 劉發科戊戌 秦丁未 孟癸丑, 劉官止亞卿 秦止布政 孟則都憲, 劉豫州 秦揚州 孟雍州分野,[7] 不同故也. 유대실, 진량과 맹중은 명이 같다. 유는 무술에 과거에 나아갔고, 진은 정미, 맹은 계축이다. 유는 관이 아경에 그쳤고, 진은 포정에 그쳤으며, 맹은 곧 도헌이었다. 유는 예주요, 진은 양주며, 맹은 옹주로 땅이 나뉘는데, 이것이 서로 같지 않았던 이유다.

을묘일 병술시가, 인·묘의 월에 서방 운을 행하면 6-7품의 귀이다. 자월 인수(印綬), 축월 잡기(雜氣)에는, 형출(刑出)하여 재·관을 드러내니 두루 귀하다.

劉訒尙書 '癸卯 甲子 乙卯 丙戌'. '乙丑己丑'(貴), '癸亥丁巳'(進士).

을사일 병술시는, 길하다. 년·월로 축·술·미는 풍헌(風憲)에 육경(六卿)이다. 해(亥)월이 동방 운을 행하면 한림원에서 청귀하다.

閔如霖侍郎 '癸亥 丁巳 乙巳 丙戌'. 吳希賢學士 '丁亥壬寅'. 丘秦進士 '乙卯丙戌'. 余以中進士 '己未乙亥'. '戊辰丙辰'(貴), '壬寅庚戌', '乙丑戊寅'(俱大富).

을미일 병술시는, 왕처(旺處)에서 흉(凶)하다. 년·월로 묘·오·미·술은 귀함을 드러낸다.

王鴻儒尙書 '己卯 乙亥 乙未 丙戌'. 靳學顔提學 '丁卯庚戌'. 吳大本知縣 '甲午乙

---

7   이 부분은 여타의 명조 예시와 다르다. 세 사람을 예시로, 그 지방의 다름을 알리고 있다.

亥'. '甲戌庚午'(舉人).

을유일 병술시는, 춘(春)에 신왕(身旺)이요, 동(冬)에는 인왕(印旺)이니 대귀하다. 하(夏)의 사·오와 추(秋)의 유·술 역시 두루 귀한데, 또한 천간이 어떠한지를 보아야 한다. '정미, 갑진'은 일생의 생계가 신고(辛苦)한데, 귀인을 만나고 축(丑)월에 술(戌)을 형(刑)하면 길하다.

楊五華尙書 '丁亥 壬子 乙酉 丙戌'. 屠直齋尙書 '庚子丙戌'. 徐紳都堂 '丙子庚寅'(問死得生 죽음을 묻는데 생을 얻었다). 徐珏總兵 '丙辰丁酉'. 田蕙進士 '乙未戊寅'. 林環狀元 '乙卯辛巳'. '戊戌戊午'(舉人), '戊申丁巳'(貴無子), '乙未丙戌'(平凶死).

을해일 병술시는, 혈질(血疾)이다. 해·자·묘·미·인의 월은 일생동안 귀인을 만나 발복한다. 천간으로 재를 투출하면, 상관이 생재하니 또한 길하다.

張孚敬閣老 '乙未 戊子 乙亥 丙戌'(一云丙子時). 季膺進士 '癸未戊午'. 李偉皇親 封武淸伯 '庚午己卯'(三子).

고목(枯木)상봉(相逢)의 국(局)이, 봄 잎에 갱생함을 만난 것이다. 만년에 바야흐로 득지하니, 다시금 꽃이 발하여 영화롭다. 을일 병술시는 화고(火庫)인데, 신(辛)을 암장하고 축(丑)을 만나니 곧 길창(吉昌)하다. 만약 운이 흉·극해(尅害)를 만난 경우라면, 명을 추산할 때 또한 평상한 것으로 본다.

을일에 병술이 서로 만남은, 상관(傷官)에 고(庫)라서 나뭇가지가 말라붙은 것이다. 신축(辛丑)이 임하지 않으면 자물쇠에 열쇠가 없는 것과 같다. 육친·부모를 의지하기 어렵고, 안려(鴈侶) 즉 기러기처럼 반려하고자 하나 나뉘어 날아가니 화목하지 못하여, 마음에 슬픔이 있고 소원함이 생긴다. 요(要)는 발복하기 위해서는 문려(門閭) 즉 문을 옮겨서 다른 문을 열어야 함을 아는 것이다. 이 명은 먼저는 괴롭고 뒤에 가서야 단 것이다.

【六乙日丁亥時斷】 육을일 정해시의 판단

육을일 생 정해시는, 식신(食神) 인수(印綬)라 역시 기이하다. 월기로 수·토면 재와 귀(貴)가 없는데, 참으로 꺼리는 것은 상처(傷處)하고 자식 재앙이 함께 오는 것이다.

을일 정해시는, 사처(死處)에서 봉생(逢生)이라. 을목은 사(死)하는데, 해(亥)는 도리어 임수라 생기(生氣)가 되고 인수가 될 것이다. 을은 정을 써서 식신으로 삼는데 해 중에 정이 앉아 무기(無氣)하니, 갑목이 정을 생조하여 식신으로 복이 됨을 기뻐한다. 금국(金局)을 만나고 수운(水運)으로 행하는 경우라면, 안질을 막는다. 사주에서 재를 보거나 혹 재운으로 행하면 탐재(貪財)괴인(壞印)이 되어 주가 파재(破財)한다. 무는 재가 되고 처가 되며, 경은 관이 되고 자식이 되는데, 해(亥)의 위에서 경은 절(絕)되고 토는 병(病)이 되어 처쇠(妻衰)자소(子少) 즉 처는 쇠하고 자식은 적은 것이다.

을축일 정해시는, 수려하다. 임자(壬子)와 신·미·묘의 월에 생하고, 재·인을 투간한 것은 재덕(才德)을 겸전하니, 직(職)이 풍헌에 임한다. 년·월의 간지로 금이 순수하면, 신쇠(身衰)에 살왕(煞旺)이라 주가 흉사(凶死)함이 많다.

彭華閣老 '壬子 壬子 乙丑 丁亥'. 游侍郎 '乙未己丑'. 梁進士 '壬申戊申'(一知縣命同). '庚戌戊子'(富四子俱監生), '辛巳庚子'(跌死 넘어져 죽었다), '己丑丁丑'(毒死).

을묘일 정해시가, '사유축' 월에는 편관이요, 신(申)월은 정관이니 두루 귀하다. 해(亥)월에 동남 운은 풍헌이다. 미(未)월은 삼합으로 목국(木局)하니 대귀하다.

董丞相 '己巳 辛未 乙卯 丁亥'. '戊申戊午'(敎論), '壬午甲辰'(擧人). 劉良弼少卿 '辛卯戊戌'. '辛卯庚子'(進士).

을사일 정해시는, 길하다. 묘(卯)월에 서북의 운은 5품의 귀(貴)이다. 월기로 통하고 남방 운은 중귀요. 년·월로 천간에 정·임이 투출하고, 지지로 묘·유·인·진이 자리한 것은 대귀하다.

翟鑾閣老 '丁酉 壬寅 乙巳 丁亥'. 方宜賢知府 '壬辰壬寅'. '丁巳甲辰'(平章), '乙未己卯'(知州). 海瑞 '癸酉辛酉'(南總憲以淸直著 남부의 총헌이었는데, 청직으로 드러났다), '己卯戊辰'(都督).

을미일 정해시는, 귀하다. 년·월로 자·해면 공후(公侯)이다. 춘생이 서방 운을 행하면 낭관(郎官)이요. 유(酉)는 귀한데 외롭다. 년·월로 목·화면, 주가 과거에서 높이 발한다. 수·토·금이 일간과 더불어 합화(合化)하여 쓰임이 있으면, 두루 길하다.

黃佐翰林 '庚戌 己丑 乙未 丁亥'. 王文燁狀元 '壬寅丙午'. 李价吏部 '癸未乙丑'. 尹相給事 '戊午癸亥'. 張書給事 '庚子戊寅'. '乙亥丁亥'(侯伯), 林萃擧人 '庚子戊寅'. 陳詩擧人 '壬申癸卯'.

을유일 정해시는, 월에서 금국으로 통하고 수(水)운을 행하면 대귀하다. 목기에 통하면 발달한다. 토기에는 그 뜻을 칭할 것이 있다.

姚尙書 '丙申 庚寅 乙酉 丁亥'. 田頊憲副 '丙辰丁酉'. 翁兩川進士 '癸未己未' 良璞進士 '甲子壬申'. 閭忠信擧人 '癸未乙卯'. '辛丑辛卯'(先貴後刑). 楊述中郾撫 '庚申丙戌'.

을해일 정해시는, 재가 있으나 자형(自刑)이다. 인·묘로 신왕하고, 천간에 투재(透財)하면 부(富)하다. 진·축으로 금·화의 운을 행하면 귀하다. 해·자·신은 관·인이 쌍청(雙淸)하니, 다시금 재로써 돕게 되면 대귀하다.

陳尙書 '丙午 己亥 乙亥 丁亥'. 王尙書 '戊子壬戌'. 張時徹尙書 '庚申丙戌'. 吳世騰少卿 '辛亥庚子'. '乙丑丁亥'(知府), '丙寅丁酉'(擧人). '乙卯己卯', '己亥丙寅'(俱富), '庚戌戊子'(富多子尅五妻 부하고 다자였는데, 5처를 극했다).

시봉(時逢)인식(印食)의 국(局)이라, 곧 시에서 인수와 식신을 만났다. 공명을 재는 것이 불가하니, 귀인이 서로 모여 회합하므로 부귀가 조당(朝堂)에 앉은 것이다. 시상(時上)에서 해를 만나 생하고 정화 식신과 함께하니, 을목이 장생을 만난 것이요, 운행(運行)에서 공·충·파를 만나지 않으면, 부귀쌍전하니 성명을 드러낸다.(월기에서 상부함이 가장 귀함이 된다. 신쇠에 무의하면 이는 평상인이다)[8]

을일이 시에서 정해를 만남은 식신과 인수가 상부(相扶)하는 것이다. 장생이 뜻을 얻었으니 글 읽는 유학자에게 좋고, 그 령(令)이 드러나 현달하니, 맑은 이름이 귀함을 만난다. 정·임이 만나 화기(化氣)하니 운이 관대(冠帶)에 임함을 기뻐하는데, 이를 옮겨 원기(元機)와 묘법을 제거하게 되면 실로 엿보기가 어렵게 된다. 병(丙)에 사·인·신이면 귀함을 감한다.

【六丙日戊子時斷】육병일 무자시의 판단

육병일 생이 시가 무자면, 재·관은 생왕하고 식신을 만난 것이다. 월기에서 상부함이 가장 귀함이 되니, 신쇠에 의지할 것이 없으면 곧 평상인이다.

병일 무자시는, 관이 왕하고 재를 생한다. 병은 신(辛)을 써서 재가 되고 계(癸)는 관이 되는데, 병이 신과 합하고 무가 계와 합한다. 자 중에서 계가 왕하고 신을 생하므로, 병화가 무기(無氣)하다. 만약 월로 화기(火氣)에 통하면 의탁할 것이 있어 귀한데, 불통하면 가난하고 하천하다. 목기로 통하는 것 역시 길하다.

병자일 무자시는, 인·사·묘·미의 월에 목이 능히 화를 생하니 대귀하다. 동(冬)월에는 병화가 무기하여 빈요하다. 술월에 화·토의 운을 행하면 5-6품의 귀이다. 정사(丁巳)월을 꺼리니 요절하고, 기유(己酉)월은 파가(破家)하고 토를 잃으니 그 몸이 천하다.

---

8 괄호 안의 글은 원문에는 없는데, 통행본에서는 자주 쓰인다.

董玘會元侍郎 '癸卯 辛酉 丙子 戊子'(神童). 應大猷都憲 '丁未丙午'. 張洽御史 '己未丙子'. '辛丑辛丑'(大貴), '壬申己酉'(中貴), '己卯癸酉'(衍聖公).

병인일 무자시가, 묘·축 월에 생하면 청귀한데, 인·술은 평상하다. 하(夏)월에 신왕하고 사주에 수·금이 있으면 바야흐로 길하다. 자월은 정관이라 대귀하다. 계사(癸巳)월은 꺼리니 형(刑)하기 때문이요, 계해월은 악사하며, 기유월은 대패한다.

鄒應辰給事 '壬辰 乙巳 丙寅 戊子'. 李璣尙書 '己未丙子'(一云丙子日). '己卯丙子'.[9] 莫如士御史 '壬申戊申'. 毛伯知狀元 '丁酉甲辰'. '癸卯甲子'(舉人).

병진일 무자시의 경우, 병진은 일인격(日印格)이 되니 관성을 봄을 기뻐한다. 만약 술월에 생하면 신왕함이 가장 마땅하니 무(武)장으로 귀하다. 인월에 금·수 운을 행하면 중귀이다. 신월에 삼합하면 회살(會煞)하니, 인수가 있으면 귀하다. 기사월은 꺼리니 주가 흉사한다. 기해월은 자형에 사(死)가 되고, 계축월은 파조(破祖)하고 악사한다.

李南庵參政 '戊辰 癸亥 丙辰 戊子'. 陳新知縣 '乙酉甲申'. '癸酉辛酉'(提學).

병오일 무자시의 경우, 병오는 일인격(日刃格)이 되니 관·살로 제합(制合)함을 요한다. 진·술·축·미의 월에 생하면 대부(大富)이다. 해·묘·미·인(寅)의 년·월이면 대귀하고, 신·사는 문(文)으로 귀하니 3품이요, 무(武)로 귀함은 오래가지 못한다. 순수한 자(子)로 자오(子午)쌍포(雙包)가 되면 귀격(貴格)이다. 정사월은 꺼리니 악사(惡死)하며, 정해월은 자형에 악사요, 신축월은 고독하다.

顏回亞聖 '己丑 辛未 丙午 戊子'. 成國公 '辛未庚寅'. '戊戌己未'(尙書). 白怡官生太守 '辛酉癸酉'. 陸果進士 '癸亥乙卯'.

병신일 무자시가, 년·월로 사·오에 동북 운을 행하면 풍헌이요, 자월에 목·화 운을 행하면 3품이다. 축은 7품이고, 유·해는 비록 귀(貴)를 만난 것이나 도리어 천하다. 계사월은 꺼리니 중년에 형(刑)이요, 을유월은 파패(破敗)한다.

鄭岳侍郎 '戊午 甲子 丙申 戊子'. 明一化解元 '戊辰辛酉'. 魏珀舉人 '辛巳己亥'. 曹志淸舉人 '辛巳丙申'. '戊子癸亥'(同).

병술일 무자시는, 춘생에 인수가 가장 길하다. 하는 본신이 태왕하여 평상하고, 추는 재왕에 신쇠하니 의탁함이 있은즉 귀하다. 년·월로 유(酉)가 순수하면 문(文)으로 나아가 귀함이 된다. 기해월[10]은 꺼리는데 죽어도 시신이 온전치 못하다. 계축월은 가난

---

9 원문에도 다른 해설이 없다.

10 원문은 사·해의 월로 되어 있는데, 검토를 요한다. 사월은 계사가 되어 자사합에 정관이요, 해는 기해로 상관견관이 되기 때문이다. 따라서 사월로 보기는 힘들다.

하고 요절한다.

劉白川尙書 '癸未 乙卯 丙戌 戊子'(丁丑年致仕 정축에 벼슬을 내놓았다). 何笋亭御史 '丙辰己亥'. 吳國倫大參 '甲申丙寅'(發解). 徐行布政 '己丑丙寅'.

식신(食神)영마(迎馬) 즉 식신이 재마를 맞이하는 국(局)이다. 재기(財氣)가 왕하면 모든 것이 온전한데, 공망과 충극을 범하지 않으면 재주와 명성을 원근에 전한다. 생애로는 4계(季)에 융성하니 활계(活計)가 된다. 병이 무자를 만남은 식 · 관(食官)이 한가지라, 상함이 없으면 만년에 모두 성취한다. 길처(吉處)에서 흉험함을 만났지만 통하는 것이다.

병자가 시에서 무자를 만남은, 관성과 식복이 한가지다. 오 · 정 · 미를 배척하니, 이를 만나면 또한 가라앉고 파묻힌다. 교통함이 있으면 중년에 크게 상쾌하니, 부모 · 처자와 합함을 기뻐한다. 흉중(胷中)에 문재(文才)를 은닉하였으니, 만약 한 번 호운을 만나면 일시에 이루므로 부귀와 청한(淸閑)함이 자재(自在)한 것이다.

【六丙日己醜時斷】 육병일 기축시의 판단

以下六丙日所忌月分與上同時亦並論[11] ; 이하 육병일에 꺼리는 바를 월별로 나눔은 위와 같고, 시 역시 더불어 논한다.

육병일 생이 시가 기축이면, 관 · 귀(官鬼)가 서로 상하여 녹을 이루지 못한다. 만약 신 · 경(申庚)의 금을 보고 더불어 을(乙)이 왕하다면, 재 · 록(財祿)을 구하지 않아도 평생에 넘친다.

병일 기축시는 상관이 배록(背祿)하니, 사물에는 오만하고 그 뜻은 높다. 병이 계로써 관을 삼는데 축 중에 계의 여기(餘氣)가 있으나 명암으로 토의 상함을 입으니, 사주에 계(癸)가 투(透)간되면 도리어 화가 된다. 만약 경 · 신(庚辛)을 보면 상관생재하니 오히려 복이 되고 경사가 된다. 달리 명출지상(明出地上) 즉 밝음이 지상에 나타난 격(格)으로 주가 귀하다 하였다.

병자일 기축시는, 인 · 해 · 신 · 진의 년 · 월에, 천간으로 재 · 인 · 식이 투출하면 귀하다.

羅倫狀元 '辛亥 庚寅 丙子 己丑'(名臣). 舒春芳憲副 '戊寅癸亥'. '戊辰乙未'(太

---

[11] 이 부분 원문에는 없다.

守).

병인일 기축시는, 평상하다. 을유 월에 생하면 정재격이요, 을 · 경이 있고 건왕하면 귀하다. 년 · 월로 사 · 축은 천간에 관 · 인이 투출하면 귀하다. 《신백경》에는 "화 · 토의 상(象)이라 주가 귀하나, 혈질(血疾)이 있다"고 하였다.

徐錦都堂 '乙巳 丙戌 丙寅 己丑'. 江良才憲副 '壬辰己酉'. 陳謹狀元 '乙酉己丑' (享壽不永卒於辭軍 수를 누림이 길지 않았는데, 군사를 말함에 죽었다). 詹惠御史 '己亥戊辰'. 雷賀進士 '丁卯癸丑'. 潘允端進士 '丙戌癸巳'(父兄俱貴). 郭琥總兵 '丙子丁酉'. 張駙馬 '戊申丙辰'. 劉提刑 '庚辰壬午'.

병진일 기축시는, 년 · 월로 신 · 해에 수(水)로 화(化)한즉 길한데, 불화(不化)하면 수명을 재촉한다. 술(戌)월에 고(庫)를 충하면, 발(發)하지 않는 사람이 없다. 인 · 오로 신왕하면 염상(炎上)격을 이루어 대귀하다.

馬愉侍郎 '乙亥 丙戌 丙辰 己丑', '甲戌癸酉'(貴同). 王慎中大參 '己巳甲戌'(海內文名). 董傳策侍郎 '庚寅壬午'(諫言幾死凶終 간언함에 죽음의 기미가 있었는데, 흉하게 마쳤다). 姚淶狀元 '戊申戊午'(尙書譏子 상서가 자식을 꾀하였다).

병오일 기축시의 경우, 춘월에 화 · 금 운을 행하면 관이 극품에 이른다. 하는 평상이요, 추는 부(富)하며, 동은 귀(貴)한데 처자를 건사하기 어렵다. 년 · 월로 오 · 유면 5-6품인데, 이는 월록(月祿)이 생재(生財)하는 것을 징험한다.[12]

徐乾布政 '甲辰 甲戌 丙午 己丑'. 王應鍾御史 '庚午己丑'. 駱維儼擧人 '丁丑戊申'.

병신일 기축시는, 혈질이요. 신(申)월이면 문학으로 유(儒)자의 관직이요. 술(戌)과 묘(卯)는 귀하다. 자 · 진으로 관을 회(會)하고, 인 · 묘로 인을 모은 것은 두루 길하다.

林啓解元 '甲戌 丁丑 丙申 己丑'. '庚子乙酉'(御史), '戊寅丙辰'(擧人). 趙煥御史 '壬寅壬寅'.

병술일 기축시는, 무(武)공이 높은데, 형(刑)을 받은 후 왕함을 발한다. 해 · 묘의 월에 생하고 화 · 금의 운이면 대귀하다. 진 · 미로 4고(庫)가 온전하고, 화 · 토로 성국(成局)하면 대부호이다. 《신백경》에는 "육병일이 기축시를 보면 주에게 혈질이 있는 경우가 많다"고 하였다.

王進布政 '乙卯 丙戌 丙戌 己丑'. 余太宰 '丁卯癸丑'. 盧知縣 '辛未辛丑', '戊辰

---

12 건록이 재를 극하기만 하는 것이 아니라, 생할 수도 있음을 말한다.

己未'(富).

시상(時上)상관(傷官)의 국(局)이라, 영화가 장구하지 못하다. 평상인은 조업을 떠나면 길하고, 군자는 조정 밖에서 영창한다. 병일은 재·관을 창고(庫) 안에 감춘 것이라, 술·진·미의 글자가 있으면 문장을 드러낸다. 신쇠(身衰)하면 곧 자물쇠에 열쇠가 없는 격이라, 비록 명리를 구하여도 모두가 평상할 뿐이다.

병일이 시에 기축을 만남은, 상관에 재고(財庫)가 암장된 것이다. 운이 미·술의 땅으로 교류하면 심상치 않다. 재·관을 파출(破出)하면 필히 왕하니 귀함에 가까운데, 혹 재(財)를 겁탈함을 도모한다고 추산되면[13] 도리어 사소한 해(害)가 있다. 육친에는 참과 거짓이 있으나, 다소간은 화해한다. 시(時)에 의지하여 올바로 판단하면 크게 괴이함은 없을 것이다.

【六丙日庚寅時斷】 육병일 경인시의 판단

육병일 생이 시가 경인이면, 학당(學堂)이 생기(生氣)하여 그 몸을 돕는다. 운 가운데 합(合)이 있고, 금국(金局)에 통함이 있으면, 필시 영화로운 부귀인이다.

병일 경인시는 생기(生氣)학당(學堂) 곧 학당으로 기를 생하니, 병이 인 위에서 장생하여 문장이 수려하고 기가 빼어나다. 병이 경·신(庚辛)으로 재를 삼는데, 인 위에서 경은 절(絶)되고 병은 왕하다. 만약 월기로 금국에 통한 자는 재가 왕하니 부귀가 쌍전하고, 서방으로 운행함을 기뻐한다. 불통한 국(局)이라면 재가 엷은 것이다.

병자일 경인시는, 자월에 생하여 귀함에 가깝다. 계유(癸酉) 월이 수·목 운을 행하면 고귀하다, 화·목 운은 5품 이상의 귀이다. 미·신·계·오의 년·월이면, 그 몸이 무직(武職)에 거하고 대귀하나 수명이 얕다.

武定侯郭勛 '丙申 戊子 丙子 庚寅'(癸卯年死於獄). 余端禮丞相 '乙卯戊子'. 張參政 '丁巳壬寅', 又'己酉癸酉'(貴同). 闇光潛憲副 '戊寅己未'. 符驗南知州 '癸丑辛卯'. 吳時來給事 '戊子甲子'(두 번의 상소로 말이 씨가 되어 곤장을 맞고 죽을 기미가 되었는데, 술운에 유배된 지 수년 후 소환되어 관이 도헌에 이르렀다), 楊廷筠學院 '丁巳丙午'.

병인일 경인시는, 귀가 오래가지 못한다. 년·월로 유·신에 생하면 대대로 후손에게 냉직(冷職) 즉 한직이 있다. 자·축·인·미는 귀가 드러난다. 인(寅)이 순수하면 또

---

13 곧 억지로 일을 벌여 재물을 취하고자 함에 겁재가 동한다는 뜻이다.

한 길하다.

陳尙書 '癸卯 乙丑 丙寅 庚寅'. 呂侍郞 '癸未甲寅'. 吳稜解元 '庚午乙酉'(不祿). 周汝勵解元 '癸巳甲子'. '丁未壬子'(大貴), '甲戌乙亥'(小貴), '壬辰壬子'(受廕有財 음서를 받아 재물이 있었다), '庚辰戊子'(千戶凶死).

병진일 경인시가, 년·월로 인·오·술·미에 생하면 처가 어질고 자식이 효도하며 부귀쌍전한다. 신·자에 북으로 운행하면 대귀하다. 유·축은 부하다. 달리 모두 높다 한다.

甘爲霖尙書 '丁未 壬子 丙辰 庚寅'(以土木得幸 토목으로 행운을 얻었다). 趙知府 '辛卯庚子'. 溫擧人 '癸卯戊午'(溫都憲子 온도헌의 자식이다). 宋夏英公 '癸酉壬戌'. 簡繼芳進士 '辛丑庚寅'.

병오일 경인시의 경우, 년·월로 임·계·자·미·사의 글자가 없으면, 비천(飛天)녹마(祿馬)로 귀하다. 사유축·신의 경우라면, 주가 문학으로 불귀한즉 부하다. 미월은 상관이요, 진월은 선빈(先貧)후부(後富)한다. 해월에 서방으로 행운하면 귀(貴)가 드러난다.

費宷尙書 '癸卯 丙辰 丙午 庚寅'. 劉思問都憲 '己卯丙子'. 廖慶郞中 '辛丑癸巳'. 劉尙書 '丁亥戊申'. '甲戌丙寅'(宰相), '丁酉癸丑'(待制), '己酉丁丑'(元戎).

병신일 경인시가, '해묘미·신자진'의 2국(局)을 보면 관·인이 양왕(兩旺)하니 대귀하다. 사유축의 재국(財局) 역시 길하다. 인오술의 본국(本局) 즉 화국이면 평상하다.

曾從狀元 '乙未 甲申 丙申 庚寅'. 木尙書 '庚申戊子'. 莫侍郞 '丁亥辛亥'. 何樞密 '己卯丁卯'. 曾參政 '己未壬申'. 謝少南參政 '戊午己丑'(有文名). 黃瑗知府 '壬辰壬子'(或作壬辰時). '甲寅辛未'(擧人).

병술일 경인시가, 해·자 월에 생하면 귀함이 드러난다. 신·유의 년·월에 북방으로 행운(行運)하며, 인오술에 관·귀로 운이 행하면 두루 대귀하다. 만약 운이 사·절(死絶)에 임한즉 황천으로 들어감은 의심할 것이 없다.

魏尙書 '戊申 戊午 丙戌 庚寅'(一云癸亥年). 顧遂侍郞 '辛亥甲午'. 朱都堂 '甲寅甲戌'(縊死). 程一新布政 '癸酉壬戌'.

시상(時上)재신(財神)의 국(局)이라. 금이 복을 생하니 감히 측량하지 못한다. 10년 창 아래 숨었으나, 뜻을 얻으니 성명이 향기롭다. 병·경이 인시를 만나 상합(相合)하니, 험난함을 제거하고 복이 스스로 따른다. 운이 한랭한 문에 이르면 이름난 장상(將相)이요, 시에서 오게 되면 평보(平步)로 운제(雲梯) 즉 청운의 길과 사다리에 오른다.

병일 경인시는, 곧 쌍친이 쇠함에 비유되니 왕하면 고향을 떠난다. 처자식이 일찍이 해(害)를 받으나 만년에 영창하니, 백호(白虎)가 산으로 돌아오니 바르고 왕(旺)함이 된다. 목에는 송백(松柏)으로 숲을 이룸이 있어, 그 생애를 통해 널리 재물과 양식을 취한다. 금을 쌓고 옥을 거두어 고당에 충만하니, 공히 사람들이 부러워하고 말하기를 높은 모양이라 한다.

【六丙日辛卯時斷】 육병일 신묘시의 판단

육병일 생이 시가 신묘인 경우, 왕하면 목(木)에 쌍처(雙妻)로 사람이 교묘하다. 불왕하여 수(水)로 화하면, 사향(死鄕) 즉 사절지에 있는 가운데 색욕이 그 몸을 따른다. 본신에 애호함이 많은 것이다.

병일 신묘시는, 패재(敗財)에 합을 만난 것이다. 병일은 묘(卯)상에서 목욕인데, 신(辛)을 보니 합신(合神)한다. 만약 본신(身)이 심히 왕하여 화함을 얻지 못하면, 이는 다만 사람이 무례하고 색욕을 탐함에 그친다. 그러므로 도리어 신약하여 수(水)로 화함을 좋아하는 것이다. 묘(卯) 위에서 수가 사하니 빼어나나 과실이 없으므로, 그 사람됨은 교묘함이 버릇이 되어 헛되이 속인다. 오직 병오 · 병인에 춘월생은 신왕하여 화하지 않음에도 불구하고, 문장으로 귀하고 빼어남을 드러낸다.

병자일 신묘시는, 자 · 묘가 상형(相刑)이라, 상처(傷妻)해사(害子)한다. 년 · 월이 같으면 주가 괴강의 이름이라, 근시(近侍)의 귀함이다. 인 · 오 · 축 · 술로 천간 지지가 상합한 것은 대귀하다.

鄭紀尙書 '癸丑 壬戌 丙子 辛卯'. 劉行素憲副 '丙子辛卯'. 王履端進士 '丙申庚寅'.

병인일 신묘시는, 조상의 덕 없이도 자립하나 지체에 질환이 있다. 인 · 묘 · 미 · 자의 월은 귀하다. 나머지 월은 평상하고 세 · 운도 동일하다.

高雲川御史 '己未 甲戌 丙寅 辛卯' (一乙亥月大貴凶死 달리 을해월은 대귀하였으나, 흉사하였다). 王太守 '乙未丁亥'. 朱端明擧人 '庚戌丙戌'. 陳彝擧人 '己巳丙寅'. 習孔敎翰林 '丙申辛卯' (대개 이 날에 생하고, 연 · 월로 오 · 술이 있어 합국하면, 염상격을 지어 논한다).

병진일 신묘시가, 인 · 술 월에 생하면 천 · 월2덕이라 높다. 사(巳)월에 북방으로 운이 행하면 귀하다. 유 · 축 역시 귀하다. '해묘미'이면 대귀하다.

嵇世臣編修 '癸亥 癸亥 丙辰 辛卯'. '癸酉乙丑' (法司).

병오일 신묘시의 경우, 년·월 중에서 계수 관성을 얻어 양인을 제거한즉 길하다. 자 (子)월이면 처자를 상극(傷尅)하고, 인·유면 성격이 강강하여 부딪침과 건드림을 받지 않으니 3-4품의 귀이다. 오·술에 동남으로 운행하고, 묘월에 서북으로 운행하면, 두루 귀하다. 달리 왕한 중에 잃는 것이 있다 한다.

王忬侍郞 '丁卯 丙午 丙午 辛卯'(양인에 제어함이 없어 흉사하였는데, 자식에 의뢰함이 있 어 봉주(鳳洲)에 그 관을 회복하였다). 張狀元 '丁酉乙巳'(五行歸祿 오행귀록의 격이다). 許樂善進士 '丁未己酉'. '戊寅甲寅'(丞相), '甲寅戊辰'(太師), '甲寅癸酉'(祭酒). 陳棟 會元探花 '丁酉乙巳'.

병신일 신묘시는, 건체(滯)된다. 주가 총명하나 주색을 좋아하는데, 신왕하여 불화 (不化)한 것은 귀하다. 춘은 길이요, 동(冬)에 북으로 행운함은 부귀가 쌍전이라. 사·축 의 년·월에 동으로 운행하면 2품이고, 오·미라면 3품이다.

張袞太常卿 '丁未 丁未 丙申 辛卯'. '戊戌辛酉'(參議), '丙午辛卯'(監丞), '癸酉甲 子'(進士). 吳哲參議 '癸未癸亥'. '甲戌甲戌'(擧人).

병술일 신묘시의 경우, 상처해자 하는데 신왕(身旺)에 불화(不化)한 것은 귀하다. 춘 (春)은 총명에 주색을 좋아하고. 동(冬)에 서로 운행하면 부귀하다. 여름이면 풍헌이다. 신백경에는 화·목이 화(化)하면, 명주의 복이 두텁다고 한다.

姚皓[14]狀元 '乙酉 丁亥 丙戌 辛卯'. '癸丑壬戌'(侍郞), '癸酉甲子'(進士), '戊辰辛 酉'(擧人), '壬辰壬寅'(富壽).

병신(丙辛)화수(化水)의 국(局)이라, 신약(身弱)이면 복이 되지 못한다. 관(官)이면 야 반(惹絆) 즉 줄이 헝클어 짐을 막아내는데, 평상인은 반복됨이 많다. 병신은 수로 화하 나 서로 마땅치 못하니, 도움이 있어 신강(身强)하면 크게 길창하다. 만약 사주에서 충· 극·파를 만나면, 노심(勞心) 노력하지만 때를 지나서야 비로소 빛난다.

병일이 시에서 신묘를 만남은, 탐재(貪財)괴인(壞印)이 되니 이루기가 어렵다. 재· 관 운으로 밟아 나가면 명성을 드러내지만, 신약하면 성정(性情)에 정함이 없게 된다. 부모 육친을 의지하기 어려우니, 그 몸을 빼내어 조상을 옮기면 바야흐로 이룬다. 안행 (雁行) 즉 육친과 함께하기에는 각자가 앞길에 바라는 것이 따로 있다. 파(破)가 있으면 곧 평상의 명이다.

---

[14] 원문에는 날일 변의 다른 글자로 되어 있는데, 영인 자체가 글자를 알아보기 힘들고 자전에서 찾을 수 없으므로, 일단 통행하는 글자를 남겨 둔다.

【六丙日壬辰時斷】 육병일 임진시의 판단

육병일 생이 시가 임진이면, 살성(殺星)이 고(庫)에 앉으니, 화(火)가 난친(難親) 즉 친족을 가까이하기 어렵다. 신강(身强)하면 도리어 주의 관귀(官貴)가 되겠지만, 약하다면 곧 빈요(貧夭)한 사람이 됨을 정한 것이다.

병일 임진시는 화수(火水)에 미제(未濟)라. 병이 임을 보아 편관으로 삼는데, 진(辰) 상에서 임수가 합국(合局)하여 화(火)가 사(死)하니 그 빛이 없다. 만약 춘·하로 생하여 신왕(身旺)하면 귀(鬼)가 화하여 관(官)이 되고, 다시금 신왕으로 운이 행하면 귀한 것이다. 추·동에는 신쇠에 귀왕하니, 다시금 의탁할 것이 없으면 빈하(貧下)하고 잔질(殘疾)이다.

병자일 임진시는, '진술축미'의 월이면 편관에 유제(有制)하여 길하다. 년·월로 해·묘는 부귀하다. 인·오에 자(子)운으로 행하거나, 자에 인·오로 행운하면, 두루 귀하다. 그렇지 않으면 승·도의 명이다. 달리 재물은 있으나 시비를 부른다고 하였다.

曾丞相 '丁丑 壬寅 丙子 壬辰'. 何知府 '癸丑壬戌'. '丙申庚子'(擧人), '庚午丙戌'(小貴), '丁丑丁亥'(雙瞽), '庚申戊寅'(御史).

병인일 임진시는, 신(身)과 살(煞)이 양왕(兩旺)하니, 년·월로 인·묘·축·진·미라면 대귀하다. 년·월로 사·오·술 역시 귀하다. 달리 원통함에 대흉하다고 하였다.

夏言閣老 '壬寅 丁未 丙寅 壬辰'(凶死無子). 吳寬狀元 '乙卯己丑'. 王渤解元 '戊寅己卯'. '壬午己酉'(侍郎), '乙未戊寅'(進士), '庚辰丙戌'(推官), '己丑丁卯'(擧人), '乙卯癸未'(巨富), '丁未己酉'(廕郎).

병진일 임진시는, 신(身)은 외로운데 재(財)가 있어, 주가 악사(惡死)한다. 춘생이 북으로 행운하고, 하생이 동(東)운이라면 두루 귀하다. 추에 남운(南運)은 관이 3품에 이른다.

許天錫給事 '辛巳 庚寅 丙辰 壬辰'. 何永慶太守 '癸未辛酉'.

병오일 임진시는, 귀하다. 신왕에 살왕하니, 만약 '진술축미'의 월이면 편관(偏官)에 유제(有制)하여 귀하다. 무제(無制)라면, 평상한 것이다.

王健光祿卿 '壬戌 癸卯 丙午 壬辰'. 王時槐主事 '壬午丁未'. 葛大紀進士 '丙午辛丑'. 高瑯進士 '壬寅壬寅'. '甲寅癸酉'(侍郎), '己巳丁卯'(寺丞), '辛卯辛丑'(參將).

병신일 임진시는, 왕한 가운데 재앙이라. 춘은 평상하고, 하는 복이 있으며, 추는 부하고, 동은 수(壽)를 재촉한다. 만약 '신자진'의 수국(水局)에, 천간으로 인·비가 투출하여 도우면 대귀하다. 식신으로 제살(制煞)함도 역시 귀하다. 살이 투간하고 제어함이 없음을 꺼리니, 재가 무리를 짓고 살이 강하면, 비명(非命)에 요사(夭死)하는 것이다.

石崇 '己卯 壬申 丙申 壬辰'(비록 부자였으나 적국에서 비명에 죽었다). 潘潢尙書 '丙辰丙申'(一參政命同). 錢錞知縣 '乙酉甲申'(死倭難). '庚子甲申'(參輔), '戊子丙辰'(主事), '丙子丙申'(御史), '癸亥甲子'(河南周王賢), '丁未壬子'(漂流外死).

병술일 임진시는, 흉하다. 년·월로 묘·미에 화·토로 운행하면, 관이 3품에 이르고 처현자효한다. 진·술·축의 월은 평온하다. 년·월로 인·오·자·사라면, 풍헌에 이른다.

汪宏尙書 '丙戌 戊戌 丙戌 壬辰'(一御史乙未月 한 어사는 을미월이었다). 劉都堂 '癸卯丁巳'. 楊御史 '庚午戊子'. 周懋矗知縣 '己巳庚午'. 楊濂苑馬卿 '甲子壬申'. 操守經進士 '甲申甲戌'. 翁詠擧人 '戊戌甲子'.

진위(辰爲)관고(官庫) 즉 진이 관고가 된 국(局)이라, 처자가 두루 온전하지 못하다. 재·록이 왕함을 늘어놓아도, 조업을 떠나고 재앙이 얽힘을 면할 뿐이다. 병일 임진시는 신(申)을 봄이 두려우니, 다시금 양수(陽水)를 만남은 정히 재앙이 주둔한 것이다. 주중에서 만약 '인오술'을 얻으면 흉이 변하여 길이 되니, 귀함이 절륜하다.

병일 임진시는, 묘(墓)가 된다. 본신(身)은 쇠모(衰耗) 즉 줄고 쇠하며, 귀(鬼)는 당도(當塗) 즉 제 길을 만난 것이다. 안행(雁行)을 의지하기 어렵고, 처자 또한 상부(相扶)하지 않으니 어찌 모름지기 인연의 잘못이라 하지 않겠는가. 군자는 문장으로 복을 돕겠지만, 평상인은 은혜로 도리어 소원함을 이룬다. 운이 관록을 행하며 임함을 도모하는데 파(破)가 없으면, 불귀(不貴)한즉(則) 부(富)하다.

【六丙日癸巳時斷】 육병일 계사시의 판단

육병일 생이 시가 계사는, 일록(日祿)귀시(歸時)에 또 관을 만난 것이다. 사·인·임·계의 월을 보지 않으면, 공명을 손에 뱉어 얻음과 같다. 어찌 어렵겠는가.

병일 계사시는, 일간의 녹이 시(時)에 있다. 병화가 사(巳) 위에서 계를 보니 정관이 되고, 그 앉은 자리는 귀인(貴人)이다. 사주에 임·사[15]와 인·해 그리고 충·형이 없는 것은 귀한데, 있은즉 그렇지 못하다. 관이 수왕(水旺)에 통하고, 병이 목왕(木旺)에 통하

---

15 원문에는 사(巳)로 기록하였는데, 통행본에는 기(己)로 적은 것도 있다. 둘 다 뜻은 통한다.

면, 무유(無有)불귀(不貴) 즉 귀하지 않음이 있지 않다.

병자일 계사시는, 병록이 사에 있고, 계록이 자에 있다. 호환(互換)녹마(祿馬) 즉 녹마를 서로 나누었으니, 세와 월에서 임·사와 인·해의 충파가 없으면, 임금 곁에 시립하는 근시(近侍)에 풍헌이다. 그 위가 공후(公侯)에 이른다. 신백경에는, "화화(化火)하면 주에게 복이 있으나, 음주는 마땅치 않다"고 하였다.

梁材尙書 '庚寅 乙酉 丙子 癸巳'(名臣). 吳章都堂 '庚子戊戌'. '甲寅壬申'(閣老). 唐商御史 '戊子癸亥'. '癸酉癸亥'(進士).

병인일 계사시는, 춘월에 간지로 수(水)가 없으면 문(文)으로 나아가 옷에 수를 놓으니, 처자가 영화롭고 음덕이 있다. 묘·술·신·유의 년·월은 2-3품의 귀이다. 신백경에는, "화화(火化)하면 주가 귀하나 수명이 짧고, 음주는 마땅치 않다"고 하였다.

倪岳尙書 '丁卯 庚戌 丙寅 癸巳'(名臣). 林一龍御史 '癸巳乙丑'. '壬寅庚戌'(中丞).

병진일 계사시는, 조종(祖宗)을 모심에 불리하다. 년·월로 유·술·인·축이면 괴강격이니, 신왕으로 통기하면 귀하다.

朱笈都堂 '庚申 乙未 丙辰 癸巳'(謫戌復起 술운에 유배 이후 재기했다). 康朗都堂 '戊辰庚申'. 郭日休進士 '庚子丁亥'. 施傳愛會魁 '辛未甲午'. 劉省元 '丁未戊申'. 張裕參將 '己巳丙子'. 張太師 '壬辰丙午'.

병오일 계사시가, 축·진의 달이면 잡기재관이라 귀현(貴顯)한다. 인월은 병의 장생이요·사월은 병의 건록이니, 천간으로 재·인을 투출시킨 것은 대귀한데, 음주를 조심함이 마땅하다. 자는 관왕이요·유는 재왕이라, 두루 길하다.

林廷機侍郞 '壬戌 己酉 丙午 癸巳'. '庚午己丑'(憲副), '丙午庚寅'(知府), '癸丑丁巳'(國公), '甲辰己巳'(元帥), '己卯丙子'(眞人).

병신일 계사시는, 그 몸이 편관과 편재에 앉았으니, 불귀한즉 부하다. 달리 육지가 잠겼는데, '사오미'는 신왕으로 길하고, '인묘진'은 인왕이며, '해자축'은 관왕으로 두루 길하다고 하였다.

張鎬都堂 '辛酉 乙未 丙申 癸巳'. 沈敎都堂 '乙巳丁亥'. 黃宗檗給事 '丙寅庚寅'. 林炳章擧人 '丙子壬辰'(乙丑丙戌同). '丁未丙午'(大貴), '丙寅壬辰'(小貴不祿), '丁酉戊申'(進士).

병술일 계사시는, 묘·술·축·미의 달에 귀하지만 길지는 못하다. 년·월로 인·해면 풍헌인데, 충·형됨을 미워하고, 마땅히 음주를 조심해야 한다.

王尙書 '己卯 甲戌 丙戌 癸巳'. 程一佳御史 '丁亥辛亥'. 王欽進士 '乙卯癸未'. 陳光解元 '甲午丁卯'. 張慶擧人 '辛卯庚子'. 陸陽擧人 '甲申丙寅'.

일록(日祿)귀시(歸時)의 국(局)이라. 관록을 만나도 역시 피어나고, 때가 와서 엄체(淹滯)됨이 없으면 굳이 노력하지 않아도 부귀를 도모한다. 병일이 시에서 계사를 만남은 참된 것이니, 이름하여 부르기를 정귀(正貴)희(喜)상친(相親) 즉 바른 귀인이 서로 친함을 기뻐한다고 하였다. 사주 중에서 년·월로 충·파가 없으면 필시 영화로운 부귀인이다.

병일이 시에서 계사를 본 것은, 정관 녹마로 드물게 기이한 것이다. 추산하여 보면 처자에게는 일찍이 어려움이 되는데, 관록이 충·극됨을 가장 꺼린다. 군자의 문명(文名)은 출중하고, 평상인의 재록은 남음이 있다. 황금과 백옥이 깊은 진흙 속에서 나타나니, 운이 이르는 때에 치우쳐 모을 것이다.

【六丙日甲午時斷】육병일 갑오시의 판단

육병일 생 시가 갑오면, 격이 밝음 속에 숨은 것이니 토를 봄을 요한다. 무·기를 만나면 즐거워 가장 상서로움이 된다. 화염이 태과하면 신고(辛苦)가 많다.

병일 갑오시는, 병화가 오 위에서 태왕(太旺)하니, 요는 기를 보아 갑과 합하여 화토(化土)함이 필요하다. 화기가 엎드리고 밝아서 사방을 조명하는데 만약 토를 보지 못하면, 복을 누리기 어려운 것이다. '진술축미'의 월에 생하면, 숨은 화기가 위로 올라 조화(造化)가 중(中)정을 얻으니 귀하다. 년·월의 천간 위로 다시금 무·기가 투출하고, 금·수로 운행(運行)하면 귀하다. 불투(不透)하여도 토기로 통하고 운행하면 역시 귀하다. 통(通)한 것은 형·파를 꺼린다.

병자일 갑오시는, 춘생이면 길하다. 하에는 의지할 것이 없고, 추는 재가 왕하며, 동은 관귀(官貴)라 자식은 적으나 뒤늦게 이루니 화·토 운에 발달한다.

莫狀元 '己巳 壬申 丙子 甲午'. 鄭進士 '壬子戊申'. 査志立進士 '甲午庚午'. 趙千戶 '戊午戊午'. 溫應祿探花 '戊辰己未'.

병인일 갑오시가, '진술축미'의 월에 생하면, 숨은 화기(火氣)가 위로 올라 조화가 중정을 얻으니 귀하다. 오월이면 화(火)가 태왕하여 흉하다.

馬自强閣老 '癸酉 甲子 丙寅 甲午'. '甲辰庚午'(擧人).

병진일 갑오시는, 인·묘의 인수가 돕는다. 신·유는 재왕이요, 사·오는 신왕이며,

해·자는 관왕이라, 두루 길하다. 그러나 화·토로써 중(重)함이 되니, 없는 것은 곧 복이 엷은 것이다. '미술진축'을 봄은 길하다.

林廷昂尚書 '壬辰 丙午 丙辰 甲午'. 劉吾南布政 '己卯丙寅'. 高廷華憲副 '甲戌癸酉'(一己巳月擧人 달리 기사월은 천거인이다). 何琛御史 '壬申庚戌'. '乙酉癸未'(都憲).

병오일 갑오시가, '인오술'의 월이면 도충(倒衝)을 지어 논하니, 2-3품의 귀함이다. 자월에 남운이면 8-9품의 귀이다. 인월에 남운이면 금자의 귀함이다. 오월에 동방 운은 근시의 귀함이다.

張宰相 '戊戌 甲寅 丙午 甲午'. '甲寅庚午'. '乙丑壬午'(俱參政陳運使同 두루 참정이고, 진운사도 같았다). 吳相御史 '甲戌癸酉'. 華汝勵擧人 '癸未辛酉'(一甲寅月同知 달리 갑인월은 동지였다). 吳邇道郎中 '壬寅庚戌'. '戊戌戊午'(進士).

병신일 갑오시가, 화·토의 기를 보지 못한 것은 박복하다. 금·수로 운행하면 귀하다.

陳伯諒進士 '己亥 甲戌 丙申 甲午'. 謝崑進士 '己酉乙亥'. '乙亥丙戌'(參政), '乙亥甲申'(解元).

병술일 갑오시의 경우, 춘생은 길하고, 하생은 고극하며, 추는 길한데 자식이 적다. '인오술'의 월은 부귀하니, 무리를 뛰어넘는 신선이요, 재상이다.

林果庠生 '甲戌 丙子 丙戌 甲午'. 王錫爵閣老 '甲午癸酉'(榜眼).

염화(炎火)첨시(添柴) 즉 불타는 데 섶을 더하는 국(局)이라. 근심하는 가운데 주가 녹을 발한다. 구업(舊業)을 지킴은 마땅치 않으니, 이조(離祖) 즉 조상을 떠나면 도리어 복을 이룬다. 병일 오시는 수의 재앙은 적으나, 염화로 혼란한 데 섶을 더한 것과 같다. 주 중에서 화(火)를 보고 형·파가 없으면, 중·말년의 영화를 시샘할 필요가 없다.

병일이 시에서 갑오를 만남은, 주 중에서는 겁·인(刃)·상관이 된다. 목쇠(木衰) 화왕(火旺)이면, 화하여 재가 되어 버린다. 4계(季)의 제강(提綱)이면, 바야흐로 귀하다. 군자는 그 출입이 형통하고, 상인은 조업을 지키나 재앙이 많다. 육친 골육의 화해함이 적고, 작사(作事)함에 이룸과 패함이 거듭 있다.

【六丙日乙未時斷】육병일 을미시의 판단

육병일 생이 시가 을미인 경우, 화월(火月)에 생한 사람은 부귀한 자가 많다. 을은 정인이 되는데 국 중에서 만났으니, 재성을 보지 않으면 바야흐로 가히 위로가 되는 것이다.

병일 을미의 시는 인수로 생기(生氣)한다. 병이 미를 보아 인수의 고가 되니, 만약 달에서 화기로 통하면 귀하다. 불통(不通)하는데 주에 재(財)가 없고 재운으로 행하지 않으면, 또한 높은 명으로 지어 논한다. 재를 본 즉 탐재(貪財)괴인(壞印)이라, 주가 평상하다. 겨울 생은 관왕(官旺)하여 인수를 보호하니 귀현(貴顯)한다.

병자일 을미시는, 춘에 인수가 온후하다. 하에는 평온하고, 추에는 반복되며, 동은 귀하다. 세·운도 동일하다.

謝尙書 '甲戌 丙寅 丙子 乙未'. 唐瑤太守 '癸卯乙卯'(荊川父). 劉狀元 '乙丑癸未'. '丁卯乙未'(擧人). 傳宗龍兵部尙書 '辛卯庚子'(凶終).

병인일 을미시가, 묘·미 월에 생하면 인수격으로 지혜가 풍후하나, 처자를 위함에는 어려움이 있다. 년·월로 인·사·자·진이면 귀하다.

紀公循憲副 '庚辰 戊寅 丙寅 乙未'. 賀一桂御史 '辛卯丙寅'. 陳懿德庶吉士 '癸巳甲子'. 龔進士 '丙申庚子'(中後死). 麻祿總兵 '壬申壬子'. '辛丑乙未'(大參).

병진일 을미시의 경우, 춘에는 길하고, 하는 평온하며, 추는 노록이요, 동은 귀현한다. 사·오의 월에 서북으로 운행하면 6-7품의 귀이다.

游振德都堂 '丁丑 丁亥 丙辰 乙未'. 丘偉主事 '甲子己巳'. 李旦進士 '甲寅乙亥'. 莊一俊參議 '庚子己丑'. 廖雲從擧人 '戊午壬戌'. 劉少保 '丙午癸巳'. 楊照總兵 '甲申丁卯'(陣亡). '辛丑戊戌'(太守被奴鴆死 태수였는데 종의 짐독 술에 당하여 죽었다).

병오일 을미시는, 불귀한 즉 부하다. 년·월로 오·술은 그 직이 풍헌에 거한다. 달리 일인(日刃)이 생왕함을 만나 태과한 것이라 한다. 만일 년·월로 편당을 지으면 형살(刑煞)이 중하고 안질이다. '신자진'은 관성이 양인을 제어하고, '해묘미' 인수는 양인을 화(化)하니 두루 길하다.

張時擧大夫 '甲子 甲戌 丙午 乙未'. '乙卯戊子', '丙寅庚寅'(俱瞽).

병신일 을미시는, 화기(火氣)에 불통하고 재성을 보지 않으면, 좋은 명으로 지어 논한다. 년·월로 자·진이 관에 모이고, 해·묘가 인수로 모인 것은, 두루 귀하다.

王一夔尙書 '甲辰 丙子 丙申 乙未'. 吳納齋太守 '壬子壬寅'. 施千祥苑馬卿 '甲子丙子'. 黃應星擧人 '丁卯丙午'.

병술일 을미시가, 년·월로 '신자진'은 근시(近侍)의 귀함이요. 년·월로 인·묘·사는 대귀하다.

顧鼎臣狀元閣老 '癸巳 乙卯 丙戌 乙未'(一云丙申日癸巳時).

미시(未時)정인(正印)의 국(局)이라, 이를 만난 것은 귀함을 의심치 않는다. 복성(福星)이 비추는 곳에서 금대에 자의(紫衣)를 펼친다. 미시에 병일 생은 인연을 따라 반려와 함께함을 의심하지 않으니, 각기 스스로 날아간다. 운기가 만약 동과 북으로 행하면 평생의 의록이라, 자체로 이지러짐이 없다.

병일이 시에 을미로 임하고, 동북으로 운행하면 영화롭다. 신강에 재왕하면 탄식할 것이 없으니, 높은 집과 큰 처마에 귀함을 드러낸다. 군자는 처의 봉(封)함과 자식의 음덕이 있고, 평상인은 그 생애가 좋음이 정해져 있다. 퇴금(堆金)적옥(積玉) 즉 금옥을 쌓아 놓음이 실하니 감히 무너짐을 견디고, 부귀는 기라(騎騾)압마(壓馬) 즉 말과 노새를 타고 재마를 묶은 것과 같다.

【六丙日丙申時斷】육병일 병신시의 판단

육병일 생이 시가 병신이면, 신쇠(身衰)에 재를 파하고 비견이 이를 나눈 격이다. 암중으로 귀(鬼)가 왕한 칠살의 땅이니, 구함이 없으면 어찌 능히 집안의 도를 살릴 수 있을 것인가.

병일 병신시는, 재왕 신쇠하다. 병이 경을 만나 재를 삼는데 · 임은 귀가 되고, 신(申)에는 경이 왕하여 임을 생하는네 · 빙화는 무기하며, 재는 비견을 민나 분탈되었디. 만약 달에서 신왕으로 통하지 못한 것은 가난하고 하천하나, 의탁과 구조함이 있고 또 신왕의 달로 통하며, 운에서 거듭 같이하면 귀하다.

병자일 병신시가, 만약 화기(火氣)에 통하고 또 달로 인 · 묘의 월에 미치며, 다시금 신왕의 운으로 행하면 길하다. 년 · 월로 금이 순수하면 기명(棄命)종재(從財)가 되니, 또한 길함으로 논한다.

賈似道奸臣 '癸酉 庚申 丙子 丙申'. 狗子平章 '庚子己卯'. '己丑丁丑'(富), '己卯壬申'(貴戚).

병인일 병신시는, 시 · 일이 대충(對衝)하니 처자를 상할까 근심이다. 달에서 화기로 통하고, 신왕으로 행운하면 길하다. 해(亥)월은 손재주와 예술감이 있다. 달리 왕한 가운데서 벗어나 패하고 사(死)한다.

吳一本僉憲 '辛卯 甲午 丙寅 丙申'(夭). 溫學舜進士 '癸亥辛酉'. '乙酉癸未'(武貴).

병진일 병신시는, 인월에 남으로 행운하면 귀하다. 자(子)는 삼합으로 관국(官局)이 되니, 천간으로 인수가 투(透)하면 대귀하다. 해(亥)생에 임수가 투출하면 요절함이 많다. 술·미는 평상하다.

張敬修進士 '壬子庚戌'(革退).

병오일 병신시는, 주가 혈(血)질과 화액(火厄) 후에 대발한다. 만약 사(巳)월 생에 경·신(庚辛)이 투로(透露)하면 재성격인데, 무(武)직으로 귀하다.

張星湖知州 '乙丑 庚辰 丙午 丙申'. 吳禮擧人 '乙巳丙戌'.

병신일 병신시는, 높으나 호색하다. 년·월로 자·진이 있고, 동(東)으로 운행하면 귀하다. 그렇지 않으면 잔질에 수명을 재촉한다. '해묘미'는 길하다.

劉知縣 '庚辰 乙丑 丙申 丙申'. '甲辰戊辰'(富貴). 王衡榜眼 '辛酉戊戌'.

병술일 병신시는, 주(柱)에서 임·계·해·자·유의 글자로 전실(塡實)됨이 없으면 공격(拱格)을 지어 논하는데, 귀하다. 인·술·사·오는 신왕(身旺)하지만 의탁할 곳이 없어, 승·도(僧道)의 명이다. 달리 파조(破祖)한 다음에 화(火)를 발하고자 하는데 혈재(血災)가 있다고 한다.

張師載都堂 '甲戌 庚午 丙戌 丙申'. 楊郎中 '癸未甲寅'. 方興邦擧人 '戊寅乙丑'. '戊戌庚申'(貴), '己丑丁丑'(貧).

관왕(官旺)장생(長生)의 국(局)이라. 하늘로부터 연유한 부귀에 속한다. 배록(背祿)하고 공망(空)에 충(衝)이면, 재물이 분파되어 족하지 못하다. 2병(丙)이 상봉하고 시에서 신을 만났으니, 형과 파가 없으면 그 문(文)과 정(庭)원을 고친다. 화·금이 서로 녹이고 단련하니 성패가 다단하다. 인수가 있으면 바야흐로 능히 속세의 인륜을 벗어나는 것이다.

병일이 시에서 신위(申位)를 만났으니, 양화(陽火)의 비견으로 지체될까 의심스럽다. 편관(偏官)이 영화롭고 왕하여 시비를 화합하고, 안으로 숨은 처재(妻財)를 취하여 이룰 것을 생각한다. 조종(祖宗)을 쫓아 차고 또 이지러지니, 얻고 잃음이 있고 쌍친은 화목 하나 의지하기 어렵다. 시에서 와서 말에 안장을 매니 가도(家道)는 고르게 하나, 자재(資財)는 허명에 박리(薄利)이다.

【六丙日丁酉時斷】 육병일 정유시의 판단

육병일 생 시가 정유면, 양인(刃)은 생하는데 그 몸은 사(死)라, 재앙과 허물이 된다. 주 중에서 구함이 없으면 흉함이 정연(定然)한데, 취재(就財)기명(棄命)하여도 장수하기는 어렵다.

병일 정유시는, 양인을 생하고 본신은 사지에 있다. 정은 양인이 되고 신(辛)은 재가 되는데, 유(酉)상에서 신금은 왕하고 병은 사하며 정화는 장생이라, 취재기명하고자 한다. 만약 구조됨이 없고, 신왕의 달로 통함이 없으며, 양인신(刃神)을 형·충 함을 보지 못하면, 위인이 흉포하고 사나워 예의에 밝지 못하니, 유시(有始)무종(無終)한다. 월기로 통하고 혹 구조됨이 있으면, 기예와 편교(便巧) 곧 문득 교묘함을 짓는 무리가 된다. 계묘의 달에 생한 것은, 계가 능히 정화 양인을 파하여 관이 되고, 계수는 묘 위에서 장생하며, 묘 중에 있는 왕한 을이 인수가 된다. 곧 용신이 유력한데, 또 수·목으로 운행하면 귀현한다.

병자일 정유시는, 춘에 안온하고, 하는 귀하며, 추는 평상이요, 동에는 길하다. 년·월로 '미·신·유·해'라면 대귀하다. 진이 자와 모이고, 축이 있어 유와 모이면, 두루 귀함으로 논한다.

邵寶侍郎 '庚辰 乙酉 丙子 丁酉'(名臣). 許琯進士 '癸丑癸亥'. 范進士 '庚辰丁亥'. 李起總兵 '丙申庚寅'. 裴賜郎中 '戊戌丙辰'. '丁丑己酉'(進士).

병인일 정유시가, 년·월로 '해묘미'에 천간으로 관·살이 투출한 것은 귀하다. 나머지 달은 재예(藝)가 있어도 평상하다.

李沖奎給事 '丙戌 辛丑 丙寅 丁酉'. '癸卯庚申'(平章).

병진일 정유시의 경우, 년·월로 '인오술·사'에 살·인(煞印)이 투간한 것은 귀하나. 신·자(申子)로 관을 모으고, 인·비가 투간한 것 역시 귀하다. 년·월로 화·토라면, 마땅히 재(財)를 본즉 길하다.

閣老 '壬寅 乙巳 丙辰 丁酉'. 編修 '庚辰丙戌'. 御史 '丁巳戊申'. 趙秉忠狀元 '庚午己卯'.

병오일 정유시가, '사·오·술'의 월에 생하면 승·도(僧道)의 명으로 좋다. 유(酉)월은 귀하다. 년·월로 '해자축·인묘진'의 관·인이면 대귀하다.

師丞相 '甲寅 戊辰 丙午 丁酉'. 錢太卿 '丁卯癸丑'. 李狀元 '壬戌辛亥'.

병신일 정유시가, 월에서 수·목으로 통기하고, 수·목 운을 행하면 귀하다. 사오는 신왕(身旺)하고 해·자는 관왕(官旺)하니, 년·월에서 양자가 다 온전하면 대귀하다.

王一葵狀元 '乙巳 戊子 丙申 丁酉'. 何其仁進士 '庚戌己卯'.

병술일 정유시가, 달에서 목으로 통기하고 수로 운행하면 귀하다. 금기에 통하고 화로 운행하면, 금마(金馬)옥당(玉堂) 즉 좋은 말에 훌륭한 집이라 재주와 이름으로 세상의 관(官)을 쓴다. 경을 투로하고 무를 암장한 것은 빈요하다.

党緒擧人 '丙寅 庚寅 丙戌 丁酉'. 方宗重擧人 '甲寅丙子'.

염화(炎火)쇄금(鎖金) 즉 화염이 금을 녹이는 국(局)이라. 본신이 쇠하면 가장 상하기가 쉽다. 평상인은 현달하기 어려운데, 군자라도 역시 평상함과 같다. 병화가 유를 만남은 서로 마땅치 않으니, 태양이 일몰함으로써 그 광휘가 적기 때문이다. 사주에 만약 충·극·파를 겸하면, 육친을 형해(刑害)하고 도망가서 방황한다.

병일이 시에서 정유를 만남은, 천원(天元)의 염화(炎火)로 금을 녹인다. 육친이 서로 지키고자 하나 안녕치 못하고, 앞길에 조애(阻碍) 즉 험하고 막힘이 있어 전진하기 어려우니, 밤낮으로 생각하고 측량하여도 부족하다. 관(官)에 거하여 있어도 도리어 스스로 가난함을 근심한다. 만약 사(巳)월을 만난다면 그 문호와 뜰을 고치는데, 자·오를 만나면 옆 사람이 성을 내니 한(恨)스러운 것이다.

【六丙日戊戌時斷】 육병일 무술시의 판단

육병일 생 시가 무술이면, 화국(火局)의 가운데서 식신을 만난 것이다. 월기로 화에 통하면 복과 수명이 되는데, 불통하면 길신을 만나도 역시 평상인이다.

병일 무술시는 묘당(廟堂)의 식신(食神)이다. 병은 무로써 식신 수성(壽星)을 삼는데, 술 상에서 병화가 입고(入庫)하니, 무토가 전위(專位) 즉 온전히 자리한 것이다. 만약 달로 화기에 통하고 동남으로 운행하면, 복이 두텁고 수명이 있는데, 불통하면 평상(平常)하다.

병자일 무술시는, 수명이 길고 명리를 잃지 않는다. '인(寅)과 해묘미' 인수 및 '신유술과 사'의 년·월이면, 주가 귀하다.

張憲尙書 '丙寅 庚寅 丙子 戊戌'. 潘方伯 '丙申戊戌'. 林璧郎中 '癸亥壬戌'. 洪珠進士 '甲辰丁卯'. 張文鎬進士 '乙卯癸未'. 宋元瀚知縣 '丙戌庚子'. 劉庭蘭進士 '丙午戊戌'. 楊珂郎中 '癸未甲子'. '丙午戊戌'(太守).

병인일 무술시가, 하월이면 복·수(福壽)가 쌍전하고, 말을 잘한다. 춘은 목극토(木尅土)하니, 식신이 효신에 피상된다. 인월은 병·무가 두루 장생이라 가장 길한데, 신·경(申庚)이 있어 갑을 제어하면 대귀하다. 추·동은 화가 쇠하니 빈하(貧下)하다. 년·월로 사·신·해는 풍헌에 극품이다.

張賢尙書 '戊申 壬戌 丙寅 戊戌', '己巳壬申'(貴同). 朱衡尙書 '壬申壬寅', 李庭龍

(命同, 이는 명은 같으나 관이 대참(大叅)에 그쳤고 병자년에 졸했다. 형(荊)과 오(吳)의 지방 분야가 달랐기 때문이다). 韓鳳橋太守 '癸酉甲寅'. 林石海御史 '庚午甲申'. 李元陽御史 '丁巳庚戌'. 黃希白僉憲 '己巳戊辰'.

병진일 무술시가, 오월이면 병화가 유기하고 토가 두터운 지방이라, 5-6품의 귀이다. 해(亥)월에 금·화의 운은 풍헌이다. 달리 파조(破祖)하여 외로운데 가히 승도가 된다 하였다.

宋大諫 '壬申 癸丑 丙辰 戊戌'(凶死). 汪廉憲 '癸巳乙丑'. 吳琛知府 '戊申庚申'. 龔懋賢御史 '己亥丁丑'.

병오일 무술시는, 양인에 식신이 건왕하니, 명리가 달려 나아간다. 년·월로 해·미·진·술에 서방의 운이면 풍헌이다. 달리 기쁜 가운데 재앙이 있다고 한다.

侍郎 '甲寅 戊辰 丙午 戊戌', '戊戌戊午'(貴同). 憲副 '甲子辛未', '戊午壬辰'(貴同). 劉慤知府 '丁巳丙午'. 姜以達進士 '壬戌癸丑'. 王一貫亞魁 '壬申辛亥'. 御史 '庚子戊子'.

병신일 무술시는, 해월에 동방 운이면 귀하다. 인·오는 신왕하니 재가 투간하면 길하다. 축·진은 술고(戌庫)를 형충하니, 만년에 발한다. 달리는 빈요하다.

李廷相尙書 '辛丑 甲午 丙申 戊戌'. 袁汝是給事 '壬申辛亥'.

병술일 무술시는, 가난하다. 만약 '인사오술'의 화국(火局)으로 통기하면 복수가 쌍전하니 대귀하다. 재를 봄도 역시 길하다.

韓邦彦尙書 '丙午 癸巳 丙戌 戊戌'. 林仕鳳進士 '丁酉乙巳'. '戊寅丁巳'(主事), '乙酉戊寅'(擧人), '辛未癸巳'(神童). '戊戌壬戌'(富), '壬戌戊申'(凶), '丙戌辛丑'(進士).

시상(時上)식신(食神)의 국(局)이라, 누대와 집 가운데 다방과 주점이 방자하다. 그런 정도에서 장사하는 가풍을 세우는 기미가 있다. 병일 술시는 재고(財庫)를 연 것이지만, 어린 시절에는 일찍이 만나지 못하고 또 침매(沈埋)된 것이다. 운이 통하면 조만(早晩) 즉 어린 시절을 좀 지나서 관작에 봉(封)한다. 만약 관을 세우지 못한다면 발재(發財)한다.

병일이 시에서 무술을 만남은, 취하는 가운데서 창고를 겸전한 것이다. 중중한 복록이 천연(天然)으로부터 오니 부귀함이 자연스럽고, 처현자선이라 처는 현명하고 자식을 부러워한다. 군자는 문장으로 일찍이 일어서고, 평상인은 재물로 면면히 이어간다. 요고(夭孤)라 부모를 일찍이 여의지만, 진·술로 이어지면 자물쇠의 열쇠라 열어서 드러내는 것이다.

【六丙日己亥時斷】 육병일 기해시의 판단

육병일생 시가 기해면, 해 중에서 임이 왕한데 기의 상함을 입은 것이다. 만약 월로 통기함이 있으면, 바야흐로 귀함이 된다. 인 · 묘를 만나지 않으면, 주가 범상(泛常) 즉 평상함은 넘는다.

병일 기해시는, 귀왕(鬼旺)에 신절(身絶)한다. 병이 기를 보아 상관인데, 임은 정귀(正鬼)가 되고 갑은 도식이 된다. 해(亥)상으로 밝은 기토가 있고, 왕한 임이 갑을 생하는데, 병화는 절기(絶氣) 즉 기가 끊어져 있다. 만약 신왕한 월로 통하고 의탁할 것이 있으면, 귀가 화하여 관이 되어 주가 귀하지만, 종래에는 역시 흉한(兇狠) 즉 흉포하고 사납다. 신왕의 운으로 통하면 역시 귀하다. 신약에 의탁할 것이 없고, 월기로도 불통한데, 사주 중에서 임(壬)의 글자가 투출하면, 위화(爲禍)백단(百端)이라. 오물(傲物)기고(氣高) 즉 물건은 업신여기고 기운은 높으나, 주는 평상하다. 병화는 소장(小腸)과 심(心)장 배꼽〔臍〕에 속하니, 병세가 심장과 혈질에 많다.

병자일 기해시는, 추 · 동에 평상하다. 미월에 수 · 목의 운을 행하고 목 · 화가 투간한 것은 귀하다. 자월에 동으로 운행하면 대귀하다. 년 · 월로 신(申) · 해 · 축 · 술 역시 귀하다.

張瀚尙書 '辛未 庚子 丙子 己亥'. 蔡國公 '甲子丁丑'. 方狀元 '辛亥辛丑'. 謝騫布政 '丙申己亥'. 華察學士 '丁巳丁未'. '丁丑癸卯'(富多子).

병인일 기해시가, 하생이면 화귀(化鬼)위관(爲官)하고 처현(妻賢)자효(子孝)하니 불귀(不貴)즉부(則富) 하다. 년 · 월로 '인묘 · 진사 · 신축'이거나, 혹은 오 · 술로 회국(會局)하고, 천간으로 다시금 병 · 무의 글자가 투간하면, 주가 대권(大權)의 귀함이라. 신백경에는, 납음으로 화 · 목의 상(象)을 이루면 귀하다고 하였다.

極品授王爵 '庚辰 庚辰 丙寅 己亥'(一丞相命同, 一太師庚寅年). 王以旅尙書總制三邊 '丙午戊戌'. 郭琥總兵 '丙子丁酉'. 郭持平都堂 '癸卯乙卯'. 羅珵榜眼 '癸丑甲子'. 祭酒 '辛丑辛丑'(一同知同). 謝存儒憲副 '丁巳戊申'. 張從律進士 '癸巳丙辰'. 常自新進士 '癸巳乙丑'. '辛亥己亥'(知州), '辛未庚寅', '己卯丁卯'(俱擧人)

병진일 기해시는, 일덕격(日德格)이다. 인(寅)월생은 길하고, 진(辰)월이면 승도가 되는데, 주가 부하고, 평상인이면 고극(孤尅)한다. 술(戌)월은 진을 충하고, 사(巳)월은 해를 충하는데, 병(丙)이 왕고(旺庫)에 있어 두루 길하다. 묘·미로 회국하고 금·수로 행운하며, 신·자로 회국하고 목·화로 운행하면, 두루 귀하다. 신백경에는 "화·토가 화하니 모름지기 복이 있으나, 다만 수명에 요절함이 있다"고 하였다.

夏子開知府 '己巳 丙寅 丙辰 己亥'. 顔守賢知州 '壬午庚戌'.[16] 唐時雍擧人 '己巳壬申'. '丁酉戊申'(丞相).

병오일 기해시는, 무(武)로 귀하다. '인·사·오'의 월로 생하면, 처는 중하고 자식은 늦는데, 불귀즉부한다. 추·동은 명리가 진퇴하고, '유·오·술'이면 대귀하다.

李遂侍郞 '甲子 癸酉 丙午 己亥'. 李敬狀元 '戊戌乙卯'. '庚子己卯'(參政). '丁卯丙寅'(給事). 杜南谷僉憲 '辛未丁酉'. 林允宗進士 '丁卯甲辰'. 羅外山擧人 '乙亥癸未'. 王時槐主事 '壬午丁未'. '庚申丁亥'(憲長).

병신일 기해시가, 춘·하 생은 이근(移根)환엽(換葉)하니, 처를 만나 복을 구한다. 추·동은 평상하다. 유(酉)월에 동남으로 행운(行運)하면 풍헌이다.

周奇雍都堂 '己亥 丙子 丙申 己亥'. 陳大護進士 '戊午乙卯'. 劉禹謨知府 '甲申乙亥'. 張裔御史 '甲午壬申'.

병술일 기해시가, '인묘·사오'면 목이 화염을 생하는 고로, 처를 상하고 자식은 적으나 총명하고 부귀하다. '유·해자축'이면 평상한데, 동(東)운이면 역시 귀하다.

黃元恭僉憲 '丙子 庚寅 丙戌 己亥'. 王守中丞 '丙子甲午'. 周御史 '癸卯辛酉'. 屠仲律進士 '辛巳辛丑'. '辛酉己亥'. '壬午癸卯'(俱擧人).

천을(天乙)부관(扶官) 곧 천을귀인이 관을 돕는 국(局)이라. 맑은 이름을 도처에 선양한다. 평상인도 모름지기 발복하며, 군자는 제후와 왕을 짓는다. 병일이 해시(亥時)면, 그 명은 최고가 된다. 곧 '난혜출봉호(蘭蕙出蓬蒿)'라, 쑥 더미에서 난초가 피어남과 같은 것이다. 사주에서 만약 충·극·파를 겸한다면, 명리를 구하지만 도리어 헛된 노력일 뿐이다.

병일에 시로 기해가 임하는데, 만약 임(壬)의 글자가 없으면 기쁘고 기특하다. 명(命) 가운데서 보자면, 자식은 적고 2-3명의 처가 되는데, 그 속에서 취하여 천을(天乙)을 만남이 기쁘다. 부모는 안려(鴈侶)에 행원(行遠) 즉 오래도록 함께 하시는데, 형(刑)하고 공(空)하면 문복(文福)을 가지런히 하기가 어렵다. 이 모두는 팔자에도 고저(高低)가 있음으로 인함인데, 절기(切忌)함은 탐재(貪財)하여 파직(罷職)을 당하는 것이다.

---

[16] 술이겠지요?

第六百十五卷目錄[1]
星命部彙考五十一
三命通會 二十三

六丁日子時斷, 六丁日丑時斷, 六丁日寅時斷, 六丁日卯時斷, 六丁日辰時斷, 六丁日巳時斷, 六丁日午時斷, 六丁日未時斷, 六丁日申時斷, 六丁日酉時斷, 六丁日戌時斷, 六丁日亥時斷.
六戊日子時斷, 六戊日丑時斷, 六戊日寅時斷, 六戊日卯時斷, 六戊日辰時斷, 六戊日巳時斷, 六戊日午時斷, 六戊日未時斷, 六戊日申時斷, 六戊日酉時斷, 六戊日戌時斷, 六戊日亥時斷.

三命通會 二十三

【六丁日庚子時斷】 육정일 경자시의 판단

육정일 생이 시가 경자면, 신쇠(身衰)에 귀(鬼)는 암장한 가운데 왕하다. 월에서 구소함이 없으면 빈요(貧夭)함이 많은데, 자좌(自坐)에서 신강(身强)함을 얻으면 또한 길창한다.

정일 경자시는, 신절(身絶) 귀왕(鬼旺)이라. 정이 경으로 재를 삼고 계로 귀가 되는

---

1 목록이 원본에는 육백사권으로 기록되어 있는데, 뒤에는 다시 육백십오권으로 바로 잡혀 있다.

데, 자 중에 계가 있어 정화가 무기(無氣)한데, 능히 돕고 부축하지 못한다. 만약 신왕의 월로 통하고 의탁할 것이 있는 자는 귀하고, 다시금 신왕 운으로 행하면 대귀하다. 그렇지 못하면 빈요하천하다. 정은 마음에 속하니 심장과 혈의 장부가 되고, 또 주에게 혈병이 있다.

정축일 경자시는, 평상하다. 목화로 통기하고 혹 신왕 운을 행하면 귀하다. 또한 년·월로 해·자가 있으면 귀하니, 이는 정화(丁火)의 음유(陰柔)함으로 수향(水鄕)을 두려워하지 않는 까닭이다. 달리 선빈(先貧)후길(後吉)하는데, 무인월은 요절하고, 신축월은 파조하며, 중년에 건체(愆滯)된다고 하였다.

羅江進士 '己酉 丙寅 丁丑 庚子'(參政同). 陳選進士 '辛亥庚子'. '壬子癸卯'(僉憲). '庚辰癸未'(進士), '癸未甲子'(擧人). '戊戌乙丑'(女命子韓敬會狀 여명인데, 아들이 한경회장이다).

정묘일 경자시는, 가난하다. '진술축미'로 편관을 제어함이 있고, 오월에 천간이 강하며, 춘(春)에 신왕하면, 두루 길하다. 추·동이면 평상하다. 계사월을 꺼리니, 파조(破祖)함으로 흉한 것이다. 기미월은 형(刑)하고 상(傷)한다. 갑신월은 얼굴을 베이고 피 뿌려 죽는다.

翁理憲副 '丙子 庚子 丁卯 庚子'. 林城御史 '丙午乙未'. 高文薦都憲 '丁亥癸卯'. 陶大臨榜眼 命同官止侍郎 癸酉年卒, 吳梁分野不同 도대림 방안은 앞과 명이 같았는데 관은 시랑에 그치고 계유년에 졸했다. 오와 양의 지방으로 분야가 같지 않은 때문이다.

金鏡擧人 '癸酉壬戌'. '辛亥丁酉'(丞相).

정사일 경자시는, 춘에 왕하고, 하에는 강하니, 두루 귀하다. 추·동은 평상하다. 4계(季)의 월은 제복(制伏)하고 득중(得中)하니 길하다. 자·진에 서방으로 운행하면 4-5품의 귀이다고. 달리 횡발(橫發) 즉 느닷없이 발함은 크게 왕하기 때문이며, 경인월의 형(刑)과 경신월의 대파(大破), 신유월의 파·형(破刑)을 꺼린다고 하였다.

李尙智都憲 '戊寅 壬戌 丁巳 庚子'. 陳元琰²知府 '壬申辛亥'. 張郤齋御史 '丁丑丁未'. '甲子丁丑'(狀元).

정미일 경자시가, '진술축미' 월이면 편관에 유제(有制)하다. 오월에 간(干)이 강하면 귀하다. 나머지 달에도 제복이 있으면 길하다. 무자는 문장이 현수(顯秀)하다. 무신 월

---

² 원문은 옥부에 화 그리고 아래로 또 우자로 되어 있는데, 그런 글자를 찾을 수가 없다.

을 꺼리니 요절한다. 병술 월은 형(刑)이요, 신축 월은 형하고 흉하다.

陳綬少參 '庚午 壬午 丁未 庚子'. '己未癸酉'(參政).

정유일 경자시가, '진술축미'의 월이면 강명(剛明) 즉 강강하고 밝아 특달하니 귀하다. 년·월로 진·사는 귀(貴)와 존(尊)이 서로 한집에 있는 격이다. 갑인 월을 꺼리니 파패(破敗)에 악사(惡死)한다. 계사 월은 이향(離鄕)하고 악사한다. 을유 월은 형벌로 죽는다.

王筆峰參政 '丁巳 丁未 丁酉 庚子'. 吳定泉知府 '丙子甲午'. 黃大經主事 '乙卯戊寅'. 魏公濟進士 '戊申癸亥'. 劉爾牧郎中 '乙酉己卯'. 朱端擧人 '癸亥庚申'. 張皇親 '壬寅癸丑'.

정해일 경자시는, 50이후에 크게 왕하다. '진술축미'의 월은 길하다. 년·월로 인·오는 귀하다. 경인 월을 꺼리니 악사한다. 경신 월은 신(身)이 온전치 못하게 죽는다. 신유 월은 파패이다.

張狀元 '壬子 癸丑 丁亥 庚子';鄭材進士 命同. '己酉丙寅','庚子己卯'(俱參政).

사리(沙裏)도금(淘金) 즉 모래 속의 금을 일어서 찾는 국(局)이라, 사(士)와 서(庶)인은 주가 평상하다. 형·상(刑傷)되면 험난함이 많은데, 군자라면 재앙은 면한다. 경자의 시로 일에서 만난 것이 정이면, 불이 강호에 떨어져 어두운 가운데 다시금 밝은 것이다. 사주에서 만약 충·극·파를 겸하게 되면, 독서로 늙었어도 다만 허명(虛名)일 뿐이다.

정일이 시에서 경자를 만남은, 일간 정화의 광휘가 화(火)에서는 태(胎)지요, 금에서는 절(絶)지가 되었음이라. 차고 이지러짐이 있으니 처·첩이 온전히 아름답기 어렵다. 극(尅)이 있고 형·충·파가 있으면, 문복(文福)을 취하는 가운데서도 가지런하기는 어렵다. 상생 상구(相救)하고 귀인이 끈다면, 이 명은 선난(先難)후이(後易) 즉 먼저는 어려우나 뒤에는 쉬워진다.

【六丁日辛丑時斷】육정일 신축시의 판단

以下六丁日所忌月分同上 時亦併論; 이하 육정일이 꺼리는 바의 달을 나누어 봄은 위와 같고, 시 역시 더불어 논한다.

육정일 생이 시가 신축이면, 창고 안에 재곡을 많이 늘어놓아 썩고 있음이라. 그 몸을 의지하거나 의탁함이 없으면 아름다움이 되지 않는데, 의탁함이 있으면 처가 어질고 부하며 두텁다.

정일 신축시는, 축(丑)이 재고(財庫)가 되고, 신(辛)은 처재(妻財)가 되며, 기(己)는 식신이 된다. 축이 왕하여 금국을 이루고 숨은 기토[3]가 그 자리를 얻은 것이다. 그러나 정화가 무기(無氣)하니, 만약 천시(天時)를 잃어 의탁할 것이 없으면 처를 얻어서 발하게 된다. 의탁함이 있고 구조함이 있는 것은 재(財)와 식(食)이 풍족하다.

정축일 신축시가, 신유 월이면 재성격(財星格)이요, 재왕(財旺)하여 생관(生官)하니 귀하다. 오월은 재를 상하는데, 본신(身)이 왕하여 주에게 관록(官祿)이 된다. 자·인(子寅)이 순수하면, 무과(武科)의 귀함으로 3품이다. 수(水)의 월이면 어렵고 힘들다. 진월은 귀인의 친족이다.

陳尙書 '癸卯 戊午 丁丑 辛丑'. 王侍郞 '乙卯己丑'. '戊辰己未'憲副. 譚一召進士 '己酉丙寅'. '丙寅辛丑'(雙瞽), '戊戌壬戌'(禮部郞).

정묘일 신축시가, 년·월로 '진·사·미'면 부귀한데, 처자가 지체된다. 인·묘로 인수가 돕거나, 술고(戌庫)로 신왕(身旺)하고 축을 형하는데, 정이 의탁할 것을 얻으면 대귀하다.

張漢侍郞 '丁卯 庚戌 丁卯 辛丑'. 賈淇知府 '甲申丙子'. 陳憲擧人 '丙辰癸巳'. 陸都司 '丙寅乙未'.

정사일 신축시는, 숨어 있는 사람으로 인하여 귀함에 이른다. 년·월로 '사유축·신(申)'이면, 재왕생관하여 부귀하다. 묘월은 평상한데, 북방 운으로 행하면 역시 귀하다. 축월에 서남의 운은 대귀하다.

楊丞相 '戊午 乙丑 丁巳 辛丑'. 王學士 '乙卯己丑'. 奚良輔同知 '壬戌丁未'(凶死). 李一德知縣 '丁丑己酉'. '丁亥己酉', '癸酉戊午'(俱擧人午月建祿透官吉 두루 거인이었는데, 오월에 건록이 투출하여 관이 길하다).

정미일 신축시는, 시·일이 병충(倂衝)하니 처자를 상할 것을 근심한다. 유(酉)월에 수기(水氣)로 소통하면 길하다. 세·운도 동일하다.

林照擧人 '己卯 甲戌 丁未 辛丑'.

정유일 신축시의 경우, '인묘·사오'는 신왕에 의탁함이 있으니, 주에게 문명(文名)이 있고 고귀하다. 용을 만남 즉 총애를 받으면[4] 비상해진다. '신·유·술'은 재가 왕하니, 이를 쫓음이 가장 길하다. 해·자는 관왕(官旺)이라 역시 길하다.

---

[3] 원문은 사로 되어 있는데, 기가 맞을 것이다. 굳이 말하자면, 사도 가능하기는 하다.

[4] 원문은 龍이라. 그리하면 진월을 만난다는 뜻도 가능해진다.

胡淡尙書 '乙卯 辛巳 丁酉 辛丑'(名臣). 黃鎬尙書 '辛丑丁酉'. 汪宗凱郎中 '戊辰戊午'. '戊寅甲寅'(主事). 吳文偉擧人 '丙辰戊戌'. 蔡宗德擧人 庚子月. 王荊公 '甲申丙寅'.

정해일 신축시의 경우, 춘은 인수로 길하고, 추생이 화기(火氣)가 있으면 역시 길하며, 하에는 태왕하니 흉하다. 동에는 관·살이 왕하여 길하다. 미·술(未戌)의 월이면, 축고(丑庫)를 충개(衝開)하니 부하다.

朱南岡進士 '庚子 戊子 丁亥 辛丑'.

시상(時上)에서 재고(財庫)의 국(局)이라, 사람이 태어남에 인연이 있음을 만났으니 상함이 없다면, 마침내 부귀하다. 이 말은 헛되이 전하는 것이 아니다. 신축이 정을 만나니 보배 창고 곧 보고(寶庫)가 되었다. 하지만 주에게 자물쇠를 열 열쇠가 없으면, 부를 말하기 어렵다. 형·충(刑衝)의 운이 이르면, 고인을 만나 타향에서 행적을 발하고 명예를 드러내는 것이다.

정일이 시에서 신축을 만난 것은, 편재의 창고(庫)가 되니 형·충을 기뻐한다. 만약 드러남이 없음으로 돌아가면 허명(虛名)만이 있을 뿐인데, 여기에 처자가 마땅하니 서로에게 경사로다. 부모는 안행(雁行)하나 집안은 화목하기 어렵다. 문호를 바꾸고 옮겨서 거듭하여 새롭게 발재 발복하는 가운데 흥함을 보는 것이니, 필시 영화로운 명이라 하겠다.

【六丁日壬寅時斷】 육정일 임인시의 판단

육정일 생이 시가 임인이면, 그 몸이 가서 종관(從官)하고 목신(木神)으로 화하고자 한다. 수·목의 월로 그 국(局)을 이루는 형상(象)에 통하면, 존영하고 편안하니 부귀의 순서가 따로 없다.

정일 임인시는 신거(身去)종관(從)한다. 정·임은 목으로 화하는데, 인(寅) 위에서 건왕하다. 만약 수국(水局)의 달이라면 대귀한 것이다. 목(木)의 월로 통한 것 역시 귀하나. 만약 징미의 월이리면 동방으로 운을 행함이 좋다.

정축일 임인시는, 화(化)하면 귀(貴)하다. 동월에 생하면 관왕하여 귀하고, 춘월은 인수로 안온하며, 하는 길하다. 추는 평상한데, 동쪽으로 운행하면 좋다.

黃翬進士 '庚子 戊子 丁丑 壬寅'. '乙酉壬午'(學士), '乙卯辛巳'(富). 萬恭侍郎 '乙亥丙戌'.

정묘일 임인시는, 귀하고 화하면 길하다. 년·월로 인·묘에, 금·수로 운행하면 대귀하다. 해·자의 월에 서방으로 운이 행하면 귀하다.

王德明都堂 '壬寅 庚戌 丁卯 壬寅'. 邵梗憲副 '癸丑乙卯'; '庚申壬午'(官同). 方正梁會魁 '丙辰辛丑'. '戊辰庚申'(主事), '癸丑戊午'(同知), '壬申壬子'(進士). 邵皇親 '丙寅庚寅'(好道求仙 도를 좋아하여 신선을 구하였다).

정사일 임인시의 경우, 정이 인(寅)에서 사(死)하고, 사(巳)는 생할 뜻이 없는 가운데 또다시 인의 형(刑)을 입으니, 유시(有始)무종(無終)이다. 만약 금·수로 운이 행한다면 영귀(榮貴)한다. 년·월로 인·오는 신왕하다. '해묘미'는 인왕(印旺)하고, '신자진'은 관왕하니, 두루 가히 귀(貴)를 말할 수 있다.

李仁傑編修 '壬子 壬寅 丁巳 壬寅'. 丁洪進士 '丙午戊戌'. 史朝寀進士 '丙戌辛丑'. 張正卿主事 '己未丙寅'. 俞紹擧人 '甲申辛未'. '丁酉丙午'(知府), '辛亥辛卯'(郞中). 趙可總兵 '壬辰壬寅'. '癸巳己未'(貴同).

정미일 임인시는, 악사(惡死)라. 춘생이면 인수로 길하고, 하에 목·화의 운이면 발복한다. 추는 부하고, 동은 귀하다. 년·월로 유·술은 관이 3품에 이른다. '해·묘·인·술'은 문(文)으로 귀하고, 과거에 높다. 묘(卯)가 순수하고 금·수로 운행하면, 금자(金紫)의 귀함이다. 《신백경》에는, "목으로 화하면 주가 귀하다"고 하였다.

彭澤都憲 '己卯 壬申 丁未 壬寅'. 時臣總兵 '丙午庚子'. 董一夔總兵 '癸巳己未'. 孟賜進士 '丙午戊戌'. 陳器進士 '癸卯甲寅'. 黃廷宣僉憲 '壬寅壬子'. 趙四山僉憲 '己卯甲戌'. 章丞相 '乙亥戊子'. 何狀元 '戊辰癸亥'. 劉如寵進士 '乙卯庚辰'.

정유일 임인시가, 년·월로 '해미·인묘·신자'이면, 총명부귀하니 풍헌에 극품이다. 사·오는 재상이다. 진월에 금·수로 운행하고, 술월에 동방으로 행운하면, 두루 귀하다. 《신백경》에는 "화목(化木)하면 주가 귀하다"고 하였다.

胡宗憲尙書 '壬申 辛亥 丁酉 壬寅'. 陳則淸都堂 '乙巳甲申'. 林二山都堂 '戊申癸亥'. 顧可久憲副 '乙巳丁亥'. 張大倫進士 '甲辰庚午'. 袁正總兵 '辛未己亥'. 沈進士 '丙子庚寅'. 黃日敬擧人 '癸丑甲寅'. 孔聖公 '己卯丙子'. 趙南星太宰 '庚戌庚辰'.

정해일 임인시는, 일귀격(日貴格)이다. 임인과 짝을 이뤄 합하고 관인이 두루 온전하니, 문장으로 현달한다. 자(子)월은 대귀한데, 화기(化氣)는 흉하다. 《신백경》에는 "화목하면 주가 귀하다"고 하였다.

徐侍郞 '丙子 庚寅 丁亥 壬寅'. '己巳癸酉'(太守), '癸酉壬戌'(擧人), '己卯丁丑'(祖大壽元戎).

점철(點綴)성금(成金) 곧 쇠를 고쳐 금을 이룬 국(局)이라, 시(時)에서 만나니 크게 길창(吉昌)하다. 서인이라도 발복함이 많고, 군자라면 이익과 명예가 창성하다. 정·임이 합화(合化)하는데, 금향(金鄉)으로 들어가면 구록(狗祿)승명(蠅名) 즉 강아지의 녹이요 떠도는 이름이라, 텅 빈 가운데 바쁘기만 하다. 절개가 쇠잔하여 족히 취할 것이 없고, 눈앞의 골육 또한 참상(參商) 즉 장사꾼에 불과하다.

정일 임인시는, 합하여 목왕(木旺)의 향(鄉)으로 화국(化局)한다. 월지(月支)로 신·유(申酉)를 만나지 않으면, 그 뜻을 얻어 고인으로부터 천거받아 쓰이게 된다. 부모의 안행(雁行)은 힘들지 않고, 다른 사람들이 봄바람에 기뻐 웃는다. 운에서 수·목의 운을 만나면, 금을 가라앉혀 종적을 이루니 귀현 영달의 명이 된다.

【六丁日癸卯時斷】육정일 계묘시의 판단

육정일 생 시(時)가 계묘면, 귀왕(鬼旺)신쇠(身衰)하니 괴로운데 금(禁)할 수가 없다. 월에 의탁하여 통함이 있으면 바야흐로 복으로 논하지만, 그렇지 않으면 빈하(貧下)에 괴롭고 슬픈 마음이 있다.

정일 계묘시는, 신쇠귀왕하다. 정이 계로 귀(鬼)살을 삼고, 을은 도식이 되는데, 묘(卯)상에서 계가 을을 생하고 왕하다. 만약 의탁하고 구조함이 있으며 신왕(身旺)한 월에 미쳐서, 귀(鬼)를 화(化)하면 관으로 변하여 길하다. 주에서 관으로 통하는 운이 없는 것 또한 길하다. 이와 다르면 빈하에 실명(失明)하고 혈질(血疾)인데, 처에게 재앙이요, 자식 또한 적다.

정축일 계묘시가, '진술축미'의 월이면 제복(制伏)에 중화를 얻은 것이다. 오월 중에 태어나고 천간이 강하면 귀하다. 신(申)과 축(丑)은 풍헌이다.

黃士觀郞中 '甲申 庚午 丁丑 癸卯'. 李際泰進士 '壬子癸丑'. '癸丑己未'(伯).

정묘일 계묘시가, 인·묘 월생이면 인수가 대살(帶煞)함이 되니, 흉함으로 논하지 않는다. 관운을 행하면 귀현한다.

楊白泉尙書 '辛丑 癸巳 丁卯 癸卯'. 蕭良有會元榜眼 '庚戌丁亥'. '己巳癸酉'(參政). '乙未戊寅'(太守). '辛巳庚寅'(擧人).

정사일 계묘시가, 축월 생에 북방 운인데 토가 두터운 땅이면, 길하다. 수(水)가 빼어난 땅이라면 2-3품의 귀인데, 신·유(申酉)로 재를 쓰는 것도 역시 길하다.

陳應之郞中 '乙巳 甲申 丁巳 癸卯'. '丙戌甲午'(皇親). '戊戌癸亥'(丞相). 太醫院使

'乙酉辛巳'. 楊時寧進士 '丁酉癸丑'(三兄弟兄擧人弟進士 3형제로, 형은 천거되었고 동생은 진사를 지냈다). '丙午丙申'(擧人巨富).

정미일 계묘시는, 편관이 인수를 생하니 춘에는 길하고, 하에는 평범하며, 가을은 부하고, 겨울이면 가난하다. 혹 말하기를, "정화는 수를 두려워하지 않으니, 겨울 생으로 해·자의 살(煞)이 중하고 본신(身)이 유(柔)약하면 대귀하다"고 하였다. 축·미에 동방 운이면 귀하다.

章丞相 '丁亥 壬子 丁未 癸卯'. 林進士 '丙戌辛卯'. 韓紹方伯 '丙申乙未'(子敬會狀).[5]

정유일 계묘시는, 일·시로 좌귀(坐貴)를 구비하였으니 이를 얻음이 최길(最吉)하다. 춘·하로 신왕하면 화귀(化鬼)위관(爲官)하고, 추·동에 신(身)이 쇠하면 부지런하나 괴롭다. 사·술의 월은 그 귀함이 순수하고, 오·축의 년·월에 천간으로 경·기(庚己)가 투출하면 청귀하다.

楊忠愍公繼盛 '丙子 甲午 丁酉 癸卯'. 項喬憲副 '癸丑丙辰'. 林策評事 '己巳乙亥'. 金狀元 '乙卯丁亥'.

정해일 계묘시가, 묘월이면 인수로 근시(近侍)의 귀함이요, 인·오라면 서울의 관리로 5-6품이다.

林敬主事 '乙亥 戊子 丁亥 癸卯'.

몽중(夢中)접화(蝶化) 즉 꿈속에서 나비로 화한 국(局)이라, 깨고 난 이후에는 다시 생각할 필요가 없다. 운이 본신의 왕지(旺地)에 통한다면, 바야흐로 명리의 창성함을 허락한다. 정축일이 계묘를 만나 생한 것은 명리를 구하지만 또한 중평(中平)할 뿐이다. 신쇠(身衰)라면 까불고 교묘하나 이룸을 뒤집으니 졸렬하다. 뜻을 얻는다면, 모름지기 귀인을 만남에 통한다.

정일이 시로 계묘가 임함에, 신쇠(身衰)하고 무의(無倚)하면 평상하다. 문중(門中)에서 귀적(鬼賊)이 재물과 양식을 축내는데, 조업을 지킨다면 마땅히 파탕(破蕩)됨을 막는다. 부모는 안행(雁行)하고, 처자에 다소간 의지함이 있으나, 고향을 떠남을 면하지 못한다. 운 중에서 신왕하여 살을 항복시킨다면, 바야흐로 리명(利名)의 영창(榮暢)함을 감히 허락한다.

---

5 앞서도 '자경회장'이라 하였는데, 상용구로 쓰는 고을의 어진 이에 대한 존칭으로 보인다.

【六丁日甲辰時斷】 육정일 갑진시의 판단

육정일 생이 시가 갑진이면, 관성은 득위하고 인수가 생신(生身)한다. 월기로 불통이면 복됨이 평상하고, 의탁함이 있으면 동록(同祿)의 귀인을 돕는다.

정일 갑진시는, 인수에 관고(官庫)라. 갑으로 인수를 삼고, 임으로 관을 삼는데, 진(辰) 중에서 갑목 인수가 생신하고 관성은 합국한다. 만약 월기로 통하여 의탁할 것이 있는 자는 귀하고, 그렇지 못한즉 평상하다. 춘(春)생은 북운을 기뻐하고, 동(冬)생은 남운을 기뻐하니, 다 길하다.

정축일 갑진시는, 길한데, 해·자의 월이면 부귀하다. 신(申)월에 동방 운, 오월에 금·수 운은 두루 귀하다. 인(寅)이 순수하면 풍헌(風憲)에 극품이다.

孫樞密 '丙申 庚子 丁丑 甲辰'. 王冢宰 '甲辰壬申'. 何敎諭 '癸丑辛酉'. 傅治擧人 '甲寅丁丑'. '丁亥辛亥'(巨富).

정묘일 갑진시가, '진술축미'의 월이면 고극(孤尅)한데, 운에서 통하면 발재(發財)한다. 축월에 남방 운은 귀하다. 묘월에 금·수 운은 근시의 권귀(權貴)이나, 건백(建白)[6]은 불리하다.

倫以諒進士 '甲寅 辛未 丁卯 甲辰'. 周儀擧人 '庚辰壬子'. 吳大選擧人 '甲寅丁丑'. '癸未乙卯'(給事), '戊申乙丑'(同知), '壬戌戊申'(富).

정사일 갑진시는, 흉형(凶刑)에 고극(孤尅)이라. 춘에 인수는 길하다. 하·추는 평상하고, 동은 관왕(官旺)하다. 술(戌)이 순수하고 목·화의 운이면 관이 냉직(冷職)[7]에 거한다.

王皇親 '丙午 壬辰 丁巳 甲辰'. '己未壬申'(知縣), '癸未乙丑'(進士).

정미일 갑진시가, '축·해묘미'의 월이면 인수에 관귀(官貴)요, 하(夏)에는 평상하다. 진·술은 귀(貴)함이 두텁다. 유·오에 금·수의 운은 대귀하다.

王廷相尙書 '甲午 丙子 丁未 甲辰'(名公). 唐龍尙書 '丁酉丁未'(名臣). 伍布政 '壬午庚戌'. 王太守 '己未甲戌'. 劉豫卿進士 '辛卯戊戌'. 謝檢討 '壬戌丙午'. '己巳壬申'(貴橫亡).

정유일 갑진시는, 평상한데, 년·월로 술(戌)의 글자를 보지 않으면, 일주가 영화롭고

---

[6] 흰 것을 세운다는 뜻인데, 청렴결백하기가 어려운 것으로 생각된다.

[7] 냉직이란, 차가운 자리라는 뜻인데, 판검사의 자리로 판단된다. 아니면 하급 관리의 뜻이다.

귀격(貴格)이 된다. 춘생에 남운은 귀하고, 북운이면 대귀하다. 년간과 월지가 합국(合局)하면, 입마(入馬)화격(化格)⁸ 즉 재마(財馬)에 들고 화격을 이루게 되니 또한 귀하다.

李春芳閣老 '庚午 己丑 丁酉 甲辰'(一云癸卯時謹厚謙虛五世同堂縉紳少有 달리 계미시라 하며, 근후 겸허하였다. 5세부터 같은 학당의 진신소유 즉 어려서부터 빼어남이 있었다). 夏侍郎 '乙亥庚辰'. 方知府 '丁丑壬寅'. 韓廉憲 '甲申己巳'. 王三接知府 '丙辰壬辰'. 徐大用同知 '丁丑壬子'. '丙辰壬辰'(封官先貧), '丙子戊戌'(縣丞極富), '乙丑壬午'(進士早卒).

정해일 갑진시는, 일귀격(日貴格)으로 관록이 득위하니 필히 현달함이 마땅하다. 년·월로 신·진(申辰)은 대귀하다. 오월에 동북운, 진월에 북방운은 두루 귀하다. 달리 혈질(血疾)에 흉형(凶刑)하다고 한다.

狀元 '丁亥 甲辰 丁亥 甲辰'. 都堂 '壬戌己酉'. 周尙文總兵 '乙未戊寅'(真將才 참된 장군의 자질이었다).

시중(時中)관고(官庫)의 국(局)이라, 발복(發福)하기 위해서는 형·충(刑衝)을 요한다. 만약 형통한 운을 행한다면, 재생관(財生官)의 뜻이 저절로 따른다. 정일이 시에서 관인을 같이 만나고, 열쇠로 재고(財庫)를 열어 전룡(錢龍)⁹을 본 것이다. 간지(干支) 사주에서 형·파(刑破)가 없으며, 운이 이르게 되면 바야흐로 부귀옹(富貴翁)이라 칭한다.

정일에 진시는, 고(庫)가 왕한 가운데 인수가 상생하고 있다. 자물쇠와 열쇠로 술(戌)이 이를 열어줌을 기뻐하고, 임·정(壬丁)이 합화하면 문장이 빼어나 출군(出羣)초중(超衆)한다. 골육과 육친은 형극(刑尅)되지만, 꽃이 떨어져 열매를 이루니 거듭하는 영화로움이 있다. 다만 운에서 다투면 전룡을 보는 것이 지체되는데, 곧 선암(先暗)후명(後明)의 명이다.

【六丁日乙巳時斷】 육정일 을사시의 판단

육정일 생이 시가 을사면, 상관을 안으로 숨긴 가운데 효신(梟神)을 모은 것이다. 지지로 동방 운이면 빼어남이 허사이고, 금·수의 향(鄉)이라면 녹귀(祿貴)의 사람이다.

정일 을사시는, 정이 임으로 관을 삼고 을로 도식을 삼는데, 사(巳) 위에서 임(壬)이 절(絶)되고 밝은 을(乙)의 도식(倒食)이 있는 것이다. 암장된 무(戊) 상관이 건왕(健旺)

---

⁸ 마는 여기서 재마의 뜻으로 진유로 화국한다는 의미이다.

⁹ 재물의 신이니 돈의 용으로, 난장이들의 왕국을 점령한 것인가?

하니, 위인됨이 오물(傲物)지고(志高) 즉 뜻은 높으나 현실을 무시하니 다만 평상할 뿐이다. 만약 월기로 금·수에 통하게 되면 귀하다. 운에서 통하는 것 역시 귀하다.

정축일 을사시는, 춘이면 부(富)요, 하에 외롭고, 추는 길하며, 동은 귀하다.

許成名侍郎 '癸卯 癸亥 丁丑 乙巳'. 陳仁布政 '甲戌丙寅'. 莊獻擧人 '辛未甲午'. '己卯丁卯'(刑凶), '壬戌壬寅'(賊).

정묘일 을사시는, 춘은 인수요, 하는 왕하며, 추는 재요, 동은 관이다. 어떤 것을 취용할 수 있는가를 보아 두루 가함을 갖춘 것이라면, 길하다고 논한다. 년·월로 오·미는 문장이 귀현(貴顯)하니, 관·록(官祿) 운을 행하면 길하다.

進士 '辛未 丙申 丁卯 乙巳'. 陳以勤閣老 '辛未戊戌'.

정사일 을사시가, 다시금 사(巳)월에 생하면 해·임(亥壬)을 도충(倒衝)하여 관으로 삼는다. 수(水)의 전실(塡實)로 격을 파함이 없으면, 주가 4-5품의 귀이다.

項編修 '癸卯 丁巳 丁巳 乙巳'. 任狀元 '丙子癸巳'. 趙參政 '甲午丙子'. 何太守 '甲寅甲戌'. 王郎中 '戊辰丁巳'. 施判院 '辛酉癸巳'. '辛未丙申'(運使), '己巳癸酉'(文貴), '丁卯庚戌'(武貴).

정미일 을사시는, 도충격(倒衝格)에 들고 충·파가 없으면 귀하다. 년·월로 사·해(巳亥)[10]는 3-4품의 귀이다. 유·축으로 재국(財局)을 합하면 부하다.

張承敍知府 '癸酉 乙丑 丁未 乙巳'. '辛巳甲午'(總管). '癸未乙卯'(女命榮壽), '丁巳乙巳'(貴), '丁未乙巳'(女命天啓西宮 여명으로 어려서 서궁을 열었다).

정유일 을사시는, 파재에 도식이라. 만약 년·월로 금·수에 통하고 금·수의 운을 행하면 길하다.

向成御史 '辛卯 丁酉 丁酉 乙巳'. 文參政 '癸卯丙辰'; '己未月'(大貴). 葉左丞 '丁巳乙巳'. 朱愷知府 '壬戌辛亥'. 李會春擧人 '戊寅丙辰'.

정해일 을사시는, 시·일이 병충(倂衝)이라, 처자를 상할까 근심된다. '사유축, 신자진'의 금·수 2국(局)은 재관을 얻어 쓰니 부귀로써 논한다.

王爃侍郎 '壬辰 甲辰 丁亥 乙巳'. '丁亥甲辰'(乞丐).

편인(偏印)파재(破財)의 국(局)이라. 어려서는 감추고 또 묻히는데 운이 관록지(官祿地)를 행하면, 하늘에서 부귀가 저절로 온다. 정일 사시는, 호형(虎刑) 즉 인(寅)의 형을 두려워하는데, 재·관의 운을 밟으면 능통함의 시작이 된다. 인정이 있고 호의가 있으

---

10 원문은 기(己)토인데, 사(巳)가 맞을 것이다.

나 도리어 악의를 입게 되지만, 선난(先難)후이(後易)의 뜻이 있으므로 마침내 즐겁고 용납되는 것이다.

정일에 시로 을사가 임하니, 파재에 도식이라 통하기가 어렵다. 양친은 안려(鴈侶)에 또 화평하고, 처자는 성냄도 없고 번민도 없다. 군자는 문학의 기가 빼어나고, 평상인은 재예(材藝)가 통명(通明)한다. 만약 '임·경·신(辛)·계'를 거듭해서 만난다면, 중년과 말년에 재물과 이름을 쓰기에 족할 것이다.

【六丁日丙午時斷】육정일 병오시의 판단

육정일 생이 병오를 만나면, 일록(日祿)이 시상(時上)에 자리하여 기쁘게 만난 것이다. 주 중에서 쥐와 토끼(자·묘)와 계(癸)의 상함이 없으면, 소년에 등달(騰達)하여 청운의 길에 오른다.

정일 병오시는, 청운(靑雲)득로(得路) 곧 벼슬길을 얻은 것이다. 정화는 오(午) 위에서 건록이 되니, 만약 지지로 효(梟)신의 파함이 없고 천간으로 계의 형(刑)함이 없으면, 녹원(祿元)이 순수하여 주가 귀하다. 만약 지지로 자·묘가 있고, 천간으로 계가 있어 녹을 파하면, 곧 만나도 만나지 않은 것과 같다.

정축일 병오시는, 평상한데, 년·월로 '인묘술미'라면 귀하다. 유·축은 재를 용하니 최길(最吉)하다. 해·자의 관·살을 꺼린다.

范安撫 '辛未 庚午 丁丑 丙午'. 史平章 '己亥丙寅', '戊寅辛酉', '庚寅己丑'(俱擧人).

정묘일 병오시는, 왕한 가운데 재앙이 있다. 묘(卯)의 글자가 형·파(刑破)하면 곧 백정이다. 사(巳)월에 서북 운은 귀하다. 동남은 극품(極品)에 권세가 있다. 인·해는 무관의 직으로 2품이다. 만약 자·유(子酉)로 4패(敗)의 온전함[11]이 있으면 대귀(大貴)하다.

黎侍郎 '戊子 辛酉 丁卯 丙午';王其勤郎中(命同). 和參政 '甲午丙寅';陳平章(命同). 鄭寺簿 '辛未丁酉'. 劉一景閣老 '丁卯壬子'.

정사일 병오시는, 정의 녹이 오요, 병녹은 사로, 호환록(互換祿)의 격인데, 사주에서 '인·해·자'의 글자가 없으면 문장으로 현귀한다. 처를 봉(封)받고 숨은 자식이 있다.

盧後屏尚書 '癸丑 丁巳 丁巳 丙午'. 林承訓進士 '庚申壬午'. 吳雲臺擧人 '丙辰戊

---

[11] 자오묘유를 말한다.

戌'. '丁亥乙巳'(貴同).

정미일 병오시는, 귀(貴)한데, 파조(破祖)하고 이루는 것이다. 년·월로 임·계의 글자를 꺼린다. 갑신월은 재관인의 삼기(三奇)요, 진월은 관고요, 해월은 관인이 되니, 두루 대귀하다.

譚綸尚書 '庚辰 甲申 丁未 丙午'(丁丑年卒). 呂柟狀元 '己亥己巳'. '己丑戊辰'(萬戶), '辛酉壬辰'(憲副), '乙巳乙酉'(大貴), '己亥丙子'(解元).

정유일 병오시는, 평상한데, 자손에게 불리하다. 년·월로 해묘미는 귀하고, 사유축은 평상하다. 인오술은 부(富)하다.

王安仁太守 '丁丑 壬子 丁酉 丙午'. 鄭寺丞 '己巳庚午'.

정해일 병오시는, 평상하다. 자월에 금·수의 운은 낭관(郎官)이다. 년·월로 '미·신(申)·유·축'은 두루 길하다. 달리 선파후부(先破後富)라 한다.

張狀元 '壬申 丁未 丁亥 丙午'. 姚左丞 '辛酉辛丑'. 陳奇瑜總督 '癸未壬戌'.

마화(馬化)기린(麒麟) 곧 말이 기린으로 화하는 국(局)이라, 이를 만난 자는 필히 풍영(豊盈)한다. 형·충·파를 범하지 않으면, 그 명성이 황실 가까이 울린다. 오시에 정일은, 녹원(祿元)국이라 한다. 관성이 무리 지은 짝들을 억압함을 보지 않고, 사주에 형(刑)이 없으며, 행운(行運)이 길하면, 청운에 길이 있어 붉은 구름을 밟는 것이다.

정일이 시에서 병오를 만남은, 호환(互換)녹마(祿馬)로 광휘가 있다. 공명이 훤혁(煊赫) 즉 따뜻하게 빛나니 세상의 응함이 기쁘고, 배우고 익혀 문장을 이루니 수가 귀하다. 년·월로 '계·자·묘'가 없으면, 시에서 문복(文福)이 와서 그 반열을 고른다. 갈옷을 바꾸어 비단옷을 얻어 입고 돌아오니, 풍송(風送)운정(雲程) 즉 풍운에 보낸 여정이 만리의 영광이로다.

【六丁日丁未時斷】 육정일 정미시의 판단

육정일 생 시가 정미는, 화가 목국(木局)에 의탁하여 생하니 유기(有氣)하다. 의록(衣祿)이 안온하고 또한 항상 함과 같다. 운에서 수(水)를 본 것은 바야흐로 그 땅을 얻은 것이다.

정일 정미시는, 화가 목국에 의지한다. 정은 갑으로써 인수를 삼는데, 미는 목고(木庫)로 인수의 향(鄉)이 된다. 만약 주에서 재성을 보지 아니하고 재운으로 행하지 않으며, 년·월로 '해묘미'의 국(局)에 통하면 의탁함이 있는 것이라, 안온(安穩)함의 복이 된다.

정축일 정미시는, 축·미가 형·충하니 좋은 마침을 얻지 못한다. 년·월로 진·술이면 4고(庫)가 온전하니, 귀(貴)가 마땅히 극품에 이른다. 신·미(申未)는 3품인데, 법사(法司)에 담박(淡薄)청한(淸閑)하다. 달리 파조(破祖)에 형(刑)이라 한다.

洪武御命 '戊辰 壬戌 丁丑 丁未'. '丙申丙申'(參政), '戊辰庚辰'(巨富), '己卯庚午'(閣老).

정묘일 정미시는, 형(刑)하는 가운데 발한다. 인·묘의 월이면 인수로, 발재(發財)하고 돈후하다. '진·술·신·오'라면, 두루 길하다.

俞林侍郎 '甲戌 戊辰 丁卯 丁未'. 林兆金主事 '壬申丙午'. 韓參政 '甲午壬申'. 黎僉憲 '乙酉壬午'.

정사일 정미시는, 공록(拱祿)격의 귀함이다. 년에 자(子)의 글자가 있은즉 오(午)는 대궐의 문이 되어 공록을 얻으니 대귀하다.[12] 공망과 전실을 꺼린다. 년·월로 재·관·인을 본 것은 두루 길하다. 재는 부(富)하고, 관·인은 귀(貴)하다.

費宏閣老 '戊子 乙卯 丁巳 丁未'. 許大亨御史 '壬午戊申'. 傅燮進士 '壬子己酉'. 楊階進士 '丁卯壬寅'. '辛丑丁酉'(巨富), '癸亥己未'(巨商晚貧 거상이었는데 말년은 가난하였다).

정미일 정미시는, 팔전(八專) 즉 팔자가 전일하면 태왕(太旺)하다. 부모 처자를 일찍 극하고 의록은 평상한데, 승·도(僧道)가 되면 길하다. 사주에서 금·수·목에 통하고 더불어 금·수의 운을 달린다면, 의록이 안온하고 대귀하다. 달리 흉한 가운데 늦게 발복하여 큰 부(富)가 있다 하였다.

楊一淸閣老 '乙亥 己丑 丁未 丁未'(名臣無子). 婁志德卿 '己亥丁丑'. 鄒守益尙書 '辛亥辛卯'. '丁未丁未'(一進士,一生員).

정유일 정미시는, 일귀(日貴)격이다. 만약 '해묘미·인'월 생이라면, 의록이 돈후하다. 인(寅)월에 금·수의 운은 금자에 풍헌이다. 달리 크게 흉하고 요절한다고 한다.

黃希晦知縣 '丙寅 甲午 丁酉 丁未'. 余濂知縣 '壬寅丙午'. 顧應陽官生 '壬戌辛亥'. '庚申乙酉'(商人巨富).

정해일 정미시는, 묘(卯)월이면 삼합(三合)인국(印局)이니, 귀하고 장수한다. 신(申)은 재가 왕하고, 해(亥)는 관이 왕하니, 두루 길하다. 하(夏)생은 정화가 유기하여 유학

---

12 자오의 대충에서, 자가 제궐이 되고 오는 궐문이 되는 것이다.

자의 관이 되는데, 다만 고빈(孤貧)함을 면치 못한다.

耿裕尙書 '庚戌 己卯 丁亥 丁未'. 黃謙給事 '己卯乙亥'. 唐時雍擧人 '丁丑戊申'.

시봉(時逢)목고(木庫)의 국(局)이라. 인수로 자물쇠를 여는 것이 기쁘다. 운이 관왕(官旺)지를 행하면 복록이 저절로 온다. 2정(丁)이 미시를 만나니 배척하고험로인데, 중년에 발복함이 온다. 운이 길하고 귀인이 서로 회합하면 안한(安閑)하니, 모름지기 의록을 시기하지 않는다.

정일이 시에서 정미를 만남은, 그 가운데 창고가 침매(沈埋)된 것이다. 소년에는 발하기 어려운데, 때가 이르러야 오는 것과 같이 축·미가 상충하면, 태평함에 통한다. 쌍친의 안려는 기대하지 못하니, 꽃이 피어야 과실을 수확하게 된다. 처·재를 시(時)에서 만나니, 수명이 족하고 복이 거듭하여 온다. 말년에 영화를 만나므로 뛰어나고 상쾌한 것이다.

【六丁日戊申時斷】 육정일 무신시의 판단

육정일 생이 시가 무신이면, 천원(天元)에서 배록(背祿) 즉 상관이 되고 그 몸이 패한다. 월에서 구조함이 없으면 재를 발하기 어려우니, 다만 평상의 의록(衣祿)인에 해당할 뿐이다.

정일 무신시는, 신패(身敗)에 배록이라. 정이 임으로 관을 삼는데, 신(申) 위에서 무토를 보아 상극한다. 만약 년·월에서 투간한 임(壬)을 보면 상관견관으로 화(禍)가 되므로, 오히려 왕한 경(庚)이 재(財)가 되어야 한다. 자패(自敗)하여 능히 제극(制尅)하지 못하는 까닭에, 신왕한 월(月)로 통하지 못한 것은 평상할 따름이다. 년·월로 갑과 인(寅)을 기뻐하고, 임·자(壬子)의 글자는 꺼린다.

정축일 무신시는, 빼어나고 귀하다. 년·월로 미·신(未申) 또한 귀한데, 동남으로 운행하면 대귀하다. 사(巳)월에 서북 운은 육경(六卿)의 직(職)이다.

盧宗哲光祿卿 '乙丑 己卯 丁丑 戊申'. 黃禛郞中 '庚戌戊寅'. '癸巳丁巳', '壬辰辛亥'(俱擧人).

정묘일 무신시가, 춘이면 상관(傷官)용인(用印)한다. 추에는 상관에 용재(用財)하니 두루 길하다. 하는 비견이요, 동은 상관(傷官)견관(見官)이니 평상할 따름이요. 4계(癸)의 달이라면 길하다.

歐陽必進尙書 '辛亥 辛丑 丁卯 戊申'. 范參政 '庚午戊寅'. 高才擧人 '癸未丙辰'

(두 형이 자식이 없어서 부귀가 모두 이 사람에게 속했다).

정사일 무신시는, 불귀즉부한데 형극(刑尅)을 면치 못한다. 하생에 서북 운으로 행함은 귀하고, 추·동이라면 노고가 많다.

謝三洲都憲 '辛酉 己亥 丁巳 壬申'[13](一子一孫俱擧人). 郭提刑 '己酉戊辰'. 趙通判 '己巳丁丑'. 蕭春芳擧人 '乙未戊寅'. '乙卯庚辰'(富).

정미일 무신시가, '사오미·술'에 생하면 신왕하여 귀현한다. 만약 해·묘가 미와 모이고, 자·진이 신과 모이면, 두루 귀함으로 논한다.

英國公 '丁巳 丙午 丁未 戊申'(一云癸巳戊午). 蔣之奇內翰 '乙亥丙戌'. '壬子壬子', '癸巳壬辰'(俱貴). 黃文煥翰林 '丙申辛卯'.

정유일 무신시의 경우, '인오술·축진미'의 달로 생하면 상관(傷官)상진(傷盡)하여 기묘함이 된다. 또 일귀(日貴)격으로 주가 등과 급제하며, 운이 금·수로 행하면 요금(腰金)의자(衣紫)의 귀함이다.

明武宗 '辛亥 戊戌 丁酉 戊申'(地支亥戌酉申相連無間 名透頂連榮格 又辛亥戊申 名天關地軸格 所以至貴:지지로 해·술·유·신이 서로 이어지는데 사이가 없으니 이름하여 투정연영 즉 영화로움이 이어져 머리에 드러난 격이고, 또 신해무신은 이름하여 천관지축격이라, 지극히 귀한 까닭이 되었다). 耶律參政 '壬子丙午'. '丙午乙未'(僉憲), '癸亥戊午'(擧人), '辛卯甲午'(主事).

정해일 무신시는, 일·시가 서로를 해(害)치니 처자를 상할까 근심한다. 월기로 신왕함에 통한 자는 귀현한다. 년·월이 무술·정사면 화·토가 태중(太重)한 것이라, 안질이 있다.

董士衡憲副 '癸亥 丙辰 丁亥 戊申'(極富晚年病目). '己未辛未'(參政). 應伯川御史 '壬申庚戌'. '甲子丁卯'(知縣).

복록(福祿)예수(藝隨) 곧 복록이 기예를 따르는 국(局)이라, 흉한 가운데 도리어 길함으로 화한다. 운이 금·수의 향(鄕)을 행하면 바야흐로 이것이 발재의 날이 된다. 정일 무신시가, 바르게 되고 천원의 기가 왕하면 문명을 드러낸다. 관이 되면 도리어 담박함을 달게 받아들일 것이니, 운이 길하면 마침내 반드시 가도(家道) 즉 가풍을 이루게 된다.

정일 무신시는, 바르다. 신(申)상의 무토가 장생하니 상관상진이 아니 되면, 이런 가

---

13 원문에도 임신시로 적어 놓았는데, 무신시라 하면 새로운 검토가 필요하다.

운데 형통한다. 계해는 전실(塡實)이니 쓰임을 꺼린다. 군자는 퇴신(退身) 해직되고, 평상인은 가계를 이루기 어렵다. 만약 부귀가 돌아와도 가난함을 생각하여 불안하게 됨은 곧 생시(生時)가 이를 정하지 않기 때문이다.[14]

【六丁日己酉時斷】육정일 기유시의 판단

육정일 생이 시가 기유면, 학당(學堂)우귀(遇貴) 즉 학당이 귀인을 만난 격(格)으로, 진실하고 희귀한 것이다. 처자가 유기(有氣)하고 식신이 왕하므로, 파가 없고 형이 없으면 바야흐로 기묘함이 된다.

정일 기유시는, 정화가 유 위에서 장생이요, 학당에 또 천을귀인이라, 모두를 겸하여 얻은 것이다. 정이 기를 써서 식으로 삼고 신(辛)은 재가 되는데, 유(酉)상에서 밝은 기(己)가 몰래 신을 생하여 생왕하니, 문장이 수려하다. 만일 묘·을의 충·파를 보게 되면 귀하지 못하다.

정축일 기유시가, 년·월로 '진사·오미·신(申)술'이면 귀하다.

張內翰 '甲午 戊辰 丁丑 己酉'. 曾存仁參議 '庚戌庚辰'.

정묘일 기유시는, 시·일이 병충(倂衝)이라 처자를 상할까 근심인데, 화기(火氣)로 통하면 길하다. 을·묘의 글자를 꺼린다. 년·월로 '해미, 사축'이면, 난 1자로도 양합(兩合)하므로, 충(衝)으로써 논하지 않는다.

楊令公 '丁亥 丁未 丁卯 己酉'(三位天乙貴倂三位殺神居於時 所以武略出人百戰百勝 3위의 천을귀인에 3위의 살신이 시에서 더불어 거하므로, 무략으로 사람을 내어 백전백승하였다). 葉學士 '丁巳乙巳'. 林嵩知縣 '癸巳辛酉'.

정사일 기유시가, 년·월로 '사·유·축'이면 재왕생관하니 종신토록 부귀요, 해·자 역시 길하다.

師宗魯侍郎 '辛巳 戊戌 丁巳 己酉'. 沈紹德參議 '癸未癸亥'. 林穎擧人 '辛亥辛丑'. '乙丑辛巳'(富). 劉生中翰林 '丙寅庚子'.

정미일 기유시는, 화기(火氣)로 통하면 귀하다 '묘·을·계'의 글자를 보면, 귀하지 아니하다.

劉平章 '乙酉 乙酉 丁未 己酉'.

---

[14] 이는 상호 모순되는 글로 보이지만, 바름과 그름에서 서로 결정되지 않음을 말한다.

정유일 기유시는, 형 · 해로 고독하고 나쁜데, 목 · 화의 월로 통하면 길하다.

楊憲副 '甲子 辛未 丁酉 己酉'. 郭天祿憲副 '丙戌庚寅'. 歐溥擧人 '乙巳丁亥'. 趙總管 '丙申乙未'.

정해일 기유시는, 건체(蹇滯)되거나 혹은 노비를 처로 삼는다. 만일 년 · 월로 '무기 · 병정'이 있으면, 근시(近侍)에 권세가 있다. '묘 · 갑 · 을 · 인'에 서북의 운이면 귀하다.

李珊府尹 '乙丑 丙戌 丁亥 己酉'. 呂旻編修 '戊子甲子'. 陸從太進士 '戊寅丁巳'.

추월(秋月)당생(當生)의 국(局)이라, 재성이 명랑하다. 형 · 극 · 파가 없으면, 부귀가 그 몸을 떠나지 않는다. 정일 유시는 마침내 귀함을 본다. 편재가 식신을 만나니 녹원 즉 녹의 근원으로 돌아간 것이다. 간지로 생왕하면 흉(凶) 중의 길(吉)이요, 재성을 충 · 파하면 앙화를 숨긴 조짐이 된다.

정일에 시로 기유가 임하면, 식신이 왕상하여 재를 생한다. 청한한 복록이 자연히 오는 것이니, 일세의 위인으로 명성이 상쾌하다. 군자는 관대하고 넓어 바다 같은 도량이요, 평상인이라도 사해에 정회(情懷)를 품은 것이다. 재관(財官)쌍미(雙美)의 상(象) 가운데 배척함이 있으나, 한 길로 도도히 흘러 막힘이 없다.

【六丁日庚戌時斷】 육정일 경술시의 판단

육정일 생 시가 경술이면, 묘(墓)중에서 패(敗)를 만났으니 복을 이루기 어렵다. 만약 구조됨이 없으면 귀(鬼)가 와서 손상하고, 재백(財帛)이 모이지 않으면 그 눈을 상한다.

정일 경술시는 묘중에 패를 만났다. 정이 경 · 신(庚辛)으로 재를 삼는데, 술(戌) 중에는 병(丙)이 있어 패가 되므로, 그 복을 이루지 못한다. 만약 구조됨이 없고, 거듭해서 계수를 보게 되면 주가 눈을 상한다.

정축일 경술시는, 시 · 일이 상형(相刑)이라 처자를 상할까 두렵다. 만약 '인해 · 신유'의 년 · 월이라면, 관이 3품에 이른다. '오미 · 자진'에 금 · 수의 운을 행하면 역시 귀하다.

魏一龍憲副 '丙子 庚寅 丁丑 庚戌'. 郭公顯御史 '壬申甲辰'. '戊寅辛酉'(郞中), '丁未壬子'(擧人).

정묘일 경술시는, 년 · 월로 해 · 미에 생하고, 삼합으로 회인(會印)하면 귀하다. 자월은 살 · 인(煞印)으로 길하다. 년 · 월이 건록이면, 승 · 도로서 주가 귀하다. 주(柱)에서 구조됨이 없고 계(癸)의 왕함을 보면, 목질(目疾)의 병환이 많고 유(酉)월에는 귀함이 없다. 년 · 월로 유 · 술(酉戌)이 순수하고, 천간으로 기와 갑의 글자가 투간하면, 귀한 가운데 흉함을 두른 것이다.

陳長春憲副 '乙未 庚辰 丁卯 庚戌'. 楊守謙憲副 '乙丑丁亥'. 江以瀚郎中 '辛酉庚子'. 何良輔進士 '戊申甲子'. 谷中虛都堂 '丁丑丁未'(달리 '戊辰己卯辛卯辛亥'라고도 하는데, 혹 아닐까 두렵다).

정사일 경술시가, 진·사 월에 금·수 운이면 풍헌이다. 계·자와 임·해에 남방 운이면 극품이다. 미가 순수하고 서북의 운이면 3-4품이다. 신왕에 재·관으로 운이 행하지 않으면 평상한데, 승·도가 되면 청고하다.

侯居坤主事 '戊戌 乙丑 丁巳 庚戌'. 金一鳳解元 '甲申辛未'. '戊辰壬戌'(主事), '戊子辛酉'(進士), '戊辰庚申'(侯水死).

정미일 경술시는, 주가 형(刑)을 당한다. 해·묘로 회인(會印)하고, '신자진'으로 회관(會官)하면, 두루 주가 문귀(文貴)하다. 오월 건록에 자의 충함이 있으면 흉하다. 만약 년·월로 토를 써서 생재한다면 주가 부하다. 용재하여 생관하면 부귀가 쌍전하다.

張治閣老 '戊申 辛酉 丁未 庚戌'. 周伯溫丞相 '戊戌甲子'. 楚書都堂 '辛亥辛卯'. 李學詩翰林 '癸亥癸亥'. '己卯戊辰'(進士). 晏沃擧人 '丁丑甲辰'. 劉堯臣擧人 '壬辰壬寅'. '甲子乙亥'(指揮七子).

정유일 경술시는, 일귀(日貴)격이다. 귀함에 가깝고 예술업에 밝으며, 그 도모함에 기틀과 조짐이 있다. 유·술(酉戌)은 육해라, 골육이 무정한데, 추월(秋月)이면 5-6품의 귀함이다.

張震侍郎 '丁巳 壬寅 丁酉 庚戌'. 鄭鋼知府 '丙辰戊戌'.

정해일 경술시도, 일귀격이다. 년·월로 '사유축'이면, 4-5품의 귀함이다. '인·묘·해'에 화·금의 운이면 그 자리가 육경(六卿)에 이른다.

謝尙書 '己酉 乙亥 丁亥 庚戌'. 馬侍郎 '丁巳癸卯'. 劉翰參政 '己卯庚午';陳省都憲 己丑年. 劉雲鶴進士 '癸酉甲寅'. 劉大化知府 '戊寅甲寅'. 徐一唯主事 '壬寅己酉'. 王一乾主事 '辛丑辛丑'.

잔화(殘花)치우(値雨) 즉 남은 꽃이 비를 맞는 국(局)이라, 이를 만난 자는 능히 통하지 못한다. 운이 재·관 지(地)에 이르러야 바야흐로 곤궁을 면함을 안다. 정일이 시에서 술을 만남은 참으로 자물쇠를 채운 것이다. 자물통이 굳건한데 열쇠가 없으면 창고의 문을 닫은 것이니, 부모 형제를 의지하고 기대기가 어렵다. 가계를 세워 이루고자 함에는 비록 스스로 괴롭지만 근면하고 은근함이 있어야 한다.

정일이 시에서 경술을 만남은, 화·금이 형·해(刑害)함이 되어 고독하고 요절한다.

축·진을 만나지 않으면 자물통에 열쇠가 없는 것이지만, 재물을 능히 모으고 창고를 닫아 저장한다. 처에 의탁하여 취합하면 거주함이 따르게 되는데, 육친과 골육은 소원하여 사라진다. 만년에 발복함은 길과 문을 고쳐 열기 때문이다. 이 명은 후첨(後甛)[15]선고(先苦)라, 먼저는 괴롭고 뒤에는 달다.

【六丁日辛亥時斷】육정일 신해시의 판단

육정일 생 시가 신해는, 재·관이 쌍미(雙美)하고 인(印)수의 장생이라. 만약 월기로 통하면 극히 고귀한데, 월에서 통하지 않으면 명리(名利)가 가볍다.

정일 신해시는, 재관쌍미라. 정이 임을 써서 관으로 삼고, 신은 재가 되며, 갑은 인수가 되는데, 해 위에서 밝은 신(辛)금이 재가 됨이 있고, 암(暗)으로 임은 관이 되며 갑을 생하여 인(印)이 된다. 만약 화기(火氣)로 통하고 의탁할 것이 있으면 대귀하며, 전미(全美) 즉 온전히 아름다운 이름이 있는 것이다. 불통한 것은 명리가 무너지고, 열악함이 된다.

정축일 신해시가, 추에는 재왕이요, 하는 신왕이며, 춘은 인왕이니, 귀현한다. 동(冬)에는 관·살이 태중하니, 신약으로 그 복을 능히 이겨내어 받지 못할까 두렵다.

郭惟賢進士 '丁未 庚戌 丁丑 辛亥'. 王杲尙書 '庚子戊子'.

정묘일 신해시는, 시상에서 재·관·인 삼기(三奇)가 된다. 다시금 년·월에서 인수의 도움과 재의 생함을 얻으면, 모두 주가 대귀하다. 자의 글자가 순수하고 목·화로 운행하면 관은 가히 6품에 이른다. '사유축'의 월에 신(辛)금 재가 국을 얻으면, 바야흐로 의탁함과 왕함이 있게 되니, 부귀가 쌍전한다.

陳以勤閣老 '辛未 戊戌 丁卯 辛亥'(子翰林). 趙炳然尙書 '丁卯癸丑'. 謝東之尙書 '己卯癸酉'. 董策憲副 '乙丑辛巳', '庚辰壬子' 侍郎. 王好問尙書 '丁丑丁未'. 劉日升進士 '丙午甲午'.

정사일 신해시는, 시·일이 상충(相衝)이라, 처자를 상할까 근심이다. 만약 화기(火氣)로 통하고 추생에 동방으로 운행하면 귀하다. 신월(辛月)에 사·해를 얻은 것[16]은 파조(破祖)현수(顯秀) 즉 조업을 파한 뒤에 빼어남을 드러낸다. 달리 탁하다고 하였다.

---

[15] 원문은 첨의 글자 자체가 좌우로 바뀐 채 적혀있는데(甛甘), 이런 글자는 옥편에 없다.

[16] 원문에 이를 신월(辛月)이라 하였는데, 신월(申月)의 잘못으로 보인다. 달은 지지를 쓴다.

洪孚仲尙書 '己丑 丙寅 丁巳 辛亥'(馬頭帶劍 中年財祿不貲末年破盡 검을 차고 말 위에 올랐는데, 중년의 재록이 자산이 되지 못하고 말년에 파진하였다)

정미일 신해시가, 년 · 월로 '해묘미 · 인진오'가 되고, 정인과 정관을 투간한 것은 총명하고 귀현(貴顯)하는데, 서방 운을 행하면 극품이다. 사 · 축의 월[17]은 풍헌이다.

殷塘川閣老 '壬午 甲辰 丁未 辛亥'. 張程翰林 '丁酉己酉'.

정유일 신해시는, 귀인이 인수를 받드니 귀하다. 자월에 동방 운은 풍헌이요. 주에 사 · 축이 있어 회재(會財)하고, 묘 · 미로 회인하며, 천간으로 재 · 관 · 인을 투출한 것은 대귀하다.

郭朴閣老 '辛未 乙未 丁酉 辛亥'(九子). 羅僉憲 '甲申丁丑'. 饒才知府 '丁丑壬子' (五子); 萬來侍郎 命同(謫戍). '丙子戊戌'(尙書), 劉元霖 '丙辰乙未'(尙書). 陰武卿都憲 '丁亥庚戌'.

정해일 신해시는, 일귀(日貴)격이다. 또 삼기(三奇)가 온전하고, 월에 통기하여 신왕한 자는 귀하다. 묘 · 미 삼합으로 인국(印局)이 되면 대귀하다. 달리 자형에 침체된다고 한다.

劉崙御史 '乙亥 甲戌 丁亥 辛亥'. 李擧人 '戊子甲子'. 兪同知 '癸丑乙丑'. '丙子戊寅'(貴), 皇親 '丁丑壬子'(或云年月子丑與亥相連 官殺重惟丁陰柔最吉 혹 년 · 월로 자축이 해와 더불어 서로 이어져 관 · 살이 중하므로. 오직 정의 음유함이 가장 길하다고 하였다).

곤화(鯤化)위붕(爲鵬) 즉 곤이 화하여 붕새가 되는 국(局)이라, 명성이 이에 저설로 창성하다. 운이 관록(官祿)지를 행하면 발달함이 어찌 심상하겠는가.

천원으로 정일에 해시는 마땅하다. 평보로 청운의 길에 오르니 바르고 길다. 그 뜻을 얻으면 닭의 털을 물리고 봉황으로 화하니, 붕정만리(鵬程萬里)에 날아오름과 비상을 역임하는 것이다.

정일이 시에 신해가 임한 것은, 천원 녹마(祿馬)동향(同鄕)이라 곧 하늘에 근원을 두고 녹마가 함께하는 것이다. 관으로 거함이 선비에서 나아가 조정에 그 옷을 걸게 되니, 필시 빈한한 가문에서 장상이 나옴이라. 참으로 주의 처는 현숙하고 또 자식은 효성스러움을 정한 것이니, 그 위의(威儀)와 권병(權柄)을 측량하기 어렵다. 지방의 대 · 성(臺省)에서 서울의 경당(京堂)으로 달려가 오르니, 이는 진실로 재 · 관이 생왕(生旺)함에 인한 것이다.

---

17 원문은 기축으로 보이는데, 아마 사축의 오기 형태일 것이다.

【六戊日壬子時斷】 육무일 임자시의 판단

육무일 생이 시가 임자인 경우, 월에서 4계(季)에 통하면 묘(墓)중의 재(財)이다. 만약 그 몸을 교통하여 화(化)하면 진화(眞火) 즉 참된 화가 되는데, 수(水)가 왕한 운과 향이 되면 그 눈에 재앙이 있게 됨을 꺼린다.

무일 임자시는, 처·재가 두루 왕하다. 자(子)위에서 임수가 왕하고 무토는 무기(無氣)한데, '진술축미'의 월에 생하고 화하지 않는 것은 재물을 획득한다. 만약 계(癸)와 합화(合化)하고 수왕(水旺)의 향으로 떨어지게 되면, 화(火)가 그 빛을 드러내지 못한다. 작사(作事)무성(無成)이라, 곧 일을 행하여도 이루는 것이 없고, 허하고 부실하여 눈에 재앙과 병환을 당한다. 월기(月氣)로 통하여 왕한 것은 귀하다.

무자일 임자시는, 재성격(財星格)이다. 인·묘 월은 녹마(祿馬)조원(朝元) 즉 녹과 마가 근원에서 만나니 현귀(顯貴)하다. 년·월로 '유·해·축'이고 서북의 운이면, 금자에 풍헌이다. 을묘년을 꺼리니 형(刑)하기 때문이다. 계사월은 왕한 가운데 형을 하고, 병오월은 왕한 중에 형을 받는다.

楊巍侍郎 '丁丑 丙午 戊子 壬子'. '乙亥己丑'(副憲). 黃謹容進士 '丙辰辛卯'. '壬戌癸卯'(丞相), '甲子丙子'(元帥), '庚午乙酉'(探花), '庚子戊寅'(進士).

무인일 임자시가, 묘월이면 정관격으로 귀하다. 하에는 이그러지고, 추는 다소 순하다. 년·월로 축·유는 길하다. 기사월의 형을 꺼리며, 기해월은 흉하고 형한다.

洪朝選侍郎 '丙子 丁酉 戊寅 壬子'; '癸未乙卯'(貴同). 林益知府 '壬寅癸卯'. 姚永寺丞 '甲午乙亥'; 康知縣 丙子年. 韓奕御史 '戊戌壬戌'. 劉炌憲長 '癸未甲寅'. '庚申己卯'(少卿), '丁未丁巳'(同知).

무진일 임자시가, 춘에는 재·관이 왕하여 귀하다. 하에는 이지러지고, 추에는 다소 따르는 것이 있다. 동에는 재왕(財旺)이라 서남으로 운행하면 5-6품의 귀이다. 경진월을 꺼리니 자형(自刑)에 흉하기 때문이요, 신사월은 절로(截路)공망 즉 길이 끊어져 없어진 것이라 흉하고 형한다. 을축월은 파패(破敗)로 흉하다.

劉燾右都 '壬申 壬寅 戊辰 壬子'(邊才 변방의 기재). 陳甘雨知府 '丙子辛卯'. 孫獻策遊擊 '己卯乙亥'. '乙巳庚辰'(樞密), '辛未庚子'(平章), '丁丑乙巳'(進士), '丙寅庚子'(御史).

무오일 임자시는, 시·일이 병충(倂衝)하니 처자를 상할까 근심이다. 사와 오의 년·월이면 풍헌이요, '인·묘·해'라면 육경(六卿)이다. 신(申)월에 목·화로 행운하면 후백(侯

伯)이다. 병오월을 꺼리니 그 몸이 온전치 못하다. 계해는 자형(自刑)에 요절한다. 년 · 월로 자 · 오가 부잡(不雜)하고, 축 · 술로 또한 형(刑)하게 되면, 모두 주가 대귀하다.

賈元參政 '壬子 癸丑 戊午 壬子'. '戊午壬子', '戊戌癸亥'(俱參政). '壬戌壬寅'(少卿), '庚子乙酉'(運同), '壬戌辛亥'(布政).

무신일 임자시는, 높으나 먼저 막힌 뒤에 왕하다. 년 · 월로 자 · 유는 시상(時上)편재(偏財)로 귀하다. '사오미 · 술'은 그 몸에 제화(制化)됨이 있고 재를 용하는데, 더하여 전(專)록이 되니, 모두 길함으로 논한다. 신 · 유(申酉)는 식상용재라, 천간에 갑 · 을이 투간한 것은 부귀쌍전하다. 기사월의 형 · 해를 꺼린다. 임오월에는 요절하고 육친을 상하며, 계해월에는 고빈하니, 이를 꺼리는 것이다.

梁儲閣老 '辛未 丙申 戊申 壬子'. 許都督 '乙巳乙酉'. 雷龍總兵 '乙酉乙卯'. 葛恆知府 '乙巳甲申'; '戊子辛酉'(貴同). 朱溮進士 '丙午丙申'. '庚午丁亥'(僉憲), '庚午丙戌'(主事), '癸亥甲子'(京堂).

무술일 임자시가, 년 · 월로 '인 · 사 · 오'라면, 재(財)를 보내고 인(印)을 남기니 3-4품의 귀이다. 경(經)에 이르기를, "능히 의(義)를 보면 이(利)익을 잊고, 인(印)을 취하면 재(財)를 버린다"함이 이것이다. 자 · 유는 5품의 한림(翰林)이요. 유가 순수하고 수 · 목의 운이면, 옥당(玉堂)의 극귀(極貴)함이라. 무오월을 꺼리니 얼굴이 깎이고 요절 단명한다. 신묘월은 파 · 패에 흉 · 형이요, 계축월은 형벌을 받으며, 경오월은 가난하고 어리석다.

曾狀元學士 '壬子 己酉 戊戌 壬子'. 談石山都堂 '癸亥甲子'. 胡宗明參政 '甲寅戊辰'. 白啓常少卿 '己丑戊辰'. 傅作雨吏部主事 '癸卯辛酉'.

재왕(財旺)생관(生官)의 국(局)이라, 재능을 사방에 떨친다. 때를 잃어 누추한데 거처하더라도, 뜻을 얻으면 후왕(侯王)을 이룬다.

무일은 임자시를 즐겨 맞으니, 신강(身强)에 관왕(官旺)이라 서로 마땅하고 바른 것이다. 운이 행함에 도리어 휴 · 수(休囚)의 땅으로 배반하면, 영화와 관록이 이리저리 흩어지고 분주하니, 억지로 지어서 임함이 된다.

무일이 시에서 임자를 만남은, 곧 재왕생관함이라 화(化)하여 정(丁)화가 되면, 정이 곧 질편해지고, 질편하여 자(子)에 임하면 동서로 달리고 숨는다. 목왕(木旺)한 운 가운데서 현달하니, 문장이 수려하고 다단(多端) 즉 단서가 많다. 위인됨이 박람박식에 즐겁게 쫓아가 임하고자 하니, 부귀와 자재로 모든 것을 꿰뚫는 것이다.

【六戊日癸丑時斷】 육무일 계축시의 판단

육무일 생이 시가 계축이면, 도리어 처를 쫓아가 짝을 이룬다. 위인의 성품이 교묘하고 심히 총명한데, 또한 풍류를 좋아하여 여자와 술을 즐긴다.

무일 계축시는, 무가 계로써 처·재를 삼는데, 축(丑)중에 계가 여기(餘氣)로 있다. 계가 왕하면 종재(從財) 즉 재를 쫓으며, 만약 월기(月氣)로 통하여 화하게 되면 진화(眞火)가 되니, 위인이 총명하다. 만약 토기로 통하면 주가 부귀하고 권세를 잡는다. 하월에 동방으로 운이 행하면 귀현(貴顯)한다.

무자일 계축시가, 술월 생이면 잡기(雜氣)인수(印綬)라. 천간에 병·정의 글자가 투간함을 굳이 필요로 하지 않는 격국으로, 주가 부귀하다. 만약 년·월로 오·유에 경·을이 투간하면, 을이 경과 합하고 무는 계와 합한다. 무가 경을 식(食)으로 삼는데, 경이 유(酉)에서 왕하고, 축(丑)에서 귀인이다. 계는 재(財)가 되고, 을은 관(官)이 되는데, 인수는 오(午)에 뿌리를 둔다. 일·시의 간·지가 천지(天地)합덕(合德)이 되어 귀(貴)와 록(祿)이 교가(交加)하는데, 더하여 나문(羅文)으로써 귀(貴)인을 만나 늘어놓음을 겸한 것이니, 주가 극품(極品)이라.

王鰲閣老 ‘庚午 乙酉 戊子 癸丑’(一云甲申時). 楊選侍郎 ‘甲戌丁丑’(一云戊申癸亥 癸亥年受刑). 林德輝知州 ‘癸卯甲寅’. ‘乙卯癸未’(同知).

무인일 계축시는, ‘인·사오미·술’ 월에 화화(化火)하니 길하다. 추·동이면 평상하다.

陳伯獻憲副 ‘甲申 乙亥 戊寅 癸丑’. 李伯同知 ‘壬戌戊申’.

무진일 계축시가, ‘인·사오미·술’ 월이면 화화(化火)하고 득지하며, ‘신자진’ 재국(財局) 역시 길하다. 년·월로 간지가 순수한 토이고, 4고(庫)를 온전히 얻은 자는 귀하다.

趙耀御史 ‘己亥 丁卯 戊辰 癸丑’. 樊北燕行人 ‘壬午丙午’.

무오일 계축시가, 년·월로 ‘인술미오’면, 성품이 총명하여 특달하고 권위가 있다.

林應亮侍郎 ‘丙寅 乙未 戊午 癸丑’. 李福總兵 ‘戊寅丁巳’. 牛秉中總兵 ‘庚辰己丑’. ‘癸未丙午’, ‘庚戌丙戌’(俱舉人), ‘丁未癸卯’(京卿).

무신일 계축시가, ‘진술축미·오’월에 생하면 부귀하고, 주색을 탐하고 즐긴다. 하에 동방 운은 귀하다. 추·동은 재왕생관하는데, 만약 신(身)이 쇠약하면 요절하지 않으면 가난하다.

愈應辰知府 '己丑 癸酉 戊申 癸丑'. '庚戌癸丑', '壬申辛亥'(俱富). 唐仕濟總憲 '庚午癸未'.

무술일 계축시가, 하생에 동방 운이면 귀하다. '진술축미'월은 부귀하고 권세를 잡는데, 화주(花酒) 풍류를 좋아한다.

施擧人 '乙卯 庚辰 戊戌 癸丑'(以上六日喜忌年月通融活看 更參諸命則得矣 이상 육일의 년·월에 대한 희기를 통합 융섭하면 활법을 볼 것이니, 다시금 여러 명들을 참작하여 살핀즉 뜻을 얻을 것이다).

합화(合化)남리(南離) 즉 합하고 화하여 남방 이화의 국(局)이라. 재문(財門)이 일일(日日) 즉 날마다 열린 것이다. 주중에 충·파가 없으면, 복록은 자연히 온다.

축시에 무계가 화합하여 궤짝을 이루니, 형·충을 가장 기뻐하고 자물쇠로 걸어 잠금을 꺼린다. 운이 행하여 홀연히 자물통을 열쇠로 열어젖히면, 가문이 흥왕하고 활계(活計)가 된다.

무일이 시에서 계축을 만남은, 화(化)하여 염화(炎火)가 되고 광휘를 생한다. 운행하는 땅이 수(水)라면 서로가 마땅치 않으며, 운이 동남에 이르면 홍왕한다. 조업(祖業)을 서로 떠나 일정치 않으나, 처를 쫓아 전장(田莊)을 매매하여 이룬다. 그렇지 못하면 골육에 형·상(刑傷)함이 있으나, 만년에는 아름다운 영화와 왕상(旺相)함이 있나.

【六戊日甲寅時斷】 육무일 갑인시의 판단

육무일 생이 시가 갑인이면, 병(病)중에서 또 귀(鬼)가 신(身)을 상함을 당한 것이다. 월기에서 만약 신왕으로 통한다면 길한데, 일간이 쇠약하면 요절하고 망하는 사람이다.

무일 갑인시는, 신쇠(身衰)귀왕(鬼旺)이라. 인(寅)중의 갑은 건록이요, 병은 생신(生身)한다. 곧 신왕한 월로 통기하고 의탁할 것과 구조될 것이 있으면, 귀(鬼)가 화(化)하여 관(官)이 되니 주가 부귀할 것이요, 이와 반대되면 빈요(貧夭)하다. 신왕으로 운을 행하는 것 역시 길하다

무자일 갑인시는, 선파(先破)후발(後發)하고 귀하다. 미월 생은 천간에서 제복함이 있어 귀하다. 오월에 제복함이 있으면 총명하여 귀함에 가깝다. '진·술·축'은 신왕이다. '해·묘'는 살왕하니, 오직 인수가 있고 제복함이 있어야 귀하다. 년·월로 을·축이 순수하면 금자의 귀함이다.

梁辰布政 '壬午 丁未 戊子 甲寅'. 鄭逢陽主事 '甲戌戊辰'(壽不永). 方隨我知縣 '戊戌丙辰'. 丘民仰知縣 '丙午辛丑'. 陸樹德給事 '壬午庚戌'(一云戊辰日). '丙申己亥'(御史), '戊寅壬戌'(副使).

무인일 갑인시가, 신왕하면 골육이 동거하지 못한다. 오월이면 양인과 인수가 대살한다. 자월에는 정재가 살(煞)과 무리를 짓는데, 천간으로 제복함이 투출한 것이다. '해묘미'라면 살은 순수하고 그 몸은 유(柔)한데, 천간으로 양인을 투출하고 서남으로 운행하면, 병권(兵權) 만리로 사방에 위엄을 세운다. 년·월로 '사·축·술'이면 신왕으로 살에 대적한다. '유·축·신(申)'으로 제살(制煞)하면, 모두 주가 대귀하다. 겁·살을 미워하니, 극신(尅身)한즉 흉하다.

李尚書 '庚子 戊子 戊寅 甲寅'. 尹都憲 '壬子壬子'. 鄭尚書 '庚寅壬午'. 劉侍郎 '癸卯己未'. 劉順徵進士 '庚戌乙酉'. 管石峰大參 '辛亥戊戌'. 蔡昂侍郎 '辛丑庚子'. 顔總兵 '乙酉癸未'. 麻貴總兵 '戊戌壬戌'. '甲午戊辰', '丁酉丙午'(俱擧人).

무진일 갑인시는, 시상편관이라. 인수가 대살(帶煞)하고, 주에 경·신(庚辛)이 있어 제복한 것은 귀하다. '진술축미'는 신왕하니, 역시 귀하다.

李志剛廉憲 '戊子 丙辰 戊辰 甲寅'. 周文光給事 '甲辰癸酉'. 張獻可擧人 '丙申庚子'. '丙午辛丑'(解元進士). 顧憲成解元進士 '庚戌乙酉'. 陸樹德[18]都院 '壬午庚戌'.

무오일 갑인시는, 일(日)이 양인이요, 시는 편관이니, 양인으로 합살(合煞)함으로써 귀하다. '사유축'의 월이면 칼과 붓으로 사람을 놀라게 하고 또 제복하는데, 태과(太過)한 것은 마땅치 못하다. 년·월로 '인묘진·사술자'는 천간으로 제복함이 있어,[19] 두루 주가 대귀하다. 달리 귀(貴)를 화하면 주가 천하고, 중귀(中貴)에 불과하다고 한다.

王希烈侍郎 '辛巳 庚子 戊午 甲寅'. 鄒守愚侍郎 '辛酉庚寅'. 何總山平章 '乙未戊寅'. 羅一中擧人 '丁巳戊申'. '乙酉癸未'(武貴), '庚辰戊午'(富). 張綸員外 '己卯庚午'(由貢有學行 공물로 인한 배움의 길이 있었다).

무신일 갑인시가, 신·유(申酉)면 상관대살하니 토의 땅이 두터우면 바야흐로 귀하다. 년·월로 축·묘면 거살(去煞)유관(留官)하여 대귀하다. 요체는 금·화의 운을 행함이니, 그 자리가 인신(人臣)으로 극품에 이른다.

葛守禮左都 '乙丑 己卯 戊申 甲寅'(名臣). 何東序都憲 '辛卯庚子'. 韓應龍狀元

---

[18] 앞에서도 이 이름이 나온 것 같은데, 사실상 이를 보면 여기서 예제로 제공되고 있는 많은 명조들에 대해서는 좀 더 면밀히 검토해 볼 여지가 있다 하겠다.

[19] 여기서 천간으로 제복한다 함은 지지의 장간과 時干의 갑목이 서로 합하거나 化印함을 말한다.

'戊午壬戌'(壽夭). 華章擧人 '辛丑辛丑'. '甲寅庚子'(文貴), '甲子辛未'(武貴). 汪來憲副 '乙亥辛巳'. '庚寅壬午'(內官).

무술일 갑인시가, '진술축미'의 월에 수·목 운을 행하면 3품이다. 년·월로 축·미에 금·수로 운행하면, 부귀가 쌍전한다. 년·월로 '신·자·유'의 글자는 두루 귀하고, 자손 역시 번창한다. 사·오는 귀하지만, 상처해자 즉 처자를 다친다.

朱尙書 '庚辰 丙戌 戊戌 甲寅'. 楊曼秩學士 '甲戌甲寅'. 劉勳都堂 '丁未丁未'. 張椿御史 '辛酉乙未'. 夏育才知府 '乙丑乙未'. 饒孚知州 '壬辰癸丑'. 李廷裕進士 '壬戌癸丑'. '甲戌丁卯', '丙辰甲午'(俱擧人).

시상편관의 국(局)이라, 신강하고 인수가 이어줌을 기뻐한다. '형충극파'가 없으면 장상(將相)으로 쌍권을 쥔다.

인시 무일은, 그 자체로 비범하다. 탁월하고 무리를 뛰어넘으니 출세간(出世間)이라, 정히 한문(寒門)에서 장상을 출현시키는 것이지만, 만약 신약함을 만나면 이는 곧 간난(艱難)함이 된다.

무일에 갑인시는, 바른 것이다. 신강하면 화목(花木) 즉 꽃나무가 봄을 만난 격이다. 편관을 만났으니 형·충 됨을 두려워하는 것 같지만, 살(煞)을 빌려 도리어 권인(權印)이 된 것이다. 다만 살왕(煞旺)신쇠(身衰)하면 복을 멸하니, 안려(鴈侶)하는 양친에게 의지하기도 어렵다. 인수로 운행하면 그 복이 나란히 이르게 되니, 정히 주의 재주와 이름이 처음부터 순탄할 것이다.

【六戊日乙卯時斷】 육무일 을묘시의 판단

육무일 생 시가 을묘면, 사주에서 상관을 보지 않음이 좋다. 신(辛)과 갑(甲)을 만나지 않고 충해(衝害)가 없으면, 적지 않은 공명을 얻어 늙도록 곧게 유지한다.

무일 을묘시는, 관(官)은 강하고 신(身)은 약하다. 무가 을을 써서 관으로 삼는데 묘(卯)상에서 을은 왕하고 무는 사(死)한다. 만약 의탁함이 없고 월기에 불통하면 신약에 관이 화하여 귀(鬼)가 되니, 귀함을 늘어놓아도 수명이 요절이라. 만약 월기에 통하여 신왕하고 의탁할 데가 있으며, 주(柱)중에서 신·유(申酉)를 보지 않고 신·경(辛庚)의 상관이 갑목을 파한 명(命)이 된 것은 귀현(貴顯)한다.

무자일 을묘시는, 시·일이 상형이라 상처해자하고 자성자립한다. 년·월에서 다시 만나면 주가 풍헌이다. 오·유로 4정(正), 즉 '자오묘유'가 온전하면 대귀하다. 《신백경》에는 "화·목의 상(象)으로 주가 귀하나 수명이 짧다 하였고, 또 달리 흉형하다"고 하였다.

馬文昇尙書 '丙午 丁酉 戊子 乙卯'(一品九年 考滿一代名卿 1품으로 9년인데, 가득히 돌아보니 시대의 이름난 경이었다). 翁世經知府 '乙巳丁卯'. 鄧顯麒進士 '甲辰乙亥'.

무인일 을묘시가, 년·월로 해·자면 처현자효하고 귀하다. 묘·진이 순수하면, 길하다. 인·사 역시 길하다.

衛學士 '甲子 庚午 戊寅 乙卯'. 徐堯封郎中 '戊辰乙卯'. 林大有進士 '乙亥戊寅'. '甲辰丁丑'(運使), '癸未甲寅'(擧人).

무진일 을묘시는, 그 몸은 고독하나 귀하다. 년·월로 사·묘는 신강에 관왕이라, 그 몸이 영화롭고 조상을 드러내며 자효처현이라.《신백경》에는 "수·목의 상(象)으로 주가 귀하나, 장수함이 없다"고 하였다.

鄔懋卿侍郎 '戊辰 乙卯 戊辰 乙卯'(兩干不雜 黨惡害善 謫戍 양간부잡인데, 악으로 무리를 짓고 선을 해쳐서 술에 유배되었다). 夾谷明知府 '壬戌癸卯'. 張琦知府 '辛未丙申'. 金情御史 '丙辰乙未'. 馬明衡進士 '辛亥丙申'. 曹員外 '壬申庚戌'. 張廉憲 '甲申庚午'. '庚辰乙卯'(憲副), '丁未庚戌', '戊申庚申'(俱丞相).

무오일 을묘시는, 양인격인데 정관이 양인을 제거하니 복이 된다. 년·월로 '자·인묘진·오미신·해'는 두루 주가 귀현한다.

趙貞吉閣老 '戊辰 甲子 戊午 乙卯'(剛直 丙子年四月卒). 周延左都 '己未丙子'. 李御史 '丙午丙申'. '壬申壬子'(參政), '乙卯戊寅'(進士). '丁未丙午', '癸亥壬戌'(俱貴).

무신일 을묘시는, 중년에 파조(破祖) 즉 조업을 파한다. 춘은 귀하고, 하는 귀함에 가까우며, 추는 외롭고 힘든데, 동에는 부귀쌍전이라. 사월에 목·화의 운은 5품의 높은 귀함이다.

燕丞相 '壬午 丁未 戊申 乙卯'. 王尙文總兵 '乙亥辛巳'. 梁縣尹 '壬寅庚戌'.

무술일 을묘시는, 춘이라면 관왕이요, 하에는 관·인이 쌍전(雙全)하니 귀현하고, 추는 평상하며, 동이라면 귀하다. 년·월로 술·축은 방면(方面)[20]에 3품이다. 술월에 동방으로 운행하면 고빈(孤貧)하다. 달리 출신이 낮아 발함이 미약하다고 한다.

吳德彰僉憲 '戊子 壬戌 戊戌 乙卯'. 孫縣尹 '丁巳己酉'. '丁丑戊申'(擧人), '癸卯甲子'(提刑), '庚午癸未'(部郎).

---

20 관직의 이름이다.

천록(天祿)조원(朝元) 즉 하늘의 녹에 근원을 만난 국(局)이라. 옥토(玉兔)끼가 섬궁(蟾宮)에 이른 것이다. '형·충·파'를 만나지 않으면, 연못의 담룡(潭龍)이 변화에 통한다.

시상에서 생관하니 좌록(坐祿) 즉 녹에 앉아 권(權)이 된다. 무일이 이를 만남은 등한시할 수가 없다. 신강에 유탁(有托)하면 바야흐로 귀(貴)를 이루는데, 관성을 제합(制合)하면 귀함 역시 어렵다.

무일이 시에서 을묘를 만남은, 목(木)이 육합을 충(衝)하여 개통한 것이다. 금계(金鷄)에 옥토(玉兔)라 광영을 드러내니, 광휘를 합하고 권인(權印)을 장악한다. 을은 유·신(酉辛)에 안려(鴈侶)와 중첩된 꽃을 상(傷)하는데, 자(子)와 결합하면 바야흐로 이룬다. 곤란한 용이 물을 얻은 격이니, 등운(騰雲) 즉 구름을 타고 올라감을 기뻐한다. 운이 이르면 초군출중 즉 무리를 뛰어넘는 인재라.

【六戊日丙辰時斷】육무일 병진시의 판단

육무일 생 시가 병진이면, 보배를 감추고 창고에는 재물인데 그 몸에 이롭다. 파상(破傷)됨이 없다 하면 어찌 물어볼 것이 있겠는가, 녹마가 상부(相扶)하는 부귀(富貴)인이라.

무일 병진시는, 관은 숨고 재는 창고에 있다. 무가 임·계를 써서 재로 삼는데, 을목은 관이 된다. 병은 도식(倒食)이 되는데, 진(辰)위에서 병화는 무기하고, 임·계는 입고(入庫)하며, 을에는 여기(餘氣)가 있으니, 만약 의탁함이 있고 월기로 통한 자는 귀현(貴顯)한다.

무자일 병진시가, 춘생이면 근귀(近貴)한다. 하에는 신고(辛苦)요, 추에는 권귀(權貴)는 높으나 수명을 재촉하고, 동이라면 재물인데, 화·토로 통하고 의탁함이 있는 것은 귀하다.

王良桂知府 '辛酉 庚子 戊子 丙辰'. 姜金和探花 '乙亥甲申'(壽不永). '丁亥辛亥'(小貴), '癸卯乙丑'(雙瞽).

무인일 병진시는, 용음(龍吟)호소(虎嘯)라 중년에 대귀한다. 자월에 북방으로 운행하고 토가 지지에서 두터우면, 바야흐로 관이 3품에 이르는데, 동운(東運)이면 풍헌이다. 년·월로 축·진이면 4-5품의 귀이다. '인오술'의 년에 토기가 월에서 통하고 목·화의 운을 행하면, 극품에 이른다.

魏國公 '丁巳 丁未 戊寅 丙辰'. 康愛主事 '癸酉丙辰'. '癸亥丙辰'(大富).

무진일 병진시는, 극부(尅父)하고 대발한다. 신왕의 월로 통하고 동북 운을 행하면 부하다. 수 · 목의 월에 신왕 운을 행하면 귀하다.

徐仁總兵 '己巳 戊辰 戊辰 丙辰'. 林養浩副都 '甲寅癸酉'. 孔天引布政 '乙丑乙酉'. '庚午甲申'(丞相).

무오일 병진시가, 년 · 월로 해 · 묘에 동북으로 운이 행하면 부귀하다. 미 · 축에 서남으로 행운하면 풍헌이다.

范瑟編修 '甲子 乙亥 戊午 丙辰'. 吳御史 '辛未辛丑'(一丙申月富多子). 夏汝勵知州 '庚午戊寅'. '庚寅壬午'(總兵), '己卯壬申', '己卯甲戌'(俱富).

무신일 병진시가, '진술축미'의 월이면 귀하다. 토기로 통하지 않아도, 토운을 행하면 역시 귀하다.

劉元震尙書 '庚子 丙戌 戊申 丙辰'. 林子雲貢士 '戊寅乙卯'.

무술일 병진시는, 시 · 일이 병충이라 처자를 상할까 근심된다. 괴강(魁罡)에 동북방을 운행하면, 명주의 권(權)이 중하고 발복한다. 유(酉)월은 근귀(近貴)이나 복록이 없다. '해묘미'의 월은 관 · 인으로 논하며, 귀하다. 달리 파(破)한 후에 대부라 하고, 또 달리는 크게 흉 · 형하다고 한다.[21]

孫交尙書 '甲戌 辛未 戊戌 丙辰'. 李仕安侍郎 '癸亥辛酉'. 張時進士 '庚午丁亥'. 許以明擧人 '癸亥乙卯'. 白震都司 '戊辰庚申'. '庚戌庚辰'(貴), '丁丑壬子'(富). 山東魯王 '丙申辛丑'.

수고(水庫)장재(藏財) 즉 수고에 재물을 감춘 국(局)이라, 창고를 충(衝)함이 없으면 열지 못한다. 자물통에 열쇠로 사슬을 벗김이라, 극히 크지 않으면 물러나 돌아온다.

병진시가 일간 무를 만나니, 창고에 재 · 관이 있는데 자물통이 문을 잠갔다. 열쇠를 얻지 못하면 발달하기 어렵다. 구하여 움직이나 자갈밭의 노동인데, 그 정도가 새벽의 어두움이라 하겠다.

무일 병진시는 바른 것이나, 화광(火光)이 고(庫)에 앉아 공이 없다. 재 · 관이 자물통에 닫혀 있으니, 명주의 흥륭함은 오로지 열쇠를 회수하여 이를 열어 쓰는 것이다. 묘 · 술이 을 · 계를 개방하게 되면, 부귀와 명예가 높고 숭앙될 것이다. 운행이 화 · 토면 형통하지 못하니, 작사함이 어둡고 취하여 몽롱함과 같다.

---

[21] 이는 양가 즉 두 가치가 혼잡인데, 만육오 역시 결정하기 어려운 명리의 양가성이라 하겠다.

【六戊日丁巳時斷】 육무일 정사시의 판단

육무일 생이 시가 정사면, 인수가 일간을 생하고 녹(祿)이 시로 돌아감을 기뻐한다. 재·관이 형·충·파를 보지 않으면, 일찍이 사이를 두고 있던 풍운이 모일 때를 만난 것이다.

무일 정사시는, 인수와 녹을 만났다. 무록은 사(巳)에 있고, 정을 보아 인(印)이 되며, 사 위에서 정화가 제왕(帝旺)이다. 년·월의 간지에서 재·관을 봄은 마땅치 않으니, 관을 보면 녹을 손상하고, 재를 보면 인수를 상한다. 관·살을 보지 않고 재·관을 행하지 않으며, 식상과 인운(印運)을 행하면 고귀하다. 형충파해는 꺼린다.

무자일 정사시는, 귀하다. 자월이면 정재인데, 토가 두터운 지방이라 현달한다. 년·월로 해·축이면 관이 극품에 거하고, 내신(內臣) 즉 조정의 신하로 부귀쌍전한다.

楊榮少師 '辛亥 辛丑 戊子 丁巳'(名臣). 孫文錫進士 '甲子丙子'. 丘樞密 '乙卯壬午'. '辛亥甲午'(大富).

무인일 정사시는, 인·사가 상형(相刑)이라, 처자를 상할까 근심이다. 오월에 동북의 운이면 풍헌이다. 년·월로 인·오는 4품이다.

林侍郎 '壬午 壬寅 戊寅 丁巳'. 鄭東白僉憲 '戊寅丁巳'. 吳梓擧人 '庚申戊寅'.

무진일 정사시가, '사유축'의 월이면 성격은 풍류남아요, 위권(威權)은 중하고 크다. 년·월의 간지로 재·관을 보지 않으면, 청운(靑雲)득로(得路) 즉 관로에 오른다. 술·해에 남방으로 운행하면 5-6품의 귀함이다. 신(申)에 북방으로 운행하면 귀하다.

戴尙書 '甲子 丙午 戊辰 丁巳'. 王侍郎 '辛卯辛丑'.

무오일 정사시가, 사주에 '갑을·인묘'의 글자가 없으면 일록(日祿)귀시(歸時)격이다. 또 무의 녹은 시(時)에 있고 정녹이 일(日)에 거하니, 곧 호환록(互換祿)이 되어 고귀하다. 식·상과 인운(印運)을 행하면 길하다. '갑을·인·묘미'의 글자가 있으면, 관인(官印)격을 짓고 취용하게 되니, 역시 귀하다.

郭用賓尙書 '癸酉 乙丑 戊午 丁巳'. 黃可大參議 '己丑丁卯'. 趙鏘參政 '丙戌癸巳'. '壬戌己酉'(貴), '甲戌己巳'(凶).

무신일 정사시의 경우, 춘과 하는 평상하고, 추는 성·패가 거듭되며, 동이라면 부귀하다. 목·금으로 운행하면 길하다.

董中丞 '甲戌 丙寅 戊申 丁巳'. 林烶章憲副 '辛卯庚寅'. 郭田進士 '丁酉丁未'. 蕭擧人 '己丑丙寅'. '己未戊辰'(子貴受封), '戊辰庚申'(子貴巨富), '癸未丁巳'(凶死). 張

一元主事 '癸卯甲寅'.

무술일 정사시가, 충·파가 없고 년·월로 재·관을 보지 않으며, 재·관의 운을 행하지 않으면 귀하다. 인월이면 편관으로 논하는데, 미·신(未申)으로 운행하면 귀하다. 자월에 갑이 투간한 것 역시 귀하다. '해묘미'는 비록 재·관을 본다 해도 두루 길하다. 대개 귀록(歸祿)격은 관·살과 함께 재를 꺼리지 않으니, 신왕함에 이를 얻음으로 인하여 도리어 복이 되기 때문이다.

林文俊侍郎 '丁未 癸卯 戊戌 丁巳'. 范主事 '乙亥丙辰'. 韋經錦衣千戶 '戊午乙卯'. 曾同亨都憲 '癸巳乙卯'.

풍운(風雲)취회(聚會)의 국(局)이라, 관성을 보는 것을 필요로 하지 않는다. 년·월로 상하거나 패함이 없으면, 공명이 한 길로 통한다.

일의 간지에서 녹(祿)이 시로 돌아가 있음을 기뻐하니, 재·관을 보지 않으면 귀함은 가히 시간문제라. 파(破)가 없으면, 하우(禹)가 세 번 문 앞에서 물길을 다루고, 한 번 뛰어올라 하늘의 연못에 이름을 우두커니 바라본다.

무일이 시가 정사면, 녹원(祿元)에 인수가 상봉한 것이다. 일찍이 붉은 계수나무를 빼앗아 섬궁(蟾宮) 즉 월궁에 걸어가 합장하니, 공·경(公卿)이요 권병(權柄)이라. 식신 상관의 운은 길하다. 재·관을 서로 만나면 공이 없고, 쌍친이 안려(鴈侶)하나 돕지 않는다. 파(破)가 있으면 별도로 격을 찾아 씀은 이전과 동일하다.

【六戊日戊午時斷】육무일 무오시의 판단

육무일 생 시가 무오면, 위인 됨이 흉한(兇狠)하고 성품은 강한 경우가 많다. 월 중에서 화(火)로 화하면, 관(官)에 거함이 길하다. '형충파해'는 도리어 좋음이 된다.

무일 무오시는, 양인(刃)의 신(神)이 중첩된다. 무가 오로써 양인을 삼으므로 성품이 사납고 강한 자가 많다. '형충파해'를 보면 양인신이 통제를 받으니, 월기에 통한 것은 곧 변강(邊疆)의 무직(武職)이 된다. 월 중에서 화(化)하는 기가 있으면, 천시(天時)를 얻은 것으로 대귀하다. 년·월의 천간에서 갑을 보면 승·도의 명이다. 오 중에서 화가 왕하여 무토가 태움을 입은 바 되니, 비(脾)장과 폐(肺)로 질환이 많다. 만약 월에서는 '인오술·해'로 통하지 아니한데, 운기(運氣)로 통한 것은 역시 귀하다.

무자일 무오시가, '사·인·술'의 월이면 풍헌이다. 여름에도 주물을 녹이지 못하니, 먼저 형을 받고 뒤에 발한다. 왕한 곳에서 관재(官災)가 많고 파조(破祖)한다.

張果運使 '庚申 丙戌 戊子 戊午'.

무인일 무오시가, 술(戌)월이면 삼합(三合) 화국(火局)이 되고, 천간에 계(癸)가 투출하면 화하는데, 천시(天時)와 지리(地利)를 얻은 자는 귀하다. 년·월에서 신·자로 회수(會水)하고, 인·오가 회화(會火)하면 기제(旣濟)의 묘(妙)함이 있다. 진월 역시 유(酉)상관을 얻은 것 그리고 미(未)는 관·인이 되니, 두루 길하다.

王子勉中丞 '癸未 辛酉 戊寅 戊午'. 趙伯員外 '戊辰甲寅'. 方國位進士 '戊午己未'. 鄧羊叔都司 '壬申壬子'(一給事同). 周瀾擧人 '甲子戊辰'. '癸酉戊午'(凶死). 李同芳會魁 '庚子己丑'. 任啓元解元 '丙午辛卯'.

무진일 무오시는, 공록(拱祿)격이라. 년·월로 '인사·갑을'의 글자가 없으면 귀하다. 묘·신(卯申)은 무직(武職)이요, '유·축·해'의 글자에 남방으로 운행하면 귀하다. 달리 흉·형하다고 한다.

劉知府 '癸卯 癸亥 戊辰 戊午'. '丙寅癸巳'(貴同). 王御史 '甲辰癸酉'. '癸酉癸亥'(貴同). 李純知縣 '癸未戊午'. '己卯丁丑'(擧人).

무오일 무오시는, 선형(先刑)후발(後發)하는데 선종(善終)하지 못함이 많다. 년·월로 '인·사오·술'이면 인수로 대귀하다. 오가 순수하면 무직으로 위권(威權)하니 진압하고 지키는 것이다. '해묘미·신(申)'은 부귀하다.

關聖帝君 '戊午 戊午 戊午 戊午'(李鎭撫一萬戶命同 이진무 일 만호와 명이 같다). 張尙書 '戊申戊午'. 李昉丞相 '戊寅戊午'. 張潮侍郎 '乙巳壬午'. 周廷用廉憲 '壬寅辛未'. '乙亥癸未'(進士), '壬午丁未'(參政), '戊辰戊午'(凶), '癸未戊午'(孤貧瞽目).

무신일 무오시는, 공귀(拱貴)격이라. 년·월로 인(寅)을 만나고 남으로 운행하면 풍헌이요, 오를 만나면 귀하고 장수한다. 술은 문(文)으로 귀하다. 미가 있으면 전실(塡實)된 것이다. 건록(建祿)으로 사(巳)가 서로 이어지고, 한 조각으로 뭉치면 대귀하다. 달리 주가 법으로 죽지 않으면 전사한다고 하였다.

沈練經歷 '丁卯 庚戌 戊申 戊午'(凶死). 許天倫參政 '乙巳甲申'. 宋節使 '己未戊午'. '丁未癸未'(貴), '壬午乙巳'(富). 山西藩王 '乙亥辛巳'.

무술일 무오시는, 크게 흉하다. 년·월로 묘·오에 관으로 운행하면, 귀현한다. 인(寅)은 인수로 대살(帶煞)하니, 흉이 변하여 길함이 된다.

吳昆知府 '甲寅 庚午 戊戌 戊午'. 陳龍擧人 '己酉辛未'. '甲申己巳'(貴同). '癸丑壬戌'(富多子).

석중(石中)장옥(藏玉) 즉 바위 속에 보옥을 감춘 국(局)이라. 강하게 결단하면 베풀 것이 있는데, 육친을 방비하기에는 부족하고 일찍이 처자를 일그러뜨림이 많다.

무가 무오를 만나니, 이향(離鄕)에서 화(火)라 양인이 왕하고, 그 몸도 강하니 크게 현양한다. 운이 막히고 때가 괴리되면, 그 이름을 취하기 어렵고 평상의 의록이다. 때를 만난다면 빛나게 된다.

무일이 시에서 무오를 만남은, 비견이 강하여 재·록이 지체되고 거역한다. 처는 중(重)하나 자식은 늦는데 맡은 바에 베풂이 있으니, 운이 임·계로 임하면 발달한다. 부모 안행(鴈行)에는 적은 이익이 있으나, 육친은 서로 얼음과 재와 같아서 소규(疎暌) 즉 어기고 소원하다. 충·극·파가 있으면 기특함의 시발이 되니, 중년과 말년에 주가 귀하다.

【六戊日己未時斷】 육무일 기미시의 판단

육무일생 시가 기미면, 양인 편관으로 충(衝)을 두려워하지 않는다. 다만 이는 그 위인 됨의 성품에 사나운 것이 많다. 평생의 의록에 또한 흉함은 없다.

무일 기미시는, 양인 편관이라. 무가 기로써 양인을 삼고, 갑이 편관이 된다. 시상(時上)에서 명·암으로 2기(己)가 양인이 되고, 갑목은 미 중에서 합국(合局)하니, 만약 형충파해를 보게 되면 인·살(刃殺)에 제복함이 있어 주가 귀하다. 월에서 왕함으로 통하게 되면 평상의 의록인데, 부모 20년에 두루 잃는다. 만약 월기로 불통하고, 인·신(寅申)을 얻은 것은 귀하다.

무자일 기미시는, 시·일이 상천(相穿)하니 처자를 상할까 근심인데, 어려서는 고생이나 뒤에는 좋다. 월에서 토기에 통하고 재·관의 운을 행하면 귀하다. 수·목의 월에 신왕한 운을 행하여도 귀하다.

湯道衡都憲 '戊子 癸亥 戊子 己未'. '丁丑辛亥'(擧人).

무인일 기미시는, 선난(先難)후이(後易)라, 귀인을 제휴하였으니 불귀(不貴)즉부(卽富) 한다. 년·월로 갑을 투출하여 양인을 제어하고, 지지로 오·미에 신왕하면, 살·인(煞刃)이 둘 다 드러나게 되니 주가 대귀하다.

郭乾尙書 '辛未 甲午 戊寅 己未'. 李多見會魁史部主事 '庚子丁亥'. '甲申丙子' (擧人).

무진일 기미시가, 춘과 동(冬)에 북방으로 운행하면 부귀하다.

閻璞祭酒 '甲子 辛未 戊辰 己未'(性剛招禍氣死 성품이 강하여 화를 초래하는 기운으로 죽었다). 李廷梧進士 '庚寅辛巳'. '己卯壬申', '戊辰己未'(俱貴).

무오일 기미시는, 양인에 편관이다. 주인이 기모(機謀) 즉 도모함과 기량이 있으나 수명을 재촉한다. 그렇지 않으면 처자가 어려운데, 중립(重立)중성(重成) 즉 거듭 이루고 거듭 세우니 곧 두 집을 세움이 된다. 년·월로 오·해를 보고, 금·토의 운이면 귀하다. 신·유(申酉)는 부(富)하다.

'乙卯 甲申 戊午 己未'(參政). '乙酉 丁亥'(貴).

무신일 기미시는, 귀하다. 재·관의 운을 행하면 발복(發福)한다. 인(寅)이 있어 살(煞)을 충하게 됨을 미워하니, 흉함이 있다. '신묘 경인'의 경우가 있었는데, 결과적으로 살을 충하여 흉하였다.

劉伯躍侍郎 '癸亥 辛酉 戊申 己未'. '戊午 丁未'(丞相).

무술일 기미시의 경우, 춘에 관왕(官旺)하면 귀하다. 하의 인수는 안온하고, 추는 평상한데, 동에는 외롭고 힘들다. 술월은 괴강격이라, 5-6품의 귀이다. 모름지기 년·월로 '신자진'이 회재(會財) 즉 재로 회국하고, 인·오로 인수요, 사·유로 상관이며, 해·묘로 관·살이 모이면, 각기 그 방면에서 국(局)을 이루게 되니, 바야흐로 길하다.

王守都堂 '壬子 甲辰 戊戌 己未'. 李鎭憲副 '丙寅庚子'. 謝汝像進士 '己酉己巳'. '壬寅丁未'(郞中), '壬申戊戌'(主事).

고경(古鏡)중마(重磨) 즉 오래된 거울을 거듭해서 닦는 국(局)이라. 혼미한 가운데 또 빛을 본다. 만약 관·인의 장소를 행하면 현달함이 심상치 않다.

미 중의 무·기 토는 언덕을 이룬 것이라, 형·해·충이 오면 그 일이 또한 잘 어울린 것이다. 선암(先暗)후명(後明)에 흉변길(凶變吉)하니, 귀인을 제휴하여 진매(塵埋) 즉 속진에 파묻힘을 벗어나는 것이다.

무일에 시로 기미가 임하니, 육친과 골육이 소원하다. 화(火)의 인수가 암중으로 도와줌을 기뻐하니, '갑을·인묘'에 주가 중하게 된다. 꽃이 피어 결과를 얻음에 사례하니, 양친은 화목하나 요절함에 외롭다. 스스로 이루고 자립하며 스스로 도모하는데, 귀인의 부조가 있음에 의뢰한다.

【六戊日庚申時斷】육무일 경신시의 판단

육무일 생 시가 경신이면, 간상(干上)에 식신이라 서로 친함을 기뻐한다. 묘·인과 갑·병을 보지 않으면, 우대(玉帶)에 그 몸이 영화롭지 않음을 어찌 근심하겠는가.

무일 경신시는, 무가 경으로 식신을 삼고 임·계로 재가 되는데, 신(申) 위에서 경이 왕하고 임을 생하니 무토가 유기(有氣)하다. 병화가 탈식(奪食)하고 파재(破財)함이 없으며, 다시금 인·사의 형·충이 없고 추(秋)월에 생한다면, 대귀한 것이다. 병화에 갑·인과 더불어 사(巳)가 있게 되면, 그 사람과 일의 반복함이 거듭되지만 또한 공명은 있다. 년·월 천간으로 단지 갑만 투출하면 삼기(三奇)인데, 지지로 회국(會局)하거나 혹 인·진에 그치면, 모두가 귀한 것이다.

무자일 경신시가, 해·자의 월로 생하였다면 또한 합록(合祿)이 되니 귀하다.

謝丞相 ‘己未 壬申 戊子 庚申’. 周尙書 ‘壬申壬寅’. 王太守 ‘辛未戊戌’. 蔡可敎主事 ‘癸巳癸亥’. 陳亮采擧人 ‘庚午辛巳’.

무인일 경신시는, 흉·형(凶刑)한 뒤에 발한다. 인(寅)월에 생하였다면, 식록(食祿)이 제살(制煞)함으로 논하니 귀하다.

張明進士 ‘丙辰 辛丑 戊寅 庚申’. 和參政 ‘戊子壬戌’. 鄭知府 ‘壬申辛亥’. 肯學和 ‘甲戌丙子’(鄕科知縣有學名 향과에 지현으로 학문의 이름이 있었다).

무진일 경신시는, 전식(專食)합록(合祿) 즉 식신이 온전하고 재록을 합한 것이라. 년·월로 인(寅)이 순수하면, 2인이 1신(申)의 충(衝)함을 두려워하지 않으니, 역시 귀하다.

高爟尙書 ‘甲戌 庚午 戊辰 庚申’. 鄭茂德知府 ‘壬寅己酉’. 呂律知府 ‘壬辰丁未’. 鄭太師 ‘戊戌丙辰’. 蜀王 ‘己未戊辰’. ‘戊申甲寅’, ‘庚寅戊寅’, ‘庚午戊午’(俱貴). ‘己酉癸酉’(進士).

무오일 경신시가, 년·월로 ‘미·유·축’인데 사주에 ‘병갑·묘인’이 없으면, 합록격에 들고 서북으로 운행하면 귀하다. 갑·병이 있고 또 합신(合神)이 숨어 살 것이 없애며, 사주가 순양(純陽)의 격(格)이 되면 대귀하다.

葉華光祿卿 ‘甲戌 丙子 戊午 庚申’. 蔡煥員外 ‘戊辰甲子’. 史春坊 ‘壬午己酉’. 吳主事 ‘甲子癸酉’. 楊擧人 ‘丁酉辛亥’. 張知縣 ‘庚申庚辰’. 畢懋康侍郞 ‘辛未癸巳’.

무신일 경신시는, 신록(身祿)동과(同窠) 즉 그 몸과 녹이 한자리에 있으니 부귀가 양전하다. 년·월로 ‘자진·미유’에 서방으로 운행하면 합록격에 들게 되니, 3품에 근상(近上) 즉 측근의 위에 오른다. 년·월로 축·술은 길하다. 진·술로 상하고 극하면 평상하다. 년·월로 해·사에 동북의 운을 행하면 1-2품의 귀함이다.

胡守中都憲 ‘壬戌 乙巳 戊申 庚申’(凶死). 伊王發高牆 ‘壬申癸卯’. 王崇古尙書 ‘乙亥辛巳’. 呂臻狀元 ‘甲寅戊辰’. 曾丞相 ‘己未癸酉’. 汪御史 ‘庚申丁亥’. 張長史 ‘乙亥癸未’. 王家棟解元 ‘壬辰甲辰’. 郝守業進士 ‘丁丑壬子’. 邵美布政 ‘丁巳丙申’

(二子進士).

　무술일 경신시는, 재앙과 학질이 자(子)월 안에 있으나, 자는 역시 합록격을 이루니 문(文)으로 3품에 나아간다. 년·월로 묘·진이면 대귀하다.

　黃侍郎 '己未 丙子 戊戌 庚申'. '丁巳壬寅'(廣文). 韓四維翰林 '戊戌庚申'.

　식신(食神)생왕(生旺)의 국(局)이라, 갈옷을 비단옷으로 바꾼다. 벼슬길에 나아가 씀이 마땅하니, 명리가 자연히 뛰어나다.

　무일에는 시로 경이 임한 것을 보면 기뻐한다. 식신이 합록하여 주가 창영한 것이다. 왕한 중에 형·충의 글자를 보면, 생애의 활계(活計)로 다만 평상함을 허락할 뿐이다.

　무일에 경신시를 만남에, 지지 위에서 생왕함이 되면 기이하고 드문 것이다. 식신이 복을 생하니 광휘를 드러내고 상·하로 왕기(旺氣)를 소통하는데, 병(丙)의 글자가 지엽을 손상하고 갑·인(寅)이 무리지어 행하게 되면 이지러진다. 만약 충·파와 형·극이 없으면, 적옥(積玉)퇴금(堆金)의 귀함이 된다.

【六戊日辛酉時斷】육무일 신유시의 판단

　육무일생 시가 신유면, 상관이 폭패(暴敗)하니 시에서 만난 것을 두려워한다. 주 중에서 재성(財星)을 늘어놓아 돕는다고 해도, 자식이 그 명을 이루지 못하고 일찍 끝냄이 있다.

　무일 신유시는, 본신(身)은 패(敗)요 또 상관이라. 무가 을로써 관을 삼고 신(辛)은 상관이 되는데, 유(酉) 상에서 신금은 왕하고 무토는 목욕이 된다. 위인의 성품이 오만하고 행동은 비루하다. 년·월로 을이 투간하면 위화(爲禍)백단(百端)이라. 을이 있고 다시 금 관왕의 운으로 행하는 경우라도, 형·해(刑害)함은 불길하다. 만약 월로 생기(生氣)함에 통하고, 북방으로 운행하면 불귀(不貴)즉부(卽富)한다.

　무자일 신유시가, '사유축'의 월이면 상관(傷官)상진(傷盡)하니, 재왕(財旺)의 운으로 행하면 무직(武職)으로 풍헌이다. 숨은 자식에 처를 봉함받는다.

　知州 '壬午 癸卯 戊子 辛酉'.

　무인일 신유시가, 월로 토기에 통하고 서북으로 운행하면, 불귀(不貴)역부(亦富)한다.

　王西石尙書 '壬申 壬子 戊寅 辛酉'. 魏濟民主事 '甲申丙寅'. 黃啓初擧人 '戊辰丁巳'. '乙卯戊寅'(貴同).

　무진일 신유시가, 년·월로 축·미에 재(財)가 투간한 것은 주가 귀하다. 만약 계사

월이라면 사관(詞館) 학당(學堂)이 제강(提綱)에 거한 것이니, 주가 문학에 고과(高科)한다. 년으로 '인신사해' 인즉 시가 낭자살(狼藉煞)을 범한 것이 되어, 늦도록 결과가 없다.

錢福狀元 '辛巳 癸巳 戊辰 辛酉'(或云甲寅時). '癸未乙丑'(侍郎), '乙亥辛巳'(貴), '戊戌乙丑'(凶). 李待問總河尙書 '壬午壬子'.

무오일 신유시가, 춘·하로는 평상하고, 추에는 상관상진하여 권귀(權貴)나 수명을 재촉한다. 겨울이라면 처자를 이루기 어렵다.

劉丞相 '乙未 庚辰 戊午 辛酉'. 戴廷章擧人 '丙辰庚子'. 周孔敎都院 '戊申己未'.

무신일 신유시가, 년·월로 '술해축자'면 권귀(權貴)이다.

'丁巳 庚戌 戊申 辛酉'(狀元). '辛亥辛卯'(敎官). 曾丁欽擧人知府 '乙亥辛巳'. 唐汝楫狀元 '壬申己酉'.

무술일 신유시가, '진술축미'의 월이면 귀하다. 고인께서 수·토는 패(敗)함이 유(酉)에 있다 한 것은 그 결과가 없음이 많았기 때문이다. 혹 공명이 있어도 일찍이 물러나고, 혹 자식이 있어도 이루지 못하였던 것이다. 위의 육일(六日)을 살펴보니 대관(大官)의 명이 없다. 가히 상관을 시(時)에서 만남은 불길한 것임을 볼 수 있는 것이다.

祝侍郎 '丙午 辛丑 戊戌 辛酉'. 王鉅進士 '丁未乙巳'. 吳寶進士 '甲辰甲戌'. '乙巳庚辰'(知州), '戊子壬戌'(檢校死於途壽三十九 검교였는데 길 위에서 죽었고, 수 39세였다), '丙申辛卯'(擧人).

시상(時上)상관(傷官)의 국(局)이라, 만년에 주가 곤궁하다. 운이 재·인(財印)의 땅으로 행하면, 바야흐로 처음 형통함을 볼 것이다.

무일이 신을 만나니, 이름하여 박관(剝官)이라 한다. 시상에서 이를 만남이 또한 더욱 미운 것이다. 만일 관성을 만난다면, 기이한 화(禍)를 생하게 된다. 또한 질병을 달고 살며, 자식이 온전하지 못할까 두려운 것이다.

무일에 시로 신유가 임함은, 상관이 관성을 기뻐하지 않음이라. 재향(財鄕)으로 운이 이를 때 비로소 형통할 수는 있으나, 성격과 심정 또한 일정하지 못하다. 파함이 없어도 조업을 불러 쓰기 어려우며, 함께 가야 할 안려(鴈侶)에 각자가 날아오를 뿐이다. 처를 거듭 본 뒤에 자식이 늦으면, 비로소 안녕함의 시발이 되는데, 이 또한 선난(先難)후이(後易)의 명이라 하겠다.

【六戊日壬戌時斷】 육무일 임술시의 판단

육무일생이 시가 임술이면, 그 몸이 정위(正位)에 앉고 하늘의 재물을 본 것이다. 만약 추월에 생하고 신왕에 통한다면, 집안의 자산과 재물이 만관(萬貫)이라, 쓰지 않음을 시샘하는 것이다.

무일 임술시는, 전위(專位)봉재(逢財) 즉 자리에서 오롯이 재를 만난 것이다. 무가 임으로 재를 삼는데, 술 위에서 수(水)가 관대(冠帶)가 된다. 춘·하로는 임수가 무기(無氣)하여 재백(財帛)이 왕하지 못하다. 겨울인즉 태왕(太旺)하나, 토가 허하여 신약하면 구가(驅駕) 즉 몰고 타기가 어렵다. 오직 가을이 된 이후에는 무토가 견고하고 두터우므로, 재명(財命)이 유기(有氣)하여 부귀하다.

무자일 임술시가, '신유술'의 월이면 가재(家財) 즉 집안의 재물이 눈에 가득하다. 진과 축이 형·충하여 개고(開庫)하면 두루 길하다.

陳奎憲副 '甲申 甲戌 戊子 壬戌'. 許太傅 '辛卯壬辰'. '庚辰己丑'(小貴).

무인일 임술시가, 년·월로 '인오술·진'에 금·수의 운이면 대귀하다.

林尙書 '戊午 丙辰 戊寅 壬戌'. 黃大廉進士 '戊午乙卯'. '癸亥甲寅'(府判), '辛亥辛丑'(府丞).

무진일 임술시는, 시·일이 병충하니 처자를 상할까 근심이다. 만일 토가 두터운 땅이라면 바야흐로 대귀하다. 묘월에 화·금의 운은 중귀(中貴)하고, '인신술축'에 서남으로 운이 행하면 극귀(極貴)하다.

周斯盛御史 '乙酉 戊子 戊辰 壬戌'. 張燭運同 '甲申戊辰'(無子). 韋德甫擧人 '壬寅己酉'. 甘雨御史 '辛亥壬辰'.

무오일 임술시는, '인오술'의 월에 생하고 시와 년으로 화(火)가 많으면 곧 인수로 논하는데, 고극(孤尅)함을 면하기 어려우나 선난후이라, 불귀즉부한다. 묘월은 관성으로 양인을 제복하니 길하다.

王弼知府 '己巳 癸酉 戊午 壬戌'. 柯維羆擧人 '辛亥辛卯'. '丁丑癸卯'(擧人), '庚寅甲申'(國公).

무신일 임술시는, 춘귀에, 하평이며, 추는 부귀하고, 동은 평상이라.

張璉侍郎 '辛卯 庚寅 戊申 壬戌'. 李和駙馬 '庚子戊寅'(一云戊戌日癸亥時 命夭無子). '壬辰甲辰'(擧人). 岳和聲學憲 '己巳己巳'. '辛亥壬辰'(太守).

무술일 임술시는, 추에 부귀하다. 하에 서방운, 춘에 북방운, 동에 남방운이면 두루 귀하다. 월로 진·축이면 또한 귀하다.

孟布政 '甲子 丙子 戊戌 壬戌'. 鄭文煥擧人 '丙寅庚子'. 郝勳擧人 '癸酉乙丑'(貧無子). 羅伴兒兇徒 '辛丑辛卯'(平素英雄殺人擬罪 평소 영웅이었으나 살인함이 의심되어 죄를 얻었다).

기구(棄舊)영신(迎新) 즉 과거를 버리고 새로움을 맞는 국(局)이라. 시상에 편재인데 비견을 만나니, 만나지 않은 것만 못하다. 신왕이면 주가 형통한다.

임술시는 재고(財庫)를 그 안에 감춘 것이니, 중요한 것은 자물통과 열쇠가 와서 이를 열어 전등(專等) 즉 전일하고 고르게 하는 것이다. 운행이 재·관에 생왕의 땅이라면, 부귀영화를 의심하지 않는다.

무일이 시에서 임술을 만나니, 사주 중에 묘·축이 있음을 기뻐한다. '자·진·을'은 귀현(貴顯)하니, 재관이 나오는 곳으로 고인께서 서로 동반한다. 개고(開庫)하면 집을 얻고 그 방을 채우는데, 충(衝)함이 없으면 안려(雁侶)라도 완전하기 어렵다. 선빈(先貧)후부(後富)하여 일의 대단원을 이루는데, 귀하지 않으면 창고와 궤짝을 넓게 가득 채우는 것이다.

【六戊日癸亥時斷】육무일 계해시의 판단

육무일생이 시가 계해면, 화(火)로 화하니 술토가 수향(水鄕)에서 싸움이 없어야 한다. 만약 '을·경·정'을 보고 축(丑)이 없다면, 도리어 관명(官名)이 심상치 않음이 된다.

무일 계해시는, 무가 계와 합하여 화(火)가 되지만, 화는 해(亥)에서 절(絶)이 된다. 수향에서 싸우게 되면 그 상을 이루지 못하니, 위인이 헛되이 빼어난 것이다. 구류(九流)와 예술 방면에서 귀함에 가까운 사람이 되는 경우가 많은데, 주가 안질을 앓는다. 무가 갑으로 귀(鬼)를 삼고, 임·계가 재(財)가 되는데, 해 위에서 임은 왕하고 갑을 생하니, 무토의 기가 절(絶)되어 재백(財帛)이 모였다 흩어지는 것이다. 만약 년·월로 간두에서 '을정경'의 왕함을 보게 되면 삼기(三奇)의 귀함이 되고, 월로 토기에 통하여 신왕하고 목·화의 운을 행하면 길하다.

무자일 계해시가, 년·월로 무(戊)자의 파격(破格)을 보지 않으면, 귀하다. 년·월로 갑과 자에 동남 운이고, 해·묘에 남방 운이면 두루 귀하다. '사오미'가 왕한 것은 대귀하다.

李文進都堂 '戊辰 己未 戊子 癸亥'. 朱卿布政 '甲申乙巳'. 王舜卿僉憲 '癸亥甲

子'. 吳狀元 '己卯庚午'.

무인일 계해시가, 오·미의 월 생이고 화(火)로 화하여 회국(會局)하면 높은 명이다. 춘에는 관살혼잡이지만 입고 먹는 것은 따뜻하다. 년·월로 유·축이면 3품에 경당(京堂)이라.

張舜臣尙書 '乙丑 丁亥 戊寅 癸亥'. 姜良翰憲長 '甲子丁丑'. 徐應光祿卿 '甲子庚午'. 章東偁進士 '戊辰癸亥'. 高仁進士 '辛丑壬辰'. 陳貴妃 '乙亥癸未'.

무진일 계해시는, 빼어나다. 해·자의 월이면 재관격이라, 불귀즉부한다. 년·월로 인·묘는 귀현한다. 하(夏)생이면 교직(敎職)이다.

黃杭員外 '甲寅 己巳 戊辰 癸亥'. 宋國祚擧人 '甲申甲戌'. '辛丑乙未'(貴同).

무오일 계해시는, 귀하다. 년·월로 인·사에 토가 두텁고, 수(水)가 빼어난 땅이라면 6-7품의 귀함이다. '묘미·진축'은 두루 길하다.

鄭弻進士 '壬子 癸卯 戊午 癸亥'. 陳大資進士 '癸亥乙丑'. 王憲副 '丙戌己亥'.

무신일 계해시가, 년·월로 '자·미'라면 조업(祖業)이 없다.[22] 처로 인해 치부하는데, 그렇지 않으면 이근(移根)환엽(換葉) 즉 조상을 떠나 다른 일을 한다. 가난하고 또 천하다.

邢尙簡都堂 '戊辰 丙辰 戊申 癸亥'(無子). 鄭公琬憲副 '壬寅壬子'. 扈水通主事 '己未丁丑'. '戊子癸亥'(尙書). 陳九疇郎中 '辛巳庚子'.

무술일 계해시가, 년·월로 '인묘·오사·축술해'이고, 천간에 '을경정'의 글자가 투출하면, 맑고 권귀(權貴)를 요하니, 화·토의 운이 마땅하다.

趙太師 '辛丑 辛丑 戊戌 癸亥'. 姚謨尙書 '乙酉己卯'(子狀元). 黃金主事 '丙辰庚寅'. 周宣布政 '戊戌癸亥'. 蔣珊知府 '甲子甲戌'. 蕭祥曜御史 '己巳辛未'. 金文峰郎中 '己巳己巳'. 陸炳都督 '庚午丁亥'(一云己亥日甲子時, 合諸貴觀年月喜忌見矣 모든 귀살을 합하고 년월의 희기를 살펴보아야 한다).

천간(天干)화화(化火) 즉 천간이 화로 화한 상(象)이라, 이 국을 얻음은 정히 비상하다. 운이 길지를 행하여 만나면, 사해에 성명이 향기롭다.

무 게가 화화(化火)하고 해시생이면, 낙조(落照)로 강호가 어두운데 다시금 밝아진 것이다. 묘·미의 월 생이면 삼합(三合)으로 길하고, 거처를 떠나 집을 바꾸니 필히 안녕하다.

---

22 이는 재다신약의 뜻을 말한다.

　　무일이 시에 계해가 임하면, 천간이 화화하니 기묘함이 된다. '을경정'이 왕하면 서로가 마땅하여 기쁘니, 정히 주의 명성이 현귀(顯貴)할 것이다. 사해에 춘풍(春風)이면 그 소리가 경쾌하지만, 육친과 골육은 형(刑)으로 이지러진다. 처현자효하니 즐겁고 기쁘며, 파(破)가 없으면 과거에 이름을 걸고 급제한다.

星命部彙考五十二
三命通會 二十四

六己日子時斷, 六己日丑時斷, 六己日寅時斷, 六己日卯時斷, 六己日辰時斷, 六己日巳時斷, 六己日午時斷, 六己日未時斷, 六己日申時斷, 六己日酉時斷, 六己日戌時斷, 六己日亥時斷.

三命通會 二十四, (卷九)[1]

【六己日甲子時斷】 육기일 갑자시의 판단

육기일 생이 시가 갑자면, 관성을 밝게 보고 암(暗)으로는 재가 있다. 의탁함과 함께 만약 월기로 통하게 되면, 평생의 의록이 하늘로부터 온다.

기일 갑자시는 명관(明官)암재(暗財)라. 기가 갑을 써서 관으로 삼고, 계는 재가 되며, 신(辛)은 식이요, 자는 천을(天乙)귀인이 된다. 자 위에서 갑은 밝게 있고, 계는 숨어 있으며, 신은 장생이라. 그 몸이 만약 의탁함이 있어 월기에 통한 자는 부귀하다. 만약 신 왕하지 않으면, 토기로 운행해도 역시 좋다.

기축일 갑자시는, 귀(貴)로 화하는데, 년·월로 오·인이면 요절한다. 월에서 토기로 통하면 귀하다. 갑인월을 꺼리니 귀한 가운데 악사한다. 정미월은 형(刑)을 받으며, 정 축월은 조업을 파하고 실향(失鄕)에 악사(惡死)한다.

---

[1] 수정 편집본에서 9권으로 한 것인데, 참고로 기록해둔다. 인터넷 통행본에도 이같이 쓰고 있다.

潘春谷參議 '甲戌 丙子 己丑 甲子'. 丁襄知府 '癸酉丁巳', '乙巳丁亥'(進士), '己丑甲戌'(三品武貴).

기묘일 갑자시는, 먼저 파조(破祖)한 이후에 왕(旺)하는데, 혹 왕한 가운데 상(傷)함이 있다. '진술축미'의 월은 귀하다. 오는 신왕하다. 자는 귀(貴)를 취하고, 해는 관(官)의 장생이니 두루 대귀하다. 기사월은 꺼리는데 파·패(破敗)에 흉사한다. 경신월은 혈광(血光)에 악사요, 임자월은 형·해(刑害)가 중하다.

明孝宗 '庚寅 甲申 己卯 甲子'(在位十八年如一日晚年尤明智政務 재위 18년이 마치 하루 같았고, 만년에는 또 정무를 밝게 학습하였다). 屠尙書 '庚子戊子'. 鄭少保 '己酉庚午'. 聞天官 '癸亥癸亥'. 林豫布政 '甲辰乙亥'.

기사일 경자시가, '진술축미'의 월이면 풍헌(風憲)에 3품이요, 수·목으로 운행함을 요한다. 서방 운에는 이룰 것이 없고, 남방 운은 재·관이 무기(無氣)하여 허명에 박리(薄利)라, 귀하지만 드러나지 못한다. 년·월로 자·인에 동남 운은 귀현한다. 《신백경》에 이르기를, "토로 화하면 주의 복인데, 다만 드러나지는 못한다"고 하였다. 임인월을 꺼리니 형(刑)을 받음이요. 을미월이면 형·상(刑傷)이 있다. 계유월은 요절한다.

丞相 '乙亥 己卯 己巳 甲子'. '甲子己巳'(樞密). 張東谷都堂 '癸亥甲寅', '癸亥乙卯'(知州), '丙寅辛丑'(小貴), '甲午甲戌'(巨富).

기미일 갑자시는, 높다. 몸이 관고(官庫)에 앉았으니, '진술축미'의 월은 길하다. 인·해의 월은 관왕(官旺)이라, 문장이 진발(振發)하여 귀현함을 이루기가 쉽다. 사[2]·축은 문귀(文貴)인데 이룸이 늦다. 인·묘는 가난하고 하천하다. 갑신월을 꺼리니, 그 몸이 온전히 죽지 못한다. 병자월은 고빈하다. 정축월은 형해를 받은 것이다.

黃應魁擧人 '庚申 戊寅 己未 甲子'. 胡直廉憲 '丁丑己酉'.

기유일 갑자시가, 년·월로 '인신·오미·축'이면 문귀(文貴)로 풍헌이라. 오월에 동북의 운이면 극품이다. 경인월을 꺼리니 파·패에 악사라. 기사월은 흉하고 악하다. 무술월은 고단(孤單)혈사(血死) 즉 홀로 외롭게 피 흘리며 죽는다.

沈坤狀元 '丁卯 壬子 己酉 甲子'. 江曉府尹 '壬寅甲辰', '辛亥庚寅'(侍郎).

기해일 갑자시의 경우, 춘·하는 재·관이 생·왕하니 길하고, 추·동과 4계(季)는 배록(背祿)축마(逐馬)하니 흉하다. 인월에 금·화의 운은 낭관(郞官)이요. 오월에 동북의 운은 금자(金紫)의 귀함이다. 임인월을 꺼리니 악사한다. 임신월은 가난함이 지나치

---

2 원문은 기로 되어 있다.

고 또 형벌을 받는다. 계유월은 파·패에 속한다.

　　路天亨員外 '壬戌 辛亥 己亥 甲子'.　張智望擧人 '己卯丙寅'. 張道御史 '癸未癸亥'.(無子極

기충(氣衝)우두(牛斗) 즉 기가 견우와 북두를 충한 국(局)이라, 넓고 우아한 부(富)와 문장이다. 창밖의 객으로 닭을 만나지 않으면, 때를 얻어 성·명·자(姓字)의 향기를 남긴다.

기일이 갑자시를 만남은, 기쁜 것이다. 재·관이 쌍미(雙美)하여 귀하고 드물며 기묘하다. 하루아침에 고인(高人)의 천거를 얻어 만나니, 독보(獨步)로 섬궁(蟾宮)에 올라 계수나무 가지를 꺾는다.

기일이 시에 갑자가 임하면, 화생(化生)하고 토가 두터우면 그 기틀을 자양한다. 재·관이 도움으로 이미 광휘를 빛냈으니, 마치 청룡이 물을 희롱함과 같은 것이다. 경금과 묘·오를 만나지 않으면, 위인의 녹이 지극하고 복이 가지런하다. 평상인은 발복에 배풂이 있고, 군자라면 등과 급제한다.

【六己日乙丑時斷】 육기일 을축시의 판단

육기일 생 시가 을축이면, 살성(殺星)이 제어를 받아 상함이 되지 않는다. 주(柱) 중에 신왕하면 영귀(榮貴)함이 많은데, 도움이 없이 태어난 사람은 밤낮으로 바쁘기만 하다.

기일 을축시는, 전재(專財) 즉 오롯한 재인데 귀(貴)를 만난 것이다. 축 위에서 뚜렷한 을이 있어 귀(鬼)가 되고, 숨은 계는 재(財)가 된다. 만약 의탁함이 있고 신왕함으로 통한 것은 귀하다. 운에서 통해도 역시 길하다. 만약 귀살(鬼煞)에 도움이 있게 되면 왕하여도 이를 맡기 어려우니, 의록만 평상할 뿐이다.

기축일 을축시는, 시상편관이라. 무직(武職)에 있으면 도곤(都閫) 즉 성도의 위병장인데, 돌아가는 땅을 보고 바야흐로 이를 판단할 것이다. 묘월에 금·수의 운이면 6-7품의 귀함이다.

　　劉鑰侍郎 '甲子 乙亥 己丑 乙丑'. 顏頤壽天官 '壬午己巳'. 邵原哲知府 '庚寅己卯'. 佛印禪師 '乙巳壬午'.　張肇進士 '丁巳癸卯'.

기묘일 을축시가, 자·신의 월에 금·토의 운을 행하면 후백(侯伯)이다. 년·월로 '사유축술'이라면 두루 길하다.

　　史侍郎 '乙巳 乙酉 己卯 乙丑'. 劉侍郎 '庚辰己卯'. 林有孚都堂 '辛丑戊戌'. '丙

子辛丑', '乙亥壬午'(俱貴).

기사일 을축시가, 인·묘 월이면 편관격이다. 유·술의 글자가 없으면, 문관으로 나아가 귀한 명이 된다.

蔣狀元 '癸卯 乙卯 己巳 乙丑'. 孫鎭卿守備 '己亥丁丑'. 秦耀巡撫 '甲辰丙寅'(謫 戌 술에 유배되었다).

기미일 을축시는, 시·일이 서로 충하는데, 처의 생재(生財)함은 가하다. 년·월로 '묘·오'라면 금신(金神)이 화향(火鄕)에 드는 것이니, 서남의 운에 귀하다. 진·술로 4계 (季)를 모두 갖추면 대귀하다. 정·신(辛)이 투간하여 순음(純陰)이 되면, 역시 귀하다.

翁五倫御史 '丁卯 戊申 己未 乙丑'. '庚午己卯'(郎中). 廖雲龍進士 '乙卯丙戌'. 戴 一俊進士 '辛卯戊戌'.

기유일 을축시가, 묘월이면 편관이다. 진월이면 재살(財煞)격으로 귀하다. 신·유(申 酉)는 상관상진한다. 사·오는 인수로 두루 귀하다. 축·술 역시 귀하다.

尹臺尙書 '丙午 壬辰 己酉 乙丑'. 崔銑翰林 '戊戌乙丑'(二公有文名 두 공은 문장의 이름이 있었다). 趙卿總兵 '己未辛未'(名將). 孫繼皐狀元 '庚戌丙戌'. 周良賓副使 '辛 卯戊戌'.

기해일 을축시가, 묘월이면 대귀하다. 신월에 수·목의 운은 풍헌이나 방면(方面)이다.

蔡子文通政 '乙丑 庚辰 己亥 乙丑'. 方鄰布政 '戊寅壬戌'.

시상(時上)편관(偏官)의 국(局)은 신강(身强)에 인왕(印旺)함이 기묘하다. 만약 돌아 가서 구조됨이 없으면, 명리가 모두 헛됨을 이룬다.

시에서 을축을 만남은, 본신이 쇠한 것이다. 고(庫) 중에 재성이 있고, 그 안에 묻어 감춘 것이 있다. 자물통이 열쇠를 만나지 못하면 현달하기 어려우니, 바야흐로 외방으로 나아감에 심회를 칭할 것이 있음을 안다.

기일이 시에 을축이 임하면, 고 중에서 귀(鬼)는 줄었지만 재앙은 흥한 것이다. 조종(祖宗)의 산업에도 차고 이지러짐이 있으니, 바라고 도모함에 재물이 가고 온다. 술·미 로 형·충하면 발복하는데, 열쇠가 없으면 왕래함에 이반 즉 옮겨갈 뿐이다. 쌍친은 안 려하고 차서가 있으나, 일에 있어서는 의지하기 어렵다. 구제함이 있으면, 중년과 말년 에 귀함을 취할 것이다.

【六己日丙寅時斷】 육기일 병인시의 판단

육기일 생이 시가 병인이면, 암관(暗官)에 명인(明印)으로 그 몸을 왕(旺)하게 한다. 월에서 목기로 통하고 충·파가 없으면, 귀함을 의지하여 삼태(三台)팔위(八位)를 이룬다.

기일 병인시는, 관·인(官印)이 생왕하다. 기가 갑을 써서 관으로 삼고, 병은 인(印)이 되는데, 인(寅) 위에서 갑은 왕하고 병을 생한다. 만약 파(破)가 없고 월기로 목국에 통한 자는 대귀하다. 목·화로 행함을 기뻐하고, 금·수는 마땅치 않은데, 세운도 동일하다.

기축일 병인시는, 춘에 관왕이요, 하에는 인왕이며, 추는 기제요, 동은 평상하다. 년·월로 진·술은 문귀(文貴)로 현달한다. 축이 순수하면 그 수명이 높다. 술월에 목·화의 운이면 5-6품의 귀이다. 《신백경》에는, "화·토 상(象)의 주는 귀하나 혈질이 있다"고 하였다.

傅丞相 '甲申 壬申 己丑 丙寅'. 章極都堂 '己亥甲戌'. '乙丑壬午'(進士), '庚辰己丑'(通判).

기묘일 병인시가, 년·월로 오·진이면, 문장으로 현달하고 대귀한다. 인·오는 관이 3품에 이른다.

兵部尙書 '戊午 丙辰 己卯 丙寅'. 陳珂布政 '丙子庚午'. 韓楷布政 '甲辰癸酉'. 朱徹憲副 '甲寅丙寅'. 劉謩狀元 '甲申丙寅'. 黃鶴主事 '壬辰辛亥'. 蔡光擧人 '戊寅癸亥'. 蕭良譽進士 '丙辰庚子'(兄弟同科). '甲寅庚午'(郎中).

기사일 병인시는, 먼저 형(刑)한 다음 후에 왕하다. 인월이면 정관격이라, 문장으로 현귀한다. 해·자 수에 목운은 귀하다. 술이 순수하면 무직(武職)으로 3품이다. 년·월로 신·해라면 4생(生)이 국(局)에 전비(全備)하니 대귀한데, 혹 선종(善終)하지 못한다.

魏謙吉都堂 '己巳 丙子 己巳 丙寅'. 陳煥布政 '壬戌壬戌'. 陳洸給事 '己亥丙寅'. 劉東立擧人 '丁亥癸丑'.

기미일 병인시는, 토가 두터운 땅에서 생하면 바야흐로 귀하다. 년·월로 수·목에 동북으로 운이 행하면 귀하다. 달리, "서출이나 다른 방에서 태어남이 많고, 혹은 아비가 그 탄생을 보지 못한다"고 한다.

沈布政 '壬戌 戊申 己未 丙寅', '丁卯庚戌'(同貴). '甲寅丙子'(高科權貴). 袁狀元 '甲子丁丑'. 林應采擧人 '己巳庚午'.

기유일 병인시는, 월에서 목·화의 국(局)으로 통하면 귀하다. 목·화의 운 역시 영달한다.

翁茂南布政 '甲申 丁丑 己酉 丙寅'. 張鈇廉憲 '甲午丙寅'. 劉經緯副使 '甲午癸酉'. '戊戌己酉'(巨富無子).

기해일 병인시가, 춘생이면 관왕하니 귀하다. 하·추로는 평상이요, 동에는 재왕(財旺)하니 길하다. 년·월로 '인·신·축, 사·오, 진·술'은 귀하다.《신백경》에 이르기를, "화·목의 상이면 귀하다"고 하였다.

靳貴閣老 '甲申 丁丑 己亥 丙寅'. 熊浹尙書 '戊戌丁巳'. 沈應時侍郎 '辛巳辛丑'. '戊寅丙辰'(丞相), '丙子丁酉'(總兵), '丙戌甲午'(參將死於陣). 穆撒憲副 '丙寅庚寅'.

호방(虎榜)표명(標名) 즉 호랑이를 몽둥이로 때려잡아 그 이름을 내건 국(局)이라. 재·관이 내·외로 밝다. 만약 충·파가 없다면, 필히 공경을 이룸이 정해진 것이다.

기일 병인시는, 평상하지 않으나 소년 시절에는 부(富)와 문장을 만나지 못한다. 운이 묘(卯)의 땅으로 행하면 명월(明月)[3]을 생하니, 평보로 청운의 길에 올라 제왕의 고을에 이른다.

기일 병인시는, 바른 것이다. 관성과 인수가 장생 학당으로 삼합(三合)이 됨을 기뻐하니, 광영(光榮)이 된다. 박람(博覽)하니 문장이 아름답고 총명 준수하다. 년·월로 충·파가 없으면, 정히 금방(金榜)에 이름을 건다. 관왕으로 운행하면 주가 형통하니, 상등(上等)에 높은 사람의 명이다.

【六己日丁卯時斷】육기일 정묘시의 판단

육기일 생 시가 정묘면, 간·지에서 암귀(暗鬼)에 효(梟)가 허신(虛神)이라. 주 중에서 도움이 있으면 바야흐로 복이 된다. 도움이 없으면 현달한 사람이 되기는 어렵다.

기일 정묘시는, 기가 정으로 인수를 삼고 을이 귀(鬼)가 되는데, 묘(卯) 위에서 정은 밝고 을은 숨은 것이다. 만약 세와 월 중에서 구조하거나 의탁할 것이 없는 것은 빼어남도 헛되어 부실하니, 이룸도 있고 패함도 있다. 월 중에서 신(辛)을 보아 제복하고, 신왕한 것은 귀하다. 운이 왕(旺)하다면 역시 길하다.

기축일 정묘시가, '신자진'이면 무직(武職)이다. '해묘미'는 영달하고 부하다. '사유

---

[3] 이는 관·살이 강하여 인수가 제 역할을 하게 됨을 말한다.

축'에 동·북으로 운이 행하면 길하다.

林茂竹進士 '己酉 乙亥 己丑 丁卯'. 陳箎進士 '丁巳乙巳'. 謝明易擧人 '癸酉甲寅'. '丁卯甲辰'(擧人), '己酉壬申'(擧人).

기묘일 정묘시가, 년·월로 사·유면 제복이 되니 마땅함을 얻은 것이다. 경·신(庚申)으로 합살(合殺)하면 문장으로 나아가 대귀하다. 자월은 살을 형하고 귀인을 만나니, 주가 병권을 쥐거나 혹은 법관이다. 지지로 인수가 순수하거나 혹 삼합으로 목국(木局)인데, 인방(寅方)으로 운행하면 관·살이 혼잡되고, 다시금 유년(流年)에서 충(衝)하는 운을 만나면 흉사한다.

'癸丑 丁巳 己卯 丁卯'의 경우, 관이 대부(大夫)에 이르렀으나 후에 관직에서 쫓겨나 얼굴을 찔리고, 원방(遠方)에 안치되었다. 史道尙書 '乙巳乙酉'. 吳山尙書 '庚申庚辰'(剛正). 陳選進士 '癸未甲子'. 李宜春進士 '壬申庚戌'. 袁福徵進士 '辛巳丁酉'. '乙卯戊子'(大貴).

기사일 정묘시는, 충·파가 없으면 부귀하다. 년·월로 '인·오·진'은 형·상(刑傷)으로 불리하다. 해월에 목·화의 운은 귀하다. 만약 춘생에 갑을을 투간시킨 것은 관·살이 태왕한 것인데, 제·화(制化)가 있으면 역시 귀하다. 그렇지 못한즉 흉하고 요절한다.

路通侍郎 '癸卯 辛酉 己巳 丁卯'. 呂調陽閣老 '內子辛卯'(純謹子進士). 張祚指揮 '戊午丙辰'. '丙戌丁酉'(擧人).

기미일 정묘시는, 불귀즉부한다. 년·월로 '묘·술·해·축'은 길하다.

劉靖臣進士 '壬子 癸丑 己未 丁卯'. 方名南進士 '癸丑乙卯'.

기유일 정묘시는, 구성(九成)십파(十破) 곧 아홉을 이루면 열이 깨지는 것이라, 십중팔구 파하는데 말년은 왕하다. 년·월로 본신(身)의 생왕함에 통하고, 간두(干頭)로 신·계(辛癸)가 있어 정·을(丁乙)을 제복한 것은 길하다.

鄭侍郎 '丁丑 己酉 己酉 丁卯'. 朱天和憲副 '己丑丁卯'. 賈默狀元 '壬戌丁未'. 尤烈僉事 '丁卯丙午'. 汪太守 '癸丑乙卯'.

기해일 정묘시가, 추생이면 편관에 제(制)함이 있어 부귀하다. 춘은 수촉(壽促) 즉 수명을 재촉한다. 하는 신왕하여 길하다. 동은 평상하다. '진술축미'의 월은 귀하다.

陳通政 '辛酉 辛卯 己亥 丁卯'. 陳中丞 '乙丑甲戌'. 金九齡郎中 '己巳丁丑'.

편관(偏官)편인(偏印)의 국(局)에 생하니, 인성(人性)이 강강(剛强)하다, 신강하면 대길함이 되는데, 약하다면 평상하다.

기일 묘시는 복을 스스로 꺾은 것이니, 명리를 구하여도 모두가 마땅치 아니하다. 신궁(身宮) 즉 본신의 궁을 형·극(刑尅)하는 글자가 다만 있을 뿐이니, 고향의 우물을 떠나고 등져 매양 동분서주할 뿐이다.

기일이 시에 정묘를 만남은, 도식(倒食)과 편관(偏官)이 교가(交加)한 것이다. '유·경·신(辛)'이 파한다 해도 물결과 찌꺼기만 받을 뿐, 사상(思想)이 능히 통달하지 못한다. 부모 안행(雁行)도 바라기 어려우니, 낙화(洛花) 후에 뿌리와 싹을 세운다. 원만함은 이지러졌으나 조상을 떠나 가히 집을 이룰 수 있으니, 그 행적이 산림과 간하(澗下) 즉 계곡의 시내 아래에서 발한다.

【六己日戊辰時斷】 육기일 무진시의 판단

육기일 생이 시가 무진이면, 그 몸이 득위(得位)하고 재신(財神)을 만난 것이다. 전원(田園)이 부귀하고 성신(誠信) 즉 성실과 신뢰가 많다. 갑·을의 제강(提綱)이라면, 녹(祿)이 되니 귀인이다.

기일 무진시는, 재고(財庫)가 전위(專位) 즉 온전히 자리한 것이다. 기가 임·계로써 재를 삼는데, 진(辰) 위에서 입묘(入墓)하니, 기토가 전위가 된다. 위인이 성신하여 부귀하다. 만약 월기로 통하거나 혹 갑·을이 투출하면, 이는 월에서 대록(帶祿)함을 생한 것이니 대귀하다. 진월은 신왕이라, 부모의 힘을 얻지는 못한다. 갑을 보아 화토(化土)한 것은 대부이다. 동(冬)과 하(夏)로는 재왕생관하니 부귀하다. 서방의 운은 평상하다.

기축일 무진시는, 그 몸이 외롭다. 인·묘의 월은 녹왕(祿旺)하다. 진월에 갑이 투(透)하면 화기(化氣)를 지어 보니 귀하다. 오는 부(富)가 두텁다. 인·유는 풍헌이요, 년·월로 자·축에 갑이 투하고, 동남의 운을 행하면 금자에 근시(近侍)이다. 서북의 운은 꺼리는데, 퇴직한다.

汪佃尙寶卿 '甲午 乙亥 己丑 戊辰'. 陳儒進士 '乙丑丙戌'. '庚午乙酉'(擧人). 朱璉御史 '乙未丙戌'.

기묘일 무진시가, 묘월이면 풍헌이다. 년·월로 수·목에 동북으로 운이 행한 것도 아울러 같다.

羅瑤都憲 '癸未 壬戌 己卯 戊辰'. 王喬桂御史 '庚寅乙酉'. 梁津進士 '癸酉戊午'. '丁亥丁未'(都督), '癸未乙卯'(探花), '甲寅丁卯'(貴), '乙卯癸未'(富).

기사일 무진시는, 본신이 고독한 후에 발한다. 춘은 관이라, 귀하다. 하는 평온하고,

추는 흉폭하며, 동에는 재왕하다. 세·운도 동일하다.

斂事 '戊寅 乙丑 己巳 戊辰'. 莊仁春知府 '壬戌壬寅'(與民爭利遭害 백성과 더불어 이익을 다투다 해를 만났다).

기미일 무진시가, 축월이면 잡기재관이니 길하다. 년·월로 '인진·사해·오술'은 문장으로 귀현한다.

丁士美狀元 '辛巳 壬辰 己未 戊辰'(官至侍郎丁丑年卒). 劉一蕉副使 '甲辰丙寅'. 邵梗副使 '壬申丙午'. 陳餘馨通判 '丁酉壬子'.

기유일 무진시는, 춘에 관왕이요, 하는 평길하며, 추는 폭한(暴狠)하고, 동에는 재왕하다.

林侍郎 '丁丑 癸丑 己酉 戊辰'. 尤奇員外 '癸巳丁巳'. 蘇佑御史 '丁酉癸卯'. 祖文進士 '庚午庚辰'. '癸未甲子'(富納中書 부하여 납속으로 중서에 올랐다).

기해일 무진시가, 축월이면 잡기재관으로 귀하다. 술월에 목·수의 운은 6-7품이요. 년·월로 '인오·자진'은 대귀하다.

周廣都堂 '甲午 丙寅 己亥 戊辰'. '戊子甲寅'(擧人), '癸巳甲寅'(貢士).

취죽(翠竹)비도(緋桃) 즉 비취색 대나무와 붉은 도화의 국(局)이라. 푸름과 붉음의 사이에서 희귀함을 의지한다. 인(寅)목의 극해를 만나지 않으면, 개고(開庫)하여 전룡(錢龍)을 본다.

기일 진시는, 심상치 않다. 안으로 전룡이 있어 창고에 감춘 것을 진압한다. 행운이 비·겁을 만나지 않는 것이 길하니, 전장(田莊)은 넓고 부귀를 길러냄이 정해진 것이다.

기일이 무진시를 만나면, 본신(身)의 왕함과 창고에 풍영(豐盈)함을 만난 것이다. 결과적으로 그러함은 꽃이 물러난 뒤에 다시금 영달함이 거듭됨이라, 축·술로 재(財)를 형·충하면 무성해진다. 임신(壬申)은 재관쌍미라, 처가 중하고 자식은 늦으나 바야흐로 이룬다. 쌍친 안려(鴈侶)에 일하는 가운데서도 평화로우니, 독립하여 자성하는 명이다.

【六己日己巳時斷】육기일 기사시의 판단

육기일 생이 시가 기사면, 금신(金神)이 화(火)와 더불어 양자가 서로 화합한 것이다. 월기에 불통한 것은 평상함으로 보고, 월기로 통하면 과갑(科甲)의 영예라 하겠다.

기일 기사시는, 금·화(金火)가 상합(相合)한다. 기가 병으로 인수를 삼는데, 사(巳)

중에 병이 있고 건왕하다. 기사(己巳)는 또 금신이 되는데, 화의 자리 위에 앉아서 서로 가 합한다. 만약 월기로 화(火)에 통하며, 사주에서 재성(財星)이 인수를 파괴함을 보지 않고, 재운으로 행하지 않으면 발복함이 비상하다. 만약 월기로 불통하거나 혹 겨울 생이 되면 허수(虛秀)부실(不實)이라, 헛되이 빼어나고 실하지 못하다. 불통하여도 남방 운을 얻으면 역시 길하다.

기축일 기사시는, 진월에 서북 운을 행하면 귀하다. 오·미로 화(火)가 왕하면, 대귀하다. '신자사술'의 글자 역시 길하다.

脫歡丞相 '壬辰 丁未 己丑 己巳'.

기묘일 기사시는, 진의 재고(財庫)를 공협(夾)하니 주가 대부이다. 또 묘(卯)가 사(巳)로써 역마(驛馬)를 삼으니, 두 기(己)토가 통하였다고 간명하며 이름하여 좌마(坐馬)라 한다. 다시금 오월에 생하면 녹마가 두루 있음이니 또한 귀한 명이 된다. 해월에는 재가 왕지에 임하고, 관이 장생을 만난 것이다. 사월이면 금신이 화를 만난 것으로, 모두 주가 대귀하다.

李植巡撫 '乙酉 庚午 己卯 己巳'.

기사일 기사시가, 년·월로 오는 권위가 혁혁하고 명예가 밝게 빛난다. 춘월이면 자효처현하다. 추·동은 평상하니, 귀하여도 드러나진 못한다. 진·술은 재·인·관·식의 잡기요, 신(申)은 상관생재하니, 두루 길한 것으로 추리한다.

康太和尙書 '戊午 壬戌 己巳 己巳'(丁丑年卒). 林廷玉都堂 '甲戌戊辰'. 黃河淸通政 '戊戌庚申'. 馬運使 '庚辰甲辰'. '癸卯壬戌', '甲辰壬申'(俱進士).

기미일 기사시는, 공록(拱祿)격이다. 만약 양인·칠살과 오(午)의 글자로 전실함이 없고, 공망을 범하지 않으면, 주가 현귀(顯貴)한다. 년·월로 '해축진신'에 동방 운을 행하면 문·무로 극품이다. 이 격은 '정사·정미'가 정(丁)으로써 정록(正祿)을 삼은 것과는 다르니, 기토가 녹(祿)을 기탁해서 얻은 까닭이다.

楊郎中 '庚午 丁亥 己未 己巳'. 蘇得祿擧人 '庚子癸未'. '乙酉己丑'(富), '己巳丙子'(壽).

기유일 기사시가, 하생이면 금신이 화향에 든 것으로 귀현한데, 세·운도 이와 동일하다.

趙子昂學士 '甲寅 甲戌 己酉 己巳'. 童學士 '己酉己巳'. '戊午甲子'(擧人), '乙巳辛巳'(千戶).

기해일 기사시가, 하생이면 자재가 눈에 가득 차고, 즐거움을 행하며 헌앙하다. 동은 평상한데, 술월에 동남의 운이면 국사(國師)요 금자(金紫)이다. 인월 역시 귀하다.

錢汝京尙書 '戊戌 丁巳 己亥 己巳'. 王副使 '丁丑甲辰'. 鄭溥進士 '乙卯丙戌'. 李廷龍通判 '己亥己巳'.

화왕(火旺)금신(金神)의 국(局)이라, 남방의 운이면 기가 아름답다. 만약 겨울의 월령에 생하였다면, 재록이 정히 허화(虛花) 즉 그림 속의 꽃일 뿐이다.

기일이 기사시를 거듭 만남은, 금신이 왕함으로 화하여 서로가 마땅함을 요한다. 남방 이(離)운을 밟아 나가면 재 · 관이 드러나고, 인 · 묘의 동방 운을 만나도 역시 기묘한 것이다.

기일이 시에서 기사를 만남이, 하(夏)생이라면 병화에 금신이다. 술 · 해와 경 · 신(申)을 만나 파함이 없으면, 그 명성이 응하는 소리가 있다. 부모는 일쇠(一衰)일왕(一旺) 즉 한 분은 쇠하고 한 분은 왕한데, 형(刑)과 공(空)망이면 사업이 뒷걸음쳐 돌게 된다. 알아야 할 것은, 현달(顯達)하기 위해서는 그 문과 정원을 바꾸고, 화(火)가 왕한 남방의 운을 필요로 한다는 점이다.

【六己日庚午時斷】 육기일 경오시의 판단

육기일 생이 시에서 오를 만나면, 녹(祿)이 시지(時支)로 돌아가니 주가 창영(昌榮)하다. 수 중에서 관성을 봄이 두려운데, 만약 이것이 복성(伏晶) 즉 결성제가 숨은 섯이라면, 하나의 다른 격으로 감평한다.

기일 경오시는, 일록(日祿)귀시(歸時)라. 기가 경을 보니 상관이 되고, 을은 정귀(正鬼)가 된다. 오 위에서 경이 밝은데 을과 합하면 상관(傷官)합살(合殺)이 되니, 주인이 독립하여 이룸이 있다. 만약 년 · 월로 을이 없으면, 상관이 패지(敗地)에 임한 것이다. 주에 '갑(甲)과 병(丙)'의 2글자가 있으면 복정격(伏晶格)이라, 격 · 국을 손상치 않고 충 · 파가 없으면, 주가 대귀하다.

기축일 경오시가, 인월생이면 귀하다. 하는 흉하고, 추는 난폭하며, 동이라면 재는 왕하고, 자식은 적다. 달리 모두 귀하다고 한다.

林茂達都堂 '丙子 壬辰 己丑 庚午'. 張文拱僉事 '庚申辛巳'. 楊思忠侍郎 '庚午丁亥'. 沈通判 '庚子丁亥'. '丙辰丁酉'(武狀元).

기묘일 경오시는, 기의 녹이 오에 있으니, 년 · 월로 갑 · 병 및 인 · 오가 있는 자는 대귀하다. 묘월은 살(殺)이 왕한 경(庚)과 합하니 권귀(權貴)이다.

畢鏘尙書 '丁丑 乙巳 己卯 庚午'. 任鎧主事 '甲申乙亥'. 周尙文總兵 '乙未戊子'

(名將). 田太師 '癸卯乙卯'. 范宣擧人 '丙寅庚寅'. '丁酉丙午', '戊申甲寅'(俱擧人).

기사일 경오시는, 귀하다. '인오술'의 월은 금신이 화향에 든 것으로, 인수를 지어 논하니 귀현한다. 년·월로 '진술축미'는 후백(侯伯)이다. 만약 합살(合殺)의 운을 만나면 필히 선종(善終)하지 못한다. 유(酉)월에 동남 운은 귀하다.

瞿景淳會元 '丁卯 丁未 己巳 庚午'(官止侍郎一云丙午月 관이 시랑에 그쳤는데, 달리 병오월이라 한다). '乙丑丙戌'(駙馬).

기미일 경오시는, 배록(背祿)에 상관(傷官)이라 육친을 형극한다. 파(破)가 없으면 만년에 왕함을 발한다. 년·월로 미·술이면 귀하다.

湯日新通政 '甲戌 辛未 己未 庚午'. 方重耿進士 '辛酉乙未'. 梁祐元帥 '己卯甲戌'. 張綱遊擊 '丙申丁酉'. 周道興知府 '癸亥己未'. '壬辰戊申'(擧人).

기유일 경오시[4]

기해일 경오시가, 년·월로 오·술이면 재관에 녹인(祿印)이니, 대귀하다. 인(寅)년에 오(午)월은 거부(巨富)이다. 묘월에 서방의 운은 귀하다.

毛鋼都憲 '壬午 癸丑 己亥 庚午'. 趙丞相 '壬申丙午'. '壬辰乙巳'(平章), '丁卯戊辰'(僉事), '辛未乙未'(進士), '庚午丙戌'(主事), '丙子甲午'(知縣).

일록(日祿)귀시(歸時)의 국(局)이라, 청운(靑雲)에 정해 놓은 기한이 있다. 만약 관을 만나 이끌어 당겨서 충·파가 되면, 기이함이 되지 못한다.

기가 경오시를 만남은, 귀록(歸祿)이니, 충·파가 없으면 능히 발복한다. 주 중에서 만약 병·갑을 서로 같이 만나면 덕이 몸에 흐르고 부(富)가 집을 적신다.

기일이 시에서 경오를 만나면, 이름하여 배록(背祿)상관(傷官)이라 한다. 충·형파·해하면 화(禍)가 다단(多端)하고, 골육과 육친이 빙탄(氷炭) 즉 얼음과 재가 된다. 주 중에서 갑·병을 만날 경우라면 복정(伏晶)의 격이라, 맑고 한가하다. 월 중에서 단계(丹桂)가 고반(高攀) 즉 높이 매달려 임하면,[5] 모름지기 부귀를 가히 추산하지 못한다.

---

[4] 기유일 경오시는 사고전서 원본에도 기록되어 있지 않다. 이를 보아 육오 스스로 이 부분을 인식하지 못하고 비워놓은 것이 아닌가 판단되는데, 그 내용이 없다. 참고로 부연해둔다면, '식·록에 효신의 작용이 없거나, 통관의 토기가 대체한다면 좋은 명이 될 것'이다.
[5] 이는 곧 붉은 계수나무라. 정묘와 병인·갑오와 을사에 해당한다. 특히 정묘와 을사로 우뚝 드러난 것을 말한다.

【六己日辛未時斷】 육기일 신미시의 판단

육기일 생이 시가 신미면, 식신에 관고(官庫)라 서로 친함을 기뻐한다. 월기로 목에 통하면 모름지기 귀함이라 말하게 되니, 월에 통하지 못하더라도 부(富)한 명(命)의 사람이다.

기일 신미시는, 식신이 관을 도운다. 기가 신으로 식을 삼고 갑이 관이 되는데, 미는 관고가 되고, 미(未) 상에서 신은 밝고 갑은 숨었다. 만약 의탁함이 있고 월기로 통한다면 귀한 것이다. 식신이 생왕하니 재·관을 이김이 과한데, 월로 목기에 통하면 관왕하니 또한 귀한 것이다. 불통하여도 주가 복되고, 운에서 통하여도 역시 귀하다.

기축일 신미시는, 불귀즉부한다. 월로 토기에 통하면 부(富)하다. 월로 목기에 통하면 귀(貴)하다. 한편 말하기를, 형(刑)하면 흉(凶)하다고 한다.

鄭鳳擧人 '丁未 辛亥 己丑 辛未', '壬午癸卯'(同). 談相侍郎 '甲寅丙寅'.

기묘일 신미시가, 년·월로 '유술·해묘미'라면 귀하다. 동남의 운을 행하면, 관이 지극하고 금자(金紫)이다.

朶列平章 '壬子 癸卯 己卯 辛未'(一丞相丁丑年). 宋曰仁主事 '辛未丙申'. '乙卯戊子'(擧人).

기사일 신미시는, 금신(金神)의 일(日)이다. '인오술'의 월에 생하면 귀하다. '해묘·진오'에 금·화와 수·목의 운을 행하면 대귀하다.

商輅三元閣老 '甲午 丁卯 己巳 辛未'(名臣). '甲辰戊辰'(極品). 鄭玉副使 '己卯庚午'. 林燦章進士 '己卯己巳'(不祿). '壬申甲辰'(通判), '丙午戊戌'(擧人).

기미일 신미시는, 춘·하와 축월에 봉자(丰姿) 즉 자태가 풍부하고 특달하며, 언어는 청변하니 이름이 높고 녹은 중하다. 처를 봉하고, 숨은 자식이 있다. 추·동은 평상하다. 목·화의 운이면 형(刑)과 해(害)인데, 발재(發財)한다. 달리 말하기를 재물 중에서 스스로 해(害)한다고 한다.

張樞密 '乙巳 壬午 己未 辛未'. 隨副使 '癸巳丙辰'. '己未壬申'(富), '庚午丁亥'(進士).

기유일 신미시가, 춘이면 반복(反復)하고, 하는 길하며, 추는 수촉(壽促)하고, 동이라면 재백이 풍후하다. 묘월에 금·수의 운은 5품 이상의 귀함이요. 축월에 서·남의 운은 낭관(郎官)이다. 진·술은 재와 인의 고지(庫地)가 되니, 두루 길하다. 한 편으로 흉형(凶刑) 이후에 왕하다고 한다.

蔡克廉尙書 '辛巳 壬辰 己酉 辛未'. 林見素父贈尙書 '庚戌戊子'. 黃仕達同知 '甲寅丙子'.

기해일 신미시는, 춘에 귀요, 하에는 안온하며, 추에 가난하고, 동에는 부하다. 유 (酉)월은 기토의 장생이라, 식신이 녹을 만나 받아 누림이 자연스럽다. 한편 귀한 가운 데 흥함과 잃음이 있다고 하였다.

張平章 '甲子 壬申 己亥 辛未'. 方攸躋郎中 '壬申己酉'(子貴).

시고(時庫)에 관성(官星)의 국(局)이라. 봄을 만남이 가장 길창하다. 운이 관왕지를 행 하면, 자연 성명이 향기롭다.

기일이 신미시와 상봉하면, 등창(燈窓)에 적막함이 있음을 그 누가 알겠는가. 운이 행 함에 재왕과 관왕을 겸하면 명리가 쌍전하니, 더딤을 한탄하지 않는다.

기일에 시로 신미가 임함은, 식이 관고(官庫)에 앉은 것이니 열어야만 한다. 축·술 로 형·충하면 관·재를 드러내지만, 진압하여 닫으면 앞길이 험하고 저애되는 것이다. 군자는 문장으로 복을 도우며, 상인은 장사와 매매로 기이하고 수괴가 된다. 열쇠로 열 면 발복한다. 명(命)중에서 재(財)를 갖추니, 이 재를 보내도 저 재가 새로이 와서 항상 자리하는 것이다.

【六己日壬申時斷】 육기일생 임신시의 판단

육기일 생이 시가 임신이면, 천원을 손패(損敗)하고 기(氣)가 온전하지 못하다. 만약 천시(天時)를 잃고 의탁할 곳이 없으면, 궁하지 않은즉 요절하니, 명을 연장하기 어려 울 것이다.

기일 임신시는, 수가 왕하고 토는 허하다. 기가 갑으로 관을 삼고 임으로 재를 삼는 데, 경이 녹을 배반하였다. 신(申)상에서 경이 왕하여 임을 생하는데, 갑은 절하니, 기 (己)토의 기(氣)가 패가 난 것이다. 만약 4계(季)로 토기에 통하거나, 혹 토기로 운이 통 한다면 길하다. 만약 천시를 잃고 의탁할 데가 없으며, 월기에도 불통하면 비빈(非貧)즉 요(卽夭)라; 그렇지 않으면 잔질(殘疾)이요, 말년에는 낭패(狼狽)로다.

기축일 임신시는, 년·월로 유(酉)가 있고, 천간에 갑목을 투출하면, 부귀한데 예를 좋아하며 위인이 강개하다. 진·술은 길하다. 해(亥)년이라면 건청(乾淸)곤이(坤夷) 즉 건이 맑고 곤이 평안하니,⁶ 대격(大格)이다. 인·신(寅申)은 관귀(官貴)를 상보하니, 두루 길하다.

蔣因丞相 '丙寅 丁酉 己丑 壬申'. 黃顒參政 '癸未癸亥'. '乙酉丙戌'(貴), '戊申丙辰', '己丑壬申'(俱富).

기묘일 임신시가, 진월이면 잡기(雜氣)재관(財官)이라, 일찍이 귀하다. 해월에 남방운은 5-6품의 귀함이요. 인·신(寅申)의 년이라면, 2-3품의 귀이다.

陸丞相 '辛亥 庚子 己卯 壬申'. '辛亥戊戌', '辛亥壬寅'(俱丞相). '壬申庚子'(少參), '甲寅壬申'(侍郎), '壬子甲辰'(王狀元), '辛卯丁酉'(布政), '乙丑己丑'(都憲).

기사일 임신시는, 크게 흉하니 형(刑)하기 때문이다. '사유축'의 월은 상관이니, 재운을 행하면 길하다. '인오술'의 월은 금신(金神)이 화향(火鄕)에 든 것으로, 서·남의 운이면 귀하다. '신자진'의 월에 목·화 운이면 귀하다.

進士 '丙午 壬辰 己巳 壬申'. '己巳'年·月(貴). 楊四知御史 '乙巳丙戌'.

기미일 임신시가, 사(巳)월생이면 썩은 것을 꿰고 오곡을 진설한다. '해·자·인'의 월에 금·화로 운이 행하면 후백이다. 년·월로 진·해는 근시의 귀이다.

林石渠知府 '癸巳 壬戌 己未 壬申'. 李庶進士 '乙亥辛巳'. 陳華進士 '癸未戊午'. 郭淸進士 '乙未甲申'. 鄭公琦進士 '辛丑辛丑'. '癸丑乙丑'(富三子).

기유일 임신시가, '사유축'의 월이면 상관(傷官)상진(傷盡)하여 길하다. 인월은 흉폭하다. 묘·미는 무직(武職)이요, 자·미는 공후(公侯)이다. 달리 이르기는, 주가 마음이 광란하고 신장에 병이 있으나 대귀하다고 하였다.

俞大猷都督 '癸亥 丁未 己酉 壬申'(狡獪). 戴時中都堂 '戊申乙丑'. 朱都堂 '庚午甲申'. 何繼之進士 '癸亥癸亥'. '庚戌癸未'(舉人).

기해일 임신시가, 묘·미로 삼합하여 관을 모으고, 천간에 투인(透印) 즉 인수를 드러내면 대귀하다. 무자월은 재왕하여 생관한다. 유와 기토가 생을 받고, 천간으로 갑·병을 투출하면, 두루 길하다.

난봉(鸞鳳)서오(棲梧) 곧 난새와 봉황이 오동나무에 깃든 국(局)이라. 날아오름에 크게 어렵지 않은데, 만약 형·극·파를 만나면 노록(勞碌) 즉 어렵고 힘듦을 일찍이 막지 못한다.

일간이 기이고 시에 신(申)이 모였으니, 충·파가 없고 합을 이룬 것이 가장 마땅하

---

⁶ 이는 곧 금수와 화토가 같이 상응함을 말한다. 건은 서북이요, 곤은 서남이다.

991

다. 주(柱)중에 펼쳐놓은 관이 드러나지 않으면, 곧 재왕(財旺)함과 교류하여 그 근기를 정한다.

임신시가 기일을 만났으니, 그 중에서 삼합을 취함이 마땅함이 된다. 천을(天乙)귀인이 바르게 들어와 제안하니, 마땅히 재·관을 써서 현귀(顯貴)하는 것이다. '무기·진술'로 득위(得位)하면, 모름지기 문장과 널리 배움을 알 것이다. 처현자효하고 복과 문장이 고른데, 형(刑)과 파(破)는 중년에 불리하다.

【六己日癸酉時斷】육기일 계유시의 판단

육기일 생이 시가 계유면, 목욕의 향(鄕)에서 수·토가 혼잡하다. 재·식(財食)이 지지에 숨으니 취산(聚散)함이 많은데, 신쇠(身衰)에 실지(失地)하면 수명을 보존키 어렵다.

기일 계유시는, 수·토가 혼탁하다. 기는 계로 재를 삼고, 신으로 식을 삼는다. 유(酉)상에서 계가 병이요, 신(辛)은 왕하니, 비견이 탈재하면 재가 취산됨이 많다. 다시금 신(身)이 쇠하고 그 땅을 잃으면, 주의 성패가 반복되는 것이다. 그렇지 않으면 수명을 재촉한다. 만약 신왕(身旺)월에 통하거나 혹 운이 따른다면 길하다.

기축일 계유시는, 춘에 평상이요, 하는 안온하며, 추는 상관상진이라, 위권(威權)이 있고, 동이라면 부하다. '병(丙)·인·사'의 월이면 금신이 화(火)를 만난 것이니 귀하다. 축월에 금·수의 운은 낭관이요, 을이 투간(透干)하면 대귀하다.

龔廉遊擊 '庚午 辛巳 己丑 癸酉'(壽五十九). 馮時可進士 '乙巳丁亥'.

기묘일 계유시는, 시·일에서 묘·유가 상봉(相逢)하니, 주가 옮기고 이전한다. 형(刑)하고 상(傷)하는데 또 상관(傷官)이 대살(帶煞)이라, 주의 성질이 흉포하여 작사함이 지체되고 연기된다. 4계(季)의 월에 생한 것은 길하다.

建文君 '丁巳 壬子 己卯 癸酉'(水土敗酉時犯破碎宜失國遊走 수토가 유시에서 파를 범하여 마땅함을 깨니, 나라를 잃고 도주 유랑하였다). 王春復副使 '丁卯癸卯'.

기사일 계유시가, '사유축'의 월이면 상관상진이라, 무직(武職)에 거하고 풍헌(風憲)이다. '인묘술'의 월은 금신이 화향에 든 것이라 귀하지만, 능히 그 귀함을 상한다고 말할 수 있어 마음을 거두고 일찍 물러난다. 이는 수·토가 유의 자리에서 패하기 때문이다.

林石洲副使 '癸未 甲子 己巳 癸酉'. '己巳壬申'(貴夭), '己卯丙寅'(小貴早退), '庚申戊寅'(富被劫 부유했는데 겁재를 당했다).

기미일 계유시는, 년·월로 '술해·축진'에 서방의 운이면 귀하다. 자·사는 대귀하다. 묘와 진은 근시의 귀함이나, 크지는 못하다.

楊兆尙書 '戊子 丁巳 己未 癸酉'(四干四支互換貴全 4간 4지가 천을귀를 온전히 호환하였다). 周書生員極富 '壬辰庚戌', '己未甲戌'(運使).

기유일 계유시는, 편재가 식신을 만나니 주에게 쟁영(崢嶸) 즉 가파른 상승이 있다. '축미자오'는 두루 길하다. 유월은 안으로 배척한다. 곧 년·월로 사·유(巳酉)[7]가 온전하면, 파쇄살(破碎殺)을 범한즉 파하고 깨니, 주의 일생이 파·패(破敗)가 되어 달리고 유력하여도 결과가 없다.

陳效太守 '癸亥 辛酉 己酉 癸酉'. '辛未辛丑'(貴). 蔡纘擧人 '壬子丙午', '甲子丁卯'(同).

기해일 계유시가, 월에서 토기로 통하고, 목·화의 운을 행하면 귀하다.

黎來擧人 '壬午 癸丑 己亥 癸酉'.

식신(食神)생재(生財)의 국(局)이라. 형·상(刑傷)에 다시금 충(衝)함을 꺼린다. 만약 이 글자를 범함이 없으면, 비록 새벽이 늦게 오더라도 그 문풍(門風)을 고친다.

기가 계수를 만나고 유시 생이면, 식신이 생왕하여 스스로 쫓을 것을 생각한다. 신약에 다시금 충·극·파를 겸한 것이라, 이 명을 가만히 추산해보면 단지 중간 정도에 평범한 것이라 하겠다.

기일이 시에서 계유를 만남은, 편재가 식신을 반갑게 맞은 것이다. 짝을 지어 살아감에 쌍친은 의지할 것이 없고, 성격과 정회(情懷)가 일정치 못하다. 재물의 오고 감이 취산을 거듭하니, 눈앞에는 널리 보이나 지키기가 어렵다. 꽃이 피고 꽃이 지고 다시금 거듭 새로워지니, 이 명은 먼저 거역한 후에 순응한다.

【六己日(甲)戌時斷】 육기일 갑술시의 판단

육기일 생이 시가 갑술이면, 처가 따르고 지아비가 화(化)하여 진토(眞土)가 된다. 월기로 통한다면 녹원(祿源) 즉 녹의 근원이 깊은 것이나, 이와 반하면 평상함으로 취하여 말한다.

기일 갑술시는, 처종(妻從)부화(夫化) 즉 처는 따르고 지아비는 화합한다. 기가 갑목과 합화(合化)하여 토로 성국(成局)하니, 토신이 쇠종처럼 빼어나고 녹원은 심후하다.

---

7 원문은 사인데, 기가 맞을 것이다.

월 중에서 화함이 없으면, 갑을 취하여 관으로 삼고 병은 인이 되는데, 술토 위에서 갑 목이 형체를 이루고 병화와 합국한다. 월기로 통하면 귀하고, 불통하며 형충파해가 있 는 것은 평상하니, 자기의 본신은 모름지기 길한데, 부모는 조실(早失) 즉 일찍이 잃은 것이라.

기축일 갑술시는, 아버지를 극함이 태왕(太旺)하다. 진월 생은 토가 두텁다. '사오 미·신'에 거하면 임관(臨官)·제왕(帝旺)으로 길하다. '해술·인묘'는 토의 병(病)과 사 (死)지가 되니 흉하다. 유와 진은 3-4품의 귀인데, 중년에 물러나 한가롭다. 해에 목· 화의 운은 6-7품의 귀함이다.

傅御史 '壬辰 癸卯 己丑 甲戌'. 周卓訓導 '甲辰癸酉'. '丁巳辛亥'(府丞), '壬戌壬 子'(解元).

기묘일 갑술시가, 년·월로는 '병정·오술'이요, 천간에 경·신(庚辛)이 있어 관·살 을 제복하고, 산명(山明)수수(水秀)의 지방에서 태어나면, 관이 2-3품에 이른다. 월로 '미유축'에 토·화의 운을 행하면 4-5품이다. 오월에 동북의 운은 대귀하다. 자월에 목·화의 운은 풍헌이다. 진·사(辰巳)에 의탁함이 있으면 극품이다.

王正國侍郎 '壬午 壬子 己卯 甲戌'. 陳益都堂 '己巳戊辰'. '壬午乙巳'(大富). 李春 芳知府 '乙酉丙戌'. '戊辰乙卯'(富五子).

기사일 갑술시가, '인오술'의 월이면 금신이 화향에 들어 귀현한다. 년·월로 해· 술은 관이 수령(守令)에 있고, 그 명성에 지극함이 있다. 자월에 목·화의 운이면 극품 이다.

皇甫芳員外 '甲子 癸酉 己巳 甲戌'. '丁丑壬寅'(給事). 方重杰擧人 '戊申丙辰', '丁亥己酉'(同).

기미일 갑술시는, 극(尅)하여 함몰되었는데 형(刑)을 만난 것이다. 년·월로 인·오 는 3-4품의 귀이다. 술월에 동남의 운은 5품이다. 년·월로 신(辛)·묘가 순수하면 형 (刑)함이 된다.

王郎中 '癸未 壬戌 己未 甲戌'(一主事一擧人俱同 한 주사와 한 거인이 모두 명이 같았다). 趙雲翔進士 '戊戌乙丑'. '壬午庚戌'(封官二子俱貴 두 아들을 관에 봉하여, 두루 귀하였다).

기유일 갑술시가, 축·진이면 형·충하여 재원(財源)이 나날이 더해진다. 유·술은 서로 해(害)하니 명리가 중평(中平)이다. 자월은 기의 귀인이다. 인월은 관·인으로, 인 (寅)운을 행하면 귀하다. 년·월로 을·유가 순수하면, 완고하고 사납다. 달리 고독하 고 고향을 떠난다고도 한다.

李克齋尙書 '乙丑 丙戌 己酉 甲戌'(子貴). 林陽景進士 '庚寅戊子'. 沈鯉擧人 '辛卯壬辰'(甲戌癸酉同).

기해일 갑술시가, 월로 토기에 통하면 목(木)운을 행할 것을 요하고, 월로 수·목에 통하면 신왕(身旺)운을 행할 것을 요하는데, 두루 귀하다.

宋景尙書 '丁酉 辛亥 己亥 甲戌'. 張學士 '乙丑庚辰'. 陳豪御史 '己未丙子'.

추엽(秋葉)경상(經霜) 즉 가을 낙엽에 서리가 내리는 국이라. 모름지기 잠깐의 녹색이 홍색으로 변한다. 다만 충·극하는 글자를 만나면, 서와 동에 임할 때 시들고 떨어진다.

갑기는 화토(化土)하니, 기가 모이고 감추어진 것이다. 곧 자물통과 열쇠를 만나면 복이 넉넉하고 여유롭다. 가령 만약 재를 만났으나, 재가 모이지 않는 경우라면, 혼탁함이 마치 깊은 가을에 나뭇잎이 놓인 것과 같다.

기일이 시에서 갑술을 만남은, 처종부화하여 아름다움이 된다. 고(庫)의 재물이 온전하니, 자물통에 열쇠가 있어서 이를 열 것을 기다리는 것이다. '임·신(申)·축'의 신(神)에 통하면 크고 태평하다. 부모는 어려서 요절하니 외롭고 형·극되며, 안행(鴈行)에 꽃과 열매가 서로 화해하기 어렵다. 만약 시운(時運)을 만나고 한 번 때가 오게 되면, 가업이 흥륭하고 형통 상쾌한 것이다.

【六己日乙亥時斷】 육기일 을해시의 판단

육기일 생이 시가 을해면, 관은 숨고 살은 드러난 것이니 기묘함에 모자란다. 금으로 제살(制煞)함을 만나면 바야흐로 길한데, 본신이 왕하지 않으면 그 흉함을 가히 알 수 있는 것이다.

기일 을해시는, 살을 보고 관을 암장한 것이다. 기가 갑으로 관을 삼고 을이 귀(鬼)가 되는데, 해(亥)위에서 을은 밝고 갑은 숨었으니 관살혼잡이 된 것이다. 주 중에서 신(辛)이 을을 제함을 보면 거살(去煞)류관(留官)이 되니, 월기로 통한 자는 귀현한다. 해 위에서 수는 왕하고 토는 허하니 표류하고 업(業)을 잃는데, 재를 보아도 모이지 않으면 성패·진퇴기 반복되는 것이다. 요는 본신(身)과 귀(鬼)가 서로 양정(兩停) 즉 당당히 맞서는 것이라, 바야흐로 길하다. 만약 월기로 불통하여도, 운기(運氣)에 통한 것 역시 길하다.

기축일 을해시가, '사유축'의 월이면 제살류관하니 귀하다. 오월에 신왕함 역시 귀하다. 자월에 화(火)운이면 7-8품의 귀이다. 묘·미에, 투신(透辛)제을(制乙) 즉 신이 투출하여 을을 제복하면, 대귀하다.

嚴訥閣老 '辛未 己亥 己丑 乙亥'. 秦尙都堂 '丙午庚子'. 余侍郞 '壬申癸丑'. 黃乾亨司副 '己巳庚午'. 吳一琴主事 '己丑庚午'(夭死). 沈尙書 '癸卯乙丑';一歙縣監生命同(巨富) 한 현감은 태어난 명이 같았는데 거부였다.

기묘일 을해시가, 묘월이면 편관격인데, 살이 중하고 신이 유약하면 기명(棄命)종살로 지어 확인해본다. 임의 글자를 암(暗)으로 만나면 그 뜻과 기질이 헌앙한데, 주(柱)에서 제복이 있고 토·금의 운을 행하면, 관이 3-4품에 이른다. 축월은 잡기(雜氣)인데, '진사유'의 운이라면 금자(金紫)의 귀함이다. 해월에 수(水)의 운이라면 질병에 요절한다.

范尙書 '辛巳 癸巳 己卯 乙亥'. '壬辰辛亥'(貧苦), '辛巳己亥'(癈疾).

기사일 을해시가, '인오술'의 월이라면 금신이 화향에 드니 귀하다. 사월에 서·북의 운은 관이 공경에 이른다. 묘·오는 풍헌이다. 년·월로 자·해가 순수하면, 재로써 살의 무리를 이루게 되니 기명(棄命)으로 지어 보는데, 주가 큰 병권을 쥔다.

李西涯閣老 '丁卯 丁未 己巳 乙亥'. 金幼孜尙書 '戊申丁巳'(名臣). 黃仲昭進士 '乙卯己卯'. 戚繼光都督 '戊子癸亥'(名將). 沈懋學狀元 '己亥壬申'.

기미일 을해시가, 형·파와 혼잡함이 없으면 청고하고 부귀한데, 문학으로 가히 과시할 만하다.

崔東洲侍郞 '己亥 丁卯 己未 乙亥'. 黃佐翰林 '庚戌己丑'. 蔡白石都憲 '乙亥丁亥'. 李旻狀元 '丙寅丁酉'. 宋天民進士 '丙辰壬辰'. '癸酉丁巳'(同知).

기유일 을해시의 경우, 춘·하는 현달하고, 추는 제복이 태과(太過)하니 가난한 유학자요, 동이라면 재왕(財旺)하다. 년·월로 '오·사·술'은 6-7품의 귀함이다. 인월에 금·화의 운을 행하면 4-5품의 귀이다.

董芬侍郞 '庚午 丙戌 己酉 乙亥'. 王印東參政 '乙亥辛巳'. 林華進士 '乙卯丙戌'. 邢雲路進士 '己酉乙亥'. '乙亥丁亥'(部郞), '癸酉乙卯'(刑人).

기해일 을해시가, 년·월로 신(辛)이 투간하여 제(制)하면 귀하다. 무제(無制)해도 또한 특달하는 수가 있다. 술월은 풍헌이요, 사(巳) 역시 귀하다. 축은 토가 두터운 궁이니, 관이 3품에 이른다. 한편으로 자형(自刑)이라 성·패가 다단하고, 만년에 부(富)하다고 하였다.

應櫃總制 '癸丑 甲寅 己亥 乙亥'(名臣);邵經濟知府 庚申月. 趙灼都給事 '庚寅丙戌'. 黃穆編脩 '乙丑丁亥'. 舒芬狀元 '甲辰戊辰'. '己卯癸未'(進士).

어입(魚入)심담(深潭) 즉 물고기가 깊은 연못에 든 국(局)이라. 뜻을 얻으면 고래와 거북으로 화한다. 형 · 공(空) · 극 · 파가 없으면, 도성에서 그 명표를 잡는다.

천원은 을이요 해가 시에 있으니, 그 사이의 역마 장생을 등한시 할 수 없다. 신왕에 살강이면 복록을 아우른 것인데, 공명이 현달하니 스스로 얼굴이 환한 것이다.

기일이 시에서 을해를 만남은, 편관이 정재를 기쁘게 만난 것이다. 만약 신왕(身旺)함을 만나면 또한 아름다움이 되는데, 천원으로 혼잡되면 이를 반감하니 행장(行藏)의 진퇴가 정함이 없게 된다. 육친의 안려 역시 흥쇠를 반복한다. 운이 행하면 녹마가 자연히 오는 것이니, 부귀와 청한함이 자재(自在)하다.

星命部彙考五十三
三命通會 二十五

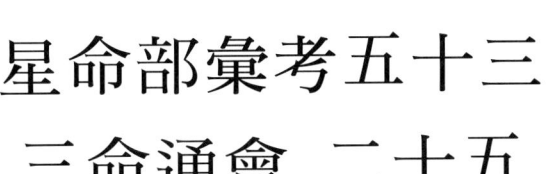

六庚日子時斷, 六庚日丑時斷, 六庚日寅時斷, 六庚日卯時斷, 六庚日辰時斷, 六庚日巳時斷, 六庚日午時斷, 六庚日未時斷, 六庚日申時斷, 六庚日酉時斷, 六庚日戌時斷, 六庚日亥時斷.

六辛日子時斷, 六辛日丑時斷, 六辛日寅時斷, 六辛日卯時斷, 六辛日辰時斷, 六辛日巳時斷, 六辛日午時斷, 六辛日未時斷, 六辛日申時斷, 六辛日酉時斷, 六辛日戌時斷, 六辛日亥時斷.

三命通會 二十五

【六庚日(丙)子時斷】 육경일 병자시의 판단

육경일 생이 시가 병자면, 본신(身)과 귀(鬼)가 두루 쇠하고, 퇴신(退身)이 강하다. 의탁함이 있으면 영화로우나 의탁함이 없으면 천한데, 귀(鬼)가 생왕(生旺)함을 만나면 그 수명이 길기 어렵다.

경일 병자시는, 신과 귀가 두루 쇠약하다. 경이 계로써 상관을 삼고 병은 귀(鬼)가 되는데, 자 위에서 경은 사(死)하고 병화는 무기한데, 계수는 건왕하다. 만약 신(身)이 의탁함이 있으면 길하고, 의탁할 데가 없으며 또 신쇠(身衰)귀왕(鬼旺)의 운으로 행하면, 바람처럼 떠돌고 요절하며 천하다. 화기(火氣)로 월에 통하면, 서방 운으로 행할 것을 요하며 귀하다. 신약이면 그렇지 못하다.

경자일 병자시는, 귀하다. 년 · 월로 다시금 자가 있으면, 오(午)중의 정을 병충(倂衝)하여 관이 되고, 기를 인으로 삼으니, 비천(飛天)녹마(祿馬)격에 든다. 주에서 재 · 관의 전실(塡實)함이 없으면 주가 귀하다. 승 · 도가 되면 한 먼지의 오염도 없으니, 만법을 모두 이룬다. 평상인이라면 명리가 있으나, 처자를 형 · 상(刑傷)한다. 일설에는 선빈후 부 한다고 전한다. 기사월을 꺼리니 파와 형으로 가난하다. 계미월은 고독하고 외롭다. 사 · 해의 월은 형(刑)이다.

喬行簡丞相 '丙子 丁酉 庚子 丙子'. 左鑑少卿 '丁卯壬子'. 何源少卿 '己卯丙寅'. 戈郎中 '癸酉癸亥'. 陳褒進士 '甲辰丙子'(一郎中己未年[1]). 郭子章 '癸卯甲寅'(由貢登科官至尙書 공물로 등과하여 관이 상서에 이르렀다).

경인일 병자시는, 춘생이면 재를 놓고 살을 두른 것이니, 금 · 화로 운행하면 금자의 귀함이다. 하에는 살왕(煞旺)하니 대귀하다. 추는 신왕(身旺)이라 모름지기 남방 운을 행하면 귀하다. 동에는 신(身)과 귀(鬼)가 두루 약하니 평상하다. 년 · 월로 오가 순수하면, 그 위(位)가 공경에 이른다. 임자라면 식신은 앞이요, 살은 뒤를 따른다. 일양(一陽)이 생한 후라면,[2] 병화가 유기하니 귀(貴)함이 극에 이른 인신(人臣)의 명이다. 계유월을 꺼리니 파 · 패에 흉하다. 신해월은 혈광(血光)이요. 갑자월은 요절한다.

明成化皇帝 '丁卯 壬子 庚寅 丙子'(黃太傅丁酉年 황태부는 정유년이었다). 霍韜尙書 '丁未乙巳'(會元). 黃冢宰 '丙午甲午'. 何天衢侍郎 '己酉辛未'. 陳狀元 '壬寅乙巳'. 魏良貴都堂 '癸亥壬戌'. 王副使 '辛卯癸巳'. '庚午丁亥'御史. '丁丑戊申'擧人, 時霖進士 '己未己巳'.

경진일 병자시는, 월에서 목 · 화의 기로 통하고, 서방 운을 행하면 묘하다. 을사월은 파 · 패에 형(刑)이요. 정유월은 왕한 가운데 형이라 흉하다. 기축월은 파 · 패로 흉하다.

林塾參政 '丙戌 丙申 庚辰 丙子'. 經魁會元 '乙巳辛巳'. 張拱北知縣 '己酉丙子'.

경오일 병자시는, 귀하다. 시 · 일이 상충하니 처자를 상할까 근심인데, 운이 서남으로 행함을 기뻐한다. 월기로 화 · 목에 통하면, 풍헌에 3-4품이다. 추생은 병화가 무기(無氣)하니 자식을 얻기 어렵다. 기사월을 꺼리니 파조(破祖)하고 흉하다. 기해월은 도적에 겁탈됨을 입으니 흉하다. 계축월은 외롭다.

何鰲尙書 '壬子 癸丑 庚午 丙子'. 黃封進士 '辛未庚子'. 張承勛總兵 '己卯癸酉'.

---

1 한 낭중은 기미년 이었다. 원문은 사로 되어 있는데, 오기이다.
2 동지 이후의 때를 말한다.

경신일 병자시는, 신월에 토가 두터운 지방에서 생함이 바야흐로 귀하다. 년·월로 진·미에 서방 운을 행하면 공후이다. 신사월은 흉하고 형이요, 신해월은 고독하고 요절이다.

定國公 '戊辰 己未 庚申 丙子'. 李本閣老 '甲子辛未'(一云壬午時). 陳元琦郎中 '乙丑丁亥'. 金進士 '丙午庚寅'. 吳遊擊 '戊寅庚申'. 楊子充解元 '壬申壬寅'. 洪聲遠進士 '丙申丁酉'.

경술일 병자시는, 춘·하 생이 서남 운이요, 추월에 목·화 운은 두루 귀하다. 을사월을 꺼리니 흉하고 파이다. 을해월은 관재(官災)가 많으니 흉·형(凶刑)한다. 기축월은 파·패요, 흉하다. 무술월은 악사(惡死)한다.

文彦博丞相 '癸亥 乙丑 庚戌 丙子'. 馬西園侍郎 '癸丑壬戌'. 黃懋官侍郎 '丙子戊戌'(死於亂軍 申价副使命同 黃閩人申魏人 申先死黃後死 申無子黃有一子 난 중에 군에서 죽었다. 신개 부사와 같은 명으로, 황은 민인이고 신은 위땅의 사람이었는데, 신이 먼저 죽고 황은 뒤에 죽었으며, 신은 무자였는데 황에게는 1자가 있었다). 任中丞 '乙卯丙戌'(一丁亥月大貴). 羅崇奎進士 '戊辰戊午'. 胡緒吏部主事 '丙戌辛丑'. '辛丑甲午'(司丞).

유어(遊魚)피망(避網) 즉 노니는 물고기가 그물을 피한 국(局)이라. 도약하여 천진(天津) 즉 하늘 갯가에 이른다. 운이 이르면 흉으로도 길함을 이루는데, 시에서 오니 가난함을 받지 않는다.

경일이 병자시를, 서로 만나면 상관이 합국이라, 기묘하지 못하다. 쌍진과 조업(祖業)을 성취하기 어렵고, 제비가 난새의 거처에 침입한 격이라, 별도로 기반을 세운다.

경일이 시에서 병자를 만남은, 관을 형하고 녹을 배반하는데 몸은 편하다. 쌍친이 극함을 당하니 어려서 힘들고 고난이며, 안려(雁侶)에도 능히 화순하기 어렵다. 학문을 버리고 상업과 경영에서 발복하니, 전장은 먼저 근면한 후에 비로소 의뢰해 볼 일이다. 재백(財帛)이 집에 거한 뒤, 만년에야 겨우 이루니 선암(先暗)후명(後明)의 명이다.

【六庚日(丁)丑時斷】 육경일 정축시의 판단

육경일 생이 시가 정축이면, 귀인의 땅에서 관을 만난 것이지만, 화(火)가 너무 가볍다. 목·화의 운으로 통하면 동헌에서 면류관을 쓴 객이지만, 불통하면 다만 홀로 서서 허명(虛名)만을 내세울 뿐이다.

경일 정축시는, 금은 중하고 화는 가볍다. 경이 정으로 관을 삼고 기로 인을 삼는데,

축 상에서 정화의 기는 가볍고 기토는 바른 자리를 얻었다. 만약 월로 목·화의 기에 통하면 관·인이 생왕함을 만남이니 귀하다. 불통하면 허명에 다름 아니다. 화·토가 생왕한 달로 통하면 부(富)하다. 불통하여도 운을 만나면 역시 주에게 명성이 있다.

경자일 정축시는, 춘·하에는 귀한데, 추는 평상하고, 동은 고극하다.

沈應乾兵備 '庚午 丁亥 庚子 丁丑'. 史官知府 '壬午乙巳'. 鄭贊主事 '丙申辛卯'. 周文燭司業 '壬子丙午'. '甲寅甲戌'(擧人), '辛酉丙寅'(進士).

경인일 정축시는, 괴강(魁罡)의 으뜸이다. '인묘·오미·해'의 달이면 청수하고 높은 명이다. 오·미의 운을 행하면 귀현한다. 년·월로 화·토에 통하면 귀하다.

倫以訓會元 '戊午 乙丑 庚寅 丁丑'(官至侍郎). 黃世範擧人 '乙巳己丑'.

경진일 정축시가, 축월이면 부(富)하나 수명을 재촉한다. 기(己)의 글자가 있으면 근시(近侍)의 대귀이다. 화가 왕하여 토를 생하는 달에 통하면 귀하고, 이를 얻지 못하여도 운에서 만나면 역시 부하고 명예가 있다.

丞相 '戊辰 戊午 庚子[3] 丁丑'. 胡汝欽給事 '甲午戊辰'. 穆鐸擧人 '戊子癸亥'.

경오일 정축시가, 월기에서 토로 통하면 귀하지 않으면 부하다. 명성이 있다.

嚴蒙丞相 '乙丑 戊子 庚午 丁丑'. 周在參政 '庚子戊寅'. 陳進士 '庚寅丁亥'. '甲午辛未'(同知), 林以吾擧人 '戊戌丙辰'. '己巳戊辰'(擧人), '己丑庚午'(富).

경신일 정축시가, 축월에 금·화의 운이면 극품에 이른다. '진·사오미·술'의 월은 관·인이 양왕(兩旺)하니 귀하다. 신·유(申酉)는 본신(身)이 태왕하니 모름지기 목·화로 운행하여야 한다. 해·자는 금한(金寒)수냉(水冷)하니, 모름지기 화·토의 운으로 행함이 귀하다.

王尙書 '乙巳 庚辰 庚申 丁丑'. 陳虛竂都堂 '壬申己酉'. 吳球副使 '己巳己巳'. 魯龍山御史 '己卯丙寅'. 鄭三得通判 '壬午丙午'. 張進士 '丙午庚子'. '己巳庚午'(解元).

경술일 정축시는, 춘에는 재왕하고, 하에는 관왕한데, 추는 평상인데 담박하고, 동에는 무력하다. 달리 형(刑)으로 40 이후에 발하였다 한다.

蔡侍郎 '丁巳 丁未 庚戌 丁丑'. 黃萬石知州 '庚申壬午'. 彭球知縣 '乙未戊子'. 林培擧人 '己未戊辰', '戊戌丁巳'(同). '丁酉癸丑'(解元).

기토(氣吐)홍예(虹蜺) 즉 기가 무지개를 뿜어내는 국(局)이라. 창고와 문호를 연다. 하

---

[3] 원문도 경자일로 되어 있는데, 경진일과 비교해 볼 일이다.

루아침에 시운(時運)이 이르면 복록이 자연히 온다.

경·정이 서로 합함에 축시가 온전하니 좋은 형상으로, 밝은 달빛이 푸른 하늘을 빛내는 상이다. 형·극을 만나지 않으면 참으로 드물고 기이한 명이라. 재·관이 흥왕하고 다시금 장년(長年) 즉 그 행년이 긴 것이다.

경일이 시에서 정축을 만남은, 정관인데 재와 고(庫)가 서로 따른다. '오미술'의 월이면 복이 넉넉하고 남음이 있으니, 경이 시(時)에서 금궤를 만나 취한 것이다. 금이 화(火)를 만나 그 그릇을 이루니, 필연적으로 음자(廕子)봉처(封妻) 즉 자식은 그늘에 두고 처는 봉함을 받는다. 마침내 노래와 술이 서로 떠나지 아니하니, 명주의 청한(淸閑) 낙의(樂意) 즉 맑고 한가하며 즐거운 뜻이 정해진 것이다.

【六庚日(戊)寅時斷】육경일 무인시의 판단

육경일 생이 시가 무인이면, 화생(火生)금절(金絶) 즉 화는 생하고 금은 절지라, 복이 이지러진 사람이다. 월에서 종혁(從革)으로 통하거나 혹은 가을에 강(降)세하였다면, 오히려 황실의 주춧돌과 같은 신하로 지어서 본다.

경일 무인시는, 화를 생하고 금은 절이 된다. 경이 병으로 귀를 삼고 무는 도식이 되는데, 인(寅) 위에서 무가 밝게 있고 계와 합하여 화(火)로 화하니, 경의 금기가 절(絶)이 되었다. 만약 월에서 금왕으로 통하지 않고 구조함이 없으면 요천(夭賤)빈하(貧下)한다. 사월은 경의 장생이요, 병이 건왕하니, 본신(身)과 귀(鬼)가 두루 강하다. 서방으로 운행하면 용맹하고 사나워 무(武)로써 귀하다. '신유·축술'의 월이라면 금·화가 합국(合局)하니, 귀(鬼)가 화하여 관(官)이 되는데 다시금 신강(身强)함의 운을 얻으면 귀하다.

경자일 무인시가, 인·오로 년·월이면 등과(登科) 현달한다. 갑(甲)이 순수하면 3-4품의 귀함이다. 축월에 금·화의 운이라면 공경에 이른다.

呂震尙書 '乙巳 己丑 庚子 戊寅'. '己未癸酉'(極品), '壬午壬寅'(侍郞). 姚廉使 '己丑戊辰'. 宋茂熙進士 '甲寅甲戌'. '庚寅丙戌'(參將問死)[4]. '丙午癸巳'(同知)

경인일 무인시는, 월로 화국(火局)에 통하거나 혹 추생에 신왕 운을 행하면 귀하다. 경자월은 자체로 사(死)지이다. 년에서 신유(辛酉)를 보면 빈요(貧夭)에 잔질(殘疾)이라. 신쇠한데 병화가 태왕함을 보아도, 빈요잔질로 같이 논한다.

---

[4] 참장으로 문사 즉 죽음을 물었다고 하는데, 무슨 말인지 정확하지 않다. 의문사란 뜻인가?

黃尙書 '甲申 乙亥 庚寅 戊寅'. 馮成大參 '壬辰己酉'. '壬辰壬寅'(廉使). 雍見川進士 '壬子庚戌'. 季科進士 '庚寅己丑'(戊寅月極品 무인월은 극품이었다). 吳杰守備 '己亥丙寅'(丙戌月御史 병술월은 어사였다). 于縣尹 '丁卯丁未', 乙酉庚辰'(知州).

경진일 무인시가, 춘·하 생에 천간으로 병·정을 투출하고, 운이 신왕함을 행하면, 귀하다.

蔡尙書 '丙寅 辛卯 庚辰 戊寅'. 史梧進士 '壬子壬寅';知州 壬戌年. 金進士 '戊戌甲寅'. '丁卯丁丑'(擧人), '壬戌丁未'(府尹).

경오일 무인시가, '인오술'의 월이면 금쇠(金衰)화왕(火旺)하니, 잔질을 대동함이 당연하다. 인(寅)이 순수하면 도리어 주가 극귀(極貴)에 이른다. 추는 금왕(金旺)하니 귀함이 많은데, 다만 시에서 망겁(亡劫) 즉 공망과 겁재를 만남은 꺼리니 극신(尅身)한즉 흉한 것이다.

祭酒 '甲寅 丙寅 庚午 戊寅'. 劉眞參政 '庚午戊寅'(庚申年進士). 王宗會僉事 '丁丑己酉'. 劉廉使 '戊戌庚申'. 戴綸總兵 '壬午丙午'. '庚子己丑'(指揮), '丙申庚寅'(富壽), '辛巳丙申'(凶死).

경신일 무인시는, 시·일이 병충하니 처자를 상할까 근심이다. '인묘진'의 월에 화·금의 운은 후백(侯伯)에 이른다. 춘월에 서남 운은 대귀하다. 인월이면 귀현하나, 오래가지 못한다. 달리 이르기를, 선형(先刑)후길(後吉) 즉 먼저 형을 받고 뒤에 길하다고 한다.

彭韶尙書 '庚戌 丙戌 庚申 戊寅'. 余子俊尙書 '己酉戊辰'(名臣). 陳狀元 '癸亥壬戌'. 曹擧人 '丙戌己亥'(富), '丁丑癸卯'(同).

경술일 무인시는, 귀하다. 술월이면 잡기(雜氣) 재·관·인수로 귀하다. 경진년 기묘월인 자는 후백(侯伯)에 봉함받는다.

傅伯壽樞密 '辛酉 丙申 庚戌 戊寅'. 郝中書 '己未丁丑'. 黃運使 '壬申庚戌'. 劉大受少卿 '丁亥癸丑'(乙亥年卒). '己酉丙子'(進士).

양공(良工)탁옥(琢玉) 즉 훌륭한 장인이 옥을 세공하는 국(局)이라. 그 출발에는 이것이 시(時)에 있어 만나지 못하나, 하루아침 공교한 장인을 만나면 그릇을 이루니 귀인이 이끈다.

경일에 인시는, 심히 자랑할 만하니, 형·극·파가 없으면 영화를 드러낸다. 운이 따르면 곧 고인의 천거가 있으니, 때가 이르면 곧 금상첨화이다.

경일 무인시는, 빼어나지만 편인이 도식(倒食)하면 거두기가 어렵다. 소년 시절에 만나지 않아도 근심하지 않으니, 이 명은 혹은 가난하고 혹은 부하다. 때가 이르면 발재 발복하니, 운이 오면 물길을 따라 배가 나아가는 형국이다. 월 중에서 다시금 금·수가 서로 투간하고, 파가 없으면 공명을 성취한다.

【六庚日(己)卯時斷】 육경일 기묘시의 판단

육경일 생이 시가 기묘면, 태(胎)에서 원명(元命)을 생한 것이니, 처로 인해 발복한다. 사주 중에서 의탁할 것이 있고 경의 왕함을 만나면, 재록(財祿)이 풍영하고 복·수(福壽)가 고른 것이다.

경일 기묘시는 태생(胎生)원명(元命), 즉 본래의 명이 태에서 생함이라. 경금이 묘 위에서 태를 받았고, 기(己)를 보아 생기요·인수가 된다. 경이 을로써 재를 삼는데, 묘에는 왕한 을이 있으니, 처로 인해 발복하는 것이다. 만약 주(柱)에 왕한 정(丁)이 있고, 생월에서 녹(祿)을 두른 것은 귀하다. 의탁할 것이 있으면 부(富)하다. 생기와 재왕(財旺)함에 통하거나, 생재(生財)에 왕한 운으로 흐르는 것은 모두 두루 귀하다.

경자일 기묘시는, 자·묘가 상형(相刑)이라 처자를 상할까 두려운데, 년·월로 자는 귀하다. 축·미는 관이 3품에 이른다. 한편 달리 말하기로, 파조(破祖)실토(失土) 즉 부모와 고향을 버린 뒤에 대귀한다고 하였다.

岳鍾英知府 '辛卯 庚寅 庚子 己卯'. 萬嵓尙書 '甲午乙巳'.

경인일 기묘시가, 해·묘의 월이면 재성(財星)격으로 일찍 영화롭고 일찍 은퇴한다. 오·술로 삼합 회국하고, 금·수를 투간하며, 서북의 운을 행하면 길하다.

平章 '甲申 甲戌 庚寅 己卯'. 邵同溪運判 '丁卯癸卯'.

경진일 기묘시는, 고독하다. 년·월로 목기에 통하고, 의탁함이 있으면 귀하다.

韓丞相 '壬子 癸卯 庚辰 己卯'. 高大參 '辛酉丙申'.

경오일 기묘시는, 형(刑)과 파(破)이다. '신자진·사유축'을 갖추고 동·남으로 운이 행하면 귀하다. '인오술·해묘미'라면 모름지기 서·북의 운을 얻어야 아름다움이 된다.

何御史 '乙丑 乙酉 庚午 己卯'. '壬寅己酉'(監丞), '戊辰己卯'(富).

경신일 기묘시가, 묘월이면 재성격이라 불귀즉부한다. 년·월로 축·사면 한림(翰林)의 청귀함이요, 관이 아경(亞卿)에 이른다. 한편 말하기를, 어려서는 가난하고, 중년에 작은 재앙이 있으며, 극처(尅妻)하고 자식은 적다고 하였다.

梁丞相 '甲戌 丁卯 庚申 己卯'. '己卯丙寅'(平章).

경술일 기묘시는, 어려서는 외롭고 어미는 천한데 중년에는 귀하다. '묘유진축'의 월이면 관이 공경에 이른다.

進士 '壬辰 庚戌 庚戌 己卯'. '乙丑癸未'(運使).

태성(胎星)원명(元命) 즉 원명이 태성에 있는 국이라, 재왕하고 신강함이 기쁘다. 시에서 마땅함이 와서 진달(進達)하니, 중·말년에 성명이 향기롭다.

천원이 경인데 기묘시로 이어지면, 녹이 문서를 보게 되니 부귀가 온전하다. 사주에 형충극파가 없으면, 귀인을 이끌어 만나고 청천(靑天)에 오른다.

경일이 시에서 기묘를 만남은, 재·관의 운기(運氣)가 형통한 것이다. 만약 형·충이 없다면 포봉(襃封) 즉 기림과 봉록이 정해진 것인데, 파가 있으면 중년에 순조롭지 못하다. 육친을 안행(鴈行)함에 있어서는 기대기가 어려우니, 자수성가하면 그 계책이 무궁하다. 시(時)가 와서 발달하니 공명을 드러내고, 고인이 있음에 이끌어 쓰는 것이다.

【六庚日(庚)辰時斷】 육경일 경진시의 판단

육경일 생이 시가 경진이면, 금·수가 가을 생으로 기·상(氣象)이 순수하다. 만약 괴강이 있으면 귀·천을 함께 포함하니, 재·관의 희·기(喜忌) 또한 육궁(六宮)에서 나누어짐이 있다.

경일 경진시는, 금·수(金水)가 청·백(淸白)이라 곧 금백수청한다. 육경(六庚) 가운데 경술·경진은 괴강(魁罡)이 되니, 재·관을 보아 형·충 함이 두렵다. 이를 보지 않으면 명주의 위인 됨이 거친 호걸이나 사납고 용맹하여 귀한데, 재·관의 형·충을 본즉 화환(禍患)이 백출(百出)한다. 경자·경인·경오·경신은 재·관을 봄이 기쁘다. 추월에 생하면 위인이 수려하니 불귀즉부한다. 만약 그 몸이 화(化)하지 않고, '갑·을·정'의 투출함을 얻으며, 화·목의 분야에서 생하였다면 역시 재·관으로 논한다. 월기와 운으로 통함을 기뻐하니, 길하다.

경자일 경진시가, 신(申)월 생이면 정란차(井欄叉)격이다. 사주와 운에서 '병정·사오·인술'의 글자를 보지 않은즉 귀하다. 년·월로 묘가 순수하면, 그 자리가 공후에 이른다.

'庚午 己丑 庚子 庚辰'(京卿), '庚辰乙酉'(解元), '甲申壬申'(進士). 一命'庚子庚辰' 祖父皆貴 申運申年間軍信頑金要火. 경자 경진의 한 명조는 조와 부가 다 귀하였는

데, 신운 신년에 군(軍)에서 신임을 물으니 완금에 화를 요한 것이다. 一命純'庚辰'年月 强盜分屍 三柱魁罡獨旺柱無火制 一片頑金爲盜遭凶宜矣. 년월로 모두 경진인 한 명 조는 강도에게 분시 당하였는데, 3주에 괴강이 독왕한데도 사주에 화의 제복이 없으니, 일편 완금이 도적을 만나 마땅히 흉함이 된 것이다.

경인일 경진시는, 용·호(龍虎)가 문(門)에서 서로를 맞잡은 격이다. 년·월로 화·토에 통한 자는 귀하다. 경진이 순수하면 왕과 제후의 상인데, 그렇지 않으면 극히 흉하다. 만약 년·월로 목·화를 만나고 다시금 운이 행하면 극품이다.

王道立編脩 '庚午 辛巳 庚寅 庚辰'. 舒都堂 '己巳戊辰'. 金琦僉憲 '乙丑丙戌'. '壬戌壬子'(大富凶死).

경진일 경진시는, 괴강인데, 년·월로 재·관을 보지 않고 더불어 술(戌)의 글자를 보지 않으면 귀하다. 충·파를 만난 것은 부(富)하다. 년·월로 신·자(申子)면 정란차(井欄叉)격을 짓고, 서남 운을 행하면 길하다. '경진·경신 혹은 을유'가 순수하면 금으로 화(化)하는데, 통함에 화기(火氣)가 없으면 흉하고 소인의 무리이다. 달리 형(刑)을 받았다고 이른다.

'乙亥 庚辰 庚辰 庚辰' 甲戌運衝刃太歲戊辰小運己未五十四歲凌遲死 이 명은 갑술의 운에 태세인 무진과 양인을 충하고, 소운 기미 54세에 능멸함으로 죽음에 이르렀다. 許統制 乙卯年. 黃鼎都堂 '戊寅甲寅'. 陸萬鍾進士 '壬寅丁未'. 胡知府 '甲戌乙亥'. 張佳引尙書 '丁亥戊申' 商惟止(御史同). 趙廷槐大尹 '甲申乙亥'. '戊子辛酉'(擧人). 董總兵 '甲申庚午'(朱都司命同). '甲寅戊辰'(武貴陣亡).

경오일 경진시는, 자형(自刑)이요,[5] 금신이 화향(火鄕)에 든 것이다. 신(申)월에 화·목의 운을 행하면, 관으로 6품이 가하다.

王嘉賓文選 '丁巳 丁未 庚午 庚辰'. 黃希憲御史 '丁丑己酉'. '辛丑乙未'(知府), '丙子己亥'(擧人), '己卯己巳'(平章).

경신일 경진시가, 년·월로 자·신(子申)이면 정란차격에 드니, 사주와 운에서 '병정·사오'의 글자를 만나지 않으면 귀하다. 경신·경진이 순수하고, 서·북·동의 운을 행하면 무직(武職)으로 극품에 이른다.

韓郡王 '戊申 庚申 庚申 庚辰'. 周忠布政 '乙巳甲申'. 王鶴府尹 '癸亥乙丑'. '己卯庚寅'(都諫), '癸亥庚申'(員外). 尹鳳武狀元參將 '癸未庚申'. 周令中書 '己亥辛未'.

---

5 이는 앞의 경진·경진에 이어져 착각한 것으로 보인다. 뒤의 금신, 화향에도 의문이 있다.

費尙伊給事 ‘甲寅丙寅’. ‘壬辰壬寅’(縣尹). 末清霞道人 ‘戊寅乙卯’百二十歲.[6]

경술일 경진시는, 괴강에 토가 두터운 지방이니, 관은 높고 녹은 중하다. 자월에 서·남의 운은 귀하다. 년·월로 인·진이면 평상하다.

魏丞相 ‘丙辰 辛丑 庚戌 庚辰’. 胡璉都堂 ‘乙丑己丑’. 陳之良郞中 ‘癸丑己未’. 隗邦衡主事 ‘甲申丁卯’. 李進士 ‘己酉丁丑’. ‘癸酉乙卯’(伯).

원진(遠震)뇌정(雷霆) 즉 멀리 있는 천둥 번개가 큰소리를 내는 국(局)이라, 사람에게 변화의 기미가 있다. 복성(福星)이 와 이르는 곳이라, 그 몸이 봉황의 연못에서 지극하다.

육경이 시에서 진을 만남은, 자세히 추리하여야 한다. 진(辰) 중에 인고(印庫)가 있으니, 자물통과 열쇠로 열어야 한다. 사주에서 만약 충·형하는 글자가 있으면, 편안하게 복록이 하늘로부터 스스로 오는 것이다.

경일 경진시는, 바른 것이다. 지지로 삼합(三合)하고 수괴(魁)가 된다. 묘·술을 취하는 가운데 창고의 문을 여는 것이니, 파함이 없으면 자포(紫袍)금대(金帶) 즉 붉은 비단에 황금 옥대를 두른 귀함이다. ‘사오·병정’은 복을 감하니, 도모하는 가운데 재물의 오고 감이라. 처는 중첩되고 자식이 늦음은 명(命) 중에 갖추어진 것이요, 부귀와 청한함도 자재(自在)한 것이다.

【六庚日(辛)巳時斷】육경일 신사시의 판단

육경일 생이 시가 신사면, 편관이 양인과 합하는데, 자신(自身)이 이를 생한다. 위인됨이 굳세고 강하여 처와 재물이 손상되는데, 운이 금향(金鄕)에 이르면 귀와 녹을 향유한다.

경일 신사시는, 양인·편관이다. 경이 신(辛)으로써 인(刃)을 삼고, 병은 살이 된다. 명신(明辛)에 암병(暗丙)하니 합살하여 권(權)이 되는 것이다. 신왕의 월로 통하면 귀하다. 불통하면 귀함이 없으나 수명은 고(考)종명한다.

경자일 신사시는, 춘은 부하고, 하·추는 귀한데, 동이면 빈(貧)하다. 년·월로 ‘진술축미’라면 인수(印綬)로, 서·남의 운을 행함에 귀하다.

---

6 이는 청말의 하도인이 120세를 살았다는 기록인데, 이를 따르면 만육오와 시기가 맞지 않으니 후대에 가첨된 것으로 보인다. 아니면 그 이름이 말청하 도인이 된다.

張瑞知府 '己未 丁丑 庚子 辛巳'. 蕭主事 '丁丑癸卯'. 黃德純進士 '己未己巳'. 宋副使 '己丑戊辰', '甲戌壬申'(運使). 福順進士 '戊戌壬戌'.

경인일 신사시가, '사유축'의 월이면 신왕하여 귀하다. 살왕(殺旺)에 신약한 달이면 가난하다. 년·월로 신(申)이 순수하면 대귀함이 유구하다. 해월에 동·남의 운이면 명주에게 권귀가 있다.

沈侍郎 '庚子 甲申 庚寅 辛巳'. 陳祥都憲 '甲午癸酉'. 薛進士 '己酉乙亥'. '壬辰辛亥', '庚辰己丑'(俱擧人).

경진일 신사시는, 마침내 건(蹇)체하다. 년·월로 재를 보지 않으면 높다. 목기로 통하고 서·남의 운을 행하거나 미·신(未申)에 동·북의 운이면, 두루 귀하다. 한편으로 이르기를 선무후유라, 먼저는 없었으나 뒤에는 있다고 한다.

汪鋐尚書 '壬申 壬寅 庚辰 辛巳'. 李少卿 '丙午丁丑'. 方萬有主事 '庚辰乙亥'. '辛酉丙申'(知州). 張學顔尚書 '甲申丙子'.

경오일 신사시가, 년·월로 '사오묘'라면 진사에 풍헌이라. 사·신(巳申)과 유·술에 토·목의 운을 행하면 후백이다.

盧孝達主事 '甲子 己巳 庚午 辛巳'. 白元擧人 '甲申甲戌'. '辛未戊戌'(主事).

경신일 신사시는, 형(刑)이다. '사유축'의 월이라면 특달한다. 춘·하의 경우에는 목·화가 왕하니, 재·관이 그 땅을 얻어 길하다. '진술축미'는 인수라, 남방 운을 행하면 귀하다.

陶朱公 '丙寅 己亥 庚申 辛巳'. 王東臺少卿 '辛未戊戌'. 張縣尹 '癸酉乙丑'.

경술일 신사시가, 년·월로 재(財)를 만나면 길하다. 오·미에 동·남의 운을 행하면 문직(文職)으로 권세를 쥐는데, 좋게 죽지 못할까 두렵다. 인·신(寅申)은 한림의 재보(宰輔) 즉 재상을 보필한다. 만약 화(火)운으로 행하면, 역시 좋게 죽기 어렵다.

曹鼐狀元閣老 '甲申 丙寅 庚戌 辛巳'(死土木之難 토목의 어지러움에서 죽었다). 翁溥尚書 '壬戌丁未'. 蔡學士 '壬申辛亥'. '辛巳戊戌'(狀元), '戊辰庚申'(參政). 張問主事 '癸巳乙丑'.

일간(日干)생왕(生旺)이 국(局)이라, 기쁘지만 안으로는 또한 근심을 갖추었다. 운이 재왕(財旺)지를 행하면, 부귀를 반드시 구하지 아니한다.

경일이 시에서 사를 만나 생하면, 사람의 복록은 의지할 것이 드물고 평이함이 된다. 형충파해가 사주 안에 있을 것 같으면, 자립자성하여 화(禍)와 놀램을 면한다.

경일이 시로 신사가 임하면, 패재(敗財)에 암귀(暗鬼)라 찾고 훔친다. 재물이 가고 재물이 오는 가운데 소인이 침입하니, 조상과 아버지 집의 터전에서도 음덕을 얻기는 힘들다. 밖으로 합하고 거듭 행하면 발복하는데, 형제의 안행에는 다른 소리가 없다. 처는 지체되고 자식은 늦으나, 마음을 여는 것이 기쁘니 선고(先苦)후영(後榮)의 명이다.

【六庚日(壬)午時斷】 육경일 임오시의 판단

육경일 생이 시가 임오면, 관·인의 복궁(福宮)에서 식신을 만남이다. 금·토로 본신을 도우면 모름지기 현귀하는데, 월에서 화가 왕함을 만나면 명(命)이 통하기 어렵다.

경일 임오시는, 관·인이 건왕하다. 경이 정으로 관을 삼고, 기로 인을 삼으며, 임이 식이 된다. 오 위에서 임의 식신은 무기하고, 정·기(丁己)의 녹이 왕하다. 월기로 금·토에 통하여 본신을 돕는 것은 귀하다. 화기(火氣)로 통하면 관귀(官貴)가 태중(太重)하여 도리어 귀(鬼)로 화한다. 경금이 유약하여 능히 복을 짓지 못하는데, 운기(運氣)가 그 몸을 도우면 역시 귀하다.

경자일 임오시는, 시·일이 병충하니 처자를 상할까 두렵다. 금기로 통하면 귀하다. 화기(火氣)는 대귀한데, 다만 노록(勞碌)을 근심함이 많다.

胡韶侍郎 '癸酉 己未 庚子 壬午'. 周煦都堂 '庚子丙戌'. 沈一定副使 '甲寅戊辰'. 趙性剛進士 '甲辰庚午'. 周解元 '己未丙寅'. 余孟麟榜眼 '戊子甲子'(無子).

경인일 임오시가, '진술축미·사신유'의 월에 신왕이면 두루 귀하다. 인·오(寅午)로 화(火)가 왕한데 운기에서 다시 만나면, 수명을 재촉한다. 그렇지 않으면 잔질이다.

趙時春會元 '己巳 丁卯 庚寅 壬午'. 吳子孝主事 '乙卯己丑'. 馬謙進士 '甲戌甲戌'. '戊午戊午'(狀元), '己巳己巳'(擧人). 羅鳳翔擧人都堂 '丙戌丙申'(時落空亡少子 시가 공망에 떨어지니 자식이 적었다).

경진일 임오시는, 식신이 왕하다. 음식이 좋고 지조가 있으나, 발(發)한즉 사(死)한다.[7]

誠意伯 '庚子 戊寅 庚辰 壬午'(地支連茹最妙 지지연여가 가장 묘하다).

경오일 임오시가, '인오술'의 월이면 금은 유하고 화는 왕하니, 위축되고 잔질이 있을까 두렵다. 월로 '해자·오'에 목·화의 운을 행하면 귀하다.

李天官 '戊子 甲子 庚午 壬午'. 丘秉文寺丞 '癸酉丁巳'. 陳知府 '己巳甲午'. 鄭洛

---

7 이는 곧 자오충과 편인도식을 이른다.

書御史 ‘丙辰乙未’. ‘癸巳丙辰’(指揮 富), ‘壬寅癸丑’(推官), ‘己丑丁丑’(知府), ‘己卯丁卯’(擧人).

경신일 임오시는, 녹마가 동향이라 가장 길하다. 곧 년·월로 오·미면, 그 자리가 대각(臺閣)에 이른다. ‘묘진사’는 귀하다. 술월에 화·토의 운을 행하면, 청허(淸虛) 하지만 냉직(冷職)이라 곧 한직에 머문다.

曹工部 ‘丙午 庚子 庚申 壬午’. 麻進士 ‘甲子辛未’. 鄭壺陽參政 ‘丙戌丁酉’. 劉廷芸知州 ‘乙亥己卯’. 王寀知州 ‘壬申甲辰’. ‘己酉丙子’(貧), ‘庚子庚辰’(凶).

경술일 임오시가, 묘월이면 정재니 길하다. 미월은 잡기재관으로 귀하고, 진·축월도 같다.

祝學士 ‘辛未 辛卯 庚戌 壬午’. 楊俊民都憲 ‘辛卯庚子’. 楊旦閣老 ‘庚辰甲申’(凶天). 蔣彬進士 ‘己未丁卯’. ‘癸丑乙卯’(給事).

준마(駿馬)이군(離群) 즉 준마가 무리를 떠나는 국(局)이라, 인간세에 장상의 재목이다. 사주에 충·파 없으면 부귀가 명 중에 갖추어진 것이다.

임·경이 회합하고 오에 임하니, 파와 충이 없으면 복이 스스로 온다. 이를 쫓아 명·리가 모두 유망하니, 귀인이 천거하여 천상의 계단에 오른다.

경일에 시로 임오가 이르면, 지지 중에 관·인이 두루 암장된 것이다. 귀인 녹마가 다시금 동향(同鄉)을 이루면, 화(禍)와 우환은 숨고 소멸하며 복이 늘어난다. 극·파됨과 형·충은 불길하고, 사주 중에서 다시금 공망이 됨을 꺼린다. 장성(將星) 천을로 주가 창영하며, 중년을 넘어서면서 말년으로 가업이 흥왕하다.

【六庚日(癸)未時斷】육경일 계미시의 판단

육경일 생이 시가 계미면, 관성의 머리가 제어되고, 권(權)귀의 별이 물러난 것이다. 주 중에서 기를 보고 정을 투간하지 않으면, 도리어 능히 현달하고 관위를 얻는다.

경일 계미시는, 인(印)과 재(財)의 창고다. 경이 을로써 재를 삼는데 미(未) 가운데 입고(入庫)하였다. 정을 써서 관을 삼으며, 기가 인수가 되는데, 미 가운데 기와 정이 오히려 밝게 드러나면, 계가 이를 제극한다. 사주에 기가 있어 계를 제극하고, 정의 글자를 투간하지 않으면, 관에 거하여 현달한다. 만약 기가 없는데 정이 투출하면 위화(爲禍)백단(百端)이다. 화·토의 운으로 기(氣)가 통하면 귀하다.

경자일 계미시가, 년·월로 정화는 투로(透露)함이 없고, 기토가 있어 계수를 제복하면 귀하다.

鄭王 '己卯 庚午 庚子 癸未'(被誣發高牆復正位 무고를 당했으나 높이 담장을 쌓고 은둔하여 제자리로 복귀하였다). '壬子戊申'(富). 益王'丁酉己酉'(三十六子).

경인일 계미시는, 귀하다. '진술축미'의 월은 높고, 여름이면 부(富)하다. 세·운도 동일하다. '사유신'의 월에 신왕하면, 대귀하다.

汪俊尙書 '戊子 庚申 庚寅 癸未'. 曾于拱都憲 '辛巳辛卯'. 王士翹都憲 '辛酉癸巳'. 柯英知府 '戊子甲子'. '乙亥戊子'(御史).

경진일 계미시는, 괴강일이다. 진(辰) 중에 토가 있어 계를 제극하니, 년·월로 정이 없으면 귀하다. 묘월에 금·수의 운이면 7품의 귀이다.

擧人 '壬午 壬子 庚辰 癸未'.

경오일 계미시는, 귀하다. 년·월로 '유신사해'라면, 병융(兵戎)을 총령(總領)하며 관이 2품에 이른다. 먼저는 허하지만 뒤에는 실하다.

蔣詔侍郎 '戊戌 甲寅 庚午 癸未'. 潘仲驂編脩 '癸酉甲寅'. 汪元錫都堂 '丁酉庚戌'.

경신일 계미시가, 유(酉)월이면 무(武)로 귀한데, 초년에는 권직을 박탈당한다. 년·월로 '인오술, 신자진'의 2국(局)이 서로 참여함이 있으면 귀하다.

胡訓尙書 '甲午 丙子 庚申 癸未'. 牛相參將 '甲申丙寅'. '庚辰庚辰'(會狀).

경술일 계미시가, 술월에 동방 운이면 귀하다. 진월 묘년이면 대귀하다. 추생이 가장 길하고, 하생이라면 모름지기 서·북의 운을 행해야 바야흐로 길하다.

李承勛尙書 '辛卯 壬辰 庚戌 癸未'. '辛巳壬辰'(御史).

경리(鏡裏)관용(觀容) 즉 거울 속에 용모를 보는 국(局)이라, 기쁜 가운데 근심을 지닌다. 구름을 열어 명월이 출하는데, 작사함에 얽히고 꼬일까 두렵다.

경일 미시는, 고(庫)에 재(財)가 있으니, 자물통과 열쇠로 열어젖히는 곳에서 오직 두령이 된다. 운이 재왕생관의 땅에 이르면, 부귀영화를 의심함을 쓰지 않는다.

경일이 시에서 계미를 만나면, 축과 술을 봄이 기쁘니 재물이 영화롭다. 상관(傷官)배록(背祿)에 고(庫)를 열기 어려우면, 조업이 차고 온전하여도 장애가 있다. 부모가 요절하여 외롭고 공허한데, 처를 극하고 자식이 늦으나 만년에 화해한다. 운이 길지를 행하면 재앙을 생함을 면하고, 관왕 재향이면 태평함에 통한다.

【六庚日(甲)申時斷】 육경일 갑신시의 판단

육경일 생이 시가 갑신이면, 귀록(歸祿)대재(帶財) 즉 시는 녹이요 재를 두른 격(格)으로, 가장 순수하다. 사·병(巳丙)과 인(寅)을 주(柱)에서 보지 않으면, 공명과 부귀가 자연히 이른다.

경일 갑신시는, 일록(日祿)이 시(時)에 있다. 경금이 신 위에서 녹을 보고, 갑은 편재가 된다. 주 중에서 병화로 통하거나 사·인(巳寅)이 충·형하지 않으면, 주가 귀하다. 있으면 평상한데, 세·운도 동일하다.

경자일 갑신시는, 시가 일록을 취하고 재성을 보았으니, 주(柱)에 '사·인·병'이 없으면 부귀가 쌍전한다. '진술축미'의 토는 능히 금을 생하니 길하다. '인오술'이면 평상하다. 신·유(申酉)에 화·목의 운을 행하면 귀하다. 인·해는 3-4품의 귀이다. 묘는 형(刑)이 되고, 자는 흉함이 많다.

孔夫子 '庚戌 戊子 庚子 甲申'(考路史又載己酉年癸酉月 노사를 보면 또 기유년 계유월로 기재되어 있다). 李默尙書 '己未己巳'. 彭黯尙書 '丁未辛亥'. 范惟一方伯 '庚午己丑'. 洪垣知府 '己丑庚辰'. 劉存德副使 '戊辰甲子'. 楊以誠御史 '庚午辛巳'. 張星知州 '乙亥戊寅'(以上諸公皆有道義 豈亦同孔子之生而然耶 이상 모든 공에게는 도의가 있었다. 그러나 어찌 공자께서 생하여 그러한 것과 같을 수야 있는 일이겠는가).

경인일 갑신시가, 인·해의 월이면 관이 3품에 이른다.

虞通政 '丙寅 己亥 庚寅 甲申'. 金柱僉憲 '丙戌庚子'. '甲子丙寅'(富商).

경진일 갑신시는, 일이 괴강이요 또 귀록(歸祿)이 되니, 두루 재·관을 기뻐하지 않는다. 사주에 '인오술·병정사'의 글자가 없으면 귀하다.

施篤臣府尹 '庚寅 乙酉 庚辰 甲申'. '丁亥壬子'(知府), '戊子辛酉'(通判). 劉堯卿御史 '癸巳辛酉'.

경오일 갑신시는, 귀하다. 신왕의 월로 통하고, '병·사인오·정'의 글자로 상하거나 파함이 없으면 귀하다.

賴學士 '壬子 丙午 庚午 甲申'. 席參政 '己巳戊辰'. 黃甲狀元 '庚午丁亥'. 陳廷謨舉人 '甲寅辛未'.

경신일 갑신시는, 귀하다. '묘오미술·병정'의 글자가 없으면 귀하다. 자·축의 월에 금·수의 운이라면 문귀(文貴)이다. 내가 보니 '경신·갑신'을 보면 전록(專祿)에 귀록(歸祿)이라, 굳센 금은 화가 아니면 단련하기 어려운 까닭에 '사오술'의 월에 생한 자는 귀한 경우가 많다. 귀록을 봄에는 7법이 있으니, 이를 혐오하는 것으로 삼아서는 안 된다.[8] 재월(財月)이 가장 길하다.

吳嘉會侍郞 '甲戌 己巳 庚申 甲申'. 武金都堂 '壬午丙午'. 田楊憲副 '庚辰乙酉'. 王司業 '戊子壬戌'. 紐緯給事 '戊辰庚申'. '己卯甲戌'(知州), '丁丑癸卯'(擧人).

경술일 갑신시가, '인·사오·술'의 월이면 처현자효하고 귀하다. 《신백경》에는 "금·수가 인(印)을 두르니 맑음이 드러나는 복이 있다"고 하였다.

金尙書 '乙丑 戊寅 庚戌 甲申'. 張參政 '乙丑丁亥'. 楊逢春進士 '戊午甲寅'. 黃文漢擧人 '己未戊辰', '乙卯丙戌'(同).

경일 갑신시라, 형·충으로 일에서 기이하지 못하다. 운이 파지(破地)로 행함이 없으면, 평보로 하늘의 사다리에 오른다.

일록이 시에 거하니 신(申)금의 글자를 만남이 기쁘다. 주 중에서 '사·병(巳丙)과 인(寅)'을 만남을 미워한다. 때가 오면 고인의 천거를 만나니, 버드나무의 푸름과 도화 꽃의 붉음이 만리의 봄이로다.

경일 신시의 주인이 된 것은, 곧 이름하여 재록(財祿)상부(相扶)라 곧 재와 녹이 서로 돕는 것이다. 생장함에 청한하여 시·서를 좋아하고, 품성이 성내거나 노함이 없다. 운이 졸렬하면 농상·공가(工賈)의 직업이나, 때가 이르면 직위를 옮기고 이를 제거한다. 고인께서 소인의 도움을 기쁘게 보게 되니, 파가 없으면 청운의 길이 있는 것이다.

【六庚日(乙)酉時斷】육경일 을유시의 판단

육경일 생이 시가 을유면, 금 중에서 서로 모여 진금(眞金)이 된다. 주 중에 화가 없으면 강함에 흠결이 많고, 화가 있으면 서로 이루어 귀한 기운이 영화롭다.

경일 을유시는, 기(氣)가 진금으로 화한다. 경이 을로써 재를 삼고 신은 양인이 되는데, 유(酉)상에서 재는 절(絶)되고 인(刃)은 왕하다. 만약 진금으로 화하는데, 주(柱)중에 화가 없으면 금이 태강(太剛)한즉 이지러진다. 화운을 행하면 조화되어 발양함을 누르고, 합하여 중도를 얻는다. 경진일이 가장 좋다. 년·월로 재마(馬)를 두르면 3-4품의 귀이다. 다만 명주의 자식이 적거나, 혹은 불초함이 있다.

경자일 을유시는, 주가 부하다. 월로 화기에 통하면 귀하다. 불통이면 평상하나, 운

---

8 '재와 일록의 관계에서, 혐오하여 소홀히 해서는 안 된다'는 말이다. 곧 군비쟁재로 보지 않는다.

에서 통하면 역시 능히 그 뜻을 말한다. 년·월로 해·묘면 수곤(帥閫)이라, 곧 왕후의 처소를 지킨다. 달리 파조(破祖)에 흉형(凶刑), 즉 조상을 파하고 형하여 흉하다고 한다.

汝伯太卿 '壬申 癸丑 庚子 乙酉'.

경인일 을유시는, 형(刑)이다. '인오술'은 길하다. '신자'는 흉폭하다.

樊深通政 '癸巳 乙卯 庚寅 乙酉'. 端逢赦都堂 '甲寅丙寅'. 張志選知府 '丁丑癸丑'(無子). 孫孟太守 '甲子丙寅'. 吳子仁總兵 '壬辰己酉'. 范祿進士 '丁未癸卯'. 陳進擧人 '己巳己巳'. 林士章尙書 '甲申丙子'(探花).

경진일 을유시는, 형(刑)이다. '인묘·오미'의 년·월은 2품의 권귀이다. '술해'는 대귀하다. 《신백경》에는, "금으로 화하면 주의 복이 두텁다"고 하였다.

李天榮進士 '丁丑 辛亥 庚辰 乙酉'. 張尙書 '乙酉戊子'. '甲子丙寅'(擧人).

경오일 을유시는, 형(刑)하는 가운데 귀하다. '인오술·해묘미'의 국은 귀하고, 길하다.

舒知府 '壬午 丁未 庚午 乙酉'. '丁亥癸卯'(一提學, 一尙書).

경신일 을유시는, 진형(眞刑)이다. '인오술'은 대귀하고, '사유축'은 중귀인데, '신자진'은 부하다. '해묘미'는 조령(凋零) 즉 시들고 영락한다. 달리 재(財)가 길하다고 한다.

趙司業 '丁卯 丁未 庚申 乙酉'.

경술일 을유시는, 형을 받은 후 발한다. '인오술'은 관성이 밝고 명랑하여 귀하다. '해묘미'는 부하거나 혹은 5-6품의 귀이다. '사유축'의 월에 양인이 왕하면 권(權)을 쥐고 주가 변강(疆)에서 그 자취를 발하니, 무신이면 가장 마땅하다. 문신(文臣)이라도 역시 주가 장차 병권을 장악하지만, 궁극적으로는 양인의 화(禍)를 받게 된다.

吳兌尙書 '乙酉 辛巳 庚戌 乙酉'. '庚午庚辰'(進士). 沈閣老 '乙丑庚辰'. 李汝華尙書 '戊申乙丑'.

입해(入海)구주(求珠) 즉 바다에 들어 진주를 얻는 국(局)이라. 천성이 부하고 문장이 있다. 군자라면 관록에 오르고, 사(士)나 서(庶)인이라도 재물과 양식이 있다.

천원이 화합하고 유시에 생하니, 생월의 가운데서 토를 보면 형통하고 영화롭다. 재·관을 만나면 모두 현달하니, 공명에 이롭고 녹의 은영(恩榮)을 누린다.

경일이 시에서 을유를 만남은, 합화하는 가운데 진금을 취한 것이다. 재·관의 운을 밟으면 복의 근원을 생하니, 글이 빼어나고 총명이 깊다. 해·자를 만나지 않으면 극처한다. 귀하고 천함은 흉금(胸襟) 즉 마음속의 생각을 얻거나 잃음에 달린다. 무릇 여러 일을 행함에, 뒤는 길하나 먼저는 흉함이 많으니, 그 인품으로 현달하는 명이다.

【六庚日(丙)戌時斷】 육경일 병술시의 판단

육경일 생이 시가 병술은, 금·화가 쟁(爭)투함을 쥔 것이니 일이 상서롭지 못하다. 신왕하고 월에서 인수로 통하면 길하다. 불통(不通)에 구조됨이 없으면, 화(禍)와 난(難)은 당연한 것이다.

경일 병술시는, 금·화의 다툼을 가진 것이다. 경이 병으로 귀를 삼고, 병화는 술 위에서 합국하니, 금이 무기하다. 만약 신왕(身旺) 인왕(印旺)의 월로 통하고, 묘월에 구조하는 것이 있으면 귀하다. 이와 반대되면 평상하거나 혹은 천한데, 운에서 통하면 역시 길하다. 경은 대장(大腸)에 속하니, 만약 병·정의 왕함이 심하면 주에게 치루(痔漏), 오장의 장독(臟毒), 농혈(膿血)의 재앙이 있다.

경자일 병술시가, 춘이면 편관에 용재(用財)하여 길하다. 하에는 살왕신쇠하니 흉포하고, 추에는 신·살(身煞)이 두루 왕하다. '사유축'의 월에 서방 운이면, 요금(腰金)의 자(衣紫)라 비단옷에 금대를 두른다. 월로 '인해자'는 금이 '절(絶)병(病)사(死)'되니 빈천함이 많다. 달리 이르기는 농아(聾啞)에, 개와 이리로부터 상한다고 하였다.

吳愼庵侍郎 '庚寅 丙戌 庚子 丙戌'. 彭侍郎 '辛丑辛丑'. 詹瑩進士 '癸巳丙辰'. '壬午己酉'(擧人). 魏允中解元會魁 '甲辰乙亥'(三兄弟俱科甲).

경인일 병술시는, '신자진'의 월이면 편관에 제복함이 있어 길하다. 추생이면 신(身)과 살이 두루 왕하여 녹과 권이 있다. 오가 순수하면 고빈(孤貧)무의(無倚)한데, 그렇지 못하면 잔질이 있다. 축·오에 서·남의 운을 행하면, 공경 이상의 귀함이다. 인(寅)이 순수한 것 역시 귀하다.

鄒應龍侍郎 '乙酉 戊寅 庚寅 丙戌'. '丁丑丙午'(給事). '庚子甲申'(天官). 黃宗明侍郎 '丁未癸丑'. 江汝璧學士 '丙午辛丑'. 萬育吾參議 '壬午癸丑';傅津總兵命同(傅雍人萬冀人 庚生雍則得地 生冀則太寒 傅爲武臣萬掌兵憲 萬三子傅一子: 만육오 참의는 임오 계축 경인 병술로, 부진 총병과 명이 같았다. 부는 옹인이고 만은 기인이라. 경생이 옹인즉 득지하였고, 기에서 생한즉 크게 춥다. 부는 무신이 되었고 만은 병사의 법을 맡았으며, 만은 3자요 부는 1자였다). 少卿 '癸巳乙丑'. 郝杰參政 '丙戌庚寅'. 李勇總兵 '戊寅乙丑'(背義小人). 黃瓚知府 '庚戌甲申'(巨富多子一中進士). '戊寅丙辰'. '丙戌庚子'(俱擧人). '戊子戊午'(知縣). '庚辰癸未'(貧儒無子). 瞽一目極貧 '乙丑丙戌'(甲寅年死無子). '庚辰乙酉'(木匠); '癸亥壬戌'(凶死年月不同行運有異 中間懸絶如此 흉사하였는데, 년·월이 같지 않고 운을 행함이 달랐다. 중간에 매고 끊어짐이 이와 같은 것이다).

경진일 병술시는, 시·일이 상충하니 처자를 상할까 두렵다. 월에서 금·수의 기로 통하면 귀하다. 목·화의 기가 중한 자는 힘들고 괴로운데, 빈요하거나 혹은 잔질이다.

何遷侍郎 '辛酉 戊戌 庚辰 丙戌'(道學). 李屏御史 '壬午癸丑', '辛酉丙申'(貴同). '壬辰戊戌'(進士).

경오일 병술시가, '신유·해축'이면 부하고 귀가 3품이다. '사오미·신'에 임의 글자가 투출하고, '간·감·건' 방위의 운이라면, 경·상(卿相)에 장수함이 있다.

吳道直侍郎 '乙亥 丁亥 庚午 丙戌'(丁丑年卒). 牛天麟大理卿 '壬寅癸丑'. '己亥癸酉'(大貴), '丙寅癸巳'(次貴), '甲戌丙寅'(享福), '庚午丙戌'(舉人), '壬午壬子'(進士).

경신일 병술시가, 년·월로 술·해에 동·남의 운이면 귀하다. 신월은 대귀하다.

蔡茂春會元 '丙戌 辛丑 庚申 丙戌'(官止副使). '丁亥辛亥'(廉使), '己未甲戌'(布政). 吳推官 '癸巳己亥'. '丙子丁酉'(推官). 周郎中 '甲戌甲戌'. '甲辰丙寅'(例貢). '丙寅辛丑'(凶死).

경술일 병술시가, '진술축미'로 인수가 생조하면 길하다. '신자진'은 편관에 유제(有制)하여 귀하다. 월에서 금기(金氣)로 통하고, 임의 글자를 투간하지 않으며, 북방 운을 행하면 귀하다.

張甬川尚書 '甲辰 庚午 庚戌 丙戌'. 林爌尚書 '甲申丁卯'. 金賁亨憲副 '癸卯甲子'(道學三子俱進士). '丁未丙午'(府尹). 都事 '丁亥癸卯'. 進士 '丙午庚寅'. 舉人 '癸卯丙辰', '庚戌癸未'(同). '壬寅庚戌'(方伯).

시상(時上)편관(偏官)의 국(局)이라. 신강(身强)함이 가장 묘하다. 추생으로 재향(財鄕)이 왕하면 복록은 자연히 온다.

술시 관고(官庫)는, 가장 우두머리가 된다, 축·술이 상형(相刑)하면 창고는 저절로 열린다. 주가 초·중년으로 현달함이 없으면, 말년에 늦은 경개가 그 심회를 칭송한다.

경일이 시로 병술을 만남은, 편관이 창고에 묻히고 숨은 것이다. 그 가운데 귀적(鬼賊)을 취하니 서로가 마땅치 않은데, 신약이면 돈과 재물이 허탕한 것이다. 운이 왕하고 신강하면 발복하나, 안행(鴈行)은 곧 골육의 참상이라. 처가 중하고 자식은 늦은데 형상(刑傷)은 면하니, 늙어 풍경은 봉후(封侯)배상(拜相) 즉 후경에 봉함받고 장상에 절한다.

【六庚日(丁)亥時斷】 육경일 정해시의 판단

육경일 생이 시가 정해면, 관성은 그 땅을 잃었고 자신은 쇠약하다. 월기로 통하지 않으면 복을 이루기 어렵다. 만약 괴강을 보게 되면 도리어 묘하다.

경일 정해시는, 경이 갑으로 재를 삼고, 임으로 식을 삼으며, 정으로 관을 삼은 것이다. 해(亥)상에서 정화가 무기(無氣)하고 임은 왕하여 갑을 생하는데, 경금이 실지(失地)하여 재·식(財食)을 맡기가 어렵다. 만약 신왕의 월로 통하지 않는다면 능히 복을 이루지 못한다. 월기로 통하고 음토가 있어 그 몸을 돕는 것은 발재(發財)한다. 관성에 도움이 있으면 약간의 귀함이 있다. '경술·경진'의 2일은 괴강이라, 재·관이 생왕한 것은 마땅치 않은데, 시에서 정해를 만나니 도리어 귀해진 것이다.

경자일 정해시는, 귀하다. '신자진'의 월이면 상관이라, 노록(勞碌) 즉 힘들고 어렵다. 묘월에 금·화의 운이면 5-6품의 귀함이다.

顧可學 '壬寅 甲辰 庚子 丁亥'(原任參議以脩養進身官至尙書 원래는 참의로 임명받았으나, 수양하고 진신함으로써 관이 상서에 이르렀다). 敖瑶進士 '庚申丁亥'. '庚寅戊子'(知縣).

경인일 정해시는, 평상하다. 초년에는 가난하나 중년에 빼어나며 말년에는 주의 부가 왕하다. 년·월로 진·술이면 귀현한다. 년·월로 '신유·해묘·사오'가 있고, 천간으로 을·기를 투간한 것은 대귀하다.

高公韶侍郎 '庚子 甲申 庚寅 丁亥'(一乙巳年極貴). 沈盤進士 '辛酉辛卯'. 朱裳舉人 '辛巳癸巳'(一丙申月 一辛亥月 俱同). '丙寅庚寅'(富).

경진일 정해시가, 미(未)가 순수하면 현달한다. 사·오에 서·북의 운은 풍헌에 금자이다. 해·묘는 금자에 유권(有權)한다. 신(申)월은 건록으로 가장 길하다.

閔煦尙書 '丁卯 辛亥 庚辰 丁亥'. 李方至郎中 '癸酉丙辰'(子神童翰林). '甲辰壬申'(學士).

경오일 정해시는, 귀하다. '진술축미'의 월이면 토가 능히 생금하여 영화롭고 현달한다. 월로 '신해유'에 목·화의 운을 행하면 극품이다.

蔣瑶閣老 '己丑 癸酉 庚午 丁亥'. 陳道基都憲 '己卯丁丑'. 曹尙書 '丁丑戊申'. 饒布政 '戊午癸亥'. 陳知府 '乙卯己卯'. 朱懷幹知府 '辛亥庚子'. 蘇民望舉人 '壬戌庚戌'. '丁未丁未'(先貴後貧死). '庚子丁亥', '辛未辛卯', '戊辰戊午', '庚申壬午'(俱貴).

경신일 정해시가, 추생에 남방 운이면 귀현한다. 북방 운은 평상하다.

李續尙書 '庚辰 己丑 庚申 丁亥'. 陸完尙書 '丁丑癸丑'(通寧藩謫戍 통하고 안녕하여

유배됨을 덮었다). 佟登總兵 '乙酉乙酉'(包承引從 포승줄에 끌려갔다). 牛副將 '甲申丙寅'. 朱參政 '己巳壬寅'. 王原相御史 '乙未丙戌'. '壬午壬子', '癸卯丙辰'(俱貴). 徐秉正 進士 '丁未癸丑'.

경술일 정해시가, '진사오'의 월이면 관살이 비록 혼잡하나 또한 주가 무(武)로 귀하다. 축월에 서방 운은 낭관이다. 진월에 서북 운은 방면이다.

梁劍庵侍郎 '丁未 丙午 庚戌 丁亥'. 楊循布政 '癸丑丁巳'. 黃潤參政 '癸丑癸亥'. 楊銓進士 '丁丑戊申'. 張給事 '己巳甲戌'. 李員外 '辛未壬辰'. 陳府判 '丙申辛卯'. '甲申丁丑'(擧人). '甲子丙子'(通判).

명수(名遂)공성(功成) 즉 이름이 공을 이룸에 이르는 국(局)이라. 마의(麻衣)를 금의 (錦衣)로 바꾼다. 충·극·파가 없으면, 복록이 굴러 그 남음을 더한다.

정해시가 경일을 만나니, 배척함이나, 중중하면 기쁜 색이 붉은 집을 비춘 것이다. 복사꽃 붉음이 난만(爛漫) 곧 따뜻하게 문드러져 일·시(日時)에서 터져 나온다. 한 줄기 춘풍이 부니, 스스로 위용을 드러내는 것이다.

경일이 시에서 정해를 만남은, 주 중에서 삼기(三奇)가 암합(暗合)한 것이다. 곧 자식은 왕하고 더불어 3처가 있음을 알아야 하며, 부모의 안행이 가히 아름답다. 계사나 무신을 만나지 않으면, 문장이 박람하고 지혜가 많다. 무충(無衝) 무파(無破)에 귀인이 들게 되면, 마침내 형통하고 길하며 이롭다.

【六辛日(戊)子時斷】 육신일 무자시의 판단

육신일의 명주(命主)가 시에서 무자라면, 인수 학당이 식신에 앉은 것이다. 병·정과 함께 오의 파함을 보지 않으면, 필시 영화롭고 귀현하는 사람이라.

신일 무자시는, 육음(六陰)조양(朝陽)이다. 신금이 자(子)위에서 장생이요, 학당이다. 신이 무로써 인(印)을 삼고, 계로써 식을 삼는데, 시상에서 무는 밝고 계는 암장하였다. 주 중에서 병·정·오의 글자로 충개(衝開)함을 보지 않으며, 신왕의 월로 통하면 대귀한데, 범한 것은 귀하지 못하다. 월기(月氣)로는 불통하나, 운에서 통한 것 역시 귀하다.

신축일 무자시가, 축월이면 잡기재관으로 귀하다. 축이 순수하면 유학자의 직이다. 진이 순수하고 서방 운을 행하면 도헌(都憲)이다. 유월에 동·북의 운은 귀하다. 경인월은 꺼리니 얼굴이 깎이고 흉하다. 계미월은 형을 받는다. 계축월은 파패에 고독하고 흉하다.

孫愼都堂 '乙亥 丙戌 辛丑 戊子'. 苟穎太僕卿 '癸酉乙丑'. 林希元僉事 '辛丑戊戌'.

신묘일 무자시가, 춘생이면 인(寅)은 가난하고 묘(卯)는 귀하다. 하는 청귀하고, 추는 양인이라 무익하다. 동이라면 부(富)한데, 축월은 또 길하다. '진술미'의 월이면 재·관·인수라 두루 길하다.《신백경》에 이르기를, "금화로 화하면 주가 귀하다"고 하였다. 신묘(辛卯)월은 꺼리니 부모가 흉사한다. 신사(辛巳)월은 대파하니 흉하고, 임신(壬申)월은 죽어도 그 시신이 온전치 못하다.

顧都堂 '丙辰 壬辰 辛卯 戊子'. 譚御史 '庚辰癸未'. 葛御史 '丁丑癸丑'. 進士 '辛卯辛卯'. 楊瀾亞元 '乙未己卯'(官止推官貧無子). '壬子壬子', '乙亥乙卯', '丙申丙申' (俱擧人).

신사일 무자시가, '인사오'의 월이면 정관으로 귀현한다. 해·자는 상관으로, 자식은 적고 처는 많다. 묘·술은 5품의 귀이다.《신백경》에 이르기를, "금으로 화하여 상(象)을 이루면 주가 귀하다. 병인월을 꺼리니 형(刑) 됨이 있고, 평상하다. 을사월은 먼저 가난하고, 정유월이면 요절한다"고 하였다.

張尙書 '丙寅 戊戌 辛巳 戊子'. 張參政 '癸丑辛酉'. 王及泉御史 '丁亥壬寅'(以訪異術異人陞侍講 이술과 이인을 찾아 만남으로써 시강에 올랐다). 蔡元偉同知 '丙寅丁酉'.

신미일 무자시는, 귀하다. 년·월로 '인·사오·유'에 화·목의 운이면 귀하다. 해·자는 한림원이다. '진술축미'는 잡기(雜氣) 재·관·인으로 두루 길하다. 경신월을 꺼리니 시신이 온전히 죽지 못한다. 임자월은 고독하고 흉하다. 계축월은 흉·형·사가 된다.

彭鳳翰林 '己未 戊辰 辛未 戊子'. 羅洪先狀元 '甲子乙亥'. 王國光尙書 '壬申壬子'. 張允郎中 '丙申戊戌'. 馬彬御史 '乙卯癸未'. 周俶府尹 '甲戌庚午'. 李采菲御史 '癸巳丙辰'. 楊惟平太守 '甲戌丁丑'(凶死無子). 俞汝爲進士 '壬寅辛亥'. '癸亥丁巳' (學士). '癸酉甲寅'(知府).

신유일 무자시가, 자·유(子酉)의 월에 생하고, 병·정의 화가 없으며, 남방 운을 행하지 않으면, 3-4품의 귀이다. 처자를 상하는데, 무직(武職)이면 권(權)이 중하다.《신백경》에 이르기를, "금·화가 화(化)하면 주가 귀한데, 파조하고 바야흐로 발한다. 임인월을 꺼리니 흉사한다. 신사월은 대패하며 조상에 흉이다. 경술월 또한 흉사한다"고 하였다.

吳侍郎 '丁酉 戊申 辛酉 戊子'. 虞侍郎 '甲午丁卯'. 趙侍郎 '丙子辛卯'. 劉國總兵 '癸巳甲寅'. 林有年副使 '丁亥乙酉'. 周瑩知府 '庚子庚辰'. 劉起宗進士 '甲子癸酉'. '丙寅戊戌'(參政). 王凝侍郎 '戊子乙丑'(己卯卒). 周之屏學憲 '戊子辛酉'.

신해일 무자시는, 불귀즉부라. 해월에 관이 없으면 상관상진하여 발복하나, 자식은 적다. 춘·하로 '해자축'에 목·화의 운과 국이 되면, 금자에 풍헌이다. 육신일이 무자시를 보면, 이르기를 천정(天庭)청현(淸顯)의 기(氣) 곧 천간으로 맑은 기운을 드러내었다 한다. 신유·신해로, 이를 얻음이 가장 높다. 병인월을 꺼리니 죽어도 시신이 온전치 못하다. 병신월은 실향하고 악사한다. 정유월은 잃고 망하며 악사한다.

王尙書 '癸丑 庚申 辛亥 戊子'. 胡杰祭酒 '壬午辛亥'. 孫化龍進士 '甲辰丙寅'. '壬申癸亥'(郎中), '乙巳辛巳'(太守), '丙戌庚子'(貴), '己丑丙子'(凶), '丁未丙午'(男女同 男遭刑女爲娼 남녀가 같았는데, 남자는 형을 받았고 여자는 창기가 되었다).

한문(寒門)생귀(生貴) 즉 어려운 집안에서 귀함을 생한 국(局)이라. 복록이 자연히 번창한다. 형·충·파를 범하지 않으면 오르고 옮겨서 성당(省堂)에 이른다.

천원으로 육신(六辛)인데 자시에 생하니, 봄이 오면 꽃이 피고 찬란히 밝다. 병·사오·정이 파괴할 것 같으면, 공명이 난망(難望)이지만 만년에 바야흐로 이룸이 있다.

신일이 시에서 무자를 만남은, 육음이 회합하고 아침 볕을 비추는 조양이라. 금신에 인수가 위광을 드러내니, 서로 한 몸을 도와 영예롭고 왕성하다. 사·오를 만나게 되면 복을 감하는데, 병의 이(離)화는 부모님과 안려한다. 처자가 근면하게 도와서 왕하므로 집안이 장성하는데, 파(破)가 없다면 한문(寒門)에서 나타난 장상(將相)이라.

【六辛日(己)丑時斷】 육신일 기축시의 판단

육신일 생이 시가 기축이면, 금·토가 다투는 기세를 쥐었으니 불안하다. 년·월로 재·관이 있어 서로 구조하면, 빈곤과 추위와 기아를 주고받음을 면한다.

신일 기축시는, 금·토가 상쟁(相爭)한다. 신이 기로써 도식을 삼는데 축 위에서 밝은 기토가 있고, 신(辛)은 숨은 것이다. 세와 월에서 재·관의 구조함이 없는 것은 빈곤한데, 재·관의 운을 얻으면 또한 길하다.

신축일 기축시는, 외롭고 흐리며 막힌 중에 생하였다. 신·유(申酉)월로 금왕(金旺)하고 운이 화향(火鄕)을 행하면 소통은 되지만, 처자를 형하고 상한다. 승·도가 되면 귀하다. 축이 순수하고 서·남의 운을 행하면 대귀하다.

洪布政 '壬午 壬寅 辛丑 己丑'. 余副使 '庚戌辛巳'. 焦僉事 '丙午庚寅'. 張知府 '戊辰辛酉'. 趙狀元 '辛丑辛丑'. 縣尹 '戊子甲子'. '甲申辛未'(凶死).

신묘일 기축시가, '인묘해미'와 같은 달이라면, 재성격으로 남방 운이면 귀하다. '진술축미'는 인수인데, 남방 운이면 길하다.

胡知縣 '壬辰 癸丑 辛卯 己丑'. '丙辰丁酉'(擧人). '庚寅丙戌'(富貴).

신사일 기축시가, '축사신유'의 월로 생하면, 금이 많아 목을 극하니 처자를 손상한다. 승·도면 귀하다. '인묘진'의 월에 남방 운이면 귀하다.

明世宗 '丁卯 己酉 辛巳 己丑'(一云戊子時). 代王 '丙戌戊戌'. 王邦瑞尚書 '乙卯癸未'. 王國禎方伯 '癸酉甲子'. 陳奎擧人 '壬申乙巳'. 羌檢討 '庚辰戊寅'. '甲辰乙亥'(封君).

신미일 기축시가, '인묘미'의 월이면 재성격이다. 사·오는 관으로 드러난다.

何鏜參政 '戊寅 乙卯 辛未 己丑'. '辛亥戊戌'(擧人), 龔用卿狀元 '辛酉甲午'.

신유일 기축시는, 파조(破祖)한다. '사유축'의 월이면 금다(金多)에 극목(剋木)이라, 빼어나고 재물이 있음은 닮았으나 처자에는 어려움이 있다. 월이 인·오라면, 근시(近侍)의 귀(貴)함이다.

王尙書 '丁卯 乙巳 辛酉 己丑'. 王宗沐侍郎 '癸未甲寅'. '辛巳丁酉', '戊戌乙丑'(俱知縣). '庚寅甲申'(進士).

신해일 기축시가, 인사오 월이면 관성이 명랑하니 계책을 세워 그 상을 이룸이 된다. 묘미는 재국으로 부귀하다. 미술은 충하여 길하다. 년월로 신자진은 금수로 수기 즉 빼어남을 적셨으니 아름답다. 유는 건록이라, 목화운을 행하면 길하다. 해가 순수하면 금수설수, 즉 금수의 빼어남을 얻은 것이니 귀하다.

王敎侍郎 己亥乙亥辛亥己丑, 姚鳴鸞進士 丁未壬子, 吳翰進士 己酉己巳, 蘇璞擧人 戊申辛酉, 甲申辛未(知縣), 辛亥乙未(同知).

도식(倒食)을 시상(時上)에서 만나고, 재·관을 고(庫) 안에 저장했다. 시가 이지러졌으니 위험과 저애됨이 많고 또한 골육이 참상이라.

기축시가 신일을, 만남은 험한 것이다. 재·관이 매몰되니 기묘함이 되지 못한다. 육친과 골육에 형·해(刑害)됨이 많은데, 년·월에서 충개(衝開)한다면 부귀를 추리할 수 있다.

신일에 시로 기축이 임함은, 총괄하여 도식으로부터 흘러 머무는 것이 된다. 금궤가 굳게 얽힌 가운데 이를 취하여 얻고자 하니, 오·미·술로 열게 되면 성취한다. '갑병묘인'이면 발복하고, '임계해자'는 표류한다. 소년 시절에 일을 도모하고 바라지만 두루 해내기 어렵고, 중년과 말년에 이르러 앞길에 스스로 있고자 한다.

【六辛日(庚)寅時斷】육신일 경인시의 판단

육신일 생이 시가 경인이면, 재왕생관하고 귀한 신을 만난 것이다. 금·목으로 국(局)을 이룬 가운데, 월기로 통하면 필히 영귀 부호의 사람이라.

신일 경인시는, 귀인에 재·관이라. 신이 인(寅)으로 천을귀를 삼고, 병화로 관을, 갑목으로 재를 삼는데, 인 위에서 병·갑이 다 왕하다. 만약 금·목의 월기로 통하거나 혹은 운에서 통한다면, 주가 부귀 현달한다.

신축일 경인시는, 춘에 귀하고, 하는 관왕하며, 추는 현달하고, 동은 길하다. 축월에 남방 운은 풍헌 혹은 무(武)로 귀하다. 달리 이르기를 발한즉 풍질(風疾)이 있다 하고, 년·월로 유·신(酉申) 금에 화기(火氣)가 없으면 빈요하다고 한다.

顧清尙書 '庚辰 戊寅 辛丑 庚寅'. 劉天和都堂 '己亥辛未'⁹. 張明御史 '壬戌丁未'; 辛亥月(侍郎). 饒成山御史 '己卯甲戌'. 施夢龍郎中 '己丑丙寅'. '乙酉甲申'(貧夭).

신묘일 경인시에, '오미해자'가 있으면 두루 귀하다. '인묘신유'는 6-7품의 귀함이다. 달리 아버지가 일찍 돌아가시고 풍질에 병환이 많다고 하였다.

胡鎭總兵 '癸未 己未 辛卯 庚寅'. 王知府 '乙亥丙戌'. 陳賓擧人 '辛未己亥'. '丁卯辛亥', '乙酉甲申'(俱擧人).

신사일 경인시는, 춘에 귀하고, 하는 관록(官祿)인데, 서·북의 운을 행하면 대귀하다. 추는 신왕하고, 동에는 쪽한(暴狠)하다. 달리 형을 입은 뒤에 재물이 있다 하였다.

韓太師 '壬申 丙午 辛巳 庚寅'. 京丞相 '戊午己未'. 顔若愚擧人 '庚辰己卯'.

신미일 경인시가, '사미축'의 월이라면 그 이름을 금방(金榜)에 건다. 처현자효하나 만년에 풍질이다. '인묘오술'은 두루 길하다.

劉狀元 '甲寅 甲戌 辛未 庚寅'. '甲戌庚午'(壽). '丁卯丙午'(富). 王佐才擧人 '戊寅乙卯'.

신유일 경인시는, 귀하다. 춘은 재물을 모으고, 하는 관록을 이루며, 추는 신왕하다. 년·월로 '해자축·술오유' 등은 두루 귀하다.

吳三樂侍郎 '乙亥 己丑 辛酉 庚寅'. 魏侍郎 '丙申辛卯'. 王騰進士 '甲辰丙子'. 藍渠進士 '丁酉辛亥'. '辛酉庚寅'(凶死).

신해일 경인시는, 귀하지만 주에게 암질(暗疾)이 있다. 천간에 병화가 투출하면 발한

---

⁹ 원문에는 천화가 지워져 있다.

다. 년·월로 '오유인해'에 남방 운이면 귀하다.

李幼孜尙書 '丙子 辛卯 辛亥 庚寅'. 何侍郎 '癸酉壬戌'. 胡都堂 '庚子己丑'. 王參政 '甲子庚午'. 喩郎中 '戊寅辛酉'. 鄧主事 '壬辰庚戌'. '壬申己酉'(擧人), '辛未丁酉'(都司), '戊戌乙卯'(極富), '己亥癸酉'(凶死).

배암(背暗)향명(向明) 즉 어둠을 등지고 밝음을 향하는 국(局)이라. 평생의 지기(志氣)가 드높다. 년·월 상으로 재·관이면 난혜(蘭蕙)가 쑥더미 속에서 출현한다.

육신의 날들이 인시를 만남은, 재왕생관하며 호환함으로 추리한다. 운이 졸렬하면 명리가 막히고 절룩거림에 응하겠지만, 만일 재록을 행한다면 다시금 근심할 것이 없다.

신일이 경인시를 만남은, 형제와 골육이 소원함에 생한 것이다. 쌍친과 조업에 기대어 이루기는 어렵고, 부부 원려(鴛侶)에도 중년이면 거울이 흐려진다. 해·계(亥癸)와 감·임(坎壬)이 있으면 복을 감하고, '병정·사오'라면 그 이름을 날린다. 춘생(春生)에 동산(冬産)이면 귀인이 공경함이니, 중년과 말년에 영화로운 명이다.

【六辛日(辛)卯時斷】 육신일 신묘시의 판단

육신일 생이 시가 신묘면, 처자가 어려운데 비견을 만난 것이다. 추(秋)에 나고 동(冬)에 생한 것은 가난하고 하격(下格)인데, 병(丙)이 인마(寅馬)에 임하게 되면 도리어 당권(當權)한다.

신일 신묘시는, 비견이 재를 나눈 것이다. 신이 을로써 재를 삼는데, 묘 위에서 을이 왕했으나, 비견을 만나 분탈되니, 처자를 손상한 것이다. 추·동에 생하면, 재·관이 무기하니 평상하다. 월로 '인사오'가 되고 병화가 투간하면, 병이 신과 합하여 생하니, 관귀(官貴)가 현달한다. 신묘(辛卯)는 현침살(懸針煞)이라 주에게 불길함이 많다.

신축일 신묘시가, 춘·하 생에 토가 두터운 지방이면 부귀하다. 추에는 극처(尅妻)형자(刑子)한다. 동(冬)은 어렵고 간신(艱辛)하다. 월로 '인사오'라면, 근시의 귀이다. 년·월로 갑술에 목·화 운이면 풍헌이다.

張尙書 '丙申 辛丑 辛丑 辛卯'. 査布政 '壬辰庚戌'(凶死). 蕭御史 '甲申丙子'. 費懋賢進士 '庚申己卯'. '乙丑戊子'(進士).

신묘일 신묘시가, '인오술'의 월이라면 재·관이 쌍미(雙美)라, 귀현한다. 년·월로 '묘유신진'은 근시의 귀이다. 관·인과 재성을 보면 기묘하다. 한편으로 먼저는 괴롭고 중년 이후에 발한다고 하였다.

徐閣老 '戊午 乙卯 辛卯 辛卯'. 嚴世蕃 '癸酉丙辰'(以恩廕至侍郎罪大惡極典珦 음서의 은혜로 시랑에 이르렀으나, 대악한 죄를 지어 극전의 형을 받았다). 余元立翰林 '戊午乙丑'. 鄭尚書 '己亥丙子'. 魏一恭方伯 '壬子壬子'. 郭萬程進士 '丁卯己酉'. 楊一鳳御史 '辛巳辛丑'(戊午年卒). 林奎知縣 '甲戌己巳'. '甲子壬申'. '己卯丁卯'(俱副使). 林喬相憲副 '辛丑辛丑'. 伍令御史 '丁卯己酉'(夭).

신사일 신묘시는, 춘에 재왕하고, 하에는 관왕하며, 추에는 신강한데, 동에는 유약하다. 년·월로 사·유에 목·화의 운을 행하면 귀한 무리이다. 신(申)월에 목·화 운은 금자요. 사월에 서·북 운은 풍헌이다.

王繼禮廉憲 '己亥 甲戌 辛巳 辛卯'. '辛未丙申'(辰運戊午年凶死).

신미일 신묘시가, 미·정(未丁)이 년·월로 순수하면 비록 권귀(權貴)는 크나, 종말이 좋지 못하다. '인사해'의 글자가 순수하면 길하다.

趙鳳尚書 '癸未 丁巳 辛未 辛卯'. 傅鎮都堂 '辛酉庚寅'. 方大樂知州 '甲子乙亥'.

신유일 신묘시는, 출신이 외롭고 힘들지만 중년에 복을 얻고, 말년에는 처를 봉하고 숨은 자식이 있으며, 귀하다. 사(巳)월은 관·인이 천덕(天德)을 만난 것이니, 귀가 1품에 마땅하다. 축월에 목·화의 운은 중귀(中貴)이다. 년·월로 '신유해'에 동·남의 운이면 풍헌이다.

張居止閣老 '乙酉 辛巳 辛酉 辛卯'(十年專政丙子運末壬午年死歲運衝故 십년 정무에 전념하다 병자 운의 말 임오년에 사하였는데, 세운이 충한 까닭이다). 陸布政 '戊申戊午'. 方一正擧人 '辛卯丙申'. 肖景訓進士知州 '戊申甲子'. 王國侍郎 '辛亥辛丑'.

신해일 신묘시는, 춘·하라면 재관이 쌍미하니 귀현한다. 추·동은 배록에 축마라, 노록(勞碌)이 반복된다. 해(亥)가 순수하면 금·수로 함수(涵秀) 즉 빼어남을 머금으니 고과(高科) 즉 과거에 높이 발함이 많다. 진·술은 길하고, 축·미 또한 길하다.

吳桂芳尚書 '辛巳 戊戌 辛亥 辛卯'(一云庚寅時). 汪道崑侍郎 '乙酉己丑'(有文名). 錢四竁御史 '乙丑丙戌'(凶死). 汪旦御史 '己未壬申'. 范應期狀元 '丁亥辛亥'. 林煥擧人 '辛丑癸巳'.

양인(羊刃)겁재(劫財)의 국이라. 교(皎)교한 달에도 영허(盈虛)가 있다. 재록이 중년에 모이는데, 원앙의 짝함이 상하여 비통함이 두렵다.

두 신(辛)이 묘를 만났으니 녹이 분명한데, 비겁이 재를 만나니 또한 만사가 불성이라. 춘·하의 사람은 생재하고 녹왕한데, 추·동은 형·해(刑害)가 되니 명이 중평(中平)일 따름이다.

신일이 시에서 신묘를 만남은, 2신(辛)이 처·재를 분탈한 것이다. 안행(鴈行) 원려(鴛侶)에는 다소 합하고 화해하니, 독립하여 스스로 이루다면 장애는 없다. 년·월로 재성이 생왕하면 흔연(忻然) 곧 즐거움이 당연하니, 녹이 하늘로부터 저절로 온다. 운이 비·겁을 행하면 일이 가라앉고 파묻히는데, 수·목의 운 가운데로 통하면 태평하다.

【六辛日(壬)辰時斷】육신일 임진시의 판단

육신일 생이 시가 임진이면, 상관(傷官)상진(傷盡)의 정신이 배가된다. 사주에 화(火)가 허하여 극·해(尅害)를 막는데, 구류와 기예·점과 의사 곧 선비와 유자 이외의 업에 속한다.

신일 임진시는, 암으로 금침(金沈)수저(水底) 즉 금이 물바닥에 가라앉은 것이다. 신이 병으로 관을 삼는데, 임은 상관이요 진은 수고가 되어, 병·신(丙辛)이 무기(無氣)한데, 임수는 합국한다. 만약 년·월로 병이 투간하면, 이는 상관견관이라 형·화(刑禍)가 백단(百端)이다. 위인됨이 기고만장하며 과대 포장되니, 수이(秀而)부실(不實) 즉 빼어나도 실하지 못하다. 월기로 불통하고 의탁할 것이 없으면, 그 사람의 성패가 반복될 뿐이요, 의와 복서 예술에 종사한다. 사주에 목·화가 있고 신왕하며, 동·남의 운을 행하면 귀하다.

신축일 임진시는, 춘이면 현달하고, 하는 평상인데, 명·리는 있으나 주가 포학하다. 유월에 동방 운을 행하면 귀하다. 술·미로 사고(四庫)가 온전하면 가장 귀하다. 미가 순수하면 잡기(雜氣)재인(財印)이라, 축·미로 충개(衝開)하면 주에게 권귀가 있다.

王繼津侍郎 '癸未 己未 辛丑 壬辰'. 殷正茂尙書 '癸酉己未'. 何懋官進士 '戊申癸亥'. '甲申戊辰'(解元).

신묘일 임진시는, 춘에 재왕이라 처현자효한다. 여름은 상관견관이지만 또한 부한 자가 많다. 추는 길하다. 동이라면 고극(孤尅)하나, 귀한 자가 많다.[10] 張給事 '壬辰 辛亥

---

[10] 이 부분은 중국 판본과 한국의 인터넷 본이 서로 그 내용을 달리하면서 일시에 대한 해석이 차이가 난다. 그런데 가만히 보면 어떤 쪽은 중국 본이 다른 쪽은 한국본이 타당함이 있어 일단 여기에 병기해 둔다. 그리고 이 부분은 신사일과 신축일에 대한 설명과 동일한데, 이리되면 한국판과 중국본이 서로 날과 시가 하나씩 밀리는 것이 되고, 그 내용을 살펴보면 글의 중복됨이 있다. 비록 틀린 것이지만, 여기에 인터넷본이 말하는 내용을 참고로 기록하는데 잘못된 것이다.

"신묘일 임진시는, 춘은 상관생재요. 하는 행하고 숨음이 반복되며 혹은 흉폭한데, 오미라면 또한 기묘함이 있다. 추는 신유로 신왕하니 화를 얻은즉 길하다. 동은 해자가 상관상진이라, 목토가 있으면

辛卯 壬辰'. 周鯤進士 '丁卯丙午'. '乙巳壬午'(貧生).

신사일 임진시가, 춘(春)이면 상관생재요. 하(夏)에는 행하고 숨음이 반복되거나 혹은 흉폭한데, 오·미(午未)라면 또한 기묘함이 있다. 추(秋)는 신·유(申酉)로 신왕하니 화(火)를 얻은즉 길하다. 동(冬)에는 해·자(亥子)가 상관상진이라, 목·토가 있으면 묘함이 된다. 귀함은 중하고 청고하나 형극(刑尅)을 면치 못한다. 진술축미는 주가 무장으로 귀하다.[11]

羅欽順狀元 '乙酉 戊子 辛巳 壬辰'(名臣). 孫應奎尙書 '丙午辛丑'(剛直). 林廷進士 '庚午己卯'. 鄭邦興進士 '丁丑丙午'. 陳堂錦衣指揮 '癸丑丙辰'. 曹世德參將 '戊辰辛酉', 府尹 '丁巳丁未'.

신미일 임진시는, 그 몸이 고독하다. 춘생은 재성격으로 길하다. 하는 노록(勞碌)이요, 추는 귀한데, 동은 상관상진하여 기묘함이 된다.

禮部尙書 '庚申 甲申 辛未 壬辰'. 楊廉侍郎 '壬申戊申'. 王廷聲侍郎 '丙戌戊戌'. 王廷弼舉人 '壬午丙午', '辛未庚子'(知縣). 張秩翰林 '戊子乙丑'(早卒乏嗣).

신유일 임진시는, 춘에 부귀쌍전한다. 여름도 좋다. 추는 신왕하여 귀하다. 동에는 백정(白丁)이다. 자월은 신의 생지요·학당이라, 주에게 문(文)과 학(學)이 있는데, 년·월로 화(火)의 구제함이 있으면 귀하다. 갑술 월이면 3품이다.

王九庵尙書 '庚子 己卯 辛酉 壬辰'. 王仲山僉憲 '丁巳壬子'(畫入妙品海內高人子進士 서화의 품격이 묘하며 해내의 고인으로 아들은 진사였다). 黃大中知府 '丙子癸巳'. '乙酉辛巳', '辛巳癸巳'(俱舉人).

신해일 임진시는 귀하다. 춘은 재왕으로, 그 몸을 돕는다. 하는 길하다. 추는 신왕하여 좋다. 동은 상관상진하면 자립자성한다. 년·월로 묘·미(卯未)는 귀하다.

許國翰林 '丁亥 丁未 辛亥 壬辰'. 楊鐸知府 '戊辰乙卯'. 黃鏜郎中 '己酉癸酉'. 沈愷進士 '壬子癸丑'. '丁卯丙午'(侍郎). '癸巳壬戌', '戊午壬戌'(俱舉人). 張閣老母 '丙寅壬辰'.

세수(細水)장류(長流) 즉 가는 물길이 길게 흐르는 국(局)이다. 육 신(辛)일은 모두 음에 속하니, 운이 재왕지를 행하면 관록은 저절로 와서 임한다.

묘함이 된다. 귀함이 중하고 청고하나 형극을 면하지 못한다. 진술축미는 주가 무장으로 귀하다."(×)
[11] 인터넷 본에는 이 부분을, "춘은 현달하고, 하는 평상인데 명리는 있으나 주가 포학하며, 유월에 동방운을 행하면 귀하다. 술미로 사고가 온전하면 가장 귀하고, 미가 순수하면 잡기재인이요, 축미로 충개하면 주에게 권귀가 있다."고 하였는데, 이는 신축일에 대한 설명과 같고 틀린 것이다.

육신의 일간에 시로 임진은, 재·관을 사슬로 닫고 잠그니 일이 능하지 못하다. 자물통과 열쇠 그리고 누르고 숨은 것이 서로 통하지 않으면, 자고로 발하기 어려운 작은 사람일 뿐이다.

신일이 시에서 임진을 만남은, 상관이 상진(傷盡)되어 기묘함이 있다. 부모 조업은 일찍이 어려움이 되었고, 안행(鴈行)에는 나누어 날고자 하니 서로 그 뜻이 없음이라. 춘·하는 재관이 생왕하니 동·남방의 운이면 베풂이 된다. <u>스스로 도모하고 자립하여 집안의 자산을 지을 것이요, 친인(親人)의 힘과 도움은 얻지를 못한다.</u>

【六辛日(癸)巳時斷】육신일 계사시의 판단

육신일 생이 시가 계사면, 귀기(貴氣)를 상함이 없고, 관·인이 강하다. 월기로 통하고 겸하여 의탁함이 있으면, 조년(早年)에 영귀하니 성명이 향기롭다.

신일 계사시는, 관인으로 본신을 도운다. 신이 병으로 관을 삼고, 무로 인을 삼으며, 계로 식신을 삼는다. 사(巳) 위에서 병·무가 건왕하고, 계가 합하여 화(火)로 화하니, 적백(赤白)의 문장이라. 만약 의탁함이 있고 월기로 통한 자는 현달(顯達)한다. 월로 불통하여도 만약 운에서 통한다면, 역시 귀하다.

신축일 계사시는, 흉하다. 부모와 별도로 발복한다. 춘·하에는 길하다. 추·동이라면 흉포하다. 달리 귀(貴)로 화하지만, 음주를 경계하라 한다.

林子仁魁元 '戊戌 癸亥 辛丑 癸巳'. 善才進士 '戊辰丁巳'. 張懋修 '丙辰癸巳'(狀元革). '辛卯乙未'(刑人).

신묘일 계사시는, 춘·하에는 신약하여 수(壽)를 재촉한다. 추는 신강하여 노력하나 신고(辛苦)하다. 월기로 화·목이 있으면 3-4품의 귀이다.

趙鸞郎中 '丙寅 甲午 辛卯 癸巳'. 何道濟進士 '丙午辛卯'. 張子滔郎中 '乙亥甲申'. 胡公濂進士 '丙辰乙未'.

신사일 계사시는, 화귀(化貴) 즉 귀로 화한다. 자·오의 년에 인오술 월이면 귀하고, 해묘미는 청귀하다. 신자진은 뜻이 없는 사람이다. 신사와 계사는 양간(兩干)이 부잡(不雜)이라, 인·진에 병이 투간하면 모두 주가 극귀한다. 축·유로 삼합하여도 역시 길하다.

呂純陽 '丙子 癸巳 辛巳 癸巳'(神仙). 寇準萊公 '辛巳癸巳'(考道書呂公生天寶十四年乙未四月十四日巳時 考宋史寇公七月十四日生 魏野詩云 何時生上相明日是中元星家傳俱誣 도

서를 보면 여공은 천보14년 을미 4월 14일 사시라 하였고, 송사를 보면 구공은 7월 14일생이라 하였는데, 위야시에 이르기를 어떤 시에 생하든 간에 서로가 밝은 날 위에 있었다고 한다. 이는 중원 점성가에서 전하는 것으로 두루 혹세무민한 것이다). 富弼鄭公 '丙辰丙寅'. '戊午乙丑'(總兵), '癸亥庚申'(擧人). 傅鳴會知府 '壬午壬子'. 胡朝臣通參 '甲戌甲戌'(沈東己巳月二公俱淹獄 깊이 간언함으로써 기사월에 2공이 모두 옥에 갇혔다). 張錠進士 '庚子己卯'.

신미일 계사시가, 인오술 월이면 높은 명이다. 사유축은 신왕하고 평온하다. 신자진은 백정이다. 해묘미는 청귀하다.

鄒尚書 '己卯 辛未 辛未 癸巳'. 史知府 '丙午丙申'. 蔡仁進士 '己未庚午'. 張潤錦衣 '甲子乙亥'(極富多子壽不六旬). 陳柏憲副 '丙寅乙未'.

신유일 계사시는, 귀현하나 주색이 중하다. 인·묘는 재왕으로 길하다. 축이면 삼합이 온전하여 부귀하다.

林介和知府 '壬寅 癸卯 辛酉 癸巳'. '辛巳辛丑'(富貴).

신해일 계사시는, 시·일이 병충(併衝)하니 처자를 상할까 근심이다. 춘은 재왕하고, 하는 길하며, 추는 평상이요, 동은 흉포하다. 년·월로 유·오에 목·화의 운이면 풍헌, 도당이다.

湛若水尚書 '丙戌 己亥 辛亥 癸巳'(道學). 周進隆布政 '癸酉庚申'. 金定僉事 '辛巳戌戌'. 蔣相侍郎 '己未壬申'

신간(辛干)시대(時對) 즉 천간 신금이 시에서 대충한 국(局)이라, 관·인을 서로 만남이 기쁘다. 형·충·파를 만나지 않으면, 몸을 일으켜 날아올라 황제의 궁에 이른다.

계사시가 신의 일간을 만나니, 사주 가운데 재·관이 드러남을 오직 기뻐한다. 운이 녹·마를 행하고 형(刑)하는 땅이 없으면, 금방(金榜)에 이름을 걸고 어란(御鑾) 즉 천자의 가마를 제어한다.

신일에 시로 계사가 임하니, 춘생이면 재왕(財旺)으로 토대가 된다. '병·정·오'로 년이 짜여짐이 가장 기묘하고, 파극·형충됨은 불리하다. '임계·경신(庚申)'에 파(破)가 없으면 공명과 부귀가 적중된다. 처현·자효하니 두 형상이 다 마땅하고, 사시(巳時)를 형·파함은 불리하니 구제하지 못한다.

【六辛日(甲)午時斷】육신일 갑오시의 판단

육신일이 갑오시를 만난 것은, 암귀(暗鬼)에 효신(梟神)이라 진실로 가히 두렵다. 만약 의탁할 것이 없으면, 도리어 노(勞)록만을 생하니 갈 길이 저문 것이다. 육신이 마(馬)를 만남은 귀하다.

신일 갑오시는, 귀왕(鬼旺)신쇠(身衰)라. 신이 정을 써서 귀(鬼)살로 삼고, 기는 도식(倒食)이 되며, 갑은 재가 된다. 갑오는 목(木)이 사(死)한 것인즉 신(神)이 무기(無氣)하고, 정·기는 건왕하니, 비록 오를 보아 천을(天乙)귀인이 되었어도 평생의 성·패를 반복할 따름이다. 왕기(旺氣)에 통함이 늘어서 있으면 또한 귀하지만 길지 아니하다. 만약 화·토의 월에 생하고, 서방의 운이면 귀하다.

신축일 갑오시가, 년·월로 미·신(未申)이고 사주에 형해(刑害)가 있으면, 비록 부하나 수명이 요절이라. 금에 통하면 비록 귀하나, 길지 못하다.

方守布政 '丙辰 甲午 辛丑 甲午'. 周天佐主事 '戊寅壬戌'(諫言係獄死 간언에 연계되어 옥사하였다. 달리 '辛未 辛卯 壬午 庚戌'이었다고 한다). 彭希賢進士 '壬戌癸丑'. 劉覺吾郎中 '壬辰丁未'. '丁酉丁未'(一進士一官生同).

신묘년 갑오시가, 묘월이면 무(武)로 귀하다. 인·술은 파조(破祖)하는데 그렇지 않으면, 잔질에 요절이다. 사·오는 7-8품의 귀이다. 운도 동일하다.

陳仲擧人 '丙午 癸巳 辛卯 甲午'. 開封周王 '庚子甲午'.

신사일 갑오시는, 평이하다. '인오술'은 관왕하여 길하다. '신자진'은 평상하다. 묘·술의 년이면, 관·인이 쌍전하니 공후(公侯)다.

史參政 '癸酉 戊午 辛巳 甲午'. '辛亥丙申'[12](縣尹). '壬辰乙巳'(凶死). 楊成尙書 '辛巳己亥'.

신미일 갑오시가, '신자진'이면 편관에 제복함이 있어 길하다. 축·술은 방면(方面)이다. 미월은 귀하다.

歐陽鐸侍郎 '丁未 戊申 辛未 甲午'. 藍濟卿御史 '甲戌甲戌'. 沈良擧人 '戊午甲寅'. 張居正閣老父 '甲子丁丑'(子孫昌盛夫婦偕老 丁丑年九月卒生前恩榮無比 자손이 창성하고 부부 해로하며 정축년 9월에 졸하였는데, 생전의 은영이 비할 바가 없었다).

신유일 갑오시는 춘이면 재왕이요, 하는 관귀(官貴)니 두루 길하다. 추는 신강이라 비록 부하나 길지 아니하고, 동은 평상하다.

薛文淸公 '甲午 己巳 辛酉 甲午'(從祀廟廷 묘정에 종사하였다). '乙卯丙寅'(擧人).

신해일 갑오시가, 년·월로 '해·자'라면 금·수가 빼어남을 머금었으니 문학으로 감

---

[12] 원문에도 갑으로 되어 있는데, 이는 오기로 곧 丙申일 것이다.

히 자랑할 만하다. 진술축미는 잡기재관이라 귀현한다.

楊尙書 '丁亥 壬子 辛亥 甲午'.   趙文華尙書 '癸亥己未'.

사의(四意)삼심(三心) 즉 4가지 뜻에 3개의 마음이 있는 국(局)이라, 도모함에 일이 막힐까 의심됨이 있다. 비록 재록(財祿)을 모은다 해도, 옳음을 매면서 또한 그름을 둘러맨 것이다.

육신 일간에 시가 갑오면, 재신이 무기(無氣)하여 서로가 마땅치 않다. 춘생으로 목이 왕하고 재ㆍ관의 운이면, 한 길로 도도하여 성ㆍ명ㆍ자가 향기롭다.

신일에 시로 갑오가 임함은, 처ㆍ재가 무기하고 본신이 쇠한 것이다. 천간으로 강한 화가 왕하게 되면 귀(鬼)살의 잉태가 되니, 화는 중한데 금은 유(柔)하여 단련하다 무너진다. 가장 꺼리는 것은 용신이 손상됨이니, 금침(金沈)해저(海底)하면 재앙을 생한다. 무형ㆍ무파라면 심회 즉 마음에 품은 것으로 나아가니, 귀함이 중하고 광명이 광대하다.

【六辛日(乙)未時斷】육신일 을미시의 판단

육신일 생 시가 을미면, 화ㆍ목이 서로 이루어져도 금이 두려워하지 않는다. 월에서 금기로 통하고, 더불어 봄의 영화가 있으면, 재왕(財旺)생관(生官)하여 그 몸이 절로 귀하다.

신일 을미시는, 하늘의 재(財)가 입고(入庫)한 것이다. 신이 을로써 재를 삼는데 미 위에서 입고되었다. 기로 도식을 삼고, 정으로 정귀(正鬼)를 삼는데, 미 위에서 정은 숨었고, 기는 명을(明乙)에 제복을 당해 능히 해가 되지 못한다. 만약 월로 '사유축'에 통한 자는 귀하다. 화로 통하고 서방의 운을 행하거나; 금에 통하고 남방 운을 행하여도 두루 귀하다.

신축일 을미시는, 형(刑)이다. '해묘미ㆍ인'의 월이면 재왕생관하니 불귀(不貴)즉부(則富)하다. '진술축ㆍ자' 역시 두루 길하다.

林省吾侍郎 '乙未 丁亥 辛丑 乙未'. 陳克恭御史 '己丑甲戌'. '辛酉戊戌'(學士). 胡汝霖都憲 '壬申丁未'. 王繼禎進士 '丁卯壬子'. '壬午己酉', '丁丑戊申', '戊辰庚申'(俱擧人).

신묘일 을미시가, '해묘미'의 월이면, 재성(財盛)생관하니 길하다.

鄭鰲擧人 '辛未 辛卯 辛卯 乙未'.

신사일 을미시가, 월에서 금ㆍ화로 통하면 귀하다. 운에서 통해도 역시 귀하다.

易提學 '甲寅 癸酉 辛巳 乙未'. '壬寅癸卯'(大參貪鄙 대참인데 탐하여 비루했다).

신미일 을미시가, 년·월로 '인묘미'라면 재왕생관하니 이름이 높고 녹은 중하다. 화기로 통하고 서방 운을 행함과 금기로 통하고 남방 운을 행함은 두루 길하다.

蔣冕閣老 '癸未 乙卯 辛未 乙未'. 王俊臣布政 '丙寅丙申'. '丁酉壬寅'(主事), '戊子乙卯'(進士).

신유일 을미시가, 월로 화기(火氣)에 통하고 동방 운을 행하면 귀하다. '진술축미'는 가장 길하다. 해·묘는 귀현하나 오래 가지 못한다. 추생이면 신(身)이 태왕하여 재·관이 무기하니, 흉하고 요절한다.

歐陽紳 納指揮陞都司陣亡廗指揮(지휘를 들이고 절도사에 올라 진 중에서 죽었는데, 몰래 지휘한 때문이다) '己巳 甲戌 辛酉 乙未'(子進士). 秦都事 '己巳戊辰'(秦尙書子). 朱運昌進士 '己未乙亥'.

신해일 을미시가, '해묘미'의 월이면 재성격으로 길하다. 추·동으로는 고독하다. 진·축은 근시(近侍)로, 3품이다.

'戊辰 甲子 辛亥 乙未'(貴).

편재(偏財)시왕(時旺) 즉 편재가 시에서 왕한 국(局)이라, 을을 미고(未庫) 중에 감추었다. 축·술로 서로 만나는 곳에서 공명을 한림(翰林)에 묵향을 풍긴다.

미시 신일은, 창고의 문이 열린 것이다. 높이 서서 집안을 이루니 스스로 발재(發財)한다. 금·목의 운 중에서는 신왕으로 길하고, 여러 경험을 지나서 복이 거듭 옴을 만난다.

신일이 시에서 을미를 만남은, 고(庫) 중에서 편재가 투출한 것이다. 운이 목방을 행하면 본신 금이 쇠약함을 꺼리고, 축·술의 운이라면 크게 통함이 있다. 경력을 쌓으면 초년에 발복하고, 원위(鴛幃) 즉 원앙의 휘장으로 적을 막으니 재앙이 없다. 영화와 부귀의 명(命)인 가운데 물리침이 있다. 파(破)가 없으면 관의 청태(淸泰)함이 된다.

【六辛日(丙)申時斷】육신일 병신시의 판단

신일생이 시에서 병신을 만남에, 월로 금·화에 통하면[13] 그 정신을 옮긴 것이다. 금·수가 화성(化成)하고[14] 금의 땅에서 만났으니, 복을 취하여 능히 부귀(富貴)인이 된다.

신일 병신시는, 병·신(丙辛)이 수로 화하고, 신(申) 위에서 장생한 것이다. 만약 월

---

[13] 이는 시에서 금과 화에 통한 것이다. 월로 기록하니 이후의 문맥을 먼저 차용한 것으로 보인다.
[14] 금이 병신합하여 수로 화하고, 신금이 장생지에 앉은 것이다.

로 '사유축' 금기에 통한 것은 정신이 수려하고, 문장의 복을 모은다. 화기(火氣)의 왕함에 통하고 의탁할 것이 있으면 귀하다. 신유와 신미가 가장 묘하다. 화상(化象) 즉 화하는 상을 이루지 못하면, 신(申)상에서 관성(官星)이 무기(無氣)하게 되니 평상의 의록(衣祿)일 따름이다.

신축일 병신시는, 귀(貴)로 화한다. 어려서는 막히고 깎이나 중년에 귀현한다. 해월로 화기(化氣)를 지으면 길하다고 본다. 월로 '인오술·사미'라면 관성이 유기하다. 춘에는 재왕(財旺)하니 두루 길하다.

倪緝進士 '辛酉 己亥 辛丑 丙申'(一戊戌月貴). 趙進士 '戊辰庚申', '己亥壬申'(貴).

신묘일 병신시도, 귀(貴)로 화한다. 월로 '인·사오미·술·유해'라면, 관성이 명랑하니 산은 밝고 물이 빼어나서 등과(登科)하여 영귀(榮貴)한다. 토기로 통함 역시 귀하다. 한편으로 말하기를 어려서는 건체되나 중년과 말년에 좋다고 하였다.

丘茂英擧人 '丙申 乙未 辛卯 丙申'.

신사일 병신시는, 피[血]를 본즉[15] 복이 된다. 또한 이르기를 귀한 가운데 잃음이 있다 하였다. 년·월로 신·미(申未)는 그 몸이 두텁고 처가 중하며 자식이 효도하는데, 무직(武職)으로 3품이다.

薛侍郞 '戊戌 甲子 辛巳 丙申'. 趙參政 '庚子戊子'. 姜應熊總兵 '乙酉甲申'. 吳逵知府 '辛亥甲午'. 周狀元 '丁巳庚戌'. '丁亥壬寅'(巨富), '乙巳辛巳'(進士知州).

신미일 병신시는, 귀인으로 인하여 그 문하에서 부(富)를 얻는다. 춘은 청귀(淸貴)요, 하는 평상이며, 추는 부하고, 동은 대귀(大貴)하나 수명을 재촉한다. 《신백경》에 이르기를, "금·수가 괴합(乖合) 즉 합은 어그러졌으나 또한 수로 화하니, 주가 귀하다"고 하였다.

陸樹聲會元尙書 '己巳 丁卯 辛未 丙申'. 楊萬程太守 '壬戌丙午'. '己卯癸酉'(進士), '甲午丁丑'(擧人).

신유일 병신시가, 월로 '인·사오·술'이면 관왕하여 영귀한다. 《신백경》에 이르기를, "수로 화하면 주가 귀하다"고 하였다.

'己酉 庚午 辛酉 丙申'(太守). '丁酉己酉'(巨富).

신해일 병신시는, 발복하는데 고극(孤尅)은 막았으나 질환을 두른 것이다. 금기로 통한다면 그 주인이 수려하고 복이 두텁다. 수기로 통하면 대귀하다.

---

[15] 사신으로 합형의 의미가 있는데, 수기의 뜻이다.

王侍郎 '辛亥 丙申 辛亥 丙申'. 蔡存遠進士 '壬子癸丑'. 潘允哲學憲 '甲申乙亥'. 楊道亨知府 '癸未乙丑'.

합화(合化)천원(天元) 즉 천원에서 합화한 국(局)이라, 겨울 생이면 복이 남음이 있다. 시에서 따라와 귀(貴)를 드러내니 금방(金榜)에 그 이름과 주제를 걸어 잡는다.

신일에 좋은 시로 병신을 만난 것은, 천원이 화합하니 참됨을 얻은 것이다. 겨울 생에 또한 형·파가 없으면 귀현하니, 마땅히 등과하여 요로에 진(津) 친다.

신일이 병신시를 만남은, 장생 녹마로 드물게 기묘한 것이다. 천원이 화합하여 광휘를 드러내니, 직(職)은 중하고 이름은 높으며 위세가 있다. 군자라면 문장이 높은데 서고, 평상인은 영화롭고 왕(旺)하여 집안의 기틀을 세운다. 생시가 참되니 정히 어그러짐이 없다. 운은 서·남·동의 땅을 기뻐한다.

【六辛日(丁)酉時斷】육신일 정유시의 판단

육신일 생이 시가 정유면, 귀(鬼)가 녹원(祿元)을 파했으니 원래부터 앙화가 백 가지라. 신강(身强)에 의탁할 것이 있으면 바야흐로 길하다고 판단하고, 월에서 제복함에 통하면 이는 편관(偏官)이 된다.

신일 정유시는 화·금이 쟁투함을 쥔 것이다. 신금이 유(酉)위에서 건왕한데, 정화를 보니 정귀(正鬼)가 되었다. 유 상에서 정이 장생하고 녹을 파하니, 그 복을 이루지 못하여 성패를 반복한다. 신강하고 월기로 통하여 제복함이 있게 되면, 편관을 지어 논하는데, 다시금 신왕의 운을 행하면 귀하다. 금기로 통하고 다른 정화가 없으며 신강(身强)한데, 남방의 운을 행하면 대귀하다.

신축일 정유시는, 높고 평온하다. 유월에 토·목의 운이면 방면이다. 년·월로 '술해자·사미'라면 대귀하다.

張岳侍郎 '壬子 庚戌 辛丑 丁酉'(名臣). 莊仁山進士 '癸丑辛亥'. 徐養相擧人 '辛巳辛丑'. '壬午乙巳'(宗室).

신묘일 정유시는, 시·일이 병충(併衝)이라. 월에서 금기로 통하고 병·정을 투간하지 않으며, 남방의 운이라면 귀하다.

王凌侍郎 '甲子 癸酉 辛卯 丁酉'. 何棨憲副 '戊寅甲子'. '庚辰乙酉'(進士).

신사일 정유시는, 평범하다. 해월은 정(定)처가 없고 반복된다. 오월은 편관인데 병을 둘렀으니 현달하나 수촉(壽促)한다. 자월은 귀인의 인척(戚)이다. 한편으로 말하기를 재물이 있고 기쁨도 있으나 수명이 불과 31세라 하였다.

莊用賓僉事 '甲子 丙寅 辛巳 丁酉'. 曹同知 '辛巳辛卯'. 吳三畏擧人 '丙子戊戌'.

신미일 정유시는, 불귀즉부한다. 월로 금기에 통하고 병·정의 글자가 없으며, 남방의 운을 행하면 귀하다.

戴大賓編修 '己酉 壬申 辛未 丁酉'(考戴公自云 庚戌生附於朱文公己酉恐非惜不祿 대공이 스스로 말한 것을 보면, 경술생으로 주문공에게 의탁하였는데 기유가 아님을 두려워하여 불록됨이 애석하다 하였다). 馬仮主事 '辛丑辛丑'. '己未丙子'(富). '丙申庚子'(壽踰百歲 수가 백세를 넘었다).

신유일 정유시는, 년·월로 금기에 통한 것이 길하다. 축월로 서방 운은 풍헌이요, '인오술'은 귀하다.

郝良臣方伯 '壬戌 丙午 辛酉 丁酉'.

신해일 정유시는, 귀하다. 년·월로 '축·인묘·유'라면, 근시에 금자(金紫)이다.

沈健知府 '己亥 辛未 辛亥 丁酉'(巨富子貴).

시상(時上)살생(殺生) 즉 시 상에서 살이 생한 국(局)이라. 천원으로 관을 보지 아니하고, 신강(身强)에 재·록(財祿)의 운이라면 귀현하여 금란(金鑾) 즉 천자의 가마에 방울을 흔들며 나아간다.

유시에 신일은, 등동(等同) 즉 같은 무리라. 집을 나서 서로 맞이하니 새로움을 모시는 일을 기뻐한다. 형충·공·극파를 만나지 않으면, 부귀가 그 몸에 더하지 않음을 어찌 근심하리오.

신일에 시로 정유가 임함은, 편관이 합국(合局)이다. 병·정을 서로 투간하여 거듭 보면 주가 오래 막힘에 머물고, 자식 후사는 여다(女多)남소(男少)한다. 조업은 남은 꽃잎이 가을에 저문 것이고, 유랑하는 사람에게는 구름이 교교한 달빛을 거둔 셈이다. 신강(身强)에 관왕(官旺)하면 복이 넉넉하고 여유로운데, 운이 재·관에 이르면 크게 거둠이 있다.

【六辛日(戊)戌時斷】육신일 무술시의 판단

육신일 생이 시가 무술이면, 인수가 생신(生身)하고 좌록(坐祿)의 집 곧 좌하가 녹당(綠堂)이라. 의탁함이 있으면 복된 사람인데, 조상에 의지하기는 어렵다. 월기로 불통하면, 이는 평상인이다.

신일 무술시는, 녹(祿)과 인(印)이 한 집에 동거한 격이다. 신이 술로써 녹당[16]이 되는데, 술 위에서 무가 밝아 인수가 된다. 병·정으로 관을 삼는데, 술 위에서 무토가 제자리에 앉았고, 병·정의 화국(火局)이다. 만약 의탁함이 있고 월기로 통한 것은 정위(正位)가 되지만, 조업(祖業)은 어렵다. 불통하면 평상하다.

신축일 무술시는, 형(刑)과 해(害)가 된다. '진술축미'는 인수라, 남방 운을 행하면 대귀하다. 인·사(寅巳)로 정관은 귀하다. '자오묘유'라면 무직(武職)으로 풍헌이다.

閣老 '壬辰 甲辰 辛丑 戊戌'. 吳布政 '壬午庚戌'. 曹當勉知府 '戊辰甲寅'. '辛巳辛丑'(擧人).

신묘일 무술시는, 형·해에 도철(饕餮) 즉 탐냄이 많다. 해·묘의 월에 목·화의 운이면 5-6품의 귀이다.

湖廣襄王 '辛卯 甲午 辛卯 戊戌'. 霍冀尙書 '丙子辛卯'(壽六十). 葉珩布政 '丁未辛亥'. 知府 '丁酉丙午'. '庚寅戊子'(通判).

신사일 무술시가, '진술축미'의 월이면 인수로 문귀(文貴)이나, 작은 병이 있다. 토가두터운 분야에서 생하면 귀하다. 술월에 목·화 운을 행하면 풍헌이다.

伯 '丁丑 丁未 辛巳 戊戌'. 參政 '乙亥壬午'. 高時給事 '乙丑己丑'(悶死). 陳文浩進士 '丁未乙巳'. '庚申甲申'(擧人).

신미일 무술시는, 흉악(凶惡)하고 한폭(狠暴)하니 처자를 상할까 근심이다. 월로 '인·사오·술축'은 귀하다. '신자진·해'는 금·수가 빼어남을 머금었으니 또한 귀하다. 한편으로 부모를 극하는데, 신왕하니 중년에는 부하다고 한다.

王國光尙書 '壬申 壬子 辛未 戊戌'. 李鳳毛少卿 '乙亥辛巳'. 俞咨伯副使 '辛未戊戌'(兩干不雜). 姚鳳翔副使 '甲子丁丑'. 丘天祐御史 '甲戌丙寅'. 李鶚主事 '壬午庚戌'. 李奇俊擧人 '辛未甲午', '甲寅丁丑'(貴同). '丁卯庚戌'(凶死).

신유일 무술시는, 흉형(凶刑)하다. 년·월로 '사유축·진술미'는 으뜸의 근원이니, 경윤(卿尹) 즉 공경과 판윤의 명이 된다.

萬士和尙書 '丙子 己亥 辛酉 戊戌'(君子). 李侍郎 '己巳癸酉'. 陶謨御史 '丙辰庚寅'. '戊子己未'(知府). '丙寅辛丑'(進士). 林文聰知縣 '戊戌庚申'. '辛丑乙未'(擧人).

신해일 무술시는, 흉한(兇狠)하나, 기지와 모략이 간사하고 교활하여 계책이 남 다르다. 한편으로 흉한 뒤에 발한다 하였다.

---

16 녹당 즉 관록의 화고를 말한다.

林夔進士 '乙酉 戊寅 辛亥 戊戌'. 趙申甫擧人 '甲申壬申'. '丁亥乙巳'(凶死).

관인(官印)임시(臨時) 즉 관인이 시에 임한 국(局)이다. 어려서는 일에 어울림이 없으나, 말과 중년으로 시운(時運)이 이르면 창고가 자연히 열린다.

신일 술시는, 재고(財庫)가 닫힌 것이니, 축·진(丑辰)이 오는 것을 기다려 모름지기 이를 열고자 한다. 년·월로 갑·병이 천간에 투출하면, 부귀영화를 시샘하지 않는다.

신일에 시로 무술이 임함은, 오행의 재록(財祿)이 영창한 것이다. 사주 중에 진과 술은 서로에게 마땅하니, 이름하여 약시(鑰匙)개장(開藏) 즉 자물통과 열쇠로 열고 감춘다고 한다. 화·수가 있으면 광휘가 발달하고, 공망되면 쇄폐됨이 일상적인 일이 된다. 운이 재지(財地)와 관향(官鄕)을 행하고, 파(破)가 없으면 천연의 복상(福相)이다.

【六辛日(己)亥時斷】 육신일 기해시의 판단

육신일 생이 시가 기해면, 배록(背祿)에 박관(剝官)하여 도리어 파상(破傷)한다. 비천(飛天)녹마(祿馬)를 지을 것 같으면 귀한데, 시를 잃었고 합이 없으니 허공 중에서 망망(忙忙) 즉 바쁘고 바쁜 것이다.

신일 기해시는, 비록(飛祿)에 국(局)이 합한다. 신이 병으로 관을 삼는데, 해 위에 왕한 임이 있어 상하는 고로, 관이 무기하다. 다시금 해월 혹은 해일을 얻으면, 해(亥)로써 사(巳)를 충출(衝出)하여 그 중의 병화를 관성으로 삼는다. 만약 이것이 신유, 신축으로 합국(合局)하면 귀하다. 그 나머지 신(辛)은 합함이 없다. 월기로 불통하고 의탁할 데가 없으면 가난하고 하천하다. 의탁함이 있으면 길하다.

신축일 기해시가, '진술축미'와 '인·묘'의 월에 생하면 비천녹마를 지으니 귀하다. 미월에 금·수의 운은 금자(金紫)에 방면(方面)이다.

林廉使 '乙亥 丁亥 辛丑 己亥'(合飛天格甲申丙子只作財官看貴 비천격에 합하였다. 갑신 병자는 다만 재관을 지어 귀함을 본다). '辛酉丙申'(喜東南運亦貴 동남운이 기쁘고 역시 귀하다).

신묘일 기해시가, '인묘해미'의 월이면 재왕생관하니 종신토록 경사가 있다. 년·월로 '사유·정(丁)'은 귀하다.

南軒郎中 '丁丑 壬寅 辛卯 己亥'. 張學士 '辛丑己亥'. 張希虞擧人 '乙卯戊子'. 帥蘭給事 '辛卯丁酉'.

신사일 기해시는, 사(巳)의 글자가 전실(塡實)되었으니 비천격에 들지 못하고 다만 관·인을 지어 논한다. 명주(主)의 부모가 갈력(竭力)부지(扶持) 곧 온 힘을 다해 돕고 지지한 연후에 부귀한다.

沈良材侍郞 '乙丑 己丑 辛巳 己亥'. 諸大綏狀元侍郞 '癸未甲子'(癸酉年卒). 萬民範知州 '丁亥壬寅'.

신미일 기해시는, 귀하다. '해묘미·인'의 월에 금이 능히 극목하여 재성생관함이 되면, 명리가 귀현한다. 년·월로 사·오는 부귀하다. 추생에 투병(透丙)하면 길하다.

秦鳴雷狀元 '戊寅 乙卯 辛未 己亥'. 丘愈解元 '丙午丙申'. 賈應元參政 '丁酉壬子'. 汪道崐父 '癸亥乙丑'(受侍郞封). 楊秉義進士 '癸卯辛酉'.

신유일 기해시가, '진술축미'라면 잡기재관으로 길하다. 해가 순수하면 사를 충하는 가운데 병화로 관을 삼으니 귀하다.

鄭綱侍郞 '辛酉 己亥 辛酉 己亥'. 王廷儒擧人 '丁丑辛亥', '辛亥辛丑'(同). 王四槐副使 '庚子己丑'.

신해일 기해시가, 년·월로 해가 거듭 있으면 비천녹마로 3-4품의 귀함이다. 무직으로는 극품(極品)이라 후백(侯伯)에 이른다. 인·사로 전실(塡實)되면 곧 감한다. 년·월로 자·진 역시 길하다.

方一桂御史 '癸丑 乙卯 辛亥 己亥'. 徐元稔進士 '壬辰戊申'. 姚鳴鳳進士 '辛亥癸巳'. '丁亥乙巳'(布政). '甲子乙丑'(主事). '甲戌丁亥'(郞中). '己丑己巳'(擧人).

영지(苓芝)출초(出草) 즉 복령 지초가 풀에서 나타난 국(局)이라. 자주 보지만 각각의 가지가 떨어진 것이다. 옛것을 지킨다면 성취하기 어려우니, 평생토록 스스로 지어 행할 일이다.

신일 천간 기에 해시는, 효신(梟神)이 배록(背祿)하니 주의 재앙을 헤아리게 한다. 충이 없어 발복해도 역시 중하지는 않은데, 녹마비천은 귀함이 스스로 특별한 것이다.

신일에 시로 기해가 임하면, 효신과 배록이 동궁(同宮)이라 좋다. 이는 마치 달이 운롱(雲籠) 곧 삼태기 구름의 침입을 받아 이지러진 것과 같아서, 계사와 갑인은 쓸 데가 없다. 부모는 완전히 불목(不睦)하나, 남은 꽃이 열매를 맺고 바람을 막는다. 만약 극·파와 형·충이 없다면, 비천녹마로 복이 중(重)하다.

星命部彙考五十四
三命通會 二十六

六壬日子時斷, 六壬日丑時斷, 六壬日寅時斷, 六壬日卯時斷, 六壬日辰時斷, 六壬日巳時斷, 六壬日午時斷, 六壬日未時斷, 六壬日申時斷, 六壬日酉時斷, 六壬日戌時斷, 六壬日亥時斷.

三命通會 二十六

【六壬日(庚)子時斷】육임일 경자시의 판단

육임일 생이 시가 경자면, 자 위에서 경이 밝으나 암으로 손상된다. 월 중에서 화·토는 곧 주에게 길함이 되는데, 불통하면 흉한(兇狠)하고 다만 평상할 따름이다.

임일 경자시는, 양인(刃)이 왕하고 신강(身强)하다. 임이 경으로 도식이 되고 계로 양인이 되는데, 시상(時上)에서 경이 밝고 계가 왕하니, 만약 월기로 화·토에 통한다면 경과 계를 제복하여 대귀하다. 불통하면 흉한하고 평상할 따름이다. 운에서 통함도 역시 귀하다.

임자일 경자시가, '진술축미'의 월이면 잡기재관이다. '사신유축'은 인수로 토가 두터운 분야에 거하면 두루 귀하다. 인월에 금·수 운은 근시에 금자이다. 오월에 서방 운을 행하면 6품인데, 자(子)운이면 패하여 흉하다. 만약 임자로 양인이 순수하면 빈흉(貧凶)하다. 달리 말하기를 소년에 부하고, 35세 이후에는 괴롭고 힘든데, 말년이면 대부(大富)라 한다. 신사월을 꺼리니 흉하고 악사하며, 신해월은 대흉하고, 갑자월은 형

(刑)이 된다.

張司寇 '己卯 癸酉 壬子 庚子'. 黃侍郎 '癸酉乙卯'. 李邦珍都堂 己未月. 楊午東 吏部 '甲戌乙亥'. 嚴淸尙書 '甲申己巳'. 張狀元 '甲子乙亥'. '戊午戊午'. '甲寅丁卯' (俱擧人). 蕭遍副使 '辛丑戊戌'.

임인일 경자시는, 귀하나 형(刑)이 된다. '진술축미' 월은 잡기재관이다. '사신유'의 월이면 인수로 두루 귀하다. 을사월을 꺼리니 형을 받음이요, 정유월에는 크게 파조(破祖)하고 악사하며, 을해월도 형(刑)이다.

方獻夫閣老 '乙巳 庚辰 壬寅 庚子'. 焦侍郎 '癸酉甲寅'. 饒侍郎 '壬戌辛亥'. 薛天 華布政 '庚午己丑'. 孫丕揚都堂 '壬辰甲辰'. '乙亥甲申' (擧人).

임진일 경자시가 만약 인·오의 월 생이면 재성이 왕하고, '진술축미'의 월이면 관왕 하니 두루 길하다. 진(辰)이 순수하고 경과 임이 투간하면, 임기(壬騎)용배(龍背)격을 지 으니 대귀하다. 병진월을 꺼리니 요절하여 죽는데, 시신이 온전치 못하다. 정미월은 파 조하고 외롭다. 신축월은 대파(大破)되며, 형이다.

趙丞相 '庚辰 庚辰 壬辰 庚子'. 王參政 '乙酉甲申'. 宋儀望都憲 '甲戌丙寅'. 孫鑛 會元 '壬子丙午'. '庚戌戊子' (經魁). '己丑戊辰' 擧人 (甲子中戊辰死 갑자운 가운데 무진에 죽었다). '壬寅戊申' (吏目壽八十九猶健 관리였는데 수89세에 눈이 여전히 건강했다). '辛亥戊 戌' (富). '癸酉乙卯' (貧凶).

임오일 경자시는, 시·일이 병충(倂衝)이요, 자식은 여다(女多)남소(男少)하다. 축· 미의 월에 남방 운이면 부귀하다. 나머지 년·월에도 여러 귀(貴)를 관찰하여, 명을 가 히 볼 수 있다. 갑오월의 자형(自刑)을 꺼리니, 시비가 많게 된다. 계유월은 대파되고 실 향(失鄉)에 악사한다. 신해월도 악사(惡死)한다.

徐緝僉事 '辛酉 甲午 壬午 庚子'. '丁卯己酉' (貴同). 郭成總兵 '戊子己丑'. 蔡季 良主事 '乙卯乙酉'. '丙寅乙亥'. '癸丑壬戌' (俱擧人). 宋堯武進士 '丙申庚寅'. '癸卯 乙丑' (進士).

임신일 경자시는, 빈(貧)하고 형(刑)이다. 미월은 잡기재관이니 재왕(財旺)운을 행하 면 귀현하는데, 선난후이라 먼저는 어렵고 뒤에는 쉽다. 진(辰)으로 수(水)가 모이면 태 왕하니 모름지기 화·토 운을 행하여야 길하다. 축과 술은 재·관 인수라 두루 길하다. 춘·동에는 평상하고, 추·하로는 길경(吉慶)하다. 을사월로 형(刑)을 받음을 꺼리니 요 절한다. 정유도 요절이요, 을해월은 고독하고 자형(自刑)이다.

夏邦謨尙書 '甲辰 丁丑 壬申 庚子'. 趙侍郎 '壬午乙未'. 李銳進士 '己亥戊辰'.

'己卯乙亥'(貴同).

임술일 경자시는, 요절한다. 축월에 금·화 운과 진·미(辰未)는 재·관격이니, 두루 귀하다. 인·유에 서·북의 운을 행하면 귀하다. '신자진'에 동·남 운을 행하면 극품 (極品)이다. 사·유의 월을 꺼리니 고단(孤單)·흉(凶) 즉 외롭고 짝이 없으며 흉하다. 정해월은 흉형에 악사이고, 신축월은 형이 된다.

曾省吾尚書 '壬辰 壬子 壬戌 庚子'(後削籍). 邢一鳳探花 '庚午戊寅'.

주중(舟重)사탄(沙灘) 즉 배는 무거운데 모래 어귀에 있는 국(局)이라. 양범(颺帆) 즉 돛을 바람에 날리고자 순풍을 기다린다. 흉험한 곳으로 갈마들 기미가 있는데, 길함을 만나면 또한 형통하리라.

천간 임일에 시로 경자는, 일에 유래하여 효신(梟神)이 오고 또 겁재를 만난 것이다. 운이 약하면 처자식을 막고 극하며 해하고, 운이 강하면 재록(財祿)이 하늘에서 스스로 온다.

임일이 시에서 경자를 만남은, 겁재와 도식이 남아 이어진 것으로 비·겁(比劫)의 운을 행하면 모든 일에 근심으로 졸이고, 비록 재록이라도 통하고 현달하기에 능하지 못하다. 안려(鴈侶)에는 쌍친이 실의(失意)하고, 처자는 지체되지만 단원(團圓) 즉 마침내 두루 모여 살게 된다. 재·관의 운을 밟으면 복이 도도한데, 조업(祖業)은 새롭게 개변 (改變)함을 쫓는다.

【六壬日(辛)醜時斷】육임일 신축시의 판단

육임일 생이 시가 신축이면, 지지로는 관성이 있고 위로는 인수라. 월기로 통하고 운이 서남이라면, 관·인이 그 몸을 도우니 사람이 청수(淸秀)하다.

임일 신축시는, 관·인의 자리를 얻었다. 임이 기로 관이 되고 신(辛)이 인이 되는데, 축 상의 금으로 국(局)을 짜서 숨은 기가 자리를 얻은 것이다. 만약 월기로 통하면 위인이 청수하고, 녹(祿)과 귀(貴)가 안온(安穩)하다. 불통하면, 주의 성품이 벽(僻)·궤휼 (詭譎) 곧 편벽되고 속이며 음흉할 것이다.

임자일 신축시가, '사유축'의 월이면 인수라, 부모의 음덕을 받는 경우가 많다. 신 (申)월에 화·토 운이면, 근시에 권세가 있다. '진술축미'라면 관(官)이 있고 인(印)도 있어, 자재가 풍성하고 널리 발달하며 이름을 하늘 끝까지 전한다. '인오술'의 월이면, 재는 파하고 녹과 인(印)을 이루지 못하는 국(局)으로 평상하다. 년·월로 해·신(亥申)

은 귀하다.

布政 '丙辰 丙申 壬子 辛丑'. 張給事 '丁亥戊申'. 御史 '戊子辛酉'. '壬子辛亥' (貴). '丁卯庚戌'(擧人). '辛巳甲午'(富).

임인일 신축시가, 축월이면 잡기(雜氣)인수(印綬)로 높다. 진·사(辰巳)의 월이면 살강(煞强)에 제복됨이 없고 재·관과 본신이 약하니 어렵고 힘들다.

徐浦給諫 '癸未 乙丑 壬寅 辛丑'. '癸巳己未'(進士). 符佶知縣 '癸酉乙丑'. 王基仁都閫 '丙申辛丑'.

임진일 신축시가, '진술축미'면 잡기(雜氣) 재·관·인수라 두루 길하다. 춘은 평상하고, 하는 재록이며, 추는 길한 가운데 흉함이 있고, 동에는 신왕하니 마땅히 남방 운을 행하여야 현달한다.

范文正公 '辛丑 辛丑 壬辰 辛丑'. 黃志淑布政 '辛丑丙申'. 潘旦都堂 '丙申辛丑'. 秦鳴夏修撰 '戊辰丙辰'(一戊戌年中書 달리 무술년의 경우는 중서였다). 李天寵都堂 '辛未丁酉'(凶死). 鄭洛都堂 '庚寅丁亥'.

임오일 신축시는, 녹마(祿馬)동향(同鄕)이라 귀하다. 하에는 길하고, 추는 재·관·인이 온전하니 역시 귀하다.

江淮憲長 '丙辰 丁酉 壬午 辛丑'. 張冕僉事 '癸酉戊午'. 林湛知府 '己巳癸酉'. 林廷瑩給事 '戊辰丁巳'. 陳景行皇親封固安伯 '癸酉庚申'.

임신일 신축시가, 년·월로 '인묘해미'이면 진사(進士)에 풍헌으로, 관은 2품에 이르는데 종래에는 일어나다 거꾸러짐이 있다. 진·술이면 부가 족하다. 신·유(申酉)면 쓰고 누리는 것이 자연스러운데, 북방 운을 행하면 역시 귀하다.

鄭曉尙書 '己未 丙寅 壬申 辛丑'(博雅). 許從誠駙馬 '丁酉戊申'. 曹熙學士 '庚寅丁亥'. 柯維熊進士 '丁未庚戌'. '戊申甲寅'(封官). 劉臺御史 '乙未戊寅'(壬午劾張居正謫戌卒 임오에 장거정을 탄핵하였다가 유배되어 죽었다). 鄒元標進士 '辛亥丁酉'.

임술일 신축시가, 진월이면 재·관을 충개(衝開)함으로 귀하다. 축·술 역시 길하다. 사주에 '을·계·묘'의 글자가 있으면 평상하다.

何洛樞密 '丙寅 戊戌 壬戌 辛丑'. 楊侍郎 '乙酉己丑'. 梁封君 '甲子乙亥'(夢龍父).

시림(時臨)관인(官印) 즉 시에 관·인이 임한 국(局)이라. 신약하면 또한 평상하다. 공명이 현달하기를 원하니, 재·관의 운에 창성함을 밟는다.

육임 일간에 신축시는, 관·인이 상생하니 주가 일마다 기묘하다. 오월에 다시 금·토의 왕함에 통하면, 관청(官淸)귀정(貴定) 곧 관이 맑고 귀를 정한 것이 떠나지를 않는다.

임일에 시로 신축이 임함은, 재·관·인수가 그 중에 있다. 요는 창고의 자물쇠를 열쇠로 열어, 무·기(戊己)에 통해야 함을 알아야 한다. 화가 중하게 상봉하는데 '계·묘·을'의 글자가 있으면 복을 감하니, 용호(龍虎)가 상충함을 만나기 때문이다. 다만 이 싸움도 일찍 대문과 정원을 고치는데 지체됨을 말할 뿐이요, 부귀를 계승하는 은혜가 있으니, 그 총애함에 마땅히 절해야 할 것이다.

【六壬日(壬)寅時斷】 육임일 임인시의 판단

육임일 생이 시가 임인이면, 수·화를 상봉함이니 기제(旣濟)로 논한다. 월로 수·목에 통하면 재·록이 귀한데, 불통하고 구조됨이 없으면 이는 평상인이다.

임일 임인시는, 수화기제(水火旣濟)라. 임이 병을 써 재로 삼고, 갑은 식이 되는데, 인(寅)상에서 병을 생하고 갑은 왕하며 임수는 무기하다. 만약 수국(水局)으로 통하고 의탁함이 있으면, 모두 귀하다. 불통에 무구(無救)면 복이 박하다. 임인일이 건왕(健旺)하면 주가 대부(大富)인데, 월기로 불통한다 해도 역시 귀하다.

임자일 임인시가, 자가 순수하고 년·월로 오의 충·파가 없으면, 비천격(飛天格)에 들고 부귀하다. 년·월로 '인묘·사·신유술해'라면, 두루 귀하다.

方良永尙書 '辛巳 戊戌 壬子 壬寅'. 韓都堂 '庚寅乙酉'. 劉廉使 '辛酉辛卯'. '壬子丁未'(少卿). 張主事 '己未丙寅'. '乙巳丁亥'(進士), '丁丑乙巳'(知縣), 李太后 '丙寅庚子'. '丁酉壬子', '庚寅戊寅'(俱皇親). '壬子壬子'(大貴). '辛巳丙申'(納貢).

임인일 임인시는, 육임(六壬)추간(趨艮)격이라, 토가 두터운 지방이면 산명(山明)수수(水秀) 곧 산은 밝고 물은 빼어나 요금(腰金)에 의자(衣紫)한다. 년·월로 사·해면 무직(武職)으로 3품이라, 부(富)가 두텁고 순수하며 독실하다. 인년에 오월이고 북(北)운을 행하면 금자이다. 사월에 서·북 운을 행하면 귀하다. '진술축미' 역시 길하다. 인이 순수하면 또한 길하다. 달리 중년에는 귀한데 50 이후에는 큰 액이 있다고 한다.

王天官 '戊午 丙辰 壬寅 壬寅'. 陳正卿 '丙申丙申'. 韓都堂 '壬寅壬寅'(一氣生成一巨富命同 일기생성하는데, 한 거부와 명이 같다). 張機進士 '壬午戊申'. 林狀元 '癸巳甲子'. 姚刺史 '戊辰丙辰'. '丁卯甲寅'(擧人), '丙戌乙未'(大富).

임진일 임인시가, 진이 순수하면 임기(壬騎)용배(龍背)격이라, 간두(干頭)로 '병정·무기'가 없고 비견으로 운이 행하면 대귀하다. 인이 순수하면 대부이다. 묘·술의 월로 목 · 금의 운이면 3-5품의 귀이다. 오월이면 평상하다.

方純尙書 '戊申 癸亥 壬辰 壬寅'. 賀賢僉事 '甲戌辛未'. 鄭希齋進士 '乙丑庚辰'. 許穀會元侍郎 '甲子戊辰'(極富). 楊道南擧人 '辛巳辛丑'. 鄭澄擧人 '丁未丁未'. '乙卯癸未'(通判). 劉楚先檢討 '甲辰丁丑'.

임오일 임인시는, 소년에 질액(疾厄)이 많다. 임오는 녹마동향이라, 년 · 월로 진 · 인(辰寅)이면 2품의 귀(貴)이다. 신 · 유(申酉)면 고상하고, 만약 목 · 화로 통하면 재주가 이름나 세상으로부터 관(冠)을 쓰니 귀하다. 술월에 동 · 남 운을 행하면 방면(方面)에 극품이다.

盛端明尙書 '庚戌 丙戌 壬午 壬寅'. '庚寅乙丑'(丞相). 胡儼祭酒 '甲辰丙寅'. 段煉知府 '壬申壬子', '辛未庚子'(貴同). 黃中御史 '辛酉甲午'. 丘預達擧人 '戊辰辛酉', '戊戌壬戌'(同). '丁亥壬子'(凶死).

임신일 임인시가, '사유축'의 월이면 무직(武職)으로 3품이다. 신묘(辛卯)에 술월 역시 귀하다. 자(子)수는 부하고 대귀하다.[1] 달리 가난하지만 발하는데, 역시 오래가지 못한다 하였다.

蔡天祐侍郎 '丙申 甲午 壬申 壬寅'. 馬世傑郎中 '辛亥壬寅'. 劉伊進士 '壬辰壬子'. '辛卯戊戌'(進士). '乙酉戊寅'(擧人). '丁酉甲辰'(凶死或云乙巳月壬寅時 흉사하였는데, 혹은 말하기를 을사월 임인시라 하였다).

임술일 임인시가, 사(巳)월이면 편관격이라, 그 이름을 금방에 걸고 그 몸을 옥당에 둔다. 자(子)가 순수하면 3품이요, 인 · 묘로 북(北)운을 행하면 풍헌이다. 또 이르기를, "육임일이 임인시를 본 것은, 이름하여 태허(太虛)라 즉 크게 허하다 하니, 귀함이 오래가지 못하고 성(盛)하면 앙화를 생한다"고 하였다.

閔如霖侍郎 '癸亥 辛酉 壬戌 壬寅'. 楊太卿 '甲子丙子'. 馬本初參政 '壬寅戊申'. 顧叔龍同知 '壬戌壬子', '壬申年'(副使). '庚戌乙酉'(御史).

임일(壬日)임시(壬時)의 국(局)이라, 무관(無官)이나 또한 유재(有財)라. 인과 진을 거듭해서 보게 되면, 부귀가 스스로 온다.

육임이 범을 만나니, 이는 부구(浮漚) 즉 뜨고 담은 것이라, 부귀공명을 억지로 구하지 못한다. 유인(有印) · 유관(有官)하면 상격(上格)이 되는데, 재 · 록을 빨리 달리게 되면 우수(憂愁) 즉 근심을 면한다.

---

[1] 이는 자와 인의 동시 출현으로 볼 수도 있겠다. 방점과 글자에 따라 해석이 상당히 달라진다.

임일이 임인시를 만남은, 비견이 식신을 서로 만난 것이다. 형제가 안려(鴈侶)함에는 다소간 같은 무리를 이루는데, 이는 생시에서 그 갈래가 정해진 것이다. 좌국(坐局) 즉 앉은 자리의 국에서 운이 관방지를 행하고 신강하면 녹위(祿位)가 초륜(超倫) 즉 뛰어나고 순서가 정연한데, 신쇠(身衰)라면 형·해(刑害)로 화가 서로 침범하니 다만 의록에 평상의 명일 뿐이다.

【六壬日(癸)卯時斷】육임일 계묘시의 판단

육임일 생이 시가 계묘면, 끌어서 사지(死地)로 돌아간 것이니 형세가 안정되기 어렵다. 겁재와 살 그리고 양인이 상관과 귀살을 본 것이다. 만약 의탁함이 없다면, 평상한 명으로 본다.

임일 계묘시는, 본신(身)은 사(死)하고 양인이 생한다. 임이 계로 양인을 삼는데, 묘는 암을(暗乙)이 되어 관·귀(官鬼)를 상한다. 묘 상에서 계가 을을 생하여 왕한데 임은 사하니, 월기에서 신왕함에 통하지 못하고, 구조되거나 의탁할 것이 없으면 요절하고 천하다. '사유축'의 월은 인수가 왕하나 화(化)할 것이 없으니, 성격이 편벽되고 고고하며 헛되이 속인다. 신왕(身旺)함에 통하고 금기를 보며 재운을 행하면 귀하다. 상관(傷官)상진(傷盡)하면서 남(南)운을 행하는 것 역시 귀하다.

임자일 계묘시는, 자·묘(子卯)가 상형(相刑)이라 처자를 상할까 근심이다. 귀인을 제휴하고 재백은 차고 남으니, 튼실하고 두터운 명이다.

副使 '乙丑 癸未 壬子 癸卯'. 林一陽擧人 '丁卯壬寅'. '丙申辛丑'(盜).

임인일 계묘시는, 배재(背財)패록(敗祿) 곧 재를 배반하고 녹을 망치니, 혹은 흥하고 혹은 폐한다. 년·월로 자는 귀하다. 사월이면 재·관이 비록 형(刑)되나 역시 귀하다. '진술축미'는 관·살이 양인을 제복하니 두루 길하다.

倪岳尙書 '甲子 己巳 壬寅 癸卯'(名臣). 張大韶經歷 '己卯丙寅'(甲子年死).

임진일 계묘시가, 월로 신왕함에 통하고, 토·금이 양인을 파함을 보며, 재운을 행하면 귀하다.

田汝成提學 '辛酉 庚子 壬辰 癸卯'. 胡叔廉給事 '壬申癸丑'. '乙卯己卯'(僉事).

임오일 계묘시는, 임이 오위에 앉으니 녹마동향이 되고, 또 묘시에 놓였으니 귀현하고 영달한다. 년·월로 사·오면, 무관의 직으로 풍헌이다. 또한 왕한 가운데 파(破)한다 하였다.

唐一麟解元 '癸未 甲寅 壬午 癸卯'(中進士死). '己丑丁卯'(平章). '丙戌甲申'(教授).

임신일 계묘시가, '해묘미 · 인'의 월이면, 상관상진하여 처현자효하니, 토가 두터우면 귀한 명이다. 진이 순수하면 의복(醫卜) 즉 의원과 무당이다. 자월에 수 · 목이면 귀하다.

李太后聖母 '丙午 庚子 壬申 癸卯'. 眞德秀名儒 '戊戌壬戌'. 常儒甫擧人 '辛丑辛丑'.

임술일 계묘시가, 년 · 월로 '갑계 · 오유'면 문(文)반으로 귀하다. 신(申)은 평상한데, 금 · 화의 운이면 귀하다.

林世明擧人 '丁亥 丁未 壬戌 癸卯'. 俞擧人 '乙亥己丑'. '丁亥辛亥'(百戶).

겁재(劫財)상관(傷官)의 국(局)이라, 일찍이 일은 침매(沈埋)된 것이다. 생하여 오면 재물은 모이지 않으나, 그 쓰임이 다하면 다시금 돌아오는 것이다.

임 · 계가 상봉하고 묘귀(卯貴)를 보았으나, 형충파해하면 두루 온전하지 못하다. 월에서 이덕(二德)을 만나고 신왕을 겸하면, 화(禍)를 바꾸어 상서로움이 되니 즐거움이 자연하다.

임일에 시로 계묘가 임함은, 패재와 배록이 서로 쫓는 격이다. 평생에 성패를 반복하고 일이 지체됨을 의심하니, 수(水)가 동방에서 자리를 잃은 것이다. 모름지기 귀인의 구조가 있어야 하니, 자신의 문장과 복이 서로 가지런하기가 어렵다. 조상의 재물도 골육 간에 서로 차고 이지러짐이 있으니, 이의 명주는 먼저 폐(廢)한 뒤에 늦게야 이루는 것이다.

【六壬日(甲)辰時斷】 육임일 갑진시의 판단

육임일 생이 시가 갑진이면, 임기(壬騎)용배(龍背)의 격에 식신이 앉은 것이다. 주 중에서 의탁할 것이 있고 형 · 해(刑害)가 없으면, 필시 영화 부귀인이다.

임일 갑진시는, 역시 임기용배가 된다. 임이 갑으로 식신이 되고, 진(辰)상에서 임수가 합국하니 갑에도 생기가 있어 식신이 왕상하다. 월기로 통한 자는 부귀하고 복이 두텁다. 동(冬)월에 묘(卯)운을 행하는 것은 불리하다.

임자일 갑진시가, 년 · 월로 자가 순수하면 비천(飛天)녹마(祿馬)이니 파함이 없으면, 육경(六卿)에 이른다. 사 · 유는 대귀하고, 해(亥) 역시 귀하다.

曹尚書 '壬子 壬子 壬子 甲辰'. 周尚書 '壬寅壬子'. '甲午己巳'(進士). '丙申辛丑'

(舉人).

임인일 갑진시가, 사월이면 편관격이니 충 · 파(衝破)가 아니라면 귀현(貴顯)한다. 오는 정관으로 귀하다. 진 · 묘가 국에 온전하고 동방의 운이면, 소년 등과하고 영귀(榮貴)한다. 또 말하기를, "극하고 함몰되면 극빈하다"고 하였다.

馬森尙書 '丙寅 庚子 壬寅 甲辰'. 李韶知府 '丁酉丙午'. 黃希英運使 '乙卯丁亥'. '甲寅丙子'(府丞). '癸卯丁巳'(總兵). '辛丑戊戌'(擧人). '壬寅壬寅'(富). '甲辰丙寅'(壽).

임진일 갑진시가, 진월생이면 임기용배로 대귀하다. 인월이면 불귀즉부요, 술월은 잡기재관으로 진고(辰庫)를 충개(衝開)하니 높은 명이다. 자월은 뿌리가 잘리고 잎을 손상하게 되니 성패를 정하지 못한다. 미월에 금 · 수 운은 귀하다. 달리 "수 · 화로 재앙이니 어려서 고독하다" 하고, 다시 말하기를 "재는 있으나 자형(自刑)에 잃는 것이다"고 하였다.

曹一鵬庶吉士 '壬子 甲辰 壬辰 甲辰'. 齊王元帥 '戊辰丁巳'. 楊閣老 '庚辰丙戌'. 韓進士 '辛丑庚寅'. 劉給事 '戊寅辛酉'. 盧運使 '甲辰丁卯'. 沈通判 '庚辰庚辰'. '壬寅壬子'(貴). '戊戌戊午'(進士). '丙寅庚辰'(富). '戊申癸亥'(凶死).

임오일 갑진시는, 수 · 화의 재앙이 있다. 년 · 월로 인 · 진(寅辰)이면, 한림원에 숙박하는 유학자 혹은 좨주(祭酒)에 거한다. 자가 순수하면 풍헌이다. 묘인은 부가 두텁다. 자와 진은 유가의 직이다. 또 말하기를, "자형에 흉하고 악사한다"고 하였다.

陳節之進士 '乙丑 庚辰 壬午 甲辰'. 盛古泉少卿 '乙丑丁亥'(多子). '己未癸酉'(主事).

임신일 갑진시는, 수 · 화의 재앙이다. 년 · 월로 축 · 인(丑寅)은 문(文)반으로 무권(武權)을 행한다. 자가 순수하고 금 · 화의 운이면 방면이다.

成國公朱希忠 '丙子 丁酉 壬申 甲辰'(一云辛亥時). 周金尙書 '癸巳丁巳'. 李愷副使 '丁巳辛亥'. 楊大年副使 '辛亥戊戌'. 姚文炤進士 '乙卯己丑'. 周參政 '辛未庚子'. 徐學古副使 '丁酉戊申'(癸卯運辛巳年卒). '癸亥癸亥'(擧人).

임술일 갑진시가, 월로 '인 · 신유'에 남(南)운을 행하면 친 · 인척이 귀하다. 년 · 월로 '해묘미 · 신자진 · 사오'는 두루 길하다. 달리 '재가 있으나 고독하다' 한다.

李知府 '丙子 庚子 壬戌 甲辰'. 謝知府 '乙酉甲辰'. 陳祥明進士 '辛亥辛卯'. 王繼祖總兵 '戊辰甲子'(一云戊申時富 달리 '무신시로 부자였다' 한다),

임기(壬騎)용배(龍背)의 국(局)이라, 녹 · 마(祿馬)가 자연히 풍성하다. 진이 많으면 관록(官祿)이 중하고, 인이 많으면 석숭(石崇)의 부(富)에 비긴다.

시에서 갑진을 만난 임 일간은, 희신이 중첩되니 복이 다단(多端)하다. 시에서 오니 빠르거나 늦은 공명을 취하는데, 운이 신·진(申辰)에 이르면 관(官)을 드러낸다.

임일에 갑진시는, 좋다. 청룡이 묘(廟)당에 들어 높이 되므로, 마치 쑥더미에서 난과 혜초가 나타남과 같다. 수·목으로 자생하면 영화가 무성하다. 시·일(時日)로 고(庫)의 왕함을 충개하면 자연히 와소(窩巢) 즉 거처와 쉴 곳을 성취한다. 운이 길지로 행하면, 영웅과 호걸의 굳셈이라 귀(貴)를 드러내지만, 친한 사람이라도 의지하기는 어렵다.

【六壬日(乙)巳時斷】육임일 을사시의 판단

육임일 생이 시가 을사면, 본신(身)이 절(絶)되니 재가 있어도 재를 취하지 못한다. 진신(進神)에 암귀(暗鬼)가 와서 상극하니, 기(己)가 투간하여 상형(相刑)되면 도리어 앙화의 씨앗이 된다.

임일 을사시는, 재왕(財旺)에 신절(身絶)이라. 임이 병으로 재가 되고, 무로 귀가 되며, 경은 도식이 된다. 사(巳)위에 을목이 있으니 상관이 되고, 병과 무는 건왕하며, 경금은 장생인데, 임수의 기(氣)는 절(絶)되었다. 주에 기(己)의 관(官)이 있으면 화환(禍患)이 백단(百端)이라, 오물(傲物)과고(誇高) 즉 재물로 오만하고 높음을 으시댄다. 만약 월로 신왕함에 통하지 못하고, 구조하는 것이 없은즉 가난하다. 의탁함이 있고 왕함에 통하거나, 혹은 신왕의 운을 행한다면 모두 길하다.

임자일 을사시는, 귀하다. 다만 처자로는 어려움이 되니, 성격이 강강하여 건드림과 충격을 받지 못하기 때문이다. 년·월로 술이면, 살이 순수하고 제복됨이 있으니, 목·금의 운을 행하면 관이 3품에 이른다.

方良節布政 '甲申 甲戌 壬子 乙巳'(一侍郎甲戌年). 汪相進士 '癸酉乙卯'. 劉存業榜眼 '庚辰戊子'. 夏範中書 '庚午壬午'.

임인일 을사시는, 고고하여 형처극자 하는데, 승도가 되면 부귀하다.

任副使 '戊寅 壬戌 壬寅 乙巳'. 陳于陛閣老 '乙巳己丑'.

임진일 을사시는, 춘이면 평상하고, 하에는 재물이며, 추라면 평온하고 실하지만, 동에 구조됨이 없으면 주가 빈고하다.

周孟尙書 '癸未 辛酉 壬辰 乙巳'. 陳京進士 '甲寅甲戌'. 彭文質擧人 '甲申己巳'. '乙巳戊子'(同知).

임오일 을사시가, 진·술의 월이면 귀하다. 해월에 금운은 그 지위가 도수(都帥) 곧 고을의 사령관이다.

赦銃祭酒 '甲辰 戊辰 壬午 乙巳'. 御史 '癸酉戊午'.

임신일 을사시는, 본신(身)이 장생 학당에 앉았다. 재백(財帛)은 진퇴가 있으나, 명리(名利)는 치달린다. 미월에 북운을 행하면 귀하다. '진술축'은 두루 길하다. 또 말하기를, "수족이 절상되고 자형(自刑)에 사한다"고 하였다.

元帥 '丙辰 庚寅 壬申 乙巳'. 夏漢壽都堂 '癸未辛酉'. 尙書 '辛亥戊戌'. 葉參政 '甲戌癸酉'. 陶大年副使 '癸丑乙丑'. 傅卿進士 '庚午丙戌'. '己亥戊辰'(擧人).

임술일 을사시가, 년·월로 인(寅)이면 일덕격(日德格)에 들어 귀하다. 추는 인수요, 하는 재관이니 두루 길하다. 춘은 상관이요, 동은 왕함인데, 천간에 투출함이 어떤지를 보아, 또한 가히 귀함을 취할 수 있다.

鄭主敬進士 '乙酉 庚辰 壬戌 乙巳'. 吳宗器知縣 '丙戌甲午'. 黃珠擧人 '丁未壬子'.

임일(壬日) 을사(乙巳)시의 국(局)이라. 주 중에서 관을 보지 않으면서도 막을 것을 살피니, 부족하다. 형과 해함으로 일이 다단한 것이다.

임일이 시에서 을사를 만나 임한 것은, 그 지모가 만남을 얻지 못하고 또한 침음(沈吟) 즉 가라앉아 탄식한다. 귀인이 천거하고 재관이 왕하면, 자식 후사가 있다. 원위(鴛幃) 곧 원앙의 휘장은 단란한 표식을 이루나, 한마음이 못된다.

임일이 시에 을사가 임함은, 상관 배록이라 취할 것이 없으나, 그 가운데 천을귀인의 도움이 있다. 귀현(貴顯)함은 만났으나 곧 만나지 못함이라. 말하자면 꿈을 도모함이 있으나 성패가 반복되니, 평생의 사실이 헛됨을 이루기 쉽다. 만약 때로 발달함이 온다면 그 문호를 고치는데, 오직 마른 묘목이 비를 얻음과 같은 것이다.

【六壬日(丙)午時斷】 육임일 병오시의 판단

육임일 생이 시가 병오면, 재물을 모으는 땅이 포태(胞胎)로 앉은 것이다. 월에서 금수를 만나면 모름지기 부귀하며, 기명(棄命)에 종(從)재·관으로 와도 이는 재물을 얻는다.

임일 병오시는, 녹마(祿馬)에 삼기(三奇)라. 임이 기로 관이 되고 병·정이 재가 되는데, 오(午)상에서 정과 기가 녹마이며, 임수는 태를 받았다. 의탁함이 있고 월기로 금·

수에 통한다면, 취재(就財)기명(棄命) 즉 재를 취하고 명을 버려 주가 부귀하다. 화기로 통하여도 역시 귀하다.

임자일 병오시는, 공명 정직하여 탱지(撐持) 즉 버티고 지키니 고고하고 귀하다. 년·월로 자·오의 글자가 중첩되면, 수화기제(水火旣濟)로 극품이다. 달리 왕한 중에 잃음이 있고, 처자를 상한다 하였다.

黃太守 '壬辰 乙巳 壬子 丙午'. '丙午壬子'(大貴). '己酉乙亥'(擧人).

임인일 병오시가, '인오술'의 월이면 재성격이다. 다만 신약함을 미워하고 승도라면 마땅하니 길하다. 추생(秋生)은 인수요, 동생(冬生)은 신왕하니, 금·화의 운을 행하면 금자(金紫)이다.

周侍郎 '辛酉 庚子 壬寅 丙午'. 劉汝南解元 '癸亥乙卯'. '乙卯乙酉'(府同知).

임진일 병오시가, '인오술' 월이면 재왕하니 대귀하다.

尙書 '戊辰 乙丑 壬辰 丙午'. 羅任智擧人 '己巳癸酉'. 陳文燭參政 '丙申壬辰'.

임오일 병오시는, 동월이면 신왕하여 길하고, 하는 재다(財多)신약(身弱)인데, 축월은 근시(近侍)의 귀함이다. 인·오에 금·토의 운은 홀로는 약하므로 종강(從强)하는데, 기명(棄命)취재(就財)하면 높은 명이다.

袁煒閣老 '戊辰 癸亥 壬午 丙午'(會元探花無子). 林冕郎中 '己巳己巳'. 譚僉憲 '庚辰丁亥'. '丙午庚子'(丞相). '丁亥壬子'(太守). '乙亥壬午'(巨富納指揮).

임신일 병오시가, 월기로 금·수에 통하면 귀하다. 불통하고 기명취재하면 주가 부(富)한데, 그렇지 못하면 극빈 하천하다.

溫如璋都堂 '乙亥 己丑 壬申 丙午'. '癸巳庚申'(進士). 劉中書 '丁亥戊申'. '丙午癸巳', '壬戌丙午'(俱富).

임술일 병오시가, 인월이면 삼합(三合)으로 재국(財局)이라. 명을 버리고 서로 쫓으면 부(富)하다. 추에 본신이 의탁함이 있으면 귀하다. 겨울생 역시 길하다.

黃初榜眼 '丁酉 戊申 壬戌 丙午'. 廖逢時都憲 '己卯戊辰'. 史弘詢知州 '戊辰庚申'(富子貴). 沈紹代僉憲 '辛巳庚寅'.

녹마(祿馬)동향(同鄉)의 국(局)이라, 신강하면 재·록이 창성하다. 평상인도 능히 발복하고 군자라면 조당(朝堂)에 자리한다.

병오시로 생하고 임일이면, 강한 것이니 시 가운데 녹마라 심상치 않다. 운이 길지를 행하고 충·파가 없으면, 빠르고 늦은 차이는 있으나 오르고 옮겨서 성당(省堂) 곧 관로에 이른다.

임일에 시로 병오를 만남은, 또한 녹마동향이라 이름한다. 기제(既濟)를 취하는 중에 문장을 보는 것이니, 뜻과 기운이 널리 관대하고 바다 같은 도량이 있다. 형충파해가 과하지 않으면 재록이 자연히 상자에 가득하다. 운이 재왕 및 관향을 행하면 정히 이는 조정의 재상이라.

【六壬日丁未時斷】 육임일 정미시의 판단

육임일 생이 시가 정미면, 부화(夫化)처종(妻從) 곧 부부가 서로 화하고 따르는 격으로 기묘하다. 만약 국(局)중에서 수·목에 통하면, 발재(發財)와 발복(發福)함이 서로가 마땅하다.

임일 정미시는 부종(夫從)처화(妻化)한다. 임이 정과 합하는데, 미(未)상에서 같이 목국(木局)으로 화하니 귀하다. 만약 월로 목국에 통하고 의탁할 것이 있는 것은 발재한다. 불통하면 다만 자재의 조달이 있으며, 처로 인해 치부한다.

임자일 정미시가, 월에서 목기로 통하면 귀하다. 금기로 통하면 부하고, 화·토의 기로 통하면 부귀하다. 양쪽으로 모두 불통하여도 화·토의 운을 행하면 역시 길하다.

王狀元 '壬辰 辛亥 壬子 丁未'. 趙節度 '丁酉壬子'. 吳恕知州 '丙申丙申'. '庚寅 壬午'(擧人). '戊子己丑'(貢士).

임인일 정미시는, 정·임이 목으로 화하니, '해묘미'에 인월이면 귀하다.

彭洞進士 '庚子 己卯 壬寅 丁未'. 陳艮山知縣 '戊寅甲寅'.

임진일 정미시가, 진월생이면 임기(壬騎)용배(龍背)의 국으로 귀현한다. 인월이면 처는 중하고 자식은 영귀하다. 삼합 수국(水局)에 신왕인데 의탁할 것이 없으면, 가난한 경우가 많고 극처한다.

張傑御史 '癸巳 辛酉 壬辰 丁未'. 馬思聰進士 '壬午癸卯'. 楊國本知州 '甲午乙亥'.

임오일 정미시는, 춘평 하부 추귀 동길한다. 년·월로 '사·오'라면 그 자리가 왕과 제후에 이른다. 미월에 동(東)방 운은 귀하다. 자월에[2] 정인으로, 삼기(三奇)는 두루 귀(貴)를 갖추어 숨긴 것으로 극품(極品)이다.

楊一淸閣老 '甲戌 丙子 壬午 丁未'(名臣無子). '乙亥癸未'(郞中). 鄭登高進士 '壬

---

2 두 해석이 다 가능하다. 방점에 따라 달라진다. 곧 자월이면서 인수를 갖춘 것이다.

子壬子'. '庚午壬午'(富). '壬申壬寅'(凶).

임신일 정미시는, 대부(大富)이다. 년·월로 사·오 이거나 혹 무·기가 투간하면 부귀가 온전하다.

左監丞 '乙卯 乙酉 壬申 丁未'.

임술일 정미시는, 일덕(日德)으로 봉처(封妻)음자(廕子) 즉 처를 봉하고 자식을 그늘에 두는데, 중년에는 또한 처자를 손상한다. 월로 '해자·신유'는 귀하다. '사·오'면 불귀즉부한다. 진월은 천(天)·월덕(月德)으로 귀하다.

劉斯潔尚書 '己卯 戊辰 壬戌 丁未'. 李參政 '丁丑甲辰'(一癸卯月擧人). 厲汝進給事 '己巳丙子'. 朱道瀾進士 '丙午丙申'(一辛卯年貴). '丁卯壬子'(長史). '丙子乙亥'(擧人).

소왕(小往)대래(大來) 즉 작은 것은 가고 큰 것이 오는 국(局)이라, 가문이 점점 흥한다. 하루아침 운이 이르면 명리(名利)는 자연히 이루어진다.

임일이 시에서 정미를 만나 임하였다. 목이 숲을 이루니 년·월로 금을 보는 것은 꺼린다. 만약 돌아와서 파해(破害)함이 없으면, 반드시 부귀와 복이 그와 같이 깊음을 가르친 것이다.

임일이 시에 정미가 임함은, 암합(暗合)하는 가운데 처·재(妻財)를 취한다. 축·술이 와서 자물통과 열쇠로 열어줌을 좋아하니, 모으고 쌓아서 전재(錢財)가 광대하다. 년·월로 충극함을 범하지 않으면, 천연의 의록이 안배된 것이다. 원앙의 휘장으로 자식을 두르나 조년에는 어그러짐이 있는데, 중년과 말년에는 의연히 형통하고 태평한 것이다.

【六壬日(戊)申時斷】 육임일 무신시의 판단

육임일 생이 시가 무신이면, 장생의 땅에서 귀(鬼)가 본신을 상한다. 신강하고 제복하면 높은 명이 되는데, 이와 반대되면 정히 빈박한 사람임을 안다.

임일 무신시는, 수·토가 혼탁하다. 임이 무로 귀가 되고, 경은 인이 되는데, 신(申)위에서 경금이 건왕하고, 임수는 장생이다. 무토가 편관이 되니, 신(身)과 귀(鬼)가 모두 강하다. 위인 됨이 용맹하고 사나우니, 만약 월로 왕함에 통하고 신왕한 운으로 행하며 갑목의 제복함이 있는 자는 귀하다. 불통하면 총명하나 불귀(不貴)한데, 다시금 귀(鬼)가 왕한 운을 행하면 현달하기 어렵다.

임자일 무신시는, 양인(羊刃)대살(帶煞)이요, 귀인을 제휴하였다. 년·월로 사·오면 근시에 유권(有權)한다.

史際少卿 '乙卯 甲申 壬子 戊申'(富甲江南 부가 강남에서 첫째였다). 傅好禮副使 '丙午 戊戌'. 吳昭副使 '甲戌丁亥'. 郭端通判 '己丑乙亥'. '丁巳戊子'(大貴).

임인일 무신시는, 시·일이 상충(相衝)이라 본신이 외로운데, 승도가 되면 길하다. '인오술'의 경우나 혹은 년·월로 진이 순수하면, 역시 귀하다.

梁震總兵 '丁未 丁未 壬寅 戊申'(稱名將). 吳遠都堂 '戊寅甲寅'. 李同知 '丙戌庚子'. 胡參政 '丙辰甲午'. 翁中丞 '辛亥壬辰'. '乙未癸未'(駙馬). '乙卯甲申'(御史). 周憲主事 '乙酉己卯'(가난한 선비였는데, 40후 중반에 좋은 자식을 두니, 이는 팔자가 4충하여 어려웠던 것으로 보인다).

임진일 무신시가, 술월 생이면 일찍이 과갑(科甲)에 오르고, 관은 방면에 이른다. 년·월로 '인묘·축신·자오' 등의 경우라면 극귀(極貴)요, 무직으로 1품이라.

劉文靖公健 '癸丑 乙卯 壬辰 戊申'(名臣). 曹金侍郎 '戊寅庚申'. 張松總制 '甲戌壬申'.

임오일 무신시는, 편관에 편인이라. 월로 '해묘미·인'이면 위세와 권력이라. 자·축월에 목·화의 운이면 한림(翰林)에 청귀(淸貴)한다. 술월에 동·남의 운을 행하면 높은 직품이다.

張秉壺侍郎 '丙寅 辛丑 壬午 戊申'. 林大欽狀元 '辛未庚子'. 翁總兵 '丙子庚子'(問死)[3].

임신일 무신시는, 임수가 신에 거하여 장생으로 살왕(殺旺)신강(身强)하다. 다시금 월로 '해묘미'에 생하여, 편관을 제복함이 있으면 길하다.

董堯封都憲 '丁亥 癸丑 壬申 戊申'. '癸卯壬戌'(侍郎). '戊子丁巳'(廉使). '壬申丙午'(擧人一甲辰月貴).

임술일 무신시는, 깨지고 막히니 절룩거림이 많다. 유(酉)가 순수하면 거부이다. 만약 신왕월로 통하지 못하고 살왕의 향을 행하면 불길한데, 갑의 제복함이 있으면 또한 가하다. 무·기 토가 중하면 주에게 할질(瞎疾) 즉 애꾸눈의 병이요, 평상하다.

舒汀御史 '戊午 甲子 壬戌 戊申'. 皐甫鍾岳擧人 '庚辰壬午'.

임 일간에 신시라, 신왕하면 빈한(貧寒)하진 않다. 큰 이름이 호방(虎榜) 즉 무관의 문

---

[3] 문사, 전권을 통해 자주 나오고 있는데 어찌 해석함이 옳은가? 묻고 죽었다, 아님 죽음을 물었다. 이것도 아니면 의문사하였다. 제일 마지막인 것 같은데 알 수 없다.

서에 통하는데, 험처에서 재·관을 발한다.

신시에 임술이, 천원에서 합하고, 운이 재·관으로 가면 복이 자연하다. 귀왕(鬼旺)신쇠(身衰)에 구조함이 없으면, 평생의 노록(勞碌)이라 두루 온전치 못하다.

임일에 무신시가 나타나면, 간지로 살왕(殺旺)함이 쌍전(雙全)하게 되니, 진·자(辰子)로 양쪽에서 서로 이어짐을 보는 것이 기쁘다. 바르게 합이 되면 의금(衣錦)의 국면(局面)이 된다. 해를 당하고 형·충의 극전(尅戰)을 입게 되면, 문복(文福)을 취하는 가운데 간난(艱難)하다. 운이 길지를 행하면, 붉은 비단을 진흙 위에 베푸니 부(富)하고 귀처(貴妻)다자(多子)에 건왕한 것이다.

【六壬日(己)酉時斷】 육임일 기유시의 판단

육임일 생이 시가 기유면, 명관(明官)에 암인(暗印)이 돕고 지원함이 있다. 월로 신왕(身旺)함에 통한 사람은 청귀한데, 다만 오히려 꽃을 연모하여 주색을 탐할까 두렵다.

임일 기유시는, 패처(敗處)에서 생을 만난 것이다. 임수가 유(酉) 위에서[4] 목욕인데, 신(辛)이 생기로 인수가 되고 유 위에서 신금이 왕하다. 기를 써서 관이 되는데 유 상에서 기가 밝게 있다. 만약 월기로 통하고 의탁함이 있으며 재·관의 운을 행하면 귀하다. 이와 반대되면 평상할 뿐이다. 다만 도화(桃花)를 범하면서 명에 앉았으니 풍류의 인물이라, 꽃을 사랑하고 술을 탐한다.

임자일 기유시는, 춘평·하길, 추는 평상·동은 왕하다. 묘월에 생한 경우라면, 여자와 술을 좋아한다.

吳阿衡侍郎 '戊子 甲子 壬子 己酉'.

임인일 기유시는, 크게 부귀하다. 수기(水氣)로 통하고 관운을 행함을 기뻐하니, 귀하다. 다만 꽃과 술을 좋아하는 풍류의 인물이라.

孫狀元閣老 '甲辰 甲戌 壬寅 己酉'. 林應節擧人 '癸未乙丑'. 吳正郎 '己未丁丑' (擧人).

임진일 기유시는, 높은 명이다. 월과 일이 동일하면, 임기용배로 대귀(大貴)하다. 사월에 동·북의 운을 행함도 귀하다.

高昭擧人 '丁未 癸亥 壬辰 己酉'. 趙堂典膳 '己未乙亥'(五子大富).

---

4 이는 上이 되어야 하겠는데, 원문에는 土로 되어 있다.

임오일 기유시는, 녹마동향에 선난(先難)후이(後易) 한다. 축·인의 월에 금·수의 운을 행하면, 무직(武職)으로 2품이다. 달리 파조하니 흉하다 한다.

桂萼閣老 '戊戌 壬戌 壬午 己酉'. 龐尙鵬都堂 '丁丑辛亥'(或云乙酉丁亥). 林魁副使 '丙申己亥'. 程軏侍郎 '辛酉庚寅'. '癸巳己未'(貴).

임신일 기유시는, 관·인이 문에 임하였다. 국(局) 중에서 충·파가 없으면, 녹·마가 쌍전하니 불귀즉부라. 술월 생이 동·남방의 운이면, 요금(腰金)의자(衣紫)한다.

李邦器魁元 '壬午 丙午 壬申 己酉'. 劉狀元 '壬申己酉'. 陳思育祭酒 '甲午己巳'.

임술일 기유시가, '해인자'의 월에 재·관으로 운이 행하면, 귀현함이 비상하다. 해가 순수하면 문(文)으로 귀하다.

趙賢尙書 '甲午 丙寅 壬戌 己酉'. 陳于魯擧人 '戊子丁巳'.

관인(官印)임문(臨門) 즉 관인이 문밖에 임한 국(局)이라. 충함이 없으면 복록이 온전하다. 동·서로는 모름지기 그 뜻을 칭하니, 남과 북이 스스로 안연하다.

천간 임일에 유시는 참되니, 앙화를 바꾸어 상서로움이 되고 귀인을 만난다. 만약 관으로 품과 급을 봉함 받지 못한다 해도, 만년에 복을 누리고 가문이 왕하다.

임일이 시에서 기유를 만남은, 정관 인수로 치우침이 없다. 영고성쇠와 귀천이 비록 인연에 따르지만, 이 사람은 스스로 생성한다. 만약 문득 '을계묘'를 만나 충·극·파를 보고 잡박(雜駁)되면 재·관을 반감한다. 부귀를 만나도 머뭇거려 둘 다 모두 온전하지는 못한데, 그 생시에도 차이가 있으므로 이를 통변하기 어렵다.[5]

【六壬日(庚)戌時斷】육임일 경술시의 판단

육임일 생이 시가 경술이면, 본신이 재고(財庫)에 임하여 도리어 마(魔)가 된 것이다. 명경(明庚)과 암술(暗戌)이 서로 형·극하니, 재·록이 평생토록 취산(聚散)함이 많다.

임일 경술시는, 효신(梟神)이 재고에 임한 것이다. 임이 병·정으로 재를 삼고 술에서 고가 되는데, 경은 도식이 되고 무는 편관이라. 만약 월기로 화·목에 통하고 의탁할 것이 있는 것은 귀하다. 불통하면 재백(財帛)이 취산한다.

임자일 경술시는, 명리가 진퇴하는데, 년·월로 경·신(庚辛)이면 귀하다. 진·축은 형·충이요, 유월은 파해(破害)로 재고의 쓰임을 얻고, 사·오의 경우면 재관이 왕하

---

5 시에도, 2시간 사이에 인원 장간의 차이가 있음을 말한 것이다.

니, 두루 길하다.

吳仕典知府 '乙巳 庚辰 壬子 庚戌'. 劉進士 '乙酉己丑'. 黃指揮 '甲辰丙子'. '丙申辛丑'(貴同).

임인일 경술시는, 형처(刑妻)극자(尅子)한다. 만약 춘생이면 평상하고, 하와 동이면 길하다. 월로 '진축미'는 귀하다.

知府 '庚戌 己丑 壬寅 庚戌'.

임진일 경술시가, 하월이면 불부즉귀하고, 춘은 평상하고, 추는 안온하며, 동은 신근(辛勤)노고(勞苦)한데, 혹 승도가 되면 재물은 있으나 형·파(刑破)한다.

임오일 경술시는, 녹마동향이라. 임이 자좌(自坐)에 녹이라, 경·신(庚辛)이 있어 '갑·을'을 제복하면 귀함이 된다. 년·월로 '진술축미'는 길하다. 신(申)월은 학당이니 문귀(文貴)로 크게 드러난다. 해·자로 수왕(水旺)한데 임이 투간하면, 주에게 흉하다. 오·술에 무(戊)를 투간하면, 살(殺)이 왕하니 역시 흉하다. 달리 명리(名利)는 진퇴가 잡박하다고 하였다.

張守直尙書 '乙亥 甲申 壬午 庚戌'(無子). '丙戌壬辰'(丞相). '戊子戊戌'(侍郞). '壬辰辛亥'(知縣). '丁卯辛亥'(白手成家無子).

임신일 경술시가, 월기로 화·목에 통하면 부귀하다. 불통해도 운이 통하는 곳으로 행하면 역시 좋다. 년·월로 축·술은 대귀하다.

馬如松進士 '丙子 丁酉 壬申 庚戌'. 胡頤尙寶丞 '丁酉戊申'(富壽).

임술일 경술시는, 처가 불리하다. 주가 처첩의 해를 입으며, 성패가 반복된다. 술이 순수하면 귀하다.[6] 인·축은 무직(武職)이다. 신월은 장생 학당이라 글을 배우고 닦아 귀함이 많다. 해월은 건록으로 천간에 재·관을 투로한 것과, 묘월은 상관인데 재성을 투간한 것은 두루 귀하다. 미월은 잡기재관으로, 축·술이 상형(相刑)하면 길하다.

黃相知府 '丙戌 庚寅 壬戌 庚戌'. 宋大勺知府 '戊辰庚申'. 蘇繼太守 '辛未丙申'. 尹秉衡總兵 '丙戌己亥'. 張尙寶 '己未甲戌'. 黃守備 '戊戌乙卯'.

청탁(淸濁)난분(難分) 즉 청탁을 나누기 어려운 국(局)이다. 운이 졸렬함에도 가지런한 때가 오는 것이다. 만약 소년에 발복함이 있음은 재고(財庫)를 열쇠로 열었기 때문이다.

임·경이 상봉하고 술시생이면, 고(庫)에 재·관이 있으나 그 문이 쇄폐(鎖閉)된 것

---

[6] 다른 판본에는 무(戊)라고 한 것이 있는데, 원문에는 술(戌)로 기록되어 있다.

이다. 천간에 머리를 든 것이 없으면 아무리 궁구하여도 반복됨만 많고, 공명도 밑바닥에 이르렀으니, 뜬구름과 같다.

임일이 시에서 경술을 만남은, 간지가 도식(倒食)으로 용납되기 어렵다. 재·관·인수가 고(庫) 안에 봉해졌으나, 열쇠가 없으면 능히 취용하지 못한다. '축유진'을 만나면 복을 짓고, 다시금 정·기를 만나면[7] 그 이름을 이룬다. 다만 극·해와 함께 형·충을 만남이 두려우니, 잡박하면 다만 평상의 명일 따름이다.

【六壬日(辛)亥時斷】 육임일 신해시의 판단

육임일이 신해시를 만남은, 인(印)과 녹(祿)이 서로 따르니 가장 기묘하다. 재·관을 보지 않고 충·파가 없으면, 청운의 길을 얻어 그 앎을 갚는다.

임일 신해시는, 일록(日祿)이 시에 거하였다. 극·파가 없고 의탁함이 있으며, 주 중에서 재·관을 보지 않으면 부귀가 현달한다. 동(東)운을 행하면 대귀한데, 통기(通氣)함이 있으면[8] 복을 감한다. 남방운은 귀하지 않으나 거부이다.

임자일 신해시는, 주의 부모가 선종(善終)함을 얻지 못한다. 후에 발하지만 부(富)하지는 못한다. 년·월로 해·묘면, 문장으로 나아가 몸이 대귀하다. 또 이르기를 목명(木命)은 귀하고, 토명(土命)은 유재(有財)하다 하였다.

何洛文侍郎 '丙申 辛丑 壬子 辛亥'. 范愛衆御史 '癸巳壬戌'. 李太尉 '庚寅壬午'. '丁卯壬寅'(凶). '甲辰丙寅'(貧).

임인일 신해시는, 간난 즉 어려운 가운데 발한다. 미월은 잡기재관으로 돈후하고 중년에 귀한데, 50세 이후에 마친다. 해월에 동·남 운은 방면이다.

李璣尚書 '己未 丙子 壬寅 辛亥'. 凌相都堂 '乙未庚辰'. 宋宣參政 '己卯辛未'; 黃泮御史 '甲戌月'. 周大謹進士 '丁酉乙巳'. '乙巳乙酉'(擧人). '丙戌甲午'(都司).

임진일 신해시는, 빼어나고 귀하나 악사(惡死)한다. 오월에 간두로 기토가 없으면 청운에 득로(得路)한다. 만약 갑이 있어 합하고 거관(去官)류살(留殺)하면, 3-4품의 귀(貴)이다. 유월 역시 귀하다.

蔡魯公 '丁亥 壬寅 壬辰 辛亥'(一命同十九歲溺死 같은 명이 있었는데, 19세에 익사하였

---

[7] 원문은 사(巳)로 보이나, 기(己)가 맞을 것이다.
[8] 여기서 통기함이란, 사주 원국의 월령에서 설기됨의 뜻으로 보인다.

다). 趙王 '己未乙亥'(縊死 목을 매어 죽었다). 顧侍郎 '甲申乙亥'; '己酉年'(長史). 蘇志皇都堂 '丁巳辛亥'. 張大韶知府 '辛卯辛卯'. 張志淑解元 '己巳丁卯'. 郜光先尙書 '癸巳乙丑'(死後破棺被戮 사후에 파관하여 육시를 당하였다). 王學夔尙書 '壬寅戊申'(壽九十三).

임오일 신해시는, 평상하다. 축월은 풍헌이요. 인월은 녹마동향으로 금·수의 운을 행하면 방면(方面)이다. 술월에 동·북 운은 4-5품이다. 축·오는 승도(僧道)로 관(官)의 명(命)이 있다.

朱希周狀元尙書 '癸巳 己未 壬午 辛亥'. 潘晟尙書 '丁丑丁未'. 賈尙書 '己未乙亥'. 劉司徒 '丁亥己酉'. 陳宗慶僉憲 '乙丑己丑'(子太守); '乙卯年'(擧人). 翁洪主事 '戊子丙辰'. '壬午庚戌'(給事). 劉庭蘭進士 '戊申壬戌'(丙子發解).

임신일 신해시는, 귀하다. '진술축미'는 잡기재관으로 길하다. 년·월의 천간으로 기토가 없으면 일록(日祿)격에 든다. 유월에 신·묘(申卯)의 년이고 동·북의 운을 행하면, 귀함을 드러낸다.

劉安峰尙書 '壬申 丙午 壬申 辛亥'. 陳炌左都掌院 '丙子丁酉'. 徐南湖御史 '乙卯辛巳'. 張玉御史 '乙丑癸未'. 周大有御史 '甲子乙亥'. 劉詢給事 '己巳甲戌'. 蕭鳴鳳進士 '庚子壬午'. '庚辰己卯'(主事). '辛酉丁酉'(侍郎). '辛未壬辰', '庚戌己丑'(俱擧人). 楊啓元編修 '丁未庚戌'.

임술일 신해시는, 소년에 부귀하다. 년·월로 '해신사술'은 1-2품의 귀함이다. 술이 순수하고 수·화의 운이면 금자이다.

胡錠侍郎 '甲午 丙寅 壬戌 辛亥'. 黃養蒙侍郎 '癸亥乙丑'. 朱庭立大理卿 '壬子己酉'. 周用都堂 '丙申戊戌'. 韓雍都堂 '壬寅辛亥'(名臣). 吳希白副使 '甲申丙子'. 饒湖田大參 '丙寅辛丑'. 倫以諒郎中 '甲寅乙亥'. 龔愷御史 '庚午壬午'. '丁巳丙午'(擧人). '己卯丁卯'(參將). 魏允中閣老 '丁未壬辰'(解元).

녹마(祿馬)교통(交通)의 국(局)이라, 때가 오면 명리가 온전하다. 형충극파가 없으면, 평지에서 가히 신선에 오른다.

임과 신이 해시에, 서로 만나 모인 것이다. 추리하면 백옥이 쉬면서 세상에 나섬을 싫어하니, 지체된다고 본다. 장생 녹마로 형·파가 없으면, 도리어 갈옷을 물리치고 비단옷을 건다.

임일이 시에 녹마가 임하고 또 인수와 동향이 되었다. 수(水)에 금·목이 쫓으니 자연히 신강하다. 이 명은 극히 고강하여 위[上]가 된 명이다. 계·을이 암합하면 복을 감한다. 충·파가 없으면 문장이 현달한다. 옥과 금을 모으고 쌓아 집과 거처에 가득하며, 음자(廕子)봉처(封妻) 곧 자식은 그늘 속에 있고 처는 봉해놓은 상이다.[9]

---

[9] 봉처음자의 뜻은 때로 좋고, 때로는 나쁜 쪽으로 이해되기도 하는데, 여기서는 좋은 쪽으로 보인다.

星命部彙考五十五
三命通會 二十七

六癸日子時斷, 六癸日丑時斷, 六癸日寅時斷, 六癸日卯時斷, 六癸日辰時斷, 六癸日巳時斷, 六癸日午時斷, 六癸日未時斷, 六癸日申時斷, 六癸日酉時斷, 六癸日戌時斷, 六癸日亥時斷.

三命通會 二十七

【六癸日(壬)子時斷】 육계일 임자시의 판단[1]

육계일 생이 시가 임자면, 청운(靑雲)득로(得路)에 가장 기이함이 된다. 만약 기토의 충·극·파가 없으면, 저절로 공명 현달함이 있는 때가 된다.

계일 임자시는, 일록(日祿)귀시(歸時)이다. 계수가 천간으로 자(子)위에서 건록인데, 만약 년·월의 간지로 '무기·오미'의 글자가 형충·파해 함이 없고, 삼원(三元)에 의탁함이 있으며, 월기로 통함이 있는 것은, 문장이 수려하고 관직이 현달한다. 만약 월로 목기에 통함도 역시 귀하다. 만일 주에 기가 투간하여도 갑이 있어 합하면 역시 귀하다. 그렇지 않은즉 성·패가 반복될 뿐이다.

계축일 임자시가, '오·인'과 '을축·기축'의 년·월에 해당하면 문직(文職)으로 4-5

---

[1] 앞의 육임일과 같이, 달리 하나의 권(卷)으로 나누었다. 굳이 그 이유를 알기 어려우나, 일시단결에 관한 만육오 스스로의 판단을 확인할 수 있는 부분들이다. 지금과 비교해서 반드시 그 해설이 일치한다고 말하기는 어렵다. 다만 육오선생의 관법을 파악하는 자료로는 충분한 의의가 있다 하겠다.

품이다. 신왕하고 목기로 월에 통하며, '무기·오사'의 글자가 없으면 현귀(顯貴)한다. 미는 풍헌이다. 사·오는 진사(進士)다. '임인·을미·경술'의 월을 꺼리니, 모두가 형(刑)이 되기 때문이다. 을축의 월이면 하천하다.

朱英知府 '壬戌 戊申 癸丑 壬子'. 樊御史 '壬子癸丑'. 魏主事 '庚辰辛巳'. 李進士 '癸巳庚申'.

계묘일 임자시는, 시·일이 상형(相刑)하니 상처(傷妻)극자(尅子)하는데 귀함에 가깝고, 기토가 없으면 위권(威權)이 있다. 만약 해·사가 두루 온전하면, 진사(進士)이다.[2] 년·월로 인(寅)이 순수하면 상관생재하니, 대귀(大貴)가 아니라면 곧 대부(大富)이다. 갑진월은 꺼리니 흉하고 형(刑)이요 외롭다. 병신월도 흉하고 악사하며, 기축월은 형이다.

極品 '壬寅 壬寅 癸卯 壬子'(大富命同). '壬午癸丑'(擧人), '癸亥癸亥'(貧).

계사일 임자시는, 춘·하라면 재·복을 발하고, '진술축미'는 귀하지는 않으나 종래에는 부자다. 무인월을 꺼리니 형벌을 만나고, 무신월도 형벌을 받으며, 사·유(巳酉)월이면[3] 거지라.

包節御史 '丙寅 丙申 癸巳 壬子'. '庚寅乙酉'(副使), '己未丁丑'(貴同).

계미일 임자시가, 월로 신·유(申酉)면 귀하다. 술·해는 대부귀한다. 인·묘는 고독하다. 진·사는 흉하다. 임신월을 꺼리니 그 몸이 온전치 못하고 흉하다. 경진월은 흉하고 형이 되며, 을축월은 그 땅을 잃고 흉사한다.

徐階閣老 '癸亥 壬戌 癸未 壬子'(名臣 孫進士 손자는 진사였다). 孔惟德知府 '乙酉戊子'. 方安撫 '癸未甲子'. 趙序班 '甲午丁丑'.

계유월 임자시는, 행장(行藏)에 진퇴함이 있고 자식이 적으며 처가를 이루기 어렵다. 병인월을 꺼리니 죽음에 있어서도 시신이 온전치 못하다. 을사월은 대파되고 흉사한다. 정유월은 스스로 목매어 죽는다.

徐陟大理卿 '癸酉 戊午 癸酉 壬子'. 崔棟御史 '乙酉丙戌'. 陳楓擧人 '辛未庚子'. '辛酉庚辰'(三品), '庚辰辛巳'(擧人). 萬曆皇后 '甲子乙亥'(天月德全). 徐元泰吏部 '丁酉壬寅'.

계해일 임자시는 귀하다. 해월생이면 비천녹마로 등과하여 갑제(甲第)하니 대귀하

---

2 原註에 '闕字'라고 기록하니 글자가 빠졌거나, 경의를 표함인데, 경의를 표해야 할 아무런 이유가 없다. 따라서 이는 육오가 참고로 한 다른 책에서 어떤 글자가 빠져 있다는 뜻으로 보인다.

3 원문에 사유로 기록하였는데, 기유월로 보아도 그 뜻은 통한다.

다. 또 계록이 자에 거하고, 임록이 해에 거하여, 일·시로 녹(祿)을 호환하니 3-4품의 귀이다. 무인월을 꺼리니 죽어도 시신이 온전치 못하고, 무신월은 고빈하며, 기유월은 외롭고 고달프다.

如老彭 '癸亥 甲子 癸亥 壬子'(身歸冬旺故壽 몸이 동왕함에 돌아가니 장수하였다). 張禎 閣老 '丁巳癸卯'. 宋日克都堂 '乙酉庚辰'. 宿應參知府 '甲戌丁丑'. '乙丑戊子'(擧 人).

득록(得祿)생재(生財) 즉 녹을 얻고 재를 생한 국이라. 침잠한 가운데 밖에서 통한다. 때가 와서 명리가 따르면, 부귀로 가풍을 드러낸다.

일록(日祿)귀시(歸時)의 국(局) 가운데 얼음이 있으니, 식신을 만남이 기쁘고 형·충을 두려워한다. 상관이면 갈 길이 저무니 재운을 상하고, 관을 더하지 않으면 재물이 풍성하지 못하다.

계일이 시에 임자가 임하면, 이름하여 귀록(歸祿)격이 됨과 같아 백옥과 같은 가문이 가파르게 상승한다. 원무(元武)당권(當權)이 되면 녹이 중하다. 물은 맑고 물병은 보배로우니 나날이 무성해지고, 문장은 박람하여 통함이 많다. 영전을 거듭하는 가운데 왕실에 봉해짐이 있다.[4] 갑이나 '오·인·해'의 글자는 그 움직임을 깬다.

【六癸日(癸)醜時斷】 육계일 계축시의 판단

육계일 생이 시가 계축이면, 지지 가운데 암귀(暗鬼)가 있어 형·상(刑傷)이 된다. 월로 신왕함에 통하면 처의 손상을 막고, 축·사(丑巳)로 요합(遙合)이 되면 귀함이 비상하다.

계일 계축시는, 지지에 숨은 귀(鬼)살을 얻은 것이다. 계가 기로써 편관이 되는데 축 중에 숨은 기가 그 자리를 얻었고, 계가 정으로 처를 삼는데 축 중에서 정화는 무기(無氣)하다. 만약 월에서 신왕 비견의 달로 통하면, 처·재의 손상됨을 막는다. 주에 축·인(丑寅)이 많으면 인으로써 사를 형하고, 축이 사와 합하여, 사 중의 병·무(丙戊)를 형·합(刑合)하므로 재·관을 드러내는데, 모름지기 간두(干頭)로 무·기(戊己)의 글자가 없어야만 대귀하다. '기·미·묘'의 글자를 꺼리니, 파격(破格)이 되기 때문이다.

계축일 계축시는, 축이 사(巳)를 요합 즉 불러 합해 사 중의 병·무로 재·관을 삼는

---

4 원문처럼 진흙 니가 되면, 오히려 부정의 뜻이 되는데, 자미로 봄이 타당하겠다.

데, 만약 년·월로 '축인·신자유'에 생하여 삼합을 이루면, 주의 처가 현명하고 효자를 얻으며 영귀(榮貴)가 특달한다. 화·토 운은 흥하고, 금·수의 운은 길하다. 달리 외로운 중에 잃으며, 토는 귀하다고 한다.

張瓚尚書 '癸巳 壬戌 癸丑 癸丑'. 王家屛閣老 '丙申辛丑'. 孫恩侍郎 '辛丑辛丑'. 宋纏都堂 '壬午壬寅'. 馬理通政 '甲午丙寅'. 羅一鷺參政 '辛未己亥'. 章甫端給事 '丙戌辛卯'. 安得郎中 '癸酉癸亥'. 馬芳總兵 '戊寅戊午'. '癸丑癸亥'(尚書), '壬戌癸丑'(中丞), '庚申庚辰'(參政).

계묘일 계축시는, 일귀격(日貴格)인데, 그 몸이 외롭고 극(尅)함이 되었지만 주는 귀하다. 년·월로 '축·인·진'에, 간지로 '무·기'와 '사·오·묘'의 글자가 없으면, 극품(極品)이다.

翁大立尚書 '丁丑 甲辰 癸卯 癸丑'. '甲寅丙寅'(大貴), '丙子庚子'(司訓). 侯于趙參政 '丙申癸酉'.

계사일 계축시는, 복덕(福德)수기(秀氣) 격이라. 학문이 총명하고 영재로 특달하며 귀하다. 만약 년·월로 '축·사'가 순수하면 대귀하다.

王基尚書 '戊戌 甲子 癸巳 癸丑'. 杜鴻知州 '戊子甲寅'(一武生命同). '戊午癸亥'(貴).

계미일 계축시가, 년·월로 '자축인'이면 귀하고, 중년에 부하다. 묘월에 금·수의 운을 행하면 극품이다. 진·술로 사고(四庫)가 온전하면 대귀하다. 달리 먼저는 비천한데 중년에 바야흐로 귀하고, 부모를 극한다고 한다.[5]

王太傅 '甲戌 辛未 癸未 癸丑'. 黃澤布政 '乙丑戊子'. 黃獻可進士 '壬戌庚戌'. 陳化州擧人 '戊寅丙辰'. '癸亥壬戌'(七子). 凌嗣音進士 '丁未壬寅'.

계유일 계축시는, 복덕(福德)수기(秀氣)격으로 학문의 연원이 깊고 오래지만, 행장에는 진퇴가 있고, 처가를 이루기에는 어려움이 있다. 달리 형옥(刑獄)에 빈천이라, 만약 년·월이 자와 사에, 천간으로 경과 신이 투출하면, 이는 월에 삼기(三奇)를 감추고 년에서는 녹·인(祿印)을 얻은 것이라, 귀(貴)가 마땅히 1품이라 하였다.

傅石淵都堂 '癸丑 辛酉 癸酉 癸丑'. 張白灘吏科 '甲子丁丑'. 伍駕部 '癸卯癸卯'.

계해일 계축시는, 공록(拱祿)격이 되니 충·파와 전실(塡實)됨을 두려워하고, 사주에 '자사·오미'의 글자가 없으면 대귀하다. '인오술'의 월에 남방 운이면 6-7품의 귀이다.

---

5 이는 일시의 축미 충에서 개고의 뜻과 함께, 신금과 정화가 다시 충함에 기인한 때문이다.

柯潛狀元 '癸卯 乙丑 癸亥 癸丑'. 余申狀元 '庚寅戊子'. 鄭樞密 '丁丑癸丑'. 梁丞相 '丁未癸卯'. 李參政 '辛未戊戌'. 蔡大用御史 '乙丑己丑'; '甲申月' 都憲. 成憲檢討 '己亥庚午'. 張執中主事 '己卯丙寅'. 林茂擧進士 '庚午壬午'. 陳太后 '乙巳戊寅'.

고장(庫藏)금궤(金櫃) 즉 창고에 금궤를 감춘 국(局)이라. 미(未)의 글자로 열쇠를 보면 열고, 열쇠가 없으면 텅 비거나 또 닫아거니, 만경(晚景)에 심회(心懷)를 칭하도다!

음수(陰水)가 중중하고 시에서 고를 얻었으니, 소년에 발하기는 어렵고 강함을 구하지도 않는다. 오고 감을 추산하니, 받게 됨은 중년이 지난 후이다. 안좌(安坐)고당(高堂) 곧 높은 집에 편안히 거처함은 흰머리가 되어 임한다.

계일이 시로 계축을 만남은, 수류(水流)금국(金局) 곧 물이 흘러 금국을 채워 고(庫)를 충하는 것이다. 술·미를 만나면 재와 녹이 풍성한데, 그렇지 못하면 비고 가난하여 난동을 일으킴에 불과하다. 열쇠가 없으면 소년에 현달치 못하고, 열쇠가 있으면 녹·마가 화하여 함께 한다. 운이 오면 어찌 괴로움과 노심초사함을 쓸 일이 있겠는가, 발달하여 문정(門庭) 즉 문과 집안에 큰 경사가 이르게 된다.

【六癸日(甲)寅時斷】육계일 갑인시의 판단

육계일 생이 시가 갑인이면, 양인 상관이 배록(背祿)하여 정신을 감한다. 주 중에 경·신(庚申)의 글자가 없으면, 재·관을 형합(刑合)하니 귀인(貴人)이다.

계일 갑인시는, 재·관을 형합한다. 계가 병으로 재를 삼고 무가 관이 되는데, 인이 사(巳)를 형출(刑出)하여 사중의 병·무로써 재·관을 삼는다. 만약 주에 관·살 및 형충·파해로 격을 손상함이 없으면 귀하다. '경·신 무·기'의 글자가 있고 제복(制伏)함이 없으면, 귀하지 아니하다.

계축일 갑인시는, 본래 귀한데, 축 중에는 신(辛)금이 있어 그 분수를 감한다. 년·월로 수(水)가 순수하면 관이 1품에 이른다. 추생은 인수라 역시 귀하다. 진월에 동(東)운을 행하면 빈하(貧下)하다. 순수한 신(申)이 인(寅)을 파하면 흉하다.

高拱閣老 '壬申 癸丑 癸丑 甲寅'(無子). 吳嶽尙書 '甲子壬申'. '乙巳己丑'(大貴). 石茂華侍郎 '壬午戊申'. 張大綱知縣 '丙子辛卯'. 陳璐擧人 '庚辰壬午'. 宋繡冢宰 '壬午壬寅'. 胡堯時憲長 '己未甲戌'.

계묘일 갑인시가, '해묘미'의 월이면 지극히 귀하다. 년·월로 인·묘는 형합(刑合)격으로 후백이다. 인·해는 4품이다. 인월에 유운이면 금자이다. '축술진·사' 역시 귀하다.

蔡淸祭酒 '癸酉 己未 癸卯 甲寅'. '庚戌癸酉'(學士). 曾銑都堂 '己未丁丑'(凶死). 劉顯都督 '乙亥丙戌'(白衣出身); '戊寅月'(副使). 麻祿總兵 '辛卯庚子'. 朱參政 '癸丑甲寅'. 婁參政 '癸酉辛酉'; '癸丑年'(運使). 龔進士 '乙亥戊子'; '庚申年'(貴同).

계사일 갑인시는, 평상한데, 신왕월로 통하면 대귀하다. '무기·경신(申)'의 글자를 꺼리는데, 세·운도 동일하다.

楊宜侍郎 '乙卯 丙戌 癸巳 甲寅'. 杜拯侍郎 '戊寅戊午'. 蘇見章給事 '癸亥甲子'. 陳子階御史 '庚辰丁亥'.

계미일 갑인시는, 주가 빼어나고 실하여 중년에 귀현(貴顯)한다. 만약 년·월로 '기미·기사'에 생하면, 무(武)로 귀하다.

王廉使 '甲子 癸酉 癸未 甲寅'. '癸未丁巳'(富). '辛亥甲午'(布政). '壬午甲辰'(進士).

계유일 갑인시는, 금신(金神)격이다. '인오술'의 월로 화국(火局)을 짜면 귀현하고 특달하니, 관이 2-3품에 이른다. 축년은 꺼리니 귀하지 못하다. 년·월로 '기미·해자'는 부하고 장수한다. 진·축에 갑·정이 투간(透干)한 것은 흉하다. 달리 진(津)과 양(梁)은 고귀하다고 하였다.[6]

李尙書 '辛亥 丁酉 癸酉 甲寅'. 陳侍郎 '甲戌甲戌'. 高撫翰 '乙未甲申'. 王參政 '戊戌甲寅'. 鄭富省魁 '癸亥甲子'. 黃希護知縣 '甲子丙戌'.

계해일 갑인시가, '자축·미신'의 월이면 진사(進士)요, 운이 금·수로 행하면 풍헌(風憲)이다. 년·월로 묘·술은 지지에서 육합(六合)이라, 귀하다. 또 이르기를 귀한 가운데 흉사(凶死)한다고 한다.

王學士 '壬子 癸丑 癸亥 甲寅'. 趙節度 '乙未癸未'. 曾御史 '甲辰丁卯'. 高知縣 '辛未庚子'. 莊允中解元 '丙申乙未'. 林文迪進士 '丙戌丙申'. '癸巳壬戌', '丁亥癸亥'(俱貴). 張宗太監 '丙子癸巳'.

일출(日出)연하(煙霞) 즉 안개와 연기 속에서 해가 떠오르는 국(局)이라. 아닌 것이 극(極)에 이르러 태평함과 형통함이 온다. 평상인은 후복(厚福)을 더하고, 군자라면 앞길

---

6 여기서 진과 양은 공간적인 것으로 보인다. 곧 구주의 양땅이며, 물가의 의미다.

의 대장정에 나아간다.

갑인시에 계일은, 무와 병이 열린 것인데, 소년 시절에는 만나지 못하여 또한 가라앉고 파묻힌다. 만약 사주에 충·파를 두르지 않았으면, 평보(平步)로 등운(登雲) 즉 관로에 올라, 도성과 조정에 이른다.

계일 인시는, 극(尅)함에 응하여 간지로 상합됨이 광영(光榮)이라. 만약 '임·사·무·경·신(申)'의 글자가 없으면, 반드시 재록이 풍성하고 윤택하다. 운이 이르면 황주(皇州) 즉 황제의 땅에서 현달하니, 문장이 호방하여 그 이름을 건다. 다만 1자라도 작은 공망과 충을 만나면, 극자하고 처를 상하며 녹봉이 깎인다.

【六癸日(乙)卯時斷】육계일 을묘시의 판단

육계일 생이 시가 을묘면, 장생의 땅에서 식신을 만난 것이다. 만약 오·유와 신(辛)·사가 없다면, 복·수가 쌍전하고 관록과 지위가 있는 사람이다.

계일 을묘시는, 천간의 식신이 왕하다. 계가 을로써 학당 식신을 삼는데, 묘 위에서 계수는 장생하고 을의 좌록(坐祿)이 된다. 주 중에서 기(己)의 파함과 신(辛)의 탈식 그리고 오·유의 형·충이 없고 월기에 통하여 의탁함이 있으면, 주가 총명하고 수명이 있으며 관(官)과 식록(食祿)에 거하게 된다. 만약 기토가 있으면, 귀하지 못하다. 춘월생이 북방의 운이면 현달한다.

계축일 을묘시가, '진·축'의 월이면 고귀하다. 달리 어린 시절에는 천하나 중년 이후 귀하다고 한다.

葉侍郎 '乙丑 己丑 癸丑 乙卯'. '甲寅丁卯'(擧人), '甲辰丙寅'(縣尹). 龍宗武知府 '壬寅戊申'.

계묘일 을묘시는, 간난(艱難)하다. 인·묘의 월에 생하면 상관격이라, 부귀를 말하기 어렵다. 년·월로 미와 술은 기예(技藝)로 귀함에 가깝다. 진·축은 길하다. 기축과 병자는 흉하다.

林志學士 '戊午 庚申 癸卯 乙卯'. '癸卯丁巳'(司業). 梁懷仁進士 '庚午己丑'. 周軫運使 '甲寅辛未'. 閔紳擧人 '庚辰庚辰'. '丁卯甲辰'(擧人).

계사일 을묘시는, 재·관이 쌍미(雙美)라. 춘은 상관이요, 하는 재왕하고, 추는 인수라 안온한데, 동은 평상하다. 년·월로 '축오자해'가 되면, 관이 3-4품에 이른다. '을해·을유'는 잔질이 있다.

王侍讀 '丁巳 己酉 癸巳 乙卯'. 譚太尉 '辛亥庚寅'. 黃嘉善尙書 '己酉庚午'.

계미일 을묘시가, 월로 '인·해묘미'가 되면 상관(傷官)상진(傷盡)이나, 주의 성질이 강강하여 평상하다고 판단한다. 월로 '진술·신자'는 귀하다.

閣老 '甲戌 壬申 癸未 乙卯'. 提學 '壬辰辛亥'. 謝原御史 '己亥甲辰'. 林遠進士 '己酉甲戌'. 陳恩進士 '庚申戊子'.

계유일 을묘시가, '신자진'의 월이면 귀하다. '인오술'은 중간 정도요. '해묘미'는 평상하다. '사유축'은 부하다.

黃知府 '己卯 戊辰 癸酉 乙卯'.

계해일 을묘시가, '진·사'의 월이면 풍헌이다.

常參政 '庚寅 己卯 癸亥 乙卯'. 劉節提學 '己亥丁巳'. '乙未庚辰'(進士).

문성(文星)에 식록(食祿)이 있는 국(局)이라. 그 명성을 도처에서 듣는다. 임·경(壬庚)을 더하여 흥왕하면, 군자는 공경(公卿)에 이른다.

을·계가 상봉하는데, 지지로 식신이 왕하다. 하늘이 만물을 조성함에는 본래 사사로움이 없는 것이다. 운이 행하면 저절로 고인의 천거가 있으니, 손을 들어 단계(丹桂) 즉 왕명을 받들고 청운의 길이 높다.

계일이 시에서 을묘를 만남은, 귀인이 식록의 향(鄕)에서 옥당(玉堂) 을묘의 자리가 후왕(侯王)에 있으니, 이는 문득 금문(金門)의 장상(將相)이라. 군자의 문장은 발하고 전파되며, 평상인은 재·록이 상자에 가득하다. '갑인·신유'라면 자못 평안하고 항상하니, 부귀영화가 크게 형통하다.

【六癸日(丙)辰時斷】육계일 병진시의 판단

육계일 생이 시가 병진이면, 편관이 무기(無氣)하여 가난함이 되지 않는다. 만약 목기가 없고 그 국(局)에 통하면, 이는 정히 청고한 복록인이라.

계일 병진시는, 본신이 관고(官庫)에 앉았다. 계가 무·기를 써서 관이 되는데, 진(辰)상에서 토는 묘(墓)라 관고가 되고, 병을 보아 재가 된다. 진은 수국(水局)이 되어 병화가 무기하며, 계수가 합국한다. 사주에 갑이 관을 파하고 고(庫)를 손상함이 없으면, 주가 귀하다.

계축일 병진시는, 평상하다. '진술축미'의 월이라면, 재·관이 유기하여 귀하다. 또 이르기를, 재물은 있으나 외롭다.

蔣冕擧人 '丁丑 辛丑 癸丑 丙辰'.

계묘일 병진시는, 고독하여 춘훤(椿萱) 즉 장수하고 근심이 없기 어려우나, 재백이 있고 귀하여 사람들이 공경한다. 년·월로 묘·해는 일귀격(日貴格)이다. 오·술이면 9품이 5품에 이른다. 인월에 남운을 행하면 풍헌이다.

隆慶皇帝 '丁酉 癸卯 癸卯 丙辰'. 呂光洵尙書 '戊辰庚申'(無子). 朱希孝都督 '戊寅甲寅'(無子). 李參政 '甲子戊辰'. '辛巳甲午'(知府).

계사일 병진시가, 자월생에 남방이면 산은 밝고 물이 맑은 지방이니 고귀하다. 년·월로 자·미는 부가 두텁다. 술·묘는 근시이다. '미·술·신'은 유학자로 관이다.

咸寧侯仇鸞 '癸亥 丙辰 癸巳 丙辰'(파관 효시하였다). 溫尙書 '乙未己丑'. 張祐布政 '己丑戊辰'. 李平公御史 '辛丑辛丑'. 傅夏器會元 '己巳己巳'(官止五品). 丘茂擧人 '壬子壬寅'. '丙辰壬辰'(貴同).

계미일 병진시는, 높다. '인묘미'의 월이면 평상하다. '진술축'의 월이면 길하고, 사월은 재·관이 두루 왕하니 귀하다.

陳音太常卿 '丙辰 壬辰 癸未 丙辰'; '辛卯年'(擧人). 熊鏡湖都堂 '丙寅辛丑'. 劉天受憲長 '癸亥壬戌'(多子). 彭甫僉憲 '辛未癸巳'. 李盛時擧人 '甲辰乙亥'.

계유일 병진시는, 외로우나 귀하다. '사유축'의 월이면 귀하다. 인·묘는 불길하다. 자·오는 부하고, 술월이면 대귀하다.

韓文公 '戊申 庚申 癸酉 丙辰'. 秦鳳山尙書 '丁亥庚戌'; '丁巳年'(擧人). 林瀚尙書 '甲寅戊辰'. '甲戌壬申'(例貢), '丁丑癸丑'(富). 饒位進士 '辛亥己亥'(發解).

계해일 병진시는, 사주에서 갑목이 관고를 파손함이 없으면 귀하고, 운은 남방을 기뻐한다.

鄭淸之樞密 '丙子 辛卯 癸亥 丙辰'. '乙亥丁亥'(武貴多凶). '庚戌壬午'(發財凶死). 萬一貫御史 '庚子癸未'. '丁卯戊申'(侯).

옥출(玉出)남전(藍田) 즉 남새밭에서 옥이 나타난 국(局)이라. 쉽게 되어 나타남이 지체함을 미워한다. 약시(鑰匙) 즉 자물통과 열쇠로 묘·술을 만나면, 재록이 하늘로부터 따른다.

계일 병진은, 관고(官庫)가 닫힌 것이다. 재성이 비록 투간하였으나 도리어 무기하다. 관은 열쇠로 열어줌을 요하고, 재는 흥왕함을 요하니, 사주에서 묘·술을 만남이 바야흐로 귀함이 된다.

계일 병진시는, 고(庫)를 만난 가운데 재·관이 쇄폐된 것이니, 묘·술을 만나 자물통을 열쇠로 열기를 요한다. 조업과 육친을 지킴에는 저해됨이 있다. 몰래 식신의 상조함이 있으나, 자재가 공핍(空乏)허도(虛度) 즉 공허 가난하고 헛된 정도가 있다. 선빈(先貧)후부(後富)의 명 가운데 안배함이 있으니, 조업을 옮겨 중흥함에 점차로 쾌락한 기운이 있는 것이다.

【六癸日(丁)巳時斷】육계일 정사시의 판단

육계일 생이 시가 정사면, 귀인의 땅에서 재를 보고 암관(暗官)을 또한 만난 것이다. 의탁함이 있으면 취하여 재록이 무성하다고 보며, 의탁함이 없으면 필시 복이 치우쳐 손상된 것으로 정한다.

계일 정사시는, 계가 재·관과 합한 것이다. 계가 병을 써서 재가 되고, 무는 관이 되며, 경은 인으로 삼는데, 사(巳)는 또 천을귀인이 된다. 사 위에서 경금이 장생하고, 병·무는 건록이 되며, 계수는 태(胎)를 받았다. 만약 의탁함이 있고 월로 수기(水氣)에 통하면 귀한데, 수기로 통하지 않으면 평상한 것이다. 시에서 삼기(三奇)를 만났으니, 대개 만년에 발한다고 한다.

계축일 정사시는, 선빈후부라. 화·수의 운으로 행하면 발달한다.

馮熊太守 '癸酉 癸亥 癸丑 丁巳'. '辛巳甲午'(擧人).

계묘일 정사시가, 만약 자월이면 신왕(身旺)재왕(財旺)하여 귀현한다.

柯焞僉憲 '辛酉 辛卯 癸卯 丁巳'. 張中書 '庚申丁亥'.

계사일 정사시는, 재관(財官)쌍미(雙美)라. 자월이면 귀하고, 화(火)월이면 부하다. 천간에 토가 투출하고, 지지가 오·미라면, 주가 크게 권귀(權貴)한다. 축이 순수하면 극품이다. 달리 천한 가운데 귀하다 하고, 또 귀한 가운데 혈광(血光)에 죽는다 하였다.

劉章尚書 '庚辰 丁亥 癸巳 丁巳'. 翁萬達尚書 '戊午己未'(名臣). 許誥學士 '辛卯辛丑'. 李迫侍郎 '乙丑己丑'. 張塌府尹 '戊辰辛酉'. 賈名儒鴻臚卿 '丙戌甲午'.

계미일 정사시가, '인오술'의 월이면 재왕(財旺)으로 그 몸이 드러난다. 추·동에는 녹왕(祿旺)한데, 잔질에 상함이 있다.

路可由都憲 '丁卯 辛亥 癸未 丁巳'. 陳克宅進士 '甲午丁卯'. '丁酉戊申'(擧人).

계유일 정사시는, 선빈후부한다. 기유의 월이면 관·인이 두루 왕하다. '해묘미'가 되면 식상생재하여 귀현한다. 오·술은 재왕하니 역시 길하다.

李傑尚書 '甲午 己巳 癸酉 丁巳'. 謝騏少卿 '辛卯辛卯'. 楊維聰狀元 '壬子辛亥'.

陳收知府 '辛巳乙未'. 宋南川副將 '丙子丁酉'.

계해일 정사시는, 형해(刑害)가 있다. 춘·하의 월에 생하였다면 좋다. 추는 인수로 길한데, 동(冬)은 평상하다. 년·월로 경인(庚寅)이면 무로 귀하다.

參政 '辛未 戊戌 癸亥 丁巳'[7]. 知府 '甲子丁卯'. 周岐麓御史 '壬子己酉'. 王琔都憲 '乙未壬午'. 謝恩擧人 '丁卯乙巳'. 賴庭檜參政 '辛丑丁酉'.

봉락(鳳落)형산(荊山) 즉 봉황이 형산에 떨어진 국(局)이라. 돌 가운데 아름다운 옥이 감춰져 있다. 뜻을 얻어 양공(良工)을 만나면 족히 불귀즉부한다.

사시는 녹·마가 동향이나 그 앞을 다투니, 조화하고 사사로움이 없으면 대현 곧 크게 어짊을 낳는다. 형·충되면 반감하고 공·극(空尅)이 없어야 한다. 운이 이르면 성명을 구천에 드날린다.

계일에 시로 정사가 임함은, 귀인에 녹·마가 동향이라. 삼중으로 사마(蛇馬)라면,[8] 조정의 바른 기강이 되어 옥전(玉殿)금계(金堦) 곧 황궁을 내왕한다. '임해·신(申)인'이 있으면 반감하는데, 다만 운이 공망으로 떨어져 결과를 망침을 근심한다. 과연 충·극과 형·상이 없다면, 봉황의 연못 위에서 춤추고 경배한다.

【六癸日(戊)午時斷】 육계일 무오시의 판단

육계일 생이 시가 무오면, 화(火)로 화하고 시에서 제왕의 향에 임한 것이다. 운은 동·남 목·화의 땅을 기뻐하니, 관이 맑고 정록(正祿)으로 영창한다.

계일 무오시는, 기(氣)가 화하여 화국(火局)을 이룬다. 계가 무와 합하여 화로 변화하고, 오(午)위에서 제왕으로 합국(合局)하면 귀하다. 신왕(身旺)하면 화(化)하지 않는다. 계수는 북방의 기인데, 이를 끌어 남방에 이르게 되면 계수가 무기(無氣)하여 귀하지만 수명을 재촉한다. 동방의 운이면 길하다.

계축일 무오시는, 재(財)가 두텁다. 남(南)운이면 주가 귀하나 수명을 재촉하고, 동(東)운은 길하다.

黃鰲進士 '丁未 丙午 癸丑 戊午'; '丁卯年'(擧人). 翁海門知縣 '乙亥丁亥'.

계묘일 무오시가, '신자진·해'의 월이라면 신왕(身旺)하여 불화(不化)하니 평상하다.

---

7 원문에는 월과 일 사이를 띄워 놓았는데, 왜인지 알 수 없다.

8 곧, 사(巳)가 3개 이상 있다는 뜻이다.

묘·술의 월이면 귀하다.

顧東階侍郎 '丙申 乙未 癸卯 戊午'. 董嗣成進士 '庚申癸未'. '甲午壬申'(知縣).

계사일 무오시는, 중년에 대부(大富)라. 만약 동운을 행하면 귀현한다. '신·미'의 월은 역시 귀하다.

'甲戌 丙寅 癸巳 戊午'(富貴).

계미일 무오시가, '인오술'로 화화(化火)하고 합국(合局)하면 귀현한다.

王汝正御史 '壬午 辛亥 癸未 戊午'. 俞鸞給事 '癸亥甲寅'. 張元衡進士 '壬戌戊申'. 徐參政 '甲午己巳'. 王經歷 '癸酉癸亥'(尙書子).

계유일 무오시는, 주가 상처(傷妻)하고 집안의 재물인데, 시작은 있으나 끝이 없다. 자(子)년이면 자식은 귀하지만 녹이 없는데, 남운을 행하면 좋다. 또 말하기를, "파조(破祖)에 흥하고 패한다"고 하였다.

金澤尙書 '丁亥 庚戌 癸酉 戊午'. 林雲同左都御史 '庚申戊寅'; '乙卯辛巳'(貴同). 蔣塗府尹 '丁巳壬子'. 傅詮知縣 '己亥丙子'. 周鳴鸞擧人 '乙酉壬申'. 張楚城參政 '丁亥壬寅'.

계해일 무오시는, 귀하다. 미월에 동방의 운은 금자(金紫)이다. 달리 재물은 있으나 흉하다고 한다(금월로 제복함이 있으면 두루 귀현한다).[9]

'戊申 庚申 癸亥 戊午'(極貴). '癸亥癸亥'(雙瞽). '癸亥乙卯'(以子封一品夫人 자식으로 인해 1품의 부인에 봉해졌다).

장성(將星)부록(扶祿) 즉 장성이 녹을 돕는 국(局)이라. 재왕(財旺)하여 관록을 생한다. 충·파·합이 있으면 평상하니, 분주하나 재물이 부족하다.

장성이 녹을 돕는데, 명(命)에는 고저가 있고 사람에 따라 시비를 좋아함을 본다. 뜻을 얻으면 닭털을 물리고 봉황으로 화하는데, 호랑이가 평평한 고개에 누워 토끼에게 기만을 당한다.

계일이 시에서 무오를 만남은, 천원으로 기제(旣濟)의 방위라. 화하여 진화(眞火)가 되면 위광을 드러내니, 화(禍)를 가라앉히고 소제(消除)하면 복이 길어진다. 임이 모이고 갑·인이 오면 반감하는데, 시비와 성패가 거듭됨을 막기 어렵다. 육친이 불목(不睦)하고 몰래 형상(刑傷)함이 있으니, 자재와 부가 왕함을 얻기가 어렵기 때문이다.

---

[9] 이는 인터넷 판본의 글인데, 원문이 서로 상이하다.

【六癸日(己)未時斷】 육계일 기미시의 판단

육계일 생이 시가 기미면, 귀왕(鬼旺)신쇠(身衰)하여 복이 가지런하지 못하다. 월기로 불통하고 구조함이 없으면, 평상한 의록에 서로 이지러짐이 있다.

계일 기미시는, 귀왕신쇠하다. 계가 기로써 귀가 되는데, 미 위에서 명암으로 2기(己)가 온전히 그 자리를 얻고, 계수는 무기하여 혼탁하며 맑지 못하니 성패를 반복한다. 만약 월의 제복으로 통하여도, 또한 수기(水氣)로 통하지 못한 것은 평상하다.

계는 신장과 방광에 속하니 장부(腑)의 병이 된다. 허리와 무릎 아랫부분의 질환인데, 혹은 신장과 경락의 순환기 맥락에서 옹류(癰瘤) 즉 등창과 혈전이 생한다.

계축일 기미시는, 높다. 년·월로 축을 갖게 되면 빈박(貧薄)하다. '진술축미'에는 토가 왕하니, 주에 목질(目疾)이요 빈천하다. '금목수'의 기(氣)로 통하면 귀하다. 오월에 동·북의 운이면 6-7품의 귀이다. 달리 형·파된다고 한다.

羅元帥 '甲辰 甲戌 癸丑 己未'. 鄭雲鵬擧人 '壬辰庚戌'. 徐閣老妻 '丙子乙未'.

계묘월 기미시가, 년·월로 '자사미'이면 2품이다. 사와 인의 글자는 육친을 형(刑)한다.

張經尙書 '壬子 丁未 癸卯 己未'(凶終). 李參政 '丁巳壬子'.

계사일 기미시는, 재·관이 쌍미하다. 사주에 무토는 없고, 묘가 있어 합국(合局)하면, 시상편관을 짓는데 제복하면 귀하다.

張鼎布政 '戊寅 庚申 癸巳 己未'. 包孝御史 '戊辰乙卯'. 楊昂通判 '庚午癸未'. 崔道光推官 '癸未己未'.

계미일 기미시는, 높다. 춘은 편관에 유제하여 길하다. 하는 평상하며, 추·동에는 신왕하니 신(申)월에 목(木)운을 행하면 현귀한다. 사·진의 년이면 육경(六卿)이다. 또한 형·상(刑傷)된다고 한다.

葉鐘侍郎 '壬戌 戊申 癸未 己未'. '己卯丁卯'(進士).

계유일 기미시가, 년·월로 '인사·신유·축술'이면 귀하다.

毛伯溫尙書 '壬寅 丁未 癸酉 己未'. '戊寅甲寅'(擧人).

계해일 기미시는, 귀하다. 미월 생은 충효가 쌍전하고, 관은 풍헌에 이른다. 관살혼잡이 되면, 외지에서 종신(終身)할까 두렵다. 년·월로 해는 귀하다.

李東陽閣老 '丁卯 丁未 癸亥 己未'. 馬鍾英進士 '丙子乙未'. 何通判 '庚辰丁亥'.

고진(苦盡)감회(甘回) 즉 고통을 다하고 즐거움이 돌아오는 국(局)이라. 분·파(奔波)

됨을 받거나 만나지 않아야 한다. 소년에는 얻고 따르기가 어려운데, 조상을 떠나면 가히 그 집을 이룬다.

편관으로 암귀(暗鬼)가 고(庫) 중에 묻혀 험난하다. 재를 모으지 못할까 놀라고 근심인데, 축·술을 서로 만나 자물쇠를 열쇠로 열면 길하다. 왕한 가운데서 발복하면, 재앙은 없다고 판단한다.

계일에 시로 기미가 임함은, 고(庫) 중에 귀(鬼)를 소모하고 신(身)이 쇠하다. 묘·술을 만나지 못하여, 열쇠로 자물통을 열지 못해 막히고 닫히면, 능히 통하고 태평하기 어렵다. 꽃은 떨어짐이 거듭되고 영화는 씨앗 즉 자식에 맺혔으니, 쌍친(雙親)의 안려(鴈侶)에 해로함이 어렵다. 마침내 선빈후부의 명으로 온 것이니, 옛것을 버리고 새것을 만남에는 방해됨이 없다.

【六癸日(庚)申時斷】 육계일 경신시의 판단

육계일 생이 시가 경신이면, 관성과 인(印)의 왕함이 지지에 자리한 것이다. 주 중에서 '기병·인사'의 글자가 없으면, 스스로의 영화와 부귀가 시에 있다.

계일 경신시는, 전인(專印)합록(合祿) 곧 온전한 인수가 녹과 합한 것이다. 계가 무로 정관을 삼고 경으로 정인이 되는데, 신(申) 위에서 경이 왕하고 무가 생한다. 신(申)금으로 사와 합하니, 사(巳)중의 무·병으로 계일이 재·관을 얻는다. 만약 의탁함이 있고, 사주 중에서 재와 관·인을 파해·형충함이 없으면, 주가 귀하다. 주(柱)중에 재가 있고 재운을 행하면 진퇴를 반복하니, 약간의 귀함이다.

계축일 경신시가, 년·월로 '진술축미'이면 문장으로 세상의 관(冠)을 얻는데, 관은 3품에 이른다. 자월은 좌록(坐祿)으로 역시 길하다.

趙丞相 '乙酉 癸未 癸丑 庚申'. 韓淮侍郎 '庚子戊子'. 劉侍郎 '戊申甲寅'. 白允中總兵 '丙申乙未'. 胡有恆參政 '庚戌己卯'. 楊鰲參政 '己未甲戌'. 劉佐副使 '戊戌乙丑'. 楊員外 '壬午庚戌'. 程同知 '癸酉乙丑'.

계묘일 경신시는, 묘월이면 합록(合祿)격을 지으니, 서·북의 운이 귀하고 금자이다. 신(申)월에 동·북의 운은 풍헌이다. 년·월로 '경진·경술'은 정관격으로 귀하다. 진월에 금·수의 운은 7품의 귀이다.

韓尙書 '癸丑 庚申 癸卯 庚申'. 盛應期都堂 '甲午甲戌'. 胡指揮 '乙卯甲申'.

계사일 경신시는, 가난한데 또한 합록격이다. 미월생이면 학문에 이룸이 있으니 서·

북의 운에 귀하다. 동·북의 운을 행함도 역시 귀하다.

陳侍郎 '辛酉 丙申 癸巳 庚申'. 受勅命 '戊子丙子'(一主薄命同). 董德潤舉人 '甲午辛未'.

계미일 경신시가, 사주에 '갑인·을묘'가 있으면, 기·갑이 합하고 을·경이 합하니, 처현자효하며 영화가 뒤에 있다. 년·월로 신·유(申酉)는 3-4품의 귀요. 추생에 목·화 운을 행하면 2-3품이다. 해·묘이면 문(文)으로 귀함에 나아간다.

鄭丞相 '乙酉 癸未 癸未 庚申'. 歐陽塾少卿 '乙丑丙戌'. 楊國相進士 '乙未乙酉'.

계유일 경신시가, 년·월로 '묘유술인'이면 귀하다. 신·유(申酉)에 화·목의 운이면 대귀하다.

丁丞相 '庚午 乙酉 癸酉 庚申'. 二品元帥 '庚戌戊子'. 何卿總兵 '庚戌壬午'. 劉維芳舉人 '壬申壬子'.

계해일 경신시는, 성품은 평상한데 그 몸이 외롭다. 묘·미 월이면 학문이 가득하니 귀명(貴命)이다. 신(申) 역시 귀하다. 자와 신이면 근시에 유권하다. 달리 어려서 가난하나 학문을 좋아하고 재간이 있다고 한다.

陳侍郎 '丁丑 壬子 癸亥 庚申'. '癸卯庚申','乙酉乙酉'(俱貴). 張評事 '甲戌丙子'. '癸未乙丑'(通判).

금오(金烏)태양(太陽) 즉 금까마귀 삼족오가 태양 속에 있는 국(局)이라. 장공을 날아올라 구소(九霄) 즉 아홉 하늘을 향한다. 주 중에서 극·파가 없으면, 그 명예가 황제의 조정을 진동한다.

계일 경신은, 자세히 추리하라. 하우(禹)씨의 문 깊은 곳에서 용이 나는 것을 본다. 문장으로 도움을 얻고 영웅의 위력이라, 주(柱)에서 재·관을 합하면 세상에 드문 바가 있다.

계일 경신시는, 바른 것이니, 인수가 관성과 제대로 합하였다. '해인·신(申)·병사'의 글자가 형·충하면, 이합집산으로 그 몸을 정하지 못한다. 파가 없으면 황갑(黃甲)현성(顯姓) 곧 장원급제로 비단옷에 그 성명을 드러내고, 평상인이라도 재·록이 안녕할 것이다 결과적으로 형·해(刑害)와 재성(災星) 즉 재앙의 별이 없으면, 이는 문득 금계(錦鷄)화봉(化鳳) 곧 비단 닭이 봉황으로 화함이라.

1075

【六癸日(辛)酉時斷】육계일 신유시의 판단

육계일 생이 시가 신유면, 자신이 그 땅을 잃었으니 다시금 있을 것이 무엇인가? 지지 중의 밝고 또 숨은 신(辛)금에게서 상함을 입었으니, 도움이 없다면 마침내 명리를 취하지 못한다.

계일 신유시는, 명암(明暗)으로 효신(梟神)이다. 계가 신(辛)을 보니 도식(倒食)이 되고, 유(酉)상에서 신이 건왕한데, 계는 실지(失地)하였다. 만약 의탁함과 구조됨이 없다면, 생애를 통해 어찌 귀인을 만날 것인가? 의탁함이 있은즉 길하다.[10]

계축일 신유시는, 추(秋)월이면 인수격으로 관·살 운을 행하면 길하다. 동(冬)은 복록이 쌍전(雙全)하다. 년·월로 자·인(子寅)인데, 간두에 무·기의 글자가 없으면 귀하다.

史侍郎 ‘乙丑 己丑 癸丑 辛酉’. 馮京狀元 ‘辛酉辛卯’. 張監丞 ‘甲子丙寅’.

계묘일 신유시는, 일귀격(日貴格)으로 ‘진술축미’의 월이면 귀하다. 년·월로 자·묘는 대귀(大貴)하다. 사·오 역시 귀하다. 달리 이르기를 처자는 불리하다 하였다.

嚴嵩閣老 ‘庚子 己卯 癸卯 辛酉’. 麻錦總兵 ‘辛卯庚子’.

계사일 신유시는, 고독하다. ‘인·묘’년에 ‘진술축미’의 월이면 귀하다. ‘자오묘유’라면, 중귀(中貴)이다. ‘인신사해’라면, 가장 최귀하다.

昌應時主事 ‘甲申 乙亥 癸巳 辛酉’. 馮保太監 ‘辛巳己亥’(달리 정사시라 하는데, 이는 수가 유에서 패한다는 이론에 따른 결과이다).

계미일 신유시는, 춘은 빈하고, 하는 선난(先難)후이(後易)하며, 추는 길하고, 동은 귀하다.

袁桂臻郞中 ‘己亥 丙子 癸未 辛酉’. 葉學士 ‘甲子己巳’. 都事 ‘甲寅癸酉’(壽三十五). 許夢熊主事 ‘壬辰己酉’.

계유일 신유시가, 신·유(申酉)의 월이면 인수가 많으니 능히 조업을 지키지만 처가를 파한다. 년·월로 자·사(子巳)에 경·신(庚辛)을 투간하면, 녹귀(祿貴)에 인수가 두루 온전한 것이나 귀함을 말하기는 어렵다. 인·술이면 금대를 두른다. 오·해면 대귀하다. 축월은 살이 중하니, 흉하고 요절한다.

成祖文皇帝 ‘庚子 辛巳 癸酉 辛酉’. 蔡樞密 ‘戊午庚申’. 楊布政 ‘壬子辛亥’. 王

---

10 이 부분의 원문에는 약간의 글자가 생략된 느낌이 있다.

棠郎中 '甲子乙亥'. 陳茂然御史 '己卯辛未'.

계해일 신유시가, 술월에 동·남의 운을 행하면 금자이다. 동·북이면 풍헌이다. 자월 건록에 년에서 재·관을 만나면 대귀하다.

王楣副使 '壬午 壬子 癸亥 辛酉'.

홍안(鴻鴈)실군(失羣) 즉 홍학과 기러기가 무리를 잃은 국(局)이라. 친족이 동·서로 각자로다. 육친 역시 의지할 것이 적으니, 조업을 지켜도 종묘를 이루지 못한다.

천원이 계인데 시가 신유면, 그 심기를 다하여 쓰지만 나날이 바쁘기만 하다. 관인상생으로 인수의 합을 만나면 흉중으로 문득 편안하니, 부하고 또한 항상함이 있다.

계일이 신유시를 만남은, 도식(倒食)편인(偏印)을 금지하기 어렵다. 주 중에서 의지할 것이 없으면 다시금 안빈(安貧) 즉 가난함에 편안해야 할 것이다. 월에서 재·관을 만나면 또한 칭할 것이 있다. 다만 계수가 실지(失地)함이 두려운데 능히 구가할 수가 없으니, 어찌 수승(勝)하다 하겠는가? 육친과 골육이 각기 동서로 흩어지고, 일생 노고의 명이 되는 것이다.

【六癸日(壬)戌時斷】 육계일 임술시의 판단

육계일 생이 시가 임술이면, 지지 안의 정관이 재고에 앉은 것이다. 월에서 겸하여 구조됨이 있으면 귀하고 이룸이 많으며, 의탁함이 없으면 마침내 부(富)하지 못한다.

계일 임술시는, 수화기제(水火旣濟)라. 계가 병·정으로 재를 삼고 무토가 관이 되는데, 무와 계가 합하여 왕(旺)하니, 그 위인됨이 지모가 있다. 월기로 통하고 의탁함이 있는 것은 귀한데, 불통하면 평상하다. 월기로 화·토에 통하면 부귀쌍전이요, 운기(運氣)에서 통함도 역시 길하다.

계축일 임술시는, 형(刑)이다. 해월에 토후(土厚)의 지방이면 상귀(上貴)이다. 년·월로 진·신(辰申)에 남방 운이면 장원(狀元)급제한다. 5월에 남운이면 풍헌이다. 만약 춘·추에 생하고 남방의 운이면 8-9품이다.

忽答細平章 '庚午 戊寅 癸丑 壬戌'. 譚惟鼎僉憲 '辛巳戊戌'.

계묘일 임술시는, 일귀격(日貴格)이다. 년·월로 인·사(寅巳)에 무·정(戊丁)이 투간하면, 재·관이 양왕(兩旺)하니 대귀(大貴)에 유권(有權)한다. 년·월로 '묘진축오자' 등이 있으면, 문(文)으로 귀하다 유·술에 금·투의 운이면 5-6품이다.

于蕭愍公 '戊寅 丁巳 癸卯 壬戌'. 劉渤僉憲 '壬午癸丑'(子翰林). '壬辰壬寅'(縣尹).

'丁巳丙午'(擧人), '乙卯壬申'(擧人).

계사일 임술시는, 재관(財官)쌍미(雙美)라. 춘은 평상하고, 하·추·동은 귀하다. 년·월로 '진축미·인유'의 글자는 도당(풍헌)이다.

張都堂 '癸酉 甲寅 癸巳 壬戌'. 陳士賢都堂 '己未丁丑'. '庚午丁亥'[11]楊太傅公夫人侍郎公母壬午年終 양태부 공의 부인으로, 시랑공의 어머니인데, 임오년에 종하였다.

계미일 임술시는, 형(刑)이다. 사월에 생하면 3-4품이다. 년·월로 자·경(子庚)은 근시의 귀이다.

林廷機尙書 '丙寅 癸巳 癸未 壬戌', 林繼美擧人 '甲寅庚午', '丙辰辛丑'(大富).

계유일 임술시가, 해·자의 월이면 재·지(才智)가 높고, 귀하며 처현자효한다. 춘은 평상하다. 하는 재·관이요, 추는 인수니, 두루 길하다. 진·축은 술고(戌庫)를 형·충하니 부귀가 양전하다. 술월에 동·남의 운은 무(武)로 귀하다.

孫振宗進士 '壬申 戊申 癸酉 壬戌'. 陳裕擧人 '壬申丙午'. '癸巳壬戌'(閣老).

계해일 임술시가, 춘생이면 상관(傷官)견관(見官)이다. 하는 재왕(財旺)하며, 추와 동은 길하니, 명·리의 이룸이 있다. 월로 술·진인데, 해·자의 운을 행하면 귀하다. 자월에 서·남의 운을 행하면 금자이다.

何維柏尙書 '辛未 庚子 癸亥 壬戌'. 陳瑞山御史 '甲子丁丑'. 金立敬學憲 '乙亥丁亥'(父子兄弟俱貴). 韓皐進士 '癸卯甲子'. '己卯丁卯'(都司).

전서(田鼠)선창(船倉) 즉 두더지가 배와 창고에 든 국(局)이라. 운이 졸렬하면 또한 분파(奔波)가 있다. 약·시(鑰匙)로 진·축을 만나면, 만경(晩景)에 복과 재물이 많다.

천간 을임계에 술시가 배속되면, 고(庫) 안의 재·관 등을 자물쇠로 열어야 한다. 형·충을 만나지 못하고 공망으로 쇄폐되면, 소년에 발하기 어렵고 다시금 재앙을 생한다.

계일이 시에서 임술을 만남은, 창고 안에 차고 남는 것을 취한다. 장성(將星) 천덕(天德)이 둘 다 상부하고, 진·술은 열쇠로 열어 돕는 것이다. 토가 왕한 장류(長流)의 수국(水局) 곧 토는 왕하고 수는 길게 흘러내려가는 국이라, 육친의 은혜로운 곳이 있어 소통함을 이룬다. 공망을 만나지 않으면 증가하고 또 남음이 있으니, 중년과 말년에 영화와 복을 누리는 것이다.

---

[11] 이는 특이하게 원주의 형태가 아니라 이어서 설명하는데, 민규식 군과 동명이다.

【六癸日(癸)亥時斷】육계일 계해시의 판단

육계일 생이 시가 계해면, 녹마(祿馬)비천(飛天)에 왕신(旺神)이 임한 것이다. 관성 및 야반(惹絆) 곧 기반됨을 보지 않으면, 필시 귀격이 되고 평상함을 넘는 사람이다.

계일 계해시는, 녹마비천격이다. 계수가 해로 건왕하고, 계가 무를 써서 관으로 삼으며, 병은 재(財)가 된다. 해 중에서 병·무가 두루 끊어졌으니, 계의 재·관이 없는 중에 도리어 해가 가서 사를 충출(衝出)하니, 사 중의 병·무가 멀리서 날아오고 이를 취하여 계의 재·관을 삼는다. 주(柱)에서 무·기의 야반 곧 끌어와 얽어매고 다시금 관성이 녹을 파하는 것이 없다. 더하여 만약 경신(庚辛)을 보아 청·백(淸白)이 빼어나면, 위인이 지혜로워 귀하고 방면(方面)이 되는 것이다.

계축일 계해시는, 공록(拱祿)격을 짓는다. '사유축'의 생이면 복덕(福德)수기(秀氣)다. 오월은 평상하다. 월로 묘·유에 남방 운을 행하면, 금자에 풍헌이나 다만 장수하기 어렵다.

和尙書 '壬子 癸丑 癸丑 癸亥'. 許成名侍郎 '癸卯癸亥'. '癸亥癸亥'(給事); 洪都憲(命同). 江潮進士 '癸未辛酉'. '辛未辛丑'(擧人).

계묘일 계해시는, 평상하고 일귀격(日貴格)이다. 인·묘의 월이면 상관으로 논하는데, 금·수의 운을 행하면 풍헌이다. 월로 '진술축미'는 관왕(官旺)하다. 묘(卯)가 순수하면 3품의 귀인데, 진·술과 더불어 묘가 형(刑)되면 주가 고빈하다.

唐汝楫狀元 '壬申 戊申 癸卯 癸亥'. 盛唐副使 '己丑乙亥'. '甲申丁卯'(進士). 劉淸總兵 '丁未壬寅'. 張思誠給事 '庚午乙酉'. '乙卯壬辰'(太守). '丙申庚寅'(遊戎 융에 유배되었다).

계사일 계해시가, 축월이면 잡기인수로 귀하다. 년·월로 해·자에 남방 운이면 귀하다. 또 녹마동향의 격이라, 년·월로 사·신(巳申)이면 대귀하다.

許讚閣老 '癸巳 庚申 癸巳 癸亥'(父子兄弟俱玉帶仕宦無比). 張尙忠進士 '癸卯甲寅'. 許奬擧人 '壬寅壬寅'. '甲寅辛丑'(寺丞). '癸卯癸亥'(進士).

계미일 계해시는, 본신이 재·관에 앉은 것이다. '진술축미'의 월에 동·북의 운을 행하면 귀하다. 추월에 동방 운이면 7-8품의 귀이다. 정인·정관이 투간하면 금자이다.

馬翰林 '己巳 庚午 癸未 癸亥'; 陸給事 '庚寅年'. 李汶主事 '丙申戊戌'. 戴品通判 '癸丑庚申'.

계유일 계해시가, '진술축미'의 월이면 생애의 뜻을 이룬다. 유(酉)월에 동·북의 운을 행하면 8-9품의 귀이다. 신월에 동방 운은 5품이다.

張嗣修翰林 '癸丑 己未 癸酉 癸亥'. 邢尙書 '庚子丁亥'. 劉萬戶 '壬辰壬子'. '丙戌丁酉'(學士). 毛進士 '辛未戊戌'. '丙子丙申', '癸未甲寅', '甲子辛未'(俱擧人). 李盛春參議 '癸卯甲子'.

계해일 계해시는, 성품이 총명하고 질풍처럼 내달리니 중년에 대부(大富)라. 동월생이면 비천녹마로 '무기·자'의 글자로 전실(塡實)과 야반(惹絆)됨이 없으면 귀현한다. 그렇지 못하면 고극(孤剋)한데, 승·도(僧道)가 되면 또한 주가 청고할 것이다. 년·월로 진·해(辰亥)에 신·임(辛壬)이 투간하고, 기(己)의 글자로 전실됨이 없으면 지혜와 덕량이 있어 대귀(大貴)하다. 묘월은 금자이다. 기축(己丑) 역시 귀하다.

王守仁尙書 '壬辰 辛亥 癸亥 癸亥'. 劉廣成少參 '癸丑丁巳'(戊寅年卒). 宗臣學憲 '乙酉己卯'(稱才子壽止三十六無子). 莊士元參議 '己卯己巳'. 劉時秋僉憲 '丙戌乙未'(壽不永九子). 王槐亭知府 '丙午庚子'. 陳狀元 '癸丑癸亥'. 史侍郎 '丁巳辛亥'. 周僕射 '癸酉甲寅'. 張仁縣尹 '辛丑辛丑'.

앵천(鶯遷)교목(喬木) 즉 꾀꼬리가 아름다운 나무로 옮긴 국(局)이라. 어둠을 뒤로 하고 밝음을 향하여 돌아간다. 약·시(鑰匙)로 극파함을 만나면, 가지런함을 기다려 깃털로도 날아오른다.

음수(陰水)가 중중하여 해파(海波)에 통하지만 소년 시절에는 넘지 못하여, 또한 차타(蹉跎) 즉 헛디디고 넘어진. 괴로운 용이라도 뜻을 얻으면 바야흐로 능히 화(化)할 것이다. 때가 옴을 만나지 못하면, 다만 범이 언덕에 누웠음이라.

계일이 시에서 계해를 만남은, 패재(敗財)대록(帶祿) 즉 겁재가 관을 둘러 형통한 것이다. 추·하의 마땅함을 기뻐하고 춘·동은 꺼리니, '무병경'에 목(木)이라면 부(富)가 무성하다. '사해·갑병'은 반복되고, 육친이 크게 불화하여 같이 한 몸으로 정하지 못하니, 홀로 날아오르는 것이 좋다. 선패후성의 명이다.

星命部彙考五十六
三命通會 二十八

看命口訣,　　巫咸撮要

三命通會 二十八

【看命口訣】 간명구결

대개 간명(看命)이라 함은, 먼저 월지에서 재·관의 유무를 보고, 다음으로 그 나머지를 살피는 것이니, 월령(月令)이 곧 명(命)이 된다. 월에서는 지지의 신 곧 지신(支神)을 취하고, 년은 천간·일도 천간을 취하며, 유년(流年)에서 또 천간을 취하고, 대운(大運)에서는 지신을 취하는데, 월은 근본이 되고 일은 주인이 되는 것이다. 곧, 월에 정관이나 편관이 있고, 시에서 또 다른 격에 드는 것이 있어도, 이는 단지 월 가운데서 취할 뿐 다른 격을 쓰지 않는 것이다. 다시 월령에서 가히 쓸 것이 전무(全無)하면 바야흐로 다른 격을 보게 된다.

고가(古歌)에 이르기를, "삼궁(三宮)에서 격을 두르니 혼란하여 상세하기가 어렵고, 누구에게 기대야 할지 깨닫지 못한다. 이 귀함이 바야흐로 하나인데, 3궁에 임하여 모두가 격을 두른 것이다. 그렇지만 나머지는 모두 아닌 것이요, 다만 쓰임을 얻는 것은 곧 제강(提綱)이 이것이다."고 하였다.

월령(月令)은 지지(地支)를 쓰니, 가령 관성이 있으면 이는 모름지기 상하 간지로 투출(透出)되어 있음을 요한다. 이때 비로소 더욱 묘함이 되는 것이지만, 혹 천간(天干)에 투출하였으나 지지 중에는 드러나지 않아도, 주가 총명한 준걸도 있다. 꺼리는 것은 년과 시가 월지를 충하는 것이다. 일지가 자충(自衝) 즉 스스로 충함은 방해되지 않으나, 대운과 세군(歲君)이 와서 월지를 충(衝)한즉 화(禍)가 된다.

무릇 정관은 1위(位)가 있음이 곧 군자요 귀인으로, 독실하고 두터우며 순수하고 강직하며 밝음을 겸하니, 년·시로 인수가 있음이 또한 더욱 묘하다. 많은즉 도리어 주의 성패가 반복될 뿐이다. 4위가 전부 관이면 관리로 벼슬함도 헛된 이름이다. 무릇 칠살이 1위라면 총명 영리하나, 2위·3위는 선청(先淸)후탁(後濁)하다. 사주에 살(煞)이 순수한데, 제복됨이 있으면 귀하지만, 무제(無制)라면 가난하다.

대개 재(財)는 1위로 득시(得時)함을 요하니, 부귀하여 집을 이룬다. 위인의 성품이 조급하고 긴급한데, 2위라면 그 성품과 기가 반감되고, 3위·4위가 되면 그 기가 줄고 본신이 쇠약해진다. 만약 신왕(身旺)함이 깊은즉 가히 이루고 설 수 있지만, 약한즉 노고(勞苦)하니 생을 받아야 한다. 무릇 인수는 1위나 2위·4위 등을 논하지 않으니 모두가 좋은데, 격(格) 중에서 재를 보아 인(印)을 파함은 마땅치 못하다. 크게 보아 호운(好運)을 행하면, 일간이 유년과 세군의 간두(干頭)를 상한다 해도 화(禍)가 가볍다. 하지만 좋지 않은 운을 행하고, 일간이 간두에서 세군을 상하면 화가 중하다. 만약 이미 화가 발한 즉 사망한다.

'진술축미'의 경우는 각기 3분(分) 된 여기(餘氣)가 있다. 곧 오운을 행하고 미에 이르면 여기에는 1/3의 화기(火氣)가 있는 것이요, 자운을 행하고 축에 이르면 여기에는 3분의 수기(水氣)가 있는 것과 같은 예로써, 오로지 토기로만 지어서 논함은 불가하다.

대저 양인(陽刃)격은 세와 운이 충·합(衝合)함이 가장 두렵다. 태세(太歲)의 천간이 일·시의 천간과 합한 것은 회기살(晦氣煞) 즉 그 기가 어두워지는 살이 되고, 일·시의 간지와 유년의 간지가 동일한 것은 전지살(轉趾煞) 즉 발이 굴러 넘어지는 살이 된다. 곧 경신일이 경신을 보거나 혹은 경인의 태세를 본 것과 같은 종류로, 가벼운 즉 멀리 좌천되고, 중한 즉 집을 훼손하고 재물을 파한다. 대저 년·월·일에 길신이 있으면 시(時)에서 생왕한 곳을 끌어옴을 요하고, 흉신이 있으면 시에서 제복의 땅을 끌어옴을 요한다. 만약 시상(時上)에 길신 혹은 흉신을 대동하였을 경우, 역시 년월일 상에서 길한 것은 이를 생해줌을 요하고, 흉한 것은 이를 제복함을 요한다. 월상(月上)에 용신(用神)이 있음은 조종의 힘을 얻은 것이요, 시상에 용신이 있음은 자손의 힘을 얻은 것인데, 이와 반대된즉 그렇지 못하다.[1]

---

[1] 〈간명구결〉은 전체적으로 한 묶음의 연결된 체제로 되어 있다. 다만, 원본에는 연결되는 중에도 단락

　무릇 간명에는 일간으로써 천원(天元)을 삼으니 이는 간으로 녹(祿)이 되고, 일지와 월지를 써서 지원(地元)을 삼으니 이는 지지로써 명이 되는 것이다. 가령 임계일 기미월의 경우, 간지에 재·관이 투출한 것이 이것이다. 재·관을 논함에는 원래 있고 없음이 있으니, 지지에 원래 재·관이 있어도 천간에 노출되지 않은 것은 아닌 것이다.

　그러면 묻는다. "만약 지지에는 재·관 없는데 다만 천간에 투출한 것은 비록 호운을 행한다 하여도 또한 일이 고르지 못한 것입니까?"

　이에 답한다. "유년의 세군은 다만 천원을 쓴다. 곧, 운을 행함에는 비록 지지가 중하다 하나 또한 운의 천원을 보는 것이 필요하다. 인명의 사주 중에 혹은 관성이 있고, 혹은 편관이 있으며, 제복이 태과함이 있기도 한데, 운의 천간에서 관·살을 보면 가히 발하는 것이다. 운의 지지에 재가 없어도 운간(運干) 즉 운의 천간이 재라면 역시 가히 복이 된다. 운지(運支) 즉 운의 지지에 무살(無煞)이나 운간에 살이라면 또한 가히 인명의 화가 되는 것이다."

　마땅히 생한 달이 운원(運元) 즉 운의 근원이 되는 것이니, 가장 두려운 것은 대운과 세군이 같이 와서 충하는 것으로 곧 화가 된다. 마땅히 관성을 생하는 것으로 녹원(祿元)을 삼으니, 충괴(衝壞)됨을 가장 두려워한다. 곧 정일생 사람이 임으로 관을 삼는데, 해월에 생하였다면 해 중에 임이 있어 이것이 정의 녹이다. 그런데 만약 년과 시에 기(己)의 글자가 있으면 녹원을 중괴한 것이다. 재성을 생하는 것은 마땅히 마원(馬元)이 되는데 겁탈됨을 가장 두려워한다. 곧 경일생 사람이 갑·을의 목으로 재를 삼는데, 인·묘의 월에 생하였다면 인 중의 갑목은 편재가 되고 묘 중의 을목이 정재가 된다. 만약 년·시로 신(辛)의 글자가 있으면 도리어 쟁탈의 우환이 있는데, 세·운도 같이 논한다.

　무릇 년간의 자리에 일(日)의 관성이 있음이 복기(福氣)가 가장 두터운데, 일의 칠살이 있으면 종신토록 제거함이 불가하다. 관성은 녹이 되고 재성은 마가 되니, 관성을 행하면 관이 발할 것이요 재성을 행하면 재가 발할 것이다. 이 둘은 어느 하나도 빠짐은 불가하니, 각기 그 쓰이는 바가 있다. 년·월 상에 재·관이 있으면, 필히 부귀한 집안에 태어나 조상과 아버지의 뿌리와 기반이 있고, 소년에 문득 관록(官祿)의 운을 행하면 어려서 이미 명을 받들어 공명을 일찍이 발하는 경우가 많다. 년·월에 재관이 없고 일시에 있은즉 이는 스스로 일어나 이루는 것이다. 인명(人命)은 재·관으로 근본을 삼는

을 나누어 구분한 부분이 나타나는데, 이런 경우 한 줄을 띄우고 진행한다. 기본적으로 〈간명구결〉 이하 36권까지는 삼명통회의 부록편이라고도 할 수 있는데, 여기에 실린 29개의 부와 결은 연해자평에도 달리 수록되어, 중복되는 부분들이 있다. 따라서 조금은 편하게 역해하기로 한다.

데, 주 중에 다만 그 하나만을 얻어도 역시 가히 발복한다.

만약 사주에 원래 관성이 없고 다른 격에도 들지 못하는데, 년월일시의 간지로 재가 많고 또 재왕의 운을 행하면 역시 능히 공명을 성취한다. 재가 왕함으로써 능히 생관 (生官)하니, 모름지기 신왕한 경우에만 바야흐로 허락한다. 년·월에 재관이 없고 또 유 년으로 호운을 행하지 않으면, 이는 그 출신이 비천하고 파조(破祖)상부(傷父)함이 많으 며, 이루게 될 복을 볼 것이 없다. 무릇 명에 관·살이 혼잡되고 상관에 합신되는 것이 중중한데, 남자가 이를 범하면 주색에 미혹되었다 하고, 여인이 이를 만나면 중매 없이 스스로 시집간다고 하였다.

무릇 간명함에는 오로지 일간으로 주(主)를 삼고, 제강에서 그 쓰이는 바의 기물을 취 하여 명(命)으로 삼는다. 비유하자면 월령의 금목수화토로써 쓰임이 되는데, 다만 하나 의 건수가 있다. 이에 그 절기에서 선후와 경중·심천을 취하여 국을 이루고, 파와 충을 세세히 더하여 고찰 연구하여, 왈 관이니 인, 재, 살, 식신, 상관 등을 이름하며, 이 육 법(六法)으로 그 소식(消息)을 알리는 것이다. 관을 만났는데 재를 보고, 살을 만나고 인 을 보며, 인에 관을 보는 것과 같이, 이 4가지가 불편(不偏)불의(不倚)함을 취하고 생· 극·제·화 됨을 상(上)으로 삼는다. 여기에 파·해·휴·수를 만나면 하(下)가 되는 데, 운에서 생함이 있고 제거함이 있어 복이 되기도 하고, 돕고 박탈함이 있어 화가 되 기도 한다. 또한 년·일·시의 지지에서 합하는 쓰임으로 격국(格局)을 이룬 것이 있으 니, 그런즉 모두가 월령으로써 그 쓰임이 되는 것이다.

가령 월에서 금을 쓰면 다만 용금(用金)하고, 화를 쓰면 다만 용화(用火)함이니, 18격 (格) 내에서 6격을 취하여 가장 중한 것으로 삼는다. 상생함을 써서 격을 정하는데, 합국 (合局)되면 도리어 년·일·시를 사용하니 그 아래의 경중과 심천을 추리하는 것이다. 곧 봉관(逢官) 즉 관을 만난 경우에 용인(用印)하면 살을 두려워하지 않으니, 이는 살국 (煞局)에도 인(印)을 써서 인국(印局)을 이루고 이로써 본신으로 돌아오게 되므로 상국 (上局)으로 이를 보고 취한다. 인(印)을 만났는데 살(煞)을 보는데, 관·살이 다만 명 중 에 있을 뿐이면, 관·살의 향을 행함에 역시 귀함을 지어 논한다. 월령에서 관에 통하 고, 주 중에서 재를 만나 재왕생관하면 곧 부귀한 것이다.

주 중에서 재를 보면 재왕의 운에 드는 것을 요하니, 비로소 발복한다. 다만 하나의 살(煞)을 보더라도 살로써 위중함이 되니, 이때는 재를 씀이 불가하다. 만약 재왕의 운 을 행하면 곧 재가 살의 무리를 생하게 되므로 도리어 빈천함을 짓는다. 말하자면 무릇 격(格)에서는 살로써 가장 위중함을 삼는 것이다.

무릇 명(命)을 봄에는, 먼저 천간의 신이 극·제(尅制)됨이 유·무(有無)한가를 보고, 지신의 형·충에 관한 유무를 보아야 하며, 간지와 납음(納音)이 전투를 벌이거나 항복함이 있는가 없는가를 살펴야 한다. 곧 갑이 인으로 녹을 삼는데 인 위에 어떤 천간이 있느냐 하는 것이요, 갑이 신(辛)으로 관이 되는데 신이 어떤 지지를 얻었는가 함이다. 천간이 지지를 침범하지 않은즉 하늘은 곧 존귀하고, 지지가 천간을 범하지 않은즉 땅은 곧 스스로 아래에 있으며, 오행이 서로 대적하지 않은즉 사람이 곧 순하여 따르게 되는 것이다.

4맹(孟)이 서로 해가 되지 않은즉 마(馬)가 능히 달릴 것이요. 만약 천간이 지지를 침범하고 오행이 서로 대적함을 범하면, 또한 마땅히 주의 근본을 분별하여 유기·무기와 유용·무용, 유구·무구 및 성격(成格)과 불(不)성격을 나누어 보아야 한다. 곧, 간지가 착종(錯綜)하고 오행이 변화하며 조화하는 것이 그 안에 있게 된다. 이순풍(李淳風)이 이르기를, "오행이 생·왕하면 복기(福氣)의 가고 옴을 보아야 하며, 오행이 사·절되면 길신의 구조(救助)가 있음을 살펴야 한다. 만약 오행이 득지(得地)하고 납음이 상생하면 길신이 돕지 않아도 또한 영화롭고, 오행이 무기(無氣)하고 납음이 서로 방해하면 마침내 길신이 있어도 쓰지 못할 것이라"고 하였다.

대저 명에서는 천원이 지원에서 녹(祿)이 있음을 기뻐한다. 곧, 갑·기가 4계(季)를 좋아하고, 을·경이 신·유(申酉)를, 병·신이 해·자를, 정·임이 인·묘를, 무·계가 사·오를 기뻐하는 것이다. 지원은 천원에서 합(合)이 있음을 기뻐한다. 곧, 자·축은 무를 기뻐하고, 인은 기, 묘·진은 경을, 사는 신(辛)·계를, 오·미는 갑·임, 신(申)은 을, 유·술은 병, 해는 정을 기뻐하는 것이다. 천원·지원이 모두 같이 하면 평생의 복기가 숭고한데, 모두 없으면 명리의 이룸이 없다.

천원이 무너진 것은 39세 이전에 명·리를 발하기 어렵고, 지원이 무너지면 40세의 복이 이전과는 같지 않게 된다. 만약 천원의 수기(秀氣)가 녹에 앉으면 곧 계가 자를 얻고·갑이 인을 얻은 예로써, 불귀(不貴)즉부(卽富)한다. 지원이 천원과 상극됨을 꺼린다. 곧 자·축이 기를 꺼리고, 인이 경을 두려워하며, 묘·진이 신(辛), 사가 갑·임, 오·미가 을·계, 신이 병, 유·술이 정, 해가 무를 두려워하는 것 등인데, 다시금 회기의 여하를 보아야 하며, 하나를 정하여 집착함은 불가하다.

대저 명(命)에서 간지를 취하는데 납음과 동류(同類)인 것이 있다. 임자·임오는 진목(眞木)이요, 기유·기묘는 진토(眞土)며, 병자·병오는 진수(眞水), 무자·무오는 진화(眞火), 을축·을미·경진·경술은 진금(眞金)이다. 만약 을유일이 경진시를 보면 정금

(精金) 곧 금의 정수가 되고, 정사일이 병오시면 정화(精火), 계해일 임자시라면 정수(精水), 기축일 무진시면 정토(精土), 갑인일 정묘시는 정목(精木)이 되는데, 이상을 만난 자는 두루 주가 부귀하다. 만약 화인이 병일 신(辛)시·신일 병시, 목인이 갑일 기시·기일 갑시, 토인이 무일 계시·계일 무시, 수인이 임일 정시·정일 임시, 금인이 경일 을시·을일 경시가 되면, 오히려 오행 진귀(眞貴)가 된다. 거듭 범하게 되면 복을 감한다.[2]

　무릇 명에는 오행의 진기(眞氣)를 취하여 교호함이 있다. 곧, 신해금의 사람이 정사토를 얻어 보니, 정임합의 진목(眞木)이 있어 왕래하고 또 병신합의 진수가 있어 왕래한다. 정사토의 사람이 계해수를 얻어 보니, 무계합의 진화가 있고 또 정임합의 진목이 있어 왕래하는 것이다. 왕래함이란 곧 '무술 계해 정사 신해'의 경우, 진기를 온전히 교호하게 되니 곧 재상의 명이었다. 무오화가 임자목을 얻으니, 그 중에 정·임의 진목과 무·계의 진화가 있다. 병신화가 을계수를 얻은 중에는 병·신의 진수와 을·경의 진금이 있다. 경인이 기묘토를 얻으니, 그 중에 갑·기의 진토와 을·경의 진금이 있다. 곧, '경인·기묘'의 교호가 온전하여, 양부(兩府)를 관장하는 명이었던 것이다.

　무릇 명은 먼저 화기(化氣)를 논하고 오운(五運)을 살펴 추산한다. 곧, '갑병무경임'으로 5음간을 합하면 태과가 되고, '을정기신계'로 5양간을 합한 것은 불급이 되니, 태과(太過)와 불급(不及) 사이에는 별도로 권(權)이 존재하는 것이다. 《천원변화서》를 참고하면 또 주야를 나눈다. 곧, 6갑일 생은 목인데, 야생 즉 밤에 생하면 토로 화한다. 고로 6무인(戊人)이 갑을 얻었을 때, 일생(日生) 즉 낮이면 귀(鬼)가 되고 야생(夜生)이면 관(官)으로 용하는 것이다. 6을인(乙人)이 일생은 금을 쓰고 야생은 목을 쓴다. 이런 까닭에 6기인(己人)이 이를 보면, 일생의 경우는 관이 되고, 야생은 귀(鬼)가 된다. 오직 6기(己)와 6경(庚)은 불변하니, 이는 5양간(陽干)은 주생(晝生) 즉 낮에 생한 것으로 본체(本體)가 되고, 야생은 화(化)한 것을 지어 보기 때문이다. 5음간(陰干)은 야생을 본체로 삼고, 주생은 화한 것으로 육반(六般)[3]을 지어 본다. 양명(陽命)의 남자로 '녹·귀(鬼)·도식'을 범하였을 경우, 야생(夜生)이라면 모름지기 반흉(反凶)작길(作吉) 즉 흉함에 반대로 길함을 지어 보는 것이다. 곧, 귀(鬼)는 관(官)이 되고, 도식(倒食)은 희신(喜神)이 되니, 도리어 낮에 생한 것이 순함이 된다. 육반의 음명(陰命)인 남자가 '녹, 귀, 도식'을 범한 경우, 낮에 생하였다면 모름지기 반흉작길로 취하여 살피는 것이다. 나머지는 전(前)과 같이 오히려 밤에

---

[2]　이는 년주의 납음으로 오행의 인물을 정한다. 일주의 경우는 사주의 전체 팔자를 살펴야 한다.
[3]　육십갑자를 열 개씩 나누어 육갑일, 육을일과 같은 개념으로 쓴 것이다. 곧, 육반이란 10개의 천간이 갖는 각 여섯 개의 간지를 말하는데, 6친의 쓰임도 이를 통해 추론할 수 있다.

생한 것으로 순함을 삼고, 여인이라면 모두 이와 반대로 구하게 된다. 이것이 주야(晝夜)의 기상(氣象)이니, 곧 음양의 배합과 강유(剛柔)의 체·용(體用)이다.

무릇 명이란, 오행이 하생상(下生上)함을 일러 조기(助氣) 즉 기를 도운다고 하니, 명주(命主)의 일생 동안 복이 저절로 형통하다. 상생하(上生下) 함을 일러 도기(盜氣) 즉 기를 도둑질한다 하니, 주의 일생 다른 사람의 복에 이바지하는 것이다. 상극하(上剋下)를 일러 순(順)하다 하니, 주에게 위세가 있고 사람을 제압한다. 하극상(下剋上)을 일러 역(逆)이라 하니, 주에게 침체됨이 많고 발달하기 어려운데, 사·절되면 더욱 긴박하고 생·왕하면 다소간 오만하게 된다. 사주 납음으로 귀(鬼)가 많은 경우, 주의 뿌리가 마땅한 때를 당하였으면 이름하여 관성(官星)이 승왕(乘旺) 즉 왕함을 올라탔다고 한다. 납음으로 재가 많은데 주의 근본이 무기(無氣)하면, 이름하여 재다(財多)해신(害身) 즉 재가 많아 그 몸을 해친다고 한다.

무릇 명에 오행이 귀하다 함은 음·양이 서로 비등한 것을 말한다. 곧, 양금이 양목을 보거나, 혹 양화·양토·양수의 종류가 그것으로, 각자가 각기 상(象)을 이루게 되면 바야흐로 길하다. 만약 태과·불급되면, 곧 '3수에 1목, 1수에 3목' 등의 류(類)는 두루 복이 되지 못한다. 가령 금인(金人)이 '3금 1목'이면, 금이 목을 극하여 재로 삼는데 3금이 1목을 갖고 다투니, 이는 그 복을 분벽(分擘) 즉 쪼개고 나눈 것이라 하니 주에게 재물이 따르시 않음이 많다. 만약 '1금에 3화'로 화나(火多)금소(金少)하면, 볶고 날임이 태과하여 주의 일생에 한가로움이 없다. 또, 갑인이 3임이나 3기를 만난 것이 있는데, 이를 일러 삼탄(三吞)이나 삼우(三偶)라 하니 주에게 불길하다. 만약 양기(兩己)와 양경(兩庚)을 만난 것 같으면 이름하여 중우(重偶) 중상(重傷)이라 하는데, 셋을 보면 더욱 흉하니 가난하지 않으면 요절한다. 나머지도 이와 같이 추리한다.

대저 간명함에 있어 상관견관은 일찍 죽고, 칠살이 재를 보면 요망한 것이다. 재가 겁을 만나면 다하여 죽고, 중재(重財)가 파인(破印)하면 흉하다. 수가 성하여 목이 흘러뜨면 마침내 외귀(外鬼) 즉 바깥 귀신이라 객사한다. 식신이 효신을 만나면, 뇌옥에서 죽는다. 겁이 거듭 재를 보아도 죽고, 살이 왕하여 뿌리를 걸어내면 그만두게 된다. 망신(亡神)·칠살이 충·형하면 유배된 무리가 아니라면, 또한 포승줄에 묶여 망한다. 상관·양인을 거듭 아우르면 비록 온전한 몸이라도 혈광(血光)에 죽는다. 재성이 양인을 보면 재물은 흩어지고 사람은 망한다. 생·왕(生旺)함은 고묘(庫墓)에서 사(死)하고, 고묘는 생왕에서 절(絶)된다.

만년에 길운이 있으면 흉운을 행하여도 죽어 졸함에는 들지 않으니, 어찌 나누는가?

흉운이 있는데 길운이 다가오면 미래의 발복됨을 어찌 논할 것인가? 마땅히 진기(進氣)와 퇴기(退氣)의 유래를 궁구하고, 다시금 이발(已發)과 미발(未發)의 뜻을 깊이 살필 것이다. 장차 다가옴에 속히 나아가면 공(功)이 되니, 필히 이로써 먼저 일생(一生)으로 돌아감이 된다. 세·운마저 모두가 흉하면 어려서 일찍 죽지만, 말년의 대운에 명성(命星) 곧 수성(壽星)이 득지하였다면 늙어 장수함이 두루 높은 것이다.

늙어 두려움은 생·왕함이요, 어려서는 사·절됨을 미워한다. 양인이 생을 만나면 악사함이 많다. 유근(有根) 즉 뿌리가 있는 살이 왕하면, 흉하게 마침이 정해진다. 춘왕(春王)에 화다(火多)는 마땅하지만, 서·북의 묘고(墓庫)는 돌아갈 때인 것이다. 여름의 형(熒) 즉 밝음에 금이 왕하면 귀향(鬼鄕) 곧 살지인 동·남이 이로우니, 수지(壽地) 곧 수명의 땅이 된다. 4양인성(刃星)이 거듭하면 죽음은 정재 아래에 있고, 1관(官)의 귀천은 양인의 가운데서 마치게 된다. 사주가 두루 상한 사람은 스스로 죽는다. 금신이 수에 빠짐은 재앙이 되고, 양인이 도벌하면 머리 없는 귀신이라. 살성에 양인이 중첩되면 신체를 상한 무리다. 제복으로 중화(中和)해도 살이 지극하고 온전하면 이미 기(氣)는 죽은 것이다. 생부(生扶)함이 태과한데, 인수가 다시금 왕하면 그 몸을 마친다. 상관이 묘·사(墓死)에 들면 만국(晚局) 즉 장년 이후의 명에는 가장 마땅하다.

양생(陽生)에 음사(陰死)하고, 음사에 양생을 본다. 살이 삼합을 만나 태과함이 되는 것도 필경 오행의 안에 있을 뿐이니, 마땅히 세밀하고 소상하게 살필 일이다.

대저 간명에 '오행의 태과 불급'이 있으니 참으로 복이 되지 못하지만, 그 사이에도 또한 서로 다른 미묘함이 있다. 곧 수·토는 사·절을 미워하지 않는다. 천지 간에 채워진 것 모두가 수·토 즉 육지와 바다라, 4시(時)를 따로 나누지 않으니 이 어찌 사·절됨의 이치가 있을 것인가? 다만 경·중의 변별이 있으니, 점수(點水)가 중토(衆土)를 적신다고 하면 곧 마를 것이요, 적은 토를 모아 중수(衆水)를 막는다고 하면 그 중에서 흩어질 것이다. 마땅히 다·과(多寡)를 논하고, 경중을 나누어야 한다. 금은 토가 아니면 생하지 않고, 목은 수가 아니면 자라지 못하는 까닭에, 금·목은 그 생왕함을 바라고 사절됨을 보는 것을 두려워한다. 곧 금이 사(死)한즉 가라앉고, 목이 사한즉 재가 되는 것이라, 이는 수·토와는 같지 않은 것이다.

화는 목에 숨고, 토에 귀숙(宿)하는 까닭에 왕함을 바라지 않으니, 왕(旺)한즉 불타며 또한 사(死)도 바라지 않으니 사한즉 멸하기 때문이다. 오직 그 균평(平)함을 얻은즉 아름답다. 오행이 수·토의 균(均)평에 의뢰한다 함은 대저 목·금·화의 명에서 또한 이를 필요로 하기 때문이다.

무릇 오행이 그 상(象)을 취함에, 본상(本像)으로 본상을 취함이 있다. 곧, '갑을·병정'으로 목·화의 상을 취하는 류(類)이다. 화상(化象)으로 화상을 취함이 있으니, 곧 '무계·정임' 역시 목·화의 상이라 하는 종류다.

금·수의 상은 토를 봄이 불가한데, 이름하여 토잡수혼(土雜水混)·금자불청(金自不淸) 즉 토가 섞이면 물이 흐려지고 금은 저절로 맑지 못한 것이라 한다. 세·운에서 토를 만나도 역시 건체하게 되니, 오직 금·수가 부잡(不雜)한 추(秋)월에 생함이 가장 귀하다. 명(明) 신종(神宗)의 경우, '계해 신유 계해 신유'로 간지가 모두 금·수로 부잡 즉 섞이지 않은 것이다. 수가 금(金)월에 생하여 금이 수의 맑음을 돕고, 2수 2금으로 상(象)을 이루어 소위 금백(金白)수청(水淸)으로 달리 협잡됨이 없다. 또 양간(兩干)부잡(不雜)에 합하였으니, 천자의 존귀함이 된 까닭이다. 곧, '계유 계해 경자 신사'의 경우, 금이 수(水)월에 생하여 금이 도리어 설기되니 해·자 중에서 가라앉은 격이라, 이로써 수액(水厄)을 면하지 못한 까닭이 되었다.

금·토의 상은 목을 봄이 불가하니, 말하자면 목극토(木尅土)한즉 토가 금을 생하지 못하여 상을 이루지 못하기 때문이다. 토를 쌓아 금을 이루는데, 토가 많고 금이 적으면 그 복이 두텁고 실하다. 금중(金重)토경(土輕)하면 복이 나오기 어렵고 힘들다. 금·화의 상은 수를 봄이 불가하니, 수를 본즉 화는 멸하고 금은 가라앉아서 그릇을 이루지 못한다. 금중(重)화경(火輕)하면 발달은 늦으나 장수함에 이롭고, 금경(金輕)화중(火重)하면 조발(早發)한 뒤에 속히 물러나는데 혹 명주의 수명이 이지러진다. 금·목의 상이 화(火)를 봄은 마땅치 않은데, 활목(活木)은 금을 꺼리지만 화를 본즉 빼어남을 이루고, 사목(死木)이 금을 얻으면 바야흐로 조화를 이룬다. 금중(金重)목경(木輕)한 사람은 뼈에 통증이요, 목중(木重)금경(金輕)하면 주가 전·재(錢財)를 손상하거나 혹은 폐질환이 서로 공격한다. 오직 금·목이 서로 마땅한즉 길하다.

수·목의 상은 빼어나고 청고한데, 묘(卯)나 사(巳)를 봄은 불가하니 이로써 수가 사·절되기 때문이다. 목·화의 상은 빼어나고 풍부한데, 금을 봄은 불가하니 목이 극을 받기 때문이요, 유년(流年)에서 이를 만나도 두루 재앙이 된다. 수·화의 상은 기제(旣濟)를 이룸이 가장 묘하고 혹 미제(未濟)라도 또한 얻음이 있으나, 토를 봄은 불가하다. 화다(火多)면 성품이 조급하고 수다(水多)라면 안질인데, 화는 사(死)지를 두려워하고 수는 욕(浴)지를 두려워한다. 유(酉)에 들면 화사(火死)수욕(水浴)으로 주가 간난하고 또 죽는데, 세와 운도 동일하다. 이 상은 일·시에서도 이를 꺼린다.

수·토의 상은 화(火)를 봄이 불가하니, 토중(土重)수경(水輕)이면 빼어나나 실함이 없고, 수중(水重)토경(土輕)하면 도리어 과명(科名)이 있다. 화·토의 상은 수를 봄이 불가하니, 화가 허하면 토가 모여도 물건을 이루지 못한다. 만약 같은 물이 흐르면 주가 골몰(汨沒) 즉 빠지고 가라앉는다. 곧, '무자 무오 기축 기미'나 '정사 정해 병진 병술'의 경우, 병·정과 무·기가 상협(相夾)하였으나, 곧 화허(火虛)토취 즉 화는 허(虛)한데 토가 모인 것이다.

이구만(李九萬)은, "'무자 기축 무오 기미', '병진 정사 병술 정해'의 경우로 말하여, 모두가 화토(火土)협잡(夾雜)의 상이요, 연주(連珠)로 귀함이 되었다고 함은 불가하다 하였다. 시상(時上)에서 임·계 수를 만나면 토에 막히고 화는 멸하니, 평생이 건박(蹇薄)해진다. 또 이르기를, 화화(火火)가 토를 본즉 어두워지고, 토토(土土)가 화를 본즉 허해지니, 토경(土輕)화중(火重)하면 곧 조열해지는데 '기묘일이 병인시'를 본 것이 이것이라 하였다. 화경(火輕)토중(土重)하면 밝지 못하니, '정유일이 무신시'를 본 것이 이것이다. 한(韓)학사(學士)의 경우, '무술 정사 무술 정사'로 화토(火土)성상(成象)하였는데, 또한 황봉(凰鳳)간지(干支)의 격으로 귀하였다"고 하였다.

경(經)에 이르기를, "금·수는 맑음이 많고, 금·토는 두터움이 많은데, 이들이 상생하기 때문이다. 금·화는 강함이 많고, 금·목은 바름이 많으니, 이들은 상극하기 때문이다. 화·토는 독(毒)이 많고, 화·목은 총명함이 많으며, 화·수는 어두움이 많고, 화·금은 세찬 것이 많다. 목·화는 문채(文彩)가 있고, 목·수는 맑고 기이하며, 목·금은 바야흐로 곧고, 목·토는 독하고 해(害)한다. 수·화는 지혜롭고, 수·목은 지혜롭고 어질며, 수·금은 수려하고, 수·토는 탁함이 중하다 하니, 이는 각기 오행의 성(性)정으로 추리한 것이다"고 하였다.

무릇 명은 동류(同類)가 서로 파(破)함을 꺼린다. 곧 '기미가 갑진'을, '갑진이 기축'을, '기축이 갑술'을, '갑술이 기미'를 본 것으로, 대저 4충(衝)의 땅에서 납음이 동류라, 양위(兩位)를 따라 역수(逆數)로 간다. '인신 사해 자오 묘유' 역시 이로써 취하는 것이니, 주의 평생이 부족하고 그릇을 이루지 못함이 많다. 《도경(道經)》에 이르기를, "정란(井欄)이 서로 파하면 약은 없어도 가히 치료할 수 있으나, 공망을 만나면 여러 기미가 있다. 세·운 또한 이를 꺼린다"고 하였다.

무릇 명주의 뿌리를 세·운에서 만나는데, 사지(死地)를 만남은 불가하다. '병인 화의 경우는 을묘 수'를 두려워하고, '신사 금은 정유 화'를 꺼리며, '갑신 수는 기묘 토'를 꺼리고, '무신 토는 임오 목'을 꺼리며, '기해 목은 갑자 금'을 두려워한다. 곧, 사람이 나서 죽음을 두려워함과 같은 뜻이요. 주와 뿌리가 생·사로 같은 길이라면 곧 꺼리

지 않는다.[4]

대저 명에서 가장 꺼리는 것은 귀(鬼)살이 극함인데, 과귀(窠鬼) 즉 귀살의 보금자리가 있는 것이 가장 독하다. 곧, '병자 수가 경자 토'를 본 것과 '정축 수가 신축 토'를 본 것과 같은 류(類)이다. 머무는 중에 자리를 얻어 상극하는 까닭에 가장 독한 것이다. 묘(墓)중의 귀(鬼)가 있으니, 곧 '임진 수가 병진 토'를 본 것과 '병진 토가 무진 목'을 본 것과 같은 종류다.

격벽(隔壁)귀(鬼)가 있으니, 곧 '경자 토가 계축 목'을 본 것과 같은 류이다.

공망(空亡)귀(鬼)가 있으니, 곧 '갑술이 갑신, 을유'를 본 것과 같은 류이다.

모두가 주에게 해(害)가 되는데, 내부적으로 들어가보면 묘귀는 과귀에 비해 가볍다. 벽귀는 묘귀에 비해 가볍고, 공귀는 벽귀보다 가볍다. 그런데 만약 목명(木命)의 사람이 화월을 얻고 금의 일·시를 만났다면, 화극금이 있어 금이 목을 상하지 못하니, 이는 어귀(禦鬼) 곧 귀를 막았다고 하며, 귀살이 해로움이 되지 못한다. 수명의 사람 사주에 화·토가 있어 토극수 하는 경우가 있다. 이는 화가 또 생토하므로 곧 조귀(助鬼) 즉 귀를 도운 것이라, 이 귀살은 더욱 흉하다. 간지로 그 쓰임이 통했을 경우, 납음이 가장 긴박하니 어귀인즉 비록 간난 속에서도 입신한다. 조귀인즉 골육이 싸우고 무너지는 가운데서 태어난 경우가 많다.

또한 귀중(鬼中)유귀(有鬼) 즉 귀 가운데 귀가 있음을 일러 귀소(鬼嘯) 즉 귀살을 부른다고 한다. 토명의 사람이 목월에 나고 일·시가 금인 종류로, 이로써 목극토하고 또 금극목하는 것이다. 근기(根基)가 열약(劣弱)한즉 흉하지만, 주의 뿌리가 강건하다면 꺼리지 않는다. 곧 왕불(王黻)의 경우, '기미 을해 병인 신묘'인데, 삼합의 생을 만나고 다시금 인·묘를 만나 기(己)가 관향에 든 것이 되었는데, 병과 신이 합하니 대귀하다. 여기에 기 음토가 을목을 만나 귀(鬼)를 지었고, 다시금 신(辛)을 만나 을목의 귀를 지었는데, 변하여 인·묘의 관이 된 것이다. 기토의 귀(鬼)가 해묘미 삼합의 자리에서 귀에 통한 중, 귀소를 극하고 범한 고로 주가 악사(惡死)한 것이다.

경(經)에 이르기를, "오행은 하적상(下賊上)을 절기(切忌)하니, 이는 평생의 일이 서로 얽혀 부족하다."고 하였다. 또 이르기를, "귀소가 분명하면 격국(格局)이 나쁜데, 다시금 형살(刑煞)을 더하면 화가 적지 않다. 비록 이전에 부귀를 만나 늘어놓았어도 일후(日後)에는 정히 년주의 화려함과 미워함을 안다"고 하였다.

---

[4] 이는 위 양위에서 호환의 뜻과 함께, 납음과 간지의 생사를 나누어서 본 것이다.

무릇 간명에는 태·생·왕·고를 취하여 4귀(貴)로 삼고, 사·절·병·패를 4기(忌)로 하며, 나머지는 4평(平)으로 삼는다. 태세의 천간으로 주인을 삼고 오행을 배합하는데, 4귀 4평 4기의 자리를 취하여 이로써 귀천을 나눈다.[5] 귀함을 많이 만난즉 귀하고, 천함이 많은즉 천한 것이 된다. 4귀 중에서도 또 4왕(旺)을 나누니; 고는 상(上)이 되고, 태는 그 다음이다. 만약 인명에서 태를 월·일·시에서 만나고 삼귀(三貴)의 천간에 돕는 것이 모두 있는데, 혹 '정록, 정관, 정인'이라면 곧 삼공(三公)의 명이다.

그리고 바른 천을(天乙)을 두른 것, 곧 축·미 생의 사람으로 월·일·시에서 갑·무·경을 얻은 것과 같은 종류가 있다. 또 본가(本家)의 녹(祿)을 두른 것으로, 곧 인(寅)생의 사람이 월·일·시에서 갑을 얻은 종류다. 이를 복회(福會)라 하며 혹 천을귀인이 합하여 양중(兩重) 즉 양쪽으로 귀함이 중하면, 이들 또한 삼공의 명이다. 삼귀 상에서 상·하로 합을 두르거나, 혹은 1관(官) 1인(印)에 하나의 바른 천을이 있는 것, 또는 1위의 본가록에 2·3위의 귀인을 합한 것 등은 재보(宰輔) 즉 재상을 보좌하는 명이다.

만약 일·시 상에서 양귀(兩貴)를 만나고, 위의 여러 기물을 두른 것 역시 그러하다. 만약 1위(位) 상에서 '재살 지살 망겁 양인' 등의 신을 만난 것은 겸하여 주가 병권이나 사마(司馬) 혹은 절월(節鉞)의 귀함이 있다. 만약 태월(胎月)생이 월과 일·시 상에서 태고(胎庫)를 만나고 1귀(貴)로 다만 바른 천을을 둘러 상·하가 합하거나, 혹은 천을귀가 본가록과 합하고 '정관 정인 본가록'이 다만 유기(有氣)하거나, 혹은 귀인 상에서 또한 앞서 말한 녹간(祿干)을 두른 것 등은 또한 재보·구경(九卿)의 명이다.

만약 월에 기신(忌神)이 있는데 일에서 귀(貴)를 만나거나, 혹은 일에 기신이 있는데 시에서 귀를 만난 경우, 해(害)가 되지 않으면 청화(淸華)한 시종(侍從)의 직이 된다. 만약 일·월에 두루 귀가 있는데 시에서 기신을 만났다면, 이는 상조(常調)의 선인(選人) 곧 항상 잘 어울려 선출되는 사람이다. 4기신이면 주가 빈천한데, 또한 경중이 있으니 사·패·절은 중하고 병은 가볍다.

오행의 각각이 3위 곧 '인오술' 화인데, 병·정의 사람이 이를 만나면 귀함이 된다. 더불어 4귀에서 3위가 같고 오직 태귀(胎貴)의 1위(位)만이 빠진 경우라도, 주의 귀함과 복이 또한 4귀와 더불어 같다. 양록(陽祿)의 귀(貴)는 임관(臨官)에 있고 음록(陰祿)의 귀는 제왕(帝旺)에 있는데, 만약 양록이 왕(旺)을 만나고 음록이 관(官)을 만나면 오

---

[5] 태세의 천간을 위주로 함은 고법(古法)에 해당한다.

히려 본래의 자리가 되어, 그 복을 반감한다.[6] 만약 왕한데 녹이 없으면 곧 병인이 무오를 얻은 경우, 일·시가 다시 본명을 극하고 또 형·살을 두르게 되면, 주가 음탕하고 어리석으며 천하다. 한·두 자리에서 귀(貴)를 만나도 도리어 흉살이 되고, 형·해·파를 얻으면 더욱 심중하여 또한 주에게 녹이 없게 된다. 심지(沈芝)가 이르기를, "오행은 생왕함을 군(君)으로 삼고, 임관을 상(相)으로 삼는다. 만약 납음이 목인데 월·일·시에서 인·묘의 양위(兩位)를 만나고, 금이 신·유를, 수가 해·자를, 화가 사·오를, 토가 진·술·축·미를 만난 것은 모두 귀한 것으로 논한다"고 하였다.[7]

대저 간명에는 오행의 생·왕·사·절을 나눈다.

곧, '갑신 병인 기해 신사 무신'의 경우라면 이는 모두 오행이 스스로 장생(長生)지라, 사시를 논하지 않고 초연히 자생(自生)의 도리를 얻었다고 한다. 인명에 이를 얻은 것은 영민 쾌활 고명하고, 귀자(貴者)가 이를 얻음은 그 나아감이 점진적이요, 부자(富者)가 이를 얻음 역시 장래의 영화를 향하니, 이는 그것이 생을 얻었기 때문이다.

'병자 무오 신묘 계유 경자'는 모두가 오행이 자왕(自旺)한 것이라, 굳이 사시를 기다리지 않고도 능히 스스로 그 왕함에 이르게 되어 복력이 분발하니, 더불어 비견을 헤아릴 필요가 없다.

'계미 임진 병진 갑술 을축'은 모두 오행이 자묘(自墓)라, 곧 뿌리로 돌아가 다시금 명을 회복하는 때다. 대서 고(庫)에 자리하고 있는 까닭에, 반드시 기물을 모아서 가고자 한즉 그 창고를 채우게 되는 것이다. 곧 '임진 수'는 한 무리의 수(水)를 얻어 교류하여 돌아가고자 하니, 이런 연후에 왕함이 된다. 다시금 금이 있어 왕래하고 상생하면, 마땅히 중권(重權)을 얻는 것이다. 그런데 혹시 수가 화를 제하고 화가 금을 제어하는데, 다시금 천중(天中)이 이에 임하면 이는 부인(負印)불기(不起) 곧 인수를 짊어졌으나 일어나지 못함이 되어 주가 빈천하다.

'을묘 정유 임오 갑자 기묘'는 오행이 자사(自死)한 것이다. 생한즉 노고요, 죽은즉 쉰다. 그 이치는 자연한 것이니, 이는 사(死)의 땅에 있어서가 아니라 그 기물이 없어 스스로 돌아간 것이다. 이른바 '자사'라고 하는 것은 진귀(眞歸) 즉 참으로 돌아감의 이치를 얻은 것이기 때문이다. 대저 명에서 이를 만남은 영특 고명하고 지혜는 많으나 복은 적다. 오직 정묵(靜默) 즉 고요함과 침묵으로 체(體)를 삼은 것이니 유위(有爲)함은 불리

---

[6] 각각의 녹귀에서 양록은 양인이 되고, 음록은 묘고가 된다.

[7] 삼명 자체가 고법을 수용한 까닭에, 납음과 관련된 언설은 모두 고법에 속하는 것으로 보면 되겠다.

하다. 담박(淡薄)함으로써 일을 삼은 것이라, 흥기함에는 불리한 것이다. 오직 도(道)를 배움이 가하니, 신선을 방문하여 생사의 문을 넘어선다.

'계사 을해 경신 임인 정사'의 경우, 이는 오행이 자절(自絶)된 것이다. 하늘의 도는 가히 끊어짐이 없으니, 간지로 모임에 이르면 이미 끊어진즉 다시금 갱생한다. 무릇 이를 만난 자는 근심과 기쁨이 미정(未定)이다. 곧 계사는 수가 끊어진 것이나, 계유를 얻어 왕금이 이를 돕게 되면, 이는 곧 절수(絶水)봉생(逢生)이 되니 또한 길경(吉慶)이 되는 것이다.

무릇 명(命)상에서 '사절 생왕 묘고' 등을 둘렀다 해도, 이를 취하여 휴대하였다고 말함은 불가하다. 모름지기 월령을 봄으로써, 그 청·탁을 변별해야 하는 것이다. 청함 즉 맑음이란 제복이 있음을 일컫는다. 곧 수가 병인데 토를 본즉 탁해지나 도리어 토의 제방이 아니라면 멈추고 쉬는 것이 불능이라. 이미 지식(止息) 곧 그치고 쉰즉 맑음이 나날이 점증됨이 있다. 탁함이란 제복됨이 없음을 말한다. 곧 수다(水多)에 무토(無土)라면 범람하여 돌아감이 없는데, 수가 극에 이르러 생목(生木)하면 곧 극즉변(極則變)이라, 변한 즉 통하는 것이다.

대개 오행은 그 변화를 숭상하고, 그 항상함을 숭상하지 않는다. 그 은미함은 귀하지만, 그 드러남은 귀하지 않으니, 사·절(死絶)에 구함이 있은즉 환혼(還魂) 즉 혼백이 돌아옴이 되어, 많은 경우 귀하다고 논한다. 생·왕한데 충·극함이 있으면, 곧 기가 흩어지므로 도리어 주의 복이 얇아지는 것이다.

대저 만일 피·아가 상생할 경우, 이에 따르면 그 근본을 더하게 되고, 이를 거스른즉 탈기(奪氣)가 된다. 피·차가 상극할 경우, 이를 따른즉 세력이 강해지고, 이를 거역한즉 상함이 있는 것이다. 경(經)에 이르기를, "작은 것으로 큰 것을 침범하면 스스로 그 해를 남기게 되고, 약함으로 강함을 이기고자 하면 스스로 그 재앙을 줍게 되는 것이다. 1수가 3화를 극하고자 함은 이것이 곧 이약(以弱)승강(勝强) 즉 약한 것으로 강함을 이기고자 함이다. 음으로써 양을 이기고자 함은 비록 재앙이지만 크게 드러나진 않는다. 양으로써 음을 이기고자 해도, 그 해가 심하지는 않을 것이다. 두 양(陽)이 서로를 가시처럼 대하면 흉화가 돌아 이르고, 두 음(陰)이 서로 대적할 경우라면 그 처소가 불안한 것이다"고 하였다. 곧 을사화가 임신금을 극함은 이것이 이음승양이요, 임신금이 기사목을 극한다면 이것이 이양승음인 것이다. 음양은 서로 유정(有情)함이 있는 까닭에 큰 해로움은 없다. 만약 정묘가 계유를 보면 이는 이음(二陰)상적(相敵)이요, 무오가 갑자를 보는 경우라면 이는 양양(兩陽)상거(相拒) 즉 두 양이 서로를 거부하는 것이다.

양강함은 음유함을 반드시 이기지만, 이후에는 이미 그치는 까닭에 화가 되는 것이다.

《태을(太乙)》에 이르기를, "천지음양 변화의 기틀이란 곧 일찍이 음으로써 양을 비추고 양으로써 음을 비추는 것이 아님이 없다. 이리한즉 천지가 올바로 합하므로 오행의 기도 융성해진다. 만약 양이 양을 쫓고 음이 음을 쫓아간다면, 이는 곧 음양이 편출(偏出)한 것이다. 동정이 차서를 잃은 까닭에, 화와 복의 두 길이 열리게 된다"고 하였다. 대저 음양이 편출함은 조화가 이루어지지 못한 것이다. 오행이 만약 화다(火多)금소(金少)로 취산하게 되면 그 형체를 이루지 못하고, 화소(火少)금다(金多)라면 이미 소삭(銷鑠) 즉 녹여 이룰 수가 없으니, 도리어 엄멸(淹滅) 즉 적셔서 멸하는 근심이 있게 되는 것이다. 나머지 경우도 대개 이와 같이 추리한다.

무릇 간명에는 먼저 오행의 체(體)와 면(面), 국(局)과 세(勢)를 논한 연후에 희기(喜忌)와 호오·왕상(旺相)휴수(休囚)로 참작하여야 한다. 곧 금인이 경신(庚辛) 혹은 신유(申酉)를 얻은 것과 같으면, 이것이 체면(體面)이 된다. 사유축 삼합을 얻은 것은 국세(局勢)가 된다. 화를 제어하고 토가 돕는 것을 기뻐하고, 금한(金寒)수냉(水冷)함은 꺼리는 것이다. 삼추(三秋)와 4계(季)에 생한 것은 왕상이 되고, 춘하에 생한 것은 휴수가 되는데, 나머지 목화수토 역시 이와 같은 예로 추리한다.

금인이 '경신 신유'를 만남은 오리살(五離煞) 즉 오행에서 살을 떠남이 된다. 만약 추월에 생하고 수를 만난즉, 금의 독을 화하여 금백수청의 조화가 되는 것이다. 화를 만난즉 금의 강강함을 제어하여 난련함이 되니 예리한 기물을 이룬다. 사주에 화도 없고 수도 없다면, 이는 완금(頑金) 즉 무딘 것이라 이르니, 주가 일찍이 주색으로 설사병을 앓아 그 몸이 죽는다. 만약 무인의 일·시를 만난다면, 강강한 곳에서 생을 만난 것이라, 주가 부하고 장수한다.

목인이 토를 얻은즉 뿌리와 풀들이 깔려서 재배함이 되는데, 수를 얻은즉 지엽이 이에 의뢰하여 마디가 창성할 것이요, 금을 얻은즉 착삭(斲削)하여 문득 재목을 이룰 것이다. 목이 인·묘를 만나고 다시금 춘생에 있음이 최길(最吉)한데, 만약 삼합으로 목국을 온전히 회합하면 모름지기 춘생이 아니더라도 주가 어질고 장수함이 많다. 목이 금의 제어함을 만나고, 금으로 단련함에 화의 제복이 있은즉 강유(剛柔)가 상제(相制)한다. 만약 화가 태다(太多)한즉 불타버릴 것이요, 금이 태다한즉 손상되며, 토가 허한즉 능히 배양하지 못하고, 수가 범람한즉 자윤(潤)하지 못하니, 묘한 것은 그 중화(中和)를 얻음에 있다.

수인은 해·자로써 근원을 삼고, '인묘진사'로 가납(納) 즉 바치는 것으로 하니, 천간의 근원인 북으로부터 만 번을 쪼개어 동(東)방에 알현하는 까닭이다. 수인(水人)은 동방을 만나면 기뻐한즉 물결이 쉬고 파도가 고르기 때문이다. 수는 토의 제방에 의뢰하니, 만약 해·자에 생하고 토가 많은즉 길하고, 이미 동방에 자리하면서 토를 만난 것 역시 길하다. 토가 많음은 마땅치 않은데, 다시금 귀인 재·록이 있은즉 귀하다. 만약 일·시로 '경신 신유'를 만나면, 수가 서쪽으로 흐름을 꺼리므로 수명이 높지 못할까 두렵다. 추·동에 생하였다면 생왕하고 청징(淸澄)한데, 임·계로 그 시(時)에서 해·자를 만나면 주에게 문과 학이 있다. 납음이 다시 수(水)가 된즉 수가 태과(太過)하니, 사주에 토의 제방이 없다면 곧 자식이 적다고 판단하는데, 오직 예술과 공문(空門) 곧 불도의 길인 즉 길하다. 다시금 격각(隔角)을 거듭 만나면 정히 주가 형극을 당한다. 춘월이면 하늘에 비가 적어 물이 마르고, 하월이면 혼탁하며 범람하는데, 사주에 수의 도움이 없은즉 귀하지 아니하다.

화가 인·묘에 거하면서 춘월에 생하였다면, 목수(木秀)화명(火明)이라 영화롭고 부귀하다. 하월에 생한즉 태염(太炎)하니, 주 중에 수가 없다면 정히 요절하고, 수가 있은즉 일찍이 귀해진다. 추월에 생한 것은 화가 금에서 사하니, 장광(藏光)내조(內照) 즉 빛을 감추고 안으로 비춤이 된다. 시·일에서 은미하게 왕기(旺氣)를 만난즉 길하다. 대개 수·화는 사·절 됨을 꺼리지 않으나, 다만 염담(恬淡) 즉 조용하고 담박함이 마땅하여 복이 된다. 동월에 생하고 주 중에서 다시금 화의 도움을 얻은즉, 몰래 눈과 서리를 소제하고 산하를 온난케 한다. 고인이 이르기를, "동일(冬日)에 가애(可愛)요, 하일(夏日)에는 가외(可畏)라" 함이, 이를 일컬은 것이다.

토는 온전히 4계(季)를 만난 것이 상귀(上貴)가 된다. 곧, 납음이 전토(全土)인 경우, 주 중에서 다시금 인(寅)의 글자를 얻어 간산(艮山)이 되는 것 역시 귀하다. 토는 능히 두텁게 실어서 만물을 자생(資生)하니, 금목수화 모두에 불가결한 것이다. 그러므로 4행이 모두 토에 의지한다고 한다.

대저 오행의 쓰임을 논할 경우, 많은즉 태과요 적은즉 불급이라 한다. 그 기(氣)와 그 수(數)가 남음과 부족함이 있으면, 모두가 능히 흉함에 이르게 되므로 억제하고 발양하여 돌아가는 중, 그런 뒤에 복이 되는 것이다. 공을 이룬 자는 마땅히 퇴장하고, 장차 다가올 것이 귀(貴)가 되면 영진(榮振)한다. 오행이 왕함을 품은 것을 일러 성공(成功) 즉 공을 이루었다 하고, 왕함이 능히 그치고 쉬는 것을 일러 퇴장(退藏) 즉 물러나 숨었다 한다. 오행이 관대(冠帶)나 태(胎)와 양(養)의 땅에 있으면, 그 기가 이지러져 아직 차지 않았으니 이를 일러 장래(將來)라 한다. 고로 자·모(子母)가 상생하기를 원하는 것은 그 기를 더함으로써 곧 영진 진발(振發)의 도가 있게 하고자 함이다.

곧, 나무가 그 때가 아니어서 쇠(衰)한즉 가시나무에 끼여 딱딱함이요, 사(死)한즉 고목이 마른 것이다. 금왕(金旺)이 태과한즉 동(動)하고 작(作)함에 흉함이 많다. 염염(炎炎)한 것은 식음에서 귀해지고, 식지 않은즉 스스로 태우는 재앙이 있게 된다. 도도(滔滔)한 것은 그침에서 귀하니, 그치지 않은즉 스스로 익사하는 근심이 있는 것이다. 화가 남쪽 언덕으로 행하면 열로 화하니, 성한즉 태우고 맹렬하여 사물을 해친다. 그런데 유·해(酉亥)에 이른즉 음이 능히 이를 합하므로, 이런 연후에 능히 만물을 온난케 하는 것이다. 수가 북쪽 언덕을 행하면 추위로 화하니 성한즉 엄냉(嚴冷)하여 사물을 죽이는데, 묘·사(卯巳)에 이른즉 양(陽)이 능히 이를 펴낸다. 그런 연후에 능히 만물을 자생할 수 있는 것이다.

또, 생이불생(生而不生)과 왕이불왕(旺而不旺)이 있으니, 이는 곧 흉함이 되지만, 먼저는 길한 것이다. 사이불사(死而不死)와 절이부절(絶而不絶)이 있으니, 이는 길함이 되는 것이나, 먼저는 흉한 것이다. 곧 수가 '무신 토'를 본 것은, 이것이 곧 생이불생이다. '경자 토'를 본 것은 왕이불왕인데, 이를 만남은 이룸이 많아도 도리어 패가 되고 기쁨으로 인한 것이 도리어 근심이 된다. 수가 '계묘 금'을 본 것은 사이불사요, '신사 금'을 보면 이는 절이부절인 것이다. 오행의 기가 다하였으나, 부모의 덕을 얻어 이로써 그 기를 생하고 더한즉 기가 다시 살아나니, 이를 만남은 위중(危中)유복(有福) 즉 위태로운 가운데 복이 있나. 궁하년 통하고, 굽어지년 펴지는 것이다. 생·왕이 태과한즉 복 가운데 화를 숨긴 것이요, 사·절이 태과 한즉 복이 가탁(可托)할 곳이 없음이다. 만약 대개 사·절이 생을 만나면, 재앙이 변하여 능히 숨을 곳이 있다. 화·토가 가장 먼저요, 금·수가 오히려 그 다음이다.

화가 절(絶)인데 토를 얻음을 예(睿) 즉 통하였다 한다. 화가 토로써 자식을 삼고, 화가 해에서 절이 되는데, 정해(丁亥)를 본 것이 이것이다.

토가 절인데 금을 얻으면, 사이불망(死而不亡) 즉 사가 되었지만 망하지 않았다 하고, 이르기를 수(壽)라 한다. 토절이 사에 있는데, 신사 금을 얻은 것이 이것이다.

금절에 수를 얻어 그 정기를 다시금 체에 잇는다. 금절어인에 갑인 수를 얻은 것이 이것이다.

수절에 목을 얻으니 혼복(魂復)천유(天遊) 곧 혼이 돌아와 하늘에 노닌다고 한다. 수절어사인데, 기사 목을 얻은 것이 이것이다.

목이 절인데 화를 얻음은 화(火)가 목의 깜부기 불에서 나타나 재로 날리고 연멸하는 고로 오직 흉이 된다. 뱀과 말에는 담(膽) 즉 쓸개가 없으니 족히 이를 징험한다. 목이 신에서 절되는데, 병신 화를 얻음이 이것이다.

뱀과 말은 사·오의 자리에 있는데, 목이 사·오를 지나면 죽는다. 목에 속하는 오장(臟)은 간(肝)인데, 육부(腑)로는 담(膽)에 속하니, 이로써 목이 사함은 흉이 됨을 증명한 것이다.

경에 이르기를, 몸이 토인데 화를 만남은 생하여 점차 이롭다. 수의 명에 금을 얻음은 연년함이 넉넉하고 길다. 금다(金多)에는 모름지기 화(火)나 혹은 종혁(從革)이어야, 이로써 그 이름을 이룬다. 목이 중한데 금을 얻음은 곡직(曲直)을 주물러서 그 일을 맡기고자 함이다. 수가 흐르는데 멈추지 않으면 모름지기 토로써 이를 감싸 안는 것이요, 화가 성한데 의탁함이 없으면, 오직 수로써 이를 구제하는 것이다. 오행의 쓰임이 그 마땅함을 얻으면 비록 상극이라도 복이 되고, 만약 그 쓰임에 마땅함을 잃는다면 비록 상생이라도 재앙이 되는 것이다.

무릇 오행은 태과 함과 서로 거스르는 것을 두려워하니, 곧 녹다(祿多)즉빈(則貧)하고, 마다(馬多)즉병(則病)이며, 인다(印多)즉고(則孤)하며, 고다(庫多)즉허(則虛)한 것이다. 생·왕 함이 많은즉 돌아가 쉴 곳이 없고, 사·절이 많으면 부딪쳐 흐르고 날아오를 것이 없다. 오행은 서로 상함이 커도 불가하고, 지나치게 순수함도 불가하다. 귀인이 마(馬)가 많으면 오르고 도약하나, 평상인이 마다(馬多)면 분주하고 치달린다. 파(破)는 상함과 화가 된 것을 요하고, 공(空)은 공망이 다함을 요한다. 사랑하는 바는 훼손함이 불가하고, 두려운 것이 왕함은 불가하다. 먼저 두렵고 뒤에 사랑함은 복이 되나, 먼저 사랑하고 뒤에 두려운 것은 화가 되는 것이다.

합이 많으면 발하지 아니하고 아첨에 능할 뿐이다. 학당이 많은즉 이룸이 없고, 귀인이 많은즉 공손하고 나약하여 뜻을 세움이 없다. 녹·마가 지나치게 드러나면 귀인으로 논함이 불가하다. 귀인의 표리(表裏) 즉 드러나고 숨은 것이 족하다면, 이로써 평상인으로 논함은 불가한 것이다. 사주가 두루 양이라면 입은 독해도 마음이 선하고, 사주가 두루 음이면 한려(狠戾)침독(沈毒) 즉 사납고 삐뚤어져 독함에 빠진 것이다.

공(拱)협은 '공마(拱馬)·공록(拱祿)·공귀(拱貴)'로 복신(福神)을 공협함을 요하고, '공형(拱刑)·공화(拱禍)·공세(拱歲)·공시(拱時)'와 같은 것을 협함은 요하지 않는다. 음양의 귀함은 고른 것과 서로 도움에 있으니, 병이 되는 것과 상하는 것은 극·제(尅制)가 있음을 요하는 것이다.

대저 명이 '병신·임계'인데 무술을 본즉 무토는 마땅히 진흙이라, 칼날을 상하고 좌절한다. '임자병오·병오임자'는 수·목의 정신인데[8], 음양이 순수하여 나머지 자리에서 도움이 없어도 또한 평상하지 않다. 여기에 계(季)토로써 수기(秀氣)를 더한즉 세상을 비춤에 꺼림이 없고, 큰 덕에 용납함이 있으니 곧 장부(丈夫)인 것이다. 묘·유는 해가 출입하는 땅이요, 자·오는 음양이 처음으로 나뉘는 궁이다. 이를 만난 것의 영(令)은 사람의 왕래가 일정치 않으니, 세와 운에서도 또한 그러하다.

사·해는 양극(兩極)의 땅이라, 땅과 하늘이 알선(斡旋) 즉 돌고 도는 곳이요. 인·신은 삼정(三停)의 방위가 되니, 우체(郵遞) 즉 역참이 갈마들어 왕래하므로, 이를 만난 사람은 하나에 집착하지 않는 경우가 많다. 축·미는 지지(遲遲)하니 지체되고, 진·술은 속속(速速)하니 빠르다. 이를 만난 사람의 명이란 모난데 집착하여 성품이 통변(通變) 즉 통하거나 변하지 않는다. 진·술이 유기하면 도리어 능히 대사(大事)를 건립한다.

'병자인의 사주에 임인'이 있으면, 이는 임이 병의 집에 침입하여 파하는 것을 취함이니 아름답지 못하다. '경자가 경오'를 본 것은 오귀(五鬼)가 그 문에 임한 것이다. '무인(戊寅)이 갑인'을 보면, 갑이 그 무를 극하는데 무인이 세를 따라 갑인(甲寅)을 극하고자 한다. 이는 지·간의 납음이 상·하가 불화(不和)한 것인데, 다만 별도의 복신이 있어 제어하면 바야흐로 복력이 된다. '계유가 무인'을 보면, 무토가 계수를 극하고 또 금기가 절향(絶鄕)을 향하며 겁살·원진(元辰)이 그 가운데 있다. 그러나 월령 중에 수기(秀氣)를 얻어 이를 세거하면 바야흐로 가히 쓸 수 있는데, 또한 오래되면 아름답지 못하다. '경오와 성유'는 서로 왕하고 서로 파하니 곧 왕한 가운데 파하는 것이라, 온전히 복력이 됨은 불가하다. '기미 신유'는 비록 식(食)을 얻은 것이나 도리어 사지로 돌아가니, 종래에는 아름답지 못하다. '을축과 을미, 경진과 경술'이 무인(戊寅)을 봄은 크게 좋으니, 운에서도 또한 그러하다.

경에 이르기를, "강한 금이 무인의 구제를 얻었다면, 도리어 절(絶)이 부절(不絶)이라 복력을 이룬다. '을묘가 무인'을 보고, '무인이 을묘'를 본 것은 크게 좋은 명이다"고 하였다. 《단양서(丹陽書)》에 이르기를, "삼기(三奇)의 사이에는 오히려 허성(虛聲) 즉 허자의 소리가 있으니, 사·절의 가운데 또한 생·왕함이 있다. 대개 삼합 삼기가 월에서 나뉜즉 합하지 않으니 귀하지 않다. 곧 '갑무경에 자·오의 시(時)'가 있는 경우라면 바야흐로 귀하고, '을병정에 인·묘의 시'가 있으면 또한 귀하다"고 하였다.

《천원변화서(天元變化書)》에 이르기를, "을병정은 참으로 유·해의 글자를 사랑하는

---

8 병오에 임자시는 불가하다

데, 다시금 납음에서 교섭의 유무를 보아야 한다."고 하였다. 또 이르기를, "무릇 삼기와 삼합이 월령 중에 수기(秀氣)를 두르면 귀격(貴格)에 들지만, 역시 서출(庶出)과 과방(過房) 즉 바람을 피워 낳은 자식으로 군더더기를 지음을 면치 못한다."고 하였다. 또 이르기를, "무릇 명에서 삼합 삼기를 보았으나, 본년(本年)에는 두르지 않았다. 사맹(四孟) 즉 인신사해에 태어남이 있고, 사중(四仲) 즉 자오묘유와 사계(四季) 즉 진술축미를 월·일·시에서 얻은 것은 사중·사계와 같이 논한다. 여기에 태월(胎月)이 일과 호환하여 간합(干合)하거나 혹 육합(六合)하나, 본명에 두르지 않은 것은 모두 이름하여 도태세(悼太歲) 즉 태세를 흔들었다고 한다. 주가 조상을 떠나 고립됨이 많고 사람의 힘을 얻지 못하는데, 적은 구조라도 있으면 오히려 마땅하여 의로움에 거한다. 가합(假合)하여 바로 서는 것이다. 귀명(貴命)인즉 호위함에 의지하여, 오르고 나아감이 많다"고 하였다.

대저 사주에서 삼기와 삼합을 두른 것은 본신(本身)이 비록 과방이나 서출이 아니라도, 장래 자손이 반드시 과방이나 서출 또는 수모(隨母) 즉 어머니를 따르는 자식 됨이 있다. 고시(古詩)에 이르기를, "삼합과 삼기는 청수하고 또 넉넉하여 살찐 것이지만, 과방의 자식이 아니라면 곧 수모의 아이라"고 하였다.

무릇 명전(命前)의 오진(五辰) 즉 다섯 번째 자리는 택사(宅舍)가 된다. 만약 유기함과 더불어 길신이 임한 것이 있으면, 주에게 좋은 집과 문벌 및 숭상함과 빼어남이 있다. 자손도 영화롭게 드러난다. 가령 갑신(甲申)인의 택사는 축의 12월에 있는데, 태어남에 천을을 얻고 택(宅)에 임하니 길함이 된다. 만약 무기하고 흉신의 임함이 있으면, 주의 그 택사가 허모(虛耗) 즉 비고 줄어 파괴되며 완전치 못하여 조업을 지키지 못한다. 예를 들면 경오인의 택사는 해(亥)에 있는데, 갑자순에 해는 공망에 떨어지고 또 겁살의 임함을 만나니, 흉함이 된다. 나머지도 이에 준하여 추리한다.

명후(命後)의 일진 즉 첫 번째 자리는 파택살(破宅煞)이 된다. 만약 파택살이 있게 되면, 주에게 부·조(父祖)의 산업이 없거나 혹은 타향에서 객사한다. 또한 택(宅)의 납음과 본명(本命)의 납음을 보아 서로 상생한즉 길한데, 택이 극신(尅身)함은 호택(好宅)을 얻은 것이나, 신이 극택(尅宅)하면 필히 파산이라. 가령 갑자금이 기사목으로 택을 삼는데, 2월 묘생이다. 이 경우, 택이 왕(旺)함을 이어서 합하면 호택이 있다. 그러나 본신으로 극택한 뒤라면 마땅히 파락하게 된다.[9] '무오 화가 계해 수'로써 택을 삼는데, 9월생

---

[9] 갑자 금명에 기사는 택사가 된다. 그런데 2월 묘월에 생하면 기사 목과 목기로 합하는데, 갑자의 명이

술이면 택의 관대요,[10] 10월생 해이면 택의 건록이고, 11월생 자이면 택이 왕이다. 여기에 택이 극신하는 것으로 생하였으니, 필히 호택을 얻는다는 것이다. 만약 택의 귀(鬼)살이 왕한 중에 생한 것이 유관(有官)인즉 길이요, 무관(無官)인즉 흉하다.[11] 대저 녹·명(祿命)에 비록 휴·왕(休旺)이 이미 있으나, 다시금 그 택으로써 논하여 길흉을 변별해 본 것이다. 심지(沈芝) 이르기를, "택은 범하고 파함을 두려워한다. 곧 '갑자인이 기사'로 택인데 해의 글자를 범하면, 그 택이 파상을 입으므로 명이 원래부터 초박(稍薄)즉 작고 엷은 것이다."고 하였다. 태세가 년을 충함 역시 파(破)인데,[12] 모름지기 이는 장방(長方)즉 긴 흐름과 방위로 가히 판단함이 된다. 곧 '병자인이 신사 금'을 얻어 택이 되는데, 을해의 유년(流年)을 만난 것이 이런 류이다. 명(命)이 좋고 또한 움직임이 흉하다면, 다시금 바야흐로 응한다고 본다.

대저 명후(命後)의 오진(五辰)은 전원(田園)이 되는데, 만약 유기한 향(鄉)에 거하고 또 복신이 이에 임하면, 주의 전원이 벌판을 채우고 창고가 충실하다. 가령 '갑자인이면 전원은 미'에 있는데, 6월생이면 토가 왕기를 탄 것이고 또 천을귀인을 만난 것이라 길함이 된다. 만약 무기(無氣)한 향을 만나고 또 흉신이 임하게 되면, 주의 전원이 척박하고 창고가 공허하다. 가령 '무자인의 전원은 계미'에 있는데, 6월생은 갑신순에 미가 공망에 떨어진 것이다. 나머지도 이와 같이 추리한다.

《귀곡유문(鬼谷遺文)》에 이르기를, "마(馬)가 무해(無害)란 형파[13], 녹에 무귀(無鬼)란 귀극, 식에 무망(無亡)이란 공망, 지합(支合)에 무원(無元)이란 원진, 간합에 무액(無厄)은 육액, 왕함에 무상(無喪)이란 상문(喪門)이며, 쇠함에 무조(無弔) 즉 조문함이 없음은 조객(弔客)이요, 처에 무인(無刃)이란 양인, 재에 무비(無飛)란-비렴(飛廉), 맹(孟)에 무고(無孤)란 고진(孤辰)이며, 계(季)에 무과(無寡)란 과숙(寡宿)이라"[14]고 하였다.

몸이 중하다면 모름지기 귀(鬼)가, 녹이 중하면 모름지기 관이, 지아비는 모름지기 적어야 하고, 처는 모름지기 배가되어야 한다. 길함은 모름지기 드러나야 하고, 흉함은 모

금이 되어 기사의 목을 극하니, 이는 극택이 된다. 이 경우, 극택을 한 뒤가 되면 이미 조업을 상한 상태가 되니, 파하여 떨어지는 것이다. 이는 결국 고법 삼명에 따른 길흉의 해석이다.

[10] 이는 12운성으로 계해 수의 관대지가 술토라는 말이다.

[11] 이는 다시 신법으로 돌아와 목기로 갑을·인묘의 유무를 말하고 있다. 무술·기해로 납음 오행의 목을 말할 수도 있으나, 이를 통해 길흉을 추론하기는 어렵다.

[12] 여기서 태세는 세운을 말하고 년은 년주 납음을 말한다.

[13] 이는 원주로 붙은 것이다. 본서의 전편에서 '-'로 표시한 것은 모두 원주를 나타낸다.

[14] 이는 귀곡유문의 원 글에 육오가 주해를 붙인 것이다. 대개는 좋은 의미로 읽힌다.

름지기 가라앉고 어두워야 한다. 지·간이 화합됨을 잃으면 막히고, 부부가 때를 잃으면 흉한 것이다. 사주의 주에게 뿌리가 있고 녹·마가 왕래하면, 모름지기 건파(建破) 즉 세운 것과 무너진 것을 나누고, 천을이 이를 도와야 한다.

장차 덕이 될 것이 충이라면 다시금 그 존·비(尊卑)를 변별해야 한다. 유근(有根)한데 묘실(苗實) 즉 묘목과 열매가 없다면, 비록 가난해도 숭상함이 가하다. 좋은 음식이 본기(本氣)는 절(絶)되었으나 화(花)가 번성하다면, 자식의 이름을 늘어놓은 것이다. 그 맛이 졸렬함에 이르러도, 만약 귀한 신이 그 자리가 마땅함에 이르고, 모든 살은 엎드리고 숨었으며 삼원(三元)이 왕상하다면, 어찌 신살(神煞)로만 온전히 보겠는가.

명 중에서 용살(用煞) 즉 신살을 사용함에도, 오행으로써 그 근본을 삼는다. 곧 오행이 득지하면 귀인과 살이 없어도 역시 귀하고, 비록 악살이 있어도 그 일에 해가 없다. 만약 오행이 득지하지 않았다면, 길살(吉煞)이 있어 역시 발한다 해도 마침내 오래가지 못하니, 곧 겨울에 피어난 꽃과 같을 뿐이다.

납음이란 천지의 춤추는 수(數)이다. 역마·학당이 장생의 자리에 거하면, 재능으로 관(官)인데, 그 직은 왕상한 향에 있음을 따른다. 문장으로 부귀함은 인고(印庫) 즉 인수의 고지에 처한 때문이다. 만일 쇠·패 함을 만난 경우라면, 그 복을 3분의 1로 감한다. 다시금 사·절을 만난즉 10분의 반으로 줄인다.

절기(切忌)함은 공망·충극이요, 형·해와 탄식(呑食) 즉 식을 삼킨 것 역시 마땅치 않다. 고로 동원상성(同源相成) 즉 같은 근원에서 서로 이룬즉 천지의 춤이 온전하고 토대와 뿌리가 강장(强壯)하다. 동원상성이란 그 수(數)에 따름을 상(上)으로 하고, 수가 난잡하면 그 다음이다. 동류상상(同類相傷) 즉 동류가 서로를 상하면 지지의 신·기(神氣)가 흩어지니 그 이치가 다시금 합함이 없다. 동류상상이란 곧 정미가 정축을 형한 것과 같은 류이다.

관로(管輅)가 이르기를, "오행이 호왕(互旺)하면 비록 충기(衝氣)라도 온전하고, 오행이 상극이면 비록 합기라도 흩어진다"고 함이 이를 일컬은 것이다.

혹은 묻는다. "인생에 시종(始終)토록 공명과 부귀가 있고, 일단의 굴기(崛起)가 있으나 홀연히 취흥(驟興) 즉 내달려 흥함이 있으며, 시종토록 깎이고 떨어졌으나 중간에 분발함이 있고, 반 세상이 담기고 절룩였으나 만년에 성취함이 있는 것 등은 그 까닭이 무엇입니까?"

답하여 말한다. "이 또한 명이 아님이 없다. 그 부귀의 시종(始終)이란 곧 주(柱)중의 신주(身主)가 전왕(專旺)함이다. 그 쓰이는 바의 길신 혹은 관·식·재·인이 모두 각기 녹을 두르고 득령(得令)하여 불편부당한 중 형충파해가 없으면, 출문(出門)하여 운을 행함에 걸음걸음마다 모두가 길한 고로, 능히 재목을 이룬다. 능히 떨치고 일어나 앞사람의 기업을 이어 빛내고 당대의 공명을 세우는 것이다. 참소와 비방을 부르지 않고 상해에 이르지 않아서 그 처음과 끝을 보존하는 것이니, 이는 명(命)과 운(運)이 생·왕하고 체·용의 마땅함을 두루 얻은 까닭이다."

그 일단의 굴기함에 홀연히 홍취함은 주 중의 쓰이는 바 귀한 신으로부터 유래함이다. 실은 모두가 그 자리를 얻어 승왕(乘旺)하고 또 격에 합하였으나, 여기에 일주가 무력하여 그 소임과 복을 능히 이기지 못한다. 괴롭고 수고로우며 절고 쓰러진 까닭이 되었는데, 갑자기 호운(好運)의 생·부(生扶)를 만나 일간이 그 강건함을 얻으니, 원명(元命)의 용신이 바야흐로 나의 쓰임이 되었기 때문이다. 내가 이를 올라탐으로 인하여 마치 호랑이가 울부짖고 바람이 생하므로, 부귀가 대발한 것이다. 이는 편기(偏氣)가 화(和)함을 올라타고 쇠한 것이 왕함을 만난 고로 길함을 맞이함이니, 전·후로 발함이 멀리 다르다. 또한 일주의 강왕함은 있어도, 오행의 살이 순수하고 부잡하며 원국의 근본에서 제복(制伏)함이 없으면 부귀를 이루지 못한다. 오직 운이 와서 제복함을 기다리니, 살신이 화하여 권병(權柄)이 되면, 공명이 현달하고 무리를 뛰어나 출현한다. 제복하는 신(神)의 힘이 왕하다면 발복이 비상하니, 홍취의 까닭이 되는 것이다. 빈천으로부터 극품에 이르니, 오로지 운이 행하여 득시함으로부터 바야흐로 그 홍함을 본다. 곧, 운이 이르지 않은즉 평상인일 뿐이다.

처음부터 끝까지 분발하지만 중간에 박락(剝落)하는 것은 곧 주 중에서 일주가 건왕하고 용신도 역시 왕하기 때문이다. 각각의 힘이 서로 상정하면, 부(富)한 집이 된다. 주문(朱門) 즉 주씨 집안의 현명한 자식이 그 장대함에 미친 것은 좋은 비춤을 만나 이루어진 것이다. 만약 대운의 임함을 더한다면, 원명에서 그 재를 본 것은 이를 탈재(奪財)하게 되고, 그 관으로 인한 것은 이를 상하게 하며, 그 인이 임함에도 이를 무너뜨리고, 그 식을 만났으나 이를 효(梟)식하게 되니, 이런 운의 때를 만나면 그 화를 말로 다할 수 없다. 이런 까닭에 성년(盛年)이 되도록 기울고 불발함을 보는 것이다. 곧, 그 악운이 한 번 제거되는 경우, 또 호운을 만나 돕게 되며, 용신으로 하여금 일신(一新) 즉 한 번 새롭게 한다. 이를 비유하자면 고목의 싹이 비를 만나 발연하여 홍함과 같고 큰 기러기의 새털이 바람을 만나 표연히 일어남과 같으니, 가히 제어할 수 없는 것이다.

만약 반세(半世)의 엄건(淹蹇)인데 만년의 성취란 곧 사주의 신강함이다. 양인 비견이 또한 각기 왕함을 다투는데, 오직 재·관·살신 등의 기물이 허부(虛浮)경소(輕少)

하고 무력하여 공명을 이루지 못한 것이다. 출문하여 운을 행함에 또한 복의 땅을 짓지 못한 고로, 일생이 기한(饑寒)하며 노고 · 박락함에 곧바로 이른 것이다. 만년에 이르러 문득 호운을 만나니, 재 · 관과 신 · 살 등의 기물을 도와 일으킨다. 가살(假煞)위권(爲權)하고 제복(制伏)양인(陽刃)하며, 혹은 권귀(權貴)를 얻어 현양하거나 혹은 자재를 일으켜 발복하는 것이다. 마땅히 오행의 청탁을 따르고, 그 만나는 바의 운으로, 이를 구별하는 것이다. 오호라 대저 궁통(窮通)에도 명이 있음이요, 부귀는 하늘에 있음이니, 공자께서도 이를 말함이 있었다. 어찌 인간의 지력으로 능히 이를 옮기고 바꿀 것인가.

혹은 흥망생사를 묻는다.

답하여 말한다. "무릇 인명 중에는 살을 용(用)으로 함이 있다. 살신(煞神)을 아직 제어하지 못한즉 흰 띠풀집에 궁박한 사람이거나, 혹은 좋은 가문에 뛰어나고 훌륭한 선비가 되기도 한다. 요는 제복의 운을 만나야 함이니 가살(假煞) 즉 살을 변화하면 흥하지만, 제복(制伏)함을 벗어나는 것은 절대로 불가하다. 운이 한 번 재향에 들면 재는 능히 살을 무리를 짓게 하고, 다시금 유년에서 재 · 살이 만나 왕함을 돕고 힘을 아우르면 재앙이 된다. 신주(身主)가 고한(孤寒)극해 되니, 가벼운즉 집을 기울게 하고 유배되는 무리지만, 중한 즉 형(刑)을 받고 그 몸을 버리는 것이다. 살신(煞神)병합(併合)의 흥망(凶亡)이 이와 같이 두려운 것이다."

양인도 이같이 논하지만, 또한 주(柱)중에 월령의 정기(正氣)로 관성이 있으면, 일생의 부귀가 된다. 오직 재 · 인을 만난 즉 관성을 이롭게 하니, 재가 왕하여 이로써 생하는 것과 인이 왕하여 이로써 호위함을 기뻐하는 것이다. 고로 이런 영(令)을 받은 사람은 능히 인을 행하고 덕을 베푸니, 위국(緯國)경방(經邦) 즉 나라를 오고 가며 봉토를 경영하며 권세는 중하고 작위는 높다. 뒤에 살신이 득위하고 세(歲)년에 살이 거듭 임하면, 관이 변하여 귀(鬼)가 되니 반드시 그 몸을 초상치게 된다. 살운을 행하지 않아도 혹은 상관으로 운이 행하는데 또한 인수가 이를 제어함이 없고 상관이 득지하면, 귀록(貴祿)이 상함을 만난 것이 된다. 상처극자하고 박직(剝職)에 재앙을 생한다. 또 유년에서 다른 것을 무리 지음을 만나면 필히 신망(身亡)참악(慘惡)에 이르게 되니, 곧 고견에 명식(明識)이 있고 진퇴와 존망의 기미를 알아서 그 몸은 보존한다 해도, 비록 횡액은 만나지 않더라도 또한 자기의 악질(惡疾)로 종신(終身)하는 것이다.

또 주 중에서 전용하는 바의 신(神)이 있고, 관 · 살의 기는 없으며 오직 편 · 정재가 왕하다. 그러면 재신(財神)의 도가 합당하여 은은히 흥륭하는데, 다만 재물을 쌓아 부를 모으니 작은 귀함일 따름이다. 그러나 다시금 행운의 여하를 살펴 관록의 왕향을 만날 것 같으면, 오롯이 부귀쌍전함을 이룬다. 하지만 불행히도 재신을 벗기는 국(局)이 있다. 양인을 만났는데, 다시금 유년에서 양인의 충합함을 만나 재신이 상진(傷盡)되는 것이다. 원명이 쇠절하고 양인이 재앙을 생하니 패망함이 분명하다.

생사는 격국(格局)으로 논한다. 곧, 인수가 재를 본 경우, 재운으로 행하고 또 겸하여 사·절되면 반드시 황천에 든다. 사주에 비견과 여러 기미가 있어도 정관으로 해소함이 있는 경우, 살이나 상관을 보아 형충파해하고, 세·운에서 다시 서로 병행하면 반드시 죽는다. 정재·편재가 비견을 보면 분탈되고, 양인은 겁재인데, 세·운에서 충합(衝合)해오면 반드시 죽는다. 상관의 격에 재왕신약인데, 관·살을 거듭 보아 혼잡하고 양인을 충하며, 세·운에서 다시 보면 반드시 죽는다. 이를 제(制)한 즉 상잔함이 된다.

공록·공귀가 전실(填實)되고 또 관·살·겁·망을 보며 양인을 충하는데, 세·운에서 거듭 보게 되면 곧 죽는다. 일록귀시에 형충파해, 칠살·관성과 공망, 충인(衝刃)을 보면 반드시 죽는다. 살과 관은 세와 운에서 서로 아우르는 것을 크게 꺼리니 반드시 죽는다. 그 나머지 여러 격에서도 살과 전실이 병행함을 꺼리는데, 세·운에서 거듭 임하면 필히 사(死)한다. 여러 흉신·악살이 모인 것, 즉 '구교(勾絞), 원진(元辰), 망신(亡神), 겁살(劫煞), 조객(弔客)'과 '묘(墓)·병(病)·사(死)궁에 모든 살'은 구사일생 즉 9는 사요 1이 생이라. 재·관이 태다하고 신약인데, 원국에 칠살을 범하고 본신이 가벼운 것 곧 병·정 일간에 년·월·시로 경·신(庚辛)이며 유(酉)운을 더하거나 혹은 경·신의 년이면 필사(必死)한다. 갑·을 일간에 경·신(庚辛)이 월·시로 협잡(夾雜)하고, 다시 년운(年運)에서 경신을 보면 필사하는데, 만약 구함이 있은즉 길하고, 구함이 없다면 정히 흉하다.

오행의 신살(神煞)로, 금다면 요절이요, 수가 성하면 표류하고, 목왕 즉 요절이며, 토다면 치태(痴呆) 즉 어리석고 미련하며, 화다면 어리석고 완고하니, 태과와 불급으로 이 이론을 짓는 것이다. 하나라면 굳이 구애됨이 불가하나, 둘이라면 모름지기 감히 판단하니, 그 생사를 구함에 결정하고 의심할 것이 없다. 만약 오행의 생사에 이른 경우, 곧 임일생이 2월 묘월에 있고 신(申)운을 행한즉 사한다. 7월에 생하고 묘운을 행한즉 사한다. 다시 말해 생을 만난 것은 사를 두려워하고, 이미 사한 즉 오히려 생이 두려운 것이다. 조화와 인사가 하나일 따름이니, 모름지기 두루 더불어서 이를 간명한다.

일찍이 이르기를, 사람의 생사는 년월일시에 두루 갖추어진 것으로, 모두 이전에 정해진다고 하였다. 한·두 가지 예를 들면, 곧 정히 흉한 것으로, 장이금(張易金)은 가희(嘉熙) 2년 중추(仲秋)에, 자식 며느리와 딸들이 화목한 가운데 전각에 동이를 걸고 빌었는데 신령한 보천사(寶泉寺)였다. 이런 지경에 신몽(神夢)이 있어 '금구(金狗) 옥계(玉雞) 황양(黃羊) 청견(青犬)'이 차례로 나타났는데, 용맹스런 아홉 자식을 낳음에 미친 것이다. 회왕(淮王)은 곧 '무술 신유 기미 갑술'의 팔자에 과연 응하였다. 회왕은 구름 속의 7상공에 막힌 손주를 안은 상인데, 또한 회강(江)의 문통사(文通祠)에 후사를 이었다. 꿈에 처음 나온 것은 피로한 붉은 개인데, 다시 보니 살찐 황구가 노방(路傍) 즉 길 가에 있고 또 백마가 평지에 서 있었다. 나무의 좌편으로는 다시금 붉은 돼지가 개 꼬리를 물고 늘어지며 꽥꽥거림을 보니, 옥상토에 든 것이다. 상공이 스스로 그 법도를 추리해보니, 곧 '병술 무술 경오 정해'의 연월일시가 이루어져 나왔다. 이 해를 따라 저문 가을 삭후(朔後) 야반에 보생자(甫生子) 즉 강보에 싸인 큰 아들을 보았으니 과연 징험한 것이다.

또 원의 문신 식오사(文式五師)[15]는 대덕(大德) '정미세 정월 17·임오일 신시'에 생하였다. 명(明) 홍무(洪武)에 이르러, 기미년 원단, 꿈 중에서 누런 양이 73번을 건드리는 것을 보았는데, 이에 이르러 결과적으로 서거하고 마친다. 그 아들 식경주(式敬籌)는 6노(60세)의 꿈에 수차 흰 토끼가 안으로 들어와 강침(姜沉)의 규방에 안기었다. 순제 11년 중춘 갑진 새벽에 이르러, 숙(淑)과 정(正)을 순산하였다. 이 둘의 사주를 구해보니 모두가 신묘(辛卯)였다. 후인이 기록을 남겨 말하기를, "주기를 맞아 고인을 추억하니, 그 마음이 고산(高山)을 우러러 멈추고 곧바로 지금의 환(睆) 즉 가득 참에 이른다. 토끼 두 마리가 상생하니 꿈의 징조가 사중(四重)의 신묘요, 또 음을 맞이한 것이다. 또한 흰 닭에 은빛 쥐라, '신유 경자'의 상서로움에 응하였다. 백계(白雞)는 유(酉)에 있으니, 조짐이 일어나지 않았으면 어찌 그 태세를 두었겠는가"라고 하였다.

위로부터 여러 번 이 일을 살펴본다. 사람의 생사가 미리 정해진 바의 것임을 믿을 수 있는 것이다. 마치 윤자(尹子)가 항상 꿈꾸기를, '사달(巳達) 오액(午厄) 인멸(寅滅)' 후에, 뱀이 굴에 들어 금을 얻음과 말과 범의 이빨이 두루 떨어짐을 보았는데, 모두가 효도에 부합하였다. 여기에 개입하는 세 늙은이는 꿈에서 큰길에 이르고 을사를 만나 대국(對局)하였다. 성화(成化) 31년에 이르러 이 간지(干支)를 만났는데 질수(耊壽)에 오르니,[16] 4월 망일(望日) 즉 보름에 나아가 의랑(義郎)으로 선포한 것이다. 조카와 손 및 그 아비 역시 동일하게 앞의 꿈을 꾼 후 복위되니, 정덕(正德) 4년 을사 중하(仲夏)로써, 수승(遂陞)위후(衛后) 즉 오름에 따라 후를 지킨 것이다.

---

[15] 어떻게 끊어 읽어야 할지 알 수 없다. 문식오 선생 또는 '문장으로 법식을 이룬 다섯 선생' 등 여러 가지가 가능하다. 아래 식경주를 보니, 이름이 '식오사'임을 알 수 있다.

[16] 예순 일흔 여든의 장수함이다.

또 고인(古人)이 기도하고 꿈꾸는데 자손을 토지신에게 물어 얻었다. 시(詩)에 이르기를, "견·양(犬羊)의 부모에 청룡의 자식이라, 적마(赤馬)·황구(黃駒)와 백계(白雞)가 더불었는데 자손이 호랑이라."고 하였다. 이에 늙은이가 속한 것에 같고 닮았던 것이다. 병(丙)이 일어나 일기(一氣)에 응하는데 구제하고 풀어냄이 많았다. 이로써 그 백자(伯子) 즉 맏이는 갑진에 생하고, 중자(仲子)는 병오에 생하였으며, 숙자(叔子)는 무오에 생하고, 계자(季子)는 신유에, 장손(長孫)은 인에 생하며, 증손(曾孫)은 병술에 생하였음을 추산하니, 모두가 이를 징험한 것이다. 일가의 조·부·자·손이 그 생전에 모두 정해진 것이다.

또 고인이 사묘(嗣廟) 즉 후사를 기도하고 종묘에 제사드리니, 신께서 보이신 것이다. 시(詩)에 이르기를, "좌룡 우호가 같이 붉은 방위라, 이는 단지 염후(炎猴)와 목양(木羊)을 두려워한다. 38년에 생사를 건너 뛰니, 풍운·제회(際會)가 모두 무상하다."고 하였다. 그 후의 생사에도 연월일시가 징험함에 부합되지 않음이 없었다. 고인께서 이르기를, "음탁(飮啄) 즉 먹고 마심에도 이전에 정해진 것이 아님이 없는데, 하물며 공명이야, 하물며 생사야, 하물며 자손이야!"라고 하였다. 저들이 명을 알지 못하여 망도(妄圖) 즉 허망된 도참이라 하나, 그렇지 아니함에 이는 오히려 귀신이 웃을 바의 것이요, 그 기미가 드물 뿐이다.[17]

【巫咸撮要】 무당이 마땅히 다 모으고 알아야 할 요체

《천원신취경(天元神趣經)》에 이르기를, "무릇 인명을 추리할 경우, 먼저 일간 하의 흥쇠(興衰)를 상세히 살핀다. 그 변(變)과 용(用)으로 국을 나누면 천지가 바야흐로 조화를 이루니, 귀천이 상하의 흥쇠에서 밝혀지고 간지에서 다하는 것이다. 사시 중의 묘리와 궁통은 오행의 안에서 영고성쇠를 스스로 품부(稟賦)한다"고 하였다.

이로써 춘생에 갑을이 인묘에 거하면 어찌 경신을 두려워하며, 장하(長夏)의 병정이 사오를 올라타면 어찌 임계가 근심이 되겠는가. 경신이 태(兌)와 가을에 앉아 생하면 이화(離火)라도 난침(難侵)이며, 임계가 건(乾)과 겨울을 만나 내렸다면 무·기가 즘극(怎尅) 즉 어찌 극할 것인가. 토가 4계(季)에 생하여 시를 얻었으면, 귀(鬼)를 만나도 그 상하고 해함이 없을 것이다. 그러나 오행이 실지(失地)에서 극(尅)을 만나면, 그 재앙이 낫

---

17 크게 중요하지는 않으나, 명리의 엄밀함을 주장함이다. 역자의 견해와는 다소 다름이 있다.

지 않을 것이다. 또 만일 화격(化格)에 상(象)을 이룬다면, 모름지기 쇠·왕이 상정함을 나누어 보고 또 배합의 마땅함 가운데서 왕래함의 운로를 알아야만 한다.

금은 간·북(艮北)에서 절(絶)되고, 화는 건·서(乾西)에서 몰(沒)되며, 목은 곤·남(坤南)에 떨어지면 형(刑)체가 없고, 수가 손·동(巽東)에 이르면 자리[位]가 없으니, 이는 곧 양간이 모두 사(死)하기 때문이며, 합을 만나면 그 류(類)로써 종처(從妻) 즉 처를 따른다. 만약 가라앉은 형(刑)체가 다만 국 중에 보일 뿐이라면 가히 결단할 수 있는 것이다. 음생(陰生)은 4정시(正時)[18]에서 왕하니 신귀(身貴)가영(家榮) 즉 몸은 귀하고 집안은 흥하는데, 사·절·묘·쇠의 종류로 천간을 상하게 되면 또한 부족함이 된다. 화기(化氣)로 입격(入格)하고 깨어지지 않으면 크게 현귀함이 10에 여덟·아홉이요, 화기에 실국(失局)하고 상함이 있으면 현영(顯榮)하는 자가 100에 두·셋도 없다고 논하는 것이다.

최고·최귀한 것은 왕처(旺處)에 3위가 거하고, 모름지기 서로 도울 것을 요한다. 지천(至賤)·지빈(至貧)한 것은 쇠처(衰處)에 거하면서 사주에서 조화를 찾기 힘든 종류다. 원상(元象)은 지지 가운데 있고, 배합은 천간의 안에 있다.

상성(象成)왕용(旺用) 즉 상을 이루고 쓰임이 왕하다 함은, 대개 화·토의 가운데 생하고 사주에 상함이 없는 것이니, 곧바로 조정의 윗자리에 늘어서게 된다. 지지 중에 두렵고 꺼리는 것이 있어도 또한 명성과 영예가 있어 가난하지는 않다. 그러나 운이 쇠향에 이르면 필히 주에게 재앙과 허물이 있다.

화성(化成)조화(造化) 즉 화하여 조화를 이루었다 함은, 각기 쇠·묘·절의 향(鄕)에 거하여 그 상(象)이 잡국(襍局)을 이루었다. 그런데 합을 만나니 오히려 잡스러움을 만나지 않음과 같아서, 지아비가 왕운(旺運)을 행하면 처가 곧 부(夫)를 따르고, 처운이 부지(扶持)하면 곧 지아비가 처를 따른다고 논한다.

자기의 몸이 귀(鬼)에 임하면, 모름지기 천지 가운데서 상왕(象旺)상쇠(象衰)를 밝혀 영고(榮枯)귀천을 아는 것을 요한다. 신쇠(身衰)귀왕(鬼旺)하면 모름지기 지체(肢體)가 상잔됨에 응하고, 신왕귀쇠하면 정히 흉도(凶徒)의 명을 짓는다. 귀와 신이 모두 쇠하면, 남자는 필히 표류 방랑하고 여자는 필히 승·도(僧道)가 되니, 몸을 엎드려 숨고 가라앉으면 스스로 높은 이름에 거할 것이다.[19] 월기(月氣)가 서로 상했다 함은 복상(伏象)

18 　자오묘유를 말한다.
19 　이는 신왕귀왕의 중요함을 동시에 말하는 것이다.

곧 상이 숨은 것인데, 관·귀(官鬼)가 모두 온전하다면 나이가 들어도 따르지 않을 것이다. 천간 중에서 파패되면 곧 기예가 있어, 이로써 그 몸을 따른다 한다. 지지에서 이를 온전히 생한다 해도, 육친을 관장하기는 어렵고 독립하게 된다.

오행이 그 상에 속함은 모두가 12지지 가운데 자리하는 것이다.

먼저 남북과 동서를 나누고, 다음으로 삼합 안에 별도로 알아야 할 것이 있는지를 보고, 육친이 상을 따르는가를 상세히 살펴 추리한다. 부귀를 심사하는 것은 관·록의 양쪽으로 설하는데, 녹이 있으면 성한 것이다. 환과(鰥寡)고독(孤獨) 즉 홀아비·과부와 외로움은 관귀(官鬼)가 있음이다. 잔질·요수(夭壽)함은 본신이 드러나고 화하는데, 자신은 무기(無氣)하여 본성이 전부 이지러진 것이다. 가령 오행이 상을 이루었어도 평생이 군박(窘迫)되면 어찌 조종(祖宗)의 재물을 얻을 것인가, 이는 드러난 복과 드러난 채움이 다른 방을 범했기 때문이다.

부모 종상(從象)은 쓰임을 끌어와 기가 됨을 논하고, 화상(化象)은 천지의 상정(相停)으로 논한다. 종하는 가운데 귀천이 있고, 화함에 빈부가 있으며, 종하는 가운데 귀가 드러나니 득시하면 위(位)가 열조(列朝)에 자리한다. 화한 가운데 성국하면, 운을 따라 황제의 측근에 봉함을 이룬다. 종상에 쇠한 것은 늙어서도 구차함에 이르고, 화상에 숨은 것은 평생토록 자갈밭이라.

또 이르기를, "자평의 법을 보면 오로지 재·관을 논하니, 월상(月上)의 재·관으로 긴요함을 삼는다. 일·시에 자리하고 있는 것을 깨달아 발하고자 하면, 곧 강·약에 소상할 것을 요한다. 재·관을 논함에는 격국을 논하지 않고, 격국을 논함에는 재·관을 논하지 않는다. 입격(入格)한 것은 비부(非富)즉귀(卽貴)하고, 불입격자는 비빈(非貧)즉요(卽夭)한다. 1격과 2격이라면, 비경(非卿)즉상(卽相)이요. 3격과 4격이 되면, 재·관이 순수하지 않으니 형졸이 아니라면 구류(九流)에 속함이 많다."[20]고 하였다.

관은 상(傷)을, 재는 겁(劫)을 두려워하고, 인수는 재를 봄이 많으면 많을수록 재앙이 된다. 상관견관은 원래 있으면 중하고, 원국에 없는 것은 경하니, 중한 것은 귀양이요, 경한 것은 형책이다. 년상(年上)의 상관은 부모가 온전치 못함이요, 월상의 상관은 형제가 불완(不完)이며, 일상의 상관은 처·첩이 되기 어렵고, 시상의 상관은 자손을 전하기 어렵다. 세와 월에 상관·겁재는 빈천한 집에 태어나거나 혹은 서출이요, 일·시의 상

---

[20] 재관의 격은 한두 가지로 결정되어야 하고, 셋 이상이면 좋지 않다. 청탁의 관계다. 곧 하나의 사주 명식 안에서도 다양한 격국이 존재할 수 있음을 말하고 있다.

관·겁재는 자손을 손상하니 주(主)에게 늦은 복도 없다. 관·살이 혼잡이면 위인이 호색·다음(多淫)하고, 작사함에 작은 교묘함은 있으나 한천(寒賤)하다. 재·인이 있는 것은 길하고, 재와 인이 없는 것은 흉하다.

겁재·패재는 심고(心高)·하천하며, 위인 됨이 탐람(貪婪)하다. 월령 정재는 근검·간린(慳吝)하니 아끼고, 사주에 겁과 양인 비견이 많은 자는 부모를 형(刑)하고 처·첩을 상하며 재를 취하지 못한다. 상업 매매라면 모름지기 낙지(落地) 즉 떨어진 땅에서 재물을 보아야 한다.[21] 재상은 모름지기 시(時)에서 정록(正祿)을 얻었는가를 살펴야 한다. 칠살에 효(梟)가 중하면 타향의 객으로 두루 주유하고, 상관 겁재는 속이는 마음과 다른 힘에 의뢰하는 무리이다. 기의(奇儀) 즉 삼기와 바른 거동을 거듭 범한 것은 귀하나, 망·겁을 범한 것은 요절한다. 칠살이 마땅히 제복되면 독립하여 강함이 되는데, 귀(鬼) 중에 관을 만남은 핍박됨이 태심(太甚)하다. 명살(明煞)을 합거하면 오행의 화기(和氣)가 봄바람과 같고, 암살(暗煞)을 합래(合來)하여 사주가 형·상(刑傷)되면 그 몸을 해친다. 칠살과 양인이 제함이 없으면 여자는 산액이 많고 남자는 형·상이라.

2덕[22]이 무파(無破)라면, 여자는 반드시 현량하고 남자는 충효로움이 많다. 재·관·인·식은 정히 자상(慈祥)의 덕을 드러내고, 겁·상·비·효는 난도(難逃)과악(寡惡) 즉 도주하기 어려운 외롭고 나쁜 이름이 된다. 충관(衝官)에 무합(無合)이면 곧 표류하는 무리요, 좌마(坐馬)가 공망에 떨어지면 낙백(落魄) 즉 정신 없는 무리이다. 월령이 충을 만남은 과방(過房) 즉 사통하며 이조(離祖)하고, 관·인이 편(偏)이라면 서출에 첩의 자식이다. 간두가 멸해지면 탄식으로 견딤이라. 백우(伯牛)의 질병은 시·일이 충·형한 것으로, 점쳐서 헤아리는 눈물을 면하기 어려우니 육허(六虛)가 을해에 임한 것이다. 맹호연(孟浩然)의 무리는 문장이 있었으니 삼재(三才)가 임진에서 회합하여, 석계륜(石季倫)의 자정(恣情)금옥(金玉) 즉 방자한 정으로 금옥이 있었다. 문장은 있었으나 인수가 없어 가의(賈誼)는 장사(長沙)에서 굴복하고, 인수가 있고 문장은 없었어도 이사(李斯)는 상채(上蔡)에서 오롯하였다.

형(刑)이 많은 것은 위인이 불의하고, 합다(合多)자는 모두 친하여 소통하고 배신한다. 합다의 주는 어둡고, 충다(衝多)의 주는 흉하다. 진(辰)이 많으면 싸움을 즐기고, 술(戌)이 많으면 송사를 좋아한다. 진·술 괴강은 흉다소길하고, 시·일이 공망됨은 처자

---

²¹ 이는 절지와 사·묘지를 이르는 것 같다.
²² 천·월덕

에게 어려움이라. 역마에 떨어져 배신함은 고향을 이별하고, 관·살이 혼잡이면 의식이 분주하다. 인수가 상함을 만나면 명·리가 성·패라. 천주(天廚)가 효(梟)신을 만나면 식·록이 차고 또 이지러진다. 상관이 양인 겁재를 만나면, 식록을 영위함이 종일토록 구구하다. 정관이 칠살을 만나면 생을 구하나 박상(剝傷)되어 일세가 망망하니, 다만 바쁠 뿐이다. 재·관은 상귀(上貴)의 연민을 부르지만, 살·상(煞傷)을 생각하면 소인의 수치이다.

　관에 충·파가 없으면 작록이 홀로 드러나고, 재에 상관·겁재가 적으면 명·리가 쌍전이라. 관·인이 형(刑)과 수(囚)의 땅에 있으면, 심란하고 몸이 바쁘다. 일·시가 귀·묘(鬼墓)의 향에 있으면, 근심은 많고 즐거움은 적다. 복과 불복(不福)은 길함이 돌아가 상함을 만남이 두려우며, 성과 불성(不成)은 격(格)중에서 살을 두른 것에 달렸다. 재·관이 양왕(兩旺)하면 주가 절개와 뛰어남을 지니고, 살·인(煞印)이 드러나 교류하면 병권을 장악한다. 관은 곧 부신(扶身)의 근본이라, 관이 장생에 있으면 모름지기 부하고 배움이 있다. 재는 양명(養命)의 근원이니, 재가 왕처를 만나면 전·백(錢帛)이 족하다.

　재·관·인수의 3길(吉)은 만나지 않을 수 없고, 겁·인(刃)·상·살의 4흉(凶)은 두려워하지 않을 수 없다. 인수가 천을에 임하면 성세(盛世)에 봉함을 받고, 재가 관고에 숨어 있으면 희이(希異)한 보배를 저축한다. 삼기(三奇)에 귀인을 생시에서 보면, 관학(館學)이 청화하니 세상의 드문 바가 된다. 귀인이 만약 녹마를 만나면, 금장(金章)을 둘러 설함과 같아서 속함이 된다.[23] 관귀가 만약 재·관의 도움을 거듭 만나 범하면, 기묘한 의례로 마땅히 재상의 보필이라, 봉래(蓬萊) 삼도(三島)의 객을 짓지 않으면[24] 모름지기 금전(金殿) 옥계(玉階)의 행함이 된다.

　호록(互祿)호마(互馬) 즉 녹마를 호환하면 젊어서 상공이니 모두가 부러워하고, 대형(帶刑)대파(帶破) 즉 형과 파를 두르면 마침내 백면서생일 뿐이다. 유인(有印)에 무관(無官)은 발함이 신속하게 이루어지지 않고, 유관에 무인이면 영현(榮顯)한 이름을 구하기 어렵다. 재·관에 대인(帶印)하면 적옥(積玉)퇴금(堆金) 곧 옥을 쌓고 금을 모은다. 편·정으로 재를 만나면 창고를 채우고, 인수는 비단으로 안륵(鞍勒) 즉 안장과 재갈을 채우는데 재마와 관귀가 있으면 옥대(玉帶)에 금어(金魚)라. 흉(凶)은 양인에 흉함보다 더한 것이 없고, 화(禍)는 상관에 화를 만남보다 더한 것이 없다.

---

[23]　원문의 직역은 '설사 금장을 둘러와도 족함이 되지 못한다'가 되는데, 뜻이 달라진다.
[24]　도를 닦으러 속세를 등진다는 뜻이다.

운에서 양인과 겁패(劫敗)를 만나면 재물을 모산(耗散)하는데, 혹 양인이 생기(生氣)를 같이하면 문지방 밖에서 권병을 쥔다. 상관이 합을 당하면 처자를 방해하고, 상관이 대인(帶刃) 즉 양인을 두르면 부모를 극손한다. 관은 숨고 살이 드러나면 정히 횡액이 아닌 재앙을 부르고, 살이 숨고 관이 밝으면 마땅히 번보(藩輔) 즉 덮고 지키는 권병을 안으나 즐거움은 적고 근심이 많다. 관성이 또 겁재를 두르면 골육이 분리되고, 고란(孤鸞)이 다시금 상·살·삼형을 만나고 육해(六害)의 충격을 당하면 쟁영(崢嶸) 즉 가파른 상승을 얻기 어렵다. 고진(孤辰) 격각(隔角)을 거듭 보면 주가 빈요(貧夭)함이 많은데, 쓰임이 형통하여 출문하고 재·록을 행하여 이룸을 보아도 일생이 적막하다.

운(運)을 행하고 명(命)을 나누어 베푸니, 관이 있으나 식록이 아니요. 월상의 정관이 피상되면 재가 있어도 형통하지 못하니, 주(柱)중에 정재가 분탈된 것이다. 녹·마를 먼저 생월에서 만난다면 음덕(陰德)이 영화로운데, 만약 일·시에서 재·관을 거듭 보면 이는 곧 만났으나 만나지 않음이 된다.[25]

또 이르기를, "사상의 가운데는 숨은 토가 이루게 되고, 오행의 안에서는 천간의 빼어남이 영화로움이 된다."고 하였다. 해묘미는 갑·을의 자유함에 영화로움이 되고, 인오술은 병·정의 취복(聚福)이 되며, 임·계는 윤하(潤下)를 기쁘게 생하고, 경·신은 종혁(從革)을 사랑스럽게 본다. 무기는 사계(四季)를 만남이 기쁘다.

수의 윤하여! 문학이 귀현하다. 토의 가색은 경·상(經商)의 부귀요, 춘생의 갑을은 인덕(仁德)의 마음을 품었다. 여름에 병·정을 만남은 가슴에 명변(明辨)을 품은 재사다. 가을의 금이여! 성품이 강의(剛毅)라 군세고 군도다. 겨울의 수는 권모와 지혜가 족하다. 목성(木盛)에 무금(無金)이면, 비록 어질지만 조화를 이루지 못한다. 화왕(火旺)에 목쇠(木衰)면 학문을 늘어놓아도 귀현(貴顯)을 얻기 어렵다. 수다(水多)에 토를 만남은 제안(堤岸)의 공을 이루고, 목성(木盛)에 금을 만남은 동량(棟樑)의 아름다움이 있다. 수·화가 상정(相停)하면 기제(旣濟)를 이루고, 토가 목왕을 만나면 가색(稼穡)이 되며, 금·화의 기가 서로 고르면 예리한 칼날의 기물을 단련하여 드러낸다.

오행의 조화는 모두 귀(鬼)로 인하여 공을 이룬다. 목이 패한 것은 불인(不仁)하고 허망함을 지으며, 금이 쇠하면 의는 적고 은혜가 없다. 화가 멸한 것은 무례한 무리요, 수가 탁함은 지혜를 잃은 사람이라. 토가 목의 극을 만나면 이르기를 항상 믿음을 잃는다 하였다. 금귀(金鬼)는 살(殺)을 즐기고, 수가 성하면 음탕함이 많으나, 일간이 왕하면 모

---

25 이는 곧 재·관은 많은 것을 원치 않는다는 것이다.

름지기 스스로 자립한다. 다시금 상 · 하의 길 · 흉을 자세히 살펴야 한다. 세와 월에서 상부(相扶)하면 조상 덕에 발하고, 시 · 일이 상충하면 처자가 공이 없다. 쇠 · 묘(衰墓)는 평생의 고립이요, 생 · 왕은 일세의 쟁영(崢嶸)이라, 상하가 상합(相合)이면 해로움이 없고, 왕래에 극전(尅戰)은 곧 근심이 많다. 녹 · 마의 시(時)를 극하고, 일(日)을 파하면 그 직위를 늘어놓아도 마침내는 퇴박(退剝)한다.

일왕(日旺) 시강(時強)에 수(秀)기를 취합하면, 복이 없어도 또한 모름지기 횡발 즉 갑자기 발한다. 월에서 상해가 되고 시에서 득지하면, 재운에 스스로 능히 성립한다. 월에 절 · 상(絶傷)을 만나는데 시에서 대 · 충(對衝)하면, 그 문호를 세 번 옮김이 정해진 것이다. 생함에 쇠(衰)지를 만나면 어린 시절이 간난하다. 월이 왕향(旺鄉)에 있으면 만년에 부족함이 있고, 시는 쇠한데 일이 수(秀)기라면 유시무종이다. 월은 약한데 시가 강하면, 만년에 영현한다. 원기(元氣)가 강왕한데도 도리어 아직 달하지 아니하였으면 마침내 공명을 드러낸다. 기본이 휴수(休囚)라면, 다른 득지함을 늘어놓아도 부귀를 이루기 어렵다. 대개 만약 천원이 이약(羸弱) 즉 여위고 약한 경우, 명에서 다시금 끌어모으지 못한다면 문득 본주가 휴수 빈한하여 설 땅이 없다. 기가 왕한데 상함을 만나면 비록 험지를 만나도 마침내 본신에 구함이 있고, 기가 패했다면 비록 생을 만나 득지를 늘어놓아도 일세를 이룸이 없다.

오행이 실지에 휴(休)하면, 녹마동향을 말한다 해도 사주가 돌아갈 곳이 없어 재 · 관이 쌍미라고 논하기 어렵다. 일간으로 극하는 것을 처로 삼고, 처가 생한 것을 자식으로 삼으니, 그 생 · 왕을 고려하고 그 사 · 절을 정한다. 시가 왕처에 임하면 필히 자식이 많고, 시가 패향에 있으면 필히 후사가 단절된다. 남명이 양위(兩位)의 재를 만나면 필히 첩을 둔다. 만약 합처(合處)에서 녹을 만난 경우라면 정히 처를 끼고 영화로우며, 재향에서 합을 보면 처를 의지하여 입신한다. 양간(陽干)이 상 · 하로 처와 합함을 만나면 많은 것이 쉬운데, 합 중에서 다시금 생기를 만나면 처첩이 현량하다. 사주가 체호(遞互) 즉 갈마들어 서로 간에 육친을 생하면 기쁨과 즐거움이 많고, 오행이 왕래함에 서로를 상하면 모두 주에게 불의(不意)하다.

재가 실지(失地)하면 경 · 상(經商)의 기로가 되고, 신왕(身旺)함이 깊은즉 구류(九流)의 술업이다. 화(火)가 수덕(水德)을 취하여 상형(相刑)하면 스님이 되어 반복하고, 수가 토왕(土旺)을 만나 상잔하면 도(道)의 마무리가 없다. 화명(火明)목수(木秀)라면 유년에 조정에서 현달하고, 화염(火炎)수학(水涸)하면 종신토록 시정(市井)에서 재물을 구한다. 금백(金白)수청(水淸)은 현달함이 많다. 귀(鬼)의 자리에서 관을 만나면 주가 곤궁하고, 재하(財下)에서 재를 봄은 부하나 인색하다. 양인(羊刃)대살(帶煞)에 형(刑)을 입으면, 남자는 몸에 편배(鞭配) 즉 짝의 채찍을 만난다. 재가 많은 형(刑)을 만나면 부모를 상하고, 귀(鬼)가 왕하면 오히려 후대가 창영한다.

종·화(從化)는 본신에 반하는 것을 쫓음은 꺼리니, 도리어 평생의 애·락(哀樂)에 편안함이 없다. 병·신 화수(化水)가 수향에 이르면 그 자리가 조정의 반열이요, 정·임 화목(化木)이 목위에 이르면 그 몸이 재보(宰輔)에 거한다. 동금(東金)에 서목(西木)이 종화하지 못하면 일세가 허명이라, 이임(離壬)에 감병(坎丙)이 시(時)에서 득위하면 평생의 자취를 드러낸다. 용신이 패·쇠(敗衰)하면 록을 둘렀어도 능히 복록이 되지 못하고, 마(馬)의 기가 왕하고 귀(貴)를 만나 합하면 주가 현영하다. 유관에 무마면 그 직이 한미하고, 유마에 무관이면 그 몸이 천하다. 사주가 생왕하면 비록 관·록이 없어도 역시 장년(長年) 즉 오래 산다. 오행이 패·쇠면 녹·마를 두르고 늘어놓아도 마침내 요절한다.

괴강(魁罡)이 충극을 서로 만나면 형옥(刑獄)을 당함이 많다. 건록에 재가 없고, 형(刑)으로 제어당하면 정히 노비가 된다. 양화(陽火)가 묘·절(墓絶)에서 사하면, 성품이 흉악하고 완고하여 잔혹한 관리가 됨이 많다. 음화가 장생 양(養)지에서 생하면, 위인이 풍후하고 마땅히 부호가 된다. 오행에서 목욕이 상관을 만남은 꺼린다. 사주는 생왕하고 제살(制煞)함을 기뻐하는데, 해(害)가 있으면 인친(姻親) 즉 혼인과 친인척을 산실(散失)하며, 전극(戰尅)을 만나면 질병으로 몸이 묶인다.

목·화가 신·유(申酉)를 만남을 꺼리니 재앙과 병으로 신음한다. 쇠금(衰金)은 왕화(旺火)를 만남을 꺼리니, 괴로운 형상에 비탄한다. 시(時)에 귀지(鬼地)가 임하였는데, 제복함이 없으면 가난한 경우가 많다. 운이 재·관에 이르고, 형이 없다면 필히 발한다. 칠살에 양인은 이름과 자리가 크게 드러난다. 정인·관성인데, 형·충되면 곧 화(禍)가 된다. 임(壬)이 추간(趨艮) 즉 육임추간의 자리를 만난 즉 자재를 발한다. 변살(變煞)위관(爲官)은 어린 시절에 공명이 현달한다. 무일 오월에 화다는 곧 관향으로 운이 행함을 기뻐한다.

재·관이 패지라면 일세가 빈한하다. 삼기(三奇)가 상함이 없으면 평생의 부귀라. 일(日)이 비록 건록(建祿)이라도 재·관을 만나지 못하면 주가 고빈하다. 일록(日祿)귀시(歸時)가 재·인을 만나지 못하면 역시 발하기 어렵다. 시상(時上)편재(偏財)인데 운이 형제의 자리에 이르면, 주의 처에게 재앙이다. 시상(時上)양인(羊刃)이 세와 운에서 편·정의 재를 만나면 흉화를 생한다. 정관이 월상(月上)에서 왕하면 부귀가 쌍전이라. 편관을 시상에서 만났는데 무정하면 화가 있다. 재가 왕지로 돌아가고 파함이 없으면, 가도(家道)가 흥륭하다. 인수가 생신하고 무상(無傷)이면 문벌에 광채요. 유관(有官)에 무인(無印)인즉 진관(眞官)이 아니며, 유인에 무관이면 도리어 후복(厚福)을 이룬다.

도화가 합을 두르면, 풍류에 우아한 유(儒)가의 인물이다. 오호(五湖)에 구름이 어지러우면, 볕을 향한 굶주린 수양(首陽)지객이라.[26] 간형(干刑)에 지합(支合)은 낙이 변해 근심이 되고, 간합 지형하면 기쁜 중에 불미(不美)하니, 만약 구류와 승·도가 아니라면 정히 야랑(爺娘) 즉 부모의 묘 앞에서 거듭 절하는 때이다. 잡기의 국에 열쇠를 만남은 현영함을 얻는 시발이 된다. 양인·금신이 칠살을 만나면 필히 대귀함이 된다. 쌍진(雙辰)협각(夾角) 곧 두 별 사이에 격각을 협하면, 편생이나 서출의 사람이다. 과숙·고진이면 다른 성(姓)씨로 서로 동거하는 자식이다.[27]

임수(壬水)가 용(龍)을 타고 진(辰)자를 많이 만나면, 어려서 천부(天府)에 오른다. 을목이 쥐〔鼠〕를 잡았는데 자(子)를 많이 만나면, 어려서 섬궁(蟾宮)에 오른다. 일록귀시에 관성이 몰하였으면, 비단 안장에 수놓은 채찍이라. 월이 일간을 생하는데 재기(財氣)가 없으면 옥대에 금어라. 육음(六陰)조양(朝陽)이 계월(季月)을 만나면 다만 인수격으로 보고, 육임(六壬)추간(趨艮)이 해(亥)월을 만나면 마땅히 가난하다고 논하는데, 격·국이 무파(無破) 무형(無刑)하면 명·리를 성취한다. 관인에 상함이 있으면 작위에 손상됨이 있다.

관·인에 손상함이 있으면 작위가 이지러져 머문다. 처궁이 이약(羸弱)하고 겁재를 범하면, 반드시 그 처를 손상한다. 형제의 자리가 유약한데 강한 관을 보면 반드시 곤계(昆季) 즉 형과 동생을 상하게 된다. 천원이 이미 약하고 시를 잃었다면 연년(延年) 즉 장수를 얻기 어렵다. 일주가 고강하여 귀(鬼)를 제화하면 당연히 두터운 복을 안은 것이다. 일왕(日旺)에 의지함이 없으면 조상을 떠나 거처하는데, 만약 떠나서 거처하지 않는다면 외지에서 죽음이 있다. 일왕(日旺)에 무의면 손재·상처하는데, 만약 상처하지 않으면 외가가 영락한다.

정관이 합을 당하면 평생의 명리가 모두 헛것이다. 칠살이 합을 당하면 처세함에 도리어 흉이 길함이 된다. 살왕에 다시금 신쇠를 놓으면 의식이 분주하고, 관이 유약한데 또 살의 소란함을 만나면 행하고 모은 것이 모두 무너진다. 재왕·신강이면 자재가 쌓이고 또 모인다. 가령 갑진·갑술이 인·해(寅亥)에 떨어지면 금과 비단이 집안에 가

---

26 수양이 의미하는 것이 불분명한데, 해와 진·술의 관계로 보이고 굶주린다는 뜻이다.
27 이 부분은 과연 무당의 글이라 할 만한데, 이론의 토대가 크게 모자란다. 이전의 논리에서 추론해보는 수밖에 없다.

득하다. 정해·정묘가 유·해(酉亥)에 이르면 진보(珍寶)영실(盈室)이라, 진기한 보배로 방을 채운다. 육갑일이 경·신(庚辛)을 만나는데, 만약 거듭되고 많다면 반드시 주에게 재액이 있다. 육병에 그 몸이 해·자에 거하는데 제복됨이 없으면, 이는 정히 가난한 유(儒)자인 것이다.

행운(行運)에 있어 득실은 다시금 마땅히 상세히 살펴야 한다. 득지(得地)하고 실시(失時)함은 전주(田疇) 곧 밭과 두둑이 비를 얻음과 같고, 득시하고 실지함은 예손도니(輗損塗泥) 즉 끌채 끝의 쐐기로 진흙을 덜어냄과 같다. 득시함은 또한 능히 천거되어 도약함이 있으나, 실지한 것은 이로써 승천하기 어렵다. 고로 화가 남방에 이르면 영화롭고, 수가 북지에 임하면 성하지만, 토가 동에 이르면 병이 들고, 목이 서방에 이르면 쇠퇴하며, 금이 북에 들면 가라앉는다. 왕처에서 생하고 사처에서 멸하며, 사처에서 생하면 왕처에서 이탈하는 것이다. 일주가 세·운에서 두루 상함을 만나면, 명이 필히 이지러진다.

위험한 기운이 조상의 기와 더불면, 문호를 상잔하고 부모를 함께 손상한다. 운의 신이 세(歲)를 극하면 형벌과 송사가 와서 임하고, 세가 운신(運神)을 극하면 관재(官災)가 경쟁하듯 일어난다. 금의 명주는 도·인(刀刃)의 형상이요, 수주(水主)는 강·하를 덮어 익사하고, 목주(木主)는 곧 현량 즉 들보에 스스로 목을 맨다. 범이 울부짖고 용이 진노하니, 화(火)인즉 밤에 잠자는데 압도되고 분사(焚死)하여 뱀을 상하고, 토는 곧 담장을 옮겨서 토가 함몰되는 격이다. 오행 살(煞)의 중함이 마땅히 이와 같이 상세하다.

또 이르기를, "화(化)가 있으나 불화(不化)하는 이유 곧 화이불화(化而不化)의 이유가 있고, 취이불취(聚而不聚)의 기미, 합이불합(合而不合)의 종류, 수이불수(秀而不秀)의 실제가 있다. 화이불화는 귀함에서 손상되고, 취이불취는 재물에서 손상하며, 합이불합은 관에 손상됨이 있고, 수이불수는 복을 손상한다. 또 불화한데 화하는 것이 있고, 불취로 인해 모이는 것, 기틀은 불합인데 이를 합하고, 이치가 빼어나지 않았는데도 쓰임이 빼어난 것이 있다. 불화이화를 쓰는 자는 정히 권귀(權貴)에 거하고, 불취이취한 것은 마침내 부(富)가 족하며, 불합이합한 것은 반드시 높은 직(職)으로 옮기고, 불수이수한 것은 모름지기 녹위(祿位)를 향유한다."고 하였다.

사시(四時)의 유왕·무왕을 정하고, 오행의 유기·무기를 관찰하며, 기물을 따르냐 기물이 변하냐 하는 것과 류(類)로 인해 구함이 있는가를 살펴본다. 오행의 류는 모두 중화(中和)를 요하니, 하나의 기물로 편고(偏枯)됨은 불가하다. 수가 화를 이기지 못함이여! 분파(奔波)류탕(流蕩) 즉 물결이 달리고 흘려 쓸어버린다. 화가 금을 이기지 못함이여! 곤고(困苦)서황(恓惶) 즉 어렵고 괴로우며 두려워 허둥댄다. 삼신(三辛)이 병(丙)을 보니, 전재(錢財)가 파산이요. 2임(壬)이 정(丁)을 보니 가도(家道)가 흥륭한다. 빼어남은 있으나 관이 없으면, 다만 기예에 교묘함을 베풀 뿐이다. 재를 보았으나 의탁함이 없으면, 오직 그 뜻이 경 · 상(經商)에 따를 뿐이다. 갑이 종혁(從革)의 방위에 거하니, 풍재(風災)에 곤고하다. 금이 윤하의 국을 이루면, 타향에서 부평(萍)초 가시밭길이라. 왕(旺)함을 갖춘즉 이를 쫓아하는 바가 있으나, 함께 쇠(衰)한즉 변하여 다른 물건이 된다. 1귀(鬼)가 능히 양관(兩官)을 이기지 못하고, 1녹(祿)이 능히 양귀(兩鬼)를 이기지 못한다.

오행이 본향(本鄕)에 자리하게 되면, 곧 불귀즉부한다. 사주가 파지(破地)에 임하면 천하지 않은즉 가난하다. 생왕함은 상(上)이 되고, 덕수(德秀)함은 기(奇)묘함이 된다. 본신이 학당(學堂)에 앉으면, 문예(文藝)로 청고의 객이다. 명이 귀(鬼)의 앙화에 임하면, 유배된 무리에 도적의 사람이다. 녹이 안으로 은밀히 형(刑)되면, 정히 오랑캐의 자리에서 병극(兵戟)을 조련한다. 빼어난 중에 극을 보면, 필히 주가 공문(公門) 즉 관공서 책상에서 서류를 읽는다. 귀휴(鬼休)에 모왕(母旺)이면 전재와 노마(奴馬)를 많이 부르고, 귀왕에 모쇠(母衰)하면 부모 형제가 분산된다. 관 · 인이 양전하면 정모(旌旄) 즉 깃발을 장식하고 무직에 거한다. 맑은 수(秀)기가 전비(全備)하면, 과갑에 응하거나 문장에 들어 감춘 것을 저울질한다. 암록(暗綠)자는 관이 극품에 이르고, 진관(眞官)을 만난 것은 녹위(祿位)가 비상하다.

십간이 사 · 절 · 병 · 쇠에 임하면, 천박하고 진토(塵土)에 머문다. 오행이 삼기의 고묘(庫墓)에 있으면, 영화가 줄을 서니 진신(縉紳) 즉 벼슬이 양위(兩位)다. 귀(鬼)의 향에서 도식(倒食)을 만나면 필히 노비라. 일기(一氣)가 돌아감이 있어 월을 만남에 묘(墓)지라면 정히 주가 고빈하다. 구진(勾陳)득위(得位)가 진 · 사(辰巳)에 거하면, 귀함이 삼태(三台)에 정열한다. 원무(元武)당권(當權) 즉 현무가 당권한데 해 · 자를 만나면, 관이 1품에 봉해진다.

계(癸)가 경신(庚申)을 보면 우직(右職) 즉 종품에 거한다. 신(辛)이 무자(戊子)를 만나면 과거에서 고과(高科)에 적중한다. 음수가 수(秀)기를 만났는데 실지(失地)라면 그 몸이 승 · 도요, 양화가 돌아갈 곳이 없는데 수(水)를 만나면 정히 흉한 무리를 짓는다. 금이 화향에 이르면 재물이 취산됨이 많고, 왕수(旺水)가 남(南)에 들면 가도가 영창하다. 경(庚)이 3동(冬)에 거하면 수냉금한한데, 화를 얻어 상부하면 감히 한가하다고 판단하지 못한다.

　　파록(破祿) 즉 망(亡)이요, 기절(氣絶) 즉 병(病)이다. 시가 귀(鬼)의 자리로 임하고 다시금 충을 만나면 상하고 위급함을 의심치 않고, 관이 임했는데 다시금 쇠·패지가 더하면 사절 됨을 의심할 것이 없다. 최귀(最貴)한 것은 관성인데, 명에서 편·정의 재를 얻으면 복이 된다. 최흉(最凶)자는 칠살로, 본신에 임하는데 천사(天赦)와 2덕(德)이면 상서로움이 된다. 관성이 비겁을 만난 경우라면 도리어 관에 귀함이 없고, 칠살을 만나 자조(滋助)함을 보게 되면 그 살이 오히려 흉함이 된다.

　　삼합 육합 세·운합이면 필히 영화롭다. 7관(官) 8관 월건(月建)관(官)은 또한 기쁨이 된다. 4합 4형의 형·합은 마땅히 정(正)과 사(邪)를 밝혀야 한다. 7충 8격에 숨어 있는 충·격(衝擊)을 모아 얻으면 기쁜데, 협귀(夾貴)·협구(夾丘)가 암회(暗會)가 된다. 재고·관고는 밝게 충함을 요한다. 관성이 생왕한 지방을 만나 있은즉 어찌 모름지기 발현할 것인가.[28] 인수가 4맹(孟) 4중(仲)의 아래에 숨은 것을 보면, 드러난 형태로 쓰지 못하니 인수가 겁재를 얻음이 귀함이 된다. 재원(財元)은 상관을 기뻐하니 기묘함이 되는데, 상관이 만약 인수를 보면 귀하다고 말하지 못한다. 귀록(歸祿)이 식상을 만나면, 복이 무한하고 묘하다.[29]

　　년과 일로 상호 음양의 2양인(刃)이 있으면, 형법을 거듭 범한다. 관·살혼잡에 천·월 2덕(德)을 만나면 녹위가 높이 오른다. 비인(飛刃)에 복인(伏刃) 그리고 회인(會刃)은 흉함이 많다. 상관이 박관(剝官)하는데, 관을 봄은 화가 된다. 양인이 만약 인수를 만나면, 비록 귀(貴)하나 잔질이다. 본신에 칠살이 있고 무제(無制)한데, 관을 보면 화가 되니 수원(壽元) 즉 수명이 오래가지 못한다. 3편(偏) 3정(正)이 3기(奇)를 만나면, 귀함이 1품의 존귀함에 거한다. 4왕(旺) 4생(生)이 온전함은 사주의 복이라, 중인(衆人)의 윗자리에 있게 된다.

　　살화(煞化)위인(爲印)은 조탁(早擢)외과(巍科)라, 곧 살을 인수로 화하면 일찍이 높은 과거에 발탁된다. 재왕생관하면 어려서 이택(貽澤) 곧 공부와 천거를 받는다. 관·살이 같이 오면, 요는 관을 돕는지 살을 돕는지를 아는 일이 된다. 편·정이 서로 모이면, 모름지기 정을 합하는지 편에 합하는지를 알아야 한다. 귀록이 월에서 양인을 만나면, 세상일에 명확하지 못하다. 금신(金神) 운이 수향(水鄉)에 이르면 그 몸과 시신이 나뉘고 터진다. 암중에 살을 저장하였으면 모름지기 월하(月下)의 용신을 밝혀야 하니,

---

28　관성은 강왕한데, 본신이 약해짐이다.
29　귀록은 정록이 되니, 본신의 강왕함으로 식상의 쓰임을 이룬다.

이를 본 자리에서 재가 없으면 반드시 텅 빈 가운데 화해(禍害)를 받는다. 양인이 다시금 회합됨을 겸하면 천리 밖에 유배된 무리이다. 재를 쓰는데 만약 겁탈을 만나면 일생이 빈궁하다.

인생의 앞일을 정함은 오직 궁(窮)함과 달(達)함으로 나뉘니, 모름지기 그 소장(消長)을 알아야 하고, 또한 그 시종(始終)을 마땅히 궁구해야 한다. 혹은 선빈후부함이 있고, 혹은 취발(驟發)이빈(而貧) 즉 신속히 발하였으나 가난함도 있으며, 혹은 백옥(白屋)의 청렴한 공경(公卿)이 되기도 하고, 혹시 주문(朱門)의 아표(餓莩) 즉 성리학을 배웠으나 가난한 유학자로 굶어 죽는 경우도 있다. 혹은 일생이 장락(長樂)이요, 혹은 일세에 마땅한 바를 잃음도 있는 것이다. 곧, 운의 흐름과 근원을 상세히 하고, 행년의 자리를 관찰해야만 한다.

신약이 칠살을 만났는데, 운이 제복됨에 이르면 필히 기운다. 신왕한데 복의 가벼움을 만나면, 운이 쇠패지에 이르러 반드시 죽는다. 태세와 명이 불화하면 재앙과 병이 있고, 사주와 세·운이 상생하면 화도 없고 재앙도 없다. 신약이 홀연히 입격하면 비록 발하여도 일찍 망한다. 가벼운 복이 휴수를 만나면 필히 기울고 요절한다. 이는 용신을 허망하게 구해서는 안 된다는 것이니, 형적(形迹)을 구할 수 있다면 자연히 발현할 것이다.

복은 곧 마땅히 쓰임을 입은 것이니, 때가 없어도 필시 그 몸을 사용할 것이다. 화·해(禍害)는 오문(五門) 즉 오행의 기틀에 있고, 복과 영화는 운기(運氣)에 있다. 복이 두터운 사람 역시 공허 같은 바이다. 혹은 원국을 상하면 마침내 곤란하니, 이런 가운데 원묘(元妙) 즉 원국의 묘함이 내게 있음을 소상히 하여, 그 이치를 추리하고 밝게 통해야 할 것이다.

또 이르기를, "절(絶)이라면 아래에서 생한 재도 능히 취할 수 없고, 쇠(衰)하다면 왕한 귀(鬼)에 대적함이 불능이라. 역으로 제어하면 무정하고, 순히 생한다면 가히 구할 수 있다."고 하였다. 주(主)에게는 없으나 그 뿌리에서 가히 구할 것이 있으면 50%가 된다. 일·시로 2덕(德)을 갖추어 만나면 백사(百事)에 흉함은 없고, 다시금 재·관을 두었다면 정히 주가 부호이다. 주(主)와 본(本)이 유력하면 귀(鬼)를 가히 관(官)으로 쓸 수 있고, 주가 본래 무기(無氣)하다면 관이 와도 귀로 보아 판단한다.

형·충의 법은 자세히 추리하여야 한다. 형출(刑出)이 있고, 형입(刑入), 형길(刑吉), 형흉(刑凶)이 있다. 충동(衝動)함이 있고, 충부동(衝不動), 충합(衝合), 충불합(衝不合)의 변별함이 있는 것이다.

천간이 쇠하면 동요됨은 필히 정해놓은 것이다. 온 것이 합하여 유정(有情)하면 바야흐로 부귀가 된다. 잡기를 축장하였으면 곧 누가 선(先)이고 누가 후(後)인지를 정하는 것이 필요하다. 제강(提綱)을 전용함에는 마땅히 기천(氕淺)과 기심(氕深)을 나누어야 한다.

일양(一陽)이 내복(來復)이란, 목·화를 사용하지만 수가 일음(一陰)을 감춘 것이다. 곧 화·토를 생하여 무성하나 금이 숨은 것이다. 장래의 일은 진(進)인데, 이를 만난 것은 공이 있다. 공을 이룬 것은 퇴(退)이니, 이를 얻었다고 어떤 이로움이 있겠는가. 월에 재·관·인수를 세웠으면, 때로써 분야를 나누고 귀원(歸元) 즉 근원으로 돌아감을 지어 판단한다. 혹은 그 부족한 것을 보충하고, 혹은 그 태과한 것을 억제함이 있으니, 요는 조화(造化)의 중화(中和)를 이루면 길함이 된다는 것이다.

또 이르기를, "삼원(三元)으로 명을 정할 경우, 먼저 사주에서의 오행의 유무와 성격(成格)됨을 상세히 추리하고, 다음으로 명과 운의 강약을 논한다."고 하였다. 곧 신약에 재왕일 경우, 마땅히 신강의 향을 가납해야 하는 것이다. 만약 신왕에 녹쇠(祿衰)라면 도리어 녹생의 땅을 기뻐한다. 인이 생함은 복이 되나 재향을 보는 것이 두렵고, 살이 주(柱)중에 있어도, 살이 왕한 것은 마땅치 않다.

명에 재록이 없는데, 운에서 녹마를 만난즉 재앙이다.[30] 원래 상관이 있는데 다시 관향을 만난즉 화(禍)가 된다. 가장 꺼리는 것은 일간을 충하는 운이요, 기쁜 것은 운의 천간이 일간에서 생하는 것이다. 다만 유정·무정과 합과 불합을 보고 흉이 모인 것인지 길이 모인 것인지를 소상히 살펴야 한다. 또한 원국에 해함과 양인이 있은즉 골육이 상잔한다. 원국에 상관·칠살이 있고 지지는 사·절 되었는데, 여기에 운(運) 가운데 녹·마를 갖추어 약함을 더하면, 화(禍)가 돌아옴이 그치지 않는다. 다시금 유년의 세(歲)로써 화·복(禍福)을 억양(抑揚)하게 되는데, 이에 따르는 일정한 준칙은 가질 수가 없다. 만약 건록의 땅을 만나면 이름하여 녹마(祿馬)구절(俱絶) 즉 녹마가 함께 절되었다 하니, 수명의 한계가 되어 달아나기 어려운 것이다. 안으로 녹이 절되었으나 발함이 있는데, 비견이면 기(氣)를 소모한다.

기(氣)에는 심천(深淺)이 있고, 격(格)에는 성괴(成壞)가 있으니, 하나에만 집착하여 이를 모두 추리함은 불가한 것이다.

---

30 이는 경우의 수를 살펴야 한다.

星命部彙考五十七
三命通會 二十九

玉井奧訣上

三命通會 二十九

【玉井奧訣上】 옥정오결 상편[1]

무릇 조화의 이치를 궁구하고 추리함에 그 법은 일로써 주를 삼는다.

－ 오직 하나를 내세워 체(體)를 짓는 뜻을 알아야 하니, 이로써 주(主)가 되는 단서가 되고, 화기가 되며, 본체가 되기 때문이다. 입문하면 문득 통·변(通變)을 알 것을 요한다. 곧, 주의 천간을 얻으면 이로부터 본상(本像)이 있고, 화상(化象)이 있게 되니, 바야흐로 가히 소상히 할 수 있는 것이다. 곧 갑의 경우인즉 본상은 목이요, 화상은 토이다.[2]

좌하(坐下)의 지지 신(神)에서 먼저 그 뜻을 구한다.

－ 곧, 일간의 좌하에 있는 지지를 머리로 삼아 먼저 본다. 이와 함께 '월지의 1위, 시지의 1위, 년지의 1위'를 살펴, 형충파해와 생극·비화(比和)가 어떠한지를 주(主) 천간의 희·기(喜忌)와 더불어 보는 것이다. 어떤 기물이 득래(得來)하였는가를 보는데, 상

---

[1] 옥정오결 전체는 원문과 주석 편으로 나뉜다. 교열 중에 전체를 손본다.
[2] 이런 체제로 전편이 구성된다. 곧 원문이 앞서고, '－'로 표시한 뒷부분은 육오의 주해다.

(常)도를 넘어 흘깃거리거나 소홀히 살핌은 불가하다.

월기의 심천이 주의 권(權)에 어떠한가.
— 월건(月建)의 아래, 기후의 심천과 오행의 기가 어떠한가에 따라 간신(干神) 즉 천간 신의 정당함이 결정된다. 이는 일(日) 천시(天時)의 령(令) 즉 때의 영이다. 5일은 1후 (候)의 기인데, 달리 덕수(德秀) 즉 덕과 수기의 유무라고 말한다.

지지의 이르고 끊어짐에, 무리지어 성하면 강함이 된다.
— 지지는 곧 4위의 지신(支神)이요, 지절(至切)이란 천간을 보아 더욱 끊어짐이 된 것이다. 요점은 어떤 것이 어떤 것이 주간(主干) 즉 주 천간의 택사(宅舍)가 되며, 어떤 것이 용신의 기업(基業)이 되고, 어떤 것이 힘이 가볍고, 어떤 것이 힘이 중한지를 보는 것이다. 택사란 곧 득지의 방위요, 기업이란 곧 승귀(乘貴) 즉 귀함을 올라탄 처소이다. 곧, 제일 처음 볼 것은 그 세력과 충기(衝起) 즉 충하여 일어나는 것이 어떤 지신인가 를 보는 것이며, 둘째로는 그 세력의 공기(拱起) 즉 공협하여 일어난 것이 어떤 지신인 가 하는 것이며, 세 번째는 그 세력의 형기(刑起)가 어떤 지신인지, 네 번째는 그 세력 의 합기(合起)가 어떤 지신인가 함을 보고, 다섯 번째는 지지를 통섭하여 보는 것이다. 이것이 바로 텅 빈 가운데 있음을 세우는 법이 된다. 지지의 '충·공·형·합'을 논 하니, 이 4건을 극절(極切) 즉 바로잡아 마침이 문정(門庭) 즉 배움의 집을 세우는 처음 1법이다. 다만 일간을 잡아 주를 짓고, 이를 취용하는 중간에 혹은 길신이요, 혹은 흉 살을 형충함이 있고, 그 생왕·휴폐를 공합(拱合)함이 있으니, 이를 교차하여 수족처 럼 삼고 하나도 어지럽지 않아야 한다. 이는 단지 4개의 지지가 가진 기지(基址)를 상세 히 함과는 다르다. 오기(五氣) 중의 어떤 물건이 최중(最重)하고, 또 장래의 품량(品量) 이 되는 것인가. 도리어 능히 모산(耗散)됨은 어떤 신이고, 능히 생부(生扶)함은 어떤 신 이며, 능히 충합(衝合)됨은 어떤 신이고, 능히 변화(變化)함은 어떤 신인가를 판별한다. 그런 연후에 다시금 일간이 어떤 오기에 배속되는가를 살피는 것이다. 더불어 그 가장 무거운 기를 통섭함의 여부, 문득 재·관 등의 기물과 용신의 기가 관장됨을 본다. 공 히 앞의 오기를 끌어 시(時)에 앉은 기물과 참조 비교하여, 무엇이 경하며 중한지를 판 단하는 것이다.
의리가 순조로우면 상서로움이 되고, 이에 반한 즉 괴려(乖戾) 곧 무너지고 어그러짐 이 되는 것이다. 이같이 정립한 연후에 그 지지 기(氣)의 각각에서 기뻐하는 바와 꺼리는 바의 단서가 있음을 살피니, 이에 상세하지 않음은 불가하다. 오기를 말하자면 '목 화토금수'의 5자가 되는데, 모름지기 각각의 거주와 제목을 기록할 것을 요한다. 만약 오기 중의 어떤 것이 많으면 당(黨)을 이뤄 중함이 된다. 곧, 지지 천간의 내·외 명· 암으로 목다(木多) 즉 목기가 당을 이뤄 많으면 무성함이니, 그 희·기는 이미 앞의 오 행 중에 논한 것과 같다.

　오롯이 용신(用神)을 잡게 되면, 그 희기에 참으로 상세해야 한다.
　- 1위의 용신을 전집(專執) 즉 오롯이 잡았으면, 이는 존장이 되고, 권신(權神)이 되 고, 호령함과 본령(本領)과 의탁함이 된다. 이는 결코 작지 않아서 가히 이를 잡아 추리 하니, 감히 그 뜻을 구하지 않을 수 없다. 밖으로 용신을 취하면 '혹은 재이고, 혹은 관 이며, 혹은 양인, 칠살, 식신, 귀인, 인수, 혹은 녹마' 등의 건이 되니, 각각의 류(類)를 취하는 것이다. 원래 정해진 법은 없으나, 그 용신은 '손상하고 범하며 더불어 쪼개지 고 도적질 당함'을 가장 꺼리고 두려워한다. 태과와 불급은 마땅치 않으니, 곧 태과의 기물은 본래 좋지 않은데, 혹은 세·운이 다시 와서 생부(生扶)한즉, 이는 기울고 덮히 며 무너진다.
　곧 목(木)인즉 부러지고, 수즉경 즉 기울어지며, 토즉붕 즉 무너지고, 화인즉 한 번 발 하여 멸하고, 금인즉 섞이고 손상된다. 또 불급의 기물 역시 좋지 않으니, 혹 세·운이 또 와서 극·절(竊)·괴(壞)하여 이 기울을 다하면, 어찌 그 화가 홀로만 있겠는가. 용 신(用神)의 희기(喜忌)는 지극히 근원적이며 지극히 묘한 것이다. 후편에서 별도로 상세 히 밝히고자 하는데, 요는 중화(中和)를 얻음이 귀하다는 것이다.

　기(氣)와 기가 끊어져 궁하면 이치가 다하고, 물(物)과 물이 극에 이르면 전관(轉關) 즉 관문을 옮긴다.
　- '금목수화토'의 5기는 일음·일양으로, 공히 10반(般) 소식(消息)의 한 건(件) 즉 구 별이 있다. 건의 요점은 '쇠왕 경중 명회(明晦) 광협(廣狹)'을 보는 것이다. 궁한 즉 이치 가 다한 곳을 탐구하니, '어떤 신을 생하며, 어떤 신을 극하고, 형하며, 합하는가'의 류 (類)를 살펴야 한다. 파괴하는 기물과 생을 얻은 기물이 주와 관계하여 어떤 것인지를 본다. 물(物)을 추리함에, 장차 나아갈 것은 모름지기 의의(依倚) 즉 의탁함이 있어야 하 고, 하락함에 이른 것은 어찌할 수 없으나 어느 곳에 이르러 문득 전관(轉關) 즉 관문을 옮겨 어떤 격에 드는지를 살핀다. 극처(極處)에서 한 번 변전한즉, 이는 건공(建功)원활

(圓活) 곧 공을 세움이요 원활함이 되니, 오히려 투간한 것을 참작하여 정한다. 하락(下落)함을 보면, 기물을 이루어도 이루지 못함으로 판단한다. 어찌하여 그러한가.

유기(有氣)한 것은 급하고, 유정(有情)한 것은 끊어지기 때문이다.

– 유기란 곧 때의 마땅함이니, 팔자 간지의 내외·명암을 본다. 곧 6월 중의 기(氣)가 대서(大暑)의 절이면 토·금이 왕상하니 유기한 류인데, 이는 지극히 급하고, 나머지는 그렇지 못하다. 유정이란 곧 합기(合氣)이다. 곧 '갑견기(甲見己)하고, 병견신하며, 정견임의 종류'인데, 중간에 간지가 명암으로 합이 있으면 모두 이를 취하며 최절(最切) 즉 가장 절실한 것이 된다. 일설에는 합기가 특별히 유정한 것은 아니라 하고, 길신(吉神)이 '생아(生我)·극아'함도 모두 유정이 되고, 허(虛)자로 안은 귀기(貴氣)가 '생아·극아·형아·합아'하는 것 역시 다름이 없다고 하였다.

년간(年干)의 통섭을 보고 다음으로 월·시를 보니, 시(時)는 권형(權衡)과 같아서 미세한 가감으로도 나뉘게 된다.

– 년간을 봄에 어떤 지지를 올라타 있는지, 더불어 나는 어떻게 서로를 쥐고 자리한 것인가를 봄이 절실하다. 또한 요점은 유기함과 귀지(貴地)에 자리함을 끌어와야 체국(體局)이 방대해진다는 것이다. 또 용신을 보는데, 세군과 연계되어 멈추고 어떤 길흉신살과 맺어지는가를 본다. 만약 용신과 세군이 온전히 화합하면 귀함은 의심할 것이 없다. 다음으로 월·시 2간의 관계를 보는데, 다함을 지음에 태만하여 틀려서는 안 되며, 반교(扳攪) 즉 어지러이 끌어와서도 안 된다. 주 중에서 상(象)과 수(數)의 변화와 오기의 진·가(眞假), 길흉 신살은 두루 시좌(時座)로 끌어서 돌아옴이 마땅하다. 그 경중과 분호(分毫)를 세세히 나누어 비교해 봄이 필수적인 것이다.

또 이르기를, 태세는 1년의 영수(領袖)요, 제신의 주재이니, 극히 쓰임이 있는 곳이다. 다만 서자평(徐子平)이 일(日)로써 주를 삼음으로 인하여, 오로지 재·관 만을 취하는 오류를 일으키니, 후인들이 다소 그 뜻이 서로 섞이고 모인 바가 있다. 고로 이르기를, 년은 곧 그 기물들을 구관(鉤綰) 즉 갈고리로 긁어 일으킴을 칭함과 같고, 월은 강뉴(綱紐) 즉 벼리와 끈을 세워 묶어 끌고 감과 같으며, 일은 곧 그 몸과 별의 둘을 저울에 매달아 차이가 없도록 함과 같고, 시는 곧 경중과 가감을 저울추에 매달아 봄과 같다 하였으니, 그 비유가 가히 절절한 것이라.

수합(隨合) 즉 합을 따름은 곧 단단하고, 요합(遙合) 즉 불러 합함은 막지 말아야 한다.

- 수합이란 곧 병오의 기가 장대한데 문득 신미의 2자가 있음을 알게 되니, 마치 그림자가 형체를 따름과 같다. 또한 신미를 보게 되니, 처음 내 집의 은인이었던 것이 오히려 원수로 돌아온 것이다. 요합은 곧 지지 중에 소장된 신(神)과 그에 소장된 기(氣)가 서로 합한 것이다. 곧, '신묘 자사 해오' 등의 류(類)이다. 대개 그 기와 류가 요합함에, 일의 뜻은 스스로 막고 거부하지 않음에 있다.

체제(體製)가 모름지기 광대하다.

- 무릇 팔자의 기상(氣象)을 봄이 필요하다. 규모와 세가 항차 활달하고, 천지가 상정하여 웅장 건실하며, 오기의 순극(順尅)이 유력하고, 도생(倒生)역화(逆化) 즉 화함을 거스르는 것을 뒤집어 생함의 공이 있으며, 귀기가 왕래함에 부잡(不雜)하면, 이는 필히 그 격조가 심상한 것이 아님을 알 것이다. 또 팔자의 대의를 봄에 체단(體段) 즉 그 몸의 단편을 살펴야 한다. 청함이 과하면 곧 혹은 춥거나 혹은 엷고, 두터움이 지나치면 혹은 탁하거나 혹은 막힌다. 화려함이 지나치면 혹은 가볍고 혹은 뜨게 되며, 사일(肆逸) 즉 방자하고 떠남이 과하면 곧 혹은 흘려버리거나 혹은 방탕하고, 유정함이 과하면 혹은 참람하거나 혹은 음탕하여 염치를 모르며, 외로움과 단단함이 지나치면 곧 독립하나 다른 사불을 용납하지 못한다. 강용(剛勇)이 과한즉 혹은 포악하고 혹은 조열하여 함양함이 없고, 유나(柔懦) 즉 유약함이 과하면 혹은 어리석고 혹은 우둔하여 지을 것이 없다. 실한데 집착함이 지나치게 되면 국에 얽매여 단지 제 몸이 있는 것만 알고, 헌활(軒豁) 즉 높고 활달함이 과하면 도모함은 넓고 빼어나도 그 결실이 불능이라.

자면(字面) 즉 글자의 얼굴에서 선후를 나눈다.

- 용하는 글자가 단단한 모양이나 도리어 멀어 뒤에 있고, 혹은 저 다른 글자가 한신(閑神)인데 앞을 점하여 격리되어 있다. 이런 경우 만약 상하고 범함이 없고 세와 운의 생부를 얻으면, 바야흐로 온전한 아름다움이 된다. 용하는 글자의 모양이 단단하고 가까이 있어 또한 앞이 되고, 도리어 한신의 글자가 멀리에 앉아 뒤가 되는데, 요동쳐 움직이면 방해와 막힘을 받는다. 용신 글자의 모양을 얻으면, 주 안에서 어떤 글자가 가히 초제거득(勦除去得) 즉 죽고 살며 가고 얻는지를 살펴야 한다.

천간은 오로지 생극제화를 논한다.

- 생(生)인즉 상생이나 생에도 생의 이치를 바라지 않음이 있고, 극(尅)은 곧 상극인데, 극에도 극하는 정을 갖지 않음이 있다. 제(制)는 곧 수극화에 토가 있음과 같은 것이니, 그 살화(煞火)를 제압하여 도리어 능히 생하는 정을 가진 것이요. 화(化)란 곧 수가 본래 화를 극하지만, 목을 본즉 그 기를 도적맞고 화가 도리어 생의 이치를 얻은 것이다. 나머지도 모두 이와 같다.

지지로는 오로지 형충파해를 취한다.

- 형(刑)이란, 곧 축일이 술시를 본 것과 같은 종류로 형기출(刑其出) 즉 그 나아감을 형하는 것이 있고, 사일 인시와 같은 류의 것은 곧 형기귀(刑其歸), 그 돌아감을 형함이 있다. 나쁜 것은 형거(刑去)함이 마땅하고 좋은 것은 형귀(刑歸)함을 기뻐한다. 충(衝)이란, 길상은 마땅히 흉상을 충함이 좋고, 귀기(貴氣)는 마땅히 내 집을 충하여야 한다. 파(破)란, 대개 그 물건을 파괴하는 것이니, 그 사이에 흉도 있고 길도 있다. 묘가 오를 파하는 것은 곧 을이 오의 집을 극하니, 기토가 파를 입은 것이다. 만약 기토가 살이 되어 지면(地面)에서 유력한데, 세·운에서 한 번 투로하면 그 해를 의심할 바 없다. 만약 혹 투로하지 않았더라도 호랑이를 안고 잠든 것과 같은 것이다. 또 유의 글자를 보게 되면 유기와 무기함이 있어, 제어함과 복종시킴을 가능케 하지 못할 것이다. 또 기(己)가 귀기(貴氣)함이 되어 투로함에 유력 유세함이 있은즉 또한 파로 인하여 와서 복과 화가 되기도 한다. 육해(六害)의 자리에서 만약 기신(忌神)을 둘렀는데 흉살이 내극(來尅)하면, 와서 참된 것을 도적질함에 원수의 해가 되는 것이다.

그 상(象)이 일가를 이루면, 귀기에 집착하지 않는다.

- 사람의 팔자에는 재·관 등의 귀기를 띈 물건이 전무함에도, 혹 돌연히 분발하여 부귀를 이룬 자가 있음은 어떤 일인가? 대개 이는 상생의 기(氣)가 자립하여 상을 이룬 때문이다. 생의(生意)는 도도하여 다하지 않는 정이 있으니, 고원(高遠)견실(堅實) 즉 높고 멀고 실하고 단단함에 마치 이의 본상(本象)이 그 뿌리에 짝하고 있음과 같다. 곧 '갑·을 병·정'의 류가 화상(化象)으로 짝하여 화하니, 곧 '무·계 정·임'의 류와 같은 것이다. 이로써 목·화가 상을 이루고, 화토성상하며, 토금성상하고, 금수성상하며, 수목성상하는 것이다. 다시 삼상(三象)이 순서를 이룬 것이 있으니 이 법과 동일하다. 곧, '화토금'의 상을 이룬 것과 같은 류이다. 또 사상(四象)이 화협하고 생육하는 것이 있는데, 또한 위와 같으니 곧 '수목화토'의 류와 같은 것이 있다.

근원 일기가 만물을 생하고 차서 가득하다.

– 곧, 금기(金氣)가 천시에 바르게 임함과 같다. 건왕하고 차서가 있으며 그 기를 극절함이 없으면, 한 번 가서 생의 근거가 된다. 그 자식은 곧 수신(水神)이라. 수신이 이미 천간에 현로하거나 혹은 지지에 범람하게 되면, 사물이 무성하여도 상서롭지 못하다. 그런데 문득 돌아가 많은 화·토를 얻게 되면 능히 방제할 수 있으니, 이에 의뢰함과 같다. 나머지도 이같이 추리한즉, 조화(造化) 영휴(盈虧)의 도가 모두 이같이 의지함이 있어 만에 하나라도 잃음이 없는 것이다.

팔법의 관건은 오기의 단서를 여는 것이다.

– 팔법(八法)은 이미 앞에서 논하였고, 오기(五氣)에는 '취산(聚散), 완결(完缺), 실허(實虛), 심천(深淺), 적교(敵交) 즉 맞섬과 교류, 협광(狹廣), 경중(輕重), 후박(厚薄), 한화(寒和)'의 같지 않음이 있다. 간지가 두루 유력하고 극물(尅物)에 보금자리로 돌아가며 정신의 강건함이 취(聚)가 된다. 길신은 기쁘고 흉살은 꺼리니 역시 보좌함을 요하는데, 길신을 충하여 의가 없고 형하는데 돌아감이 없음은 산(散)이 된다. 흉살이 마땅하고 길신을 꺼리는데,[3] 금목수화토가 구전하고 순서가 있으면 기가 완(完)이 된다. 오행이 하나 모자라서 세·운을 기다려 보충 만족시킴은 기결(氣缺)이 된다.

실(實)인즉 곧 갑술이 병인을 본 것과 같은 류이다. 합과 생이 있어 국이 하나의 상을 이루었으나 일방으로 막힌 것인데, 주 중에서 만약 변화를 일으킬 종류의 기물이 없으면 이는 하나의 부유한 늙은이에 불과할 뿐이다. 체는 있으나 쓸 것이 없으니, 마침내 귀하다 하여도 역시 시위소찬(尸位素餐) 곧 제사상의 쌀밥과 반찬일 뿐이다. 여기에 주 중에서 토기가 태중(太重)하면, 간략히 관을 본 것과 같아서 온즉 귀하다. 나머지도 이와 같다. 허란 곧 토가 유에 들고, 인목이 을사에 임하며, 금이 진·해의 수향에 이르고, 묘·술 화가 축·신에 거하므로, 기가 허하여 능히 확고하지 못한 것이다. 나머지도 이와 같다.

기심(氣深)이란, 곧 목의 본상과 화상이 청명의 절기에 가까운 것이다. 기천(氣淺)이란, 곧 목의 본상과 화상이 바야흐로 우수(雨水)절을 얻은 것과 같은 예이다 기적(氣敵)이란, 곧 신유가 을묘를 본 것과 같다. 대개 흉이 심한데, 만약 '기미 기축'을 보게 되면 전변하여 기대고 의지함이 있어 도리어 길하다. 빙의함이 없으면, 다시금 빈(賓)과 주

---

3 이는, '마땅히 흉살을 꺼리는데 길신 금목수화토가…'로 해석할 수도 있는데, 뒤의 문맥과 맞지 않다.

(主)의 강약을 보아야 한다. 주가 약한즉 귀상(鬼象) 곧 살이요, 손님이 약한즉 재상(財象) 곧 재가 된다. 교(交)란 곧 '정사가 신해를 보고, 병술이 기축을, 경진이 계미'를 본 것과 같은 류이니, 이는 어떤 것이 더 기가 왕한가를 나누어 말해야 한다.

협(狹)이란 곧 용신이 국에서 한두 개의 지신(支神)에 정을 둔 것이다. 협에도 역시 생·왕이 있으나, 대개 인용처의 기가 왔음에도 오히려 이를 얻지 못한 것이다. 광(廣)이란 곧 인용처의 그 기가 옴에, 근원이 되는 곳에서 생을 얻고 또한 정신이 삼합의 기에 통함이 있거나 혹은 육합에 통한 것이다.

경(輕) 즉 기가 가볍다 함은 곧 목의 본상이나 화상이 도리어 금향에 들거나 또 천시에 맞지 아니한 종류의 것이다. 중(重)함이란 곧 목상이 인·묘를 만나거나 혹은 목상이 지면(地面)에 나타난 것과 같은 류이다.[4] 박(薄) 즉 엷다는 것은 목상이 자가(自家)의 사·절되는 지면을 만났거나, 혹은 천시가 아닌 종류의 것이다. 후(厚) 즉 두터움이란 목상이 고·묘와 장생의 땅을 만났거나, 혹은 천시를 얻었거나, 혹은 다른 천간에서 내조하는 류의 것이다.

한(寒) 즉 춥다는 것은 나무는 마르고 화는 흩어지며, 금은 춥고 수는 얼었으며, 토 또한 얼어붙은 것으로, 천간은 휴수되고 지지는 사절된 류의 것이다. 화(和)란 곧 '유합(有合) 유생 유정 유조'에 임관·제왕이 있고 휴폐·사절이 없는 것, 혹은 왕상한 신이 와서 부조함이 있는 것, 혹은 천시에 마땅함이 있고 전후로 유기하여 차고 성한 것이다.

대개 기물이 있어도 의자(倚藉)함이 없고 제방(隄防)하게 되면, 오래지 않아 기운다. 그 기가 이지러지고 쇠함이 있으면 근본이 부실해지고, 득시하지 못하면 기가 역부족이다. 또 생부가 없으면 이와 같은 것들은 폐물과 다름없으니, 어찌 가히 수승하다고 말할 수 있겠는가. 기가 쇠함에도 오래감이 있다 함은, 천시를 얻지 못하고 또 사패(死敗)에 임하였는데, 도리어 암간(暗干)의 상생함이 있어 이를 이끌어 생·왕의 향으로 돌아간 것이다. 기가 왕함에도 길지 못함이 있음은, 처음에는 기가 염열하여 분발하고 통하고 펴서 스스로 그런가 하는데, 마침내 귀장처로 수렴하여 가서 처하는 곳이 의지할 데가 없는 곳이다. 쉽게 성의를 산만케 되고 근원이 없어 특히 구르는 생에 비틀거린다. 세(勢)를 올라탔으나 이어짐이 없는 것이다.

기가 어려, 쉽게 바뀌고 꺾이는 것이 있다. 바야흐로 오는 기운에 따르는 사람이 있으니, 이는 모두가 왕·상한 상으로 생각하지만 중간에 완후(頑厚)한 기운을 만나 극절

---

[4] 지면을 지지의 표면이라고 하면 천간이 되는데, 얼굴이라 하면 인원의 본기라 하겠다.

(尅竊)된 것이다. 흉하다고 말함은 불가하다. 기가 지나갔으나 오래 견딤이 있다 함은 과거의 기후를 두루 갖추었으나 휴폐된 것을 말한다. 또 이르기를, 성공자는 퇴라 곧 공을 이루면 물러나는 것이니, 특히 여기(餘氣)의 움직임을 알지 못한다. 홀연히 저것이 왕처에 이르면 자재가 와서 얽어매고 생의를 동하므로, 기가 도리어 실하여져서 오히려 능히 세한을 견디는 것이다. 이는 비록 휴폐되었으나, 별도로 다른 상으로 화한 까닭이다.[5]

조물(造物)함에는 모름지기 본체에 근원을 둔다.

– 동방에서 양이 흩어지니 설(洩)기함으로 풍(風)을 생하고, 바람은 목을 생한다. 서방에서 음이 그치니 수(收)렴함으로써 조(燥) 즉 마름을 생하고 조밀함은 금을 생한다. 남방에서 양이 극(極)에 이르러 열(熱)을 생하고 열은 화를 생한다. 북방의 음이 극(極)하여 추위를 생하니 한(寒)은 수를 생한다. 중앙에서 음양이 교(交)호하여 습(濕)함을 생하니, 습함은 토를 생한다. 오행의 체·상(體象)과 연원에 대해서는, 이미 취합하여 앞에서 논하였다.

기완(器完) 즉 그릇의 온전함은 근기(根基)로부터 유출된다.

– 대저 상(象)을 이룬 곳에서 그릇이 완성되는 것이요, 무릇 귀기가 귀일함으로써 역시 그릇이 완성된다. 내저 육진이 하나에 이르는 것으로, 내가 생한즉 사식이니, 병·신(內辛)이 목을 본 것과 같은 류가 이것이다. 날리 말하기를, 저의 생자(生者)는 곧 자식이라는 두 가지 뜻이 있으니, 활법(活法)에서는 각각의 이치 있음을 취하여 달린다. 생아자는 어머니가 되고, 합아자는 처가 되니, 그 물상(物象)으로 그릇을 갖추게 되므로 또한 육친의 소생 역시 하나로 이르러 이루는 것이다. 곧 운(運) 중에서 상을 이루었다 함은 대개 근기로부터 원래 유래하여, 그 뜻이 있은즉 이루게 된다. 말하자면 목·화가 반드시 상정함이 없어 각각에 경중이 있는데, 목중(木重)·화경(火輕)의 운이 되었다면 상격(上格)은 화간(火干)·화지(火支)를 만나 모음으로 참된 진상(眞象)을 완성하는 것이다. 만약 사주 중에 원래 화의 '임관 제왕 장생 묘고' 등의 글자를 두르고 있었다면, 바야흐로 이는 그릇을 완성하는 것이요, 그렇지 못한즉 부진 부실 붉와 부정(不正)하여 그럴 듯하지만 아님이 된다. 나머지도 이 같은 뜻을 따른다.

---

[5] 이상은 전체로 팔법을 논한 것인데, 그 분량이 많다.

법(法)이란 곧 각각이 품은 길흉을 수검(搜撿) 즉 찾고 맞추는 것과 같다.

－시와 일·월과 년으로 간지의 팔자가 종횡으로 왕래함에, 합하고 얽히는 것과 상호 간에 취용(取用)함을 밝히는 것을 요한다. 어느 한 곳에서 조금이라도 살핌이 밝게 이르지 못해서는 불가하다. 곧 4간이 4지를 올라타서 각자가 귀(貴)나 살(煞)을 점하는 것이 되는데, 혹은 년간이 월지·시지의 귀함을 취하여 올라탐이 있거나, 혹은 년간이 일지를, 일간이 월지를, 월간이 년지를 취하여 귀나 살이 있게 되고, 혹은 세와 월의 2지, 시와 일의 2지가 자체로 간신(干神)의 귀기를 취함이 있다. 이같이 검수함에 약간의 오차도 있어서는 안 될 것이다.

기물은 모름지기 제활(提豁) 즉 통함을 끌고, 바야흐로 경중을 밝힌다.

－이는 먼저 4지(支)를 살펴봄을 요한다. 소장한 천간의 기를 일일이 파악하여, 장차의 오고 감을 끌어 통하게 하고 자세히 추리해야 한다. 어느 것이 무리를 짓고, 어떤 것이 힘이 모자라며, 어느 것이 왕하고 약하며 경하고 중한지를 자세히 추단하는 것이다. 바야흐로 용신의 길흉을 밝게 얻는다면, 도리는 여기에서 떠나지를 않는다. 그 대강을 추리하고 일일이 통해야 하는데, 여기서 혼폐(昏蔽)되면 그 취사의 법도를 판단하기가 어려운 것이다.

번영했으나 시들어 말라 변하고 발신(發身)함이 잠시 이루어짐은 나타났으나 투로하지 못하고, 세한(歲寒)에 그 기물을 이루었기 때문이다.

－대개 취허(脆虛)부눈(浮嫩) 즉 무르고 비며 뜨고 약한 기운이 패절의 향에서 휴폐되었음이라. 간지의 협부(夾扶)를 얻어 잠시 합하여 한때 발한 것이며, 혹시 세·운을 만나 찬조의 신을 장악한 것이다. 상괴(傷壞)되거나 혹은 억양(抑揚)되면 그 무기(無氣)한 것이 곧 패로 변하여 장구하지 못하다. 곧 기물이 현로(顯露)하지 않은 경우, 용신이 유기하여 합신하며 상(象)을 이루고, 서로가 올라타면서 한길 운 가운데 파가 없은즉 구원(久遠)함을 견디는 것이다. 마침내 세군(歲君)이 있어 축년(逐年)에 박잡(駁雜)하면, 곧 뜬구름이 해를 가리고 수목의 그림자가 그늘을 드리운다. 고로 그 간지가 투로하여 있지 않은 가운데서도 감추어 숨긴 것이 유기하고 생을 얻으면, 도리어 원대해지는 것이다.

탈태(奪胎)환골(換骨)하여 그 뜻이 자연스럽게 드러나는 것이 있다. 근본을 버리고 말단을 따르므로, 원래는 참된 뜻이 아니다.

- 본상(本象)에 곧 재·관의 귀한 신이 있는 경우이다. 또 별도의 자리에서 통기(通氣)함이 있어, 화(化)가 있고 상(象)이 있고 류(類)가 있으면 인용하게 된다. 여기에 청(淸)하여 복을 올라타서 마땅하면, 억지로 힘내서 행하지 아니하여도 기와 류가 감응함이 있으므로 반드시 이르는 바가 있다. 진상(眞象)으로 화하고자 함은 곧 정·임이 화목(化木)하려는 종류로, 만일 투합(妬合) 즉 합을 다투어 전쟁하게 되면 이루지 못한다. 홀연히 운이 이르는 가운데 도리어 본상을 자조(資助)하면서, 구체적으로 본상 재·관 등의 귀함을 올라탄즉 본상의 참됨을 버리고, 마침내 그 말단의 절기(節氣)를 따르는 것이다.

대기(大器)는 자기(鎡基) 즉 기초가 튼튼하므로, 자연히 악을 막고 선을 선양한다.

- 만약 체국(體局)이 크고, 본원(本源)이 무거우며, 용신(用神)이 전일하고, 겸하여 귀인과 덕수(德秀)를 둘렀으면, 모름지기 '대모 원진 인·살' 등의 악한 것이 있어도 도리어 능히 위엄을 돕는다. 이른바 즉 알악(遏惡)이나 양선(揚善) 즉 악을 막고 선을 기른다 하는 것이다.

재능과 체국이 엷으면, 바야흐로 기물을 해하고 또 사람을 상함을 안다.

- 세와 일진(日辰)의 힘이 허박(虛薄)하고 부전(不專)한 것이다. 길흉과 신살의 희롱함을 번살아 입으면, 기의 움직임을 따라 성신이 분탕한다. 그 맡은 바의 역할과 자가(自家)의 수장에 정함이 없으니, 이는 흉살(凶煞)의 상이 됨이 많다. 그 안에서 '인·살 망·겁 금인(金刃) 백호'의 류가 작위하는 까닭에, 덕수 순후(純厚)의 기와 감히 비교할 것이 아니다. 사업을 건립함에 비록 짝을 만나 이룸이 있어도, 이 어찌 해물(害物) 손인(損人)이 아니 될 수 있을 것인가.

귀인 녹마가 교차하고, 구교(勾絞) 원망(元亡)이 다단하다.

- 귀기는 번잡함을 요하지 않는다. 용재라면 다만 용재만 하고, 용관하면 다만 용관만 할 뿐이다. 곧 '녹마 귀인 식신 인수'의 류를 용할 것 같으면, 다만 1개의 물건만이 마땅하다. 2건의 귀기라면 문득 보좌함이 마땅하니, 곧 용재함에 관으로 상보하고, 관·인이 상승하며, 녹·마가 겸행하는 종류가 그것이다. 3건 4건이 범람하면, 문득 돌아갈 곳이 없다. 달리 이르기를, 1항의 귀기(貴氣)는 모름지기 '귀인 덕신'의 상조를 요하니, 바야흐로 가히 크게 드러난다. '구교 겁살 원진 망신' 등의 기물에 만약 귀기가 중중한즉 몸을 도와 위엄을 행한다. 하지만 악살이 중중한즉 사해(肆害)혹절(酷切) 즉 해

롭고 잔혹함이 절절하게 된다. 일설에는 이런 등등의 살로써 다단하게 되면, 오직 소식(消息)됨이 마땅하다 하였다.

길신이 참여하고, 천·월덕이 부지하며, 흉살이 공망에 들면, 그 품격이 조(藻) 즉 바닷말 무늬의 귀함이다.

– 녹·마는 모두 길신인데, 다시금 천월의 2덕을 만나니 또한 길한 것이다. 구교 원망은 모두가 흉살인데 만약 공망에 들면 반감되니, 이를 서로 말하여 길신으로 갔다 한다. 또한 공망과 흉살은 꺼리는 것인데, 역시 2덕을 용한다. 옛 주(註)에서는 말하기를, "길신과 귀기는 모름지기 청귀해야 하고, 다시 하나의 혼탁함도 없으며, 혹 별격에 들게 되면, 이로 인해 그 묘함을 추리한다"고 하였다. 만약 천·월 2덕이 없고, 천·월 2합(合)에 월공(月空) 즉 월이 공망인데, 천사(天赦)의 류가 찬조하면 역시 그 분수를 감하며, 복력이 온전하지 못하다. 공망은 생일과 연계하여 어떤 순(旬)에 소속됨인데, 곧 갑자(甲子) 순인즉 술·해의 2자리가 이것이다.

공망에는 3신(神)이 있으니, 하나는 1순 안에 그 뒤로 소장된 바의 천간신으로 곧 갑진순에 갑·을의 2간이 이것이다. 다른 하나는 1순 뒤에 숨어 간신(干神)에 이른 것으로, 곧 갑진순의 병오 인즉 경·신(庚辛)이 이것이다.[6] 또 다른 하나는 절로(截路)공망으로 지극함을 더하고 오히려 긴박하니, 곧 갑기일에 신·유(申酉)시의 종류가 그것이다.[7] 흉신은 좌공(坐空) 즉 공망에 앉음이 마땅하고, 길신은 좌공됨을 두려워한다. 또 이르기를, 금·화는 공망이 마땅하고, 목·토·수는 공망을 꺼린다. 또, 수는 또한 공망이 기쁘다. 또, 주 중의 흉살이 교류하는 중 덕신이 있음과 함께 하면, 위험을 만나도 스스로 흩어지고 죽음 또한 비명에 이르지는 않는데, 일·시에 두른 것은 곧 긴박한 것이라 하였다.

귀기가 십분 온전하여도 다시금 그 의지함과 숨은 것을 보아야 한다. 앙화의 별은 한

---

[6] 이는 좀 더 연구해 볼 일이다. 혹 인묘의 갑을로 대충 방에 앉은 경신을 바라봄과 같은 것인가?

[7] 절로공망은 신살 중 하나로 사람이 길을 가다가 앞에 큰 강이나 바다를 만나 건너지 못하고 길이 막히게 된다는 의미이다. 사주에 절로공망이 있으면 계획하는 일이 성사되지 못하거나 사사건건 일이 막히고 잘 이루어지지 않는다는 뜻이다. 일간별로 처음 시작하는 子時에 해당하는 간지가 속한 순중에 壬水 癸水가 오게 되는 시주일 때를 절로공망이라 한다. 곧, 일간 甲己 乙庚 丙辛 丁壬 戊癸 일 때, 차례로 시주가 壬申 癸酉, 壬午 癸未, 壬辰 癸巳, 壬寅 癸卯, 壬子 癸丑으로 짝을 이루게 된다.

국에서 흉신이 되는데, 요는 복기(福氣)를 숨기고 감춤을 알아야 한다는 것이다.

- 귀기가 십분 완비되었다 함은 시종토록 무너지지 않고 중간에도 평안하여, 1건의 화신(禍神)도 숨거나 감춤이 없는 것이다. 흉살의 신이 왕래함이 번잡한데, 그중에 도리어 1건의 복신이 몰래 깊이 숨어 있음은 오묘하다. 혹은 허협(虛夾)하고 요합(遙合)하며, 혹은 형출(刑出)하고 충귀(衝鬼)하며, 또한 진실로 그 뜻이 있는 곳에 연계되어 마땅하면, 문득 만반의 흉살로 지음은 불가하다. 다만 어떤 운이 기다리고, 와서 부기(扶起)하는가를 보는 것이니, 국 중의 복기인즉 길하고 앙화의 별을 돕고 일으켜 귀신과 용신을 파괴한즉 흉하다.

조화롭고 높은 격에 외로움은 그 세가 궁하고 힘은 다한 것이니, 뜻과 이치가 바르게 변통할 것을 바란다.

- 그 일간과 용신을 탐구하여, '명암과 조화 길흉 신살'의 숨고 드러난 곳을 검수해야 한다. 그 체가 고준(孤峻)하고 기 역시 아직 궁하여 끊어진 자리가 아니라면, 이를 취용하기는 어렵다. 이들은 지극한 것이라, 흘러 관여하는 곳에서 스스로 궁즉변 변즉통의 이치가 있으니, 운에서 어떤 기를 영접하는가에 따라 일거에 만회한다. 이의 생의(生意)가 어떠한가 하면, 발하여 일어남에 그 정(情)의 근원(源)이 있어 또한 무한해짐의 뜻이 있는 것이다.

기(氣)를 채우고 물(物)이 성한 운이라도, 세와 운이 더불어 신주(身主)를 충하면 어찌 능히 염정(恬靜) 즉 고요히 편안할 수 있겠는가?

- 그 대개의 뜻을 보고자 하면, 기상(氣象) 즉 기와 상이 혹은 차고 혹은 흐름을 본다. 그 물리의 체(體)를 관찰한즉 무성하고 또 극에 이르러 있다면, 문득 자연히 오래 가지 못하는 조짐이 있게 된다. 하물며 세·운이 억누른즉 기울고 뒤집히며, 발양한즉 넘치고 몰하는데, 다시금 충극을 겸하게 되면, 어찌 오직 이 몸의 주인 홀로 능히 안연(安然) 염정 불요(不擾)할 수 있겠는가. 이런 이치는 없는 것이다.

연월일시의 간지에는 차서가 있다. 군신(君臣)·빈주(賓主), 체격(體格)·조륜(朝倫) 즉 본체와 격이 조회하고 이어감이다.

- 월간은 마땅히 년간의 다음에 있고, 시간은 마땅히 일간의 다음에 있다, 만약 혹은 순환하여 차제가 정해지면 또한 기묘함이 되는데, 곧 '갑자 을축 병인 정묘'의 류로 기

격(奇格)이다. 년은 군이 되고 일은 주가 되며, 월·시는 곧 빈과 신과 같아서 귀기를 보좌한다. 겸하여 앞의 법에서 차서가 있음과 유사하여, 그 강상(綱常)을 조알하고 그 윤서(倫序)를 보좌하며 그 존엄을 바르게 하는 것이다. 또 이르기를, 양은 신독(愼獨)함을 바라고, 음은 무리를 따르고자 하는데, 이에 귀(貴)와 살(煞)이 더해지는 바의 자리를 잘 살펴야 한다.

일주에게 가장 기쁜 것은 선간(先干) 즉 앞자리의 천간이 일주에 응함이요, 차위(次位) 즉 그 다음 자리는 미운 것이다.

- 일주 선간이란 곧 갑일이 계를 본 것과 같은 류이다. 여기에는 그 이익됨이 셋이 있으니, 그 하나는 능히 무(戊)재를 합하여 나의 자재가 됨이 1이요, 다음은 능히 잘 길러줌으로써 나를 발하게 함이 2요, 다음으로 능히 그 상을 화하여 생아(生我)함이 곧 3이다. 다만 이미 지나간 기(氣)이므로, 기가 불초하고 태만함이 있다. 일주 차위란 곧 갑이 을을 본 것과 같은 류로, 여기에는 손실됨이 넷이 있다. 하나는 능히 처재를 겁탈함으로 공아(空我) 즉 나를 비게 만드는 것이요, 또 능히 합살하여 손아(損我) 즉 나를 손상함이며, 또 하나는 능히 화상 즉 상을 화하여 설아기(泄我氣) 즉 나의 기를 빼서 나감이 그것이요, 나머지는 앞길을 막고 끊으며 양인을 지어 해아(害我) 즉 나를 해하는 것이 4이다.

지신(支神)에는 전기(前氣)와 후궁(後宮)이 있다.

- 지지가 앞으로 나아가 맞는 기가 많은 것은 평생의 위인됨이 정신이 뇌락(磊落) 즉 무더기로 떨어짐과 같다. 곧 갑자년이나 혹은 자일이 '축인묘진사'의 류를 본 것이 이것이다. 지지 후궁의 사람은 그 주가 작사(作事)함에 후회가 한 무더기요 혹은 좌절하니 진퇴가 다단하다. 곧 갑자년 혹은 자일이 '해술신미'의 류를 본 것이 이것이다. 나머지도 대개 이와 같다.

홀로 세군(歲君)을 흔들고, 고허(孤虛)한 일주가 있다.

- 월·일·시의 간지가 연관됨을 지어, '작당(作黨) 작왕(作旺) 작합(作合)'하거나, 혹은 하나의 상을 이루거나, 혹은 일기로 화하는 것이 있다. 태세가 고립되어 별도로 1위를 놓아도 소원한 것 같으면, 필히 조상을 떠나 따로 종문을 세워 자립하거나 혹은 편출에 불나방과 같다. 궁핍 고독함은 년·월·시가 위로 천간이 같기 때문이다. 일주가 홀로 고과(孤寡)에 있다 함은 곧 스스로 무합(無合)에 무생(無生)이라 따로 집을 세운다.

이에 빠진 것은 혹 같이 살아도 따로 기거하지 않은즉 걸양(乞養)기생(寄生)하고, 군더더기로 바깥에 얹혀 산다.

　무리 지어 합하면서 쌍쌍이 싸운다. 처·재의 두 가지 뜻이 있다.
　- 주(柱)중에 토당(土黨)이 이미 많은데, 천시가 오히려 목왕(木旺)을 이어줌과 같은 것이다. 억양(抑揚)의 도가 있다 하여도 여하히 용함이 불가한데, 이는 문득 두 원수가 서로 다투는 것이다. 만약 토가 허하지 않고 두터움을 더하며 목이 유기하여 투로하고, 지지와 납음이 다시금 형해·충극을 하지 않는다면, 도리어 능히 배양할 수 있다. 목이 빼어나 숲을 이루어서 쓰임이 되니, 다시금 기묘함이 되는 것이다. 나와 합(合)하는 것이 처가 되고, 내가 극(尅)하는 것은 재물이 된다. 그런데 세인(世人)들이 단지 아극(我尅)자로 모두 처·재가 된다고 알고 있으니, 비무(紕繆) 즉 얽어 만듦이 옳지 못하다. 또 다시금 돌아가서 화상(化象)이 어떠한가를 보아야 한다.

　용신 일자(一字)가 귀기인데 중첩하여 온다. 그 상이 수정처럼 밝기를 원하나, 그 기가 상하고 게을러 흩어진다.
　- 주중에 평생 홀로 쓸 1자(字)가 있다 하여도, 이름하여 격에는 미치지 못한다. 글자의 측면이란, 두루 합하고 누루 흩어지니 각자가 상황을 따라 군당을 이루어 가기 때문이다. 일간이 또한 다른 곳에서 1자를 내건다 해도, 의탁하고 기댈 것이 없다. 그러므로 이 1자를 쓰거나 혹은 2자를 쓰거나 간에, 용신의 1건은 정신이 엄절(嚴切)한 것이 가장 묘한 것이다. 곧 관성을 용할 경우 또 관성을 다시 돌아옴을 보아 녹을 세움을 회복하는 것, 혹은 재를 용하는데 또 식신 귀인을 본 것은 모두 귀함이 된다. 기가 중첩되면 그 싹이 빼어나지 못하고, 빼어나도 쓰임이 부실하다. 신(神)이 장건하여 상을 이루면, 그 뜻이 온 힘을 다한다. 투로함에 허하지 않으면, 주야를 배신하지 않는다. 곧 토·목·수가 낮에 나고, 금·화가 밤에 생함과 같다. 사주가 이같이 주어지면, 어찌 명리가 특달한 선비가 되지 않겠는가. 만약 지지·천간이 나의 상황과 함께 서로를 돌보지 않고, 용신이 합하는 별이 아니니라면, 주가 고허(孤虛)하다. 충형극해가 서도 배신하고 훔쳐가며, 다시금 기(氣)가 많은 형상에 찬조가 없고 더하여 휴폐됨을 거듭 보게 되면, 곧 무립(無立)무성(無成)이라. 도의 길과 격에 어찌 부족하지 않을 수 있을 것인가.

　아생 아극은 그 정(情)이 능히 물러나고, 타극 타생은 그 기(氣)가 스스로 돌아온다.

- 대저 아생(我生) 아극(我尅)이란 그 뜻이 자연히 퇴산하는 것이다. 다른 것이 와서 생아(生我) 극아(尅我)하는 두 가지는 모두 기가 들어와서 지지를 생하거나 극하는 것이 된다. 길신이 이같이 들어옴이 가장 묘한 것이다.

생극(生尅)내왕(來往)함에 주와 합하고 부지(扶持)한다.

- 주중에는 합공(合空)하거나, 혹은 찬조하는 신이 합실(合實)함이 있거나, 혹은 파괴의 신이 있다. 생(生)함에 제어하는 것이 있고, 극(尅)함을 부지하는 것이 있으니, 진퇴왕래가 한결같지 않다. 만에 하나라도 취함을 잃게 되면, 털끝만한 사이라도 문득 천리만큼 먼 오차가 있게 된다. 도리어 회합하여 주를 부지하고 보좌함이 있다 하여도, 어떤 신이 이른 것인지에 따라 진실로 급한 일이 되는 것이다.

선·악이 번난(繁難)한 것은 시(時)에서 중과(衆寡)를 나눈다.

- 선악의 두 자리가 두루 모였음에도, 혹은 착(錯) 즉 섞이고 혹은 잡(雜) 즉 흩어지는데, 다만 시에 앉은 것이 취중(聚衆)의 휴·왕(休旺)인가 아니면 취과(聚寡)의 휴·왕인가를 살펴야 한다. 악중(惡衆)이 된즉 흉·살을 모은 것이 되고, 선중(善衆)인즉 길·복을 모은 것이 된다. 선과(善寡)의 힘은 두렵고, 악과(惡寡)라면 여러 기미가 있는 것이다. 달리 말하기를, "년·월·시에서 서로 귀인을 봄에는 생왕하고 더하여 일과 화(和)합함이 가장 묘하다"고 하였다.

생이(生而)복생(復生) 즉 생하였는데 다시 생함이란, 모두가 의탁함이 있고 또 어떤 것에서 이루어짐을 본 것이다.

- 병·신(丙辛)인이 무신(戊申) 운을 보는 경우, 오히려 경신의 세(歲)가 돌아와 만난다. 곧, 의지하는 가운데 다시 생하는 뜻이 있게 된 것이다. 임수(壬水)의 정신이 스스로 옴이 있으니 항차 병·신이 화수(化水)하기 때문이다. 그러므로 의탁하여 생을 얻고, 다시 어떤 것을 이루었다 함이 이것이다.

화이(化而)우화(又化) 즉 화하였는데 또 화한다 함은, 그 지경이 아득한데 다시 어떤 땅으로 돌아갈 것인지 막막함을 말한다.

- 곧 정·임이 화목(化木)하는 경우, 더하여 '인묘·해미'가 있고, 지면으로 또 나머지 다른 신에서 수·목의 찬조가 있다. 등등(騰騰)완양(頑養) 즉 오르고 올라 완고하게

길러진 목이라, 어찌 가히 다시 쓰임이 있을 것인가. 한데 또 수가 와서 자조하니, 묘망(渺茫)한 기를 의지할 데가 없다. 하지만 운을 끌어옴이 있거나, 혹은 제방이 있어 어제(馭制) 즉 맞추고 부리는 도가 있게 되면, 바야흐로 능히 복이 된다. 그러나 만약 전생(轉生)의 자리에서 한 번 한만(汗漫) 즉 내버려두게 되면, 도리어 서지 못한다.

　오상(五象)은 서로가 올라타는 것이니, 상서로움과 괴건(乖蹇) 즉 무너지고 멈춤이 있다. 오기(五氣)는 교(交)하고 전(戰)하니, 혹은 상잔하고 혹은 분발한다.
　– 상서로움이란 곧 '목화 화토 토금 금수 수목'과 같이 성상(成象) 즉 상을 이룸과 같다. 득시란 곧 천시를 얻음을 말하고, 득위란 곧 생왕한 자리를 얻음을 말하는데 혹은 건록 등의 기를 올라탄 것이요, 득권(得權)이란 곧 재관 귀인 등을 올라탐을 말하는데, 곧 유권 유세 유집사(有執事) 즉 일을 잡음이 있다는 것이다. 괴건이란 이와 반대되는 3가지를 말한다. 곧 좌하에 귀기를 늘어놓아 귀지(貴地)를 올라탔는데, 지지에서 오히려 형충·극해가 있음이 또한 이것이다. 교전(交戰)이란 체균(體均)역정(力停) 즉 그 몸체와 힘이 서로 균정함을 일컫는데, 곧 1물은 천시(天時)를 믿고, 다른 1물은 그 당중(黨衆)을 믿고 있는 것과 같다. 혹 일물은 득지하고, 혹 일물은 득권하므로 수·화 토·수가 서로 싸우는 것과 같은 종류이다. 상잔(傷殘)이란 용신이 극(剋) 당함을 말하는데, 명수의 전간이 피해를, 혹은 재가 또한 피상되고, 관 역시 피극된 것을 이른다. 혹은 1물에 무리가 있어 화함을 이루었는데 도리어 그 극신이 옴을 보아 무너진 것이다. 곧 병·신이 화수(化水)하는데 홀연히 1토가 와서 극함을 본 것과 같은 종류다. 분발(奮發)이란 물·아(物我)가 서로 평안하고 빈·주(賓主)가 화협하는데, 내가 왕함을 올라타 상대를 범하고, 다른 것은 득지하여 서로 마주하게 된 것이다. 아세(我勢)가 강하니 적이 물러가고, 다른 것은 유기(有氣)하여 와서 조알하는 것이다.

　재·관은 참되어 묘함에 이르고자 하니, 모름지기 이법은 화기(化氣)에 있다.
　– 곧 병·신이 무·계를 보아 재가 되고, 갑·기로 관이 되는 것과 같다. 이는 참된 조화의 수기(秀氣)가 되는데, 나머지는 말하기가 불가하다. 모든 류도 이에 따라 추리한다.

　재·관에 상(象)이 있으면 정(精)수에 이르는데, 요는 국신(局神)에 의지하는 것이다.
　– 곧 병·신이 무·계를 보아 재로 삼는데 화국(火局)을 얻고, 갑·기로 관이 되는데

토국(土局)을 만난다. 바야흐로 그 그릇을 완성함에 나아가는 것이다. 더하여 청순함이 있으면 비할 바 없음이니, 나머지도 이에 따라 추리한다.

재관 잡기는 고(庫)에서 길함이 되고, 묘(墓)에서 흉함이 된다.

- 재·관의 기가 균정하여 서로 껴안고 있는데 다시금 천간으로 귀기를 더하면 길함이 되고, 고가 되는 것이다. 고 중의 잡기(雜氣)로는 3가지가 있으니, 곧 마땅히 왕상하여 귀함이 되고 나를 이롭게 하는 것은 묘(妙)하다. 만약 관이 귀(鬼)로 화하여 입묘하고, 재신이 휴수되어 입묘하면, 흉이 된즉 고가 되지 못한다. 만약 길신이 입고하였어도 곧 휴폐함을 두르고, 와서 형(刑)하면 또한 나를 극하게 되니, 역시 고가 아니 된다.

선악의 신을 충극한즉 입생(入生) 곧 생함에 들면, 통한다.

- 지지의 귀기(貴氣)를 내충하면 가히 이를 길하다 하지 못하고, 악신이라도 편하게 그 흉함을 말하지 못한다. 이는 모름지기 간지를 같이 극하게 됨으로써 바야흐로 길도 되고 흉도 되기 때문이다. 극입(尅入) 즉 극하여 들어옴에, 혹은 일생(一生) 일극 일화 일제 즉 생극·화제(和制)가 있게 되니, 이는 또한 변화와 통달이 그 가운데 있음을 말하는 것이다.

상생(上生)하성(下成)에 탈기(脫氣)됨은 가히 근심이라. 자왕(子旺)모쇠(母衰)로 3개는 도적맞고 하나를 생하는데, 용신이 날아오르니 자쇠모왕을 기뻐한다.

- 상생하란 곧 간생지요, 지생음(支生音) 즉 지지가 소리를 생함이 첫째요, 세가 월을 생하고, 월생일, 일생시가 두 번째요, 생을 얻은 것이 이미 자식이 되었으니, 마치 한신(閑神)에 연계됨과 같음이 세 번째다. 곧 목생화가 여름에 있으면 정히 자왕모쇠가 됨과 같으니, 다른 나머지도 이를 따른다. 삼절일(三竊一)이란, 금이 3수·4수를 생함과 같다. 어미가 자식을 많이 생하여 그 모가 이미 허(虛)한즉 자식이 쇠함을 기뻐하고, 그 어미는 왕향(旺鄕)에 있음이 길함이 된다. 곧 목생화가 해(亥)에 있으면, 정히 자쇠모왕이 되는 것과 같다. 그 나머지도 모두 이런 예로 추리한다.

전호(前呼)후응(後應) 즉 앞에서 부르고 뒤에서 응한다 함은, 생(生)한즉 이어가고 극(尅)한즉 다스림을 말한다.

- 무릇 격국 1진(辰)에는 1간이 있으니, 체·용이 있고 본·말이 있고 호·응이 있는

데, 어려운 것이다. 생이란 곧 계속되어 끊어짐이 없고 순히 흘러 유정한 것이며, 극이란 곧 삭박(削朴) 단련함과 같다. 기제(既濟)와 제방(隄防)과 소통 및 조물(造物) 함이 참으로 다스려진 것이다. 이같은 국면(局面)은 생·극의 소절(小節)에 구애받으니, 이러한 까닭에 원기(元機)의 통구(洞究) 즉 남김없이 궁구함을 능히 아니할 수 없는 것이다.

좌에서 안고 우에서 잇는다. 수즉귀(收則歸) 곧 모인 즉 돌아가고, 산즉허(散則虛) 곧 흩어진즉 비게 된다.

- 대저 일간(一干)에 일지(一支)가 주 중에서 정립(挺立)되니, 그 류(類)에 좌우 상승(相承)의 조짐이 있다. 안고 펼침이 있고 돌아감이 있으며, 그 향하는 바 산만함이 있고 퇴탈(退脫)함이 있다. 그 경중에 따라 득실을 교량(較量)하니, 가감에 마땅한 곳이 있음은 당연함의 뜻이다. 작은 것에 취하여 큰 것을 버리거나, 근본을 버리고 말단을 쫓음은 불가한 것이다.

국신(局神)에서는 취할 것이 없어 한가하나, 일파(一派)가 옴으로 맑고 서늘해진다.

- 주 중에서 그 일주를 취함으로부터 재·관 용신 등의 물건이 나타난다. 혹은 잡하고, 혹은 탁하며, 혹은 변화하고, 혹은 혼탁하며, 혹은 승부(勝負)가 모자라고, 혹은 제항(制降)이 모자라, 우열을 나눌 것이 없다. 그런데 홀연히 하나의 한간(閑干)이 주(主)도 아니고 용신도 아닌데, 좌우에서 다가와 근원과 만난다. 능히 하나의 귀기(貴氣)를 올라타니 도리어 그 천간을 취하여 일주의 신(神)과 관계한다. 다른 어떤 둔신(遁神)으로 그 쓰임을 나누겠는가? 빈 곳에서 상을 짓고, 혹은 합관 합재 등의 항목으로 그 성국(成局) 됨을 취하여 참으로 절실한 쓰임이 있게 된다. 처음에는 비록 한가하여 무용(無用)하였으나, 이 한신이 이미 때가 이른즉 문득 그릇을 이루게 하는 것이다. 때를 만나 쓰임이 되는 까닭에 천하에 버릴 것이 없다 하니, 하물며 그 조화에 이르러서야!

관기(官氣)가 혼잡한데 묘함을 구함은, 각각의 지지에서 배필이 있음이라.

- 즉 중범(重犯)기의(奇儀)의 격이라, 곧 거듭 범하였으나 기묘한 법식으로 일체가 된 격이다. 말하자면 관살혼문(混紊) 즉 관·살이 혼잡하여 섞였으나, 하나는 짝한 바가 있고, 하나는 돌아가지 못하여 올라탄 것이 있다. 모름지기 세·운을 얻고, 다시금 그 미귀(未歸)한 것이 배필을 만나 짝을 이루면 길하다. 혹은 관·살이 주 중에서 각각을 찾아 합하고 제어된즉 아름답다. 여기에도 과불급이 있고 또 소·식(消息)이 있어, 지극하

면 절사(切事) 즉 참된 것이 된다. 또 양관(兩官)에 일살(一煞)이 있고 양살에 일관이 있으니, 모두가 이 같은 종류다. 곧 토를 써서 일주가 됨에 갑·을을 투로하면 관·살로 삼는데, 지지 중에 신·유(申酉)의 글자 혹은 진·사(辰巳)의 글자가 있으면, 이것이 소합(所合)·소제(所制) 즉 합제가 되는 바의 것이다.

교호(交互)유의라 곧 교호함에도 뜻이 있으니, 누구를 도와 공협(拱夾)하는가를 살필 것을 요한다. 비록 투로하더라도 손상됨을 막음이 참되고 마땅하다.

- 교호유의란, 곧 병오가 임자를 본 것과 같다. 각기 의뢰하는 바가 있으니, 병이 계를 관으로 쓰고, 임은 정(丁) 재와 기(己) 관을 쓰는데, 나머지 신이 어느 것을 돕는지를 보아, 무엇이 급하고 무엇이 급하지 않은지 결정한다. 공협에도 오직 참된 것은 곧 을인 이 '계미 을유'의 두 자리를 만나 밝게 보는 경우와 같다. 갑(甲)과 신(申)의 진관(眞官)을 공협하니, 귀기를 의심함이 없는 것이다. 혹 나머지 신으로 화신(火神)을 매장하고, 혹시 세·운을 만났으나 화(火)를 보고 경(庚)을 보며, 혹은 전실(塡實)됨을 보게 되면, 그 자리에서 화(禍)가 발함을 가히 말할 수 있다.

합하여 일어나도 그 힘이 노출되면 탈폐(脫廢) 됨을 등한시 할 수 없고, 정영(精英)이 구르고 흐르면 때의 쓰임에 더한다.

- 천간이 상합(相合)하면 지신(支神)의 길흉을 보아야 하니, 요는 지신이 유력한즉 자연 비상함이 된다는 점이다. 지지가 상합되는 경우라면 이를 올라탄 바의 천간의 힘을 살피는데, 힘이 중하면 정신이 더욱 나아진다. 한편 상하가 두루 합함에도 진(眞)합살이 있으니, 곧 기해가 갑인을 본 종류다. 또 합살(合煞)이란 곧 갑자가 기축을 본 것과 같은 류이다. 달리 말하기를, "살신은 합을 꺼리고 형충파해를 기뻐한다. 간신(干神)이나 지신이 한번 게으르고 한가하게 있다가, 세·운에서 합해오면 정신이 백배라"고 하였다. 다시, "녹마는 육합이 마땅하고 형·파를 꺼리는데, 항차 주 중에서 합을 보면 그 힘이 노출되니 소홀히 하지 못한다"고 하였다. 정신을 탈폐함이란, 곧 아생·아극의 정수와 근본이 나의 기를 흩어버린 것이다. 만약 시상의 용신에 더하는 가운데 흉한즉 제어한다. 도리어 전생(轉生) 즉 생의 흐름에 있어 주의 근본을 도운즉 늦게라도 회생의 뜻이 있는데, 이것이 참된 것이다.

무리가 나뉘는데 일주가 오롯이 행하고, 일진이 길·흉의 자리에서 복무한다.

－ 길신이란 '재원(財元)과 관ㆍ귀, 인수, 식신, 일덕, 월덕, 일록 귀인'이다. 덕신은 '천ㆍ월, 덕합(德合), 천사(天赦), 월공(月空), 시록, 시상(時象)기보(奇寶) 즉 시의 상이 기이하고 귀한 것, 학당' 등이다. 흉신은 '금신, 양인, 칠살, 공망, 육해, 고과, 격각, 삼형, 충신(衝神), 사신(死神), 사ㆍ절에 구교(勾絞)' 등이다. 일설에는 년에 망신(亡神)이 앉은 것 역시 위와 같이 논하며, 원진(元辰)도 위와 같다고 한다.

류취(類聚) 즉 류가 모인 것으로, 년신(年神)이 통령하여 태세가 참여한 택(宅) 즉 집과 길흉에 따른 궁을 용(用)함이 있다.

－ 길신은 '건록, 역마, 택신(宅神), 천의(天醫), 복덕, 궐문(闕門), 진신(進神)이 생ㆍ왕한 위에 있는 것, 화개, 삼기' 등이다. 흉살은 '쇄살(碎煞), 적살(的煞), 함지, 목욕, 망겁(亡劫), 백호, 양인, 비인, 파택(破宅), 대모(大耗), 구교, 상조(喪弔) 즉 상문조객살, 관부(官符), 병부(病符), 사ㆍ절' 등이다.

시(時)에 앉은 것은 소상해야 하니, 오리(五理) 즉 다섯 이치의 당연함이 있다.

－ 하나(1)는 곧 시상(時上)의 '망ㆍ겁(亡劫), 인ㆍ살(刃煞), 공망, 원진, 고과(孤寡), 사ㆍ패(死敗), 금신, 백호' 등의 항목은 악기(惡氣)가 관통한 것으로, 일(日)에 돌아가 모여서 거꾸러진다. 여기에 형ㆍ충ㆍ극을 범하는 바가 있게 되면 상서롭지 못하다. 만약 귀기(貴氣)가 이에 모인즉 상서로움이 된다.

하나(2), 연ㆍ월ㆍ일 삼 항에서 귀기가 있고, 삼원(三元)에서 복록의 신이 인입(引入)되면, 어떤 것이 중하고 경한지를 나누어 그 단서를 상세히 하여 확정한다. 곧, 어떤 것이 와서 안온함을 얻고, 어떤 것이 머물러 거주함을 얻지 못하는가, 다시금 자가(自家)로 돌아가 일어남을 얻어 실은 것인지, 아닌지를 정한다. 혹은 마차나 배와 같고, 혹은 옥ㆍ택(屋宅)과 같은 것이다. 또 이르기를, "시(時)에서 집이 있음이란, 연ㆍ월ㆍ일 상의 자리에 있는 것을 도리어 물리치니, 또한 서로가 의지하고 호응함이 있는지, 아닌지를 살펴야 한다. 시좌(時座)의 일위는 다시 명주 몸의 마지막을 짓는다"고 하였다. 내가 감히 이와 다름을 보지 못했다. 또한 이와 연세하여 밝게 변별함으로써 길흉의 묘리를 일치시키고, 판단에 조화의 정밀함과 절실함을 얻는 것이다. 년ㆍ월ㆍ일 내에 있는 1위(位)가 시(時)와 화합한 것은 평화롭고, 2위와 더불어 시화(時和)한 것은 작은 형통함과 부귀가 있으며, 3위가 공히 시와 화합한 것은 대발하여 부귀를 이룸을 보았다. 다만 일긴(日緊)ㆍ년천(年淺)ㆍ월완(月緩) 즉 일은 굳고 년은 얕고 월은 느리다.

하나(3), 시에 극·파·충·해와 화·조(和助)가 있고, 공·망·사·패 등의 건을 끌어오는 것이 있다. 이때는 그 일의 본체를 취하는 것이 가장 중요해진다. 곧, '경인시가 을해'를 취하여 용(用)으로 삼는 경우, 왕·상·생·부와 득기·득지의 가부로써 의지하고 자리하는 것이다. 세와 운을 참고하여, 그 길흉이 발하고 폐하는 연유를 교(較)량하여야 한다.

하나(4), 시는 왕·상하고 유기함을 요하니, 휴·수되고 무정하면 사(使) 즉 좇지를 못한다. 또 이르기를, "초·중·말 3차의 정의(情義)가 있다. 곧, 인시(寅時)의 경우, 초(初)는 토에 속하고, 중(中)은 화에 속하며, 말(末)은 목에 속하는데, 하나의 시에서 서로가 충·형 하면 이는 참으로 일이 긴박한 것이다. 물건을 실었는데 끌고 가지 못함이라."[8]고 하였다.

하나(5), 시에 앉은 것이 오행 긴박함의 차서라, 지극히 절실하고 중요한 도가 된다. 대개 이 일(日)로 생한 별은 천하의 모든 사람들에게 공히 보편적인 것이라, 조화의 대강(大綱)이 된다. 그러나 오직 시(時)의 각(刻)에서 털끝으로 나누어지니, 조금이라도 어긋나고 틀리거나 의혹이 있으면 불가하다. 그러므로 준칙이 되고, 빙거(憑據) 즉 의지함의 근거가 되는 것이다. 항차 교환하는 사이에도 각(刻)의 순서와 차이는 일(日)의 궤도를 따른다. 본래는 미시(未時)이나, 일각(一刻)의 차서로 그 동호(銅壺)누전(漏箭) 즉 물시계의 구리 항아리에서도 화살이 새어나가니, 도리어 각으로 오시(午時)의 7각 8각이 되기도 한다. 이리하니 하물며 산벽(山僻)의 촌락에서 야밤에 탄생한 경우야 어찌할 것인가.

허진(虛辰)둔법(遁法) 즉 허자로 들어온 별이 숨는 법식에도 셋이 있으니, 술수의 묘취(妙趣)라.

－ 하나(1), 녹마·귀인 등은 길이요, 인살·사패 등은 흉이다. 하나하나가 두루 정해진 자리가 있고 이에 오호(五虎)둔법을 쓰니, 원래 자리한 간지는 능히 그 관의 일을 사령하는데, 지극하여 응험이 된다. 또 이르기를(2), "태세가 임한 바 12궁의 선악이 되는데, 둔법 역시 다만 세신(歲神)의 천간에 숨어 길처에서는 복을 짓고 흉처에서는 화를 일으킨다. 도리어 일주를 용(用)하여 재·관 등의 건을 취하는 것이다"고 하였다. 바른 요점은(3) 세(歲)와 일(日) 천간 2위의 관계를 보는 것이다. 당생(當生) 즉 생함에 숨은

---

8 원문에는 뢰(牢)가 기록되어 있으나, 이는 견(牽)의 오자로 보인다.

바가 어떤 길흉 · 신살인지 그리고 주가 처한 바 역시 경중을 나누어야 한다. 곧, 사람의 출신 장소가 어떤 파와 원류 그리고 자격과 연계되는가 함을 보는 것이다.[9]

용신(用神)이 생시의 왕한 방위라면, 마땅히 극제됨을 막아야 한다.

- 수를 관으로 쓸 경우, 토가 '신 · 자 · 진' 등의 자리에 이르는 것을 꺼린다. 목을 써서 관으로 삼으면, 금이 '해묘미' 등의 자리에 이름을 꺼리는 것이다. 이허중(李虛中)이 말한 바, 상파(傷破)용신(用神) 즉 용신이 상하고 파괴되었다 함은 가택에서 나 홀로 쓰임이 될 뿐이다. 신(神)이 일어나 발해야 할 곳이 먼저 상함과 붕괴를 입은즉 용신이 돌아갈 곳이 없음은 분명하다.[10]

기신(忌神)이 령(令)의 왕한 곳에 앉았으면, 도리어 형 · 상(刑傷)을 기뻐한다.

- 기신이란 '금을 써서 재로 삼는 경우, 화가 즉 기신인데', 이는 오직 극 · 제(尅制)의 신을 기뻐한다. 토를 점하여 묘함이 되는데, 도리어 수가 옴을 요하는 것은 '인오술 · 사' 등의 자리가 있기 때문이다. 기신을 감소시킴으로써, 왕함의 기택(基宅)을 발하고자 함이다.

용신의 묘 · 귀(墓鬼)를 얻으면 재앙이 되고, 용신의 귀 · 정(貴情)을 얻으며 정정(亭亭) 즉 머물고 자리하여 찬조한다.

- 용신이 자체에 귀묘가 있음에도 길한즉 이름하여 관고(官庫)가 됨이다. 곧 흉살을 두르고 형 · 극 · 충 · 절이 오면, 그 용신이 스스로 이를 꺼리고, 일주 또한 이를 꺼림과 같다. 용신이 자체로 재 · 관의 귀기가 있음이 본가의 재관은 아니다. 오는 뜻이 순 · 생(順生)부 · 합(扶合)하면 정신이 백배요, 용신이 스스로 이를 기뻐하면 일주 또한 이를 봄이 더욱 마땅하다.[11]

묘 · 절(墓絶)과 살 · 인(煞刃)이 함께 오면 형 · 화(刑禍)요. 악함이 모인 형상이 공망이면 그 령(領)을 버린다. 재 · 관이 제가 되고, 녹이 모이면 복을 더한다.

---

9   이와 앞부분의 '(1), (2)…'등은 원문의 내용에 맞춰 역자가 임의로 붙여보았다. 전체는 일률적으로 설명하는데, 뭔가 맥락이 흐트러진 느낌이다. 년간 위주의 삼명법을 통한 이해로 보면 무방할 것이다.
10   시와 용신 그리고 사주의 의미와 일간, 지지의 뜻을 음미해 볼 수 있다. 신법에도 통한다.
11   이는 용신과 본가 즉 본신의 상관 관계를 말하는 대목이다.

- 묘 · 절 · 사 · 패가 이르게 되면, 도에 부족하다. 만약 '인살 망겁 구진 원진' 등이 있는데, 충 · 형 · 극 · 절이 오는 것을 보면, 일주와 용신에 모두 화환이 침입한 것이다. 월공(月空) 천사(天赦)의 2신이 이르면 길하고 좋으며, 천 · 월덕 천 · 월합의 4신 역시 같이 판단한다. 각기 그 직을 사령하고, 명주의 일이 만약 재 · 관 등의 귀함과 연계되면, 주의 다스림이 다시금 아름다우니, 그 영요(榮耀)의 복기(福氣)가 나란히 모인 것이다.

상관 · 묘신(墓神)의 류(類)가 있는데, 주중에 있으면 더욱 나쁘다. 암(暗)으로 겁재 · 고귀(庫鬼)가 있으면, 명이 나뉘어 흉함에 이른다.

- 상관이 스스로 묘고(墓庫)에 있는 것이다. 곧 병인(丙人)이 토로 상관을 삼는데, 진(辰)을 만나면 자가의 묘신이다. 만약 흉살과 극 · 절 · 형 · 충을 두르면, 일주와 용신에 이름이 긴박하고 절실함이 된다. 악기(惡氣) 겁재의 묘고를 말한다. 곧 병인이 술(戌) 위에 있는데 겸하여 정이 천간에서 왕한 것과 같다. 흉살을 둘렀는데 앞에서 와서 극 · 절 · 형 · 충 되면 그 용신 일주가 지극히 흉하다.

인수가 향(鄕)을 생함에 윤택함이 마땅하고, 악신이 사지라면 형 · 상(刑傷)을 짓는 것이 도리어 두렵다.

- 인수는 본래 생아의 신이니, 만약 인수를 놓았다면 자가(自家) 생왕의 곳이다. 또 생 · 합(生合)의 신을 보게 되면 돌고 돌아 복이 되니, 자가의 큰 뜻이 면면부절한즉 가(可)하다. 혹은 차고 혹은 넘칠 수가 있으니, 화출(火出)에 목분(木焚)이요, 목부수범에 토중금매며, 화중토허하고 수류금침하게 되면, 도리어 태만(太滿) 즉 채움이 태과 한즉 기울게 되고, 태성(太盛) 한즉 부러지는 화가 있다. 흉악한 신이 있는데 자가는 이미 사 · 절의 땅 위에 자리하고, 또 악기를 타서 극 · 절 · 형 · 충하면 용신 · 일주가 낭패가 된다. 만약 '사 · 절 · 묘 · 패'의 궁 위에 있으면, 주에게 악함이 되어 무너짐이 온다. 그 쓰임 또한 앞의 주석에서 말한 것과 같이 판단한다.

용신은 몰하는 곳을 미워하는데, 지지가 어찌 이를 온전히 드러내고자 하는가. 납음이 생 · 왕한 방위라면, 용신이 탄연(坦然)하여 꺼릴 것이 없다.

- 무릇 용신이 패 · 절되어 빠져 버리는 등의 자리는 미워하고, 주 중에서 드러남을 꺼린다. 이는 비천한 하격이기 때문이다. 다시금 흉 · 살의 신을 두르면 어찌 가하다 하겠는가. 혹시 한두 개의 자리를 본다면 오히려 가하다 하겠으나, 만약 세 · 운 상에서 악함

의 기를 도와 일으키고, 겸하여 살국(煞局)을 모은즉 '침륜(沈淪) 상패(喪敗) 회인(悔吝) 파실(破失)'의 기가 되는 류이다. 심하면, 죽어도 장사지낼 몸과 땅이 없다. 모름지기 공망과 살을 더불어 보면서, 바야흐로 판단한다. 무릇 명의 납음이 항상 생·왕하고 4귀(貴)의 땅에 있으며, 월신이 와서 생하면, 자연히 기뻐한다. 모두가 꺼리고 기탄함이 없으니, 염연(恬然)하여 스스로 편안한 것이다.

화·토가 근원을 잃으면, 그 중에 쉽게 먼지와 홍몽(濛)의 상(象)으로 화한다.

– 만약 화·토가 조화와 중화의 기를 얻지 못하면, 혹은 조열하고 혹은 한랭하고 혹은 치우치고 혹은 말라붙어, 쉽게 회물(晦物) 즉 어두운 사물의 기로 변한다. 이에 막히고 어두우며 혼몽(昏濛)한 상으로 능히 밝게 발하지 못하니, 이를 만나면 이루지 못하는 것이다.

사·패의 상(象)이 무리를 이루면, 생·왕한 신을 상하지 않음이 없다.

– 사·패의 상이 유당(有黨)하여 와서 반대로 생왕한 신을 형충극절하는 경우, 이는 크게 형통하지 못한 조짐이라. 곧 수인(水人)이 묘(卯)가의 목을 보았는데, 유(酉)금 진(辰)토 사(巳)화 등의 신이 있는 종류다. 오히려 이는 일주가 생왕한 궁의 궁주요, 월신 또한 생왕한 궁의 궁주라, 서로 범하고 서로 극하여 허물이 되니, 조금도 마땅하거나 상서롭시 않은 것이다.[12]

오기를 베풀어 동서에 정하는데, 지리가 능히 배양하고 또 능히 막는다.

– '해자 수와 인묘 목, 사오 화, 신유 금, 진술축미의 토'가 있다. 곧 금이 해·자에 이른즉 기를 누설하여 마르게 되고, 목이 해·자에 이른즉 기름을 받고 배양됨을 얻는다. 나머지도 이같이 추리하니, 극히 중요한 것이다.

일진(一辰) 즉 한 글자가 귀·살(貴煞)을 모아 감춤에, 납음이 자왕 자생한다.

– 곧 하나의 별이 귀(貴)를 모으고 장생인데, 살을 둘리 일·시에 있으면, 생함과 살이 같은 길이 된다. 달리 말하길, "살이 귀(貴)를 둘렀는데, 스스로 장생이라 쓰임이 있는 경우다. 이는 귀(貴)가 스스로 생함을 두른 것이 된다. 이는 다시금 살(煞) 중에 귀함

---

12 이러한 예에서 알 수 있듯이, 옥정의 전체 내용 역시 고법 삼명의 이론을 따르고 있다.

을 감춘 것이다. 또 한편, 년(年)중에 천간 납음이 장생을 따르는데, 같은 신·살(神煞)이 일·시에 있는 것은 진(眞)장생이 된다"고 하였다. 곧 년·월·일·시의 기를 모으고, 또 1강 4약이 된 것이다. 또 이르기를, "사주는 다만 1위의 장생을 요하니, 그 왕기가 오롯하여 취렴정신 즉 정신을 모은 것이다"고 하였다.

공망과 소식이 여러 단서가 있으니, 어찌 십간의 결(缺)처에만 머물겠는가.

– 이 살은 가장 요긴함이 된다. 그 가운데 경중과 진가가 있으니, 마땅히 자세하게 심사할 일이다. 1순의 공망이 10일을 기준으로 상하를 나누어 소관하는 바, 곧 갑자순 중에 무진까지는 술(戌)공을 써서 절실함이 되고, 기사에서 계유는 해(亥)공을 써서 절실함으로 삼는다. 1기(氣)의 경중을 나누면 갑자가 임술을 본 것은 진공이요, 무술을 본 것은 가볍다. 한편, 상견(上肩) 즉 천간으로 서로 견주는 1위가 태중하니, 곧 갑인(甲人)이 계를 보고 을인이 갑을 본 종류다. 1순 가운데 뒤에 오는 녹이 공망을 만난 것, 곧 '갑자순에 임신, 갑술순에 경진'의 종류가 있다.[13] 하나는 오기가 공망에 떨어진 것으로 곧 갑자순에 수·토요, 갑술순에 금이며, 갑신순에 화·토의 종류이다.

관귀(官貴)를 억부(抑扶)하고 양립함을 일러 정(停)이라 칭하니, 한 길에서 자기(鎡基) 즉 기초를 호미질한 것이다.

– 관성은 일신의 귀기요 복의 근원이니 가장 절실한 일이 된다. 재신은 다음인데, 만약 한 번 돕고 한 번 억누르면 그 뜻을 양립함이니, 승부를 나눌 수 없다. 곧 음양의 기가 서로 승강하지 않고 하나의 운로 중에 있으면 모름지기 정이라 칭하니, 그 배속 강약의 정을 잘 살펴, 이로써 흥폐를 정함이 가하다.

살을 보고 관이 숨은 것은 이로써 정(情)에 의탁하고, 관이 드러나고 살이 숨은 것 즉 관현살장은 의(義)를 세움이 된다.

– 살이 투로한 신으로부터 제합 균배됨이 있음을 보고, 관은 숨었다. 인수가 없다면 다시금 숨은 것인데, 주가 겉으로는 권모에 조략(操略)이 있으나 안으로는 간귀(奸宄) 즉 간사한 도둑의 기이한 계책을 품는다. 만약 살이 중한데 제어함이 없고 관신(官神)이

---

13 이는 순중 공망과 납음 녹의 의미가 섞여서 입론된 것이다. 뒤의 오기 공망은 순 전체에서의 간지 모두를 공망된 12지지로부터 추적 파악한 것을 말한다.

무정한 것은 반대로 관현살장이 된다. 이는 안으로는 성품이 악하고 무정하지만 밖으로는 의롭고 화합하며 근면하고 절도가 있다. 곧, 대의가 이와 같으니, 또한 마땅히 격물(格物) 즉 사물을 대함으로써 소상히 밝힐 일이다.

살(煞)을 꺼리는데, 기(氣)가 용신의 정(情)으로 온전할 경우 용신의 힘을 빌린다. 살이 밖으로 치달림은 절대로 꺼린다.

– 살에 생 · 부가 있거나 혹은 생 · 왕한 곳에 앉음과 이를 도와 합하는 신이 있음은 꺼린다. 그 온전하다는 뜻은 말하기가 어려운데, 다만 주 중에서 용신이 허함을 보았으나 와서 생하고 정에 합한 것이다. 가(假) 즉 빌림이란, 투로하여 형상은 유기한데 혹은 천중(天中)에 떨어져, 비록 왕하지만 역시 지면 즉 지지에는 없음이다. 정(情)과 가(假)는 힘이 흩어지는 고로 스스로는 그 기가 온전하지 못한 것이다. 만약 용신에 도움이 더해져 생부(生扶)가 있고, 혹은 힘이 생왕의 자리에서 온전하고, 또 생조(生助)의 신이 있으면 유정하고 유력해지니, 참으로 나누어서 밝힘이 필요하다. 기신 · 살신의 둘은 오로지 주 중에서 그 대강을 짓는다.[14] 힘은 도리어 세와 운에서 치우침으로부터 오니 겸하여 극절(尅竊)됨이 있으면, 자연히 주 중에서 정주(停住)함을 얻지 못하고, 기가 흩어져 밖으로 달리는 것이다.

쓰임을 결(缺)하여도 납음이 온전하면 보기(補氣) 즉 보좌의 기가 된다.

– 납음의 법을 지어 팔자를 격(隔) 즉 나누면, 크게 어지러우나 쓰임의 도구가 있다. 어찌 여하히 함부로 버릴 물건이 있겠는가. 기를 결한 곳에서는 곧 납음을 요하니, 보차(補借) 즉 돕고 빌림은 곧 토가 부족한데 납음에 토가 있은즉 그 부족함을 돕는 것이다. 이마저 휴 · 수되면 불초하고 태만함이다.[15]

사물이란 모두 묘한 뜻이 있으니, 그 몸이 능히 다 맡지 못한다.

– 귀기(貴氣)가 혹다 혹중 한데 자신이 무기하면, 어찌 능히 그 소임을 맡아 이길 수 있겠는가. 곧 그 류(類)를 따르고, 그 회(化)를 쫓음과 같은 것이다. 혹은 그 성을 쫓고, 그 기에 응하겠지만, 이 이론에 속한 것은 아니다. 일설에 '몸이 그 소임에 능하지 않다'

---

[14] 기 · 살의 둘은 굳이 나눈다기보다 체 · 용의 관계로 보는 것이 맞겠다. 곧, 살신을 꺼리는 것이다.
[15] 고법과 신법의 화해에 있어 가장 기본적인 뜻이 되는 대목이라 하겠다.

함이란, 곧 병이 들면 먹지 못하고 꽃이 결실을 맺지 못함과 같다고 하였다.

세(勢)와 정(情)이 충만하면 발왕(發旺)하여 기쁘다. 때〔時〕로 상(象)과 뜻이 공허하면, 춥고 어두움이 태양〔日〕의 정도에 따른다.

─ 팔자의 기후와 세력 및 정이란 그 몸체의 단계로 생각해야 한다. 곧 사람이 기가 장대하고 충만하면 흡사 화난(和煖)과 같고 기쁘고 즐거운 색이요, 어려서 능히 달함은 시가 통하고 구제하여, 사물에 이롭고 단단히 발할 것이다. 혹 세ㆍ운에서 이를 돕는다면, 다시 무엇을 말할 것인가. 만약 팔자의 체제가 이미 외롭고 허하며 기의 상(象)이 또 냉락하고 겸하여 공망 휴수를 두른 것은, 소임을 받음에 지술(智術)ㆍ재용(才勇)이 있어도 이를 펴고 베풀 바가 없다. 다만 그 세월이 공허하고 한가할 뿐이다.

성공의 기(氣)란 변화가 존엄으로 돌아가고, 교호의 신이 왕래하여 두루 귀한 것이다.

─ 성공 변화란, 곧 임수가 12월에 기가 본래 잔폐(殘廢)한데, 목의 상(象)이 간지로 인화(引化)함이 있음이니, 이것이 가장 묘한 일이다. 교호 구귀(俱貴)란, 곧 '정사가 신해를 보거나 혹은 경인ㆍ기묘'[16]를 본 종류이니, 지지로는 비록 충하여 불화한 곳이 2지(支)가 된다 해도, 서로 간에 한신(閒神)이 있어 귀기를 왕래한 것이다. 그 나머지도 이에 따른다.[17]

---

[16] 원문은 사(巳)인데, 아마 기묘일 것이다.
[17] 옥정의 상편을 이로써 마치는데, 육오의 원주가 신법과 고법을 구분하지 않고 변론됨으로써 오히려 혼란을 더욱 증폭시키는 느낌도 있다. 다만 마지막의 두 주석에서 기본 입장을 이해할 수는 있다.

星命部彙考五十八
三命通會 三十

玉井奧訣下. 氣象篇.

三命通會 三十

【玉井奧訣下】 옥정오결 하편

휴·수가 다시 공망에 들면, 때는 무너지고 일은 물러난다. 왕·상이 만약 생·합을 겸하면, 권행(權行)을 바큇살처럼 모은다.

－무릇 휴·수의 기물은 본래 좋지 못한데 다시금 공망에 들었다면, 어찌 오직 생이 때를 만나지 못한 것뿐이겠는가? 종래에 때를 올라탄다 해도 일이 역시 퇴산(退散)하여 고르지 않은 것이다. 만약 오상(五象)이 왕상하면 공망에 이르러도 오히려 가함이 있으니, 금·화가 왕하면 입공(入空)하여도 오히려 좋다. 대저 왕·상의 신은 본래 그 때의 마땅함이라, 만약 생하고 합한다면 그 정신이 오히려 넉넉함을 본다. 권(權)이 변하여 복(福)이 되니, 능히 두루 모아 그 뜻을 가히 행할 수 있다. 거취가 모두 그 차서를 잃지 않은 것이다.

기가 이미 지난 것은 물러나 번잡함을 감출 것을 바라니 묘·절의 땅이 마땅하고, 사물이 바야흐로 오는 것은 장차 그 근원을 취하여 나아가고자 하니 생·왕의 궁을 기뻐한다.

- 곧, 삼월 갑목은 기가 이미 지난 것으로 퇴장함의 이치에 합한다. 오직 묘·절의 땅이 마땅하니, 그 도가 자연에 합하는 것이다. 만약 생·왕의 향에 임하게 되면, 도리어 무너지고 눈물 흘림이 된다. 바야흐로 오는 것의 생왕함이란 곧, 12월 갑목이면 진기요, 정월 을목이면 진기라, 장차 나아간다. 바야흐로 온다는 것은 생·왕의 땅에서 일어섬이 마땅한 것으로, 화가 되고 복이 됨 또한 절실함이다.

휴·수는 유용해도 발월(發越)함은 곧 더디고, 왕·상이 무정하면 나쁜데 가장 빠르다.

- 용신이 오직 귀하고 유용하다 함은 나를 생하고 도우며 혹은 천·월 2덕이나 또 천을에 임한 종류이기 때문이다. 만약 천시의 왕·상함에 임하지 않고 다만 쓰임이 있다고만 하면, 발하고 나타남이 지지부진하다. 주 중에서 비록 왕·상한 신을 둘렀으나 나와 함께 할 뜻이 없으면, 곧 반길반흉이다. 한번 세·운이 이르는데 다만 흉살을 돕게 되면, 화(禍)가 가장 맹렬하고 신속함이 될 뿐이다.

진신(進神)이 집권함은 지극히 정당하니, 납음이 귀함을 실으면 극(尅)도 마땅하고 생(生)도 마땅하다.

- 진신이 귀기를 두름이 사주 중에서는 제일 묘하고, 살을 끌어 안으로 들어섬이 제일 흉하다. 귀기가 비록 주 중에서 길한 정을 가졌으나, 만약 납음이 절실하지 못하면 마땅히 와서 극아(尅我)하게 된다. 생아(生我)한즉 바야흐로 그 뜻이 있음이요, 이로써 그 귀함의 아름다움이 온전케 된다. 만약 납음이 생·극하지 않고 공망이 그 귀함을 짊어지게 되면, 나와 함께 다스릴 것이 없음이다.

왕신이 충기하고 투간함에 용신으로 삼는데, 시들고 마른 악살이 권형에 임하면, 본순(本旬) 즉 본래의 순 중에서는 더욱 급하고 절실하다.

- 곧, 정미가 혹 여름 달 득시(得時)의 때에 생한 경우, 축 중의 신·계(辛癸)를 형출(刑出)하는데 투간(透干)해 있고, 주 중에서 용신이 된 것은 그 복기가 박하고, 화 역시 가벼운 것이 된다. 악살이 왕·상함은 본래 흉하니, 만약 일진의 동일한 순 내에서 그렇다 하면, 화가 속히 이르고 지극히 중한 것이다. 귀한 신이 본순에 있는 것이라면, 곧 지극히 길하고 긴박하다.

금신이 득세함은 지극히 흉하고, 공망이 충을 만나면 반드시 발한다.

- 금신은 본래 흉한 것이다. 만약 화향의 제지가 없고, 또 다른 곳에서 도움을 받아 일어나거나 혹은 왕·상하여 득세하게 되면, 모두가 지극히 난폭하고 강강함이 되니 그 흉이 특히 심하다. 공망으로 함몰되어 쓸 것이 없으면, 곧 그 기물을 버린다. 충신(衝神) 을 만나면 필연적으로 일어나 발하게 된즉 쓰임이 있는데, 곧 인(寅)공망에 신(申)을 본 것과 같은 종류가 이것이다.

양인(刃)이 원래는 공망인데, 금이 만국(滿局)이라 오로지 화신의 왕·상함에 의뢰할 경우, 흉살이 화에 불타므로 공망은 반드시 수상(水象)에 의지한다.

- 금이 곧 살(煞)로 기물을 해하는 명(命)의 형상일 경우다. 만국이 금기요 겸하여 흉 살을 둘러 여러 신들이 형극(刑尅)되면, 내가 살해되지 않으면 필시 다른 사람이 다른 자(刺)상을 입게 된다. 화의 제어가 없다면, 반드시 화(禍)를 경험한다. 만약 불타는 화 염의 상(象)이라면 무성하게 되는데, 이런 등등은 다시 화의 재앙이 있음이 많다. 하물 며 세·운에서 그 기와 부합하게 되면, 모름지기 수상의 기제(旣濟)를 빌려야 한다는 것이다.

목·토의 기는 그 의탁함이 득이하게 발함이 분녕한데, 충·극 역정(力停)하면 그 승 부를 나누지 못한다.

- 목은 토가 아니면 재배하지 못하고, 양토는 목이 아니라면 소통함이 불능하다. 특 히 세·운에서 그 부족함을 돕게 되면, 이로써 그 기가 빛나고 발하니 자연 이롭고, 견 고하면 윤택함에 이르게 된다. 충·극되면 승이 있고 부가 있다. 그 힘이 상정되면 승 부를 나누기 어려우니, 모름지기 그 기(氣)를 보고 소식(消息)을 살펴야만 바야흐로 가 히 판단할 수 있다.

부지(扶持)하고 생조(生助)하면 그 흘러서 기르는 신을 관찰하고, 전투 충쟁(衝爭)하 면 그 무녀져 다하는 기를 보아야 한다.

- 생조가 도도한 것은 그 전양(轉養) 즉 구르고 기르는 신을 살펴, 어느 곳에서 체·용 의 기초가 되는지를 보고 길흉의 조짐으로 삼은 후에, 이를 결정한다. 전투 충쟁함에는 무녀지는 기를 보는데, 곧 이것이 물러나 한가롭다면 무용(無用)한 사람이다.

음간(陰干)에 양인(刃)을 취한 것은 바라는 것이 분명하다. 지력(支力)이 당권하면 몰래 범하는 것을 막는다. 여기서 지력이란 달리 귀한 힘이다.

– 음간에 취인(取刃)이란, 곧 '정사가 미를 보고, 신인(辛人)이 술을 본 것'으로, 양인의 종류가 된 것이다. 지지의 힘이 권형(權衡)을 잡았다는 것은, 곧 미가 귀신(貴神) 혹은 힘의 강함에 연계된즉 오와 합한다. 그런데 오에 자가 와서 충하고 미를 범하거나, 또는 미의 힘이 중하여 능히 축을 충기함으로써 축 중의 계나 기의 기물을 출래(出來)하는 것을 말한다.

왕신(旺神)이 특출하게 서면 기물이 그 앞을 감당치 못하고, 악살이 만영(滿盈) 즉 차고 넘치면 천간이 멈출 곳이 없다.

– 곧 1위의 천간이라도 천시(天時)의 지극히 왕한 기가 있으면, 탁연(卓然)하여 주 중에서 마음대로 권세를 부린다. 나머지 이를 끌어맬 것이 없으면, 그 극(尅)을 당하는 신이 어찌 감히 현로(顯露)할 것인가. 살며시 장복(藏伏)한다 해도 역시 감히 일을 집행하지는 못하는 것이다. 태세와 일간이 살·인(煞刃) 등의 악을 국(局)에 가득 채운 것을 만나면, 자가의 천간과 주가 마침내 거주할 곳이 없다. 결단코 주에게 상서롭지 못하고 빈요 악사하는 것이다.

귀(鬼) 중에서 귀(鬼)살을 만났다. 제거할 것이 없어 충하여 나아가는데 다시금 충을 만나면, 의지할 것이 약하다.

– 나를 극해하는 것이 귀(鬼)가 된다. 혹시 귀가 또한 귀살을 만나고 와서 서로 해하면, 전전(輾轉)한 상극의 기가 극에 이르러 나를 핍박한다. 만약 다시금 굴려서 제어할 것이 없으면, 곧 죽음의 징조이다. 지신(支神)이 충을 입으면 간신(干神)의 귀기(貴氣)가 문득 불안하여 숨으니 어찌할 것인가? 충신(衝神)이 또 충격(衝激)을 만났는데, 아가 즉 내 집에 다시 의뢰할 것이 없으면, 그 토대가 될 상(象)이 서지 못하고 기물 또한 이루지 못한다. 화(禍)가 아니라면 요(夭)절하는 것이다.

거듭하여 극을 입으니 모두가 화를 이루고, 2격(激)에 쌍충(雙衝)은 모두가 상서롭지 못하다.

– 곧 갑이 2임을 보아 거듭 삼킴이 되었는데, 다시 2경을 보니 쌍극이 된다. 주 중에서 중첩하여 충신을 보거나, 혹은 합처에서 형·해·극·파가 있는 것은 모두 불상(不

祥)의 조짐이다.

오행의 일은 균정(均停)을 요하니, 치우치고 기울어진 것은 능히 제물(濟物)하기 어렵다. 사주는 전체로 배필이 됨이 마땅하여 흥하고, 쇠한 것은 성공하지 못할까 두렵다.

– 정균(停均)의 설에는 다섯이 있다. 그 첫째는 일주의 용신이 충화(沖和)하여 상제(相濟)되고, 피차가 각기 의뢰할 것이 있어 편고(偏枯) 함에 이르지 않은 것이다. 둘째는 용신의 기를 손상하는 것에 따로 기물이 있어 이를 제지함으로, 경(梗) 즉 가시나무를 지음에 이르지 않은 것이다. 셋째는 간지 상하의 글자의 양상이 서로 이어져 과불급이 없는 바를 얻은 것이다. 넷째는 죽은 사기(死氣)에 혹 응대하는 활물이 있고, 당과(黨寡)가 당중(黨衆)을 이기지 못해 능히 중과부적이 된 것이다. 다섯째는 변하고 화하고자 함에 투(妬)하고 파(破)함이 있는 것과 고요하고 편안코자 하는데 범(犯)하고 격(激)하는 것이 있는 것 등이다.

필배(匹配) 즉 배필의 설에는 여섯이 있다. 첫째는 쇠신(衰神)으로 용하려는데 마침 운에서 쇠하는 것을 도우니 바야흐로 가한 것이요. 둘째는 선악이 능히 균배되어 있는데, 운에서 어떤 것을 도우는지를 보아 이로써 길흉의 구별이 있게 됨이요. 셋째는 용신이 있어 비록 한번 흥하고 한번 쇠함이 있어 편고되나, 개입하지 않는 것이다. 넷째는 서로가 편안하고 상제되어 응하고 구하는 바, 각각이 의뢰할 것이 있음이다. 다섯째는 왕하여 그 기물을 이루고자 함과 한번 쇠함으로 온전히 이룸이 불가한 것이다. 여섯째는 간지의 각각에 귀기가 짝하는 바가 있거나, 혹은 괴열(乖劣)한 바가 있음을 말한다.[1]

평생의 복덕은, 기물(物)이 화하여 연면함에 있음을 알지 못한다. 다음으로 오는 신의 자리인데, 요는 암(暗)으로 상하고 막으며 끊어짐을 아는 것이다.

– 지지에는 내부에 '기·을·신·정'의 류(類)가 있고, 대개 칠살은 악함의 특수한 것이라 한다. 하지만 기토(己土)가 을금(乙金)을 생하고, 을금이 신수(辛水)를 생하며, 신수가 정목(丁木)을 생하여, 지속적으로 끊어지지 않음을 알지 못한다. 하물며 밝게 드러난 것도 이러한데, 허(虛)자와 공(拱)협처에서야 어떠하리오. 혹 '갑·병·임·경'이 있어 암합(暗合)하고 기를 온전히 한 자는 대부귀격이라. 천간에는 아직 오지 않은 앞의 1위가 있고, 지지에도 오지 않은 앞의 1위가 있다. 이 모두가 흥하고 악함이 된다면, 모

---

[1] 이는 곧 흥·쇠의 각각에도 다 각각의 짝이 있음을 밝힌 것이다.

른다고 함이 불가하다. 곧 을이 병을 보면, 신과 합하여 암으로 손상하는데, 이는 양인의 종류에도 미친다. 자가 축을 보고, 축이 인을 보고, 인이 묘를 본 것과 같은 류이다. 양인이 있고 살(煞)이 있는데 함지와 비견이면, 악기(惡氣)가 다단한 것이다.

십간의 참된 기가 서로 침범하는지를 살펴야 한다. 칠살이 범하여 극신(尅神)함은 극히 절실하다.

- 곧, 을유가 무술을 본즉 무화가 을금을 손상하고, 또 육해의 묘(墓)에서 화(火)를 발하여 그 왕금의 기를 상한다. 나머지도 이와 같다. 칠살범극(犯尅)이란, 곧 원래 을목을 쓰는데 유운으로 행하니, 축년의 태세가 을목을 충하여 손상함과 같다. 본래 금국이 그 을목 용신을 무너뜨린데 겸하여 축이 그 허미(虛未)를 충하므로, 장차 소장한 신도 깨지고 무너지니 땅을 뒤엎은 것이다. 이에 그 일례를 들었으니 나머지 국(局)도 상세히 추리할 일이다. 이는 단지 칠살도 충을 만남이 불길함을 말한 것뿐이니, 금국이 을목 용신을 파괴하였다 라고 논함은 불가하다.

팔자에 살과 형을 둘렀으나 태(胎)가 의외라면, 모름지기 4인수가 어떤 천간에서 기를 올라타는지를 인식하고, 그 류를 취하여 상세히 한다.

- 태신(胎神)이 전하는 소식(消息)의 경우에는 각기 다른 종류가 있다. 지금 사람들은 다만 약 10개월을 전체로 하여 그 자리를 보는 고로, 얕고 깊은 바에 따라 크게 차이 남을 무시한다. 10개월 한 법으로, 좌우간에 그 생한 바의 일진을 응대시켜 봄이 이것이다. 곧, 병오일이라면 어떤 월절(月節) 내에 있는지, 혹은 이것이 11개월 혹은 9개월에 숨었는지를 살펴, 이를 써야만 한다. 만약 형(刑)을 둘렀으면 주가 일찍이 방해를 받는데, 부모가 공(空)·함(陷)·충·형의 4살이면 4인(印)에는 최악이라. 고가(古歌)에 이르기를, "진술축미가 4인이 되고 무·기를 얻어 편고 되면, 주가 갑을을 믿을 뿐이다. 만약 만남이 부족하면 또 병정을 탐하는데, 혹 많이 만나게 되면 병들고 가난하다. 경·신(庚辛)의 격(格)에는 이름하여 모생아(母生兒)취살(聚煞) 즉 엄마가 아이를 낳았으나 살을 모았다 하고, 축(丑)궁에 단명함이 많은데, 임·계는 미상이라"고 하였다.

오행의 분포에 방(方)과 우(隅)가 있으니, 사수(死水)가 생금(生金)함에는 이를 달리 쓴다.

- 말하자면, 화가 인(寅)에서 생하고 묘에서 패하는데 오가 왕하며, 금생사(金生巳)하

고 오에서 패하며, 묘(墓)는 축에 있는 종류를 이른다. 곧, 갑자인이 사(巳)를 만난 즉 생금이 되고, 생금하여 갑을 극하여 절(絶)되는데, 수가 갑을 생하며, 임관(臨官)한 화가 갑기를 도둑질하는 류(類)이다. 묘(卯)를 만난즉 사수(死水)가 생갑(生甲)하여 왕목(旺木)이 동당(同黨)을 이룬다. 패화(敗火)가 갑위(甲位)를 소모하고, 자리가 각각 사령하는 바가 있다. 나머지 국도 이같이 본다. 다음으로 억부로써 이를 논하는데, 나머지 천간도 이같이 추리한다.

일신(一神)한정(閑停) 곧 신이 한가히 머문다 함은, 좌·우의 상관(傷官)이 본원을 도적질하나, 때를 기다린다는 것이다.

– 한정의 신이 좌우에 있다는 것은 곧 월·시·세의 천간이 많으나, 이를 취용하지 않는다는 말이다. 고로 한번 어긋나 태만한 곳으로 향하고 멈춤에서 휴·수됨이 길어지면, 병을 기르고 몸을 상하게 됨을 알 수 있다. 혹 상관의 신과 연계되었으나 무기(無氣)하여 이어지지 않으면, 일이 소홀해진다. 세·운이 이를 도우면, 이런 신들은 나의 기를 소모하고 나의 쓰임을 상하게 한다. 반은 참이요 반은 가짜인데, 그것이 실한즉 어어(圉圄) 즉 감옥이나 마굿간에서 득세한다. 소인이 총애를 입어 권세를 가지고 머물면, 이는 곧 화근이 될 것이다. 어찌 가히 소홀히 할 일이겠는가.

천간의 신이 피차 서로 편안하면 바야흐로 녹을 갖춘 것이다. 지지로 내왕함에 충격이 있으면 마가 달림을 금하지 않는다.[2]

– 곧 갑인의 녹이 인에 있는 경우, 임인을 본즉 자가에 절로(截路)공망을 두른 것이라, 승도가 되면 복이 있다. 경인은 파록이 되니 반길·반흉이다. 또 정이 무를 보면 양인이 되니, 녹은 다만 귀한 것이라고 말하기는 어렵다. 신록은 유에 있는데, 계유를 보면 화·수가 상범(相犯)함이 되고, 정유는 귀(貴)와 정(丁)이 공망이다. 목이 기를 받는데, 신은 수의 목욕이라 주가 간음한다. 녹(祿)상에 간(干)이 숨으면 진록(眞祿)이 되는데, 명백하게 어떤 방위에 떨어지는가를 살피는데, 천간이 천을귀인을 보면 쓰임이 있다. 그 귀(貴)상의 명간(明干)을 좌귀(坐貴)록이라 한다. 곧 성인의 녹이 오에 있는데, 문득 오에 이르러 병의 글자를 얻었다. 병의 귀는 유·해인데, '신유·신해'를 만난즉 신(辛)의 귀(貴)인 오(午)를 다시금 보게 되니, 극품의 격에 든 것이다. 이는 이허중(李虛

---

[2] 여기 이에 奈는 禁의 오자로 보인다. 불내라면, 말이 달리지 못한다는 뜻이 된다.

中)이 말한 천록(天祿)호귀(互貴)가 된다. 하나의 마는 충함을 기뻐하지 않으니, 충즉동(衝則動)이라. 마(馬)상의 간신(干神)이 귀함을 올라탄 것은 길하고, 마 상에서 숨은 천간이 유정(有情)한 것도 길하다. 곧, 정축인이 신해를 만나면, 이는 귀한 곳에서 유용할 것을 요한다. 마(馬)상의 간신이 스스로 흉살을 둘렀고 공망이라 악하다. 주의 체(體)를 내극(來剋)하고 용신에까지 미치니 악한 것이다. 혹 지신이 격렬하고 형·충이 그 마를 둘러싸게 되면, 이 어찌 편안히 휴식할 수 있는 일이겠는가.

상관이 상진(傷盡)되면 관성이 바야흐로 쓰임이 됨을 안다. 녹충(祿衝)하고 파록(破祿)하는 자리에서 처음으로 관의 쓰임을 얻는다.

- 주(柱)내에 상관의 신이 있으면 관성이 극해를 받음은 명확한데, 도리어 일록(日祿)이 있는 것은 용록(用祿)한다. 오히려 온당한 것은 둘 다에 이르지 않음이요, 용함에 하나로만 돌아가지 않는 것이다. 녹위가 파괴됨을 보면 오히려 다만 관성을 써서 그 체를 정한다. 대개 귀인을 씀이 일단의 가장 묘함인데, 많은즉 정신이 흩어진다.[3]

녹위가 비록 분명해도, 화기(化氣)가 두렵다. 역마를 꺼리는 것은 이미 일진의 중중함을 또한 보았기 때문이다.

- 관성 건록 등의 물건이 있고 무파(無破) 됨이 분명하면, 길이 되고 복이 됨이 분명하다. 만약 체·용이 화(化)함을 이루는데 도리어 그 자리에서 투합이나 극탈이 있으면, 화함이 와도 얻지 못한다. 기물이 이루어지지 못한즉 또한 묘(苗)가 빼어남이 없다. 공귀(空貴)에 무관(無官)이면 혹 복이 있어도 재물이 없다. 복을 쌓아 두터움은 역마가 뿌리가 태세(太歲)궁에 묻혀 있음인데, 요는 와서 올라타는 것이다. 만약 다른 궁에 또 마가 있어 나아가는데 중첩됨이 있으면, 도리어 천한 격국이 된다. 일설에는 일진의 마와 세마(歲馬)가 함께 하면 비록 중마(重馬)라 하나, 만일 귀기가 있어 쓰게 되면 서로가 편안하여 더욱 좋다 하였다. 거듭 보면 중화가 되지 않는다.

기록하기로는 취록(取祿) 즉 녹을 취함에 손님이 용이 된다고 하나, 마가 장차 근원이 될 것인지 세밀히 관찰해야 한다.

- 녹(祿) 위에 천간이 숨은 것을 일러 녹빈(祿賓)이라 한다. 곧 년록(年祿)이 없는 경

---

[3] 통변의 변화무쌍함을 말하는데, 하나에만 집착하지 않는 것이다.

우, 모름지기 녹궁에 이르러 숨은 간신(干神)을 보아야 하니, 천간의 신을 용함이 되면 주의 녹으로는 가장 절묘하다.[4] 오히려 일진(日辰)을 봄에는 어떤 신이 쓰임이 되는가를 살펴야 한다. 또한 마를 장차 녹과 같이 보는 법이 있다. 비유하면 곧 정사 세(歲)에 병일(丙日)의 경우, 마가 해에 숨어 있다. 신(辛)을 보면 병일의 처가 되니 주의 도와 길이 방외(方外)에서 장가드는 바, 오히려 귀록(貴祿)과 재·관 흉살을 나누어 그 경중을 말해야 한다.[5]

용(用) 즉 쓰임의 상(象)이 맺고 합할 경우, 요는 쟁투를 막음이다. 귀기(貴氣)가 교통하면 분탈(分奪)함을 끊어야 한다.

– 용신의 뿌리와 일간이 작합(作合)하여 유정 유기하면 그 반려됨을 얻은 것이다. 혹 그것이 명암 중에 비견이 있어, 일쟁(爭) 일투(妬)하면 곧 만나도 만나지 않음이라. 용신과 자가의 신이 쟁투하는 것은 일체가 끊어진 법이니, 세와 운도 동일하다. 무릇 귀기를 전용(專用)한즉 2처 3처에서 나누어 씀도 가하다. 그러나 문득 이것이 중인의 기물이 되면 평생토록 오롯하지 못하여, 분쟁의 송사가 많이 일어난다. 자가의 재산 역시 비견이 가르는 바가 되니, 저것이 중하고 내가 가벼우면 다시금 심함이 있다.

재·관은 다만 일진에 의지할 뿐이요, 망·겁이면 모름지기 태세를 참작한다.

– 일진이 다만 재를 취하고 관을 용신으로 삼으면, 가장 절친함이 된다. 흥·쇠와 왕·절 상생·상극함은 도리어 세(歲)와 가(家)에 함께 한다. 어떤 것이 통섭하는가에 따라 그 행장과 화복을 지극히 징험함이라. 망·겁의 2신은 일년의 악살 가운데 지극히 중한 것이라 모름지기 세군을 추리하고 참작하니, 이에 준하여 각각에 진퇴가 있게 된다. 길·흉 16반(般)이 이르는 바의 행장과 취사의 도는 이미 이전에 기록해 둔 바 있다.

귀함에는 등강(等降) 즉 등급과 내림이 있으니 경중을 밝히고, 부에는 고저가 있으니 후박을 나눈다.

– 격국과 체제를 살핀다. 곧, 세(歲)의 뜻이 맹렬하여 주가 본래 웅상하고 선실하며, 귀기를 호환함에 흉살이 왕래하나 보좌하는 바를 얻고, 기가 다 차서 가고 취할 것 없

---

[4] 이는 곧 재마 관록의 녹에서, 간록 즉 천간의 녹을 말한다(○).

[5] 계속해서 옥정은 납음의 오행을 활용한다. 정사는 사중 토이다.

는데 이르지 않음이 제1의(義)다. 제2는 용신이 지절(至切) 지청(至淸)하여 무파(無破) 무괴(無壞)라. 격국이 둘이 되어 서로 비등해지는 것을 척벌하고, 하나에 순하는 것이다. 제3은 복신이 유정하고 화상(化象)이 체를 얻음이다. 제4는 본신과 재·관이 비등하여 쓰임이 있음이요, 운을 만나 부지하고 부절(不絶)함이다. 제5는 기뻐하는 기물을 시상과 운 중에서 부지(扶持)함이요, 미워하는 기물은 시상(時上)과 운 중에서 그 흉처를 제어한다. 겸하여 덕신(德神)이 있어 길처에서 매양 밝게 발함이 있는 것이다.

하나, 대부(大富)는 재신의 경중에 있지 않고, 대개는 역시 귀기가 두루 온전하게 있음에 불과하다. 그 기의 후(厚)와 장(長)을 살피는데, 다만 중간에 청·순(淸純)의 상(象)이 부족하지 않은지를 본다. 둘, 정신에 도움이 있다. 한신(閑神)이 자못 많아도 일주가 의지할 인·식·재의 삼신이 있음이 지극히 적절한 것이다. 셋, 녹·마가 부신(扶身) 곧 몸을 돕는다. 일주가 기를 받는데, 포·태·절의 자리에서 재·관이 유용하거나 혹은 생기를 만난 것이다. 다만 멀리 흘러 상(象)을 취한 기(氣)는 넓지 못하다. 넷, 고재(庫財)를 공협하거나 혹은 투로한 것이다. 요는 기가 두텁고 재·인·식의 신 삼위를 충·형하여 얻음으로, 1위에서 일진의 유용함이 있는 것이다. 다만 자전(自專) 즉 스스로 온전하여 구애되고 끊어지면, 귀기(貴氣)가 산만하다. 각각에 있어 고하가 있게 되니, 상세히 밝혀야 한다. 다섯, 형극(刑尅) 혹은 극아의 기물을 두른 경우. 재성이 생왕한 기에 연계되거나 혹은 재신·녹마·귀인의 기에 연결된 것이다.

빈천하나 수명이 길고, 부귀하지만 요절한다.

－하나, 용신이 극전(尅戰)하고 무의(無倚)한데, 또 겸하여 휴·수됨에 응하여 무용하거나, 혹은 사·절에 임한 것이다. 박잡(駁雜)하여 독신(獨身)이지만, 중화의 기를 얻고 운을 끌어와 편고되지 않는다. 일신이 포·태·사·절의 기를 얻는 방위에 임하고 복신은 두르지 않았어도, 운이 통하면 능히 해하지 못한다. 혹 공망·파쇄하고 원진·대모에 육해·귀묘(鬼墓)요, 금신·백호로 사기(死氣)에 인·살(刃煞)이 교통하는데, 더불어서 돌아간 국(局)에서 오직 하나의 인수거나 혹은 하나의 식신으로, 운이 유력한 것이다. 운이 끌어 박잡한 곳으로 끊어지지 않은 것은 앞의 기록에 준한다.

하나, 복신이 내왕하여 득세하고 자신은 왕상하며 세·운이 현양한다. 그러나 너무 차서 기울거나, 혹은 두루 흘러 생하는 신이 부족하거나, 혹은 극아처에서 제거하거나 취할 것이 없는 것이다. 둘, 혹은 한번 공망에 빠진 기물들이 늘어서서 나를 형·충함에, 그 기를 모은 바의 것이다. 셋, 본상(本象)과 화상(化象)이 모두 용신을 얻은 것은 복이 되는데, 좌우에서 그 근원과 자신의 몸을 만난 것은 오히려 화이불화(化而不化)하니, 근본이 평온치 못한 것이다. 넷, 귀기가 국을 채웠는데, 신약하고 세운이 임하지 않으며 일주와 극전하는 것이다. 이런 등등은 모두 위의 기록에 준한다.

인실(闉實) 즉 실함의 문이란 또한 화 · 토에서 연유한다.

– 화가 토를 생할 뜻이 있음이 가장 양호하고 실하다. 기의 상(象)이 자연 굳게 모이는 것은 필시 돈후함인데, 일의 근본에 명리(名利)가 안형하고 처세가 넉넉하다. 도리어 공망 됨이 멍에가 아니어서 건공(建功)입업(入業)한다.

흐르고 행함은 그 자리를 근원에 구비한 것이다.

– 대저 유년(流年) 운의 한계란, 용납함을 쫓아서 가볍지 않다. 풍파에 성패가 있음은 모두 근기(根基)의 원래 득력(得力)함에서 연유한다. 귀기를 세 · 운에서 끌어 찬조하고 무너지지 않음은 그 의지할 바가 있음이다.

총명한데 덕수(德秀)하지 않음이 없으니, 어둡고 나태함은 모두가 휴 · 수가 되었기 때문이다.

– 덕수 즉 덕이 빼어나다 함은 곧 '신자진' 월에 임 · 계가 덕(德)이요, 병 · 신(辛)이 수(秀)가 됨과 같다. 이를 두른 자는 문업(文業)에 통달하고 총명하여 일을 빛내는 사람이 많다. 나머지도 이 예를 따른다. 휴 · 수란 천시가 폐사(廢死)된 것이다. 사 · 패 · 묘 · 절의 오행이다. 곧 만국에 이러한 기와 수(數)를 두르면, 일생에 도모하고 바라지만 이룸이 없고, 물러나 어두우니 졸렬함만 감춘 것이다. 만약 겸하여 고기(孤氣)를 함께하면, 출속(出俗)한 임천(林泉)인 즉 수풀과 샘가의 산중 사람이다.

편기(偏氣)가 강함을 구비하면 비속하다. 본원의 의탁함을 잃은즉 표류한다.

– 곧, 팔자가 순음 순양에 주 중에서 합신이 부족함으로 인하여 재 · 관 등의 귀한 용신이 부족하면, 이니 편고되고 또 강한 것이나. 또 능히 형출(刑出) 충비(衝飛)의 기물이 오면, 모두가 편기가 와서 이르는 바가 된다. 비록 호걸이라도 역시 속되니, 준수한 기재가 못 된다. 일주의 상(象)이 곧 무리를 지어 가히 취할 것이 없은즉 기가 곧 올라탈 귀함이 없고, 주 중에서 한신과 연계됨이 많다. 태만한 살이 겸하여 형극이 있으면 산만한 기를 충절(衝竊)하니, 이들은 의뢰함이 흩어지고 치달려 쫓으니, 도모함은 많아

도 이룸이 적다.

 기가 맹렬하면 사물과 사람을 상해한다. 상(象)이 만약 순화(純和)되면 잡을 것도 없고 늘어세울 것도 없다.

 - 세(勢)는 마땅히 천시(天時)의 기에서 용맹 강강하다. 만약 다시금 금신 백호 인살 형해의 신을 두르게 되면, 흉한즉 강도에 노략질함이 되고, 착한즉 도쾌 곧 백정과 거간으로 활계를 삼는다. 종래에는 또한 살인 해물(害物)하니, 두려운 것은 역시 사람의 살육을 입는 것이다. 일에 임함에는 결단이 있어 기변(機變)통리(通利) 곧 변통으로 이로운데, 모두가 흉살의 신으로부터 유래한 까닭이다. 막히고 꺾이지 않음은 용신의 보좌함이 있음으로써, 행하게 함이 있을 뿐이다. 만약 주중에 상·수가 순화되고 부드러워 착해도, 기가 실한즉 강상(綱常)·윤서(倫序)의 능함이 없으니, 비록 용신이 있어도 또한 어렵다.

 헌앙(軒昂)하여 응함을 부르는 것은 원래가 인·살(刃煞)의 권위에 의지하고, 악착같이 재물의 풍요에 매달림은 고묘(庫墓)의 기를 둘렀기 때문이다.

 - 귀기가 있고 인·살은 없는데 보좌함이 홀로 우뚝하지 않으면, 임사(臨事)에 위용이 없다. 작(作)함은 특수하나 상응함이 부족한 것은 합하기 때문이다. 여기에 인·살이 있어 귀함을 도우면, 필시 능히 일을 짓고 업을 세우며 결과를 맺고 과단성이 있다. 사람의 이름과 보는 눈은 낮고 미천한데 도리어 재록을 발하는 것은 곧 고묘 중에 있는 잡기 재관인수로 인함이니, 일주에 친하고 두터워 유익한 것이다, 하물며 세·운이 다시금 상부하고 합함에 이르러서야….

 신강(身强)에 양인(刃)이 투로하면 도리어 취렴(聚斂)함이 마땅하고, 여기저기 간합(干合)이면 편고 됨이 많으니 어지럽고 넘어져 정신이 아득하다.

 - 몸은 강하고 힘은 건실하다. 주중에 암(暗)으로 재원(財源)의 뜻이 있는데 만약 양인의 투로함을 보게 되면 본래는 겁재가 된다. 다만 나의 힘이 이미 온전하고 재성이 유정하면, 도리어 마땅하다. 인로(刃露) 즉 양인의 투로라 함은 대개 내가 그 기물에 능히 집탈하고 귀렴하는 것이다. 이러한 격은 간린(慳吝)간고(幹蠱) 즉 아끼고 인색함을 조화하여 천간의 독을 조화시킨다면 능히 취재함에 좋다. 만약 주중이나 세·운에 양인이 왕한 땅이 있으면, 감히 이같이 논단하지 않으니 모름지기 별도로 상세히 살펴야 한

다. 간합(干合)다편(多偏)이란 곧 을이 3경·2경을 보고 합하는 것으로, 이미 그 기가 중화를 얻지 못하고 또한 스스로 편고되어 어지럽게 무너진다. 화함을 늘어놓아 상(象)을 이룸은 있으나 역시 온전한 아름다움이 되지 못하고, 불과 3성의 동거나 양성이 합하여 살아갈 뿐이다. 오얏나무에 접하여 도화목으로 바꾼 사람일 뿐이다.

홀로인 살(煞)을 여러 별에 베풀어 놓은 것은 다만 허장성세라, 일종의 귀함이 3처로 분산됨으로 인하여 영령함이 흩어진 것이다.

　- 살이 본래 뭉치지 않았는데, 다만 1위의 살이 여러 곳을 향하여 흩뿌려진 것과 같다. 그 힘이 자연히 가볍고 성글어 이르지 못하므로 도모함은 많으나 따르는 것은 적다. 입은 있으나 마음이 없으며 바람이 과하여 크게 끊어지며, 힘은 작고 임무는 중한 것이 된다. 1건의 귀기라도 정신이 온전함이 기묘함이 되고, 만약 2·3처라면 모두가 밀운(密雲)불우라 곧 구름은 짙으나 비가 없다. 빼어나나 부실한 것이다. 혹 귀인 공망에 관이 없으면, 다학에 소성한다.

평두(平頭)에 현침 양인을 두르거나 오게 되면 어찌 상잔됨이 없겠는가. 구교에 겸하여 망·겁이 이르면 어찌 오직 교활하기만 하겠는가.

　- 평두란 곧 갑·병·성 등의 글자 모양으로 현침과 양인을 끌어오면 일진을 형해한다. 한편, 일(日) 가운데 살이나 화개를 두르면, 주의 처가 먼저 시집 갔던 사람이라 하고, 혹 잔질에, 혹은 우둔하다 하였다. 달리, 사고로 인해 결혼을 이끌었다 하고, 혹은 용모는 있으나 필히 음탕하다 한다. 곧 사인이 미일로,[6] 혹 '기해, 기묘, 기미'와 같은 것이라 하였다. 또 달리, 일·시의 양인은 몸에 붙은 양인이 되니, 처와 생리사별함이 있다 하였다. 한편, 호환현침의 경우, 주가 질병과 관형을 두르고 더하여 악살에 자형을 세운다 한다. 여인을 볼 때도 역시 그러하다. 구·교의 2신은 주가 교활 파패하는데, 길한즉 위엄을 세우지만, 만약 망겁이 임하면 필히 흉하다. 하물며 일주에 화하지 않는 것이야말로 어찌할 것인가.

재가 고지(庫地)에 거하고 신(身)이 쇠향에 들면, 성품이 능히 더럽고 인색하며 기 역시 외용(猥慵) 즉 사납고 게으르다.

6　원문은 사(巳)나 기(己)로 보아야 하겠다.

- 재신이 고를 만나 폐장되고 이미 형·충의 개격(開激) 즉 열고 격발함이 부족한 것이다. 하물며 신약한 것으로, 이러한 사람은 도량이 간비(慳鄙) 즉 더럽고 인색한데, 그릇 집이 된다면 다소는 활달할 것이다.

목이 학당을 만나고 화가 생지에 임하면, 문장이 이미 정화(精華)를 얻었고 뜻이 또한 거오(倨傲) 즉 크고 거만하다.
- 목·화는 문명의 상이라, 생왕의 자리에 거하면 주의 문학과 소통의 재능이 웅건한 것이다. 다만 목·화 염상의 기는 사람으로 하여금 세절(細節) 즉 세세한 절조를 돌아보지 않게 하니, 능히 아래로 굽히지를 못하고 거오하고 교만 소홀하다.

덕망의 성명을 널리 전하고, 영민하여 지모의 재략이 있다.
- 귀기의 도움이 있고 천·월덕의 별이 유력하다. 더하여 천을의 호환과 왕래함이 있으면, 주가 총명하고 바른 명망이 있다. 겸하여 공망에 형·충을 깔아 쓰임을 얻게 되면, 위의 글에 준한다. 살·인(煞刃)으로 귀를 돕고, 상(象)에 제복이 있어 중화를 얻으며, 일간이 가히 제어 제복되면, 또한 윗글에 준한다. 또 이르기를, "수(水)가 귀기를 두르고 부조됨과 제방이 있으면, 다만 지모가 남다른 것을 넘어서니 곧 재략과 기변으로 역시 다른 사람 밑에 있지 않는다"고 하였다.

재원을 국(局)에 가두면, 가두에 포점(鋪店)을 경영이라. 길가에 점포를 얻어 장사하며, 절기(竊氣)에 의지함과 화함이 없으면, 밖으로 강호에 분주하다.
- 격국이 넓지 못하고 기우(器宇) 즉 그릇과 집이 충분하지 못하며, 다만 재원이 있을 뿐이다. 몸을 돕는 1-2개의 지지가 있으면 영리함에 생부하는데, 순수한 그릇에 국이 있고 겸하여 고신(庫神)의 쓰임을 얻고 택신(宅神)이 유정한 것은 윗글에 준한다. 또 이르기를, "식신이나 혹은 인수 역시 이 같은 예를 따라 같이 판단한다"고 하였다. 만약 설기(泄氣)하는 신이 한만(汗漫)도도(滔滔) 즉 질펀하고 강력한데, 멀지만 유력하고 취하여도 의지할 데가 없으면, 윗글에 준한다.

강호에 물이 차고 넘치면 풍찬(風餐)우숙(雨宿)이요, 나망(羅網)이 얽고 엮이면 이쇄(利鎖)명강(名韁) 즉 이익이 잠기고 이름은 굴레라.
- 해·자는 강호다. 만약 재관·녹마의 용신(用神)에 연결되고 그 기가 범일(泛溢) 즉

차고 넘치면, 길 위에서 생계를 잇는다. 별을 이고 달을 지는데 이르는 경우가 많으니, 그 물은 넘치는데 그 말은 형·충되기 때문이다. 바야흐로 진·사가 지망(地網)이 되고, 술·해가 천라(天羅)가 되니, 이것이 온전한 자는 용신이 그 위에서 실지(失地)한다. 오기가 상(象)을 이루지 못한즉 명리가 자갈밭이요, 먼지처럼 사라져 버려 이룰 것이 없고 안개 속의 어두움에 혼미한 것이다. 세·운에서 병림(併臨)하여 함께 일간을 극해하면 곧 요절 사망한다.

수·화가 동요하면 시비가 숲속에서 입신(立身)함과 같고, 목·금이 화협(和協)하면 의례의 문정(門庭)에서 재물을 발한다.

– 수·화는 곧 인간의 움직임인데 물건이 이를 범한 격이다. 이는 특히 시비가 입술 끝에 있음이 많다. 무릇 입신이란 매사를 싸움터에 출두시킴이라, 투첩(鬪喋)하는 가운데 다리를 드러낸 것이다. 만약 길한즉 결책(決策)의 기틀이 있으나, 흉한즉 우아하지 못한 이름을 부른다. 금·목이 기울어짐 없이 기가 중화를 얻고 음양이 상배(相配) 상제(相濟)한 것은 필히 근본에 힘써 실함이 있다. 만약 내가 다른 것으로부터 극(尅)을 입는데 온전하고 마땅하면 도의의 재물을 얻지만, 만약 무정함이 교차되고 주가 객의 강함에 피상되면 주에게 불의하다. 타인이 나를 손상하니 뜻하는 바의 재물도 없고, 혹은 의롭지 아니한 일로 원한과 굴욕에 꺾임을 입는다.

역마가 나를 얻고, 타가 생함을 극하면 외방의 녹을 다하여 발한다. 하지만 공망이 기물에 있으면 명기(明氣)가 매양 뜻 없는 이름에 응함을 본다.

– 마(馬)상의 천간을 만났는데 일주가 능히 극하거나, 혹은 마 위에 기물이 있어 나를 생하는 것은 원방(遠方)에 외재(外財)가 있음이 많다. 발월(發越)하거나 혹은 변경에 출외하여 재록을 얻는다. 공망은 흉이 되는데, 패한 자리에서 마치 기쁜 상(象)이 모여 오는 것이다. 곧 금·화가 공망을 기뻐하는데, 승왕(乘旺)하여 관귀(官貴) 등의 신이 되고 유정하면, 이 격국에 부합한다.

몸이 비록 식록(食祿)이나 가계가 빈한함은, 창고에 남은 재물이 이름뿐이라 비천한 것이다.

– 팔자의 체단(體段) 즉 그 단계가 가볍고 맑다. 관신(官神)이 귀한 지지를 탔는데 혹 그 상(象)을 파하면 그 재물을 휴폐한다. 또한 도리어 사·절 등의 자리로 들어가고, 고

묘(庫墓) 택신(宅神)의 귀함을 두르지 못한 것, 택신이 충파를 당한 것, 역시 위의 글에 준한다. 귀기가 공망에 떨어지고, 용신이 사·패처에 든 것은 곧 생의가 없는 것이다. 그 '함지(咸池) 목욕 백호'가 공망이면 도리어 공호(拱護) 즉 껴안아 보호함이 있다. 주 중에 오직 재고 혹은 재신이 전왕(專旺)한데, 일주를 보필하여 유정한 것을 극하고, 이를 돕는 것은 역시 위의 글에 준한다.

세(歲)년이 궐문(闕門)을 바라면 마땅히 조당(朝堂)의 직에 가깝고, 기가 제택(第宅) 즉 살림집과 정자를 충하면 조업의 터전에 의지하기 어렵다.

– 태세에 대응하여 궐문이 되니, 이를 공협함이 있으면 입격(入格)한다. 결단코 주의 식록과 임직이 모두 조당과 요로의 자리에 가깝다. 세(歲) 앞의 제5위로, 만약 이것이 또 일과 더불어 충파되고, 주에게 귀기의 생부와 통섭이 없으면, 주가 조상의 기업을 떠나고 파하여 거주할 수 없다고 판단한다. 만약 관부(官符)를 타고 더불어 망신에 임하면, 주가 관이 되어도 작은 봉록에 끊어지고 몰한다. 파쇄(破碎)와 겁인(劫刃)을 범하면 훼손되고 팔림은 정해진 일이다.

망·겁(亡劫) 2위는 마땅치 않으니, 집을 무너뜨리고 전답을 판다. 만약 4중(仲)[7]으로 함지를 범하면, 재물과 미모를 탐한다.

– 태세 앞의 제5위는 명택(命宅)이 되고, 뒤로 제5위는 녹택(祿宅)이 되는데, 명택은 제택(第宅) 즉 가사가 되고, 녹택은 전장(田莊)과 구묘(丘墓)가 된다. 만약 망·겁을 두른다면, 주가 평생토록 재물을 소비함이 집을 짓고 밭을 둠에 있다. 이로써 오히려 주가 파괴되니, 하물며 일가와 더불어 형충해겁과 파극이 되면 어찌할 것인가? 자오묘유가 온전하면, 고서에 이르기를 편야(遍野)도화라 하였고, 또 다른 이름은 염정(廉貞)목욕이라 하였으니, 또한 폭패(暴敗)도화가 된다. 이를 두르면 주가 풍류 예술을 사랑하며, 성정이 교묘하고 급하여 시비 중에 입신(立身)한다. 일과 더불어 형충·극절이면, 바야흐로 수를 꺼림에 준한다. 주가 음탕하며 겸하여 귀·살(貴煞)의 경중으로 이를 말하게 되니, 함지는 긴박하고 목욕은 늦은 것이다.

마(馬)상에서 공망이면, 매양 이로(異路)의 재백을 만난다. 천중(天中)록의 자리는 항

---

7 자오묘유를 말한다.

상 증오하는 소리와 이름을 부른다.

- 마상에 천간을 숨겨 쓰임을 얻고, 마상의 명간(明干)을 만나 나를 돕는다. 혹은 재원(財元)을 짓거나, 혹은 마가 재(財) 생·왕의 땅에 앉거나, 오히려 공망에 앉았는데 외방에 출입할 뜻이 많이 있고, 외방의 재록을 보호함을 얻으며, 혹은 항상 별도의 문호에서 무심한 이록(利祿)을 부른 것이다. 이로(異路)란, 말하자면 본래의 재물이 아닌 것이다. 천중은 곧 공망에 녹을 두른 것인데, 만약 쇠패한 것은 윗글에 준한다. 백호가 일주에서 더하면 긴절(緊切)한데, 혹 다른 사람에게 악명을 전달함을 부른다. 하물며 수·화의 상이 함지 도화를 더불게 되면 어찌할 것인가!

묘·유는 옮김을 좋아하니 문호를 옮긴다. 사·오는 마땅히 태몽에 감응하여 생한다.
- 묘·유의 글자를 범함이 일·시에 있으면, 장식함을 좋아하고 당정(堂亭)을 옮기고 문호를 고친다. 역마를 두른즉 항상 이거(移居)하여 그친다. 태·시(胎時)에 사·오가 가림하면, 년록(年祿)과 화해를 두른 것이다. 그 일주가 되는 자는 주가 부모의 득몽(得夢)에 응하여 탄생함이다.

왕한 양인이 남은 살과 겸하지 않는데, 치우치면 이단을 좋아한다. 망·겁에 다시금다른 신을 끌어오면, 다만 꾀하기만 하고 호음(豪飮)한다.
- 왕기 양인(陽刃)에 별도로 다른 살이 없으면, 강렬 정직에 무용담을 총애한다. 잘 때리고 잘 잡아 일어서는데, 단체를 불처럼 일으키는 부류이다. 학당 관귀를 둘렀으면 별도로 상세히 해야 한다. '망신 겁살 양인'이 많이 모이고 다시금 일과 불화하면, 모여서 이리 떼처럼 먹고 고래처럼 마시니, 날마다 취하고 포식하여 하나를 맡아도 풍파에 낙백(落魄)이라 이룸이 없다.

도화가 주를 찌르면 방자한 풍정(風情)이라.
- 즉 《응천가(應天歌)》에 이르기를, "도삽(倒揷)에 눈이 돌아가니 풍류 척당 곧 꽂혀 거꾸러진 불한당이리"고 히였다. 곧, 묘인이 인오술올 보고, 유인이 신자진을 본 것과 같은 류이다. 또 이르기를, "도삽도화는 위인이 풍류 척당인데, 여기에도 현(賢)·불현이 있다"고 하였다. 일과 더불어 극절(尅竊)되면 바야흐로 이에 준한다.

파쇄(破碎)조원(朝元) 즉 원기를 파함은 마땅히 낙백 즉 혼이 떨어진다.

- 곧 유(酉)인이 '인·신·사·해'를 보고, 축(丑)인이 '진·술·축·미'를 본 것과 같은 류인데, 또한 회두(回頭)파쇄 즉 머리를 돌리고 부수었다 한다. 일진을 극·절·형·해하면, 주가 교활하며 명이 짧고 가볍다. 곧 능히 발하고 일어서지 못하여 가난한 것이다.

관부(官符)가 천중(天中)에 떨어져 있으면, 말에 망탄(妄誕)함이 많다. 공망에 오히려 천을이 임하면, 성품이 노래하고 읊조림을 좋아한다.
- 관부는 곧 망신(亡神)이라, 공망 중에 있으며 일과 더불어 극절함이다. 천을귀인이 공망에 있는 중, 일과 더불어 극절하는 것은 두루 윗글에 준한다.

상관을 겨우 쓴다 해도 기(氣)가 원망을 안고 탄식하여 우는데, 거듭 신강함을 옥죄이니 허망하여 광탕함이 된다.
- 용신은 마땅히 생하여, 상함의 움직임이 없어야 한다. 그러나 문득 세·운에서 극래함을 당하면, 반드시 득의한 가운데 도리어 실의함을 이루게 되므로. 탄식하고 한탄하며 원망을 생한다는 것이다. 무릇 신왕한 사람이라도 곧 음주로 취하고 아찔하니, 그 광기가 없기를 바라지만 이는 얻기가 어렵다. 혹 또 세·운을 만나 거듭 기가 강하게 얽히면 자연히 음탕(淫蕩)광망(狂妄)함이 되고, 겸하여 재산과 가업을 파하며 오랑캐의 야만을 짓는 것이다. 주에서 제어함이 있고 의탁할 것이 있으면, 별도로 상세히 살펴야 한다.

백호(白虎)겸인(兼刃) 즉 백호가 인을 겸하면, 살을 꾸짖는 때의 사람이라. 화개가 자묘(自墓)가 되면 청복(淸福)에 형통함이라.
- 백호가 양인과 같다 함은 곧 백호와 비인 양인 등이 동궁(同宮)하여 일간을 함께 형·충·극·절한 것이다. 한편으로 말하기를, "만약 일·시에 있어서 위로 년(年)을 극하는 것은 취처함에 골돌(鶻突) 즉 처를 얻음에 갑자기 송골매처럼 돌격한다. 그렇지 않으면 처에게 다른 증거가 있어 송사로 인해 복종을 재촉하고 핍박하여 결친(結親)하게 된즉 가히 그 처를 사랑함에 또한 꾸짖는 사람이라"고 하였다. 화개자묘라는 것은 스스로 생왕한 것인데 또 세·운과 일이 서로 화합함을 만나 성국(成局)하면, 극히 청고한 복을 얻는다. 그렇지 못하면 승도와 구류이다. 곧, 경진(庚辰)은 자묘가 불능이라, 이는 단지 촌락의 무당이며 혹은 거칠고 노둔하여 손을 써서 만들어 먹는 사람이다. 일운(一云), "화개가 묘(墓)를 두르고 유기하면, 주에게 복과 수인데 다만 봉작(封爵)의 귀함에

는 이르지 못한다. 혹은 승·도로 이름을 이루는 사람이 된다"고 하였다. 만약 귀(鬼)나 함지를 두른즉 예인이 아니라면, 곧 촌락의 무당이다.

녹·명의 2신(神)이 상격(相激)하면, 북치고 춤추며 작위한다. 귀(貴)와 살(煞)이 4위로 서로 이어지면, 모은 것에 돌아가 취용(取用)한다.

- 앞의 법칙은 녹·명의 2택(宅)인데, 만약 범하고 격하여 형·충·극·해를 지으면 길흉의 뜻을 보아야 한다. 어떤 것이 일(日)과 더불어 불화하고 응험하는지를 살피는 것이다. 이같이 대개 녹·명의 2신은 현실과 연계되니, 이를 충하는 명은 좌측엔 북이요 우측에는 춤추는 기(氣)가 있어, 그와 같이 시킨다고 한다. 혹은 귀(貴)요 혹은 살(煞)인데, 2중·3중으로 거듭하고 겸하여 하나의 지지 위에 있다. 하물며 주 중의 4위(位)에 각기 길·흉의 신이 있다. 요는 어떤 자리에서 나뉘고 취합되어 있음을 아는 것이다. 가장 많은 것으로 장단을 비교하니, 인·신·사·해에 장생이 없은즉 흉하다.

수·화의 상이 경청(輕淸) 곧 맑고 가벼운즉 문장과 이술(異術)이요, 형·충 한즉 도덕에 선문(禪門)이라.

- 수·화는 곧 감·리(坎離)의 신이니, 기제(旣濟)의 조화가 있다. 그 가운데 기가 청(淸)한즉 문장으로 무리 중에 으뜸이요, 경(輕)한즉 술업이나 평상함과는 다르다. 공(空)한즉 선풍(仙風)에 그 실이 다르고, 형(刑)한즉 도법(道法)에 귀부(鬼符)요, 극(尅)한즉 선종(禪宗)의 공적(空寂)이라. 들판에서 가납하고 잠자는 인연을 맺으니, 일진(日辰)을 오롯이 논함에는 두루 참고하고 연구하여 깨달음을 얻을 것이다. 격(格)과 상(象)은 그 경중을 보아 말한다.

금·토의 근원으로 기(氣)가 늙은즉 재고(財庫)에 누대(樓臺)요, 어리고 얕은즉 경·상(經商)에 수예(手藝)라.

- 금·토의 뜻은 천한 것으로써 귀함을 생하는 공이 있다. 기가 깊은즉 그 물건을 성취하니, 대개 부(富)를 갖추는 장원에 마땅한 것이다. 여러 집에 장영(莊營) 즉 장원을 경영하는 장관은 이로부터 유래하여 이른다. 혹 쇠기에 잔절(殘絶)하고, 혹 초신(初新)에 기눈(氣嫩) 즉 기가 어린 것이 되면 경·상이 아니라면 매매 혹은 수예 공작의 사람이다.

화개 묘신(墓神)에 천·월덕이 합하면, 천석(泉石)의 가풍이요. 휴·수되고 일덕(日德)이 사·절이면 패하여 진애(塵埃)의 서사(庶士)를 생한다.

- 화개 묘신 천·월덕의 3건이 합하여 주 중에서 순환하는 자는 반드시 수변의 석상에서 숙박함이 있고, 인연으로 선(仙)도를 논변하고 구한다. 일덕에 의지가 있는데 만약 휴폐되면, 그 덕명(德名)이 있어도 헛것일 뿐이다. 하물며 또 천간의 납음이 사·패 등의 자리에 있고, 악기(惡氣) 공망이 와서 이를 생조하면 불과 녹녹한 일개 한사(寒士)일 따름이다.

십악대패가 만약 진짜라면, 귀함이 장차 천함이 되고 도적이 된다. 휴·수·사에 공망인데, 생함을 모은 것은 도가(道家)요, 쇠한 것은 승가(僧家)이다.

- 십악(十惡)은 《도장경(道藏經)》에 실린 것으로 참작하여 준다. 귀기(貴氣)가 상부하고 청후하여 입격하면, 필히 병권을 장악한다. 만약 흉살이 주집(湊集)하여 교차하고 더불어 주 중에서 용신(用神) 신주(身主)와 싸워 해한즉 흉하다. 일주 용신이 만약 휴폐의 때를 당하고 공망에 떨어지며 겸하여 고과(孤寡) 육해가 될 경우, 만약 장생에 임하거나 관왕지에 임한즉 황관(黃冠)[8]을 쓰게 되고, 만약 패·절·묘·사의 방(方)에 처한즉 치의(緇衣) 즉 승려이다.

괴강(魁罡)의 권세가 중하면 도리어 육친을 해하고, 겁·과(劫寡)는 오히려 고(孤)를 기뻐하니 온전하면 3귀(貴)가 된다.

- 진은 천강(天罡)이요, 술은 천괴(天魁)가 된다.[9] 가장 권위와 역량이 있는데, 다만 고극(孤尅)의 기가 태중하면 육친을 방해함을 면치 못한다. 겁살(劫煞)·과숙(寡宿)이 만약 장생·귀인을 두르면, 녹이 있으니 곧 3건의 복기이다. 일과 더불어 화협하면 필히 주가 부귀한데, 이 3건이 없으면 늘어놓아 발하여도 오래가지 못하고 가난하다.

탄담(吞啗)의 세가 번성하면, 편방(偏房)의 출신이거나 아니면 정히 먹을 젖이 모자란다. 고과(孤寡)가 와서 더불면 곧 다른 성으로 가합하여 동거한다.

- 탄담이란 곧 도식(倒食)의 신이라. 혹시 많아서 유력 유세 유권하거나, 혹은 생·왕

8　황관 치의란 곧 도사와 승려를 일컬음이다.
9　천강은 북두성이요, 천괴는 북두칠성의 머리 4별이다. 지괴의 의미다.

の향に나게되면크게꺾이게되니,이는윗글에준한다.고과육해가함께하면서도리어인수가있어식신과하나되면쓰임이있다.택신의충·파를보게되면,곧윗글에준한다.

중배(重拜)쌍생(雙生)즉두부모를모시거나혹은쌍둥이인경우가있다.사·해(巳亥)가지·간에서동류를두르면,무·의(巫醫)에주색이요,망겁(亡劫)이함지를범하면귀인이다.

－명(命)에서사·해의2위를두르고또지지와천간이별도로하나더있는종류,같은것이2-3위가있는것등이다.곧갑이갑을,자가자를본것은필시쌍생혹은중배의부모이다.모름지기이는간·지가서로같은방위를구비한것이다.다시금겁과고가또한그러하니,사무(師巫)약술(藥術)아쾌(牙僧)등의무리로나누는것은이에그경중과고하를보는것이다.모두가망신함지의2위에서주가통령하고,겸하여양인(陽刃)이파쇄묘귀(墓鬼)백호의종류이기때문이다.광망(狂妄)궤사(詭詐)미화(迷花)연주(戀酒)구류(九流)인데,별재주는없는사람이다.만약귀인덕신에재·관이생왕한것은여러기미가있다.

감리(坎離)교회(交會)즉수·화가교통하고모이면,늙어서취하여누각에서연주하는상(象)과류(類)이다.맑고그윽하면어려서선부(仙府)에오른다.

－자·오상에서천간의신이찍고끌어합한것이니,곧임자·무오의류이다.'무합자계하고,임합오정하거나'혹은'정합임계합무'와같으니,수·화가유정하면늙어서도주색을연모한다.청한즉풍류요,탁한즉비천하니,오행의기가맑음에이르러상(象)을이루는까닭이다.하물며유결(幽潔)즉그윽하고청결한땅을끌어와서귀한신이귀일함에부잡하고기가순수하면,맑아멀리이른다.이는별도로사·절등의다른건이없는까닭이다.악신이상범하면,윗글에준한다.

논문,학업은특히정영(精英)이강생덕수한까닭이다.편고되면술에막히고꽃을아껴낙백(落魄)하는데,신왕이면함지라.

－장생제왕4귀(貴)등의곳에서덕·수의2신이면,문학과예술에재능이있어특달한다.그정신이온전하면,여러사람가운데서특히빼어난종류라.체주(殢酒)석화(惜花)즉술에막히고꽃을아낀다함은,곧일간이함지위에서왕한것이그하나요,본

1169

신이 자왕(自旺)한데 목욕의 신에게서 극(尅)을 받음이 그 둘이요, 본신이 태왕하고 다시금 목욕이 많아, 복기가 산만해서 모이지 않은 것이 그 3이다.

처를 만났는데 비견이 왕하여 쟁탈하면, 이는 곧 좋은 사람이 아니다. 재를 갖고 목욕으로 인하여 강하게 싸우면, '음탁(淫濁)함이 난사(難辭)라' 형용하기 어렵다.

– 처간이 혹은 숨고 혹은 드러날 수 있으나, 절절히 비견을 만나 상근(相近) 상친(相親)한 것이다. 그 자리가 점탈되거나 또는 혹 비견이 승왕하면, 그 처가 필히 외인과 더불어 사통한다. 그렇지 않은즉 노비나 창기를 첩으로 삼고, 바야흐로 늙어서야 결혼하게 된다. 이는 나쁜 오행이 패처(敗處)에서 목욕(沐浴)이 됨이라. 다시 이름하기를 도화·함지살이라 하고, 한가지로 같이 판단한다. 그 신이 만약 세를 타서 쟁재(爭財)하거나; 혹은 재가 섰는데 그 위로 다른 신이 피습하여 아신(我身)과 싸우고 도둑질하는 바가 되고, 겸하여 용신의 기가 모이거나 거두지 못하면, 정신이 산만한 것이니 곧 윗글에 준한다.

취처(娶妻)에 도리어 송사에 복종함으로 인한 류가 있다. 여섯 천간이 명확히 자식을 생하는데 어질고 어리석음을 분별코자 하면, 그 몸에 5법이 있다.

– 일진이 '병자, 정축, 무인, 신묘, 임진, 계사'요, 또 '병오, 정미, 무신, 신유, 임술, 계해'가 그것이다. 이날을 범한 경우 많게는 효도로 인하여 관송에 복종한다. 두 가지 일이 임하면, 결혼을 핍박하거나 혹은 성친(成親) 즉 결혼할 것을 백일 내에 결정해야 하니, 이는 주의 양처(兩處) 친가가 홀연히 송사를 불러 복종하게 됨이다. 혹은 주에게 외가의 힘이 없어 시아비와 각시가 화해하지 못하거나, 혹은 처가가 없거나, 혹은 양중(兩重)의 부모거나, 혹은 처의 재물이 없거나, 혹은 여명에 양중 옹고(翁姑)인데, 반은 맞고 반은 가짜인 경우가 있다. 합신에 도화를 두르면, 화촉(花燭)이 밝지 못하다. 혹은 선량한 부인이 아니요, 혹은 잔방(殘房)입사(入舍) 즉 해치는 방에 들게 된다. 이 같은 육간(六干)이 주 중에 많은 자는 더욱 굳게 얽히고, 또 퍼진 즉 음착(陰錯)과 양차(陽差)가 된다. 도화를 두르고 제왕에 있으면 특히 부인으로 인한 관송이 있거나, 혹은 센 집안이나 처의 무리로 인하여 비첩과 다툼에 이르니, 이렇지 않으면 여식이 관사에 든다.

별도로 자녀의 현·우(賢愚)에는 5법이 있으니, 하나(1)는 처가 생하였으나 나를 극하는 것이 자식으로 됨이다. 남명은 편관으로 자식이 되고, 여명에는 정관으로 자식이 된 것이다. 달리(2), 여명에 아생(我生)으로써 자식이 되는데, 시상에서 생왕함을 만나

끌어온즉 좋고, 곧 나머지 신들이 회합함으로써 유정함은 바야흐로 귀함이 된다. 또 달리(3), 나와 처가 동화(同化)한 것으로, 곧 갑인이 토로써 자식을 삼음과 같은 것이다. 시상(時上)을 끌어와 고구해보니, 하나의 화기(化氣)로 이에서 생한 바를 자식으로 삼는 것이다. 곧 갑인이 금으로써 자식을 삼는데, 시상에 이르러 인용하여 취해보니 곧 나의 본기(本氣)가 생한 바의 것과 하나된즉 자식이라. 곧 갑인이 화로써 자식을 삼는 경우, 이는 시상에서 끌어온 것이니, 상세히 연구해본다. 일단(4)의 편관·정관이 있고 유정한데, 시상에서 끌어옴에 화함으로 상을 이룸을 얻은즉 좋은 자식이다. 납음 장생(長生)의 기가 찬조하면, 더욱 묘하다. 달리(5) 말하기를, 곧 아생(我生)으로 자식을 삼는 류(類)인데, 이는 수1 화2 목3 금4 토5로써 이를 취한다.

　악한 것이 시·일에 모이면 경(輕)한즉 자요(子拗)처우(妻愚) 즉 자식은 삐뚤고 처는 어리석으며, 중(重)한즉 독수공방에 짝 잃은 그림자라.
　– 망겁 고과 삼형이 마치 삼살(三煞)로 함께 함이다. 구함이 시상(時上)에 있는 것은 자식이 많으나, 불효한다. 일상(日上)의 처는 우졸하거나 혹은 불화한다. 만약 거듭 범하여 힘은 맹렬한데 구함이 없으면, 고독 빈한하니 일생이 자수(自守)에 공방이라.

　인(刃)이 묘·형(墓刑)을 두른 경우, 길하면 수명이 길고 복이 두터운데, 흉하면 파모(破帽)단의(單衣)라 곧 머리를 깍고 단벌의 옷뿐이다.
　– 양인·비인이 묘와 형의 2위를 범하면, 모름지기 화개가 있어야 한다. 길함이 시작되는데, 더하여 축·미의 간두로 귀인이 이른 것은 복을 누리지 않음이 없다. 일과 더불어 화합함이 마땅한데, 만약 화개가 없고 공망 사절을 두르게 되면 고한(孤寒)에 파패(破敗)의 사람이다. 일과 불화하니 이같이 보는 것이다.

　일(日)이 악신을 범하는데 구조함이 있으면, 재혼녀를 처로 삼는다. 시(時)에 흉살이 임하는데 공망이 되면, 모름지기 의자(義子) 곧 양자를 들인다.
　– 일이 년가(年家)의 밍집을 범하면 대패 파쇄요, 임관 제왕에 있는 것은 극처(剋妻)라. 도리어 간음(干音) 즉 천간 납음의 생조가 있으면, 일주(日主)가 필시 재취하거나 소년에 실녀(室女)라 여자를 방에 들이고, 혹은 어린 첩을 처로 삼는다. 만약 녹·귀(祿貴)의 공조(拱助) 즉 공협과 생조를 두른 것은 미모에 현능(賢能)하다. 달리 말하기를, "만약 년의 '녹·마·귀(貴)·식'에 육합이 일(日)에 있으면 외롭지 않고, 처가 빼어나

며 다시금 주가 처의 재물을 얻게 된다. 시상에 흉살을 둘렀는데 공망에 떨어지면, 필시 주에게 자식이 없다. 만약 식신을 생조하는데 혹은 일이 가서 충극케 되면, 필시 명령(螟蛉)의 자식[10]이라"고 하였다.

시·일의 함지가 살을 두르면, 아버지의 명에 악망(惡亡)이다. 휴·수되면 대패요, 공망이 임하면 처가가 무택이라.

– 함지가 일·시에 있게 되면 태세의 살이 되니, 주의 아버지가 악사요 다시금 악살을 더하면 더 의심할 것이 없다. 곧 금주(金主)라면 도·병(刀兵)의 일이요, 화주(火主)에는 화액(火厄)이, 수주(水主)에는 수액이, 토주(土主)에는 온역(瘟疫) 즉 질병이요, 목주(木主)에는 가장(枷杖) 즉 곤장과 몽둥이의 일이라, 이는 오상(五象)으로 추리한 것이다. 또 달리 말하기를, "함지를 둘렀는데 만약 왕하고, 화개를 범하여 파쇄하며, 더하여 음착 양차에 이르면, 처로 인하여 추욕(醜辱)이 있거나 혹은 다른 이별이 있다. 만약 귀호(貴豪)의 집이라면, 처의 부모 형제 친속의 내란이 있다"고 하였다. 또한, "함지에 양인은 다산(多箅) 즉 꾀가 많고 다능이나 역시 숙질(宿疾)의 호환함이 있다. 일·시에 있는 것은 긴절(緊切)한데, 일주의 택신이 처의 기에 빠지고 겸하여 적살(的煞)과 십악대패의 날이 되면 휴폐된다. 또 공망에 떨어진 것 곧 갑인순에 계록이 자(子)에 있으니 공망신이 되는데, 이리되면 주의 처가가 근기(根基)와 편와(片瓦)의 집마저도 없다"고 하였다.

태신(胎神)이 극·절 되면 횡사 망신하니 충(衝)을 꺼린다. 국 중의 글자가 파쇄되어 비고 외로움에 이조(離祖)하니, 녹후(祿後)의 신을 범하기 때문이다.

– 태신이 백호살인 경우다. 수오(水午)·금묘(金卯)의 류인데, 국 중의 글자를 충한다. 곧 '신자진'이 지지로 수(水)의 명을 이으니 오(午) 글자의 태신을 두려워하니, 백호가 와서 일주와 용신을 극·절 함과 같은데, 주가 혈광 횡사한다. 오상(五象)으로 이를 추리하니, '녹후의 1진'이다. 만약 공망 고과 파쇄 등의 살과 연계되면 정히 주가 출조(出祖)하는데, 왕상하면 별도로 서게 된다.

지지가 합·충(合衝)의 2방위로 사이를 띄우면, 이 격은 자액(自縊) 즉 목매닮에 응

---

[10] 나나니벌이 업고 가서 기른다는 전설에서 양아들의 이름. 관우가 유봉을 이에 비유하면서 그를 세자로 책봉하는 일에 반대하였다. 그리고 이것이 화근이 되어 나중에 관우가 위급할 때 유봉이 군사를 파견하지 않는 사태가 벌어지게 되었다.

함이 많고, 강과 우물을 미워함에 합한다. 양위(兩位)를 범한 자는 물에 빠져 죽지 아니함이 없다.

－ 자액(自縊)살이란, 곧 술인에 기, 사인에 술의 예이다.[11] 만약 '금신 백호 망겁'을 두르게 되면, '귀묘(鬼墓) 공망 관부 대모 양인살' 등이 그 사·절의 땅을 통령하여, 그 몸을 내극하며 그 용신을 폐한다. 그 태세를 범하고, 그 대운을 형하면, 곧 윗글에 준한다. 병자는 왕수(旺水), 계미는 동정(東井) 즉 동쪽 우물, 계축은 삼하(三河)인데, '함지 금신 양인 망신'을 두르면 주가 수중에서 사망함이 많다. 이르기를, "만약 망신을 두르면 그 단서가 일어남이 특히 화주(花酒) 즉 여자와 술로 인하여 일을 야기한다"고 하였다.

귀는 막히고 눈은 먼 것은 용신이 끊어짐에 빠진 것이다. 사·패로 극신하면 요타(腰駝)족파(足跛) 즉 허리는 낙타 등에 다리를 절룩이니, 복기는 쇠퇴하고 인(刃)·살이 주를 형한다.

－ 용신이 사·패 등의 기물로 극·절 됨을 입고, 또 휴·폐의 시령(時令)에 임하며, 또 악신이 본신을 극·절 함에, 이를 당한 것은 곧 윗글에 준한다. 귀기는 휴수되고 또 본체는 악신의 극제를 받은 것이다. 겸하여 또 사·절에 의탁하는데, 악기가 출현하여 용신의 길함이 침륜(沈淪)되고, 인(刃)과 살이 곧 나의 일주를 형하는 것 등은, 곧 윗글에 준한다.

귀소(鬼嘯) 즉 귀살이 부름에 응함은 요절과 악함을 알지니, 본체가 이그러지면 단지 빈한함에 그치지 않는다.

－ 귀소란 곧 갑인(甲人)이 경을 만나고, 경이 병을 만나 전전하여 상극되는 류이다. 신(辛)이 있어 그 병을 합하면, 바야흐로 가히 탐합(貪合)망극(亡尅)한다. 일운(一云), "먼저 일(日)을 묻고 후에 년(年)을 묻는데, 이 격은 가장 긴박하다. 본체가 이지러지고 곧 흉신이 작당하여, 일가(日家)의 기를 극하며 년의 천간을 해하므로, 빈난에 어려서 죽음을 면치 못하는 까닭이 된다"고 하였다.

천지가 포장(包藏)의 덕을 갖추고, 풍·뢰(風雷)가 격렬한 소리를 부른다.

－ 신·해(申亥)의 2자가 밝으면 역량이 있고, 유·술(酉戌)의 용신이 그 자리를 얻으

---

[11] 원문은 기·사로 나뉘는데, 이는 서로 같은 글자, 즉 둘 다 사(巳)가 아닌가 한다.

면, 이 격에 정히 합한다. 이르기를, "신·해는 투로하지 않고 지신(支神)이 2위(位)를 허협(虛夾)하면 귀기(貴氣)가 있다. 체국(體局)에서 묘·사(卯巳)의 2위를 범하지 않으면 안으로 귀기가 있음이니, 주 중에서 허(虛)자로 공협하고 세·운이 공망된 곳을 대충(對衝)하면 필시 능히 변화 발월한다"고 하였다. 달리 공협하여 평온한 곳은 또한 형·충을 두려워하니, 달려 나가 귀기를 태박하기 때문이라고 한다.

공장(拱將) 공좌(拱座) 및 공인(拱印)하면 필시 귀인이라. 자·모를 돌아보고 또 본신을 돌아보니, 스스로 속객(俗客) 곧 속세의 손님은 아니라 한다.

– 공장이란 본지(本支)가 삼합 됨을 일컬으니, 곧 자인이 신·진을 본 것과 같은 예이다. 공좌란 대궁(對宮)을 일컬으니, 곧 자인인데 오의 예이다. 공인이란 인수의 정위(正位)를 말하니, 곧 갑인(甲人)의 경우 자나 축의 예가 된다.[12] 일설에는 "인(印)은 곧 고(庫)인데, 또 인은 간고(干庫) 즉 천간의 고라. 겸하여 재·관의 귀기가 유용함이 있거나, 혹은 재관이 생왕한 향이면, 모두 부귀의 조화가 있다"고 하였다. 생아자는 모가 되고, 아생자는 자가 되는데, 겸하여 자신의 삼위(三位)가 두루 손괴됨이 없다. 왕래하여 돌아봄이 예쁘면 복익이 있는 것으로, 곧 유복한 사람이다.

삼위(三位)기보(奇寶)에 관신(官神)을 용하면, 아름다움이 흘러 영웅과 열녀라. 4간(干)에 천을이 화개로 임하면, 밝은 세상에 맑고 높은 것이다.

– 시좌(時座)에서 삼합(三合)함을 기보라 이른다. 만약 관성이 위로 거하고 무파(無破)에 무기(無忌)라면, 세대가 끊어지지 아니하고 아름다운 이름과 훈공의 일을 지은 사람이다. 고법(古法)에서는 오직 세와 일의 천간이 천을의 귀함을 올라탄 것으로만 길하다고 논하지 않으니, 월·시의 천간에 귀인이 올라탐이 있어도 다시금 묘한 것이다. 하물며 본명에 화개(華蓋)가 임한다면 평생에 흥이 없고 그침이 없을 것이며 또한 청고(淸高)에 기인 귀인이라.

4면(面)이 왕상함을 밝게 베풀고, 안으로는 식·록을 갖추는데, 2살(煞)이 만일 공협되어 임하면, 변방의 사막에서 위엄을 떨친다.

– 청룡 원무(元武) 주작(朱雀) 구진(勾陳)이 4면의 간록(干祿)이 되는데, 그 근원으

---

12 여기서 자는 정인인데, 축을 또 든 것은 공협의 뜻에서 찾아야 할 것이다.

로 돌아가 각기 방위를 점하여 왕상한 것이다. 곧 갑·을이 인묘에 있어 청룡이 되고, 병·정이 사오에 임하여 주작이 된 것과 같은 류로, 곧 윗글에 준한다. 망신 겁살의 2위가 두루 공한(空閑)함을 갖추는데, 도리어 각기 공협함이 있는 것 역시 윗글에 준한다.

금·수는 문화(文華)에 발췌하고, 토·금은 부(富)의 언덕에서 높이 이룬다.
- 금·수의 2상(象)이 맑고 나머지 기가 근원을 혼탁하게 함이 없으면, 문채(文采)영화(英華)를 발출하는 종류의 격이라. 금·토가 상생함에 만약 각기 편의(偏倚)함이 없으며 중화의 기를 얻은 것은 마치 사물이 점차 장생할 뜻을 가짐과 같아서 나날이 높아진다. 곧 이 같은 상은 마땅히 부귀의 격을 지으니, 혹 귀기가 화협(和協)하면 역시 주에게 공명과 식록이 있다.

영요(榮耀)한 것은 목·화로 발원(發源)이 있음이니, 청귀함은 수·목이 많고 그 순서가 있음이다.
- 목·화는 쉽게 환발(煥發) 즉 밝음을 빛내니, 그 유래처가 있는 것은 근원이 있어 주중의 생의(生意)가 된다. 혹 세·운을 끌어오는 까닭에 능히 부조함을 이끌어 밝고 영화로운 것이다. 이런 이유에 대해 사람들은 근원에 그 근기가 있음을 잘 알지 못하고, 다만 운 상에서 복·화가 투간하여 발하는 것으로만 알 뿐이다. 수·목이 청기하고 만약 그 기가 치우치지 않으며 순하여 돕고 생왕하고 귀함을 두른 것은 필시 한원(翰苑)의 청요함이거나 혹은 대간(臺諫)이라.

등금(登金)보옥(步玉)의 귀인이란 두상(頭上) 즉 천간에서 관성을 두른 것이요. 부급(負笈)도등(挑簦) 즉 책상을 지고 우산을 짚으며 학당으로 나아감이니, 학관(學館) 중에 역마를 만난 것이다.
- 천을의 두상에서 관성이 현로함이 있음을 일러 관성·좌귀(坐貴)라 한다. 주의 귀(貴)가 학당(學堂)이면 곧 일주가 생왕한 자리요, 학관(學館)은 관성이 생왕한 방으로 임괸의 자리이니, 역시 같이 취용한다. 역마를 만나 자리한 중에 귀기가 공하여 무심하면, 재주와 학문이 있어도 이룸이 없는즉 벼슬길에 들어도 역시 도로에서 분주함만 많다. 공망이 되면 다시금 더욱 심할 뿐이다.

한원(翰苑)에 이름을 건다는 것은 정히 건·곤의 서기(瑞氣)를 품부한 것이다. 장미 정원에서 정(政)사를 잡음은 자·오의 바른 문을 공협함에 응한다.

－인·사(寅巳)의 2위는 힘이 있어 능히 해·신(亥申)의 건곤을 합하며 또 삼합이 껴 안음이 있다. 자·진(子辰)은 능히 신을 공협하고, 묘·미(卯未)는 능히 해를 공협한다. 만약 잡함이 없으면 신해가 그 귀기를 올라타니, 필시 출군(出羣)의 조화가 되는 것이 다. 자·오의 2위에는 혹 정공(正拱)이 있거나 혹 삼합에는 외공(外拱)이 있다. 곧 귀기 가 위로 모인 가운데 훈업(勳業) 명가가 있음이라. 사람들이 미치지 못하는 바, 축·해 가 자를 공협하고 미·사가 오를 공협하면 바른 것이 된다. 신·진이 자를 공협하고, 인·술이 오를 공협함은 외공이 됨을 모르는 것이다.

괴강이 협귀(夾貴)를 겨우 만남은 풍헌에 제형(提刑)이라, 용·호가 이로써 전임의 직 을 얻어 옥당에 서로 배알한다.

－진·술의 2위가 협귀를 만나 풍헌 제형이 된다 함은 곧 위권(威權)이 진작됨이 있 음을 말한 것이다. 곧 임·계가 사·묘를 만나 진을 공협함과 같고, 병·정이 유·해를 만나 술을 공협한 것이 이것이다. 또 괴강을 밝게 보아 귀기를 거듭 모은 것 역시 앞과 같이 판단한다. 진·인(辰寅)의 2위가 만약 정공·외공을 만나 귀기가 있으며, 길신이 그 천간에서 모인 것 역시 묘하니, 이 격에 합한다. 혹 인·진을 보아 득기하여 귀를 모 으고 왕·상함으로 도우며 충형극해가 없으면, 묘(卯)를 얻은 자리에서 길함이 있으니, 이 역시 앞과 같이 판단한다.

음양의 편(偏)으로 귀함을 쓰면, 숭상함이 분발하여 극품의 존귀함이다. 묘·유가 바 르게 그 문호의 권(權)을 돕고 통령하면, 밖으로 나아가 진압함에 이른다.

－편음 편양은 그 기가 분발함이 많으니, 바람이 날고 뇌우가 갈린다. 귀기가 만약 왕 상하여 오롯하면 그 힘이 무거워 극품으로 달려 나아감이 많다. 대개 편기(偏氣)란 다 툼을 좋아함이 특출하니, 불굴의 큰 힘으로 웅호(雄豪)를 부른다. 편관은 쉽게 기발함 이 되지만, 다만 이는 또 속히 퇴하기도 하고 혹은 그것이 비명에 이르기도 한다. 만약 정관이라면 곧 옮기고 도약함에 편안히 따르는 것이라, 생살(生殺)의 권(權)은 약한 것 이다. 묘·유는 곧 일·월이 출입하는 문호가 되니, 귀기를 공협하여 득용함이 있는 것 은 이에 합한다. 혹 이 2위(位)를 밝게 보고 용신이 복을 모아 유력하며 파함이 없는 것 은 역시 위의 글에 준한다.

태세(歲)가 녹·마를 타고 재·관을 두르면 영웅이요, 초매(超邁) 즉 범인을 뛰어넘는 귀국(貴局)이다. 일·시에서 덕·수를 올라타면, 재주와 기업이 가파르다.

– 무릇 태세의 녹과 마 2위는 일주와 연계됨이 마땅하니, 이것이 재·관 위에 자리하면 이 어찌 영웅이 아니며, 범인을 뛰어넘는 귀인의 국이 아니 될 수 있겠는가? 일·시에서 덕·수의 2기를 봄은 주의 문장과 재업(才業)에 합한 것으로, 큰 그릇이 빼어나고 특출하니 영걸의 사람이다.

용(用) 즉 쓰임이 졸렬하여도 운에서 도우면 마른 비늘로도 물을 건너고, 용이 강하고 운이 졸렬하면 굽은 항구에서 배를 모는 격이다.

– 용신의 힘이 졸렬하거나, 혹은 유기하나 극·절을 입음이 있고, 혹은 고요히 암장할 뿐 충·합이 없으면, 무뎌서 예리하지 못하다. 혹 운(運) 상에서 도리어 생부하는 기를 끌어오면, 이는 마치 탕탕하고 유유자적함과 같으니 그 뜻을 펼침이라. 용신이 혹 유력하고, 혹은 득시하며, 혹은 합하여 유정한데, 만약 운 중에 그 기를 막고 무너뜨리는 것이 있으면, 이는 마치 동쪽은 막히고 서쪽은 부딪침과 같아서 능히 순하게 올라타지 못함과 같다. 한 때의 바람이 불어온다 해도 다시금 문득 어찌 행함이 있을 것인가.

운은 시시의 중함으로 기틀을 삼고, 세는 천산의 중함으로 기를 올라타는 것이다.

– 운의 지신이 태과한 기물이면 곧 마땅히 이를 억제할 것이요, 불급한 기물이면 마땅히 이를 도와야 할 것이다. 모름지기 요점은 생한 지신이 꿰고 뚫는 바의 마땅함과 함께하는 것이다. 그 본·말의 무너짐과 따름이 여하한가를 보는 것이다. 만약 단지 용신의 경중 억·부(抑扶)만을 상세히 한다 해도, 역시 다하지 못한다. 또한 생기(生氣)와 극기(尅氣)를 논하고, 운의 지지가 이르는 곳의 중함을 다음으로 보고, 또 운의 천간이 어떤 것과 전투하고 화해하여 통령하며, 어떤 주 중의 기물과 유정한지를 보아야, 바야흐로 길하다고 말할 수 있는 것이다. 유년(流年)과 태세(太歲)의 천간 신의 관계는 가장 긴절하니, 1년의 만신(萬神) 즉 모든 신이요, 길흉의 주인이다. 일이 세를 극하면 곧 재앙이요, 합한즉 어두운데, 만약 화합이 있고 유정한즉 좋은 일이 있다. 재앙과 복의 늦고 빠름을 경험해보니, 곧 운 중에서 상섭(相攝) 즉 서로 끌어당김이 어떠한가를 살펴야 한다. 또한 모름지기 세지(歲支)의 형·충·파·해를 겸용하게 되니, 위에서 말한 편고됨이 없은즉, 가하다.

운이 치달리는 행색에서도 어떤 것이 약하고 어떤 것이 강한지를 나누어서 용(用)한다. 유년 세(歲)가 병권을 통섭함에는 그 세력이 정(情)의 급함과 또 정의 중함을 쥐는 것에 달려있다.

– 곧, 일(日)이 몸이 되고 귀(貴)가 용(用)이 될 경우, 이 둘은 편고되거나 유폐되어서는 아니 된다. 일주가 체가 되고 귀기는 용이 되므로, 두루 중화를 갖출 것을 요하는 것이다. 일설에, 용신·귀기란 곧 등정(登程)을 행하는데 오얏나무 그릇과 식량 풀 등의 물건과 같은 것이요, 운은 주각(住脚) 즉 거주하여 다리 뻗을 곳으로 공관이나 관사와 같이 오기(五氣)가 가서 숙박할 곳과 같다. 귀·살(鬼煞)은 어떤 것이냐? 저 지리(地理)의 마땅한 바를 끌어와 혹 따르는지를 참고함으로써, 그 비(否)와 태(泰)의 조짐으로 삼아 길·흉의 2상을 추리한다, 운원(運元)이 아직 맹아하지 않았을 때는 세가 아닌즉 격양하기 어려우니,[13] 오직 세군(歲君)이 가장 엄하고 절실한 것이다. 지극히 위중함을 가지고 쥐었으니, 특히 시급한 세력이 온 것은 곧 전장에서 적과 싸우고자 함에 신속함과 위험함이 큰 것과 같다. 졸연(卒然)한 것으로는 어렵고 오직 철관에 금쇄라야 그것을 능히 방어할 것이다. 또한 귀기(貴氣)가 흉이 됨이 있으니, 악을 누르고 선을 발양함에 기물을 올라타고 모아 건너야 하는데, 측량하기 어렵다.

녹·귀(祿貴)의 운에서 현양하길 원하니, 어려서나 장년의 경우라도 마땅히 왕지를 겸해야 한다. 흉·살은 모름지기 침매됨을 쫓아야 하니, 노인이라면 다시금 쇠향을 기뻐한다.

– 하나의 포·태·양·목(沐)·장생·관대의 땅은 20세라면 행함이 마땅할 것이다. 임관·제왕의 운은 양기(陽氣)가 강성하니, 30~40세에 행함이 마땅하다. 쇠·병·묘·절의 운은 천계(天癸) 즉 하늘의 물이 고갈된 것으로, 50~60세에 행함이 마땅하다. 그 중에서 합하여 뜻을 가하게 한즉 조화 취사의 도를 통변하여 말할 수 있는 것이다. 운 중에서 소·장(少壯) 즉 청·장년의 경우로 합체하면, 진실로 그 귀록을 마땅히 선양해야 할 것이다. 흉신의 운은 침엄(沈淹)함을 바라니, 늙은이라면 마땅히 사·절 등의 운을 행함을 요하지 않겠는가. 더불어 일주 용신이 표리로 생의가 있음이 진실하면, 복운이 된다.

운기(運氣)의 발원에서 그 힘이 안온하면 바야흐로 쉽게 성공한다. 때와 천간의 화상

---

13 이는 운이 아직 활발하지 않은 때로, 여기에 유년 세군의 격발을 의미하는 것이다.

(化象)은 유정함을 구하니, 행함에는 마땅히 용신이 통령한다.

－운의 행함을 고구하여 화·복을 징험한다. 마땅히 궁을 따르고 소식을 심찰하여, 그 오는 뜻이 운의 발원함과 같으면, 역시 그 일이 쉬울 것이다. 년월일시가 공·충 사·패의 땅 위에 있으면, 마침내 발하더라도 오래가지 못한다. 발원함이 안온하고 실하면, 머문 곳에서 가히 환난을 견디니 부귀를 향유함이 길고 멀 것이다. 행운(行運)의 법은 시간(時干)의 화상(化象)을 취한다. 체상(體象) 화상이 있어 두 뜻에서 1자(者)를 얻어 반려로 삼는데, 유정하고 유류(有類)하면 상(象)이 되고 용(用)을 이룬다. 혹은 운이 행하는 중에 부지(扶持)함에 이르거나, 혹은 돌아가는 중에 그 그릇을 조성함이 제일의 묘한 일이 되는 것이다. 이는 곧 이허중(李虛中) 가문의 비(秘)전이라. 이에 있어 지극함을 논하니, 나머지 신(神)의 기(氣)를 인용함에 생·극과 강·약을 취용함이 가장 절실하고 마땅한 것이다.

메뚜기가 누렇게 달하여 변하고, 운이 한 길을 연다. 관성이 표변하니, 흥륭함은 년이 평생의 재기(財氣)를 통령함에 있다.

－주(柱)중에 관성을 두른 것은 곧 운이 아니다. 운에서 관신을 통섭하여 득의하면, 보보 즉 걸음마다 영요함이 있다. 팔자 중에 재가 있으나 왕하지 못함은 오직 무정한 행운을 보았기 때문이니, 요는 오직 생·왕의 땅에 이르는 것뿐이다. 곧 분발하지 못함은 대개가 기의 사·절 됨과 혹은 체·색(滯塞) 됨으로 인한 것이다. 세(歲)는 곧 존엄의 군주요, 길·흉 신·살의 수인이라. 유년에서 혹은 재원(財元)을 사랑하고, 혹은 재상(財象)을 생부하며, 혹은 재고(財庫)를 격개(激開)하고, 혹은 생·왕한 자리를 요합(遙合) 비충(飛衝)하고, 혹은 재신(財神)을 공협하거나 암포(暗包)한다. 녹마 귀인의 궁이란 그 재물의 왕함이라, 이로부터 세군이 통령하고 이를 매게 되니 표변하여 발연히 흥발하는 것이다.

운이 신약을 침범하면 가서 돕는 것이 용신인데, 운이 신강으로 변하면 도리어 그 복기를 억누른다.

－신왕 혹은 비견을 생함에 당하면, 태번 즉 크게 번잡한 것이다. 용신은 약한 것을 겁내니 그 몸의 기가 능폐(凌廢)되면, 나의 용신을 적부(適扶) 즉 가서 도움이 마땅하다. 이와 반대된즉 상서롭지 못하다. 본체의 기가 약하면 마땅히 생해야 한다. 용신이 태과하면 그 몸이 이를 맡아 이기지 못하고, 또 혹은 착란하니 능히 귀일하지 못한다. 따라서 이같이 약한 기를 생하는 것은 기쁘고, 이와 반대된즉 무너진다. 대개 마땅히 본·말

체·용을 생함이란 운이 돕는 것을 서로 칭함이니, 신이 태과하면 혹은 곤궁해지는 것이다. 그 용신이 또한 중화를 잃었기 때문이다.

세(歲) 혹은 운(運)이 부길(符吉)망흉(罔凶) 즉 길함에 합하고 흉함을 막거나, 세 혹은 운이 매선(昧善)종악(縱惡) 즉 선에 어둡고 악을 늘어놓는다.

– 혹은 당생(當生)함에 흉살은 역중(力重)이요, 길신이 역경(力輕)이면, 재·관의 세(勢)가 항차 산만해진다. 세·운이 복신에 부합(符合)하고 흉함을 억누르면 기가 있어 마땅하다 하니, 길신의 힘이 중하도록 생한 것이다. 흉살이 임무를 맡으면 도리어 그 기를 박하게 하니, 세·운이 기강과 제어하는 도를 잃었거나 혹은 악살을 종용함에 이른 것이다. 이로써 중생의 착함을 가라앉히고 어둡게 함이 있게 된다.

시(詩)에 이르기를, "왕래함은 능히 옥정편을 참조하니, 인간으로서 도리어 지상의 신선을 행함이라. 오기(五氣)가 나뉘고 자리 잡는 곳을 거듭해서 열어주고, 울타리에 가린 것을 깨고 나누니, 이는 곧 별유천(別有天) 즉 또 다른 하늘이 있음이라."고 하였다.
《옥정오결(玉井奧訣)》은 곧 안동(安東) 두겸(杜謙)이 저술한 바이다. 그 속의 유취(幽趣)와 묘상(妙象)을 거듭해서 보니, 숨어 있는 기(氣)의 류(類)를 쓸 수가 있고, 서지 않은 바를 쫓아 뒤집어 날아감과 몰래 합함에 이른다. 득일분삼 즉 하나를 얻어 셋으로 나누니 환골탈태에 초범입성이라, 쉬운 일은 아니지만 그 절처에서 생의 만남을 궁구하고자 한다. 요는 그 왕함과 퇴장을 아는 것이다. 그릇이 차면 필경 기울고, 물이 과한즉 덜어내며, 당이 무성하면 따르게 된다. 류의 기가 쇠한즉 정(情)에 의지하고, 용·불용의 참과 거짓은 변별함이 마땅하다. 변·불변의 상(象)과 류는 먼저 나누어야 하니, 고로 기(氣)에는 후·박이 있고, 청·탁이 있고, 고·비(高卑)가 있고, 회·명(晦明)이 있다. 만서(萬緖)만단(萬端) 즉 모든 것에는 단서가 있고 또 천변만화한다. 기에는 생·극의 구경(究竟)이 있으니, 촛불이 다하도록 리(理) 밖의 리를 궁구하는 것이다. 사물에는 조화와 활법(活法)이 있으니, 지극하여 참여하는 것은 근원 중의 근원에서 그 진실함을 구하는 것이다. 진실로 이허중(李虛中)을 얻음이니, 다른 나머지 학문 일파의 바른 전적이 된다. 세상에는 이 책을 얻어 한 번이라도 훔쳐보지 못한 자가 많을 것이다. 이에 나는《옥정》을 표장하여 이제 세상에 내어놓고자 한다. – 육오가 기록한다.[14]

---

[14] 다른 곳에서 그 편명을 보기 힘든 책인데, 이에 육오 스스로 表記하여 세상에 밝힌다 하였다. 다만

【氣象篇】기상편

　지금 대저 사주를 세우고, 오행을 취함에 있어, 한 운(一運)을 정하니 10년을 관계한다. 청탁과 순박(順駁)이 만 가지로 있어 고르지 아니하니, 시비와 호오의 이치를 하나로 잡기 힘들다. 그러므로 옛날의 논명(論命)을 연구하니 정미한즉 체(體)로부터 그 용(用)에 이르고, 지금의 논명을 살펴보니 구구하게 격·국(格局)에 빠져 이를 따라 가짜를 쥐면서 참 됨을 잃었다. 이는 반드시 먼저 그 기상(氣象)의 규모를 보아 곧 부귀·빈천의 강령을 삼는 것이다. 다음으로 용신의 출처를 논하여 사·생(死生)과 궁·달(窮達)의 정미함을 다함이니, 모름지기 팔자의 번화함이 아니라 다만 오행의 화기(和氣)가 일렁이면서 삼원(三元) 육갑(六甲)의 가리킴을 요한다. 그 누가 천만 가지 단서 모두를 알 수 있는 일이겠는가. 학자의 임무는 오직 근원에 숨은 것을 찾고 나타난 것이 돌아갈 뿌리를 드러냄을 요하는 것이니, 실(實)을 향하면서 허(虛)를 찾고 무(無)를 쫓아 유(有)를 취하는 것이다. 오직 명(命)의 이치가 여기에서 은미해진다고 말하니, 곧 사려함이 과반이 된다. 그러므로 대해(大海)가 한 바가지 작수(勺水)를 쫓고, 소음(少陰)이 노양(老陽)에서 산출되는 것이다. 성(成)은 곧 패(敗)의 기틀이요, 변(變)은 곧 화(化)의 나아감이라. 이 또한 마땅한 바를 심찰(深察)할 일이다. 곧 일양(一陽)이 해동(解凍)하며, 삼복(三伏)에 생한(生寒) 함과 같은 것이다. 양강(陽剛)이 중(中)화가 아니면 강하게 오른즉 해가 되고, 강(剛)하나 능히 유(柔)연함은 길함의 도이다.

　- 이같이 상(象)의 항양(亢陽)에 제어함이 없으면 다시금 음의 기물을 포장하지 아니하고, 운이 또한 동남으로 행한즉 양강이 중화를 잃으니, 필히 주에게 해가 있다. 이를 쓰는 자는 고빈 흉포하니, 수·화의 사이에서 죽는다. 만약 오양(五陽)이 음월(陰月)에 태어나고 간지로 음유한 기물을 협합(夾合)하며, 운도(運道)가 또 음유의 향(鄕)으로 행하면 곧 길하다고 말한다. 이를 쓰는 자 비록 한천한 데서 출하였어도, 종래에는 반드시 영화로울 것이다.[15]

이틀 번역하면서, 곳곳에서 막히는 부분이 많음을 느꼈다. 고법과 신법이 뒤섞이고, 때로 육오의 해설 자체가 원문과 잘 연결되지 않은 곳도 많았던 때문이다. 억지로 역해를 마치지만 미진한 것은 어쩔 수 없는 일이다. 하지만 여기에 기록된 간명의 관법에 대한 대체는 어느 정도 해결되었을 것으로 본다. 중요한 것은 결국 고법이든 신법이든 어느 한쪽에 매이지 않고 활연관통함에 있는 것이다.

[15]　옥정과 같이, 기상편에서도 원문에 대한 육오의 해설로 진행된다. '-'로 구분한다.

유약 편고는 소인의 상이요, 강건 중정은 군자의 풍이라.

- 이러한 상은 부중(不中)의 도(道)이다. 곧 사주 중에서 다만 음유함을 보면 격에 들지 못하니, 간지가 또한 양을 품지 아니하여 마침내 일간이 유나(柔懦) 즉 여리고 나약한 것이다. 이를 쓰는 것은 기심(機心) 즉 틀이 될 마음이 음독(陰毒)하니, 이르지 아니하는 바가 없다. 강건 군자의 체(體)라는 것은 중정(中正)하여 군자의 덕(德)이 된 것이다. 사주 가운데 양이 음을 암장하여 강·유가 득제(得制)하고 파극·형충을 범하지 않으면, 이를 쓰는 자 덕행이 범인을 넘어서는 가운데 강직함이 세상을 덮는 고로, 왈 군자지풍(君子之風)이라.

한박(寒薄) 화난(和暖)의 자리가 지나치면 종래에는 분발하기 어렵다. 조열(燥烈) 수격(水激)의 자리가 지나치면 도리어 흉재(凶災)가 있다.

- 사주에 순음이 10월에 생하면, 오행의 뿌리가 공·절(空絶)된다. 일간이 또 쇠약함을 보고 강건한 기가 없으면, 화난의 향을 늘어놓는다 하여도 마침내 발달하기는 어렵다. 사주의 순수한 화(火)가 하지(夏至) 이전에 생하면, 화성(火性)이 조열한 것이다. 세·운 중에 잠시라도 수(水)의 충격을 만나면 오직 능히 제하지 못할 뿐만 아니라, 도리어 해로움에 이른다. 이를 쓰는 자 요절함과 고빈함에 형벌과 법헌을 범함이 많다.

실함에 집착함이 지나치면 일을 드러내어 원활하게 함이 어렵고, 청냉(淸冷)이 지나치면 생각에 처량함이 있다.

- 집실(執實)이란 하나를 용함에 불통(不通)한 것이다. 가령 용관(用官)에 무재(無財)하거나, 용인(用印)에 무살(無煞)하고, 합이 많아 이룸이 적은 것이니, 일을 당하여도 종래에는 활달하지 못하다. 만약 금·수의 경우라면, 청한(淸寒)이 지나쳐 화난의 운을 만나지 못한 것이다. 곧, 경신생이 10월에 태어나고, 주 중에 수가 순수한데, 운이 또 서북을 행하면, 평생에 홀로 밥을 먹고 외롭게 잠드니 생애가 적막하다. 사람이 그 근심을 감당하기 어려운 것이다.

유정(有情)함이 지나치면 그 뜻이 멀리 달하지 못한다.

- 국 중의 기물이 과어유정(過於有情)함은 불가하다. 만약 과어유정 한즉 미혹함을 끌어 스스로 탈출함이 불가하고, 밖으로 볼 바가 없다. 곧 갑목이 기토로 처를 삼으니 그 정이 참으로 마땅함이 있는데, 만약 갑·기의 지지 아래로 또 다시 자·축이 있어 올

라타면, 내 · 외로 합을 더한 것이다. 밖으로 갑의 마음을 움직일 재 · 관 · 인수가 없으면, 곧 갑은 항상 기토의 아래에 처하게 되니, 그 뜻이 어찌 능히 원달(遠達)할 것인가.

용력(用力) 즉 용신의 힘이 지나치면, 이룸에 또한 어려움이 많다.

– 무릇 주 중에서 자연히 기물을 얻음이 묘함이 되는데, 만약 힘을 써 부지해야 하는 것이라면 마침내 아름답지 못하다. 다시 용재(用財)하므로 국 중에서 이를 보지 못할 경우, 반드시 상관 · 식신이 생하는 바를 구하게 된다. 그런데 식 · 상이 실시(失時)하고 무기(無氣)하면, 또한 비견의 전조(轉助) 즉 돌고 돌아 도움이 될 것을 구한다. 혹은 외충(外衝) 혹은 요합(遙合)을 구하게 되는데, 이를 모두 과어용력이라 한다. 그 성취가 반드시 간난(艱難) 즉 어렵고 힘든 것이다.

과어귀인이면 재앙을 만나도 스스로 치유될 것이나, 과어악살이면 복을 만나도 형통하기 어렵다.

– 팔자 중에 원래 귀인이 많은 것, 곧 이덕(二德)이 용신을 돕고, 재 · 관에 형 · 파가 있지 아니하면, 비록 전패(顚沛) 즉 엎어지고 자빠지는 가운데 처한다 해도 또한 위태롭지는 아니하다. 원래 악살이 많다는 것은 삼형(三刑)에 육충(六衝)이요, 더불어 재 · 관이 배반한 것이다. 마침내 새 · 관의 땅을 만난다 해도 장차 이것이 어찌 복을 누릴 터전이 될 수 있을 것인가.

오행의 절처(絶處)에서 녹마가 몸을 돕고, 사주가 기묘한 중에 비견이 복을 나눈다.

– 무릇 절처를 만남은 불가하니 문득 흉함을 가리키는데, 대개 흉처(凶處)에서 또한 길신의 상부함이 있는 것이다. 가령 목절어신하는데, 신(申)에 임수가 있어 인(印)이 되고, 경 · 무로 재 · 관이 되니, 모두가 나의 소용지물이라, 필시 능히 부신(扶身)하여 복으로 나아간다. 다만 근심은 내가 용(用)하는 바의 궁(宮)을 극해하는 신이 있는 것이니, 이리된즉 그 쓰임이 끊어지기 때문이다. 이와 같으면 곧 흉함이 된다. 만약 관으로 귀(貴)를 삼고, 재로써 기묘함이 될 경우, 국 중에서 제 · 관을 만나 얻으면 곧 길함이 된다. 이 경우 비견을 보면 곧 관을 쟁탈함에 거리낌이 없고, 재를 겁탈케 된즉 온전한 아름다움이 없는 것이다.

음양에는 진실로 강유가 있으니, 간지에도 어찌 전도됨이 없겠는가.

- 양강(陽剛)음유(陰柔)는 천지의 도이다. 엎어지고 넘어진다는 것은 도리어 뒤집힌 것을 말함이다. 이로부터 아래를 열어 꾸미는 단초가 된다.

비록 처를 방문하였으나 그 지아비를 알지 못한다.
- 부부가 이미 그 궁에 들어간즉 어찌 알지 못하겠는가만은, 다만 정이 떨어져 통하지 않은즉 그 남편을 보지 못하는 것이다. 곧 을목이 경금을 써서 지아비로 삼는데, 중간에 병화가 이를 격하여 끊으니, 경이 화의 손상을 입은 것이다. 혹은 자 · 오가 패 · 사(敗死)의 땅에 앉아, 그 처로 하여금 마침내 그 남편을 보지 못하게 한 것이다.

본래 자식이 있으나, 그 모(母)를 돌보지 않는다.
- 자식이 어미를 돌아봄은 천연의 정리(情理)이다. 그러나 그 몸이 재갈에 물린즉 마침내 봉양함을 얻지 못한다. 곧 갑이 병으로 자식을 삼는데 도리어 신(辛)금의 합을 당하니, 다만 연처(戀妻)의 정만 남아 어미를 향한 사랑을 바꾼 것이다. 고로 국 중에 비록 병화가 있다 하여도 이를 쓰지 못한다. 무릇 명 중의 의론이 이에 이르게 되면, 가히 단서와 기미에 오류가 없다 할 것이다.

아비가 무자식이나 외롭지 않고, 자식이 아비가 있으나 도리어 외롭다.
- 목이 화로써 자식을 삼는데, 사주 중에 병정 · 사오의 자리가 없은즉 무자식이다. 만약 지지로 몰래 모음에 화(火)가 있거나 혹은 천간으로 제화(制化)하여 쓰임을 얻으면, 또한 무자식이 아니 된다. 목이 수로써 부모를 삼는데, 만약 손극(損尅)됨을 입은즉 그 소생을 얻지 못한다. 곧 갑 · 을일생이 해 · 자의 년 · 월에 태어났는데, 4계(季)를 두어 수가 토의 피상을 당하면, 그 생하는 바의 사람을 잃은 것과 같다. 어찌 외롭지 않을 것인가.

생은 가히 재생됨을 바랄 수 있으나, 사는 다시금 죽음이 불가하다.
- 국 중의 기물이 원래 장생에 있는데 먼저 손극됨을 당했지만, 세 · 운에서 다시금 생왕의 땅을 만나면 신력(身力)이 다시 강해지니 곧 재생이나, 죽은 것은 이미 마친 것이다. 무릇 사주의 기물이 원래 사 · 절의 궁에 놓였는데, 뒤에 세와 운이 와서 다시금 이 땅을 만나도 또 다시 흉하다고는 논하지 않는다. 대개 죽음이란 둘이 아니기 때문이다.

이미 사(死)하였으면 또한 귀(鬼)가 되지 않고, 생(生)을 만나도 다시 사람을 이루지는 않는다.

- 목이 춘생에 득시하면 곧 왕한 것이다. 주 중에서 비록 사·절의 궁(宮)을 만난다 해도 운(運)이 생·왕의 향을 행하면, 또한 그것이 사(死)가 되지는 않는다. 목이 추생에 실시(失時)하면 곧 약한데, 주 중에서 비록 생·왕한 궁을 만난다 해도, 만약 운행이 쇠·절의 땅이라면 마침내 생이 되지 못하는 것이다.

자다(子多)에 모병(母病)은 마치 큰 밭을 경작함과 같고, 모다(母多)에 자병(子病)은 마치 심연에 임한 것과 같다.

- 자(子)란 모(母)의 소생인데, 많은즉 어미의 기를 누설한다. 곧바로 자는 능하고 령(令)을 받았으나, 모는 허(虛)하다고 하는 것이다. 만약 모가 다시금 쇠·병의 자리를 더한즉 정력(精力)이 미치지 아니하므로, 결단코 그 자식을 어루만질 수 없다. 그 전보전(佃甫田)이란 말은 어머니가 둘이 없음을 일컬으니, 그 은혜를 높여 온전해야 함을 말한 것이다. 만약 모가 중다(衆多)하여 많고 몰래 생함을 투기한다면, 그 도모함이 흥할 것이다. 하지만 곧 오성(五星)에서 2모가 쟁권하고 고식(姑息) 즉 어미가 쉬는 것이 태과하면, 모가 사랑하는 바를 잃으니 자식이 어찌 의지할 바가 있겠는가, 더하여 병·사(病死)의 궁에 임할 것 같으면, 꺼고 생함의 변화가 빈드시 조식으로 일어날 것이다.

'부정·불충 불편·불합 불횡(不橫)·불형(不刑) 부직·불파'한데, 이것이 충(衝)이 된다.[16] 육극(六極)의 기문(岐門)을 여니 그것이 합이 된다. 만물의 형적(形跡)을 열어 보니 그것이 형이 된다. 변하여 개정하니 그것이 파가 된다. 적이지만 도리어 상함이 있으면, 이는 가시나무로 땅을 찔러 금을 생함과 같다. 그렇지 아니하면 곧 염전에 옥돌을 파종한 것이다.

- 이상의 4가지 단서는 곧 전극(戰尅)하고 격박(擊剝)함의 상(象)이다. 안으로는 형함이 있어 허한데, 멀리 있는 쓰임을 갈고리로 끌어온다. 이는 마치 도란(倒亂) 즉 어지러움을 뒤집은 가운데 용신을 취함으로써, 귀(貴)가 되고 복(福)이 된 것이다. 그렇지 않고, 용재하여 생관하고, 용인에 살을 얻으면 자연히 묘해진다. 이것이 바로 자평이 오롯

---

[16] 이 부분은 4자 성어로 끊어 읽게 되면 달리 해석됨이 있다. 곧 2불(不)자를 정리하고 보면, "바르게 충하고, 합함이 편고하며, 형함을 늘어세우고, 곧바로 파하니, 그것이 충이 된다"는 것이다.

이 논한 바, 재·인·식의 까닭이다.

길신은 나를 도와 공을 구하니, 상이란 길함의 신이다.

– 무릇 인명(人命)에 쇠약함과 혹 형상·파해는 능히 쓰임을 이루지 못하니, 반드시 길신의 부좌(扶佐)함으로써 나의 복을 이루고자 한다. 또 나를 돕는 신을 보게 되면, 세력의 경중이 어떤지를 살펴야 한다. 만약 무근(無根)하고 실령(失令)하며 혹은 스스로 상함을 받았다면 어찌할 것인가? 먼저 구조함을 쓰고, 상(相)이 길함의 신이란 어떤 것인가? 가령 갑일이 여름 생으로 화의 태움을 만났다 할 때, 임계·해자를 얻어 화(化)하게 되면, 나를 돕고 구조함이 된다. 다만 수가 먼저 화·토의 모극(耗尅) 즉 소모 상극을 받아, 능히 나의 복이 되지 못한다. 그러면 반드시 금을 구하니, 이를 굴려 수를 생하고 또 왕하기를 바라는데, 이리하면 수(水)에게 나를 돌아볼 정이 있게 된다. 결국 이와 같은 공(功)은 수에 있지 아니하고 도리어 금에 있게 되는 것이다. 또 오(午)가 자(子)의 충을 입음에 미(未)를 의뢰함과 같으니, 나와 합하여 자를 함께 뚫은즉 내 신의 상(相) 즉 도움이 된다. 이때 미가 상함을 받을 것 같으면 능히 쓰임이 되지 못하므로, 필히 미토의 신을 생조함을 구하고자 한다. 이로써 미토가 유력함이 된 뒤에 바야흐로 쓰임을 얻고 이루는 것이다.

흉물이 상신(傷身)함에, 용신을 써서 상하는 흉한 기물을 풀어낸다.

– 인명 중에 만약 흉신을 만나서 나의 몸과 궁을 극하면, 반드시 주 중에서 어떤 기물을 구해야 한다. 능히 나를 상하게 하는 신을 제어함이 있은즉 저것이 스스로 풀려서 나에게 미치는 것이다. 그러므로 어찌 여유롭다 하지 않겠는가. 곧, 갑목이 원국에서 금상(金傷)을 당하여 화(禍)를 면하지 못하는데, 화(火)를 얻어 이를 극하게 되면 위험이 스스로 멀어지는 것이다. 또 묘가 유의 충을 입었는데, 주 중에서 오를 본 것 또한 이와 같다.

오행이 각기 그 얻은 바, 모이고 돌아감이 마땅하면, 복을 이룬다.

– 무릇 오행이 허명(虛名)에 실위(失位) 즉 자리를 잃었다면 불가하다. 다만 요하는 것은 득령하고 귀원(歸垣) 즉 제자리로 돌아가면 바야흐로 능히 귀함이 된다. 만약 귀취(歸聚) 즉 돌아가서 모이는데, 일국(一局) 즉 하나의 국을 이룬다면 그 묘함을 말로 다하지 못한다.

하나의 국에서 모두가 그 자리를 잃었다면, 유탕(流蕩)하여 의지할 것이 없다.

- 무릇 일주 용신은 두루 드러나고 떨어진 처소를 요한다. 곧 사주 중에서 통근(通根)과 기댈 것이 있음을 얻지 못하고, 또 '공망 사절 목욕 형충'을 만난즉 마침내 성립할 것이 없다. 필히 유탕하고 마땅한 바를 잃은 것이다.

대운의 절제(折除) 즉 꺾이고 제함은 세(歲)를 이루고, 소운의 순역(順逆) 즉 순함과 거스름은 시(時)로부터 유래한다.

문고(文庫)를 충하면 문명이 번성하고, 무고(武庫)를 가리면 간과(干戈) 즉 방패와 창이 평안하다.

- 술(戌)이 문고가 된다. 대개 화(火)가 문명(文明)이 되니, 팔자 중에 원래 재·관·인수·식신의 생기가 없은즉 문장과 학문의 기미가 없는 무리라. 화고(火庫)를 얻었으나 또한 관문에 폐쇄되면, 이는 곧 문(文)이 없는 사람이다. 만약 암으로 상관 혹은 인수가 숨어 있으면, 밝지는 못하지만 또한 주가 총명하다. 주 중에서 '진·미·축'의 글자를 얻어 술고를 형·충하고, 다시금 운도(運道)가 동·남으로 들게 되면, 화(火)를 발하여 문장을 광명케 한다. 이로써 번성함을 이루어 필히 높게 한원(翰苑)에 발탁된 사람을 내가 본 것이 많다. 축(丑)은 무고가 되고, 대개 금(金)이 간과가 된다. 팔자 중에 주기(秋氣)를 두르고 신유·경신으로 살이 되며, 편관과 양인을 또한 같은 궁에서 보면, 이는 두려움이 없고 호전적인 사람이다. 주 중에서 '자·사·유'의 신을 얻어 합국하는 경우, 겸하여 동·남 목·화로 행하여 그 완금(頑金)을 제어한즉, 감추었던 굳셈으로 차라리 간과를 취한다. 장사(壯士)가 이에서 발하니, 갑옷을 버리고 한가함을 내던진 사람을 내가 일찍이 본 적이 있다.

비룡이 하늘을 떠나서 구름을 따라 연못에 들고, 잠룡이 연못에서 구름을 따라 하늘로 오른다.

- 용이란 진(辰)이요, 하늘이란 해(亥)며, 구름이란 임(壬)이다. 용이 그 구름을 얻은즉 난다. 만약 년에서 해를 보고, 월건이 진이며, 세(歲)와 월의 간두로 임이 있은즉 용이 하늘에 있는 것이다. 만약 일·시에 수가 왕하고, 용과 더불어 회국(會局)하면, 용은 반드시 구름을 따라 입연(入淵)한다. 대개 용은 수로써 집을 삼으니, 고로 위로는 하늘을 떠나고 아래로 물에 잠수하는 것이다. 이런 상(象)을 얻은 자는 문장이 세상을 덮으

나 평생에 막히고 통함을 거듭한다. 공명이 비록 대각(臺閣)에서 출(出)하여도 사업이 마침내 임천(林泉) 즉 숲과 샘이라 은사로 돌아가는 것이다. 주 중에 사·오의 2자가 있는 자는 빈박하고 하류의 명이다. 만약 년에서 해를 보고, 시(時)에서 진을 보며, 일·월로 수를 모은즉 용이 아래로 연못에 잠수한다. 만약 간지로 형충·극파가 있으면 용이 능히 평안하지 못한데, 중요한 것은 일·시 상에 임(壬)의 글자가 있는 것이다. 그러면 용이 필히 구름을 타고 하늘로 오른다. 이런 상(象)은 곧 년에 해가 없는데, 사(巳)를 써서 도리어 충함이 또한 길하다. 다만 한천한 조·부에게서 나와 의지할 것이 없는 연후에 필시 사람이 있으니, 그 힘을 빌리고 분발하여 공명이 있는 것이다. 주에게 근시의 귀함이 있다. 운이 사·유(巳酉) 패·절의 향으로 행하면 상가(喪家)에 파직한즉, 이는 임기(壬騎)용배(龍背)의 격이다.

대림(大林)에서 용이 출하여 천하(天河)에 이른다. 사고(四庫)의 토가 온전하면, 구오(九五)에 거한다.

– 대림의 용이란 즉 무진(戊辰)이다. 중요한 것은 사주 가운데 납음으로 천하수(天河水)를 얻음인 즉 용이 하늘에서 난다. 다시금 4고가 온전한즉 사해(四海)를 구비한 것이다. 천하(天下)가 모두 비와 연못의 혜택을 더하는 까닭에 필히 구오 즉 용상의 대인이 된다는 것이다. 명(明) 태조(太祖)의 명은 '무진 임술 정축 정미'인데, 이는 또한 그 원인이 있어 말하는 것이다.

장류(長流) 용이 대해로 복귀하고, 오호(五湖)의 수(水)를 취하니 많은 무리를 장악한다.

– 장류 용이란 곧 임진(壬辰)이다. 용이 장류에 있다 함은 지지로 해(亥)를 얻음이니, 이름하여 용귀(龍歸)대해(大海) 즉 용이 큰 바다로 돌아갔다는 것이다. 또 이르기를, "용약(龍躍)천문(天門) 즉 용이 하늘 문에 뛰어오른다"고 하니, 묘함은 납음으로 대해수를 얻음에 있다. 사주에 수를 둘러 구비한즉 오호의 물이 이미 갖추어진 것이다. 또한 깊어서 용에게 이익됨이 더욱 기쁘니, 요는 경·신(庚辛)이 있어 이로써 생한즉 출입에 산악을 요동시키다. 어찌 귀한 형상(象)이 아니겠는가. 곧 왕양명(王陽明)은 '임진 신해 계해 계해'의 명인데, 이는 또한 양명의 명(命)으로써 이에 입론해 본 것이다.

육합에는 공·권(功權)이 있으니 육부(六部)의 존엄함이다. 삼형이 득용(得用)하면,

위진(威震)삼변(三邊) 즉 변방에서 위엄을 떨친다.

　- 무릇 사주 중에 형충·극해가 있어 그 상(象)을 파하면, 본래는 흉으로 논한다. 득신(得神)하여 합을 끌고 유력해진즉 도리어 상서로움이 되니, 그 복이 고원(高遠)하다. 년·월로 쓰임을 이루면 대귀하고, 일·시로 쓰임을 이룬 것은 그 다음이다. 형(刑)이란 본래 불길한데 득용(得用)한 것은 부귀총명하고, 무용(無用)한 것은 고빈흉요하다. 무엇을 일러 득용이라 하는가. 삼형이 유기하고 일주가 강강한 것이다. 이와 반대되면 무용하다.

　자오·단문(端門)에 쌍으로 공(拱)협은 외(外)와 정(正)에 의지하여 갈라진다.

　- 자·오의 2위는 바른 것 즉 치우치지 않고 바른 것이므로, 단문이라 한다. 만약 공협하여 얻음에 파손됨이 없으며, 다시금 역량이 있는 것은 그 사람이 필시 총명하여 분발하니 훈업을 이룬다. 정공(正拱)이라 함은 해·축으로 자를 공협하고, 사·미로 오를 공협한 것이다. 외공(外拱)이란 신·진이 자를 공협하고, 술·인이 오를 공협한 것이다. 공망·극파를 꺼리니, 해치는 것이 된다.

　사·인(巳寅)이 생지(生地)면, 십분의 빼어난 기운이 건곤(乾坤)을 합한다.

　- 사·인이 생(生)이 유력하면, 능히 해·신(亥申)을 합한다. 해는 건이요, 신은 곧 곤이라, 만약 충(衝)이나 잡스러움이 없으면, 신·해가 귀기를 올라탄다. 그 재주가 조화롭고 출군(出羣)하는 것이다.

　천지로 숨은 신(神)을 안고 쓰임을 얻으면, 흉금이 뚫리고 드러난다.

　- 해(亥)는 천(天)이 되고, 신(申)은 지(地)가 되는데, 밝고 역량이 있음이다. 곧 팔자 중에서 2자를 보지 않는데, 좌우의 신을 얻어 그 2자를 공협하여 일으키고, 겸하여 귀한 기운이 있으며 공망에 떨어지지 않으면, 모름지기 현활(顯豁)함이 마땅하다. 혹 신·해로써 유·술을 안은 경우, 천간으로 어떤 기물과 연계되는지를 보아 유용함이 있으면 귀함이 된다.

　풍·뢰(風雷)가 격렬하고, 귀함에 이지러짐이 없으면, 성자(姓字)를 휘날린다.

　- 사(巳)는 풍문(風門)이 되고, 묘(卯)는 뇌문(雷門)이 된다. 팔자 가운데 한자리를 허(虛)자로 공협하고 다시금 귀인이 있는 것이다. 세와 운에서 만약 충기(衝起)함을 만나

면, 반드시 능히 발달한다.

적지(賊地)에서 집안을 이루는데, 적이 가(家)를 어지럽히고 망신(亡身)이면, 필히 초상집이라.

- 이 법은 월지(月支)에 5음(陰)이 있는 것이다. 만약 세와 일 중에 신(神)이 있어 쟁합하여 처로 삼고자 하는데, 월지가 함닉(陷溺)된 중에 나아가고자 하지만 내가 얻지 못한 까닭에 적지라 부른다. 다시금 세와 월의 신을 얻었으나, 자형(自刑)으로 나와 합할 겨를이 없는데, 시지(時支)에서 올라탈 기미를 얻어 월지와 더불어 합한다. 이를 일러 적지성가라 하니, 부귀가 얕지 않다. 대운에서 적을 제거한즉 편안해지고, 다시금 적이 난을 일으킨즉 흉하다.

동량의 재목은 착벌해야 하는데, 목다금결은 쓰임을 이루기 어렵다.

- 대저 목이란 금에 의뢰하여 착(斲)벌함으로써 그릇을 이룬다. 만약 금에 다른 신이 있어 합하여 머물면, 그 목을 와서 극함이 불능이라. 요는 도리어 목과 금이 이웃하여 나아가 조탁(雕琢)함을 얻으면 가하다. 만약 목은 성하고 금이 약하면 도리어 금이 나가고자 해도 능히 착벌할 수 없으니, 그 쓰임이 있어도 가짜일 뿐이다. 마땅히 목과 금을 작합(作合)하여 쓰고자 하면 피차가 양강(兩强)해야 하는데, 그러면 곧 귀하다고 논한다.

순양의 지지와 문호로 음을 안으면 병권이 현혁(顯赫)하다.

- 팔자의 순양(純陽)이란 본래는 편당(偏黨)함이 된다. 그러나 특수하게 '자인진오신술로 축묘사해미유의 음(陰)을 암공(暗拱)'함을 알지 못한다. 2상(象)이 서로 고르게 되면 교감한즉 도리어 온전하니, 천지의 정기(正氣)라 하겠다. 중요한 것은 사주에 공망이 없고, 또 천간에 생의(生意)가 있는 것이 지극히 묘한 것이다. 이 상은 권병을 변방의 요새에서 베푸는 것이라, 그 자리가 공후(公侯)에 이르니 발복함이 적지 아니하다.

독호(獨虎) 즉 외로운 호랑이가 천문에 목을 두르면, 대각(臺閣)이 청고하다.

- 대저 세와 월에서 인(寅)의 1위를 얻으면, 도리어 시에서 천문을 보는 것이 중요하다. 범이 반드시 하늘을 조알하고 해를 향해 울부짖는다. 주(柱)중에 다시금 묘·미의 합국이 있으면, 목이 무성하여 바람을 생한다. 바람이 범을 쫓는 격이니 그 어찌 훌륭하지 않을 것인가. 만약 형충·극파가 되고, 인수와 재·관을 얻지 못한즉 무용하다.

학당이 역마를 만나면, 산두(山斗) 즉 태산 북두와 같은 문장이라.

- 그 몸이 장생의 자리에 앉으면 학당이 되는데, 다시금 역마를 얻어 서로 사귀고 달린다. 한 번 충하고 한 번 합하면 또한 높고 큰 기상을 얻게 되니, 재살(財煞)과 귀인을 두른 것이 가장 귀하다. 문장이 소쇄(瀟灑) 즉 유장하고 맑아 세속을 벗어난다.

일주가 함지에 앉으면 강호의 꽃과 술이라.

- 함지는 달리 도화살이라 이른다. 남녀가 이를 만나면 필시 음란함이 많으니, 주색으로 인해 강호에서 떠돌다 몰락한다. 만약 재·관과 귀·덕을 같은 궁에서 보게 되면, 반대로 표격(標格) 즉 정표의 격을 얻은 것이라, 맑고 기이하며 부귀를 편안히 누린다. 크게 꺼리는 것은 형합이니, 다만 공망됨을 기뻐한다.

복이 차면 모름지기 화가 있음을 방비해야 하고, 흉함이 많으면 반드시 상서로움이 없다 하지 못한다.

- 대저 용인(用印)하면 생신(生身)하는 고로 나의 복이 된다. 사주 중에 원래 관·살이 있어도 흘려서 생하니, 인이 왕하고 재의 상함과 식신의 설기를 만나지 않으면 곧 귀함이 된다. 운(運)이 이 인왕지를 행하면 생부(生扶)가 태과(太過)하므로 복이 가득 찬 곳이 되니, 그 어찌 화가 생하지 않으리오. 이러한 까닭에 군자는 그 무성한 곳을 두려워한다. 국 중에 원래 관·살이 많은데 다시금 관·살의 세와 운으로 행하면 그 흉함이 극히 심하니, 어렵고 험한 것이 진을 다 뺄 것이다. 그 후에는 반드시 제복이나 신왕의 운이 있으니, 비극(否極)태래(泰來) 즉 극에 이르지 않고 태평함이 오는 상(象)이다. 곧 갑일이 원래 관·살의 피상을 입은 바 곤란한데, 운의 신이 다시금 신·유(申酉)로 행한 즉 그 흉함이 더욱 심하다. 그러나 순행하여 가게 되면 해·자의 인수 운이요, 역행하면 사·오의 제복 운이 있다. 곧 구하는 기물이 있으니, 그 어찌 아름다움이 되지 않을 것인가. 이 2구절은 음양 소장(消長)에 화복(禍福)이 의지하고 엎드림을 말한 것이다. 천도와 인사가 서로 유통하는 것이니, 마땅히 세밀하게 음미해 볼 일이다.

마두(馬頭)대전(帶箭) 즉 역마의 간두에 화살을 둘렀다 함은 진나라에서 태어나 초나라에서 죽음이요, 마후(馬後)가편(加鞭) 즉 말의 뒤에 채찍질을 더함이란 아침에는 북쪽이요 저녁에는 남쪽에 있는 것이다.

- 이 말은 역마가 일·시의 아래에 있는 것으로, 합을 두른 것을 필요로 한다. 이름하

여 연강(聯韁) 즉 고삐를 매어 연결하니 큰 재복을 취하고, 일을 주관함에 남보다 뛰어나다. 만약 역마의 앞에 형·충이 있음을 보게 되면, 이름하여 대전(帶箭)단강(斷韁) 즉 활을 둘렀는데 고삐가 끊어진 상이라 한다. 만약 내충(來衝)하는 것이 금에 속하면 극을 받는 것이 목에 속하니 그 화가 더욱 심하여, 주인이 타향에서 죽어 초상을 친다. 무릇 역마를 취용함에, 순한 것은 년이 그 일·시를 취하는 것이요, 그 반대는 시가 그 일을 쓰는 것이다. 명주의 마가 제란(隄攔) 즉 언덕이나 막을 것이 없은즉, 늘어지고 방자하여 통제할 수가 없게 된다. 이후에 다시금 형·충을 더하면, 말이 반드시 미친 듯 날뛸 것이니 종래에 편안함 즉 안돈(安頓)의 땅이 없다. 주인이 일생토록 노록(勞碌)하고 분주히 사방을 뛰어다닐 뿐이다. 만약 형·충의 신이 다시금 삼합 육합을 만난즉 채찍을 더하지는 않을 것이다.

성품과 신령의 형상이 잠들어 있으면, 많은 경우 탁함의 원인이 된다. 안으로 흐름이 맑으면 용모는 준수하나 마음이 몽매하다. 이는 대개 맑은 가운데 탁함에 빠진 것이다.
  - 무릇 용신을 취용함에 형·충이 뒤섞여 있다고, 문득 말하기를 탁해서 무용하다고 해서는 안 된다. 마땅히 그 가운데 암장된 기물이 있는가를 깊이 살펴야만 한다. 곧 탁한 가운데서도 일점 외로운 청함이 있다. 이것이 유출된즉 그 사람이 비록 촌스럽고 좁은 것 같아도, 성정에 영오(穎悟) 즉 빼어나고 깨달음이 있으며 기모(機謀)가 평상과 다름이 많은 경우를 본다. 만약 용신이 맑고 기이하며 특별히 서 있어 형·상(刑傷)의 혼잡이 아니라 해도, 문득 말하여 청하다 함은 가하지 못하다. 다만 중간에 암장된 기물과 더불어 소용되는 기물에 상함이 있는데, 그 병을 마침내 제거하지 못하는 경우가 있다. 고로 사람이 비록 미모이나, 필연적으로 실학(失學)하여 이룸이 없고 주색에 혼미해진다는 것이다.

일장(一將)당관(當關)에 군사(羣邪)가 자복(自服)이라, 곧 한 장수가 관문을 지키니 뭇 요사함이 스스로 굴복한다.
  - 장수란 귀하고 중한 신을 말하고, 관문이란 긴요한 곳을 뜻하며, 삿된 것이란 나를 시기하는 기물을 말한다. 가령 갑·을일 생이 금이 왕한 년·월에 태어나 모두가 와서 나를 극하는데, 월상(月上)에서 병(丙)의 투간함을 얻어 제살하면, 도리어 권병이 되고 살이 스스로 무릎을 꿇는다. 또 임·계가 무·기를 만나고, 더하여 지지에 토가 어지럽게 극하므로 그 신이 능히 대적하지 못하는 경우, 긴요한 곳에서 도리어 경·신(庚辛)을

만나 인수로 화살(化煞)하니, 감히 난을 일으키지 못하는 것이다.

무리 지은 흉살이 주를 극하면, 혼자 힘으로는 이기기 어렵다.

– 이는 곧 살중(煞重)신경(身輕)함을 말함이니, 고독하여 도움이 없는 것이다. 대개 당관(當關)에 가히 구할 신이 없은즉 그 극하는 바를 능히 이겨낼 수 없으니, 참으로 주가 질병에 요절한다.

이런 무리에서 벗어나려면, 다시 이런 무리를 보는 것은 꺼린다. 이 신을 화하는 것으로, 이런 신을 보는 것은 기뻐한다.

– 조화의 묘란 급작한 것인데, 다만 궁하다 함은 불가하다. 중요한 것은 마음을 씀에 있어 상세히 살펴야만 한다. 가령 갑·기 화토(化土)와 같은 것은 목기를 벗어나 처가에 종하는 것이다. 그런데 만약 '갑을 인묘미해'를 보게 되면 모두가 나의 비견인즉 원래가 왕한 자리가 있는 것이다. 어찌 사랑함이 없다 할 것이며 하물며 또한 비(比)와 인(刃)이 능히 나의 재를 쟁합(爭合)하고자 한다. 갑·기로 하여금 능히 서로 이룸을 방해하니, 도리어 이간질하는 한(恨)이 있게 되는 것이다. 또한 을·경 화금(化金)의 경우에는 금왕함을 보는 것이 기쁘니, 처가 지아비를 얻어 의지함이 된다. 정·임 화목(化木)은 복왕함을 보는 것이 기쁘니, 여식이 ㄱ 어미를 언어 의지함이 된다. 병·신 화수(化水)는 수가 왕함을 보는 것이 기쁘니, 어미가 그 자식을 얻어 의지함이 된다. 무·계 화화(化火)는 화왕함을 보는 것이 기쁘니, 주가 그 재물을 얻어 의지함이 된다. 공망과 살을 보는 것은 크게 꺼리고, 비견이 쟁투하면 이름을 이루지 못한다. 공경과 같이 크고 이름 있음은 고아(孤兒)에서 다른 성을 따른 것이다.[17]

역마에 고삐가 없으면 남북동서의 객이다.

– 무강(無韁)이란 마에 합이 없는 것이다. 남북동서로 이르지 않을 바가 없다. 인명이 이를 만나면 반드시 주가 표류 영락한다.

도화가 살을 두르면, 창우(娼優)에 노예 졸개의 무리이다.

– 도화를 일·시 상에서 본 것이 이것이다. 오직 형(刑)을 꺼리는 것만이 아니라, 합

---

17 곧 본신의 명을 떠나, 化格으로 화하여 큰 인물을 이루었다는 뜻이다.

하여 유정하면 오살을 더욱 꺼린다. 같은 자리에서 이를 만난 것은 대개 예의염치의 가르침을 받지 못한다.

모자에게는 시종토록 기댐이 있고, 부처(夫妻)는 생사를 서로 의지함이 있다.

- 모자와 부처란 오로지 체 · 용의 양단을 말하는 것인데, 오직 월 · 일에 있는 것이 중요함이 된다. 가령 예를 들면, 무일이 진에 앉고 신월에 태어난 경우, 토는 금으로 자식을 삼는데 금은 진에서 길러진다. 그 어미가 스스로 강하여 의지함이 적으나, 토가 신에서 장생하니 늙어서는 득자(得子)하여 기댐이 있는 것으로, 이 상은 매우 기이한 것이다. 세와 운에서 이를 파하여, 우환이 됨은 크게 꺼린다. 가령 병일이 자월에 앉고 유금을 쓰는 경우, 그러면 화는 금으로 처를 삼고, 신(辛)금은 자에서 생한다. 지아비의 집에 시집가서 그 몸을 기르는데, 화(火)가 유에 이르면 망신이라, 처의 재물에 의뢰함으로써 그 명을 살린다. 이런 상(象)은 재 · 관을 쓰는 것이 귀한데, 형 · 충으로 국을 흩뜨림은 크게 꺼린다.

양 눈에 눈동자가 없음은 화 · 토가 계수를 볶고 말린 것이다.

- 계수는 사람에게 있어 신(腎)장에 속하여 일신의 기틀이 되고, 양 눈의 뿌리로, 눈의 관문이다. 오행에서 오직 눈동자는 수에 속하니, 물이 마르고 신장이 허한즉 눈동자가 의지할 데가 없다. 만약 일간이 화 · 토 월에 생하고 일 · 시로 나뉘어 앉으면, 토가 수원을 막고, 주 중에서 목 · 화가 태우고 졸이는데 종화(從化)를 이루지도 못하면 목질(目疾)의 병이 많다. 만약 세와 월 · 시 중에서 도리어 추기(秋氣)를 얻음이 있으나, 서 · 북의 대운으로 행하지 않고 목 · 화 태염(太炎)의 땅을 만나면 밝음을 잃는 고통이 있을까 두렵다. 이는 통근(通根)함을 얻었어도 점차 소멸하기 때문이다. 또한 하원(下元)의 질병이 있다.

대장에 병이 있음은 병 · 정이 경금을 극손(尅損)한 때문이다.

- 경은 대장에 속하니 수 · 토에 임함이 마땅하다. 미워하는 것은 '병정 · 인묘'를 국에서 얻었는데, 제화(制化)함이 없는 것이다. 경금이 오히려 통근함을 얻었으나 또한 형 · 충 · 극파를 당하고, 겸하여 목 · 화의 대운에 들게 되면, 수토가 쇠한 곳에서 문득 이러한 질병이 있게 된다.

토가 습지로 행하면 뿌리가 기우니, 백우(伯牛)유한(有恨) 즉 축토에 한이 있다. 화를 염천에 두었는데 득국하면, 안자(顔子)무우(無憂) 즉 안연의 근심이 없음이라.

– 무토는 비장에 속한다. 사주 중에 생왕한 통근의 자리에 있지 못하고, 음습한 때에 태어남을 만나며, 또 수의 침범을 더하면 토가 허해진다. 운이 습지를 행하고, 세·운에서 토를 극하는 것을 본즉, 비장의 토가 상함을 받음으로 인하여 질병이 있게 된다. 화는 곧 문명의 상이다. 구하(九夏)에 태어나고 삼합으로 인오술의 국을 얻으면, 화가 오히려 발휘된다. 적더라도 목이 그 세를 더하면 쓰임이 되는데, 수를 봄은 마땅치 않으니, 그 뿌리를 끌어가 화의 불꽃을 막기 때문이다. 인생이 이를 얻으면, 도를 즐기고 근심이 없다. 화가 극처(極處)로 행하는데 목의 생함을 많이 만나면, 도리어 주가 요빈(夭貧)하니 불리함에 이른다.[18]

수범목부면 죽어도 관곽이 없고, 화염토조면 그 생이 고단함을 받는다.

– 목이 수의 범람함에 쫓기는데, 운에서 토의 제방으로 막아냄을 얻지 못하면 다시금 사·절의 향에 놓인다. 충을 만나고 살을 거듭하면 이는 필시 낭떠러지에서 물로 떨어지거나 해로운 독으로 망함에 가로놓인 것이다. 많은 것이 아름답지 못하니, 토가 화의 조열함으로 인해 만물을 생하지 못하기 때문이다. 초운(初運)에 남행이면 폐하여서 무용(無用)하니, 뒤에 오는 것이 비록 재·관이라 하더라도 능히 쓰임이 되지 못한다. 이미 고빈함에 이르러, 분주하다 하더라도 집도 없는 명이 된 때문이다.

처다에 힘이 약하면 화분의 생애요, 마약(馬弱)에 비견이 많다면 형해(形骸)가 표박이라.

– 처가 많아도 힘이 약하면 꽃가루만 날리는 인생이요, 마가 약한데 비겁이 많은 것은 그 형체와 몸이 유랑하며 잠들 뿐이다. 무릇 재를 써서 처로 삼는데 가장 긴요한 것은 득시(得時)득위(得位) 함이니, 일주가 다시금 강강함을 기뻐하고, 세와 월에서 의지할 것이 있어야 한다. 음양이 각기 그 자리를 얻어 지키면 좋은 배필이 있음을 가히 알 수 있다. 만약 재다로 산란한데 형·합(刑合)으로 제하지 못하며, 일수가 외롭고 약하면 능히 쓰임에 임할 수 없다. 필히 처로 인해 이익을 얻음으로써, 비로소 그 몸을 기르는 것이다. 이는 또 반대로 말하자면, 재는 양신(養身)의 기물이 되므로 쓰임이 없다 함은

---

[18] 육오의 해설인데, 뜻은 통하지만 문맥이 그리 좋지는 못하다.

불가하다. 무릇 재왕(財旺)신강(身强) 함을 만나는 것이 평생의 안락이요, 만약 재경(財輕)비다(比多)를 보게 되면 그 쓰임이 부족한 것이어서 종래에는 필시 강호를 표박하고 재물을 쫓는 노고가 있을 것이다. 어찌 능히 안락하고 형통하다 할 수 있는 일이겠는가.

무릇 흉신이 교회(交會)함을 만나면 좋은 것은 적고 이루는 것은 어렵다. 길신이 빛나는데 더불어 악신이 임하면 비록 많다 하여도 또한 화할 수 있음이라. 도리를 쫓아 깨닫고 화할 수 있고, 신께서 들어와 마음을 생할 것이다. 비록 어렵더라도 숙독하여 크고 작은 조짐들을 낱낱이 구해야만 한다.

星命部彙考五十九
三命通會 三十一

六神篇, 愛憎賦, 消息賦.

三命通會 三十一

【六神篇】 육신편

오행의 묘용이 단지 일리(一理) 가운데만 있다 하긴 어렵다. 진퇴와 존망에는 변통의 도를 알아야만 하니, 정관(正官)에 패인(佩印)함은 마(馬)를 올라탄 것과 같지 아니하다.

– 대저 용관의 법에 있어 대요는 건왕(健旺) 청고(淸高)함에 있고, 천박한 것을 가장 꺼린다. 관왕이면 인수가 마땅하고, 약한즉 재가 마땅하니, 이는 바꿀 수 없는 이치다. 지금 말하기를 용인(用印)함이 용재(用財)함과 같지 않다 하니, 곧 여기에도 하나의 설이 있다. 가령 신왕에 관경인데 인수를 많이 본즉, 일주는 오히려 강해지나 관은 오히려 약해진다. 호중자(壺中子)가 말하기를, "관경(官輕)이 살경(煞輕)함과 같지 않다. 재왕(財旺)의 땅을 기뻐하는 까닭은 관을 생하고 인을 극하는 가운데 표리에서 중화(中和)를 얻음으로 족히 발복하는 때문이라"고 하였다.

칠살에 용재(用財)가 어찌 득록하여 마땅하다고 하겠는가.

– 이 말은 살왕이 태과한데, 일주가 무의(無依)하고 또 용재를 더하여 생살(生煞)한즉, 일은 더욱 약해지고 살은 오히려 왕해진다. 마땅함이 불능인데, 멀리함도 불가하다. 다

만 기명(棄命)에 서로 쫓음을 얻으면, 이로써 침노하고 깔보는 우환을 면할 것이다. 운이 재·살의 왕지를 행하는 동안은 처음 이를 쫓겠다는 마음이 바뀌지 않는다. 하지만 한결같은 마음이 한번 세와 운을 만나 귀록(歸祿)하면, 일주가 강함을 믿고 칠살과 더불어 싸우고자 한다. 이는 적은 것으로 적의 무리와 맞섬이라, 그 어찌 능히 이길 수 있으리오. 흉함을 가히 알 수 있는 것이다.

인이 재를 만나면 파직이요, 재가 인을 만나면 천관(遷官) 즉 관을 옮긴다.

- 인은 곧 청고 정대의 기물인데, 재를 본즉 그 이름과 자리를 능히 보호하지 못한다. 또 원래 인수를 쓰는 경우에는 관·살로써 의지함을 삼지 못한다. 운이 인·관(印官)의 땅을 행하면 벼슬길이 청고한데, 한 번 재향을 만나면 인수를 극하니 사주에 비견의 구조함이 없으면, 파직하여 한가로움에 던져짐을 면하지 못한다. 상함이 중한 것은 필시 타향에서 죽는다. 수·화에 신왕하고 용재하면 영화로움을 가히 알 수 있는데, 다시 재왕의 땅을 행하면 주가 이기지를 못하니 도리어 인왕(印旺)함을 요한다. 유년(流年)으로 나의 근본을 도우면 도리어 능히 작위와 관을 나아가 높일 것이다. 탐재(貪財)괴인(壞印)의 논이 되어서는 안 되는 것이다.

명이 요절 당함은 식신이 홀로 서서 효신을 만남이다.

- 칠살이 몸을 상해하는데, 원국에 정인으로 해소함이 없고 오직 식신의 1위로 제살한다. 장년에 이르도록 운도가 기쁘게도 제살(制煞)의 향을 행하는데, 만약 효신(梟神)의 유력함을 만나면 나의 식신을 극한다. 주에 편재로 적을 방어함이 없으면, 마침내 그 몸을 살상케 하니 화가 더욱 격렬해진다.

운이 지극히 흉하면 위태롭고, 양인을 거듭 만나면 파국된다.

- 오롯이 말하자면 용재에 무살(無煞)한 것은 양인으로 앙화가 됨을 크게 꺼린다. 만약 세·운에서 양인 겁재를 중봉하여 국을 깬 것은 반드시 상가(喪家)와 수옥(囚獄)의 고통이 있고, 또 상처 극자의 비극이 있다. 수·화로 병인(兵刃) 즉 병사의 칼이 되면, 참으로 이와 같음이 있다.

정관을 쟁탈하면 상함이 없음이 불가하다.

- 관이란 녹(祿)이라. 사람이 없으면 욕망하지 않으나, 만약 주중에서 비·인(比刃)을

많이 보는데 또 1위 관성이 있으면, 필연적으로 쟁탈하니 화가 있는 것이다. 이는 운이 상관(傷官)에 이르러 관성을 상진(傷盡)함과는 같지 않은즉 비견의 쟁탈이 없으면 비로소 가히 편안해진다.

칠살로 돌아감에 가장 미워함은 제살함이 있는 것이다.

– 이는 또한 비견으로 인한 것을 말한다. 대개 사주에서 비견을 많이 보면 필연적으로 쟁록 쟁재하는데, 또 세·운의 기물을 쟁탈함도 화가 된다. 곧 년·월로 1위의 칠살이 투출하니 비견이 세(勢)의 두려움을 알고 필연으로 돌아가려는데, 세·운에서 한번 식신·제살을 만난즉 사주에서 주장하는 신이 없어진다. 이에 따라 비견으로 하여금 다시금 처음과 같이 난을 일으키게 한즉, 산재 파업 횡사함이 진실로 탐하는 가운데 일어날 징조가 되는 것이다.

관이 살지에 머물면 그 관을 지키기 어렵다. 살이 관향에 있어도 어찌 능히 살이 변할 것인가.

– 관은 순수하고 우아한 귀인이 되고, 살은 곧 간사한 악객이라. 곧 관이 살로 모인 곳에 거하게 되면 그 세가 능히 독립하지 못하여 필시 혼잡하게 화하고 살이 된다. 비록 관에 순아(純雅)의 풍모가 있다 하여도 어찌 능히 지킬 수 있을 것인가? 살은 곧 강폭한 사람이다. 비록 관성의 예의지향(禮義之鄕)에 있어도, 종래에는 예의로부터 화하지 못하는 고로 능히 살이 변하여 관이 되지 못한다.

탐재괴인으로 고과를 발탁하고자 함에는 인수의 경중을 나눈다.

– 무릇 명이 인중(印重)살경(煞輕)이면 종래에는 귀함이 되지 못하니, 재왕의 운으로 행함을 요한다. 태과한 인수를 극하고 불급한 살을 생하면 살·인(煞印)이 상정하여, 필시 능히 초월하는 것이다. 만약 인수가 경한데 재를 만나면 이는 곧 큰 위해가 될 것이니, 마땅히 세밀하게 살펴야 한다.

비견을 만나고 용재하면 전(纏)만관(萬貫) 즉 만관을 얻는데, 비견으로 자원과 도움을 얻는다.

– 재란 곧 내가 쓰는 기물인데, 이를 얻어 곧 아름다워진 것이다. 주중에 하나의 칠살이 권세를 잡아 온전함이 있으면, 일주가 제어를 받은즉 용재할 겨를이 없다. 만약 비겁

이 투로함을 얻거나 혹은 세와 운에서 일주를 생부하면, 쇠약함에 이르지 않는다. 가히 적살(的煞)할 수 있고, 재가 처음으로 나의 쓰임이 되는 것이다.

운이 왕향에 이르면, 본신이 도리어 약해진다.

- 이는 종재나 종살이 이루어지지 않은 상을 말한다. 일주가 쇠약하여 수긍하지 못하고 기명(棄命)하면, 종(從) 재·살한다. 만약 대운이 행하여 자부(資扶)의 땅을 만나면, 반드시 재·살과 더불어 다투고 적이 된다. 적을 이기지 못하면 반대로 재·살의 해를 만나니, 도리어 약해짐을 보는 것이다. 이는 반드시 재물로 인하여 이해하지 못할 재앙과 화가 있거나 병으로 그 몸이 묶인다.

재가 겁(劫)을 만나니, 화가 오히려 가볍다.

- 이는 곧 신약에 재다라면 대응함이 불능인데, 행운에서 비·겁을 만나니 재를 나누고 기를 도우므로 앙화가 도리어 가볍다는 것이다.

재물에 상함이 없으면, 도리어 몰래 모의하는 적을 꺼린다.

- 주 중에서 용재하는데, 비·인·겁의 쟁탈함이 없은즉 상한 바가 없다. 그러나 또 꺼리는 것은 지지의 고(庫) 가운데 비견 양인이 암장해 있거나 혹은 충형을 맞는 것이다. 이는 곧 사사로운 도적질의 해를 면하기 어렵다.

살에 밝게 제어함이 없으면, 마땅히 엎드린 적의 병사를 찾아야 한다.

- 살이란 완고하고 사나운 사람이라, 반드시 식신이 밝게 제어함을 바라는 것이니, 이로부터 바야흐로 쓰임이 되는 것이다. 곧 사주 중에 명확히 제복하는 것이 없는 사람의 경우, 문득 이로써 흉하다고 말함은 불가하다. 요는 사주 지지의 신을 깊이 구해보는 것이다. 곧 식신이 암복(暗伏)함이 있거나, 혹은 형·충을 만나거나, 혹은 삼합을 취하게 되면, 또한 가히 복적(伏敵)지병 즉 적을 굴복시키는 숨은 병사라 할 것이다. 대운이 제살(制煞)의 향을 행하면, 반드시 주가 이름을 이루고 녹위에 나아간다.

귀인이 두상(頭上)에서 재물을 이고, 관문(官門)을 사마(駟馬) 즉 네 마리 수레로 채운다.

- 이는 세와 일이 귀인을 호환하고 공망과 극해를 만나지 않은 것을 오롯이 말한 것

이다. 칠살과 양인은 한 궁에 같이 있고, 위로는 재·관을 실었는데 또 바른 자리에 거하면서 합을 두르며 유근(有根)하다. 득시(得時)에 진기(進氣)로 나아가니 곧 귀(貴)가 되고 부(富)가 되는 것이다. 권형과 병사를 장악하니 평상한 명이 아닌데,《옥정(玉井)》에 이르기를 "등금(登金)보옥(步玉)의 귀인이다."고 하였다. 머리 위에 관성을 둘렀다 함은, 관이 재를 본 것이 또한 중요하다는 말이다.

생왕한 궁 가운데 망·겁(亡劫)을 감추면 삼군을 용탈(勇奪)한다.

- 팔자 중에 망신 겁살을 둘렀는데, 참되고 바른 장생을 만나고 년지와 납음에 미친 것이다. 혹은 '장생 임관 제왕'을 얻은 경우가 있으니, 이는 명주가 무략(武略)이 출군하여 솥을 들고 산을 뽑는 용맹이 있음이라.

과마(跨馬) 즉 마를 올라탔는데, 이로써 망신(亡身)이 됨은 녹을 얻음으로 인하여 피위(避位) 즉 자리를 물러났기 때문이다.

- 사주 중에 원래 비·겁이 많아 재를 용하지 않는데, 세와 운에서 재를 만난다. 곧, 일주가 그 쓰임을 탐하니, 비겁과 양인이 필연적으로 겁탈한다. 중한즉 명을 손상하고 상가를 열며, 경한즉 휴관 파직이다. 원래 관성을 쓰는데 재를 두르면 귀한 유인데, 귀록(歸祿)의 향을 행하니 곧 비견의 왕지로 필연적으로 쟁탈한다. 관이 비록 바른 것이나, 말하자면 비견을 만나 여기에서 경쟁하는 것이다. 도리어 봉록을 잃게 되는 고로, 자리를 물러난다 하였다.

인수가 양현(兩賢)의 액(厄)을 풀고, 재는 육국의 싸움을 품는다.

- 양현이란 2개의 살이요, 인(印)이란 어진 것이다. 무릇 쓰임에 일주가 약하지 않다. 그러나 양살이 투출하니 천간이 사나움을 아우르는데, 일주에게 식신의 구함이 없다. 달리 식신이 있어도 또한 효신으로부터 강탈된 바가 있음은 가장 흉한 것이다. 만약 능히 용인하여 화살(化煞)함으로써 나에게 이르도록 하면, 이는 곧 다만 부귀가 남들보다 뛰어날 뿐만 아니라, 더하여 능히 복을 누리게 된다. 한편 말하기를, "양현이란 관과 살이라. 만약 살을 짓는 것을 그치더라도, 아래 구절에 말한 중살(衆煞)처럼 거듭 혼잡하여 행할 뜻이 있다"고 하였다. 재란 사람이 공히 바라는 바의 것이나, 재물이 무성함으로 인하여 생각지도 않은 화가 많게 된다. 만약 국 중에 양인이 잠복해 있으나, 주 중에서 그 재를 만나지 않은즉 쟁·겁(爭劫)함은 없다. 그런데 혹시 재가 있어 쓰임이 되거

나, 혹은 세와 운에서 재를 보면 비견과 겁재를 혼잡하게 야기하여 화가 되니, 형모(刑耗)상처(傷妻)함을 면하지 못한다.

중살(衆煞)이 혼행(混行)함에 하나의 인(仁)으로 가히 화하고, 1살이 창란(倡亂)함에 혼자 힘으로 가히 생포한다.

- 살은 본래 제복을 기다린 이후에 복종한다. 만약 살이 많은 것을 보면 힘으로 제어함이 불능이라, 이를 제(制)한즉 반드시 반란에 이르는 고로 인수를 씀과 같지 않다. 인수는 인(仁) 즉 어진 것이다. 인수로 화살함이란 칠살로 하여금 스스로 내려놓게 함으로써, 묘함이 된다. 인왕(印旺)한 향을 봄이 기뻐 곧 이로운데, 그 화함에 다시금 제복(制伏)을 보는 것은 마땅치 못하다. 소위 질병이 이미 심하여 어지럽다는 것이다. 독살(獨煞)이 창란함은 그 세력이 유한한 것이니, 하나의 식신이 이를 제지하여도 스스로 가히 복종한다. 그런데 식신이 많이 이를 극제하여 항차 무엇을 할 것인가.

인수가 살지(煞地)에 거하면 덕으로 이를 화하고, 살이 인지(印地)에 거하면 형(刑)으로 이를 고른다.

- 곧 갑(甲) 일주에 신(申)을 써 살이 된다. 나를 극하는데 제함이 없다면, 그 흉을 가히 알 수 있는 것이다. 그러나 수(水)의 인수가 신에서 장생하여 스스로 능히 화살하여 흉폭하게 되지 못하도록 함을 알지 못한다. 만약 간지로 재가 많으면 곧 하격을 이루는데, 비왕(比旺)에 재경(財輕)한 것은 이를 씀에 다시금 아름다워진다. 곧 을목이 신금(辛金)을 써서 살이 되는데 자를 만나 그 뿌리를 가꾸면, 그 강함을 믿고 나를 극하려 하지만, 이는 오히려 나의 인수가 된다. 살의 소생(所生)지궁 즉 살이 장생하는 바의 궁인데, 만약 다시 신금이 투출하면 일주의 천간을 침범 능욕한다. 식신의 구함이 되는 것이 없는데, 왕한 오를 얻으면 자를 충한다. 이로써 살을 생하는 궁[1]을 제거한즉 신금이 의지할 바가 없게 되니, 많은 경우 극신의 환란을 면하는 것이다.

형제가 재를 파하는데, 재가 '용(用) 살·관(煞官)'함을 얻어 명주를 속이면, 주가 모름지기 종해야 한다.

- 하나의 국에서 비견은 일간의 전록(專祿)인데, 주 중에서 재·관을 보지 않은즉 쓸

---

[1] 신금의 장생궁인 자를 충한즉 생의가 없어지는 것이다.

바가 없다. 이런 경우, 도리어 비견이 무리를 이룸을 요하니, 재왕(財旺)의 궁을 공망하고 충·파를 함으로써 재방(財方)지는 나의 쓰임이 되는 것이다. 크게 꺼림은 전실(填實)된 것과 충관(衝官)에 비견과 합이 남은 것이다. 가령 신유(辛酉)일의 경우, 유가 많음을 만나면 묘를 충하고, 묘가 많음을 만나면 오를 파하니, 곧 합하여 바른 쓰임을 이룬다. 관·살이 태다하면 일주가 무력해진다. 사주에서 다시금 뿌리를 끌어내지 못하고 운도가 또 재·살을 행하면, 기명(棄命)종살(從煞)과는 같지 아니하나, 살왕(煞旺)의 향을 만나면 필시 능히 발복한다.[2] 신왕하거나 식신의 운은 크게 꺼린다.

1마(馬)가 마굿간에 있으면 사람이 감히 쫓지 못하고, 1마가 들판에 있으면 사람들이 공히 이를 쫓는다.

– 마는 재이므로, 곧 비견이 필히 다투는 기물이라. 만약 재가 밝게 투간하여 사주 중에 특히 드러나게 서 있으면, 차란(遮攔) 즉 막을 것이 없는 상황이 된다. 비유하자면 말이 마굿간에 있어 그 나뉨이 분명히 정해지면, 비견이 감히 다투어 쫓지 못한다는 것이다. 크게 두려운 것은 배재(背財) 즉 패재의 운도로 삼합 육합의 향을 행하는 것이다. 비견이 기미를 올라타 몰래 도둑질하므로, 화가 이르는 것이 가볍지 않다. 만약 용재(用財)함에 재가 밝게 투로하지 않고 지지로 고(庫)지 사이에 숨어 있으면, 곧 사람이 알지 못하는 땅이 된다. 이에 비견이 다투어 절취하고자 하면, 비록 깊이 감추고 진실로 폐문하였다 해도 근심 없이 지키기는 어려운 일이다.

재가 생·고(生庫)에 임하면, 생궁을 파하고[3] 겸하여 양가의 종사를 받든다.

– 대저 명에서는 인수가 어머니가 되고, 재로써 아버지를 삼는다. 재는 참으로 인수로써 집안을 이루고, 인수는 반드시 재로써 그 주인을 삼는 것이다. 그러므로 재가 귀하면 인수는 스스로 영화롭고, 지아비가 패하면 그 처는 의지할 바가 없다. 그러므로 사람의 근기(根基)를 논하는 까닭이 되며, 부모는 반드시 재를 보는 것으로 우선한다. 만약 재가 장생의 궁에 있고 또 묘고(墓庫)의 국을 보는데, 도리어 그 생하는 바의 궁을 파괴하는 신은 있으니, 묘고에는 빔함이 없는 경우가 있다. 이는 곧 명령(螟蛉)과계(過繼) 즉 잠자리나 배추벌레처럼 지나간 자리를 잇는 아이라, 곧 아비를 버리고 어미를 따르는

---

[2] 이는 신왕살왕의 국세를 형성함이다.
[3] 이는 고를 생하는 땅을 말한다.

자식이 된다. 대개 생이란 발몽(發蒙) 즉 덮어 감싸는 처음이 되고, 고란 수렴하는 때에 있는 것이다. 그 처음을 버리고 마지막을 연유하는 고로, 이같이 말한다.

그 몸이 비견 위에 앉으면 비국(比局)을 이루니, 마땅히 새로운 사내를 맞는 기미와 법도가 된다.

– 대저 명에 상관 식신이 없는 것은 필시 재를 써서 처로 삼는다. 처가 소속된 궁은 일(日)간 아래 1위가 그것이다. 그런데 도리어 비견에 이를 점거당하고 또 삼합의 성국(成局)을 만난 것이니, 세·월·시 중에서 재를 보면 필시 겁탈코자 한다. 주에 만약 재가 없다 하여도 세·운에서 보게 되면 또한 우환이 될 것이다. 극첩·상처함이 어찌 한두 번으로 그치고 말 것인가.

부모가 일리(一離)·일합(一合) 함은 모름지기 인수가 재에 임한 때문임을 알아야 한다.

– 주 중에서 재·인은 곧 부모의 신이 되는데, 그 처해 있는 바 같은 궁을 허락하지 않은 것이다. 비록 부모의 이름은 있으나, 실지로는 극박함의 뜻이 있으니, 어찌 능히 이별과 벌어짐의 한을 면할 수 있으리오. 만약 인과 재가 서로 이어져 하나의 궁을 이루거나, 재·인이 모두 각기 현저히 드러나 녹을 생하고 동향(同鄉)을 보는 것은 마침내 취합하여 성가(成家)함을 얻는다. 그 사이가 떨어지지 않는 것이다.

부·처(夫妻)는 서로 맞이함을 따르거나 상함을 따르는데, 이는 대개 비견과 복마(伏馬)로 인함이다.

– 대개 재를 논하여 처실(妻室)로 삼는다. 재가 왕함을 만나 이를 쓰는 해이거나, 혹은 이를 생조하는 진기(進氣)가 있음을 당하여 1처를 얻는다. 만약 재의 아래에 원래 비견이 잠복해 있으나, 살신의 제복을 받고 있음으로 하여 가히 겁탈의 기미를 따르지 않는다. 그런데 한번 그 재를 만나거나 또 식신의 제살(制煞)함을 본즉 마침내 탈재(奪財)의 뜻을 갖게 된다. 처가 오래 그 자리에 머물기 어려운 것이다.

자식 자리에 아들이 전실되면 백도(伯道) 즉 장자상속 종통의 도를 외롭게 탄식한다. 처궁에서 처가 현명함을 지키면 맹광(孟光) 즉 맏이의 빛을 고른다.

– 자식이란 관·살이요, 자위(子位)란 생시이다. 시상에는 재나 관·살을 써서 생왕한

기를 요하니, 형·해나 고·허를 만나지 않고 용신을 잃지 않아야 한다. 때를 기다린즉 아들이 있는 것이다. 만약 관이 그 령(令)을 잃고 다시금 상관 식신이 있어 투기함이 되면, 마침내 시상으로 와서 전실케 되니[4] 도리어 백도지탄 즉 종통을 이음에 탄식함이 있다는 것이다. 처란 재이다, 처궁이란 일지를 말한다. 본궁에서 바로 그 처를 보아 자리를 얻은 것이다. 비·인(比刃)을 만나지 않고 형·충을 보지 않으며 도화 악살(惡煞)이 없고, 더하여 천·월 2덕을 얻으며 귀인이 동처(同處)한 것이다. 이는 오직 도가 지나치지 않고 재주를 감춘 것일 뿐만 아니라, 다시금 맹광의 덕 즉 맹모삼천의 덕을 지닌 것이다.

상관이 입고(入庫)함에 음은 생하고 양은 죽는다. 방신(幫身)하는 양인은 합을 기뻐하고 충을 미워한다.

- 상관에는 본래 음·양이 있으니, 마땅히 생사를 비교하여 그 시비를 가린다. 대저 상관이 고지로 돌아갔다 함에 세·운에서 이를 만날 경우, 상망(喪亡) 횡화(橫禍)의 재앙을 많이 본다. 그러나 5음(陰)의 상관이 이와 같으면 반혼(返魂)무구(無咎)라 곧 회생하여 허물이 없음을 잘 알지 못한다. 양인은 방신 즉 몸을 돕는 기물이라, 신왕한 것이 이를 만남은 크게 두렵다. 그러나 하나의 강한 살을 얻어 양인과 더불어 합을 이루면, 화하여 권병의 별이 된다. 그런데 만약 관과 양인이 서로 충하여 싸우게 되면 곧 악살을 이루게 되니, 이를 쓰는 자는 마땅히 그 경·중 호·오사 어떤시를 자세히 살펴야만 한다.

권·인(權刃)이 거듭 행함은 권과 인으로 칼과 약에 망신이라. 재·관이 다시금 재·관을 만나면 더러운 것을 탐하다 파직됨이라.

- 권은 살(煞)이요, 인은 병(兵)이다. 신왕하여 이 양단을 쓰면 곧 병형(兵刑)으로 그 머리를 들게 되는 사람이다. 살왕이면 제복의 향으로 행함이 기쁘고, 인왕이면 살지를 행함이 기쁘다. 만약 원국에 살왕한데 다시금 살왕의 향을 행하면, 공·업을 세운 곳에서 도검 아래 죽게 됨을 면하지 못한다. 양인이 많은데 다시금 양인의 땅을 만난 것은, 녹이 높아지고 재물을 얻은 곳에서 마침내 약으로 연명하는 시간으로 종신함이 필연이라. 누차 그와 같은 일을 겪는다. 재는 봉(俸)이요, 관은 녹(祿)이다. 신강에 이 양단을 만나면, 곧 명리가 출군의 선비이다. 대저 관약(官弱)이면 왕향을 행함이 기쁘고, 재왕(財旺)이면 인방지를 행함이 기쁜데, 모두가 발복하고 성립하는 시기가 된다. 만약 인

---

[4] 실함을 메운다는 뜻이니, 이어가나 고통스럽다는 뜻으로 읽힌다.

(印)이 있는데 관을 본즉 녹이 과하고, 재왕한데 재를 만난즉 봉록이 여유롭다. 하지만 군자가 녹과(祿過)봉여(俸餘) 즉 녹이 과하고 봉록이 유여하면, 필시 더러운 것을 탐하다 파직됨을 본다.

녹이 장생에 이르고 원래 인수가 있으면, 맑게 임하여 관·마를 더한다. 제왕(帝旺)지를 행하면, 오래도록 상함이 없고 버슬길이 진작된다.

 - 원국에서 관성을 쓰는데 쇠약하면, 인수의 영화로움을 말하는 것은 불가능하다. 만약 관이 장생을 만나면, 문득 맑고 기이하며 특별한 이룸을 본다. 또 인수를 돌아볼 정이 있다. 인(印)이란 곧 부신(扶身)의 근본이라, 삼자의 쓰임이 이미 여기에서 두루 흘러가니, 필히 작위에 나아간다. 원래 편·정의 재(財)를 쓰는데 비록 자리는 얻었으나 그때를 잃은 것이니, 관에 거한다 해도 역시 드러나지 않는다. 이 경우에는 '제왕 임관'의 세와 운을 기다림이 필요하니, 이리하면 재를 쓰기에 이미 족한 것이다. 마가 필시 강건하여 치달리니, 여기에 오래도록 '비견 양인 상관 겁재'가 없으면, 이는 가관(加官)진작(進爵)에 입업(立業)여재(餘財)라 즉 관작을 더하여 나아가고 업을 세워 남은 재물이 있을 징조가 가히 되는 것이다.

재왕(財旺)에 신쇠(身衰)라면, 생을 만난 즉 죽음이라.

 - 재왕 신쇠는 그 힘이 뜻을 맡기에는 불능이라. 만약 이와 더불어 서로 잊어버리면, 반대로 지키고 편안한 바를 보게 된다. 그러나 본신이 한번 장생의 땅을 만난즉 문득 그 강함에 의지하여 진실로 재물을 도모해보고자 하나 얻지 못하니, 곧 화가 따르고 이르게 되는 것이다.

양인은 강하고 재는 얇은데, 살(煞)을 보니 관을 생한다.

 - 여러 말 가운데, 용관(用官)에 관이 미묘(微渺) 즉 작고 아득한데, 재(財)는 또 얕고 얇다 한다. 이는 대개 양인·겁재로 인함인데, 곧 능히 생관(生官)하지 못한즉 관이 의지할 곳이 없기 때문이다. 그런데 1위의 칠살을 보아 양인과 합하면, 버렸던 재로써 소재(甦財) 즉 재를 도리어 긁어모은다. 병이었던 재가 도리어 족히 생관함으로써, 관이 스스로 왕해진다. 이에 학자들이 살이 관과 혼잡되어 미워함이 된다고만 하는 견해를 가짐은 불가한 것이다.

지금까지 말한 많은 법들은 원원한 묘(妙)함이라. 지금 자못 습관적으로 장구를 만들어 말하고 있는데, 이 글이 어리석고 몽매함을 열어 밝히는 데 만에 하나라도 작은 도움이 되기를 다만 바라는 것이다.

【憎愛賦】 증애부[5]

부하고 부하지 않음은 순수함에 있고, 가난하고 가난하지 않음은 전쟁에 있다. 귀하고 귀하지 않음은 수실(秀實) 빼어남과 실함에 있고, 천하고 천하지 않음은 반상(反傷) 즉 배반함과 상함에 있다. 문장이 비단에 수놓음과 같음은 귀인과 재마가 학당에 모임이요, 흉금이 넓고 쾌활함을 품음은 수·화가 그 성정에 합하였음이라. 심모원려는 덕의 별이 깊고 고요한 궁에 거하였음이요, 술업(術業) 즉 술과 업은 제좌(帝座)에 원미(元微)함이다. 문장의 학관(學館)이요, 괴강에는 영변(靈變) 즉 신령하고 변하는 기미가 있다. 이(離)와 감(坎)은 총명의 문호다. 귀인 녹마는 겁인(劫刃)을 만남이 마땅하고, 공망은 가히 멀어야 한다. 장생이 귀인을 불러 나아가면 가히 사랑스럽다.[6]

쇠패하면 소인의 미움을 만난다. 4궁은 궤란(潰亂) 즉 무너지고 어지러움을 싫어하니 불인(不仁)불의(不義)하고, 오행이 상생이면 위효(爲孝)위충(爲忠)한다. 인(印)과 녹이 형·충의 자리에 있으면 심란(心亂)신망(身忙)하다. 일·시에 거한 것이 귀고(鬼庫)라면, 그 가운데 근심은 많고 즐거움은 적다. 일간이 왕하면 재앙과 허물이 적고, 재명이 쇠하면 추창(惆悵) 즉 슬퍼고 한탄함이 많다. 의식에 분주하고 파란이 있음은 왕처에서 극을 만남이요, 명리에 성·패가 있음은 귀한 땅이 상함을 만난 것이다. 평생의 화·복은 일·시에 의뢰하고, 일세 즉 한 해의 길흉은 기운(氣運)에 의지한다. 복성(福星)이 유기하면 변동함이 승천이라, 영전한다.

세가 운을 극하면 흉하니, 사람이 떠나고 재물이 흩어진다. 대운이 위태로우면 백화(百禍)를 생하고, 유년이 길하면 천 가지 재앙을 제거한다. 절지가 없는데 절지에 이르면, 재명(財命)이 기울고 위태롭다. 생을 구하는데 장생을 얻으면, 명리가 이른다고 칭한다. 삼합 육합을 만나면, 길함은 중해지고 흉함은 가벼워진다. 칠살에 사흉(四凶)을 만나면, 화는 깊고 복은 얕다.

---

[5] 【증애부】는 전편이 띄어쓰기 없이, 하나의 글로 이루어져 있다. 따로 원문과 원주로 나뉘어지지 않은 것이다. 이에 역자가 나름대로 판단하여 중간 중간 문단을 나누어 기록해둔다.

[6] 증애부 전체는 한 번에 익히기가 쉽지 않은데, 방점의 문제이기도 하다. 이 부분은 "귀인 녹마가 겁인을 만나면 공망됨이 마땅하니 가히 멀고 길며, 장생이 귀인을 부름은 가히 사랑스럽다"로 해석된다.

직을 옮기고 관이 나아감은 정히 녹이 모이는 년으로 인함이요, 산업을 두고 전답이 늘어남은 필시 합재(合財)의 땅으로 인함이다. 세군이 주를 충하고 누름은 흉함과 재앙이요, 대운이 상함을 받는데, 특수하게 작은 길함이 되기도 한다. 세는 운을 생함이 마땅하고, 운은 생신(生身)함을 기뻐하니, 삼위가 상생하는 일 년 동안은 따른다고 이른다. 재·관이 왕함을 구비하면, 현실에 응하여 벼슬길에 도달함을 얻는다. 재·식이 고르면 영화로우니, 그 어찌 백옥(白屋) 즉 가난한 집에 머물러 있을 것인가.

녹이 들고 생이 모이는 땅이라면, 부귀를 가히 안다. 마가 치달리고 녹이 왕한 향이라면, 영화로움을 가히 판단할 것이다. 교역과 통관으로 이익을 취하고 쉬고자 하면 모름지기 육합이 상봉함을 요한다. 시간에 대록(帶祿)하고 조원(朝元) 즉 삼원을 만나면, 주의 안연함과 복을 얻음이 정해진 것이다. 월쇠(月衰) 시왕(時旺)은 조년에 일찍이 풍부하고 기름지지만, 뿌리는 중하고 주는 경하니 종신토록 표탕(漂蕩)한다. 시장과 저잣거리에서 이를 취하는 버릇은 필시 왕처에서 재를 만남으로 인함이다.

홀연히 현달하여 성가(成家)함은 정히 형(刑) 중에서 귀(貴)를 본 것이다. 주의 뿌리로 마땅한 시라면, 여인을 얻어 이로써 부지하니 귀·록(貴祿)이 유정함으로 인하여 군자가 화합하고 길한 것이다. 남상(南商)북려(北旅)는 정히 마도(馬道)가 통한 것임을 알겠고, 동판(東販)서치(西馳)는 필시 차운(車運)의 이로움이라. 일간이 곤약(困弱)하면 백우(伯牛) 즉 견우가 감히 창궁을 원망함이요, 녹·마가 쇠미(衰微)하면 안자(顔子)의 단명(短命)으로부터 달아나기 어려움이다.

흉하고 흉하지 않음은 지지의 양인(刃)에 있고, 길하고 갈하지 않음은 천간의 강함에 있다. 마가 적고 재가 미미하면 남·녀가 서로 도주한다. 천라지망은 화가 아니면 재앙에 가로놓임이니, 궁한 길에 겁·인(劫刃)을 만나면 위태로움이 범함을 의심치 않는다. 자형(自刑)에 절(絶)처인데, 재를 만남은 처자와 해로하기 어려움에 응한다. 대모(大耗)와 소모(小耗)가 많은 것은 망한 집을 널리 탄식한다.

관부(官符) 사부(死符)는 필시 주가 옥송(獄訟)이다. 시(時)에 있거나 혹은 사주에서 재차 절(絶)을 만나면, 삼명이 형·상(刑傷)을 당한 것이니 도망치거나 교수형을 당하는 무리를 면하기 어렵고, 종래에는 경면(黥面) 즉 묵형의 고난을 받게 된다. 만약 5귀(鬼)를 만나면 우레의 상함과 범의 울부짖음을 의심치 않으니, 다시금 여러 흉함을 놓게 되면 나쁜 재앙에 횡사함으로 정히 판단한다. 여자는 음천함이 많고, 남자는 필히 창광(猖狂) 즉 미쳐 날뛰게 된다.

혹은 묻는다. 사람의 성정에 현·우(賢愚)와 선악은 먼저 귀·살(貴煞)의 왕쇠로 추리하고, 바야흐로 기교(機巧)영변(靈變) 즉 그 기틀과 교묘함 그리고 신령함과 변화를 궁구한다. 마음이 높은 것은 괴강이 화가 되고, 성품이 순한 것은 육합이 길상이 된다. 유한(幽閑)소쇄(瀟灑) 즉 그윽하고 한가하며 맑고 깨끗한 사람을 봄은 화개(華蓋) 고허(孤虛)의 별〔宿〕을 만난 것이요. 기세를 믿고 패도를 좋아하는 무리는 편관·겁인(劫刃)의 권(權)병을 범한 것이다. 겁·인은 천하고 인색하여 아끼는 것을 생한다. 다시금 기관(機關) 즉 어떤 관문이나 기미의 어려움에 나아가 모략을 많이 하는 것은 임·계(壬癸)에 원인을 둔다. 위맹함은 필시 병정·갑을에 뿌리를 두고, 순하고 인자하여 도량이 큰 것은 경·신(庚辛)에 있다.

이지러지나 과단(果斷)하고 강고(剛孤)함이 없음은, 이를 만난 것이 정신이 없음에 기인한다. 파패됨을 만나면 소선(疏跣) 즉 맨발로 소통함이 많고, 형전(刑戰)한 것은 어리석고 완고함이라. 고요하고 편안한 것은 어질고 뛰어남이요, 조급하여 패함은 화(火)가 무성함이요, 숨어 인내함은 금이 많은 것이다. 금·수가 사령하여 상생하고, 화·토가 시(時)에서 만나 상조하면, 노심초사하지 않아도 의식이 자족하고, 크게 힘쓰지 않아도 가계(家計)가 절로 이루어진다. 다시금 덕신(德神)이 상부하면, 이는 정히 향리에 시 추존되어 귀한 녹위(祿位)를 껴안을 수 있고, 필시 대성(臺省)의 왕실과 조성에서 양명케 된다.

그 근심이 있는 것은 복이 복으로 되지 못하고, 그 생각이 많은 것은 이룬 것이 이룸이 되지 못한다. 복·불복이라 함은 길처에서 흉함을 만난 것이고, 성·불성이라 함은 격국이 파상됨을 보아 그 격에서 복이 곧 상한 것이다. 그 국을 파상하니 곧 화를 부른다. 비유하자면, 곧 묘(苗)목이 추한(秋旱) 즉 가을 가뭄을 만나 겨울에 창고가 빈 것과 같고, 꽃이 봄의 서리에 당하여 백과를 얻지 못함과 같다. 지모가 비록 넉넉하다 하여도 쓰임이 그쳐 이루지를 못하니, 하늘이 돌고 돌아 지축이 변하는 기미가 있다 한들 건공(建功)입업(立業)의 따름이 없는 것이다.

어찌 보지 못하는가. 역생(酈生)의 팽정(烹鼎) 즉 솥에 삶김과 범증(范增)의 배저(背疽) 즉 등창의 일이여. 도연명(陶淵明)이 동으로 돌아가고, 자미(子美)가 서쪽으로 떠났다. 맹가(孟軻)의 만나지 못함과 풍연(馮衍)이 허공에 맴돌고, 매신(買臣)이 땔감을 짊어졌다.[7] 그 노래가 강호에 유행하는 것이다. 고한(苦寒)에도 독서하고 지키는 것은 대개 그 싹이 빼어나지 못함이요, 혹 빼어남이 있어도 열매를 맺지 못한 것이다. 다시금 상하고 패함이 태과함에 놓이게 되면, 하나의 복이라도 추요(芻蕘) 즉 건초와 땔나무에 불과할 것이다. 마침내 백예(百藝)와 다능함이 있다 하여도, 마침내 기한(飢寒)과 질고(疾苦)를 면치 못하고 구학(溝壑) 즉 깨굴창에서 곤고한 것이다. 명이 그와 같이 시키면, 비록 부귀가 쌍승(雙勝)함을 묻고자 하여도, 어디로부터 이를 얻을 것인가.

자기(鎡基) 즉 호미 같은 터전의 막대함이요, 수실(秀實)에 막기(莫奇) 즉 엄청난 기이함이다. 성(聖)과 현(賢)에 이르는 것이 무시(無時)불유(不有) 즉 있지 아니한 때가 없고, 부와 귀의 지극함도 그와 같이 예로부터 모두 있었다. 혹 생·살의 국 중에서도 문(文)이 높고 무(武)가 드러난다. 혹 관대(冠帶)의 아래에 거하므로 그 업(業)이 크고 재(才)주가 기이한 것이다.

근원의 아득함이 이와 같으니, 어떻게 추측할 것인가. 먼저 학당(學堂)의 안에서 삼기(三奇)와 4복(福)을 논하고, 다음으로 격국의 밖에서 1길(吉)과 2의(宜) 즉 마땅함과 길함을 추찰한다. 만약 기미가 갑자를 보면 상(祥)서로움이 되고, 임진이 정사를 보면 서(瑞) 즉 좋은 길조가 되며, 임자·병오는 주의 풍광이 유(儒)자의 우아한 사람이요, 신유·병신은 곧 준수하고 영화로운 선비라.

음양은 온전히 순미(純美)와 조화(造化)에 의지하는 것이니, 상생함이 가장 기쁘나 변별하기 어렵다. 일정(日精)월화(月華)는 측량하기 어려우니, 옥당(玉堂) 금궤를 얻은 것은 영화롭고, 이를 만난 자는 귀하다. 만약 현·우(賢愚)와 현·회(顯晦)를 논한다고 하면, 조화와 균도(鈞陶) 즉 도자기의 균형미가 아님이 없다. 가령 봉황이 솔개에서 생하고, 뱀이 변하여 용이 됨과 같은 것이다. 향기로운 난초가 쑥더미 속에서 끊어지지 않고, 고목이 산야에서 오히려 생하는 것과 같다.

어려서 귀함이 늙어 천함이요, 초년에 막힌 것이 후에 형통한다. 대개 대운의 쇠왕(衰旺)으로부터 부귀가 변화함에 이르니, 다시금 격국이 순수하였으나 반대로 잡스럽게 되기도 한다. 남은 춘운(春運)이 행함을 슬퍼하고 상심하는데, 늙어서도 득시(得時)하면 넉넉히 만경(晚景) 즉 늦은 경치를 즐기는 것이다. 이는 곧 시(時)에 춘추가 있으나, 월에서 원만함의 이지러짐이 있었기 때문이다. 일찍이 자음(貲廕) 즉 재물로 덮은

---

7 주매신이 오십에 이르러 부귀를 얻었다 함의 일, 등이다.

자식을 보았는데, 한 번 친상을 당하니 정히 다시 이어 볼 것이 없었다. 농사짓고 고기 잡는 사람도 운이 한번 통하면 특별히 현달함이 많다. 년에 작록(爵祿)이라도 한번 휴수됨을 갖추면 시운(時運)이 이르거나, 시에서 생왕함을 늘어놓아 만나도 흉함이 없다고 반드시 말하지 못한다.

유정한 것은 통하고 무정한 것은 막히니, 합이 있으면 길하고 충이 있으면 흉하다. 세에서 관·인(官印)이 임하면 사도(仕途) 즉 벼슬길이 정히 약진함을 알겠다. 식·재를 운에서 만나면, 서민이라도 역시 창영함을 허락한다. 혹 어려서 조·부(祖父)의 영화로움에 의지하고, 장년에는 자식과 손자의 귀함을 빌린다. 또한 더벅머리를 드리운 고난이 있고, 늙어 의지할 데가 없음은 대개 사주의 왕·쇠로 인함이며, 대운의 형통함과 그렇지 못함에서 유래하는 바이다.

어찌 보지 못하는가. 고고(枯槁)한 나무는 비록 봄이 와도 영화롭지 못하고, 무성한 높은 가지는 비록 풍상을 겪어도 패하지 않는 것을…. 시·일이 다시금 이지러져도, 년·월에 정히 하초(下稍) 즉 작고 낮음이 없으며, 생시의 왕기가 근원을 만나면, 필히 늦은 복이 있는 것이다. 옛날 탁마(琢磨)의 옥(玉)이 있어 그 가치가 성에 견주었다. 세상에서 고립된 사람이라도 스스로 가계를 이루는 것이다. 곧 삶고 단련한 뒤에도 나머지기 있이 손상되지 않음과 같고, 세한(歲寒)의 뒤에라도 시들지 않음과 같나.

소식(消息)의 묘함은 변통(變通)에 있고, 화복(禍福)은 마땅히 쇠왕(衰旺)을 살피는 것이다. 여러 기미가 있을 때라도, 명을 아는 군자는 공(共)히 평가할 것이다.

【消息賦上】[8] 소식부 상

원(元) 즉 으뜸의 일기(一氣)여! 선천으로 청·탁을 품었음이 스스로 그러하다! 삼재를 드러냄으로써 상(象)을 이루고, 4기(氣)를 뿌림으로써 년이 되었다.[9]

---

[8] 崔國峰 編著.『三命通神』. 온북스 2009. 이 책은 단행본으로 '낙록자삼명소식부'와 '옥조신응진경', '명통부'를 번역 해설하고 있는데, 그 분량이 상당하다. 이에 학계의 상황을 감안하고 본서의 번역 작업에 따른 속도를 올리기 위하여, 상기한 책에 그 역해를 부탁하고자 하였다. 그러나 생략하려고 했음에도 어차피 미진함이 있으면 불완전해질 것 같아, '2019. 9. 7.'부터 마침내 새로 번역하기로 결정하고 작업에 들어간다. 위 삼명통신의 체재가 사고전서 원본과 차이가 있고, 그 해석에 있어서도 본 서와 다를 수 있음 역시 감안하였다.

[9] 곧 소식부와 명통부의 편제 역시 옥정오결과 같이 원문을 먼저 제시하고, 그 다음 이를 해설하는 형

- 이는 원(原)조화의 처음이며, 삼명이 유래하여 생한 바이다. 삼명(三命)은 간(干)으로써 녹(祿)을 삼으니 이를 천원(天元)이라 이르고, 지(支)로써 명(命)을 삼으니 이를 인원(人元)이라 하며, 납음(納音)으로 신(身)을 삼으니 지원(地元)이라 이른다. 이는 고인께서 조화를 보고 살펴 천지를 본받아, 음양을 체(體)로 하여 사주를 배당하고, 팔자를 이룬 까닭을 밝힌 것으로, 이것이 낙록자 처음 머리글의 뜻이다.

간(干)으로 녹을 삼고 그 빈부의 향배를 정하며, 지(支)로써 명을 삼아 순역으로써 순환을 상세히 하였다.

- 간이란 나무의 줄기와 같고, 지란 나무의 가지와 같은데, 이를 통합하여 말한 것이다. 간양(干陽)에 지음(支陰)이라 함은 이를 나누어 말한 것으로, 간지의 각각에 음양이 있다. 십간(十干)의 녹을 12지(支)에 부치니, 양도(陽道)는 순행하고 음도(陰道)는 역전(逆轉)하는 가운데 모두 스스로 장생하고, 수(數)가 본음(本音)을 만난다. 관에 임함으로써 머무는 것이다. 이는 '양생음사하고, 음생양사 하는' 자연의 이치이다. 간으로써 녹을 삼고 이를 추리한즉 향배(向背)가 있다. 곧 갑록이 인에 있는데 축을 만난즉 이를 일러 향한다 하고, 묘를 본즉 이를 일러 배라 하는 것이다. 고로 녹전(祿前)의 1진을 일러 양인(羊刃)록이라 하고, 녹후(祿後)의 1진을 녹고(祿庫)라 한다. 경에 운, "향록인즉 생(生)하고, 배록인즉 사(死)한다"하니, 이것이 이른바 향배가 그 빈부를 정한다고 하는 것이다. 지(支)로써 명을 삼고 이를 추리한즉 역·순(逆順)이 있다. 곧, 양남 음녀는 생월을 좇아 순행하고, 음남 양녀는 생월을 좇아 역행함과 같다. 사람이 음양 순역의 기를 품수하여 간·지 가운데 자리하니, 두루 돌아 다시금 처음부터 왕래 순환한다. 곧, 한서(寒暑)의 기가 4시를 운행함으로써 무궁함과 같다.

고로 일러 지로써 명을 삼고 역과 순을 상세히 함으로써, 담영(曇瑩) 즉 흐림과 맑음을 순환한다는 것이다. 말하기를, "간록을 추리하니 향배가 있고, 길흉을 고구하니 심천이 있다. 배란 거스른다는 것이니 가히 그 빈(貧)함을 정하고, 향이란 순한 것이니 이로써 그 복(福)을 점치는 것"이라 하였다. 그러나 이것이 그 궤도를 취함에는 한 길만 있지 않으니 또한 배록을 만나도 불빈(不貧)함이 있다. 이에 지지로 인원을 짓고 운을 헤아리니, 그 무리에 득실이 있어 남(南)을 맞이하고 여(女)는 보낸다. 비(否)와 태(泰)가

식으로 전체가 짜여져 있다. 해석 또한 이를 따르는데, 옥정의 경우와 같다. 그리고 이 부분은 기본적인 숫자로 이해한다면, '1,2,3,4의 내용'을 담고 있다.

서로 교류하고 거하여 길흉을 모으니, 이로써 작용을 정하는 것이다.

운이 행한즉 1진이 10세라, 절제(折除)함에 곧 3일을 년으로 삼는다. 정(精)·휴(休)·왕(旺)으로 묘함을 삼고, 궁(窮)·변(變)·통(通)으로써 근원을 삼는다.

– 먼저 간지를 말한즉 팔자가 정해지고, 운을 행함으로 곧 삼명의 가장 중요함이 된다. 고로 그 법을 머리에 들어, 이로써 사람에게 보인다. 운을 행한즉 1진이 10세라, 꺾고 나눔으로 3일을 년으로 삼으니, 이는 고인께서 운을 세운 법이다. 절제함에는 실제 역(歷)법의 수를 밝게 함을 요하니, 명(命)에서 절기의 심천(深淺)이 같지 않음이 있기 때문이다. 운에는 생(生)과 절(節)을 취함에 서로 다름이 있어 그 중간에 혹은 휴하고 혹은 왕하니, 요는 팔자와 더불어 부협(符協) 즉 길조가 서로 맞아야 한다. 생왕함이 기쁘고 휴패함은 미운 것이 있고, 휴패함이 마땅하고 생왕함을 미워함도 있으니, 천변만화가 아니겠는가. 근원에 달하고 그윽함에 통하여 소식(消息)함으로써 조화의 묘함을 다하니, 그 누가 능히 이에 더불어 이룰 것인가. 고로, "그것을 화(化)하고 마름질〔裁〕한다"고 하였다. 이를 일러 변(變)이라 함은 추리하여 그것을 행함이요, 이를 일러 통한다 함은 통변(通變)의 이치를 얻었다는 것이다. 길흉의 뜻이 이에 있는 고로 능히 묘함이 되고 근원이 되어, 선함을 다하고 아름다움을 다한다.

그 기가 됨에 있어 장래에 오는 것은 진(進)이요, 공을 이룬 것은 퇴(退)한다. 곧 뱀이 재 속에 있고, 드렁허리(웅어)가 먼지 속에 있는 것과 같다.

– 기란 오행의 기요, 사시에 베푼 것이다. 곧 봄인즉 '목왕(木旺) 화상(火相) 토사(土死) 금수(金囚) 수휴(水休)'한다. 임관으로 이를 맞이하면 제왕이 장래자로 진이요, 이를 배(背)함으로써 휴폐·사절되니 성공자로 퇴이다. 오행의 기가 진퇴(進退)로 순환하는 것이다. 사람의 운을 행함에는 매양 1진에 거하므로, 상이란 곧 진하고 왕이란 이미 퇴한 것이다. 당권(當權)함에 이를 쓰는 것은 복이 되고, 당권치 못한 것을 쓰게 되면 무익한데, 만약 오행의 기가 과한즉 퇴한다. 뱀과 웅어는 모두 화(火)에 속한 종류로, 화가 수(囚)·사(死)에 이르면 토가 되고 휴폐되어 재가 된다. 사(巳) 중의 3가지 짐승으로, 뱀이 되고 드렁허리가 되며 지렁이가 되는 고로, 사(蛇)·선(鱔)이 화(火)가 됨을 안다. 화가 수·사·휴·폐에 이른즉 먼지에 있고 재에 있으니, 이것이 토는 진(進)하고, 화는 퇴(退)한 것이다. 영화상(瑩和尙)이 이르기를, "선(鱔)과 인(蚓)의 종류는 수·토의 소속이 되고 흙먼지에 거하니, 필히 등사(騰蛇) 곧 회화(灰火)의 신을 근심하는데, 재

에 처하면 약방(藥方)이 되는 것"이라 하였다. 그 류(類)로써 사물을 모으고, 그 무리로 써 나눈다. 그 바라는 바에 순(順)한즉 길하고, 그 달리는 바가 괴(乖) 즉 어그러지면 흉 하니, 즉물(卽物) 곧 사물에 접함으로써 가히 그 조화를 보는 것이다. 사람의 행운에 비 록 동일한 궁이라도 기(氣)에는 진퇴가 있고, 처한 바가 다르지 않음에도 명(命)에는 생 사가 있다. 그것을 보고자 하면, '정·휴·왕'과 '궁·변·통'이 아니면 불가하다. 이는 그것을 얻어 말한 것이다.

그 있음이 됨이란, 이것이 무를 쫓아 유를 세운 것이다. 그 없음이 됨은 천수상(天垂 象) 즉 하늘이 상을 드리움으로써 문(文)채만을 보인 것이다.
– 이는 오행의 기가 무를 쫓아 유를 세운 것임을 바르게 밝힌 것인데, 곧 하늘의 상 (象)과 오성(五星)을 빌어 이를 밝힌다. 대개 사물을 전파하는 처음에는 누가 그것을 있 게 하며, 태극의 후에는 누가 그것을 없게 할 것인가. 유가 무에서 나오고 무가 유에서 생함이니, 하늘에 있어서는 상을 이루고 땅에서는 형(刑)을 이루어 변하고 화함을 보 는 것이다.

그 항상함이 됨이여, 인을 세우고 의를 세움이다. 그 사물이 됨이여, 혹은 보고 혹은 듣기 때문이다.
– 오행이 하늘에 있어서는 오성이 되고, 땅에 있어서는 오악(五嶽)이 되며, 사람에 있 어서는 오장(五臟)이 된다. 미루어 이를 행한즉 오상(五常)이 되니, 항상함에는 가히 오 램의 도가 있는 것이다. 《역(易)》에 이르기를, "하늘의 도를 세움에, 왈 음과 양이라 하 고, 땅의 도를 세움에, 왈 유(柔)와 강(剛)이라 하며, 사람의 도를 세움에, 왈 인과 의라" 고 하였다. 곧, 사람의 도는 인과 의가 아닌즉 능히 세울 수 없는 것이다. 《서(書)》에 이 르기를, "2와 5의 일이란, 곧 1왈 용모(貌)요, 2왈 말씀〔言〕이며, 3왈 보는 것〔視〕이요, 4왈 듣는 것〔聽〕이며, 5왈 생각함〔思〕이라" 하니 즉 '모언시청사'인 것이다. 오상과 오 사는 모두 오행의 변화로 인사와 더불어 상통한다. 사람의 성정과 거취, 견문과 동정이 모두 이 수(數)에서 벗어나지 못한다. 혹은 듣고 혹은 보니, 곧 '금목수화토'인즉 보는 것이요, '궁상각치우'인즉 듣는 것이다. '모언시청사'는 곧 보는 것이요, '숙(肅)예(乂) 철(哲)모(謀)성(聖)' 즉 엄숙하고 어질며 밝고 꾀하며 성스럽다는 것은 곧 들음이니, 모 두 오행의 쓰임이다. 이기지 못함에 이르면 가히 궁할 것이니, 원기(圓機)와 밝은 지혜 의 선비가 아니라면, 누가 능히 정밀하게 살피고 말없이 이를 알아차릴 수 있을 것인가.

높은 것은 보배가 되고, 기이함은 귀함이 된다. 장성(將星) 부덕(扶德)에 천을이 임함을 더해도 본주가 휴·수(休囚)되면, 행장이 빠지고 가라앉는다.

– 숭(崇)이란 낮음의 반대요, 기(奇)란 짝함[耦]의 상대이다. 사물이 쌓임으로 높아지고 높아지니 숭이 된다. 오행에 있어 상생하(上生下)함이 이것이다. 기물이 짝할 것이 없음으로 기가 되니, 오행의 다른 것으로 곧 무리를 이룸이 이것이다. 장성은 월장(月將)이요, 덕은 천·월덕이며, 천을은 귀한 신이다. 생년으로 근본(本)을 삼고, 생일로 주(主)가 되며, 휴수는 생왕에 상대됨을 말한다. 인명의 연월일시 사주에 오행의 상생하가 있고, 삼기로 을병정이 있다. 다시금 장성과 덕·귀를 두르고, 주의 근본이 생왕하여 득지하면, 이른바 길장(吉將)교림(交臨) 즉 길함이 장차 교대로 임하고, 복진(福臻)성경(成慶) 즉 복이 이르고 경사를 이루니, 이는 지귀(至貴)의 명이 된다. 부(賦)에서는 먼저 숭·기가 보·귀(寶貴)가 됨을 말하고, 후에 주·본(主本)은 휴수됨을 꺼린다고 말한다. 이는 숭·기의 만남을 보기가 어려우니, 이로써 주·본이 절대로 요긴함을 말한 것이다. 그런 다음 여러 신살을 말한다. 이는 명을 앎에 있어, 오행으로 먼저가 되고, 생왕으로 상(上)급이 되며, 장성 덕귀가 또한 신살의 가장 길한 것임을 말한 것이다.

서(자평)이 왈, "숭으로써 주·본을 말하니, 무릇 명 중에서 수명과 재물을 관장하고 또 재복(災福)의 신을 장악한 별을 또한 숭이라 한다. 기(奇)로써 녹·마를 말하니, 무릇 명 중에 재·관·인·식을 역시 기라 부르는 것이다. 덕이란 일지의 덕진(德辰)을 말한 즉 육합이다. 곧, '임인년 경술월 계묘일 을묘시'의 경우, 9월 월장(月將)이 묘(卯)에 있고 그 생일의 오행을 돕는데, 9월 금·토 육합이 묘술합에 을경합, 무계합을 이룬 것이다. 이와 같으므로 오행의 각각이 휴패의 땅에 거하지 않은즉 귀하였다"고 하였다. 그러나 사뭇 부(賦)의 뜻은 아닌 것 같다.

만일 구진(勾陳)이 득위함에 이르고 이지러지지 않으면, 작은 믿음으로도 인(仁)을 이룬다. 진무(眞武)가 당권 즉 권한을 담당하면, 이는 큰 재목으로 상서로움을 나누었음을 안다.

– 이는 수·토로써 예를 들고, 그 나머지를 말한 것이다. 구진은 토의 장(將)이요, 오상에서는 신(信)이 된다. 진무는 수(水)의 신이니, 오상에서는 지(智)가 된다. 신 즉 믿음이란 이로써 족히 성인에 달함이요, 지 즉 앎이란 이로써 족히 그 도를 지음이다. 오행의 쓰임은 오직 자리함에서 좋은 것이다. 득위(得位)란 무·기가 7월에 생하여 어미가 자식의 향(鄕)에 있음과 같고, 당권(當權)이란 임·계가 7월에 생하여 자식이 어미의

집에서 거하는 것과 같다. 2물(物)이 같은 근원으로, 신(申)에서 생함을 갖춘다.

이 때문에 서(자평)는, "무·기로는 '인묘와 해묘미'에 임하고 좌하며, 임·계로는 '오사와 진술축미'에 임하여 앉힌다. 이로부터 아래로 관인·녹마의 왕상함이 있고, 고묘(庫墓)가 득위 당권함이 된다"고 하였다. 마치 부(賦)의 뜻과 흡사하나 배치됨이 있어, 같지 않다. 이 글은 다만 토가 4계(季)에 생하고, 수가 3동(冬)을 만남을 말한 것이기 때문이다.

불인 불의 함은 경·신이 갑·을과 더불어 교차함이요, 혹시(或是) 혹비(或非) 함은 임·계가 병·정과 더불어 서로 두려워 함이다.

- 위에서 말한 당권 득위란 곧 어긋남을 교류하지 않고, 서로를 두려워하지 않는 것이다. 만약 '갑이 경을 보고, 을이 신을, 병이 임을, 정이 계를' 보면 마치 2녀(女)가 동거하고 양남(兩男)이 더불어 있음이라, 음양이 불합하니 경회(慶會)를 이루지 못한다. 경·신은 의를 주관하고 갑·을은 인을 주관하여, 이로써 어긋남을 교류하는 고로 어질지도 못하고 의롭지도 못한 것이다. 병·정은 예를 주관하고 임·계는 지를 주관하니, 서로가 두려운 고로 혹은 맞고 혹은 틀린 것이다. 만약 경이 을에 합하고 신이 갑에 합한즉, 강유가 상승하고 인의를 함께 구제하니, 교차함이 아니다. 만약 병이 계관을 보고 정이 임록과 합한즉, 음양이 서로 배합되어 수화기제라, 서로 두렵지 아니한 것이다. 혹 '갑신 을유'로는 불인(不仁)이 되고, '경인 신묘'로는 불의(不義)가 되니, 이는 인·신 경·갑의 교차로 인함이요, 묘·유 을·신의 암전(暗戰)에 연유하기 때문이다. 병이 임을 만난즉 병은 비(非)요 임은 시(是)가 되며, 정이 계를 만난즉 계는 시요 정은 비가 된다. 자·오가 그러하고, 사·해(巳亥)가 일치함이 그런 것이다. 무릇 명에서 이런 1진을 만나면, 비로소 가히 이를 말한다.

고로 선현께서 속세에 처하여 자기를 겸손케 하고 신선을 구함이 있었다. 불보살을 숭상한즉 이궁(離宮)에서 청정을 닦고, 도로 돌아가니 곧 수부(水府)에서 근원을 구한 것이다.

- 인·의는 매양 득실에서 무너지고, 시비는 항상 영고(榮枯)에 얽매인다. 이에 일(日)이 쓸 것을 일찍이 알지 못하고 휴·식(休息)도 없다. 고로 선현께서는 자기를 낮추어 속세에 처하고, 신선을 구함에 애정을 나누니, 사사로움을 적게 하고 욕심을 줄인 것이다. 혹 제석(釋)을 숭상하여 마음의 화(火)를 멸하거나 혹은 도(道)에 돌아가 신(腎)장

의 정기를 유익케 하였다. 안으로 정신을 지키고 밖으로 환망(幻妄)을 제거하여, 물아가 따로 있지 않음과 색과 공을 밝혀 궁극의 경지에 이르니, 아님이 없다 함이 이것이다.

이에 오행을 알고 도를 통함에 취용(取用)의 문이 많다. 현인은 이치를 알고 불초하면 혼란하니, 묘용(妙用)에서 이루고 불능(不能)함에 패한다.

– 도는 있지 아니한 곳이 없고, 사물은 도가 아니라면 있을 수 없다. 오행의 변화는 대도(大道)에 통하니 어느 곳인들 갖춤이 없을 것인가. 그 취용함에 하나만이 아닌 고로 문이 많다는 것이다. 곧, 아는 사람은 이를 취하여 수정하고, 신선가는 이를 취한 즉 원기를 구하니, 스스로 돈오(頓悟) 즉 깨달은 선비가 아니라면 어찌 능히 이와 함께할 것인가. 이런 까닭에 현자는 이를 얻어 능히 궁리(窮理)진성(盡性)하고, 오행의 묘용에 이른다. 어리석은 자는 이를 잃고 마침내 스스로 어두움에 빠져 얻는 바가 없다. 능한 자는 이를 길러 복을 취하고, 불능자는 이에 패하여 화를 얻는 것이다. 《역(易)》에 이르기를, "진실로 그 사람이 아니라면, 도는 헛되이 행하지 않는다"고 하였다.

보이지 않는 형체를 보면 있지 아니한 때가 없고, 빼내지 못할 단서를 추출하면 만고에 연면(聯綿) 곧 이어지고 관계한다.

– 드러나지 않은 형체를 본다 함은 곧 십간의 녹이 12지에 부쳐져 있이 보이지 않는 형체를 봄이 존재함과 같다. 갑록이 인(寅)이니, 인이 나타남이 되면 녹을 본 것이다. 인은 보지 않고 술을 보면, 오자원(五子元)으로써[10] 원기가 술에 이르러 숨는다. 갑술을 보니 술은 갑의 녹당(綠堂)이 되는 바, 이것이 이른바 불견(不見)지록(之祿)이다. 갑이 신으로 관을 삼고, 신록(辛祿)은 유이다. 갑이 금계(金雞)를 받음인데, 유는 밝게 드러난 관이 된다. 유는 보지 못하고 미를 보면 이로써 천관(天官)이 갑에 숨는데, 들어가 보니 양의 무리라 미(未)상에 신(辛)이 있는 것이다. 이것이 소위 불견지관이다.[11] 빼내지 못하는 단서를 빼낸다 함은 곧 양기가 자에서 생하고 묘에서 왕하며 오에서 종함과; 음기가 오에서 생하고 유에서 왕하며 자에서 마침과 같다. 양생(陽生) 즉 음사(陰死)하고, 음변(陰變) 즉 앙화(陽化)함이나. 사·오는 곧 음양 화생(化生)의 처음과 끝으로 무극(無極) 즉 극함이 없다. 음극(陰極) 즉 양생하고 양극(陽極) 즉 음생한다. 기가 스스로 자·

---

10 곧, '갑자, 병자, 무자, 경자, 임자'의 다섯으로, 그 근원의 기를 말한다.

11 이는 삼명론법에서의 녹당 명당 신당의 개념과 납음으로 이를 이해해야 할 것 같다.

오 중에서 미쁘게도 갑을 빼내 삐걱거리면서 나타나니, 출입에 사이가 없고 왕래가 무궁하다. 곧 실의 단서로 실마리가 연면하여 만고의 사물이 끊어지지 않는다는 뜻이다.

《태원(太元)》에 이르기를, "'견불견(見不見)지형(之形)과 추불추(抽不抽)지서(之緒)'라, 이는 곧 날이 움직여 달이 변하고 더위가 가면 추위가 옴이라. 폐함을 대신하고 흥함을 대신하며 다시금 휴하고 다시금 왕하다. 일현(一顯)일회(一晦), 일축(一縮)일추(一抽)라, 한번 드러나고 한번 어두우며, 한번 거두고 한번 빼내는 것이다. 면면하여 상존(常存)하니 있지 아니한 때가 없다"고 하였다. 대개 음양오행이 유견불견하고 유추불추하여, 그 이치가 원묘(元妙)하다. 그 기틀을 발설함에 있지 아니한 물건이 없고 그렇지 않은 때가 없었다. 문득 천지인이 있은 이래로 이와 같으니, 요는 여하함을 단박 깨달음에 있는 것이다.

이런 까닭에 하공(河公)이 그 칠살을 두려워하고, 선부(宣父)가 그 원진을 무서워하며, 아미(峨眉)가 삼생으로써 온전한 사와 서인이 없다고 천명한 것이요, 귀곡(鬼谷)이 그 구명(九命)을 전파함에 별을 보고 요약한 것이다. 지금 제가(諸家)의 요점을 모아, 그 편견의 능함을 또한 발표한다. 이로써 풀지 못하고 왜곡된 것을 묘함으로 통하게 하니, 모름지기 신처럼 깨달을지어다.

- 원진 칠살은 살(煞)의 가장 흉함이라. 명이 오행을 품음에 이런 근심에서 누가 도망갈 수 있겠는가. 상고의 성현, 곧 하상공(河上公)은 선가의 부류요, 문선왕(文宣王)은 성인의 지극함인데도 오히려 이 둘을 두려워하였다. 하물며 그 아래로서야 말해본들 무엇하랴. 이에 책으로 드러내어 세상을 구제하니, 길흉화복은 싹트지 않음에도 존재함을 알리고자 한다. 아미선(峨眉仙)이 삼생으로 천명하니 정밀하지 않음이 없고, 귀곡자(鬼谷子)가 그 구명을 전파하니 통하지 않음이 없었다. 이는 진원(陳元)[12]이 유오(幽奧)난측(難測)을 말함을 지적한 것인데, 그러므로 말하기를 '성관(星觀)으로써 요약하니 사·서(士庶)에 완전함이란 없다' 한 것이다. 삼생(三生)은 녹·명·신이요, 구명은 신(身)·명(命) 양궁(兩宮)에 녹·마(祿馬) 2위하고, 생년과 태·월·일·시로 전부 아홉이다. 낙록자가 제가의 요지를 참집(參集)함에, 그 치우친 견해에서 능(能)함만을 요약하고, 홀로 마음속에 얻은 견해를 발하고 드러내니, 이 같은 문장이 되었다. 크게 근원을 풀고, 왜곡된 뜻을 신묘하게 통하니, 이제 기틀은 학자들에게 있다. 따라서 신처럼 깨닫고 이

---

[12] 이는 진단(陳摶)으로 보인다.

를 통변함은 참으로 착함이 된다 하지 않겠는가.

신(臣)은 난야(蘭野)에서 출생하여, 어려서부터 진풍(眞風) 즉 참된 풍속을 흠모하였다. 거리낌 없이 배움에 들어섰으나 현호(懸壺)의 묘함이 없었고, 저잣거리에 유람하면서도 화장(化杖)의 신묘함은 없었다. 1기(氣)를 호흡함으로써 신(神)이 응집하고, 5행의 소식함에 도를 통한 것이다.

－ 신이란 임금 군에 대하여 칭한 것이요, 난야는 지명이다. 스스로의 출생과 어려서 진풍을 흠모했음을 서술한즉 그 뜻이 크다. 현호 화장은 곧 호공(壺公) 비장방(費長房)의 고사로, 전인(前人)들의 지묘함을 칭송하고 자기의 무능함을 후회한다. 밖으로 욕심을 끊고 안으로 사념을 없애니, 일기의 호흡에 신이 엉기고 오행을 소(消)제하여 도에 통한 바, 고로 이 부(賦)를 저술하여 이름을 소식이라 하였다. 대개 조화란 소에 있고, 식에 있는 까닭에 그리 말한 것이다.[13]

건곤은 그 빈·모(牝牡) 즉 암수를 세우고, 금·목은 그 강유를 정한다. 주·야는 서로 군신이 되고, 청·적의 시(時)는 부·자(父子)가 된다.

－ 이는 소·식(消息) 조화의 큰 규모이다. 건은 양에 속하고 천도·군도(君道)·부(夫) 즉 시아비의 도가 되며, 곤은 음에 속하고 지도·신도(臣道)·부(婦) 즉 부녀의 도가 된다. 건은 동(動)으로 체가 되니 왈 벽호(闢戶)라 하고, 곤은 정(靜)으로 체가 되니 왈 합호(闔戶)라 한다. 건·곤으로 음양 빈모의 합을 세우고 양자가 교통하니, 이에 오행의 변화가 그 안에 있다. 역(易)의 머리에 건곤이 있음은 이 뜻의 바른 것이다. 인유(仁柔) 의강(義剛)하니, 금·목의 성품에 사령하는 바라. 일음 일양으로 강유가 서로 옮기니, 독강(獨剛)에 무유(無柔)한즉 변을 생함이 불능이요, 독유에 무강한즉 화(化)를 생함이 불능이라. 낮에는 강(剛)이 되어 변을 생하여 나아가고, 밤에는 유가 되어 화를 생하고 물러난다. 강·유를 쌓아서 변화를 이룬 즉 주·야요, 또한 진퇴(進退)를 이룬다. 낮은 양으로써 군(君)의 상(象)이 되고, 밤은 음으로써 신(臣)의 상이 된다. 주·야의 도와 그 은미함에 소·식이 있고, 그 드러남에 영·허(盈虛)가 있으며, 그 나뉨에 어둠과 밝음이 있고, 그 수(數)에 생사가 있는 것이다. 1태(泰) 1비(否) 1손(損) 1익(益)이 종시로 서로가 새로움의 원인이라. 고로 서로가 대신하여 영욕(榮辱)에 이르는바, 복록은 스

---

13 낙록자 소식부에 대해 스스로 말하고, 이에 해설한 것이다.

스로 오니 근본은 모두 이에 있는 것이다. 오행의 신을 왈 제(帝)라 하니, 동방 청제(靑帝)의 부(父)가 남방 적제(赤帝)의 자(子)를 생하는 것이 청·적의 이치요, 아비가 자식에게 전하는 도이다. 곧, 음양오행 가운데 '군신 부자 부부'의 도가 자리한 것이라, 이는 조화의 큰 뜻으로 인류와 함께 통함을 말한 것이다.

한 길로만 궤도를 잡음은 불가하고, 한 이치로만 이를 추리함도 불가하다. 때로 겨울에도 염열(炎熱)을 만남이 있고, 여름 풀이 서리를 만난 종류가 있다. 음서(陰鼠) 곧 숨은 쥐가 얼음에 살고, 신구(神龜)가 화에서 잠든다.

- 이는 음양·오행의 도가 미묘 난통(難通)하고 은오(隱奧) 난측(難測)함을 말한 것이다. 곧 다만 한 길로만 방향을 잡고, 일리(一理)로만 추리함은 불가하다. 곧 동한(冬寒) 하열(夏熱) 함은 이치의 항상함이요, 때의 바른 것이다. 그런데 동에 염열을 만나고 하초(夏草)가 서리를 만난즉, 이는 그 때가 아니다. 그 때가 아니지만 그 령(令)을 행함은 이로써 가히 상리(常理)가 구애받은 것이라. 서화(鼠火)구빙(龜氷)의 이치는 이런 류(類)의 마땅함이요, 음서의 서빙(棲氷)과 신구의 숙화(宿火)는 곧 그 류의 마땅함이 아니다. 그 류가 아닌데도 그 곳에 거하니, 이를 어찌 가히 한 길로만 논할 수 있겠는가.

평상한 것은 고구하기 쉬우나, 평상하지 못한 것은 궁구하기 어려우니, 조화를 어찌 쉽게 말할 수 있을 것인가. 추자(鄒子)가 율령을 전함에 한곡(寒谷)에도 봄이 돌아오고,[14] 효부가 원한을 품으니 6월에도 서리가 내린다. 고금에 이런 류의 재이(災異)를 기록한 것이 심히 많은데, 그렇다고 이를 음양오행의 변화가 아니라고 말함은 불가한 것이다. 화서(火鼠) 즉 붉은 쥐의 털을 쌓아 포목을 이루고, 빙잠(氷蠶) 즉 물 누에의 기름이 올라가 조(俎) 즉 적대가 된다 함에, 이것이 세상이 아는 바의 것이다. 《신이경(神異經)》에 이르기를, "북방에는 층빙(層氷)이 만리에 있고 두텁기가 백장이라 하며, 쥐 중에 만근의 무거움이 있고 그 털이 1척보다 길다"고 함도 있으니, 나머지도 그 중에 감추어져 있다. 이것이 바로 음서가 얼음 속에 서식한다는 것이다. 《이아(爾雅)》에는 1왈 신구요, 10왈 화구(火龜)라 하였다. 곽박(郭璞)이 찬(讚)해 말하길, "하늘이 신물을 생하니 십붕(十朋) 즉 10번째의 거북은 혹 화에서 노닌다"고 하였으니, 이는 신구의 숙화일 것이다.

서자평이 지적하기를 동지에 일양이 생하고 하지에 일음이 생하니, '동봉(冬逢)염열에 하초(夏草)조상(遭霜)이라'. 계록이 자에 있음으로 인원(人元)을 삼고, 병이 계로써

---

14 추자는 추연(鄒衍 또는 騶衍)으로 보인다.

관·인(官印)을 삼는다. 무록이 사에 있고 인원이 되니, 계는 무로써 관·인을 삼는다. 이로써 곧, '음서서빙에 신구숙화'가 되는 것이라 하였는데, 다만 이러한 지적이 부(賦)의 뜻이 아닐까 두려운 것이다.

이로써 음양은 한측(罕測) 즉 측량키 힘들고, 지물 즉 사물의 뜻은 궁리하기 어렵다. 대저 3동(冬)에는 더위가 적고 9하(夏)에는 양이 많은데, 화복에도 마치 복과 상서로움이 있으니, 술사들이 그 중에 여덟·아홉을 바라는 것이다.

– 윗글은 겨울의 열이요, 여름의 서리라. 빙서에 화구를 말하는데, 음양의 상리나 물류의 상감(相感)함이 아닌 고로 한측·난궁(難窮) 즉 헤아리고 궁리하기 어렵다고 말하였으니, 이는 도리어 파(破)함을 비추어 본 것이다. 윗글은 때에 동봉염열이 있음을 말하니, 대저 3동에 더위란 필히 적은 것이요, 하초조상이라 하나 대저 구하에는 양이 필히 많다. 한서가 이미 그 항상함이 있어, 음양으로 가히 그 오묘함을 엿보는 것이다. 화복은 마땅히 이치로 추리하고, 기상(祺祥) 즉 복과 상서로움은 류(類)의 응함으로써 드러난다.

술사가 전문적으로 삼명과 오행을 논함에, 행년의 세·운이 왕상하고 득위하는 운을 만난즉 태평하다 하고, 휴수와 실위의 운을 만난즉 그렇지 못하다 한다. 다만 도의 항상함으로만 가히 구하고 바라니, 8·9정도로 적중하면 족한 것이다. 인명에 행년 세·운의 화복이 응함은 곧 기상의 변이와 같고, 지물(志物)의 난궁과 같은 것이다. 술(術)수를 끼고 사는 선비라면 10분 적중해야 하겠으나, 그 이치가 또한 어려우므로 다만 그 8·9만이라도 바라는 것이다. 대개 천지에도 온전한 공이 없는 법인데 하물며 사람에게 있어서야… 이 역시 통하는 일이다.

혹 생함에 휴·패의 땅을 만난 경우라면, 어려서 고독하고 궁하다. 늙어서도 건왕의 향을 만나고 또 임하는 해에 언건(偃蹇) 즉 쓰러지고 전다. 만약 선흉·후길과 같은 경우라면, 원탁(源濁)이나 류청(流清) 즉 근원은 탁하지만 흐름에서 맑아지고, 시길종흉 곧 시작은 길하나 마침내 흉한 종류는 곧 뿌리는 달지만 후손이 고달프다.

– 본신이 비록 운을 쫓는다 해도, 반드시 본신 세력의 토대로써 운을 빌림이 된다. 모름지기 때에 미치면 역시 때를 빌려서 세력을 올라탄다. 장한 세를 만나 생하면 운은 왕향에 거처함이 마땅하고, 만년에 쇠한 년과 운을 만나면 흡사 곤고한 땅이 도리어 마땅함과 같다 이는 곧 소식 휴왕이 마땅함을 따르는 것이다. 이와 같음으로, 조생(初生)에는 헐멸(歇滅)하나 만세(晚歲)에 흥륭한 것은 원탁류청이라 일컫고, 유년(幼年)에는 건

왕하나 노년에 영정(伶仃) 즉 지혜로우나 외로움에 임한 것을 일러 예고(裔苦)근감(根甘)이라 한다. 이는 곧 운기를 교량(較量)하여 근원을 궁구함과 같다. 먼저 근기의 후·박(厚薄)을 살피고 겸하여 운의 한도와 시종을 밝힌다면, 비록 백발백중은 아니라 하더라도 가히 그 팔·구는 바랄 수 있을 것이다.

대저 인명은 년을 세움이 존(尊)이 되고, 그 태·월·일·시는 자료와 토대로써 그 다음이 된다.[15] 고로 이르기를, "사주의 군(君)과 부(父)를 지어 길흉의 주재함으로 삼으니, 이에 그 년을 세우는 것이다. 운기의 뿌리를 밝히고 허실의 기틀을 추리하고자 하니 그 월(月)을 취하고, 안위의 조짐을 보고 고락의 근원을 살피고자 하니 그 일(日)을 취한다. 귀천의 근본을 정하고 생사의 시기를 결정하고자 하니 그 시(時)를 취하며, 유음(幼蔭)의 처음을 변별하고 아직 세우기 전의 일을 궁구하고자 하니 그 태(胎)를 취하는 것이다. 월은 주의 초년을 관장하고, 일은 주의 중년을 관장하며, 시는 주의 말년을 관장한다. 그런즉 모름지기 총괄 통어하는 요점은 시·종과 함께 전·후를 고르고 상응함을 겸하는 것에 있다. 곧, 부귀·양전에 재·록이 쌍으로 드러난 경우는 초길종흉이나 시흉종길의 서로 다름이 없는 것이다. 그러나 쉽게 얻지는 못한다. 혹 단지 중·말의 흥륭(興隆) 함이라고만 해도, 역시 가히 성실한 명(命)이 된다"고 하였다.

맹아의 조짐을 보고 그 근원을 살피니, 뿌리는 싹에 앞서고, 열매는 꽃의 뒤에 따르는 것이다.

– 담명(談命)의 설에서 태(胎)로 뿌리를 삼고, 월로써 싹을 삼으며, 일로써 꽃을, 시로써 열매를 삼으니, 근묘(根苗)화실(花實)이라 한다. 근(根)을 궁구하니 가히 묘(苗)를 알 수 있고, 화(花)를 본 연후에 실(實) 즉 열매를 안다. 이런 까닭에 성인께서 먼저 조짐을 살펴 싹이 돋아나기 전을 본즉 그 근원을 알고, 근원을 안즉 그 싹의 후예를 아는 것이다. 서(徐)가 말하기를, "운(運) 내의 길흉을 알고자 하면, 먼저 근원의 승부를 본다"고 하였다. 근원에 귀함이 있은즉 운이 귀(貴)에 임함에 반드시 귀하고, 근원에 재가 있은즉 운이 재(財)에 임함에 발재하며, 근원에 재앙이 있은즉 운이 재(災)앙에 임함에 생재(生災)한다. 또한 그 설에 통함이 있는 것이다.

태생(胎生)과 원명(元命)에서 3가지 동물을 그 문종(門宗) 즉 가문의 속성으로 정하고,

---

[15] 고법명리의 특징이다.

율려(律呂) 궁상(宮商) 오호(五虎)로 그 성·패를 논한다.

– 조수〔禽〕를 나누어 36위로 하고, 지지를 12진에 배열하며, 그 다음에 이를 배포하여 1진(辰)에 3수(獸)로 한다. 곧, 자인(子人)에 서(鼠)·복(蝠)·난(鸞) 즉 쥐·박쥐·난새요, 축인에 우(牛)·해(蟹)·타(鼉) 즉 소·게·악어, 인인에 호(虎)·리(狸)·표(豹) 즉 범·삵·표범, 묘인에 토(兔)·호(狐)·맥(貉) 즉 토끼·여우·담비, 진인에 용(龍)·교(蛟)·어(魚) 즉 용·상어·물고기, 사인에 사(蛇)·선(鱔)·인(蚓) 즉 뱀·드렁허리·지렁이, 오인에 마(馬)·록(鹿)·미(麋) 즉 말·사슴·큰사슴, 미인에 양(羊)·응(鷹)·안(鴈) 즉 양·매·기러기, 신인에 후(猴)·원(猿)·노(猱) 즉 고릴라와 원숭이 종류, 유인에 계(鷄)·오(烏)·치(雉) 즉 닭·까마귀·꿩, 술인에 구(狗)·랑(狼)·시(犲) 즉 개·이리·승냥이, 해인에 저(猪)·시(豕)·유(貐) 즉 돼지·멧돼지·암양으로 하는데, 각각 신이 엉긴 것이다. 《자(子)》에 이르기를,[16] "신(神)을 형상한 것은 곧 하늘이 주의 대부귀를 기록함이다. 신을 형상치 못한 것은 곧 하늘이 기록하지 않았음을 말한다. 형신을 갖춘 것으로 두루 그 성품과 기를 판단한다"고 하였다.

태생·원명이란, 갑자 생인(生人)의 경우 생월이 계유라면 태가 갑자를 만나니, 다만 원명과 이것이 같은 사람이다. 또 을축 금인(金人)의 경우, 월이 기묘에 거하면 태가 경오를 만나니, 이는 토로써 금을 생함이다. 이 두 가지 설이 함께 상세하나, 그 뜻은 서로 멀지 않다. 혹은 말하기를, "년으로써 월을 취하고 월로써 테를 취하는데, 3처(處)의 속함과 승계를 보아 그 3수(獸)의 유무를 말한다. 먹고 삼키며 형태를 상(傷)한즉 가히 이로써 종문의 출처를 정한다"고 하였다. 양6이 율(律)이 되고 음6이 려(呂)가 되며, 5음이 율려에서 총합한다. 율려가 서로 합하여 지지를 나누고 천간을 정하니, 오행이 합하여 오음이 되는 것이다. 이런 고로 갑·기의 궁(宮)에서 토는 숨고 병인을 일으킨다. 을·경의 상(商)에서 금이 숨고 무인을 일으키며, 병·신의 우(羽)에 수가 숨고 경인을 일으킨다. 정·임의 각(角)에 목은 숨고 임인을 일으키며, 무·계의 치(徵)에 화가 숨고 갑인을 일으키니, 오음이 모두 인(寅)으로부터 일어나는 것이다. 인은 12월의 처음이 되며, 2·6시의 머리가 된다.[17] 사람의 성패와 길흉이 이로부터 유래하여 시작하는 것이다.

무합(無合)유합(有合)은 후학들이 알기 어렵고, 득일(得一)분삼(分三)은 선현들이 실

---

[16] 이는 《응신(凝神)자》란 책이 있는지는 모르겠다. 글자로만 해석하면 위와 같다.

[17] 26시를 어찌 보아야 할지 어렵다. 차원의 경우라면 26차원이요, 2·6이면 12시다.

지 않은 것이다.

– 도는 양(兩) 즉 2에서 서고, 3에서 이루며, 5에서 변하니, 천지의 수가 그 10수를 갖춘다. 짝함이 이미 이루어진 것이다.[18] 무합유합 즉 합이 없으나 합이 있는 것은 곧 갑이 기와 합하는데, 사주에서는 기를 보지 않고 오를 얻은 경우다. 오(午) 중에 기가 있음에 연유한다. 녹은 인으로 해와 더불어 합하는데, 주에서는 해를 보지 못했으나 임(壬)을 얻으니, 해 위에 임록이 있음에 연유한다. 또 인오술 합의 경우, 주에서는 인을 보지 않았으나 갑을 얻음으로 인해, 인(寅) 중의 갑록이 있음에 연유한 것이다. 득일분삼 즉 하나를 얻어 셋으로 나뉜다 함은 곧, 갑이 기를 얻어 1합이 되는데, 다시 오를 얻으니 2합이 되고, 해를 얻으니 3합이 되는 것이다. 이는 곧 하나의 녹(祿)을 얻어 3록으로 나뉨과 같은 것이다. 곧 앞서 본 견불견(見不見)지형(形)과 추불추(抽不抽)지서(緒)와 함께 서로 교류하여 꿰고 뚫은 것이다.

이허중(李虛中)이 지간을 논하고 합전(合全)격 즉 지간(支干)합전의 격을 말하니, 년·월·일·시·태의 5위(位)가 능히 간지로 온전히 합한 것이다. 자를 말한즉 축이 있고, 인을 말한즉 해가 있으며, 갑을 말한즉 기가 있고, 을을 말한즉 경이 있는 것이다. 녹간(祿干) 즉 천간의 녹으로 5위의 경우, 곧 갑·을·병·정·무를 두르면 자연 기·경·신·임·계가 합하여 일어난다. 12지의 경우, 인·묘·진·사·오를 두르니 자연히 미·신·유·술·해가 합하여 일어나고, 혹 자·축의 자리에 녹마가 있어 이에 더한즉 10간 12지가 모두 합전 즉 온전히 합한 것이다.

서(徐)가 이르기를,[19] "무합유합은 곧 형합(刑合)이나 축·자요사(遙巳) 등의 격이다. 하나를 얻었는데 이미 인이 사를 형하고 축이 사를 파함을 본 것이다. 병·무가 형·파(刑破)를 당한 채로 나타난즉 문득 3으로 나뉘어 행함이라"고 하였다 이는 삼합 사유축의 경우다. 고가에 왈, "호생(虎生)분사(奔巳)저후주(猪猴走) 즉 인이 사를 생하고 치달리니 해(亥)와 신(申)이 달린다. 양격(羊擊)저사(猪蛇)자연영(自然榮) 즉 미가 해와 사를 충격하니 자연히 영화롭다"고 하였는데, 이 설 역시 통하는 것이다.

년이 비록 관대(冠帶)를 만났어도 오히려 남은 재앙이 있고, 운이 처음 쇠향에 이르렀어도 오히려 적은 복을 나눔이 있다.

---

[18] 거의 대칭의 개념으로 보아야 하지 않겠는가 한다.

[19] 앞에서도 서(徐)라 하였는데, 서자평을 말한다.

- 년은 태세요, 운은 대운이라. 년이 비록 관대를 만나도 오히려 폭패의 남은 재앙을 나눈다. 운이 비록 쇠향에 이르렀어도 오히려 왕한 관의 선복(剷福) 즉 적은 복을 둘러 남아있는 것이다. 이는 행운에 전후로 5년의 설이 있기 때문인데, 두 구절은 서로 꾸며서 그 뜻을 보인 것이다.

크게 구분하여, 천원(天元)이 여위고 약하면, 궁이 길해도 영화로움이 됨에 미치지 못한다. 중·하(中下)가 흥륭하면, 괘(卦)가 흥해도 능히 그 허물을 이루지 못한다.

- 천원은 10간이요, 간은 생왕함으로써 영화로움이 된다. 만약 '쇠·병·사·묘·절' 인즉 천간이 여위고 약한 것으로, 비록 임한 바의 궁이 길함 곧 재관 장성 천을의 종류를 얻어도, 역시 영화로움에 이르지 못하는 것이다. 중(中)은 지지요, 하(下)는 납음이다. 중·하가 두루 오행 흥왕의 땅에 임하면, 비록 팔괘의 정함이 흥으로 나뉘더라도, 또한 능히 재앙에 이르지는 않는 것이다.

서(徐)가 이르기를, "무릇 명에서 천원이 재·관의 땅에 임하여도 생함에 득시하지 못했다면, 본기(本氣)가 여위고 약한 것이다. 상·하로 오행이 휴·왕한데 또한 서로 돕지 아니하면, 비록 궁에서 녹·마의 길함을 만나도 역시 영화로움에 이르지 못한다"고 하였다. 곧, 경·신(庚辛)이 춘월에 생한 경우, 다른 자리에 화가 있어 금을 극하거나, 금이 인묘·갑을을 보아 재가 되는데, 목 중의 왕화(旺火)로 인하여 금을 해치면, 금이 또한 그 령(令)을 언지 못함이 된다. 비록 궁이 재(財)에 속해 길하다 해도, 도리어 흥화를 발하는 예가 이것이다. 중이란 인원(人元)이요, 하란 지원(地元)이다. 곧 정이 임으로 관·인을 삼는데, 중·하에 녹·마가 건왕하여 경사를 이룬다. 비록 화가 절지에 임했으나 도리어 중·하의 귀함을 올라타 이룬 것이다.

《감(鑑)》에 이르기를,[20] "녹이 비록 절(絶)되었으나 귀함을 세운다" 하고, 도주(陶朱)가 이르기를, "절록(絶祿) 망재(亡財)가 흥조가 되지 않는다" 함이 이것이다. 혹은 "1길(吉) 3생(生)으로 9궁(宮) 5귀(鬼)에 속하니, 절명(絶命)이 팔괘에 배속되었다" 함도 역시 이와 통한다.

민약 존흥(尊凶)비길(卑吉)을 만나면 치료하고 구하려 해도 공이 없고, 존길(尊吉)비흥(卑凶)이면 재앙을 만나도 자연히 치유된다. 녹에는 3회(會)가 있고, 재앙에는 5기

[20] 이는 '성감(成鑑)'으로 보이기도 한다.

(期)가 있다.

- 입년(立年)이 존(尊)이 되고, 태·월·일·시는 그 다음의 자료라. 대운은 존이 되고, 태세 소운은 그 다음에 자리한다. 만약 본명과 대운이 건왕한 향에서 덕합(德合)을 만나면, 그 세·운과 일·시가 흉이라도 능히 허물이 되지 않는다. 대운과 본명이 사·수(死囚)의 땅에서 전쟁을 벌이면, 그 세·운과 일시가 길하더라도 족히 구함이 되지 못한다. 고로 이르기를, "녹을 말함에 3회가 있으니 '장생·제왕·고(庫)'로, 그것은 지극히 길한 땅이 된다. 재앙에 5기가 있으니, '쇠·병·사·패·절'로, 지극히 흉한 땅이 되는 것이다. 대개 녹과 재앙을 상대하여 말하길, 간록(干祿)의 녹(祿)이 아니라면 마땅히 이로써 활계 즉 살 것을 본다"고 하였다. 지금 학자들이 다만 삼합을 들면서, 금으로써 사유축을 만나고, 목이 해묘미에 거하며, 화가 인오술을 얻고, 수가 신자진을 만날 경우, 문득 이를 갖고 녹에 삼회(三會)가 있다 하는데, 이것은 아니다.

서(徐)는 말하기를, "팔자의 중·내·외로써 삼원(三元)을 삼는데, 가장 힘을 얻은 것이 있으면 존(尊)이 된즉 용신(用神)이라 하였다. 용신은 손상됨이 불가하니, 만약 손상이 있은즉 비록 별위(別位)의 길함이라도 능히 구하지 못한다. 만약 년·월·일·시 내·외의 삼원에서 비록 극전이 있어도, 오직 존자를 손상하지 않는다면 재앙을 만나도 스스로 치유된다. 다시금 일체의 소·식에서 신(神)이 손상되는 바를 살피면, 주의 길흉이 어떠한지를 알 수 있다. 명을 해친즉 신(身)주의 재앙이요, 처를 해친 즉 처의 재앙이며, 관을 해친즉 관을 잃는 것이다"고 하였다. 그 설에 비록 이치는 있다 하겠으나, 다만 존비(尊卑)의 글자만으로 통한다 하기에는 하품이 날 일이다.[21]

흉다길소의 종류는 대과(大過)괘의 초효(初爻)요, 복천(福淺)화심(禍深)은 동인(同人)괘의 구오(九五)에 비길 만한 것이다.

- 흉다(凶多)길소(吉少)의 명이란, 그 휴수되고 무기한 것으로는 나아가 쓰기에 마땅치 않은 까닭이다. 대과 초효의 종류가 있으니, 그 효사(爻辭)에 이르기를, "초육은 흰 띠풀을 사용하여 자리를 깐다. 허물이 없으리라"고 하였다. 초(初)는 제일 아래에 있어 뭔가를 할 수 있는 때가 아니다. 그러므로 가히 세상에서 숨고 자리를 피하는 것이니, 사람들에게 근신함의 도로 경계한 것이다. 부자(夫子) 이르기를, "이런 재주로도 근신하여 가니, 잃는 바가 없을 것"이라 하였는데, 이의 바른 뜻이다. 복천화심의 명이란,

---

[21] 계속해서 서자평의 언급을 논평하는데, 조금은 부정적인 느낌이다.

오행이 상극되고 무기한 것이다. 이로써 나아가 쓰임의 마땅함을 바라거나 도모하지 않는다는 말이다. 비유하여 동인괘 중 구오와 같다 하니, 효사에 이르기를, "사람과 함께 하는데 먼저 부르짖으며 울다가, 나중에는 웃는다. 큰 군사로 이겨 서로 만난다"고 하였다. 그 상(象)에 이르기를, "동인 즉 사람과 같이 함이란, 먼저 중직(中直) 즉 맞추고 곧아야 한다"고 하였다. 가히 곧음을 보아도 도는 행하기 어려우니, 사람들에게 자극(自克) 즉 스스로 이겨내야 함의 뜻으로 경계한 것이다.

문희(聞喜)불희(不喜) 즉 기쁨을 듣지만 기쁘지 않다 함은, 곧 육갑의 차고 이지러짐이다. 당우(當憂)불우(不憂) 즉 마땅히 근심할 것이나 걱정하지 않는다 함은, 오행의 구조함에 의뢰하였기 때문이다.

– 문희란 차 있는 것으로써, 채움이 이로움을 됨을 말한다. 불희란 이지러짐으로써, 이지러져 손해가 됨을 말함이다. 손·익의 도인데, 육갑으로부터 이를 추리하니, 혹은 공망으로 천지가 허탈(虛脫)한 별이 된 것이다. 육(六) 양명(陽命)은 양궁이 두렵고, 육 음명은 음위가 두렵다. 세·운 행년에서 녹마 귀인을 만났는데 공망에 있으니 오행의 휴·영이 서로 통제된 것이라, 이것이 문희불희다. 당우불우란 오행 휴·폐의 자리에서 생을 만난 것이다. 곧 목이 갑신 계사를 얻은 예이다. 가령 '무신인이 정유'를 얻은 경우, 폭패 파쇄 자형이다. 징유는 죽은 불이요, 이미[22] 화하여 투가 되었으니, 곧 자식이 어미의 도를 전한 것이다. 갑인(甲寅) 사람의 운이 신(申)에 이르면, 신 위에서 형·충하고 반음(反吟)하니 녹·마가 두루 끊어지고 왕금의 제(制)함이 된다. 몰래 숨어 임신을 보게 되면, 이는 천간을 구하는 신(神)이라. 술(術)에서 말하기를, "절처에서 부모를 만나니 재앙이 변하여 복이 되었다"고 함이 이것이다.

내가 육갑 오행의 설에서 원활(圓活)함을 본다. 혹 원명의 팔자에 혹은 이지러지고 혹은 차는데도 구조함이 있다. 혹 행운 유년에서도 휴(虧)·영(盈)·구(救)·조(助)가 있으니, 휴·영을 정하고 이에 집착함은 불가하다. 혹은 길하고 혹은 흉하다고 말해야 한다. 구조란 흉함을 제거하고 길함을 돕는 것을 이른다.

팔고(八孤)가 오묘(五墓)에 임한 것은 술·미가 동(東)으로 행함이요, 육허(六虛)의 아

---

22 여기 사는 '이미 이'자로 보아야 할 것 같다. 그리고 이 부분의 예제는 납음오행을 고려해야 할 것으로 보인다.

래로 공망이 있음은 건(乾)으로부터 남(南)에 머리를 둔 것이다.

- 갑자순 중에 술·해가 공망(空亡)이 되고, 그 대충(對衝)방이 육허(六虛)가 되니 곧 진·사이다. 술·해는 건금의 자리가 되고, 서극(西極)의 북쪽 모서리에 있어 갑술 갑신에 이리(迤邐) 즉 비스듬히 이어진다. 건으로부터 남(南)에 머리를 두는 고로, 인·신·사·해는 사고(四孤)의 땅이요, 진·술·축·미는 오묘(五墓)의 향이다. 술·미를 향하나 동(東)으로 행하고, 공망을 따르나 역전 즉 거꾸로 도니, 혹 이로써 8고(孤)라 한다. 진술축미는 곧 오행의 묘(墓)인데, 이를 제외하고 그 나머지 8음(音)은 고허(孤虛)의 별이다. 고(孤)가 묘(墓)에 임함이란, 곧 신·유(申酉)인의 고진이 해(亥)에 있고, 과숙은 미(未)에 거함과 같다. 오행의 묘는 4기(氣)의 가운데 부쳐, 그 기가 모두 월건(月建)을 따라와 동쪽으로 행하여 간다. 술과 미는 곧 화·목의 묘(墓)인데, 목이 해로부터 화를 생하여, 인을 쫓아 화(火)를 일으킨다. 목의 기는 모두가 인(寅)으로부터 머리를 동으로 행하여 술·미의 묘에 이르러 종소리를 감추는 것이다.[23] 곧, 을축생 사람의 경우, 해(亥)로써 육음(六陰)이 되고 정(正)공망인데, 해충사하니 사가 육허가 된다. 해는 건천(乾天)이요 사는 손지(巽地)라, 사는 곧 남방의 수신(首神) 즉 머리가 되는 신이다. 혹은 말하길, "육허는 공망의 아래 즉 뒤에 있다. 고(孤)가 이미 동으로 행하면, 허(虛)는 곧 서쪽으로 돈다. 2자가 일찍이 서로 상대하는 것이다"고 하였다. 이는 12지(支) 중의 신살(神煞)의 이름을 총론한 것으로, 순·역이 순환함을 논한 것이다. 고허 공망 오묘는 인명에서 가장 요긴한 것이 된다.

천원(天元)일기(一氣)는 후백(侯伯)으로 옮김과 영화로움을 정하고, 지지로 인원을 지으니 운수 상업하는 무리의 득실을 헤아린다.

- 천간으로 녹(祿)을 삼는다. 고로 천원이 청수하고 길장(吉將)이 가림하며, 사람이 이를 얻은즉 귀하다. 지지로써 명(命)을 삼는다. 고로 지원이 순수하고 사주가 비화(比和)하면, 사람이 이를 얻은즉 부하다. 이는 천지의 나눔이요, 간지의 구별이다. 천원일기란 한 가지만이 아닌데, 지금의 담명자들이 지목하는 것은 단지 천간의 상(象)일 뿐이다. 고로 말하기를 1기 천록(天祿)이 사령한 바라 한다. 그러나 모름지기 녹은 천덕 관인 귀·식(貴食)의 오행을 두르고, 겸하여 사주 중에서 생왕한 기를 얻어야 지귀(至貴)함이 된다. 상가(商賈)의 무리란, 인원(人元)으로써 상세히 하여 재물의 득실을 정한다. 모름

---

23 고허 공망 육허의 개념을 설명함인데, 고법 명리의 계산법 정도로 보면 되겠다.

지기 유기 무기함을 보고, 마땅히 진신 퇴신을 궁구해야 한다. 고로 아래의 글로 재명유기, 재절(財絕)명쇠(命衰)를 말하니, 이는 운을 대하여 정하고 말하는 것이다. 정(定)이란 곧 결정이요, 운(運)이란 곧 유전함이니, 그 뜻에는 각각 취할 바가 있다.

다만 재명(財命)이 유기(有氣)함을 보면, 배록(背祿)을 만나도 가난하지 않음을 본다. 재가 끊어지고 명이 쇠하면, 건록(建祿)을 늘어놓아도 부하지 못하다.

 - 사람의 생은 재(財)와 명(命)을 위주로 하는데, 오행이 극하는 바를 일러 재라 한다. 유기함이란 재와 명이 모두 오행 생왕의 땅에 우(寅)거하여 얻음을 말한다. 사주가 배록이라, 비록 그것이 관을 없애기는 하나 또한 빈천함에 이르지는 않는다. 만약 명과 재가 두루 무기하면, 비록 월건과 좌록을 얻어도 다만 작은 관을 있게 할 뿐, 역시 부귀함에 이르지는 못한다. 경인목이 병술토를 극하여 재가 되는 경우, 토는 왕하고 술에 앉았다. 본신(身)과 명(命) 2목이 동남에 이르니, 술이 비록 신(申)의 경록(庚祿)을 배신하였으나,[24] 그 재와 명이 유기한 고로 가난하지 않았다.

또 갑진생 사람이 병인을 얻은 경우, 화가 금으로 재를 삼는데 인에서 절되고, 진토가 인에 이르러 명(命)이 되는데, 귀(鬼)살을 겸하고 공망을 만났다. 재절명쇠하니, 비록 월건에 좌록(坐祿)이나 재ㆍ명이 무기함으로써 부(富)하지 못한 것이다. 앞서 말한, 천간으로 녹이 되고 그 향배로써 빈부를 정한다고 함은 대개 재와 명을 지적한 것이다. 양궁(兩宮)이 각각 왕지에서 마땅함이란, 비단 팔자만이 아니라 행운 또한 모두 그러해야 함을 말한다. 서(徐)는 재명유기로써 설하기를, "갑ㆍ을이 사ㆍ오 등을 본 경우, 월건록이라도 부하지 못하다"고 하였다. 갑을 생이 인묘 등의 월이라면, 마땅히 이와 더불어 상세히 살펴야 한다.

만약 신왕에 귀절(鬼絕)이라면 비록 명을 파해도 장년에 이르지만, 귀왕에 신쇠라면 명을 세움을 만나도 수명이 요절이라.

 - 파명(破命)장년(長年)이란, 그 본명의 왕한 궁으로써 절지의 귀살을 만난 것이다. 곧 화가 사(巳)궁에 있는데 수(水)를 놓은 것, 목이 인(寅)의 땅에 거하면서 금을 만난 것과 같다. 토가 신(申)향에 이르러 목을 만나고, 금이 해(亥)로 돌아간 중에 화를 만남도 같은 것이다. 건명(建命)을 만났으나 요수(夭壽)하였다 함은, 그 본명의 쇠향으로써

---

[24] 화고로 경금을 극한다는 뜻인데, 삼명 납음의 관계를 살펴야 한다.

왕귀(旺鬼)를 만남이 이것이다. 토로써 인에 이른 가운데 목을 봄이요, 화가 해지로 돌아가는데 또 수를 만나며, 금이 사(巳)향에 있는데 다시 화를 얻은 것이다. 화가 신(申) 위에 거하는데 금을 만난 것은 두루 납음으로써 이를 취한다. 오행의 이치는 제압을 받은즉 요절하고, 기물을 제압한즉 장수한다. 옛날에는 이르기를, "건명이면 주가 장수하고, 파년(破年)이면 주가 요절에 상한다"고 하였다. 고로 《죽륜경(竹輪經)》에 이르기를, "건명에 반드시 연년장수 하지 않고, 파명에 반드시 요수하는 것은 아니다"고 하였으니, 이것이 낙록자가 소·식을 밝힌 까닭이 된다. 천원으로 귀(貴)를 논하고, 인원으로 부(富)를 논하며, 재·명으로 빈부(貧富)를 논하고, 신·귀(身鬼)로 수요(壽夭)를 논하니, 각각은 그 중한 것을 가리켜 이를 말한 것이다.

　배록(背祿)축마(逐馬)는 비록 궁한 도를 지킨다 해도 서황(恓惶)하고, 녹마동향은 삼태(三台)가 아니라면 팔좌(八座)에 오른다.

　- 녹이란 작록(爵祿)을 말하고, 마란 차마(車馬)를 일컫는 것이다. 인명에는 녹·마가 중요한 고로 먼저 녹·마를 말하니, 모두 가히 이로써 부귀에 이른다. 만약 녹이 이를 배신하여 떠나고, 마를 내쫓아 흩어버리면 2자를 모두 잃으므로, 궁도(窮途)를 지켜도 적막하고 두려운 까닭이 되는 것이다. 배란 곧 음양이 서로 등진다는 것으로, 향하여 봄을 말하는 것이 아니다. 축이란 흩어져 내버리고 쫓는다는 뜻의 몰아냄이지, 추격한다는 말이 아니다. 곧 계해인이 갑인월을 얻은 경우, 계록은 자에 있는데 인이 이를 등지고, 역마는 사에 있는데 인으로써 이를 형한다. 먼저 형(刑)함으로 인해 그 마를 축거하고, 후에 배(背)함으로 인해 능히 녹에 미치지 못한다. 마는 면전(面前)에 있고 녹은 배후(背後)에 있으니, 앞을 향해 녹·마를 쫓아도 또한 오지를 않고, 뒤를 향해 녹마를 기다려도 또한 점점 멀어질 뿐이다.[25] 이같이 녹을 막고 말을 차단함이 상반된 것을 말한다.

　동향(同鄉)이란 일간의 녹이 숨고 시간에 마가 숨은 것을 쓰는데, 오자원(五子元)으로 이를 구한 즉 가히 알 수 있다. 가령 경오인이 '임진일 정미시'를 얻은 경우, 문득 정·임·경으로써 자가 숨어 무신(戊申)에 이르니, 신에 인연하여 경록 오마가 같이 신에 있고, 신(申)상에서 그 본명을 서로 얻어, 더욱 아름다움이 되었다. 또 갑신인이 '정축월 기해일 병인시'를 얻은 경우, 그 생시의 제좌(帝座)에서 천간으로 회동하고, 녹·마와 겸하여 '갑신 기해 병인'이 모두 오행 청·왕(清旺)의 생기를 품부한다. 고로 만

25　운의 흐름이 배신한 것도 이와 유사하다.

년에 응하여 비상한 만남이 있었으니, 그 자리가 삼공에 이른 까닭이 되고, 수명은 70이 넘었다.[26]

서(徐)는 논하기를, "녹을 관으로, 마는 재로 삼으면서, 상관을 보면 배록이 되고, 비겁을 보면 축마가 된다"고 하였다. 곧, 갑인(甲人)이 3춘(春) 9하(夏)에 생한 경우, 천원에 다시금 병정·갑을이 투간하거나 혹 해묘미의 사례를 말한다. 유(酉)금이 양인을 만나며, '임오 계사' 등의 일주에 '정사·병·무'가 있고, 시에서 '축·사'를 만난 등의 예라면, 어찌 다만 궁도를 지키고 서황하다고만 할 수 있는 것이겠는가.

관숭(官崇)위현(位顯)하면 정히 협록(夾錄)의 향임을 안다. 소영(小盈)대휴(大虧)하면 이것이 겁재의 땅일까 두렵다.

– 협록이란, 계록의 경우인즉 계축이 계해를 얻은 예와 같다. 겁은 겁살인데, 곧 정축이 병인의 태세를 얻음과 같다. 수로써 화를 극하여 재로 삼는데, 병인은 곧 자생(自生)의 화라 가히 적은 채움이라 하겠다. 축인(丑人)은 사·절이 인에 있고, 축토가 인목의 제압을 받음으로써 재가 귀(鬼)로 화함이 되니, 이것이 이른바 대휴 즉 크게 이지러짐이다. 삼명은 재가 왕함으로 아름다움이 되고, 사람은 재가 있음으로 복이 된다. 만약 겁지를 늘어놓게 되면, 녹·명으로 한두 개의 길처가 있어도 역시 태과함을 면치 못한다.

서(徐)는 협록을 논하여, "계축일 계해시와 같은 경우, 본록(本祿)은 가하지 못하다. 다만 위로 세수(歲首) 즉 태세의 머리가 서로 해침을 합화해야 하는데, 다시금 극하고 무너짐은 불가하다. 천간은 충동하고 지지는 협귀하니, 머물지 않고 달리는 것이다. 귀기(貴氣)는 복이 모인 땅이기에 상함이 있음은 불가하고, 화(禍)가 모인 땅은 패함이 없으면 불가하다. 5양간이 5음을 보면 겁재(劫財)가 되고, 5음간이 5양을 보면 패재(敗財)가 되는데, 겁의 흉함은 패를 넘어선다"고 하였다. 이 해석은 또한 더욱 현저함이 있다.

생월에 녹을 두르면 벼슬길에 들어 혁혁한 존귀의 자리에 거한다. 거듭 기이함의 의례를 만나면, 깔개를 쌓고 출군(出羣) 즉 무리를 뛰어넘는 그릇을 안은 것이다.

왕정광(王廷光)이 생월(生月)대록(帶祿)을 풀이하기를, "생월로써 운원(運元) 즉 운의 근원이 되는데, 천록의 생왕한 기를 두른 것이다. 운이 순행하는 것은 주의 평생이

---

[26] 이와 같이 소식부의 전체 내용은 고법 명리에서 년간 위주의 관법과 함께 납음취용의 원칙 아래 설파되고 있음을 알 수 있다. 따라서 오늘날의 관법으로 본다면 굳이 이를 추종할 것은 아니고, 일단의 원리가 작동하는 방식의 하나로 이해하면서 접근하는 것이 좋겠다.

온후하여, 복이 가장 많음이 된다. 생월을 들었으나, 생일·생시라도 가히 알 수 있을 것이다. 사주 오행이 서로 녹을 두르고 겸하여 생왕의 기를 올라탄 것은 귀함이 된다"고 하였다. 영화상(瑩和尙)은 풀이하길, "본명은 생년 생월에 있는데, 일간으로 이를 구한다. 곧, '경자인이 갑신월'인 경우, 다만 '을미일 계유시'를 얻으면 신후(申猴)의 귀함을 공협한 것"이라 하였다. 서자평(徐子平)은 풀이하길, "미·유 인(人)이 추생이요, 축·묘 인이 춘생, 진·오 인이 하생, 술·자 인이 동생으로, 4생인(生人)이 이를 만나면 녹귀(祿貴)가 된다. 모름지기 생일이 지지 안에서 그 천원이 자왕(自旺)함을 요하고, 생시는 휴·패에 임하지 않으며, 행년이 다시금 녹향(祿鄕)에 앉게 되면, 생월대록이 된다"고 하였다. 내가 본다. '무일로써 을사월'을 만난 것, '임일로 기해월'을 만난 것, '계일로 무자월'을 만난 것은 간지로 관록(官祿)을 둘렀다. 혹은 연·일·시가 앉은 바의 지지에서 월간의 생함을 얻은 것이다. '임인일로써 갑진월'을 얻고, '신유일이 신사월'을 얻은 사례이니, 입사(入仕)하여 혁혁한 존귀에 거함을 정한 것이다.

중범(重犯)기의(奇儀)란, 왕정광이 풀이하길, "을병정이 삼기(三奇)가 되고, 무기경신임계는 육의(六儀)가 된다. 십간에서 아홉을 쓰고, 갑은 숨어서 가니, 이를 일러 의(儀)라 한다. 곧, '을사생이 신사'의 월·일을 얻으면, 신은 의(儀)가 되고 을은 기(奇)가 된다. 을이 신사로써 관을 생성함이 되고 또 관록(官祿)에 앉았으며, 장생 학당이 되니, 2개의 사(巳)가 곧 중범기의 즉 기·의를 거듭 범한 것이다. 기·의란 천지 음양이 짝하여 합한 영수(英秀)의 기다"고 하였다. 영화상은 곧, "갑무경·을병정으로써 천지의 이의(二儀)를 본받은 것이다"고 한다. 이동(李仝)은 곧, '자로써 인에 더하니, 순수(順數)가 년·월에 이르러 본명을 본 것이라 하였다. 내가 둔갑에서 삼기·육의를 논한 것을 보니, 왕정광의 풀이가 바로 이것이다.[27]

---

27 이상으로 삼명통회 31권, 소식부상의 해석을 마치는데, 그 내용을 살펴보면 자평진전의 신법에 따른 오늘날의 상황과는 차이가 나는 부분들이 상당수 들어있고, 그 내용 또한 이해하기 어려운 부분들이 한둘이 아니다. 이에 최국봉이 편저한 책을 다시금 살펴보니 이는 난해한 부분들에 대한 해석은 온통 삭제하고 없으며, 더하여 만민영의 해설은 번역하지 않은 채 자신의 설명을 덧붙이고 있음을 확인하였다. 따라서 더 이상 이에 의존하기 어려워, 이상과 같이 전면적으로 해석하고 강호 제현들의 질책을 기다리기로 한다. 이의 판본은 대만 중앙도서관장본 삼명통회 육림출판사 인행을 원본으로 삼으니,【소식부상】은 원서 641쪽에서부터 시작하고 있다.

星命部彙考六十
三命通會 三十二

三命通會 三十二

【消息賦 下】소식부 하

음남양녀는 때를 봄에 출입하는 년으로 한다. 음녀양남은 다시금 원진(元辰)의 세(歲)를 본다.

– 남녀의 구별로 남존여비라 하나, 양위는 본래 남자요, 음위는 본래 여자라. 지금 음남·양녀라 하니 그 질서를 잃은 것을 말함이다. 이미 그 질서를 잃은즉 운(運)에 역순이 있다. 대운은 출입하는 년에서 측량치 못할 허물을 부름을 고려한다. 양남·음녀는 각기 그 마땅함을 얻었다. 대운이 옮기고 변하는 년에서 다시금 원진 등의 살을 본다.[1] 이런 까닭에 길흉·회린(悔吝)은 움직임에서 생하는데, 행운 즉 행년과 대운은 삼명에서 가장 중요한 것이다. 서자평(徐子平)은 이를 가장 상세히 풀이한다. 원진이란, 마땅히 생삼에 원래 있던 판·인의 별을 해친 것을 말한다. 앞서 말한 출입의 년에서, 이를 원진의 해로 논하였는데, 그 이치는 둘이 아니다. 절기의 심천과 재·관의 향배를 논함에서 지극해지는 것인데, 이는 전인(前人)들께서 미처 말하지 않은 것이다.

---

[1] 이는 오늘날 변운기라 부르는, 불측한 시기를 이르는 것 같다.

생지를 상봉함은 함께하고, 퇴신이라면 자리를 피함이 마땅하다. 흉회(凶會)·길회(吉會) 복음(伏吟)·반음(反吟) 음착(陰錯)·양차(陽差) 천충(天衝)·지격(地擊)이라.

- 이는 운 중에서 만나는 바의 길흉·화복과 생지(生地)의 서로 만남을 논한 것이다. 영화상(瑩和尙)은 즉, "본명이 장생하는 중에서 귀왕함을 만나니, 곧 '금이 을사화를 만나고, 토가 경신목을, 화가 갑인수를, 목이 신해금'을 보고 만난 것이다"고 하였다. 왕정광(王廷光)은, "오행에는 부자가 서로 승계하는 도가 있다. 곧 아비가 건장한즉 자식은 아직 어리고, 자식이 강한즉 아비는 쇠한다. 아비와 자식이 같은 곳이라면, 자식이 이미 온즉 아비는 벌써 공을 이룬 것이다. 스스로 퇴함을 고함이 마땅하니, 이는 저것이 생함에 나는 쉬는 것임을 알고, 자식이 아비의 자리를 대신한 것이다."고 하였다.《역(易)》의 진(震)은 "장남이 용사(用事)함이 되니, 건(乾)천의 부(父)는 물러난다. 서북에 거하는 것 역시 이 같은 이치다"고 하였다. 서자평(徐子平)은 곧, "경·신(庚辛)생인으로 운이 신·유(申酉)에 이르렀다. 화(火)로써 관록을 삼는데 화가 신·유에 이르러 병사(病死)하고, 목으로 재백을 삼는데 목이 신·유에 이르면 사절(死絶)된다. 관과 재를 두루 갖추지 못한즉, 건록(建祿)이라도 부자가 되지 못함을 설한 것"이라 하였는데, 부(賦)의 뜻과 다를까 두렵다.

행년과 세·운에서 녹·마의 5처(處)는 모두가 생·왕의 땅에 있다. 함께 와서 나의 원명을 도우면 이를 일러 길회(吉會)라 하고, 함께 나의 원명을 극하면 이를 일러 흉회(凶會)라 한다. 복음(伏吟)이란 대운과 원명이 서로 대(對)충한 것이다. 음으로 음을 만난 것을 착(錯)이라 하고, 양으로 양의 만남을 차(差)라 부른다. 인명에는 음양의 착잡(錯雜)이 있고, 사람의 운에는 음양의 교차(交差)가 있다. 원명(元命)과 운(運)이 동남에 있는데, 태세가 서북에 있음을 만나면, 일컬어 천충(天衝)이라 한다. 원명과 운이 서북에 있는데, 태세를 동남에서 만나면, 이를 일러 지격(地擊)이라 한다.

길회흉회란 운(運)이 복음 반음 음착 양차 천충 지격의 만남을 말하는데, 그 사이에 또한 길회흉회가 따로 있으니 반드시 모두가 흉인 것은 아니다. 곧 '갑자 금명에 복음은 경자 토'로 길함이 되고, '무자 화'는 흉이 된다. 반음인 '무오 화'도 흉이 되는데, '경오 토'는 길함이 되는 것이다. 서북이 동남을 충하면 주를 움직여 출입을 고치는데, 이는 내(內)에서 외(外)를 충함이다. 동남이 서북을 충하면 비록 충하여도 움직이지 않는데, 이는 밖에서 안을 충한 것이다. 이를 만남은 모두 주에게 안녕함이 되지 못한다. 그 사이에 길흉이 둘 다 존재하는데, 음양·착차(錯差)인즉 순음 순양이라 불생(不生) 불성(不成)하므로, 비록 많은 기이함을 지은 바가 있어도 짝하지 못한다.

혹은, "천충 지격은 곧 천간·지지·대운과 원명이 서로 충격함이요, 오로지 오행 음양의 멸절하는 땅만을 가리키는 것은 아니다. 세와 운에서 이를 만나고 다시금 반음·복음 위에 있은즉 그것이 가히 흉회가 된다. 사주가 그 위에 있으면, 귀함을 늘어놓아도 장수하지 못함을 가히 알 수 있는 것이다"고 하였다.

혹은 사살(四煞), 오귀(五鬼), 육해(六害), 칠상(七傷), 지망(地網), 천라(天羅)를 만난다. 삼원(三元) 구궁(九宮)에 복이 이르고 경사를 이루는데, 앙화와 위기가 더불어 옴을 의심하니 돕는 것은 속속(速速) 즉 빠르고, 억누르는 것은 지지(遲遲) 즉 늦은 것이다.

— 이는 모두 행운에서 만나는 바의 신살을 말한 것이다. 명전(命前) 즉 명의 앞으로 4진(辰)을 사살이라 하니, 곧 인신사해 4충의 겁살(劫煞)이다. 명 전의 5진을 오귀라 하니, 곧 자(子)인이 진(辰)을 보고, 해인이 묘를 본 것이다. 혹은 진술축미를 4살이라 하고, 오행이 극을 만난 것을 5귀라 한다. 육해는 인·사(寅巳)의 예요, 칠상은 망살(亡煞) 등의 신이다. 혹 1길(吉), 2흉(凶), 3생(生), 4살, 5귀, 6해, 7상, 8난(難), 9액(厄)이 모두 이것이다.

이는 삼원 구궁 내의 모든 신살의 이름인데, 세와 운에서 이를 만나는 까닭에 많은 것은 흉함이 된다. 만약 원명이 삼원 구궁에 오행이 생왕하면, 복이 이르게 됨을 숭상한다. 가히 이로써 길경을 이루므로, 오행으로써 신살의 먼저로 삼는 것이다. 만약 삼원 구궁과 오행 사주가 쇠패의 땅에 있고, 세·운에서 또 여러 흉살을 두게 되면, 이른바 화(禍)와 위험이 함께함을 의심한다. 살이 도우면 곧 재앙을 이룸이 속속하고, 복을 억누르면 경사가 됨이 지지 즉 늦은 것이다. 서(徐)가 이 2구를 아우르고 겸하여 화복을 말하니, "화를 도운즉 빠르고, 복을 도운즉 늦으며, 복을 누른즉 빠르고, 화를 누른 즉 늦은 것이라"고 하였다. 서(徐)는 설하기를, "원명이 진술축미의 대운을 범하고, 또 행하여 그 위[上]에 이른 것을 사살이라 한다. 대운의 천간이 귀(鬼)를 제하고 재를 극함이 되는데, 관·인과 태세가 더불어 같은 것을 일러 오귀라 한다. 축·미 생인이 사주 중에 원래 축·미가 있고 다시금 대운이 진술축미에 있는데, 오히려 태세를 만나 자오묘유에 있는 것을 일러 육해라 한다"고 하였다.

운 중에서 칠살을 만난 것을 칠상이라 하니, 곧 갑·을 인이 경·신을 써서 관으로 삼는데, 운이 남방에 있거나 혹은 '인오술과 사·미'의 태세를 만난 것이 이것이다. 사살은 가볍고 오귀는 중하며, 육해는 가볍고 칠상은 중하며, 운에서 만남은 가볍고 세에서 만나면 중한 것이다. 천라·지망은 술인이 해를 보지 않고, 해인이 술을 보지 않은 것을 일러 '정(正)천라'라 한다. 진인이 사를 보지 않고, 사인이 진을 보지 않은 것을 일러 '진(眞)지망'이라 한다. 그 중간에 또 해가 술을 본 것과 진이 사를 본 것으로 나누는데, 더욱 중함이 된다. 이를 만난 것은 재앙과 병이 연면하다.[2] 무릇 운을 추리함에는 모름지기 생년 태세와 함께 운의 생극을 보는 것이니, 생극(生尅)이 이미 정해진 연후에 모든 신살을 참고한즉 길흉을 징험하지 못함이 없을 것이다.

귀지(貴地)를 편력하여 때를 기다리는데, 비견을 만나니 경쟁한다. 만약 인피(人疲)마열(馬劣)에 이르면, 도리어 재왕(財旺)의 향에 의탁한다.

－ 맹자(孟子) 이르기를, "비록 호미가 있어 터를 닦아도 때를 기다림만 못하다"고 하였다. 만약 운이 귀신의 땅으로 들어도 때를 기다려야 수(數)가 부합한즉 복경(福慶)이 있는데, 가장 꺼리는 것은 비견이다. 만약 비견이 병행하는 운이라면 필히 경쟁함으로, 약한 것은 강한 것에 엎드린다. 이는 길흉에 있어 신살이 승강(升降)함을 말한 것이다. 만약 녹ㆍ마의 기가 쇠하지만 재명(財命)과 녹을 얻고, 재가 왕상하면 역시 가히 부지(扶持)한다.

혹은 왈 비견(比肩)쟁경(爭競)이란, 곧 양경(兩庚)이 1정(丁)을 분탈하고, 양병(兩丙)이 1무(戊)를 식신으로 삼으면, 그 복을 쪼개고 나눔과 같다. 이와 같으면 시비를 서로 나누므로, 사람이 피로하고 재마(財馬)가 열악해진다. 본명의 지지를 인원이라 하는데, 이것이 역마를 겸하면 모두가 오행 쇠패 무기한 땅에 있게 된다. 그런데 이것이 재앙이 되지 않는 이유는 재가 왕함으로써이다. 곧 무오 화명(火命)에 역마가 신(申)에 있는 경우, 신 중에서 금은 왕하고 화는 쇠한 것이 이것이다. 서는 '역귀지이대시(歷貴地而待時)'를 풀이하기를, "곧, '임진 계사' 생인이 토를 써서 관록이 되고, 화를 써서 재백을 삼음과 같다. 생월이 구하에 머물지 않고 사계에 있지도 않으면, 비록 귀한 땅을 밟아 돌지만 오히려 4시(時)를 기다려 터의 본원이 있다. 원래는 없었기 때문이다"고 하였다. 비견을 만나 경쟁한다 함은, 곧 '임진 계사'가 다시금 구하(九夏)ㆍ4계(季)로 그 관록의 때를 얻어 자리한 경우와 같다. 대운이 또한 화ㆍ토의 분야에 있는데, 도리어 태세를 만나니 임계년에 있게 된 것이다. 해자축 역시 같으니, 혹은 충형이 되고 혹은 파해가 됨으로써, 주를 칭하여 뜻이 있는 가운데 요절 횡사한다는 것이다.

인피란 인원이 피로하고 궁핍함이다. 마열이란 합한 바의 자리에서 마가 약한 것이

---

2 이 천라지망에 대해, 납음 오행에서 화ㆍ토인은 천라요, 수인은 지망으로 구별한다.

다. 곧 갑오 생인이 서방으로 운행하면, 오는 인원으로 화에 속하는데 화가 서방에 이르러 사절되니 인피이다. 갑이 기로써 재가 되는데, 오 안에 기토가 있고 기가 서방에 이르니, 또한 스스로 쇠패해짐으로써 마멸이 된다. 오가 비록 피핍하나 도리어 서방 금왕에 의뢰하여 재로 삼으니, 추금이 임·계를 품음이 또한 가하고, 더불어 기(己)가 귀(鬼)살을 파하고 재를 생한다. 이는 이러한 상황을 얻었음을 설한 것이다.

혹은 곧 재왕 녹쇠하면, 건마가 어찌 엄충(掩衝)을 피할 것인가. 세(歲)가 임함을 숭상하니 재앙이 되지 않고, 년이 오르는 고로 복을 얻음이 마땅하다.

- 극하는 것을 일러 재라 하고, 우(寓)거하는 곳을 일러 녹이라 하며, 올라타는 것을 일러 마라 한다. 마는 부신(扶身)의 근본이요, 녹은 양명(養命)의 근원이라. 녹이 귀(貴)에 임하면 관을 옮기고, 마가 재(財)에 임하면 복을 획득하니, 녹·재·역마를 겸하여 이를 얻은즉 부귀가 양전한다. 치우쳐 얻게 되면, 그 다음이다. 혹은 천록(天祿)이 비록 쇠하나 신(身)과 재(財)가 도리어 왕하고 겸하여 역마를 만나 올라탄다. 숨고 엎드리며 충하고 격함을 늘어 놓는다 해도, 세·운이 높이 오르면 재앙이 되지 않는다. 하물며 후에 세·운이 다시금 오행 생왕으로 회합하고 풍등한 자리에 있는 고로, 마땅히 복을 얻음이 많다는 것이다.

엄(掩)이란 복음이요, 충(衝)이란 반음이다. 가령 '계해생이 을사'를 얻었나. 세(歲)에서 녹수(祿水)를 만나면, 비록 사에서 절(絕)되지만 수인(水人)으로써 화를 극하여 재로 삼는다. 화(火)가 사에서 왕하고, 겸하여 사 위에서 마(馬)를 탄 것이다. 비록 사·해가 상충하나, 반음의 위에 임하고 신왕(身旺)의 재(財)로써 움직이니, 재앙과 허물이 되지 않는 것이다. 만약 세와 운이 상충하지 않으면, 삼합 육합으로 오행 생왕의 땅에 임함이 있고, 또 재와 마를 만난다. 그러므로 가히 년세(年歲)풍등(豐登)이라 일컫고, 복을 얻음이 마땅한 것이다.

서(徐)가 이르기를, "이 구절과 앞글이 뜻은 같으나, 이치는 다르다. 곧, 병오 인의 운이 서방에 이르면, 비록 재왕이나 녹은 쇠한데, 하원(下元)으로 마를 세우니 도움이 된다. 말하지면 유 중의 신(辛)이 병과 합한즉 엄·충을 두려워하지 않고, 이것과 더불어 중·하로 흥륭함이 특수하지 않다. 앞서 말한 재운에 엄충이 진실로 꺼림이 되지 않는 것이다"고 하였다. 이는 또한 세(歲)가 운의 자리에 임함을 논하여, 문득 가히 흉함과 허물이 된다고 말하지 말라는 것이다.

태세는 조화의 주인이요, 백살(百煞)의 지존이라. 와서 임함에 운을 압박하면 다흉(多

(凶)소길(少吉)하다. 만약 삼원의 내외로 오행 관·인의 쓰임이 있으면, 역시 가히 이견대인(利見大人)함으로써 길회를 이룬다. 재백의 쓰임이 있으면 또한 가히 귀인으로 인하여 재백을 발하는 것이다. 또한 이는 '임오의 생일에, 대운이 경오요, 세가 무오'인 경우와 같다. 이는 세와 운이 병림(並臨)함을 말하는데, 또한 길회가 된 것이다. 다음 해에는 신미(辛未)와 교류하는데, 그 기가 관·인·재백과 다르지 않으므로 유용하다. 그 복을 얻음이 마땅한 것이다.

대길은 생을 만나고, 소길은 도리어 수(壽)가 길다. 년이 천강(天罡)에 운이 천괴(天魁)에 이르면, 생을 맡겨 수명을 잇는다.

－축은 대길이 되고, 미는 소길이 된다. 곧, '계미일 생인이 축운'을 행하거나 혹은 '정축일 생인이 미운'을 행할 경우, 이를 반음이라 하지 않고 모두 생기라 부른다. 계가 사에서 기(氣)를 받으니 미에서 형(形)을 이루고, 정이 해에서 기를 받아 축에서 형을 이루는 고로 생을 만났다고 이르는 것이다. 곧, 육임(六壬)의 과(課)를 발함에 정과(丁課)를 쓰는 것은 미에 있고, 계는 축에 있음이 또한 이의 뜻이다. 축·미는 음양의 중심이요, 천을귀신이 모여 임한 바라, 주와 근본이 이를 만난 즉 장년의 수명이 있는 것이다. 진(辰)은 천강이 되고, 술(戌)은 천괴가 된다. 곧, '경술 생인이 진운'을 행하거나 혹은 '갑진 생인이 술운'을 행한 경우, 이를 반음을 얻었다고 말하지 않는다. 경이 인에서 기를 얻고 진에서 형을 이루며, 갑이 신에서 기를 얻고 술에서 형을 이루므로, 모두 생기가 되는 것이다.

귀곡자(鬼谷子)에 이르기를, "강(罡) 중에 을괴(乙魁)가 있고 그 속에 신(辛)이 엎드린 것이, 이것이다"고 하였다. 앞서 생봉(生逢)을 말하고 후에 기생(寄生)을 말하였으나, 그 뜻은 다르지 않다. 혹은 이 뒤의 8구(句)는 다시금 반음을 재차 말하여 길흉은 반드시 고정됨이 없다는 뜻을 밝힌 것이다. 가령 을축 음명의 남자가 6월에 생하여 숨고 계미(癸未) 목을 보니, 비록 본명과 생월이 상극하여 주에 요절하고 상함에 합한다. 하지만 도리어 을축 납음이 금이 되어, 계미 납음 목을 극하므로, 반대로 장년의 수명이 된 것이다.

가(歌)에 이르기를, "문득 장차 생월을 써서 신(身)이 됨을 삼는데, 도리어 납음으로 돌아가니 명(命)을 짓는다. 신쇠(身衰)극명(尅命)하니 하늘의 년수는 짧은데, 명왕(命往)극신(尅身) 즉 명이 가서 신을 극하니 그 수명이 길다"고 함이 이것이다. 가령 무진으로 양명의 남자가 삼월에 생하고 5세를 계산하여 운을 일으키는 경우, 순행하여 56이면 운이 임술에 이르는데, 납음으로 수가 와서 무진 목을 생한다. 또 3월에 천·월덕을 두루 사(土)에 부치고[3] 술(戌)위에 있으며 또 목을 생한다. 고로 기생(寄生)속수(續壽) 즉 생에 부쳐 수를 잇는다는 것이다.

영화상(瑩和尙)이 말하길, "이하 4절을 병용해서 보니 참되고 참된 인(印)에 대해 처음으로 그 상세함을 얻었다. '을축 금인, 계미 목인, 임신 수인, 갑술 화인, 무진 토인'으로, 장생(長生)속수(續壽)함은 오직 맡김과 더불어 도리어 제(除)하는 것이라. 이 오간이 그러한 이유를 알지 못하였던 것인데, 축(丑)중에 을목이 있음과 미(未)상에 계수가 있음에 연유하여, 계수가 그 을목을 생하니 녹원(祿元)을 늘리고 길러서 도리어 수(壽)가 장년이라. 곧 이것이 아님이 없다"고 하였다. 술(戌) 중에 갑이 있고, 진(辰) 중에 임이 있으니, 임수가 그 갑목을 생하고 병화에 이어진다. 고로 말하길, "천강의 운이 천괴에 이르렀다 하고, 기생속수라 부른다."고 하였다. 대요는 10간(干)이 녹(祿)이 되어 사람의 수명을 정한다는 것이다.

종괴(從魁)가 창룡(蒼龍)의 숙소를 막으니, 재가 하늘로부터 온다. 태충(太衝)이 묘위(昴胃)의 향에 임하면, 인원(人元)에 해가 있다.

- 유(酉)가 묘위의 향이 되니, 종괴가 이것이다. 묘(卯)는 창룡의 숙소라 하니, 태충이 이것이다. 지원(支元)에서 재를 취하는데, 지금 하늘에서 온다고 말하는 것은 유(酉)상에 신(辛)이 있음에 연유한다. 묘 중에는 을이 있어 신금이 그 을목을 제하는 고로, 밀하기를 재(財)자천래(自天來)라 한 것이다. 그 유금으로 그 묘목을 극하니 을목이 신금에서 두렵고, 녹이 이미 상함을 당하니 인원이 극을 받은 것이다. 그렇지만 만약 유인이 묘를 본다면 길함이 되고, 묘인이 유를 만난 것은 흉함이 된다. 자리를 늘어섬에 존비와 강유로 판단하는 것이다. 서(徐)는 이르기를, "창룡은 진에 속하는데 유(酉)생인이 진을 만나면, 이것은 유중의 신금이 진중의 을목을 극하여 재로 삼음이 된다. 지지 내의 천원을 써서, 재로 삼은 것이다. 묘인의 운이 유금에 이르면 극목하고 도리어 서로 형하는데, 지지로 인원을 짓는 까닭에 해(害)가 있다"고 하였다. 해란 곧 칠살인데, 형충극제를 범하지 않는다 해도 역시 편음 편양이 되는 것이다.

금록(金祿)은 정수(正首) 즉 정월 세수에서 궁한데, 경은 중하고 신은 가볍다. 목인이

---

[3] 원문에는 사(土)라 하였는데, 사(巳)가 옳겠다. 아니면 임(壬)으로 봄이 오히려 뜻이 통한다. 3월의 천월덕을 살펴볼 일이다.

금향에서 곤고한데, 인은 깊고 묘는 얕다.

– 음극양생하고 양극음생함은 음양 자연의 이치다. 양금은 사에서 생하고, 자에서 사하며, 인에서 절된다. 음금이 자에서 생하고, 사에서 사하며, 묘에서 절된다. 정사·정생 즉 정(正)으로 사·생(死生)함은 중(重)하다 하고, 편생·편사 즉 편(偏)으로 사생함은 가볍다 한다. 다음 양목으로써는 해에서 생하고 신에서 절되는데, 음목은 오에서 생하고 유에서 절된다. 양목에 신(申)은 깊고 유(酉)는 얕으며, 음목에 신은 얕고 유는 심한 것이다. 대개 인·묘는 여러 목의 정(情)을 가리키고, 경·신(辛)은 여러 금의 종류(類)를 든 것이다. 신(申)은 수생(水生)의 땅인데 목에게는 곤고하다 이르고, 인은 생화의 궁이라 금을 말하여 궁하다 한 것이다.

묘함은 그 통변을 아는 데 있다. 졸렬하면 마치 신무(神巫)가 북을 두드리는 것처럼 떠든다. 현(絃)을 조율함에 어두우면, 율려(律呂)를 바라기 어렵다.

– 무릇 명·운(命運)의 길흉화복은 위에서 말한 바와 같다. 부(賦)는 특히 그 대강을 말한 것이다. 묘함은 그 통변(通變)을 알고 이해함에 있는데, 부사(賦辭) 즉 부의 말이 비록 졸렬한 것 같으나, 이치의 묘함이 마치 신께서 설한 것처럼 응한다. 이럼에도 만약 통변이 불능한 것은 비유하면 무당이 북 치는 것과 같다. 현음을 조화함에 어두워 율려의 화락을 기대하기 어려운 것이다.

경·신이 갑·을에 임하면, 군자는 가히 이로써 관(官)을 구한다. 북인의 운이 남방에 있으면, 무역으로 그 두터운 이익을 잡는다.

– 금·목에는 상득지리 즉 서로 얻는 이치가 있고, 수·화에는 기제의 도가 있다. 고로 특히 예를 들어, 이를 말한다. 곧, "경신이 갑을에 임한즉 나머지 8간도 가히 알 수 있다. 북인의 운이 남방에 있은즉 나머지 동·서도 가히 알 수 있는 것이다."고 하였다. 군자를 말하고 소인을 바라본즉, 그렇지 못하다. 북인을 말함은 모름지기 해·자의 방위가 이것이 된다. 갑이 신으로 관을 삼고 을이 경으로 관을 삼는데, 경신의 운과 세가 내임(來臨)하는 경우가 있다. 갑·을의 사람인 고로 군자는 가히 이로써 관을 구하지만, 소인에게는 도리어 귀(鬼)살이 된다.

해·자는 북방의 수요, 사·오는 남방의 화이다. 수로써 운이 행하여 화에 이르면 내가 이를 극하여 재를 삼는 고로, 무역으로 그 후리(厚利)를 잡는 까닭이 된다. 혹은 임·계의 자리는 그 괘가 감(坎)에 속하고, 병·정의 위(位)는 그 괘가 이(離)에 속하니, 말하자면 수가 화지로 돌아가 운이 재향에 이른 것이다. 임·계가 녹(祿)이요, 사·오가 명(命)임을 알지 못하면, 간지가 서로 들어서지 못한다. 곧 임·계가 병·정을 얻은 경우, 가히 녹재로 말함에 그칠 뿐 무역을 말함은 불가할 것이다. 담명자는 모름지기 녹·명·신을 마땅히 나누어 보아야 한다.

아침에 기쁨을 듣고 저녁에 우는 것은, 성화(盛火)의 염양(炎陽)이 됨이요. 화복의 멀고 먼 것을 본즉, 이는 많은 것이 수토에서 인함이라.

– 이는 오행의 성품을 논하고 화복의 늦음과 빠름을 밝힌 것이다. 화의 성질은 난폭하여 상함이 많다. 그러므로 나무를 자름에 연기가 나고, 돌을 때림에 빛이 발한다. 아침에 즐거운데 돌아서서 운다는 것은 지금은 맞는데 어제(내일)은 틀림이라. 불로부터 땔감을 전하니 그 극(끝)을 알지 못한다. 수·토가 기물이 됨에 그 성질은 유화함이다. 고로 화복의 끝에서 그 느리고 늦은 뜻을 얻으니, 대개 앎과 믿음이다. 화·목의 성질은 쾌활하니 쉽게 발하고 쉽게 쉬지만, 수·토의 성질은 늦으므로 이룸도 어렵고, 패함도 어려운 것이다.

금·목이 아직 능히 그릇을 이루지 못하면, 애락(哀樂)을 들어도 이로써 이름하기 어렵다. 마치 나무가 무성한데 꽃만 번화하고, 먹구름 가득한데 비는 오지 않는 것이다.

– 금이란 곧 목을 숭상하니, 금이 쓰임을 얻으면 목이 곧 이루어진다. 고로 이는 이강(以剛)제유(濟柔) 즉 강함으로 유함을 구제함을 말한다. 목이란 곧 금을 숭상하니, 목이 그릇을 이룸은 금의 드러남을 얻음에 있다. 어진 자는 반드시 용기가 있어야 함을 말한 것이다. 만약 유금(有金)에 무목(無木)이면 용감하나 무례한즉 어지럽고, 유목에 무금이면 경신이 이지러져 의(義)가 부족하다. 금이란 서방의 기물이라 주가 애닯고, 목이란 동방의 기물이라 주가 즐겁다. 낙이불음(樂而不淫) 즉 즐기되 음탕치 않음은 목이 금을 만난 것이다. 애이불상(哀而不傷) 즉 슬프되 상하지 않음은 금이 목을 얻음이다. 무릇 이 같은 것은 모두 대인의 명이다. 만약 수·화의 돌아감을 밝히자면 그 중간에 금·목의 간격을 써야 한다. 이로부터 애락이라도 능히 그 마음을 움직이지 못한다. 이에 방외의 인물이요, 이름하기 어려운 사람인 것이다.

만약 편음·편양의 경우, 흡사 목성(木盛)화번(花繁)과 같다 함은 편양으로 이를 말한 것이요, 밀운불우(密雲不雨)에 엎드림이란 편음으로 말한 것이다. 사람의 명은 음양이 양정(兩停)함을 요한즉 격에 응하는 명이 된다. 그러므로 아래 글에서 운운해 본다. 또 왈, 금이 능히 그릇을 이루지 못함은 불을 깔개 삼아 도자기를 굽는데, 목이 능히 공을 이루지 못한 것이다. 가령 금으로 깎고 새김으로써 즐겁다 함은 필히 슬퍼하면서도 주의 이익이 됨이라, 다만 손상함으로써 먼저를 삼은 것이다. 목성화번은 수이부실(秀而不實)함이요, 밀운불우란 회이난명(晦而難明) 즉 어두워서 밝기 어려운 것이다. 이런 두 가지가 있다 함은 측량하지 못하는 사이에 헤아리고 의논할 것이 생기게 된다. 이런 고로 왕한데 제함이 없음은 불가하고, 쇠한데 생함이 없음 또한 불가한 것이다. 이를 얻은 곳에서 비화(比和) 즉 견주고 화하여 돌아가면 순수해진다.

승헌(乘軒)의면(衣冕) 즉 의관을 정제하고 수레에 오름은 금·화의 어떤 것이 많은가 함에 있다. 위열(位劣)반비(班卑) 즉 자리가 낮고 나눔이 비천함은 음양을 정하지 못함이라.

– 앞에는 수·화로써 상제(相濟)하면 경사를 이룸을 논하고, 다음으로 금·목을 논하여 관향(官鄕)이 됨을 말한다. 이는 수귀(水貴)는 오르고, 화귀(火貴)는 내리는 것임을 알게 한다. 목은 유함을 구제하여 강함이 됨을 요하고, 금은 강함을 덜어서 부드러움을 더함을 요하니, 곧 서로를 용함으로 경사가 된다. 그 사이에도 오직 금강(金剛)화강(火强)이 있음을 알지 못하면 불가하다. 금은 지극히 굳센 기물이라 성화(盛火)가 아니면 능히 혁화 즉 개혁과 화함을 이루지 못한다. 화는 지극히 난폭한 기물이라 금이 아니라면, 그 모든 쓰임을 드러낼 것이 없다. 금·화가 양정(兩停)하면 바야흐로 주인(鑄印)의 상을 이룬다. 그러므로 부(賦)에서 말하기를 승헌의면이라 하니, 이는 군자의 그릇이다.

모름지기 금·화가 양정 즉 서로 맞섬이 마땅할 따름이다. 만약 화다금소하거나 금다화경하면 모두가 흉폭한 명이 된다. 금은 서방에서 왕하고, 화는 남방에서 왕하니, 각각이 그 세를 믿은즉 자형(自刑)의 형(刑) 곧 스스로 형하고 다시 형하는 것이다. 이와 같은 명이면 비록 일·시로 유용함이 있어도 마침내 위열반비의 자리로 돌아갈 따름이니, 이는 곧 음양이 능히 분야를 정하지 못했기 때문이다. 금은 음이고 화는 양이라, 이미 음·양이 둘 다 편고된즉 귀천과 고비(高卑)가 정하여 드러남이 없는 것이다. 하물며 유금(有金)인데 무화(無火)요, 유화인데 무금이라면, 그것이 흉도가 됨을 또한 가히 알 수 있다.

혹 왈, 인명 사주 오행에서 금·화가 많은 것은 귀함이 부족하다. 금의 강강함으로써는 능히 사물에 순하지 못하고, 화의 포악함으로는 그 생을 더하기 어렵다. 그 기가 항상하지 못하므로, 군자의 도가 드문 까닭이 된다. 경인(庚人)이 병(丙)을 얻고, 신인이 정을 얻으면, 순양과 순음이라 극함이 되고 귀(鬼)살이 되니, 이는 음양·부정(不定)이 되는 것이다. 비록 출신이 있어도 또한 위열반비라, 능히 크게 드러내지 못한다. 여기에도 역시 그 뜻이 통하는 것이다.

용음(龍吟)호소(虎嘯)는 풍우가 그 쉼과 상서로움을 돕는 까닭이다. 화세(火勢)가 장차 흥하는 고로 먼저 연기 나고 뒤에 불을 댕긴다.

– 이는 윗글의 오행상극 혹은 그릇을 이루지 못하므로, 합귀불귀 즉 귀함에 합하나 귀하지 못함에 대한 글이다. 이는 또한 상극 상생의 성질과 원인을 말하여, 용호 연염(煙焰)으로써 일깨움이 된다. 만약 오행이 각기 그 행할 바를 얻은즉, 용이 움직여 비가 내리고 호랑이가 포효하여 바람이 생함과 같다. 또 화가 왕한 경우 먼저 그 연기가 있고 후에 그 불이 일어남이 있다고 한다. 혹, 용음호소의 2구(句)로는 사람들에게 년이 길하고, 세·운 또한 길함을 가르친다. 만약 초흉후길한 것은 필히 그렇지 못한다.

이를 비유하면, 화의 처음에는 먼저 연기가 나고 후에 불꽃이 튐이 그러한 것과 같다. 대개 연기가 화에서 생하면 능히 화연으로 뒤덮음으로, 기가 있어도 아직 통하지 않기 때문에 그 뜻이 된 것이다. 불이 밖으로는 밝으나 안으로는 어두우니, 연기가 달한 이후에 생하는 것이 사람의 시흉(始凶)종길(終吉)과 비교하여 어찌 다르다 하겠는가. 서(徐)는 이를 풀이하여, 용음호소는 '무진 갑인'으로 마땅한 것이라 하니, 그 설이 심히 상세하다. 그렇지 못하고 다만 인이 진과 더불어 만나 서로를 얻음도 또한 이것이 된다. 선연후염이란, 음양의 기가 순함에도 차서가 있음을 밝히고, 이와 저것이 함께 기가 됨을 밝힌 것이다. 특별히 부의 뜻과 다르지 않은 것이다.

매양 흉중(凶中)유길(有吉)을 보니, 길함은 곧 먼저 흉하다. 길중유흉이라 곧 흉함은 길조 즉 길함의 조짐이 된다.

– 이는 본래 윗글에서 말한 길흉이 서로 의지하고 감춤이 됨을 말한다. 곧 앞에 논한 종괴가 창룡의 숙소에 머문 것으로, 재가 하늘로부터 스스로 옴에 길함을 논한다. 이는 유(酉)중의 신이 진(辰)중의 을목을 극하여 재로 삼음이니, 진은 곧 수향(水鄕)이라 다시금 능히 신금의 관(官)을 탈취한다.[4] 그런데 재를 논하니 도리어 이지러지지 않으나, 관을 잃으니 흉함이 되는 것이다. 태충(太衝)이 묘위(昴胃)의 향에 임하니, 인원이 해를 입어 흉함이 되나, 도리어 목이 금을 써서 관을 삼는다. 유(酉)가 곧 관록을 배신하지 않

---

4 수극화를 말한다.

음으로, 흉한 중에 반대로 길함이 된다. 부(賦)의 뜻이 처음 운을 설함에서 시작하고, 다음에 오행의 이후를 다시금 상세히 논의하여 이를 말한 것이다.

또, 화인이 수운을 행한즉 이는 칠살로 흉함이 되는데, 혹 수를 쓰게 되면 관이 되어 도리어 길한 것이다. 수가 사·오의 운에 남방을 행하면 이익을 얻어 재물이 되니 길한데, 도리어 그 밑으로 무·기의 칠살이 있어 흉하기도 한 것이다. 이같이 지극함이 많음에 학인들은 마땅히 깊이 명조를 탐색하고 변통을 구해야 한다. 근본에서 가장 중한 것을 취하여 이를 말하는 것이다.

담영(曇瑩)이 말하길, "길흉의 상은 거듭 화복의 상이 되니, 이는 모두 음양의 상리(常理)로 인함이라"고 하였다. 세상에는 진실로 길인이 길함에서 흉하고, 흉인이 흉함에서도 길함이 있다. 군자가 도가 아니라고 하는 바에도 역시 도는 그 항상 함이 있을 따름이다. 흉이 만약 길을 이기면 길은 흉 중에 간직되고, 길이 만약 흉을 이기면 흉은 길 속에 감춰진 것이다. 잡박은 순수함에서 생하고, 비화(比和)는 전쟁에서 나온다. 고로 왈, 길중유흉이요 흉위길조라 한 것이다.

화순(禍旬) 즉 앙화의 10년이 끝을 향하면, 가히 나아가 복을 맞이한다고 추리할 수 있다. 겨우 쇠향에 든 것이라면 재앙을 논하는데, 마땅히 그 역을 추산한다. 남영여송 즉 남자는 맞이하고 여자는 떠나보내니, 비·태(否泰)가 교대로 거한다. 음양의 2기(氣)는 역과 순으로 꺾고 제한다.

– 이는 재복 길흉이 행운에서 유래함을 말한다. 화순이 말(末)을 향한다 함은 곧 흉운 10년의 끝을 채우고, 이를 보면 앞으로의 길운과 교체된다는 것이다. 만약 당생 년월의 기(氣)가 깊거나 혹은 행년(行年) 태세가 부조하여 향록(向祿)임재(臨財)하면, 반드시 운의 교체를 기다리지 않는다. 다만 이 운의 말에만 있어도 문득 가히 상서로움을 맞이한다고 이를 추리하는 것이다. 재입(纔入)쇠향이란, 인명이 복지(福地)를 오랫동안 누리고 나면 바야흐로 배록·재절(財絶)의 운과 교환되는데, 그러나 갑자기 이를 흉하다고만 가히 말하지 못한다. 이는 역과(逆課) 즉 거슬러 매긴 것에서 그 재앙을 논하는 것이다.

남영(男迎)여송(女送)이란, 양남음녀로 운이 순행함을 말한다. 1운에 10년인데 다시금 전후로 각 5년을 나눈다. 무릇 절기의 깊음을 얻어 길운에 들게 되면, 남자는 나아가는 앞의 5년에서 발복하고, 여자는 보내는 뒤의 5년에서 발복한다. 혹은 왈, 남자는 대운 초입의 년에서 어떤 재복(災福)을 맞이하는가를 상세히 해야 하는 고로 영이라 이르고, 여자는 대운이 장차 나가는 년에서 어떤 재복을 떠나보내는가를 상세히 하는 고로

송이라 부른다. 남영여송으로 비(否)괘와 태(泰)괘가 그 자리를 교대하니, 이로써 한 뜻을 지은 것이다. 영길(迎吉)송흉(送凶) 영흉송길을 살피니, 이것이 비태(否泰)교거(交居)이다. 음남양녀는 양남음녀의 역순에 의거하여 행한다.

운을 절제(折除) 즉 꺾고 나눈즉 앞으로 3세(歲)를 절제하여 년이 된다. 신구의 운(運) 상에 어떤 길흉이 있는가를 살펴, 운수(運數)로써 말하는 것이다. 담영(曇瑩)이 왈, "이는 행운이 가리키는 각각의 장생을 보고, 다음의 쇠지를 논하는 것이라. 곧, 금이 사에서 생하고 술에서 쇠하니, 술(戌)상에서 남자는 순행하여 사수(死囚) · 휴폐에 이르고, 여자는 역행하여 제왕 · 임관에 이른다. 다음 사(巳)상의 경우, 남자는 순행하여 왕한 신 · 유(申酉)의 향을 향하고, 여자는 역으로 인 · 묘의 땅에서 곤고하다"고 하였다. 고로 화순을 운운하여 말한 것이다.

음양 2기란, 대개 소운을 곧 년(年)의 기라 하는데, 대운은 월(月)의 기이다. 일간이 운(運)이 되고, 월간은 기(氣)가 된다. 소운은 곧 생일을 쫓고, 이후에 대운과 교류한즉, 그 기를 논하여 2기(氣)를 지나가면 운이 행한다. 그로부터 나의 명이 유래한 것이다. 고로 왈 음양 2기라 운운하였다.

그 금 · 목 안에서 점(占)하더라도 방소(方所)의 분야가 현저하다. 그 남북의 사이를 표시하니, 왕래함에 불리함이 두렵다. 1순(旬) 안에 년(年)이 있고, _| 가운데 친간을 묻는다. 1세(歲) 중에서 월(月)을 구하고, 그 가운데 일(日)을 묻는다. 삼(三)길을 향하고 오(五)흉을 피하는데, 가리키는 방면(方面)으로 궁통을 정한다. 길함을 심사하고 흉함을 측량하여, 세(歲) 중의 비태(否泰)를 기술하는 것이다.

– 이는 운이 동서남북 금목수화의 향(鄕)을 행함에, 유리와 불리를 논하고 겸하여 세(歲) 중의 비태를 말한 것이다. 왕씨(王氏) 말하길, "목화금수란 곧 4방(方)의 전일(專一)한 기인데, 각기 나름의 방위와 장소에서도 나뉘는 바가 있다. 곧, '봄의 신묘(辛卯), 하의 무오, 추의 계유, 동의 병자'인 경우, 사방의 각각에서 자왕(自旺)의 기를 안으니 서로가 범함은 불가하다. 그러므로 오행의 왕기 가운데 중(仲)씨인 1진(辰)을 취하고, 이를 말하니 왈 백호살(白虎煞)이라"고 하였다. 곧, 동방의 목이 왕한데 서방에서 금을 만나고, 남방의 화가 와서 북지에서 수를 만나면, 이른바 살(煞)이라. 4중(仲)의 기물을 꺼리고, 도를 잃음은 금한다. 임금을 말하고 어버이를 말하는데, 군(君)과 부(父) 이 둘을 나 잃으면 불기하기 때문이다. 그런데 그 상극으로 나아가니 필히 불리하다.

만약 오행이 쇠절 · 무기(無氣)한데 상충을 만나 왕래한즉 도리어 서로 용함을 교환함으로써 복이 된다. 곧, '을해 화가 계사 수'를 얻은 경우, 화가 사에 이르러 왕하고, 수가 해에 이르니 왕하다. 호환하여 왕함을 만나고 왕래하니 어찌 상할 것인가. 임인의 금은 신하가 되어 강하지 않으며, 경신의 목은 임금을 섬김에 난폭하지 않다. 한 모퉁이를 독점하게 되면, 어찌 조화가 있을 것인가. 대개 녹이 왕하면 귀(貴)는 스스로 형통하며, 환난에서는 서로가 구하고자 하는 까닭이 있기 때문이다.

"1순 안에 년이 있고, 그 중에 천간을 묻는다" 함은, 년에는 천간이 있음으로써 갑이 머문 곳이 있게 되고, 이로부터 같은 순에서의 생을 안다. "일세 중에 월을 구하고, 그 가운데 일을 묻는다" 함은, 일세(一歲)의 가운데서도 곧 다름이 있음을 말한다. 음양이란 남녀의 명이다. "월에서 구하고 날을 묻는다" 하는 것은 절기의 일수(日數)를 알고자 함이다. 이로써 그 세(歲)를 정하고, 대운(大運)이 행하는 법이 된다. 운의 행함이란 마땅히 삼원의 생기를 향하고, 오귀(五鬼)의 절로(絶路)는 피해야 한다. "진(陳)을 친 방면에서 궁통과 음양을 가리킨다" 함은, 녹마의 향배와 대운의 성쇠를 보는 것이다. 이로부터 길흉과 가리키고 돌아보는 사이에 나타나지 않은 것을 심사하면, 능히 1세 중의 비태를 서술할 수 있다.

혹은 생기(生炁) 복덕(福德) 천의(天醫)로써 향삼(向三)이 되고, 절체(絶體) 유혼(遊魂) 오귀(五鬼) 절명(絶命) 본궁(本宮)이 피오(避五)가 된다고 한다. 서(徐)가 이르기를, "점은 읽고 가서 소리내고 본다. 생한 세(歲)와 월이 점유한 바의 마땅함을 보는 것이라"고 하였다. 곧, 목이 금을 써 관으로 삼는데, 양명 남운에 미에서 출하고 신으로 듦이 있고, 음명 남운에 해를 출하여 술로 듦이 있다. 이는 금·목 분야(分野)의 사이에서 향록(向祿)임재(臨財)가 된다. 금이 목을 써 재로 삼을 경우, 양명 남운(男運)에 축을 나와 인으로 들고, 음명 남운에 사를 출하여 진으로 들면, 이것이 향록임재다. 목·화 방소(方所) 가운데 있는데, 다시금 태세와 월령을 더하여 기(氣)·후(候)가 도움을 얻으면, 이 또한 같이 말한다.

표(標)란 본래의 말에 대함이요, 또 표준의 뜻이 있은즉 이는 명의 기본이다. 남은 밝음을 향하니 왕(往) 즉 간다고 하고, 북은 북쪽을 향하므로 래(來) 즉 온다고 한다. 이는 운기(運氣)의 출입과 동정을 말하니, 혹은 길하고 혹은 흉한데 박잡(駁雜)됨은 불가하다. 혹은 교운(交運)의 해를 만나면, 경거망동해서는 안된다는 뜻이다.

"일순 안에서 년의 천간을 묻는다"고 함은, 월 중에서 일을 구함과 같다. "1세(歲) 가운데 월(月)을 구하고, 그 가운데 일(日)을 묻는다"고 함은, 년 중에서 월을 구한다는 것이다. 향삼피오란 세(歲) 가운데 길리(吉利)의 방위와 장소를 구하는 것이다. 무릇 앉은 자리에서 진퇴와 향길 피흉을 짓는 것이니, 이보다 큰 것은 없다. 1순은 10일이다. 년 중에서 날을 생하니, 무릇 1월의 가운데 1순이 있고, 그 안에서 장차 일을 생하는 것이다. 천원을 배합하여 말한즉 그 날의 휴상(休祥)을 안다. 곧, 생일을 정하고 세움으로써 주인을 삼는다.

1세 가운데 월령을 취하고 생극을 배합함으로써 말한즉, 그 월 중의 휴구(休咎)를 알게 된다. 또 사람이 득지하여 생하였다 함은 모름지기 태세로 존귀함이 됨과 같다. 이는 1세(歲) 가운데 생월의 대록(帶祿)이나 혹은 관·인이 원래 있고 원래 없음을 구함이다. 이것이 '월에서 일을 묻는다'는 것이니, 이는 곧 간명(看命)의 총법(總法)이다.

임·계가 곧 추생이면 동(冬)에 왕한데, 해·자와 같은 길이요, 갑·을은 곧 하(夏)에 사(死)하고 춘(春)에 번영하니, 인·묘와 같이 하나로 헤아린다.

– 이는 인명에 생왕사절이 있고, 행운이 자리하는 바에 따라 마땅함과 마땅치 않음이 있음을 말한다. 오행의 통함을 가리켜 말한 것이다. 경은 중금(衆金)의 주인인 고로, 신(申)에 거하여 수를 생한다. 수는 해·자의 동천(冬天)으로 돌아가 왕하니, 임은 취수(聚水)의 근원인 고로 해(亥)에 거하고 목을 생한다. 목은 인·묘의 춘천(春天)으로 돌아가 왕하니, 갑은 군목(羣木)의 우두머리가 되는 고로 인에 거하고 화를 생한다. 화는 사·오의 하천(夏天)에 돌아가 왕하나. 무는 중토(衆土)의 시존이 되는 고로 사에 거하여 금을 생한다. 금은 신·유의 추천(秋天)에 돌아가 왕하며, 임계해자는 한 종류의 수이다. 수가 신에서 생하고 자에서 왕하다. 갑을인묘는 한 종류의 목이다. 목은 묘에서 왕하고 오에서 사한다. 그러므로 '임·계 추생이 동왕(冬旺)이요, 갑·을 하사(夏死)에 춘영(春榮)'이라 한 것이다.

병인·정묘 추천(秋天)이면 보호하고 도움이 마땅하고, 기사·무진이 건궁(乾宮)을 건너면 화액(厄)을 벗는다.

– 이는 납음을 가리켜 말한다. 병인·정묘는 노중화(爐中火)라, 화의 왕함으로 가을에 이르니 마땅히 지키고 보호해야 한다. 화는 추에 이르러 사하기 때문이다. 하물며 다른 화(火)들이야 일러 무엇하리오. 기사·무진은 대림목(大林木)이라, 목의 성함인네 건궁을 지나면 액을 벗어나니, 목은 해(亥)에 이름으로써 생하기 때문이다. 하물며 다른 목이야.

또 병인·정묘는 화의 종류로 든 것이다. 화가 이미 추천(秋天)의 금을 극하는데, 보지(保持)함은 무엇 때문인가. 말하자면 수가 추(秋)에서 생하는 까닭이다. 기사·무진은 목의 종류로 든 것이다. 목이 이미 해의 건궁에서 생하였는데, 탈액함이란 왜인가. 말하자면 해에는 건금(乾金)이 있기 때문이다. 오행 휴왕의 도(道)와 조화 자연의 이치를 밝힌 것이다. 혹 원명, 혹 운행, 혹은 유세(流歲)에서, 모두가 마땅히 이에 삼갈 것이다.

치병(值病)이면 병을 근심하고, 봉생(逢生)이면 생을 얻으며, 왕상(旺相)하면 쟁영(崢嶸)한다. 휴수·멸절로 그 권속을 논하니 그 사·절됨을 걱정한다.

－ 치병·우병은 휴수·멸절로써 말한 것이요, 봉생·득생은 왕상·쟁영으로써 그 뜻이 되었다. 치병우병이란, 오행이 병(病) 중에서 귀(鬼)살을 만난 것이 이것이다. 목에 신사금을 놓고, 화에 갑신수를 놓으며, 토가 경인목을 만나고, 금이 을해화를 만난다. 이런 종류는 휴수·멸절됨과 같다. 봉생득생이란, 오행이 생처에서 생함을 만난 것이 이것이다. 목이 계해수에 임하고, 화가 경인목을 만나며, 수가 임신금에 놓이고, 금이 정사토를 만난다. 이런 종류는 왕상하여 가파르게 상승함과 같다. 혹 생함에 당하여 이를 놓거나, 혹 세운에서 이를 만나면, 다시금 시종(始終)으로 소식을 따름에 마땅함을 본다. 오행으로 생아자는 부모요, 아생자는 자손이라, 극아자는 관귀요, 아극자는 처재라 오행을 논하니, 이는 천지의 사이에서 생하여 12지 안에 우거한다. 이에 '장생 목욕 관대 임관 제왕 쇠 병 사 묘 절 태 양'이 있으니, 안으로 곧 4길(吉) 4흉(凶) 4평(平)이 있는 것이다.

묘(墓)가 귀(鬼) 중에 있으면, 위의(危疑)가 심하다. 족하(足下)에 상(喪)이 임하면, 면전에서 가히 보게 된다.

－ 묘재귀중이란 곧 오행의 묘 가운데서 귀살을 만남이다. 곧, 금이 기축화를 두려워하며, 목이 을미금에 방해받고, 수가 병진토로 우환이며, 토가 무진목을 꺼리고, 화는 임술수가 겁난다. 이런 격의 경우 혹 세·운에서도 이를 행한다면, 주의 위급함과 흔들림이 심한 것이다.

족하임상이란, 명(命) 앞의 2진으로 상문(喪門)이 됨이다. 곧, 신해인이 기축을 본 경우, 이미 입묘(入墓)하고 또 상문에 임하니, 곧 발아래와 같은 화(禍)가 되는 것이다. 면전가견이란, 그 흉함이 속히 이름을 말한다. 만약 태세로 여러 살이 있는데 대·소운 마저 이에 임하면, 그 불측한 재앙을 걱정한다. 외복(外服) 즉 밖에서 감싸는 상(象)이 있어도 이를 방해하는 것이다.

음에 기대어 그 양화(陽禍)를 살피는데, 세성(歲星)이 고진(孤辰)을 범해서는 안 된다. 양을 믿고 음재(陰災)를 감시하는데, 천년(天年)을 과숙(寡宿)에서 만남은 꺼린다.

– 인·묘·진의 사람은 사(巳)가 고진이 되고 축(丑)은 과숙이 되는데, 그 인과 진은 양(陽)의 자리가 되고, 축·사는 음(陰)의 자리가 된다. 고로 '憑陰察其陽禍 歲星莫犯於孤辰'이라 한 것이다. 사·오·미의 사람은 신(申)으로 고진이 되고 진(辰)은 과숙이 되는데, 미·사는 음의 자리가 되고, 신·진은 양의 자리가 된다. 고로, '恃陽鑒以陰災 天年忌逢於寡宿'이라 한다.

천년은 소운과 같고, 세성은 태세와 같은 것이다. 양은 고진으로 중함이 되고, 음은 과숙으로 중함이 된다. 서(徐)는 이르기를, "음은 양으로 대함이 되고 양은 음으로써 짝이 된다. 말하자면 양(陽)인즉 음이 없으면 아니 되고, 음을 말한 즉 양이 없으면 아니 된다. 고로 음에 기대어 가히 양을 살필 수 있고, 양을 믿어 가히 음을 볼 수 있는 것"이라 하였다.

세성이란 태세인데, 고진의 상(上)에 있음은 불가하다. 가령 인묘진 사람의 태세가 사에 있음을 만나면, 인(寅)인에게는 구교(勾絞)요, 묘(卯)인에게는 상조(喪弔)며, 진(辰)인에게는 이를 일러 공신살(控神煞) 또는 요신(邀神)살이라 이르는데, 주가 저애되고 억압 폐색된다. 천년 또한 태세인데, 과숙의 위에 있음은 불가히다. 곧, 인묘진 사람이 태세가 축에 있음을 만나면, 진인 구교, 묘인 상조, 인인에는 이롤 규신(窺神)살이라 하고 또 이를 박신(迫神)살이라 하니, 주인을 도둑이 몰래 엿보고 핍박하며, 해함에 빠진다. 혹은 삼원이 극아(尅我)하고 세·운이 불화하면, 이는 오행 녹마를 해치는 년(年)이 된다. 그 흉(凶)됨이 더욱 심한 것이다.

먼저 2기(氣)를 논하고, 다음으로 연생(延生)과 부병(父病)을 헤아린다. 그 자록(子祿)과 처재(妻災)를 추리하고, 이로써 부년(夫年)을 헤아린다.

– 오행 상생으로 부·자(父子)가 되고, 그것은 또 전수(傳受)의 기(氣)가 되니, 청·적(青赤) 등의 종류가 이것이다. 음양 상제(相制)로 부·처가 되고 그것은 교합의 별이 되니, 지간(支干) 등의 종류가 이것이다. 가령 금이 병(病)들면 화를 두려워함은 의심할 것 없는데, 급히 수를 구하면 이로써 구할 수 있다. 이는 금이 수를 생함으로써 자식이 되고, 자식은 능히 화를 극하는 까닭이다. 또 금의 재앙이 되는 화를 놓음이 두려운 경우, 다시금 화의 휴왕(休旺)이 어떠한가를 보니, 이는 곧 구·해(救解)의 2법이다. 가장

상세함을 요하는 것이다.

서(徐)가 이르기를, "2기란 음양이요, 연생이란 명운(命運)이다. 먼저 음양을 구별하고, 다음으로 명운을 나눈다. 부와 병의 2구는 음양 진퇴의 상(象)을 밝힌 것이다"고 하였다. 가령 경진인 10월생이면, 경금의 병이 해에 있는데, 이것은 부병 즉 아버지의 병이다. 경이 임을 생하여 자(子)가 되는데, 임록이 해(亥)에 있으니, 이것은 자식에게 녹이 있다. 경이 을로써 처를 삼는데, 대운이 사에 이르면 을목은 사에서 병이 되니, 이는 처의 재앙이다. 그러나 경금은 다시금 연년함을 얻는 오행을 갖춘다.[5] 이 같은 종류를 말하는 것이다.

곧, 임·계일 생인의 경우, 경·신(庚辛)은 부가 되는데, 해·자의 운을 행하면 금은 해자에서 병·사(病死)가 되니, 주의 부모에게 재앙이요 혹은 정(丁)을 걱정한다. 병·정일 생인이 경·신(庚辛)으로 처를 삼는데, 인·묘의 운을 행하면 금이 인·묘에서 절(絶)되니, 주의 처에게 재앙이거나 혹은 초상(喪)을 짝하는 것이다. 또 병인(丙寅) 인의 대운이 무신(戊申)에 이른 경우, 화가 비록 병이지만 병인은 무신의 부(父)가 된다. 토가 신에 이르니 장생이라, 자록(子祿)이 이미 생하므로 아비를 계승하여, 자식의 녹이 그늘 속에 숨은 것이다. 비록 병이지만 또한 죽음에 이르지는 않는다.

정묘인의 운이 갑오에 이른 경우, 화극금으로 처를 삼는데, 금은 오에 이르러 패가 되니, 가히 처재(妻災)라 할 만하다. 정묘 화는 오에서 왕하고 또 천록을 만났으니, 금·화가 서로를 득하고 음양이 상합한다. 비록 오행으로는 처의 재앙이나, 지아비의 년이 왕함으로써 흉함이 되지 않은 것이다. 대개 부자는 일체로 서로 관계하고, 부처는 2체로 동거함이라, 이는 사람의 지친(至親) 골육이다. 고로 그 부자의 명을 보아 흉신 악살을 만난다면, 당연히 부모와 처자를 형하고 상한즉, 아버지의 병은 필히 깊고, 처의 재앙은 필히 중하다.[6]

삼궁(三宮)이 원길(元吉)하면 화(禍)를 만나도 가히 연년한다. 시말(始末)을 추리함에 모두 흉이라면, 재앙이 홀연히 오고 신속하다.

– 삼궁은 곧 녹·명·신 삼원(三元) 장생의 궁(宮)이다. 사주가 이 궁에 같이 거하고, 녹마 귀인을 만나며 오행이 생왕함을 일러 원길이라 한다. 비록 행년 세·운에서 흉신

---

5 경진의 납음은 백랍금이고, 10월이면 정해요, 경금은 사에서 장생이다.
6 오행 납음과 간지 오행의 12운성이 같이 어우러지니, 말은 복잡한데 뜻은 통한다.

악살을 만나 앙화가 되고자 하여도 역시 지연되니, 요절함에 이르지는 않는다. 삼원 오행이 무기하고 더하여 세·운으로 흉신 악살이 내임(來臨)하면 이는 시·말이 모두 흉이라, 그 화(禍)의 이름이 신속하고 또한 구함이 불가하다. 서(徐)는 이르기를, "앞에서는 음양 시종을 논하고, 여기서는 인명의 길흉을 설한다"고 하였다.

곧, 명(命) 내의 천원 인원 지원인데, 내외로 세·월·시 중에 귀록(貴祿)을 놓고, 휴·패에 거하지 않으면, 이는 뿌리와 기초가 된다. 주의 근본에서 삼원이 원길하면 혹 행년 태세 운으로 명에 괴위(乖危) 즉 어그러지고 위태한 땅을 놓아도, 또한 가히 앙화가 지연된다고 추리할 수 있다. 만약 삼원의 내외로 녹마와 귀기가 비록 있다 해도 오히려 팔자 중에서 형충파해가 있으면, 다만 귀이불귀 즉 귀하나 귀하지 못함이 된다. 마침내 흉인의 명이 되는 것이다. 만약 길운을 만난다면 복으로 인해 화를 생함을 막지만, 흉운을 만난즉 재앙이 홀연히 이르고 또 신속하다. 두 가지 풀이는 동일한 뜻이다.

택묘(宅墓)가 살을 받으면, 낙량(落梁)의 먼지 속에 신음소리 울린다. 상조(喪弔)가 사람에 임하면, 궁·상(宮商)이 변하여 해로(薤露) 즉 풀이슬이 됨이라.

– 명전(命前) 5진이 택이 되고, 명후(命後) 5진은 묘살, 겁살, 재살, 세살이 된다. 명전 2진(辰)은 상문(喪門)이 되고, 명후 2진은 조객(弔客)이 되며, 사람은 곧 인원이다. 옛날 노래 잘하는 사람에게는 요량(遶梁)의 소리가 있었고, 창(唱)을 잘하는 사람은 궁성의 곡(曲)에 합하였다. 지금은 신음과 수탄(愁嘆) 즉 시름을 탄식하는 것으로 바뀌어, 해로와 만가(輓歌)가 된즉 상조의 일이다. 상조가 문에 임하고, 택묘가 살을 받은 까닭이다.

그 혹은 태세로 흉살이 임하고 더불어 대·소운이 형충으로 한도를 지음이라, 필히 흉화가 이르게 되므로 마땅히 예비함이 절실하다. 혹 택·묘의 2위가 축년(逐年)의 태세로 상문·조객을 만나면, 황번(黃旛)표미(豹尾) 즉 누런 깃발의 표범 꼬리인데,[7] 태음(太陰) 대모(大耗) 장군(將軍) 등의 여러 악살이 입택한 것이다. 하나라면 주가 신음하고, 2는 주가 인통(忍痛) 즉 통증을 참으며, 3은 주가 분리되고, 4는 주가 곡읍하니, 이는 4성(聲) 입택이 되는 것이다. 혹은 이거(移居)하고 집을 버리면, 가히 면한다고 한다. 이는 유년 세(歲)에서 만나는 바의 흉살을 말한 것인데, 인명의 원국에 있는 것이라면 더욱 중하다.

---

7 황번표미는 만장(輓章)의 뜻이다.

간추(干推)양중(兩重)하면, 원수(元首)의 사이에서 재앙을 막는다. 지절(支折)삼경(三輕)이면 고굉(股肱)의 안에서 화(禍)가 일어남을 삼간다. 하원 1기(氣)는 두루 거한다 해도, 가고 머묾에 기한이 있다.

─ 간추양중이란, 간은 천원이 되고, 그 상(象)은 원수 즉 근원과 머리로, 덕을 만나고 귀(貴)인을 보면 길하다. 살을 만나고 귀(鬼)를 놓은 것은 흉하니, 천원이 둘 이상의 극을 받은 것이다. 곧 갑자생이 경오월을 얻었는데 더하여 경오일을 놓으면, 이를 일러 중하다 한다. 천간이 중극(重尅) 즉 거듭 극함을 이겨내지 못하기 때문이다. 머리와 눈, 가슴과 등 사이의 재앙을 막아야 한다.

지절삼경이란, 지가 마치 사람의 사지 관절과 같다는 것이다. 주의 명에서 삼합 육합을 두른 것은 길하고, 사충 삼형을 만난 것은 흉하니, 지지의 별이 삼형에 상함을 만난 것이다. 곧 '신유인이 경인월 정사일 무신시'를 얻은 경우, 이를 일러 경하다고 한다. 형(刑)함이 본명에 이르지는 않았기 때문이다. 배와 대·소장 넓적다리와 팔뚝 안에 일어나는 화를 조심해야 한다. 혹 삼합으로 상함을 만났는데, 또한 하원 1기의 납음에 통하게 됨이 이것이다. 그 오행을 주재함에 간지의 변천을 쫓아서 비·태를 이루는데, 그 재화(災禍)가 단지 원수·고굉에만 국한되지는 않는다.

고로 이르기를, "두루 돌아 거함에도 거주의 시기가 있다"는 것이다. 대저 간추양중에 하물며 셋이라면 어쩔 것인가. 지절삼경에 항차 둘이라면 또 어떻겠는가. 이는 간지 경중의 구별인 것이다. 혹 이르기를, "이는 십간이 대운을 만난 것을 논하니, 본년 상에 천간을 두는데 도리어 태세를 극하면, 간(干)이 극하는 것을 이름하여 귀임두(鬼臨頭) 즉 귀살이 머리에 임함이 된다."고 하였다. 두면의 질환인 것이다. 만약 12지 진으로 신(身)과 명(命)이 사(死)를 생함과 5귀(鬼)의 왕함을 만나면, 모름지기 사지와 요각 즉 허리와 다리의 질환이니, 천간에 비유하면 경(輕)함이 된다. 다시금 말하기를 "기운이 항아리 속에 은거하였다"고 하였다.

가(歌)에 이르기를, "갑기는 5년, 을경은 4, 병신은 3세, 정임은 2, 무계는 모름지기 1세를 쫓아 추리한다. 또 납음으로 행하는 운기가 있으니, 상생은 복덕이요 상극은 흉하다. 오행이 공순하면 모두가 여의한 것이라"고 하였다. 금인이 금을 만나 범하면 흉화요, 목인이 목을 보면 경영을 구함에 이르고, 수인이 수를 놓으면 주가 동요한다. 운기가 순하고 역하니 모름지기 순환함을 기록한 것이다. 가령 '계유 남명 3월'생이면, 3월 건은 병진이다. 문득 병진을 쫓아 3세를 일으키고, 정사 토에 2세인데, 이 5년의 납음은 토라 별도의 형극이 없다. 무오에 1년을 거주하고, 기미에 5년을 거주하니, 이 6년의 납음은 화인데, 금이 화를 만나니 흉하다. 경신 위에서 4년이요, 신유에 3년 하면, 이 7년의 납음은 목이다. 이에 12로부터 18에 이르는 동안은 주가 경영함을 구하고 따른다고 이르는 것이다. 나머지도 이와 같다. 순환의 수를 따라가니 혹은 1궁에 5년을 머물고, 혹은 1년을 거주하는 고로 거주의 시기가 있다고 한다. 대운이 왕향에 머물면, 설사 기(炁)에 서로 제극함이 있어도 능히 해가 되지는 않는다.[8]

인이(仁而)불인(不仁)함은 무·기에서 상함과 벌(伐)함을 고려한다. 자고 먹고 모시고 호위함에 이르면, 물(物)에도 귀물(鬼物)이 있고 사람에도 귀(鬼)살이 있다. 사람이 이를 만남은 재앙이요, 이를 제거하면 복이 되는 것이다.

– 갑·을 목은 오상(五常)으로 인이 되는데, 지금 도리어 불인을 말함은 그것이 무·기를 극함으로써 흉하기 때문이다. 곧, '갑이 무를 보고, 을이 기를' 보면, 편음 편양으로 극이 되고 벌이 되며 외롭고 배신함이 된즉 오행의 불인함이 된다. 만약 '갑이 기를, 을이 무를' 보면, 이는 강유가 상승하여 양자가 그 마땅함을 얻은 바, 가히 불인하다고 말하지 않는다. 부(賦)에서는 갑·을과 무·기를 예로 들었으나, 그 나머지 오행도 이로써 가히 그 예를 따른다.

오행의 변화와 인사가 상통함을 말하니, 그 침·식·시·위에 이르러서도 모두가 인(仁)의 경우와 같이 그 밖에 따로 있지 아니하다. 오행에서 내가 그것을 극하면 재(財)라 이르고, 그것이 나를 극하면 귀(鬼)라 이른다. 비유하면 '신묘인이 성유'를 만날 경우, 신록(辛祿)은 유에 있는데 정을 만나니 신의 귀가 되어, 이를 일러 녹누(祿頭)봉귀(逢鬼)라 한다. 물에도 귀물이 있다. 명(命)의 지지가 목에 속하는데, 유의 지지는 금에 속한다. 금이 와서 목을 극하므로, 이를 일러 인원(人元)이 극을 받았다 한다. 사람에도 귀인(鬼人)이 있으니, 격국 중의 종류가 이것이다. 이를 만난즉 재앙이 되고, 제거한즉 복이 된다.

혹 이르기를, "군자 새벽에 일어나 저녁에 침소에 드는 것이 일상인데, 마땅히 당기고 지키며 호위하고 유지하여야 한다."고 하였다. 그것이 혹 음식과 휴식에 조화롭지 못하고 움직임이 과하면 재앙을 생한다. 이에 합하는 중에 귀(鬼)를 만남은 길하지만, 안으로 서상함은 흉하다. 오히려 혹 인정(人情)이 위하는 것에도 역시 음양이 주재하는 바의 그러함을 입는다. 침·식(寢食)이란 조양(調養)의 지극히 절실함을 말한 것이요, 시·위

---

8 삼명에 기의 움직임과 간지의 결합 및 수를 더하여 질환을 논하니, 이 하나만을 제대로 이해한다 해도 고법과 신법의 상호 쓰임을 아우를 수 있겠다. 자평의 신법은 이보다는 훨씬 더 간명함이 된다.

(侍衛)란 좌우로 지극히 가까움을 말한다. 이 2자는 심히 중하니 가벼이 홀대함은 불가하다. 물 중에 귀물이 있고, 인 중에 귀인이 있음으로써 길흉의 변함이 있다. 가까운 데서부터 멀리에 이르니 신속함이 심한 것이다.

이는 또한 무가 갑을 본 것과 같아서 불인이 된다. 혹 세·월·시 중에서 경·신(庚辛)을 본즉 인(仁)이 되니, 이른바 무식경(戊食庚)이라 경이 와서 갑을 제하는 것이다. 혹은 기를 본 것 역시 인이 되니, 기합갑(己合甲)으로 능히 갑을 시위한다고 이른다. 무가 갑목을 만나 불인하면 재앙이 되는데, 경금과 기토가 있어 침식을 시위하면, 이를 일러 그것을 제거하여 복이 되었다 한다.

취하는 가운데 나형(裸形)이 협살(俠煞)하면 넋이 풍도(酆都)로 나아간다. 범하는 바에 상함이 있으면, 혼이 대령(岱嶺)으로 돌아간다.

– 취중(就中)이란, 이 글 위의 문장에 귀물(鬼物) 귀인(鬼人)을 말한다. 취하는 가운데 만난 바, 지극히 중한 것이다. 오행 목욕의 땅을 일러 나형이라 한다. 곧, 본음 목욕의 대운에서 이를 만남은 재앙이다. 수·토 인(人)의 운은 유에 있고, 목인 운은 자, 화인 운은 묘, 금인 운은 오에 있다. 귀곡자는 이를 일러, 파랑 즉 세찬 파도의 한계라 하였다. 협살이란, 원진(元辰) 칠살(七煞)이다. 곧, 사람의 운이 목욕 상에 있는데, 태세와 함께 이것이 오면 재앙이다. 혹은 "당생의 세와 시로 원래 이를 범한 바의 신이 있은즉, 혼이 대령으로 돌아가고 백은 풍도로 나아간다"고 하였다.[9] 이는 지극히 흉한 것의 명칭이다.

혹은, "협살이란 칠살을 안음이라, 나형에 살을 보면 더욱 불길함이 된다"고 하였다. 오는 곧 신(辛)의 살이요, 유는 을살, 자는 정살, 묘는 기의 살이다. 가령 '신사일 을미시'의 경우, 이는 나형에 협살이다. 나머지도 이와 같다. 혹 '갑자 금인으로 무오의 세(歲)'를 얻은 경우, 금의 나형이 오에 있고, 무오의 왕화(旺火)로 더한 중에 자형과 반음(反吟) 재살(災煞)을 끼고 두르니, 갑자의 명(命)을 파괴한 것이다. 이런 경우는 곧 범한 바에, 상함이 있는 것이다.

혹 가고 오고 나고 듦에 있어 흉방(凶方)을 범하지 말 것이다. 시집 장가 수리 영업에도 운로가 황(黃)도와 혹(黑)도를 오른다.

– 행래출입이란, 움직여 짓고 베풀고 함의 뜻이다. 가취(嫁娶)수영(修營)이란, 곧 동

---

9 대령과 풍도는 음부(陰府)의 명산(冥山)으로 죽음의 땅이다.

작과 시위(施爲) 중의 큰 것이다. 길흉·회인이 움직임에서 생하는 고로 군자가 오직 삼 갈 따름이다. 낙록자가 이미 삼명 오행을 담론하고 또 출입의 방을 말하니, 마땅히 피 할 바로 4마(魔), 5귀(鬼), 6해(害), 7상(傷), 8난(難), 9액(厄)은 흉방이 됨을 알린다. 1 덕(德), 2생(生)은 길방이 된다. 축년 태세의 신살을 취하여 이를 보는데, 황도(黃道)를 행하면 길함이 되고, 흑도(黑道)는 흉함이 된다. 혹은, "이는 사람의 운기를 논한 것인 데, 운원으로부터 행래출입이 길흉의 땅을 지나면서 오행의 상생 상극을 만남으로, 이 에 가취수영의 이치가 있다"고 하였다. 오행에서 내가 극하는 것은 처라 이르는데, 처 가 오행 생왕의 땅에 있은즉 가히 장가들고, 장가간즉 도움이 된다. 나를 극하는 것을 지아비라 하는데, 지아비가 오행 생왕의 땅에 있은즉 가히 시집가니 시집간즉 복이 된 다. 이 말은 부부의 예로, 가취를 이루는 뜻을 말한 것이다. 수영이란, 오행에 비록 바 른 성질이 있으나, 양자 간에는 항상치 못한 변화가 있음을 말한다. 이로써 군자 수덕 영생 즉 덕을 닦고 생을 경영하면서 그 때를 기다릴 뿐이다. 노등(路登)황흑(黃黑)이란, 운원(運元)인 월건 상에서 행함을 가리키니, 흑도 10년 순행에 그 때를 채우고 제(除)함 에 이르면, 황도로 상행한다. 곧 운이 황도에 이르게 되면 범사가 모두 이로운 운이요, 흑도에 이르면 범사가 모두 막힌다. 무릇 사람이 수양함으로써 동작 진퇴 향배가 되는 데, 음양에 뿌리를 두지 아니함이 없다. 체(體)가 운기에 합함이니, 길흉이 두루 능히 도 망가지 못하는 것이다.

재앙과 복이 세·년(歲年)의 자리 안에 있으나, 일·시의 부딪치고 날아오름으로부터 각성하여 발한다. 오신(五神)이 상극하고 삼생(三生)이 명을 정하는데, 매양 귀인·식록 을 봄은 녹·마의 향이 아님이 없다. 근원이 탁하고 엎드린 것은 추창(惆愴) 즉 슬픔과 실심에 헐궁(歇宮) 즉 마른 땅이기 때문이다.

- 무릇 세 중의 휴·상(休祥)을 설하려면, 오롯이 일·시와 태세의 생극 형충을 보 고 말해야 한다. 생일은 처가 되고, 생시는 자가 되는데, 일시와 태세가 화합하면 재물 의 유용함에 미치고, 여러 무너지는 것이 없으니 사물에 의거하여 이를 말한다. 태세와 일·시가 상형하는 경우, 혹 육합 삼합하는 중에도 원진 칠살이 있는 것은 흉한데, 역 시 그 종류(類)를 보고 말한다.

고로 아래 글에 말해본다. 혹 왈 세·년이란 태세와 행년을 가리킨다. 말하자면 무릇 인명이 유녀 세군의 흉함을 만난즉 재앙이요, 길한즉 복이라. 모두가 오행으로부터 유 래하고, 그 중 일·시의 격양(激揚)함에 따라 세위(歲位)에서 응하고 울리는 것이다. 오신이란 오행이요, 삼생이란 삼원이다. 대저 인명을 봄에는 모름지기 근기를 규명하고, 삼원을 써서 궁을 정하며, 이로써 오행을 서로 배합하니, 이 법으로써 일·시의 녹·마를 오자원(五子元)에서 구한다. 혹 본명 건왕의 향에서 상생하거나, 혹은 당생 멸절의 땅에서 극박하는데, 운의 경계가 이에 이르고 더하여 임하면 반드시 길흉의 조짐이 있다. 대저 오행을 만나 조화하는 것이다.

멸절에 공망되고 다시금 운한(運限)을 만나는데, 형·충에 악성(惡星)을 더불어 교류하면, 주에게 근심은 많고 즐거움은 적다. 필히 요절과 손상됨을 부르니 추창 신음하는 고로 헐궁 즉 무너진 궁의 땅에서 소리 지르는 것이다. 혹은 추창을 가리켜 살의 이름이라 하니, 자인이 해를 보고, 묘인이 인을, 오인이 사를, 유인이 신을 본 것을 가리켜, 5신(神)이 '절체(絶體) 유혼(遊魂) 오귀 절명(絶命)'이 되었다고 한다. 본궁의 삼생이란, '생기 천의 복덕'이 됨이니, 이것이 이상에서 말한 출입 가취 수영의 법인데, 삼명의 설은 아니다. 태세 오행의 자리를 사용함이란, 안으로 그 재앙과 복을 살피고 또한 모름지기 길일 길시를 택함으로써 가히 용사(用事)함이 된다는 말이다. 이 설 역시 통한다.

광횡(狂橫)은 구교에서 일어나고, 화패(禍敗)는 원망(元亡)과 택묘(宅墓)가 같은 자리에서 발한다. 소락(少樂)에 다우(多憂)함이 두렵고, 만리를 돌고 다시 돌아옴은 곧 이것이 삼귀(三歸)의 땅이기 때문이다.

- 신살(神煞)이란 천지 오행의 정기(精氣)라, 각기 머무는 바에 길흉이 있다. 담명자는 먼저 오행의 휴왕 격국을 추리한 연후에 신살로써 참조하여, 그 일의 종류를 살핀다. 양명(陽命)은 전(前) 삼진(三辰)으로써 고리 구(勾)가 되고, 후(後) 삼진으로 목맬 교(絞)를 삼는다. 음명은 전 삼진으로 교를 삼고, 후 삼진으로 구가 된다. 혹 운한(運限) 즉 운의 한계가 교대하여 임하면 곧 광횡 즉 미쳐 가로지르는 재앙을 부른다.

원진(元辰) 망신(亡神)의 2살이 다시 놓이면 마땅히 흉살을 생한다. 세·운에서 형(刑)함의 별이 많으면 관사(官事)로 인해 얽히고, 끝없는 올가미 줄이 경영함에 연이어진다. 택묘가 구교에서 같은 자리로 원진 망신 위에 더해지면, 더욱 흉하다. 비유하면 '계해생이 전(前) 오진으로 무진'을 보면, 곧 수(水)의 묘(墓)이다. 만약 유년 세·운에서 살을 둘러 오는데, 그 가운데 같은 자리에서 택(宅)이 되면, 이것이 택묘·동처(同處)다.

삼귀란 곧 진술축미인데, 이를 또한 삼구(三丘)라 부르고 또한 오묘(五墓)라고도 부른다. 만물은 귀근(歸根)복명(復命) 즉 뿌리로 돌아가 명을 거듭하고, 반본(反本)환원(還元) 즉 본원으로 다시 돌아간다. 대개 이 4진으로써 회환(回環)의 상(象)에 응하는 것이다. 혹은 삼원 오행이 귀숙하는 땅으로써, 삼귀를 삼기도 한다. 곧, '갑자인이 해년'을 얻은 경우, 목록(木祿) 즉 목의 녹이 그 1귀(歸)가 되고, 신(申)월을 얻으면 이것이 수명(水命) 즉 수의 명으로 2귀가 되며, 사(巳)의 운이면 이는 신금(身金) 즉 본신 납음 금의 3귀가 된다. 모두가 삼원의 본음 장생의 자리를 가리켜 말한 것이다. 비록 그 몸이 만리·장도(長途)의 객이 되었다 해도, 장차 돌고 도는 유랑함에 다시 회환(迴還) 즉 돌아감의 이치가 있는 것이다.

서(徐)는 이르기를, "구교가 원명 일·시 2운(運)의 상(上)에 있음은 불가한데, 다시 금 혹 원진 칠살과 함께하면 더욱 흉하다. 택묘란, '무자생이 신미의 태세'를 만난 경우인데, 또한 미·자의 일(日) 위에 일·시 혹은 대운에서 같은 궁이 있는 것은 모름지기 중하다"고 하였다. 주에게 불리하고, 음인이라면 식구와 가택이 작다. 이는 대운에 12진의 사이로 순역 회환함이 있음을 말하는데, 삼원의 본록(本祿) 본재(本財)가 마침내 귀숙하는 땅에 있고, 이를 만난 것은 우안(優安)향복(享福) 즉 넉넉하고 편안하며 복을 누린다.[10]

사살(四煞)의 아비는 오귀(五鬼)의 남아를 생함이 많고, 육해(六害)의 무리는 명에 칠상(七傷)의 일이 있다.

– 이는 오로지 골육을 논한 것이다. 4실이란 '집·재(災)·천·지'의 실을 가리켜 말하거나 혹은 '진술축미'로써 4음살(陰煞)을 삼는다. 5귀란 곧 '자인이 신을 보고, 축이 묘를, 인이 인을, 묘가 축을, 진이 자를; 사가 해를, 오가 술을, 미가 유를, 신이 신을, 유가 미를, 술이 오를, 해가 사를 본 것'이 이것이다. 삼원이 년에서 상함을 받으니, 양자(養子)가 곧 5귀의 사내이다. 제함과 극을 받으므로 도리어 화순치 못한 것이다.

육해란 자천미(子穿未) 즉 자가 미를 뚫고 해하는 등의 예가 된다. 12지가 불순함이니, 명에 이를 한두 개 거듭 놓으면 육해가 중한데, 혹 흉살을 전전하며 더불어 충한다. 곧, 이것이 인명에 있으면, 칠상의 일이 벌어짐은 이미 결정된 것이다. 칠상이란 곧 육친을 해하고, 본신에 미친 것이다. 혹은 4살로써는 오로지 4겁(劫)을 가리키니, 오행이 4맹(孟)에서 생한 것이다. 생이란 만물의 아버지다. 오행에서 극아자는 귀(鬼)가 되니, 사람이 만난 바의 생·패·왕·사·절의 5변(變) 즉 변하는 5개의 땅이 이것이다.

---

[10] 여기서도 녹명신의 삼명에 따른 삼원과 태세를 말하는데, 용법상 태세는 유년에 해당한다. 또한 上이란, 연월일시의 순서에서 그 앞자리를 말하고, 반드시 천간을 지칭하는 것은 아니다. 다만 여기에 기록된 용법의 명칭들을 고려하여, 자평법에 대비해보면 신법의 영역을 좀 더 확장할 수 있겠다.

이를 비유하면, 갑신은 자생의 수로, 목인에게는 겁살의 아비가 된다. 경신 목을 생하여 자식으로 삼으니, 갑은 곧 경의 아비인데 신에 이르러 절(絶)되고, 경을 만나 귀(鬼)가 된다. 정해 토로써 더하면, 이로 인해 갑신의 육해가 되는 것이다. 이와 같은즉 명에 칠상의 일이 있다 한 것이다. 칠상이란 또한 신살의 이름이다. 부(賦)에서 앞에 말한 것들을 살피니, 혹 4살, 5귀, 6해, 7상을 만난다 함을 가히 볼 수 있는 것이다.

권속(眷屬)의 정이 수·화와 같음은, 목욕의 향에서 상봉함이요. 골육이 중도에 분리됨은, 고(孤)가 잠든 곳에서 격각(隔角)을 더욱 미워하기 때문이다.

― 이는 윗글에서 말한 것과 합한다. 목욕살은 장생의 제2위로 '자오묘유'가 이것이다. 고진 과숙은 이미 앞에서 논했고, 격각은 '인신사해'이다. 인명에 목욕을 만남이 있으면 상극하는데, 또 고진·과숙이 격각의 자리에 임한 것이다. 곧, '묘일에 축시, 축일에 묘시'의 예이다. 축이란 북방의 기(炁)요, 묘란 동방의 신(神)이라, 그 취향이 같지 않다. 권속의 정이 수·화와 같다 함은 서로 합하지 않음을 말한 것이다. 만약 분리된즉 이는 다시 더 심하다.

마땅히 그 신살의 경중을 밝힘이 중요하니, 교량 즉 비교하여 재어 본즉 신극살(身尅煞)이면 오히려 가벼운데, 살극신이면 더욱 중하다.

― 오행이 시키는 바가 곧 명(命)이다. 논명에는 반드시 오행 사주 격국으로 먼저 이를 살피고, 다음으로 신살의 길흉을 논한다. 이로써 가히 화복의 경중을 비교 측량하는 것이다. 먼저 오행을 논함에 근기의 후박을 살피고, 격국의 고하를 나누어 이 둘을 서로 참작하니, 여러 차서에서 착오가 없어야 한다. 신살이란 윗글의 '구교 원망 고진 과숙 격각 목욕 택묘 조상 복음 반음 삼귀 사살 오귀 육해 칠상' 등의 이름이 이것이다. '녹마 재관 인수 식신'은 곧 오행 생극의 바른 이치를 이르니, 이로써 신살의 이름과 혼동함은 불가하다.

신(身)은 세간(歲干)을 가리켜 말하는데, 혹 세의 간지 납음으로써 길흉을 말한다. 신살은 혹 일·시 사이에서 얻거나 혹은 세와 운 안에서 만나는데, 다만 살극신으로써 중(重)하고 신극살은 경(輕)하다. 이로부터 다시금 '오행 사주 격국'을 따라, 그 소식(消息)을 상세히 살핌을 요하는 것이다.

팔괘의 순환함에 이르면, 하·락(河洛)의 유문(遺文)에 기인한다. 요약하여 정하면 하나의 단서지만, 이를 궁구하여 펼치고 뒤집으면 만 가지 실마리를 이룬다.

– 낙록자 말하기를, "삼명 오행은 구궁 팔괘가 순환하는 밖에 있지 않으니, 추리 궁구하면 문득 허다한 도리가 여기서 나옴이 있다. 이는 억설이 아니요, 곧 하락의 유문에 기인하여 그 같은 이치가 된 것이다. 처음 출한 일단(一端)이란 곧 역유태극 즉 역에는 태극이 있다 함이 이것이다. 이로부터 마침내 만 가지 단서와 변화를 이루니 64괘 384 효가 나타난 것이다. 길흉회인이 다만 만 가지 단서를 따를 뿐이다"고 하였다. 일단만 서 즉 만 가지 실마리도 하나에서 시작하니, 학자들이 이를 요약하고 이를 연구한다. 또한, "간추려 이를 정하니 일단이 된즉 근원 1기요 곧 선천이다. 이를 연구하여 만가지 단서를 펴고 이룬다"고 한즉 부(賦) 중에서 설한바, '오행 삼원 운기 행년 녹마 귀덕'이라, 모든 길흉·신살이 바로 이것이다.

만약 반안(攀鞍)을 놓고 녹을 밟으니, 이를 만난즉 인(印)을 차고 수레를 오른다. 그러나 마열(馬劣)재미(財微)함을 만난즉 유랑함에 돌아오지 못한다.

– 수(數)가 1에서 일어나 9에서 마치니, 9란 다함이다. 수의 끝을 궁구하니 9에서 극(極)에 이른다. 9란 구양(九陽)이라 태과하며, 궁극에서 생하고 화하는 수이다. 사람의 귀천 성패의 이치가 이 같은 수(數)에서 유래하지 않음이 없다. 비유하면, '계유생 임술월 정해일 경자시'의 경우, 천록(天祿)에 앉았고[11] 월·일·시 중의 납음 수·토가 삼양(三陽) 생왕의 성수(成數)를 얻었다. 음생의 명(命) 3신(辰)에 녹마 반안이 모이니, 그 위에 이 명이 자리한다. 필히 그 몸을 귀현함에 둔 것이다. 고로 왈 '약치(若値) 즉 만약 둔다'고 운운한 것이다.

다시 '을유생 정해월 기묘일 정해시'의 경우, 명(命)이 해월로 비록 수마(水馬)를 올라 탔으나, 정해 토를 만나 이를 극하고 귀(鬼)가 된다. 묘일로 비록 천록에 앉았으나, 수·토는 두루 묘에서 사하고, 이로써 신(身)을 만나니 귀(鬼)가 본명을 충파한 것이다. 이른바 녹마가 도리어 귀살이 되므로, 재앙이라 한다. 녹마가 이미 상실되었으니 반드시 신재(身財)를 얻어 자산으로 삼아야 한다. 수가 화로써 재를 삼음과 같은데, 해에서 스스로 절(絕)이 된 것이다. 생월일시가 모두 3재(財) 사·절(死絕)의 땅에 임하니, 이것이 오행의 궁수(窮數)다.[12] 비록 녹마와 신재의 다함이 있어도 귀물이 탈취하는 바가 된 것

---

[11] 징와에 헤　유가 천을이다

[12] 소식부의 전체 특징은 녹·명·신의 3명과 납음 오행 그리고 본신을 년산으로 삼으모씨 이의 변화와 그 중요성을 끊임없이 설파한다. 그러다보니 자평 이후 일간 중심의 이해와는 상당히 따른 종류의 해석

이다. 운을 얻어 이로써 그 수(數)를 늘어놓는다 해도 마침내 궁하다. 휴패 표탕하여 돌아갈 곳이 없으므로 마열이라 운운하는 것이다.

혹 이르기를, "마전(馬前)의 1진(辰)이 반안이 되고, 마후의 1진은 편책(鞭策)반안이 된다. 그 자리가 있고 더불어 천원이 합을 두른 경우, 사람이 이를 얻으면 귀하다"고 하였다. 모름지기 요는 길·장(將)·세·운이 가림하여 신(身)을 자조하고, 다시금 왕상한 궁에 있음에 처음으로 가히 복을 말하는 것이다. 역마가 미미 열악하고 재·명이 휴수된즉 도탄에 빠지니, 신근(辛勤) 즉 고생길에 근면함으로도 마침내 그 몸을 세우기 어렵다. 이는 사주에 임한 것으로서, 정히 주가 표봉(飄蓬) 즉 표류 신고 유랑함이 된다는 것이다.

점제(占除)망배(望拜) 함은 갑오가 4·8로써 기(期)일이 되고, 구설(口舌)문서는 기해가 3·2로 근신(愼)함이 된다. 선악이 상반됨은 요동 천이(遷移)함이요, 협살에 지구(持丘)는 친인(親姻)을 곡(哭)으로 보낸다.

- 이는 행년과 대·소운을 논하여, 수(數)에서 이것이 유래함을 말한다. 수에는 기·우의 변함이 있어, 길흉이 이로부터 생한다. 갑오생 인이 32라면, 소운 정유는 금가의 왕향이요, 을축의 태세는 본음의 정고(正庫)다. 또 역마를 만나 택(宅)에 들고 천을이 가림한 고로, 점하고 제수받아 망배하는 기쁨이라 한 것이다. 기해생 인이 32에, 소운 정유는 조객(弔客)에 있고, 태세 경오는 사(死)향에 있어 곧 육액(六厄)의 궁이 되며, 삼원이 극을 받은 고로, 구설과 문서의 우환이 있다. 또 세·운이 궁을 교류하니 마땅히 길흉이 서로 동반하여 모이고, 화복이 서로 공격하는 원인이 모름지기 있다. 옮기고 변하여 흥하는 고로 선악이 서로 동반한다고 한 것이다. 요동치고 천이한즉 길흉과 회인(悔吝)이 움직임에서 생한다.

진술축미는 사살(四煞)이라 이르는데 또한 삼구(三坵)의 땅이라 한다. 각각 오행의 오묘(五墓)가 되는 것이다. 가령 '기사 본명이 을미 일'을 얻어 생하면, 이것은 본가(本家)의 삼구다. 또 양인을 더함으로써 곧 협살(夾煞)에 지구 즉 언덕을 가졌다고 한 것이다. 위태로움이 심히 의심된다고 함은 행래 출입함으로부터 협살지구에 그쳤기 때문이다. 이 1절의 글은 역시 음양의 지리(地理)와 삼원 구궁의 예제로 구비한 것이다. 유년 태세를 써서 그 재앙과 복을 결정하였으나 삼명의 이치를 다함이 아니라면, 이 말 또한 극

이 주어지는데, 막상 명조를 분석해보면 오늘날과도 크게 다르지 않은 이치를 찾아볼 수 있다.

진하진 못할 것이다.

　겸하여 모름지기 그 조집(操執) 즉 잡고 쥠을 상세히 하고, 그 후박의 병지(秉持)를 살펴며, 그 골상(骨狀)과 심원(心源)에 깔린 그릇의 이룸을 논한다. 목기가 성하면 인(仁)은 창성하고, 경신(庚辛)이 이지러지니 의(義)가 부족하다.

　– 이는 비록 오행을 써서 명을 정하고 그 귀천과 재복을 보지만, 생각해보니 특히 걸출하고 비상한 사람이 있음을 말한다. 마치 빙서(氷鼠)화구(火龜)와 같아서 궁구하기 어렵고 측량키 힘든 자질인즉, 삼원 오행으로 그 뜻을 다하기는 부족하기 때문이다. 따라서 모름지기 그 조집 즉 지켜 가지는 것과 병지 즉 쥐고 보존함, 그리고 골상과 심원을 상세히 살핀즉 그 까닭을 보고, 그 유래하는 바를 살펴며, 그 안정된 바를 성찰하는 것이다. 심술(心術)과 제행(制行) 둘 다를 얻는 것이며, 상모(相貌)와 덕행(德行)의 양자를 서로 보는 일이다. 사람이 어찌 감출 것이며, 사람이 또 어찌 이를 감출 수 있는 일이겠는가.

　이는 낙록자의 관인(觀人)지법, 즉 사람 보는 방법이다. 곧 우리 유학의 이론에 합함이 있는 것이다. 마의(麻衣)의 상법(相法)에는 유심무상(有心無相)이라 곧 상이 마음을 쫓이 생하고, 유상(有相)무심(無心)이라 마음이 상을 따라 멸한다 하니, 역시 이와 같은 뜻이다. 갑을 목은 인을 주관하고, 병정 화는 예를, 무기 토는 신을, 경신 금은 의를, 임계 수는 지를 주관한다. 목이 성한즉 인이 창성하고, 금이 이지러신즉 의가 부족하다. 그 나머지도 모두 상사(象事) 즉 상의 일에서 그릇을 알게 되고, 점사(占事) 즉 점의 일에서 오는 일을 안다. 이는 오행을 오상(五常)에 배당함으로써 사람의 기량을 정하는 일이다.

　악요(惡曜)가 더함에도 기쁨이 있으면, 그 그릇의 큼을 헤아린다. 복성(福星)이 임함에도 화가 발하면, 이로써 흉인(凶人)임을 드러낸다.

　– 몸을 닦고 수양하니 그 덕이 참이다. 고로 왈 충효·인의와 덕의 순(順)함이라 이른다. 비록 제살(諸煞)이 임한다 해도 도리어 권성(權星)을 이룬다. 부귀함에 교만하고 스스로 그 허물에 이른다. 고로 패오·무례와 녁이 역(逆) 즉 거꾸로 되었다고 이른다. 착함은 선보(善報)를 잃지 않고, 악을 이룸은 스스로 재앙을 초래하는 일이다. 이는 낙록자가 깊이 경계한 것이다.

　의(擬)와 표(表), 2글자는 의미함이 가장 깊다. 악요 즉 흉성은 마땅히 화를 더하는데도 도리어 기쁨이 있다 하니, 대기(大器)의 군자가 아니라면 결코 능하지 못할 일이다.

대개 그릇의 됨으로부터, 원대한 사람임을 알게 한다. 충효인의와 예를 근신하고 법을 지키니, 어찌 화가 능히 이를 막을 수 있겠는가. 고로 의(擬) 즉 헤아린다 한 것이다. 그 복성이 임하면 마땅히 기쁜 것인데 도리어 화가 있음이란, 곧 소인이 명을 믿고 망령됨을 짓는 일이다. 불충 불효 불인 불의에 패역 무례하니, 화가 어찌 능히 도망갈 일이겠는가. 고로 표(表) 즉 드러낸다고 말한 것이다. 《어(語)》에 왈, "흉인은 그 길함으로 흉하고, 길인은 그 흉함으로 길하다"고 함이 이를 말한 것이다. 이는 윗글의 '조집 병지 골상 심원'의 뜻을 이어, 군자와 소인을 말해본 것이다.

안정되어 있음에도 움직임을 구함은 극함이 미진하여 옮기기 어렵다. 편안히 거함에도 위태로움을 묻는 것은 가히 흉한 중에도 점복이 길함이라.

– 이는 낙록자가 이름을 구하여 움직임을 도모하는 것과 추길(趨吉)피흉(避凶)의 도를 사람들에게 가르친 것이다. 천명(天命)은 덕(德)에 있으니, 또한 마땅히 극아(尅我) 극피(尅彼)를 논한다. 아극피 즉 내가 저를 극함은 권(權)이 되고, 피극차 즉 저가 나를 극함은 귀(鬼)가 된다. 이는 극하면 재물인데, 극하지 못하면 먹지 못하는 것과 같다.

이른바 처정(處定)구동(求動)이란, 극함이 미진하여 움직이기 어렵다는 말이다. 행년세·운 오행이 와서 본명(本命)을 극하니 관이 되는데, 능히 옮기고 움직이지 못한다는 것은 고요함을 지키고 이를 기다림이 마땅하다는 말이다. 또한 이는 선비가 공명을 묻는 것과 같아서, 불충(不衝) 불극(不尅)한즉 발월(發越)하기 어렵다는 말이다.

거안(居安)문위(問危) 즉 편안한데도 위태로움을 묻는다는 것은, 가히 흉한 가운데서도 복(卜)서가 길하다는 말이다. 군자가 거한즉 그 상(象)을 보고 그 말씀을 새긴다는 것이다. 움직인즉 그 변화를 보고 그 점을 헤아림이라. 이로써 스스로 하늘의 도움을 불러 길하여 불리함이 없다. 이는 또한 길흉화복을 일으킴이다. 성인이 아니라면 누가 능히 아직 싹도 나기 전의 조짐을 알아챌 수 있을 것인가. 만약 능히 추길·피흉하고 거안·려위(慮危)한다면 역시 훌륭한 인재요, 혹 여러 일이 있다 해도 또한 허물이 없을 것이다.

귀함에 천함을 잊으면, 재앙이 사치함으로부터 생한다. 미망에서 돌이키지 못하면, 앙화가 미혹을 쫓아 일어나는 것이다.

– 군자 천명을 보니, 감히 하늘에 복을 구하지 않는다. 소인 천명을 기만함에, 자기의 바른 복을 알지 못한다. 귀이망천(貴而忘賤)·미이불반(迷而不返)이란, 능히 거안·문위

를 하지 못하고, 오로지 처정 · 구동만을 따름이라. 이로써 재앙이 사치로부터 생하고, 앙화가 미혹을 쫓아 일어나 패가망신에 이른다. 뉘우침이 또한 깊지 못함을 알지 못하니, 가히 슬프고 애석할 따름이다. 사(奢)란 궁극(窮極)분화(紛華) 곧 화려함이 어지럽고 궁함이 극에 이른 것이요, 혹(惑)이란 탐황(耽荒)주색(酒色) 즉 주색을 즐기고 황탄한 것이다. 이 2구절은 참된 격언이라 할 것이다.

항상 함은 사라지고 옛것은 바뀐다. 변하는 곳이 싹이 되니, 복은 선(善)하고 화는 음(淫)하여, 길흉의 조짐이 다르다.

- 동 · 정은 이해의 추기(樞機) 즉 지도리가 되고, 앎과 사려는 곧 화 · 복의 문호라. 법술은 삼가지 않을 수 없고, 기미는 살피지 않을 수 없다. 소인은 천명을 알지 못하여, 상도(常道)를 지키지 않고 생을 가벼이 하며 물건을 쉽게 바꾼즉, 앙화 음란이 이로부터 유래하여 시작된다. 군자는 때를 얻어 움직이고, 때를 잃으면 지킨다. 하늘을 체로 삼고 도를 행하니, 가벼이 움직임을 두려워한즉 복과 착함이 이로부터 생한다.

역에 이르기를, "길흉(吉凶)회린(悔吝)이 움직임에서 생긴다. 길흉이란 득실의 상(象)이라. 적선(積善)의 집에 필히 남은 경사가 있고, 불선(不善)을 쌓은 집에는 반드시 남은 재앙이 있다. 진퇴와 존망의 도를 아는 것은 오직 성인뿐이지 않겠는가?"라고 하였다. 이는 낙록자가 편찬을 마치면서 남긴 큰 경세함의 뜻이다.

공명(公明)과 계주(季主)에 이르러선 변화를 알 수 있는 글과 문장이 오히려 없고, 경순(景純)과 중서(仲舒)는 형(形)상에 견줄 만한 묘함을 싣지 않았다.

- 관공명(管公明), 사마계주(司馬季主), 곽경순(郭景純), 동중서(董仲舒), 이 4현자는 천 · 인의 오묘한 근원과 성 · 명(性命)의 이치를 탐색하였다. 음양과 상수를 궁구하여 미래의 길흉을 알았으나, 일찍이 이 변화를 알리는 글이 없었고, 형상에 비길 오묘함을 싣지 않은 것이다. 조화의 깊고 은밀함과 척도와 계량이 쉽지 않음을 말한다.

낙록자(珞琭子)는 어느 시대의 인물인지 알지 못한다. 다만 그 부(賦)에서 스스로 말하기를, 난야(蘭野)로부터 나왔다고 한 것을 본다. 또 곽경순을 칭한 것을 미루어 보면, 육조(六朝)시대의 사람이 아닌가 한다. 양소명(梁昭明)이 그에 가까운데, 소명이 거한 곳이 곧 난릉(蘭陵)의 평야였다. 혹은 주(周) 영왕(靈王)의 태자 자진(子晉)이라 이르기도 하나, 이는 곧 억측이다.

그 지나간 성인을 상세히 살피고, 앞선 현인들을 비추어 본다. 혹은 사물을 가리킴으로써 진설 도모한다. 혹은 간략한 글이지만 절실한 이치가 많다. 혹은 남긴 것이 적어 두 가지 뜻을 정밀하게 함이 어려웠다. 지금에 와서 득실을 상세히 참고하고, 남겨주신 자취를 깁고 꿰매어, 규범으로 마음의 거울을 삼아, 청대(淸臺)에 영원히 걸어 두고자 한다. 인용하고 열거하여 마침내 엮어 두니, 천에 하나라도 얻기를 바라는 것이다.

– 무릇 오행을 논함에, 도를 떠난 것은 이것이 아니다. 이는 세상사를 떠난 것도 아니요, 인사와 만물을 떠난 것 또한 아니다. 혹 글은 소략하나 그 이치가 절실하다. 혹은 세상일을 가리켜 진설하고 도모하는 가운데, 신살이 교참(交叅) 즉 교대로 간여하고, 길흉이 호체(互體) 즉 서로 그 몸을 바꾸니, 이것이 오행임을 안다. 도에 통하고 사물에 뜻을 두니, 어렵기도 하거니와 유포 또한 막혔다. 그간에 어찌 작은 보수만 있었겠는가?

낙록은 이런 이야기로 그치지만, 이 부(賦)의 지음에 대해 말해둔다.

떠나가신 성인이 남기신 글을 상세히 하고, 전현(前賢)의 득실을 살피고 감수하였다. 글은 투박하고 말은 소략하나, 그 도는 묘하고 그 뜻은 깊다. 인(仁)을 드러내고 쓰임〔用〕은 감추었으니, 곧 오행 삼명의 지남(指南)이 된 것이다. 후학자들은 이를 쫓아 밝게 드러낼지니, 이는 귀머거리라 하여도 밝혀 들을 것이요, 눈먼 소경이라도 도리어 밝게 볼 것이라, 백세를 지나도 무궁하다. 통일성이 항상 자리하여 그 시말을 본다. 신(神)에 통하고 변(變)화에 합하여 종횡으로 논함은, 모두가 다른 술수에 빠지지 않은 까닭이다. 비유로써 경계함의 말이 많음은 지극한 도에 합함이 있다.

이에 어찌 낙록자를 원기(圓機)의 선비 곧 원만한 이치를 터득한 선비가 아니라 할 것이며, 또한 고상한 도류(流)가 아니라 할 수 있을 일인가?

星命部彙考六十一
三命通會 三十三

通元子撰集珞琭子賦註, 明通賦.

三命通會 三十三

【通元子撰集珞琭子賦註】 낙록자 부주에 통원자가 찬집한다.

금이 인오술의 방위를 만나니 길하고, 병무기오는 경사스런 덕을 기뻐하며, 갑을인묘
는 재신인데, 임계의 윤하는 상(傷)하고 극(尅)된다.[1]

− 경은 정(丁)관을 쓰고, 신은 병(丙)관을 쓰니, 병·정을 기뻐하고 인오술을 사랑한
다. 사오미 화왕의 땅이 이로우니, 녹을 향하고 관이 임하기 때문이다. 신사·경오는 귀
함이 된다. 가령 '경신, 신유, 경오, 신미, 경인, 신묘, 경자, 신축, 경진, 신사, 경술, 신
해'의 이 12궁의 명(命)은 금의 집에서, 화로 관을 삼고, 목으로 재를 삼은 것이다. 화가
'신유·해자축'에 이르면 무기(無氣)함이 된다. 목이 '신유술·자축'에 이르면 기가 쇠
해지니, 이는 재명(財命)이 무기하여 빈천한 명이 된다.

만약 생월·일·시에서 왕상함을 만나고, '오사·인(寅)'의 자리가 있는 땅에 앉으면,
가히 귀명(貴命)이 된다. 만약 화를 만나지 않으면 귀명이 아니니, '임계·해자'의 수를
만난 것은 배관(背官)에 배록(背祿)이 되어 경사를 이루지 못한다. 인오술을 온전히 얻

---

[1] 이하 편제는 역시 앞의 소식부와 같다. 즉 원문에 주석이 부가된 형태이다.

어 관신(官神)이 되고 입국하였는데, 천원에 무·계가 온전하면 화(火)관국(官局)이 된다. 지지로 사·오가 온전하면 암(暗)관국이 되는데, 다시금 목신의 보조함을 만나 함께 하면 보다 상국(上局)을 이룬다.

사주에 '임계·해신자진'의 수가 있으면, 무·기를 만나 수를 극하여 구조함이 됨을 기뻐하고, 또한 인수의 귀함이 된다. '갑을·인묘해'를 보면 재가 되고, 미는 재고(財庫)가 된다. 재고를 형해 함이 없으면, 실함을 얻은 것으로 가히 발재(發財) 한다고 이를 지어 판단할 수 있다. 배록이 관·인의 귀지(貴地)를 만나지 않고 다만 목왕을 만나면, 상업하는 무리로 발재의 명이다.

임·계는 4계(季)와 사·오가 영화롭고, 무·기 또한 관이 영화롭다. 재는 병·정이요, 갑·을의 곡직은 모두 흉지다. 경·신의 인수가 드러나면, 용린(龍鱗)을 두른 것이다.

-임·계는 진수(眞水) 즉 참된 수이다. '무기·진술축미·사오'의 방에서 길함을 기뻐한다. 대개 임은 기(己)관을 쓰고, 계는 무(戊)관을 쓰는데, 사·오는 관록의 땅이다. 4위의 토는 모두가 스스로 왕한 향을 편력한 것이다. 사·오월 상순, 육(六)월 중·상순 및 삼월 하순에 생하고, 관이 유기하면 곧 능히 경사를 이룬다. 수는 토로써 관위를 삼으니, 만약 '갑을·해묘미인'을 만나면 목이 그 관을 파한다. 극해함이 가벼운 것은 곧 관직이 낮고 이름 또한 미미함에 그치지만, 극해가 중한 것은 그 관을 얻지도 못하는 것이다. 경·신의 금신(金神)이 왕상함을 얻으면, 가히 구조됨이 되니 도리어 주가 귀해진다.

화는 '진신해자'의 궁을 기뻐하고, 임·계는 관왕으로 토가 있으면 외롭고 궁박하다. 퇴신(退神)인 갑·을이 금을 향해 나아가면, 재(財)가 영화롭고 녹(祿)을 드러내어 흥륭한다.

-화가 임·계를 보니, 대개 병은 계(癸)관을 쓰고 정은 임(壬)관을 써서 참된 조화요, 기제(旣濟)의 도가 있다. 해·자를 보아 정관의 자리가 되면, 정저(丁猪)병서(丙鼠) 곧 정해·병자의 귀한 신이 된다. '진신해자'로 귀함을 삼으니, 토를 만나면 육해(六害)가 되어 구함이 없은즉 가난하다. 다시금 갑·을의 왕상함을 만나면 구함이 되고, '경신·사유축'은 재록(財祿)의 명이다.

토가 인(寅)이나 해묘미의 삼합국을 놓으면, 갑·을로 관이 영화로운데 금은 파록(破祿)이다. 경·신의 배록으로는 병·정을 좋아한다. '임계·진' 중에서는 복을 누림이 길다.

－ 무·기가 해묘미에 자리하면 귀함이 되니, 무는 옥토(玉兎) 즉 묘를 찾고, 기는 저두(猪頭) 즉 해를 보아 귀명이 된다. 또 왕록(旺祿)·왕관(旺官)의 방위를 만나고, 다시 '경신·사유축·신(辛)술'을 보면[2] 곧 파록하여 귀하지 못다. 4월과 8월이면 더욱 중한데, 병·정을 얻으면 구신(救神) 즉 구조함의 신이 된다. 이는 또한 무가 병을 보고, 기가 정미를 보면, 능히 구하지 못함과 같으니, 이를 일러 편음·편양이라 한다. 만약 무가 정을 보고, 기가 병을 보면, 바야흐로 구신이 된다. 혹 7월·8월에 생한 화(火)는 사·수(死囚)로 무기(無氣)하니, 능히 구하지 못한다. '해자진'을 보면, 재고가 되어 주가 발재한다.

적은 목의 일궁(一宮)으로도 또한 가한 예를 본다. '사유축신·신경(辛庚)'을 기뻐하고, 병·정의 염상 화국(火局)을 미워하며, '임계·해자'가 인수가 되어 구조함을 좋아하고, '무기·진술축미'는 재가 된다.[3]

현달한 사람은 이 결(訣)에 밝을 것이요, 우매한 사람은 구르고 성함에 혼미할 것이다.

－ 무릇 명을 논한다 함은, 먼저 천간을 밝히고 다음으로 지지를 논하며, 더불어 납음으로 구궁이 되고, 삼원이 나뉘어 천·지·인 삼재(三才)가 됨을 논하는 것이다. 오행 사주를 논함에 일음·일양을 만나니 이를 일러 도(道)라 하고, 편음·편양을 만남에 이를 일컬어 질(疾)병이라 한다.

무·기가 갑·을로 격이 머물고 생왕하면, 관귀(官貴)에 제왕(帝王)이 임함이라.

－ 무·기가 만약 간지로 목기의 왕상함을 만나거나, 혹은 '기해·계해'로 장생의 참됨을 만난 관성이면,[4] 주에게 극품의 귀가 있다. 생월에서 다시금 왕하고 형·충이 없으면, 부귀가 쌍전한데 그 경중을 보아 판단한다.

---

[2] 여기 신(辛)은 신(申)의 오기로 보인다.
[3] 이 문단의 논은 뭔가 뒤섞인 것으로 보인다. 토를 말하는데, 목이 나와서 갑자기 혼란해진 것이다.
[4] 해중 갑목과 장생의 뜻을 말한다. 앞 원문의 제왕(帝王)은 제왕(帝旺)의 오기로 보인다.

임·계가 무·기로 토가 왕한 방위라면, 큰 재목이 상서로움을 나눈 상격(上格)이라, 상세하여야 한다.

– 임·계가 '무기·진술축미'를 보고 사·오 월생은 토가 왕상하여, 귀함이 된다.

경·신이 동지 일양에 생하고, 병·정이 생기가 있으면, 복이 숲과 같다.

– 경·신(庚辛) 생인이 동지 후 일양에 생하면, 화의 따뜻한 기운이 있다. 목이 점차 왕함에 이르러 능히 병·정의 화를 생하니, 곧 관이 되고 녹이 된다.

병자(丙子)가 여름 생이면,[5] 일음(一陰)이 자라는데, '해자·임계'는 편관의 향이라.

– 이는 밝은 수·화로, 공이 있는 기제(旣濟)의 상(象)이다. 곧, 여름 기운이 얕은즉 조발한다. 하지에 일음이 자라고 수가 점차 왕해지는 고로, 관록이 생왕한 것이다.

육갑(六甲)생인이 인월 건록에 있으면, 부(富)하지 못함에 차별이 없다.

– 육갑 생인이 정월로 병인(丙寅)을 세우면, 이는 생월이 녹(祿)을 휴대한 것이다. 그러나 이는 극처(尅妻)절사(絶嗣) 곧 처를 극하고 후사가 끊어지는 빈천한 명이 된다. 갑은 기로써 처를 삼고 신(辛)으로 관성을 삼는데, 이는 모두 인(寅)에서 절(絶) 즉 끊어지기 때문이다. 말하자면 금은 토가 수(囚)되는 땅에서 절(絶)하니, 녹마와 처자가 모두 끊어져 귀기(貴氣)가 되지 못한다. 만약 병인을 써서 식신이 되면 유기(有氣)하다. 이는 모름지기 갑인(甲人)이 경신(庚申)을 보고, 을인이 신(辛)을 보거나 혹은 유·술을 본 것이다. 이 경우에는 도리어 칠살 귀왕(鬼旺)의 땅에서, 인(寅)을 얻어 화(火)를 생하고 이로써 귀(鬼)를 항복시키고 관(官)으로 화하니, 귀함이 된다.

을인이 신(辛)이 많고 유(酉)월생이면 귀왕(鬼旺)신쇠(身衰)하니, 질병의 침입을 휴대한 것이다.

– 을인이 신을 보아 천간에서 귀가 있으면 이름하여 칠살이 된다. 을인이 유를 보면 그 몸이 백호(白虎)의 무기한 땅에 머문 것인데 또한 칠살의 극신함을 만났으니, 어찌 질환이 없으리오. 갑인이 경을 본 것 또한 동일하다. 이런 사람은 질병을 두르지 않으면, 모름지기 요절한다.

---

5 이는 병·정의 오기로 보이기도 하는데, 뒤의 편관이란 뜻을 고려하면 통함은 있다.

사관(詞館) 학당(學堂)은 주의 과명(科名) 즉 과거에 합격한다는 이름인데, 만약 관귀 (官貴)가 없다면 이는 정히 헛된 이름일 뿐이다.

- 다만 명에서 사관 학당을 만났을 뿐이다. 사관은 관록(官祿) 장생의 땅이요, 학당은 본주(本主) 장생의 땅이다. 관귀가 있은즉 과명의 현달함이 비상할 것이나, 만약 관귀가 없다면 곧 텅 빈 이름뿐인 사람이다. 앞의 글에서 인수가 있다 함은, 갑이 계를 본 것으로 해·자가 이것이다.

괴성(魁星)이 만약 관위(官位)를 보았다면, 이는 신동(神童)이 태어나면서부터 정히 귀함을 뱃속에 감춘 것이다.

- 괴성이란 곧 갑진 순 중에서 계축에 이르는 10일이 이것이다. 만약 본명(本命)에서 관성을 보고, 그 자리로 관귀 학당을 만난즉 신동으로 과거에 응한다. 이를 비유하면 '계축인이 무신'을 봄과 같은 것인데, 갑진의 한 순(旬)에 같이 있음이 이것이다.

관에 임하고 이를 만난 사람은 공경함을 받으니, 천마(天馬)와 재고(財庫)라면 귀명이 된다

- 명에서 임괘을 만난 사람은 중후하고 우대를 받는데, 천마는 처·재(妻財)가 된다고 이를 논한다. 곧 갑이 기를 보아 처로 삼고 재물로 삼는데, 진은 재고가 되니 가히 빌 재 현달의 명이라 보는 것이다. 만약 처가 왕상함에 임하고 두 운[6]에서나 혹은 태세에서 다시금 만나면, 명주에게 혼인 출입 수조(修造)의 일이 많다. 가령 갑오인이 기토로 처를 삼고, 마로 삼은 것과 같다. 운이 '신유술·오'에 이르면 인원(人元)이 서방으로, 화(火) 사·절의 자리에 이른 것이 된다. 그런데 기토가 스스로 패하고 금의 왕함이 있으니, 비록 토가 재록(財祿)이 된다 해도 인원의 재가 모두 무기(無氣)하다. 또한 병오생의 운이 서방에 이른 경우, 병이 계를 보아 관을 삼는데 계수가 서방에서 패하니, 이것은 관이 쇠한 것이다. 병이 신(辛)으로 마를 삼고 재로 삼는데, 유·술에는 신금(辛金)이 있다. 금은 병의 재가 되는데, 왕한 신(辛)이 미(馬)가 되어 유에 이르렀다. 마(馬)를 세움에 본래 충(衝)을 두려워하나 충하지 않고 감추어 숨었으니, 또한 발재(發財)의 명으로 지어 이를 판단하는 것이다.

---

[6] 대운과 소운으로 판단된다.

명(命)이 귀지(貴地)를 범하면 형통함을 얻고, 명이 쇠하면 왕함을 만나도 복을 맞이하지 못한다.

– 명이 귀인의 땅에 앉고 향록 향재의 운으로 행하면, 가히 영달하여 드러난다고 하니 원명이 관귀(官貴)를 만났기 때문이다. 왕상한 운이 비록 흥하다 하여도, 반드시 재앙이 되는 것은 아니다. 곧 임·계 생인이 '사오미'의 운을 행하는 것과 같다. 가히 북에서 출발한 사람이 운으로 남방에 이른 것이라, 무역으로 이익을 취함이 두텁다. 명이 휴·수를 만나 관귀가 없어지면, 귀지를 운행하여도 능히 경사를 이루기 어렵다. 명이 왕하고 원래 관성이 있는데, 명운(命運)에서 배록과 함께하는 것이 있다. 태세가 충하고 해하여 관이 휴(休)함이 있고, 관의 행함이 주에게 본래는 장생의 운이나 또한 파관·실직함이 있으니, 이는 곧 생지(生地)와 휴·수가 함께 하기 때문이다. 곧 갑·을 인이 해(亥)를 본 것과 같다. 대개 관의 병지(病地)가 되는 까닭에 휴·수라 말하는데, 생지를 상봉하여도 또한 말하기를 관성이 병·절(病絶)되었다고 한다. 주가 관리였다면 마땅히 퇴신·피위(避位)가 되는 것이다. 만약 2운이 태세와 더불어 상조(喪弔) 구묘(丘墓) 협살(夾煞)에 임하면, 주의 곡성(哭聲)에 나형(裸形)과 협살로 인하여 주가 스스로 울부짖는다.

팔고(八孤)와 오묘(五墓)는 승·도가 되니, 파조하고 표봉(飄蓬) 즉 떠도는 고독한 사람이다.

– 가령 갑자순 중에 술·해는 공망이 되고 육허(六虛)가 되니, 건(乾)은 술·해에 속한다. 술(戌)이 남행으로 삼위이면 미(未)가 되고, 미가 동(東)행으로 삼위라면 진(辰)이요, 진이 북행으로 삼위면 축(丑)이요, 축이 서행으로 삼위라면 이는 술이라. '진술축미'의 4위는 고과(孤寡)가 되고, 오묘는 다분히 파조(破祖) 고독 표봉의 사람이며, 구류(九流)의 명이 되는 것이다. 삼원이 극해함은 고단(孤單)의 명이 되니, 극해가 가벼우면 집에라도 드는 명이지만, 만약 고신(孤神)의 진짜를 만나면 곧 극처 해자의 명이다.

지금까지 통원자가 풀어 보았으나 낙록(珞珠)본의 참됨은 아니다. 다만 스스로 찬집(撰集) 즉 지어 모은 것으로, 서자평과 더불어 같이 한 것이다.[7]

---

[7] 이는 결국, 통원자의 이론이 고법과 신법을 뒤섞은 상태로 설명하고 있음을 말한다.

【明通賦】 명통부

태극이 나뉘어 천지가 되고, 일기가 나뉘어 음양이 된다. 오행을 유출하여 만물을 화생하고, 사람이 됨에 명(命)을 안으니 빈부귀천이 이로부터 유래한다. 술사가 기(機)미를 알면, 길흉화복을 정한다.

- 이는 근원 조화의 처음이다.[8]

대저 간명은 일간을 위주로 하고, 삼원을 통할하여 팔자와 간지를 배합한다.

- 하늘에는 사시가 있어 만물을 조화하고, 가옥에는 사주가 있어 각기 규모를 세운다. 명에도 사주가 있으니 영고성쇠를 정하고 풀어 밝힌다. 논자는 오로지 일진의 천간으로써 명원(命元)의 주(主)를 삼고, 지지는 지원(地元)의 녹(祿)이 되며, 지지 안에 소장된 것은 인원(人元)의 수(壽)명이 된다. 팔자란 곧 사주의 천간 지지이니 공히 여덟 자다. 《계선편(繼善篇)》에 이르기를, "사주를 배정하고 다음에 삼재를 나누니, 오로지 일간 천원으로 팔자 간지를 배합한다"고 함이 이것이다.

운(運)을 논하는 것은 월지(月支)로 머리를 삼고, 사시를 나누어 오행의 소장(消長)을 제기하는 것이다.

- 대운은 월지로부터 일어나는 고로 월(月)은 제강(提綱)이 되니, 월지로 절기의 심천과 사시에서 어떤 계절을 얻었는가를 본다. 곧, '춘목 하화 추금 동수 계토(季土)'이며, 초기와 중기의 소장이 같지 않다. 행하는 바의 운은 혹은 순하고 혹은 역하며, 혹은 왕하고 혹은 쇠한다. 팔자와 더불어 혹은 돕고 혹은 빼내며, 혹은 극하고 혹은 생함이 모두 이 절기에 근본을 두는 것이다. 먼저 일간을 말하고 다음으로 월지를 말하는데 그 필요로 하는 것을 들어, 이로써 사람에게 보이는 것이다.

관왕(官旺)을 향함으로써 성공하고, 격국(格局)에 든즉 귀(貴)함에 이른다. '관·인·재·식'은 길함이 되니, 평정(平定)수량(遂良) 즉 고르게 성하여 따름이 좋다. '살·상·효·패'는 흉함이 되는데, 오롯이 쓰게 됨이 복되다.

- 오행이 임관 제왕으로 사주에 있으면 본궁(本宮) 성공의 땅이 되니, 격국에 든즉 귀

---

8 명통부의 체제 역시 앞과 같다. 먼저 선언하고, 뒤에 해설한다. 짧은 글은 곧 선언 명제와 같다.

(貴)하고 격국을 깬즉 천(賤)하다. 관인재식은 본시 길신이라, 모름지기 상극·형충·파패가 없은즉 평정수량이 되고 곧 입격한 것이다. 살·상·효·패는 본래 흉살이 되는데 만약 제복·거류·합화가 있으면, 이는 전용하여 복이 되는 것으로 또한 입격한다. 아래에서 여러 격국을 취용한 것을 살펴보면, 그 희기(喜忌)를 자연히 알 수 있을 것이다. 4길·4흉은 격국의 가장 위중함인 고로 먼저 이를 말한 것이다. 부(賦)에 이르기를, "일주는 건왕함이 가장 마땅하고, 용신은 손상함이 불가하다" 함이 이것이다.

'진·술·축·미'는 오행을 전비(全備) 장축(藏蓄)하고, '사·해·인·신'은 장생이 진압하여 거(居)하며, '자·오'는 성패가 서로 거스르고, '묘·유'에는 서로 출입이 바뀐다.

– 이는 12지가 10간을 감싸고 숨긴 것을 말하니, 각기 '생사·성패·출입·교호'가 있는 것이다. 《독보(獨步)》에 이르기를, "진술축미는 4고(庫)의 국(局)이요, 인신사해는 4생(生)의 국이며, 자오묘유는 4패(敗)의 국이다"고 하였다. 《희기편(喜忌篇)》에 이르기를, "재·관·인수를 모두 갖추어 4계(季) 가운데 축장한다. 관성과 재기는 인신사해에서 누르고 거하여 장생한다"고 함이 이것이다. 혹 자·오로써 천지의 기주(基柱) 즉 토대와 기둥을 삼고, 묘·유는 일월의 문호(門戶)가 된다 하니, 이는 그 땅을 가리켜 그 이치를 남겨놓은 것이다.

지간(支干)에는 불견(不見)지형(之形)이 있으니, 없는 가운데 있음을 취한다. 절기에는 남아 있는 수(數)가 자리하니, 섞인 곳에서 나뉨을 구한다.

– 이는 조화의 묘함을 총괄하여 말한다. 지간에 보이지 않는 형상이 있고, 절기에는 남은 수가 있다. 이는 곧 상기한 12지(支) 가운데 감싸고 숨은 바의 인원(人元)이다. 다시 말해 없는 가운데 있음을 취하고, 뒤섞인 곳에서 구분해야 한다. 곧, 요사(遙巳)·공협 등의 격과 같으니, 이는 천간을 지지의 기물에서 취하는 것이라 어찌 무중취유가 아니라 하겠는가. 달리 자초(子初)에 3각(刻)은 임수에 분속되고, 축초(丑初)에 3각은 계수에 나뉘어 속하며, 인초(寅初)에 3각은 간토에 분속된다. 이는 절기가 한 글자에 숨은 것이요, 각각이 주동하는 바가 따로 있는 것이다. 이 어찌 섞인 가운데 나뉨을 구함이 아니라 할 것인가. 부(賦)에서 "무합유합을 후학들이 알기 어렵고, 득일분삼은 전대의 성현께서 싣지 않은 것이다."와 계선편에서 "불견지형을 본다 하였고, 때가 있지 아니함이 없다"고 한 것이 이것이다.

선악이 상교(相交)하니 도리어 악을 화하고 선을 숭상함이 기쁘다. 길흉이 혼잡하니 길함을 해치고 흉함을 더할까 지극히 두렵다.

– 이 절은 오로지 간명(看命)의 법을 말한다. 이 위의 글에서는 취유(取有)의 구분을 말하였다. 곧, 갑일이 병·정을 본 경우, 배록(背祿)으로 악이 되고 흉이 되며, 무·기는 재성(財星)으로 선이 되고 길이 된다. 그러나 병·정이 화하여 목의 재를 도우면, 이를 일러 화악(化惡)숭선(崇善)이라 한다. 을목이 재성을 극해함은 두려우니, 이를 일러 해길(害吉)첨흉(添凶)이라 한다. 아래 글을 보면, 재·인이 교차함에 관·살이 이를 화하고, 관·살이 혼잡됨에 인수가 이를 화함이 기쁘다. 인수가 없으면 재마(財馬)가 자본으로 이를 화함이 기쁘고, 재·인이 없다면 양인이 이를 합함이 기쁘다. 혹 식신 상관으로 이를 제어하거나 또는 제살함에 파를 입어, 살을 제함이 자리하지 못한 경우 인수로 화하는데, 다시금 재를 보아 화함을 파하면 흉함이 되는 종류가 모두 이것이다.

이런 까닭에 득국(得局) 조원(朝元)하면 비부(非富)즉귀(則貴)요, 원(垣)을 범하고 파국하면 비요(非夭)즉빈(則貧)이라.

– 국이란 삼합(三合)이나 사유(四維) 정국(正局)의 궁(宮)이다. 곧 해묘미 목국, 진술축미 토국의 종류이다. 갑·을이 해묘미를 보면 본국(本局)이 되고, 병·정이 해묘미를 보면 인국(印局)이 되며, 무·기가 해묘미를 보면 관국(官局)이 되고, 경·신이 해묘미를 보면 재국(財局), 임·계가 해묘미를 보면 상국(傷局)이 되는 종류이다. 원이란 곧 본원(本元)의 원묘(垣廟) 즉 관청과 사당으로서의 토대를 말한다. 곧, 자궁에 계가 조원이요, 축·미에 기토가 조원(朝元) 즉 근원에서 만난 종류이다. 대저 원원(元垣) 즉 근원의 자리를 얻은 것이라면, 혹 이를 씀에 명원(命元)이 된즉 장수하고, 관·인이 된즉 귀하며, 재가 된즉 부하다. 배록(背祿)인데 재를 생하면, 부를 더한다.[9] 단 그 하나를 얻고 충형극파가 없어야 공명 부귀하다. 이와 반대된즉 그렇지 못하다. 범원(犯垣) 즉 원을 범했다 함은 곧 자수로 귀한데 축·미의 극파를 꺼리는 것이고, 오가 충·파함과 묘가 형·파하는 것 등의 종류를 말한다. 1자(子)에 2오(午)면 파(破)를 다한 것이고, 1에 반(半)이면 반만 부을 얻는 것이다. 파국(破局)이란 곧 신자진이 인오술의 충파를 꺼리는 종류로, 크게 흉하다. 만약 성(星)신을 용(用)함에 허자(虛字)로 비천녹마의 격을 이룬다면 도리어 귀하다. 나머지도 이와 같다.

---

[9] 이로써 알 수 있겠지만, 배록이라 함은 대개 식신 상관을 말한다.

득실이 고르면, 진퇴가 곧 반복됨을 겸한다.

― 득조(得朝)범파(犯破)란, 조화에 득실이 있고 진퇴가 있다는 것이다. 이를 얻은즉 저것을 잃고, 강함이 나아간즉 약함은 물러난다. 중간에서 균등함을 겸하면 곧 반복되니, 변화를 측량키 어렵다. 상세히 관찰하고 변별하지 않는다면, 능히 나누지 못한다. 곧 갑이 인에서 조원(朝垣)하는 경우 신(申)의 충·파를 꺼리는데, 만약 2인(寅)이 있고 1신(申)이거나, 2갑(甲)에 1경(庚)이라면 역시 무해하다. 이는 갑이 유력함으로써, 도리어 나아가기 때문이다. 또 인목이 신금의 충을 당함에 해(亥)수가 있으면 가히 구함이 되니, 해의 글자가 견실하고 무성하면 복이 십전(十全) 즉 온전한 것이다. 해가 혹 무의 극을 받고, 기의 충을 당한즉 패한다. 만약 해자가 많다면 두렵지 않으니, 역시 강하여 진격하기 때문이다. 진퇴란 서로 간에 곧 1성(成) 1패(敗)가 됨이다. 다만 세·운에서 어느 쪽을 도와 일어나는지를 살핌으로써, 복이 되거나 화가 됨을 가히 알 수 있다.

신·살(神煞)이 서로 얽히면, 경중을 교량(較量)한다.

― 신살이란 대저 '재관인식 상살인패'가 모두 이것이다. 그 사이에 희기가 같지 않고 애증이 서로 다르니, 모든 격이 어떠한지를 논하는 것이다. 모름지기 경중을 비교하여 측량하니, 어떤 것이 시(時)가 마땅하여 중하고 쓰임이 되는지, 어떤 것이 실령(失令)하여 경하고 쓸 수 없는지를 재는 것이다. 중한 것은 남기고, 경한 것은 제거하니, 이는 위의 2구절과 더불어 그 이치를 총언한다. 마땅히 이같이 상세히 비교하여 고찰하는 것이다. 《낙록부》에서 "그 신살의 경중 교량을 밝힘을 요한다"고 하였는데, 본신이 살을 극하면 오히려 가볍고, 살이 본신을 극하면 더욱 중하다. 이는 모든 길흉 신살에 대해 가리킨 것이다.

서자평은 오롯이 관인·녹마로써 귀천의 다른 이름을 짓고 이를 풀이한다. 곧, '갑신 병인 을묘 신사'의 경우, 을이 경을 써서 관으로 삼고, 신(辛)은 살이 된다. 경관(庚官)이 신(申)에 있고 인의 충거(衝去)함을 받았는데, 병이 신살과 합하고, 을목이 생왕한 고로 귀하였다. '갑인 정묘 계축 정사'의 경우, 이는 신극살(身尅煞)하려는데 신약에 재왕하니, 그 힘이 재관을 능히 감당치 못한 까닭에 요절하였다. '을축 신사 정사 기유'의 경우, 신왕에 재 역시 왕하여 가히 그 재를 감당한 까닭에, 지극히 부유하였다. '갑자 신미 을묘 갑신'의 경우, 을일이 경관을 쓰고 신(辛)으로 살이 되는데, 경은 신(申) 안에 있고 6월에 생하니 관왕·살쇠라 곧 정관은 득위하고 칠살은 그 자리를 잃은 것이다. 또 신왕함이 기쁘니 귀(鬼)가 변하여 관(官)이 된 고로 귀하였다. '신축 경인 을사 갑신'의 경우는, 관쇠·살성한데, 을목이 무력하여 화관(化官)위살(爲煞)이 되었다. 일생토록 술을 좋아하여 넋이 떨어졌는데, 을유운 제5년 병신세 8월 19일에 이르러 죽었다.

안으로 잡기(雜氣)가 있는데, 재·관이 서로 편·정을 겸하고, 양(兩) 인수의 동궁(同宮)에 녹·마라면, 이를 일러 내·외 삼기(三奇)가 되었다 한다.

– 이는 신·살이 서로 얽힘을 바로 지적한 것이다. 팔자 중에는 재가 있고, 관이 있고, 편·정의 2인수가 있다. 혹 같은 궁이거나 혹 다른 자리, 혹은 감싸 숨기거나 혹은 투출하여 드러내니, 서로가 얽히므로 길흉을 논하기 어렵다. 요는 경중을 교량하여 그것을 사용하니, 고로 안으로 삼기가 있다 한 것이다. 가(歌)에 이르기를, "인오술에 유(酉)가 삼기요, 토끼와 뱀이 원숭이를 따름에 옮기지 못한다. 사유축 중에서 자(子)를 만남이 묘하고, 말과 원숭이가 돼지를 보면 그 빛깔이 좋다. 진·사가 자를 만난즉 기이한 곳이요, 오·해가 인을 보니 이는 귀인의 계단과 공지라. 해가 와서 묘·오가 달리니 마땅히 환영하고, 인·유가 사를 보니 서로가 마땅함이 기쁘다. 돼지가 말을 쫓는데 뱀이 뒤에서 당기고, 수서(水鼠)에 미인(未人)은 화구(火龜)의 연못이다"고 하였다. 또한, "신록(神祿)이 날아와 마(馬)를 올라타면, 자재와 관직이 서로 마땅하다. 왕한 중에 다시금 본원(木元)의 도움을 얻으면 상격(上格)이라, 영화가 제일로 기이하다"고 하였다. 곧, '기축 정묘 임오 계묘'의 경우, 임이 기를 써 관으로 삼고, 정은 재가 되며, 성·기가 오에 귀록(歸祿)한다. 곧, 이의 격이 된 고로 주가 대귀하였다.

진관(眞官)의 때에 명(命)의 강함을 만나면, 일찍이 금자(金紫)의 봉함이라.

– 이는 월령(月令) 정관격이다. 이하 격국을 상세히 말한다. 곧, '무신 갑인 기축 병인'의 경우, 옹중익(翁仲益) 진사의 명조다.

양마(良馬)가 월을 타고 시가 건왕하면, 말년에 은청(銀靑)의 직을 옮긴다.

– 이는 월령 정재격이다. 재·관의 2격에서 관은 마땅히 귀(貴)를 취하고, 재는 마땅히 부(富)를 취한다. 지금 이로써 귀를 갖춘다 하니, 이를 쫓음은 일간이 월 내 간지의 재를 취득함에 충극하는 바가 없음을 말한다. 그 복이 정관과 같다는 것이다. 시(詩)에 운, "일간이 월지의 재를 취함이 사랑스럽다. 금옥을 집에 숨기는데 산더미처럼 쌓음을 본다. 다시금 천간의 재를 보면 귀하니, 금백(金帛)이 분분하여 하늘로부터 온다" 함이 이것이다.

월 인수에 일을 붙여 재기(財氣)가 없으면, 황방(黃榜)초현(招賢) 즉 대과에 인재로 부름을 받는다.

– 이는 월령 정인격이다. 《희기편》에 이르기를, "월이 일간을 생하는데 천간의 재가 없으면 곧 인수의 이름이다. 생월 인수는 세·시에서 재성을 봄을 꺼린다. 운이 재향으로 들면 도리어 퇴신 피직(避職)함이 마땅하다. 인수는 재가 두려우니, 모름지기 세·시 천간으로 재가 없으면 바야흐로 취한다. 또 월의 인수는 십전 즉 십분 온전함을 얻기 어렵다"고 하였다. 다만, 갑일 해월에 계자를 투출한 경우, 편인이 변하여 정인이 됨으로 바야흐로 10전(全)이 되니, 주가 은총을 불러 귀함을 만났고 또 조부의 재물을 얻은 것이다. 그러나 역시 먼저 치욕을 만남은 면하지 못하고, 혹 편생(偏生)의 천함으로부터 귀함에 이르고, 가난에서 부함에 이르며, 계집종에서 부인이 되고, 하급 공무원으로 관리가 되거나, 졸병에서 지휘관으로 보충되니, 모두가 편인(偏印)이 이른 바의 결과다. 편·정이 같이 있으면 또한 천함과 재앙이 있고, 혹 부모에게 거듭 절하게 되거나, 혹 승(僧)과 속(俗)이 서로 상잡하고, 혹 과방(過房)에 양육을 의탁하거나, 혹 편생(偏生)정양(正養) 즉 첩에게서 태어나 정처에게 길러지거나, 혹 정생편양이 된다. 또 비견이 총애를 다투고 은혜를 나눔을 꺼리는데, 양인이 많아 혹 합거(合去)하거나 혹은 인수가 미약하면, 우이(遇而)불우(不遇) 즉 만나도 만나지 않음과 같다. 비록 천거됨이 있어도 역시 능히 발췌되어 초군(超羣)하지는 못한다. 부(賦)에 이르기를, "인왕에 관생이면 필히 균형(鈞衡)의 임직을 장악한다"고 함이 이것이다.

일록(日祿)귀시(歸時)에 관성을 보지 않으면, 이를 불러 청운(靑雲)득로(得路)라 한다.

– 이는 일록귀시격이라, 대저 인수를 제일이라 하는데, 가장 좋은 것은 상관 식신으로 행함이다. 재운 역시 발하는데, 관이 형·충 함과 양인은 꺼린다. 이상은 진관(眞官) 진재(眞財) 진인(眞印) 진록(眞祿)으로, 모두 10간의 천지 음양 정기(正氣)가 생·극하는 지극한 이치이다. 오직 월에서 이를 얻음으로 구분하는데, 파가 없어야 이에 준한다. 경문(經文)에 "파괴하는 것이 있으면 경중을 따라서 이를 말한다"고 하였다. 시(時)에서 얻은 것은 발복함이 비교적 늦지만 모두가 스스로 이르니, 가히 창업하고 드리워 통솔함이 귀록(歸祿)의 1격이다. 다만 이것은 시상(時上)에서만 봄이 기쁘고, 만약 월지에서 거듭 보게 되면 도리어 이름하기를 건록(建祿)불부(不富) 즉 건록에도 부하지 못하다 한다. 월에서 하나의 녹을 보면 도리어 시상에서는 재와 식을 봄이 기쁘다. 관을 본 것은 별격(別格)으로 논한다.

월령 칠살에 살(煞)과 본신(身)이 두루 강하면, 마땅히 검은 머리로 재상에 이른다.

– 이는 월령 칠살격(七煞格)이다. 대저 월령의 살은 본신과 살이 양강(兩强)할 것을 요하니, 바야흐로 주가 대귀하다. 만약 신강(身强)살천(煞淺)하면 모름지기 재로써 살을 생해야 하고, 살강신약이면 모름지기 인수로써 도와야 한다. 혹 양인이 이를 합한 것은 모두 귀명(貴命)이다. 만약 인수와 합이 있고 더불어 제복하는 별이 있어 서로를 공격하는데, 신약이면 필히 요절한다. 그렇지 않으면 잔질이라. 곧, '계묘 을묘 기사 을축', '계묘 정사 임인 갑진', '임인 을사 경인 병자'의 경우, 이들은 두루 신강살왕하고 제함이 있어 대귀한 까닭이 되었다. 《희기편》에 이르기를, "오행이 월지 편관을 만나면, 세·시 중에서 또한 제복함이 마땅하다. 이는 부(賦)에서 말한 편벽됨을 구제하기 때문이다"고 하였다.

시상(時上)편재(偏財)에 재와 명(命)이 함께 왕하면, 모름지기 백옥(白屋) 즉 가난한 집으로부터 공(公)과 경(卿)이 나옴이라.

– 이는 시상편재격이다. 다만 1위(位)로써만 길함이 되고, 합을 보면 복이 되지 못한다. 비견으로 형제가 쟁탈함과 형충·극파를 꺼린다. '병술 무술 무자 임자'의 경우, 무가 세를 극하여 정재로 삼는데, 기듭 자외 글자가 있고, 임의 글자는 편재로 투출함이 되었다. 또, '정해 무신 임신 병오'의 경우, 비록 년에 정화가 있으나 합·제(合制)가 있음이 기쁘고, 또 음화가 능히 양화의 권(權)리를 탈취하는 고로 귀하였다. 《희기편》에 이르기를, "시상편재는 다른 궁에서 봄을 꺼린다"고 함에, 부(賦)에서 미비한 뜻을 보충한 까닭이 되었다.

건록 좌록(坐祿) 혹 귀록이 재·관·인수를 만나면, 장년의 부귀함이라.

– 건록은 월로써 말하고, 좌록은 일로써 말하며, 귀록은 시로써 말함이다. 이는 세 가지 녹격(祿格)이다. 본신이 건왕한 고로, 홀로 재를 만난즉 부(富)하고, 하나의 관을 만난즉 귀(貴)하며, 홀로 인을 만난즉 빼어나다. 그 천간이 왕함으로써, 또한 명(命)의 안향(安享)과 복록을 주장하는 것이다. 만약 3자를 겸하어 있는 것 또한 묘하다. 곧, '정해 기유 임오 신해'의 경우, 이는 일록귀시인데 오 중에 또한 관성이 있고, 더하여 유월을 얻음으로 인수가 되니, 합격(合格)하였다.

월인(月刃) 일인(日刃) 및 시인(時刃)이 관·살을 만나고, 영신(榮神) 즉 영화의 신이면 공명이 세상을 덮는다.

- 이 삼인격(三刃格)은 관·살과 인수가 서로 제화(制化)됨을 요하니, 영신이란 인수의 다른 이름이다. 관·살이 있는데 인수가 없는 경우, 또는 유살(有煞)무관(無官)에 두루 이를 얻은 것을 말한다. 인수가 있어 살을 화하면 더욱 아름다운데, 다만 기반(羈絆) 즉 얽어 재갈을 물림이 두렵다. 곧, 관이 있으면 상관을 봄이 불가하고, 인이 있으면 재를 봄이 불가하며, 살이 있으면 식신을 봄이 불가하니, 이를 상하고 억압하거나 혹 제거 합거하게 되면, 모두 정격(正格)을 이루지 못한다. 곧, '임신 임자 무오 을묘'의 경우, 일인에 을묘의 제복이 있다. '병술 계사 무오 정사'의 경우, 일인에 인수가 있어 변화한 고로, 모두 귀하였다.[10]

월령이 칠살을 오롯이 제하고 본신이 건왕하면, 송골매가 날아오름이라.

- 《희기편》에 이르기를, "만약 시에서 칠살을 만나고 곧바로 이를 본다 해도, 반드시 흉이 되지는 않는다. 월에서 천간으로 그 살을 제함이 강하면 도리어 권(權)이 된다. 인수가 있은즉 이를 풀어낸다. 시상 편관이 월기에 통하고 주가 왕하면, 매가 날아오름과 크게 다르지 않다"고 하였다.

운원(運元)이 생하면 삼재(三財)를 발하고, 명(命)이 강하면 표변한다.

- 운원이란 월령(月令)이요, 삼재란 녹(祿)·명(命)·신(身)이다. 이는 일간의 배록(背祿)인즉 상·식(傷食)의 격이라는 뜻이다. 재성을 만남이 기쁘다. 곧, 갑일이 사·오월을 만나면 모름지기 간두로 무의 글자가 투를출하거나, 축·술·미의 일·시에 일주가 건왕해야 한다. 동방의 운을 행하면 필연적으로 크게 발재하니, 백수(白手)로 집을 이룬다. 이른바, "월 중의 정록(正祿)이 재원을 모으고 신강하면 표변한다"는 것도, 이와 크게 다르지 않다.

년에서 정록(正祿) 정인 정재를 보고 파함이 없으면, 필히 조음(祖蔭)을 승계하고 향기로움을 전한다.

- 거듭해서 파가 없어야 한다는 것은 파가 있으면 그렇지 못하기 때문이다. 이는 년(年)이 조종(祖宗)이 됨을 논하는 까닭에 거듭 말한 것이다.

---

[10] 양인에 인수를 쓰는 경우와 같다.

일에 진관 진귀(眞貴) 진인(眞印)이 앉으면 이룸이 있으니, 이르기를 '복신(福神)의 치세(治世)이다'고 한다.

– 거듭 이룸이 있다 하니, 유성(有成)이란 곧 파함이 없다는 것이다. 진(眞)이란 곧 바르다는 뜻이다. 만약 여기에 편(偏)이 들어오면, 가차(假借) 즉 빌고 행하는 바에서 진정함이 못 된다. 곧, '병자 정해 신사 경오' 등의 일(日)은 진관이 되고, '정유 계사 계묘 정해' 등의 일은 진귀가 되며, '갑자 을해'의 시·일(時日)은 진인이다. 주 중에서 무파(無破)하고 유조(有助)하면 복이 된다.

월 안의 편재로 패(敗)가 없고 살(煞)도 없으면, 부(富)가 인간세를 넘어선다.

– 이는 월령·편재격으로 시상·편재격과 더불어 대동소이하다. 비·겁(比劫)의 상극과 칠살의 설기(泄氣)를 두려워한다.

일하(日下)의 정마(正馬)로 유조(有助) 유생(有生)하면, 이름을 천하에 날린다.

– 곧, '갑오·무자' 등의 날과 '갑술·을축' 등의 날이 즉 편(偏)이라. 일좌(日坐)진귀(眞貴)의 격과 더불어 같이 논하는데, 유조란 다른 지지의 재(財)를 말하고, 유생이란 다른 지지의 식·상(食傷)이 이것이다.

본신이 얕고 살에 앉았는데, 운이 신왕의 향을 행하면 발재 발복한다.

– 좌살(坐煞)이란 곧 '갑신·을유' 등의 날이다. 주중에 토가 없으면 본신의 청(淸)함이 되니, 인·묘의 운을 행하면 재와 녹을 대발한다. 이 격은 인수가 기쁘고 식신 정관을 꺼리는데, 정관이 이를 범하면 곧 본신의 청함이 되지 못하니 오히려 하등(下等)의 명이다.

홀로 주가 임관(臨官)하였는데 운에서 주가 귀함의 땅에 이르면, 임직을 더하고 봉함을 더한다.

– 독주(獨主)·임관이란 곧 '정사·계해' 등의 날이다. 또 귀인을 만나고 관성을 충하면, 귀함이 된다. 세와 운에서 사·해(巳亥)를 만나 거듭 아우르게 되면 봉직(封職)을 배가한다. 혹 일(日)로써 관성을 만나고 운이 다시금 관지를 만나 행하면, 이로써 풀고 구함이 되니 역시 통한다.

식신 생왕에 인수의 형충이 없으면, 곧 어미가 자식의 녹을 먹은 것이다.

– 이는 식신격이다. 곧, '무진 정사 임진 갑진'의 경우, 귀하고 또 장수하였다. '정미 병오 갑오 병인'의 경우는, 식신이 화하여 국을 벗어나고 정화가 신관이 날아옴을 상하여, 이를 얻지 못한 고로 빈요(貧夭)하였다.

주의 뿌리가 관에 임했는데 관성은 사라지고 살이 패하면, 동생이 세습하여 형과 나눔이 된다.

– 곧, '정사 · 계해일'에 인 · 술의 월을 얻은 종류다. 관 · 살이 없고 비견 형제로 본신이 자왕하여, 필히 높고 긴 열반에 들어 흥가(興家)입업(立業)한다. 어째서인가. 정의 녹은 오에 있고, 계의 녹은 자에 있다. 계해는 수(水) 정왕(正旺)의 향(鄕)이 되니, 곧 임가(壬家)의 녹이다. 정사는 화 임관의 땅이 되니 곧 병가(丙家)의 녹이다. 이 격을 얻음은 이른바 정 · 계가 곧 병 · 임의 동생이 되고, 사 · 해는 병 · 임의 녹위(祿位)가 되기 때문이다. 고로 제취(弟就)형반(兄班) 즉 동생이 형의 반열을 취하니, 필시 형님이 있음으로 인해 높아지고 고형(高兄) 즉 형보다 높은 것이 일반적이다. 또, '병오 · 임자'는 역시 순수하고 또 귀한데, 박잡한 것은 입격하지 못한다. 만약 형제 비견이 있으나 간지가 잡박한 것은 형의 별이 전실(塡實)된 것으로, 문득 하류의 명이 된다. 혹 관성이 전실되면 형제 비견이 그 차이를 두고 다투므로, 본신을 용납할 곳이 없어 또한 흉하다고 판단한다. 만약 관성이 부실하고 단독으로 천간에 투로한 정도라면, 도리어 별을 나누고 녹을 쪼갬으로 또한 가히 다시 이룸이 된다.[11]

도식(倒食)의 본궁에 관이 임하여 왕하다면, 곧 시신(侍臣)도록(叨祿) 즉 신하로 시립하여 함부로 녹을 취하는 이름이라.

– 곧, 경자가 세나 월에서 무자를 본 경우, 이는 편인이 나의 본궁 위에 있음이라. 도식이라 이름하고, 곧 나의 임금이요 아버지가 된다. 이는 편인이 앉은 바가 일간과 함께 같은 궁으로, 관왕의 땅에 임한다. 즉, 나의 명(命)을 받고, 나의 복기(福氣)를 생한 것이다. 시신도록이란 가까이서 임금의 총애를 받은 것을 말한다. 곧, '경자 무자 경자 병자'가 이의 격이다.[12]

---

11 이는 신왕함으로 관약을 대하는 법이다.
12 이는 이해하기가 상당히 까다로운데, 우선 관왕의 땅이 의문이다. 자오 충에서 허충으로 보는 것이 맞을지 알 수 없다. 다시금 시신도록의 격을 이룸이란, 방자한 것으로 이해하면 되겠다.

태생(胎生) 원명(元命)에 재성이 없으면 적자(赤子)가 되고, 은혜를 잇는 총애함이 된다.

– 이는 '경인 신묘 갑신 을유' 등의 일에 해당한다. 모두 본주 천원이 스스로 절지(絶地)에 앉고, 태생의 궁(宮)이 된 것이다. 즉 포태(胞胎)격이다. 그 생함이 심히 미약한 까닭에 인수를 기뻐하고, 재가 주를 극함이 두렵다.[13] 소년에 부름을 받아 황은(皇恩)을 받는데, 대개 인수격과 함께 같이 논한다. 곧, '을유 을유 을유 갑신'의 경우, 이 격이다. 《희기편》에 운, "오행의 절처(絶處)가 곧 태원(胎元)이니, 생일에서 이를 만나면 이름하여 수기(受氣) 즉 기를 받았다" 함이 이것이다.

세와 월에서 정관 칠살이 혼잡하고 뒤섞인 사람은 하천하다. 시 · 일로 독강(獨强)전제(專制) 즉 홀로 강하고 오롯이 제복하면, 직이 중하고 권(權)이 높다. 월 · 시에서 칠살 정관이 잡란(雜亂)하면 병이 교대로 침투한다. 세 · 운에서 충개(衝開)하고 합거(合去)하여 관이 청하면 이름이 드러나는데, 도리어 제함이 과함을 미워하고 강하게 다툼을 가장 꺼린다.

–《희기편》에 운, "사주에 살이 순수하고 제함이 있으면 정히 1품의 존귀함에 거한다" 하니, 요약하면 1위의 성관을 보는 것이다. 관살혼잡되면 도리어 천한 종류가 되는데, 거관류살이 있고 또한 거살류관이 있다. 또 이르기를, "사주에서 살왕한데 운이 순수하고 신왕함을 행하면, 관의 청귀함이 된다"고 하였다. 또한, "월령에서 건록을 만나면, 회살(會煞) 함은 절대로 꺼리니 흉함이 된다. 관성 · 칠살이 교차할 경우, 도리어 합살함이 있으면 귀하다" 함이 이것이다. 이 2격에는 각기 주관하는 바가 있으니, 세 · 월의 정관은 관으로써 주도하여 살이 이에 혼잡됨을 미워한다. 월 · 시의 칠살은 살로써 주가 되니 관이 이를 어지럽게 함을 미워한다. 시 · 일에서 독강 전제할 경우, 세와 운에서 충개 합거하면 서로의 꾸밈에 의로움을 본다. 과제(過制) 한즉 칠살이 드러나지 못하고, 쟁강(爭强) 한즉 거 · 류(去留)를 정하기 어렵다.

그 이치가 여기에 마땅히 상세한 것이다. 곧, '임자 갑진 기묘 임신'의 경우, 월 · 시에서 정관이요, 일하(日下)의 묘(卯)는 칠살이 되는네, 신을 얻으니 그 인의 경금이 묘 중 을목의 칠살과 합하므로, 귀함이 되었다.[14] 또 장(張)시랑 팔자의 경우, 을일이 경으

---

[13] 이는 군이 재가 직접적으로 본신을 극한다는 것이 아니라, 재생살과 재극인으로 봐야 하겠다.

[14] 이 사례의 설명이 반드시 정확한 것은 아니다.

로 정관을 삼는데 신(申)중의 경금이 7월에 가까이 출생하니 경왕(庚旺)신쇠(身衰)라, 6월에 정화가 왕하여 거살(去煞)류관(留官)이 된 고로 귀하였다. 또, '병오 병신 갑인 정묘'의 경우, 병·정이 비록 많으나 월령의 살을 대적하지 않는데, 또 관왕의 운을 행하고 신왕함이 되니, 귀(鬼)가 변하여 관(官)이 된 고로 귀하였다.[15]

천원이 무기함이 도리어 마땅하니, 중년 이후로 흥륭한다.

– 이는 인수격이다. 곧 갑·을이 동(冬)월에 생한 경우, 천원은 무기하고 지지로 해·자 수가 있어 목을 생하면, 흥륭의 상이 된다. 또, '정해·정축' 등의 날인 경우, 정화는 무기하고 또 임·계의 내극(來尅)함이 있다. 해·자가 이를 얻으면 당을 이룸이 되고 능히 갑목을 생출하니, 지지의 흥륭함이 된 것이다. 토의 내극을 기뻐하니 축 중에서 이를 얻어 재가 되므로, 역시 이로운 종류다.[16] 고인이 중하(中下)를 논함은 일·시의 지지로 이를 말한 것이다. 곧, 일간과 월령이 무기하여도, 만약 앉은 바의 지지와 시(時)에서 득지하면 또한 성실한 명이 된다. 만약 무기함에 더하여 일·시에서도 또한 쇠·패의 향에 있은즉 종신토록 언건(偃蹇) 즉 막히고 절룩거림을 가히 알 것이다. 《희기편》에, "무릇 천원의 태약(太弱)함을 보았지만, 안으로 약처에서 다시금 생함이 있다" 함이 이것이다.

년의 뿌리가 편관이면, 모름지기 시종토록 극해함을 꺼린다.

– 이는 세덕(歲德)격이다. 곧, 갑일이 경신의 태세를 만난 경우, 년상의 편관이 된다. 일명 원신(元神)이요 또 달리 고진(孤辰)이라 이름하니, 그 살이 가장 중하고 종신토록 제거함이 불가하다. 고로 주의 시종(始終)극해(尅害)라 한 것이다. 여기서 극해란 오로지 '조부 육친 본신' 등의 것만을 가리킨 것이 아니요, 또한 그 안에 모두가 포함된다. 곧, '정사 정미 신사 임진'의 경우, 1임이 2정을 합하여 제한 것이 기쁘다. '을묘 병자 기묘 정묘'의 경우, 정·병이 기쁘니 3을(乙)을 화하여 제거한 것이다. 모두 주가 귀하였다. 다만 극해함을 마침내 능히 면하지 못한다거나, 혹은 칠살이 뿌리가 많을 경우 시종 극해를 절기(切忌)한다 함은 역시 통하는 말이다.

양인은 편관이 지극히 기쁘니, 화란(禍亂)을 삭평(削平)한다.

---

[15] 월령 신금을 대적하지 않는다 함은 화가 너무 많고, 또 천간과 지지로 나뉘었기 때문이다.

[16] 이는 갑·을 인의 고법에, 일주로 '정해 정축'을 섞은 것으로 보인다.

– 이는 양인격이다. 대저 양인은 재를 꺼리니, 이로써 양인이 파재하기 때문이다. 재생살·살극신 및 형·충 삼합 육합에 이르러 보면, 기쁜 것은 살을 제복하는 일이다. 그러나 살이 스스로 제복된 것은 또 흉(凶)으로 지어 판단한다.

금신은 다만 제복함이 마땅하니, 숙살에 항복하는 간웅(奸雄)이라.

– 이는 금신(金神)격이다. 대저 금신이란 과제(過制)함도 두려워하지 않는다. 다만 제함을 파하거나 제함을 잃는 것을 꺼리는데, 세·운도 동일하다. 갑·기 일에 '사·유·축'의 3시를 얻음이 이것인데, 오직 갑일에 이를 얻은 것이 올바름이 된다.

양덕(陽德) 음귀(陰貴)는 왕한 즉 영현(榮顯)하나, 약하더라도 가히 이름은 보존한다.

– 양덕은 천·월 2덕 및 일덕이요, 음귀란 천을귀신 및 일귀격(日貴格)이다. 약한 것은 비록 강함에 미치지 못하지만, 역시 가히 스스로 지킬 수 있다.

천강(天罡)·지괴(地魁)가 쇠한즉 빈한이나, 강하면 마땅히 세상에 절륜하다.

– 곧 괴강격이다. 강함이 기쁘고 쇠함은 미우니 재·관을 꺼리는데, 요는 아울러 밟아 나가는 데 있다.[17]

관고·재고는 충개(衝開) 한즉 영봉(榮封)작록(爵祿)이요, 색폐(塞閉) 한즉 빈핍(貧乏)자재(貲財)라.

– 이는 잡기재관격이다. 곧, 갑이 축을 보면 관고가 되고, 진을 보면 재고가 되며, 미를 보면 본고(本庫)가 되고, 술을 보면 식고가 된다. 관이 상(上)이요, 재는 다음이며, 본고는 또 그 다음이다. 만약 고가 년·월 중에 있으면, 일을 주관함이 너무 빨라 소년에 발하기는 어렵다. 만약 일하(日下) 및 시(時)주 중에 있으면, 비록 늦게 발하더라도 잃지 않으니 부귀함이 된다. 조화는 충·형을 봄을 요하니, 파해(破害)함으로써 격국의 자물쇠를 여는 것이다. 폐색하는 별이 있음을 두려워한다. 곧, 정이 진을 써서 관고로 삼는데, 혹 무의 글자가 이에 잠복되거나, 혹 무진으로 이를 누르는 것이 폐색이다. 이와 같은즉 정화가 능히 관을 얻지 못한다. 모름지기 사주에 갑술이 있거나, 혹은 세에서 이를 만남이 바야흐로 길함이 된다.

---

17 이는 곧 재왕 관왕 그리고 신왕함의 중화를 필요로 한다는 것이다.

상관·정관에 상진(傷盡) 한즉 홀로 권고(權高)를 장악하고, 반이라도 남은즉 필히 건(蹇)색과 어지러움을 만난다.

- 이는 상관격이다. 반잔(半殘)이란 상함이 부진한 것이다. 《희기편》에 운, "사주 상관에 운이 관향으로 들면, 필히 파한다"고 함이 이것이다.

일·월 도충(倒衝)에 관록이 전(塡)실과 기반(絆)됨이 없으면 녹마가 비래(飛來)한다.

- 이는 비천녹마격이다.

천지로 신살을 제합함에 지나치지 않고 잃지 아니하면, 곧 명리가 취발(驟發)한다.

- 천지 제합(制合) 살신이란, 곧 천간·지지 혹은 식신이 제살함이요, 혹은 양인이 합살함이다. 다만 제합(制合)은 태과(太過)해서는 안 된다. 곧, 1살에 2식 혹은 2양인 인즉 과하여 잃은 것이다. 본신(身)과 살(煞), 둘이 서로 맞서는 것을 제합 불과(不過)라 하니, 살은 곧 흉신인 까닭에 주가 취발 즉 발하여 달린다는 것이다. 《희기편》에 이르기를, "편관의 제복이 태과함은 곧 가난한 유학자일 뿐이니, 지나침을 보는 것은 불가하다"고 하였다.

오직 관·인이 서로 모임이 가장 마땅하니, 덕정(德政)에 봉함을 더한다.

- 이는 관인격이다. 곧, 갑일이 신을 얻어 관으로 삼는 경우, 또 계가 있으면 인수가 된다. 혹 지지로 유와 자의 글자가 있으면, 모두 이는 본신의 관·인이다. 1극(尅) 1생(生)에 음양이 배합되니, 또한 스스로 상생한다. 고로 주가 재상이 되어 왕을 보좌하는 재능이 있거나, 혹은 장수가 되어 운주(運籌) 즉 살펴 헤아리고 움직이는 지혜가 있음이 되고, 다스림을 지키고 선량함을 좇아 정사를 드러내는 벼슬아치가 되는 것이다. 요는 본신과 관·인이 서로 비등해야 곧 극품(極品)의 귀함에 이르게 된다. 그렇지 못한즉 역량을 따라 승강함이 있으니, 이는 경중을 나누어 말해야 한다.

녹·마가 있어 같이 거하면 극히 기쁘니, 관에 능히 직(職)을 칭한다.

- 이는 재관격이다. 곧, 갑일이 '기축 기유'를 본 것과 '임오 계사' 등의 월에 미친 종류다. 이는 녹·마가 동거하고 더불어 위로 관·인이 상회(相會)한 것으로, 모두 삼기격(三奇格)이 된다. 모름지기 본신의 힘이 왕함을 요하고, 혹 시에서 기(氣)를 만난 것이면, 가히 이 격으로 칭한다. 녹과 본신의 강약이 같지 않으면 아래로 낮춰서 이를 논하

는데, 신약이면 장수하기 어렵다.

인수가 살을 만난즉 발하고, 합을 만난즉 어두워진다. 재를 만난즉 재앙인데, 파·합(破合)하여 재를 제거하면 역시 발한다.

- 이는 인수의 희기(喜忌)에 대한 총론이다. 봉살(逢煞)함을 일러 인뢰살(印賴煞) 즉 인수가 살에 힘을 입었다고 하니, 공명을 생하고 현달한다. 만약 편재를 만나면 합거(合去)되고, 정재를 보면 극거(尅去)되니, 모두 주의 재회(災晦) 즉 재앙과 어두움이 된다. 주 중에서 일간이 건왕하고, 혹 비견이 있어 파합하여 재를 제거한즉, 이로써 인과 살이 가히 거두어들이므로, 역시 주가 발달하는데 다만 맑지는 못하다. 시(詩)에 이르기를, "홀연히 갑이 기를 만나고 금국을 더함에, 병화를 항상 찾아 가히 탄식하기 쉽다. 운행이 왕화에 생신의 땅이라면, 공명이 어디라도 빛나고 화려하지 않을 수 있겠는가" 함이 이것이다.

건록이 관을 만난즉 귀하고, 재를 본즉 부하며, 인을 만난즉 빼어난데, 패재(敗財)가 파인(破印)하면 불길하다.

- 건록인즉 신왕한 까닭에 '용관 용인 용재'가 모두 길하다. '패재 양인 비견'이 있은즉 본신이 태왕하니, 모두가 족히 이로써 나의 재를 겁탈하고, 나의 관을 쪼개 나누며, 나의 인을 탈취한다. 건록은 또 인과 재가 함께함이 기쁘다. 그러므로 패재가 파인함을 본즉 편고되어 조화를 이루지 못한다. 재·인(財印)이 두루 나타나 혼잡하면, 부하지도 못하고 빼어나지도 못하니 이룸이 없는 명이 되는 것이다.

관·살이 양정(兩停)함에, 기쁜 것은 남기고, 싫은 것은 버린다. 무(武)는 능히 거정(去正)류편(留偏)하여 화관위살하고, 문(文)은 능히 거편(去偏)류정(留正)하여 화살위권한다. 운에서 신왕함을 만나면, 필히 봉함을 더한다. 재·인이 교차하면, 그 나아감을 바라고, 그 물러남은 꺼린다. 귀(貴)는 능히 견의(見義)망리(忘利)하고 취인(取印)사재(捨財)함에 있고, 부(富)는 곧 견리(見利)망의(忘義)함으로써 재를 취하고 인을 버린다. 세(歲)에서 명의 강함을 만나면, 작록이 나아간다.

- 관·살은 병용함이 불가하고, 재·인은 교류하여 남기기가 어렵다. 고로 희증(喜憎) 존기(存棄) 즉 기쁘고 미우며 남기고 버린다 함은 혹 거살류관이나, 혹 거관류살을 말한다. 욕기(欲忌)진퇴(進退)라 함은 혹 인수를 취하고 재를 버리거나, 혹 재를 취하고 인수

를 버린 것이다. 각각이 그 유력함을 좇아 중한 것을 사용한다. 문무(文武)부귀 역시 그 종류를 추리하여 말한 것이나, 반드시 다한 것은 아니다. 그러나 4격이 모두 신왕(身旺)명강(命强)으로써 주가 되는 것이니, 세와 운이 상부하면 또한 묘함이 된다. 통하고 융합으로 이를 논한다. 신과 재가 왕하고 힘이 머문다면, 관·살이 온다 해도 또한 가히 재를 화하고 인을 도와서 복과 유익이 두터워진다. 신약이면 관·살의 옴이 없다 해도 화함을 생각지 못하고 이기지도 못하니, 관·살이 재·인과 교차한다 해도 본신이 제하여 얻지 못하고 가히 의지함이 될 것이 없다. 필히 빈천함을 정한 것이다.

십간의 배록(背祿)은 재가 풍부함을 봄이 기쁘고, 패재가 비견을 만나 축마(逐馬)하면 관·살이 두루 있어야 한다. 거살류관에 인수가 신강함을 돕는 경우라면, 필히 공을 모아 이루니 임직에 배알함을 정함과 같다.
  - 이는 상관격을 말한다. 《희기편》에 이르기를, "십간 배록은 세와 시로 재성을 봄이 기쁘다. 운이 비견에 이르면 이를 배록축마라 부른다"고 함이 이것이다.

오행 식신은 마(馬)의 성(盛)함에 올라탐을 허락한다. 앙화는 정인과 효신(梟神)에서 생하는데, 관·살이 한번 오면 현명치 못하여 그릇됨에 이른다. 덕은 효신에서 패하니 인수가 왕하게 서서 파패를 보면, 본신을 상한다.
  - 이는 식신격을 말함이다. 윗글에서는 배록축마로 인함인데, 궁극적으로는 장차 관·살이 오면 전화위복이 된다고 하였다. 이 장의 언급은 재로 인하여 부(富)에 이르는데, 관·살이 인수를 도움으로 하여 앙화를 입게 되니 반대로 크게 무너진다고 한다. 그러므로 두 문장의 뜻을 잘 살펴서 이를 상세히 살피지 않으면 안 된다. 대개 식신은 재가 기쁘고, 효신이 두렵다. 관·살이 생인(生印)한즉 효신이 넉넉히 왕해진다. 상관은 인수를 봄이 기쁘지만, 식신은 인수를 봄이 두려운 까닭에, 더불어서 이를 말한 것이다.

무(戊)일에 오(午)월은 양인으로 보지 말라. 시와 세로 화다(火多)라면 변전하여 인수가 됨이라.
  - 이는 양인과 인수가 같은 궁에 있음을 말한다. 화다인즉 인왕(印旺)함이 되는 고로, 능히 약함을 돌려 강함을 좇는다. 그러나 양인이 신강을 돕고 또한 인수의 도움을 얻은 것이므로, 문리(文理)가 높이 이른다는 말이다. 이로써 가히 악을 감추고, 선은 발양한다. 만약 기(己)의 글자가 투출함이 있으면, 곧 양인으로 판단한다. 인수와 양인이

두루 있으면, 그 사람은 성품이 독함을 면치 못한다. 호운(好運)이 오게 되면 성공하는데, 운이 물러나고 양인이 오거나 혹 재성이 충기(衝起)하면 역시 흉하다. 정관이 이를 제어하여 묘하게 됨이 기쁘다. 곧, '계해 무오 무오 무오'의 경우, 이 같은 논에 바르게 합한 명이다.

병일(丙日)에 축(丑)의 시는 배록이 되지 않는다. 간지로 금왕(金旺)하면 도리어 자재를 짓는다.

– 여기서 시(時)라고 한 것은 마땅히 때로써 월령을 지칭한 것이다. 병일 생이 축월을 만나면, 축 중의 기토 상관이 배록이라 주가 가난하다. 그러나 간지로 경ㆍ신(庚辛)의 금기가 왕성함을 얻으면, 토가 능히 생금(生金)하니 도리어 재로써 판단함이 된다. 모름지기 병일이 건왕하거나 혹은 인오술 화국으로 역시 왕해야만, 가히 그 재를 감당한다. 시지(時支)의 축이라면, 지지 중에 사유합이 있고 경ㆍ신이 투출하면서, 병화가 생왕한 것은 역시 이 격에 합한다. 만약 병일에 본신이 자왕한데 단독으로 축월을 보는 경우, 경ㆍ신의 투로함이 없고 '사유축'의 국(局)도 없으면, 진(眞)배록 즉 참으로 배록이 된다.

관이 양인의 간두에 앉으면 마침내 형(刑)을 입고, 귀(貴)가 삼형(三刑)을 누르면 모름지기 정사를 잡는다.

– 곧, 갑일이 신묘월이나 신묘시를 본 경우, 관이 득령하지 못하고 도리어 묘 중의 정화(丁火)에 상극됨을 당한다. 세ㆍ운에서 또 이를 보면 정히 형벌을 만남이 그러한 것이라. 만약 관ㆍ살이 제복하여 마땅함을 얻으면, 도리어 귀(貴)로써 이를 논하는데 양인의 유년(流年)을 만나면 마침내 흉하다. 이는 양인이 조화를 가장 파괴한 것이라. 귀압(貴壓)삼형이란 곧 명 중에서 삼형을 범하여 비록 흉하지만, 만약 1개의 천을귀인을 얻어 바르게 비추면서 생왕하고 득시하면, 반대로 주가 전형(典刑) 즉 전례와 형정을 장악하여 가히 정벌을 전담한다는 것이다. 귀인이 생왕하지 못하더라도 또한 가히 정사를 쫓는다고 판단하니, 이는 귀신(貴神)이 가장 길살(吉煞)이 되기 때문이다.

덕이 칠살을 덮으면 필시 안선(安禪)의 선비라. 화(花)가 육합을 맞이하면 어찌 음탕한 사람이 아닐 수 있으랴.

– 덕은 곧 천ㆍ월덕으로 자비롭고 선한 신이요, 칠살은 곧 고진(孤辰)살이다. 덕이 칠살을 덮으면 주인에게 도덕이 있고, 도덕으로 인하여 부귀를 생한다. 꽃이란 곧 도화

(桃花)살로, 음탕의 살이다. 육합은 곧 다정(多情)살이라. 도화가 육합을 맞으니, 주가 호색하고 가창(歌唱)하여 크게 단정치 못한 선비다. 이는 또 '무자생 인이 계축'을 본 종류의 것과 같다. 즉 지간(支干)이 교합하여 곤랑(滾浪)도화가 된 것이다. 사주의 '자오묘유'는 편야(遍野)도화가 되니, 주가 남자라면 중매 없이 혼인하고, 여자라면 중매 없이 시집간다.

고과(孤寡)가 쌍전한데 관·인을 두르면 마땅히 주지(住持)에 응하고, 없은즉 다만 도행(道行)을 닦음이라.

- 고진(孤辰) 과숙(寡宿) 2살은 쌍봉 첩견(疊見)함이 두렵다. 단지 1위라면 논하지 않는다. 관·인을 둘러 천간에 있으면, 비록 승·도가 되어도 역시 귀하다. 없다면 단지 평상한 승·도일 뿐이다. 곧, '갑술 무진 경진 병자'와 '갑술 무진 경진 정축'의 경우, 이들은 두루 청고한 장로의 명이었다.

공요(控邀) 격각(隔角)이 생왕함을 만나면, 필히 과방(過房)의 집이 있다. 절(絶)이 된즉 마침내 홀아비와 청상(孀)을 지킨다.

- 공신(控神) 요신(邀神)은 즉 고과살이다. 가령 '인묘진' 인이 사(巳)를 본 경우, 진인(辰人)이라면 이를 일러 공신살이라 하고 또 이를 요신살이라고도 부른다. 축(丑)을 보면, 인인(寅人)은 이를 일러 규신(窺神)살이라 하고 또 추신(追神)살이라고도 부른다. 나머지도 이와 같다. 다시금 세와 운이 불화하고 삼원(三元)에서 형전(刑戰)하면 흉함이 더욱 심하다.

탄담(吞啗)이 온전히 배열하면 집안 식구들을 소산하고, 공망(空亡)에 편고됨을 보면 친속이 이별하고 상한다.

- 탄담·공망 2살은 곧 극해(尅害) 고과의 별이다. 모름지기 전배(全排)되고 편견(偏見)되면 바야흐로 경에 말한 것과 같다고 판단한다. 만약 식신이 탄담을 만나고, 재·식·귀록(貴祿) 등의 격이 공망을 본다면, 더욱 불길함이 된다.

재·인이 쌍으로 상하면 그것이 반드시 일어난다고 판단한다. 상하의 관·살이 두루 제거되어 없어지면, 그것은 어려서 야랑(爺娘) 즉 부모를 잃었음을 안다.

- 이 2절은 오로지 골육에 대해서만 논한다.

순모(純耗) 순인(純刃)이 교차하면, 소와 양의 종류라고 판단한다. 순음 순양으로 극(尅)함을 배열한다면, 돼지와 개의 무리라고 본다.

- 대모(大耗) 양인(羊刃)은 곧 신살의 가장 악한 것이다. 고음(孤陰) 고양(孤陽)은 곧 간지의 조화롭지 못함이 된다. 대모와 양인이 사주 상에서 모이고 섞여 교차함에 이르면, 주의 천함이 지극하니 곧 소나 양의 종류라고 이를 판단하는 것이다. 천간이 모두 하나의 편고함인데, 지지에서 또 충형파해하면, 이는 필시 바른 성품이 없는 사람이라, 돼지나 개의 무리라고 이를 판단하는 것이다. 대저 만약 '역마 육해 화개 겁살 망신 년·월 등의 살'이 편음 편양으로 온 것을 보면 더욱 흉하다.

곧, '갑자 경오 갑자 경오'의 경우, 갑이 신을 써 관으로 삼는데, 경살(庚煞)이 투출하고 또 득령하지 못했다. 갑이 기를 써 재로 삼고 녹을 발하는데, 자·오가 상대하여 충하니 재가 또한 불성(不成)이라. 곧 불인 불의하다고 이를 판단하는 것이다. 또 '갑오 갑술 갑오 갑자'의 경우, 3갑을 함께 보고 관을 쓰려는데, 관은 나타나지 않고 재·인이 두루 충하였으며 더불어 의탁할 바가 없다. 이는 마땅히 도모함만을 탐하고 염치가 없는 것이라, 육친을 알지 못하고 박정(薄情)하니, 예를 배신한 사람이다.

쇠(衰)한데 중중한 효(梟)신을 받으면, 이는 기식(寄食)장공(長工) 즉 공업의 장인으로 빌어시 먹는다. 절처에서 중중한 식(食)을 만나면, 마땅히 도행(屠行)아쾌(牙僧) 즉 도실입이나 밀로 먹고 사는 거간꾼이라.

- 효와 식은 서로 상반되는 고로, 이를 함께 거론한다. 그 신이 쇠·절을 미워함은 일반이라. 쇠한데 효를 만나면 편인(偏印)을 짓기 어렵고, 절이 됨에 식을 만나면 수성(壽星)을 짓기 어렵다. 고로 모두 불길한 것이다. 기식장공은 효(梟)로 인해 포식하기 어려운 때문이요, 도행아쾌는 식(食)으로 인해 비록 배부름은 얻었으나 천한 것이 되었기 때문이다.

만일 '순관(純官) 순살 순마 순재'인데, 신왕으로 잡스러움이 없은즉 관이 극품에 거한다.

- 무릇 명(命)이란 순수하여 부잡(不雜)한 것으로 상(上)이 되니, 편고 혼란하면 하(下)가 된다. 이는 또 갑일이 신으로 관을 삼은 경우, 주중에 다만 유(酉)와 신(辛)의 글자만 있는 것이니, 이를 관의 순수함이라 한다. 경으로 살을 삼으면, 주중에 다만 신(申)과 경(庚)의 글자만 있으면, 이를 일러 살이 순수하다 한다. 정재(正財)로써 마(馬)를 삼

는데, 주중에 다만 '축·미·기'의 글자만 있다. 편재(偏財)로써 재(財)를 삼는데, 주중에 다만 '진·술·무'의 글자만 있으면, 이를 일러 마가 순수하고 재가 순수하다고 한다. 여기에 신왕함을 놓으면, 대 부귀의 격이 된다. 건록의 격(格)을 얻고 본신을 드러내면, 이는 문득 부(富)가 족한 것이다. 일하(日下)에 있음은 다음이요, 시하(時下)에 있으면 또 그 다음이다. 건록은 정관을 만남이 제일이요, 정재는 그 다음이 되는데, 오직 살은 수명이 길지 못하다. 만약 양인(陽刃)의 월이라면 순수한 살(煞)이 제일이다. 재격이 된 즉 그 일을 방해하고 가로막는다. 가령, '계묘 을묘 기사 을축'의 경우, 이 명은 순살인데, 능히 선함을 다하고 또한 극품의 귀함이 되었다. 또 '갑술 정묘 기사 을해'의 경우, 관·살이 혼잡인데 갑·기가 합화함에 의뢰하여 귀함이 되었던 것이다. 다만 잡(雜)한 것이 화함으로 인해 그 힘이 지나치니, 선종(善終)함을 얻지는 못하였다.

'전인(全印) 전충(全衝) 전제(全制) 전식(全食)'의 경우, 명이 강하고 파가 없은즉 녹을 받음은 천종(千鍾)의 넉넉함이라.

- 전인이란 곧 갑일이 '자계·임해'를 보는데, 혹은 정(正)이요 혹은 편(偏)이지만, 잡박한 것이 없는 경우이다. 전충이란 곧 지지로 '순해(純亥) 순사 순자 순오'의 종류[18]로, 충하여 녹·마를 내놓은 경우이다. 혹, '인신사해 자오묘유 진술축미'로 지지 4자(字)가 모두 이런 글자로 짜여지면, 이는 모두 전제가 된다. 갑일에 정(丁)자를 보거나 혹 오(午)자를 본 경우, 상진(傷盡)이면 관성이 허공에서 생출(生出)하고, 토가 와서 재가 되는 것이다. 전식이란 곧 갑이 병을 보는데, 주중에 순인(純寅)을 놓은 종류다. 모름지기 일주의 생왕함을 얻고 정고(正庫)와 임관(臨官)이 월·일·시에 있으면, 모두가 귀인이 된다.

'기미 을해 병인 신묘'의 경우, 이는 전인(全印)이지만 박잡(駁雜)한데, 또 신재(辛財)의 극과 형함이 있다. 운이 신왕으로 행한즉 귀현하지만, 신쇠를 행한즉 형하고 함몰된다. '신해 기해 신해 기해'의 경우, 사주가 순수한 해(亥)로 구성됨에 사(巳)중의 병과 무를 충출하니, 전충으로 귀함이 되었다.

일간이 태왕(太旺)한데 의탁할 데가 없는 경우, 승려가 되지 않으면 진실로 도사가 됨이 마땅하다. 천원이 이약(羸弱) 즉 어리고 약한데 보좌함이 없는 경우, 기생이 되지 않

---

[18] 이는 곧 지지 4글자가 다 이와 같다는 뜻이다.

은즉 무당이 됨이 마땅하다.

　－ 이는 태과·불급을 말하니, 모두가 길함이 되지 못한다. 태과인즉 재·관이 사·절되므로, 주가 외로운 이유가 된다. 불급인즉 재·관이 난립하여 임함에, 주가 예업에 종사하는 까닭이 된다. 조화를 보아야 하니 귀함은 중화에 있다. 만약 의탁할 데가 있고 보좌하는 것이 있은즉 이런 식으로 논함은 불가하다. 《희기편》에 이르기를, "주중에 관성이 태왕하고 천원에는 이약의 이름이 있다. 일간의 왕함이 심한데 의지할 바 없으면, 승이 되지 않은즉 도라"고 함이 이것이다.

　신약에 생이 있으면 필히 발하고, 재마(財馬)를 꺼림은 이로써 서로 상하기 때문이다.

　－ 이는 신약에 용인하는데, 재가 인수를 상함을 꺼린다는 것으로 탐재(貪財)괴인(壞印)을 설한다. 모름지기 재·인의 경중을 나누어 이를 말한다. 《희기편》에 이르기를, "일간이 무기한데 시에서 양인을 만남은 흉이 되지 않는다. 양인이 겁재이기 때문이다. 주중에서 재다(財多)신약(身弱)한 까닭에 양인을 꺼리지 않는다"고 하였으니, 모름지기 이는 함께 논해야 한다.

　식신이 효를 만남수 요절하는데, 재성을 기뻐하니 이로써 생을 구한다.

　－ 이는 식신이 효신을 두려워함이다. 요는 재가 효를 제복하여 용신이 되면 구함이 있다는 것으로, 모름지기 재와 효의 경중을 나누어 이를 말한다. 인수인즉 재를 꺼리고, 식신인즉 재를 요하니, 올바름에는 각각의 마땅한 바가 있어야 한다.

　갑자일이 자시(子時)를 만나고 '경신(庚辛) 신유(申酉) 축오(丑午)'가 없으면, 이를 일러 녹마(祿馬)비래(飛來) 즉 녹마가 날아온다고 한다.

　－ 이는 자요사(子遙巳)의 격이라, 희기편의 글과 뜻이 같다.

　경신시가 무일을 만나는데 '갑병 묘인 오정'이 없으면, 이름하여 식신·명왕(明旺) 즉 식신이 밝고 왕하다고 한다.

　－ 이는 전식(專食)합록(合祿) 격이다. 《희기편》에 이르기를, "경신시가 무일을 만나면, 식신 간왕(干旺)의 방위라 이름한다. 월에서 '갑·병·묘·인'을 범하면, 이는 곧 만나도 만나지 않은 것이라" 함이 이것이다.

경·임에 자(子)가 오록(午祿)을 충하면, 병·정을 절기(切忌)한다.

– 이는 정충(正衝)녹마(祿馬) 격이다.

신·계에 축이 사의 관을 합하면, 모름지기 자·사(子巳)가 밉다.

– 이는 축요사(丑遙巳)의 격이다.《희기편》에 이르기를, "신·계 일이 축의 땅을 많이 만나면 관성이 기쁘지 않고, 세·시(歲時)로 자·사 2궁을 만남은 허명(虛名)에 허리(虛利)라" 함이 이것이다.

병오 정사로, 이에 준하면, 이는 형·충을 가장 꺼린다.

– 이는 도충(倒衝)녹마(祿馬)의 격이다.

임자 계해의 예도 같은데, 또한 전실(塡實)을 막아야 한다.

– 이상은 '정충(正衝) 도충(倒衝) 요합(遙合)'의 경우다. 상호 글을 융합하고 통하게 하여 그 뜻을 보면, 병·정과 사(巳)를 들어 전실을 꺼리고, 자(子)를 들어 형·충을 꺼린다 하였다. 곧, '병자 경인 병오 계사'와 '경인 임오 병오 무술'의 경우, 이 2명(命)은 '인오술'이 온전함이 기쁘다. 또 '신유 계사 정사 을사'와 '계묘 정사 정사 을사'의 경우, 이 2명은 사(巳)의 글자가 많음이 기쁘다. 유합·무합을 막론하고 모두가 길한 것이다. 오직 진(辰)의 글자로 기반(羈絆)이 머물게 되면, 능히 충하지 못하므로 오히려 '사유축'이 온전한 것이 기쁘다. 이것이 정충의 격이다.《희기편》에 이르기를, "만약 상관을 만나 월에 세우면 흉처와 같으나, 반드시 흉이 되지는 않는다. 안으로 정(正)·도(倒)·록(祿)·비(飛)'가 있으니, 관성을 꺼리고 또한 기반 됨이 밉다"고 함이 이것이다.

육신(六辛)일에 오의 글자가 없고 무자(戊子)시를 얻으면, 신이 병관(丙官)과 합하여 귀하다.

– 이는 육음(六陰)조양(朝陽) 격이다. 곧, '무진 신유 신축 무자'와 '무진 신유 신유 무자' 그리고 '을축 경진 신유 무자'의 경우인데, 곧 이의 격이다.《희기편》에 이르기를, "육신일에 시에서 무자를 만나면, 오의 자리가 밉고 서방을 기뻐한다"고 함이 이것이다.

육계(六癸) 일에 천간으로 토가 없는데 갑인(甲寅)시를 얻으면, 인이 사를 형하여 인형사(寅刑巳)격으로 더욱 기이하다.

– 이는 형합(刑合)격이다. 이 격의 주인은 성품과 기질이 강하여 크게 살피고 명쾌함

을 본다. 곧, '을미 갑신 계유 갑인'의 경우, 신 중의 경금이 갑목을 상함이 밉다. 인ㆍ신(寅申)이 대충(對衝)한 고로 비록 귀하였으나 그 분수를 감하니, 이(利)재는 두터웠으나 그 이름은 낮았다. 《희기편》에 이르기를, "육계일이 시(時)에서 인위(寅位)를 만나면, 세와 월에서 사와 무의 2방위를 두려워한다"고 함이 이것이다.

계에 병화와 무ㆍ기가 없고 경신시라면, 1사의 재ㆍ관과 합한다.[19]
– 이는 전인(專印)합록(合祿) 격이다. 전식(專食)과 더불어 같이 본다.

임에 '자오묘유'의 정기(正氣)가 있으면, 주가 4계(季)의 토록(土祿)을 겸한 것이다.
– 임일이 주(主)가 됨에 이미 관ㆍ살이 없는데, 도리어 '자오묘유'를 얻어 사정(四正)이 되면, 능히 '진술축미'를 합출(合出)하여 관록이 된다. 반드시 4정이 모두 모이지 않아도 가능하나, 다만 4자(字)를 온전히 얻음이 묘하다.

계일도 위와 같다. 토요(土曜)가 침범하지 않고, 이를 얻은 것은 이해가 함께 교차한다. 관은 높은데 몸은 병드니, 이를 만난 것은 형(刑)과 은혜(惠)가 확실하다. 직(職)은 숭한데 심은 가난하다.
– 계일을 위수하면 도리어 토록(土祿)이 밉다. '자오묘유'를 보면 임일과 더불어 같으나, 길ㆍ흉이 서로 동반하는 것이다.

갑 곡직(曲直), 병 염상(炎上)이면, 관은 높으나 극처(尅妻)에 부하지 못하다. 무 종혁(從革) 경 윤하(潤下)는 임직은 중하나 후사가 적고 저절로 빈한다.
– 갑이 해묘미를 본 것을 일러 곡직이라 하고, 병이 인오술을 보면 염상이라 한다. 무가 사유축을 보니 왈 종혁이요, 경이 신자진을 보면 윤하라 이른다. 갑ㆍ병이 목ㆍ화의 국(局)을 본즉 태왕한데, 능히 삼합하고 또 관국을 차출(叉出)한다. 고로 주의 관이 높은 것이다. 그러나 양인 겁재가 있는 고로 처를 극한다. 무ㆍ경이 금ㆍ수 국을 본즉 탈기(脫氣)하는데, 능히 삼합하여 또[20] 관국을 줄하는 고로 주의 직이 중하다. 그러나 주중에 원래 관ㆍ살이 없는 까닭에 자식이 적다. 이 4격의 요지는 곧 모두 편당(偏黨)하다는

---

[19] 원문은 1기(己)로 보이는데, 사(巳)가 되어야 할 것 같다.
[20] 이는 원문에 '깎지 낄 차(叉)'로 되어 있는데, 우(又)로 보아도 뜻은 통한다.

것으로, 이런 까닭에 복록이 온전치 못한 것이다.

본신이 휴·수의 땅을 범하고 아울러 관귀를 충하는데, 어찌 탄식하는가.

- 곧, 신해일의 경우, 이미 관·살이 없고 본신마저 왕하지 못하니 어찌 추창 즉 슬프고 실하지 않을 수 있겠는가. 그러나 사람들이 알지 못하니, 해의 글자가 많으면 역시 능히 사(巳)중의 관·인을 또한 낚아 드러냄으로, 귀함이 된다. 고로 어찌 탄식하는가? 라고 되묻는 것이다.

자전(自專)에 관왕의 지지라면, 함께 녹과 자식을 낚시질하여 오히려 귀하다.

- 이는 곧 '정사, 계해, 병오, 임자' 등의 일주다. 자좌(自坐)에 '임관 제왕'의 궁으로, 지지의 신이 많으면 능히 대궁(對宮)의 관록을 충출한다. 위의 글과 더불어 그 뜻이 같다.

음목이 홀로 자시를 만나고 관성이 없으면, 을이 쥐의 소굴을 진압함에 가장 귀하다.

- 이는 육을(六乙)서귀(鼠貴) 격이다. 《희기편》의 문장과 뜻은 같다. 곧, '갑인 무진 을해 병자'의 경우, 사주에 다른 격이 따로 없으면, 병자를 동요한다.[21] 또한 이는 동요치 않아도 안연(安然)하여 귀함이 되었다. 경에 운, "용신은 동요함이 불가하다"는 것이 이것이다. '갑인 계유 을해 병자'의 경우, 월령 편관이 본신을 상하는데 일하(日下) 인수의 왕함에 의지함으로, 역시 잃지 않고 의록이 되었다. 그러나 '신해 갑오 을해 병자'의 경우, 이 명은 귀인이 오의 파를 당하고 양(兩) 해(亥)가 자형이다. 본신이 이미 사지에 있는데 또 자형을 보니, 양쪽으로 다 의지할 바가 없다. 고로 주가 빈천하였다.

양수가 거듭 진위(辰位)를 만나고 충극됨이 없으면, 임기(壬騎)용배(龍背)라 범상치 않다.

- 이는 임기용배 격이다. 《희기편》의 문장과 뜻은 같다. 곧, '임진 갑진 임진 임인'의 경우, 임이 기[22]를 써서 정관이요, 정은 정재가 된다. 진의 글자가 많으면 술(戌) 중의 관고(官庫)를 충출(衝出)하고, 오 중의 재·관을 허합(虛合)하며, 다시금 '인오술' 삼합으로 화국(火局)을 이루는데, 임이 이를 얻으니 귀하다. '임인 임인 임진 임인'의 경우는, 임일이 병화를 봄인데, 인(寅)에서 생함이 있으니 사(巳)가 곧 재이다. 또 인의 글자

---

[21] 을·기에 신·자 천을귀인의 뜻을 허합으로 부른다는 것이다.

[22] 원문도 사(巳)로 보이나, 이는 기(己)가 맞다.

가 많아 오·술의 재·관을 합기(合起)하는 고로, 이(利)재가 그 이름을 능가한 것이다.

경일이 윤하를 온전히 만나면 '임계·사오'의 방위를 꺼린다. 시(時)에서 자(子)나 신(申)을 만나면 그 복을 반감한다.

– 이는 정란차(井欄叉)의 격이다.《희기편》의 글과 그 뜻은 같다.

합관(合官) 합재(合財)하면 공경을 짓는데, 휴·수 극해의 욕됨을 막아야 한다.

– 합관이란 곧 을일이 경을 본 예가 되고, 합재란 곧 갑일이 기를 본 종류의 사례로, 곧 십간 변화의 도(道)이다. 부(賦)에 운, "화(化)가 참된 것은 공·경의 큰 이름이요, 화가 거짓된 것은 고아에 다른 성씨다"고 하였다. 곧, 을·경 화금(化金)에 수지(水地)를 본즉 휴수되고, 화지(火地)를 본즉 극해(尅害)된다. 무릇 합을 두름에, 혹은 독왕(獨旺)하여 스스로 화함을 취함에 수긍하지 않는 것이 있고, 혹은 합한 중에서 충·파를 본 것, 혹은 한 쪽이 파극(破尅)된 것 등이 있는데, 이들은 합을 이루지 못한다. 혹은 화함에 '휴수·사절의 땅'에 있어 잃거나 잘못된 합이 되면, 필연적으로 함몰되고 막혀 불리하니, 이는 화가 거짓된 것이다. 곧, 기가 갑을 보는데, 다시금 기미를 보아 득지(得地)하면, 기토의 왕고(旺庫)가 된다. 병이 신을 보는데, 다시금 신묘를 보면 실지(失地)가 되니, 병화가 묘(卯)에서 패힌디. 무와 계가 합하는데 무술을 보아 득지하면, 무·계가 화(火)로 화하니 오는 화왕(火旺)의 땅이다. 그러므로 모름지기 계수가 먼저 득지해야 바야흐로 중화(中)를 얻음에 합한다.

만약 실지(失地)하고 때를 얻지 못한즉 수명을 상한다. 대개 화는 왕함으로 귀함이 되니, 신약으로는 이길 수 없으므로 귀(貴)를 늘어놓아도 역시 잃어버리는 것이다. 또 병과 신이 합함에 신미의 양화(陽火)를 보면, 기가 미에서 약해지니 요절함이 많고, 혹 색(色)으로 인해 상한다. 주에 임이 있어 병을 극하거나, 혹은 임이 신(申)상에 있어 자체로 생하거나, 인궁 화생(火生)의 땅을 대충(對衝)하게 되면, 수명을 꺾음에 의심치 않는 것이다.

또한 탐합(貪合)망관(忘官)의 경우가 있다. 곧, 정(丁)일이 둘 셋의 임(壬)의 글자를 보면, 정은 하나요 임은 무리가 되니 한 사람이 많은 무리를 능히 이길 수가 없다. 곧, 오합지졸과 같은 선비라, 홀로 높이 설 바가 없으니 어찌 능히 성공하리오. 만일 정이 힘이 있다면, 근근이 얻음이 있어 반 정도는 길하다. 또 갑과 기가 합하는 경우, 갑목에는 통기(通氣)하는 궁이 없고 기토에는 바른 뜻의 자리기 있으면, 비록 함하더라도 그 올바름을 잃으니, 역시 위와 같이 논한다. 만약 갑·기 양쪽이 모두 득위(得位)하였다면,

귀현(貴顯)고극(高極)한다.

《경(經)》에 이르기를, "갑·기가 토향(土鄕)에서 목이 성하면, 인의를 발양하고 명군을 보좌한다. 병·신합에 병이 왕하고 신을 생하면, 진수(鎭守)위권(威權)의 직이다. 을·경이 금국에 들고 목의 자왕함을 아우르면, 문인(文仁)무의(武義)가 쌍전하다. 무·계가 화왕을 얻고 다시금 수가 독왕하다면, 예율(禮律)지용(智勇)을 구비한다. 정·임에 수화기제를 이루면, 물과 물고기가 같이 화합한 것이다. 음양 간지가 상합함이여, 군신이 경회(慶會)한다. 높은 언덕에서 봉황의 울음소리를 들으니, 필히 강장(疆場) 즉 마당 끝에서 송골매가 날아오른다"고 함이 이것이다.

곧, '갑진 무진 기사 신미'의 경우, 기일이 갑을 얻어 정관이 되고, 3월에 미(未)상에서 이끌어 통기하며 겸하여 정인이 된 고로, 주가 극귀(極貴)하였다. '무신 경신 계해 무오'의 경우, 계가 7월에 생하니 인왕하고 천덕(天德)의 땅이라. 무와 합하여 관을 삼고, 오시로 화왕의 땅을 끌어오고 또한 능히 무토의 관을 자양한다.[23] 관·인이 두루 왕한 것이다. 고로 주가 대귀하였다.

공귀(拱貴) 공록(拱祿)은 장상(將相)이 되는데, 형·충과 전실(塡實)의 흉함을 꺼린다.
  – 이는 공귀공록 격이다. 《희기편》의 문장과 그 뜻은 같다. 곧, '정사 병오 갑인 갑자'의 경우, 축귀(丑貴)를 공협한다. '임자 정미 정사 정미'의 경우, 년지 자수가 오화를 충출(衝出)한 고로 대귀하였다. '계묘 경신 무진 무오'의 경우, 사록(巳祿)을 공협한다. '신축 신축 갑인 갑자'의 경우, 축(丑)자가 전실 되었으나 오히려 신(辛)으로써 정관을 삼아 논한다. '기미 무진 무인 무오'의 경우, 관·살이 많은데 인(寅)자가 신(申)을 충하여 충개(衝開)함이 된즉 공(拱)협이 이루어지지 않았다. 또 '임진 무신 기미 기사'의 경우는, 바로 이 격이 된 고로 대귀하였다.[24]

관·인이 천지로 암합(暗合)하면 그 귀함을 가히 안다. 복덕이 지지 중에 숨어 있으면 그 덕이 더욱 모인다.
  – 관·인 암합이란 즉 식신이 정관과 암합하고, 편재가 정인과 암합한 것이다. 곧, 갑이 신관(辛官)을 쓰는 경우, 병이 성하면 능히 신미(辛未)와 암합하여 관이 된다. 계를

---

[23] 오해로 상합하여, 목기를 생함이다.
[24] 위는 묘관을 공협하나 묘신합과 목고 미토로 불성(不成)이요, 아래는 오록을 공협한 것이다.

써서 인(印)으로 삼는 경우, 무가 왕하면 능히 계축(癸丑)과 암합하여 인수가 된다. 다시 금 지지에서 자가 있어 축과 합함을 얻고, 오가 있어 미와 합하면, 바야흐로 이것이 복 덕을 은장(隱藏)한 것이다. 복은 복성(福星)귀인이요, 덕은 곧 천·월덕이다. 혹은 복덕 (福德)수기(秀氣)를 가리키거나, 혹은 천을귀인을 가리키니, 이들은 지지 중에 암장해 있음으로써 묘함이 된다. 곧, '갑·무·경'이 축·미를 보지 못하고 다만 기토를 얻은 경우, 곧 이는 축·미 궁에 있는 기를 본 것으로 더욱 묘하다. 주에서 묘·을의 파가 없 으며 다시금 4계월(季月)에 출생이면 기토가 득령하니, 주가 귀인을 본 것이 기쁘다. 앞 길의 존엄이 드러나고, 처의 미모에, 처의 재물을 얻는다.

또한, "갑인이 축을 봄에, 양인이 앉아 천을의 마땅한 직(職)이 됨이 기쁘다. 미(未)를 보고 밤에 생하여 힘을 얻으면, 복의 십분 온전함이 된다. 이와 반대되면 반으로 감한 다"고 하였다.[25] 이는 사주에서 갑무경을 온전히 두르고 을축을 얻은 것을 논하니 곧 귀 (貴)를 모은 것이라, 다시금 복력을 더한다. 만약 1경 1갑에 지신(支神)으로 3-4의 축· 미를 보게 되면, 이는 역시 귀가 모인 것이 되어 복력을 더한다. 만약 본주와 귀인이 두 루 생왕하면, 다만 사소한 1자(字)라도 그 복이 스스로 온전하다. 삼합 육합이 기쁘고, 휴수와 공망·파해를 꺼린다. 시(詩)에 이르기를, "귀인이 제좌(帝座)[26]에서 관왕의 향 을 생성하면, 그 이름을 일찍이 이룬다"고 하였다. 만약 휴·수와 파제(破制)를 만나면 허명이니, 그 종적이 삼공으로부터 멀어진다.

오행의 정귀(正貴)는 형충·극해의 신이 두렵고, 사주의 길신은 관왕에 생·합(生合) 의 땅이 기쁘다.

- 오행 정귀란 곧 관성(官星)의 바른 기운이다. 곧, '갑목 유월 생'의 예로 보면, 가장 두려운 것은 '유형(酉刑), 묘충(卯衝), 정극(丁尅), 술해(戌害)'의 형충극해로 귀기(貴氣) 를 상하는 것이다. 혹 귀로써는 귀인이 되니 갑이 축을 본 경우, 축 중에 신(辛)이 있고 또 갑의 정관이 되는 종류이다. 주에서 묘·을의 극과 괴(壞)가 있으면, 축귀(丑貴)는

---

[25] 이는 갑에 축·미가 낮과 밤으로 복력이 갈림을 말하고, 아래 글에서는 을축을 말한다.

[26] 帝座는 직역하면 帝王의 권좌인데, 제좌에는 두 가지 뜻이 있다. 첫째는 세간의 통치자이고, 둘째는 음양오행 12지지 중 가장 강력한 지지 곧 자오묘유를 말한다. 이 때문에 자미대제가 거처하는 자미원의 子宮 子水가 제좌를 대표하고, 나머지 오묘유는 이를 따른다. 또한 일주가 제왕이면, 시주가 제좌가 된 다. 이 때문에 제좌로 자녀의 길흉을 보기도 하고, 당인의 말년 길흉을 보기도 한다. 여기서는 년주(年柱) 납음과 시귀(時貴)를 겸하여 말하고 있다.

사·유(巳酉)로 삼합함이 기쁘다. 을목이 축을 충극코자 하나 들어오지 못하기 때문이다. 혹 자(子)가 있어 축을 합하면, 역시 목의 극(尅)으로부터 거리를 두게 된다. 을묘가 있는 경우라도, 자·묘(子卯)로 상형(相刑)함에 능히 축·미를 극하지 못하여 천을의 귀함이 되는 것이다.

사주 길신이란 곧 '관·인·재·식'이요, 기귀(奇貴)복덕(福德) 등의 별이 모두 이것이다. 다만 하나의 별을 얻더라도, '장생 제왕 임관 정고(正庫)'에 임하고 삼합 육합의 자리에 임한다면, 부귀하지 아니함이 없다. 시(詩)에 이르기를, "인명이 생시(生時)에 하나의 강함을 얻고, 일·시로 혹 녹·마의 향(鄕)에 임하며, 전후로 마땅히 부조와 합함을 보게 되면, 필연코 의금(衣錦)이 중당(中堂)에 든다"고 하였다.《희기편》에 이르기를, "오행 정귀는 형충파해의 궁을 꺼린다. 사주 간지는 삼합 육합의 땅을 기뻐한다. 또 지지 천간으로 합이 많으면 역시 탐합망관을 말하게 되니, 2가지 뜻은 모름지기 함께 더불어 이를 논한다"고 하였다.

만약 목욕이 살을 만나면, 넋이 풍도(酆都)로 나아간다. 원(元)을 범하였는데 다시금 상한다면, 혼이 악부(岳府)로 돌아간다.

– 이는 윗글에 따른 형충·극해를 말한다. 나형(裸形)에 살을 만남은 두려우니, 이로써 생함은 미약하고 극하는 것은 중하기 때문이다. 원명에서 이를 범하여 이미 불길함이 되었는데, 세·운에서 다시 범하면 결단코 죽음을 의심치 않는 것이다. 곧, 명원(命元)에서 관·살을 범했는데, 거배(去配)함이 맑지 못하다. 사주에 식신도 없으면 가히 세와 운에서 풀어낼 뿐인데 다시금 이를 본즉, 죽는다는 것이다. 만약 원국에 파인(破印)함을 범했는데, 유년에서 재범(再犯)한즉 죽는다. 무릇 용신에 손상됨이 있는 것은 모두 이에 해당한다. 이 4구절은 낙록자의 본문이다.

살(煞)이 두려운데 살을 만나면 곧 요절이요, 관(關)이 근심인데 관에 떨어지면 곧 망함이라.

– 이 역시 윗글에 기인하여 펴고 밝힌 것으로, 주중에서 원래 관·살이 두려운 경우다. 곧, 갑이 경신(庚申)을 보아 살이 되는데 세·운에서 다시 볼 경우, 사주에서 구하고 풀 것이 없으면 요절한다. 년살(年煞)은 더욱 중하다. 인이 있으면 화하고, 식이 있으면 제하며, 양인이 있은즉 합하고, 신왕인즉 대적하는데, 만약 살왕(煞旺)의 운을 행하면 역시 요절한다. 또, 갑일이 진(辰)을 본 경우, 양(陽)의 극수(極數)가 되는데 또 철

사관(鐵蛇關)이 된다. 임이 축을 보고, 경이 술을, 병이 미·신을 본 경우, 모두 양관(陽關)²⁷이라 중하다고 한다. 을이 진을 보고, 계가 축을, 신(辛)이 술을, 정이 미·신을 보면, 음관(陰關)이 되니 다소 가볍다.

사주가 유년을 범하고 또 운이 행함에 휴·수를 범하면, 주가 사(死)한다. 혹은 신살 귀적(鬼賊)에 피습돼도 마찬가지다. 혹은 말하기를 관살(關煞)의 이름은 심히 많은데, 곧바로 칠살이나 양관을 말한 것은 아니다. 그 상세한 것은 앞에서 논한 수요(壽夭) 및 소아(小兒)관살(關煞) 하편을 보도록 한다.

관살(關煞)을 합해서 끌어오면 그릇되이 몸을 상하고, 중하(中下)가 멸절이면 수명을 횡사 요절한다.

— 인합(引合)관살이란, 곧 병화가 이미 약한데 또 신미를 본 경우다. 병·신이 이미 합하여 병으로 나아가 신의 관인데, 미의 자리는 곧 병이 양관(陽關)을 범한 것이다. 다시금 임수의 내극함을 당한즉 망(亡)신한다. 혹 이에 신해(辛亥)의 살지가 오면 더욱 긴박하니, 이를 범하면 그 허물로 인해 횡리(橫罹) 즉 뜻밖의 재앙이 된다. 곧, '병술 정유 신유 을미'의 경우, 임신년에 죽음이 이것이다. 중하멸절이란 곧 임술일의 경우다. 이는 재고에 앉음이 되고 또 좌살(坐煞)의 일지로, 이에 있은즉 능히 장수한다. 그러나 만약 임진운을 행하면, 임·계 수가 신에 모여 술 중의 회·토를 극파한다. 달리 가히 구함이 없은즉 요절하는 것이다. 이는 그 이름을 도충(倒衝)명원(命元) 즉 명의 근원을 뒤집고 충하였다고 한다. 토(土)가 왕하지만 또 수(水)도 왕하다면, 토신이 스스로 붕괴되니 어찌 이를 거짓으로라도 구할 수 있을 것인가. 수왕(水旺)인즉 화멸(火滅)이라, 고로 중하멸절이라 한 것이다. 중하란 곧 '지원 인원의 중·하'에 있는 것을 나누어 말한 것이다. 나머지도 이같이 추리한다.

상관(傷官)·견관(見官)은 화환(禍患)이 백단(百端)이요, 축마(逐馬)·봉마(逢馬)는 노고(勞苦)가 천반(千般)이라.

— 이는 그 꺼리는 바를 홀로 범한 까닭에 불길하다는 것이다. 상관이 관을 보면, 오직 재성이 있어야 가히 상함의 독을 해소하고, 관의 노여움을 덜어서 전화위복이 된다. 축마 즉 겁재는 오직 관·살이 있어야 가히 양인의 겁탈을 제지하는데, 오히려 노력하면

---

²⁷ 자신을 중심하여, 12운성의 쇠지로, 인수 입묘의 자리다.

역시 그 재물을 얻을 수도 있다. 만약 비견이 많다면 저것은 강하고 나는 약함이라, 비록 덜고 소모됨은 있어도 역시 그 재물을 얻을 수는 있다. 그러나 그 균형과 공평함을 얻지 못하니, 대략 온전함의 3 내지 4분의 1에 그치게 된다.

재가 양인을 만나면, 이로써 상함이 많다. 인수가 처·재를 보지만, 깨지는 않는다.
 – 이는 또한 윗글의 뜻과 같다. 무릇 명에서 가장 꺼림은 양인이라. 재(財)격은 파(破)를 당하고, 인(印)격은 탈(奪)취를 당하며 그리고 관(官)격은 충(衝)함으로 노하니, 단지 칠살이 이를 제지함이 기쁘다. 음인(陰刃)의 힘은 미약하므로, 무방하다. 인수가 처·재를 보면, 이는 탐재괴인으로 설한다. 세와 운에서 또 보게 되면, 주가 파재 상처한다. 혹은 처로 인해 송사에 이른다. 만약 원국에 재성이 없거나, 혹은 재성이 미력하다면, 세·운에서 이를 보아도 다소 가볍다. 오직 관·살이 나아가 이를 풀며 생하고 권면하게 되면, 도리어 천거를 얻어 이름을 이룬다.

식신이 효신을 만나는데, 재가 없은즉 요절한다. 신약에 재가 있는데, 정인을 중하게 만나면 역시 흉하다. 인수를 만나 제살(制煞)함에 충이 있은즉 주(誅)살을 당함이라. 명강(命强)에 무관인데, 칠살을 단독으로 만남은 더욱 수승하다.
 –《희기편》에 이르기를, "사주 중에서 칠살을 온전히 만났는데, 신약하면 극빈(極貧)에 한 평의 땅도 없다"고 함이 이 뜻이다.

삼형에 대충(對衝)하면 횡화(橫禍)가 생하고, 양인이 대합(對合)하면 재앙이 이르지 않는다. 목욕이 생을 쫓으면 집안의 객이 없고, 휴·수에 살을 보면 매장할 수 있는 사람이 아니다.
 – 목욕 휴수는 모두 신쇠(身衰)한 것이니, 여기에 생을 쫓은즉 부평초 떠돌이요, 살을 본즉 상한다.

월하(月下)의 겁재는 주가 재물이 없는데 칠살이 기쁘다. 인수가 없다면 획득함이 있게 된다.
 – 살은 능히 양인을 제압하고, 인수는 능히 칠살을 화한다. 만일 화한즉 능히 양인을 제하지 못한다. 고로, 살이 기쁘고 인수를 제거한다는 것이다.

암중에 인친(印親)을 파하면, 괴인(壞印)이 된다. 인수는 관이 기쁜데, 식신이 없으면 이로써 봉함을 더한다.

– 재는 능히 파인하고, 관은 능히 생인한다. 식이 있은즉 괴관(壞官)하고, 또 생재하여 인수가 충분히 상함을 받는다. 고로 관이 기쁘고, 식신은 제거해야 한다는 것이다.

관살(官煞)혼잡(混雜)은 천하고 우환이라, 형제가 너무 많으면 나뉘고 흩어진다. 인수가 기쁜데 제함이 없으면 능히 문관이요, 제함이 기쁜데 인수가 없으면 능히 무관이라. 제함과 인수가 두루 있으면, 녹록(碌碌) 즉 자갈밭의 힘듦이라 이루기가 어렵다.

– 인수는 능히 화살(化煞)하고, 식신은 능히 제살(制煞)한다. 화함이 있으면 제함이 없어야 하고, 제함이 있으면 화함이 없어야 한다. 제·화가 너무 많으면 곧 살이 무기하니, 도리어 길함이 되지 못한다. 양인(羊刃)은 오롯이 살의 제함에 의지하거나, 혹은 화하여 인수를 지어야 한다. 곧 무일에 오월의 종류이다. 이는 곧 제·화가 단지 그 하나를 용함에 그쳐야 한다는 것으로, 비로소 모두 능히 이룸이 있게 되는 것이다.

녹·마(祿馬)가 배·축(背逐) 되면 춥고 배고프다. 재·인(財印)이 서로 파하면 주머니기 묶인다. 관이 살을 두름이 기쁘니 권형이 되고, 살이 관을 두름이 사랑스러우니 귀함이 된다. 관이나 살을 하나만 보게 되면, 찌질하고 자질구레하여 이르지 못한다.

– 배록·축마에 재·인이 상파하면, 모름지기 관·살을 중첩해서 보아야만 바야흐로 능히 비·겁을 제어한다. 그리하여 재를 생하며, 또 재를 화하여 인수를 생하는 것이다. 만일 하나만 보게 된즉 그 힘이 박약하니, 어찌 능히 그 뜻을 마치겠는가.

효·인(梟印)이 상잡하면 총애와 치욕이요, 재마(財馬)가 태다하면 곧 도기(盜氣) 즉 기를 도적질 당함이라. 신왕으로 복이 됨을 기뻐하고, 운이 약하여 재앙을 생함은 꺼리는 것이다.

– 편·정 2인(印)이 상잡하고, 편·정 2재(財)가 두루 같이 있는 경우, 신약이면 능히 재와 인의 두 가지를 이루지 못한다. 그 생함에 더불어 그 재(財)를 받음이라, 중간에 편·정의 강약을 나누어 봄을 요한다. 만약 편인·편재가 강하고, 신왕 운이 강하게 치달리면 곧 발복한다. 정인·정재 역시 그러하다.

관·록이 극파되면 죽고 요절한다. 고·묘(庫墓)가 충극되어 흩어지면 먹을 것 없다. 거듭 충파하고 의지할 것이 없음을 꺼리는데, 비견이 기쁘니 가히 구하게 된다.

— 관은 관성이요, 녹은 정록이다. 곧 갑이 신(辛)을 본 경우, 인목이 또 경신(庚申) 및 사와 오를 보는 종류가 된다. 세와 운에서 다시 본즉 요절한다. 만약 신왕에 비견이 있으면, 역시 가히 왕함으로 지어 논한다. 곧, 갑이 축으로써 관고(官庫)를 삼는 경우라면, 미의 글자를 얻어 충개함을 요한다. 미를 쓸 경우에 2축을 봄은 불가하고, 축이 있는 경우 2미를 봄은 불가하다. 또 정축 정미는 꺼리는데, 정이 신관을 상하는 종류이기 때문이다. 계미 계축을 보면 계수가 능히 정화를 제압한다. 기축 기미라면 기토가 능히 신관을 생한다. 기는 갑의 재가 되고, 계는 갑의 인수가 되며, 병은 갑의 식신이 되는데, 간지가 생왕하고 파가 없는 것은 부귀하다. 다소의 충극이라도 본즉 분수를 감하게 되는데, 충극이 크게 심하면 도리어 가난하고 막히게 된다.

이상 잡기에서 '재관 인수 식신 상관 관살 양인 비견 효신'의 예를 들고, '상기(相忌) 즉 서로 꺼림과 상수(相須) 즉 서로 마땅함 및 상제(相制) 상합(相合)'을 교호하면서, 이를 말하였다. 곧 그 소용되는 신의 상황이 어떠한가를 보고, 일간의 강약 여하를 살피는 것이다. 경(經)에 이르기를, "일주는 건왕함이 가장 마땅하고, 용신은 손상함이 불가하다"고 하니, 이 말은 간단하면서도 극진한 것이다.

겁재 양인이 때를 만남은 가장 꺼리는 것이니, 세·운이 함께 임하면 재앙이 서서 이른다.

세가 운을 충(衝)한즉 붕괴되고, 운이 세를 극(尅)한즉 어두워진다.

— 이하에서는 세와 운을 오롯이 논한다. 세(歲)란 하늘이 덮은 바의 것이요, 운(運)이란 땅에서 실은 바의 것이다. 세와 운, 이 둘이 서로 충격함은 불가하니, 중한즉 무너지고 가벼운즉 어두워진다. 명 중에서 가장 요하는 바는 서로가 화합하는 것인즉, 천지가 태평하면 형통하여 복록이 스스로 이른다. 태세가 운을 충하면 그 화가 중하고, 운이 태세를 극하면 그 화가 가볍다.

《연원(淵源)》·《연해(淵海)》의 여러 설을 두루 고구하니, 운이 세를 극하는 것은 중함이 되고, 세가 운을 극하는 것은 가벼운즉 일이 세군을 범하는 뜻과 같다. 내 명(命)을 시험 삼아 살펴보니, "정사운을 행함에 계해를 만났을 때, 유년 계가 정을 상하고 해는 사를 충하니, 이는 세가 운을 충함이라. 그 해에 파관삭직하고 모친상을 입었으며 화를 받음이 가장 처참하였다"고 하였다. 가히 이로써 그 예를 추리할 수 있었던 것이다.

음기를 마치면 양기가 일어나 시작되니, 죽음이 아니라면 감히 무엇을 탄식하리오. 양수(陽數)가 극에 이르면 음명(陰命)이 이를 쫓으니, 죽음이 아니라면 또 무엇을 기다릴 것인가.

- '갑이 진을 보고, 병이 미를, 무가 축을, 경이 술을, 임이 축'을 보면 양기의 극(極)이요. '을이 술을 보고, 정이 축을, 기와 계가 미를, 신(辛)이 진'을 보면 음수의 종(終)이 된다. 세·운에서 이를 보면 더욱 흉하다. 또 이르기를, "'을·진 정·미 기·축 신·술' 역시 음부(陰符) 즉 음의 조짐이 오니 양수를 쫓는다고 먼저 판단한다. 만약 마땅하여 사주를 생함에 그친다면 무해한데, 가장 두려운 것은 이미 생하여 있는데 세·운을 범함이다. 또한 서서 죽음을 보는 것이다"고 하였다. 또 이르기를, "음간이 양극(陽極)을 만나면 음이 양관(陽關)을 만남이 되고, 양간이 음종(陰終)을 만나면 양이 음관(陰關)을 만남이 된다. 신약하여 힘이 한쪽으로 몰리면 모두 요절하는 것이다. 신왕한데 비견을 얻어 무리로써 도운즉 무해하다"고 하였다.

오행의 구함이 있으면 마땅히 근심할 것을 근심치 않고, 사시(四時)로 공망을 만나면 기쁨을 들어도 기쁘지 않다.

- 이는 인명에서 만나는 세·운의 흉함을 발한다. 이상은 기(氣)의 마지막과 수(數)의 극에서 충·극하는 종류에 관한 언급이다. 곧 오행의 구함이 있을 경우 당우(當憂)불우(不憂)가 된다. 사시로 공망을 만남이란 유년 태세에서 길신을 만났는데 도리어 공망을 둔즉 문희(聞喜)불희(不喜) 한다는 것이다. 혹 이르기를, "갑이 경을 두려워하는데, 을을 얻어 가히 구한다. 또 봄에 토가 없으면 토가 두렵지 않다. 흉이 됨은 기쁘지 않으니, 토는 복의 종류가 되기 때문이라"고 하였다. 경(經)에 운, "경·신이 와서 갑·을을 상하는데, 병·정을 먼저 보니 위급함이 없다. 춘에 토가 없음과 하에 금이 없음, 추에 목이 없음과 동에 화가 없음이 곧 이것이다"고 하였다.

이로써 음양의 그물로 측량하였으나, 한 길로만 고집하여 추리함은 불가하다. 귀천은 나누기 어려우니, 요는 양 끝을 다 잡아서 판단하는 것이다. 이상으로 간략히 옛 성인께서 남긴 글들을 엿보고 요약하여, 지금의 현사들이 연구할 수 있도록 상세히 한다. 만약 이 법에 순종하여 따르고 참여하여 깨달으며 명을 감정한다면, 어긋나고 잘못됨은 거의 없을 것이다.

- 이는 위에 기록된 모든 격의 뜻을 총결한 것이다. 이상 제출한 모든 격은 전권(前卷) 즉 앞의 권들에서 또한 두루 구비하여 논한 것이다. 고로 모든 격의 아래로는 상세한 주해를 하지 못한다. 《희기편》·《계선편(繼善篇)》은 이 부(賦)에 따라, 그 변화를 취하여 제출한 것이다. 지금 사람들은 다만 이 2편이 있음을 알 뿐이요, 이 부가 있음을 알지 못하는 고로 이를 기록해 둔다.

星命部彙考六十二
三命通會 三十四

元理賦. 眞寶賦.

三命通會 三十四

【元理賦】 원리부

대저 일기(一氣)가 오행을 생하고, 삼재(三才)의 줄기로 이를 돋어하며, 만물에 두루 미쳐 건곤(乾坤)이 묘용을 발하고, 음양의 추기(樞機) 즉 지도리와 틀로 중추를 나누어 사방에 옮겨 자리한다. 그 귀천을 나누고, 그 중도를 얻으므로, 팔자에 일정하게 영고성쇠가 있게 된다. 이로부터 강하여 그 생극(生尅)제화(制化) 청탁(淸濁)귀천(貴賤) 수요(壽夭)현우(賢愚)를 나누어 밝힌다.

– 이것이 원래 조화의 처음이다.

금뢰(金賴)토생(土生) 즉 금이 토의 생에 힘입은 것이지만, 토다(土多)금매(金埋) 즉 금이 많으면 토가 묻힌다. 토뢰화생이나 화다에 토초(土焦) 즉 토가 그을리고, 화뢰목생이나 목다면 화치(火熾) 즉 불타 사라지고, 목뢰수생이나 수다면 목표(木漂) 즉 목이 둥눙 띠다니고, 수뢰금생이나 금다면 수탁(水濁) 즉 물이 탁해진다. 금능(金能)생수(生水) 즉 금이 능히 수를 생하지만, 수다면 금침(金沈) 즉 금이 가라앉는다. 수능생목하나 목성(木盛)수축(水縮) 즉 목이 성하면 물이 줄어들고, 목능생화하나 화다에 목분(木焚) 즉 나무가 불타며, 화능생토이나 토다면 화회(火晦) 즉 불이 어둡고, 토능생금하나 금다면 토변(土變) 즉 토가 변질되는 것이다. 금능(金能)극목(尅木) 즉 금이 능히 목을 극하지만, 목견(木堅)금결(金缺) 즉 목이 굳으면 금이 이지러진다. 목능극토하나 토중(土重)목절(木折) 즉 토가 중하면 목이 부러지고, 토능극수이나 수다면 토류(土流) 즉 토가 떠내려가고, 수능극화 하지만 화염(火炎)수열(水熱) 즉 화가 뜨거우면 물이 끓고, 화능극금이나 금다면 화식(火熄) 즉 불이 꺼진다. 금쇠(金衰)우화(遇火) 즉 금이 화를 보면 쇠약해지나, 보아야만 반드시 소용(銷鎔) 즉 녹여 쓸 수 있다. 화는 수를 보면 약해지나 반드시 식멸(熄滅) 즉 끄고 없앰이 되며, 수는 토를 보면 약해지나 반드시 어색(淤塞) 즉 진흙으로 홍수를 막음이 되고, 토는 목을 만나면 쇠하지만 경함(傾陷) 즉 필히 기울고 빠짐을 만나야 한다. 목이 금을 보면 약해지나 감절(砍折) 즉 쪼개고 잘라야만 필요가 된다.

　－이상은 태과(太過)불급(不及)을 말한 것으로, 각각에 그 해(害)가 있는 것이다. 이 같은 까닭에 오행 사주를 봄에 있어서는 불가불 중화(中和)를 말하지 않을 수 없다.

　강금(强金)이 득수(得水)하면 바야흐로 그 예리함을 꺾을 수 있고, 강수가 득목하면 바야흐로 그 기세를 설기(泄氣)하며, 강목이 득화하면 바야흐로 그 완고함을 화(化)하고, 강화가 득토하면 바야흐로 그 화염을 멈출 수 있으며, 강토가 득금하면 바야흐로 그 해로움을 제어할 수 있는 것이다.

　－이상은 오행의 극제(尅制)를 말한 것이니, 요는 중화를 얻음에 있다. 달리 태과불급은 모두가 그 바름을 잃은 것이다.

　이치를 꿰뚫은 사람이 그 드러남을 살피고 그 숨은 것의 묘함을 융화한다 함은, 곧 그 체(體)가 되는 것이다. 능히 깊게 통변하여 이로써 원래의 미묘함을 궁구한다 함은, 곧 그 용(用) 즉 쓰임이 된다. 그 경중을 논하자면 원래 있음과 원래 없음이 있고, 천리(天理)가 붙여 옴에 길흉동정이 있으며, 인생에서 나뉘어 정해짐에 비태(否泰)휴영(虧盈) 즉 태평함과 아님이 있고 또 차고 이지러짐이 있는 것이다.

　－이상은 간지 음양에 통하여 논한 것이다. 생극제화의 실체와 그윽한 쓰임이 경중의 유무로 드러나니, 길흉·동정과 비태·휴영이 다 이에 응한다. 모두가 이로부터 생한 것이다. 묘함은 그 통변을 알고 그 원미(元微)함을 구하는 데 있다. 드러난 것에서 유래하여 그 숨은 것을 추리하니, 마치 그 이치를 얻은 것과 같다. 이하는 곧 이를 상세히 말한 것이다.

살에 양인이 없으면 권위가 없고, 양인에 칠살이 없으면 드러나지 않는다.

- 살은 곧 나를 극하고, 인(刃)은 곧 나를 겁박하는 것이다. 명 중에서 가장 흉한 것이라, 첫머리에 살·인(煞刃)을 말한다. 그 중한 바를 더불어 알아야 한다. 부(賦)에서 말하기를, "양인은 병기가 되니 살이 없으면 존재하기 어렵고, 살은 군령이 되니 칼날이 없으면 존귀하지 못하다. 살과 인이 함께 나타나면, 하늘과 땅에 위진(威鎭)을 떨친다"고 함이 이것이다. 서대승(徐大昇)은 《희기(喜忌)》와 《계선(繼善)》의 2편을 보고 난 뒤, "이로써는 사람의 명(命)을 다하기에 부족하므로, 다시금 이 부(賦)를 찬하여 그 미비한 점을 보충하고자 한다"고 하였다.

살과 인의 경중이 상정(相停) 즉 서로 맞서면, 그 자리가 왕과 제후에 이른다. 인과 살의 가볍고 무거움에 제어함이 없으면, 그 몸이 서리(胥吏) 즉 하급 관리에 머문다.

- 살인상정한 것은 극귀(極貴)이나, 불상정한 것은 극천(極賤)함을 말한다. 살과 인의 상정과 불상정으로 인해, 귀천이 서로 이같이 달리 매이는 것이다.

평생에 부하거나 또 귀함이 있어도, 살은 중하고 본신이 유약하면 중도에 홀연히 죽거나 혹은 위태로우니, 운에서 천간의 왕함을 도운 것이라.

- 이미 불상정이라면 종살(從煞)함과 같지 못하다. 능히 종(從)한디 함은 빈드시 살중(煞重)신유(身柔)한 이후에 사히 종할 수 있다. 그렇지 못하면 능히 종하지 못한다. 이미 종살이라 하면 다만 살로써만 논할 뿐, 다시금 신왕함을 만나 상적(相敵) 즉 적을 상대하고자 함은 불가하다. 대적한즉 도리어 화를 생할 따름이다.

처신함에 승·도(僧道)의 우두머리이나, 용살(用煞)함이 반대로 가볍다면 대간(臺諫)의 직을 받는 때가 있으니, 이는 편관이 득지한 것이다.

- 칠살은 권성(權星)이 되고 또 고성(孤星)이 되는데, 이는 본신과 살이 양강하고 칠살에 제어함이 있는 경우다. 신약에 종살이면 모두가 귀한데, 살이 많으면 대간의 관직이 된다. 만약 신왕살경하고 다시금 청기(淸奇)함에 들면, 필시 승도의 우두머리라 할 것이다.

어찌 알겠는가! 대귀한 것은 용재(用財)하지 용관(用官)하지 않음을…, 마땅히 권(權)을 쥔 자는 용살(用煞)하지 용인(用印)하지 않는다. 인수는 살에 의뢰하여 생하고, 관은 재왕함에 기인하기 때문이다.

- 용재 · 용관하지 않는다 함은 재생관(財生官)하기 때문이다. 용살에 용인하지 않음은 살이 생인하기 때문이다. 고로 이르기를 인뢰살생(印賴煞生)이요, 관인재왕(官因財旺)이라. 용인에 용관하지 않음이 없고, 재 · 살(財煞)을 전용한다고 한즉, 관(官)과 인(印)은 그 중에 있다. 인뢰(印賴)의 두 구절은 윗글의 4구를 그대로 이어서 스스로 이를 밝힌 것이다.

오행의 소식은 원리(元理)에서 가히 알고, 사주로 추명(推命)함은 용신(用神)으로 가히 볼 수 있다. 식(食)이 앞에 있고 살(煞)이 뒤에 있으면, 공명이 양전하다. 유가 묘를 파하고, 묘가 오를 파하므로, 재관(財官)이 쌍미(雙美)한다.

- 사람의 팔자는 오로지 용신을 보는 것이다. 용신이란 쓰임 되는 바의 신이니, 곧 위에서 용살(用煞) · 용인(用刃) · 용재(用財)라 한 것이 그것이요, 용관(用官) · 용인(用印)은 아니다. 그 이치가 깊고 원묘하여 사람의 소식(消息)이 여기에 있을 따름이다. 살을 논함에는 마땅히 양인이 있어야 하는데, 양인이 없으면 유제(有制)함을 요하니, 살강에 유제라면 모두 귀함이 된다. 살은 그 명예를 주로 하고, 식은 그 이익을 위주로 한다고 논한다. 고로 이르기를, "공명이 양전이라 함은 유파묘(酉破卯) 하고 묘파오(卯破午) 한다는 것이다."고 하였다. 또한 식전(食前)살후(煞後)의 뜻이란, 유는 묘로써 재를 삼고 오로 살이 되는데, 살 · 재(煞財)를 겸하여 있는 고로 주의 재 · 관이 쌍미하다는 것이다. 그러나 서로 파하는 이유는 이로써 상극(相尅)하기 때문이니, 사정(四正)은 필히 상파(相破)한다.

복을 누림은 오행이 귀록(歸祿)함에 있고, 미수(眉壽)를 얻음은 팔자가 상정함에 있다.

- 이는 명 중에서 가장 필요로 함을 예를 들어 말한 것이다. 귀록을 요하고 상정(相停)을 요한다. 사절(死絶)됨과 편당(偏黨)함은 불가하다. 향복(享福)은 귀록에 속하고 미수는 상정에 속하니, 각각의 뜻에는 취할 바가 있다.

화가 어두우면 가색(稼穡) 즉 심고 거둠에 빛이 없고, 도목(盜木) 즉 목기를 도둑질함이 많으면 병 · 정(丙丁)에서 곤고하다.

- 이것 이하는 불귀록과 불상정을 곧바로 말한 것으로, 곧 복과 장수를 누리지 못한

다. 토는 화광(火光)을 가리는데, 토가 목의 소(疎)토 함에 의뢰한다. 목은 본래 생화(生火)하는 것인데, 화가 많은즉 도기(盜氣)가 된다. 곧, 중화(中和)가 되지 못함을 본다는 뜻이다.

화가 허(虛)한데, 뜨거움이 있다.

– 화는 어둡고 허함을 두려워한다. 즉 불을 댕길 뜨거움이 있다면, 어둡지 않은 것이다.

금실(金實)무성(無聲)이라, 곧 금이 실하면 소리가 없다.

– 이는 금이 화를 요함이다. 화의 제련함이 없으면, 곧 그릇을 이루지 못한다. 비지 않고 채워져 있기만 하다면, 어찌 소리를 낼 수 있을 것인가.

수범(水泛)목부(木浮)란 활목(活木)이요, 토중(土重)금매(金埋)란 양금(陽金)이라. 수가 성한즉 위태롭고, 화가 밝은즉 멸한다.

– 이는 또한 오행을 세분하여 불상정함에도 음양의 구별이 있음과 오행은 태과함이 불가함을 말한 것이다. 곧, 수가 범람한즉 목이 뜬다는 것과 같은데, 을목에 있어서는 두려운 것이나 갑목은 그렇지 않다. 토중금매는 경금에 있어서는 곧 두려우나 신금은 그렇지 않다. 을목은 해에서 사하고, 갑목은 해에서 생하기 때문이다. 경금은 토에서 나타난 금으로 사에서 생하는 까닭이요, 신금은 수를 두른 금으로 자에서 생하기 때문이다. 수가 성한즉 범람하는 고로 위태롭고, 화가 밝은즉 불씨와 깜부기가 되는 고로 멸하는 것이다.

양금(陽金)이 제련의 태과함을 얻으면 변혁되어 분주히 떠밀리게 되고, 음목이 귀원(歸垣) 즉 담장 안으로 돌아간다 해도 실령(失令)한즉 마침내 신약함이 된다.

– 금실무성이란 제련함이 지나쳐 변혁된 것이다. "귀록(歸祿)하면 복을 누리고 실령이면 신약이 된다" 함은 중화의 중요성을 말한 것이다. 양금이 토중(土重)한즉 파묻히고, 제련의 태과를 두려워함이란 곧 토가 없기 때문이다. 음목은 실령한즉 약하니, 마침내 이것이 귀원한다 해도 역시 수명을 손상한다. 이같이 윗글은 활목과 양금을 말하는데, 또한 수·토가 없으면 생양(生養)함이 불가하다는 뜻이다.

토가 두터우면 화를 가려 빛이 없고, 수가 성한즉 목이 둥둥 뜨게 되어 정함이 없다. 고로 오행의 태과는 불가하며, 팔자는 모름지기 중화를 얻어야 한다.

– 토후(土厚) 즉 회화(晦火)무광(無光)의 뜻이요, 수성(水盛) 즉 수범목부의 뜻을 지닌 다. 오행의 이 2구절은 그 까닭을 들어, 중화로 돌아감의 뜻을 총결지어 말했을 뿐이다.

토가 그치고 물이 흐르면 복·수(福壽)가 온전하고, 수는 없고 토가 그치면 필시 상 잔함이 있다.

– 이하의 말은 중화(中和)를 잃은 것을 말하나, 오행에서 구함이 있으면 역시 길하다 고 논한다. 구조함이 없으면, 마침내 흉한 것이다. 곧 수가 흐르는데 토의 그침이 있은 즉, 녹과 수명이 다 온전하다. 나머지도 이 같은 예로 본다.

목이 성하면 인(仁)함이 많고, 토가 박(薄)하면 믿음이 부족하다. 수가 왕하고 거원 (居垣) 즉 담 안에 들면(제자리를 얻으면) 모름지기 앎이 있다 한다. 금이 굳으면 주가 의 롭고 능히 행한다. 금·수는 총명이나, 호색함이라. 수·토가 혼잡하면, 필히 어리석 은 경우가 많다.

– 이는 오행의 성품과 기가 태과함을 말한다. 이 중에서도 또한 각기 무성함에 편벽 된 바가 있어, 해(害)가 됨을 논한 것이다. 오행이 사시를 나누고, 오상이 오행에 배당 됨은 자연의 이치이다. 혹은 성하고 혹은 박하며 혹은 왕하고 혹은 많으며 혹은 혼잡하 니, 인의지신과 총명 그리고 우로(愚魯) 즉 어리석고 우둔함 역시 각각이 그 류를 따르 기 때문이다.

하령(遐齡) 즉 수명이 긴 것은 중화를 얻음이요, 요수(夭壽)함은 편고에 상하였기 때 문이다.

– 이 말은 곧 인명에 있어서도 중화를 품부함이 필요하다는 것을 말한다. 즉, 앞서 말 한 미수(眉壽)의 팔자에는 정균(停均) 즉 균형과 상정함이 있다는 뜻과 같은 것이다. 만 약 태과·불급에 편고함으로 잃어버림마저 더한다면, 어찌 장수를 누릴 수 있는 일이 겠는가.

진·술(辰戌)은 극제하고 또 충하니, 반드시 형명(刑名)을 범한다. 자·묘(子卯)는 상 형이라, 그 문호에 예와 덕이 전무하다.

– 이 말 이하는 지지의 상충 상형을 제기한다. 여기서는 다만 진술을 들어 괴강(魁罡)이 병충(倂衝)하니 반드시 흉함을 말한 것이다. 자묘는 모자가 서로 형함이니 반드시 어지럽다. 곧, 충하고 형함이 가장 중함을 말한다. 나머지는 비교적 가볍다. 인신사해는 4생의 국이 되니, 마침내 극제와 형충을 범한다 하여도 또한 큰 해는 없다는 것이다.

기인(棄印)취재(就財) 즉 인수를 버리고 재를 취함에는 편·정을 밝혀야 한다.

– 먼저 대귀한 것은 용재하고, 용인하지 않음을 말해둔다. 재에는 편·정이 있고, 인에도 역시 편·정이 있다. 정인이 재를 보면 화가 있고, 편재가 인을 봄은 무방하다. 정재는 인을 봄이 기쁘지 않고, 편재는 인을 보아도 꺼리지 않는다. 이 이치는 같은 것이다.[1]

기간(棄干)종살(從煞) 즉 자신의 명을 버리고, 살을 종함에는 강·유를 논한다.

– 먼저, 당권자는 용살하고, 용인하지 않음을 말해둔다. 살에 강·유가 있으니, 천간을 버리고 지지에 종하는 것이다. 양강음유라, 양은 강하고 음은 유하다. 금·수·토는 가히 종하나, 목·화는 가히 종하지 않으므로, 가종(可從)과 불가종(不可從)의 이치를 밝혀야 한다. 그런 연후에 인수를 가히 용할 것이냐, 용함이 불가하냐를 알 것이다.

상관(傷官)무재(無財)라도 가히 의지할 수는 있으니[2] 비록 교묘하여도 반드시 가난하다. 식신제살에 효신을 만나면 가난하지 않은즉 요절한다.

– 상관과 식신은 동류이다. 상관이 박관(剝官)함은 명 중에서 가장 꺼리는 것인데, 재가 있으면 또한 좋다. 이는 상(傷)으로 생재하고, 재가 생관하는 까닭이다. 재가 없으면 곧 가난하다고 판단한다. 식신제살은 명 중에서 봉효(逢梟)함을 가장 꺼리니, 효(梟)신으로 탈식(奪食)하기 때문이다. 살이 무제(無制)가 된즉 극신(尅身)하는 고로 요절한다.

남명에 양인이 많으면 반드시 중혼하고, 여명에 상관을 범하면 모름지기 재가한다.

– 양인으로 살(煞)을 만나 상정(相停)되면 진실로 주가 귀한데, 많으즉 오히려 상처(傷妻)한다. 남명은 재로써 처를 삼는데, 양인이 이를 극제하는 고로 중혼한다는 것이다. 상

---

[1] 여기시 인은 인수 즉 징인을 가리긴다.
[2] 문맥 상으로는 '의지하지 못한다'가 되어야 하는데, 이는 원문을 확인해 볼 필요가 있다.

관에 유재(有財)라면 가히 의지할 수 있으니, 진실로 주가 귀하다. 여명은 곧 상부(傷夫)한다, 여명에는 관으로써 지아비를 삼는데, 상은 즉 극제라, 고로 재가한다는 것이다.

빈천(貧賤)한 것은 모두가 관이 처한 곳에서 상함을 만난 때문이요, 고과(孤寡)한 것은 다만 재신(財神)이 피겁을 당했기 때문이다.

－관은 녹이 되는데, 유록(有祿)에도 문득 빈천하게 됨은 신왕에 관이 미미한 것을 얻었기 때문이다. 다시금 상관운을 행하게 되면 이름하여 배록(背祿)이라 한즉 관이 없어진다. 어찌 빈천하지 않을 수 있겠는가. 재는 처가 되는데, 유처(有妻)에도 문득 고독을 얻음은 재는 적고 신왕을 만난 때문이다. 다시금 겁재운을 행하면 이름하여 축마(逐馬)라 한즉 처가 없어지는 것이다. 참으로 고과함이 당연한 일이다. 이는 재·관을 말하니, 인명 중에서 가장 필요로 하는 것이다.

재가 왕지(旺地)를 만나면 사람에게 복이 많고, 관이 장생을 만나면 그 명이 필히 영화롭다.

－먼저, 식상생재는 왕해야만 됨을 말해둔다. 이는 곧 재가 왕지에 임했음을 곧바로 말한 것이다. 곧 갑이 무기로써 재를 삼는데, 사오의 땅에 거하니 왕함이 된 것이다. 먼저, 재왕생관을 말해둔다. 이는 곧 관이 장생을 만났음을 직언한 것이다. 곧 갑이 경·신으로 관을 삼는데, 사·자(巳子)의 땅에 거하여 생함이 된 것이다. 이 2가지의 경우 필수적으로 신왕(身旺)을 요하니, 바야흐로 주에게 복과 영화와 귀함이 있다.

거살유관은 바야흐로 복이 되니, 거관유살이라도 비천하지는 않다.

－인명에서 가장 꺼리는 것은 관살혼잡이라. 용관하면 다만 용관할 뿐이요, 용살하면 다만 용살할 따름이다. 고로 거류(去留) 즉 제거함과 머무는 것의 마땅함이 있으면, 바야흐로 가히 귀함을 말한다. 곧 상관·양인을 인명에서 만난 것과 같은데, 이 또한 많으면 불길하다. 이를 사용함에 '거관류살과 거살류관'이 있으니, 혹자는 또한 둘 다 복이 된다고 논한다.

어찌 아는가. 정관을 만나면 마침내 봉록(俸祿)이 되고, 칠살을 만나면 곧 들을 이름이 있음을….

－정관·칠살은 군자와 소인의 나눔이니, 군자와 소인이 어찌 다른 것인가. 정관은 오

로지 순수함을 얻어야 하고, 칠살은 하나의 제복이 있으면 문득 귀함을 발하여 소리가 있다. 만약 정관이 순수하면 발복이 유장한 것이니 어찌 칠살을 이에 비교하겠는가. 이는 곧 그 편중(偏重)을 들어서 말한 것이다.

상관을 만났는데 도리어 지아비를 보니, 이는 재명(財命)이 유기한 때문이다. 효신을 만나면 자식을 상하니 복기(福氣)가 의지할 데가 없다.

- 여명(女命)에서는 상관을 가장 두려워한다. 상관이 있은즉 지아비를 상하니, 그 이치가 새벽의 바뀜과 같다. 안으로 상함이 있는데 도리어 남편을 보았다는 것은 곧 재명이 유기하여 상관이 생재하고, 재가 관성을 생하여 지아비가 된 까닭이다. 여명은 식신으로 자식을 삼는데, 효신을 만나 탈식하면 도리어 생자(生子)가 부존(不存)이라. 여자는 자식을 의지하여 복으로 삼는데, 이미 자식이 없다면 다시 어찌 복이 있다고 말할 일이겠는가. 여명에는 지아비와 자식의 2성이 중한 고로 상관과 식신을 들어, 이를 말한 것이다.

천간에 살이 드러났는데 제함이 없는 것은 천하고, 지지로 재가 숨어 몰래 생하는 것은 기이함이다.

- 인명에는 살로써 중함을 삼는다. 먼저 살로써 온전히 이를 말하여, 인합(刃合)을 요하고, 식제(食制)를 요하며, 종살(從煞)을 요한다고 하였다. 곧 불합 부제 부송한데, 천간에 드러난즉 살이 무정한 고로 주가 빈천한 것이다. 사람의 명에 재로써 복을 삼으니, 먼저 온전히 재로써 말한다. 상관이 생하고, 유(酉)가 파함을 요하고[3], 식이 왕함을 요한다. 다만 재는 노출됨을 좋아하지 않으니, 감추어짐을 요한다. 지지 중에 숨은 기물이 있어 이로써 생(生)한즉, 주가 풍후한 고로 기특함이 된다.

삼술(三戌)에 진(辰)이 와서 충함은 화가 얕지 않다.

- 괴강은 상충함을 가장 두려워하니 불길하다. 만약 상정되어 재·관의 고(庫)가 되면 꺼리시 않는다. 곧 3술에 1진이라, 갑진 일주가 탐재하여 화를 생하니, 지망(地網)으로 천라(天羅)를 충하는 까닭에 이를 꺼린다는 것이다.

---

3 정확히 여기서 유가 무엇을 말하는지 알 수 없는데, 앞의 소식부와 명통부의 뜻을 살펴야 할 것 같다. 재를 파하는 비겁을 관이 지켜야 한다는 뜻인지?

양간(兩干)부잡(不雜)이면, 명리가 고르다.

- 천근 둘로 잡스럽지 않음을 얻기 어려운 고로 주에게 명리가 겸하여 있다는 것이다. 그러나 이를 대충 보아 귀하다고 말함은 불가하다. 혹은 이것이 재살(財煞)이요, 혹은 이것이 관인(官印)이며, 혹은 이것이 살인(煞刃)이거나 혹은 이것이 오행(五行)성상(成象)이 되어 다시금 격국에 들게 되면, 바야흐로 귀론(貴論)을 짓는 것이다.

'병자 신묘'가 상형하면, 황음(荒淫)곤랑(滾浪) 즉 황음한 것이 물결치듯 일어난다.

- 병신합 자묘형으로 간합(干合) 지형(支刑)인데, 병·신은 수의 상이요 자·묘는 무례한 것이라, 고로 주(主)의 황음함이 곤랑과 같다는 것이다. 여명에는 더욱 이를 꺼린다.

자오묘유가 전비(全備)하면 주색으로 혼미하다.

- 위에서 거듭 자·묘라 하였는데, 여기에 오·유를 함께 논하니, 이는 4패(敗)의 국(局)이기 때문이다. 부르기를 편야(遍野)도화(桃花) 즉 들판에 두루 핀 복사꽃이라 한다. 이 살을 전비한 것은 귀함이 많은데, 다만 주가 주색으로 혼미함은 벗어나기 어렵다. 여명(女命)에는 이를 더욱 꺼린다.

재로 인해 앙화에 이르고, 식신을 탐함은 질병의 종자다. 조카인 사내로 후사를 삼고, 의녀(義女)를 처로 삼는다.

- 위는 재가 복장(伏藏)됨을 요하는 것으로 비로소 기이함을 말한다. 다만 재란 뭇사람들이 다투는 것이다. 고로 양인 겁재가 있은즉 재로 인해 화에 이른다는 것인데, 재를 보면 온전함이 불가하다. 위에서 식신이 제살(制煞)함은 묘함이 된다고 하였다. 그러나 식(食)이란 사람들이 탐하는 것인 고로 효신(梟神)이 있어 탈(奪)식한 즉, 식으로 인해 질병을 생한다. 곧, 식을 보아도 탐하는 것은 불가함을 말한다. 남자는 관·살로 자식을 삼는데, 양인 겁재가 있으면 또한 관·살이 저들의 쓰임이 된다. 이는 곧 형제에게는 자식이 있으나 나는 무자(無子)라, 따라서 질남(姪男)으로 후사를 삼는다는 것이다. 편·정재로 처가 된다. 주중에 정위(正位)로는 무재인데, 다른 궁에 기생함과 같다. 이는 타인이 기른 바의 여자를 취하여 장가드는 고로, 주가 의녀를 처로 삼는다는 말이다.

일·시가 상충인데, 묘·유가 처음 생하면 필시 주가 옮겨서 조화롭다. 술·해를 만남으로 인하여, 평생토록 신기(神祇: 천신과 토지신)를 공경 신앙한다.

－ 이는 또한 지지 중의 묘·유가 일·월의 문호(門戶)가 됨을 말한 것이다. 일·시에서 이를 만나면, 주가 천이(遷移)하여 일정하지 못하다. 술·해는 천문이 되어 일월이 이를 만나면 신기를 신앙함이 많고, 혹은 승도가 된다는 것이다.

음극음 양극양에 재신(財神)의 쓰임이 있고, 관·무관(無官) 귀·무귀(無鬼)가 태왕(太旺)하면 기울고 위태롭다.

－ 인명에서는 재·관으로 중함을 삼는 고로, 또 예를 들어 이를 말한다. 사람들이 모두 정재가 용(用)이 됨을 알지만, 음이 능히 음을 극하고 양이 능히 양을 극함을 알지 못하고, 편재가 정재를 이김을 모른다. 조화(造化)란 반대로 쓰임을 얻게 된다는 것이다. 관에 관이 없으면 불가하나 많으면 반대로 주가 무관이 되니 오히려 불길하고, 살에 살이 있음은 불가하니 많음을 얻어 그 귀(鬼)에 종(從)하게 되면 도리어 해가 되지 않는다. 요지는 모두 태왕함이 된다는 것인데, 본신이 쇠하여 능히 대적하지 못하면 기울고 위태로움의 도(道)에 이른다.

득국(得局)에 실원(失垣)이면 평생에 이르지를 못하고, 귀원(歸垣)에 득국이면 어린 나이로 헌앙(軒昂)한다.

－ 득국은 삼합의 구이요, 귀원은 친간이 귀록(歸祿)한 것이다. 이는 인명이 생왕함을 요하는 것과 국세를 이룸이 복이 됨을 말한다. 만약 득국실원이면, 비록 천간이 류상(類象) 즉 같은 종류로 상을 이루었다 해도, 지지의 삼합이 도리어 일간 휴·수·사·절의 땅이 된다. 역시 평생에 이르지 못하는 것이다. 만약 득국하고 또 귀원이라면, 곧 오성(五星)이 천전(殿)에 오른다. 입원이란 곧 득지(得地) 득시(得時)함을 일컬은 것이다. 결단코 명주가 조년(早年)에 발복하니, 곡직 윤하 등의 격(格)인즉 득국귀원이라 한다.

명(命)에서 효신을 만났으나, 부가(富家)영운(營運) 곧 부자로서 운을 경영한다. 용(龍)이 해·묘에 숨으면, 경영과 상업으로 이익과 뇌물이 사민(絲緡) 즉 낚시 실처럼 이어진다. 재·관이 두루 함께 패한 것은 죽는다. 식신이 효를 만난 것은 흉하다.

－ 효신은 신실로 가히 나쁘다 할 것이나 소인이 이를 얻으면 쓰임이 있으니, 그것을 일러 부가영운이라 한 것이다. 이는 곧 갑이 병화를 써서 식으로 삼고 병은 능히 무토를 생하여 갑의 재가 되는데, 임수는 도리어 갑목의 효신이 되지만 무(戊)로부터 구사(驅使) 즉 제어를 받으니, 병화는 이로써 갑목에 의탁하여 호환 상생하므로, 주·객의 도가

되는 이유를 말한 것과 같다. 또한 상업으로 자영하는 운이 된다는 것은 모름지기 용장(龍藏)해묘(亥卯) 하였기 때문이다. 인(寅)은 청룡이 되고 사(巳)는 태상(太常)이 되는데, 해·묘·미 목국의 팔자에는 용이 해묘미에 숨어 있어 용신(用神)이 되거나, 혹은 용재(用財)함이 된 것이다. 모두 주가 실이나 낚싯줄과 같이 면면한 이재(利財)를 얻는다. 관(官)은 녹마가 되니, 사람에게 가장 긴요한 것이다. 만약 두루 패·절의 땅에 있거나 혹은 행운에서 또 패·절에 이르게 되면, 용신이 그 기를 손상하니 어찌 죽지 아니할 것인가. 식신은 사람의 작성(爵星) 즉 작위와 녹의 별이라 생재(生財)하고 제살(制煞)하니, 명 중에서 긴요한 것이다. 봉효(逢梟)싯식(奪食)한즉 살을 제어할 바가 없고 재는 생할 바를 잃게 되니, 어찌 흉하지 않을 수 있겠는가.

정사(丁巳) 고란(孤鸞)의 명은 총명을 만난 것이다. 시(詩)에 여자가 나형(裸形)에 목욕이라 하니, 일에서 범한 것은 탁람(濁濫)황음하다.

– 이같이 여명을 논하는데, 남자 역시 동일하다. 고란은 곧 '갑인 정사 무신 신해' 등의 날로, 4생(生)의 땅에 앉은 것인데, 총명함이 가장 많다. 벗은 몸에 목욕이란 곧 자오묘유로 4패(敗)의 땅이다. 월·시로 범함은 무방하나, 다만 일간의 자좌(自坐)에 앉음을 두려워한다. 곧 '갑자 경오 정묘 계유' 등의 날로, 본신이 도화살에 앉은 것이다. 다시금 합(合)을 만나 두르면, 주가 탁람황음(荒淫)하다.

정이 묘일을 만나고, 기토를 맞이하면, 도식(饕食) 즉 밥을 탐하는 사람이라 한다. 해(亥)는 장신(漿神) 곧 음료와 미음의 신이니, 유금(酉金)을 만나면 기배(嗜盃)지객 즉 술을 좋아하는 사람이다.

– 정간(丁干)이 묘(卯)목에 앉으면 효신인데, 만약 기(己)를 보면 식신이 된다. 고로 주가 식을 탐하거나, 혹은 식으로 인해 재앙을 생하는 것이다. 해는 등명(登明) 즉 밝게 오름인데, 유가 수(水)를 더하니 술 주가 된다. 유일(酉日) 생인이 해(亥)를 만나면, 반드시 주가 술을 탐한다. 다시금 형·충을 두르면, 주가 낙백(落魄)하거나 혹은 주사(酒死)한다.

귀록이 득재면 획복(獲福)하는데, 무재(無財)에 귀록이면 반드시 빈한하다.

– 귀록(歸祿)은 신왕한 고로 재를 용하는데, 무재라면 오로지 귀록만이 남으므로 무용하다. 상관 식신이 생재의 월을 얻으면 길한데, 다시금 또 두려워함은 관·살이 재의

기를 도적질함을 보는 것이다.

재 · 인(財印)이 혼잡하면, 마침내 곤고함을 받고, 편 · 정이 착란(錯亂) 즉 어지러이 교차하면, 반드시 본신을 상함에 이른다.

- 탐재(貪財)괴인(壞印)은 혼잡됨을 꺼리니, 만약 선재(先財)후인(後印) 즉 재가 앞서고 인수가 뒤라면 도리어 주가 그 복을 이룬다. 이것으로 관살혼잡을 논하지는 않으며, 거류(去留)가 있으면 역시 길하다. 만약 착란한즉 상신(傷身)하니 흉이 된다. 여명에 편 · 정 착란은 또한 불길함이 되니, 부인을 선택하고자 하는 자는 모름지기 이를 알아야 한다. 혹은 편 · 정을 말함에 있어 더 나아가 재(財)의 편 · 정과 인(印)의 편 · 정을 가리키는 경우가 있는데, 이는 다만 상신하면 통하기 어려움을 말한 것이다.

태세(太歲)는 전투를 만남을 꺼리고, 양인(羊刃)은 형 · 충이 기쁘지 않다.

- 이는 일간과 세군(歲君)이 서로 범할 때의 화복을 논한 것이다. 만약 일이 세군을 범하고, 세로써 용신이 되는 것은 허물이 없다. 곧 육임일이 병 · 정으로 재를 삼는데, 주중에서 원래 유근(有根)하다면 비록 태세를 범하여도 도리어 길함이 된다. 신왕(身旺)한 것은 흉하지만, 약한 것은 허물이 없다. 일(日)과 운(運)을 함께 범하면 바야흐로 주에게 내흉이라, 오행의 十합이 있어도 역시 그 분수를 감한다. 가장 두려운 것은 천충(天衝)지격(地擊)이라, 마땅히 성정과 음양 사물의 근원과 진리를 잘 살펴야 한다. 또 육을 인이 기토의 세 · 운(歲運)을 만난 것은 활목이 활토를 극한 것으로, 오히려 생의(生意)가 있어 재물이 원래보다 배가되는 경우가 있다. 육갑 인이 무토 세운을 만남이 있으니, 사목(死木)이 사토(死土)를 극한 즉 불길하고, 심한 것은 그 몸을 초상친다. 양인격은 세 · 운이 형 · 충함을 기뻐하지 않으니, 소인은 결코 범해서는 안 된다. 곧 팔자에 이미 양인이 많고 살이 있으면, 제복(制伏)으로 행하거나 양인의 세 · 운은 또한 흉하다. 원래 재가 있는데, 다시금 거듭 상관을 두르고 형 · 충 전투하면, 주의 화(禍)가 나타남을 예측하기 어렵다. 경에 이르기를, "양인이 세군을 충 · 합하면, 돌연히 화가 이른다" 함이 이것이다. 전투란 홀로 일어나 태세를 형 · 충함이니, 홀로 양인이 일어나 그 가장 소중한 바를 훼손함을 말한 것이다.

경금이 병화를 만나니 어지러움이 많고 어질지 못함이 있으며, 계가 무를 따라 합하는데 소장(少長)의 무정함이 있다.

- 이는 사람의 성정과 심술(心術) 즉 마음 다스림을 말한 것이다. 금·화가 상형(相刑)하는 고로 이 병이 있고, 또 주인이 강폭(剛暴)하다. 계는 소음이 되고, 무는 노양이 된다. 계·무가 비록 합화하나 무정(無情)지합 즉 무정한 합인 까닭에, 소장 즉 어리고 늙은 것으로 이를 말한 것이다. 남명이 무일인데 계수를 봄은 마땅하여 어린 나이의 아내를 맞이하나, 여명에 계일이 무토를 보면 필시 늙은 지아비에게 시집가는 것이다.

부종(不從)불화(不化)하면 다만 벼슬길의 사람에 머물고, 득화(得化)득종(得從)하면 현달하는 공명(功名)의 선비이다.

- 월기에 불통하고 시에는 돌아갈 바가 없는데 또 고신(孤神)을 범한 것이 부종불화이다. 만약 월기에 통하고 시에 돌아갈 바가 있은즉 종화(從化)로 논한다. 지아비가 왕하면 부(夫)를 따라 화하고, 처가 왕하면 처를 쫓아 화한다, 사람의 행장이 어찌 하나의 일에만 그칠 것인가. 스스로 일어나 종신토록 바꿈이 없는 까닭에, 고로 종화하여 격을 이루었다 한즉 부귀를 갖춘 것이다. 먼저 종·화를 논하고 뒤에 재·관의 따름을 논하니, 천간으로 지지를 따르는 것이다. 곧 을생이 팔월의 지지로 금이 중한 즉, 이는 금으로써 논한다.

화(化)하여 녹왕(祿旺)으로 행함은 생(生)이요, 화하여 녹의 절지로 돌아감은 죽음이라.

- 이는 득화득종 즉 화나 종을 얻은 것은 녹이 왕함을 요한다는 것을 말하니, 사·절은 요하지 않는다. 대개 화(化)가 조화를 이루고자 하면, 본국에서 녹왕함으로 행하라는 것이다. 가령 정·임이 화목(化木)한데, 월령이 춘(春)이거나 혹은 동남방의 운이라면 생이요, 금향으로 행하거나 혹은 시에서 신·유(申酉)의 땅을 만나면 죽음이 된다.

생지를 상봉했는데도 장년에 녹이 없음은 시(時)가 패지(敗地)로 돌아갔기 때문이니, 늙은 뒤에도 마칠 것이 없다.

- 생지(生地)상봉(相逢)이란, 명이 이미 장생 임관에 있고, 행운에서 다시 이를 만난 것이다. 곧 경·신(庚辛)의 임관 제왕은 신·유에 있는데, 병·정으로 관을 삼고 갑·을을 써서 재로 삼는다. 그러나 화(火)가 신·유(申酉) 운에 이른즉 병사(病死)하니, 이는 경·신이 무관이 된 셈이다. 목이 신유 운에 이른즉 사절(死絶)되니, 이는 경·신이 무재가 됨이다. 재·관이 함께 패하고 용신이 상함을 입은 것이라, 비록 장년에 이르렀

지만 녹이 없다. 시(時)는 결과가 되니, 사람의 생시가 오행의 패지에 거함은 가장 불가한 것이다. 금은 오에서 패(敗)⁴하고, 목은 자에서, 수·토는 유에서, 화는 묘에서 패한다. 시는 말년이라 만약 패지에 주가 거하게 되면 만년이 어둡고 침체하는데, 파패되면 마침내 종결할 것이 없다.

정이 유금에 앉을 경우, 병과 신(辛)이 이를 만나면 후사가 끊어진다. 재가 살의 자리에 임하면, 아버지가 죽어도 집으로 돌아가지 못한다.

－ 병이 임으로 자식을 삼는데 임은 유에서 패하고, 신이 병으로 자식을 삼으나 병은 유에서 사한다. 시는 곧 자식의 궁인데, 이미 패하고 또 사하면 어찌 그 후사가 있을 수 있겠는가? 후사가 있은즉, 아버지가 필히 불록(不祿) 즉 녹을 지니지 않았음이라. 인명에 재로써 아비를 삼는데, 재·살이 같은 궁에 있은즉 아비가 되기 어렵다. 곧 경·신(庚辛)이 갑을 써서 아비로 삼는데, 연·월·시로 갑신(甲申)을 보아 살궁에 앉게 되면, 세·운에서 살이 왕할 경우 주의 부친이 타향에서 죽는다. 혹은 말하기를 살은 겁살(劫煞)이라 한다. 재가 겁살에 앉으면 다시금 부위(父位) 즉 아버지의 자리에 준하니, 역시 부(賦)의 뜻에 통한다.

팔자에 간지가 동류인데, 세·운에서 살을 모아 오면 흉함이 낳다.

－ 간지가 동류라 함온 곧, '갑인 을묘 병오 정미 경신 신유 임자 계축 무오 기미 무술 기축'이 이것이다. 행운에서 살을 모으면 필시 주가 불록 즉 녹이 떨어짐이 된다. 그 강함을 믿고 살과 서로 싸우고자 하나, 살이 겨루어 극신(尅身)하는 까닭이다.

만약 능히 상세히 보아 살펴봄이 익숙해지면, 귀천(貴賤)에 대해서는 만의 하나라도 잃지 아니할 것이다.

－ 내가 옛 주석을 보니 분석한 것이 파쇄되어 〈부(賦)〉의 뜻을 잃어버림이 있다. 이런 까닭에 아래로 간략한 주해를 달아, 이로써 작자의 뜻을 밝혀 말해 보았다.

건록, 좌록 혹 귀록이 재관 인수를 만나면 장년에 부귀한다. 건록은 월로써 말하고, 좌록은 일로써 말하며, 귀록은 시로써 말하는 것이다. 이 3록격은 본신이 건왕한 고로,

---

⁴ 양간의 욕패지에 해당한다.

홀로 재를 만나면 곧 부하고, 홀로 관을 본즉 귀하며, 인수를 만난즉 빼어나니, 그 천간의 왕함으로써 또 명을 주장하니 편안하고 복록을 누린다. 만약 3자를 겸하였다면 또한 더욱 묘함이 있다. 곧 정해 기유 임오 신해의 경우, 이는 일록귀시에 속하고 오 중에 또한 관성이 있으며, 더하여 유월을 얻어 인수가 되니 격에 합한 것이다.

월인, 일인, 시인이 관살 영신을 만나면 공명이 세상을 덮는다. 이 3인격은 정관, 살, 인수가 서로 제화함을 요하니, 연신이란 인수의 다른 이름이다. 관살이 있는데 인이 없고 살은 있는데 관이 없을 경우, 모두가 인수를 얻어 살을 화하면 또한 아름답지만, 다만 기반을 두려워한다. 곧 관이 있는데 상관을 봄은 불가하고, 인이 있는데 재를 보는 것도 불가하며, 살이 있는데 식상이 이를 누르는 것 역시 불가하다. 혹 제거하거나 합거하는 것 모두 정격을 이루지 못한다. 곧 임신 임자 무오 을묘의 경우, 일인인데 을묘의 제복이 있다. 병술 계사 무오 정사 역시 일인인데, 인수의 변화가 있는 고로 모두 귀하였다. 월령에서 온전히 칠살을 제하고 신이 건왕하면 송골매처럼 솟아오른다.

《희기편》에 이르기를, "만약 시에서 칠살을 만났다면 이를 반드시 흉하다고 보지 않는다."고 하였다. 월에서 천간의 강한 살을 제어하면 도리어 권인이 된즉 이를 풀어내는 뜻이 된다. 한편 말하기를, "시상 편관이 월기에 통하고 주가 왕하면 응양 즉 매처럼 솟아오른다" 하니 곧 이와 다르지 않다. 운원에서 3재를 발생하는 명은 강하게 표변한다.[5]

【眞寶賦】 진보부

(명의 병부상서 만기가 찬함. 만육오가 주해하다.)[6]

관성이 양인을 둘러 극파되지 않으면 병형(兵刑)의 대권을 장악한다. 재와 인수가 상자(相資) 즉 서로 자재가 되고 형 · 충이 없으면, 황각(黃閣)에서 삼공의 귀함에 오른다.
 – 정관격은 양인 및 재 · 인이 상자 즉 서로 도움이 기쁘다. 상관이 있은즉 극하고, 형 · 충이 있은즉 파한다. 인수도 없고 양인도 없는데, 다만 재성이 있어 자조(資助)하면 역시 길하니, 세 · 운도 같다.

재 · 관이 생 · 왕한데 인수를 만나면, 장미 정원에 절하고 사헌부에 오르는 존귀함이

---

5 《삼명통회》 원문 영인본에는 이 부분이 없다. 인터넷 유통본에만 있는 글이다. 참고로 싣는다.
6 (明兵部尚書萬騏撰. 萬育吾解) 괄호 안의 이 부분은 원문에 기록되지 않은 것이다.

다. 삼합으로 인수와 재가 회국(會局)하면, 온전히 5마(馬)에 오르는 제후의 귀함이라.

– 재·관이 생왕한 격의 사주에 편·정인이 있고, 다시금 삼합의 인수국 혹 재국이
되면 길하다.

상관이 겁·인(劫刃)을 만나면, 밝은 날에 장·상(將相)을 겸한다. 시에서 인수가 상
부(相扶)하면 어린 나이에 용문(龍門)에 오른다.

– 상관격은 신약인데, 양인과 인수를 만나 서로 도운즉 길하다는 것이다.

상관이 식신을 얻으면, 기린각(麒麟閣)을 중보(重輔)하고 위나라의 재상을 도모하
는 공이라 하겠다.[7] 세와 운이 제복 형충함을 꺼리는데, 다시금 상관이면 화가 이른다.

– 상관이 식신을 중첩하여 얻고, 서로 도우면 길하다. 꺼리는 것은 형·충 및 제복이
태과한 것이다. 다시금 상관 운을 행하면 불측한 재앙이 닥친다. 주중에 무관(無官)이면
재·관으로 운을 행함이 기쁘고, 무인(無印)이면 인수의 운을 행함이 기쁘다. 주가 관을
옮기는 것인데, 세와 운이 동일하다.

재자(財資)칠살(七煞)이면 권위가 홀로 만인을 제압하고, 인수가 상부하면 관이 극품
이 이른다고 판단한다.

칠살격은 재가 자조(資助) 즉 자원이 되어 도움 올 기뻐하고, 또 인화(印化)를 입음
이 가장 길하다. 오직 살인 까닭에 주가 유권(有權)하다는 것이요, 다시 인수를 얻은 고
로 주가 극품이라는 것이다.

월에서 이미 살과 양인이 함께 모이면, 영명함이 한나라 왕실의 곽광(霍光)[8]에 짝한
다. 시나 세에서 다시금 인과 재를 두르면 고위직이요, 중흥(中興)의 등우(鄧禹)에 랄
(埒) 즉 낮은 담으로, 버금간다는 뜻이다.

– 칠살과 겁·인이 월령에 같이 있고, 세·시로 유재(有財) 유인(有印)함이 가장 귀하
다. 뜻은 윗글과 같은데, 여기서는 또 양인을 겸하여 말한다.

---

[7] 보린각 도위상의 의미가 분명치 않다.

[8] 곽광(霍光. ? ~ 기원전 68년)은 전한의 정치가이자 군인으로, 자는 자맹(子孟)이며 하동군(河東郡) 평양
현(平陽縣) 사람이다.

살(煞)이 실시(失時)하고 인(印)이 무기(無氣)한데, 다시금 주가 왕하다면 평상의 부류에 머문다.

- 만약 칠살 인수가 당령(當令) 사권(司權)하지 못하고 일간이 자왕(自旺)하며, 용신이 경미하면 청한 냉담의 직에 불과하다. 세나 운에서 재·살(財煞)을 행한즉 길하다.

인(印)이 사령(司令)하고 살(煞)이 상부(相扶)하는데, 다시금 재를 보면 관이 한원(翰苑)에 이른다.

- 인수격은 시 월령 일지에서 마땅함을 요한다. 또 거듭 생기를 얻어 왕하며 형충파해를 보지 않고, 다만 소소한 하나의 재와 하나의 살을 얻는 것이 묘함이 된다. 태과는 마땅치 않고, 재·인이 양정(兩停)하면 곧 평상한 부류이다. 부(賦)에 또 이르기를, "인수를 거듭 보면 관이 한원에 거한다" 함이 이것이다.

편재가 시상(時上)에서 관을 보면, 어린 시절에 그 이름을 금방에 건다. 다시금 식신의 상보함을 얻으면, 소년의 나이로 천안(天顔)을 가까이 한다.

- 시상편재격이 세(歲)나 월에 관성이 있고, 또 식신의 도움을 얻으면, 윗글에 준한다. 비겁을 꺼리니, 비겁을 만나면 백에 하나도 따름이 없다.

복덕(福德)은 재를 보고 관을 감춘 것이니, 관이 극히 높은 중임에 거한다. 사주 운(運)에서 인수를 만나면, 처할 땅이 없고 하류의 고형(孤刑)이다.

- 복덕이란 곧 임·계 일이 겨울 삼월에 태어난 예와 같으니, 재·관이 자조하고 간지가 작합(作合)함을 기뻐하며, 혹 화국을 얻거나 진술축미를 얻은 것이다. 다만 1자를 만남이 묘함이 된다. 주에 재·관이 없는데 인수를 만나고, 재·관으로 행하지 않는데 인수나 북방의 운으로 행하면, 형처극자하고 고과(孤寡)빈궁(貧窮)하는 명이다.

육임(六壬)추간(趨艮)에 재와 인이 투출함은 기이함이 되는데, 관·살이 서로 침범하면 도리어 빈궁하고 하천하다.

- 육임일이 임인시를 만난 것이 곧 추간격이다. 세와 월에서 다시금 인(寅)을 보고, 천간으로 정(丁)과 신(辛)을 투출함이 묘하니 부귀가 쌍전한다. 가장 꺼림은 관·살이요, 혹은 행운에서 이를 보는 것이니, 육친과 골육이 분산하고 빈박(貧薄)비복(婢僕) 즉 가난하고 얕으며 종과 노비의 사람이다.

육갑(六甲)추건(趨乾)은 재·인을 기뻐하니, 위중(位重)명고(名高) 하다. 세·운에서 형충하고 살·관이 더불면, 재앙이 일어나고 화가 이른다.

－ 갑일이 시에서 을해를 만난 것이 추건격이다. 세와 월에서 다시 해(亥)를 보고 또 재성을 거듭 만나면, 인수가 생신(生身)하고 정관은 자연히 출현하는데, 다시 재왕(財旺)의 땅을 행하면 길하다. 꺼리는 것은 사(巳)화가 형충하여 관·살을 극파하는 것이며, 또 갑·을이 겁탈함이니, 세와 운도 동일하다.

재가 자리하고 거듭 만나 왕한데, 인수의 생함을 얻은 것은 소년 시절에 미리 복을 받는다.

－ 곧, 선재(先財)후인(後印)이면 오히려 그 복을 이룬다. 하지만 재로써 인을 무너뜨림은 불가하니, 도리어 미워함이 된다.

도충(倒衝)이 인수를 두르고 재와 식신을 만나면, 어려서 이름을 이룬다.

－ 도충(倒衝)녹마(祿馬)격은 곧 '병오 정사 신해 계해' 등의 날이다. 주에 편인이 있고 또 재·식 운을 행함이 귀하고, 관·살이 전실(塡實)되어 중화의 마땅함을 잃은 것은 꺼린다. 부(賦)에 또 이르기를, "도충이 대인(帶印)하면 조세(早歲)에 성명이라. 재·식이 겸하여 도와주면, 그 몸이 단지(丹墀) 즉 붉은 세난의 소성으로 임금 가까이 있다" 함이 이것이다.

세덕(歲德)이 천간을 도움에 재성을 기뻐하는데, 인성을 제복함은 미워한다. 운에서 양인(羊刃)을 모음이 있으면, 곧 병형(兵刑)을 장악한다.

－ 년간의 칠살이 세덕이 된다. 이를 거듭 보는 것은 불가하며, 가장 기쁜 것은 재성과 인수·양인으로, 이를 제복(制伏)함은 불가하다. 세와 운도 동일하다. 곧, '갑신 기사 무자 계해'의 경우, 세덕이 제복되지 않고 재생살이 있어 용신을 얻고, 인수가 화살(化煞)하여 본신을 도우며, 양인이 합살(合煞)하고 부신(扶身)한다. 고로 대귀하였다.

2덕(德)이 관에 짝하므로,[9] 왕릉(王陵)은 한조(漢朝)의 재상이 되었다.

9　이는 官旺으로 보아야 하겠다. 왕릉(王陵. ? ~ 기원전 180년)은 중국 진나라 말기, 전한의 인물로, 패현 사람이다. 전한의 개국공신 제12위로, 시호는 안국무후(安國武侯)다.

– 곧, 신(辛)일이 구월에 생한 경우, 병화로써 천·월의 2덕이 되는데 또 정관이 된다. 재성이 자조함이 기쁘고, 상관이 극제함을 꺼린다. 부(賦)에 또 이르기를, "세상을 평정하고 나라를 통치하며 육사(六師)가 됨은, 관이 변하여 2덕이 됨에 의뢰한 것이라" 함이 이것이다. 곧, '을해 병술 신축 무자'로 합격(合格)함과 같다. 관이 덕으로 변하고 다시 관에 거하는데, 화(禍)가 없다. 재가 덕으로 변하여 올바른 중화를 얻어 재백(財帛)이 되었으며, 인수가 덕으로 변하니, 조부께서 끼친 경사를 받고 화가 없었던 것이다. 일간이 덕으로 변하는데 곧, 주의 본신(本身)이 된 것이다.

재성이 덕수(德秀) 즉 덕의 빼어남이라, 사안(謝安)[10]이 진(晉)대의 공경이 된 까닭이다.

– 곧, 무·기가 갑·을로써 관을 삼고, 임·계는 재가 되는데, 2덕이 투간(透干)하면, 그 덕이 빼어난다. 나아가는 자리에서 경·신의 제복이 없고, 비·겁의 쟁탈을 받지 않으면 대귀하다. 또한 을일이 경으로 관을 삼고, 사유축 월에 생한 경우가 있다. 병·정이 경·신을 써서 재로 삼는데, 사유축 월에 생한 경우의 예와 같다. 부(賦)에 이르기를, "왕상(王商)[11]이 한(漢)을 도움에, 재·관으로 인하여 덕수의 영화가 되었다"고 함이 이것이다. 혹, 덕수로써 복이 되니, 덕수의 기(氣)가 다시금 재·관을 만남이 또한 묘하다.

상관이 많은데 관을 보면, 무딘 돌에서 옥을 생산함이다. 원래 관이 있는데 이를 다시 보면 재앙과 화가 끊이지 않는다.
– 상관격은 주 중에서 상관을 거듭 봄을 요한다. 곧 1위의 정관만 있으면 귀함이 되는 경우, 무관이라면 관운을 행함이 기쁘다.[12] 상관은 돌과 같고 정관은 옥과 같다. 만약 상관이 있는데, 다시금 관운을 행한즉 화가 된다.

상관이 곧 칠살과 양인을 두른 경우라면, 장상으로 나아가 공후로 돌아온다.

[10] 사안(謝安 320년-385년)은 중국 동진(東晉)의 정치가이다. 대사마 환온(桓溫)의 황위 찬탈 기도를 저지하고, 비수(淝水) 전투에서 백만 대군을 막아내는 등 동진의 국난을 몇 번이나 구해낸 재상이면서 당대의 문화인이자 풍류인으로 백성들 사이에 인기가 높았다. 재상을 지내면서도 짬짬이 기녀(技女)를 데리고 동산(東山)을 노닐며 지은 시부(詩賦-경치를 읊은 시)가 즉시 온 장안에 유행될 정도였다. 字는 안석(安石). 하남성(河南省) 진군(陳郡) 출신.
[11] 사람 이름인지 불확실하다. 그대로 번역하면 '왕이 상업으로 한을 도왔다'가 된다.
[12] 이는 상관이 너무 많아, 꼭 집어 정관을 해치지 않음을 의미한다. 곧 상관용관의 사례다.

– 상관을 위주로 하면, 사주에서 살과 인(刃)을 두르고 또 인수가 시에서 마땅함을 얻어 득령하면, 서로를 돕는 정이 있다. 형·충을 당하지 않으면, 극귀(極貴)의 격이다. 부(賦)에 또 이르기를, "상관이 양인을 두르고 인수가 온전히 구비되면, 병부(兵符)를 장악하고 중임을 맡는다" 함이 이것이다.

덕수(德秀)가 만약 상관을 도우면, 병권을 장악하고 부월(鈇鉞) 즉 병기를 무릎 꿇린다.
– 이는 또한 덕수를 겸하여 말하니, 모두가 상관격을 위주로 한 것이다.

지지로 자오묘유가 온전하면 대격을 이루는데, 문무로 나라를 경영한다.
– 4중(仲)이 천간에 온전히 보이면 어떠한가 하니, 모름지기 대격(大格)을 이루는 묘(妙)함이 된다는 것이다.

사주에 사해인신을 나열하고, 다시금 기의(奇儀) 즉 삼기의 형식이 되면, 위권이 주에게 진동한다.
– 4맹(孟)이 천간에 온전히 보이면 어떻습니까 하니, 다시금 기의를 얻음이 묘함이 된다고 하였다.[13]

목이 묘월에 생하고, 시가 오로 모이면, 우레가 진동하고 이(離)화가 밝으니, 운이 서·남에 이르면 관이 극품에 거한다.
– 이는 목화통명격이다.

식신이 인수를 많이 만나고, 다시금 천년(天年)을 겁충(劫衝)하면 필히 요절한다.[14]
– 이는 식격(食格)이 꺼리는 바를 말한다.

주에 식신이 성하고 운이 재향으로 향하면, 공명이 준비된 것이다.
– 한편 말하길, "권신(權臣)이 안에서 좇는다" 하니, 이는 식격의 기쁨이다.

---

13 이는 사생이 왕성함을 말하다 꼭 삼기에만 국한함은 이니다.
14 식신격이 천간에서 편인도식을 일으킴이다.

　　조양(朝陽)이 대인(帶印)·자마(資馬) 즉 인수를 두르고 마를 도우면, 청쇄(靑瑣)황문(黃門) 즉 푸른 옥과 누런 문에 기숙한다. 재·인이 없으면 그 직이 민목(民牧)에 거하는데, 세·운에서 전실됨을 가장 싫어한다.

　　- 육음(六陰)조양(朝陽)격은 인수와 재성을 기뻐하니, 세와 월의 가운데 재·인이 있으면 입격인데, 재·인이 없은즉 분수를 감한다. 운이 재·인·관을 행하면 거함이 돌고 도는데, 운에서 형·충 전실(塡實)됨을 꺼린다. 부(賦)에 또 이르기를, "조양대인 즉 조양이 인수를 두름은 청조(淸朝)달사(達士) 즉 맑은 조정에서 현달한 선비라 하였다. 재성이 자조하면 작고 세세한 영달이 아닌즉, 풍기(風紀) 곧 풍습 기강의 임명이 있다. 주에 재·인이 없으면, 다만 민목의 직이나 수성(守城)의 직을 지킴에 많이 거한다" 함이 이것이다.

　　서귀(鼠貴)격이 식신을 두르고 인수가 도우면, 장미정원에 각성하여 빛나고 번화하다. 주에 관·살이 있으면 빈궁하천하고, 운도(運途)에서 형·충은 기뻐하지 않는다.

　　- 육을(六乙)서귀(鼠貴)격은 식신을 거듭 봄과 인수를 기뻐한다. 곧 길한데, 관·살과 형·충의 해(害)함은 꺼린다.

　　자·축으로 사궁(巳宮)을 요합(遙合)함에, 주(柱)중에 인수와 재가 있으면 지극한 보배가 된다. 세와 운에서 만약 보좌함이 없으면, 천한 직에 올라 차가운 양탄자에 앉을 뿐이다.

　　- 자요사(子遙巳) 축요사(丑遙巳)의 2격은 주에 재인이 있음을 요하니, 필히 귀하다. 없은즉 그렇지 못하다. 운에서 재·인을 만나도 역시 발한다. 부(賦)에 또 이르기를, "자·축 요합 사궁하고, 재·인을 얻으면 지극한 보배가 된다" 함이 이것이다.

　　도를 논하고 나라를 경영함에 기쁜 것은 재·관이 자록(自祿)하고 자왕(自旺)한 것이다.

　　- 갑일이 신(辛)으로 관을 삼는 경우, 유(酉)를 얻으면 건록이 된다. 기토는 재가 되는데, 장생이 유에 있는 것과 같은 예다. 이러한 상(象)에 들면 대귀한다. 형·충과 상관을 꺼리는데 세와 운도 동일하다. 곧 오악(吳嶽) 상서의 경우, '갑자 계유 갑진 갑자'로 합격인데, 경오년에 졸하였다. 평생 바른 기운을 지닌 군자였다.

　　원국이 고르고 화함을 도움은 삼기(三奇)가 자왕(自旺)하고, 또 자생(自生)함으로 인함이다.

- 정관 정인 정재가 삼기가 된다. 일이 경으로써 정관을 삼는데, 사의 글자를 얻어 장생할 경우, 임은 정인이 되고 신(申)에서 생이라, 또 무토 정재가 신에서 생하니, 이러한 상에 들면 대귀한다. 담론(譚論) 상서의 경우, '경진 갑신 정미 병오'로, 재·관·인이 두루 왕하다. 상서 호종헌(胡宗憲)의 경우, '임신 신해 정유 임인'으로, 재·관에 건록인데, 인(寅)이 장생이요, 화가 유(酉)에서 자생하니 귀신(貴神)의 땅이다. 또 목으로 화하는 상(象)을 이루니, 4성(省)을 통제하는 권위의 까닭이 되고, 관은 1품(品)에 거하였다.

난차 즉 정란차(井欄叉)격이 인·록(印祿)의 상조를 얻으면, 관이 보곤(補袞)에 거하고 아형(阿衡)이라.[15] 화(火) 겁재가 세·운과 더불어 불화하면, 도리어 빈궁 하천함을 짓는다.

- 이 격은 주 중에 녹신(祿神)과 편·정인이 있고, 천간으로 재·인을 얻음이 묘하다. 만약 화신을 보아 겁재·양인이 태중하고, 세·운이 불화하면 빈천하다.

녹이 재·인을 만나면, 청년에 등과 급제한다. 세·운에서 형·충, 관·살을 만나면 묘하지 못하다.

거록(歸祿)격이 세·월·시 가운데 유인(有印) 유재(有財)하고 지지 삼합이 있으면 묘하다. 운행이 세·인의 낭이면 심한데, 형충파해 관·살은 꺼리니 격을 파하기 때문이다.

금·수가 청징(淸澄)한데 상(傷)함을 당하면, 문장은 현달하나 수명을 추산함에 연장하기 어렵다.

- 주 중에 사유축 금국과 신자진 수국으로, 2국이 온전하면 이에 이르기를 금백수청이라 한다. 천간이 병정·무기로 혼잡하여 극을 당하면, 곧 문장은 있으나 오히려 장수하지 못한다. 부(賦)에 이르기를, "금수청징이 피상이면, 안자(顏子)의 빼어남이 있으나 실하지 못하다"고 함이 이것이다.

목·화의 성쇠가 고르지 않으면, 공명이 층등(蹭蹬) 즉 비틀거리고 요절함을 의심치

---

15 보곤은 곤룡포를 보좌하고, 아형은 형벌을 주관한다.

않는다.

- 오행의 이치는 목이 춘에 왕하고, 화는 여름에 왕하니, 곧 을목이 하생이면 화왕(火旺)목설(木洩)이라. 곧 년월시일의 간지로 화는 성한데 수의 더함이 없으면, 이로써 토는 중하고 금은 미미하다. 비단 공명이 비틀거릴 뿐만 아니라, 수족과 부모 또한 일찍 손상하는 것이다. 주 중에 곧 해자·임계가 있어 삼분하면, 다소 해소할 수는 있으나 목마름에 괴로워한다. 해자·임계로 삼분(三分)마저 없을 것 같으면, 화가 목의 원기를 소모한다. 근원이 다하면 재와 숯만 남을 뿐이라, 요절함을 의심치 않는 것이다.

운룡(雲龍)풍호(風虎)가 만약 서로를 쫓으면, 정히 성조(盛朝) 즉 흥성한 조정에서 대귀를 이룬다.

- 사주에서 혹 전(前)삼간(三干) 혹은 후(後)삼간이 서로 같고, 지지로 년시월일에 '진인묘사 묘인사진'이 있으며, 다시금 '임계갑을'이 있으면, 이름하여 풍운이라 한다. 풍운은 용·호와 합하니 이로부터 귀인의 상을 짓는다.

비록(飛祿)난차(攔叉) 즉 비천녹마와 정란차가 인수를 겸하면, 필히 소대(昭代)지관 즉 태평한 시대의 밝은 관이 된다.

- 년지에 일주의 녹이 있고, 4지(支)에서 도충(倒衝)을 만나거나, 혹은 일주가 녹을 암충(暗衝)하면 또한 비록이 된다. 천간 3자가 같은데 지지에서 신자진이 서로 모임을 얻으면, 난차가 된다. 이 격은 미묘한데, 인수가 있으면 필히 소대의 관이 되는 것이다.

본신이 비록 왕하나 관록(官祿)이 미미하다. 이런즉 마(馬)씨가 강장(絳帳) 즉 군진에서 경과 예(藝)를 강론했다 함이 이것이다.

- 격이 불청(不淸)이나 용신이 폐(廢)하지 아니하였다. 곧, 소조(蕭曹)가 서진(西秦)에서 도필(刀筆)을 일으킴과 같은 것이다.

갑·을이 건궁(乾宮)에서 만나고 진룡(辰龍)을 모았다면, 필히 귀하다.

- 갑·을 2자가 간두에 많이 투출하고, 지지로 해·자가 년·월·시 사이에 한두 자리로 있음을 보며 또 진의 글자를 얻으면, 그 이름을 육갑(六甲)추건(趨乾) 통명(通明)격이라 한다. 사주가 이런 상(象)에 들면, 주가 대귀하다.

금신(金神)이 임·계를 만나고 사·오를 득하면, 이로써 아름다움이 된다.

- 갑·을일 생의 사람이 임·계를 얻어, 와서 생부(生扶)하는데 지지의 신으로 사·오를 보아 화(火)가 있음이다. 이는 수화기제(水火旣濟)가 되고, 용득(龍得)비등(飛騰)지상 즉 용이 날아오르는 상(象)을 얻은 것이니, 구름이 비를 뿌리는 공을 행한다.

경금이 임·계를 만나고 살·인(煞印)에 앉으면, 두루 아름다운 옥구슬에 미치고 그 자리가 중하다.

- 6경일 생이 주중에 임·계가 많고, 본신이 칠살 인수에 앉은 것은 대귀하다. 곧 어떤 상서(尙書)의 명으로, '임자 계축 경오 병자'가 있다. 나의 명은 '임오 계축 경인 병술'인데, 두루 이 상(象)에 합한 것이다.

구사(龜蛇)지검(持劍) 즉 뱀과 거북이 검을 쥐고, 금인(金刃)을 겸하면, 그 가치가 회복되고 이름이 높다.

- 임·계일 생의 주 중에 병화가 많거나, 혹은 '인오술, 신자진'의 2국(局)이면, 수는 거북에 속하고 화는 뱀에 속하니, 이름하여 구사지검의 상(象)이라 한다. 만약 주에 금이 없은즉 그 칼은 나오지 못한다.

경·신(庚辛)이 중한데 시에서 사·해를 보면, 호소(虎嘯)풍생(風生) 즉 범이 울부짖고 바람을 생한다는데, 무·기(戊己)를 얻어 이로써 서로 자윤하면, 관이 극품에 거한다.

- 경·신일 생이 다시 경·신(庚辛) 천간을 보고, 세·월·시 중에서 1사(巳)를 얻으면 손풍(巽風)이 된다. 혹은 해(亥)를 얻어도 역시 가히 기쁘다. '갑을 해묘미'로 운이 동남으로 행하면, 권고(權高)녹중(祿重) 즉 권세는 높고 녹은 중하다. 북방으로 행하면 부(富)한데, 서방으로 들게 되면 앙화를 측량하지 못한다.

일기(一氣)상생(相生)을 칭하여 오행의 순식(順食)이라 하니, 그 자리가 산태(三台) 즉 재상에 가깝다.

- 일기상생이란 곧 갑생병, 병생무, 무생경과 같은 것이요, 오행순식이란 다시금 지지가 서로 순하게 이어져 서로 식신이 되는 것으로, 대귀하다. 혹 천원일기로써 이를 해석하는 경우가 있는데, 이것은 아니다.

금신(金神)이 양인(刃)을 두르고 화지(火地)의 염명(炎明)을 만나면, 관이 내각(內閣)에 거한다.

－ 금신격[16]의 주(柱)중에 양인이 있고 또 화향을 행하면, 대귀하다.

시상(時上)편관(偏官)은 겁재 양인 인수 재를 기뻐하니, 세·월 상에 있음이 기쁘다.

－ 시상편관격이 세·월·시 중에서 재가 있어 밑천을 삼고, 인수로 화(化)하며, 양인으로 신강(身强)을 도우면, 주에게 풍헌(風憲)의 권세가 있다.

아비가 자식에게 도를 전하면, 문무를 겸하고 장상으로 조정에서 현달한다.

－ 을일생이 임오시를 만남이 이것이다. 을은 동방 청제(靑帝)의 신에 속하고, 오는 남방 적제(赤帝)의 신에 속하여, 을은 아버지가 되고 오는 자식이 된다. 간상(干上)에서 임수를 득하여 도리어 을목을 생하니, 이것이 부전(父傳)자도(子道)의 상(象)이다. 청·적이 상속하는 묘함이니, 이 격에 든 것은 그 공이 일세에 높고, 모든 관리를 총체로 제압한다. 수(水)가 성하여 을목을 뜨게 함은 마땅치 못하다. 곧, 앞에서 "목이 묘월에 생하고, 시에 오가 모이면, 진동(震動)이명(離明) 즉 밝고 환하여 천하를 진동하니, 운이 서·남에 이르면, 관이 극품에 이른다" 함이 이것이다.

상관이 투간하고 정관은 숨었는데 살·인(煞印)을 만나면, 자리와 권세가 높고 중하다.

－ 상관이 세·월·시의 천간에 투출하고 정관은 지지에 숨었는데, 주 안에 재와 인수 칠살이 온전한 것은 대귀하다.

지·천(地天)이 교류하고 음양이 감응하는데, 무·기(戊己)를 얻으면 삼태(三台)팔좌(八座)의 고귀함이다.

－ 일·시에서 해(亥)를 얻으면 건천(乾天)이 되고, 세·월에서 신(申)을 얻으면 곤지(坤地)가 된다. 천간에 무·기가 투출하면, 이는 땅이 천상에 자리하여 음양 교감의 뜻

---

[16] 甲己日이 癸酉, 乙丑, 己巳時에 태어나면 금신격(金神格)이다. 巳酉丑이 金局이 되어 일간의 관성이 되기 때문이다. 반드시 월지가 金氣에 통해야 격이 되고 사주에 火局이 있으면 좋다. 金神은 甲의 살(殺)이니 파괴의 신(神)이므로 火가 와서 金을 극하면 좋다. 己日은 金이 상관이니 火가 있어 상관을 제압하면 좋다. 甲子日, 甲辰日은 더욱 좋다.

이 있는 것이다. 내양(內陽)외음(外陰)으로 건순(健順) 즉 건실하고 따르는 상이니, 이 격에 든 자는 대귀하다.

목성(木盛)금번(金繁) 즉 목도 성하고 금도 강한데, 이명(離明) 즉 화의 밝음을 얻으면, 곧 공정 충실 정직함이라.

– 목이 금의 깎음에 의지하는데 많은즉 금이 태다(太多)라, 화가 금을 제(制)함을 요하니, 공충(公忠)정직(正直)이라 한다. 이는 금·목으로써, 예를 들어 말한 것이다.

금백(金白)수청(水淸)에 장생을 만나면, 총명함이 출중하다.

– 경·신(庚辛)일 생이 신자진 월에 생하고, 지지로 사화에 앉았다. 주(柱)에 임·계가 있고, 화·토의 협잡(夾雜)이 없으면, 주가 총명하고 문과 학이 있다.

화는 밝고 목이 빼어난데 토의 출현을 만나면, 일찍이 자라의 머리를 점한다.

– 갑·을 일주의 주중에 사가 있거나, 혹은 병·정 인·술의 글자가 춘(春)에 생하면 기특하다. 만약 지지로 '오·술 해묘미'가 있어 각기 한 글자를 얻으면, 또한 이는 갑·을 일생(日生)에만 구애되지는 않는다

수·목이 춘생에 있고, 토·금을 만나면, 공후(公侯)의 귀함을 짓는다.

– '수견토 목견금'은 관이 된다. 수가 금을 보면 인수요, 목이 토를 보면 재가 되는데, 봄인즉 목왕(木旺) 수휴(水休)하여 상호 간에 자양하고 부조하므로 귀하다는 것이다.

금이 화의 제련을 만나면 조년(早年)에 출사하고, 목이 금의 재단함을 얻으면 어린 나이에 이름을 이룬다.

– 이는 곧 오행의 상제(相濟)를 말한 것이다.

금다(金多)에 화를 잃으면 성실과 법도의 흉악함을 한탄하고, 무딘 나무가 무성한데 금이 없으면 공명이 따르지 않음을 탄식한다. 토가 중한데 목의 소통함이 없으면, 곤고(困苦) 분파(奔波)의 무리이다. 수성(水盛)에 토의 제복이 없으면, 파가(破家)에 음탕한 사람이다. 화성(火盛)에 수제(水濟)가 없으면, 죽어도 뉘우치지 않는 포악한 사람이다. 목쇠(木衰)화성(火盛)은 변하여 재가 되어 날릴 뿐이니, 공명이 지체되고 요절함을 피

하기 어렵다. 금백수청이 효신(梟神)의 피해를 받으면, 문장은 빼어나나 천수가 길지 못하다.

– 이는 오행의 편당(偏黨)에 제복(制伏)이 없음을 총합하여 말한 것인데, 모두가 길함이 되지 못한다.

금백수청인데 효신을 벗어나면, 문장이 나날이 드러난다.

– 이는 앞서 말한 금백수청이 장생을 만나 총명 출중하다는 것과 서로 비교하여 살펴볼 일이다.

살 · 관이 둘 다 투로했는데 이덕(二德)을 만나면, 작위가 숭고하다.

– 2덕은 천 · 월(天月)의 2덕이라, 살관(煞官)양로(兩露)는 혼잡됨이 의심스러운데, 이를 해소함을 만난 까닭에 귀하다는 것이다.

재가 칠살을 도우면, 자식의 위의(儀)가 사헌부나 장상의 높은 권세라.

– 주중에서 재왕생살하고, 살생인하며 또 장생의 땅을 얻음이다. 일간이 왕하고 격 · 국이 순수하면 대귀하다.

금신이 살을 두름은 도적이 묘당(廟堂)으로 옮긴 것에 준하니 대기이다.

– 금신을 거듭 세시(歲時) · 월령(月令)에서 범하면, 도리어 칠살을 만남이 대귀(大貴)가 되는데, 형 · 충은 꺼린다.

세덕(歲德)이 재 · 살(財煞)을 만나면 뿌리를 심은 것이라, 일찍이 벼슬길에 올라 현달한다. 다시금 인수와 양인을 더하여 투합(妬合)함이 없으면, 고과(高科) 즉 높은 과명을 미리 헤아린다.

– 앞의 세덕(歲德)부간(扶干) 즉 세덕이 일간을 도움과 함께 재성을 기뻐하는데, 인성을 제복함은 미워한다. 운에서 양인을 모으면, 병 · 형(兵刑)을 장악한다는 뜻과 같은 것이다.

세덕이 재(財)를 만나면 소년에 청거(請擧) 즉 거인의 청함을 받고, 세덕이 양인을 두르면 어린 시절에 이름을 이룬다.

- 세덕은 중살(重煞)이 되는 까닭에 누차 이를 말하니, 소년에 이름을 이루고 일찍이 발탁되니 고과에 들어 벼슬길에 올라 현달한다는 것이다. 년의 관(管)으로 초년의 살(煞)을 삼으니,[17] 주의 위풍(威風)이 된 까닭이다. 가령 갑일이 경년을 보아 세덕이 된 것과 같은데, 주중에서 무·기 토가 살을 돕는 것을 요한다. '사유축'에 뿌리를 심었는데 양인을 두르니, 인수를 행함이 기쁘고, 정관이 그 별을 투합함은 꺼린다.

월이 칠살인데, 시(時)와 세(歲)로 식신이면, 사헌부의 엄숙함이며 바람과 서리의 호령함이라.
- 식신이 제살(制煞)하는 이치가 진실로 이러한 것이다.

월에 살·인(煞印)이요 시에 상관(傷官)이면, 봉각(鳳閣)용루(龍樓) 즉 군왕과 함께하여 두터운 총애를 받는다.
- 월령에 살이 있고 인수가 세의 간지로, 이를 얻으면 지극한 묘함이 된다. 요는 시(時)에서 상관이 투출하여 인수의 처가 되고 살의 제복을 짓는 것이다. 이런 까닭에 주가 대귀하다.

일간 병화가 시에서 해궁에 들면, 하늘에서 빛나니 문명이 사해를 비춘다.
- 육병(六丙)일이 시에서 기해(己亥)를 얻으면, 해는 건위천에 속하고 화는 천상에 있어 비추지 않는 바가 없다. 명에서 이 상(象)을 두면 어려서부터 늙도록 귀함이 드러나 숭고하니, 병·형의 임무를 장악한다. 위로 천자를 보좌하며, 아래로 사시를 순시하고, 밖으로 사이(四夷)를 순무한다. 꺼리는 바는 형충파해인데, 구조함이 있는 것은 길하다. 부(賦)에 이르기를, "양화(陽火)가 시에서 해위(亥位)를 만나면, 문명이 그 빛을 사해에 비춘다"고 함이 바로 이것이다.

천간이 양의 등불인데 시에서 기축을 만나면, 땅에서 솟아올라 산천을 비추어 밝힘과 같다.
- 병일이 기축시를 만남은 곧 해가 땅 위로 떠오르는 형상이라, 하늘에서 순수 화려하고 크게 밝은 덕이다. 곧, 안국(安國) 강후(康侯)의 명과 같으니 큰 하사를 받음이 많다.

---

17 원문의 管은 官의 오기로 보인다.

명이 이에 놓이면, 그 마음을 뼈에 새긴 고굉(股肱) 즉 수족과 같은 임무를 받는다. 요래(姚淶) 장원의 경우, '무신 무오 병진 기축'으로, 이 격에 합한다. 부(賦)에 또 이르기를, "육병이 시에서 기축을 만남은 해가 땅 위에 있음이라 극히 드러난다"고 함이 이것이다.

시가 신해인데 일을 정(丁)으로 만남은 곧 시가 삼기(三奇)이니, 어린 시절 가운데 과거에 그 이름을 올린다.

- 육정(六丁)일이 신해(辛亥)시를 보면, 신은 편재가 되고, 해 중의 갑목은 정인이요 임수는 정관이라, 이름하여 시상(時上)삼기(三奇)라 한다. 필히 주가 소년 등과하고 부귀가 장구하다. 부(賦)에 또 이르기를, "음화의 시가 해이면, 부귀가 유유하다" 함이 이것이다.

월건이 신(申)인데, 세와 시로 자를 만남은 곤감순(坤坎順) 즉 곤과 감이 순함이 되니, 장상을 가히 기약한다.

- 부귀를 알고자 하면 먼저 월령을 본다. 곧, 제강(提綱) 월건의 신은 곤에 속하여 땅이 되고, 년지의 자는 감에 거하여 수가 되니, 이는 곧 중괘 지수(地水)사(師) 괘라. 수가 땅 밖에 따로 있지 않고, 병력은 백성의 밖에 있지 않으니, 이 상(象)을 얻음은 대귀한 것이다. 자시(子時) 또한 그러한데, 일지(日支)로 자가 있는 것은 그렇지 않다.

시가 리(離) 즉 화요, 세는 손(巽)풍 즉 진사이며, 일이 음금인데 갑·을을 투간하면 삼태(三台) 즉 재상의 귀함이다.

- 오시(午時)생의 사람이 년지로 사(巳)의 글자를 얻고, 일에 신(辛)금을 얻어 명주가 된 것이다. 금이 손(巽) 목(木)을 써서 재로 삼고, 이화(離火)로 관을 삼으니, 이름하여 안으로 손순(巽順) 즉 손의 순함을 얻었고 밖으로는 이명(離明) 즉 화의 밝음을 얻은 상(象)이라 한다. 부드러움으로 나아가 위로 행하여 중화를 얻고 강함에 응하니, 강유가 중화에 응한 것이다. 만약 손이 월령에 있다면, 이는 정격이 아니다. 이 격에 든 자는 대귀하다.

목은 빼어나고 화는 밝으니 봄에 병령(秉令) 즉 함께 나타나 이 상(象)에 들게 되면, 과거에 올라 방(榜)문을 보는 눈이 두령을 향한다.

- 거듭하여 춘생(春生)에 있게 된즉 앞서 말한 화명목수가 토의 출현을 만난 것이다.

곧, 일찍이 오두(鰲頭)지의(之義) 즉 자라의 머리를 점한 뜻이 된다.

식신이 양인을 둘러 국을 맺으면, 그 위가 삼공(三公)에 이른다.

– 곧 갑인이 병을 식신으로 하는 경우, 화국(火局)을 요한다. 기(己)인이 신(辛)의 식신이면, 금국(金局)을 요한다, 다만 1자를 얻고, 다시금 양인의 도움이 있음이 대귀하다.

식신(食神)대인(帶印)하고 관에 앉으면, 그 공훈(勳)이 1품의 높음이다.

– 일주의 좌하에 관성이고, 세·월·시 중에 또 양인·식신의 출현이 있으면, 대귀하다. 꺼리는 바는 편인의 충·형이다. 만약 재·관의 2운으로 행하면, 느닷없이 달리고 발흥한다.

관성이 양인을 두르면, 반(班)상을 뛰어넘어 만리의 제후에 봉한다. 세와 월에 시의 발흥을 얻으면 주발(周勃)특연(特然) 즉 두루 급작스러움이 특히 그러하니, 재상에 든다.

– 정관의 격에 용신은 시주(時柱)의 마땅함을 요한다. 주에 겁·인(劫刃)이 있으면, 정관의 처·재가 된즉 강유가 상제(相濟)한 것으로 오히려 재성을 얻음이 귀함이 된다. 관성과 겁·인의 두 별이 천간으로 우뚝 나타나면 또한 귀하다. 부(賦)에 또 이르기를, "관성이 양인을 두르면 귀힘을 가히 말할 수 없다. 세와 월에서 투로하면, 두루 급작스러움이 특히 그러하니 재상에 든다" 함이 이것이다. 득시(得時)하고, 관성으로 승왕(乘旺) 즉 왕함을 올라탄 것을 말한다. 대인(帶刃)이라 함은 간지를 불구하고 이로써 말함인데, 투로(透露)한즉 직접 가리켜서 중한 바가 됨을 말한 것이다. 양인은 흉살이 되는데, 관과 식이 이를 두르면 모두가 권귀(權貴)를 짓는 것으로 본다. 곧 이방진(李邦珍) 도헌(都憲)의 경우, '계유 기미 임자 경자'로 격에 합하였다.

재관(財官)쌍미(雙美)에 재와 인수를 투간하면, 대성(臺省) 즉 누대와 현성에 거하는 존귀함이라. 운이 비견에 이르고 다시금 형·충하면 다만 수주(守株)의 졸렬함[18]을 안을 뿐이다.

---

[18] 수주대토의 나무꾼이라 하겠다.

- 계사일이 사월에 좌향(坐向)[19]하고, 임오일이 오월에 좌향한데, 천간에 재·인이 투출하면 귀하다. 북방 운은 마땅치 않으며 또 형·충을 두려워한다. 마땅히 짐작해 볼 일이다.

재·관은 생왕하고 천간에 투로함이 기이함이 되니, 예자(曳紫)타주(拖朱) 즉 자줏빛을 끌어 붉은 빛에 푼다.
- 사주에 재성이 왕하면 정관이 투간할 필요가 없으니, 재가 스스로 생관함이 절로 기이하다. 혹은 재·관이 양투(兩透)하여 생왕한 땅에 거하면, 모두 주가 대귀하다.

재왕생관에 인수와 양인이 서로 도움은 묘함이 되니, 삼태·팔좌에 이른다.
- 주중에 재성이 왕하고 득령(得令)하였는데 또 인·겁(印劫)이 부지(扶持)함은 대귀하다. 다시금 재향(財鄉)의 운을 행하지 않아도 무방하다.

천간의 식신이 시에서 녹마(祿馬)를 올라타면, 초년에 제호를 방(榜)에 거는 영명한 이름이라.
- 경일이 임오시를 보고, 신일이 계사시를 본 것이 이것이다.

인수를 투간하고 격에서 재·관을 얻으면, 젊은 나이에 변방의 모퉁이를 진무하는 중임을 얻는다.
- 재·관의 격은 세와 시에서 인수를 투간함을 요하니, 묘함이 된다.

일간이 건왕하고 인수 양인(刃)이 상부(相扶)하면, 공승(龔勝)이 한가(漢家)에 죽음으로 그 절개를 다함이라.
- 부(賦)에 이르기를, "살왕(煞旺)에 인·인(印刃)의 도움을 얻으면, 공승이 서한(西漢)에 사절(死節)함이라"고 하였다. 이는 사주가 순수한 살이거나, 혹은 관성이 종살(從煞)하는데, 인·인이 천간에 투출함을 얻은 것으로, 이를 곧 충절의 좋은 신하라 한 것이다. 앞서 말한 일간의 왕함에 인·인이 상부한즉 태과(太過)한데, 문득 호처(好處)를 얻어 마땅히 이후 올바름이 된 것이다. 생각해보면, 공승은 한(漢)나라의 처사로 능

---

[19] 일좌 향월로 보면 되겠다.

히 죽음으로 절개를 지켰다. 하지만 이 어찌 오행(五行) 태과(太過)의 상(傷)함이 아닐 수 있겠는가.

관성이 양인을 두르거나, 인수가 살을 두르면, 원령(元齡)이 당(唐)나라 때 영주(瀛洲)를 밟은 것이다.

삼공(三公)의 직에 임함은 살과 양인이 권한을 맡음에 있고, 각각이 장생을 만나 또 재(財)의 자조를 얻으면 극귀(極貴)한다.

- 곧 갑이 경으로 살을, 을이 신을 써서 살이 되는 경우, 사주에 사(巳)와 자(子)가 있은즉 살의 장생이다. 갑이 을을, 을이 갑을 보면 양인이 되는데, 사주에 해(亥)와 오(午)가 있으면 양인의 장생이다. 다시금 재를 얻어, 살과 인수를 자조하고 양인을 화하면, 극귀한다.[20]

사요추(司要樞)가 융정(戎政) 즉 오랑캐의 정사를 총괄함은, 겁(劫)으로 인하여 양인을 두르고 관을 도왔음이다.

- 월령과 시상정관은 양인(羊刃)이 이를 자조함을 요한다. 곧 갑이 신(辛)을 써 관이 되는데, 을의 글자를 얻어 관의 자재가 됨이 이것이다.

펴고 굽음과 억누르는 이지에 허물을 원방하니, 재가 생살하여 인수를 돕고자 함이라.

- 사주에 칠살이 중첩해 있는데 또 재·관을 얻어 자조(資助)한즉 살이 득세하니, 어찌 다시금 인수를 생하고자 함에 이를 수 있겠는가.[21]

금궐(禁闕)을 향해 달려 나가 직언함은 살·인(煞刃)이 천간에 양자가 투로함으로 인한다.

- 이는 살격으로, 살·인이 함께 세·월·시 중에 나타나 주의 언로가 됨이다.

한원(翰苑)에 거하고 사륜(絲綸)[22]을 장악함은 사주에서 정관에 귀록(歸祿)이 되었기

---

[20] 을갑경에 자사, 갑을신에 해오를 봄이다.
[21] 생살하여 인수를 도움에는 그 흐름과 구성을 살펴야만 한다. 무작정 되지 않는다는 말이다.
[22] 王의 敎書

때문이다.

- 귀록이란 곧 정관이다. 병이 계를 써 관이 되는데, 자의 글자가 있은즉 계의 록(祿)이 자에 머문 것이다. 동(冬)삼월에 생함이 있으면 묘하다. 부(賦)에 또 이르기를, "사륜의 명(命)을 장악하고, 옥당의 직을 나열한 것은 귀록이 청기(淸奇)함을 얻음으로 인함이라" 함이 이것이다.

년에 정인이요, 월에 정관은 국감(國監) 한림(翰林)에 임한다.

- 정관은 월령 가운데 나타남을 기뻐하고, 정인은 세원(歲元) 천간에서 투로함을 요한다. 충극(衝尅)의 신을 보지 않으면 윗 글에 준한다.

격이 청기하고 시(時)에서 득령하면, 홍려(鴻臚)옥전(玉殿) 즉 기러기가 늘어섬과 같이 대전에서 그 이름을 부른다.

- 격국이 순화 부잡하고 유기하며 형충파해가 없으면, 대귀한 명조이다. 부(賦)에 또 이르기를, "격청(格淸)국정(局正) 즉 격이 맑고 국이 바르면, 옥전(玉殿)전려(傳臚) 즉 편전에서 늘어선다" 함이 이것이다.

평방(平邦)국통(國統) 즉 나라와 지방을 평정하고 다스리는 육사(六師)는 관성에 의뢰하고 변하여 천덕(天德)이 됨이다.

- 앞에서 풀이하였다.

음양의 이치여! 재상과 보좌에 오름은 녹마에 또 장생을 두름으로 인한다.

- 정재 정관이 모두 장생에 있고, 양인이 식신을 얻고, '식생재, 재생관, 관생인, 인생신' 함이 있어, 두루 흘러 쉬지 않는 묘함이 있으면, 필히 주가 대귀하다. 부(賦)에 또 이르기를, "재·관은 가시가 있음에도 조화와 불꽃 같은 권세이다"고 하였다. 유체(有蔕) 즉 가시가 있음이란 장생이 그것이다. 다만 재·관의 장생이 문득 귀하다 하니, 장생이란 그 머문 바가 장생의 땅임을 가리켜 말한 것이다. 굳이 인·식(刃食)이 상생한다고 풀이할 필요는 없다.

격국이 순화해도 일간이 스스로 약하면, 천석(泉石) 즉 바위 샘물을 살펴 좋은 것이 유서(幽棲) 즉 그윽하게 깃들어야 한다.

- 용신이 비록 득시하여도 일주가 쇠하여 이기지 못하면, 도리어 이는 임천(林泉)회적(晦迹) 즉 산중에 들어 흔적이 희미한 사람이다. 운에서 부신(扶身)함을 만나면 역시 발한다.

격국이 박약하고 용신이 경미하면, 자생함을 늘어놓아도 작은 직을 넘지 못한다.
- 그 소용(所用)지신이 시령(時令)을 얻지 못한 경우, 자생 익조하는 글자를 얻어 늘어놓아도 작은 관직에 불과하다. 이는 앞의 격국(格局)순화(純和)라는 것과 비교할 때 서로가 같지 않은 것이다.

토가 중한데 지지의 신이 두텁게 실으면, 원무(元武)는 두려우나 청룡[23]을 기뻐한다. 격국으로 만나 진실로 응결[24]하면 대귀함을 안다.
- 이는 또한 무·기 일이 주중에서 무·기의 글자를 거듭 보고, 혹 하나의 신(申)자를 지지에서 얻은 것이다. 이는 순수하게 유순(柔順)한 도가 형상을 붙인 것이다. 정한 방위가 있어 덕합(德合)하면 무강(無疆)하니, 곤(坤)덕의 큼이다. 이 상(象)을 놓으면 대귀한데, 임·계를 꺼리고 갑·을 운을 기뻐함은 동일하다.

목성(木盛)에 토후(土厚)한데, 등불을 만나 동방을 따르고 곤의 땅으로 행힌다. 시주의 운이 순화(純和)하면, 공명이 드러남을 성한다.
- 천간이 갑·을의 1기이고, 지지로 무·기가 중첩하다. 도리어 '인·오·술'의 한 글자를 얻어 따르니, 동방 목이 득지(得地)하였다. 곤지(坤地)를 행하니, 토가 득위(得位)한다. 이와 같은즉 목은 더욱 성하고, 토는 더욱 두터운 것이다. 4와 9[25]가 상하로 이에 응한다.

토가 많은데 곤(坤)에 거하고, 간(艮)의 위로 있은즉 천도가 아래를 고르게 하여 그 빛이 밝다.
- 무·기가 세·월·시의 천간에 거하고 지지로 또 그 뿌리가 있으며, 제강(提綱)으로 인(寅)목을 얻었다. 토는 곤(坤)으로 땅이 되고, 인(寅)은 간(艮)으로 산이 되어 그친다.

---

23 여기서 원무는 현무 즉 수요, 청룡은 곧 동방 목이다.
24 결응이란 터져서 가슴에 안았다는 말인데, 의역해본다.
25 금을 말함이니, 갑을의 관이 되는 것이다.

안으로는 순하고, 밖으로는 겸손함의 뜻이다. 산은 지극히 높고 땅은 지극히 낮은데, 곧 그 아래에서 굽혀 멈춘 것이다.[26] 이 상(象)을 놓으면 부귀 형통한다.

양인(刃)이 녹 · 마 삼기(三奇)를 만나고 득령하였는데, 재(財)가 투간하면, 공후(公侯) 일품의 귀함이 된다.

사주에 수 · 화로 2국을 모았는데, 금을 투간하고 토는 감추면, 구사(龜蛇)지검(持劍)의 형상이라.
— 즉, 앞서 말한 구사지검에 금인(金刃)을 겸하니 가치 있고, 다시금 명고(名高) 즉 이름이 높다는 뜻이다.

재성의 덕이 변하여 살에 앉으면, 이정(李靖)이 문무를 겸하고 재주가 온전함이라.
— 곧 병신일이 신(辛)금으로 정재를 삼은 경우다. 요는 사(巳)월 중에 생함이 있는 것이니, 곧 자좌 신(申)중의 임수로 살을 삼는다. 기묘일은 임수로 정재를 삼는데, '신 · 자 · 진'의 월에 생할 것을 요하니, 이는 천 · 월덕의 종류가 된다. 이 둘은 모두 변하여, 덕수(德秀) 즉 덕의 빼어남이 되고, 또 이는 재성이 그 덕을 바꿈이 된다. 생왕함을 놓고 겁탈이 없으면, 무(武)는 곧 서강(鋤强)진폭(殄暴) 즉 호미의 강함으로 난폭함을 진멸하고, 문(文)인즉 조토(胙土)분모(分茅) 곧 찌꺼기 땅으로도 띠를 나누어 심는다. 부(賦)에 또 이르기를, "재성이 변덕(變德)하면 추요(樞要) 즉 추밀원의 요직에 오르고, 고굉(股肱) 즉 임금의 수족에 임한다" 함이 이것이다.

살과 양인이 인수를 얻어 상자(相資)하면, 암중으로 분주하고 조정의 이목을 짓는다.
— 살생인 인합살(刃合煞)이 온전한 것은 대귀하다.

상관이 재 · 인(財印)을 두르고 겸하여 생왕하면, 지강(持綱)지기(持紀) 즉 기강을 보존한다.
— 이는 상관이 용재 · 용인 함의 뜻이다. 재 · 인을 얻고 생왕함이 바야흐로 묘하다는 말이다.

---

26 중괘 지산겸의 뜻을 형상한 것이다.

사주에 화·토가 고르고 목기를 만나면, 위국(爲國) 위민(爲民)한다.

– 화가 토를 생하고 식상이 되는데, 목은 화의 인수가 되고 토의 관이 되는 까닭이다.

왕증(王曾)이 여러 선비의 우두머리인 것은 관·인(官印)이 식신을 두름으로 인하여, 이로써 상부(相扶)한 까닭이다.

엽정(葉正)이 거북의 머리를 차지함은 인성(印星)에 의뢰하여 스스로 관과 녹으로 삼았기 때문이다.

신왕에 재·관의 도움이 없으면, 기예가 아니면 필히 승도의 무리이다.

여인이 2덕(德)의 순수함을 쥐게 되면, 임금의 총애하는 글을 받고 봉황의 가르침을 더한다.

내가 이 부(賦)를 살펴보니《자평(子平)》을 벗어나지 않는데, 다만 '칠살 양인 상관 식신'의 글이 많고 거듭되고 있다. 그리고 재·관·인수를 겸하여 자세히 하고, 거듭 취하여 성격(成格) 합국(合局)을 논한다. 작당(作黨)에 제화(制化)하고 덕을 바꾼 것을 모두 대권 대귀 함이라 하였다. 만공(萬公)[27]이 곧 귀로 듣고 눈으로 본 것이다. 고로 자평의 법으로써 이를 널리 추리하여 넓혔으니, 만공! 그 역시도 은미함을 아는 선비라 해야 할 것이나.

---

27 병부상서 만기를 말한다.

星命部彙考六十三
三命通會 三十五

三命通會 三十五

【金聲玉振賦】금성옥진부

명을 받음이 같시 않음이여! 오히려 형태를 받음에는 같음이 있다.

　이치를 측량함에, 정밀하기 어렵도다. 바다를 측량하여 지나감에, 음은 애처롭고 양은 펴나가니, 차고 비는 데에도 수(數)가 있음을 안다. 하늘은 높고 땅은 멀어 극에 이르면 뒤집어 실으니 그 끝이 없도다. 혹은 은하수 구름을 타고 오르지만 사사로운 바가 있지 아니하고, 혹은 연못과 샘물에 떨어지나 미워하는 바가 있지 아니하다. 그 기(氣)와 수(數)가 태초에 정해지니, 그 뒤집고 북돋움으로 비유하면 모든 초목이 그러하다. 묘결(妙訣)은 많은 말에 있지 아니하다. 지인(至人)이 어찌 억지로 요란함을 일로 삼을 것인가. 이는 또한 류속(類屬)종화(從化) 즉 그 류의 속함과 종하고 화함이니, 격을 판단함은 왕쇠에 있다. 조복(照伏)공요(拱遙) 즉 비추고 숨으며 옆에 끼고 불러내니, 국은 명암을 나누는 것과 같다.

　－류의 속함에는 왕함을 요하고, 종화는 쇠함을 요하는 것을 본다. 조·복(照伏)의 둘은 모두 밝은 데서 그 국(局)을 취하고, 요·공(遙拱)의 둘은 모두 드러나지 않은 형태에

서 국을 취하는 고로 암(暗)이라 이른 것이다.[1]

용신을 논하고, 일주를 논함에, 각기 마땅한 바가 있다. 지맥(地脈)을 취하고, 천원을 취하니, 이는 혹 하나의 도(道)인 것인가.
- 이는 넘치는 것을 들어 조화(造化)가 됨을 말하니, 오직 하나의 단서에만 있지 아니함을 담론한 것이다.

유심(游心) 즉 흐르는 마음은 거류서배라, 제거하고 남기며 흩어지고 짝함에 있다. 결의(決意) 즉 뜻을 정함에는 희기(喜忌)와 애증(愛憎)이 있다.
- 이는 요약하여 조화란 많은 술수에 있는 것이 아님을 말한다. 중간의 묘리(妙理)는 한마디로 다하기는 불능이라. 곧 '논용신 논일간 취지맥 취천원 희기애증'과 같이 말하니, 만유가 같지 않은 것이다. 만약 거류서배가 아니라면 어찌하여 조화를 이루고, 귀천을 나눌 수 있을 것인가. 성(性)품과 명(命)을 논담하여 생사를 결정하는 까닭에, 마땅히 유심을 상세히 살펴 익히고 그 결의를 온전히 추찰해야만 한다.

또한 원래는 탁함이 있었으나 흐름에서 맑아짐이 있으니, 근첨(根甜)이나 예고(裔苦) 즉 뿌리는 달아도 그 열매가 쓴 것이 어찌 없을 것인가.
- 수가 토령(土令)에 생한 경우, 그 근원이 본래 탁하다. 그러나 운행이 서북이면 '토화금(土化金) 금화수'가 되니, 그 흐름이 또한 어찌 맑지 않을 것인가. 이와 같으면 먼저는 주가 흉하나, 나중은 주가 길한 것이다. 《홍범(洪範)》에 이르기를, "가색(稼穡)은 단 것을 짓고, 염상(炎上)은 쓴 것이다"고 하였다. 목이 토령에 생하고 남방을 행하면, 근감예고가 됨을 말한 것이다. 비록 상관이 능히 생재(生財)하지만 목은 남으로 달리지 않으니, 어찌 그 임무를 맡을 수 있을 것인가. 혹자는 이 2구(句)를 말하여, 모두 오행의 명·운(命運)이 오롯하지 않음을 비유하고, 수·화가 역시 통할 수 있음을 비유한 것이라 한다. 그런데 이는 다만 내가 들은 바와는 다르다. 《낙록자》를 보면, '초흉후길(初凶後吉) 시길종흉(始吉終凶)'이 있으니, 곧 이것이 위의 말을 비유한 것이요 또 그 이치를 직언한 것이다.

---

[1] 35권의 두 부(賦)에서도 원문에 육오의 주가 붙은 형태를 따른다. 앞의 경우와 같다.

원앙(鴛鴦)비익(比翼) 즉 원앙이 날개를 견주는데, 강호를 보면 반드시 평생을 따른다.

– 곧, '병술 신축 정사 임인'의 경우, '병신합, 정임합, 인술합, 축사합'으로 마치 원앙이 날개를 비비며 서로 연이어 날아감과 같다. 임수가 사주에 있고 또 병·신이 화수(化水)하니, 이는 강호의 상(象)이다. 가히 그 거처를 따라서 성품 또한 그친 것이라 하겠다. 혹은 말하기를, "원앙비익은 단지 그 둘을 예로 취한 것뿐이다. 둘이 상합(相合)한즉 덕합(德合)하니 쌍앙(雙鴦)격이 되었고, 강호의 글자에는 반드시 구애받을 필요가 없다"고 하였다.

호접(蝴蝶)쌍비(雙飛) 즉 나비가 짝지어 나르는데, 정원과 동산을 만나니 바야흐로 있을 곳을 얻는다.

– 곧, '신미 무술 신미 무술'의 경우, 미는 목고가 되고, 무술(戊戌)은 납음으로 또 평지(平地)목(木)이 된다. 이에 원유(園圃) 즉 동산과 정원이 있을 바가 되는 고로, 합격하고 귀하였다. 만약 일점의 목기가 없었다면, 어찌 허명(虛名)·허리(虛利)의 사람이 아닐 수 있었겠는가.

청사(青沙)와 황적(黃磧)에서 정금(精金)을 채집하고, 착절(錯節)반근(盤根) 즉 섞이고 낡어진 소반과 뿌리에서 이기(利器) 즉 이로운 기물을 구별한다.

– '갑오일이 기사시'를 보고, '을미일이 무인시'를 본다. 대개 갑오·을미는 본시 사중금(砂中金)이요, 무인은 곧 청사요, 기사는 황적이다. '갑·을 생 묘월'은 목왕(木旺)의 때라, 주에 '임신·계유'로 검봉(劍鋒)의 금을 두르면, 이 격의 바른 것인데, 나머지 금은 그렇지 못하다.

아생자가 어찌 생아자의 편안함과 같을 수 있을 것인가, 어찌 극아자가 일찍이 아극자의 드러남과 같을 것인가.

– 이는 상관이 인수에 미치지 못함을 말하고, 용살(用煞)이 용재(用財)와 같지 않음을 말한다. 대개 상관 칠살이 비록 대귀하다 하여도, 그러나 그 화를 얻음이 도리어 많다. 만약 재와 인(印)을 순용(純用)하면, 자연의 복을 향유한다. 혹은 말하기를, "용재는 다만 부에 그침과 같고, 재왕생관을 말하는 것은 아니다. 고로 용재는 내가 사람을 부리는 것이요, 용관·살은 다른 사람으로부터 부림을 받는 것이라"고 하였다.

기제 미제를 만남은 휴의(休疑) 즉 의심을 쉰다고 하는데, 충을 함께하면 휴의가 무의(無依) 즉 의지할 데가 없다.

- 곧, '임자 병오 임자 병오'는 기제(旣濟)의 격이요, '정묘 병오 병술 갑오'는 미제(未濟)의 격이다. 이 둘은 모두 대귀하였다. 속된 눈으로 이를 볼 것 같으면 곧 앞의 1명(命)은 충병(衝倂) 즉 충이 함께함을 미워하고, 뒤의 1명(命)은 의지할 데가 없음을 싫어한다. 혹 미제로서는 화가 위에 있고 수는 아래에 있으며, 주중에서 태왕(太旺)하여 해소된즉 취정(聚精)회신(會神) 곧 정과 신으로 정신을 모은 격이라 한다.

안으로 삼정(三正) · 삼편(三偏)이 있으면, 생부를 필요로 하지 않고, 투로할 필요도 없다.

- 육임(六壬)이 사(巳)월에 태어나면 사중의 무는 편관이 되고, 병은 편재 · 장생, 금은 편인이 되니, 이름하여 삼편이라 한다. 계가 사월에 생하면 곧 정관 정재 정인이 되니, 이름하여 삼정이다. 수가 비록 사에서 절함이 되나, 금의 장생인즉 수가 마침내 끊어지지 않으므로, 이런 까닭에 불필(不必)생부(生扶)라 한 것이다. 흡취(翕聚)한즉 기가 온전히 발산하니, 이런 까닭에 불필(不必)투로(透露)라 하였다. 혹은 생부로써는 재 · 관 · 인을 지칭한 것이라 말하니, 만약 일간이 쇠약하다면 불가불 생부하지 않을 수 없다 하겠다.

분도(奔道) 즉 길을 달리는 도중에 초상이 생한다 함은 대개 수기(秀氣)가 번란(繁亂)함으로 인한 것이다. 영어(囹圄)에 앉음으로써 명을 망친 것이니, 다만 비견의 쟁투만이 남는다.

- 곧, '1갑에 3인, 1병에 3술, 1신에 3병'은 녹과 고(庫) 그리고 관성이 태다(太多)한데 수기(秀氣)가 없는 것이다. 곧, '3임에 1해, 3경에 1축, 3기에 1갑'의 경우는, 수기가 그를 이기지 못하므로 다만 분탈(分奪)된 것일 뿐이다. 나머지도 이와 같다.

양인(刃)은 중하고 관이 경하면, 그 업이 시장에서 정육점이다. 마(馬)가 피로하고 인(印)을 파하면, 공당(公堂)에서 도필(刀筆)을 희롱한다.

- 관성(官星)대인(帶刃)은 본래 길한데, 관 · 살이 때를 잃고 양인은 용사(用事)함이 무성하다. 이런 까닭에 천해진 것이다. 무릇 이 격을 만난 것은 판단하기를, 도고(屠沽) 즉 도축으로 장사함을 의심치 않는다. 곧, 인오술의 마가 신에 거하는데, 형충파해가 있은

즉 마피(馬疲) 즉 마가 피로한 것이다. 갑목이 임·계로 인을 삼는데, 경·신(庚辛)의 금이 이를 생하는 것은 없고, 무·기가 있어 이를 파괴한다. 이는 곧 이서(吏胥) 즉 관리와 함께하는 무리일 뿐이다. 혹은 마(馬)가 재(財)를 지칭하니, 피로하여 병이라고 함은 곧 재가 병지(病地)에 임한 것이다. 이를 일러 마피라 하였다. 《낙록자》의 마피에 관한 주를 보면, "왕정광(王廷光)이 이전의 설로 말함으로써 이리 되었다"고 하였다.

삼기(三奇)에 진·술(辰戌)이 재범하면, 착삭(斲削)재봉(裁縫) 즉 나무를 깎고 재단하여 붙이는 장인(匠人)으로 본다.

- '지(地)삼기는 갑무경'이요, '천(天)삼기는 을병정', '인(人)삼기는 신임계'이다. 천간으로 삼기를 얻었는데, 지지로 진·술이 있어 상충하니, 곧 귀함이 반대로 천함이 된 명조이다. 이를 만난 자는 작목(作木)의 장(匠)인으로 생업하지 않은즉 재봉으로 날을 지내는 사람이 된다. 인·진(寅辰)을 만난즉 그렇지 않다. 혹 술에 합·진에 합이 있으면, 각기 2국(局)으로 나눈즉 수화기제가 되면 또한 그렇지 아니하다.

사주가 모두 녹위로 돌아가 다하면, 미수(眉壽) 경복(景福)의 사람이라.

- 곧, '병인 갑오 을사 기묘'의 경우, 병록은 사에 있고, 갑록은 인에 거하며, 을록은 묘에 있고, 기록은 오에 거하니, 천간이 각기 돌아간 곳이 있다. 이 사람은 일생 부하고 또 장수하였다. 《소식부(消息賦)》에는, "향복(享福)은 오행(五行)귀록(歸祿)이라 미수인데, 팔자(八字)균정(均停)의 뜻이다"고 하였다.

목쇠·화왕에 다시 서방으로 행하면, 천년(天年)이 요절이라.

- 곧 '갑오일이 사·오월'에 생한 경우, 목불남분(木不南奔)하는데 또 금을 보아 감벌(砍伐) 즉 베고 치니, 마땅히 요절한다. 동·북의 운이면 그렇지 않다.

수냉·금한하고, 겸하여 북방을 안으면, 신세(身世)에 부침이라.

- 금수(金水)상관(傷官)은 다만 동·남으로 운행함이 마땅하고 길하다.

갑춘 을추는 편벽되니, 관·살이 중첩함이 마땅하다.

- 갑이 생춘이면 목왕하니 금의 착삭(斲削)에 의뢰해야 마땅히 그릇을 이룬다. 을이 가을에 생하면, 혹은 화(化)하거나 혹은 살(煞)이 되어도 모두 길하다. 이는 살이 많음

이 도리어 마땅하기 때문이다. 달리 갑이 만약 가을에 생하였는데, 거듭 극을 받게 되면 필시 주가 대흉하다. 을생춘이면, 살이 많은 것이 또한 마땅치 못하다.

병화가 묘월이면 인수의 생부를 자조하기 어렵다.
- 습목(濕木)이 화를 생하지 못하여 염화가 없다. 이치가 진실로 그러하기 때문이다. '을묘, 계묘'라면 더욱 심하고, 정묘에는 여러 기미가 있다.

수가 번잡한데 제하지 못하면, 병이 방광에 생한다. 금이 번잡하고 화하지 못하면, 질병이 목구멍과 혀에 있다.
- 수는 정(精)에 속하고, 금은 성(聲)에 속한다. 수가 제방을 잃고 토의 제복이 없은즉 그 사람이 음란하니, 수다(水多)태범(太泛)이다. 금이 심히 견강한데 화의 제화가 없은즉 그 사람이 농아라. 금실(金實)무성(無聲) 즉 금이 실하면 소리가 없다는 것이다.

재·관이 쌍미하니 투로하면 극히 영화롭다. 한편 인수를 만나도 극히 영화롭다고 말한다. 화목(火木)통명(通明)은 토를 본즉 귀하다.
- 재관(財官)쌍미(雙美)란, '진술축미 월의 생'이거나, 혹 '임오·계사 등의 날'이다. 진실로 재·관이 마땅하니, 천간에 투출함은 묘함이 된다. 목화통명은 모름지기 춘생(春生)이 최길(最吉)하다. 토는 화가 기숙하고 목을 배양하는 까닭인 고로, 모름지기 이를 보면 바야흐로 귀하다는 것이다.

'임 추간(趨艮), 갑 추건(趨乾)'은 모름지기 재·인으로 복을 도와야 한다. '자요사(子遙巳), 축요사(丑遙巳)' 역시 재·인으로 서로 이룸이 된다.
- 이상 4격은 모두가 재·인(財印)의 보좌에 의뢰하여 대귀(大貴)를 시작하는 것으로, 관·살을 봄은 마땅치 않다.

삼기(三奇)가 세지(歲支)의 아래에 숨어 있으면, 어린 시절 한림(翰林)에 든다. 삼기가 시의 자리 사이에 있으면, 만년에 대각(臺閣)으로 돌아간다.
- 곧, 육갑의 일주가 기축(己丑)년을 본 경우다. 이는 기축 중에 '신금 계수 기토'로 재·관·인이 있어 삼기가 된다. 또 육정 일이 신해(辛亥)를 보면, 해중의 임수가 관이요, 갑목은 인이 되고 또 신금은 재이다. 이를 만났으니 어찌 극품의 자리에 거하지 않

을 것인가. 대저 삼기가 하나로 서게 되면, 귀함에 노소(老少)의 구분이 있으니, 년(年)으로는 먼저가 되고 시(時)로는 뒤가 되어, 년은 가깝고 시는 지체된다.

관성이 득령하면 모든 흉을 제복하고, 귀인(貴人)이 부신(扶身)하면 백액(百厄)을 해탈한다.
- 이는 명 중에서 관성과 귀한 신이 있으면, 흉신 악살을 꺼리지 않음을 말한 것이다. 대개 사악함이 올바름을 이기지 못함이니, 모름지기 득령 부신하여야 이것 즉 부(賦)의 글에 준한다. 만약 관이 실령하여 상함을 당하고, 귀가 산만하여 노함을 생한즉 아니다.

살과 양인이 간두에 둘 다 나타나면, 정히 언책(言責)의 부침 즉 대변인을 맡는다. 한 번 세 · 운의 형충을 만나면, 불측한 위험을 당할까 두렵다.
- 살 · 인(煞刃)은 권성(權星) 즉 권위의 별이 되는데, 형 · 충을 가장 꺼린다.

병이 자 · 신(子申)에 임하면, 무가 천간에 대두함이 마땅하고 귀하다. 왕사(王謝)의 경우를 헤아려보면, 신(辛)이 양과 토끼에 앉고, 을이 투출하였으니, 부(富)함을 도주(陶朱)에 비긴 것이다.
- 귀함은 식신의 생왕함으로 말하고, 부는 재성과 녹고(祿庫)로써 말한다.

팔월로 관성인데, 자(子)와 진(辰)을 보아 합해 오면 숨은 살이 된다.
- 가령 갑이 유(酉)월에 생하여 정관이 되는데, 세와 시의 지지로 자와 진이 있은즉 모여서 신(申)금을 발출함과 같다. 이는 곧 관살혼잡과 유사하다.

삼춘(三春)의 병화가 후 · 서(猴鼠) 즉 신 · 자를 만나면, 화하여 정관을 짓는다.
- 병화에 진토는 본래 식신인데, 자 · 신이 있으면 모여서 수국(水局)을 이루니, 어찌 관이 아니겠는가. 이 두 구절은 불견지형 즉 드러나지 않은 형체를 말한 것이다.

금 · 수는 진실로 총명한데, 토가 있으면 도리어 완고함과 나약함을 만든다.
- 토는 능히 수를 탁하게 하고, 금을 파묻는 까닭이다.

효 · 식(梟食)이면 비록 빈요하다 하나, 재를 얻으면 홀연히 변하여 형통한다.

- 식신은 곧 재물의 근원이요 또 수성(壽星) 즉 장수의 별이 되니, 효신이 이를 파괴하면 가난하고 요절함을 의심치 않는다. 한번 재방(財方)지를 행하면 효신을 몰아 제거하니, 흉 중에 도리어 길하다. 무릇 이 명에 들면, 많은 경우 타인에 의지하여 부(富)를 얻는다.

육을(六乙)서귀(鼠貴)는 식신을 봄이 사랑스럽고, 육음(六陰)조양(朝陽)이 어찌 비겁을 막을 것인가. 금신이 대살(帶煞)하면 오대(烏臺) 즉 사헌부에 들고, 편관이 양인을 두르면 헌부(憲府)에 거한다.

- 금신 양인은 모두 악성이니, 관·살의 제복이 기쁘다. 인명이 이를 얻으면, 간사함과 폐단을 제거하는 상(象)이 되는 까닭에, 이 같은 직에 거한다고 판단하는 것이다.

무토가 거듭 인궁(寅宮)에 임하면, 재는 기뻐하나 인수는 기쁘지 않다.

- 무인(戊寅)은 비록 좌살(坐煞)이라 하나, 실은 장생의 땅이다. 화를 보면 습토(濕土) 즉 습한 흙이 되지 못한다. 그런데 살·인(煞印)이면 곧, 화증(火蒸)초토(焦土) 즉 화가 쪄내어 토가 그을리는 까닭에 재를 기뻐하는 것이다. 재생편관하면, 관의 유기(有氣)함이 된다.

임수의 좌하에 양토(陽土)라면 투살(透煞)이니, 삼가 투관(透官)하지 말아야 한다.

- 수는 진실로 토의 그침에 의뢰하는데, 또한 혼잡을 미워하기 때문이다.

편재가 관을 보고 식신을 함께하면, 영화(榮華)의 법도가 있다. 신주(身主) 용신이 혹 입묘(入墓)하게 되면, 나아가 취함에 연계될 것이 없다.

목·화가 서로 비추면, 흉중에 만곡(萬斛)주기(珠璣) 즉 곡식과 재보를 가득 채운다. 금·수가 서로 적시면, 붓 아래 천 편의 비단을 수놓는다.

- 이 격은 거듭 예를 든 것으로, 재주가 밝아 영화가 탁월함을 말한다.

삼형(三刑)이 합을 잃고 서로를 파하면, 몸을 상한다. 육해(六害)를 많이 만나면 고은(辜恩)부의(負義) 즉 은혜가 허물이 되고 의리를 뒤집는다.

- 무릇 명에 삼형인데, 만약 합이 있은즉 형을 이루지 않는다. 곧, 사람들이 쟁투하는

데도 화해하는 자가 있는 것과 같다. 그렇지 못하면, 위의 환란을 면하기 어렵다. 육해를 많이 두른 것은 위인이 곧 은혜를 원수로 갚는다. 은혜를 잊고 의리를 저버리는 무리라 하겠다.

　공망은 도리어 처자를 손상하고, 격각(隔角)이면 형제가 되기 어렵다.
　- 공망이란 곧 갑자순 중에 술·해가 없는 것과 같은 것이다. 격각이란 축·인이 곧 격각의 방위가 됨과 같다. 일·시로 본 것이 더욱 중하다.

　임기(壬騎)용배(龍背)가 양인을 두른 것은 오획(烏獲)맹분(孟賁)의 류[2]이다. 경이 지지로 술토에 앉고, 화가 많은 것은 형후(邢侯)옹자(雍子)[3]다.
　- 진(辰)중에는 용이 있어 양강한 기물인데, 다시금 양인을 보면 여력(膂力)절인(絶人) 즉 완력이 다른 사람을 뛰어넘는다. 경(經)에 이르기를, "진이 많으면 싸우기를 좋아하고, 술(戌)은 화고가 된다. 경일로 이에 앉고 다시 화를 지나간즉 단련함이 태과하니, 그 무정함이 심한 것이 된다. 하물며 그중에 감추어진 여러 금 또한 구속되니, 여기에 머물고 잠든즉 교활한 물건이다."고 하였다. 경에 이르기를, "술이 많으면 송사를 좋아하니, 형후와 옹자가 춘추의 시대에 축전(鄐田) 곧 축의 영지를 두고 다툼과 같다"고 하였다.

　만도(滿路)이향(異香) 즉 실을 채워 기이한 향이 있으면, 부유해도 예를 좋아한다.
　- 년월일시의 천간이 지지의 4위에서 귀인을 본 것이다. 곧, '임신 신해 기사 병인'의 경우, 임은 사로 귀가 되고, 신은 인으로 귀, 기는 신으로 귀이며, 병은 해로써 귀인이 됨과 같은 것이다.

　일순(一旬)화기(和氣) 즉 한 순에서 화하는 기운이면, 즐거움으로 근심을 잊는다.
　- 년월일시가 공히 하나의 순에서 나타난 것이다. 곧, '갑자 임신 기사 계유'의 경우, 모두가 두루 갑자순 중에서 나타나 있다.

　귀록(歸祿)은 재성을 사랑하고, 관을 본즉 수명을 손상한다.

2　오획과 맹분은 전국시대 진나라의 용맹스런 인물들이다. 후에 멸족되었다.
3　형후와 옹자는 진나라의 대부로, 사건이 있었다.(춘추좌씨전, 소공14년)

- 재는 양명(養命) 즉 명을 기르는 근원이요, 귀록의 격은 신왕하니 재를 좋아한다. 곧바로 관성을 꺼림을 지적한 것은 이것이 재기(財氣)를 도적질하는 까닭이 되기 때문이다.

정관이 시령(時令)을 얻었는데, 인수가 있으면 재(財)보다 못하다.
- 관·인(官印)은 둘 다 온전하면 참으로 묘하다. 하지만 재성이 없으면 관이 그 생의를 참으로 잃어버리게 되니, 인수가 또한 어찌 쓰일 것인가.

종혁(從革)에 다시 삼기를 드러내면, 혈식(血食) 즉 제사가 천년이 지나도록 쑥대가 아니라 한다. 곧, 끊어지지 않는다.
- 일간 경·신(庚辛)에 지지 사유축이거나 혹은 신유술 전부가 있으면, 곧 종혁의 상이다. 경일이 간두로 다시 갑·무가 있고, 신일이 간두로 다시 임·계가 있으면, 그 사람은 죽어 묘당에 들어도 백세의 혈식을 받는다. 어찌하여 이리 말하는가. 대저 금의 쓰임이 됨은 강강함으로 그 성질이 되는 것이다.[4] 진실로 강인함이란 의기(義氣)의 발함이라, 고로 이것이 가히 장구함의 도(道)이다. 사람이 의를 취하는 뜻이 있어, 살아서는 충신이요 죽어서는 필히 명신이 된 것이다. 이런 이치로 가히 달사(達士)와 더불어 이를 논한다.

곡직(曲直)이 인수의 자조와 함께하면, 어진 명성이 구주에 전파되고 무궁함이 있다.
- 곡직이란 목상(木象)이다. 갑·을 일주가 혹시 지지로 인묘진을 보거나 혹은 해묘미의 온전함을 본 것이 이것이다. 다시금 인수의 상생을 만나면 그 사람은 필히 어진 마음과 어진 들음이 있다. 이런 이치로 추리하면, 인(仁)이란 천지가 만물을 생하는 마음이라, 그 때는 봄이 되고 그 오행은 목이 된다. 이는 목에 곧 생의(生意)의 기물이 있음이다. 인이란 참으로 호생(好生)의 덕을 가진 것이다. 이것이 다시금 인수를 만난즉, 생생(生生)하여 쉬지 않음을 얻은 것이다. 이를 얻은 사람은 저 숱한 생명을 택하여 은첩(恩沾)려서(黎庶) 즉 은혜를 더함이 많고도 많다. 그러므로 말하기를 어진 명성이 구주에 전파됨이 있고, 또 무궁하다는 것이다.

---

4 역자가 보고 있는 육림출판사간행 영인본 원문에는 717쪽과 718쪽 사이에 수록이 잘못된 부분이 보이고 있다. 확인하니 717 다음 719로 연결되고 있고, 718은 다른 부분이 수록되어 있다. 이것이 어디에 연결되고 있는지는 뒤의 〈금정신비부〉에서 찾아야 한다. 뒤에 다시 정리해둔다.

지천태(地天泰)는 참으로 사람이 특출나게 태어나는 까닭이 된다. 운뢰(雲雷) 둔(屯) 즉 구름이 우레를 감춘즉 경륜함에 드러내고 베푸는 것이다.

– 이는 위의 두 격을 얻은 사람을 지칭한다. 그 생함에 이미 스스로 그러한 바가 있어, 헛되이 태어나지 않는다. 그 떠남에도 반드시 행하는 바가 있어, 진실로 떠나지 않는 것이다. 혹은 말하기를, "지천태는 곧 '무신이 신해'를 본 것이요, 운뢰둔⁵은 곧 '임자가 을묘'를 본 것이라" 한즉, 지천(地天)교태(交泰)와 뇌우(雷雨)영춘(迎春) 즉 뇌우가 봄을 만난 두 격을 묘하게 선택한 것이다.

이는 술수의 무궁함과 견실하여 잃지 않음을 알게 한다. 지극한 이치를 말과 글로 다 하기는 어려우나, 내가 특히 현미(顯微)천유(闡幽) 즉 미묘함을 드러내고 그윽함을 여는 한 모퉁이를 예로 들어 보았다. 이를 따라 행하면 접촉하는 종류들을 펴서 밝게 끌어낼 수 있을 것이다. 이제 후인에게 이를 남긴다.

【金鼎神祕賦】 금정신비부⁶

인생에는 명(命)이 있으니, '득실 돈수(頓殊) 부귀 빈천'이 어찌 능히 한 몸일 수 있겠는가. 붉은 빛이 방에 가득 참은 오행이 무리 지어 귀향(貴鄉)에 모인 것이고, 아름다운 기운이 오두막에 자 있음은 사주가 두루 함께 복지(福地)에 모였음이라.

선빈·후부는 생시에 녹마를 두고 동향(同鄉)이 됨이요, 시길·종흉 함은 일·시에서 공·파(空破)의 땅을 범한 까닭이다. 평생의 감가(坎坷) 즉 구덩이 속의 편하지 못함은 그 엷음에 더불어 흉운이 교잡(交雜)함이요, 일세의 영화는 명이 높고 호운을 중첩하여 이르게 됨을 만났음이다.

강금(剛金)이 화를 만나면 바야흐로 그릇을 이루니 무리를 뛰어넘는다고 결정하고, 왕화(旺火)가 득수하면 기제가 되니 곧 필연적으로 출중하다 한다. 목이 금을 필요로 하나 번잡하지 않아야 하고, 수가 토에 의뢰하나 산만하지 않아야 한다. 무·기가 인·묘를 보니 구진(勾陳)에서 득위하고, 임·계가 사·오에 앉으니 원무(元武)에서 당권

---

⁵ 주역에는 4대 난괘 중의 하나로, 수뢰(水雷)준(屯)이 있다.

⁶ 원문 자체에서 영인 수록이 뒤죽박죽되어 있으나, 번역하는 가운데 확인하고 교열하여 바로 잡는다. 여기에 수록한 이 순서가 옳음을 확인해둔다. 글의 체제는 다른 부와 달리 주석이나 해설 없이 전문이 연결된 방식으로 완결된다. 역자의 판단에 따라, 문단을 나누기로 한다.

(當權)한다.

귀인이 명에 들고, 삼기의 위의를 만나면 필시 공경에 이른다. 화개(華蓋)가 시(時)에 임했는데, 고과(孤寡)를 놓으면 승·도가 됨을 정한다. 옥당(玉堂)이 서로 인사하는데, 염염한 화가 이궁(離宮)에서 빼어나면, 금궐(金闕)에서 조원(朝元)한다. 양양한 수덕(水德)이 감위(坎位)에서 집을 삼고 거듭하여 수의 자리를 만나면, 구름과 물을 노니는 운수(雲水)의 신선이라 판단한다. 거듭하여 순양(純陽)을 범하면, 정히 공문(空門)의 아들 즉 승·도의 명으로 정한다.

장생을 만나면 총명하고 지혜로운데, 사패(死敗)를 만나면 몽준(蒙蠢)우완(愚頑) 즉 꿈 속을 헤매이고 완고하며 어리석다. 부모에 의지하기 어려움은 년·월이 두루 공망에 빠진 때문이요, 처자가 변하고 이지러짐은 일·시로 함께 고과(孤寡)에 임하기 때문이다.

묘·유로 극·전(尅戰)을 생하고 만나면, 문호가 패하고 재앙이 많다. 자·오가 모두 사·묘(死墓)에 거하면, 타향으로 달려 과객이 된다. 자·오는 사·해를 가장 미워하고, 묘·유는 인·신을 참으로 꺼리니, 택묘(宅墓)가 되면 죽임을 당하고 문호를 많이 파한다.

시가 천중(天中)[7]에 떨어지면 자식이 적고, 합을 간두에서 만나면 처가 많다. 년이 무기하면 어려서 산실되고, 원기(元基) 즉 근원의 토대는 월 안에 있는데 공망을 만나면 문호가 사라지니 찾아 세우지 못한다. 일이 절위(絶位)에 임하면, 종래 처가 없거나 나뉘어 이별함을 또한 근심한다. 시가 묘(墓) 중에 있으면 후사가 시(時)에 있어도 순조롭기는 어렵다.

지지의 수(秀)기를 합하면 귀하고, 천시(天時)를 얻은 것은 영화롭다. 오행이 무기하면 가난하고, 사주가 상함이 있으면 천(賤)하며, 음양이 순일(純一)하면 외롭고, 지·간으로 형·해가 있으면 질병이다.

용신이 휴·수(休囚)되면 부귀를 구하기 어렵고, 수기(秀氣)가 천박(淺薄)하면 많은 경우 예술로 업을 삼는다. 형·극(刑尅)을 서로 보는데 신왕하면 정히 군대의 무리가 되고, 진·술을 서로 보아 손상함이 있으면 옥리(獄吏)로 판단한다. 금·수가 막히고 게으른데, 낙백(落魄) 즉 정신이 떨어지면 청빈한 사람이다. 역마가 충격하고 미친 듯이 내달리면, 홍진(紅塵)의 객 즉 시정의 세사에 분주한 사람이요. 괴강(魁罡)을 거듭 범하면,

---

[7] 論空亡 一名天中煞. 對空即孤虛煞

도살하는 집안에 태어난다.

유·술(酉戌)을 거듭 만나면, 그 몸이 노복의 아래에서 죽는다. 주중에 자오(子午)쌍포(雙包)라면, 원성(垣省)에 거하는 존귀함이 된다. 명(命) 안에서 간지로 일기(一氣)면 귀함이 제후나 왕에 이르고, 한 점 순양(純陽)이 홀로 극을 당하면 명이 죽지 않으면 상한다.

만반(滿盤) 즉 명조의 전부가 인수로 두루 그 몸을 생하면, 귀하지 않은즉 부하다. 년·월을 함께 상하면 부모와 처첩이 온전키 어렵고, 년·시로 함께 상하면 호시(怙恃) 계사(繼嗣) 즉 부모와 후사를 믿고 의지함을 지키기 어렵다. 년이 일을 충하면 부모는 왕하나 처첩은 지키기 어렵다. 시가 년을 충하면 자녀는 왕하나 부모는 역시 손상된다. 명(命)을 파한 것은 어려서 쌍친을 잃고, 월을 파하면 커서 곤계(昆季) 즉 형제를 극하며, 일을 파한 것은 일신(一身)이 홀로 일어섬이요, 시를 파하면 늙어서도 결과가 없고, 태(胎)를 파한 것은 모친이 홀로 감당함이 된다.

이는 곧 그 대략을 논한 것으로, 정밀 상세함에는 오히려 미치지 못한다.

먼저 관을 들고 귀인의 형이(迥異)상류(常流) 즉 멀고 다름과 평상함의 흐름을 살핀다. 갑·무·경을 끌어 축·미에 이르면 귀신(貴神)이 유기함이요, 을·병·정이 유·해에서 나타남은 천을의 가림(加臨)함이 된다. 기가 감(坎) 위를 만나고, 을이 곤(坤)방에 있으며, 육신(六辛)은 인·오에서 기쁘고, 임·계는 사·묘에서 마땅하니, 이를 일러 암중에 득귀(得貴)라 곧 드러나지 않은 가운데 귀인을 얻었다는 것이다.

다시금 관·인(官印)의 강약을 본다. 갑이 유(酉) 위를 만나고, 을이 신(申)방에 이르며, 병이 자(子)궁을 얻으면, 필히 현귀한다. 정은 해(亥) 위에서 영창하며, 무가 묘(卯)를 보면 능히 빼어나고, 기가 간(艮)에 임하면 명성을 드날린다. 경이 이(離)궁에 이르면 득기하고, 신이 손(巽) 위에 임하면 안연하며, 임이 오(午) 위에 투간함은 기제(既濟)가 되고, 계가 사(巳)를 향하면 안으로 재·관이다. 이는 정관이 되고, 정인이 되는데, 다시금 녹·마의 조원(朝元) 즉 연유와 근원을 본 것이다. 만약 형충극파가 없으면, 정히 정내(鼎鼐) 곧 세 발 솥과 가마솥을 연단하는 신선을 지은 것이다.[8]

다음으로 재·부(財富)의 양명(養命)지원(之源)을 논한다. 먼저 재명(財命)의 유기함을 보고, 다음으로 녹·마가 가난하지 않음을 살피는 것이다. 목이 4계(季)에 임하고 녹을 향하면 자연 충유(充裕) 즉 차고 넉넉하며, 수가 오(午)의 위에 이르러 재가 왕하면

---

8 여기서부터 원본의 719쪽 하단이 시작한다. 앞부분의 원문은 도리어 뒤에 있다.

필히 풍륭(豐隆)하다 정한다. 토가 윤하를 만나고, 금이 곡직을 만나며, 화가 금국과 조우함이라. 삼합이 녹고(祿庫)를 만나고, 식신 오행이 천주(天廚)에 놓이며, 재기가 사주에서 일·시를 상함이 없으면, 득지한 것이다. 신왕하여 유기하고 재를 만나면, 화하여 관성을 짓는다. 신쇠 실시하고 재다하면, 도리어 빈한함이 된다. 만약 살지에 거하게 되면, 많은 경우 흉폭한 무리이다.

혹 공리(公吏) 군융(軍戎) 상가(商賈) 예술(藝術)인이 있는데, 4가지는 같지 않으니, 각각 거하는 바가 있음이다.

공리의 명은 극·형(尅刑)을 많이 두르고, 동서로 전투요, 남북으로 충격이라. 장생처는 깨어지고 사·절(死絶)처는 생기니, 오행이 착란하여 잡스럽고 상(象)이 순일하지 못하다. 도식(倒食)이 재를 만나고, 협귀(夾貴)는 파(破)를 만난다. 재·인(財印)이 상형하고, 용신을 끌어와도 무기하며, 빼어남은 귀(鬼)살을 두른다. 귀한 기운은 손상되고, 간·지는 거듭 모이며, 제강(提綱)은 현침(懸針)이라. 이러한 명은 공직에서 떠나지 않는데, 만약 관록(官祿)을 두름에 이르면 가히 복을 얻을 것이요, 귀한 신을 만나면 가히 진보할 것인즉, 또한 출사하여 현달(顯達)하는 자가 있다.

병졸의 명은 공리와 더불어 크게는 같은데, 국(局)중에 살이 중(重)하고, 간·지가 고르지 못하다. 상(象) 안에서 귀함은 가볍고, 명주의 뿌리는 파상(破傷)된다. 갑이 묘(卯)의 지지를 보고, 병이 삼정(三丁)의 땅에 임하며, 신(辛)이 해(亥)지 임가인데 2계(癸)의 향(鄕)을 향하고, 을·정이 사(蛇)를 만나며, 무토가 마(馬)를 달리니[9], 이는 곧 현침과 양인이다. 다시금 극파형충을 범하고 또 복기를 두르면, 흉한 가운데 길함이 있다. 현침이 길살(吉煞)의 상부(相扶)를 만나고, 양인에 귀신(貴神)의 상조(相助)가 있으면, 이로부터 대오를 쫓아 행함에 권한이 있게 된다. 녹이 병졸로부터 총융(摠戎) 즉 오랑캐를 총괄하는데 임하게 된다. 이런 고로 살이 중하다고 낮춰 말함은 불가하며, 곧 무고함이 된다.

다시금 상가를 보면, 이런 명은 어디에 의지하는가. 일·시로는 자·오가 거듭 임하고, 삼원(三元)이 모두 인·신에 놓였는데, 마(馬) 앞에 고삐가 없다. 겁재 위에서 정재나 혹 편재를 만나고, 신왕한데 다시금 재운을 행하며, 혹 육합(六合)으로 재를 모았는데 다시금 역마(驛馬)의 향에 앉은 것이다. 임인의 운이 남으로, 병인의 운이 북이면, 경영 매매하는 사람이다. 갑인이 서(西)로 행하고, 경인(庚人)이 동(東)으로 행하면, 무역

---

9 이는 오로 분주하다고 해석된다. 곧 양인에 속한다.

으로 옮겨 있고 없는 무리이다. 갑ㆍ을이 감(坎)에 거하고 임ㆍ계를 범하면, 부평초처럼 타향을 떠도는 가시나무 같음을 면하지 못한다. 원무(元武) 즉 현무가 해(亥)를 만났는데 무ㆍ기가 없으면, 반드시 언덕 위에서 밖의 토를 바라는 것이 진짜라고 판단한다. 이익을 얻거나 얻지 못함을 판단한즉, 이는 오로지 재의 왕함과 불왕함을 따라서 논하고 결정하는 것이다.

다시 예술과 함께, 또 상가의 명이 아닌 것을 본다. 덕수(德秀)를 만났는데 형ㆍ충을 범하면, 작은 도에 해당할 뿐이라고 봄이 가하다. 시(時)에서 학당(學堂)을 만나고 공망(空亡)을 보면, 많은 경우 능히 비루하게 된다. 을ㆍ경이 감ㆍ간(坎艮)의 방위에서 화금(化金)하고, 정ㆍ임이 태ㆍ건(兌乾)에서 화목(化木)하며, 신ㆍ병이 4계(季)에 임하고, 무ㆍ계가 일궁(一宮)[10]에 거한다. 이들은 곧 빼어나나 부실하고, 화하지만 이루지 못한 것이다. 격ㆍ국은 파손되고, 녹ㆍ마는 온전치 못하다. 원래 명주가 총명을 부여받고 잡게 됨은 많은 경우 학당에서 생함으로 인한 것이다. 성취가 담박(淡薄)함에 그치게 된 것은, 곧 이런 명은 근본이 없기 때문이다. 근본이 없다 함은 곧 수(水)인이 무금(無金)하고, 화(火)인이 무목(無木)인 종류다.

만약 사주가 서로 왕래하지 아니하고 다시금 오행이 또한 무기(無氣)한 상(象)이 되며, 천을은 한만(閑慢)히고, 화개(華蓋)를 거듭 만난다. 이는 표봉(飄蓬)심유(尋幽) 즉 쑥대밭에 홀연히 드러나는 그윽한 선비라고 하지 않으니, 반드시 구류(九流) 예업(藝業)의 사람이다. 천을이 한만하다는 것은 곧 갑ㆍ무ㆍ경이 상반년은 미(未)로써 귀인이 되니 한가하지 않고, 하반년은 축(丑)으로 귀인이 되니 한가하지 않음이다. 육임(六壬)과 함께 한다면 반대로 본다.

다시 승ㆍ도(僧道)일 뿐 또한 예술이 아닌 것을 본다. 오행이 무기(無氣)한 향(鄕)에 있고 십간이 사ㆍ묘(死墓)의 땅에 거한 것이 그것이다. 년ㆍ월로는 고과(孤寡)를 다 만나고, 일ㆍ시로는 원진(元辰)을 온전히 보았다. 거듭 공망을 범하고 거듭 화개에 임하는데, 처ㆍ자는 쇠ㆍ절(衰絶)되어 신왕(身旺)하나 의지할 데가 없다. 화(火)가 성하면 몸과 마음이 선정(禪定)에 들고, 수(水)가 많으면 스스로 소요(逍遙)함에 머문다. 만약 명이 귀격(貴格)에 합하지만, 사ㆍ절(死絶)되면 마음이 청허(淸虛)를 즐긴다. 명에 귀기(貴氣)가 없고 생왕하면, 성품이 공문(空門) 즉 불도를 좋아한다.

월상(月上)의 오행이 편안히 화하면, 도행(道行)이 고결하고 교문이 증가하며 중하다.

---

[10] 일궁이란 1수의 궁으로 북방 수에 속한다. 곧 무ㆍ계 화가 수를 만난 것이다.

시상(時上)의 오행이 안정되면, 행·과(行果)가 상보하여 도중(徒衆)의 수가 많다. 월상의 복신(福神)이 도움을 얻은즉 착함으로 화합하고 법을 돌보니, 같은 옷에도 찬미함을 얻는다. 일상(日上)에서 형·충하고 살을 두른즉, 화함을 구하여도 인연이 없어 행각(行脚) 즉 행장이 표류한다. 살(煞)과 인(印)을 본즉 당권(當權)하여 중인을 복종시키는데, 상조(喪弔)를 만난즉 고행으로 몸을 상한다. 화개가 협귀(夾貴)하고 더불어 삼기라면, 비로소 길하다고 말한다. 살이 저절로 사(死)하고, 자절(自絶)되며, 스스로 생한다. 왕(旺)한즉 길함의 도움이 없다. 만약 생·왕이 태과하고 겸하여 천간에 귀(鬼) 곧 살을 두른즉, 명리(名利)의 마음을 버리지 못한다. 극·해(尅害)가 태심하고 다시금 흉살을 만난즉 대개 환속하여 평범해짐을 면하지 못하는 것이다.

함지(咸池)는 주색의 별이다. 이를 범한즉 미혹됨을 즐기고 검소하지 못하다. 양인(羊刃)은 곧 흉악한 기물이니, 이를 만난즉 재와 리가 그림의 떡일 뿐이다. 세(歲)와 운에서 상조(喪弔)복반(伏反)[11]을 보면, 속인에게 있어서는 곧 흉하나, 승·도에게는 도리어 길하다. 원명에서 고과 망겁(亡劫)을 만남은 평상인에게는 방해가 되나, 승·도에게는 해가 없다.

고가(古歌)에 이르기를, "양반(兩般)의 부모가 그 별의 외로움을 보는데,[12] 4계(季)는 천상의 녹이라. 진술축미가 더 임하여 드러남이 없으면, 많은 경우 이는 도사와 승·도이다."고 하였다. 또 말하기를, "삼합으로 생하였는데 진·술 시(時)의 사람이라면, 모름지기 승·도가 됨을 정하여 의심치 않는다. 만약 돌아가서 화개와 더불어 묘(墓)지에 임하면, 낭탁(囊橐) 즉 주머니와 전대가 풍륭하니, 자의(紫衣) 즉 뛰어남을 정한다"고 하였다.

무릇 승·도에는 또한 이 같은 특질로써 그 마땅함을 논하는 것이다.

또한 선빈(先貧)후부(後富)와 선부후빈의 둘로 구별됨이 있다. 전체로 월·일과 일·시의 생왕함과 복을 취하여, 만년의 영화를 본다. 월령이 유기하여 재물을 모은 것은 조년에 부귀요. 만약 월은 길한데 끌어씀에 가벼움이 많으면 선부(先富)후빈(後貧)하고, 일은 강하나 근본이 불리하면 선빈후부이다. 생함에 음덕을 받은 것은 년·월이 재·관의 향(鄉)에 있음이요, 말년에 주가 고한(孤寒)함은 일·시로 공·파(空破)의 땅을 범하였기 때문이다. 년·월로 재를 만났으나 무기(無氣)하면, 유년(幼年)이 궁박하다. 일·

---

[11] 이는 살성을 가리키는 것 같은데, 곧 상문 조객 복음 반음을 줄인 것이다.

[12] 뜻은 알겠으나 표현하기 어렵다.

시로 식신의 유기함을 만나면, 노년이 환흔(歡欣) 즉 기쁘고 즐겁다. 사주가 쇠미하면 평생에 따름이 없고, 배록축마는 일세가 서황(恓惶) 즉 처량하다.

대개, 만약 간두에 재를 투로하였어도 지지 안에 감추지 못하거나, 실지(實地)를 상하고 겁탈하며, 녹·마가 허하고 떠 있으며, 신왕인데 인수가 또 도우면, 일생이 파패(破敗)하고 재물을 모으지 못한다. 신약에 재다라면, 겉으로는 흡사 있는 것 같아도 안으로는 부족하다. 혹 사주에 원래 재관이 없는데, 세·운을 만나 홀연히 흔적을 발함이 있으나, 이런 명은 흡사 유명무실함과 같다.

또 포향(抛鄉)거정(去井) 즉 고향을 버리고 우물을 떠나며, 땅을 잃고 집을 떠나는 것이 있다. 년이 월을 극하고 서로 제복함이요, 일이 시를 충하니 곧 자·오가 있음과 같다. 만약 4살(煞)이 신명(身命) 즉 본신의 명을 충하면, 정히 타향을 주유함에 응한다. 삼한(三限)[13]이 사·절(死絶)에 다시 임하면, 외처에서 표박함을 면치 못한다. 중중한 귀(鬼)살이 해치고, 형과 공망이 거듭하며, 운의 흐름에 그 때가 졸렬하고 어그러지면, 마을 문을 이별하고 나그네의 도정을 밟고 건넌다. 명은 절고 일은 쇠함이여, 친척에게 사례하고 왕래의 기로에 선다.

형제를 재론하면서, 이로부터 다시 처자를 말한다. 목인(木人)이 봄에 나서 인·해·묘에 이르면, 형과 자매가 필히 많다. 만약 서·남에서 생하면, 필히 적다. 금명(金命) 추생이 사·신·유에 임하면, 형제가 문호에 가득하나. 만약 농방지를 만나면 의지힐 바가 없다. 수(水)가 윤하에 거하고 건·삼(乾坎)을 만나면, 동기가 많아 왕래가 영화로운데, 진·술이면 흩어져 사라진다. 화(火)가 염상을 향하고 이(離)와 손(巽)에 머물면 연지(連枝)공미(共美) 즉 가지를 연이은 것이 더불어 아름답다. 유와 해에 이르면, 소리 없는 비에 시든다. 토(土)가 4계(季)에 임하면 백·숙(伯叔) 즉 형과 아재비의 행함을 이룬다. 만약 득력(得力) 즉 힘을 얻거나 얻지 못함에는, 삼원(三元)이 공망에 떨어지지 않음을 논한다.

사주에서 고과(孤寡)를 범하지 않았다. 청룡(靑龍)이 자식을 낳고자 하면, 백호의 처와 혼인함을 멈춘다. 화덕(火德)이 남아를 보려면, 해·자의 부인에게 혼인하지 말아야 한다. 수(水)가 자식을 생하려면, 후사의 어머니가 중앙이 됨을 꺼린다.

년이 일·시와 합할 경우, 무·계를 범하면 주가 3처(妻)라 결단한다. 갑이 2기(己)를 만나고 사오에 이르면, 양부(兩婦) 즉 2처에 그치지 않는다. 병이 거듭된 신(辛)을 만나

---

[13] 이를 재관인, 혹 천지인, 아니면 근묘화로 할지 어렵다. 뜻은 통하나 명확하지 못하다.

고 유와 자에 거하면, 총애하는 첩을 많이 부른다. 경과 을이 합하고 묘와 오에서 생하면, 정히 편방(偏房) 즉 딴 살림이 있다. 임이 정을 거듭 만나고 사와 유에 있으면, 중혼(重婚)하여 다른 집이 있다. 양이 음의 성함과 합하면 두 처를 동시에 일으키고, 양합음에 음이 쇠하면 처를 재취(再娶)한다.

또, 자녀가 많고 영귀(榮貴)함이 있고, 역시 자식이 적고 우완(愚頑)함이 있다. 이 이치는 극히 미묘하니 마땅히 상세히 논할 것을 요한다.

금이 이(離)의 자리에 거하고 염화를 만나면, 자식 손자가 눈앞에 가득하다. 화가 감(坎)의 집에 임하고 아래로 순함을 만나면,[14] 후대가 극창(克昌)한다. 목이 경·신(庚辛)을 만나고 사와 신에 이르며, 토가 갑·을에 생하고 인·묘를 보며, 수가 4계(季)에 임하고 무·기를 보는 것이 기쁘다. 시와 일을 생하고 극제가 없으면, 자손의 영화가 많다. 관·살을 거듭 만나는데 재의 생함을 보면, 후계와 후사가 필히 귀하다. 만약 일이 쇠묘(衰墓)사패(死敗)에 임할 경우, 대개 남녀를 막론하고 모름지기 상함이 되고, 시에서 공망을 범하면 극함이 있게 되어, 자손이 필시 적다.

목이 후대를 이음이 되면, 꺼리는 것은 신·오(申午)의 방위를 만나는 것이요. 화가 만약 남아라면, 유·해(酉亥)의 땅을 만나는 데서 쉽게 된다. 금이 자식의 자리가 되면, 감(坎)과 인(寅)을 보는 것을 꺼린다. 수로 남아의 궁을 지으면 묘·사(卯巳)를 보는 것을 꺼린다. 토가 후사가 되면, 진(震)방과 동쪽에 이르는 것을 두려워한다. 남자는 천간을 극하는 것으로 후사를 삼고, 여아는 천간을 생하는 것으로 자식을 삼는다.

사주가 패·절(敗絕)로 돌아가고, 오행이 모두 상관에 있는데, 오직 간·지로 암합이 있다. 이는 모름지기 명령(螟蛉) 즉 매미가 후사를 지음과 같아서, 마침내 편출(偏出)은 실함이 있으나, 올바른 성을 가진 자녀를 얻기는 어렵다.

예로부터 차처(借妻)안자(安子) 즉 처를 빌어 자식이 편안하다 하니,[15] 그 이치가 심히 근원적이다. 목의 아이가 귀(鬼)살을 보면 북방 감(坎)을 얻어야 하니, 여자가 많이 있다. 수자(水子) 즉 수의 자식으로 살을 만나면, 서방 태(兌)에 의뢰하니, 이들은 처가 가히 양육하는 것이다. 수가 화를 제(制)하니, 남자는 청룡(靑龍)을 빌어 내모(嬭母) 즉 젖먹이의 어미로 삼는다. 목이 토를 손상함에, 아이는 주작(朱雀)을 찾아 이어지는 어미로 삼는 것이다.[16] 오행에 손상됨이 있으면 모름지기 상생함을 빌려야 하니, 비록 사주

---

14 여기 순하란 곧 수기를 말함이다.
15 "빌린 처에 편안한 자식이라!" 어려운 말이다.
16 이는 결국 생극제화를 오행의 각각에 비유하여, 아이를 중심으로 설파한 것이다.

가 서로 극함이 되어도 또한 무해(無害)한 것이 많다. 만약 차모안자 즉 어미를 빌어 자식을 편안케 하지 못한다면, 어찌 능히 후사의 궁핍함이 아니라 하겠는가.

여명(女命)을 논함에 이르러서는 지아비를 형(刑)함을 가장 꺼린다. 일주의 생으로 목(木)과 뱀[蛇]은 혼배(婚配)의 시기를 이루기 어렵다. 기(己)가 금계(金鷄)를 용하면, 이는 정히 지아비를 잃은 부인이라. 토가 지아비와 사위로 삼은 인·묘가 많거나 적으면, 그 목이 혼기를 지음에 이궁(離宮)은 모름지기 해롭고, 또 고란(孤鸞)을 범한 것은 더욱 심하다. 다시금 팔전(八專)[17]을 만나면, 어찌 부인이 됨에 이른다고 말할 수 있겠는가.[18] 청결한 생(生)이라 해도, 귀인과의 합을 범하지 않아야 한다. 만약 귀인의 합이 있어도 성견(性堅)정장(貞長) 즉 성품과 정조가 굳고 깊을 지켜야 하며, 살(煞)과 상(傷)을 만나지 않아야 한다.

정·임이 무기하면 필시 창음을 범하고, 무·계가 휴수하면 탁람함이 많이 있다. 사주가 녹합(祿合)하고, 삼원이 순일(純一)하며, 일·시에 합이 있으면, 지아비가 있어 떠나지 않는다. 사사로운 정에 도화와 겁살이요, 오행이 묘(墓)지에 거하고, 재·록이 목욕(沐浴)지라면, 지아비를 배신하고 별도로 몰래 한 약속을 이룬다. 음이 양간과 합이 많은 것을 만나면, 창녀가 아닌즉 기생이라. 비·겁이 분쟁하는데 신약이면, 첩이 아닌즉 노비이다.

오행이 제자리를 잃은 것, 사주가 휴·수(休囚)된 것, 십간이 상하로 교전하고, 운행은 무기(無氣)하며 공망에 이른 것이 있다. 삼원(三元)은 목욕의 가운데 있고, 오행은 사·묘(死墓)의 땅에 거한다. 이는 생함에 이미 노비가 된 것이라, 장차 누구를 원망할 것인가. 또 이 사이에 명이 도식(倒食)을 범한 것이 있다. 식신이 없어짐으로써 능히 다른 사람과 더불어 복을 짓는 것이다.

편재가 비견을 만나고 신왕하면, 부잣집에서 중요한 종이 됨을 달게 여긴다. 남자는 제 집을 버리고 남의 성씨에 들어 군더더기가 되는데, 금이 금위(金位)에 거하고 묘·인(卯寅)을 만난 것, 목이 목향에 이르고 축·미를 만난 것 등이다. 일·시가 월귀(月鬼)를 범하면 문호를 파하는데, 병·임은 별도로 조종(祖宗)에 입묘(入墓)한다. 괴강이 명(命)에 임하고 회개를 본 것은 일생에 처를 취함으로써 활발해진다. 축·미가 거듭하여 과숙(寡宿)을 만나 범하면, 반평생 부인을 따라 집에 든다. 사주가 왕래함에 유정(有情)

---

17 팔자의 전부가 1기(氣)인 것을 말한다.
18 이는 인사(寅巳)와 함께, 기(己)와 기유(己酉)의 여러 관계를 설명한 것이다.

하면, 손을 잡아끌어서 혼인한다.

삼원이 음합(陰合)을 거듭 범하면, 중매 없이 방을 짓는다. 양은 쇠하고 음이 왕하면, 여자는 다른 성을 불러 자식으로 남자를 삼는다. 명에 짝이 있어 혼인을 이루어도 휴패(休敗)극체(尅滯)하고, 뒤에 상생함을 보아도 밖으로 사내를 불러들임이 많다. 이는 지지로 극체가 많기 때문이다.

정히 그대 즉 자기 자신을 아는 것에 응한다. 상하로 파도가 몰아치고 한 점 생의가 없으니 어찌 능히 굳게 지킬 수 있으리오. 본신은 곧 현화(顯化)하였으나 스스로 무기(無氣)함은 본성(本姓)이 모두 이지러진 것이다. 만약 이것이 가합(假合)하면 달리 상(象)을 이룬다. 고아에 다른 성이면 평생이 군박한데, 어찌 능히 조종의 재물을 얻을 것인가. 만약 흥륭(興隆) 즉 풍부함을 얻은 것은 별방(別房)의 부모에 의탁함으로 인한 것이다.

이상은 다만 그 대개를 논한 것일 뿐, 오히려 그 정미함은 얻지 못하였다. 명(命)의 이치는 미묘하니, 깨달음은 마음으로 얻음에 있다. 만약 대체를 말하자면, '질병 사절 빈천 흥악'도 세와 운에서 가리고 드러남에 각각의 도리가 있는 것이다. 이는 이미 이전에 충분히 드러내었으므로, 이 부(賦)에서는 더 이상 중언부언하지 않는다.

星命部彙考六十四
三命通會 三十六

三命通會 三十六[1]

【元機賦】 원기부

태극(太極)이 나뉘어 천지가 되고, 일기(一氣)를 나누니 음양(陰陽)이 있다. 일간을 주인으로 삼고 오로지 재·관을 논한다. 월지에서 격을 취하니 곧 귀천이 나뉘는데, 격이 있어도 바르지 못한 것은 패하고, 격이 없어도 쓰임이 있는 것은 성하다.

관이 있으면 격국을 찾지 않고, 격이 있으면 관성을 기뻐하지 않는다. 관·인·재·식이 파가 없으면 청고하고, 살·상·효·인(刃)이면 이를 쓰는 것이 가장 길하다. 선악이 서로 교차하면 악을 제거하고 선을 숭상함이 기쁘고, 길흉이 혼잡하면 길함을 해치고 흉함으로 향하는 것을 꺼린다.

유관 유살이면 마땅히 신왕 제살함이 기묘함이 되고, 유살 유인에는 재가 흥하여 살

---

[1]　이 마지막 권은 비교적 짧은 부(賦)들을 총제적으로 모은 것이다. 각각이 체제도 다르고 특징이 있어 최대한 원문 그대로 번역해둔다. 육오의 주석도 여기에서는 잘 보이지 않는다. 중간에 그 내용이 길어지면, 역자 임의로 문단을 나누는데, 원문은 전체로 쭉 이어진 형태로 구성되어 있음을 밝혀둔다.

을 도와서 화가 됨을 두려워한다. 신강 살천함에는 살운으로 행하여도 무방하다. 살중 신경하면 제복의 향으로 행함이 복이 되고, 살왕 다인이면 재의 땅으로 행함이 기쁘다. 재다 신약은 재향으로 들게 됨이 두렵다.

남명에 비겁 상관을 만나면 극처해자하고, 여명에 상관 편인을 범하면 상자(喪子) 형부(刑夫)하고 어려서 양친을 잃는다. 재성이 태중하면 위인이 고극(孤尅)하다. 신왕에 의지할 것이 없는데, 년이 월령을 충하면 조상을 떠나 성가(成家)한다. 일이 제복 충극을 당하면, 현단(弦斷)재속(再續) 즉 활시위를 끊고 다시 잇는다, 곧 이전 인연을 버리고 새롭게 시작하는 것이다. 시와 일이 대충(對衝)하면 상처 극자한다.

일이 월기에 통하면, 조상을 얻어 몸이 편안하다. 이로써 목이 춘장(春長) 즉 봄의 장함에 돌아가 경·신(庚辛)을 만나면, 도리어 권형이 된다. 화가 하생에 거하고 임·계를 보면, 능히 복의 두터움이 된다. 토가 진술축미를 만나는데 목이 중하면, 이름을 이룬다. 금이 신·유사축에 생하면, 화향에서 발복한다. 수가 해·자에 거하면, 무·기가 침범키 어렵다. 본신(身)이 휴수됨에 앉으면, 평생이 미제(未濟) 즉 고르지 못하다. 신왕한 것은 녹·마를 행함이 기쁘고, 신약자는 재·관이 득시하여 두루 왕함이 됨을 꺼린다.

실령(失令)을 논함에 다시금 쇠(衰)함을 지어서 보니, 사주가 무근(無根)이라도 득시하면 왕함이 된다. 일간이 무기(無氣)해도 겁재를 만나면 강함이 된다. 신약에는 인수가 기쁘고, 명주(主)가 왕하면 관이 마땅하다.

갑·을이 추생인데 금이 투로하면, 수·목·화의 운에 영창한다. 병·정이 겨울에 떨어져 수가 왕양하면, 화·토·목의 방위에서 귀함을 드러낸다. 무·기가 춘생에 서남방이면 구함이 있고, 경·신이 하장(夏長)에 나면 수·토 운이 무방하다. 임·계가 토왕을 만나면, 금·목이 마땅하니 영화롭다. 신약에 유인(有印)이요, 살왕에 상관이 없으면 재지로 행함을 꺼린다.

상관상진에는 관운을 행하여도 무방하다. 상관용인에는 재를 제거함이 마땅하고, 상관용재에는 인수를 제거함이 마땅하다. 상관에 재와 인이 두루 밝다면 장차 어찌 발복하리오. 신왕자는 용재요, 신약자는 용인이라. 용재에 거인(去印)하고, 용인에 거재(去財)한다면, 바야흐로 그 복을 발할 것이다. 바른 것은 소위 희(喜)자는 남기고, 증(憎)자는 제거함이다.

재다신약이 신왕운이면 이로써 영화가 된다. 신왕에 재가 쇠하면, 재왕의 향에서 발복한다. 관성을 거듭 범하면, 다만 제복함이 마땅하다. 식신이 중첩하여 이르면 모름지기 관향을 꺼린다. 완금(頑金)에 무화(無火)면 크게 쓰지 못하고, 강목(强木)에 무금(無

金)이면 맑은 이름을 드러내기 어렵다. 목다(木多)에 토를 얻으면 재백이 두텁고, 화염이 파도를 만나면 녹위(祿位)가 높다. 유관 유인에 파가 없으면 영화롭고, 무인 무관에 격이 있으면 귀함을 취한다.

양인은 편관이 지극히 기쁘고, 금신은 제복함이 가장 마땅하다. 잡기재관은 형충한즉 발한다. 관귀(官貴)가 태성하면, 왕처에서 필히 기운다. 본신이 태왕하면, 재·관을 보는 것이 기쁘다.[2] 주가 크게 유약하면 녹·마도 마땅치 않다. 왕관(旺官)·왕인(旺印) 및 왕재(旺財)가 입묘(入墓)하면 화(禍)가 있다. 상관 식신이 신왕과 함께할 경우, 고(庫)를 만나면 재앙이 흥기한다.

운(運)의 귀함은 지지에서 취함에 있고, 세(歲)의 중함은 천간에서 구하는 것을 향한다. 인다(印多)한 것은 재(財)를 행해야 발한다. 재왕(財旺)한 것은 비견을 만나도 무방하다. 격청(格淸)국정(局正)하면 부귀영화요, 인왕(印旺)관명(官明)하면, 성명이 특달이라. 합관(合官)은 귀함을 취함이 되지 못하고, 합살(合煞)은 흉하다고 지어 추단하지 않는다. 도화가 살을 두른 것은 음란 분탕함을 즐긴다. 화개를 거듭 만나면, 극박함이 많으니 평생이 불발이라.

팔자가 휴수되면 일생이 무권(無權)하니, 신쇠(身衰)에 칠살 귀(鬼)를 만난 것이다. 신왕 한즉 설기함이 마땅하여 상관도 좋은데, 신쇠한즉 부조함이 마땅하다. 중화(中和)의 기를 품부히여 복무히고, 그 령(令)이 대과 불급해서는 안 된다. 만약 이 법을 준수하면 화복(禍福)을 추심힘이 징험될 것이니, 곧 그림자와 소리처럼 따를 것이나.

【絡繹賦】 낙역부

천지의 오묘함에 참여하고, 조화의 미묘 심유함을 추측하며, 인생의 귀천을 판별하고, 생사의 길흉을 결정한다. 그 법은 곧 일간에서 취하여, 월지에서 흥쇠(興衰)를 논하는 것이다. 갑·을은 목에 속하니 춘생이 가장 기쁘고, 임·계는 수에 속하니 동왕(冬旺) 함에 치우침이 마땅하다. 병·정 화는 여름에 밝고, 경·신 금은 가을에 예리하다. 무·기 양간(兩干)의 토는 4계의 왕함을 요한다.

일(日)은 곧 자신이다. 모름지기 강약을 탐구하는데, 년은 뿌리가 되니 주의 마땅함을 세밀하고 상세히 추리한다. 년간은 아버지요, 년지는 어머니라. 일간은 자기요, 지

---

2 성(盛)과 왕(旺)의 차이를 말한다. 강(强)과 왕으로 보아도 무방할 것이다.

지는 처다. 월간은 형이요, 월지는 동생이며, 시지는 여식이요, 시간은 아들이다. 후살(後煞)이 년을 극하면 부모님을 일찍 잃고, 전살(前煞)이 뒤를 극하면 자식이 필시 이지러진다. 마(馬)가 처궁에 들면 필히 집안을 일으키는 부인을 얻고, 살(煞)이 자식의 자리에 임하면 패역한 자식을 불러냄을 당한다. 녹이 처궁에 들면 처의 녹을 먹고, 인수가 자식의 자리에 임하면 자식의 영화로움을 받는다.

효신(梟神)이 조상의 자리에 거하면, 파조(破祖)의 토대가 된다. 재·관이 월에서 왕하면 아버지의 자재를 얻는데, 꺼리는 것은 재를 상하고 녹이 얇음이다. 가장 싫은 것은 귀왕(鬼旺) 신쇠(身衰)함이라. 식신을 몰래 보면 인물이 풍비(豐肥)하고, 효·인(梟印)이 거듭 생하면 조상의 재물을 표탕(漂蕩)한다.

함지로 재가 투간하면 명주가 음탕 사치하고, 흉살이 년과 합하면 자인(自刃)을 막는다. 도화를 거듭 두르고 합신(合神)함이 있으면, 화가(花街)류항(柳巷) 즉 홍등가와 유곽의 몸이라. 역마를 만나는데 기물과 충극하면, 저녁에는 초나라요 아침에는 진나라로 흐른다. 금·화가 교쟁(交爭)하면 예의가 없다고 판단한다. 인수와 재를 둘 다 잃으면, 어려서 다랑(爹娘) 즉 부모를 손상한다. 도화가 녹에 모이게 되면, 주색으로 망신한다. 재왕에 효신이 쇠하면, 재로 인해 그 명이 초상(喪)이라.

몸이 목욕의 해에 임하게 되면, 수액을 만날까 두렵다. 주가 전투의 땅에 들어가면, 필시 화상을 입을 것이다. 재생관은 용회(用賄) 즉 뇌물을 써서 관을 구한다. 재가 괴인(壞印)한 것은 탐재로 인해 사직한다. 재왕으로 생관함은 백신(白身) 즉 평범한 백성으로 영현(榮顯)함이라. 재가 살을 생하여 무리를 이루면, 어린 나이에 요절한다. 독살로 충파되면, 폐문에 한인(閑人)이라. 여러 살이 형(刑)을 만남은 흉한(兇狠) 즉 흉폭한 무뢰배이다. 천간으로 살이 많은데 또 천간 살의 년(年)을 만나면, 모름지기 요절함에 상당한다. 지지로 귀(鬼)살이 많은데 또 지지의 해를 만나면, 필시 흉재(凶災)를 보게 된다.

재생관하고 관생인하며 인생신하면, 부귀가 쌍전이라. 상관이 재물의 무리를 낳고, 재가 살의 무리를 낳아, 살이 극신하면, 흉하고 궁함이 쌍으로 닥친다. 유(酉)와 인(寅)이 형하고 해하면 혼사를 상함에 이어지고, 사(巳)와 묘(卯)로 바람과 우레가 됨은 성품이 급한 것이 많다. 살과 관을 혼잡하여 만남은 곧 기예(技藝)의 무리이다. 재록(財祿)이 마(馬)에 앉으면, 경영 상업으로 살아가는 사람이 된다. 역마가 공망에 떨어지면, 거처를 옮기고 표박(漂泊) 즉 떠돈다. 녹이 충·파를 만나면, 고향을 떠나 부평초에 가시나무 인생이라.

음은 여인에게 이로움이 많고, 양이 성함은 남자에게 마땅하다. 음이 양보다 성하면 여주인이 흥가(興家)하고, 양이 음보다 성하면 남자가 마땅히 곳집을 세운다. 순양(純陽)이면 남자는 필히 고과(孤寡)하고, 순음(純陰)에 여자는 필히 곤궁(困窮)하다. 관귀(官貴)를 년에서 생하여 흉살을 화하면, 이름을 만고에 드리운다. 포태(胞胎)가 일에 임하는데 인수를 만나면, 녹이 천종(千鍾)을 향유한다. 일기(一氣)로 뿌리가 되고 빼어나 투출하면, 뭇 영웅들의 대표가 된다. 양간(兩干)부잡(不雜)이면, 그 이름이 뭇 선비들의 앞자리에 나타난다.

목수(木秀)화명(火明)하면, 소금과 매실을 솥에 넣어 조리하여 조청을 만드는 사람이라 헤아릴 수 있다. 수심(水深)토후(土厚)하면, 마땅히 거대한 강에서 배와 노를 저어내는 재주가 된다. 명에 원래 칠살로 생하였는데 신왕함을 만나면, 필히 주에게 권(權)병을 더한다. 임관인데 세(歲)에서 귀인을 놓고 만난 것은 나아가는 차례에서 거듭 마땅하다. 상관에서 가장 요긴한 것은 관의 다함을 제거함이라. 제살(制煞)하는 것은 화살(化煞)하는 높음과는 같지 아니하다.[3] 혹시 만약 화신(化神)은 약하고 제신(制神)이 강하면 은혜를 베풀어도 부족하다는 원망이 있고, 화신은 왕하고 제신이 쇠하면 일에 임하여 결단하는 능력이 없다. 유살에 무인이면 문채가 부족하고, 유인에 무살이면 위풍이 적다.

살과 인수가 양전(兩全)하면 문무를 겸비한다. 쇠운이 발하면 왕운은 그치고, 왕운이 발하니 쇠운이 그친다. 이는 곧 춘추가 서로 대신하여 물러나고, 천운(天運)이 순환하는 것으로, 만고 불역(不易)의 이지이다.

【金玉賦】금옥부

팔자를 수색하여 찾음에는 재·관을 논함을 온전히 하고, 다음으로 오행을 탐구하며 모름지기 기후(氣候)를 구해야 한다. 재·관을 논함에는 그 향배와 경중을 밝게 하고, 기후를 관찰함에는 그 심천(深淺)과 생사를 명확히 한다. 다른 것이 와서 나를 극함에 관·귀(官鬼)가 되는데, 신왕하면 필히 권세가 있다. 내가 가서 타를 극함에 처와 재가 되는데, 천간이 강한즉 부(富)하다.

년이 일주를 상하면 곧 아비와 자식이 친하지 못하고, 시가 일진을 극하면 이는 자식이 아비의 명을 받들지 않는 것이다. 년극일(年剋日)은 곧 위에서 능히 아래를 능멸하는 것이요, 일극년(日剋年)은 곧 아래에서 위를 범하는 것이다. 만약 기물을 얻어 일간

---

[3] 이는 상관과 연결하여, '제살함이 없으면 화살해야 함'이라고 해석할 수도 있다.

을 제어함이 있으면, 이는 곧 악한 것을 가히 화하여 길상(祥)함이 된다. 요(要)는 본주(本主)가 희신(喜神)을 만나야 한다는 것인즉, 장차 흉이 변하여 길이 되는 것이다. 희신이 즐거이 모이면 마땅히 자산이 풍륭(豐隆)함을 알 것이다. 사주가 무정(無情)하면 정히 앙화와 사단이 더불어 지음을 본다. 혹 본주가 서로 충하거나 삼형이 중첩됨을 보는데, 세·운마저 속이고 능멸하면 반드시 횡사(橫事)를 부른다.

오행이 순수하고 입격하면, 청대 누각에 바람이 맑다. 신강에 칠살인데 제복을 만나면, 관청을 덮어 진압하고 지킨다. 재·관이 없어도 격·국이 있으면, 청운의 길을 얻는다. 격·국이 없어도 재관이 있으면, 황갑(黃甲)성명(成名) 즉 장원급제에 이름을 이룬다. 재·관과 격·국이 두루 손상되면, 빈한하지 않으면 공명이 비틀거리는 사람이다. 일간과 월령이 두루 강하면, 곤궁하지 않다면 반드시 초막에 은일(隱逸)하는 선비라.

병·정이 남쪽 이(離)방에 앉고 제어함이 없으면, 이는 예법을 지키지 않는 흉포한 무리이다. 임·계가 무·기의 상응함을 만난 것은 덕을 품고 재주를 안은 총명 지혜로운 선비다. 신(辛)이 을목을 남묘(南墓)에서 만나면, 비록 부하지만 어질지 못하다. 병이 신(辛)금을 북쪽 진영에서 만나면, 비록 가난하여도 덕이 있다.

년·월·시의 령(令)에 편인이 있음은 길흉이 아직 맺어지지 않은 것이다. 대운과 세군(歲君)에서 수성(壽星) 즉 식신을 만나면, 재앙이 서서 이르니 어린 시절에 젖을 잃어버린 격이다. 식신이 형하고 극하는 궁을 만나면, 굳세고 강한 해에 급격히 승진하니 재·관이 순수한 자리에 거한다.

양일(陽日)에 식신이 득지하고 충·손(衝損)이 없은즉, 관성을 암합한다. 음일에 식신이 파휴(破虧)가 없고 모름지기 합을 맺은즉, 자친(自親)으로 인수·편재가 능히 익수(益壽) 연년한다. 양인은 탈재(奪財)를 잘하니 귀(鬼)로 화하고, 재성에 파가 있으면 조상의 가풍을 낭비하고 타향에서 따로 선다. 인수가 피상되면 조업을 잃고, 고향 동리를 포기하고 떠난다.

인명에는 귀신(貴神)이 복이 되고, 극함을 만난즉 흉화에 상서롭지 못하다. 오행에 흉한 빛이 모이면 재앙이 되니 합살하고, 식신과 함께 함을 기뻐하니 귀함이 된다. 명이 이지러져 살왕이면, 천사(天赦)와 이덕(二德)을 요하니 상서로움을 드린다. 신약에 재풍(財豐)이면, 양인의 형제가 도움이 됨을 기뻐한다. 월령에 식신의 건왕함을 놓으면, 음식이 좋고 자태와 성질이 풍영하다. 사주에 길한 별이 있어 상부하면, 금을 모으고 옥을 쌓은 것이다. 오행에 흉살의 침범함이 없으면 명성이 현양하다.

인신사해가 중첩하여 있으면, 총명함과 생발하려는 마음이 있다. 자오묘유를 중봉하면, 주색 황음의 뜻을 모은다. 도화가 대살(帶煞)하면 심의가 창광(猖狂)하다. 이덕(二德)이 인수를 만나면 덕성이 자상하고, 식신이 많으면 음식을 즐기고 탐하며, 정관이 왕하면 번성할 뜻을 더하여 다스린다.

효신이 흥하면 조년에 요절이요, 작성(爵星)[4]이 왕하면 늙어 장수함이 두루 높은데, 여명에는 혼인하기 어려움을 알아야 한다. 곧 운이 지아비를 배신하는 자리로 들기 때문이다. 남아에는 일찍 장가들게 됨을 알지만, 이는 정히 운이 재향과 합하는 데 있다. 자식을 극함이 중중한 것은 관·살이 쇠몰(衰沒)함인데, 이는 상·식(傷食)이 중(重)하기 때문이다. 상처(傷妻)를 첩첩이 거듭함은 재경(財輕)신왕(身旺)에 형제가 많기 때문이다. 만약 이와 같지 않다면, 이는 정히 처첩의 자리를 형·충하기 때문이다.

재성과 암합하면 처첩이 무리를 이루고, 재의 자리에서 허(虛)자를 만나면 주의 처가 많다. 재성이 묘지에 들면, 필히 처를 형(刑)한다고 정한다. 지지의 아래로 재를 잠복하면, 편방에서 첩을 총애한다. 처성이 명랑하면 교목(喬木) 즉 높은 나무가 서로를 구한다. 대운과 유년이 재향에서 삼합하면 필시 주에게 홍란(紅鸞)의 길조가 되고, 혹 패재(敗財)의 궁에 임하면 집과 자산이 능멸되어 침체하고 상처(傷妻)에 손첩(損妾)하거나 혹은 혼배를 이루기 어렵다. 처성(妻星)과 부위(夫位)가 어느 궁에 있는지를 살피고, 관록 천주(天廚)[5]의 단초를 구하니 거한 자리를 깊이 살피고, 모름지기 근원을 추찰한다.

격국의 순수함이 있어도 홀연히 악한 기물을 만나 상충하면, 또한 주가 사망한다. 재·록이 담박하여도 혹 세·운의 왕상함을 만나면, 역시 치달려서 나아가게 된다. 일(日)은 식신이 왕한 곳에서 합하여 이루기를 구한다. 겁재가 많으면 빈요함을 생하여 온다. 재와 식신이 득지하는 데 효·인(梟印)이 무겁고, 관약·살강에 제복이 없은즉 요절한다. 일쇠(日衰)에 재가 중하고 살이 무리를 지은즉 궁박한데, 다시금 세·운을 보아 어떤 것이 흉하고 어떤 것이 길한지를 살펴야 한다. 신궁(身宮) 즉 자신의 자리에서 충·파가 일어나고 의지할 것이 없으면, 조상을 떠나지 않으면 반드시 타향으로 나아간다.

건곤간손이 호환됨을 만나면[6] 달려 나아감에는 좋으나 그 마음을 정하지 못하는데, 명주가 주 중에서 화개를 보고 이덕을 만나면 곧 청귀한 사람이다. 관성 칠살이 혹 공망에 떨어지면, 구류(九流)에 속하거나 허한(虛閑)한 직무에 임한다. 오행이 극전하여도 일주를 상하지 않으면, 재앙이 되지 않는다. 세·운에서 거듭 임하여 용신을 손상하면,

---

4 이는 곧 수성으로, 식신을 말한다. 병이 갑의 작성이다.
5 식신이 녹을 만난 것을 일러 천주라 한다.
6 건곤감손을 방위로 보면 사유(四維)에 해당하니 곧 진술축미에 응한다.

반드시 앙화가 있다. 재성이 입묘(入墓)하면 다소간 형·충을 허하니, 필히 발한다. 상관상진에도 혹 관성을 본즉 흥할 수 있다.

18격(格)이 있는데 마땅히 선악을 쫓아 구함을 추리하니, 이 모두는 오행의 각각이 취하는 쇠왕(衰旺)과 소식(消息)에 매여 있는 것이다. 신왕한데 어찌 인수를 힘쓸 것이며, 일간이 쇠하면 재·관도 기쁘지 않으니, 오직 중화(中和)가 복이 되고 편당(偏黨)은 재앙이 되는 것이다.

다만 귀신(貴神)으로 '조양 공협 그리고 녹마비천 및 요합'의 허격(虛格)을 보니, 형·충이 없고 합을 만난 것이다. 모두가 칠살과 관성이 각기 기반(羈絆)과 전실(塡實)됨을 미워한즉 흥하기 때문이다. 홀연히 운이 관향에 이르러도 마땅히 퇴신하고 직을 피해야 한다. 마(馬)는 피로하고 관(官)이 깨어진 것이니, 괴롭지만 궁도(窮途)를 지켜야 한다. 녹왕(祿旺)에 재풍(財豊)하면 출세길이 가파르고 험하다. 혹 희처(喜處)에 임하였는데 이로써 화(禍)를 얻은 경우, 이는 삼합이 흥성(凶星)을 숨긴 것이다. 혹은 흥처에서 만났으나 도리어 길상이 된 것이 있으니, 이는 곧 구궁(九宮)이 길한 빛을 드러냈기 때문이다.

직품(職品)의 고저를 알고자 하면 마땅히 운신(運神)의 향배를 구해야 한다. 청기(淸奇)한즉 어린 시절에 그 이름을 이루고, 점결(玷缺) 곧 이지러진즉 만년에야 그 땅을 얻는다. 진·로(津路) 즉 나루와 길이 형통하면 권세가 높고 작위가 드러나며, 그 나아가는 도정이 언건(偃蹇) 즉 절고 쓰러지면 녹은 박하고 관이 낮은 것이다.

자식의 자리를 추심(推尋) 즉 헤아리고자 함은 먼저 처궁을 본다. 사·절된 것은 적자나 서자를 갖기 어렵고, 태왕한 것은 다른 문(門)에서 찾고 구한다. 자식의 별이 현로하면 필히 많고, 후사의 궁을 형·해(刑害)하면 남녀를 얻음이 드물다. 만약 형제의 다과를 묻는다면, 사주의 간지를 세세히 살펴야 한다. 월령이 비록 강하여도, 다시금 운신의 향배를 보아야 한다. 사·절에 형·해라면 안행(鴈行)에 그 질서를 잃고, 상생에 경회(慶會)하면 체악(棣萼) 즉 산앵두의 꽃받침처럼 연이어 영화롭다. 형제와 본신이 왕하면 부모에게 이지러짐이 있고, 재백궁(財帛宮)이 많으면 어머니를 어릴 적에 초상이라. 만약 관·귀(官鬼)의 출현을 보게 되면 어머니가 도리어 장수 연년하니, 이는 곧 탈기(脫氣)의 배척함을 만나 아버지에 이어짐으로 오히려 장수함이 있음과 같다.

임수가 오위에 임하고 계수가 사궁에 자리함은 중화를 받은 것이라, 녹마동향에 휴·수를 만남은 태원(胎元)이 절지(絶地)에 있었기 때문이다. '병이 신위에 임하고, 경이 제비 돌아오는 인에 자리하며, 사가 손방과 건방에 들고,[7] 을이 쌍녀[8]에 임하며, 금이 화위에 올라타고, 갑이 곤궁[9]에 자리한 것' 등을 일러 휴 · 수라 하니, 극제됨을 가장 미워한다. 칠살의 만남을 꺼리니, 곧 상백(喪魄) 즉 넋을 초상친다고 한다. 수성(壽星)의 만남이 기쁘니 이름하여 환혼(還魂) 즉 혼이 돌아왔다는 것이다.

천명이 능히 베푼 것이라 인간의 지력으로 벗어나기 어렵고, 다만 벼리를 삼아 조화를 묶을 뿐이다. 남몰래 쌓은 공덕으로 가히 벗어날 수 있으니 빈한함이 장차 다할 것이요, 능히 령(令)을 받으면 한미한 집에서 공경을 내놓을 것이다. 사치가 태과하면 비록 주자의 문호에 돌아간다 해도 굶어 죽는 귀신을 생하고, 집안의 자산을 장차 소비하며, 불초한 자식을 생함을 정한다. 남자는 결혼해도 스스로 형(刑)하며, 필히 오래 살지 못하는 처첩을 취할 것이다. 4궁이 배록(背祿)되면 망령되이 구함도 불가하다. 관은 장차 이루지를 못하고, 재는 마땅히 소비됨을 보니, 팔자에 무재(無財)라면 모름지기 본분을 지킴을 요한다. 주제넘게 밖에서 탐하고자 하면, 반드시 흉사를 부르게 된다.

오호라! 가난을 달게 받고 졸렬함이라도 기를 뿐이다. 원래 정해진 재주가 없는 것이 아니다. 비록 재주가 있다 해도, 다만 배 두드리고 퉁소를 부는 것이다. 비록 오원(伍員) 즉 대오를 지은 가족이라도 그 뜻을 좌절시킴은 어찌 명(命)이 아님이 있으리오. 다만 순히 따르고 마땅히 행할 뿐인 일이다.

【心鏡五七賦】 심경오칠부

人生富貴皆前定 術士須詳論. 인생의 부귀는 모두 앞서 정해진 것이니, 술사는 모름지기 상세히 논해야 한다.

天上星辰有可加 此說更無差. 천상의 성신이 가히 더함이 있으니, 이 설은 다시금 차이가 없는 것이다.

時加月建逢命位 正是福原地. 시를 월건에 더하여 명의 자리를 만나니, 바로 이것이 복의 근원이 되는 땅이다.

壽元合處是其眞 此說不虛陳. 수명의 근원이 힙하는 곳이 그 참됨이니, 이 설은 허망하게 늘어놓은 것이 아니다.

---

[7] 원문은 사가 분명한데, 맥락으로 보면 기(己)가 맞을 것이다. 손방은 진, 건방은 술이다.

[8] 쌍녀의 의미가 궁금한데, 이는 유금을 의미하는 것 같다.

[9] 이는 신금이다.

官祿貴馬見台形 一擧便成名. 三干相連. 관록 귀마가 누대를 이룬 형태를 보면, 한 번 들어 문득 이름을 이룬다. 곧 3간이 서로 연이은 것이다.

日逢貴地見祿馬 壯歲登科甲. 일간이 귀지를 만나고 녹마를 보면, 태세가 장성할 때 과갑에 오른다.

時日若逢夾祿位 爲官必淸貴. 만약 시와 일로 녹위를 협함을 보면, 관이 필히 청귀함을 이룬다.

五行時日無相雜 爲官多顯達. 오행이 시와 일로 상잡됨이 없으면, 관이 되고 현달함이 많다.

羊刃重重又見殺 大貴登科甲. 양인이 중중한데 또 칠살을 보면, 대귀하고 과갑에 오른다.

若逢三奇連祿馬 名譽揚天下. 만약 삼기를 만나고 녹마에 이어지면, 명예가 천하를 떨친다.

日坐食支又合干 九卿三公看. 일주에 식신의 지지가 앉고 또 천간과 합하면, 9경 삼공을 본다.

甲子己巳又一說 天地德合訣. 갑자와 기사에는 또 일설이 있으니, 곧 천지덕합의 시결이다

丙子癸巳與前同 官職拜三公. 병자 계사 역시 앞의 설과 같으니, 관직이 삼공에 절한다.

木若逢金主不傷 兩府坐中堂. 목이 만약 금을 만나도 주가 상하지 않으면, 양부의 중당에 자리한다.

火若遇水主將權 爲將鎭戎邊. 만약 화가 수를 만나면 주가 장수의 권세라, 장차 오랑캐의 변방을 진압함이 된다.

金若逢火主大權 方面刺史官. 금이 만약 화를 만나면 주의 대권이라, 방면과 자사의 관이다.

水若逢土入官局 宜作侍從職. 수가 만약 토를 만나 관국에 들면, 마땅히 시종의 직을 짓는다.

土若得木爲正祿 八座三台福. 토가 만약 목을 얻어 정록이 되면, 팔좌 삼태의 복이다.

年得月祿不爲喜 日貴取爲主. 년에 월록을 얻으면 기쁨이 되지 못하니, 일귀를 취하여야 주인이 된다.

生逢貴人値孤寡 決定爲僧也. 생함에 귀인을 만났는데 고과에 놓이면, 스님이 된다고 결정하는 것이다.

空亡官祿遇貴人 緇衣作高僧. 관록은 공망되고 귀인을 만나면, 세의 즉 검은 비단옷을 입은 고승이라 정한다.

五行無氣守孤寡 必定作行者. 오행이 무기하고 고과를 지키면, 필히 행자 즉 행자승이나 걸식을 짓는다고 정한다.

空亡刑害又逢囚 爲僧及裹頭. 공망과 형해인데 또 수가 됨을 만나면, 중이나 머리를 싸맨 도사가 된다.

欲知人命主有權 食神旺必全. 인명에서 주가 유권함을 알고자 하면, 식신이 왕하고 필히 온전해야 한다.

相刑羊刃並殺傷 必主上法場. 양인에 상형하고 더불어 칠살의 상함이 있으면, 필히 주가 법원의 마당 위에 있다.

的殺若逢盤足坐 惡鬼死刑獄. 日支自坐爲盤足 적살[10]이 만약 앉은 자리의 반족을 만나면, 악귀라 형옥에서 죽는다. 일지의 자좌가 반족이 된다.

夾角相逢共歲星 徒流定分明. 협각이 서로 만나고 세성을 공유하면[11], 정히 떠도는 무리임이 분명하다.

六害當權逢刃殺 少年多夭折. 육해가 당권하는데 양인 칠살을 만나면, 소년에 요절함이 많다.

日逢官鬼見重刑 惡死甚堪驚. 일이 관귀를 만나고 거듭 형함을 보게 되면, 나쁘게 죽거나 감당키 어려울 만큼 심히 놀라게 된다.

刃神劫殺兩頭居 早歲夢天衢. 양인에 겁살로 두 개가 간두에 있으면, 어린 시절에 하늘의 네거리를 꿈꾸니 죽고 싶은 것이다.

祿馬俱逢行絶地 勞困難逃避. 녹마가 두루 절지로 행함을 만나면, 곤궁하고 수고로움에서 도피하기 어렵다.

月若逢時與刑衝 根基定一空. 월이 만약 시와 더불어 형충함을 만나면, 근기가 있어

---

[10] 암금적살로, 子로부터 세어 30數는 4중살로 巳에 있고 음신이며, 22數는 사맹살로 酉에 있고 파쇄라 하며, 26數는 4계살로 丑에 있고 백의라 한다. 오행 중에서 오직 금만이 능히 살물하니, 고로 전체를 이름하여 말하기를 암금적살이라 한다.

[11] 협각이란 곧 공협한 기물과 찌르는 기물이란 뜻인 것 같은데 분명치 않고, 세성이란 태세의 별이다. 곧 공협한 귀물을 상살하는데 유년 또한 그와 같이 오면, 정처가 없다는 뜻이다.

도 정히 하나의 비어 있음일 뿐이다.

時遇官星生旺位 子孫成行隊. 시에서 관성을 만나고 생왕한 자리라면, 자손이 대열을 지어 행함을 이룬다.

向祿臨財官更吉 貴顯有家資. 녹을 향하고 재·관에 임하면 다시금 길한데, 귀함을 드러내고 집안에 자산이 있다.

日月純官無財位 反主無官貴. 일·월에 관이 순수한데 재의 자리가 없으면, 도리어 주에게 관귀가 없다.

卯刑子位子刑卯 癸乙相生撓. 묘가 자의 자리를 형하면, 자가 묘를 형하니, 계·을의 상생함이 어지러워진다.

未來刑丑丑刑戌 戌刑未同律. 미가 와서 축을 형하면 축이 술을 형하니, 술이 미를 형함 또한 같은 법도다.

祿馬剋生主發財 人元剋出來. (甲乙見寅卯 祿馬絶 甲申乙酉另論) 녹마가 극하고 생하면 주가 발재하니, 인원을 극하여 가고 온다. (갑·을이 인·묘를 보면 녹인데 이때 녹마는 절이 된다. 갑신 을유와는 별도로 논한다).

得一分三緣何說 飛天祿馬格. 득일분삼으로 맺어짐이란 무엇을 말하는가, 곧 비천녹마격을 말함이다.

歲合時日分兩頭 切須仔細求. 세가 시·일을 합하여 간두에서 둘로 나뉘게 되면, 모름지기 참으로 자세히 구하여야 한다.

君子若逢利奏對 常人主災晦. 만약 군자가 이를 만나면 이로움이 모인다고 대답하겠으나, 평상인이 명주라면 재앙과 어두움이라.

心懷悔退緣何事 重犯剝官位. 마음속에 품은 심회를 뉘우치고 물러남은 어떤 일에 연유하여 그런 것인가, 관의 자리를 거듭 범하여 벗긴 것이라.

柱中有祿運逢財 金玉自天來. 주중에 녹이 있고 운이 재를 만나면, 금옥이 하늘로부터 내려온다.

前言能說貴與賤 亦須看運限. 앞서 말한 것들은 능히 귀함과 천함이 함께 하는 것인데, 또한 모름지기 운의 제한과 흐름을 보아야 한다.

大凡行運逢祿馬 發跡爲官也. 무릇 행운에서 녹마를 만나면, 대개는 발함의 흔적이 관이 되는 것이다.

天月二德爲救神 百災不爲凶. 천·월 이덕이 구신 즉 구조의 신이 되면, 백 가지 재앙도 흉함이 되지 않는다.

向祿臨財甚希奇 貴顯有官資. 향록임재 즉 녹을 향하고 재에 임하면 매우 기쁘고 기이하니, 귀함을 드러내고 관의 자조가 있는 것이다.

命中祿馬同貴人 福祿進珠珍. 명 중의 녹마는 귀인과 같아서, 복록이 보배와 같이 나아간다.

貴人君子坐刑殺 名成少年發. 귀인 군자가 살을 형함에 앉으면, 이름을 이루고 소년에 발한다.

陰陽貴賤宜消息 熟曉於胷臆. 음양 귀천은 마땅히 사라지고 쉬는 것이니, 가슴 속 깊이 익혀 깨달아야만 한다.

日時身命許多般 一訣千變看. 일·시의 신과 명에는 허락함이 많고도 많으니, 하나의 시결에서 천 가지 변화를 보는 것이다.

【繼善篇】계선편

사람이 천지의 명을 받아 음양에 속하니, 생하고 거함은 하늘이 덮고 땅이 실은 가운데 있고, 다함은 오행의 사이에 있다. 귀천을 알고자 하면 먼저 월령을 보니 곧 제강(提綱)이라. 다음으로 길흉을 판단하는데, 오로지 일간을 써서 주인으로 삼는다. 삼원의 뿌리는 격·국을 이루는데 필요하다.

사주에서는 재·관을 보는 것이 기쁘며, 용신은 손상되어서는 불가하다. 일주는 건왕함이 가장 마땅하고, 년에서 일간을 상함을 일러 뿌리와 주인이 불화함이 되었다 한다. 세·월·시 중에서 크게 두려운 것은 관살이 혼잡됨이다. 취용함은 생월에 의지하는데, 마땅히 그 심·천을 구하고 추리한다. 발하고 깨우침은 일·시에 있으니, 요는 그 강약을 소상히 밝혀야 한다는 것이다.

관성의 정기(正氣)는 형·충을 봄을 꺼린다. 시상편재는 형제를 만남이 두렵고, 인수는 생기하는 관운이 이로운데, 재향으로 드는 것은 두려워한다. 칠살 편관은 제복됨이 기쁘나 태과함은 마땅치 못하다. 상관이 다시 관운을 행하면 불측한 재앙이 닥친다. 양인이 세군을 충·합하면 돌연히 화가 이른다. 부하고 또 귀함은 정히 재왕하여 생관함에 있고, 요절치 않으면 가난한 것은 필히 신쇠에 칠살 귀(鬼)를 만남에 있다.

육임생이 오위에 임하면 이름하여 녹마가 동향이라 하고, 계일이 사궁을 향해 앉으면 이는 곧 재관이 쌍미라. 재다신약은 참으로 부옥에 빈인(貧人)이 되고, 살로써 화권(化權)하면 정히 한문(寒門)을 세상에 드러내는 귀객(貴客)이라. 등과 갑제(甲第)는 관성이 파하는 궁에 임하지 않아야 한다. 납속(納粟)주명(奏名)은 재고(財庫)가 생왕한 땅에 거한 까닭이다. 관귀(官貴)가 태성하면, 겨우 왕처에 임하는 것만으로도 필시 기울게 된다.

인수가 상함을 입으면, 혹시 영화가 있어도 오래가지 못한다. 유관·유인에 파함이 없으면, 낭묘(廊廟)[12]의 재목을 짓는다. 무관·무인에도 격이 있으면 곧 조정의 쓰임을 예비한다. 이름을 금방(金榜)에 붙임은 모름지기 신왕(身旺)봉관(逢官)으로 돌아갔기 때문이다. 성군을 보좌하는 귀함을 얻음은 충관(衝官)봉합(逢合) 즉 관을 충하는데 합을 만났기 때문이다. 격이 아니고 국이 아닌데 이를 어찌 보겠는가, 기이함을 얻은 것이다.

신약에 관을 만나면, 이를 얻은 후에 힘을 허비함이 무리를 짓는다. 소인의 명 안에 또한 정인 관성이 있으면, 군자의 격이다. 그 안에 칠살 양인이 범하면 평생에 적은 병이 있고, 일주가 강강하다면 일세가 안연(安然)하다. 재명이 유기하고, 관의 형(刑)이 인수를 범하지 않는데, 천덕이 같은 궁에 있으면, 즐거움은 적고 근심이 많다. 모두 일주가 스스로 약함에 연유하는 것이다. 신강에 살천하면 가살(假煞)위권(爲權)이라 곧 살이 변하여 권세가 된다. 살중·신경이면 종신토록 손상됨이 있다. 쇠한즉 관이 변하여 귀(鬼)가 되고, 왕한즉 귀가 화하여 관(官)이 되는 것이다.

월이 일간을 생하면 운이 재향으로 행함을 기뻐하지 않고, 일주가 의지할 바가 없으면 도리어 재지로 운행함을 기뻐한다.[13] 일귀(日歸)시록(時祿) 즉 일시귀록은 평생에 관성을 기뻐하지 않는다. 음간이 만약 조양격이라면, 병·정과 이(離)궁의 자리는 절대로 꺼린다.

태세(太歲)는 곧 여러 살의 주인이다. 명에서 반드시 재앙이 되는 것은 아닌데, 만약 전투의 향(鄕)을 만난 것이라면, 필히 주가 본명(本命)에서 형(刑)을 당한다. 태세가 일간을 상하게 하면 화가 있음이 필시 가벼우나, 일이 세군을 범하면 재앙이 필히 중하다. 오행에 구함이 있으면, 도리어 길하여 재(財)물이 된다. 다만 사주가 무정한 까닭에 논하여 이름하기를 극세(尅歲) 즉 세를 극한다고 한다.

경·신이 와서 갑·을을 상하는데, 병·정이 이를 먼저 보면 위태롭지 않으니, 병·정이 도리어 경·신을 극하기 때문이다. 임·계가 이를 만나도 두렵지 않게 된다. 무·기가 갑·을을 만남은 근심이니, 간두에 모름지기 경·신을 요한다. 임·계가 무·기

---

12 정전(正殿)을 가리킨다. 정사(政事)를 보는 곳, 곧 조정(朝廷)을 이르는 말이다. 묘당(廟堂)이라고도 한다. 정1품 아문으로 낭묘(廊廟)·도당(都堂)·묘당(廟堂)·정부(政府)·황각(黃閣)이라고도 한다.
13 식신생재 혹은 기명종재를 말함이다.

를 만남은 근심이 되나, 갑·을이 이에 임하면 구함이 있다. 임이 와서 병을 극함에는 모름지기 무자(戊字)가 와서 간두에 있음이 마땅하다. 계가 정을 거상(去傷)할 때는 도리어 기가 와서 서로 도움을 기뻐하는 것이다. 경금이 임수의 남아를 얻어 병화의 요절함을 제어하면, 장년(長年)을 짓는다. 갑이 을매(乙妹)로 경금의 처를 삼으면, 흉이 변하여 길조가 된다.

천원이 비록 왕하여도 만약 의지할 곳이 없으면, 이는 곧 평상인일 뿐이다. 일주가 크게 유약하면, 재·관을 늘어놓아 만나도 한사(寒士)가 될 뿐이다. 여인에 살이 없고 이덕(二德)을 두르면, 양국의 봉함을 받는다고 정한다. 남명이 신강하고 삼기를 만나면, 일품의 귀함이 된다.

갑이 기토를 만나고 생왕하면, 정히 가슴 속에 중정한 마음을 품는다. 정화가 임수를 만나는데 태과하게 되면, 필히 음와(淫訛) 즉 음란하고 그릇됨의 난을 범한다. 병이 신금의 자리에 임하고 양수(陽水)를 만나면, 연년(延年) 즉 장수함을 얻기 어렵다. 월에서 인수를 만난즉 안부(安富)존영(尊榮)이라 곧 평안하고 부하며 존귀하고 영화롭다.

기토가 해궁(亥宮)에 들고 음목을 보면 마침내 수명을 손상하는데, 시에서 병인을 만난즉 관대(冠帶)잠영(簪纓) 곧 관을 쓰고 요대를 차며 비녀를 꽂고 갓끈을 늘인다. 경금이 인에 자리하고 병화를 만나도, 주가 왕하면 위태로움이 없다. 을이 사를 만나고 신(辛)금을 보는데, 신이 쇠하면 화가 있다. 을목이 경금의 왕함을 만나면, 항상 인의의 미음을 지닌다. 병이 신금과 합하여 진압함을 생하면, 위권(威權)의 직을 장악한다. 1목이 중첩하여 화위를 만나면, 이름 하여 기산(氣散)지문(之文) 즉 기가 흩어져 산만한 문장이라 한다. 독수(獨水)가 경·신(庚辛)을 3번 범하면 이름하여 체전(體全)지상(之象), 즉 온통 음기가 온전한 상이라 한다.

수가 겨울의 왕함으로 돌아가면, 평생에 즐거움이요 스스로 근심이 없다. 목이 춘에 생하면 처세가 안연하여 필히 장수한다. 금약(金弱)에 화염의 땅을 만나면 혈질(血疾)을 의심치 않는다. 토가 허한데 목왕의 향을 만나면, 비장이 상함은 정해진 이론이다. 근동(筋疼)골통(骨痛) 즉 근육이 욱신거리고 뼈마디가 통증이라, 이는 모두 목이 금의 상함을 입었기 때문이다. 안암(眼暗)목혼(目昏) 즉 눈이 어둡고 눈동자가 혼미함은 필시 화가 수의 극함을 받았기 때문이다.

금이 간(艮)방을 얻고 토를 만나면, 부르기를 환혼(還魂) 즉 혼이 돌아왔다 한다. 수가 손(巽)방에 들고 금을 보면, 이름하여 부절(不絶) 즉 끊어지지 않았다 한다. 토가 묘(卯)위에 임하면, 중년이 되지 않아서 문득 욕심을 내니 그 마음이 재가 된다. 금이 화향을 만나면 비록 소장의 시절이라도, 필시 그 뜻이 좌절된다. 금·목이 교쟁 형전(刑戰)하면, 두루 인의가 없다. 수·화가 서로 상함을 번갈아 교체하면, 시비가 날마다 일어난다. 목이 수의 기름을 따르는데 수가 성하면 목은 곧 표류하고, 금이 토의 생에 의뢰하는데 토가 너무 두터우면 금은 곧 매몰됨을 만난다.

이들은 모두 오행이 편고(偏枯)됨은 불가함을 알게 하니, 오직 중화의 기를 품부함을 요한다. 다시금 능히 헛된 생각과 사려를 끊고 감명해야만, 무차(無差)무오(無悮) 즉 오류와 차이가 없을 것이다.

【造微論】 조미론

음양 양의(兩儀)로 처음 개벽할 때 육갑이 생한 바, 장차 삼원(三元)을 길러 삼재(三才)를 짓고, 사시(四時)를 세우니 사주가 되었다. 천간은 녹(祿)의 근본이 되니 일생 직위의 고저를 정하고, 지지는 명(命)의 터전을 닦으니 삼한(三限) 즉 세 가지 한계를 베풀어 수원(壽元) 즉 수명의 본원에 시종(始終)을 놓은 것이다.

년생은 근(根) 즉 뿌리가 되고, 월건은 묘(苗) 즉 싹이 되며, 일은 경영을 관장하니 중년의 휴구(休咎)를 판단하고, 시는 결과가 되니 말년의 영고(榮枯)를 정한다. 먼저 태식(胎息)의 연유를 추리하고, 다음으로 통변(通變)의 도리에 드는 것이다. 관이 되고 귀가됨은 상하로 함께 화합함에 연유하고, 건체함이 많고 위태로움이 많음은 본원의 뿌리가 서로 상극함이라, 이런 까닭에 격청(格淸)국정(局正) 즉 격이 청하고 국이 바를 것을 요하니, 이는 마땅히 대각(臺閣) 즉 조정의 큰 신하가 된다. 인왕(印旺)에 관생(官生)이면 필히 균형(鈞衡) 즉 판사의 임직을 쥐고, 마두(馬頭)대검(帶劍) 즉 간두의 마가 검을 두르면 위진(威鎭)변강(邊疆)이라 곧 변방에서 그 무공을 떨친다. 인수가 화려함을 만나면 한원(翰苑)에 높이 거한다.

녹이 비록 많아도 해함이 있으면 복이 상서로움이 되지 못하고, 살이 비록 중하여도 상함이 없으면 흉이 곧 화가 되는 것은 아니다. 삼기를 만나지 않으면, 재주가 높아도 이름을 이루고 풀어내기 어렵다. 육합을 바르게 만나면 집이 부(富)하고, 또 능히 업을 증장한다. 과숙에 인친(親)을 공망하면 고독한 어린 애의 발걸음이요. 장생이 공망에 빠지면, 빈한하고 절름거리며 엎어진다. 도화가 만약 제좌(帝座) 즉 시간에 임하면 색으로 인한 망신이요, 함지가 다시금 일궁(日宮)에 모이면 처로 인해 치부한다. 근원이 천박하면 생·왕을 만나도 영화롭지 못하고, 본주(本主)가 흥륭하면 휴·수를 만나도 도리어 길하다.

양인이 오귀(五鬼)[14]에 임하면, 모름지기 도류(徒流) 즉 노역과 유배형을 거듭 범한 것이라 정한다. 구교(勾絞)가 삼형에 중첩되면, 이는 짝을 엮는 일을 빈번하게 만남이 되니 이로부터 벼슬길에 오른 것이다. 탄담(吞啗)을 만나지 않으면, 작록(爵祿)이 휴정(虧停) 즉 이지러져 머문다. 병권을 담당한 것은 마땅히 천중(天中)을 만나지 않아야 하는데, 그 몸이 권을 잃고 물러나기 때문이다. 흉금이 맑고 통하는 것은 대개 수제(水濟) 강호(江湖) 즉 물을 고르고 강호를 건너기 때문이다. 학문의 연원이 있음은 본시 수가 임·계에 거하였기 때문이다.

자상(慈祥)개제(愷悌) 즉 사랑하여 상서로우며 즐겁고 공경함은 목이 갑·을의 향을 올라탄 것이며, 초조(焦燥)폭악(暴惡) 즉 조급하고 포악함은 화가 병·정의 땅에서 무성한 까닭이다. 명고(名高)녹중(祿重) 즉 이름이 높고 녹이 중함은 건금(乾金)이 일찍이 경·신을 모았음이요, 관후(貫朽)속진(粟陳) 즉 썩은 것을 꿸만큼 곡식을 늘어놓음은 눌린 토가 거듭 무·기와 친하기 때문이다.

목이 번성한데 금의 착삭(斲削)이 없으면, 영화를 늘어놓아도 말년에 외롭고 궁하다. 화가 불타는데 수의 도용(淘溶) 즉 일어 흘러감을 얻지 못하면, 비록 발한다 해도 조년(早年)에 요절이다. 월약(粤若) 즉 곰곰이 생각해본다. 만약 수가 떠올라 넘쳐흐르면, 오직 토의 세방에 의시한다. 토가 중한데 목의 소통함이 없으면, 오히려 어리석고 혼탁함으로 놀아갈 뿐이다. 금이 견고한데 화의 단련(煅煉)함이 없으면, 마침내 완고하여 흉함에 이를 것이다. 만약 금이 약한데 화염이 많은 것을 보면, 스스로를 손상할 것이요. 목은 유(柔)한데 금은 중하고 날카로우면, 곧 몸을 상할 것이다. 물이 맑으면 토가 많음을 빌리지 않을 것이요, 토가 약하면 목이 성함을 막지 못할 것이다. 화가 강하고 마르면, 미묘(微眇) 즉 눈뜨기가 어렵고 애꾸일 것이다. 수가 기제 즉 이미 고르게 되면 이로써 관유 온화함이 될 것이다.

모름지기 장차 그 짝을 찾아 두루 미치게 됨이 아름다우니, 이는 또한 고르게 조화함으로써 최상이 되는 것이다. 크게 드러나는 것은 귀함이 깊고 은밀함에 있고, 크게 물러나는 것은 귀함이 낮게 깔려 나아감에 있다. 수영(壽永)년고(年高) 곧 수명이 길고 년수가 높은 것은 모두 녹이 제왕지에 임하고, 직이 높고 위(位)가 드러남은 녹마가 관성에

---

[14] 오귀살을 말함이다. 곧 연지를 중심으로 보는데, 해묘미에 자축, 인오술에 묘진, 사유축에 오미, 신자진에 유술이다. 북두칠성의 5성인 옥형 즉 염정성을 말하는데, 풍수에서는 오귀염정성이라 한다. 도류는 오형(五刑)의 하나이다.

모인 데 연유한다. 화개가 공망을 만나면 치우쳐 승·도가 됨이 옳고, 학당이 귀(貴)를 만나면 오직 사유(師儒) 즉 도를 가르치는 스승이 됨이 이롭다.

오행이 만약 비뚤어지고 꼬이면, 삼명(三命)이 이로 인해 낮고 약하다. 일에서 공망 과숙을 만나면, 그 처가 많아도 생이별함에 이른다. 시가 공허함에 놓이면 그 자식을 늘어놓아도 불초하니, 절궁(絶宮)이면 고분(鼓盆) 즉 밥그릇을 두드리며 초상치고 한탄하는 살이 되고, 태궁(胎宮)이면 백호(白虎)의 신이 된다. 천공(天空)이 후사를 잇는 궁에 임하면, 말년에 성가(成家) 즉 집을 이룬 자식을 손상케 된다.

운이 길함을 만나 귀숙함에도, 뿌리가 없으면 주가 족히 기쁘게 즐기지 못한다. 흉신을 지킴에 제한이 있어도, 뿌리와 싹이 있은즉 두렵거나 위태롭지 않다. 세군(歲君)이 만약 약하고 악한데 임하면, 일세(一歲)가 주춤하고 머뭇거린다. 생시가 만약 휴·수됨을 만나면, 일생이 시름과 탄식이라.

근원이 맑은 것은 그 흐름이 필히 멀게 갈 것이요, 근본이 탁한 것은 지은 바에 이룰 것이 없다. 팔자가 초군(超羣) 즉 무리를 뛰어넘으면, 귀하지 않은즉 마땅히 큰 부자가 된다. 오행이 박잡(駁雜) 즉 어긋나고 뒤섞이면, 편안함에 거하여도 어찌 가히 위태로움을 생각하지 않을 수 있겠는가.

휴·수된 것은 몸과 성품이 비천하고 한미하다. 왕·상한 것은 명리가 장하고 실하다. 선강후약은 필시 먼저는 길하고, 뒤에는 흉하다. 시약종강 또한 시작은 흉하여도, 마침내 길한 것이다. 곧 만약 처음에 귀길(貴吉)함을 만난다 해도 이를 문득 귀하다고 추리하지 못하는 것이요, 중간에 살흉(煞凶)을 만난다고 어찌 가히 문득 흉조라고 편히 지을 수 있을 것인가.

대저 문귀(文貴) 즉 문장과 귀함은 장생의 땅을 요하고, 형살(刑煞)은 사·절의 궁이 마땅하다. 이로부터 마땅히 근심과 편안함을 당하게 되고, 기쁨과 슬픔을 듣게 되니, 그 본말을 상세히 하고 그 영허(盈虛)를 잘 살펴야 한다. 영욕(榮辱)궁통(窮通) 즉 영화와 욕됨 그리고 궁하고 통하는 것은 굳이 말하지 않아도 깨우치는 것이다. 길흉(吉凶)회린(悔吝) 즉 길하고 흉함과 뉘우치고 한탄함을 가히 고찰해 봄으로써 안다.

이름하여 말하기를, "조미(造微) 즉 작은 것을 지었다"고 하였으나, 이를 어찌 작은 보충이라고만 말할 수 있는 일이겠는가.

【人鑑論】인감론

홍몽(洪濛) 조판(肇判)의 때에 갑자가 생하였다. 22자 글자의 쓰임이 무궁하니, 백만 천인의 명을 가히 고찰한다. 일(日)을 생하여 주인을 삼으니, 년(年)은 장차 군주가 된다. 먼저 근본의 허실을 논하고, 다음으로 세·운의 강약을 논한다. 천·지·인 삼재를 수풀처럼 줄을 세워도, 묘함은 권형(權衡)에 있다. 경중이 팔괘에 포함되어 펼쳐지니, 스스로 규구(規矩) 즉 법도와 준칙이 있어 방·원(方圓)에 존재한다.[15]

천도에도 일찍이 차고 이지러짐이 있어 순환하는데, 인사에 어찌 반복됨이 없겠는가. 혹 처음에는 가난하나 마침내 부해지고, 혹 먼저는 패했으나 뒤에는 흥한다. 마땅히 단점은 버리고 장점을 쫓을 것이요, 저것을 취하여 이것을 버리지 말아야 한다. 사주에는 1자라도 두루 미워함이 있으니, 대순(大醇)에도 또한 소자(小疵)라, 곧 크게는 순일하더라도 역시 작은 흠결을 찾는 것이다. 그 근원을 상세히 고찰하고, 이로써 가벼이 판단하지 말아야 한다.

관이 녹향에 있음은 이윤(伊尹)이 아형(阿衡) 즉 내각의 으뜸 자리를 짊어진 것이다. 시가 귀지(貴地)에 거하면 전하는 말에, 흥하여 재상의 신하를 짓는다 한다. 귀격(貴格)을 만나 생하면, 벼슬길에 들어 대각(臺閣)의 존귀함과 중함이 되는 것이다. 귀(鬼)살의 국을 만나도 도를 즐기면, 사림에서 흥함이 있다. 이로써 관이 귀(貴)에 거함은 오행이 순일하여 흠이 되지 않은 것임을 안다.

다체(多滯)다우(多憂) 즉 막힘과 근심이 많은 것은 팔자가 잡스럽고 또한 서로 싸우기 때문이다. 근감(根甘)예고(裔苦) 즉 뿌리는 단데 그 후예가 괴로움은 곧 가의(賈誼)[16]가 장사(長沙)에서 굽힌 일이다. 원탁(源濁)류청(流淸)은 태공(太公)이 위수(渭水)에서 일어남이다. 녹마동향은 태정(台鼎) 즉 삼정승의 모임에 오른다. 살과 인(印)이 중하고 왕하면 어려서 과명에 든다. 비견을 거듭 만나면 마땅히 범자(范子)의 가난을 탄식한다. 인수를 거듭 만나면, 가히 노팽(老彭) 즉 팽조[17]의 장수함에 비견된다. 협관(夾官)협귀(夾

---

15 천지 조판과 팔괘의 얽힘을 말하는데, 사제도 철학적 요소가 있어 함부로 말하기 힘들다.

16 洛陽 사람. 〈복조부(鵩鳥賦)〉는 BC 174년에 조정에서 쫓겨나 장사왕[長沙王]의 태부로 임명되어 떠날 때 지은 작품으로 그가 최초로 쓴 부로, 자신을 굴원에 비유하고 〈離騷〉를 모방하여 〈悼屈原賦〉를 지었다. 그의 핍박받는 고립된 생활은 자살을 했던 굴원에 비해 더욱 괴로운 상황이었다. 그의 정치적 견해는 〈新書〉에 수록되어 있으나, 그가 쓴 저서인지는 확실하지 않다.

17 팽조는 장자 제물론에 700세를 넘겼다 하고, 앞의 범자는 풀벌레로 해석할 수도 있다.

貴) 즉 관귀를 공협하여 일·시에 놓으면, 준우(峻宇)조량(雕梁) 즉 높은 집 대들보에 독수리 문양을 새긴다.

세·시에서 겁재가 마를 탈재함을 만나면, 쑥이 비를 만나 쑥대밭이요 창문이며 대문과 독이 열린다. 후사의 자리에서 극절(尅絶)을 만나면, 까치의 둥지에 비둘기가 사는 것이다. 처의 자리를 살·상(煞傷)함은 난(鸞)새의 외로움이요, 고니의 홀로됨이라.

운이 배록(背祿)을 행하면 옛날의 부함이 금일의 가난함이라. 명이 왕한 재를 만남은 지난날의 슬픔이 오늘의 웃음소리다. 사주가 학당(學堂)의 천간에 앉으면, 돌고 돌아도 어리석지 않다. 삼원이 묘고(墓庫)를 도우면, 그 가운데 자식이 학문을 좋아한다. 년이 관귀를 상하면, 재주가 높아도 어찌 이름을 이루고 풀어낼 수 있을 것인가. 시에 편관을 놓음은 집이 부하고, 또 좋은 자녀를 더하였음이다.

경금이 병화의 땅을 행하면, 어느 토지 신에 빌어볼 것인가? 임수가 무토의 향으로 들면, 어찌 빠른 죽음이라 아니할 수 있겠는가? 백우(伯牛)가 질병[18]이 있음은 전극(戰尅)이 교차됨으로 인함이다. 사마(司馬)가 어찌 근심하였는가, 모두가 비화(比和)되어 자리가 없어진 때문이라.

본신이 쇠약하면 길운을 만나도 흉이 되고. 명이 견실함에 앉으면 화가 되는 해를 만나도 도리어 복이라. 살이 비록 중하여도 합이 많으면, 어찌 일월의 밝음을 상할 것인가. 녹이 비록 드러나도 잃음이 있으면, 풍운이 모이는데 만나기가 어렵다. 만나도 만나지 않음은 경·신이 임·계의 향에 있기 때문이다. 근심이 걱정되지 않음은 갑·을이 병·정의 땅을 행하기 때문이라.

혹 만약 생함에 절·패의 땅을 만남은 곧 정곡(鄭谷)[19]이 귀촌함과 같다. 녹마가 쇠·병되면 풍당(馮唐)[20]의 흰머리라. 구궁(九宮)이 왕상하면 도요(逃邀) 즉 달아나기도 맞이하기도 어려우니, 내가 뽕나무 가운데 있음과 같다.[21] 사주가 합화(合和)하면 나뭇잎 위에서도 시를 지어 올림을 면하지 못한다. 서시(西施)의 미모는 자신 스스로가 장생을 많이 둘렀음이요. 녹주(綠珠)추루(墜樓) 즉 푸른 구슬이 누대에 떨어짐은 흉악한 것이 또 칠살을 만났음이다. 명이 고란에 들면 지아비는 지어미를 곡하고, 지어미는 지아비를 곡한다. 연화(烟花)반신(絆身) 즉 도화 연기가 그 몸을 얽어매면, 여자는 남자를 구하

---

[18] 논어 옹야
[19] 晚唐의 시인, 소종과 함께 화주로 옮겼다.
[20] 한 문제 때의 사람, 사기 풍당열전
[21] 我於桑中인데, 해석하기 어렵다. 뒷 문장과 연결해보면, 스스로 누에와 견준 것이다.

고 남자는 여자를 구하고자 한다.

머리와 눈이 함몰되면 지·체(肢體)가 서로 이지러지고, 재백(財帛)이 소모되면 전·택(田宅)에 해가 있다. 생시가 형·충을 만나면, 일생이 공허한 창문이라 그림의 떡이요. 세·월에 만약 겁탈이 임하면, 백세가 외롭고 춥다. 재가 재과(財窠) 즉 그 보금자리에 들면, 귀하지 않은즉 마땅히 대부요. 살이 태세에 거하면, 편안히 거하여도 가히 위험을 생각하지 않을 수 없다. 이에, 만약 관성이 투로(透露)하였다고, 문득 귀하다고만 가히 추리하지 못한다. 살성을 아래에서 공격한다면, 어찌 가히 문득 흉이 된다고만 판단하겠는가?

대저 귀(貴)와 녹(祿)은 인수를 만남이 기쁘고, 형과 살은 제·합(制合)에 놓임이 마땅한 것이다. 이로부터 당우불우 문희불희라, 곧 근심을 당하여도 근심치 않고, 기쁨을 들어도 기쁘지 않은 것이다. 그 뿌리를 고구하여 그 열매를 밝히고, 그 시발을 논하여 그 마침을 탐구한다. 이로써 처궁에 극함이 있으면, 소년에 일찍 장가드는 사람이 없는 것이요. 자식의 자리에 상함을 만나면, 말년에 집을 이룬 자식을 손상하는 것이다.

평생에 길하지 못하나, 수명을 대춘(椿)과 송(松)백에 추산한다. 이는 재와 녹을 많이 둘렀으나, 복자(福姿)포류(蒲柳) 즉 복의 모습이 버들과 향포와 같기 때문이다. 근원이 맑은 것은 그 흐름이 필시 길고, 근본이 장대한 것은 그 잎 또한 필히 영화롭다. 삼명에 관(冠)대를 무리 지음은 귀힘에 이르지 않은즉 마땅히 대부(大富)로다. 구궁이 함몰되고 약히면, 흉운을 꺼리고 또 흉한 해 역시 누려운 것이다.

천 가지 조목과 만 가지 단서에서 마땅히 보이지 않는 형태를 구한다. 백 가지 물결도 하나의 근원이라, 귀함을 얻음이란 다만 몸을 실은 땅에 그치는 것이다. 포진한 본말을 상세히 살피고, 영휴(盈虧)를 추찰하여 구비한다. 징신(澄神) 즉 정신을 맑게 하고 생각을 정리하면 가히 고찰할 수 있다. 다만 비유로써 말하지 않고 기미를 가라앉히니 깊이 다스려 알 것이다. 뒤의 군자께서 행여라도 이 모두를 소홀하지 않기를 바랄 뿐이다.

【元妙論】 원묘론

달리 《碧淵賦》 또는 《千里馬》라 한다.

일찍이 들었다. 2기(氣)를 나누어 이로써 3재(才)를 정하고, 4시(時)를 베푸니, 만물을 이루었다. 인명의 영고(榮枯) 즉 영화와 메마름 그리고 득실은 오행의 생극(生尅) 가운데 다하여 있고, 부귀 영화는 팔자의 중화(中和)에 있으니 그 밖을 넘지 않는다. 고로 먼저 절기(節氣)의 심천(深淺)을 보고, 다음으로 재·관의 향배를 살피는 것이다.

무릇 인명 내에서 재·관이 실제로 있음을 찾기 어려우면, 나머지를 보아 격(格) 중에서 다만 허요(虛邀) 즉 허자로 부를 녹마라도 요한다. 선현께서 이미 이루어 놓은 법식(式)이 있으니, 후학들은 모름지기 변통을 요한다. 태과한데 극·제가 없는 것은 빈천하고, 불급한데 생·부함을 잃은 것은 형요(刑夭) 즉 요절과 형벌이라. 마땅히 향해야 할 곳을 운이 배반하면 결단코 빈천함을 알게 되고, 마땅히 배반해야 할 곳으로 운이 향하면 정히 이는 곤궁하다. 생함이 기쁜데 생을 만나면 귀함을 가히 취하고, 극함이 사랑스러운데 극함을 받으면 길함을 감히 말하는 것이다.

목이 성한데 금을 만나면, 베어져서 동량의 재목을 짓는다. 수다(水多)에 토를 만나면, 묘하니 제안(堤岸)의 공이 된다. 화가 가을의 금을 단련하면, 주물하여 검봉(劍鋒)의 기물을 드러낸다. 목이 계토(季土)를 소토 제어하면, 길러서 가색(稼穡)의 벼를 이룬다. 화염에 물이 있으면, 이름하여 기제(旣濟)의 아름다움이라 한다. 수가 얕고 금이 많으면, 부르기를 체전(體全)의 형상이라 한다.

'해묘미'를 갑·을이 만나면, 부귀를 의심치 않는다. '인오술'이 병·정에서 만남은 영화가 있고 또 따른다. 경·신의 국에 '사유축'이 온전하면, 위(位)는 중하고 권(權)은 높다. 임·계의 격에 '신자진'을 얻으면, 녹이 넉넉하고 재물이 족하다. 무·기의 국에 4계(季)가 온전하면, 꽃 관이 모든 마을에 이른다. 다시금 덕수(德秀)와 삼기(三奇)를 놓으면, 그 이름을 4악(岳)에 떨친다.

목이 '인묘진'의 방을 온전히 갖추면, 공명이 스스로 있다. 금이 '신유술'의 땅을 다 갖추면, 부귀가 이지러짐이 없다. 수가 '해자축'의 근원으로 돌아가면, 명리(名利)의 객(客)이라. 화가 '사오미'의 영역에 임하면, 현달하는 사람이다.

목이 왕하면 화가 서로 빛나는 것이 마땅하고, 가을이 에워싸면 가히 시험을 볼 만하다. 금이 견고하면 수가 서로 적심을 사랑하니, 문학을 감히 과시할 만하다. 용화(用火)라면 수가 근심이요, 용목(用木)에는 금을 두려워한다. 봄에 목이 중중하면, 태왕(太旺)하여 의지할 바 없으니 쉐게 된다. 여름 화가 염염하면, 태조(太燥)함을 지으니 압박함이 있어서는 안 된다. 가을 금이 예예(銳銳) 즉 예리하면, 가장 기이함이 된다. 겨울 수가 양양(洋洋)하면, 오직 오롯한 아름다움이 가하다. 나를 생하는데 또 나를 도와주면 꺼리는 것이 되고, 나를 극하는데 다시금 나를 제어하면 공이 있다.[22]

---

22 내부와 외부의 차이인데, 도우면 까불고 극하면 조심함을 말한다. 棄命從氣의 뜻도 있다.

오행에도 짝이 있으니, 이름하여 강(康)과 치(治)와 화(和)라, 곧 편안한 것과 다스리는 것 그리고 조화하는 것의 셋이 있다. 사주가 무정(無情)하면, 환란 상해 앙화가 된다. 합한 가운데 전·극(戰魁)을 만나면, 곧 크게 다스려지고 있는데 난리를 만난 것과 같다. 사지에서 생을 만남은 마치 나쁜 것이 극에 이르러 이로써 다시금 세상의 성함과 올바름을 채운 것이다.

한 번 다스려지고 한 번 어지러워짐은 사주 중에서 곤랑(滾浪)형충(刑衝) 즉 형충이 물결쳐 흐르는 까닭이다. 갑자기 왕하고 갑작스레 쇠함은 명(命)의 이면에서 교횡(交橫)파해(破害) 즉 파·해가 교류하고 가로질러 만나기 때문이다. 유분(劉賁)이 급제하지 못함은 다만 문학의 년(年)이 쇠함으로 인함이요, 이광(李廣)이 제후가 아니 됨은 대개 사람이 강하지만 마(馬)가 열등하기 때문이다.

평생의 귀천(貴賤)을 알고자 하면, 마땅히 과갑(科甲)의 별을 추리해야 한다. 직분의 고저(高低)를 묻게 되면, 재·관의 자리를 상세히 관찰해야 한다. 관을 구하는데 아직 얻지 못할 경우, 상한 명귀(命貴) 즉 명의 귀인을 충할 때 문득 등과한다. 공명이 이미 이루어진 경우, 다시금 상(傷)함에 임하여 이로써 파하게 됨은 불가하다.

괴강이 관을 이긴 즉 종신토록 급제하지 못한다. 관이 인을 이기면 타수(唾手) 즉 손바닥에 침 뱉는 것처럼 쉽게 이름을 이룬다. 목이 화와 더불어 밝으면, 이는 마땅히 등과하여 갑제하는 사람이다. 금한수냉하면 이런 사람은 마침내 빈한하디. '데윈(胎元) 일주(日主) 제강(提綱)'에서 인수가 왕하년, 괴원(魁元) 즉 으뜸의 원천을 빼앗는다. 세(歲)와 묘(苗)에서 귀함이 모이면, 옥당에 높이 오르고 한원(翰苑)에서 영화롭다. 병(病)이 된 것이 곧 괴성(魁星)이면, 병을 제거함에 바야흐로 능히 성취한다. 문장은 갑으로 머리가 됨이니, 관이 올 때 처음으로 승등(升騰) 즉 단박 뛰어오름을 본다.[23]

원무(元武)격인데 비·겁이 많고 태을(太乙)이 옥당에 앉으면, 참으로 갑제(甲第)한다. 주작(朱雀) 부(賦)에 식신이 왕하면, 관의 년과 인수의 세 즉 관·인의 세년에 등과를 헤아린다. 비견이 많고 관·살을 보는데 인수가 괴강성이면, 세(歲)와 합하고 관을 충할 때 급제한다. 관·살이 거듭 인수와 상관을 만나면, 이는 문득 갑(甲)이 숨은 것이라, 식신의 년이나 인수의 세에 그 이름을 건다. 목괴(木魁) 즉 목의 괴성이 만약 년·월에 임하여 왕하면, 장차 머리를 풀고 우두머리에 속하는 사람이다. 화가 귀숙하는데 세간(歲干)에 화염을 두었으면, 이런 사람은 갑방(甲榜)으로 장원이다. 여러 번 과거를 보

---

23 이 부분은 해석이 애매한데, 문창성과 정관의 상호 작용을 말하는 것으로 보인다.

는데도 붙지 못하고 돌아감은 다만 재가 문서를 파함으로 인함이다. 일거에 이름을 이룸은 곧 괴성이 갑을 둘렀기 때문이다.

　오행의 소장(消長)은 모두 귀(鬼)로 인함이니, 이로써 성공은 사주가 흥륭함에 있다. 만약 병이 없다면 귀하지 못하고, 오히려 귀살의 병이라도 이를 용함이 기이함이 되니 마침내 이것이 제거될 때 복이 된다. 다시금 삼합 녹마의 유년을 깊이 살피고, 모름지기 옥당(玉堂) 천을의 세(歲)를 보아야 한다.

　병·정이 동(冬)월에 생하면, 무·기가 마땅히 간두에 나타남에 귀하다. 경·신이 여름철에 출산하였다면, 임·계가 득국(得局) 함에 묘한 것이다. 갑·을이 추생이면, 귀함은 마땅히 원무(元武)에 있다. 경·신이 장하(長夏)에 태어나면, 구진(勾陳)에서 묘용이 있는 것이다. 병·정에 수가 많으면 북지(北地)를 미워하는데, 무·기 토를 만나면 도리어 귀하다고 추리한다. 경·신에 화가 성하면 남방이 두려운데, 무·기 토를 만나면 도리어 귀하다고 판단한다. 갑·을이 추(秋)생인데 병·정이 투간하면, 상함을 지었다고 보지 않는다. 무·기 토가 여름날의 출산인데, 경·신을 투로하면 귀함이 된다고 논함이 마땅하다. 화가 수를 많이 둘렀다면, 목운(木運)으로 행함에 귀하다. 토가 목왕을 만나면, 화향(火鄕)으로 들 때 영화롭다. 경이 수의 중함을 만나면 수냉(水冷)금한(金寒)하니, 염열(炎熱)함을 보는 것이 가장 기쁘다. 무가 유(酉)의 많음을 만나면 신쇠하고 기는 이탈하니, 형황(熒煌) 즉 등불이 빛남을 편애한다.

　불급한 것은 생부(生扶)를 요하고, 태과함은 박삭(剝削) 즉 깎고 벗김이 마땅하다. 청룡이 온전함에 종혁의 금은 또한 빈하고 또 천하다. 백호가 구비 됨에 윤하의 수는 이르기를 부하고 또 영화롭다 한다. 춘에 목다(木多)한 데 물이 얕으면, 보납(補納) 즉 기운 옷의 승려라. 여름에 화염이면 금이 쇠하니, 잠관(簪冠) 즉 도관에 비녀 꽂은 도사이다. 구진(勾陳)의 국이 온전하면, 윤하(潤下)는 물결치는 파도의 무리다. 주작이 삼합이면, 원무는 약하고 괴로운 무리다.

　금이 굳은데 화는 약하면, 행상 판매하는 사람이요. 토가 수의 엉긴 데서 패하면, 조업을 파하고 고여서 썩는 객이 된다. 추월 금생이 토가 중중하면, 가난하여 쇠붙이 하나가 없다. 화가 장하에 태어나 천간으로 금이 첩첩이면, 부유함이 천종(千鍾)에 이른다. 춘목이 오롯한데 많은 수를 만나면, 빈천한 무리이다. 겨울의 수가 홀로 금의 무성함을 만나면, 춥고 약한 무리이다. '진술축미'가 형·충을 만나면, 발하지 않는 사람이 없다. '자오묘유'가 형·합(刑合)을 두르면, 범법자에 음란한 자가 많다.

　하금(夏金)이 첩화(疊火)하고, 추수(秋水)가 중금(重金)하면, 크게 편당(偏黨)하니 비빈(非貧)즉천(卽賤) 곧 가난하지 않으면 천하다. 춘금(春金)이 화다(火多)하고, 동수(冬水)가 금성(金盛)한데, 제복함이 없으면 불요(不夭)즉빈(則貧) 곧 요절하지 않으면 가난하다.

추목이 무근한데 '지어미를 따르면' 복이니, 녹과 귀가 숭고하다. 하금이 실지(實地)한 데 '지아비의 영화로움과 짝을 이루면', 공명이 현달한다. 화가 춘림(春林)을 향하는데 목의 왕함을 만나면, 따라감이 좋으니 그 이름을 구한다. 토가 계지(季地)에 임하고 금다를 보면, 따라오는 것이 좋으니 출사(出仕)한다. 갑·을이 여름에 영화로운데 토성(土星)이 두터우면, 공명은 반(半)이라도 전장(田莊)의 족함이 기쁘다. 병·정이 겨울에 성한데 수원(水源)이 맑으면, 작록이 온전하니 수를 놓은 비단에 영화로움이 기쁘다.

전록(專祿)이 식상을 두르면, 권병이 외곤(外閫) 즉 황실의 밖에서 호위함이라. 양인이 관·살에 들면, 변방 강역에서 진압함의 위세가 있다. '공록, 공귀, 협구(夾丘)'는 작록이 풍요하다. '도충(倒衝), 요합(遙合), 난차(欄又)'는 공명이 현달한다. 임추간(壬趨艮)과 갑추건(甲趨乾)은 맑은 이름의 선비라. 신금 조양(朝陽)에 을목 서귀(鼠貴)는 문과 학의 관리이다.

국(局)에 풍호(風虎)가 온전하면, 양장(良將)의 재목이다. 사주에 운룡(雲龍)이 구비되면, 대인의 덕이라. 사고(四庫)를 전비(全備)한데 용이 변하고 화하여 대해를 만나면, 곧 구오(九五)의 존귀함이 된다. 삼기(三奇)의 十에 빼어난 봉황이 등상(騰翔) 즉 뜰고 치올라 천문(天門)을 만나면, 곧 대가의 귀함이라.

왕한 재·관의 귀하고 부함이여! 암(暗)으로 녹·마는 이로써 영화라. 입격하면 이로써 귀하다고 추리하며, 파국되면 귀하지 못하다고 판단한다. 한 이치를 구하는데 백 가지 단서를 관찰하고, 한 조각의 말을 밝혀 다시금 만 가지 류에 통한다. 후학 군자께서는 이에 결코 소홀히 해서는 안 될 것이다!

【精微論】 정미론

대개 인명(人命)을 보는 데는 오로지 6격(格)을 논한다.

관을 만나면 재를 보는데, 재를 보면 부귀하다. 살을 만나면 인수를 보는데, 인을 만남으로 영화롭다. 인수를 만나면 관을 보는데, 관을 만나면 10에 7은 귀함이 있다. 재를 만나면 칠살을 꺼리는데, 살이 있으면 열에 아홉은 가난하다. 관은 투로함을 기뻐하니, 투출한 즉 청고하다. 재는 감춤을 요하니, 감춘 즉 풍후하다. 관살 혼잡에 신약한즉 가난하고, 관살 상정(相停)에 합살하면 귀함이 된다.

년·월로 관성이면, 조년에 출사한다. 일·시로 정귀(正貴)라면, 늦은 나이에 그 이름을 이룬다. 포태(胞胎)로 인수를 만나면, 천종의 녹을 향유한다. 재의 기가 장생을 만나면, 전답이 만경(萬頃)의 비옥함이라. 추·동의 관성이 양인과 상함을 막고 원무(元武)가 온전하면, 귀함을 의심치 않는다. 납월(臘月) 즉 섣달 축월로 상관은 관을 봄이 기쁜데, 인수를 파함에 상관이 중하면 화(禍)가 되어 죽는다. 재왕하여 생관하는 것은 곧 귀함은 적고 부함은 많다. 상관이 재를 본 것은 또한 관이 높고 재물도 풍족하다.

상함이 없는 것은 귀하지 않으니, 병(病)이 있는 것이 기이함이 된다. 시작에서 이를 사용함에 오히려 기이함이 되고, 마침내 이를 제거함으로써 모름지기 복이 되는 것이다. 이치의 묘함이 이에 있으니, 어찌 달리 밖에서 구함을 기다릴 것인가. 곧 화염에 물이 적은 경우, 경·신을 만남과 같으니 편안히 쉬면서 신왕(身旺)관경(官輕)을 짓고, 이를 취하는 것이다. 혹은 토중(土重)목절(木絶) 즉 토는 중하고 목은 절이 되면 임·계를 만나도 어려우니, 이는 마땅히 관왕(官旺)신경(身輕)으로 결정한다. 재가 가벼우면 겁지를 만나지 말아야 하고, 인수가 많으면 재향이 가장 묘한 것이다.

재왕으로 생관하면, 뇌물로 인해 귀함을 취한다. 살성이 양인과 겁재를 제하면, 보도(寶圖) 즉 보물 지도란 이름이 있다. 신왕에 편재는 가히 취할 만하니 반드시 횡재를 얻는다. 주가 건왕한데 정재가 겁탈을 당하면, 처의 재앙을 자주 보게 된다. 겁재 양인이 관·살에 들어가면 대각의 신하라. 귀록(歸祿)에 식신을 충하는데, 양인 상관을 만나면 낭묘(廊廟)[24]의 귀함이라.

신왕에 살이 있고 인수를 만나면, 권단(權斷) 즉 권병 헌부 판단의 관리다. 주가 약하고 인수를 만났는데 다시 재성을 보게 되면, 곧 평상인일 뿐이다. 양인에 편관의 제어함이 있으면, 병형(兵刑)을 관장하는 직을 받는다. 정관 정인에 상함이 없으면, 여러 서민과 백성을 목(牧)민하는 수령(守令)이 된다. 재왕에 가색은 급향(給餉) 곧 급여와 군량의 관리이다. 비록(飛祿)조양(朝陽) 곧 비천녹마에 조양격은 시종(侍從)의 직을 받는다. 건·곤의 뿌리가 맑은 기운으로 있으면, 나라를 경영하는 영화로움이다. 자·오[25]는 존귀함이 지극하니 황문(黃門) 곧 시종의 귀함이다.

'계일 계시'가 축·해를 겸비하면, 수석의 이름으로 급제하여 한림에 든다. '임일 임

---

[24] 정전 또는 조정으로 묘당이라고도 한다. 녹왕에 용식상의 뜻이 있다.
[25] 자오쌍포에, 남북의 종횡과 문을 가리키는데, 뒤의 황문은 환관 곧 내시를 말한다.

시'가 인목과 진토를 중첩하면, 고관대작에 은혜를 이어 임금의 내각에 오른다. 일덕(日德)이 괴강을 보면, 길신을 만나 늘어놓아도 빈한한 선비이다. 괴강(魁罡)이 재·관을 놓고 득지하여 임하면, 의록은 있다. 상관견관할 때 묘함은 재와 인수의 땅을 만남에 있다. 재성이 파인(破印)할 경우, 비·겁의 향을 행할 때 귀하다. 명에 재가 중한데 운이 살을 만나면, 길하다고 감히 말한다. 명에 중살(重煞)인데 운에서 재를 만나면, 흉하다고 가히 결정한다.

갑·을이 서방으로 운이 들고 신왕하면, 공명을 가히 허락한다. 임·계가 남쪽 땅으로 운로를 지나갈 경우, 주가 건왕함에서 재·록을 감히 그리게 된다. 겁살(劫煞)이 왕지(旺地)를 행함은 마땅치 않고, 식신은 편재의 향에서 가장 묘하다. 여명에 상관은 귀록(歸祿)을 얻음이 극히 길하다. 남명에 양인의 명조인 경우, 신약함에 이를 만나면 기이함이 된다. '금신(金神), 건록(建祿), 난차(欄叉)'의 경우, 여명에서 이를 만남을 가장 꺼린다. '양인, 상관, 칠살'의 경우, 남자가 이를 만나면 권한을 얻는다. 금신이 화(火)에 들고 칠살 양인을 만나면, 귀함을 의심치 않는다. 살이 중한데 인수가 있고 식상을 만나면, 영화로움에 가히 법도가 있다.

정관 정인은 관에 거하여도 드러나지 않는다. 양인 칠살은 출사함에 그 이름이 내달린다.[26] 신왕에 의탁할 것이 없으면, 승·도의 무리이다. 도화(桃花) 곤랑(滾浪)은 창기 노비의 무리라. 금약에 화강하면, 토·목으로 소용(銷鎔)히는 장인이다. 도다에 수천(水淺)하면, 행려(行閭) 즉 이리저리 다니면서 침선(針線) 즉 설계하는 엔지니어라.

오호(五湖)에 구름이 소요하면, 처음에는 영화로우나 마침내 그 몸이 욕되고 빈한하다. '인신사해'가 이것이다. 편야(遍野)도화(桃花)는 일생이 풍류라 주색이 많다. '자오묘유'가 이것이다.

망신이 공살(拱煞) 즉 살을 껴안음은 도적의 무리이다. 수기(秀氣)가 그 때를 잃으면 청빈한 선비일 뿐이다. 인왕에 신강함은 술을 즐김이 많고, 정·임이 화함을 질투하면 음란과 거짓을 범한다. 본신과 인수가 두루 왕하면, 평생에 병이 적다. 천·월덕이 도우면, 처세함에 재앙이 없다. 식신이 생왕하면 흡사 능히 재·관을 이기는 것이라, 재·살에도 귀함이 온전하다.

기명(棄命)에 '취재(就財), 취살(就煞), 취관(就官)'한 것은 부귀의 남음이 있다. 전왕(專旺)하여 의지할 곳이 없는데, '절식(絶食), 절재(絶財), 절관(絶官)'한 것은 빈궁함이

---

26 이는 기운의 얌전함과 사나움에 각기 비할 수 있겠다.

끝이 없다. 신약에 기명하고자 하면 무근(無根)함을 요하니, 관은 재상의 곳간에 거한다. 천간이 쇠하여 본신이 화하는데 그 때를 얻으면, 그 자리가 천정 곧 임금의 조정에 가깝다.

남명(男命)은 류속(類屬)종화(從化)와 조반(照返)귀복(鬼伏) 즉 류의 속함과 종·화에서 돌아가 귀(鬼)살의 제복을 비춰야 하니, 마땅히 이를 상세히 살펴야 한다. 여명(女命)은 순화(純和)·청귀(淸貴)와 탁람(濁濫)·창음(娼淫)을 마땅히 깊이 탐구해야 한다.

【驚神論】경신론

오행 생왕은 조정에서 영귀할 사람이라. 사주가 휴수되면, 임하(林下)에서 청수한 객이다. 귀왕 신쇠는 어려서부터 영화를 얻기 어렵다. 녹파(祿破) 신형(身刑)은 어려서부터 그 신용을 잃는다.

남소여다 즉 남아는 적고 여식이 많음은 다만 음신(陰神)이 태중한 때문이다. 남다여소는 정히 양이 순수하고 의탁함이 있기 때문이다. 현침(懸針)을 역으로 극하면, 얼굴에는 흉터요 쇠를 때리는 무리이다. 괴강에 칠살 인수는 부역으로 그 몸이 군대의 대오에 드는 무리다. 관이 공망 비겁을 만나고 겸하여 칠살이 있으면, 마땅히 무장이 된다.

귀함에 재·인을 채우고 2덕(德)을 만나면, 충신을 지어 얻은 것이다. 재를 충하고 녹을 파하면 시정(市井)에서 도살하는 사람이다. 녹왕에 신강하면, 부호의 문중에 귀한 손님이다. 고진(孤辰)이 화개를 놓으면, 도사와 승니이다. 겁살(劫煞)이 괴강을 만나면, 무당이나 의사, 술사이다.

함지가 좌왕(坐旺) 즉 왕함에 앉고 양인을 두르면, 색으로 인해 망신한다. 역마가 형에 임하고 녹을 두른 것은 부(富)에 이르는 기물이 된다. 명이 길고 부귀함은 대개 천덕이 장생을 만난 인연이다. 의식이 풍영함은 곧 재성이 극파됨이 없기 때문이다. 일이 전록(專祿)에 거하고 지지의 신이 온전히 회합하면, 귀함을 의심치 않는다. 지지가 양인이고 천간이 관인데, 시와 월에서 거듭 관을 만나면 필히 현달한다. '무오 무오'는 귀하니, 양인이 화하여 생신(生身)함으로 인한 것이다.

'공록 공귀'가 앙화가 됨은 세·운에서 전실(塡實)되어 왔기 때문이다. 재를 현로함이 많으면, 패(敗)도 있고 성(成)도 있다. 재가 적고 암장되면, 엽전이 문드러져 썩은 줄로 꿴다. 젊어 자식이 없음은 모두 시·일에서 몸을 형(刑)하였기 때문이다. 늙어 만년에 아기를 더하게 됨은 시에서 일귀(日貴)를 얻음으로 인함을 알아야 한다.

'병신, 경인, 갑사'[27]는 참으로 귀인이다. '갑자, 기사, 임진'은 업이 의술 복서에서 오롯하다. 일에서 양인 칠살을 만나면, 처가 반드시 산망(産亡)한다. 시에 고허(孤虛)를 두면, 자식이 마땅히 불초하다. 자·묘의 가운데 하나의 계(癸)를 만나면 부하니, 또한 가난하지 않다. 간지로 형합(刑合)인데 함지를 두르면, 기생집 문에서 손님을 돕는다.

시상편관에 제복이 있으면, 늦은 자식이 영명하고 기이하다. 주중에서 재왕생관하면, 젊어서 맑은 선택함이 있다. '함지, 화개'를 월·시에서 서로 범하면, 주가 영리하나 외롭다. '조객, 상문'이 세·운에서 병림(倂臨)하면, 바야흐로 효복(孝服) 즉 부모의 상복을 입는다.

수(水)가 많아서 곧 범람한 무리는 작사(作事)에 무성(無成)이라. 토다(土多)로 곧 어리석고 탁한 무리라도, 화생(化生)하면 모름지기 복이라. 재마가 많은즉 종신토록 분주하다. 녹다(祿多)인즉 활계(活計) 즉 살아가는 계책을 하나로 안정하기 어렵다. 형다(刑多)인즉 종래에는 잔질이 있다. 파(破)가 많은즉 일생이 고한(苦恨)하다. 마다(馬多)에 녹소(祿少)는 날뛰면서 사기와 거짓을 범하는 무리이다.

재왕신강은 양현(良顯)충정(忠正)의 선비이다. 함지가 합을 둘렀는데 귀적(鬼賊)을 만나면, 집을 패하고 사람은 떠나간다. 겁망(劫亡)살인(煞刃)에 상관을 모으면, 흉악 완고하여 화를 부른다. 편재에 신왕이면, 쫓고 구하면서 상업 매매하는 사람이다. 육합이 재를 모으면, 편매가 흥하고 경영하는 무리다. 공인(拱印) 공귀(拱貴)하면, 삼도(三島)에서 옥계 금전에 드는 손님이다. 공록 공재는 만경의 뽕 밭에 붉은 신의 귀빈이라. 유인에 무관이 형통함에 청고한 명(命)을 이룸을 본다. 금신이 수를 만나면, 곧 빈한한데 질병까지 있는 무리다.

어리석음에 미쳐 앎이 없음은 모두가 설기(洩氣)하여 그 몸을 상함으로 인함이다. 무를 알고 문에 능함은 천덕(天德)귀인이 인수(印綬)를 생한 것이다. 풍류 파탕(破蕩)함은 인다(印多)에 천간은 약하고, 함지에 앉음으로 인한다. 둥근 정수리에 각진 도포는 고과(孤寡)의 2별이 화개에 임하기 때문이다. 만반에 양인(羊刃)이면 분시(分屍) 즉 시신이 조각남을 결정한다. 시·일이 두루 공망이면, 처와 자식의 힘이 없다.

간지를 거듭 범하는데 그 위에 관이 오면 고질병이 몸을 얽어맨다. 천을의 1자가 장생을 만나면, 명리를 함께 향유한다. 다리를 부수고 허리가 굽는 것은 다만 살신(煞神)이 곡각(曲脚)을 만남으로 인함이다. 난쟁이 선비에 잔질은 대개 귀(鬼)는 왕하고 일은

---

27 원문에 갑사란, 결국 갑에 사란 뜻이다. 병과 경도 마찬가지다.

쇠하여 유약함에 연유한다. 지왕(支旺)간쇠(干衰)는 그 집이 평온하고 실한데, 지쇠에 간(干)이 왕한 것은 허화(虛花)가 밖으로 드러난 것일 뿐이다.

사주가 연주(連珠)되어 관인을 도우면, 일품(一品)의 존귀함이라. 오행이 연여(連茹)하면, 재록으로 천종의 부를 누린다. 본신이 만약 강강하다면, 귀살이 와서 극아(尅我)함도 겁내지를 않는다. 일간이 유약하면, 비겁을 만나 상부함이 기쁘다. 신약에 식다(食多) 한즉 요절한다. 금신이 화를 두른즉 귀하다.

비분강개하는 것은 편재에 겁인(劫刃)이요, 간린(慳吝) 즉 아끼고 탐하는 것은 정관에 정재라. 칠살에 무제(無制)라면, 곧 흉악한 무리가 된다. 상관에 함지(咸池)는 정히 기로에 선 나그네라 정한다.

무릇 일간이 태약(太弱)한데 안으로 약처(弱處)가 있음을 보면, 다시금 생한다. 만약 왕상함이 상생함을 보았다면, 이 또한 왕한 중에 극파 됨이 있는 것이다.[28]

【明津先生 骨髓歌】 명진선생 골수가[29]

欲知五行生死訣 容易豈與凡人說. 오행 생사의 비결을 알고자 하는데, 어찌 쉽게 범인의 설과 함께하겠는가.

五星只在限爲憑 子平專以運中決. 오성은 다만 그 한도에서 의지함이 되고, 자평은 운으로써 온전해지니 그 중에서 결정되는 것이다.

生知富貴問前程 死時未審如何截. 생함에 부귀를 아는 것은 이전의 일을 묻는 것이요, 죽을 때 여하함은 아직 심사하지 않은 것인가?

格局只以用神推 用不受傷人不滅. 격국은 다만 이로써 용신을 추리할 뿐이니, 용신이 상하지 않았다면 사람 또한 멸하지 않은 것이다.

運行先布十二宮 看於何宮受某節. 운의 행함은 먼저 12궁을 반포하고, 어느 궁에서 어떤 절기를 받았는가를 살피는 것이다.

財官印綬與食神 當知輕重審分明. 재·관·인수와 식신은 마땅히 경중을 심사하여 분명히 밝혀야 한다.

官星怕行七煞運 偏官尤畏正官臨. 관성은 칠살의 운을 행함이 두렵고, 편관은 또

---

[28] 이는 결국 음중양 양중음, 강생약 약생강의 이치라. 변화의 무궁함을 말하는 것이다.

[29] 이하 원문은 방점 없이 연결되어 있다. 다만 여기서는 지금까지의 학습을 정리하는 의미에서 원문과 해석을 각각의 문장으로 나누어 전체를 기록해둔다.

정관이 임함을 겁낸다.

官煞混行當知審 去煞留官仔細評. 관·살이 혼잡하여 행함은 마땅히 깊이 알아야 하니, 거살류관은 자세히 평가한다.

留官去煞莫逢煞 留煞去官官莫逢. 류관거살은 다시 살을 만나지 않아야 하고, 살을 남기고 관을 제거하였으면 관을 만나지 않아야 한다.

官煞受傷人自絕 更看財格定前程. 관·살이 상하면 사람은 스스로 끊어지니, 다시금 재를 보면 격은 정히 앞길을 정한다.

日時偏正問何財 又怕干頭帶煞來. 일·시로 편·정이면 어떤 재물인가를 묻는데, 또 간두에서 살을 둘러 오는 것이 두렵다.

煞運重逢人亦夭 孰知偏正是為災. 살운을 거듭 만나면 사람 역시 요절하니, 편·정이 곧 재앙이 됨을 그 누가 알겠는가?

自專偏正皆為福 兄弟同分是禍媒. 스스로 오롯하면 편·정도 모두 복이 되니, 형제가 곧 화를 입은 누이를 나누어 같이 돌본다.

運到正財必爭競 各宜偏正兩分推. 운이 정재에 이르면 필시 경쟁하니, 각각 편·정의 양쪽을 나누어 추리함이 마땅하다.

有財官運須榮發 官運財鄉是福胎. 재·관의 운이 있으면 모름지기 영발하니, 관운에 재향이면 이것은 복의 잉태함이 된다.

䥁怕日干元自弱 財多生鬼趨身衰. 다만 일간이 근원에서 스스로 약함은 두려워하니, 재다에 생귀하여 그 몸이 쇠함으로 달리게 된다.

財多身弱行財運 此處方知入泉臺. 재다신약에 재운을 행하면, 이곳은 바야흐로 황천의 누대에 들어서는 곳임을 알아야 한다.

官不受傷財不劫 壽山高聳豈能頹. 관이 상함을 받지 않고 재가 겁탈되지 않으면, 수명이 산처럼 높이 솟은 것이니 어찌 능히 무너질 일이겠는가?

第一難推印綬鄉 運行身旺必榮昌. 제일 추리하기 어려운 것은 인수의 향인데, 운이 신왕으로 행하면 필히 영창하다.

官鄉會合逢官職 死地當知是禍殃. 관향을 회합하면 관직을 만나는데, 사지라면 마땅히 이것이 앙화가 됨을 알아야 한다.

若是逢財來害印 懸樑落水惡中亡. 만약 이것이 재를 만나 와서 인수를 해하면, 이는 곧 들보의 낙수가 되니 나쁜 가운데 망한다.

官居在任他鄉死 經紀逢之在路傍. 관에 거하여 타향에 임직함에 죽음이 있는데, 이

는 운의 경로가 실마리가 되어 만남으로 길 위에 있게 된 것이다.

印不逢財人不死 如前逐一細推詳. 인수가 재를 만나지 않으면 사람 또한 죽지 않으니, 이는 앞서 한 번 쫓은 바가 있으므로 상세히 추리할 것이다.

財官印綬分明說 更有食神非易訣. 재·관·인수는 분명한 설이요, 다시금 식신이 있어도 바꿀 수 있는 구결이 아니다.

食神有氣勝財官 只怕殘傷前後截. 식신이 유기하면 재·관을 이기는데, 다만 앞뒤로 끊어져 상잔 됨이 두렵다.

倒食運遇反傷年 須知早下泉臺歇. 도식 운을 만나고 도리어 년을 상하면, 모름지기 일찍이 샘가에 내려가 쉬게 됨을 안다.

前格教君說短長 後格也來前路截. 앞의 격에서 그대에게 장단을 설하고 가르쳤는데, 만약 후격이 오게 되면 앞의 길은 끊어지는 것이다.

卻分輕重細推詳 大怕財官臨死絕. 마침내 경중을 나누어 상세히 추리할지니, 재·관이 사·절에 임한 것은 크게 두렵다.

傷官命運再逢官 斷是徒流禍百端. 상관의 명에 운에서 다시 관을 만나면, 이는 흐름을 옮긴 것이니 화가 백단이라 판단한다.

日貴日德逢沖戰 此命危亡可立看. 일귀 일덕이 충파와 극전을 만나면, 이는 명이 위급하여 망함이 가히 일어선 것이라고 본다.

飛天拱祿嫌填實 更看絆神來犯干. 비천 공록은 전실됨을 혐오하니, 다시금 숨은 신이 와서 천간을 범하고 줄로 묶은 것이라 본다.

若依喜忌篇中斷 格局逢傷作夭看. 만약 희기편 중에 의지하여 판단한다면, 격국이 상함을 만남은 곧 요절함을 지었다고 보는 것이다.

後格死生無異兆 第一財官為緊要. 후격에서 생사에 다른 조짐이 없으면, 제일은 재·관이라 긴요함이 된다.

運行若不遇財官 既遇財官無長少. 운행이 만약 재·관을 만나지 않는다면, 이미 만난 재·관이 길지 못하고 적은 것이다.

問壽須知問用神 用神受制定剋身. 수명을 물음에는 모름지기 용신에게 물어야 함을 알아야 하니, 용신이 극제를 받으면 극신 또한 정해진 것이다.

受傷勿以便為禍 輕重須教認取眞. 상함을 받아도 이로써 문득 앙화가 되지 않아야 하니, 모름지기 경중 속에서 진짜를 취해야 함을 알고 가르친다.

用神健旺定無慮 運若逢傷實蹇迍. 용신이 건왕하면 정히 근심이 없다. 운에서 상함

을 만나면, 실제로는 절고 머뭇거림이 있다.

退職卸官依例斷 亡家敗業損兒孫. 관직을 퇴사함을 예로 들어 판단하면, 이는 곧 가업을 패망하고 자식과 자손을 손상하게 되는 것과 같다.

六親眷屬還遭累 禮服親喪百事臨. 육친 권속이 돌아왔는데 묶여서 만남이란, 친상에 예복을 입고 백사에 임하는 것과 같다.

何以知其能住壽 但直運上細推尋. 그 능히 머물러 있는 수명을 어찌 아는가? 다만 직접 운 상에서 세밀하고 깊게 추리하는 것이다.

日干同運如逢煞 逢煞逢刑禍來侵. 일간과 같은 운인데 살을 만난 경우, 살을 보고 형을 만남은 곧 앙화가 와서 침범함이라.

外敵仍還逢內敵 其餘宮分外方尋. 외부의 적이 거듭 돌아오는데 내부의 적을 만나면, 그 나머지 궁을 나누어 밖의 적을 막을 방법을 찾아야 한다.

內逢外敵為災重 外逢內敵禍微侵. 내부에서 외적을 만나면 재앙이 중함이 되고, 밖에서 내부의 적을 만나면 앙화가 침투함이 은미하다.[30]

戊己土須分四季 雜氣中間難又易. 무·기 토는 모름지기 4계를 나누는데, 잡기 중에는 그 사이가 있어 판단하기 어렵고 또 바뀐다.

近年分定數中分 受制受傷隨歲氣. 가까이 해를 나누어 수를 정함에도 그 가운데 갈래가 있으니, 제어를 받고 상함을 받는 것은 태세의 기를 따른다.

指定吉凶此運中 何年何月殃災至. 이러한 운 중에서 길흉을 지정하니, 어떤 해 어떤 월에 재앙이 이르는 것이다.

子運歲逢辰子癸 剋應太歲及月位. 자운에서 유년 세로 진·자·계를 만나면, 태세 및 월의 자리에서 극하고 응한다.

寅運丙申逢年同 巳丙一同禍福類. 인운에 병·신의 년을 만나도 같으니, 사와 병은 한 가지로 화·복의 류가 같은 것이다.

卯運乙木怕相逢 巳中戊庚丙雜會. 묘운에 을은 목과 서로 만남을 두려워하고, 사중에 무·경·병은 잡스럽게 모인 것이다.

午運年上午戊凶 丑未年中須是畏. 오운에 년상으로 오와 무는 흉하니, 축·미의 년 중에 모름지기 두려움이 된다.[31]

---

30 여기서 안과 밖은 원국과 세·운의 행함에 나타나는 상관관계를 말한다.
31 이상은 운과 세에서 각각의 작용을 말하는데, 앞의 문장과도 서로 연결된다. 오오는 자형이다.

申宮庚亥莫相逢 酉逢辛丑皆爲忌. 신궁에 경과 해는 상봉하지 말아야 하고, 유가 신축을 만남은 모두가 꺼리는 것이다.

亥運壬甲怕申官 只是八宮包四季. 해운에 임이면 갑은 신관이 두려운데, 오직 이 8궁은 4계를 포함하기 때문이다.[32]

四季從頭混八宮 大抵迴圈如指示. 4계는 간두를 쫓아 8궁에서 뒤섞이니, 대저 회권 즉 권역을 돌아가면서 지시함과 같다.

不知去處是無窮 配合干支同一位. 거처를 알지 못함은 무궁하기 때문이요, 간지로 동일한 자리에 배합하여 짝한다.

便分輕重定災凶 運重歲輕宜並論. 문득 경중을 나누어 재앙과 흉을 정하니, 운은 무겁고 세는 경하므로 마땅히 더불어 논한다.

吉凶歲隨運一同 此是千金不傳秘. 길흉은 세가 운을 따르는 한 가지로 동일하다. 이것은 천금으로도 전하지 않는 비밀이라.

余因濟世寫遺蹤 術人且莫妄輕議. 내가 세상을 구제하고자 하여 이를 필사하고 흔적을 남기니, 술인들은 또한 가볍고 망령되이 논의하지 말지어다.

【搜髓歌】 수수가

모름지기 조화는 먼저 일주(日主)를 보고, 다음에 제강(提綱)을 파악하여 차례와 순서를 나눈다. 사주는 오로지 먼저 재·관을 논하니, 신왕에 재·관이 많으면 부귀한다. 만약 신왕으로 돌아가 재·관을 손상하면, 이는 다만 아침에 구하였는데 저녁에는 꾸짖는 격이다.

재·관이 왕하고 시일로 주가 왕하면, 자포금대(紫袍金帶)가 있음을 어찌 의심하리요? 재·관이 왕한데 일주가 약하면, 운행이 신왕한 데로 흐름이 가장 기묘하다. 일주가 왕한데 재·관이 약하면, 운이 재·관으로 들 때 명리가 치달린다. 일주의 좌하(坐下)에 재·관이 있고, 월령에서 이를 상봉하면 귀함이 어렵지 않다. 총괄하면 재·관을 파악함이 긴요함이 되니, 일찍부터 부귀와 녹을 높이 잡은 것이다.

재·관이 미미하고 엷은데 본신이 태왕하고, 태왕함에도 의지할 바가 없으면 외롭고 춥다. 다시금 인수가 와서 비겁을 도움이 있으면, 상처·극자함을 가히 서서 보게 된

---

32 이상은 '자오묘유 인신사해'에 관하여 운에서 비겁의 등장과 그 판단의 형태를 말한다

다. 관·살이 태중하고 본신 또한 강하다면, 한 번 제복을 만나는 순간 현량함을 짓는다. 관·살이 인수를 안게 되면 귀함이 작지 않으니, 위명이 밝고 빛나 정히 떨치고 선양케 된다.

생하고 거함에 구하(九夏)에 나서 화·토가 많으면, 수의 제어를 만남이 이로우니 중화되어 귀하다. 수·화는 원래 기제(旣濟)를 요하니, 이는 가르침을 따라서 명리가 산하를 진압한다. 화열이 염염하고 수가 없을 것 같으면, 운행이 수향일 때 역시 아름다운 것이다. 수세가 도도하고 토가 없는 경우라면, 운이 토향에 들 때 참으로 가히 기쁜 것이다.

동방에 목이 많으면 서방 운이 마땅하고, 서방에 금이 왕하면 동방으로 행함을 사랑한다. 오행은 상제(相濟)됨으로 조화를 이루니, 인명이 이를 만나면 복이 가볍지 않은 것이다.

삼구(三丘) 오묘(五墓)[33]는 거듭 봄을 두려워하니, 골육이 참상 즉 상업에 참여하면서 육친을 손상한다. 제강을 형충하면 부모를 극하고, 일·시가 대충(對衝)하면 처자를 둔(屯) 즉 진을 치고 몰아넣는다. 비겁 상관이 만약 다시금 왕하면, 비단 상처할 뿐만 아니라 아이들도 또한 손상한다. 마침내 한 자식이 있다 해도 역시 불효하고, 혹자는 봉양을 구걸하니 총괄하면 마땅치 않음이다.

신왕에 비견이 역마에 앉으면, 형제가 표풍처럼 흩어지니 깨끗하게 나누어짐이 좋다. 팔자에 역마는 어지럽게 주교반아 치달리니, 그 몸의 영화가 동·서의 냥에서 노고함에 있나, 혹시 그 봄이 한가함을 얻어도 미음이 일징하지 않으니, 움식인 즉 쑹류요 고요한 즉 우수로다. 만약 이것이 재성으로 역마에 앉은 것이면, 처가 현명하여도 그 거처가 없어 유유자적하지를 못한다.

재성이 입고하면 주가 재물을 모으는데, 다만 자재를 건실하게 지킬 뿐 사람은 만들지를 못한다. 처자식을 아끼고 사랑하면 지키고 도움에는 좋으나, 다만 암장된 양인이 진노할까 두렵다. 관·살이 중중한데 재를 두르지 않았으면, 처가 능히 내조하나 화합하고 어울리지는 못한다. 시어머니에게 불경하고 완전히 무례하면, 남편의 부권을 탈각하고 배척하는 바의 명이다. 만약 관성이 있고 생왕함을 만나면, 다시금 장생을 얻어 왕해야만 그 때가 있다. 자식이 총명하고 쥰수함이 많으면, 아손(兒孫)이 제각각 붉은 비단 옷을 드러낸다.

일주 칠살에 효·식(梟食)을 두른 것은, 처와 주의 잉태와 출산이 적거나 헛된 것이

---

33 신살의 하나.

많다. 경맥이 조화롭지 못하여 혈질을 이루었는데, 다시금 행운에서 이를 또 보게 되면 어찌할 것인가. 남자가 효식을 거듭 거듭 보면, 신약하여 노병(癆病) 즉 중독에 응하고 질병이 따라옴이 많다. 여인의 효식도 길함이 되지 못하니, 출산이 어렵고 사람에 놀라며 병 또한 위급하다.

여명에 관왕하고 겸하여 재왕하면, 어진 지아비와 다시 좋은 자식을 불러 얻는다. 만약 이러한 재·관이 두루 손상됨을 받으면, 상부·극자함을 어찌 의심하리오. 인수가 그 몸을 생하는데 본신이 다시 왕하면, 그 사람이 형극(刑尅)되어 도리어 주가 빈고하게 된다. 만약 관을 얻고 재를 드러냈는데 다시금 나타나면, 또한 초매(超邁) 즉 뛰어넘어 나아감에 귀인이 돕는다. 여명에 만약 상관이 왕하거나, 좌하에 상관이 모이면 지아비를 꾸짖고 욕한다. 아침저녁으로 남남(喃喃) 즉 조잘대는 입이 끊어지지 않으면, 백년 시종토록 그 형체가 메마름을 볼 것이다.

'을사 경오'가 신미와 함께함에, 월간에서 이를 두름이 가장 아름다움이 된다. 다시금 사주에서 이를 또 보게 되면 어떠한가, 정히 주의 지아비가 현명하고 자기 자신 또한 귀하다. '병정자축' 곧 병자 정축에 무·기가 봄날이라면, 이날에 생한 사람은 정히 같지 못하다. '갑오 갑신'이 을유와 함께하고, 좌하에 재·관을 두면 부귀하고 영달한다. '정해 무자'가 경인과 함께하는데, 일주에서 이를 만나면 복이 가볍지 않다. '신묘 병신'에 정유의 자리는, 재·관이 안으로 숨어 명성을 드러낸다. '기해 갑신'이 경술을 보면, 인수와 재·관을 내부에 몰래 감춘 것이다. 다시금 '병진 임술'을 얻어 이르게 되면, 사주가 인수를 도우니 심상치 않은 것이다. '갑자 병인'이 정묘와 함께한 것은 '기사 임진'에 계사와 같은 것이다.

만약 이같이 본신이 같은데 강한 월령은 허명허리 즉 명리가 헛되니 표봉 즉 쑥대밭에 회오리 바람이 임한 것이다. '신해 경신'과 더불어 기축의 좌하 재·관은 유·무를 함께하니 있기도 하고 없는 것이기도 하다.

처궁에 자녀는 허화(虛花)를 두른 것이요, 동서남북이 다 본신의 집이라.

'갑인 무술'이 경자를 아우르면, 여명은 지아비를 극하고 남명은 자식을 극한다. '기사 병오'에 정미는 동류이고, 임자가 중중하면 주가 궁하고 고독하다. '신유 을묘와 무오'는 간지가 동류이니 처가 부족하다. '기미 경신 및 계해'가 다시금 월령이 왕하면, 앙화와 손해를 이룬다.

일주에 재·관 인수가 온전하고, 월·시로 부합하면 복이 끊어지지 않는다. 간지가 동류인데 신왕함을 함께하면, 극자·형처하고 조상의 전답을 파괴한다. 사주로써 나아감에 강약을 나눔이 장차 좋으니, 단지 한마디 말로 음양을 파악하지 말 것이다. 이는 실로 오행의 참된 묘결이니, 아는 자를 만나지 못한다면 헛되이 전하지 말 일이다.

【四言獨步】 사언 독보

先天何處 後天何處 要知來處 便知去處. 선천은 어느 곳이며 후천은 어느 곳인가, 요는 온 곳을 알면 문득 갈 곳을 알 것이다.[34]

사주를 배당하여 정하고 다음으로 삼재를 나눈다. 일간이 주인이 되어 원진(元辰) 즉 근원되는 별을 배합한다. 신ㆍ살(神煞)을 서로 엮고 경중을 비교하여 측량하니, 먼저 월령을 보고 격을 상세히 추리하여 논한다. 일로써 주를 삼고 재ㆍ관을 전론 즉 오롯이 논한다. 그 귀천을 나누니 묘법이 다단한 것이다. 홀로 있은즉 취하기 쉽고 어지러운즉 밝히기 어려운데, 거류서배하고 격을 논하니 맑음을 요한다.

일의 주는 고강하고, 월에 제강은 령을 얻은 것이라. 용재(用財)함에 사물이 되니 나타남과 실함이 바르게 된다. 년한(年限)으로 주를 삼고 월령(月令)은 중심이 되며, 일은 백각을 생하고 시는 시공(時空)에서 왕하다.[35] 간과 지가 함께 같으면 재를 잃고 처를 상한다. 세와 운이 하나의 류가 되면 조상의 터전을 파기한다. 월령 건록(建祿)은 조상의 집 위에 머물지 못한다. 한 번 재ㆍ관을 보게 되면 지연 발복한다. 용화(用火)하년 수를 근심하고, 용복하면 금을 거정한다. 경중을 나누이 논하면 화복이 능히 참녈 것이다.

오행이 생왕하면 형(刑)과 수(囚)를 꺼리지 않으니, 동서남북에서 그 수(數)가 다하면 바야흐로 휴(休) 즉 쉰다. 인신사해는 사생의 국이라 기물을 사용함에 신강하면, 이를 만난 때에 발복한다. 진술축미는 사고의 신이다. 인원(人元)에 3가지의 쓸 것이 있으니 투간하여 왕한 것이 참된 것이 된다. 자오묘유는 사패의 국이다. 남명이 범하면 흥쇠가 있고 여명이 범하면 고독하게 된다.

진기와 퇴기는 명(命)과 물(物)이 서로 싸우는 것이니, 진기는 죽지 않으나, 퇴기라면 더 이상 생하지 않는다. 재ㆍ관이 고(庫)에 임할 경우 충하지 않으면, 발하지 않는데, 사주 간지가 상합(相合)으로 행함을 기뻐한다. 제강에 쓸 것이 있으면 춘ㆍ파퇴을 가장 꺼리니, 충운(衝運)한즉 느리고 충용(衝用) 즉 용신을 충하면 흉하다. 삼기(三奇)가 투로하

---

34 사언독보는 이와 같이 사자성어로 전체적인 내용을 구성하고 있다.
35 명확하진 않으나 연월일시의 성격을 설명하고 있다. 년한에는 고법의 의미가 있다.

고 일주가 전강(專强) 즉 오롯이 강하면, 뿌리에 의지하여 유력함에 복록이 영창하다. 십간의 화신(化神)은 그림자는 있으나 형체가 없으니 무중생유(無中生有)라 복록을 의지하기는 어렵다. 십악(十惡)대패(大敗)는 격 중에서 크게 꺼리는데, 만약 재·관을 만난다면 도리어 부귀를 이룬다.

격과 격을 상세히 추리함에 살로써 위중함을 삼는데, 화살위권하면 어찌 용신을 손상했다고 근심하리오. 살(煞)은 인(印)을 떠나지 못하고 인은 살을 떠나지 않는다. 살인상생하면 공명이 현달한다. 관·살을 거듭 봄에 제복하면 공이 있으니 곧 제왕을 행한다면 이를 만나도 흉함이 되지 않는다. 시살(時煞)이 무근(無根)이면 살이 왕할 때 귀함을 취한다. 시살이 뿌리가 많으면 살이 왕함은 불리하다. 팔월의 관성은 묘·정(卯丁)을 크게 꺼리니 묘와 정이 극파하면 유정함이 무정함이 된다.

인수의 뿌리가 가벼우면 왕한 가운데 현달하고, 인수의 근(根)이 많으면 왕한 가운데 도리어 발하지 않는다. 인수에 비견이면 재향으로 행함이 기쁘고, 인수에 비견이 없으면 재의 상함을 보는 것을 꺼린다. 선재후인(先財後印)이면 도리어 그 복을 이루는데, 선인후재라면 도리어 그 욕됨을 이룰 뿐이다. 재·관·인수는 비견을 크게 꺼린다. 상관에 칠살은 도리어 권(權)이 됨을 돕는다.

상관에 용재(用財)는 무관이라도 자식이 있고, 상관에 무재(無財)라면 자식 궁에 죽음이 있음이라. 시상 편재는 형제를 만남이 두렵고, 월의 인수가 재를 만나면 도리어 비견을 꺼리지 않는다. 상관견관은 격 중에서 크게 꺼리는 것인데, 용신을 손상하지 않는다면 어찌 관이 이르는 것을 근심하리오.

공록 공귀는 전실(填實)한즉 흉한데, 제강에 용신이 있다면 이와 같이 논하지 않는다. 월령의 재·관은 이를 만남에 발복하니 이름은 높고 녹이 강한데, 비견이면 그 복을 삭탈한다. 일록(日祿)이 시에서 거하면 청운의 뜻이 길을 얻은 것이라. 경일에 신(申)시는 재를 투출하고 귀록(歸祿)한 것이다. 임기용배가 술토를 보면 무정한데, 인(寅)목이 많은즉 부하고, 진(辰)이 많은즉 영창하다.

천원 일기(一氣)에 지지의 기물이 서로 같은 경우 인명이 이를 얻으면, 그 자리로써 삼공을 배열한다. 팔자가 연주(連珠)되면 지신(支神)에 쓰임이 있으니, 조화되어 이를 만난 것은 명리가 필히 중하다. 일덕(日德) 금신(金神)이 월에서 토왕(土旺)함을 만나면, 도리어 그 이름에 가벼움이 있고 조업을 표탕한다. 금신이 살을 둘렀는데 신왕하면 기묘하니, 다시금 화지를 행함에 명리(名利)가 때를 만난다. 갑일에 금신이면 오직 화의 제복이 마땅하다. 기일의 금신이라면 어찌 수고롭게 화로 제복할 것인가.

　　육갑이 봄에 생하고 시에서 금신을 범한 경우 수향(水鄕)이면 불발인데 토가 중하면 이름이 참되다. 갑·을이 축월에 시에서 금신을 두른 경우 월간에서 살을 보면 두 눈이 밝지 못하다. 갑인(甲寅)에 인(寅)이 중한데 2사(巳)가 형살(刑煞)하면 종신토록 필히 손상되니 화를 만나면 발하기 어렵다. 육갑이 인월에 투재(透財)하고 시절이 서북으로 길을 행하면, 구류의 예업이다. 을일 묘월에 금신이 강렬하면, 부귀한데 비견이 왕하면 사·절(死絶)을 가로지른 것이다.

　　천간에 2병(丙)이요 지지가 전부 인(寅)일 경우 다시금 인수의 생함으로 행하면, 화가 임하고 죽음을 본다. 화왕(火旺)에 2인(寅)인데 임수가 투간하고 신금에 앉은 경우 간록(艮錄)이 많이 두터운데, 수를 보면 상신(傷身)한다.

　　육무에 인(寅)을 거듭하는데 월령이 수·금이면 화향에 구함이 있고, 토를 보면 형신(形身) 즉 그 몸을 가둔다. 기토 일간에 월이 술이면 화신(火神)이 무기하다. 다수(多水)에 다금(多金)이면 눈과 눈동자가 어둡고 침침하다. 년간에서 화를 모으고 일·시에 금을 모으는데 천간의 기토로 용인하면, 관이 밝고 이름이 맑다.

　　추금이 오에 생하고 병화를 투로한 경우 운이 남방에 이르면, 피를 상하고 황천길을 걷는다. 금이 삼추(三秋)에 왕한데, 2경에 병화라 축에 이르면 정(情)을 상하고, 순탄한 지경과의 이별을 만난다. 경금이 오에 생하고, 신(辛)금이 미에 생한 경우 칠살이 투간하여 양정하면, 겨울에 생한 것이 가장 귀하다. 신금이 월에 진토요, 경금이 축고를 만난 경우 역수(逆數)로 흐르면 청고하고, 순행하면 부호이다.[36]

　　신(辛)이 묘일을 만나고 년·월로 유(酉)를 보며 시에서 조양(朝陽)을 두르면 승·도가 됨이 밉고 추하다. 신금이 해일인데 월에 술(戌)이 임함을 만나고, 수운(水運)으로 초행하면 모름지기 안질을 막은 것이다. 신금이 유에 앉고, 재·관에 용인(用印)할 경우 남방으로 순행하면, 반드시 명리를 떨친다. 신금이 사(巳)에 앉고 관·인에 용록(用祿)할 경우 남방으로 순행하면, 귀함을 드러내니 그 복이 영화롭다. 유금이 이(離)방을 만남에 토를 투출하면 무엇을 근심하겠는가. 토가 없으면 상신하니 수원(壽元)이 머물지 못한다.

　　월로 4계에 생하고 일주가 경·신(庚辛)이면 어찌 주의 약함을 근심하겠는가, 왕지에서 이름을 이루는 것이다. 신금이 화를 만나고 토를 보면 형상을 이루고, 양금이 화를 만나고 토를 투출하면 이름을 이룬다.

36　역수는 진묘인축…이요, 순행은 축인묘진…이다.

임이 오의 자리로 생하면 이는 녹마동향이라. 중중한 화를 만난다면 격국이 고강하다. 임·계에 금이 많고 유·신(酉申)에 생하면 토가 왕한즉 귀하고, 화가 왕한즉 가난하다. 계가 사궁을 향하고 재·관에 인수를 잡는데 운이 남방에 이르면, 명리를 반드시 떨친다. 계일에 기해인데 살과 재를 투로하고 지합으로 상관이면, 노(勞)고함이 있어도 부함이 없다. 계일이 제강에 신금이요, 세·시로 묘·해(卯亥)인 경우 이는 년살(年煞)에 월겁(月劫)이라 다만 수풀 밑에서 외로이 거처하는 것이다. 계일에 천간 기토로 음살(陰煞)을 거듭 만나는데, 관이 서로 혼잡됨이 없으면 명리가 필히 통한다.

상관의 격은 여인이 가장 꺼리는 것인데 대인(帶印) 대재(帶財)하면, 도리어 부귀함이 된다. 살다(煞多)에 유제(有制)하면 여인이 필히 귀하다. 관성을 거듭 범하면 탁람 음류에 속한다. 관성 도화는 복덕을 감히 자랑하고, 살성 도화는 아침에 겁탈하고 저녁에 파(巴) 즉 큰 뱀이라.

경일 신시인데 주중에는 금국이라. 지지로 상관의 회합함이 없으면, 처를 겁탈한다. 계일에 인목의 제강이요, 임일에 해월이면 제강을 범하지 않았어도 화복을 추리하기 어렵다. 갑일이 제강으로 건(乾)인데 살을 보면 비견을 기뻐한다.[37] 금·수로 뿌리를 재배하면, 인·묘·미를 꺼린다.

무·기가 축월에 비견이 투출한 경우 운에서 중첩되면 입국(入局)하는데, 오·미를 만남은 꺼린다. 임·계가 감(坎)궁에 지지로 오·술을 만나고 간두에 비견이면, 동쪽으로 행함이 길함이 된다. 갑·을이 진(震)궁인데 묘가 많으면 모름지기 요절한다. 역순으로 운이 행하여 자(子)와 신(申)이면 발복한다.

경·신(庚辛)이 사월로 금이 화왕(火旺)에서 생한 경우 비·겁으로 뿌리를 재배하면, 양쪽으로 행하여도 그 상(象)을 이룬다. 병·정이 유월이면 비견을 꺼리지 않으니 화가 이궁(離宮)에 드는 것이 비견의 한 예이다. 곡직이 축월인데 인수를 두르면 생함이 많다. 임·계가 축월이면 토는 두텁고 금은 가라앉은 것이다. 식신이 생왕하면 재·관을 이김과 같은데 탁한즉 천하고, 맑은즉 관원(垣)에 든다.

양목(陽木)이 무근(無根)하고 축월에 태어난 경우 수가 많으면 귀함을 유전하고, 금이 많은즉 부러지는 것이다. 을목이 무근하고 축월에 생하여 임한 경우 금이 많은즉 귀함을 굴리고, 화·토인즉 부러짐이 된다. 병화가 무근한데 자와 신을 온전히 보면 제함도 없고 생함도 없으니, 이 몸이 빈천하다. 육갑이 신(申)에 앉고 3중으로 자(子)수를 볼 경

---

37 갑일에 경술월로 임계가 있으면, 지지로 인묘미가 합이나 형함을 꺼린다는 뜻이다.

우 운이 북방에 이를 때 모름지기 횡사함을 막는다. 병이 신(申)의 자리에 임하면 양수를 크게 꺼린다. 유제하고 본신이 강왕하면 명리를 이룬다.

기가 해궁에 들면 음목을 만남이 두렵다. 월에서 인수의 생을 만나면 자연히 복을 이룬다. 기일(己日)에 살을 만났는데 인수가 왕하고 재는 숨은 경우 운이 동·남을 돌면 귀가 높고 재가 족하다.

임인·임술에 양토가 투출하면 관성이 혼잡하지 않으니 복록이 높고 드러난다. 음수가 무근이면 화향(火鄕)에 귀함이 있고, 양수가 무근이면 화향인즉 두렵다. 정유는 음유하니 많은 수(水)라도 근심하지 않는데, 비견이 투로함을 격 중에서 가장 꺼린다. 무인(戊寅)의 일주라면 어찌 살왕 함을 근심하겠는가. 화를 투로하면 이름을 이루는데, 수가 오면 표탕한다.

경오 일주에 지지로 화가 염염한 경우 토를 보면 귀를 취하는데, 수를 보면 미워함이 된다. 신미가 신약한데 제강이 묘(卯)목이면 격으로 취한다. 계유가 신약인데 재를 보면 격을 해친다. 계사가 무근인데 화·토를 거듭 본 경우 투재(透財)하면 명리요, 뿌리를 드러낸즉 천한 것이다. 신유(辛酉)가 팔월에 미시라면 생을 받은 것이나 인명이 이를 만나면 평생에 흉함이 많다.[38]

갑·을이 무근하면 신·유(申酉)로 살을 만남이 두려운데 살이 합하고, 이를 만난 것은 두 눈이 반드시 썩게 된다. 을목이 유월인네 수(水)를 보면 기묘함이 되니 유근이면 축(丑)에서 끊어지고 무근이라면 인(寅)목에 위태롭다. 을목 자좌에 유금이요, 경·성이 투출하면 고를 만나고 뿌리로 돌아감이 고신(孤神)을 얻고 또 잃은 것이다.

병화가 제강으로 신(申)금일 경우, 무근이면 종살하는데 유근에 남으로 왕하면 그 뿌리를 벗어난 것이라 수명을 재촉한다. 양화가 무근이면 수향을 필히 꺼리고 음화가 무근이면 수향에서 반드시 구조함이 있다. 음화가 유월이면 기명취재하고 북행에 입격하는데, 남으로 달리면 재앙이 된다.

무·기가 해월로 신약이면 기(棄)명이 된다. 묘월도 같이 추리하는데, 근이 되는 비·겁은 미워한다. 경금이 무근이면 인궁 화국에 남방으로 귀함이 있으니 모름지기 수명을 재촉함도 막아낸다. 신사(辛巳)는 음유하고 수(水)는 관·살을 가두는데 운의 한도에서 금을 더하면, 총명 발달한다. 임일에 제강 술토요, 천간으로 계(癸)수에 미월이면 운이 동방을 기뻐한다. 충극을 만난즉 끊어진다.

---

[38] 신왕에 또 인수를 만난 것이다.

　　기명취재는 반드시 재가 모임을 요하고, 기명종살은 반드시 살이 모임을 요한다. 종재하면 살을 꺼리고, 종살하면 재를 기뻐한다. 여기에 근기를 모아서 만나면 손상됨이 모인 것을 의심할 바 없다. 이 법은 원원(元元) 즉 으뜸 중의 으뜸이라, 알게 되면 신선을 얻는다. 배운 자는 실로 천금을 준다 해도 함부로 전하지 말지어다.

【五言獨步】 오언독보

　　有病方爲貴, 無傷不是奇. 格中如去病, 財祿喜相隨; 병이 있어야 바야흐로 귀함이 되고, 상함이 없으면 기묘하지 못하다. 격 중에서 병을 제거할 것 같으면, 재록이 기뻐 서로를 따른다.[39]

　　인·묘에 금이 많고 축토라면, 빈부가 고저로 달린다. 남지(南地)에서는 신(申)을 만남이 두렵고, 북방에서는 유를 보면 쉬게 된다. 건록은 제강인 월에서 생하니 재·관이 천간에 투로함이 기쁜데, 또다시 본신이 왕해짐은 마땅치 않고 오직 재원(財源)이 무성함을 기뻐한다.

　　토가 두터운데 화를 많이 만나면, 금왕한 곳으로 돌아가 가을을 만나야 한다. 겨울 하늘의 수(水)요 목이 범람하면, 명리가 모두 헛되이 떠돌 뿐이다. 갑·을생이 묘에 거하면, 금이 많은 운에 길상이라. 거듭해서 살을 보는 것은 마땅치 않고, 화방지라면 의복과 양식을 얻는다. 화는 서방의 유를 꺼리고, 금은 수향에서 가라앉는 것이 두렵다. 목신은 오를 보면 쉬고, 수가 묘(卯)궁에 이르면 상한다.

　　토가 해수로 행하면 쉬고 잠자니, 임관(臨官)은 사궁에 있다. 남방은 뿌리라 왕함이 있고, 서·북은 서로 만나지 말아야 한다. 음일간에 조양격이 무근하고 월건이 진이면 서북으로 돌아감에 귀함이 있고, 천간으로 화(火)가 내침(來侵)을 두려워한다. 을목 생하여 유금에 거하면, 사·축(巳丑)의 온전함을 만나지 말아야 한다. 부귀는 감·리(坎離)의 궁에 있고, 빈궁은 곤·간(坤艮)의 땅을 지킴에 있다. 살이 있으면 다만 살로써 논하고, 무살(無煞)이라면 바야흐로 용신을 논한다. 요점은 오직 살성을 제거함에 있으니, 제강에서 중함도 겁내지 않는다.

　　갑·을이 만약 신을 만나면 살과 인수로 몰래 상생함이 있다. 목왕에 금의 왕함을 만나면, 필히 관포(冠袍)를 그 몸에 걸친다. 병화는 거듭 봄을 두려워하는데, 북방이라면

---

[39] 오언독보 역시 위의 사언독보와 비슷한 체제로 구성되어 있다. 그대로 따르기로 한다.

도리어 공이 있다. 그러므로 오로지 수(水)를 봄이 마땅한데, 제강에서 대충 즉 맞서 충함은 오히려 두렵다. 팔월 관성이 왕함은 곧 갑목이 추기(秋氣)의 깊음을 만난 것인데, 재·관을 겸하고 도움이 있으면, 명리는 자연히 형통한다.

곡직(曲直)이 춘월에 생하고 경·신(庚辛)을 천간에서 만나면 남방 이(離)화에 부귀를 추리하고, 감지(坎地) 북방에는 도리어 흉하다고 추단한다. 갑·을이 삼월에 생했는데 '경신(庚辛)·술미'가 있는 경우 축궁으로 임·계가 자리하였다면, 어찌 무근함을 심려할 일이겠는가. 목이 무성하면 금·화가 마땅한데, 신쇠에 귀(鬼)살이 관(關)건으로 작용하면 시기로는 서와 북을 나누고, 경중은 동·남에서 변별하는 것이다.

시상포태 즉 관·살의 격(格)은 월에서 인수를 만나면 통하니 관살로 행하고 운이 도우면, 직위가 삼공에 이른다. 2자(子)는 오화를 충하지 않고, 2인(寅)은 신금을 불충하며, 2오(午)는 자를 충하지 않고, 2신(申)은 인을 충하지 않는다.

득일(得一)분삼(分三)격 즉 잡기나 삼기 동향의 격에서는 재·관·인수가 온전하다. 운 중에서 극파됨을 만나면, 하나로 명을 초상침에 황천길이라 하겠다. 진기(進氣)가 있으면 죽어도 죽지 아니하고, 퇴기(退氣)라면 생하여도 생하지 못한다. 종년 즉 말년에 발왕할 것이 없으면, 오히려 어린 시절의 형(刑)함을 꺼린다.

시상편재격은 간두로 비견을 꺼린다. 월에서 본신을 생하여 주가 왕하면 귀기와 복이 중하고 깊다. 시상(時上) 일위귀(一位貴)는 지지 중에 암장한 것이 바르나. 일주는 상상함을 요히는데, 명리는 바아흐로 유기(有氣)함에 있는 것이다. 운의 행함은 10수(數)로 싣는데, 상·하로 5년을 나눈다. 먼저 유년의 태세를 보고, 가고 오는 순(旬)에서 10년의 흐름을 깊이 알아야만 한다.